Treasures for Scholars Worldwide

广西高校人文社会科学重点研究基地——西江流域民间文献研究中心资助项目
中共梧州市委宣传部 2023 年重点文艺创作资助项目

西江流域珍稀文献丛书

丛书主编 杨奔

十八至二十世纪西江流域民间老票据汇编

陈宇思 余天佑 主编

1

中共梧州市委宣传部
西江流域民间文献研究中心 编
梧州市社会科学界联合会

GUANGXI NORMAL UNIVERSITY PRESS
广西师范大学出版社
·桂林·

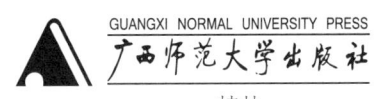

十八至二十世纪西江流域民间老票据汇编
SHIBA ZHI ERSHI SHIJI XIJIANG LIUYU MINJIAN LAOPIAOJU HUIBIAN

图书在版编目（CIP）数据

十八至二十世纪西江流域民间老票据汇编 ：全二册 / 陈宇思，余天佑主编. -- 影印本. -- 桂林 ：广西师范大学出版社，2024.8
（西江流域珍稀文献丛书 / 杨奔主编）
ISBN 978-7-5598-6594-6

Ⅰ. ①十… Ⅱ. ①陈… ②余… Ⅲ. ①西江－流域－票据－汇编 Ⅳ. ①F832.2

中国国家版本馆 CIP 数据核字（2023）第 232095 号

广西师范大学出版社出版发行
（广西桂林市五里店路 9 号　邮政编码：541004
网址：http://www.bbtpress.com）
出版人：黄轩庄
全国新华书店经销
广西广大印务有限责任公司印刷
（桂林市临桂区秧塘工业园西城大道北侧广西师范大学出版社集团有限公司创意产业园内　邮政编码：541199）
开本：880 mm × 1 240 mm　1/16
印张：74.25　　字数：1 188 千
2024 年 8 月第 1 版　　2024 年 8 月第 1 次印刷
定价：1680. 00 元（全二册）

编委会

主　编　陈宇思　余天佑

编委会主任　黄　恩

编委会成员　蔡伟波　廖毅斌　覃成号　肖苗生

肖映霞　刘路遥

前　言

回望，是为了更坚定地前行

黄　恩

古语有云：告诸往而知来者。

这套《十八至二十世纪西江流域民间老票据汇编》(以下简称《汇编》)，就是用“诸往”的老票据，诉说梧州，乃至西江流域过往的繁华，展望未来的辉煌。

这套《汇编》所收录的老票据，从时间维度看，最早可上溯到清初乾隆年间的十八世纪，下迄二十世纪改革开放后的一九八八年，时间跨度两百多年。

从地域范围看，以梧州为节点，包含了珠江三角洲以西，桂西北以东的西江流域广大区域。

从票据内容看，既有清代税务征榷类的业户执照和产权转移推单，又有民国时候各种当票、债券股票和储蓄券，也有部分解放后计划经济时代的各种票证。

不难看出，这套《汇编》所收录的老票据，时间跨度大、地域范围广、内容丰富。

票据历史源远流长，每张老票据都是一扇窗口，反映了近现代中国社会的风雨沧桑，也展示了中华民族的灿烂文明。

习近平总书记指出："考古遗迹和历史文物是历史的见证，必须保护好、利用好。"要"让文物说话、把历史智慧告诉人们。"通过这些老票据，我们能读到梧州，乃至西江流域怎样的"诸往"呢？

我们知道，票据反映的是一个时代，一个地区的地域管理水平、商贸发达程度以及人情往来间的信用。透过这些老票据，"诸往"的梧州是千年古郡、百年商埠，是西江流域重要枢纽。西江通带来梧州盛。

"诸往"已告，那对于"来者"，又有怎样的意义呢？

首先，是要坚定信心。丰富的老票据，本身就印证梧州乃至西江流域曾经的繁华与富庶，厚重的历史是我们重新启航的基石，在传承中发展，在发展中传承，螺旋式的发展规律预示着曾经的辉煌一定会重现。

其次，是要与时俱进。在老票据里，有债券、储蓄券，还有股票，这些在当年都是新鲜事物，是模式创新，也是融资创新。当前在高质量发展的康庄大道上，需要我们借鉴前人的智慧，乘发展东风，进行制度创新、平台创新以及路径创新，在创新中闯出梧州的一片天地。

最后，是要互利共赢。这些老票据，特别是一些商业票据，几乎涵盖了整个西江流域。不难看出，在整个经济链中，梧州只是其中一个节点，但梧州这个节点，在交通上连接了上下游，在贸易上打造了良好平台，梧州真正做到了"开门做生意，有钱大家赚"的龙头老大。还是那句话：大家赢，才是真的赢。

执古之道，以御今之有。我想这就是出版这套《汇编》的意义所在。

回望，是为了更坚定地前行。

梧州的明天一定更美好！

（黄恩，现任中共梧州市委常委、宣传部部长）

整理说明

《清代部分》

清代部分收录票据共二一四项。从乾隆二十四年（一七五九年）开始，至宣统三年（一九一一年），按照年代先后顺序进行排列。类型主要分为：

一、各县印发的输纳执照；

二、各县印发的田权转移的推单；

三、民间各种手写的统计条与便条。

本部分收录的票据无商业性票据。各州县票据按照清中后期的政区划分进行归纳，主要为广西平乐府辖下富川县和昭平县、梧州府辖下容县、郁林州辖下北流县，广东肇庆府德庆州、高要县、新兴县与开平县、罗定州辖下的东安县与西宁县。清代两广政区与今天政区命名和划分都有不同之处，清代郁林州为后世玉林市范围，罗定州原为德庆州辖地，明朝万历五年（一五七七年）为善后罗旁起义将德庆州辖境下的西江南岸土地设置为罗定直隶州，分辖东安县与西宁县两县，东安县清以后改名为云浮县，西宁县清以后改名为郁南县。清至民国时期容县由梧州管辖，直到二十世纪五十年代容县改隶玉林地区管辖。

《民国部分》

民国部分收录票据共五二四项。因两广在近代史的特点，所收录的民国票据最早为辛亥革命爆发后的一九一一年十一月份，而非清帝退位后的一九一二年。民国票据收录截止年份为一九四九年，但由于两广地区属于解放战争中较晚解放的区域，因此当地仍留存着当年十月一日（农历八月初十）以后的票据，请使用者参阅时注意辨别。

该部分收录的票据数量与种类较清代部分要多，主要分为：

一、各县、各乡公所印发的田赋执照、田赋征收通知书；

二、各乡为筹措建设资金而发行的股票，若干商业性质的公司股票；

三、部分乡镇当铺印发的当票；

四、各乡公所印发的经费缴纳书；

五、当时各大银行在个别市、县、镇上设立的办事机构发行的债券；

六、当时各大银行在个别市、县、镇上设立的办事机构发行的银行储蓄券；

七、个别乡镇民间社团印制的会银收条；

八、民间根据需求书写的借据。

存世的田赋征收和经费征收类的税务票据依然占多数，同时出现集资类票据，商业类票据也有若干数量。

该部分收录存世票据的地域较清代部分要多，主要存在于县及其以下单位。广西包括北流、富川、灌阳、贵县、桂平、贺县、荔浦、平南、容县、藤县、邕宁、昭平、钟山，同时包括梧州、桂林两个市及其下辖的苍梧与临桂。广东包括德庆、封川、高要、广宁、开平、罗定、新会、新兴、郁南、云浮。由于新会县处于西江的东南出海口，民国《新会乡土志》中亦承认其地属于西江流域，故新会等地票据均收入本书。

民国时期的政区变动相当频繁及复杂。北洋政府时期废府、州，设立省、道、县三级政区。至一九三三年国民政府废除道一级，同时设立市一级政区。一九四七年，国民政府进行最后一次政区改革，将所有基层行政单位以区进行划分。民国时期的县一级行政区域没有经历大规模变动，因此该部分票据以县一级政区为主进行归纳。

因生活习惯及印刷风格，有部分票据正、背面均有独特记录或印刷，为展现票据全貌，该部分票据会对正、背面分别进行展示。

《新中国部分》

本部分主要向读者介绍从一九五〇年到一九八八年，西江流域各县市的各类金融票据（证）一〇六四项；各类金融票据(证)涉及的主要地域有：广西贵港、玉林、贺州、梧州、南宁、桂林，广东肇庆、云浮、江门等二十多个市、地区。

票据（证）主要有如下种类：

一、人民银行各种票据、凭证、存单及存折等；

二、信用社各种票据、凭证、存单及存折等；

三、各地农村社员入股信用社或供销社的入股账册及股票；

四、各地农村社员因生活困难或生产需要向信用社借款的各种借据；

五、各地有关单位或个人购物的发票及报销凭证；

六、在该时期各地使用的各类票证。

新中国建立后，行政区域经过了调整与变迁。本书以地域归属作为票据归档整理的依据，基于《广西市县概况》(广西人民出版社，一九八五年）及《广东省市地县概况》(广东省地图出版社，一九八五年）的行政区域划分进行票据归户。由于富川与钟山两县在新中国成立初期曾经合并为富钟县，后拆分为富川、钟山两县，故存世票据中有“富钟县”字样的票据，根据这一历史事实，汇编将富川与钟山两县归为一处整理。

这部分票据以平南县、苍梧县数量最多，类型最广。涉及的商业类票据较前两个时期的更多，为体现该时期西江流域的商贸特点，专门辟“梧州市仁益庄外贸票据”进行归户。

综上，还需向读者说明：

一、本书所选用的票据，尽量保持历史原貌；

二、公元纪年日期及农历日期统一以汉字表示；

三、对图片的文字说明，一般只做客观描述，不对票据做过多的阐述；

四、时间不详的票据列于时间信息明确的票据之后。

总目录

第一册

清代票据

罗定州东安县　罗定州西宁县　平乐府富川县、昭平县
梧州府容县　郁林州北流县　肇庆府德庆州　肇庆府高要县
肇庆府开平县　肇庆府新兴县

民国票据

北流县　德庆县　封川县　高要县　广宁县　贵县　富川县
灌阳县　贺县　荔浦县　临桂县　昭平县　钟山县　桂平县
开平县　罗定县　平南县　容县　梧州　苍梧县　藤县
岑溪县　新会县　新兴县　邕宁县　郁南县　云浮县
信息不详

第二册

新中国票据

梧州地区岑溪县　梧州地区富川县、钟山县　梧州地区贺县
梧州地区藤县　梧州市　梧州市苍梧县
梧州市仁益庄外贸票据　玉林地区　玉林地区北流县
玉林地区桂平市　玉林地区平南县　玉林地区容县
桂林地区灌阳县　桂林地区荔浦县　桂林市临桂县
南宁地区　南宁市　江门市　江门市开平县　肇庆市新兴县
肇庆市郁南县　肇庆市德庆县　肇庆市封开县
肇庆市高要县　怀集县　信息不详

目录

清代票据

罗定州东安县

0001 同治七年十二月十八日罗定州东安县征收麟祥灯神会同治六年色米业户执照 … 003
0002 同治七年十二月十八日罗定州东安县征收麟祥灯神会同治七年色米业户执照 … 003
0003 同治九年十一月二十一日罗定州东安县征收麟祥灯神会同治八年钱粮银业户执照 …… 004
0004 同治十一年十二月十二日罗定州东安县征收麟祥灯神会同治十一年色米业户执照 …… 004
0005 光绪元年十月二十八日罗定州东安县征收麟祥灯神会光绪元年钱粮银业户执照 …… 005
0006 光绪二年十月二十八日罗定州东安县征收麟祥灯神会光绪二年色米业户执照 … 005
0007 光绪二年十一月二十八日罗定州东安县征收麟祥灯神会光绪二年钱粮银业户执照 …… 006
0008 光绪五年十月二十七日罗定州东安县征收麟祥灯神会光绪五年钱粮银业户执照 …… 006
0009 光绪二十六年六月二十二日罗定州东安县征收叶青光绪二十六年色米业户执照 …… 007
0010 光绪三十一年罗定州东安县征收叶文光绪三十一年钱粮正银业户执照 …… 007
0011 光绪三十一年罗定州东安县征收叶文光绪三十一年色米业户执照 …… 008
0012 光绪三十一年罗定州东安县征收叶流光绪三十一年钱粮正银业户执照 …… 008

0013 光绪三十二年罗定州东安县征收叶文光绪三十二年钱粮正银业户执照 ………… 009
0014 光绪三十二年罗定州东安县征收叶文光绪三十二年色米业户执照 ……………… 009
0015 光绪三十三年十二月罗定州东安县征收叶棣光绪三十三年纳银执照 …………… 010
0016 光绪三十三年十二月罗定州东安县征收叶流光绪三十三年本色民米执照 ……… 010
0017 光绪三十三年十二月罗定州东安县征收叶文光绪三十三年纳银执照 …………… 011
0018 光绪三十四年十二月罗定州东安县征收叶棣光绪三十四年本色民米执照 ……… 011
0019 光绪三十四年十二月罗定州东安县征收叶棣光绪三十四年纳银执照 …………… 012
0020 光绪三十四年十二月罗定州东安县征收叶青光绪三十二年纳银执照 …………… 012
0021 宣统元年罗定州东安县征收叶棣宣统元年本色民米执照 ………………………… 013
0022 宣统元年罗定州东安县征收叶畅园宣统元年本色民米执照 ……………………… 013
0023 宣统元年罗定州东安县征收叶畅园宣统元年纳银执照 …………………………… 014
0024 宣统元年罗定州东安县征收叶源宣统元年纳银执照 ……………………………… 014
0025 宣统元年罗定州东安县征收叶则古堂宣统元年纳银执照 ………………………… 015

罗定州西宁县

0001 道光二十九年八月西宁县莫昌爵收纳税亩买主执照 ……………………………… 016
0002 咸丰十一年十二月十四日西宁县莫恒章收纳税亩执照 …………………………… 016
0003 同治三年十一月三十日西宁县莫溥全收纳税亩执照 ……………………………… 017
0004 光绪五年六月二十日西宁县莫琼光收纳税亩执照 ………………………………… 017
0005 光绪七年五月二十九日西宁县莫琼光收纳税亩执照 ……………………………… 018
0006 光绪九年五月初四日西宁县莫琼光收纳税亩执照 ………………………………… 018
0007 光绪十二年二月二十八日西宁县莫琼光收纳税亩执照 …………………………… 019
0008 光绪十二年二月二十八日西宁县莫琼光收纳税亩执照 …………………………… 019
0009 光绪十三年十月十四日西宁县莫琼光收纳税亩执照 ……………………………… 020
0010 光绪十四年十月十四日西宁县莫琼光收纳税亩执照 ……………………………… 020
0011 光绪十五年九月二十八日西宁县莫琼光收纳税亩执照 …………………………… 021
0012 光绪十六年十二月西宁县莫琼光收纳税亩执照 …………………………………… 021
0013 光绪十九年十二月西宁县莫琼光收纳税亩执照 …………………………………… 022
0014 光绪二十四年十月西宁县莫琼光收纳税亩执照 …………………………………… 022

平乐府富川县、昭平县

0001 乾隆二十四年五月初三日富川县征收林春魁乾隆二十年编银纳户执照 ………… 023
0002 乾隆三十年十一月初五日富川县征收林春魁乾隆二十九年编折闰银纳户执照 … 023
0003 乾隆三十年十一月初五日富川县征收林春魁乾隆三十年折米银纳户执照 ……… 024
0004 乾隆三十一年二月二十四日富川县征收林春魁乾隆三十年色米纳户执照 ……… 024
0005 乾隆三十五年五月富川县征收林春魁乾隆三十五年编闰银纳户执照 ………… 025
0006 乾隆三十六年十一月富川县征收林春魁乾隆三十六年折银纳户执照 ………… 025
0007 乾隆三十六年十二月二十二日富川县征收林春魁乾隆三十六年
本色米纳户执照 …………………………………………………………………… 026
0008 乾隆三十六年十二月二十七日富川县征收林春魁乾隆三十六年
本色米纳户执照 …………………………………………………………………… 026
0009 乾隆三十七年四月二十五日富川县征收林春魁乾隆三十七年编银纳户执照 …… 027
0010 乾隆三十七年十一月初七日富川县征收胡兴智乾隆三十七年折银纳户执照 …… 027
0011 乾隆三十七年十一月初七日富川县征收胡兴智乾隆三十六年耗银纳户执照 …… 028
0012 乾隆三十七年十一月初七日富川县征收胡兴智乾隆三十七年编银纳户执照 …… 028
0013 乾隆三十七年十二月初二日富川县征收林春魁乾隆三十七年本色米纳户执照 … 029
0014 乾隆三十七年十二月富川县征收林春魁乾隆三十七年折银纳户执照 ………… 029
0015 乾隆三十八年十二月富川县林儒彬完纳买地契税付执 ……………………… 030
0016 乾隆三十九年二月富川县林天珍完纳买地契税付执 ………………………… 030
0017 咸丰十一年十二月十八日富川县征收林春魁户咸丰十一年折银付执 ………… 031
0018 咸丰十一年十二月十八日富川县征收林春魁户咸丰十一年编银付执 ………… 031
0019 咸丰十一年十二月二十五日富川县征收林春魁户咸丰十一年折银付执 ……… 032
0020 咸丰十一年十二月二十五日富川县征收林春魁户咸丰十一年编银付执 ……… 032
0021 同治元年三月二十六日富川县征收林春魁户咸丰十一年本米执照 ………… 033
0022 同治三年十一月初五日富川县征收林成茂户同治三年本米执照 …………… 033
0023 同治三年十一月初五日富川县征收林成茂户同治三年编银付执 …………… 034
0024 同治三年十一月初五日富川县征收林成茂户同治三年折银付执 …………… 034
0025 同治四年十二月初六日富川县征收林成茂户同治四年编闰银付执 ………… 035
0026 同治六年五月二十日富川县杨绍德买入田产交接推单 ……………………… 035

0027 同治六年十二月初十日富川县征收林成茂户同治六年折银付执 ······ 036
0028 同治六年十二月初十日富川县征收林成茂户同治六年编银付执 ······ 036
0029 同治七年十一月三十日富川县催交林成茂户完纳欠钱粮房单 ······ 037
0030 同治七年十一月三十日富川县征收林成茂户同治七年本米付执 ······ 037
0031 同治七年十一月三十日富川县征收林成茂户同治七年编银付执 ······ 038
0032 同治七年十一月三十日富川县征收林成茂户同治七年折银付执 ······ 038
0033 同治十二年十二月初四日富川县征收林成茂户同治十二年本米付执 ······ 039
0034 同治十二年十二月初四日富川县征收林成茂户同治十二年编闰银付执 ······ 039
0035 同治十二年十二月初四日富川县征收林成茂户同治十二年折银付执 ······ 040
0036 光绪三年十月初二日富川县征收林春魁户光绪三年本米付执 ······ 040
0037 光绪三年十月初二日富川县征收林春魁户光绪三年编银付执 ······ 041
0038 光绪三年十月初二日富川县征收林春魁户光绪三年折银付执 ······ 041
0039 光绪四年三月十五日富川县林士和买入田产交接推单 ······ 042
0040 光绪五年三月初一日富川县林士和买入田产交接推单 ······ 042
0041 光绪五年三月初一日富川县林士和买入田产交接推单 ······ 043
0042 光绪五年三月初一日富川县林士和买入田产交接推单 ······ 043
0043 光绪五年三月初一日富川县林士睦买入田产交接推单 ······ 044
0044 光绪五年三月十九日富川县林士和买入田产交接推单 ······ 044
0045 光绪七年三月十四日富川县林士和买入田产交接推单 ······ 045
0046 光绪壬午年（八年）三月初十日昭平县程志全领粮银收据 ······ 045
0047 光绪八年十一月初十日富川县征收林成茂户光绪八年本米付执 ······ 046
0048 光绪八年十一月初十日富川县征收林成茂户光绪八年编银付执 ······ 046
0049 光绪八年十一月初十日富川县征收林成茂户光绪八年折银付执 ······ 047
0050 光绪十年四月十七日昭平县程步阶收据 ······ 047
0051 光绪十一年十一月初七日富川县征收林成茂户光绪十一年本米付执 ······ 048
0052 光绪十一年十一月初七日富川县征收林成茂户光绪十一年编银付执 ······ 048
0053 光绪十一年十一月初七日富川县征收林成茂户光绪十一年折银付执 ······ 049
0054 光绪二十四年四月十七日富川县林应耸买入田产交接推单 ······ 049
0055 光绪二十四年十月十八日富川县陈华昌出卖田产将户税推予周天宋除单 ······ 050
0056 光绪三十一年六月初六日富川县林应成买入田产交接推单 ······ 050
0057 光绪三十一年十二月十六日富川县征收林桂昌户光绪三十一年编银付执 ······ 051

0058 光绪三十一年十二月十六日富川县征收林桂昌户光绪三十一年折银付执 ……… 051
0059 宣统三年四月初三日富川县林文楦买入田产交接除单 ……………………… 052
0060 林成茂欠条 ……………………………………………………………… 052
0061 林春魁户缴纳粮钞收单 ………………………………………………… 053

梧州府容县

0001 同治四年七月初八日容县陆兆琮民米输纳过户收单 ……………………… 054
0002 同治八年五月十二日容县补征郭云高租税执照 ………………………… 054
0003 同治八年九月初十日容县郭尚方拨入新户税粮拨单 ……………………… 055
0004 同治十三年十二月十八日容县朱封氏民米输纳过户收单 ………………… 055
0005 光绪三年六月初三日容县彭绍英等民米输纳过户收单 …………………… 056
0006 光绪十九年四月初五日容县潘植芹民米输纳过户收单 …………………… 056
0007 光绪二十五年四月十四日容县潘杨氏民米输纳过户收单 ………………… 057
0008 光绪二十八年十二月二十六日容县李冠佐民米输纳收单 ………………… 057
0009 光绪二十九年四月初十日容县李敬涛民米输纳过户收单 ………………… 058

郁林州北流县

0001 同治二年十月初八日北流县蒙筹珍、蒙清富粮米输纳额兑入罗戭章户下输纳付执 ……………………………………………………………… 059
0002 同治三年五月初二日北流县蒙签珍、蒙绫基粮米输纳额兑入罗戭章户下输纳付执 ……………………………………………………………… 059
0003 同治八年二月北流县蒙佥珍、蒙辅弼粮米输纳额兑入罗戭章户下输纳付执 …… 060
0004 同治十二年五月二十四日北流县黄万忠银米输纳额兑入罗戭章户下输纳付执 … 060
0005 同治十二年五月北流县顾声远竹木山场兑入顾□先户下输税付执 ……………… 061
0006 光绪元年十一月北流县党荣赐、党试慧粮米输纳额兑入罗戭章户下输税付执 … 061
0007 光绪十九年五月初三日北流县征收芦瑜璠光绪十九年地丁银执照 ……………… 062
0008 光绪十九年五月初三日北流县征收芦瑜璠光绪十九年地丁银执照 ……………… 062
0009 光绪十九年五月二十日北流县征收杨元光绪十九年地丁银执照 ……………… 063
0010 光绪十九年五月二十日北流县征收杨源治光绪十九年地丁银执照 ……………… 063

0011 光绪十九年五月二十日北流县征收党赞勷光绪十九年地丁银执照 …………………… 064
0012 光绪十九年五月二十日北流县征收杨法华光绪十九年地丁银执照 …………………… 064
0013 光绪十九年五月二十日北流县征收杨法华光绪十九年地丁银执照 …………………… 065
0014 光绪十九年五月二十日北流县征收杨韶光绪十九年地丁银执照 ……………………… 065
0015 光绪十九年五月二十日北流县征收杨法华光绪十九年地丁银执照 …………………… 066
0016 光绪十九年五月二十日北流县征收党赞勷光绪十九年地丁银执照 …………………… 066
0017 光绪十九年五月二十日北流县征收杨韶光绪十九年地丁银执照 ……………………… 067
0018 光绪十九年五月二十日北流县征收杨法华光绪十九年地丁银执照 …………………… 067
0019 光绪二十年四月二十六日北流县征收芦瑜璠户光绪二十年地丁银执照 ……………… 068
0020 光绪二十年四月二十六日北流县征收苏华盛户光绪二十年地丁银执照 ……………… 068
0021 光绪二十年五月初二日北流县征收党赞勷户光绪二十年地丁银执照 ………………… 069
0022 光绪二十年五月初二日北流县征收杨法华户光绪二十年地丁银执照 ………………… 069
0023 光绪二十年五月初二日北流县征收杨韶户光绪二十年地丁银执照 …………………… 070
0024 光绪二十年五月初二日北流县征收杨源治户光绪二十年地丁银执照 ………………… 070
0025 光绪二十六年五月二十三日北流县征收芦瑜璠户光绪二十六年地丁银执照 …… 071
0026 光绪二十六年五月二十三日北流县征收杨法华户光绪二十六年地丁银执照 …… 071
0027 光绪二十六年五月二十三日北流县征收杨法华户光绪二十六年地丁银执照 …… 072
0028 光绪二十六年五月二十三日北流县征收杨韶户光绪二十六年地丁银执照 ……… 072
0029 光绪二十六年五月二十三日北流县征收杨元户光绪二十六年地丁银执照 ……… 073
0030 光绪二十六年五月二十三日北流县征收杨源治户光绪二十六年地丁银执照 …… 073
0031 光绪二十六年五月二十五日北流县征收苏华盛户光绪二十六年地丁银执照 …… 074
0032 光绪二十六年五月二十五日北流县征收苏华盛户光绪二十六年地丁银执照 …… 074
0033 光绪二十六年五月二十五日北流县征收苏华盛户光绪二十六年地丁银执照 …… 075
0034 光绪二十六年北流县梁高材、梁记盛粮米输纳额兑入罗紫京户下输税附执 …… 075
0035 宣统元年十月二十六日北流县征收神农户宣统元年粮谷执照 ……………………… 076
0036 宣统二年十一月初八日北流县团防总局征收伏羲户宣统二年经费执照 …………… 076
0037 宣统二年十一月初八日北流县团防总局征收神农户宣统二年经费执照 …………… 077

肇庆府德庆州

0001 光绪四年九月三十日德庆州征收冯德甫光绪四年地丁正银业户执照 ……………… 078

0002 光绪四年九月三十日德庆州征收冯德甫光绪四年色米业户执照 …………………… 078
0003 光绪五年十一月初四日德庆州征收冯德甫光绪五年地丁正银业户执照 ………… 079
0004 光绪五年十一月初四日德庆州征收冯德甫光绪五年色米业户执照 ……………… 079
0005 冯德甫完纳光绪五年米银统计条 ……………………………………………… 080
0006 光绪六年十一月二十七日德庆州征收冯德甫光绪六年地丁正银业户执照 ……… 080
0007 光绪六年十一月二十七日德庆州征收冯德甫光绪六年色米业户执照 …………… 081
0008 冯德甫完纳光绪六年米银统计条 ……………………………………………… 081
0009 光绪七年十一月初九日德庆州征收冯德甫光绪七年地丁正银业户执照 ………… 082
0010 光绪七年十一月初九日德庆州征收冯德甫光绪七年色米业户执照 ……………… 082
0011 冯德甫完纳光绪七年银米统计条 ……………………………………………… 083
0012 冯德甫完纳光绪八年钱米统计条 ……………………………………………… 083
0013 光绪九年十二月十五日德庆州征收冯德甫光绪九年地丁正银业户执照 ………… 084
0014 光绪九年十二月十五日德庆州征收冯德甫光绪九年色米业户执照 ……………… 084
0015 冯德甫完纳光绪九年钱米统计条 ……………………………………………… 085
0016 冯德甫完纳光绪九年钱米统计条 ……………………………………………… 085
0017 光绪十年十一月三十日德庆州征收冯德甫光绪十年色米业户执照；光绪十年十一月三十日德庆州征收冯德甫光绪十年地丁银业户执照；冯德甫完纳光绪十年银粮统计条 …………………………………………………………………… 086
0018 光绪十一年十二月初八日德庆州征收冯德甫光绪十一年地丁银业户执照；冯德甫完纳光绪十一年银粮统计条 ………………………………………………… 087
0019 光绪十一年十二月初八日德庆州征收冯德甫光绪十一年色米业户执照 ………… 088
0020 光绪十五年十月十二日德庆州征收冯德甫光绪十五年色米业户执照 …………… 088
0021 光绪十七年十二月初八日德庆州征收冯德甫光绪十七年地丁正银业户执照 …… 089
0022 光绪二十年德庆州征收冯占鳌光绪二十年色米业户执照 ………………………… 089
0023 光绪二十二年德庆州征收冯德甫光绪二十二年地丁正银业户执照 ……………… 090
0024 光绪二十二年德庆州征收冯德甫光绪二十二年色米业户执照 …………………… 090
0025 光绪二十二年德庆州征收冯德甫光绪二十一年地丁正银业户执照 ……………… 091
0026 光绪二十二年德庆州征收冯德甫光绪二十一年色米业户执照 …………………… 091
0027 光绪二十三年德庆州征收冯德甫光绪二十三年色米业户执照 …………………… 092
0028 光绪二十五年德庆州征收冯道馀光绪二十五年色米业户执照 …………………… 092
0029 光绪二十五年德庆州征收冯道馀光绪二十五年地丁正银业户执照 ……………… 093

0030 光绪二十五年德庆州征收冯德甫光绪二十五年地丁正银业户执照 ················ 093
0031 光绪二十五年德庆州征收冯德甫光绪二十五年色米业户执照 ···················· 094
0032 冯道馀完纳光绪二十五年米银统计条 ·· 094
0033 光绪二十六年德庆州征收冯德甫光绪二十六年色米业户执照 ···················· 095
0034 冯德甫完纳光绪二十六年钱米统计条 ·· 095
0035 光绪二十八年德庆州征收宋弼泰光绪二十八年地丁正银业户执照 ················ 096
0036 光绪三十年德庆州征收梁弼秦光绪三十年地丁正银业户执照 ···················· 096
0037 冯德甫记账统计 ·· 097
0038 划拨罗联招田产据 ·· 097
0039 佚名记录民米数量据 ·· 098
0040 族内田亩摊税统计 ·· 098

肇庆府高要县

0001 同治元年三月二十六日肇庆府高要县征收冼宗泰同治元年赋银执照 ··············· 099
0002 光绪六年肇庆府高要县冼以叨买田确权输税业户执照（业户、卖主双联） ······ 100
0003 光绪八年十一月二十一日高要县征收冯德甫光绪八年地丁正银业户执照 ········· 101
0004 光绪八年十一月二十一日高要县征收冯德甫光绪八年色米业户执照 ··············· 101
0005 光绪十九年三月二十四日肇庆府高要县征收冼正表光绪十九年民米执照 ········· 102
0006 光绪二十年三月二十四日肇庆府高要县征收冼正表光绪二十年民米执照 ········· 102
0007 光绪二十二年三月二十四日肇庆府高要县征收冼正表光绪二十二年赋银执照 ··· 103
0008 光绪二十五年三月二十四日肇庆府高要县征收冼正表光绪二十五年民米执照 ··· 103
0009 光绪二十六年四月二十七日肇庆府高要县征收冼正表光绪二十六年赋银执照 ··· 104
0010 光绪二十七年三月二十九日高要县征收冼正表光绪二十七年赋银执照 ············ 104
0011 光绪二十八年正月十七日肇庆府高要县征收冼正表光绪二十八年民米执照 ······ 105
0012 光绪二十九年四月十二日肇庆府高要县征收冼正表光绪二十九年民米执照 ······ 105
0013 光绪三十年高要县冼以韬买田确权纳税业户联单 ································· 106
0014 光绪三十一年四月二十七日肇庆府高要县征收冼正表光绪三十一年民米执照 ··· 106

肇庆府开平县

0001 光绪六年十月初二日肇庆府开平县征收周创基光绪六年色米纳户执照 ………… 107
0002 光绪六年十月初七日肇庆府开平县征收周创基光绪六年钱粮纳户执照 ………… 107
0003 光绪七年十月十二日肇庆府开平县征收周创基光绪七年色米执照 ……………… 108
0004 光绪七年十月十二日肇庆府开平县征收周创基光绪七年钱粮执照 ……………… 108
0005 光绪八年十一月初七日肇庆府开平县征收周创基光绪八年色米纳户执照 ……… 109
0006 光绪八年十一月十二日肇庆府开平县征收周创基光绪八年钱粮纳户执照 ……… 109

肇庆府新兴县

0001 光绪七年八月十一日新兴县征收梁博光绪七年民米执照 ……………………… 110
0002 光绪二十年八月十四日新兴县征收梁博光绪二十年丁银执照 ……………………… 110
0003 光绪二十年八月二十六日肇庆府新兴县征收伍必坚光绪二十年丁银执照 ……… 111
0004 光绪二十二年十月初四日新兴县征收梁博光绪二十二年民米执照 ……………… 111
0005 光绪二十四年九月初三日新兴县征收梁博光绪二十四年民米执照 ……………… 112
0006 光绪二十四年十月初八日新兴县征收梁博光绪二十四年丁银执照 ……………… 112
0007 宣统二年七月初七日肇庆府新兴县征收伍必圣宣统二年赋银执照 ……………… 113
0008 宣统年间肇庆府新县征收伍必圣宣统二年民米执照 ……………………………… 113

民国票据

北流县

0001 民国元年十月二十七日北流县团防总局抽收陈子光壬子年（民国元年）
团防费银执照 ……………………………………………………………………… 117
0002 民国四年十二月十三日北流县团防总局抽收利旺社民国四年团防费银执照 …… 117
0003 民国四年陈子光等户缴纳民米统计 ……………………………………………… 118
0004 民国五年一月十三日北流县征收陈良臣民国四年地丁银执照 ………………… 118
0005 民国五年一月十三日北流县征收陈子光民国四年地丁银执照 ………………… 119

德庆县

0001 民国年间德庆县征收冯德甫民国十年丁米收据 ………………………………………… 137
0002 民国年间德庆县征收冯德甫民国十一年赋银收据 ……………………………………… 137
0003 民国年间德庆县征收冯德甫民国十二年赋银收据 ……………………………………… 138
0004 民国年间德庆县征收冯德甫民国十三年钱粮收据 ……………………………………… 138
0005 民国年间德庆县征收冯德甫民国十四年钱粮收据 ……………………………………… 139
0006 民国年间德庆县征收冯德甫民国十五年地丁正额银丁串收据 ………………………… 139
0007 民国年间德庆县征收冯德甫民国十五年米粮米串收据 ………………………………… 140
0008 民国年间德庆县征收冯文华民国十九年地丁银粮户执照 ……………………………… 140
0009 民国年间德庆县征收冯文华民国十九年民米粮户执照 ………………………………… 141
0010 民国年间期德庆县征收冯文华民国二十年地丁银粮户执照 …………………………… 141
0011 民国年间德庆县征收冯文华民国二十一年民米粮户执照 ……………………………… 142
0012-1 民国年间德庆县征收冯文华民国二十一年地丁银粮户执照（正面） ………… 143
0012-2 民国年间德庆县征收冯文华民国二十一年地丁银粮户执照（背面） ………… 143

封川县

0001 民国年间封川县田赋管理处征收孔尧宗田赋通知单 ……………………………………… 144

高要县

0001 民国元年九月初二日高要县征收冼正表壬子年（民国元年）银米执照 ………… 145
0002 民国九年一月十七日高要县征收冼正表癸丑年（民国二年）银米执照 ………… 145
0003 民国九年一月十七日高要县征收冼正表甲寅年（民国三年）银米执照 ………… 146
0004 民国九年一月十七日高要县征收冼正表乙卯年（民国四年） 银米执照 ……… 146
0005 民国九年一月十七日高要县征收冼正表丙辰年（民国五年）银米执照 ………… 147
0006 民国九年一月十七日高要县征收冼正表丁巳年（民国六年）银米执照 ………… 147
0007 民国十年十月二十三日高要县征收冼正表戊午年（民国七年）银米收据 ……… 148
0008 民国十年十月二十三日高要县征收冼正表己未年（民国八年）银米收据 ……… 148

0009 民国十年十月二十三日高要县征收冼正表辛酉年（民国十年）银米收据 ········ 149
0010 民国十年十月高要县征收冼正表庚申年（民国九年）银米收据 ························ 149
0011 民国二十一年一月十三日高要县征收冼乐民国二十年钱粮地丁银粮户执照 ······ 150
0012 民国年代高要县征收冼乐民国二十一年钱粮地丁银粮户执照 ························ 150
0013 民国二十六年六月二日高要县冼应章临时地税收据 ··································· 151
0014 民国二十六年六月二日高要县冼乐文临时地税收据 ··································· 151
0015 民国二十八年七月三十日高要县冼应章临时地税收据 ································ 152
0016 民国二十八年七月三十日高要县冼志章临时地税收据 ································ 152
0017-1 民国二十九年八月三十日高要县冼乐文临时地税收据（正面） ················ 153
0017-2 民国二十九年八月三十日高要县冼乐文临时地税收据（背面） ················ 153
0018 民国二十九年八月三十日高要县冼志章临时地税收据 ································ 154
0019 民国二十九年八月三十日高要县冼应章临时地税收据 ································ 154
0020-1 民国三十一年十一月十一日高要县田赋管理处征收冼应章田赋收条
（正面） ·· 155
0020-2 民国三十一年十一月十一日高要县田赋管理处征收冼应章田赋收条
（背面） ·· 155
0021 民国三十六年十一月二十二日高要县冼乐文临时粮串收据 ··························· 156
0022 民国三十六年十一月二十二日高要县冼志章临时粮串收据 ··························· 156
0023 民国三十七年元月十六日高要县回龙区合山乡冼乐文临时粮赋收据 ·············· 157
0024 民国三十七年元月十六日高要县回龙区合山乡冼应新临时粮赋收据 ·············· 157
0025 民国三十七年元月十六日高要县冼志新临时粮赋收据 ································ 158
0026 民国三十□年高要县征收冼志章田赋及借粮收据 ····································· 159
0027-1 民国三十□年高要县政府征收冼乐文田赋及借粮收据（正面） ················ 160
0027-2 民国三十□年高要县政府征收冼乐文田赋及借粮收据（背面） ················ 160
0028-1 民国三十□年高要县政府征收冼应章田赋及借粮收据（正面） ················ 161
0028-2 民国三十□年高要县政府征收冼应章田赋及借粮收据（背面） ················ 161
0029 民国年间高要县冼应章临时补单发给收据 ··· 162
0030 民国年间高要县冼志章临时发给补单收据 ··· 162
0031 民国年间高要县冼志章等缴税凭条 ·· 163

广宁县

0001 民国三十年十月广宁县黎祥华田赋缴纳书第一联 …… 164
0002 民国三十年十月广宁县黎祥华田赋缴纳书第二联 …… 164
0003 民国三十年十月广宁县黎祥华田赋缴纳书第三联 …… 165

贵县

0001 民国三十年十一月十三日贵县派收覃正曲民国三十年度国民学校经费收据 …… 166
0002 民国三十年十一月十四日贵县派收覃正曲民国三十年度各级公务人员及警役优待谷收据 …… 166
0003 民国三十四年八月一日贵县征收覃正曲民国三十三年征粮收据 …… 167
0004 民国三十八年二月二十五日贵县征收覃有捶民国三十七年田赋收据 …… 167

富川县

0001 民国二年二月初五日富川县林文宣买入田产交接推单 …… 168
0002 民国二十一年二月二十九日富川县唐仁德验契执照 …… 168
0003 民国三十八年（一九四九年）十一月富川县陈巨佑民国三十八年征收田赋通知单 …… 169
0004 民国三十八年（一九四九年）十一月富川县陈术明民国三十八年征收田赋通知单 …… 169
0005 民国三十八年（一九四九年）十一月富川县陈围明民国三十八年征收田赋通知单 …… 170

灌阳县

0001 民国七年五月初五日灌阳县周青年收到周逢年借款收条 …… 171
0002 民国七年十一月二十一日灌阳县谢霭云完纳民国七年各项粮赋执照 …… 171
0003 民国七年十一月二十一日灌阳县谢成乾完纳各项粮赋执照 …… 172

0004-1 民国十七年四月二日灌阳县黄吉星桂全公路股票（正面）…………………… 173
0004-2 民国十七年四月二日灌阳县黄吉星桂全公路股票（背面）…………………… 173
0005 民国十七年五月一日灌阳县唐、黄二姓桂全公路股票…………………………… 174
0006-1 民国十七年五月一日灌阳县王有益桂全公路股票（正面）…………………… 175
0006-2 民国十七年五月一日灌阳县王有益桂全公路股票（背面）…………………… 175
0007 民国十七年五月灌阳县利清户桂全公路股票…………………………………… 176
0008-1 民国二十四年二月二十四日灌阳县征收唐、黄二姓民国二十三年度
粮赋执照（正面）……………………………………………………………… 177
0008-2 民国二十四年二月二十四日灌阳县征收唐、黄二姓民国二十三年度
粮赋执照（背面）……………………………………………………………… 177
0009 民国二十四年六月五日灌阳县黄龙坪粮赋印单………………………………… 178
0010 民国二十四年六月五日灌阳县黄伟奇粮赋印单………………………………… 178
0011 民国二十四年六月二十日灌阳县征收黄吉星民国二十三年度各项粮赋执照…… 179
0012 民国二十六年十一月七日灌阳县黄吉星缴米收条……………………………… 179
0013-1 民国二十七年八月十四日灌阳县魏思甫许可入社通知书（正面）…………… 180
0013-2 民国二十七年八月十四日灌阳县魏思甫许可入社通知书（背面）…………… 180
0014-1 民国二十七年八月十六日灌阳县魏思甫入社股份证书（正面）……………… 181
0014-2 民国二十七年八月十六日灌阳县魏思甫入社股份证书（背面）……………… 181
0015 民国二十七年十二月九日灌阳县黄龙坪捐款收条 ……………………………… 182
0016 民国三十年二月二十一日灌阳县黄吉星缴纳储金收条…………………………… 182
0017 民国三十二年五月二十八日灌阳县唐兰甫、唐廷夺缴纳卖契税收据…………… 183
0018 民国三十三年三月灌阳县东升乡合作社颁发周像仪购盐证……………………… 184
0019 民国三十四年旧二月二十六日灌阳县唐南甫、罗轩田产交易鉴证报告………… 185
0020 民国三十五年九月十日灌阳县东升乡合作社周像仪购田监证收单……………… 185
0021 民国三十六年六月七日灌阳县奉三妹买受陈海清田产征收契税收据…………… 186
0022 民国三十七年六月灌阳县唐兰甫缴纳契税收据………………………………… 186
0023 民国三十七年灌阳县征收王化杜民国三十七年田赋通知单……………………… 187
0024 民国三十七年灌阳县征收谢元贞民国三十七年度田赋收据……………………… 187
0025 民国三十八年三月二十二日灌阳县唐兰甫缴纳契约监证费收据………………… 188
0026 民国三十八年五月二十四日灌阳县唐兰甫缴纳契约监证费收据………………… 188
0027 民国三十八年五月灌阳县唐兰甫缴纳契税收据………………………………… 189

贺县

0001 民国二十一年二月贺县陈孝逢、陈定荣田产交易验契执照 ………………………… 190
0002 民国二十一年二月贺县陈孝逢、罗润华田产交易验契执照 ………………………… 190
0003-1 民国二十七年九月湘桂铁路桂段路股息折封面 ……………………………… 191
0003-2 民国二十七年九月湘桂铁路桂段路股息折扉页 ……………………………… 191
0003-3 民国二十七年九月湘桂铁路桂段路股息折时间页 …………………………… 191
0003-4 民国二十七年九月湘桂铁路桂段路股息折记录页 …………………………… 191
0004 民国二十八年二月五日贺县林振毓补缴民国二十四至二十七年谷粮收据 ……… 192
0005-1 民国三十一年十一月三十日中国银行八步储蓄部盖戳五元节约建国
储蓄券（正面） ……………………………………………………………… 193
0005-2 民国三十一年十一月三十日中国银行八步储蓄部盖戳五元节约建国
储蓄券（背面） ……………………………………………………………… 193
0006-1 民国三十一年十一月三十日中国银行八步储蓄部盖戳五元节约建国
储蓄券（正面） ……………………………………………………………… 194
0006-2 民国三十一年十一月三十日中国银行八步储蓄部盖戳五元节约建国
储蓄券（背面） ……………………………………………………………… 194
0007-1 民国三十一年十一月三十日中国银行八步储蓄部盖戳五元节约建国
储蓄券（正面） ……………………………………………………………… 195
0007-2 民国三十一年十一月三十日中国银行八步储蓄部盖戳五元节约建国
储蓄券（背面） ……………………………………………………………… 195
0008-1 民国三十二年八月十五日邮政储金汇业局贺县办事处盖戳十元节约建国
储蓄券（正面） ……………………………………………………………… 196
0008-2 民国三十二年八月十五日邮政储金汇业局贺县办事处盖戳十元节约建国
储蓄券（背面） ……………………………………………………………… 196
0009-1 民国三十二年八月十五日邮政储金汇业局贺县办事处盖戳十元节约建国
储蓄券（正面） ……………………………………………………………… 197
0009-2 民国三十二年八月十五日邮政储金汇业局贺县办事处盖戳十元节约建国
储蓄券（背面） ……………………………………………………………… 197
0010 民国三十七年七月十三日贺县吴景忠契税收据 ……………………………… 198

荔浦县

0001 民国十年十二月十二日荔浦县立中学征收韦国明契税附加捐充作学校经费执照 …… 199
0002 民国二十六年荔浦县为新建公铺标卖奖券联单 …… 199

临桂县

0001 民国二年二月二十八日临桂县秦姓卖牛抽税执照 …… 200

昭平县

0001 民国九年七月昭平县收取李先春学捐银证明 …… 201
0002 民国三十年四月十八日昭平县何建秀声请文件证费收据 …… 201
0003 民国三十年四月十八日昭平县何建秀声请文件证费收据 …… 202
0004 民国三十年四月十八日昭平县何建秀声请文件证费收据 …… 202
0005 民国三十年四月十八日昭平县何建秀声请文件证费收据 …… 203
0006 民国三十年四月十八日昭平县何建秀声请文件证费收据 …… 203
0007 民国三十年五月七日昭平县何建秀声请文件证费收据 …… 204
0008 民国三十三年二月十三日昭平县李锦心缴纳三十二年度自治户捐收据 …… 204
0009 民国三十三年二月十四日昭平县李成坛缴纳三十二年度自治户捐收据 …… 205
0010 民国三十三年二月十四日昭平县李锦超缴纳三十二年度自治户捐收据 …… 205
0011 民国三十四年六月四日昭平县田赋管理处征收李成文田赋及借粮通知单 …… 206
0012 民国三十四年六月四日昭平县田赋管理处征收李锦刚田赋及借粮通知单 …… 206
0013 民国三十四年六月四日昭平县田赋管理处征收李锦銮田赋及借粮通知单 …… 207
0014 民国三十四年六月四日昭平县田赋管理处征收李锦銮田赋及借粮通知单 …… 207
0015 民国三十四年六月四日昭平县田赋管理处征收李锦心田赋及借粮通知单 …… 208
0016 民国三十四年六月四日昭平县田赋管理处征收李锦章田赋及借粮通知单 …… 208

钟山县

0001 民国三十一年三月二十一日钟山县刘建弟牛只登记凭证 …… 209
0002 民国三十六年十二月二十九日钟山县征收刘建芳民国三十六年田赋收据 …… 209
0003 民国三十七年元月二日钟山县刘建芳捐中心校基金收据 …… 210
0004 民国三十七年元月二日钟山县刘建芳捐中心校基金收据 …… 210
0005 民国三十七年元月二日钟山县征收刘建芳民国三十七年田赋收据 …… 211
0006 民国三十七年元月二日钟山县征收刘建芬民国三十七年田赋收据 …… 211
0007 民国年间钟山县大中矿业股份有限公司股票 …… 212

桂平县

0001-1 民国三十一年四月十日交通银行桂平办事处盖戳一百元节约建国储蓄券（正面） …… 213
0001-2 民国三十一年四月十日交通银行桂平办事处盖戳一百元节约建国储蓄券（背面） …… 213

开平县

0001 民国十八年十一月十九日开平县法院发给周瑞朴刑诉状收据 …… 214
0002 民国二十四年四月开平县征收谢世扩民国二十三年地丁银粮户执照 …… 214
0003 民国二十四年四月开平县征收谢世扩民国二十三年民米粮户执照 …… 215
0004 民国二十四年度开平县一毫券临时地税借券 …… 215
0005 民国二十四年度开平县一毫券临时地税借券 …… 216
0006 民国二十四年度开平县一毫券临时地税借券 …… 216
0007 民国二十五年十二月三十一日开平县周亿遵田亩地税临时收条 …… 217
0008 民国二十六年六月十日开平县征收周彦瑞民国二十五年度临时地税收据 …… 217
0009-1 民国二十八年六月二十一日开平县征收李周利民国二十七年度临时地税收据（正面） …… 218

0009-2 民国二十八年六月二十一日开平县征收李周利民国二十七年度临时地税收据（背面）…… 218
0010 民国二十八年六月二十一日开平县征收李周伟民国二十七年度临时地税收据 …… 219
0011 民国二十九年十二月三十日开平县征收李周利民国二十九年度临时地税收据 …… 219
0012 民国二十九年十二月三十日开平县征收李周伟临时地税收据 …… 220
0013 民国三十年九月一日开平县周家甜田赋缴纳书 …… 220
0014 民国三十二年一月四日开平县周亿遵征收田赋收据 …… 221
0015 民国三十二年九月一日开平县田赋管理处征收周亿遵田赋通知单 …… 221
0016-1 梁大正牙科画相社八折赠券（正面）…… 222
0016-2 梁大正牙科画相社八折赠券（背面信件上文）…… 222
0016-3 梁大正牙科画相社八折赠券（背面信件下文）…… 222
0016-4 梁大正牙科画相社八折赠券（背面信件第一页）…… 222
0016-5 梁大正牙科画相社八折赠券（背面信件第二页）…… 223
0016-6 梁大正牙科画相社八折赠券（背面信件第三页）…… 223

罗定县

0001 罗定县佚名汇款条 …… 224

平南县

0001-1 民国三十五年四月三十日平南县田赋粮食管理处征收伍秩寅契税收据（正面）…… 225
0001-2 民国三十五年四月三十日平南县田赋粮食管理处征收伍秩寅契税收据（背面）…… 225

容县

0001 民国八年八月初一日容县梁肇纯认购波一里保护农林会股票 …… 226

0002 民国二十七年十月十二日容县覃进记交仓谷收据 …… 226
0003 民国三十一年一月五日容县潘湘浦契税收据 …… 227
0004 民国三十一年十月二十八日容县陆辉祥契税收据 …… 227
0005 民国三十五年七月三十日容县彭超宏收契约监证费收据 …… 228
0006 民国三十七年五月三十一日容县陆济峰安保经费收据 …… 228
0007 民国三十七年八月十八日容县彭昭宏契约鉴证费收据 …… 229
0008 民国年间容县保安经费收据 …… 229

梧州

0001 民国四年四月十一日梧州王懋关于认购公债在广西省内包售内定购电报 …… 230
0002 民国三十年八月二十四日梧州市公安局征收何牛土地权利登记费收据 …… 230
0003-1 民国三十一年十月十三日梧州交通银行盖戳美金节约建国储蓄券（正面）… 231
0003-2 民国三十一年十月十三日梧州交通银行盖戳美金节约建国储蓄券（背面）… 231
0004 民国三十一年十一月二十七日中国银行梧州储蓄部盖戳美金节约建国储蓄券 … 232
0005 民国三十二年十二月一日七贤堂认购广西地产股份有限公司股票（梧州市档案馆藏）…… 232
0006 民国三十二年十二月一日七贤堂认购广西银行股份两合公司股票（梧州市档案馆藏）…… 233
0007 民国三十二年十二月一日七贤堂认购西南建业股份有限公司股票（梧州市档案馆藏）…… 233
0008 民国三十二年十二月一日石不顽认购广西地产股份有限公司股票（梧州市档案馆藏）…… 234
0009 民国三十二年十二月一日石不顽认购广西银行股份两合公司股票（梧州市档案馆藏）…… 234
0010 民国三十二年十二月一日石不顽认购西南建业股份有限公司股票（梧州市档案馆藏）…… 235
0011 民国三十二年十二月一日石化龙认购广西地产股份有限公司股票（梧州市档案馆藏）…… 235
0012 民国三十二年十二月一日石化龙认购西南建业股份有限公司股票（梧州市档案馆藏）…… 236

0013 民国三十五年八月三十日火柴公司梧州厂上报费银莫林记收条 …………………… 237
0014 民国三十五年十一月五日广西火柴公司利文印务局发票 ………………………… 237
0015-1 广西省银行（梧州地名）一元面值纸币（正面） ……………………………… 238
0015-2 广西省银行（梧州地名）一元面值纸币（背面） ……………………………… 238
0016 民国年间大来公司十五字义会奖单 ……………………………………………… 239
0017 民国年间陆凯唐梧州大中大酒店住房票据 ……………………………………… 240

苍梧县

0001 民国二十一年二月二十七日苍梧县教育局征收何桂桥契税及附加捐银收条 …… 241
0002-1 民国三十一年十二月二十八日中国农民银行苍梧办事处发行五元节约建国储蓄券（正面） …………………………………………………………………… 242
0002-2 民国三十一年十二月二十八日中国农民银行苍梧办事处发行五元节约建国储蓄券（背面） …………………………………………………………………… 242
0003 民国三十四年四月四日苍梧县李号征收货物捐收据 ……………………………… 243
0004 民国三十四年四月四日苍梧县林号征收货物捐收据 ……………………………… 243
0005 民国三十四年五月十三日苍梧县李号征收货物捐收据 …………………………… 244
0006 民国三十五年六月苍梧县廖水生土地所有权状 …………………………………… 244
0007 民国三十六年六月苍梧县阿牛地价税缴款书 ……………………………………… 245
0008 苍梧县发往汕尾汇票（梧州市档案馆藏） ………………………………………… 245
0009 苍梧县发往汕尾汇票（梧州市档案馆藏） ………………………………………… 246

藤县

0001 民国四年阴历九月十二日藤县太平镇仁寿公益会梁何氏入会请愿 ………………… 247
0002-1 民国三十二年二月二十日藤县交通银行印戳一百元面值节约建国储蓄券（正面） ……………………………………………………………………………… 248
0002-2 民国三十二年二月二十日藤县交通银行印戳一百元面值节约建国储蓄券（背面） ……………………………………………………………………………… 248
0003-1 民国三十二年九月十八日藤县交通银行印戳十元面值节约建国储蓄券（正面） ……………………………………………………………………………… 249

0003-2 民国三十二年九月十八日藤县交通银行印戳十元面值节约建国储蓄券（背面）…… 249
0004 民国三十五年十二月三十一日藤县田赋管理处征收覃伍氏民国三十五年田赋及借粮收据…… 250
0005 民国三十五年十二月三十一日藤县田赋管理处征收覃永木民国三十五年田赋及借粮收据…… 250
0006 民国三十七年二月二十七日藤县田赋管理处征收覃伍氏民国三十六年田赋收据…… 251
0007 民国三十七年二月二十七日藤县征收覃发钦富户捐收据…… 252
0008 民国三十七年二月二十七日藤县征收覃伍氏富户捐收据…… 252
0009 民国三十八年元月九日藤县征收覃伍氏民国三十七年田赋收据…… 253
0010 民国三十八年元月九日藤县征收覃伍氏自卫特捐收据…… 253
0011 民国三十八年元月九日藤县征收覃永木自卫特捐收据…… 254

岑溪县

0001 民国二十二年十二月十八日夹宝村崇镇缴收田赋收据…… 255
0002 民国三十年十一月十一日徐展琮田地不动产交易登记费收据…… 256
0003 民国三十二年五月岑溪余正然卖契税收据…… 256
0004 民国三十二年五月岑溪余镜忠卖契税收据…… 257
0005 民国三十二年十二月十一日夹宝村陈盛美征收田赋收据…… 258
0006 民国三十三年二月十四日筋竹乡望问村邓余英征收田赋收据…… 259
0007 民国三十三年旧历七月二十六日樟木圩徐展宗铺租收据…… 260
0008 民国三十三年十月二十三日徐展宗铺租收据…… 260
0009 民国三十六年四月二十四日岑溪徐展琮卖契税收据…… 261
0010 民国三十七年七月三十日云龙村钟振棠征收田赋收据…… 262
0011 民国三十八年三月二十八日岑溪余载人契税及契税罚钱收据…… 263
0012 民国三十八年四月三十日岑溪徐石德契税及契税罚钱收据…… 263

新会县

0001 民国二十五年六月二十一日新会县邓玉昌完纳民国二十三年民米粮户执照…… 264
0002 民国二十五年六月二十一日新会县邓玉昌完纳民国二十三年地丁钱粮户执照… 264

0003 民国二十五年六月新会县赵璧昌缴纳民国二十一年县兵亩捐业户执照 ………… 265
0004 民国二十五年六月新会县赵璧昌缴纳地方警卫队经费收据 ……………………… 265
0005 民国二十五年六月新会县赵璧昌缴纳地方警卫队经费收据 ……………………… 266

新兴县

0001 民国元年九月二十六日新兴县征收苏承兴民国元年地丁正银执照 ……………… 267
0002 民国二年十一月五日新兴县征收苏承兴民国二年地丁正银执照 ………………… 267
0003 民国二年十一月五日新兴县征收苏承兴民国二年民米执照 ……………………… 268
0004 民国三年五月十五日新兴县叶尚德缴纳土地陈报手续费收据 …………………… 268
0005 民国三年十月二十四日新兴县征收苏承兴民国三年民米捐银执照 ……………… 269
0006 民国三年新兴县征收伍必坚民国三年地丁正银执照 ……………………………… 269
0007 民国十三年八月新兴县征收梁尝业民国十三年地丁银执照 ……………………… 270
0008 民国十三年八月新兴县征收梁尝业民国十三年民米执照 ………………………… 270
0009 民国十四年九月新兴县梁永业买受黎建业田产接受地税交割收单 ……………… 271
0010 民国十四年九月新兴县梁永业买受李肇基田产接受地税交割收单 ……………… 271
0011 民国十五年八月新兴县征收梁尝业民国十五年民米执照 ………………………… 272
0012 民国十六年八月新兴县征收梁昌远民国十六年地丁正银执照 …………………… 272
0013 民国十六年十二月新兴县征收梁昌远民国十六年筑路费执照 …………………… 273
0014-1 民国十七年七月新兴县征收梁尝业民国十七年地丁正银执照（正面） ……… 274
0014-2 民国十七年七月新兴县征收梁尝业民国十七年地丁正银执照（背面） ……… 274
0015-1 民国十七年十一月新兴县征收梁尝业民国十七年民米执照（正面） ………… 275
0015-2 民国十七年十一月新兴县征收梁尝业民国十七年民米执照（背面） ………… 275
0016 民国十八年八月新兴县征收梁昌远民国十八年民米执照 ………………………… 276
0017-1 民国十八年十一月新兴县征收梁昌远民国十八年地丁正银执照（正面） …… 277
0017-2 民国十八年十一月新兴县征收梁昌远民国十八年地丁正银执照（背面） …… 277
0018 民国二十年五月十五日新兴县苏植林缴纳土地陈报手续费收据 ………………… 278
0019 民国二十年五月十五日新兴县苏植林缴纳土地陈报手续费收据 ………………… 278
0020 民国二十年五月十五日新兴县苏植林缴纳土地陈报手续费收据 ………………… 279
0021 民国二十年五月十五日新兴县苏植林缴纳土地陈报手续费收据 ………………… 279
0022 民国二十年新兴县征收区天礼民国二十年度临时地税收据 ……………………… 280

0023 民国二十七年三月二十七日新兴县征收梁记民国二十三年第一、二期临时地税收据 …… 280
0024-1 民国二十七年六月三日新兴县征收梁新民国二十六年第一、二期临时地税收据（正面） …… 281
0024-2 民国二十七年六月三日新兴县征收梁新民国二十六年第一、二期临时地税收据（背面） …… 281
0025 民国二十八年八月二十日新兴县征收区天礼民国二十八年度临时地税收据 …… 282
0026 民国二十八年八月新兴县征收梁新民国二十七年临时地税收据 …… 282
0027 民国二十八年九月十八日新兴县征收程凤民国二十八年第一、二期临时地税收据 …… 283
0028 民国二十八年九月十八日新兴县征收程凤民国二十六年第一、二期临时地税收据 …… 283
0029 民国二十八年九月十八日新兴县征收程凤民国二十七年第一期临时地税收据 …… 284
0030 民国二十八年九月十八日新兴县征收程凤民国二十四年第一、二期临时地税收据 …… 284
0031 民国二十八年九月十八日新兴县征收程凤民国二十五年第一、二期临时地税收据 …… 285
0032 民国二十八年九月二十六日新兴县征收张成增民国二十八年第一、二期临时地税收据 …… 285
0033 民国二十八年九月二十六日新兴县征收张成增民国二十六年第一、二期临时地税收据 …… 286
0034 民国二十八年九月二十六日新兴县征收张成增民国二十七年第一期临时地税收据 …… 286
0035 民国二十八年九月二十六日新兴县征收张成增民国二十三年第一、二期临时地税收据 …… 287
0036 民国二十八年九月二十六日新兴县征收张成增民国二十四年第一、二期临时地税收据 …… 287
0037 民国二十八年九月二十六日新兴县征收张成增民国二十五年第一、二期临时地税收据 …… 288
0038 民国二十八年十二月九日新兴县彭是进清交干谷收据 …… 288
0039 民国二十八年新兴县征收梁新民国二十八年第一、二期临时地税收据 …… 289

0040 民国二十九年九月七日新兴县征收区天礼民国二十九年第一、二期临时地税收据 …… 289
0041 民国二十九年十二月二十二日新兴县征收民国二十九年第一、二期临时地税收据 …… 290
0042 民国三十年二月新兴县梁新缴纳民国二十三年第一、二期临时地税收据 …… 290
0043 民国三十年二月新兴县梁新完纳民国二十四年地税收据 …… 291
0044 民国三十年二月新兴县梁新完纳民国二十五年第一、二期临时地税收据 …… 291
0045 民国三十年二月新兴县梁新完纳民国二十六年第一、二期临时地税收据 …… 292
0046 民国三十年二月新兴县梁新缴纳民国二十七年第一期临时地税收据 …… 292
0047 民国三十年二月新兴县梁新缴纳民国二十八年第一、二期临时地税收据 …… 293
0048 民国三十年二月新兴县梁新缴纳民国二十九年第一、二期临时地税收据 …… 293
0049-1 民国三十年二月新兴县梁新缴纳民国二十九年第一、二期临时地税收据（正面） …… 294
0049-2 民国三十年二月新兴县梁新缴纳民国二十九年第一、二期临时地税收据（背面） …… 294
0050 民国三十年新兴县征收张成增民国三十年第一期临时地税收据 …… 295
0051 民国三十年至三十一年新兴县伍成华田赋缴纳书 …… 295
0052 民国三十年至三十一年新兴县伍瑞周田赋缴纳书 …… 296
0053 民国三十年新兴县田赋管理处征收张成源民国三十年第二期及三十一年第一期田赋收据 …… 296
0054 民国三十年新兴县田赋管理处征收张作荣民国三十年第二期及三十一年第一期田赋收据 …… 297
0055 民国三十年新兴县征收张作荣临时地税收据 …… 297
0056-1 民国三十一年十一月三日新兴县田赋管理处征收张恒芳民国三十一年下期及三十二年上期田赋收据（正面） …… 298
0056-2 民国三十一年十一月三日新兴县田赋管理处征收张恒芳民国三十一年下期及三十二年上期田赋收据（背面） …… 298
0057 民国三十二年十一月六日新兴县田赋管理处征收张成增民国三十二年第二期及三十三年第一期田赋收据 …… 299
0058 民国三十二年十一月新兴县田赋管理处征收区天礼民国三十二年第二期及三十三年第一期田赋收据 …… 300

0059 民国三十二年十二月十六日新兴县西云乡彭恩进缴纳自治户捐收据 …………… 301

0060 民国三十二年十二月十八日新兴县西云乡彭是进缴纳自治户捐收据 …………… 301

0061 民国三十二年十二月二十八日新兴县田赋管理处征收区鹤公民国三十二年第二期及三十三年第一期田赋收据 …………… 302

0062-1 民国三十四年一月二十六日新兴县田赋管理处征收张成曾民国三十三年第二期及三十四年第一期田赋及借粮收据（正面） …………… 303

0062-2 民国三十四年一月二十六日新兴县田赋管理处征收张成曾民国三十三年第二期及三十四年第一期田赋及借粮收据（背面） …………… 303

0063 民国三十五年十一月十日新兴县田赋管理处征收伍联合民国三十四年第二期及三十五年第一期田赋及征借粮食通知单 …………… 304

0064 民国三十五年十一月十日新兴县田赋管理处征收伍瑞周民国三十四年第二期及三十五年第一期田赋及征借粮食通知单 …………… 304

0065 民国三十五年十一月十日新兴县田赋管理处征收伍宗茂民国三十四年第二期及三十五年第一期田赋及征借粮食通知单 …………… 305

0066 民国三十五年十一月十日新兴县田赋管理处征收伍志华民国三十四年第二期及三十五年第一期田赋及征借粮食通知单 …………… 305

0067 民国三十五年十一月十日新兴县田赋管理处征收伍蟾芊民国三十四年第二期及三十五年第一期田赋及征借粮食通知单 …………… 306

0068 民国三十六年十月三十日新兴县田赋管理处征收张成曾民国三十四年第二期及三十五年第一期田赋及借粮收据 …………… 306

0069 民国三十七年一月二十一日新兴县政府征收□□德民国三十六年第二期及三十七年第一期田赋收据 …………… 307

0070 民国三十七年一月二十一日新兴县政府征收□□棠民国三十六年第二期及三十七年第一期田赋收据 …………… 307

0071 民国三十七年元月二十九日新兴县政府征收张作荣民国三十六年第二期及三十七年第一期田赋收据 …………… 308

0072 民国三十七年五月十八日新兴县伍愉勋测绘费收据 …………… 308

0073 民国年间新兴县政府征收张成曾民国三十六年第二期及三十七年第一期田赋通知单 …………… 309

0074 民国年间新兴县征收张成曾民国三十八年第二期及三十九年第一期田赋征收通知单 …………… 309

0075 民国年间新兴县梁炳田土业权登记条 …… 310
0076 民国年间新兴县苏植林缴纳土地陈报手续费收据 …… 310
0077 民国年间新兴县张居申田土业权登记条 …… 311
0078 民国年间新兴县梁敬贤田土业权登记条 …… 311
0079 民国年间新兴县梁敬贤田土业权登记条 …… 312
0080 民国年间新兴县梁敬贤田土业权登记条 …… 312
0081 民国年间新兴县梁敬贤田土业权登记条 …… 313
0082 民国年间新兴县梁敬贤田土业权登记条 …… 313
0083 民国年间新兴县彭卓华田土业权登记条 …… 314
0084 民国年间新兴县彭卓华田土业权登记条 …… 314
0085 民国年间新兴县彭卓华田土业权登记条 …… 315
0086 民国年间新兴县彭卓华田土业权登记条 …… 315
0087 民国年间新兴县彭善初田土业权登记条 …… 316

邕宁县

0001 民国二十四年十月一日邕宁县农裕成购置田亩收取税款执业方单 …… 317
0002 民国二十四年十月一日邕宁县农裕成购置田亩收取税款执业方单 …… 317
0003 民国二十四年十月一日邕宁县□□麟购置田亩收取税款执业方单 …… 318

郁南县

0001 民国六年六月二十八日郁南县西叒聚佩缴纳劝学所租谷执据 …… 319
0002 民国戊辰年（十七年）七月二十八日东兴当铺宜字号当票 …… 319
0003 民国戊辰年（十七年）七月东兴当铺宜字号当票 …… 320
0004 民国戊辰年（十七年）九月二十四日东兴当铺珠字号当票 …… 320
0005 民国十七年十二月二十二日裕宁当铺务字号当票 …… 321
0006 民国十九年一月郁南县修志局接受黄亚九捐助修志费收据 …… 321
0007 民国二十二年八月初一日郁南县陈木新收取曾钦元缴纳祐福堂生会银收据 …… 322
0008 民国二十二年八月初一日郁南县陈木新收取陈东期缴纳祐福堂生会银收据 …… 322
0009 民国二十二年八月初一日郁南县陈木新收取陈亚二缴纳祐福堂生会银收据 …… 323

0010 民国二十二年八月初一日郁南县陈木新收取黄汉辛缴纳祐福堂熟会银收据 …… 323
0011 民国二十二年八月初一日郁南县陈木新收取黄金沃祐福堂熟会银收据 ………… 324
0012 民国二十二年八月初一日郁南县陈木新收取黄炎兴缴纳祐福堂熟会银收据 …… 324
0013 民国二十二年八月初一日郁南县陈木新收取黄卓连缴纳祐福堂生会银收据 …… 325
0014 民国二十二年八月初一日郁南县陈木新收取刘钜昌缴纳祐福堂生会银收据 …… 325
0015 民国二十二年八月初一日郁南县陈木新收取刘荣昌缴纳祐福堂生会银收据 …… 326
0016 民国二十二年八月初一日郁南县陈木新收取刘森昌缴纳祐福堂熟会银收据 …… 326
0017 民国二十二年八月初一日郁南县陈木新收取刘新平缴纳祐福堂生会银收据 …… 327
0018 民国二十二年八月初一日郁南县陈木新收取刘兴昌缴纳祐福堂生会银收据 …… 327
0019 民国二十二年八月初一日郁南县陈木新收取刘馀昌缴纳祐福堂生会银收据 …… 328
0020 民国二十二年八月初一日郁南县陈木新收取卢兴栓缴纳祐福堂生会银收据 …… 328
0021 民国二十二年八月初一日郁南县陈木新收取聂春朝缴纳祐福堂生会银收据 …… 329
0022 民国二十二年八月初一日郁南县陈木新收取聂士新缴纳祐福堂生会银收据 …… 329
0023 民国二十二年八月初一日郁南县陈木新收取王九晓缴纳祐福堂生会银收据 …… 330
0024 民国二十二年八月初一日郁南县陈木新收取兴益堂缴纳祐福堂熟会银收据 …… 330
0025 民国二十二年八月初一日郁南县陈木新收取叶凤昌缴纳祐福堂生会银收据 …… 331
0026 民国二十二年八月初一日郁南县陈木新收取叶杨彩缴纳祐福堂生会银收据 …… 331
0027 民国二十二年八月初一日郁南县陈木新收取叶杨彩缴纳祐福堂生会银收据 …… 332
0028 民国二十二年八月初一日郁南县陈木新收取叶馀堂缴纳祐福堂熟会银收据 …… 332
0029 民国二十二年八月初一日郁南县陈木新收取叶宅缴纳祐福堂生会银收据 ………… 333
0030 民国二十二年八月初一日郁南县陈木新收取叶卓元缴纳祐福堂生会银收据 …… 333
0031 民国二十二年八月初一日郁南县叶金水收取曾兆凤、曾兆凰缴纳祐福堂生会银收据 …… 334
0032 民国二十二年八月初一日郁南县叶金水收取陈东祺缴纳祐福堂生会银收据 …… 334
0033 民国二十二年八月初一日郁南县叶金水收取陈鸿贤缴纳祐福堂生会银收据 …… 335
0034 民国二十二年八月初一日郁南县叶金水收取陈家升缴纳祐福堂生会银收据 …… 335
0035 民国二十二年八月初一日郁南县叶金水收取陈亚朝缴纳祐福堂生会银收据 …… 336
0036 民国二十二年八月初一日郁南县叶金水收取陈亚镜缴纳祐福堂生会银收据 …… 336
0037 民国二十二年八月初一日郁南县叶金水收取黄发祥缴纳祐福堂生会银收据 …… 337
0038 民国二十二年八月初一日郁南县叶金水收取黄华章缴纳祐福堂熟会银收据 …… 337
0039 民国二十二年八月初一日郁南县叶金水收取黄亚木缴纳祐福堂生会银收据 …… 338

0040 民国二十二年八月初一日郁南县叶金水收取黄亚木缴纳祐福堂生会银收据 …… 338
0041 民国二十二年八月初一日郁南县叶金水收取黄永庆缴纳祐福堂熟会银收据 …… 339
0042 民国二十二年八月初一日郁南县叶金水收取黄兆祥缴纳祐福堂生会银收据 …… 339
0043 民国二十二年八月初一日郁南县叶金水收取刘兴昌缴纳祐福堂会银收据 ……… 340
0044 民国二十二年八月初一日郁南县叶金水收取聂春朝缴纳祐福堂生会银收据 …… 340
0045 民国二十二年八月初一日郁南县叶金水收取聂东朝缴纳祐福堂生会银收据 …… 341
0046 民国二十二年八月初一日郁南县叶金水收取唐显元缴纳祐福堂生会银收据 …… 341
0047 民国二十二年八月初一日郁南县叶金水收取杨培福堂缴纳祐福堂生会银收据 … 342
0048 民国二十二年八月初一日郁南县叶金水收取叶锦泰缴纳祐福堂生会银收据 …… 342
0049 民国二十二年八月初一日郁南县叶金水收取叶亚七缴纳祐福堂熟会银收据 …… 343
0050 民国二十二年八月初一日郁南县叶金水收取叶杨彩缴纳祐福堂生会银收据 …… 343
0051 民国二十二年八月初一日郁南县叶金水收取叶正财缴纳祐福堂熟会银收据 …… 344
0052 民国二十二年八月初一日郁南县叶金水收取祐福堂会友缴纳生会银收据 ……… 344
0053 民国二十二年八月初一日郁南县叶金水收取祐福堂会友缴纳熟会银收据 ……… 345
0054 民国二十二年八月初一日郁南县叶金水收取祐福堂会友熟会银收据 …………… 345
0055 民国二十二年八月初一日郁南县叶锦泰缴纳祐福堂生会银收据 ………………… 346
0056 民国二十二年八月初一日郁南县叶锦泰收取曾钦元缴纳祐福堂生会银收据 …… 346
0057 民国二十二年八月初一日郁南县叶锦泰收取曾万缴纳祐福堂生会银收据 ……… 347
0058 民国二十二年八月初一日郁南县叶锦泰收取曾兆凤、曾兆凰缴纳祐福堂熟会银收据 …… 347
0059 民国二十二年八月初一日郁南县叶锦泰收取曾兆凤、曾兆凰缴纳祐福堂熟会银收据 …… 348
0060 民国二十二年八月初一日郁南县叶锦泰收取陈鉴贤缴纳祐福堂生会银收据 …… 348
0061 民国二十二年八月初一日郁南县叶锦泰收取陈水妹缴纳祐福堂生会银收据 …… 349
0062 民国二十二年八月初一日郁南县叶锦泰收取陈佐贤祐福堂生会银收据 ………… 349
0063 民国二十二年八月初一日郁南县叶锦泰收取何焯溪缴纳祐福堂熟会银收据 …… 350
0064 民国二十二年八月初一日郁南县叶锦泰收取黄发祥缴纳祐福堂生会银收据 …… 350
0065 民国二十二年八月初一日郁南县叶锦泰收取刘炳昌缴纳祐福堂生会银收据 …… 351
0066 民国二十二年八月初一日郁南县叶锦泰收取刘景仁缴纳祐福堂熟会银收据 …… 351
0067 民国二十二年八月初一日郁南县叶锦泰收取刘茂方缴纳祐福堂生会银收据 …… 352
0068 民国二十二年八月初一日郁南县叶锦泰收取刘仁方缴纳祐福堂生会银收据 …… 352

0069 民国二十二年八月初一日郁南县叶锦泰收取聂士明缴纳祐福堂生会银收据 …… 353
0070 民国二十二年八月初一日郁南县叶锦泰收取叶木林缴纳祐福堂熟会银收据 …… 353
0071 民国二十二年八月初一日郁南县叶锦泰收取叶启康缴纳祐福堂生会银收据 …… 354
0072 民国二十二年八月初一日郁南县叶锦泰收取叶启连缴纳祐福堂熟会银收据 …… 354
0073 民国二十二年八月初一日郁南县叶锦泰收取叶述轩缴纳祐福堂生会银收据 …… 355
0074 民国二十二年八月初一日郁南县叶锦泰收取叶新南缴纳祐福堂生会银收据 …… 355
0075 民国二十二年八月初一日郁南县叶锦泰收取叶亚六、叶亚宅缴纳祐福堂生会银收据 …… 356
0076 民国二十二年八月初一日郁南县叶锦泰收取叶馀庆堂缴纳祐福堂熟会银收据 … 356
0077 民国二十二年八月初一日郁南县叶锦泰收取祐福堂各会友缴纳生熟会银两联收据 …… 357
0078 民国二十二年八月初一日郁南县叶锦泰收取祐福堂会友缴纳熟会银两联收据 … 357
0079 民国二十二年八月初一日郁南县叶锦泰收取祐福堂会友生会银收据 …… 358
0080 民国二十二年八月郁南县叶锦泰收取陈连炘缴纳祐福堂生会银收据 …… 358
0081 民国二十二年八月郁南县叶锦泰收取陈庆瑞缴纳祐福堂生会银收据 …… 359
0082 民国二十二年八月郁南县叶锦泰收取叶家全缴纳祐福堂生会银收据 …… 359
0083 民国二十五年十月三十日广东省政府财政厅征收郁南县陆佐泽民国三十四年临时地税收据 …… 360
0084-1 民国三十一年十月十二日郁南县田赋管理处征收吴朝陆民国三十一年下期及三十二年上期田赋收据（正面） …… 361
0084-2 民国三十一年十月十二日郁南县田赋管理处征收吴朝陆民国三十一年下期及三十二年上期田赋收据（背面） …… 361
0085 民国三十七年七月二十日郁南县莫钦荣税契缴款书 …… 362
0086 民国三十七年十二月二十七日郁南县政府征收莫朝隆民国三十七年第二期及三十八年第一期田赋收据 …… 362
0087 民国年间西宁县（郁南县）常静买受曾蔡氏田产接受税亩买主执照 …… 363

云浮县

0001 民国元年二月东安县（云浮县）征收叶则古辛亥年色米业户执照 …… 364
0002 民国元年东安县（云浮县）征收叶棣辛亥年粮银业户执照 …… 364

0003 民国元年东安县（云浮县）征收叶棣民国元年粮业户执照 ………………………… 365
0004 民国元年东安县（云浮县）征收叶棣辛亥年色米业户执照 ………………………… 365
0005 民国元年东安县（云浮县）征收叶则古民国元年色米洋银业户执照 ………………… 366
0006 民国元年东安县（云浮县）征收叶棣民国元年色米洋银业户执照 ………………… 366
0007 民国元年东安县（云浮县）征收叶则古民国元年粮银业户执照 …………………… 367
0008 民国四年元月云浮县征收叶文色米业户执照 …………………………………… 367
0009 民国八年一月云浮县征收叶贯箓民米执照 ……………………………………… 368
0010 民国八年一月云浮县征收叶衍湘民米执照 ……………………………………… 368
0011 民国八年一月云浮县征收叶养源民米业户执照 ………………………………… 369
0012 民国八年七月云浮县征收叶贯箓民米业户执照 ………………………………… 369
0013 民国十年五月云浮县征收周凤荣等民米执照 …………………………………… 370
0014 民国十四年十月二十二日叶启君参与育和团集占东兴饷当股票存照 …………… 370
0015 民国十四年十月二十二日叶启康参与育和团集占东兴饷当股票 ………………… 371
0016 民国十四年十月二十二日叶家进参与育和团集占东兴饷当股票 ………………… 371
0017 民国十四年十月二十二日叶钧荣参与育和团集占东兴饷当股票 ………………… 372
0018 民国十四年十月二十二日叶善昌参与育和团集占东兴饷当股票 ………………… 372
0019 民国十四年十月二十二日叶杖才参与育和团集占东兴饷当股票 ………………… 373
0020 民国十四年十月二十二日叶汶昌参与育和团集占东兴饷当股票 ………………… 373
0021 民国十四年十月二十二日叶运才参与育和团集占东兴饷当股票 ………………… 374
0022 民国十四年十月二十二日叶全才参与育和团集占东兴饷当股票 ………………… 374
0023 民国十四年十月二十二日叶亚陆参与育和团集占东兴饷当股票 ………………… 375
0024 民国十五年一月云浮县征收周凤荣民国四年地丁正银业户执照 ………………… 375
0025 民国十五年一月云浮县征收周凤荣民国五年地丁正银业户执照 ………………… 376
0026 民国十五年一月云浮县征收周凤荣、周京朝民米执照 …………………………… 376
0027 民国十五年一月云浮县征收周凤荣、周京朝民米执照 …………………………… 377
0028 民国十六年云浮县征收叶文忠民国十五年民米业户执照 ………………………… 377
0029 民国十六年云浮县征收黄元楷民国十六年赋税执照 ……………………………… 378
0030 民国十七年十二月云浮县叶文忠缴纳田税及地方警卫队经费收据 ……………… 378
0031 民国十七年云浮县黄元楷缴纳田税及地方警卫队经费收据 ……………………… 379
0032 民国十七年云浮县征收黄元楷地丁民米业户执照 ………………………………… 379
0033 民国十七年云浮县征收梁黄元楷民米业户执照 …………………………………… 380

0034 民国十九年云浮县叶贯箓缴纳田税及地方警卫队经费收据 …… 380
0035 民国十九年云浮县征收叶养源堂民国十九年地丁正银粮户执照 …… 381
0036 民国二十年一月四日东兴当铺为字号当票 …… 381
0037 民国二十年云浮县黄元楷完纳民国十八至二十年粮赋收据 …… 382
0038 民国二十年云浮县征收黄元楷民国十八年民米粮户执照 …… 382
0039 民国二十年云浮县征收黄元楷民国十九年民米粮户执照 …… 383
0040 民国二十年云浮县征收黄元楷民国十九年民米粮户执照 …… 383
0041 民国二十三年四月二十四日云浮县白云腰公路云白段建筑委员会续征曾济昌股银执据 …… 384
0042 民国二十三年四月二十四日云浮县白云腰公路云白段建筑委员会续征曾济昌股银执据 …… 384
0043 民国二十三年四月二十四日云浮县白云腰公路云白段建筑委员会续征曾济昌股银执据 …… 385
0044 民国二十三年四月二十四日云浮县白云腰公路云白段建筑委员会续征曾济昌股银执据 …… 385
0045 民国二十三年四月二十四日云浮县周凤荣等缴纳警卫队附加费收条 …… 386
0046 民国二十三年八月五日云浮县叶卓南等缴纳警卫队附加费收条 …… 386
0047 民国二十三年八月五日云浮县叶卓南等缴纳警卫队附加费收条 …… 387
0048 民国二十三年十二月云浮县叶卓南等缴纳警卫队附加费收据 …… 387
0049 民国二十四年十二月二十七日云浮县调查黄元楷承耕租田存条 …… 388
0050 民国二十四年十二月二十七日云浮县调查黄元楷承耕租田存条 …… 388
0051 民国二十四年十二月二十七日云浮县调查黄元楷承耕租田存条 …… 389
0052 民国二十四年十二月二十七日云浮县调查黄元楷承耕租田存条 …… 389
0053 民国二十四年云浮县征收黄元楷民国二十一年地丁正额银粮户执照 …… 390
0054 民国二十四年云浮县征收黄元楷民国二十一年民米正额银粮户执照 …… 390
0055 民国二十四年云浮县征收黄元楷民国二十二年地丁正额银粮户执照 …… 391
0056-1 民国二十四年云浮县征收黄元楷民国二十三年民米正额银粮户执照（正面） …… 392
0056-2 民国二十四年云浮县征收黄元楷民国二十三年民米正额银粮户执照（背面） …… 392

0057-1 民国二十五年七月二十四日云浮县收取黄元楷田亩调查费收据（正面）…… 393
0057-2 民国二十五年七月二十四日云浮县收取黄元楷田亩调查费收据（背面）…… 393
0058 民国二十五年十月十五日云浮县征收黄元阶民国二十四年临时地税收据……… 394
0059 民国二十五年十月三十一日云浮县征收叶桂全民国二十四年临时地税收据…… 394
0060 民国二十六年十二月云浮县征收黄元阶民国二十五年第一、二期临时地税收据…… 395
0061 民国二十六年十二月云浮县征收黄元阶民国二十六年第一、二期临时地税收据…… 395
0062 民国二十七年十月十四日黄元楷缴纳田税干谷收据…… 396
0063 民国二十七年十二月二日云浮县征收叶俊源民国二十七年第一、二期临时地税收据…… 396
0064 民国二十八年十二月八日云浮县征收叶俊源民国二十八年第二期临时地税收据…… 397
0065 民国二十九年十二月二十一日云浮县征收黄元阶民国二十九年第二期临时地税收据…… 397
0066 民国三十年十二月三十日云浮县征收黄元阶民国三十年下期及三十一年上期田赋收据…… 398
0067 民国三十一年一月十二日云浮县叶炳基认购民国二十九年抗战公债收据……… 398
0068 民国三十一年十一月云浮县田赋管理处征收黄元楷民国三十一年下期及三十二年上期田赋验收单第二联…… 399
0069 民国三十一年十一月云浮县田赋管理处征收黄元楷民国三十一年下期及三十二年上期田赋验收单第三联…… 399
0070 民国三十一年十二月二十四日黄元楷缴纳费用收据…… 400
0071 民国三十一年云浮县征收罗朝尝民国三十一年下期至三十二年上期田赋收据… 400
0072 民国三十二年元月云浮县周锐兴缴纳警卫队附加费收据…… 401
0073 民国三十二年十二月二十日云浮县叶炳基认购同盟胜利公债收据…… 401
0074 民国三十二年云浮县田赋管理处征收罗朝尝民国三十二年至三十三年田赋收据…… 402
0075 民国三十三年云浮县田赋管理处征收罗朝尝民国三十三年第二期及三十四年第一期田赋及借粮收据…… 402

0076-1 民国三十五年云浮县政府征收罗朝尝民国三十五年第二期及三十六年第一期田赋及借粮收据（正面）…… 403
0076-2 民国三十五年云浮县政府征收罗朝尝民国三十五年第二期及三十六年第一期田赋及借粮收据（背面）…… 403
0077-1 民国三十五年云浮县政府征收罗有伦民国三十五年第二期及民国三十六年第一期田赋及借粮收据（正面）…… 404
0077-2 民国三十五年云浮县政府征收罗有伦民国三十五年第二期及民国三十六年第一期田赋及借粮收据（背面）…… 404

0078 民国三十六年十二月九日云浮县政府征收罗三和堂民国三十六年第二期及三十七年第一期田赋收据 …… 405
0079 民国三十六年云浮县政府征收罗朝常民国三十六年第二期及三十七年第一期田赋收据 …… 405
0080 民国三十六年云浮县政府征收罗世佳民国三十六年第二期及三十七年第一期田赋收据 …… 406
0081-1 民国三十六年云浮县政府征收罗有伦民国三十六年第二期及三十七年第一期田赋收据（正面）…… 407
0081-2 民国三十六年云浮县政府征收罗有伦民国三十六年第二期及三十七年第一期田赋收据（背面）…… 407
0082 民国三十七年云浮县罗朝常缴纳民众自卫队经费收据 …… 408
0083 民国三十七年云浮县罗世佳缴纳民众自卫队经费收据 …… 408
0084 民国三十七年云浮县罗有伦缴纳民众自卫队经费收据 …… 409
0085 民国三十八年元月十四日云浮县政府征收黄元楷民国三十六年第二期及三十七年第一期田赋收据 …… 409
0086 民国三十八年八月云浮县罗三和堂缴纳团警经费收据 …… 410
0087 民国三十八年八月云浮县政府征收罗三和堂田赋收据 …… 410
0088 民国三十八年（一九四九年）云浮县罗有伦缴纳团警经费收据 …… 411
0089 民国三十八年（一九四九年）云浮县政府征收罗有伦田赋收据 …… 411
0090 民国某年正月二十八日义安饷押当票 …… 412
0091 民国某年十二月云浮县征收黄庆受分银业户执照 …… 412
0092 民国年间第四保冼示文临时补单收据 …… 413

0093 民国年间云浮县征收叶齐立色米业户执照 …… 413

信息不详

0001 民国三年三月初八日象贤堂领取安和堂利银领条 …… 414
0002 民国三年四月二十六日象贤领镇业堂奉利银领条 …… 414
0003 民国十一年七月六日树椿取本银收条 …… 415
0004 民国十一年钜源押斯字号当票 …… 415
0005 民国十三年五月初八日明近伯收回宣统元年借银收条 …… 416
0006 民国十六年英长叙支取本银记录 …… 416
0007 民国十九年元月十七日、民国二十年三月初七日支取本银凭条 …… 417
0008 民国二十五年五月南山乡乡公所复评核查田亩事务通知单 …… 417
0009-1 民国二十六年九月财政部发行救国公债（正面） …… 418
0009-2 民国二十六年九月财政部发行救国公债（背面） …… 419
0010-1 民国二十七年当铺记账纸（计数单）（正面） …… 420
0010-2 民国二十七年当铺记账纸（计数单）（背面） …… 420
0011 民国二十八年六月十日华侨唠吡币兑国币记账纸 …… 421
0012 民国三十一年八月二十一日潘英甫收到德荃补肥料费收据 …… 421
0013 民国三十二年十一月二十七日裕义乡莫炳辉随赋购粮给价证兑券联 …… 422
0014 民国三十二年十一月二十七日裕义乡莫赋爵随赋购粮给价证兑券联 …… 423
0015 民国三十二年十一月二十八日裕义乡莫炳辉随赋购粮给价证兑券联 …… 424
0016 民国三十四年元月十四日和彩徽来田亩附加抗战费收条 …… 425
0017 民国三十六年三月初三日胡德善另立借据 …… 425
0018 民国三十六年十月十三日潘怀荃等乐捐本县联防自卫经费收据 …… 426
0019 商号往来账单 …… 426
0020 佚名账本 …… 427
0021 佚名记账纸 …… 427
0022-1 周锐兴借昌记札单（正面） …… 428
0022-2 周锐兴借昌记札单（背面） …… 428

清代票据

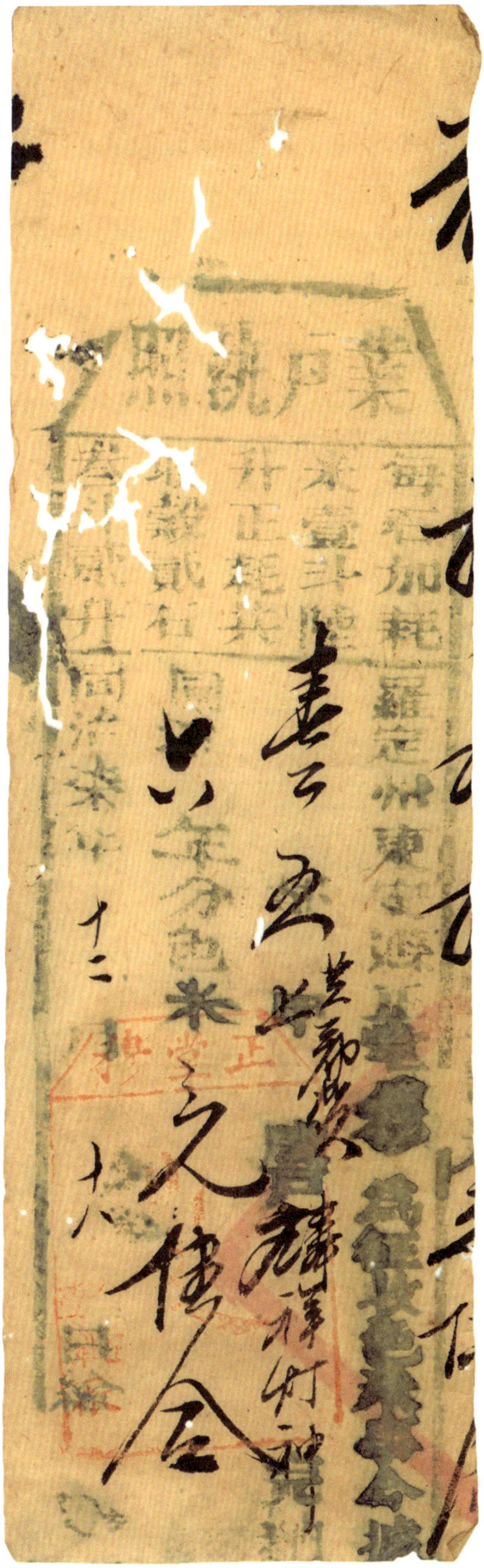

0001 同治七年十二月十八日罗定州东安县征收麟祥灯神会同治六年色米业户执照

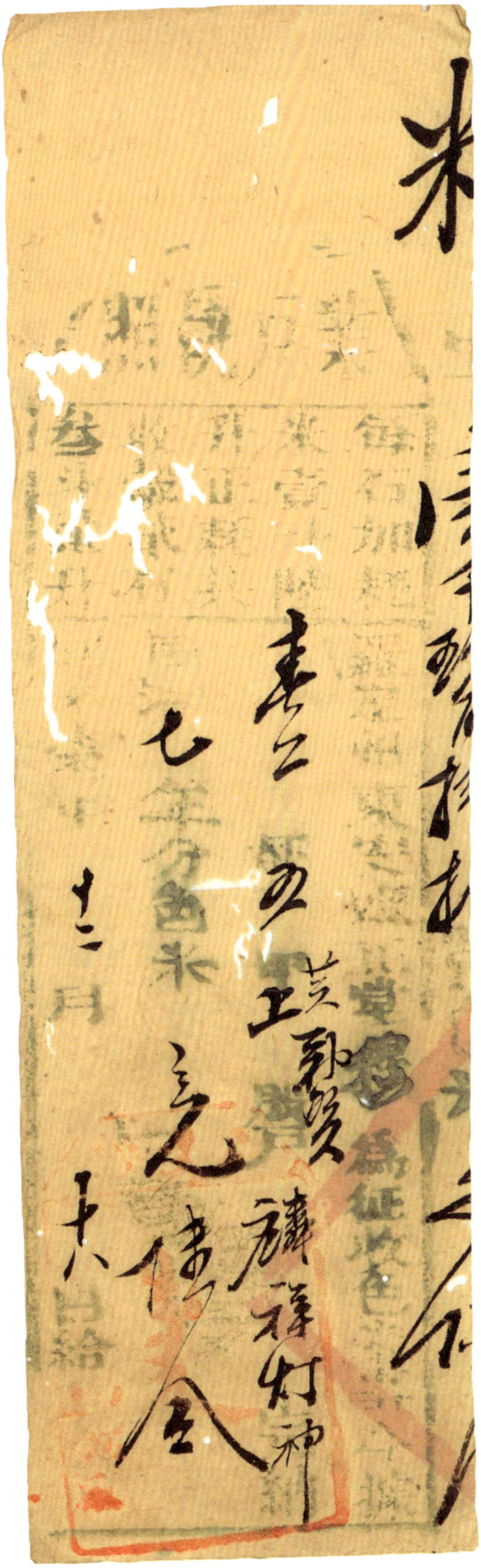

0002 同治七年十二月十八日罗定州东安县征收麟祥灯神会同治七年色米业户执照

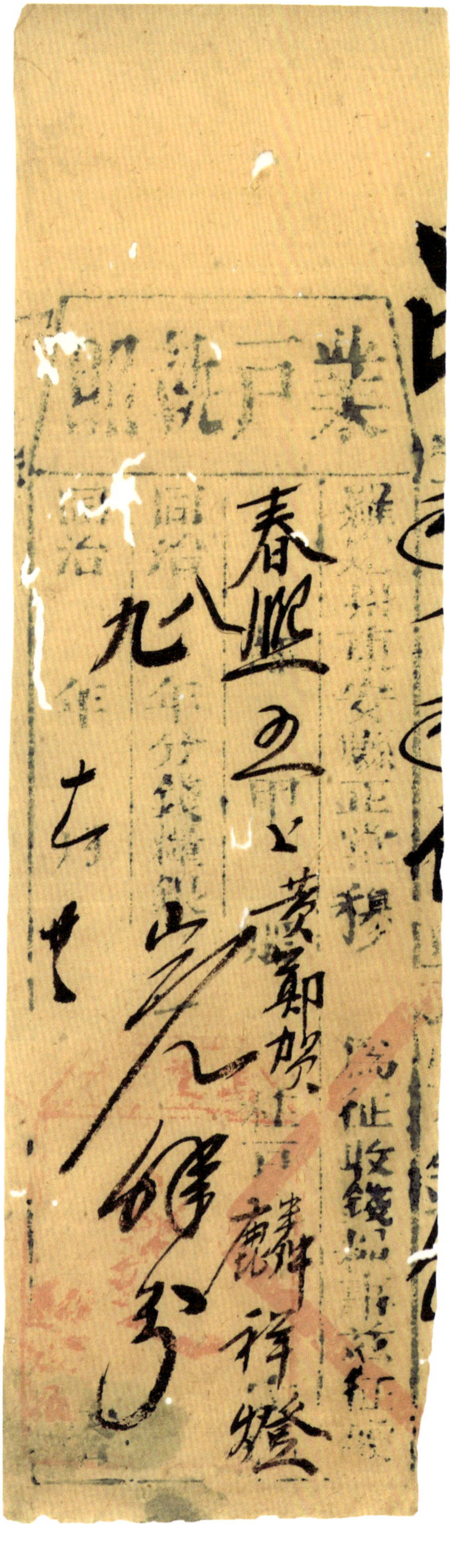

0003 同治九年十一月二十一日罗定州东安县征收麟祥灯神会同治八年钱粮银业户执照

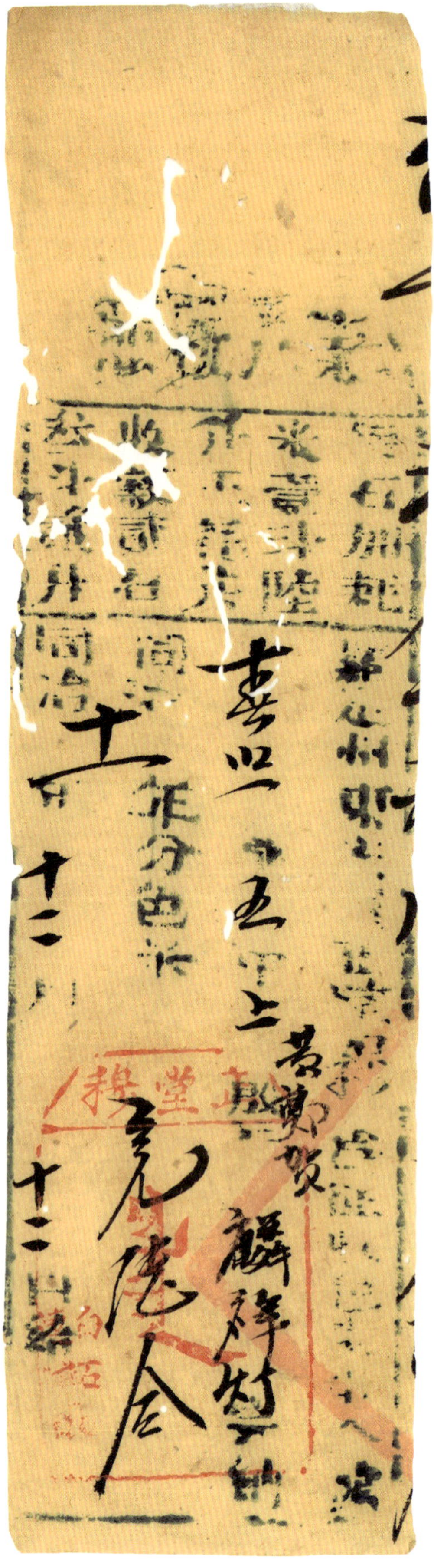

0004 同治十一年十二月十二日罗定州东安县征收麟祥灯神会同治十一年色米业户执照

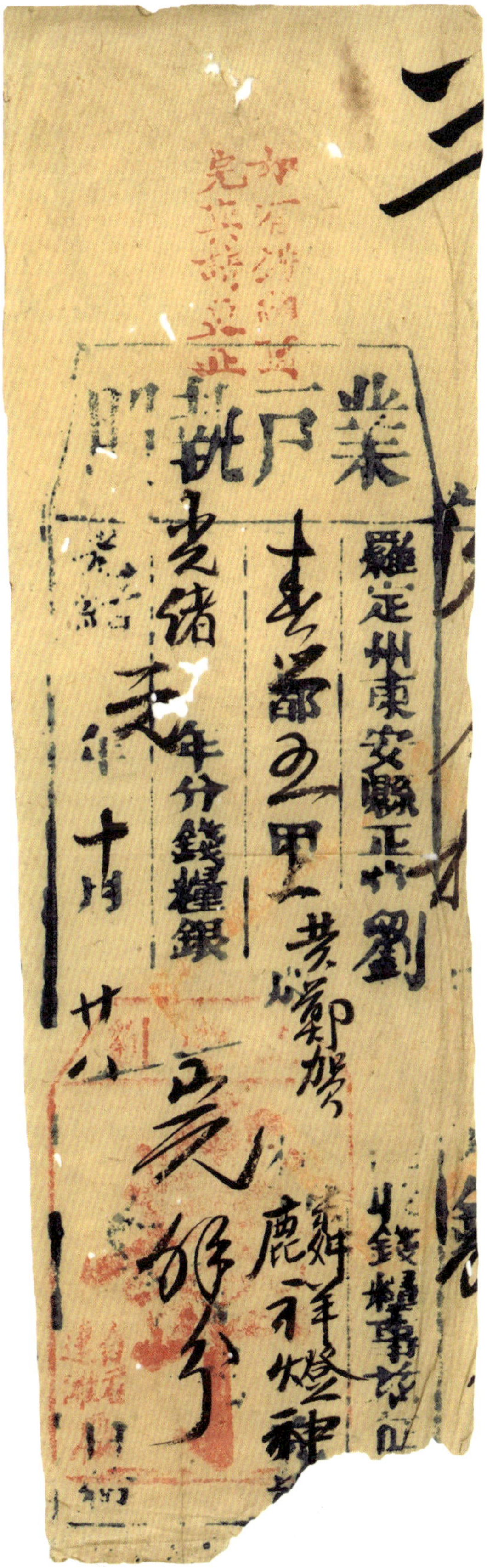

0005 光绪元年十月二十八日罗定州东安县征收麟祥灯神会光绪元年钱粮银业户执照

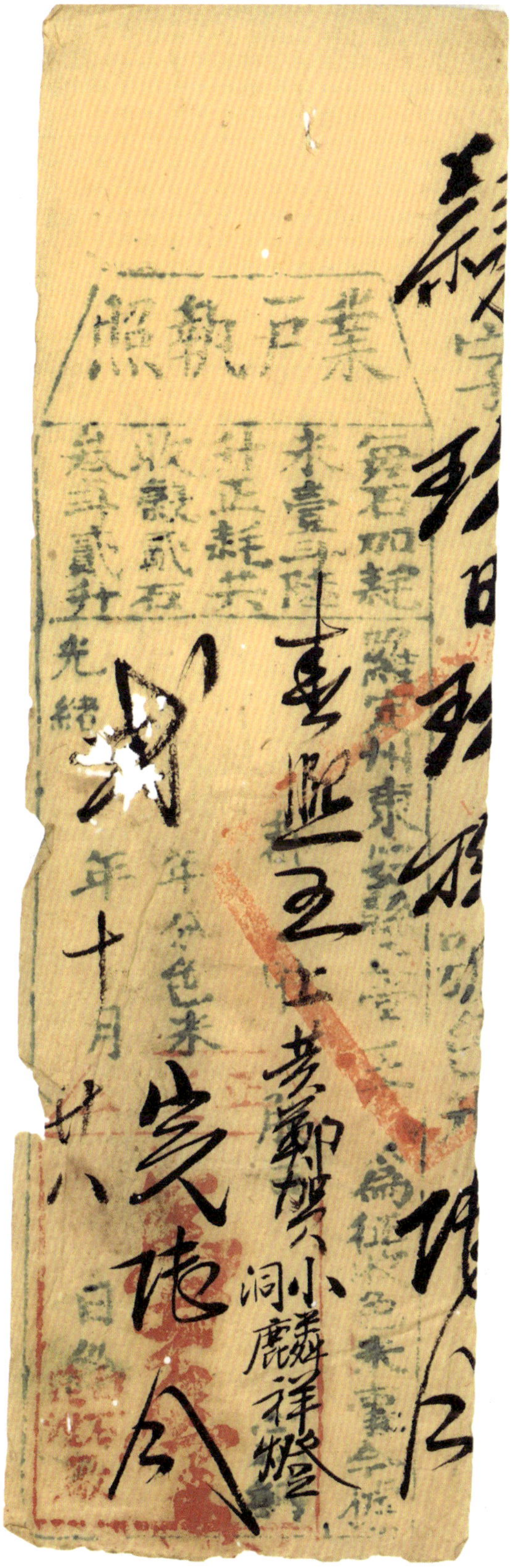

0006 光绪二年十月二十八日罗定州东安县征收麟祥灯神会光绪二年色米业户执照

0007 光绪二年十一月二十八日罗定州东安县征收麟祥灯神会光绪二年钱粮银业户执照

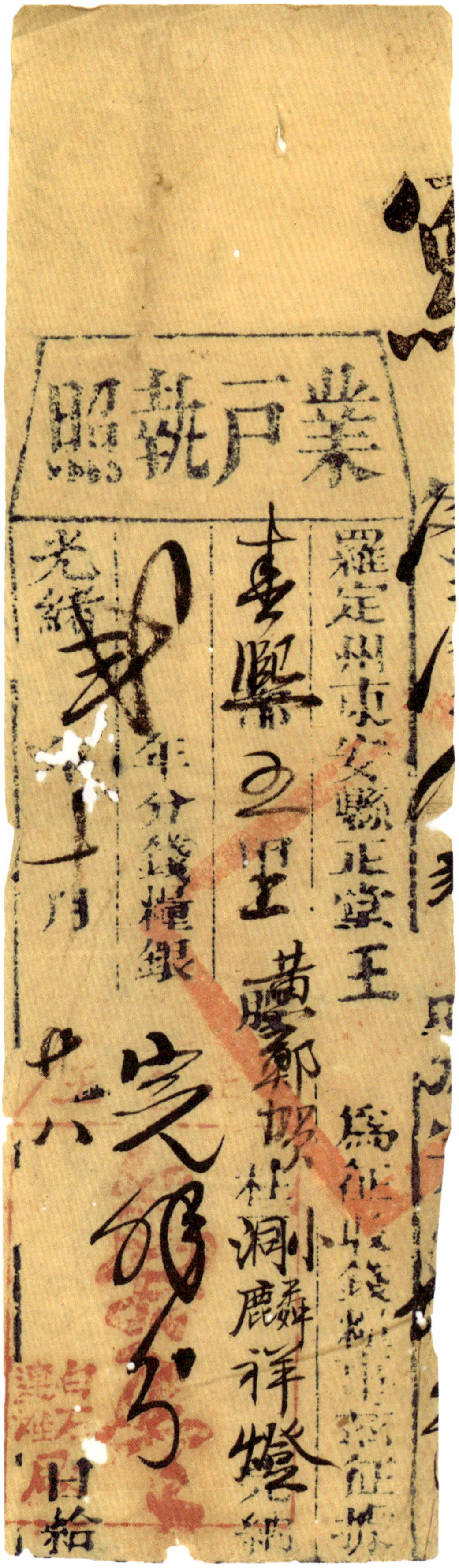

業戶執照

羅定州東安縣正堂王

光緒 年 分錢糧銀

日給

0008 光绪五年十月二十七日罗定州东安县征收麟祥灯神会光绪五年钱粮银业户执照

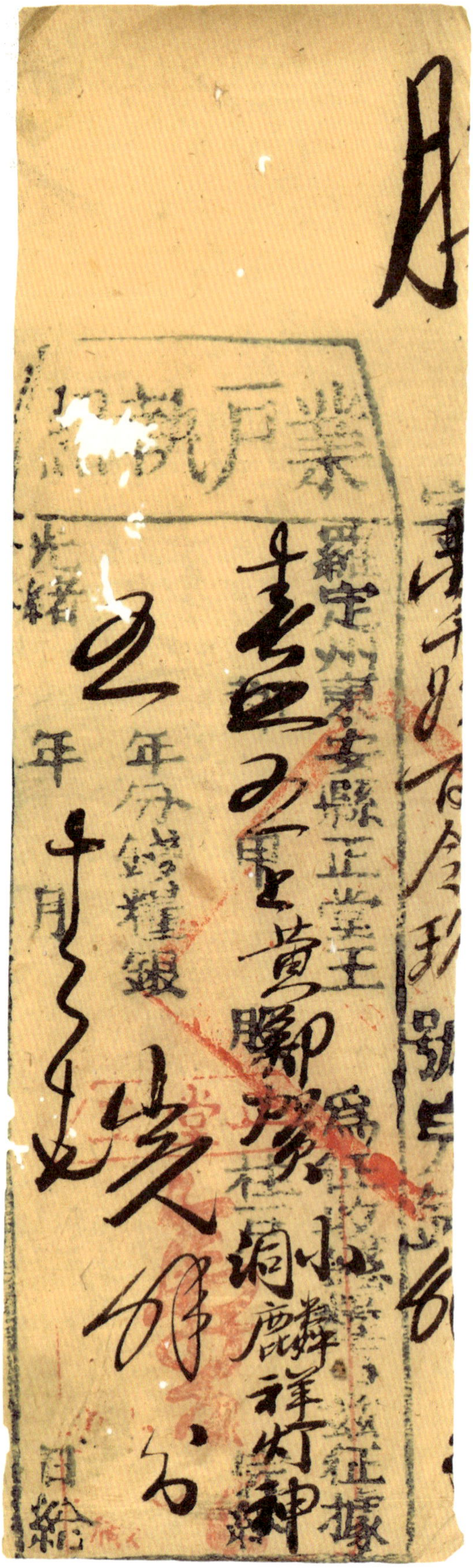

業戶執照

羅定州東安縣正堂王

光緒 年 分錢糧銀

日給

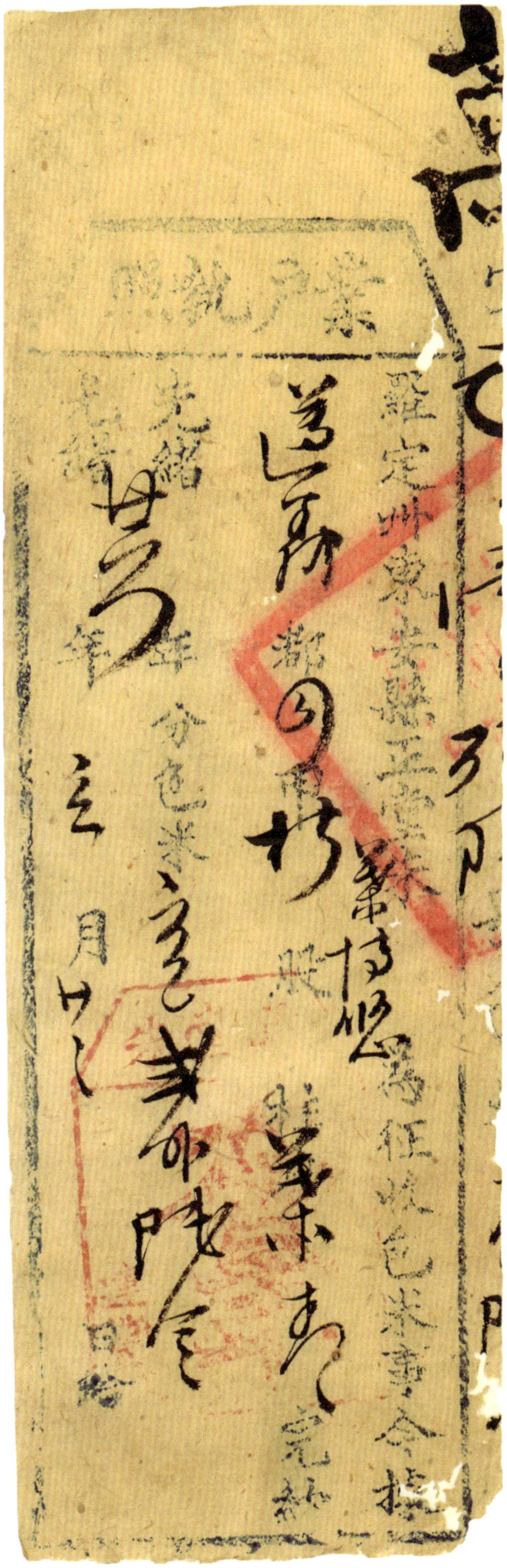

0009 光绪二十六年六月二十二日罗定州东安县征收叶青光绪二十六年色米业户执照

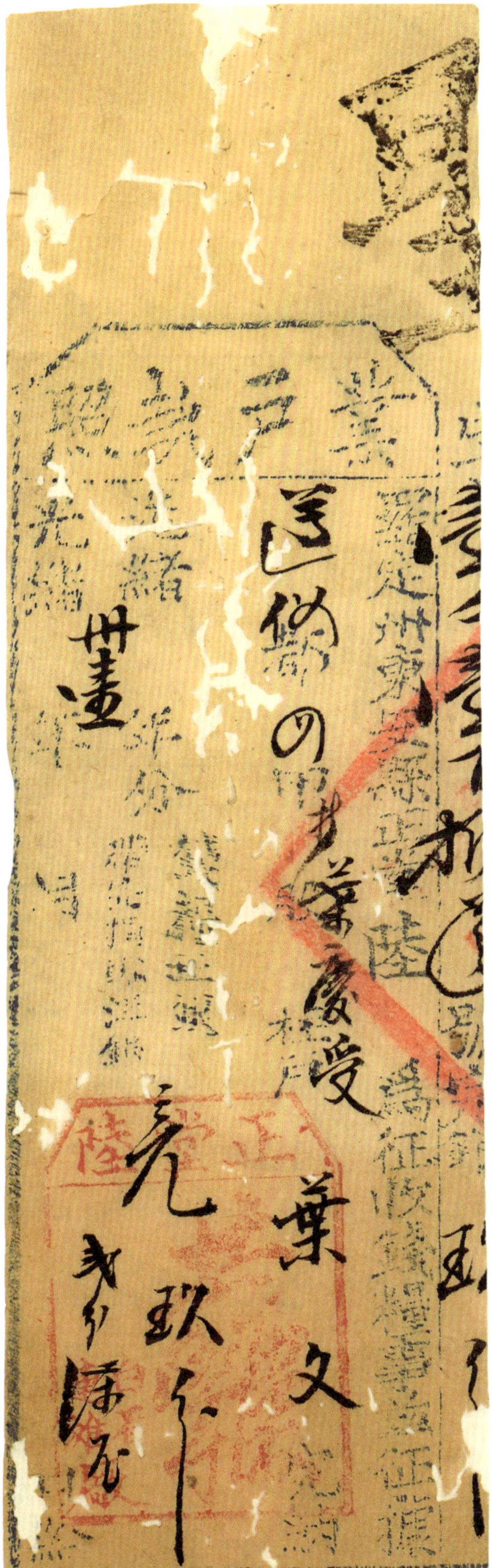

0010 光绪三十一年罗定州东安县征收叶文光绪三十一年钱粮正银业户执照

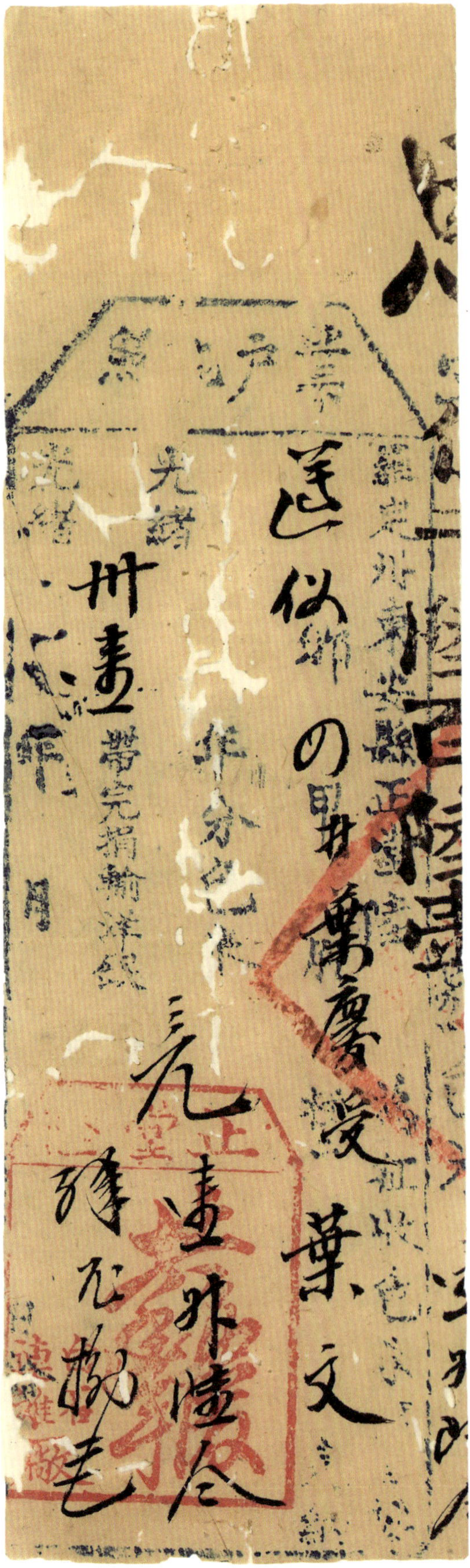

0011 光绪三十一年罗定州东安县征收叶文光绪三十一年色米业户执照

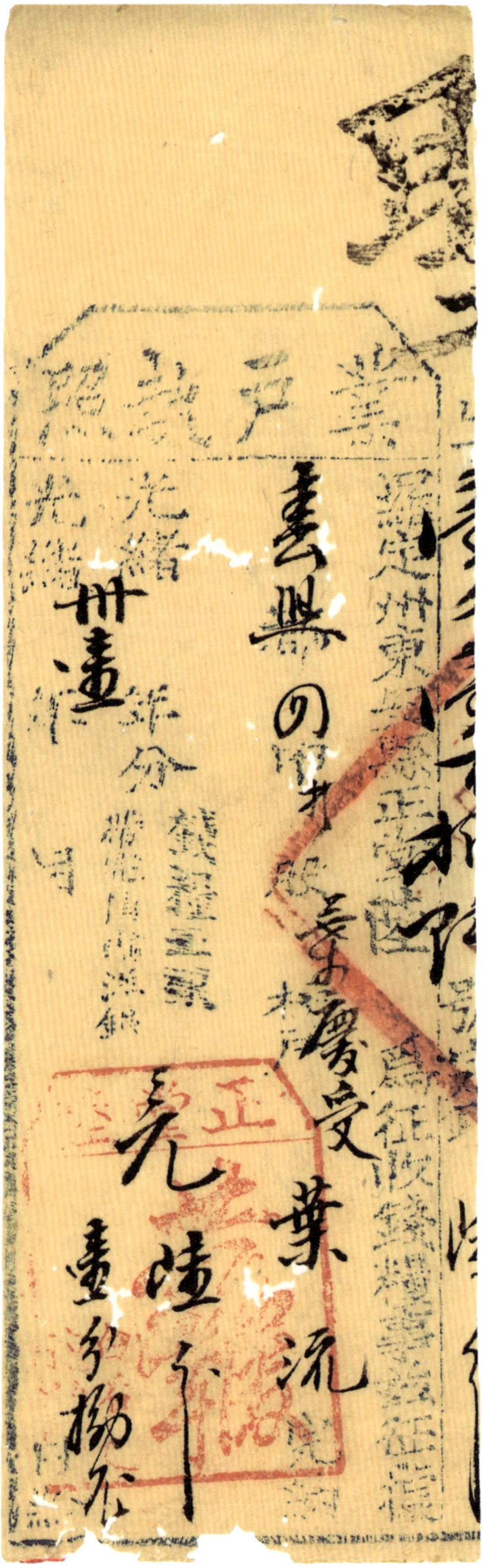

0012 光绪三十一年罗定州东安县征收叶流光绪三十一年钱粮正银业户执照

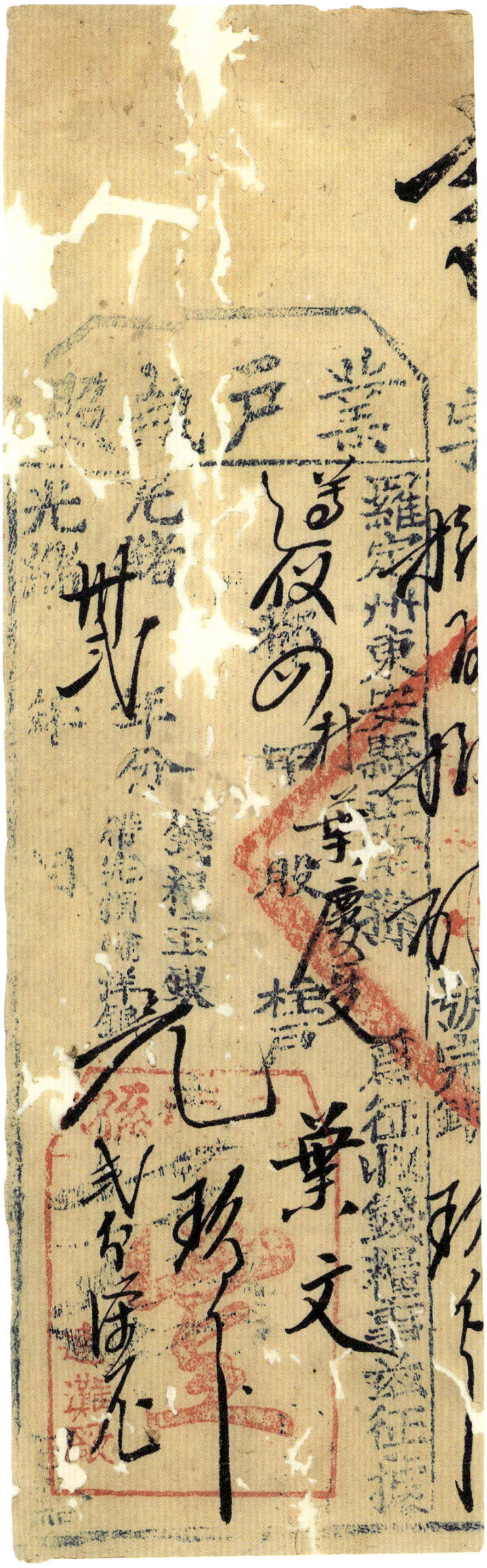

0013 光绪三十二年罗定州东安县征收叶文光绪三十二年钱粮正银业户执照

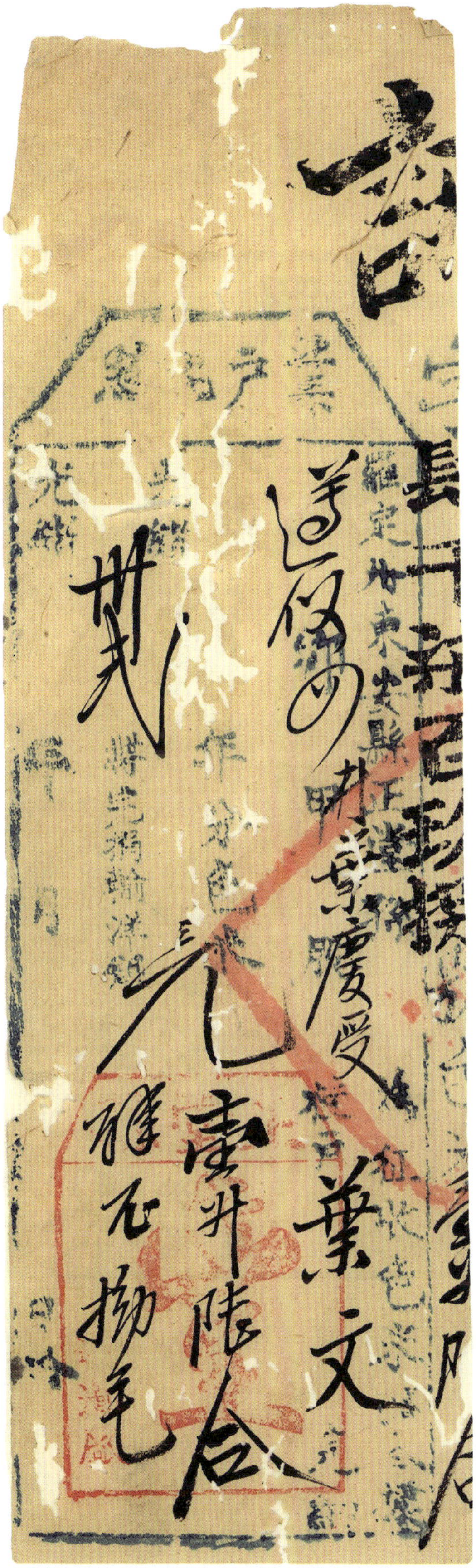

0014 光绪三十二年罗定州东安县征收叶文光绪三十二年色米业户执照

0015 光绪三十三年十二月罗定州东安县征收叶棣光绪三十三年纳银执照

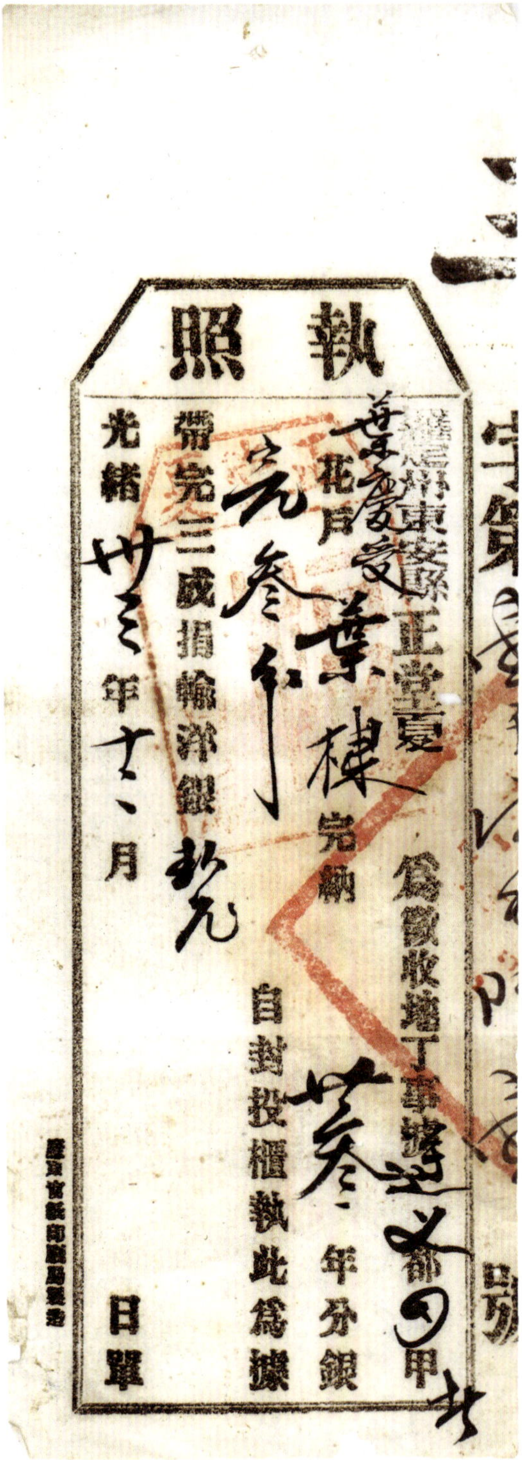

執照

羅定州東安縣正堂夏 為徵收地丁事據 都 甲

花戶 葉棣 完納 年分銀

帶完三成捐輸洋銀

自封投櫃執此為據

光緒 年 月 日單

0016 光绪三十三年十二月罗定州东安县征收叶流光绪三十三年本色民米执照

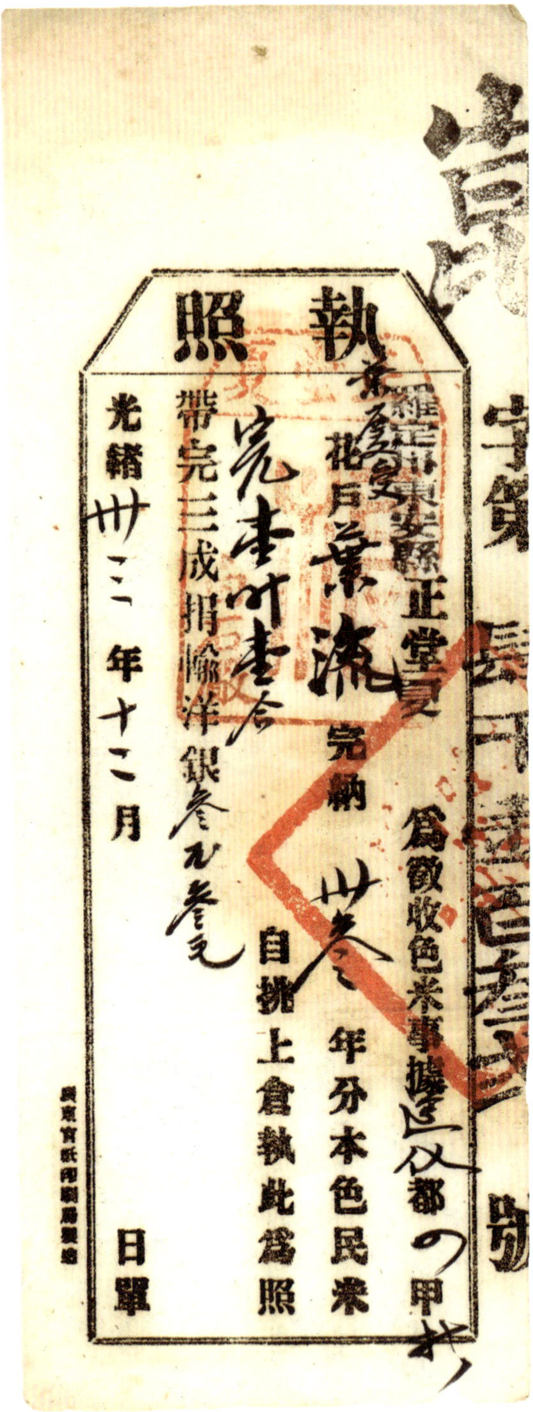

執照

羅定州東安縣正堂夏 為徵收色米事據 都 甲

花戶 葉流 完納 年分本色民米

帶完三成捐輸洋銀

自挑上倉執此為照

光緒 年 月 日單

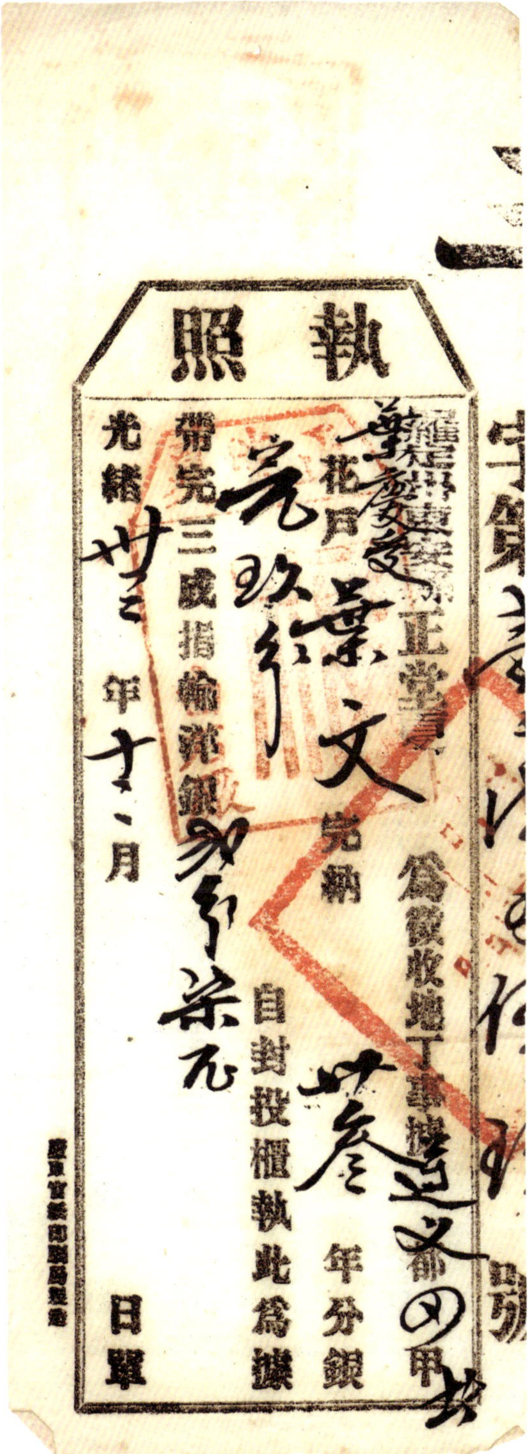
執照
羅定州東安縣正堂
為徵收地丁事據　都　甲
花戶　完納　年分銀
帶完三成捐輸洋銀
自封投櫃執此為據
光緒　年　月　日單
廣東官紙印刷局製

0017 光绪三十三年十二月罗定州东安县征收叶文光绪三十三年纳银执照

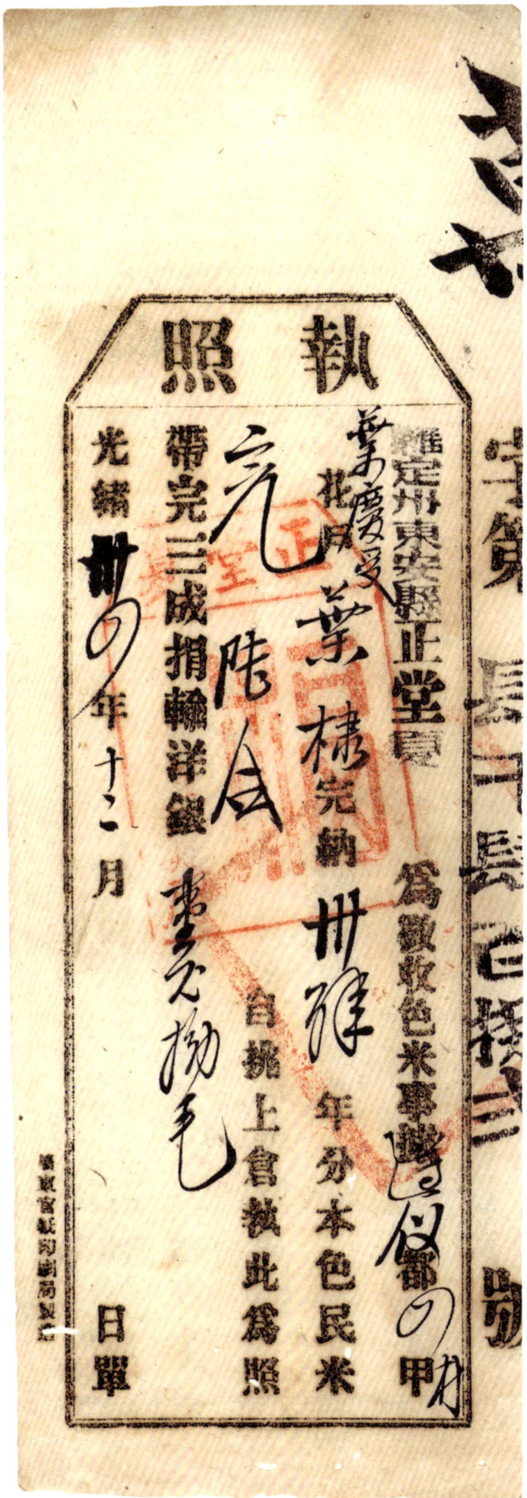
執照
羅定州東安縣正堂
為徵收色米事據　都　甲
花戶　完納　年分本色民米
帶完三成捐輸洋銀
自挑上倉執此為照
光緒　年　月　日單
廣東官紙印刷局製

0018 光绪三十四年十二月罗定州东安县征收叶棣光绪三十四年本色民米执照

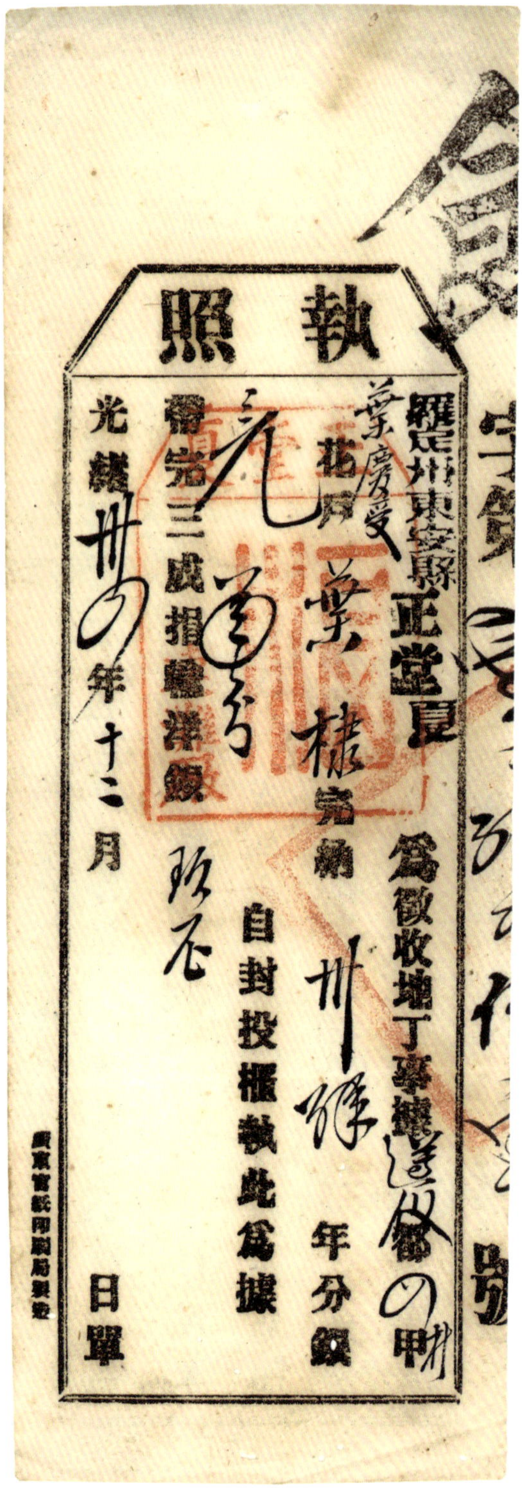

執照

羅定州東安縣正堂夏 為徵收地丁事據 都 甲 花戶 葉棣 完納 卅 年分銀 帶完三成捐輸洋銀 自封投櫃執此為據

光緒卅四年十二月 日單

廣東官紙印刷局製造

0019 光绪三十四年十二月罗定州东安县征收叶棣光绪三十四年纳银执照

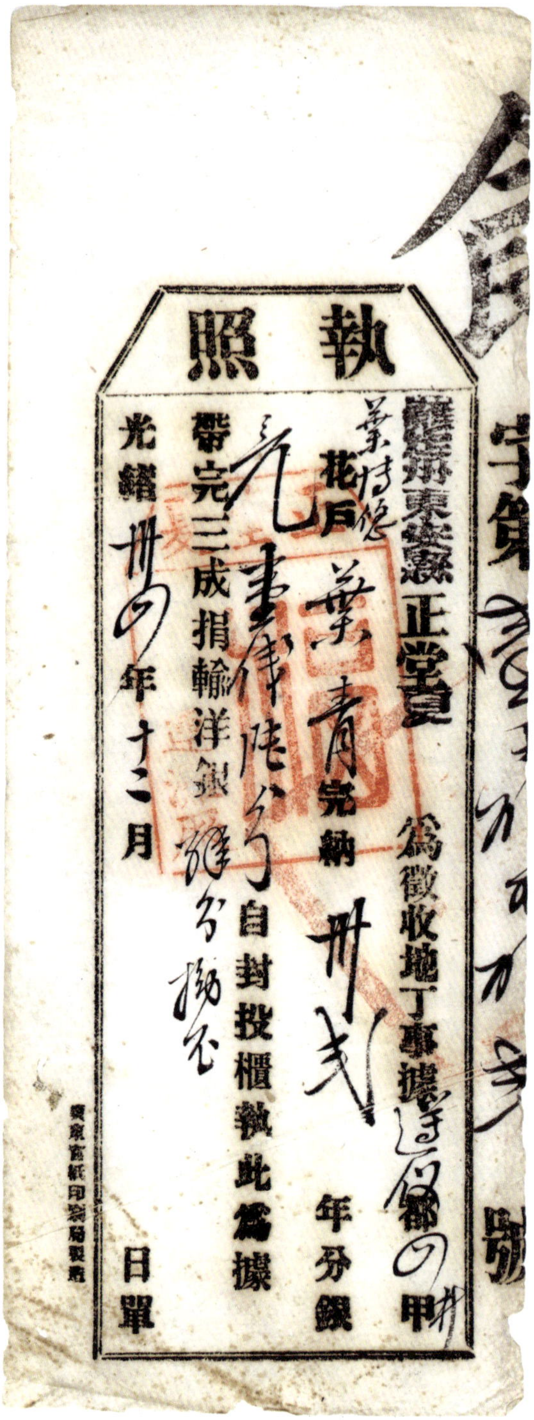

執照

羅定州東安縣正堂夏 為徵收地丁事據 都 甲 花戶 葉青 完納 卅 年分銀 帶完三成捐輸洋銀 自封投櫃執此為據

光緒卅四年十二月 日單

廣東官紙印刷局製造

0020 光绪三十四年十二月罗定州东安县征收叶青光绪三十二年纳银执照

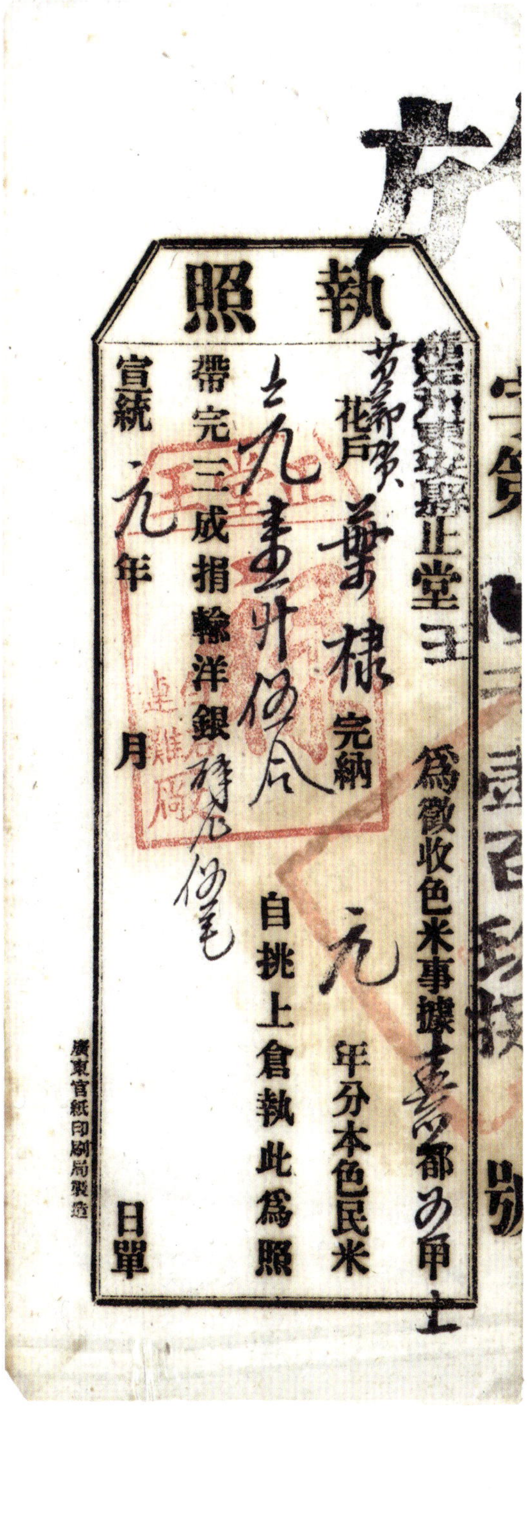
執照

羅定州東安縣正堂王　為徵收色米事據　都　甲

花戶葉棣　完納

元　年分本色民米

帶完三成捐輸洋銀

自挑上倉執此為照

宣統元年　月　日單

廣東官紙印刷局製造

0021 宣统元年罗定州东安县征收叶棣宣统元年本色民米执照

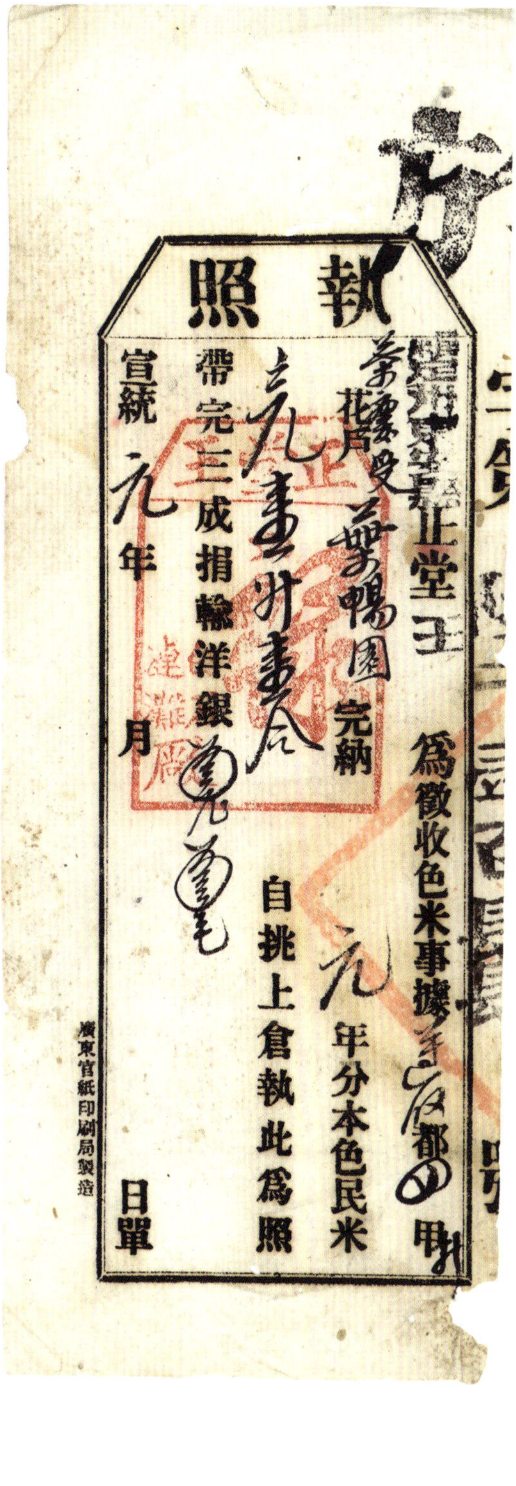
執照

羅定州東安縣正堂王　為徵收色米事據　都　甲

花戶葉暢園　完納

元　年分本色民米

帶完三成捐輸洋銀

自挑上倉執此為照

宣統元年　月　日單

廣東官紙印刷局製造

0022 宣统元年罗定州东安县征收叶畅园宣统元年本色民米执照

0023 宣统元年罗定州东安县征收叶畅园宣统元年纳银执照

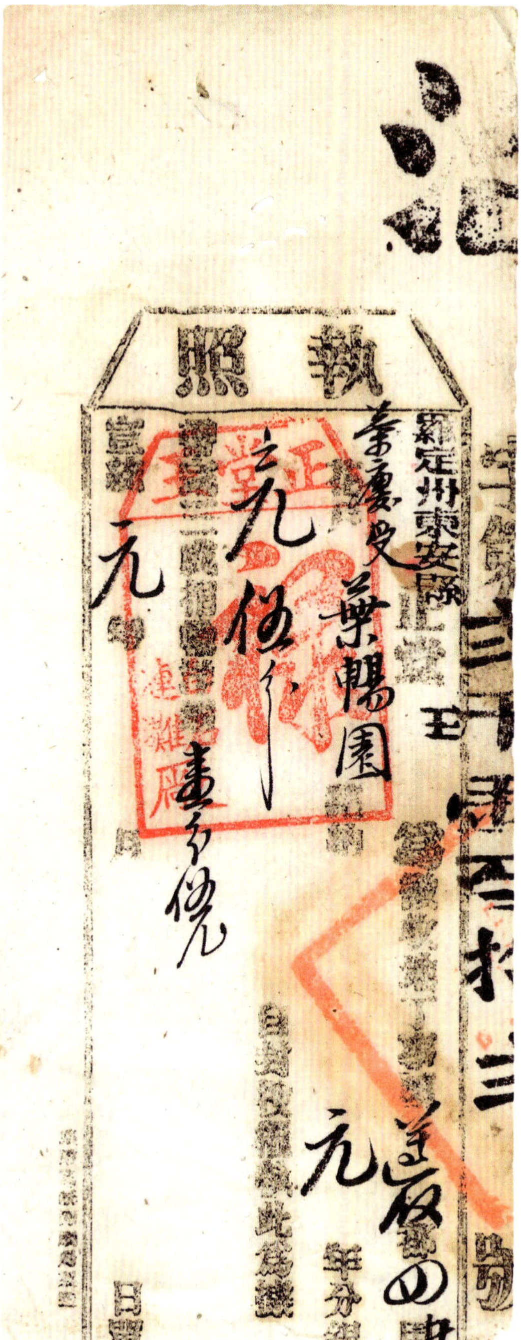

0024 宣统元年罗定州东安县征收叶源宣统元年纳银执照

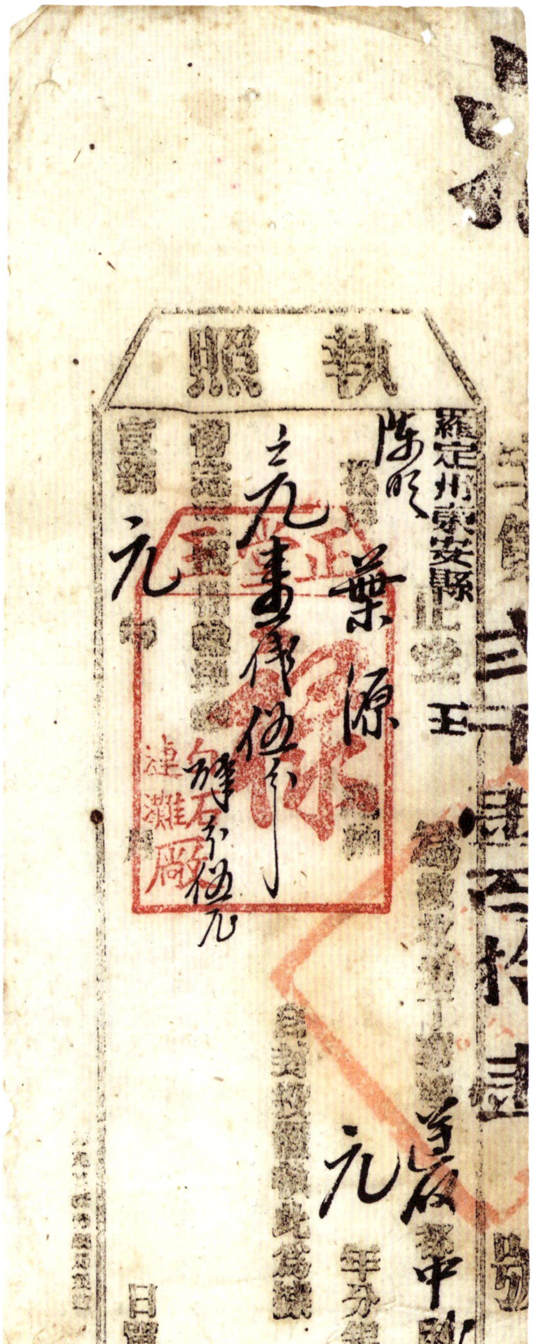

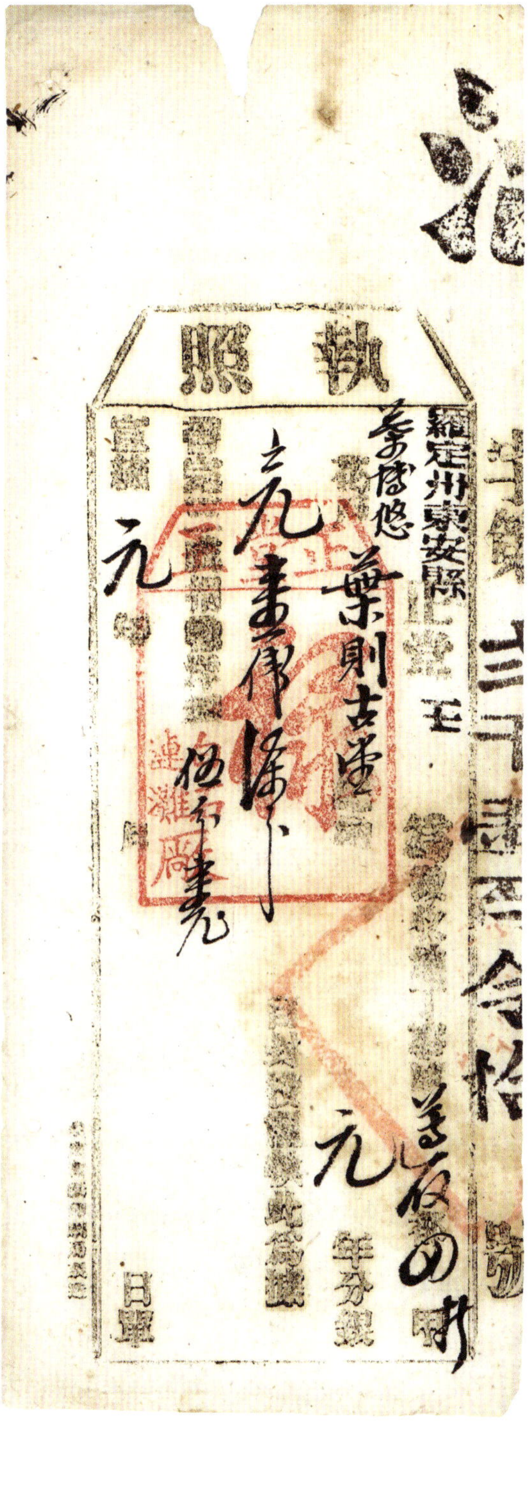

0025 宣统元年罗定州东安县征收叶则古堂宣统元年纳银执照

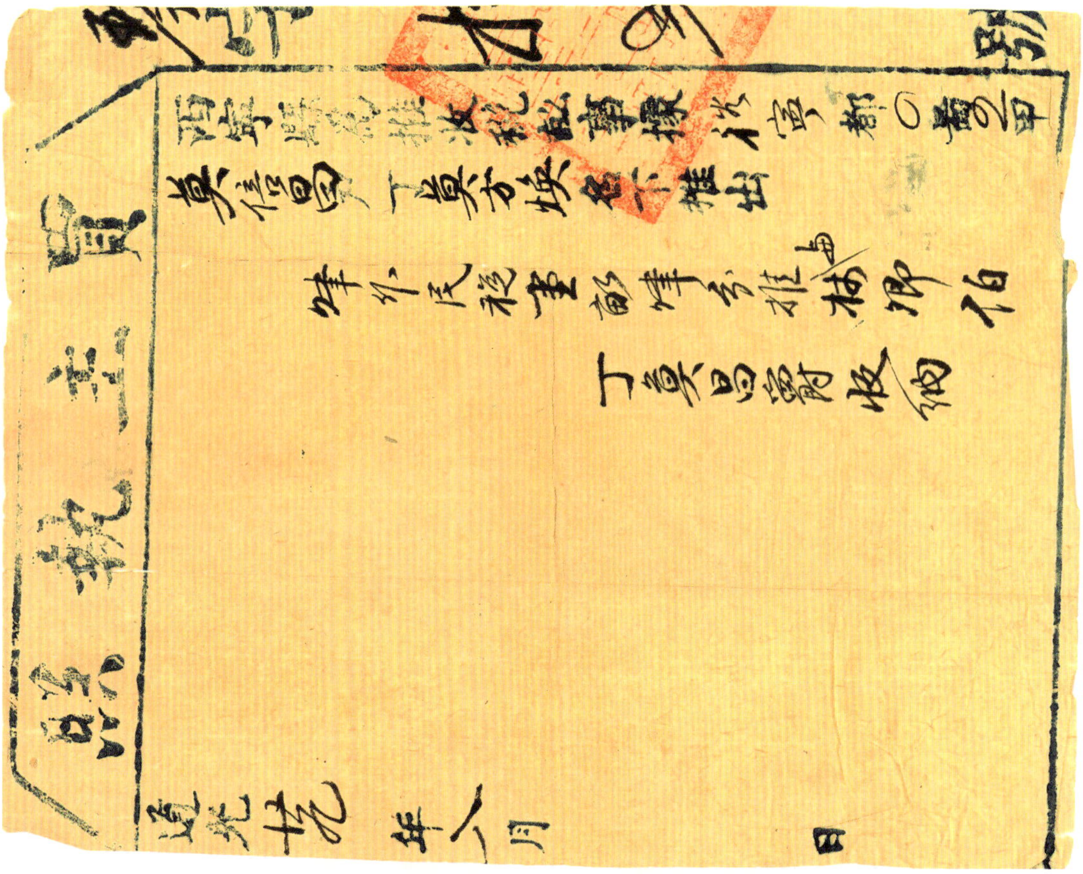

0001 道光二十九年八月西宁县莫昌爵收纳税亩买主执照

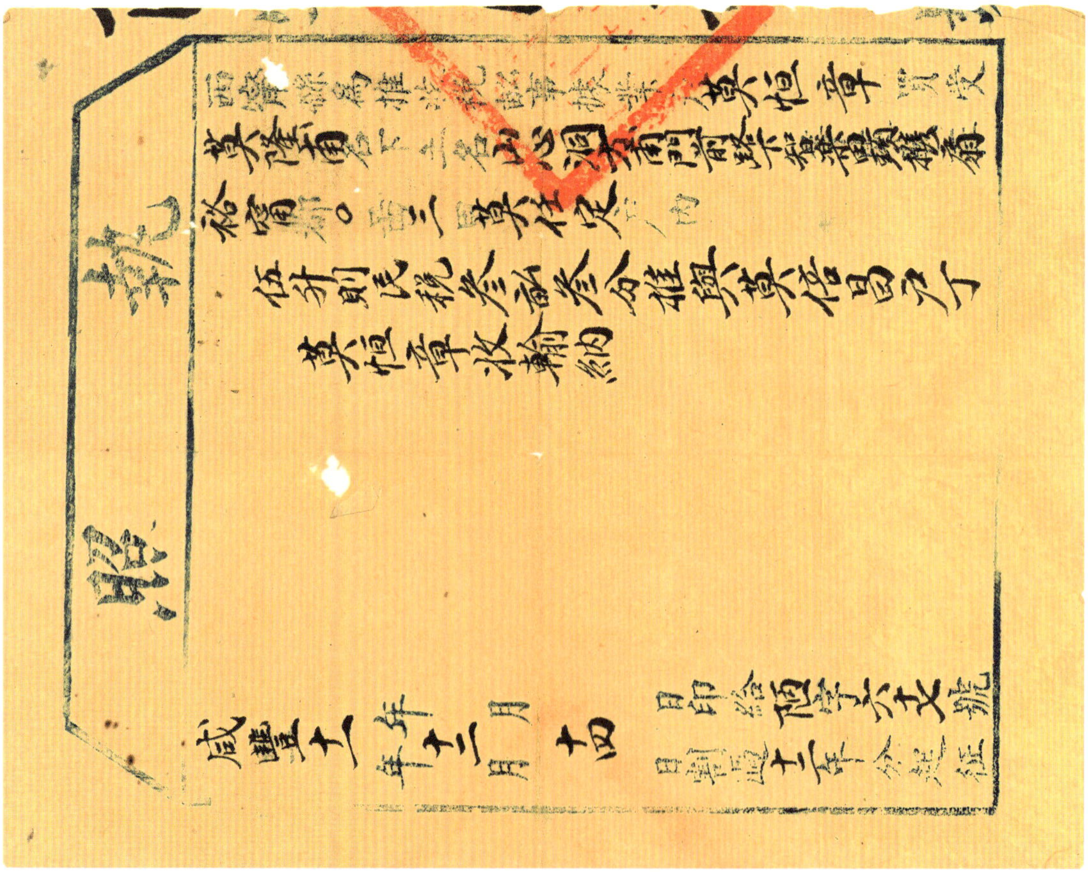

0002 咸丰十一年十二月十四日西宁县莫恒章收纳税亩执照

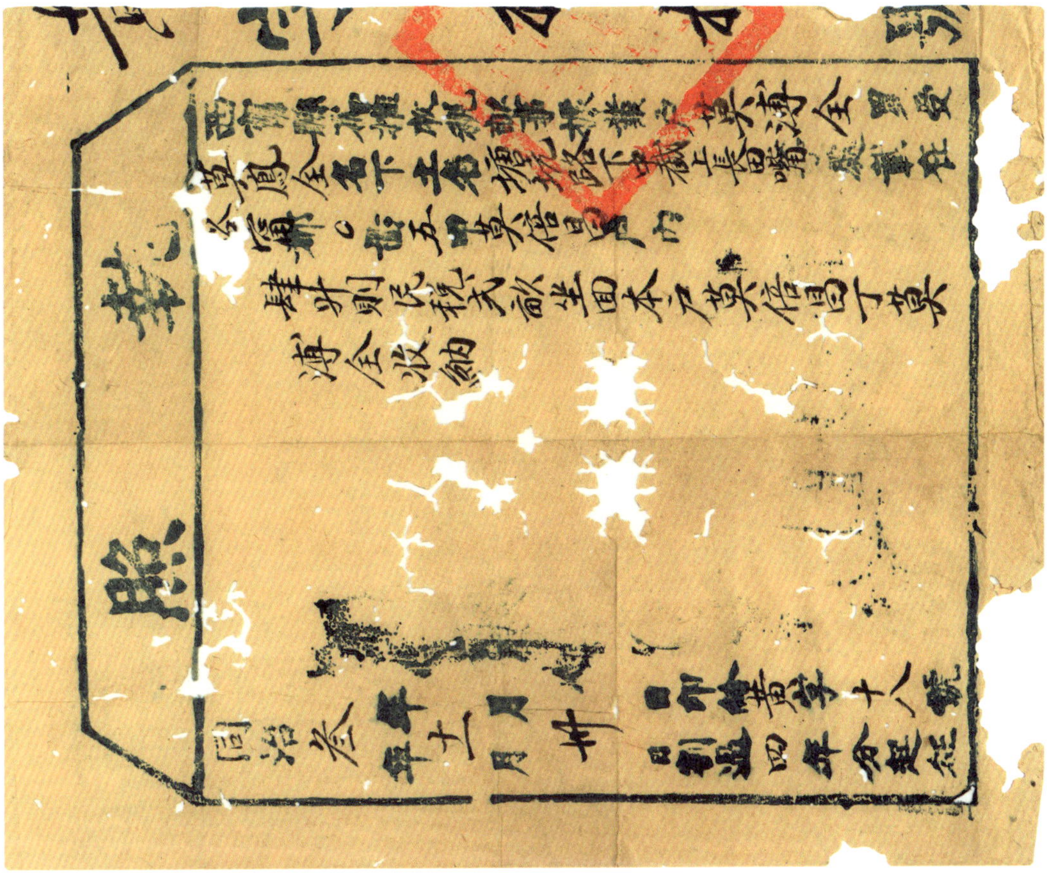

0003 同治三年十一月三十日西宁县莫溥全收纳税亩执照

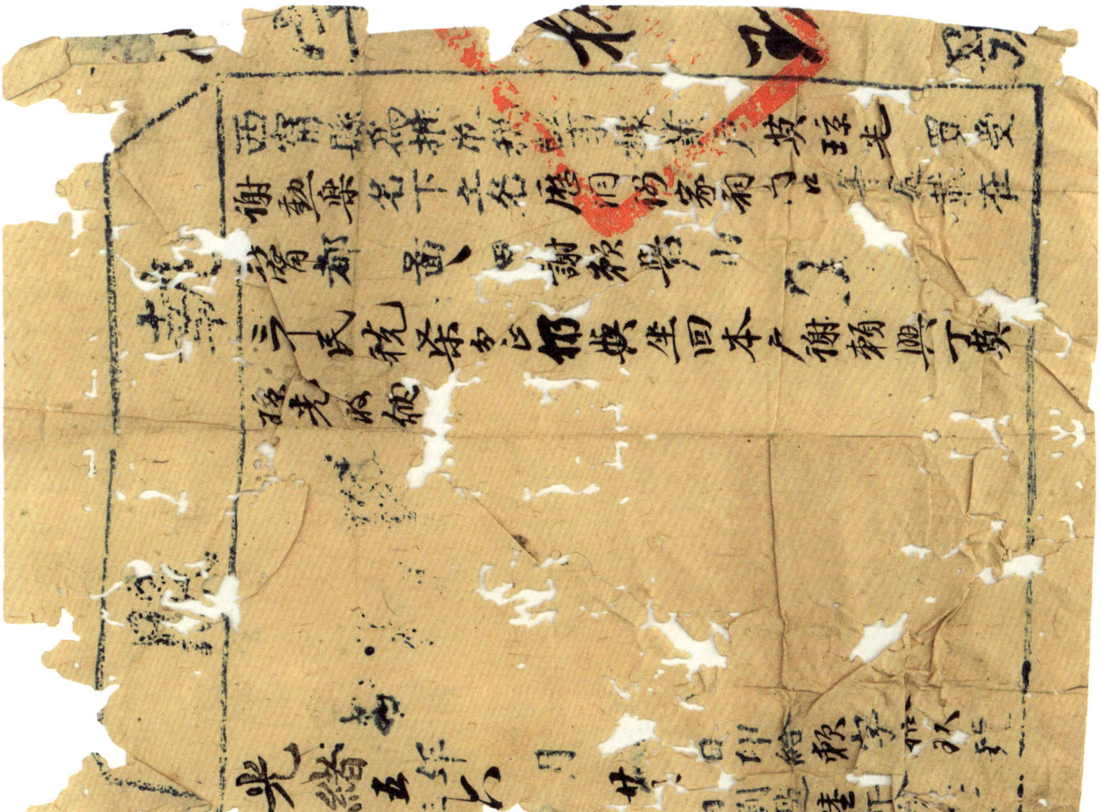

0004 光绪五年六月二十日西宁县莫琼光收纳税亩执照

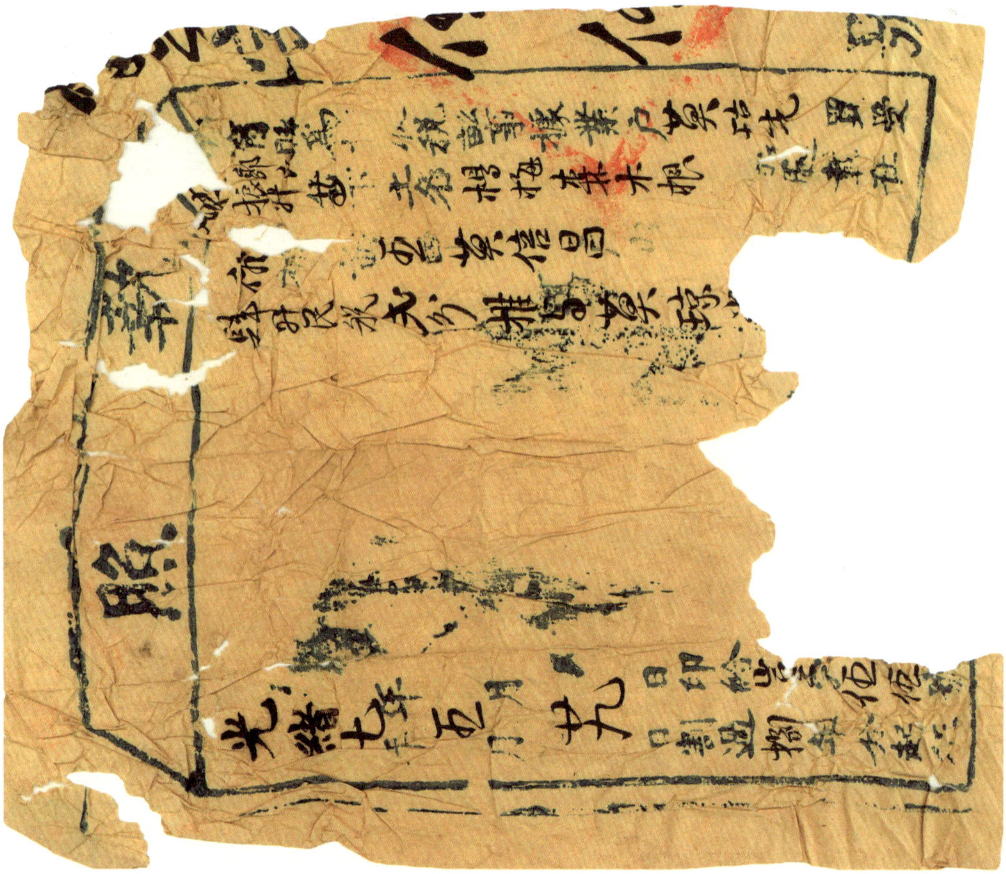

0005 光绪七年五月二十九日西宁县莫琼光收纳税亩执照

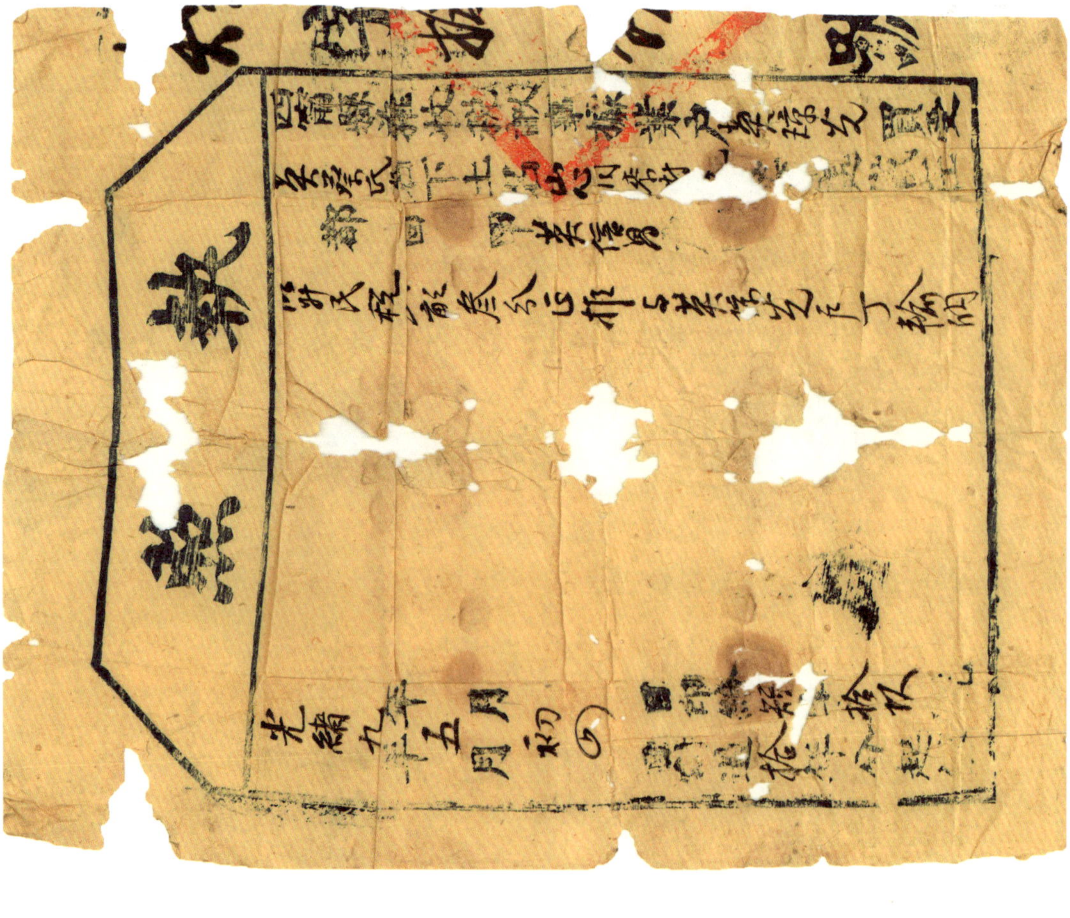

0006 光绪九年五月初四日西宁县莫琼光收纳税亩执照

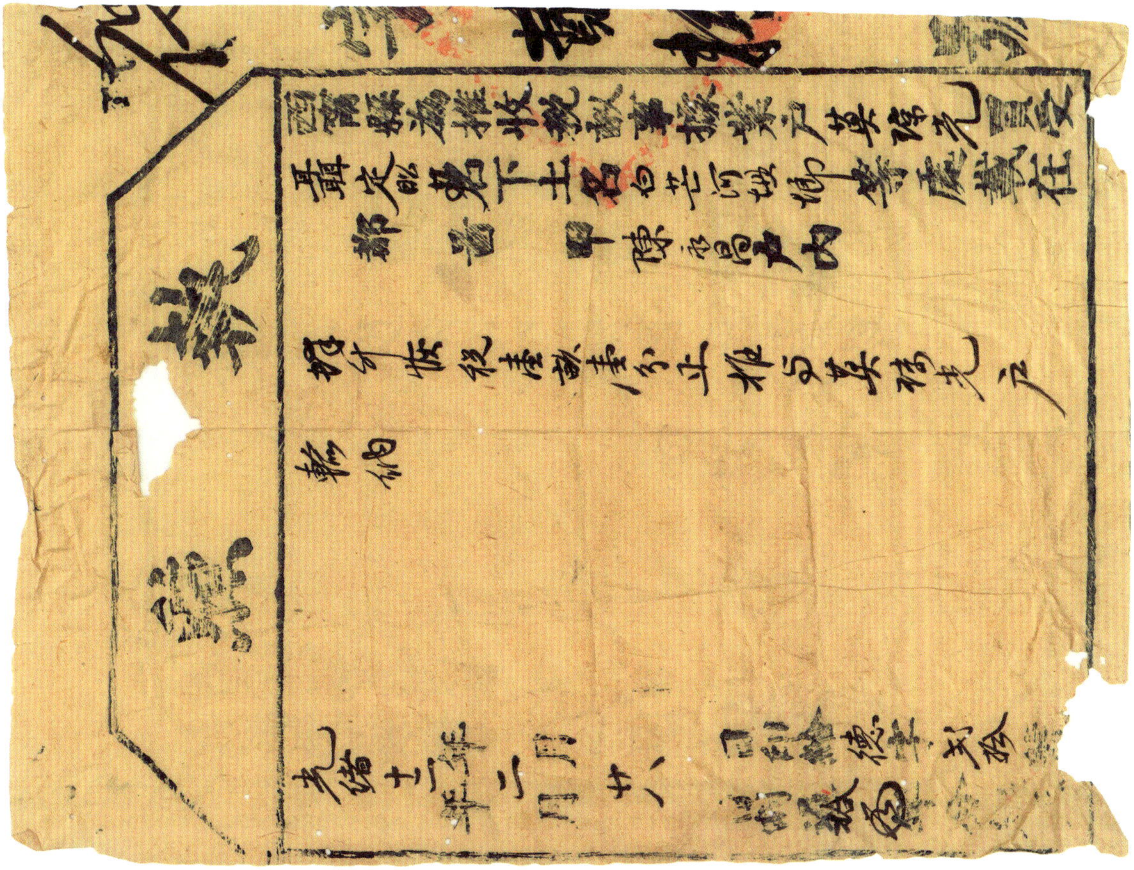

0007 光绪十二年二月二十八日西宁县莫琼光收纳税亩执照

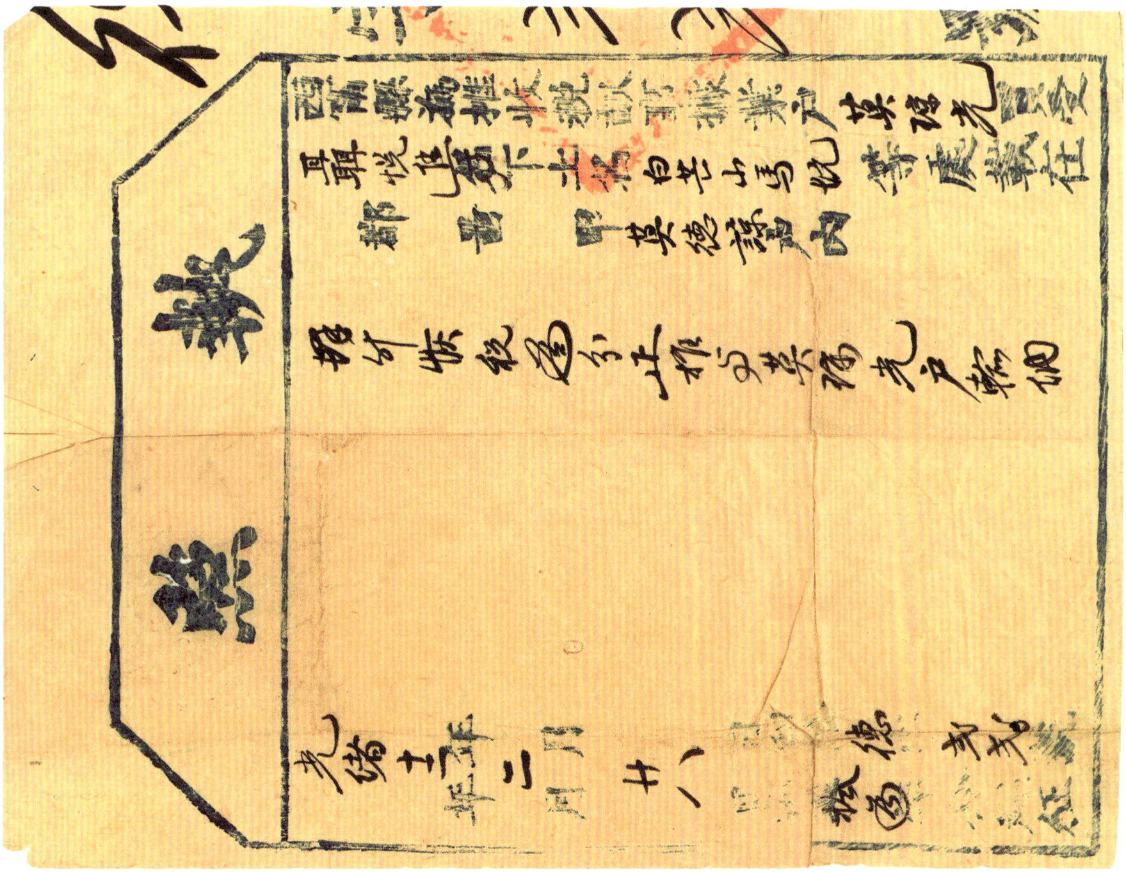

0008 光绪十二年二月二十八日西宁县莫琼光收纳税亩执照

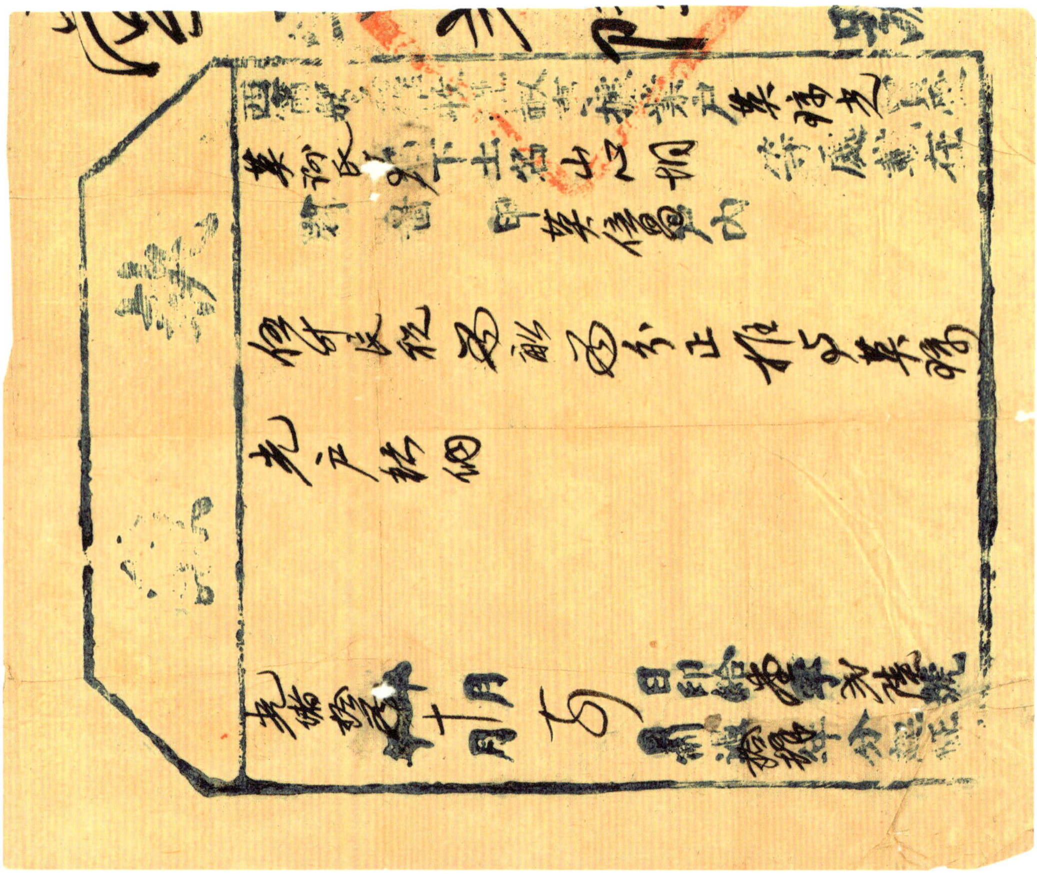

0009 光绪十三年十月十四日西宁县莫琼光收纳税亩执照

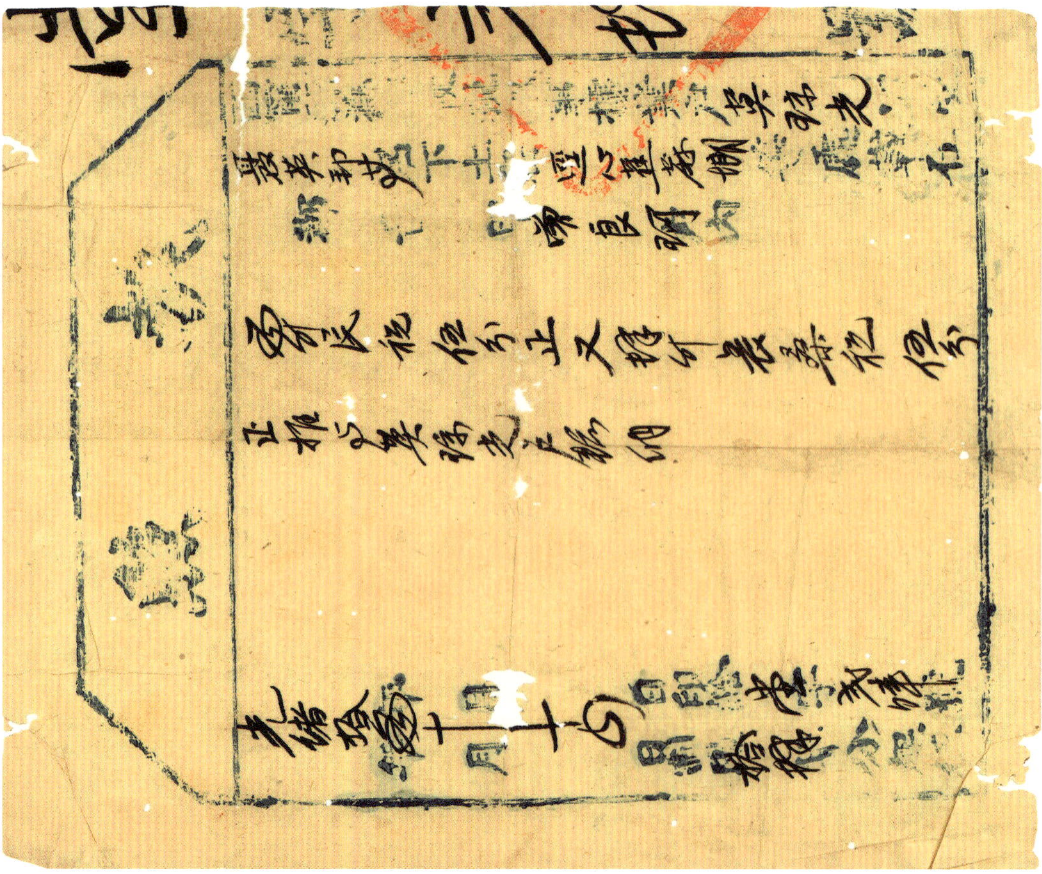

0010 光绪十四年十月十四日西宁县莫琼光收纳税亩执照

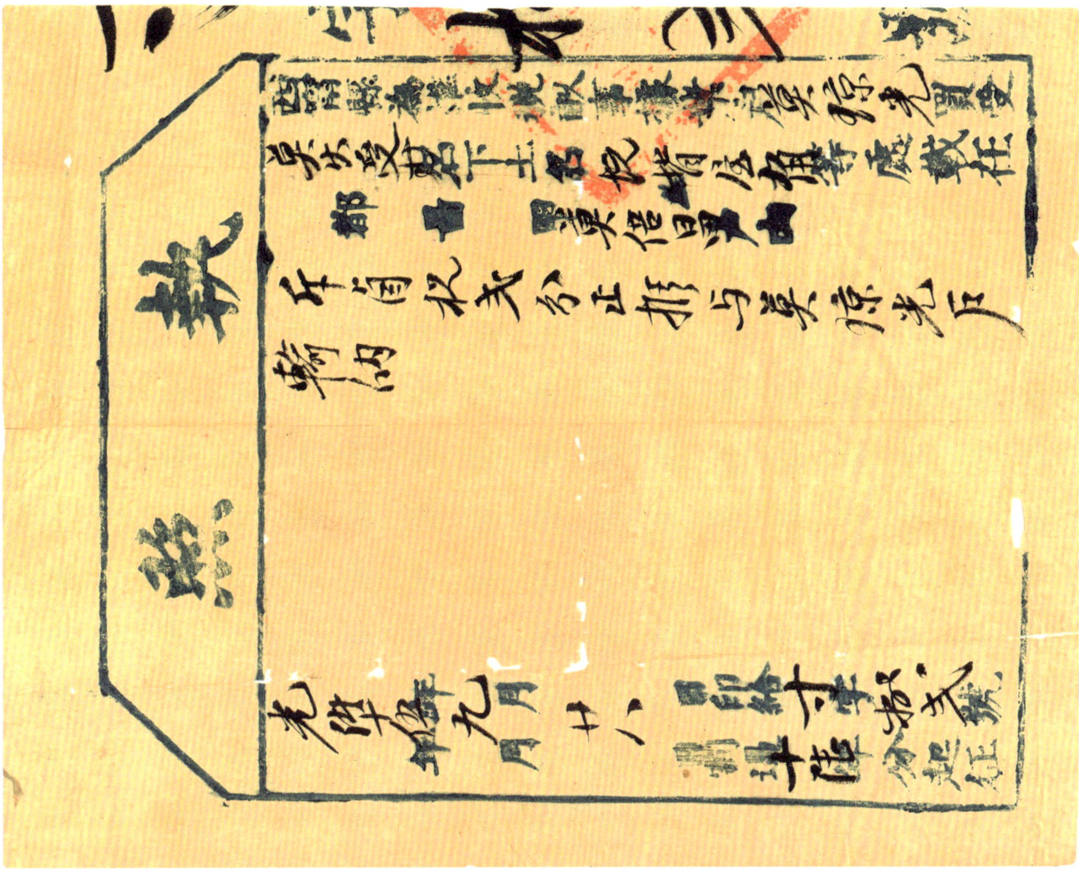

0011 光绪十五年九月二十八日西宁县莫琼光收纳税亩执照

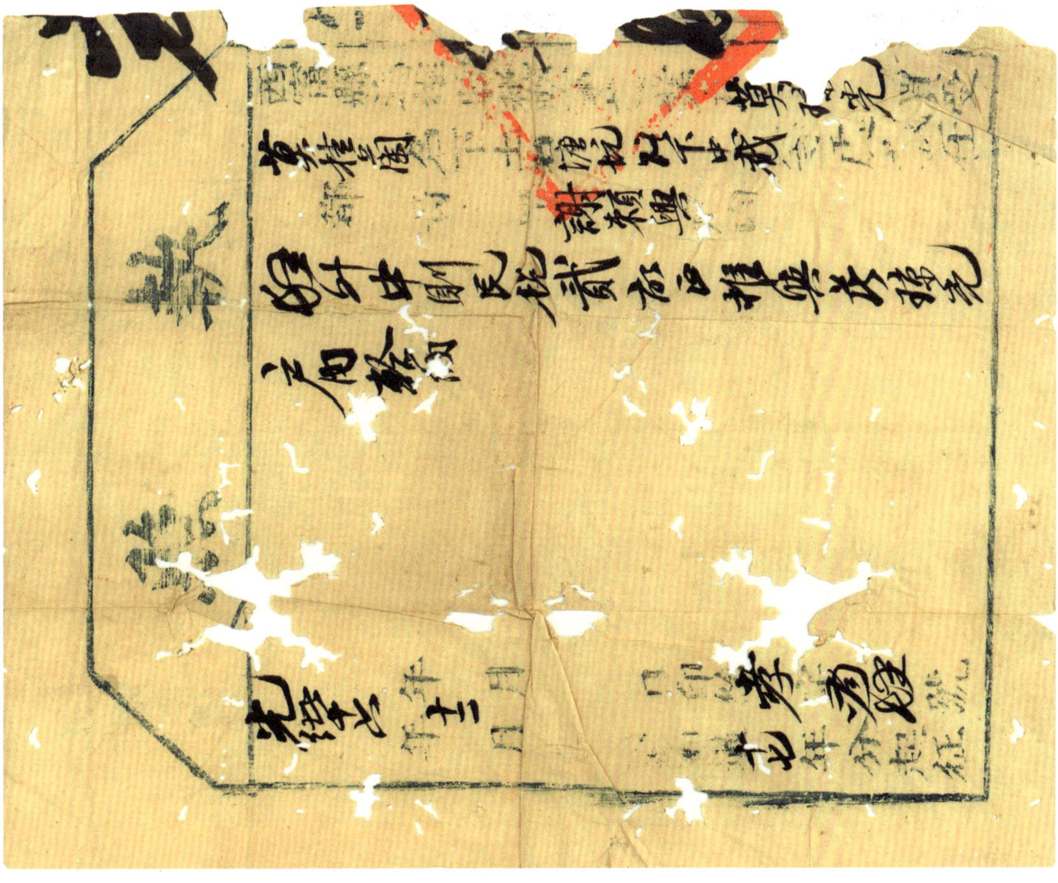

0012 光绪十六年十二月西宁县莫琼光收纳税亩执照

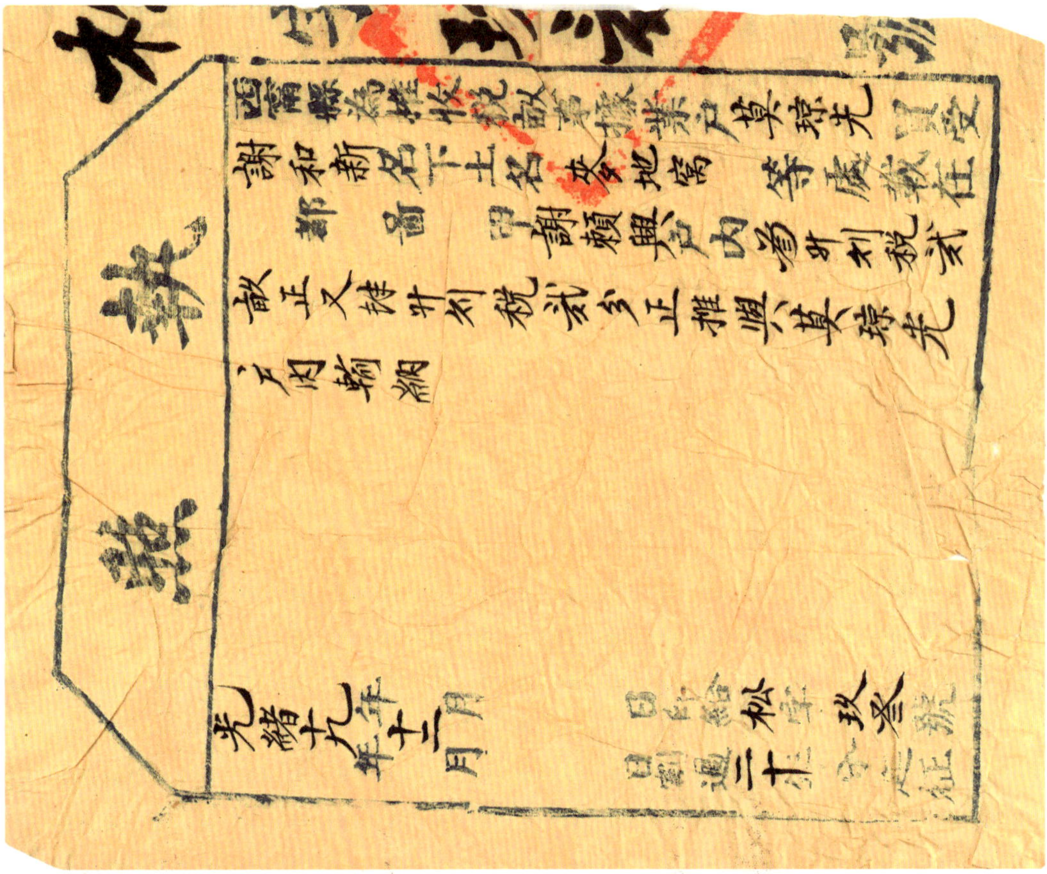

0013 光绪十九年十二月西宁县莫琼光收纳税亩执照

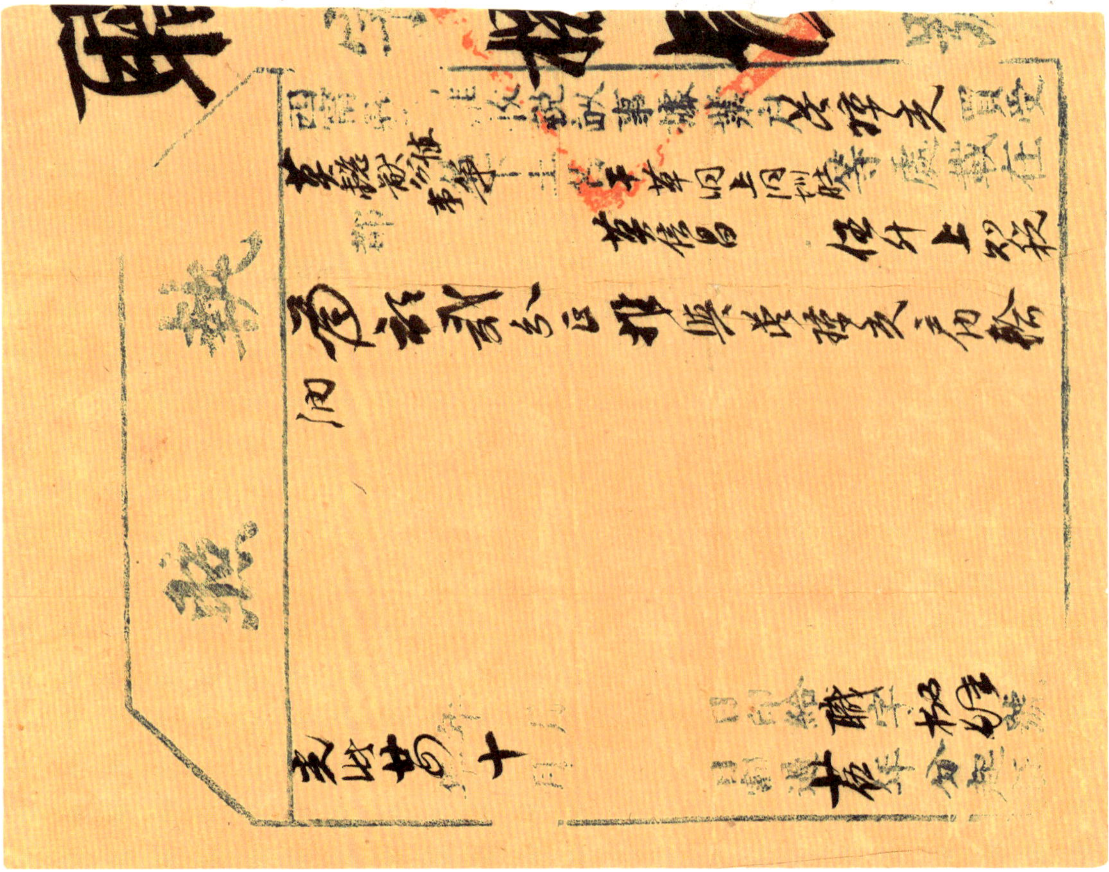

0014 光绪二十四年十月西宁县莫琼光收纳税亩执照

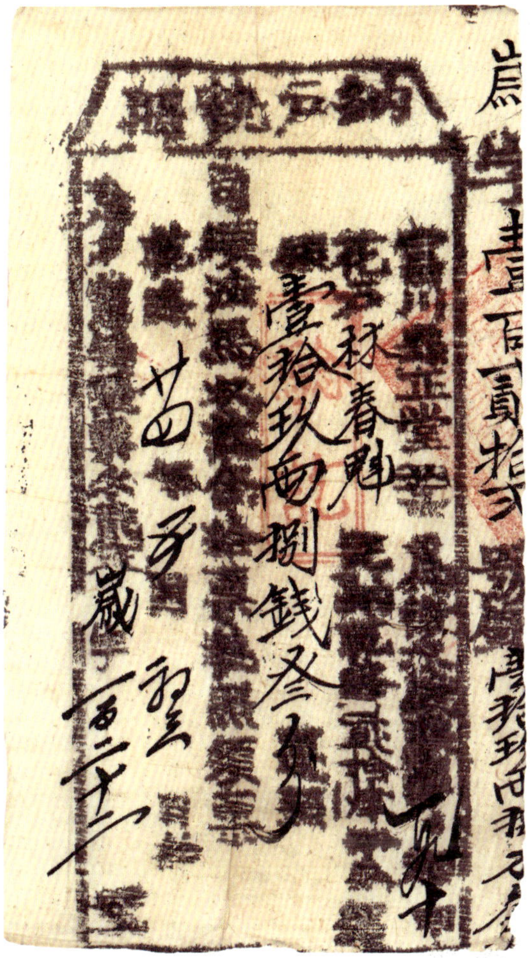
納戶執照

0001 乾隆二十四年五月初三日富川县征收林春魁乾隆二十年编银纳户执照

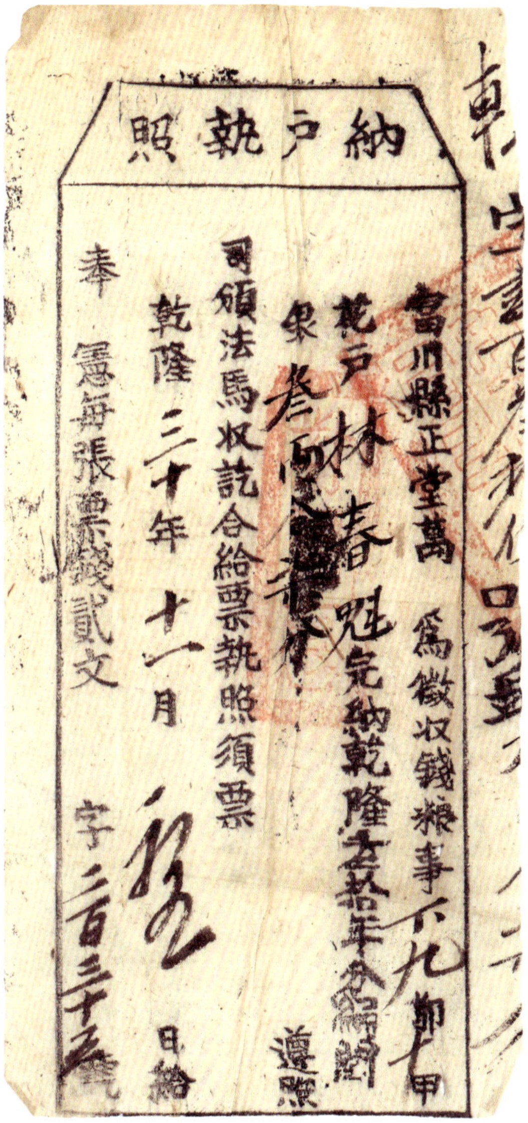
納戶執照

富川縣正堂萬 為徵收錢糧事

司頒法馬收訖合給票執照須票

乾隆三十年十一月 日給

奉憲每張票錢貳文

0002 乾隆三十年十一月初五日富川县征收林春魁乾隆二十九年编折闰银纳户执照

0003 乾隆三十年十一月初五日富川县征收林春魁乾隆三十年折米银纳户执照

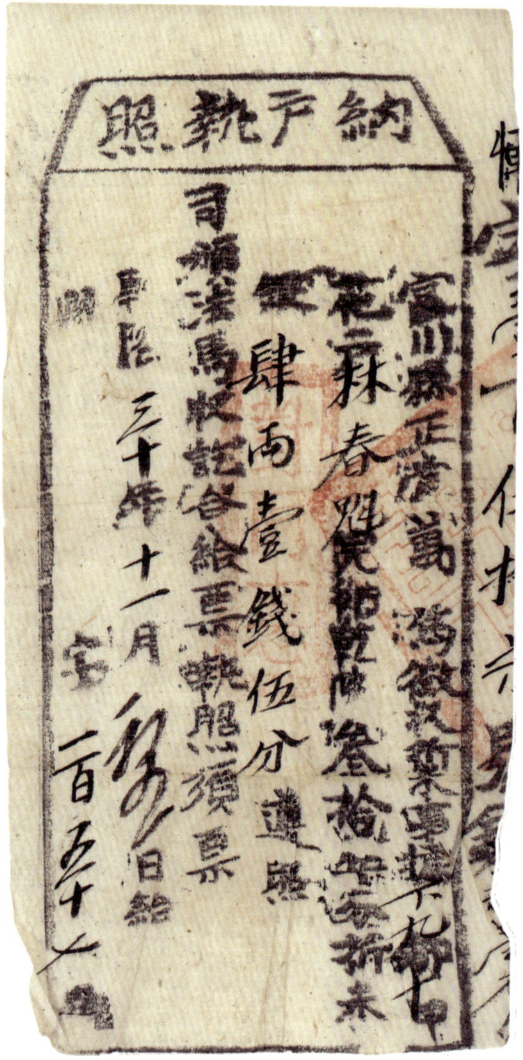
納戶執照

0004 乾隆三十一年二月二十四日富川县征收林春魁乾隆三十年色米纳户执照

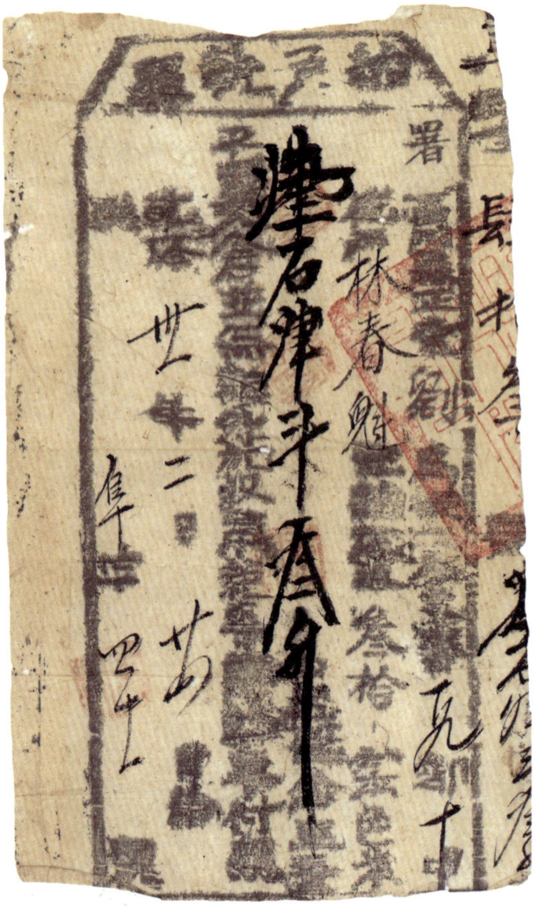
納戶執照

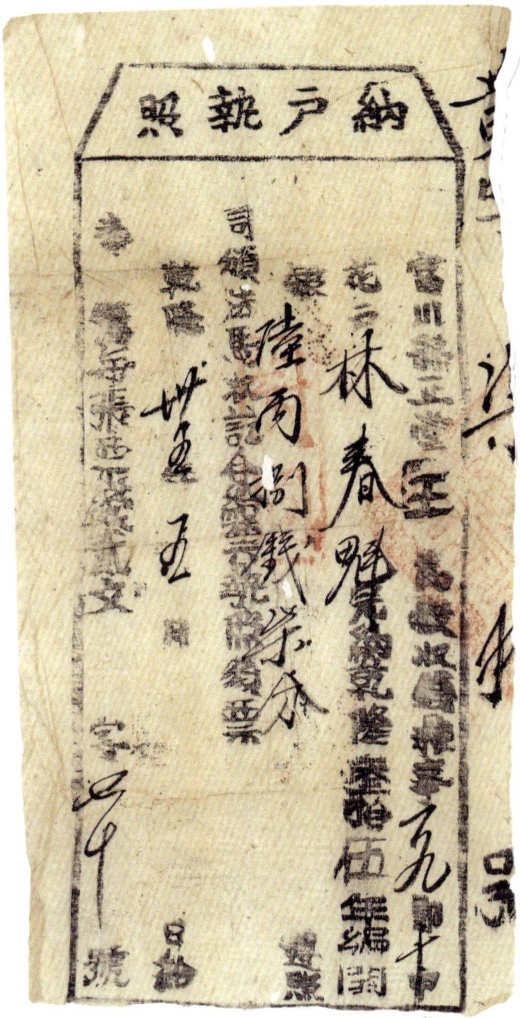

納戶執照

0005 乾隆三十五年五月富川县征收林春魁乾隆三十五年编闰银纳户执照

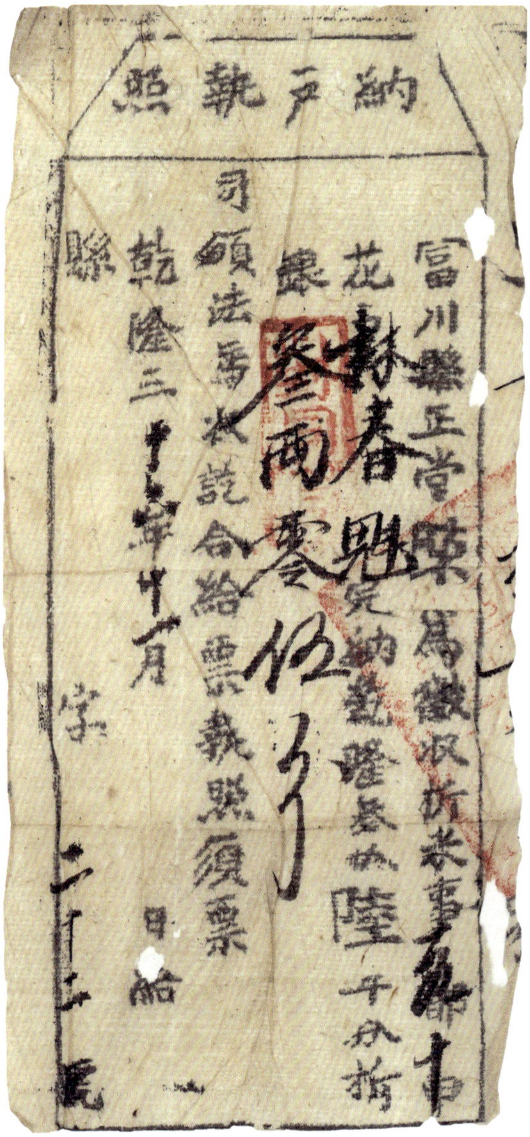

納戶執照

0006 乾隆三十六年十一月富川县征收林春魁乾隆三十六年折银纳户执照

0007 乾隆三十六年十二月二十二日富川县征收林春魁乾隆三十六年本色米纳户执照

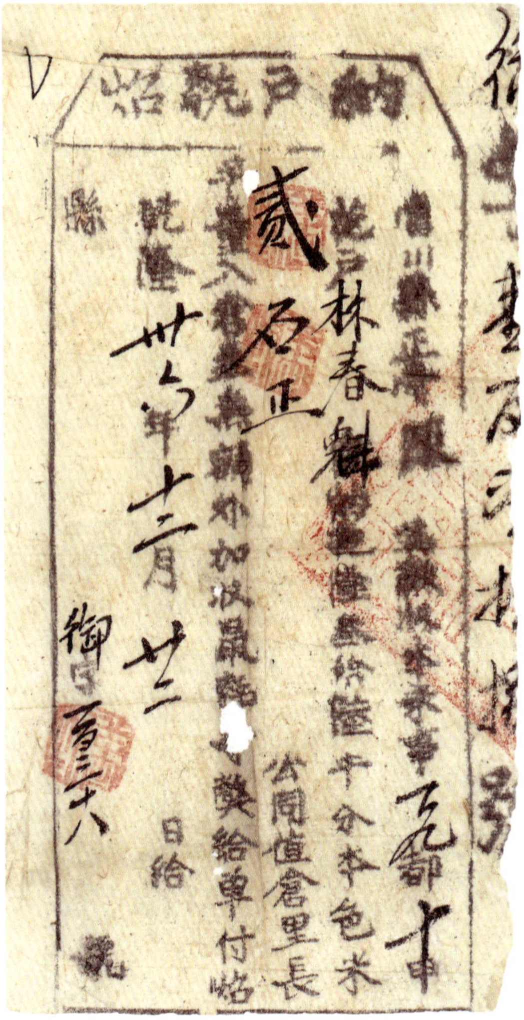
納戶執照
富川縣正堂陳 為徵收本年事 都 十甲
花戶 林春魁 納乾隆 年分本色米
平斛 貳石正 入倉並無斛外加收鼠耗等弊給單付照 公同值倉里長
乾隆 卅六年 十二月 廿二 日給
縣 御

0008 乾隆三十六年十二月二十七日富川县征收林春魁乾隆三十六年本色米纳户执照

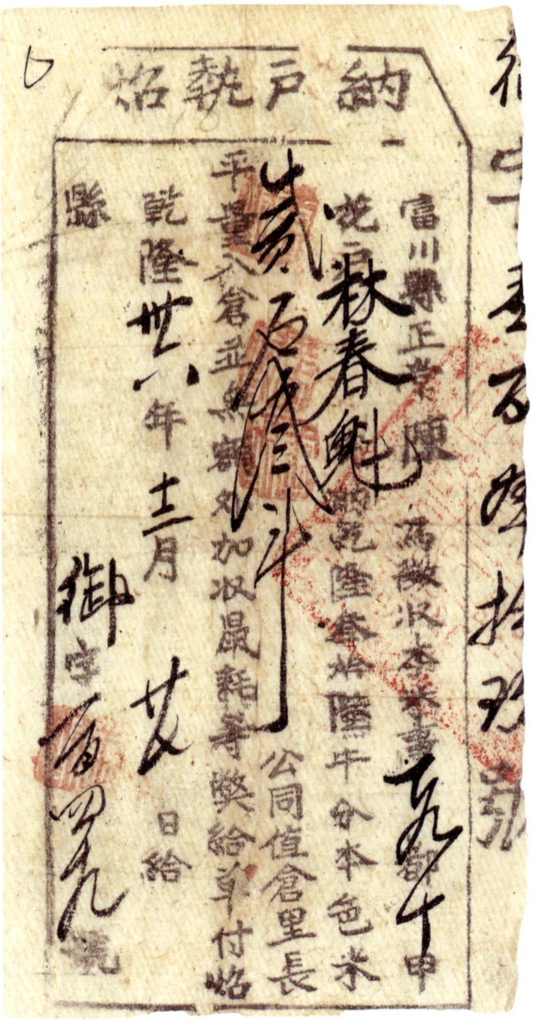
納戶執照
富川縣正堂陳 為徵收本年事 都 十甲
花戶 林春魁 納乾隆 年分本色米
平斛 [illegible] 入倉並無斛外加收鼠耗等弊給單付照 公同值倉里長
乾隆 卅六年 十二月 廿七 日給
縣 御

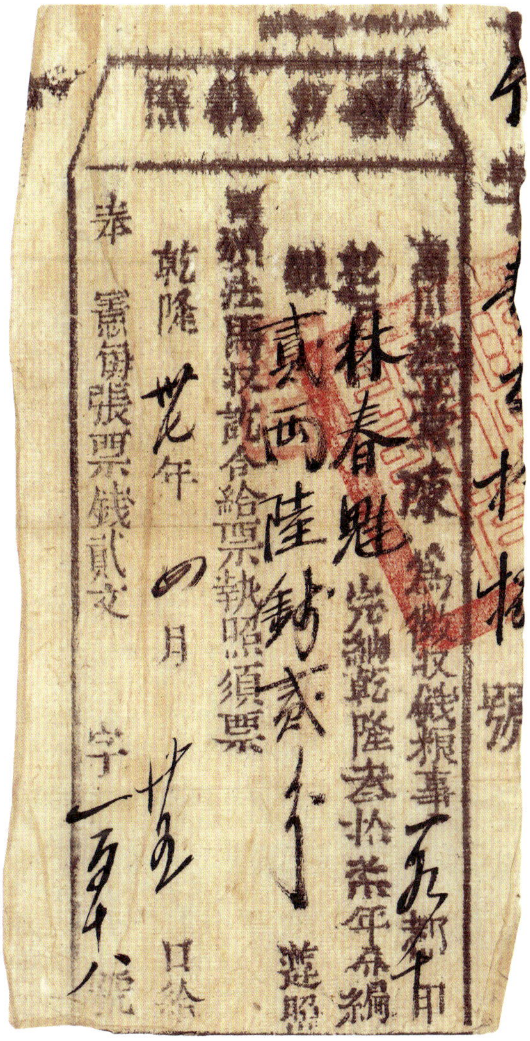

0009 乾隆三十七年四月二十五日富川县征收林春魁乾隆三十七年编银纳户执照

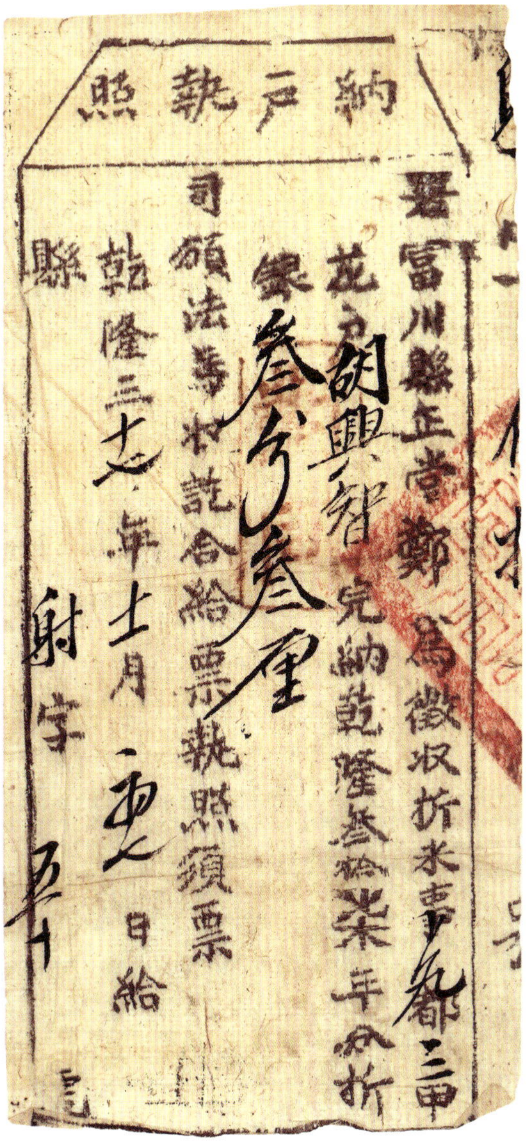

0010 乾隆三十七年十一月初七日富川县征收胡兴智乾隆三十七年折银纳户执照

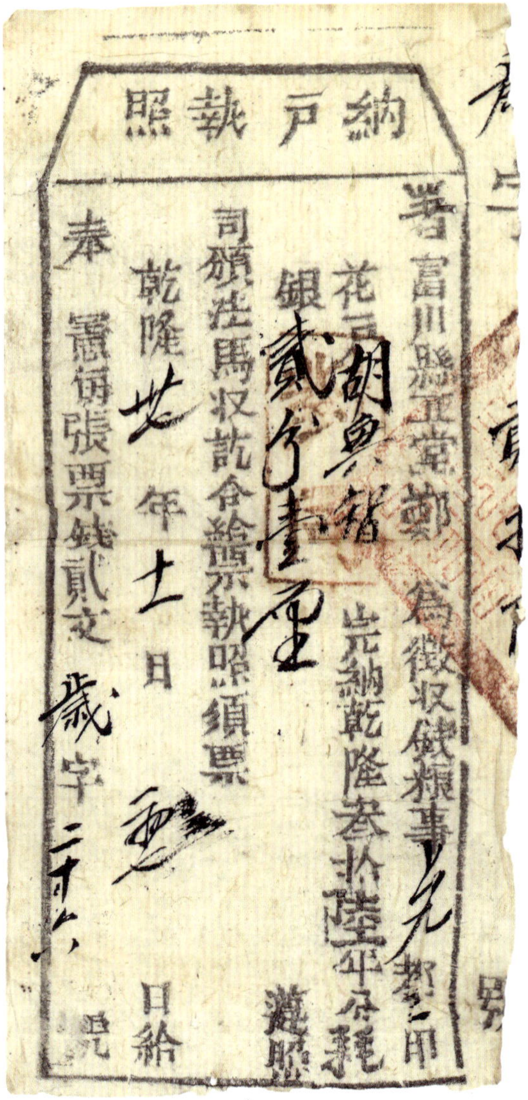

0011 乾隆三十七年十一月初七日富川县征收胡兴智乾隆三十六年耗银纳户执照

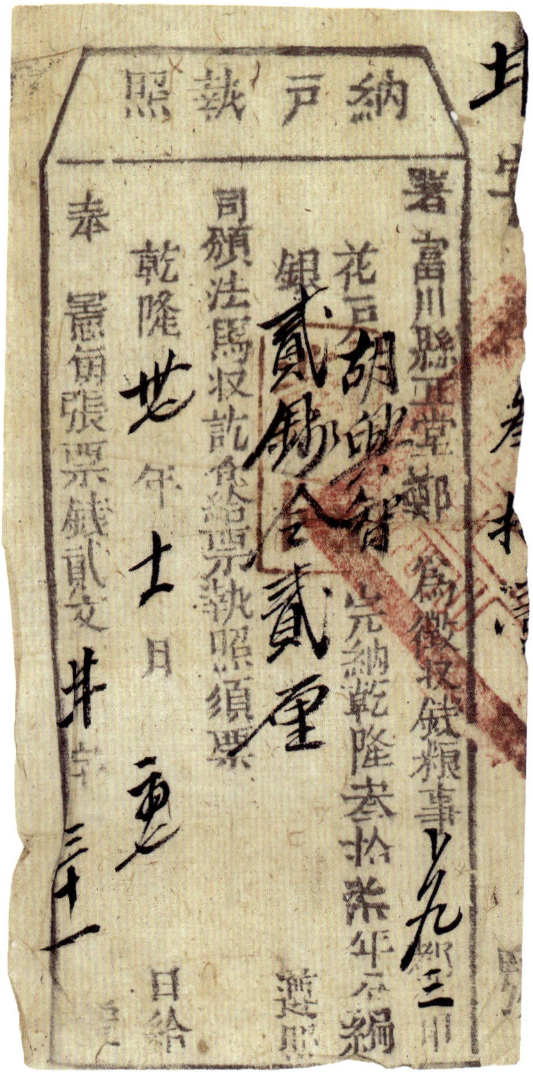

0012 乾隆三十七年十一月初七日富川县征收胡兴智乾隆三十七年编银纳户执照

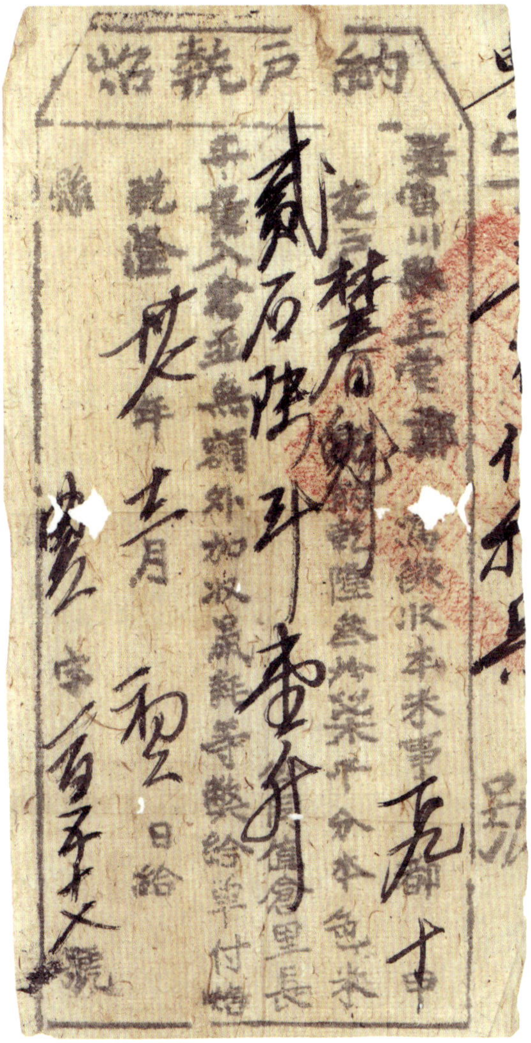

0013 乾隆三十七年十二月初二日富川县征收林春魁乾隆三十七年本色米纳户执照

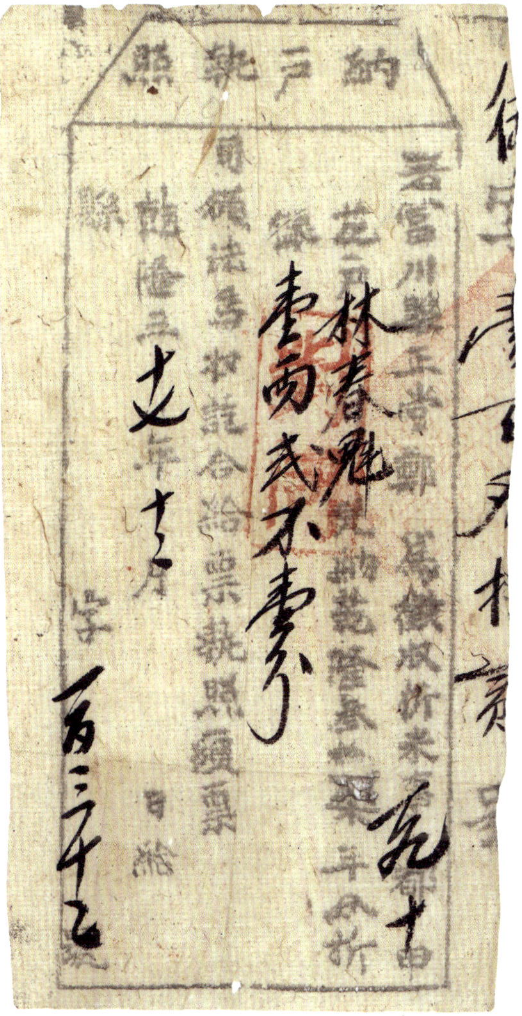

0014 乾隆三十七年十二月富川县征收林春魁乾隆三十七年折银纳户执照

0015 乾隆三十八年十二月富川县林儒彬完纳买地契税付执

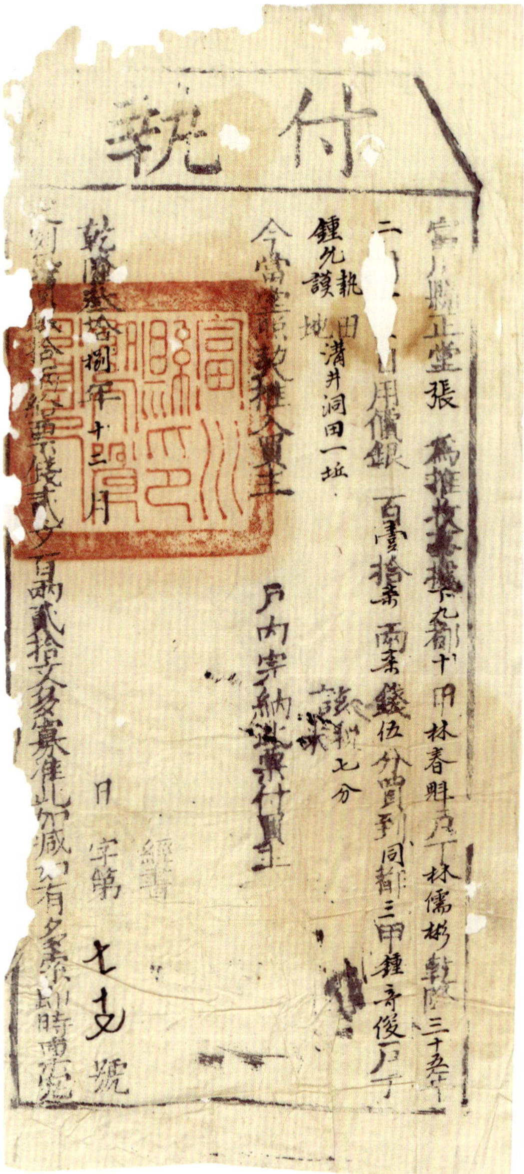
付執
富川縣正堂張 為推收事 九都十甲林春身戶丁林儒彬乾隆三十五年
二十 日用價銀 百壹拾柒兩柒錢伍分買到同都三甲鍾奇俊戶丁
鍾允讓執田 清井洞田一坵
地 該稅七分
今當堂 戶內完納 付業主
乾隆叁拾捌年十二月 日 字第 七十七 號

0016 乾隆三十九年二月富川县林天珍完纳买地契税付执

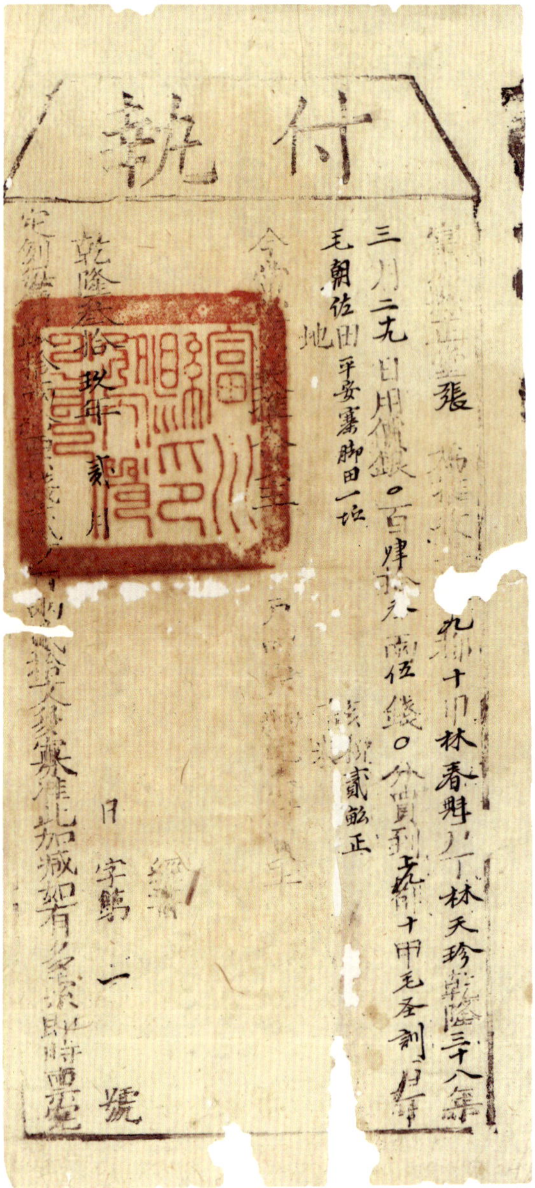
付執
富川縣正堂張 為推收事 九都十甲林春身戶丁林天珍乾隆三十八年
三月二九日用價銀〇百肆拾六兩伍錢〇分買到本都十甲毛丕訓戶
毛朝佐田 平安寨脚田一坵
地 該稅貳畝正
乾隆叁拾玖年 二 月 日 字第 一 號

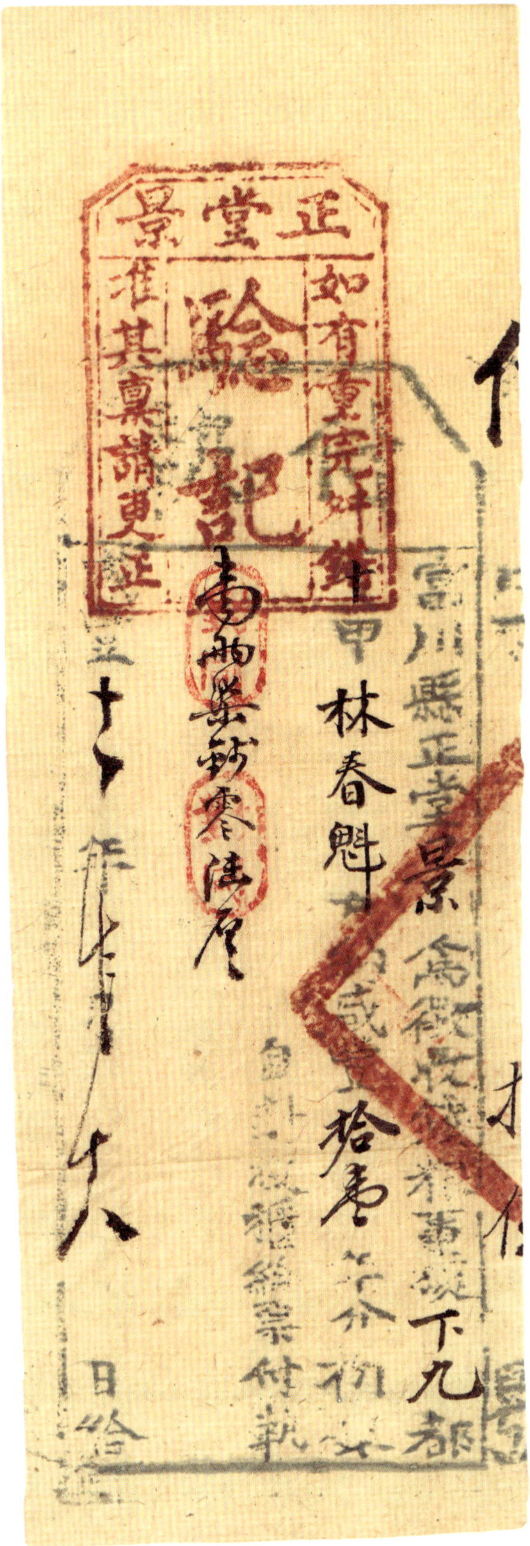

0017 咸丰十一年十二月十八日富川县征收林春魁户咸丰十一年折银付执

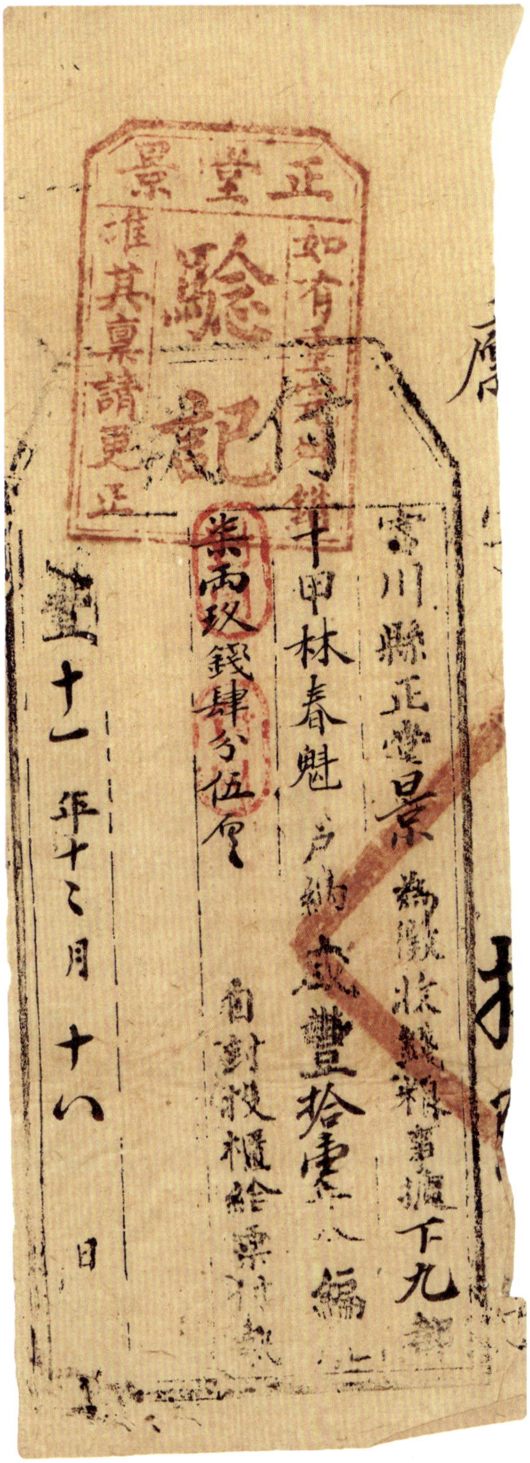

0018 咸丰十一年十二月十八日富川县征收林春魁户咸丰十一年编银付执

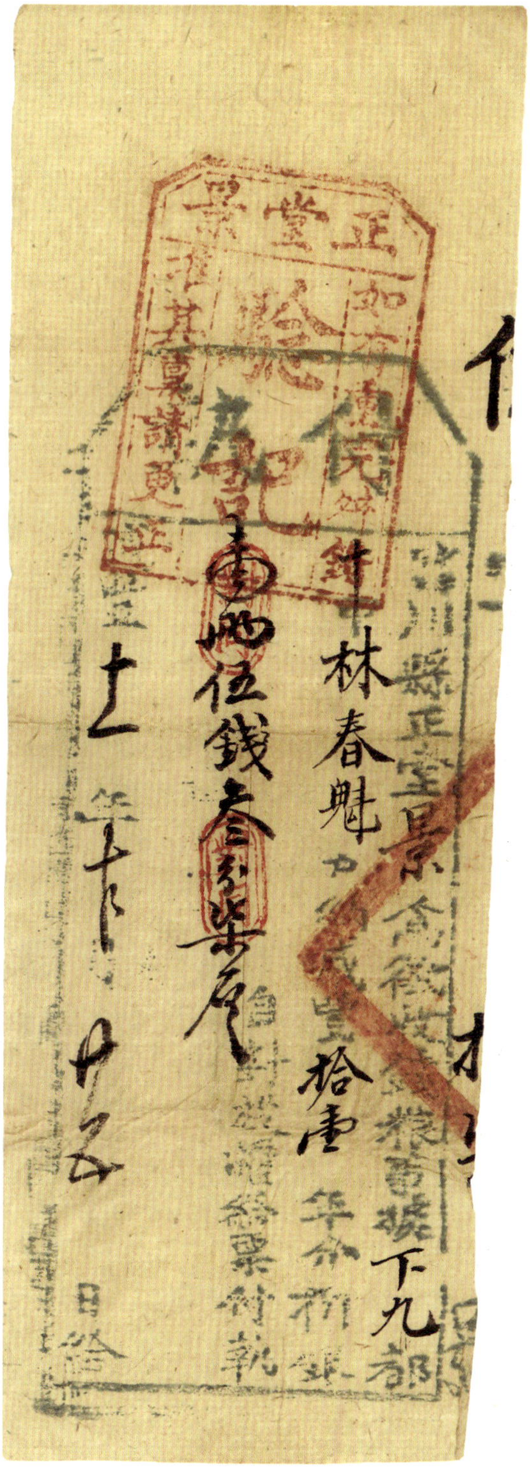

0019 咸丰十一年十二月二十五日富川县征收林春魁户咸丰十一年折银付执

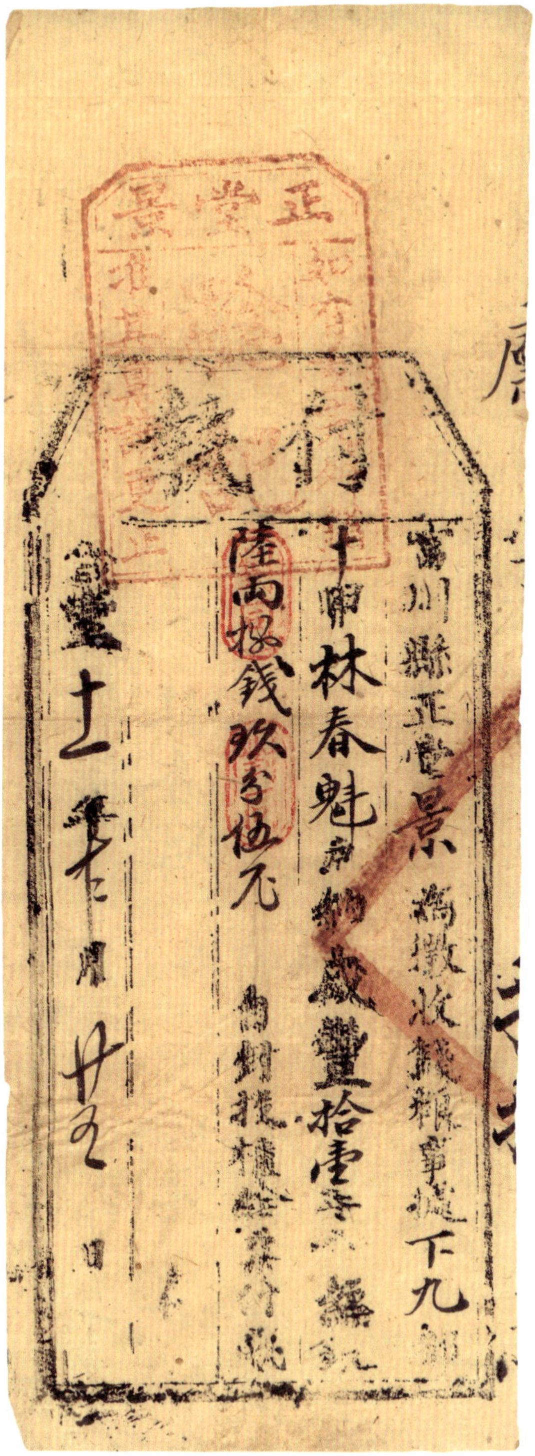

0020 咸丰十一年十二月二十五日富川县征收林春魁户咸丰十一年编银付执

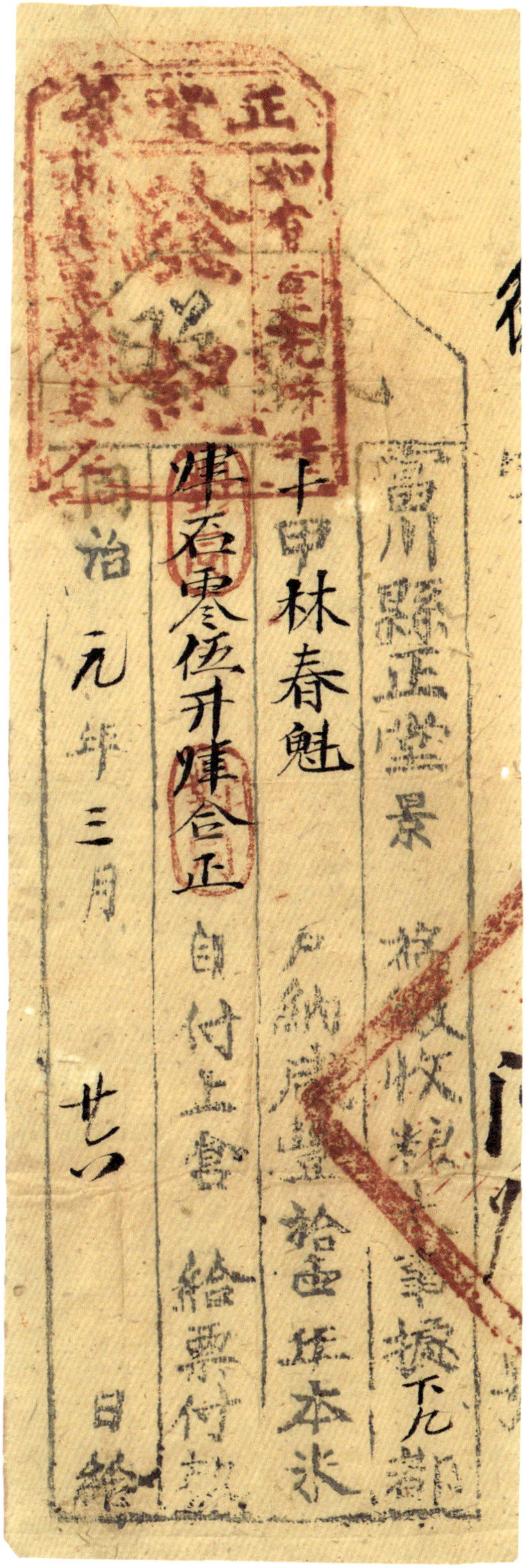
富川縣正堂景 為徵收糧米事 據下九都
十甲林春魁 戶納咸豐拾壹年本米
肆石零伍升肆合正 自付上倉 給票付執
同治元年三月廿六日給

0021 同治元年三月二十六日富川县征收林春魁户咸丰十一年本米执照

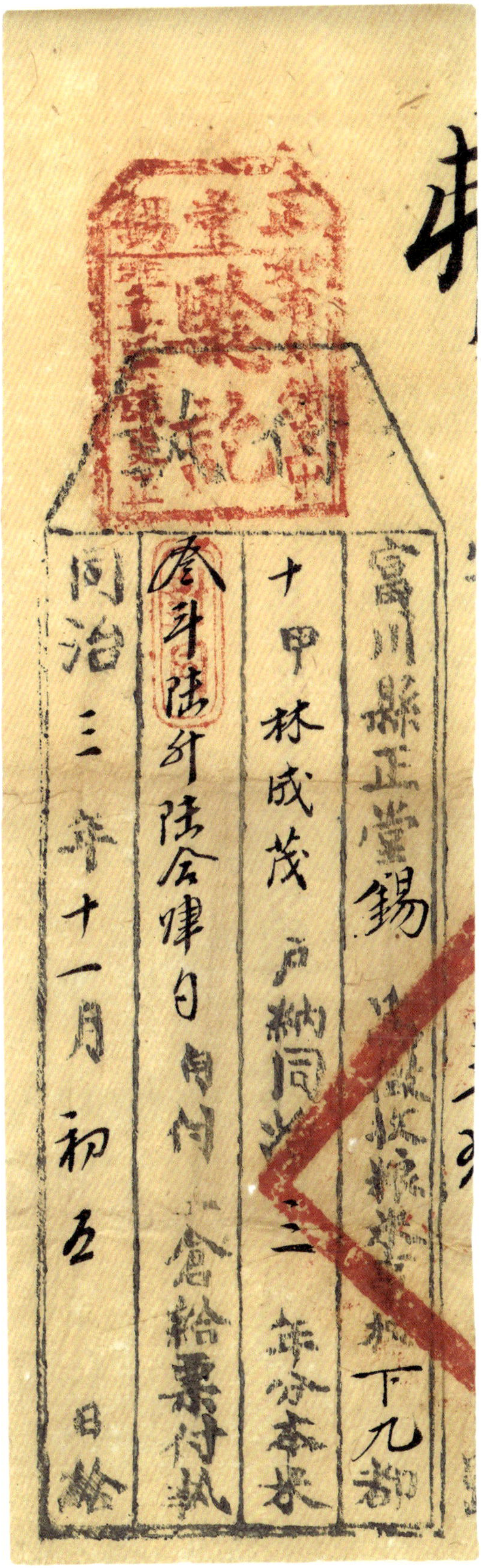
富川縣正堂錫 為徵收糧米事 據下九都
十甲林成茂 戶納同治三年分本米
叁斗陆升陆合肆勺 自付上倉 給票付執
同治三年十一月初五日給

0022 同治三年十一月初五日富川县征收林成茂户同治三年本米执照

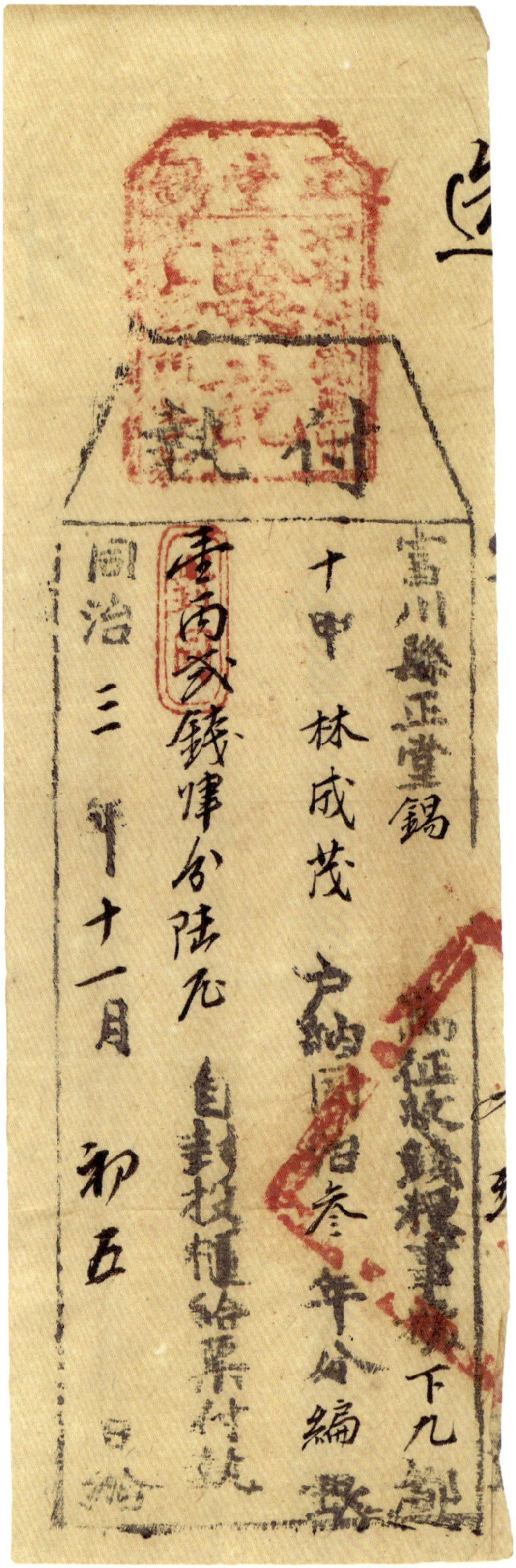

富川縣正堂錫
為征收錢糧事 下九都
十甲 林成茂 户納同治叁年分編銀
壹兩貳錢肆分陸厘
自封投櫃給票付執
同治三年十一月初五日給

0023 同治三年十一月初五日富川县征收林成茂户同治三年编银付执

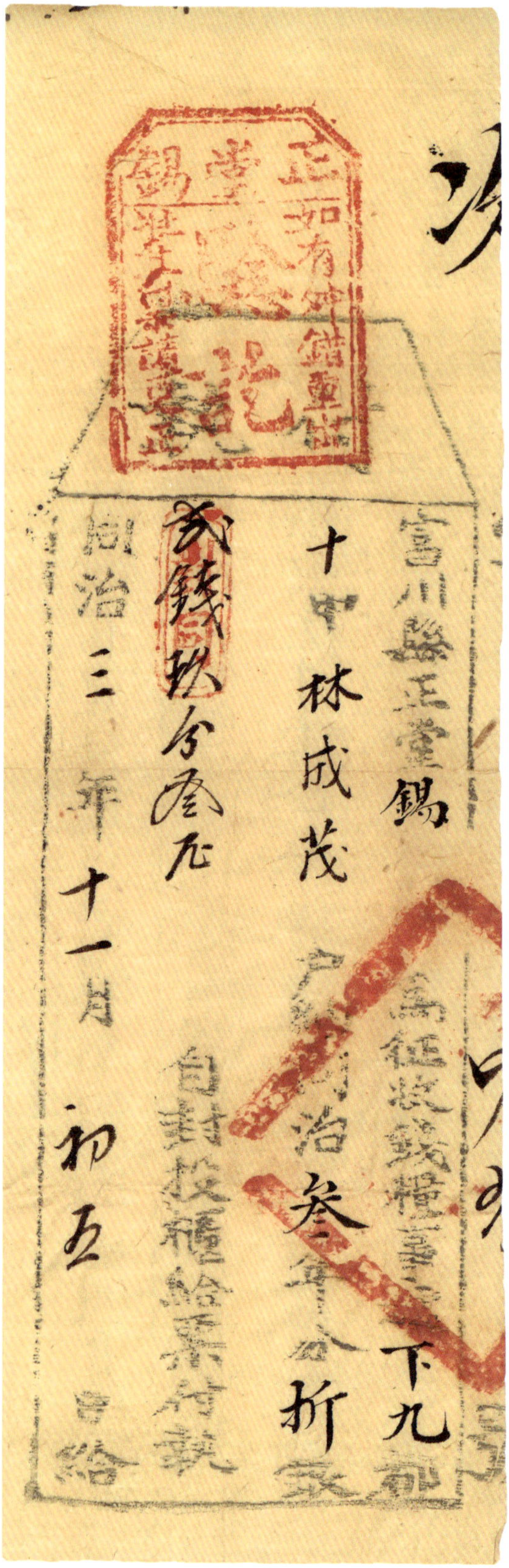

富川縣正堂錫
為征收錢糧事 下九都
十甲 林成茂 户納同治叁年分折銀
貳錢玖分叁厘
自封投櫃給票付執
同治三年十一月初五日給

0024 同治三年十一月初五日富川县征收林成茂户同治三年折银付执

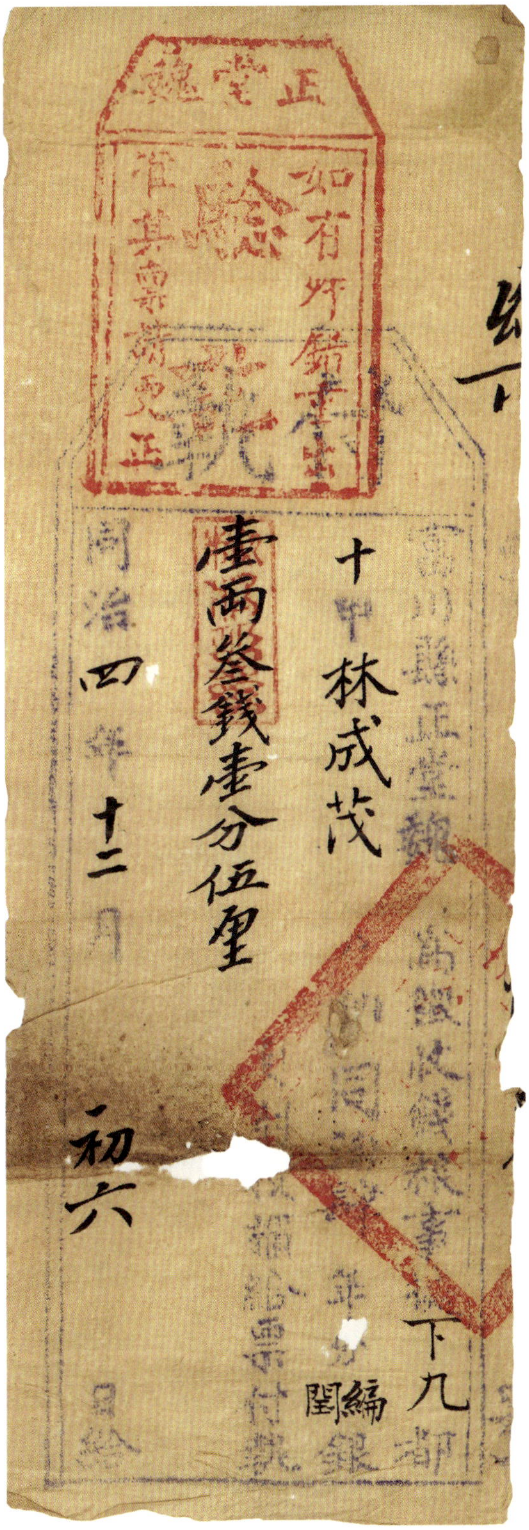
下九都
十甲林成茂
壹两叁钱壹分伍里
同治四年十二月初六

0025 同治四年十二月初六日富川县征收林成茂户同治四年编闰银付执

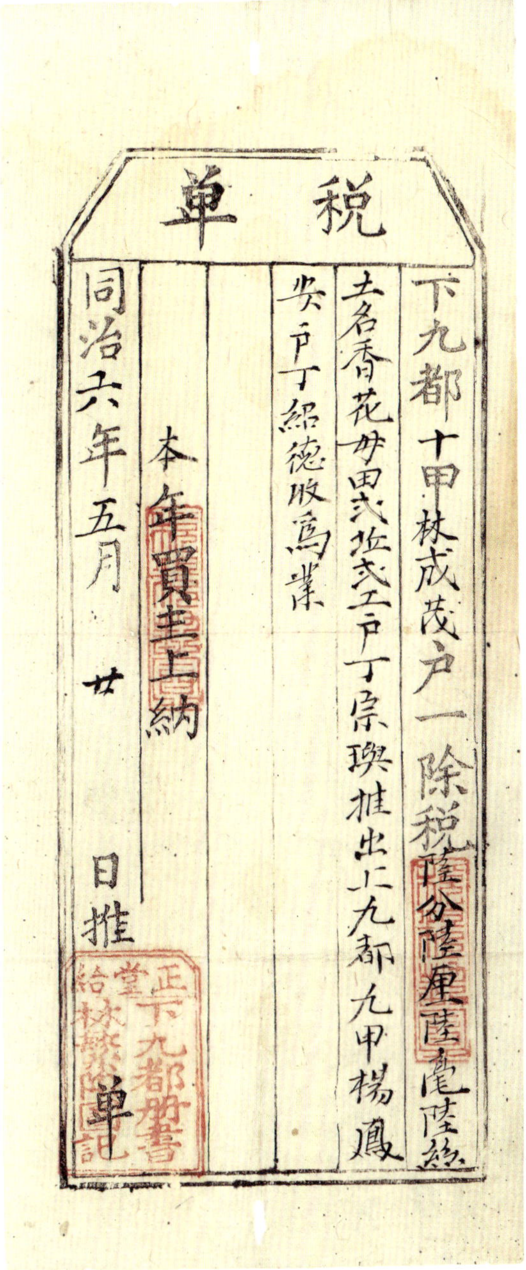
税单
下九都 十甲林成茂户一除税陸分陸厘陸毫陸絲
去名香花井田弍坵弍工户丁宗璵推出上九都九甲楊鳳
来户丁紹德收為業
本年買主上納
同治六年五月 廿 日推

0026 同治六年五月二十日富川县杨绍德买入田产交接推单

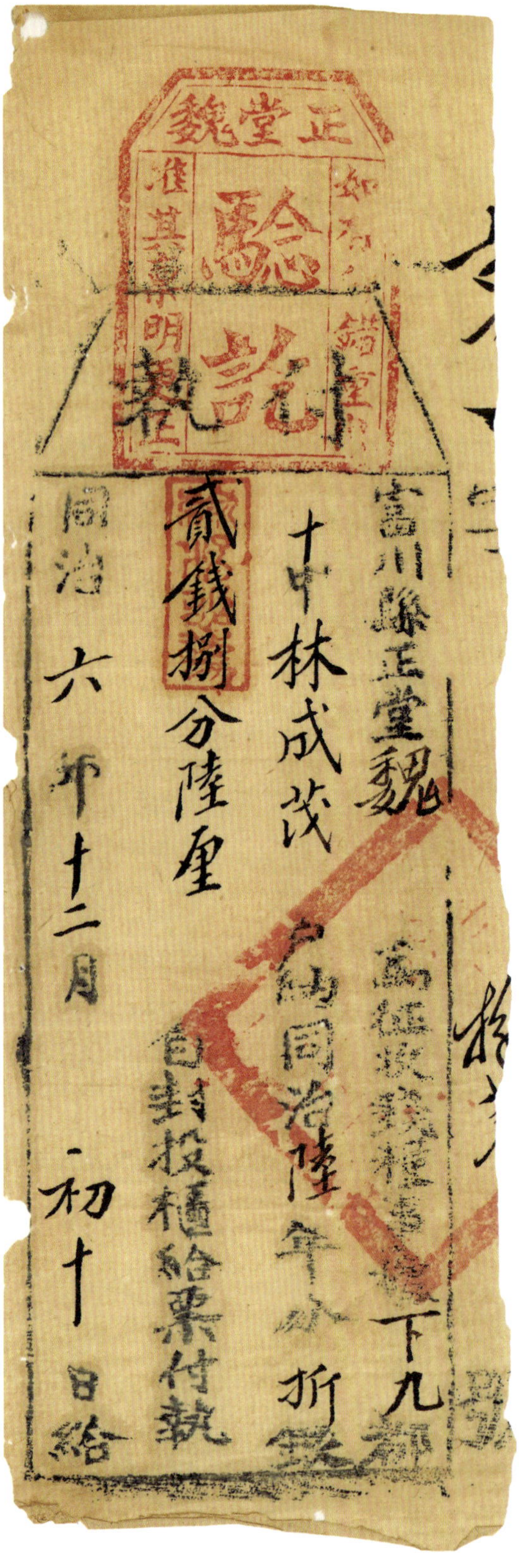

0027 同治六年十二月初十日富川县征收林成茂户同治六年折银付执

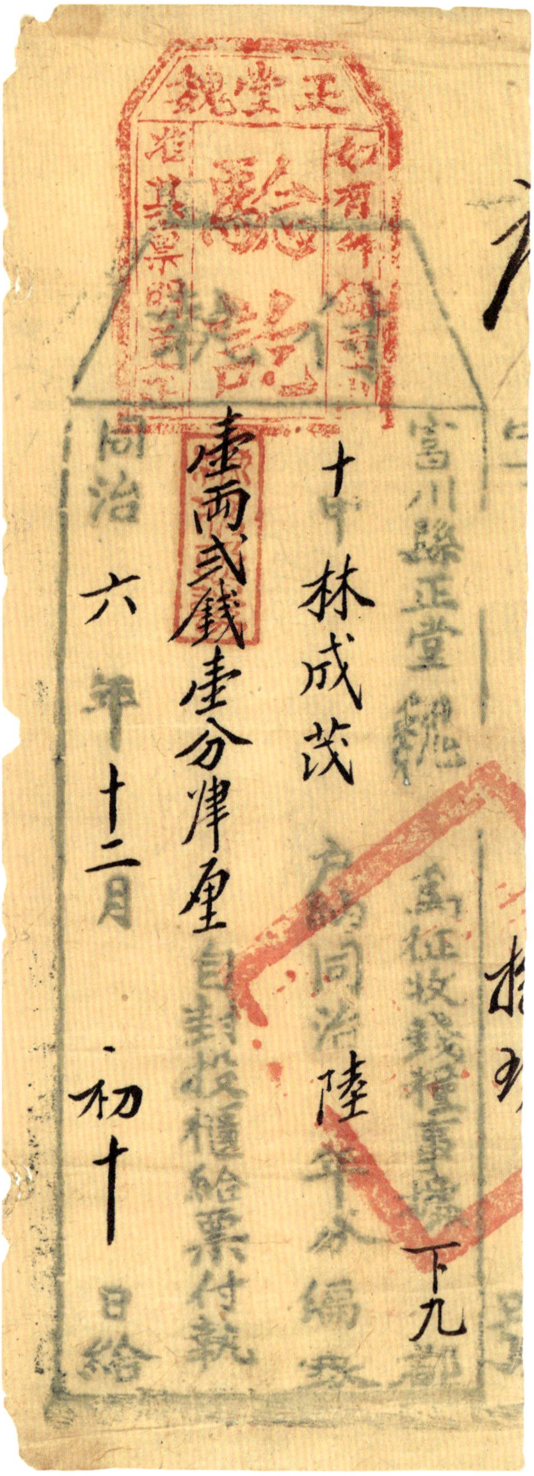

0028 同治六年十二月初十日富川县征收林成茂户同治六年编银付执

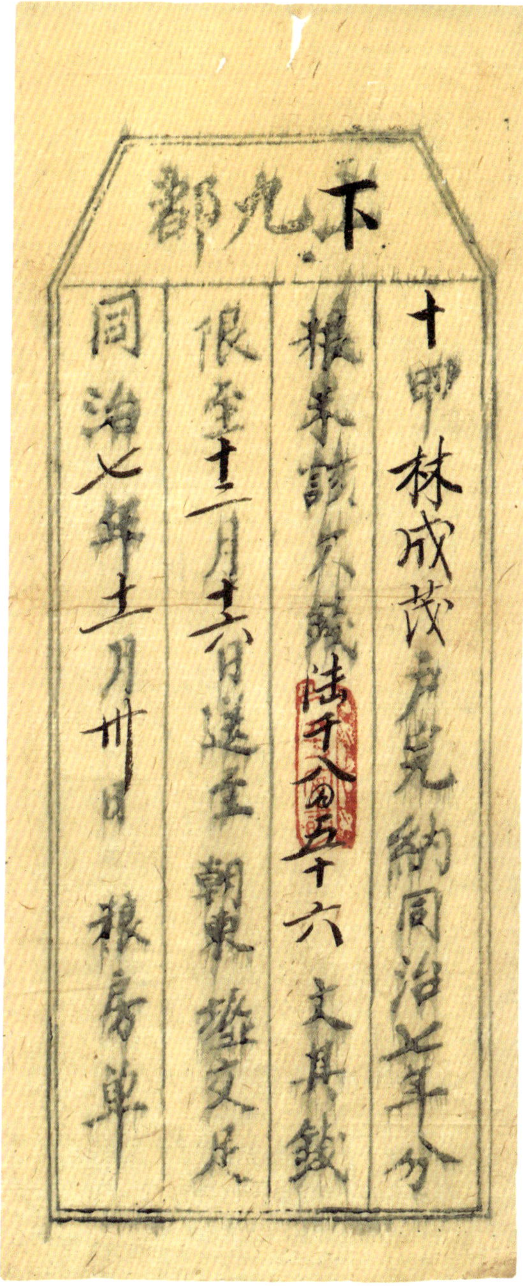

下九都
十甲林成茂户完納同治七年分
粮米該欠錢陆千八百五十六文具錢
限至十二月十六日送至朝東墟交兑
同治七年十一月卅日 粮房单

0029 同治七年十一月三十日富川县催交林成茂户完纳欠钱粮房单

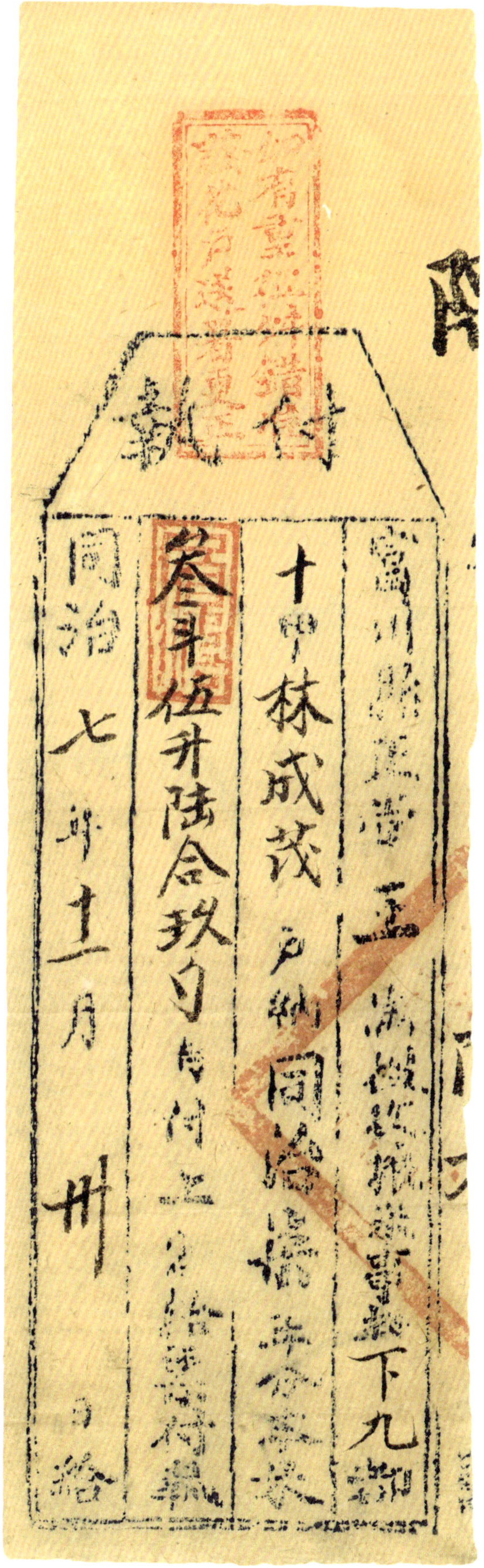

付執
富川縣正堂 孟 [illegible] 下九都
十甲林成茂 户納同治七年分本米
叁斗伍升陆合玖勺 [illegible]
同治七年十一月卅日給

0030 同治七年十一月三十日富川县征收林成茂户同治七年本米付执

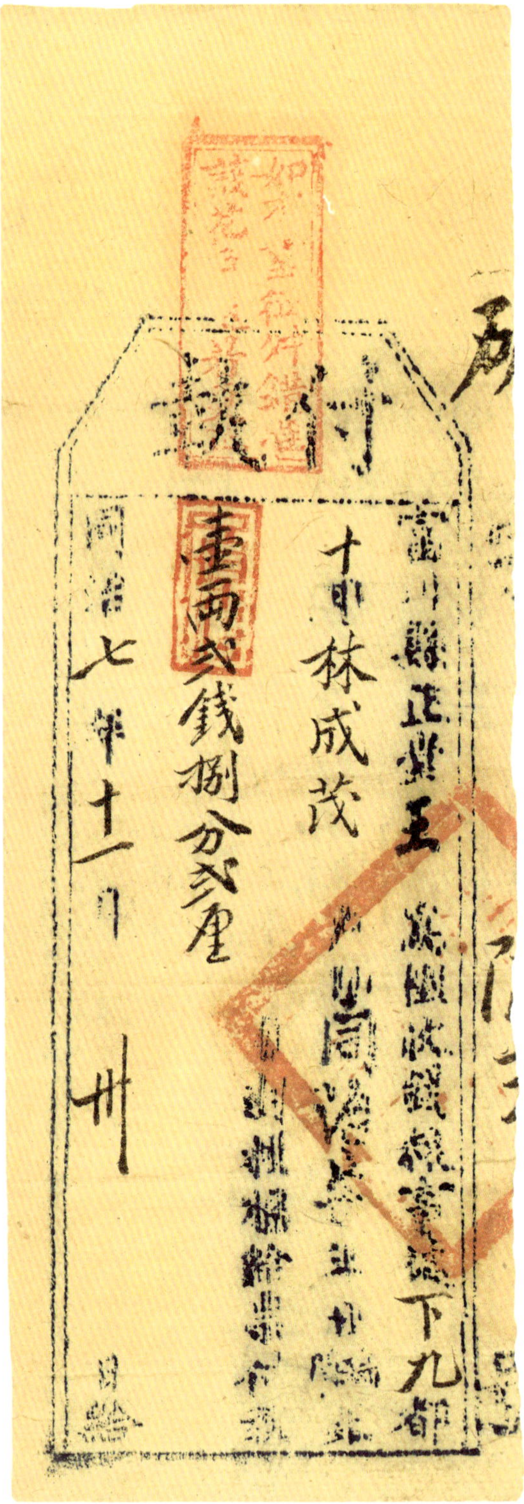
富川縣正堂王
下九都
十甲 林成茂
壹兩弍錢捌分弍厘
同治七年十一月卅日給
執

0031 同治七年十一月三十日富川县征收林成茂户同治七年编银付执

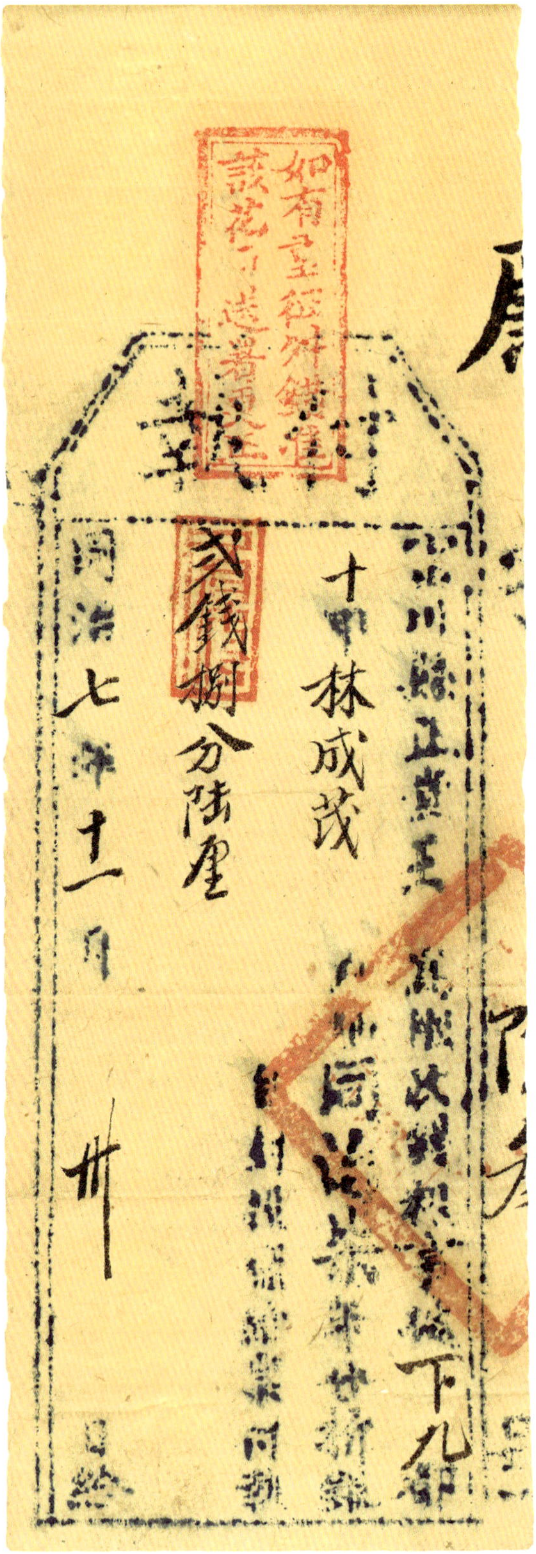
富川縣正堂王
下九都
十甲 林成茂
弍錢捌分陸厘
同治七年十一月卅日給
執

0032 同治七年十一月三十日富川县征收林成茂户同治七年折银付执

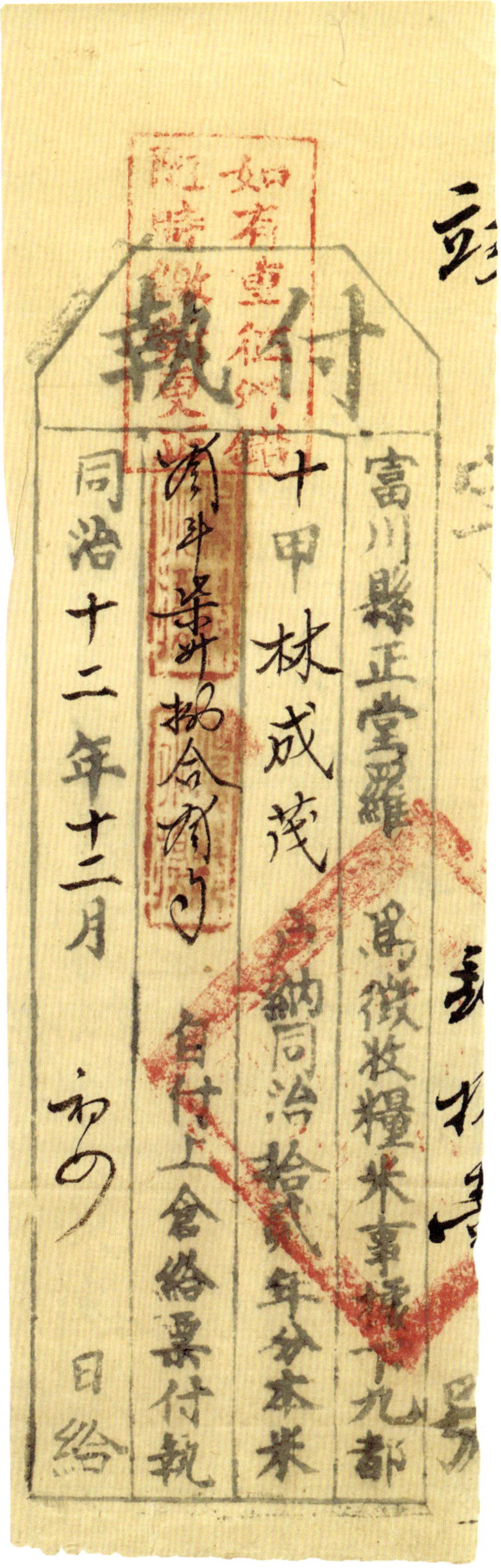

0033 同治十二年十二月初四日富川县征收林成茂户同治十二年本米付执

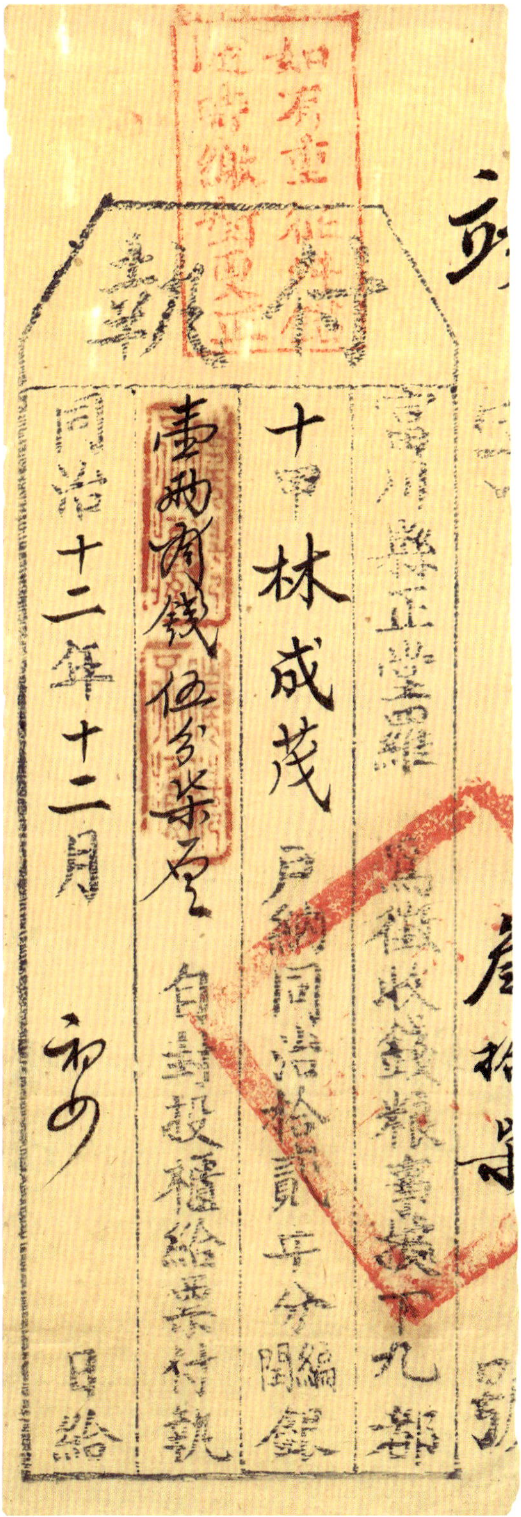

0034 同治十二年十二月初四日富川县征收林成茂户同治十二年编闰银付执

0035 同治十二年十二月初四日富川县征收林成茂户同治十二年折银付执

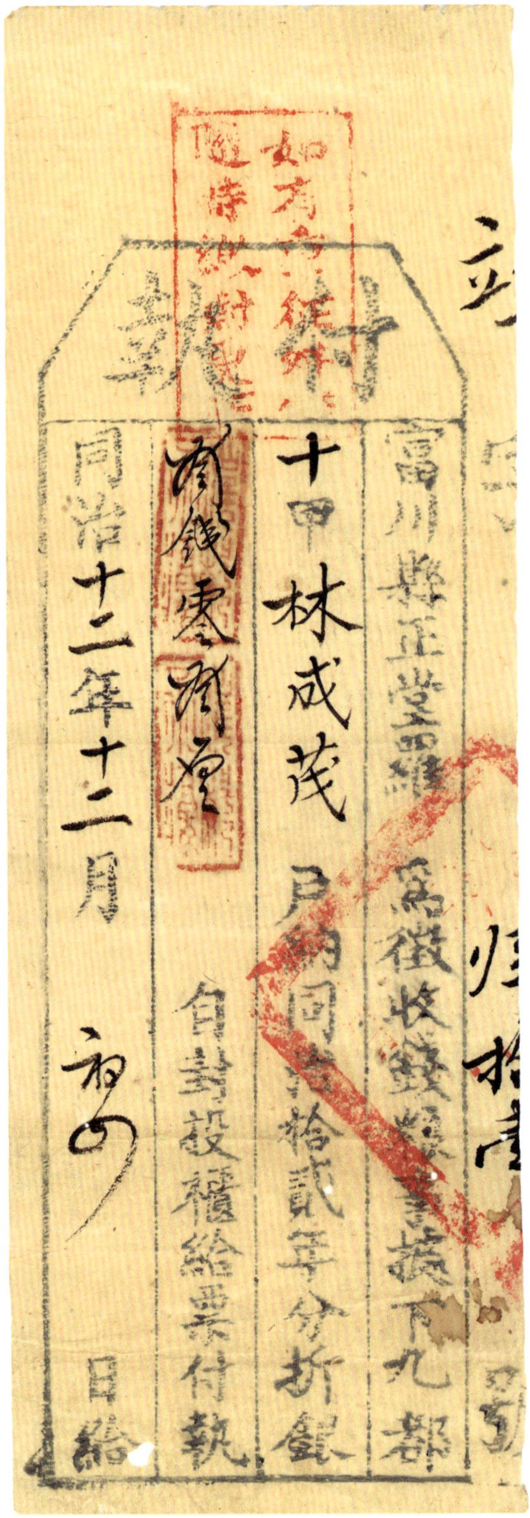

0036 光绪三年十月初二日富川县征收林春魁户光绪三年本米付执

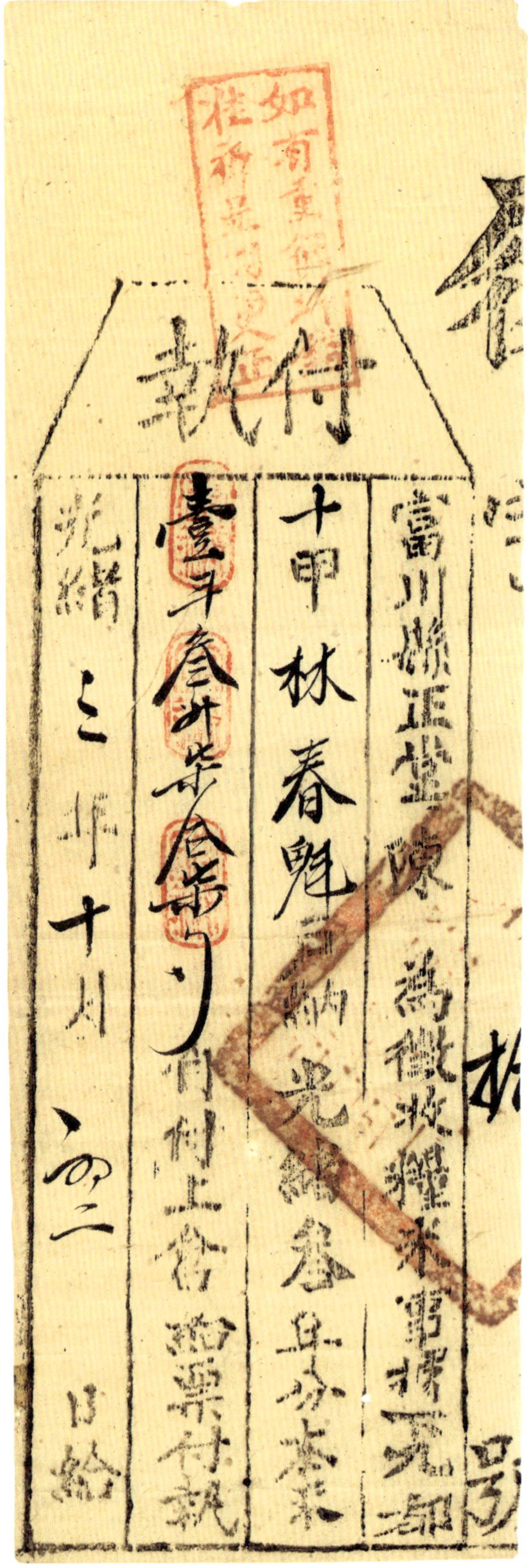

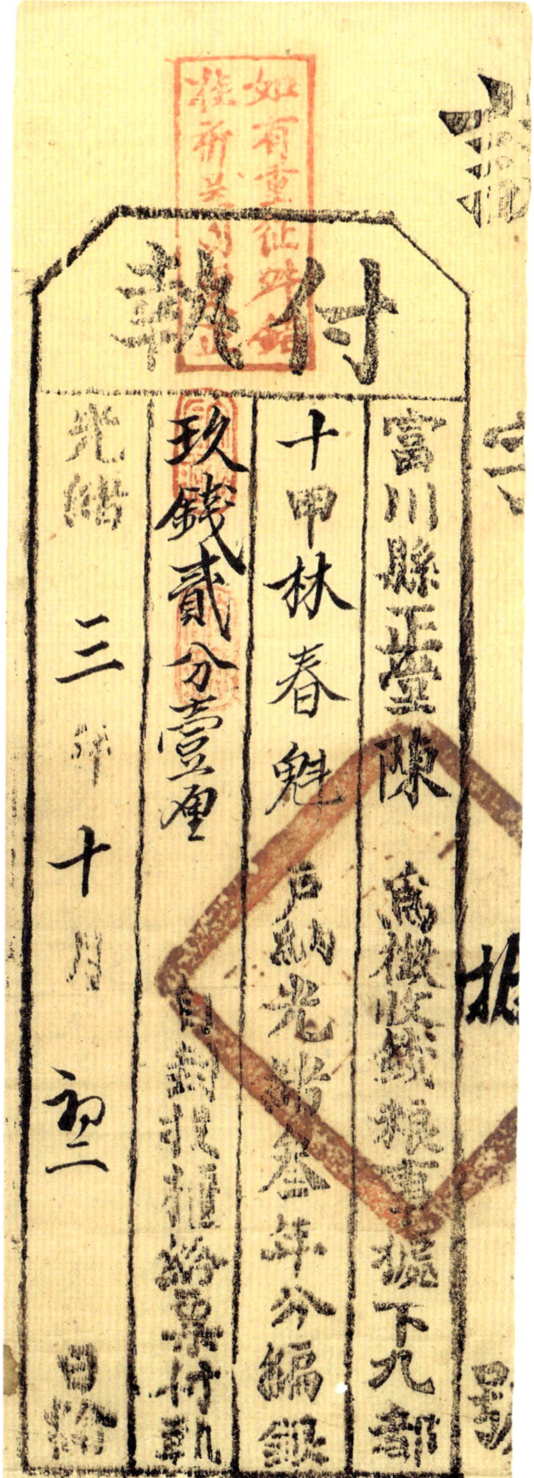

0037 光绪三年十月初二日富川县征收林春魁户光绪三年编银付执

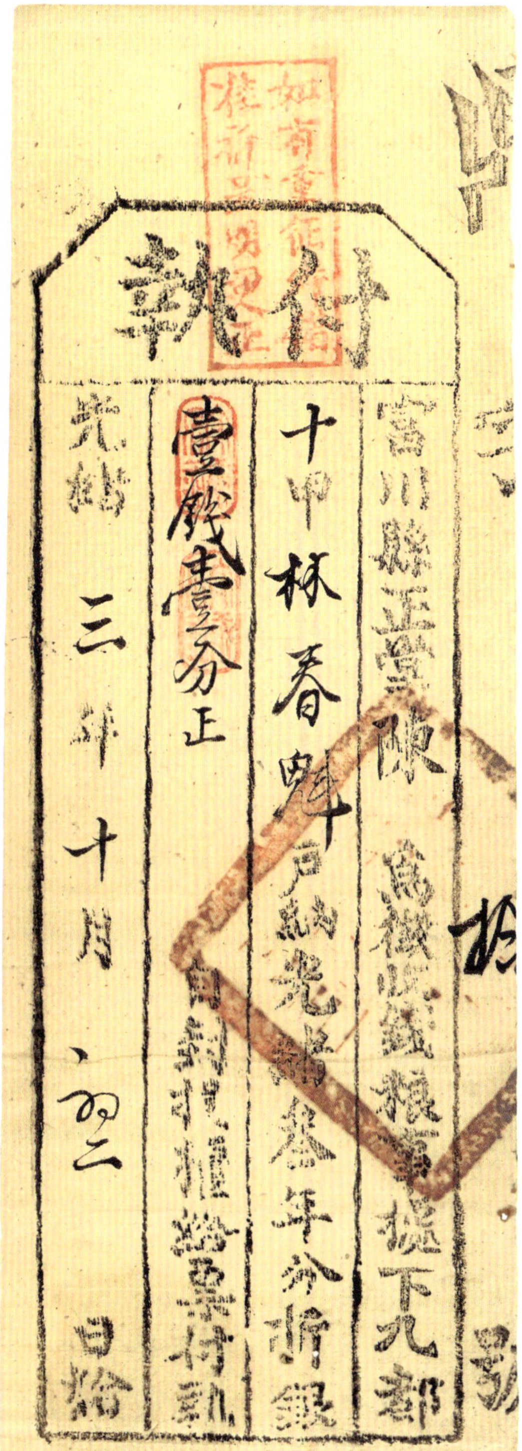

0038 光绪三年十月初二日富川县征收林春魁户光绪三年折银付执

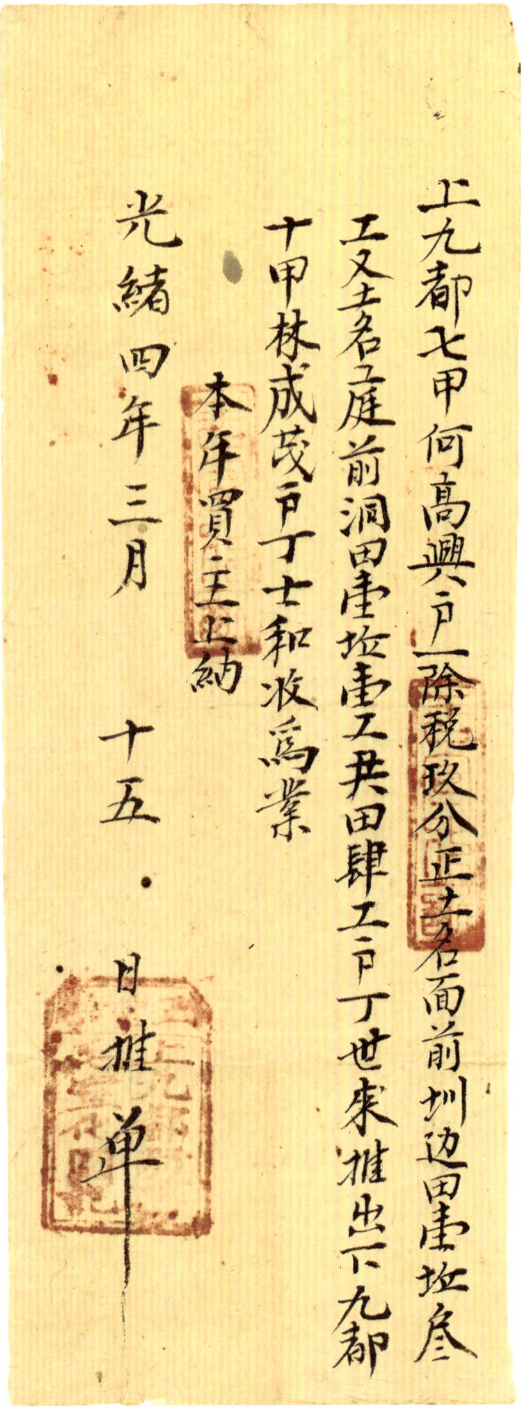
上九都七甲何高興戶除稅玖分正土名面前圳边田壹坵叁工又土名庭前洞田壹坵壹工共田肆工戶丁世來推出下九都十甲林成茂戶丁士和收爲業

本年買王上納

光緒四年三月 十五 日推单

0039 光绪四年三月十五日富川县林士和买入田产交接推单

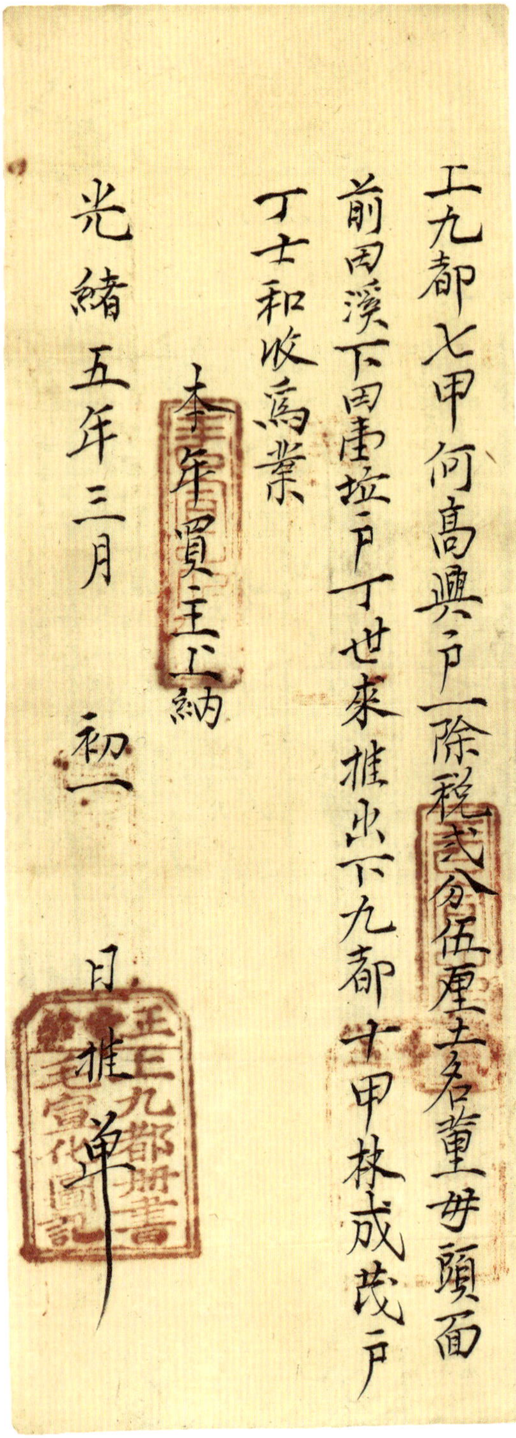
上九都七甲何高興戶除稅弍分伍厘土名董母頭面前田溪下田壹坵戶丁世來推出下九都十甲林成茂戶丁士和收爲業

本年買王上納

光緒五年三月初一日推单

0040 光绪五年三月初一日富川县林士和买入田产交接推单

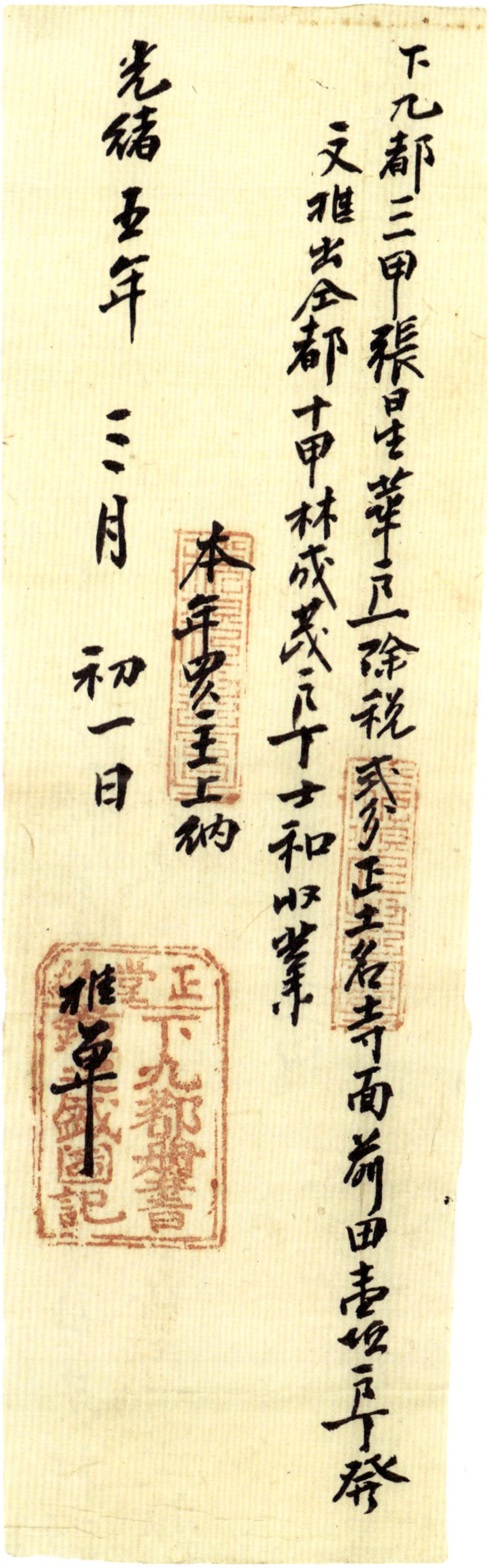
下九都三甲張日生華户正除稅弍分正土名寺面前田壹坵户丁癸
文推出仝都十甲林成茂户丁士和収業
本年冬至上納
光緒五年三月初一日
推單

0041 光绪五年三月初一日富川县林士和买入田产交接推单

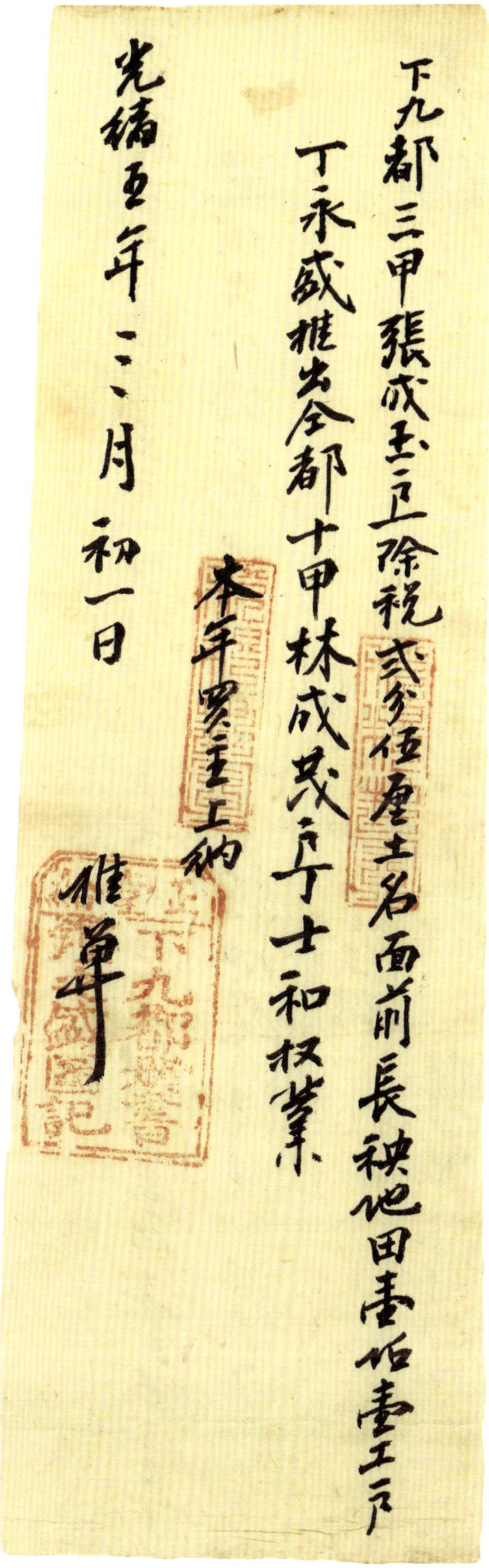
下九都三甲張成玉户正除稅弍分伍厘土名面前長秧地田壹坵壹工户
丁永盛推出仝都十甲林成茂户丁士和収業
本年冬至上納
光緒五年三月初一日
推單

0042 光绪五年三月初一日富川县林士和买入田产交接推单

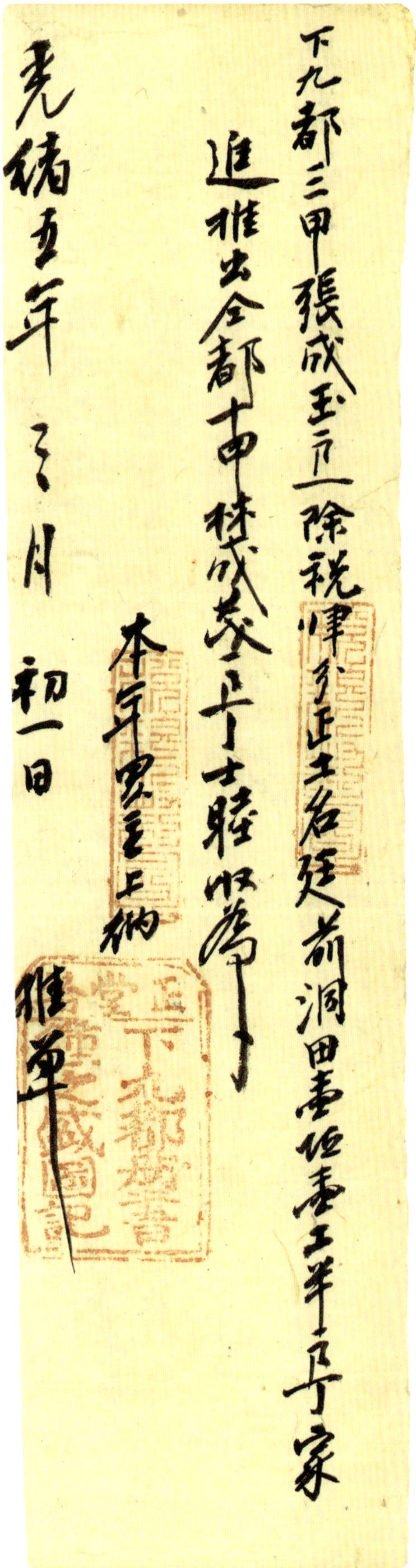
下九都三甲張成玉户除税肆分正土名廷前洞田壹坵壹工半正于家
進推出仝都十甲林成茂户丁士睦收為業
本年買主上納
光緒五年三月初一日推單

0043 光绪五年三月初一日富川县林士睦买入田产交接推单

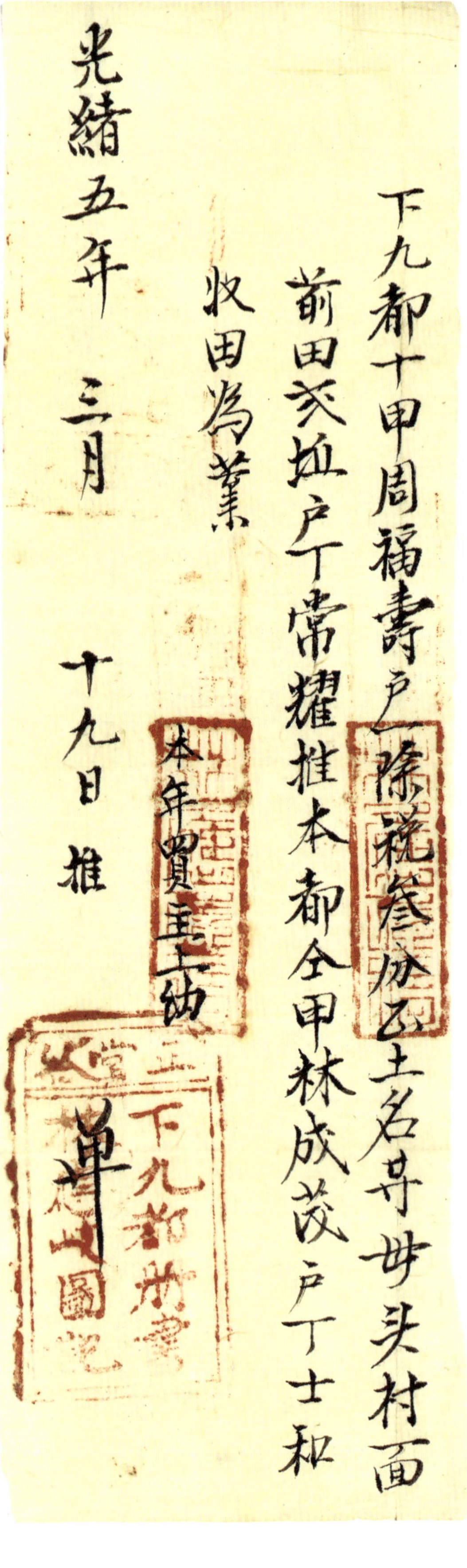
下九都十甲周福壽户除税叁分正土名毋头村面
前田壹坵户丁常耀推本都仝甲林成茂户丁士和
收田為業
本年買主上納
光緒五年三月十九日推單

0044 光绪五年三月十九日富川县林士和买入田产交接推单

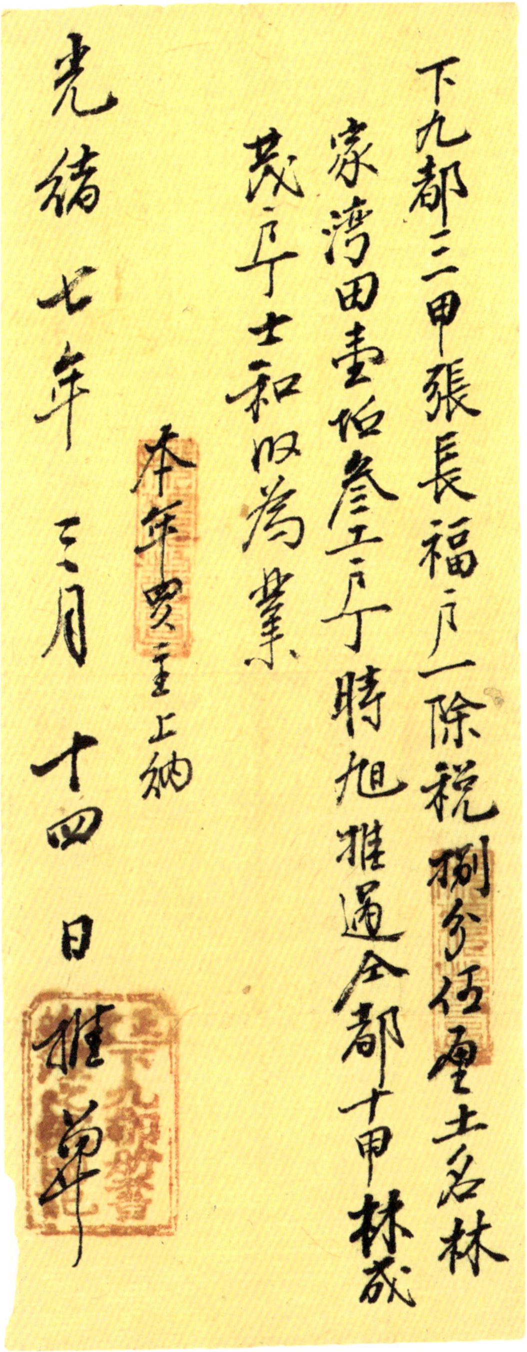
下九都三甲張長福户一除税捌分伍厘土名林
家湾田壹坵叁工户丁時旭推過全都十甲林茂
茂户丁士和收為業
本年買主上納
光緒七年三月十四日推單

0045 光绪七年三月十四日富川县林士和买入田产交接推单

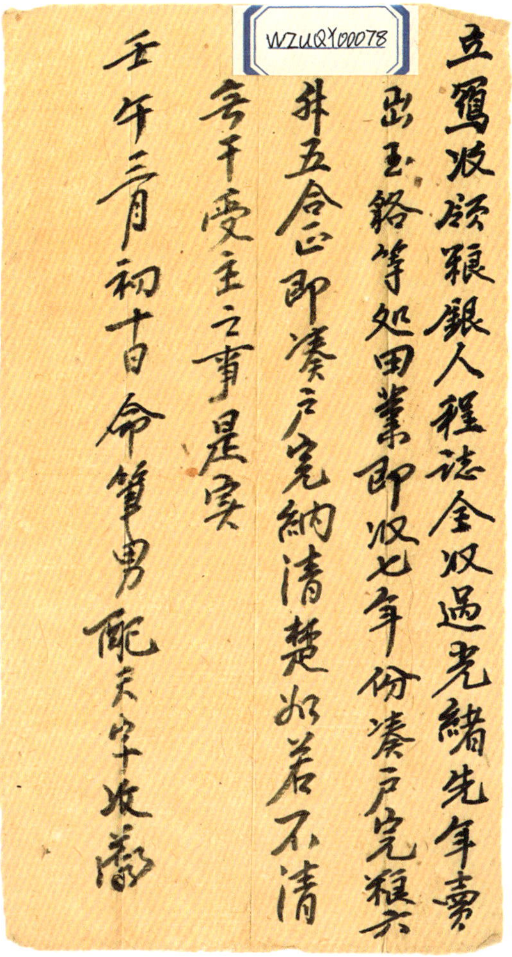
WZUQY00078
立領收領糧銀人程誌全收過光緒先年賣
出玉銘等処田業即收七年份凑户完糧六
升五合正即凑户完納清楚如若不清
無干受主之事是實
壬午三月初十日命筆男配天字收領

0046 光绪壬午年（八年）三月初十日昭平县程志全领粮银收据

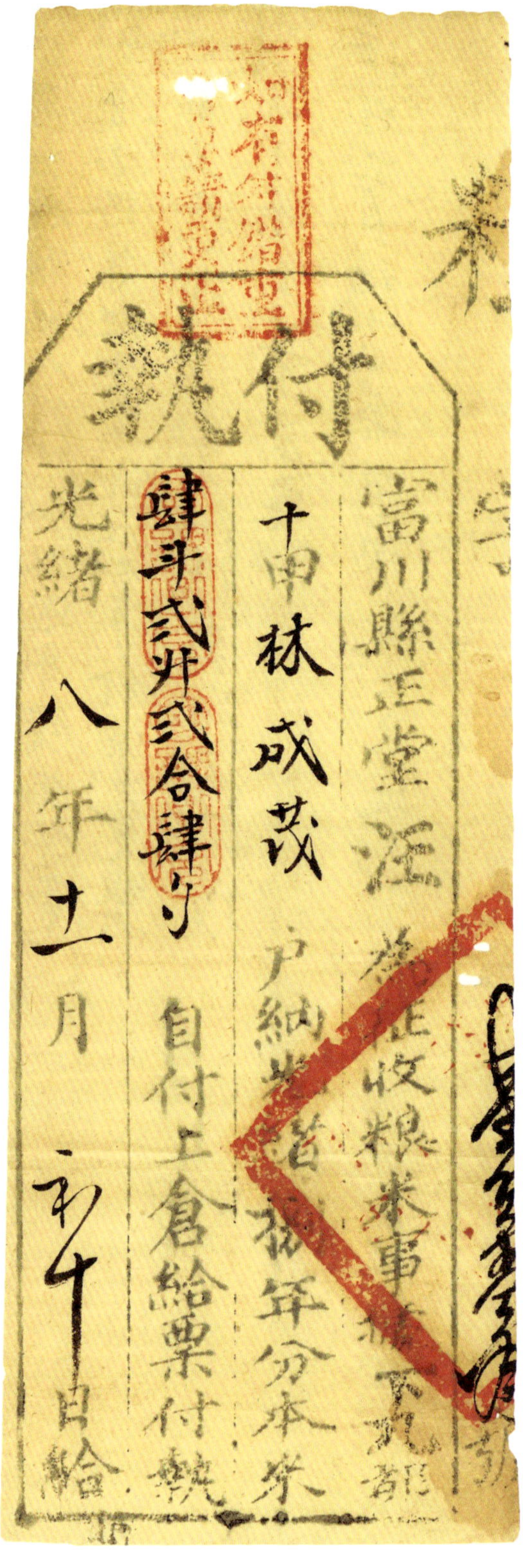

付執

富川縣正堂汪　為征收糧米事據下九都

十甲林成茂　户納光緒捌年分本米

肆斗弍升弍合肆勺

自付上倉給票付執

光緒八年十一月初十日給

0047 光绪八年十一月初十日富川县征收林成茂户光绪八年本米付执

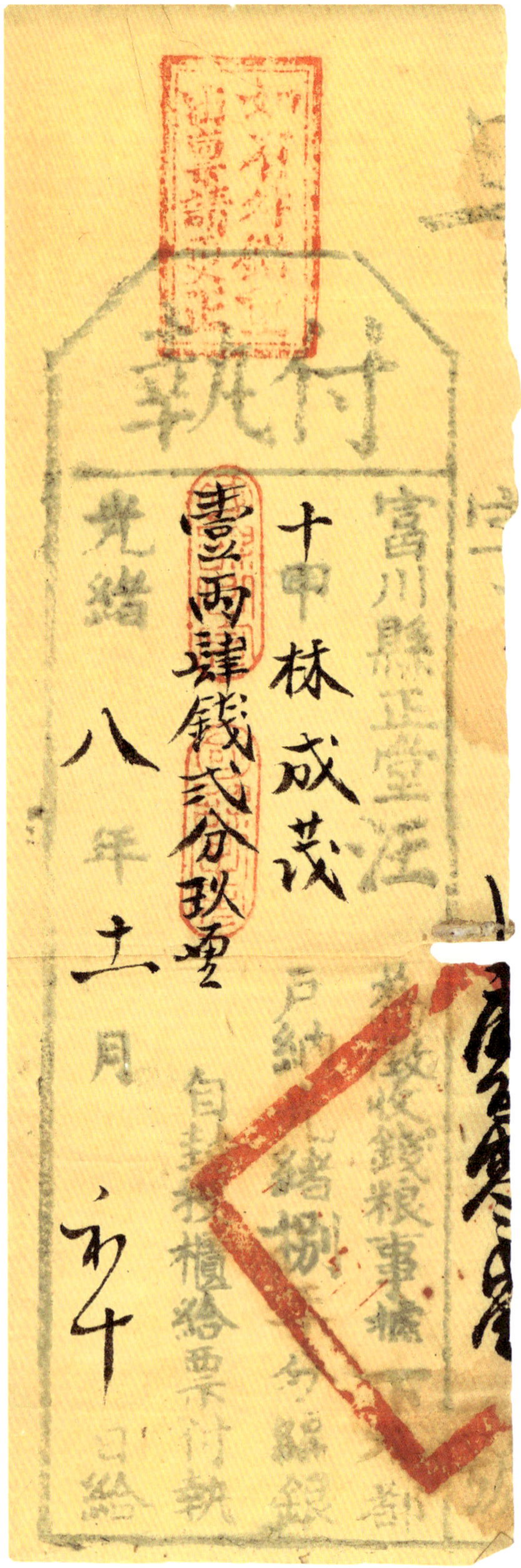

付執

富川縣正堂汪　為徵收錢糧事據下九都

十甲林成茂　户納光緒捌年分編銀

壹両肆錢弍分玖厘

自封投櫃給票付執

光緒八年十一月初十日給

0048 光绪八年十一月初十日富川县征收林成茂户光绪八年编银付执

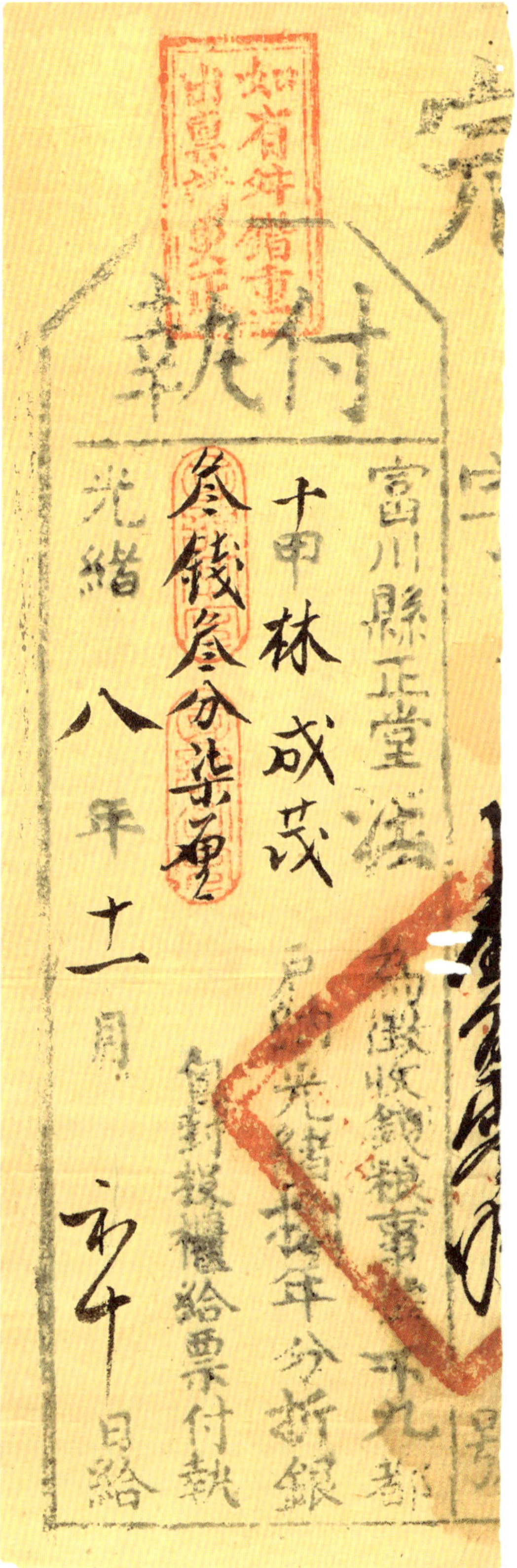
付執
富川縣正堂沈 為徵收錢粮事 九都
十甲林成茂 户納光緒捌年分折銀
叁錢叁分柒厘
自封投櫃給票付執
光緒八年十一月初十日給

0049 光绪八年十一月初十日富川县征收林成茂户光绪八年折银付执

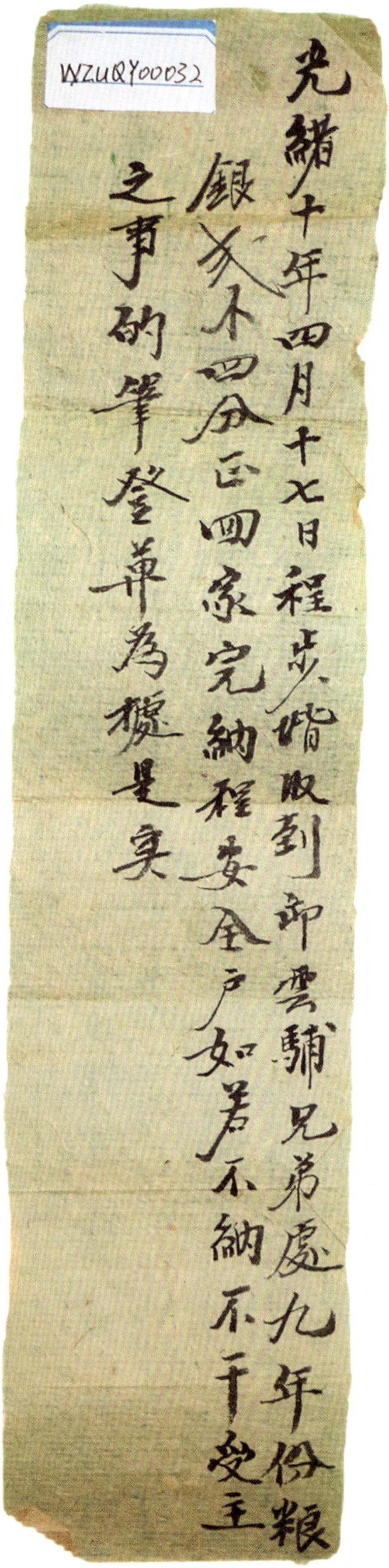
WZUQY00032
光緒十年四月十七日程步階收到郎雲鯆兄弟處九年份粮
銀弍錢四分正四家完納程姓全户如若不納不干受主
之事的筆登華為據是実

0050 光绪十年四月十七日昭平县程步阶收据

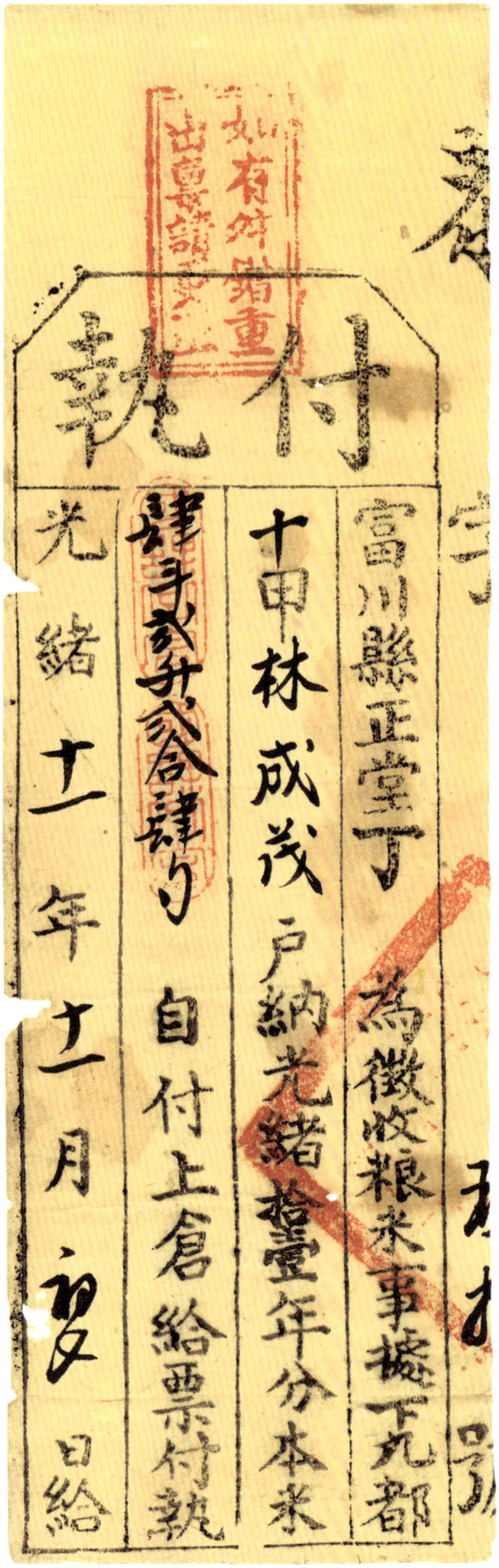

如有舛錯重出當堂請更

付執

富川縣正堂丁 為徵收粮米事據下九都

十甲林成茂 户納光緒拾壹年分本米

肆斗贰升贰合肆勺 自付上倉給票付執

光緒十一年十一月初七日給

0051 光绪十一年十一月初七日富川县征收林成茂户光绪十一年本米付执

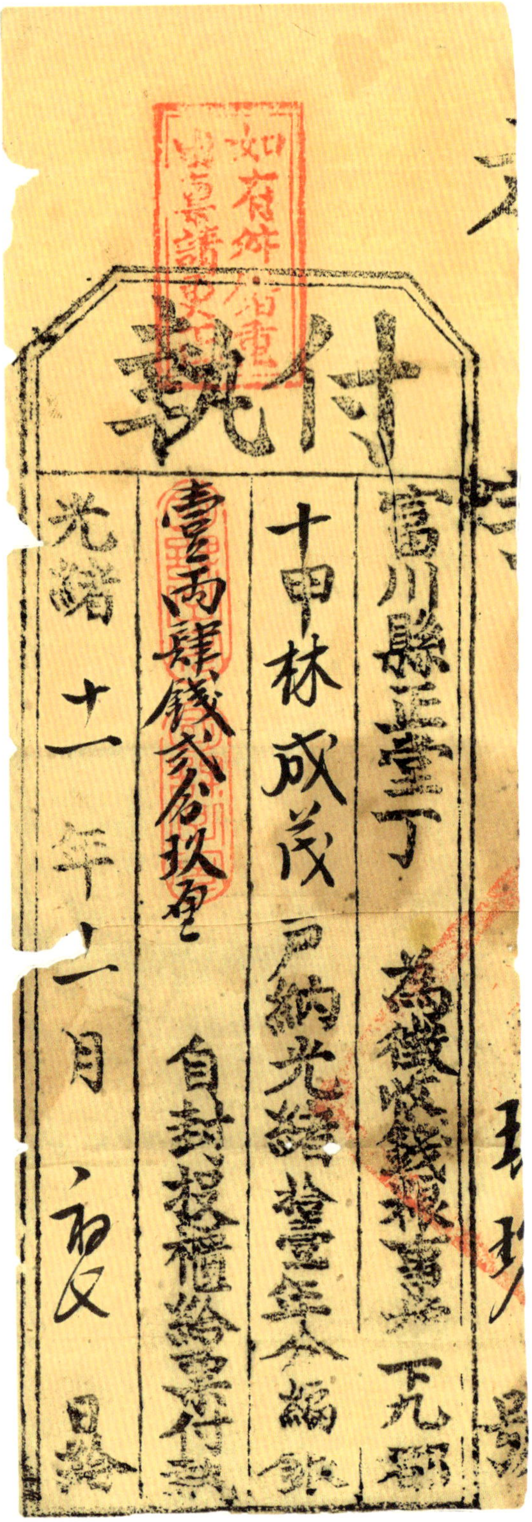

如有舛錯重出當堂請更

付執

富川縣正堂丁 為徵收錢粮事據下九都

十甲林成茂 户納光緒拾壹年分編銀

壹兩肆錢贰分玖厘 自封投櫃給票付執

光緒十一年十一月初七日給

0052 光绪十一年十一月初七日富川县征收林成茂户光绪十一年编银付执

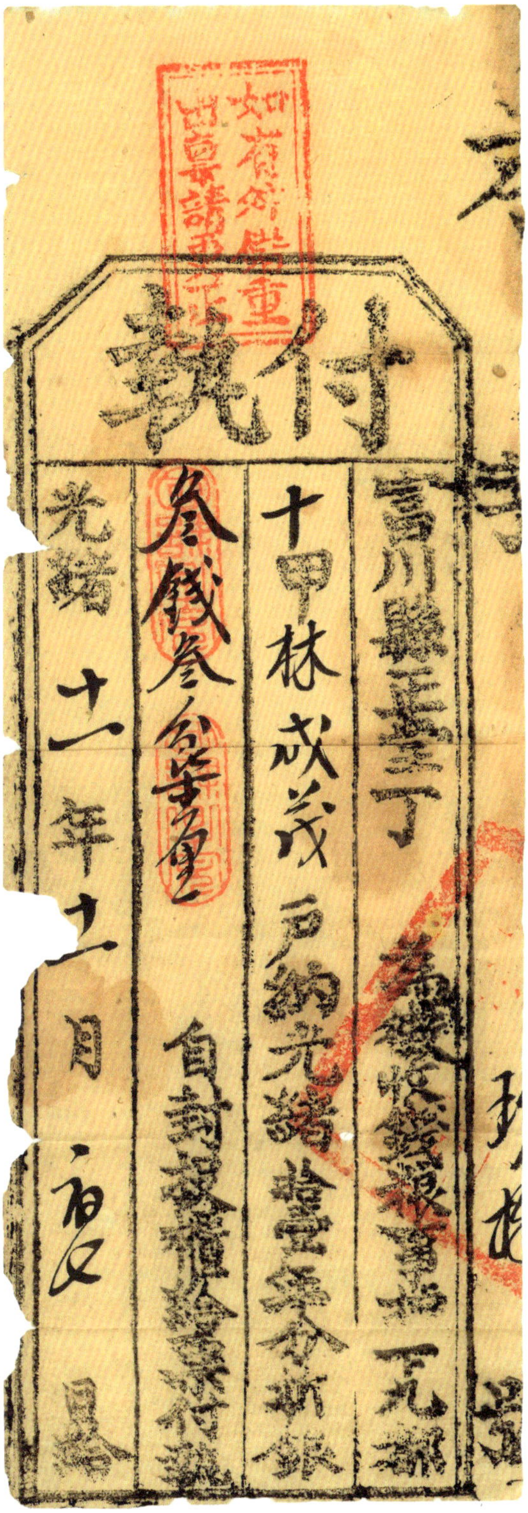

付執

富川縣正堂丁　為□□□□事

十甲林成茂户納光緒拾壹年分折銀

叁錢叁分壹厘

自封投櫃給票付執

光緒十一年十一月初七日

0053 光绪十一年十一月初七日富川县征收林成茂户光绪十一年折银付执

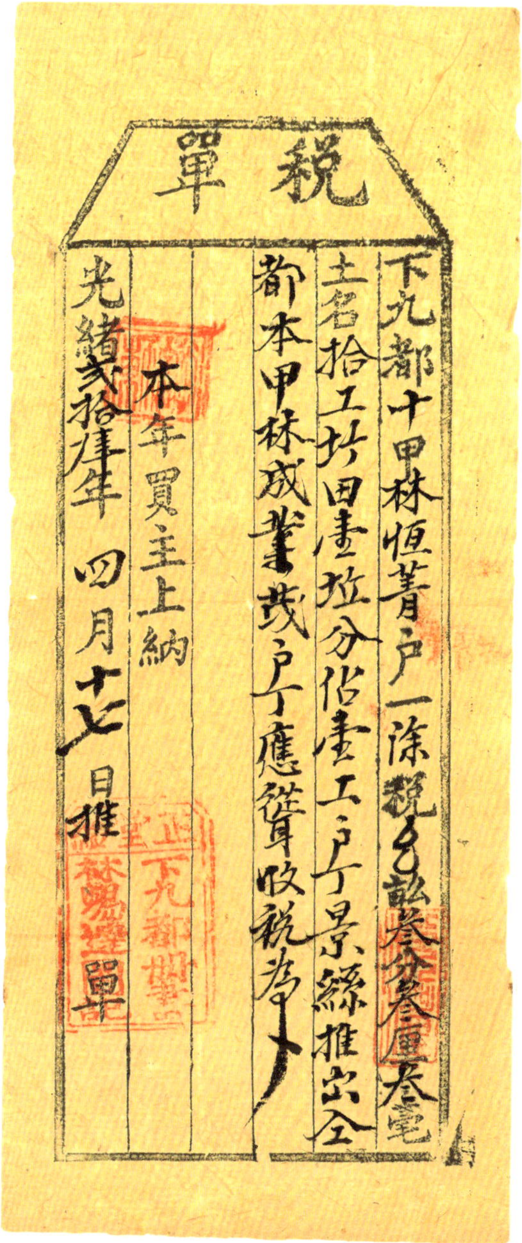

税單

下九都十甲林恒著户一除税〇畝叁分叁厘叁毫

土名拾工圳田壹坵分佔壹工户丁景縣推出仝

都本甲林成業戎户丁應貿收税存照

本年買主上納

光緒貳拾肆年四月十七日推

0054 光绪二十四年四月十七日富川县林应牟买入田产交接推单

0055 光绪二十四年十月十八日富川县陈华昌出卖田产将户税推予周天宋除单

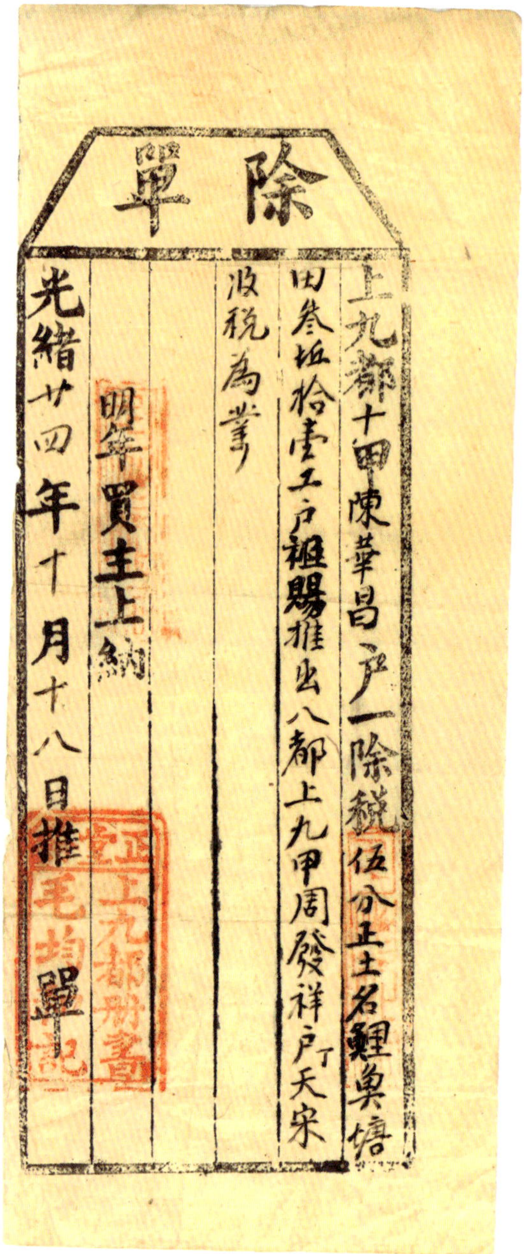

除單

上九都十甲陳華昌户一除税伍分正土名鯉魚塘
田叁坵拾壹工户祖賜推出八都上九甲周發祥户丁天宋
收税為業
明年買主上納
光緒廿四年十月十八日推

0056 光绪三十一年六月初六日富川县林应成买入田产交接推单

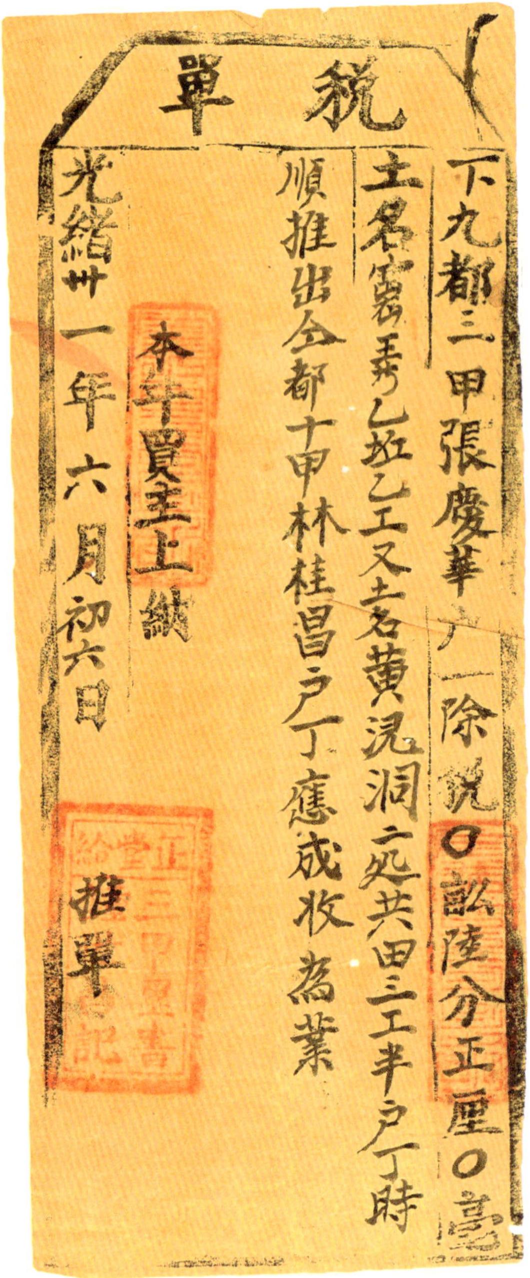

税單

下九都三甲張慶華户一除税〇畝陸分正厘〇毫
土名寗壽乙坵乙工又土名黄泥洞二処共田三工半户丁時
順推出仝都十甲林桂昌户丁應成收為業
本年買主上納
光緒卅一年六月初六日
推單

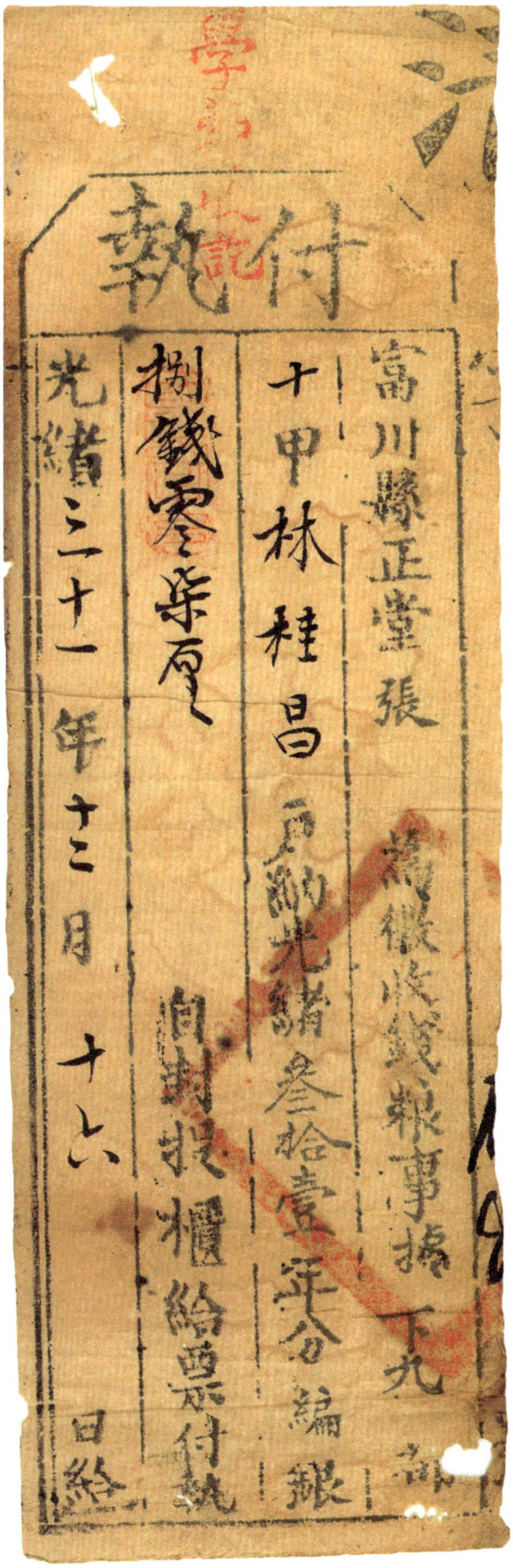
付執
富川縣正堂張　為徵收錢粮事據　下九　部
十甲林桂昌戶納光緒叁拾壹年分編銀
捌錢零柒厘　自封投櫃給票付執
光緒三十一年十二月十六日給

0057 光绪三十一年十二月十六日富川县征收林桂昌户光绪三十一年编银付执

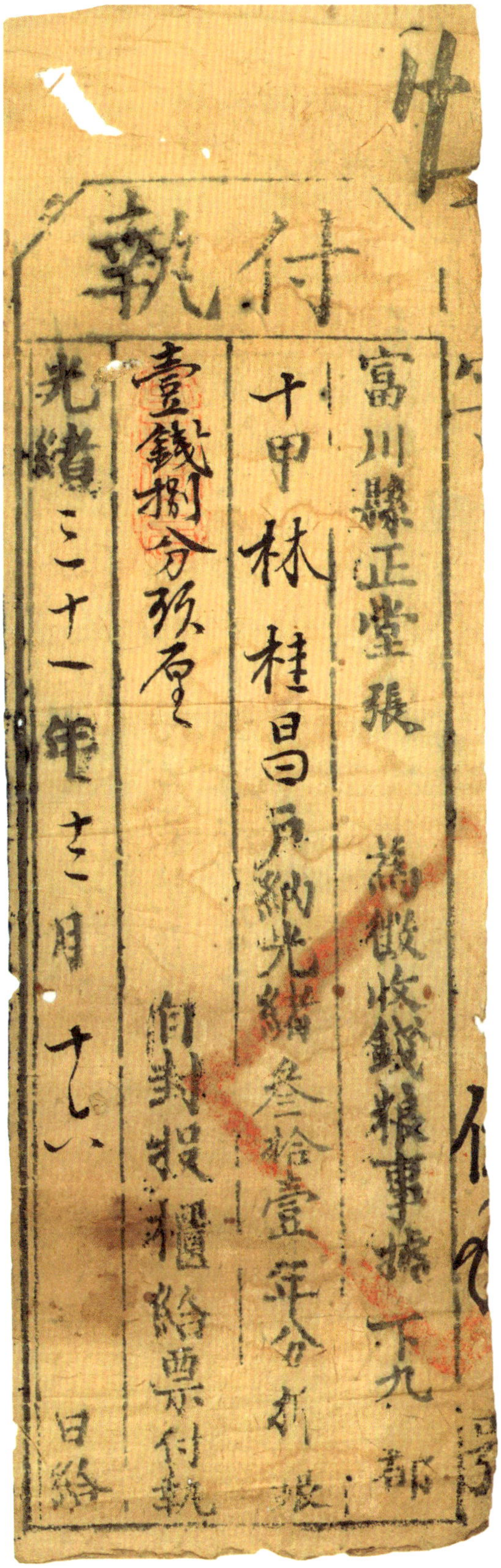
付執
富川縣正堂張　為徵收錢粮事據　下九　部
十甲林桂昌戶納光緒叁拾壹年分折銀
壹錢捌分玖厘　自封投櫃給票付執
光緒三十一年十二月十六日給

0058 光绪三十一年十二月十六日富川县征收林桂昌户光绪三十一年折银付执

0059 宣统三年四月初三日富川县林文楦买入田产交接除单

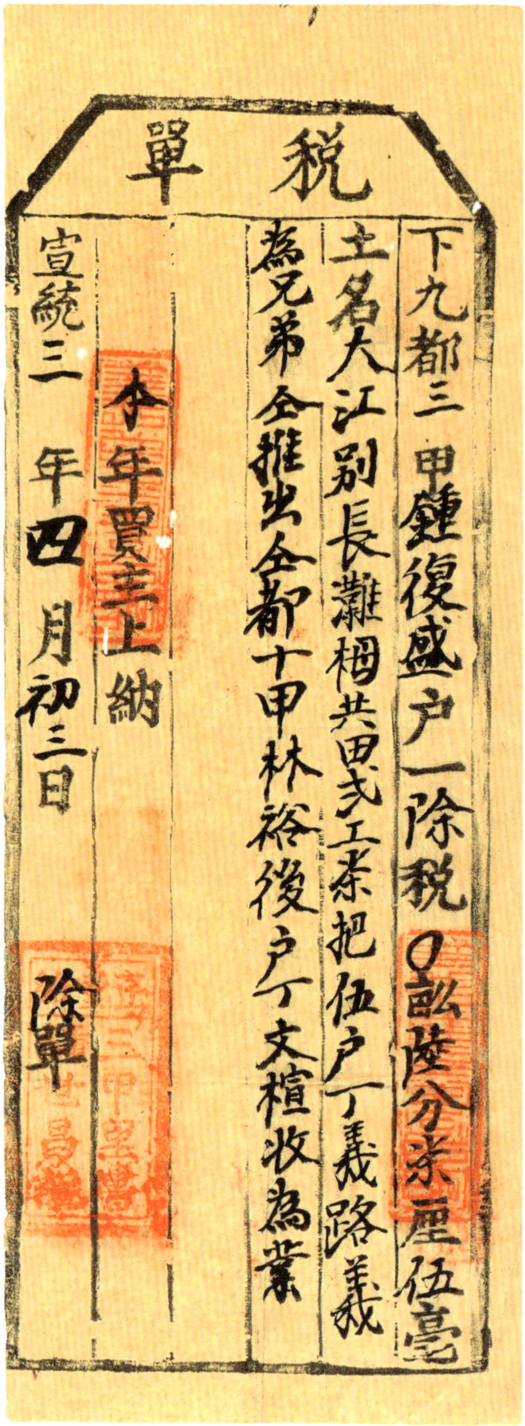

税單

下九都三甲鍾復盛户一除税0畝陸分柒厘伍毫
主名大江别長灘栂共田弍工柔把伍户丁義路義
為兄弟全推出全都十甲林裕後户丁文楦收為業
宣統三年四月初三日
本年買主上納
除單

0060 林成茂欠条

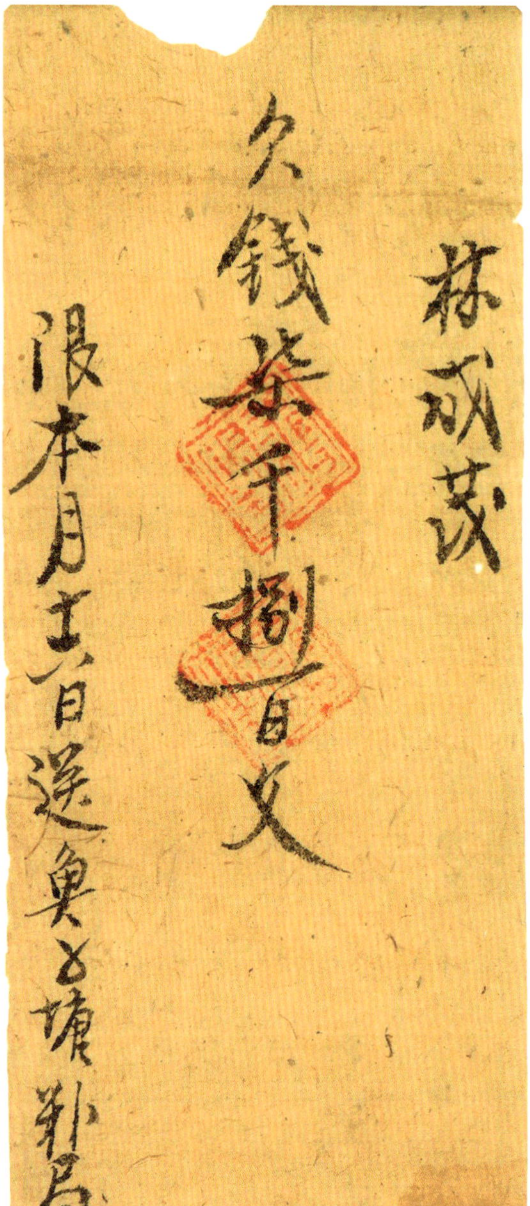

林成茂
欠钱叁千捌百文
限本月十六日送與大塘彩局

0061 林春魁户缴纳粮钞收单

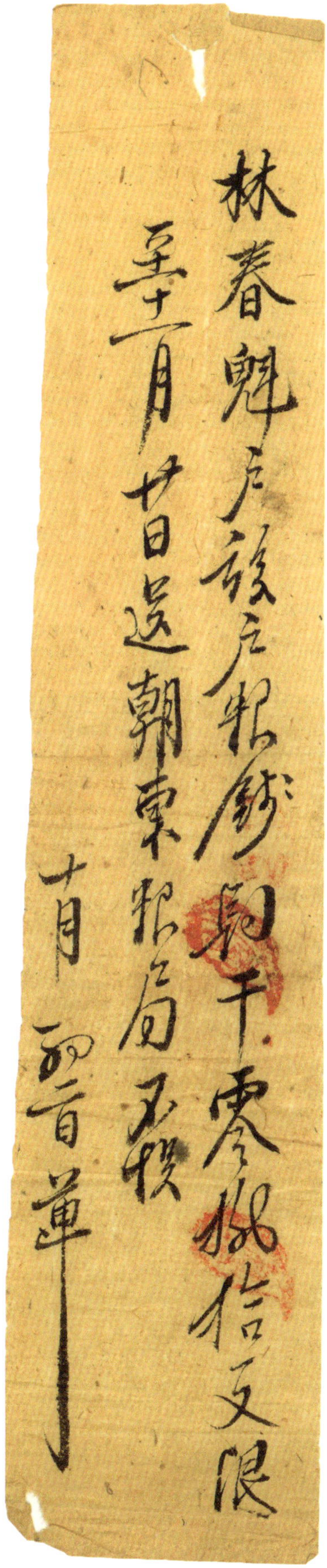
林春魁户該户粮鈔銀一千零捌拾文限
至十一月廿日送朝東粮局丞收
十月 四日單

0001 同治四年七月初八日容县陆兆琮民米输纳过户收单

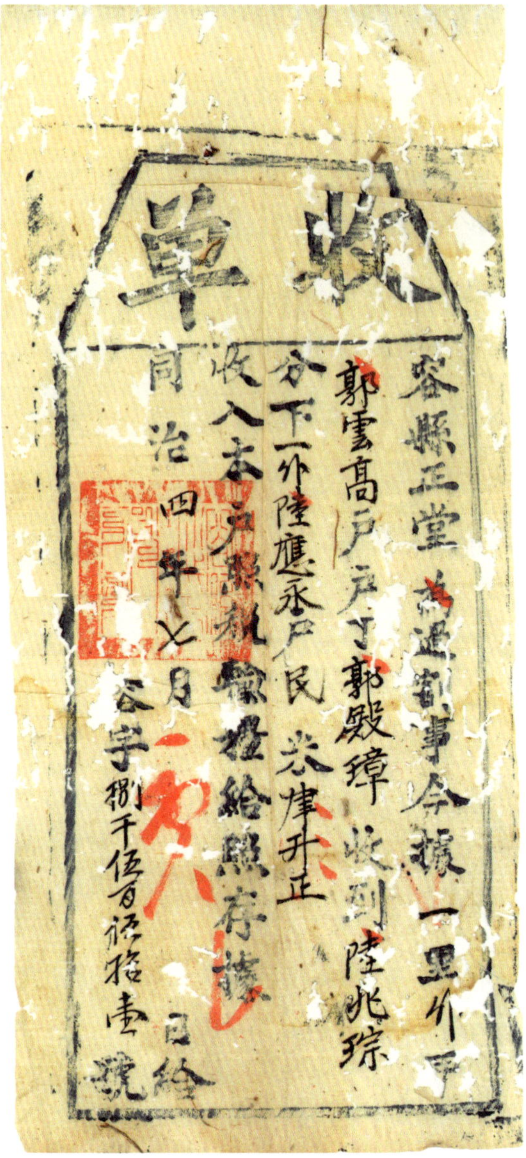

收單

容縣正堂 為通割事今據 一里八甲
郭雲高戶 戶丁郭殿璋 收到 陸兆琮
分下一外陸應永戶民 米肆升正
收入本戶照糧輸納給照存據
同治 四年 七月 初八 日給
谷字捌千伍百陸拾壹號

0002 同治八年五月十二日容县补征郭云高租税执照

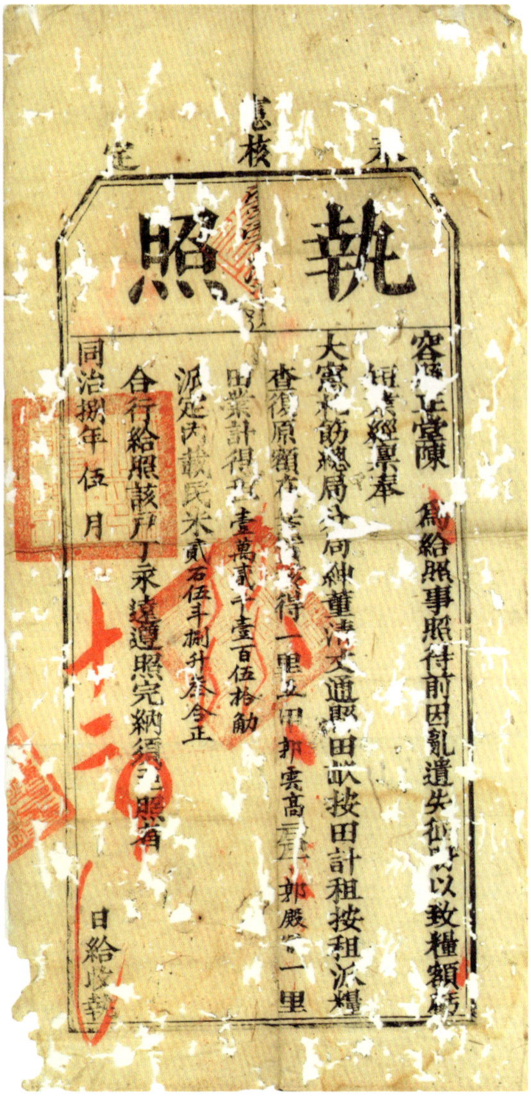

執照

容縣正堂陳 為給照事照得前因亂遺失徵冊以致糧額
恒經稟奉
大憲札飭總局會同紳董清丈通縣田畝按田計租按租派糧
查復原額存案茲查得一里五甲郭雲高戶丁郭殿璋二里
田業計得租壹萬貳千壹百伍拾觔
派定內載民米貳石伍斗捌升叁合正
合行給照該戶丁永遠遵照完納須至照者
同治捌年伍月 十二 日給 收執

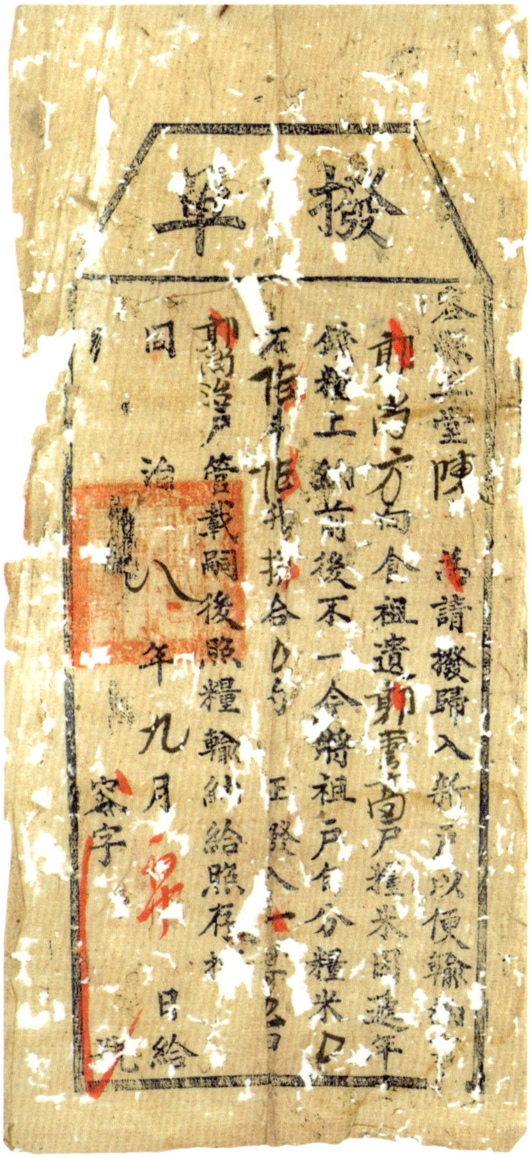

0003 同治八年九月初十日容县郭尚方拨入新户税粮拨单

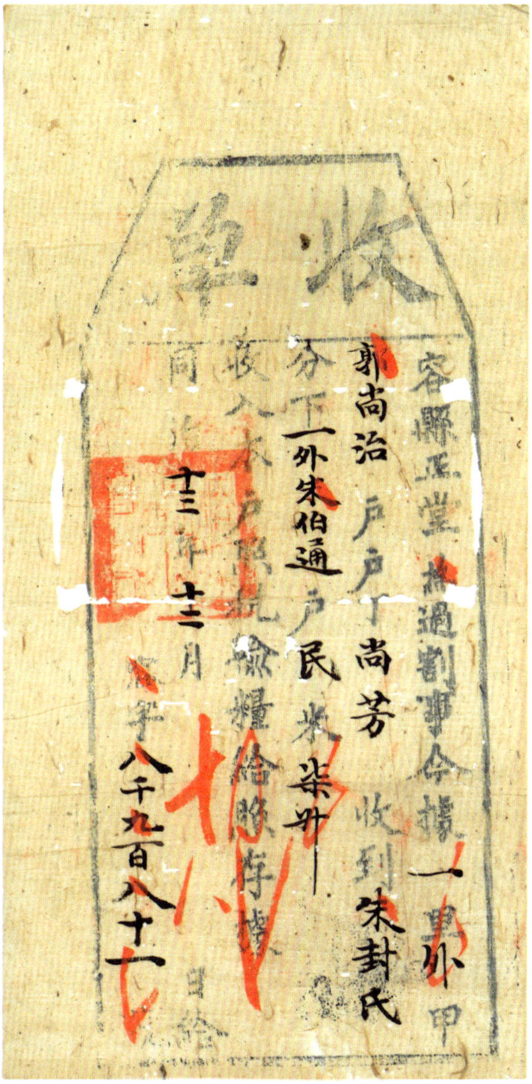

0004 同治十三年十二月十八日容县朱封氏民米输纳过户收单

0005 光绪三年六月初三日容县彭绍英等民米输纳过户收单

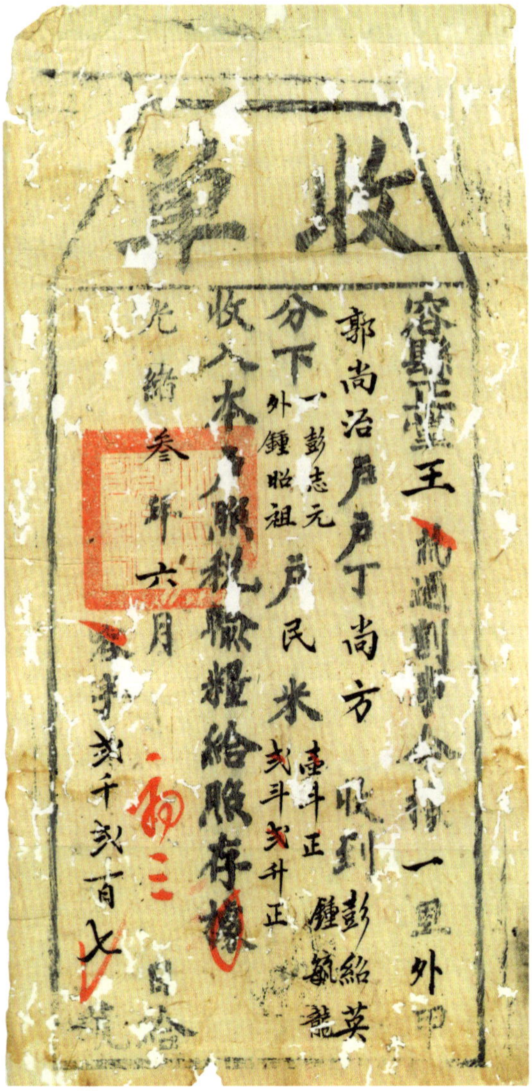

收單
容縣正堂王
郭尚治户户丁尚方 收到彭紹英 鍾敏龍
分下一彭志元 外鍾昭祖 户民米 壹斗正 弍斗弍升正
光緒叁年六月初三日

0006 光绪十九年四月初五日容县潘植芹民米输纳过户收单

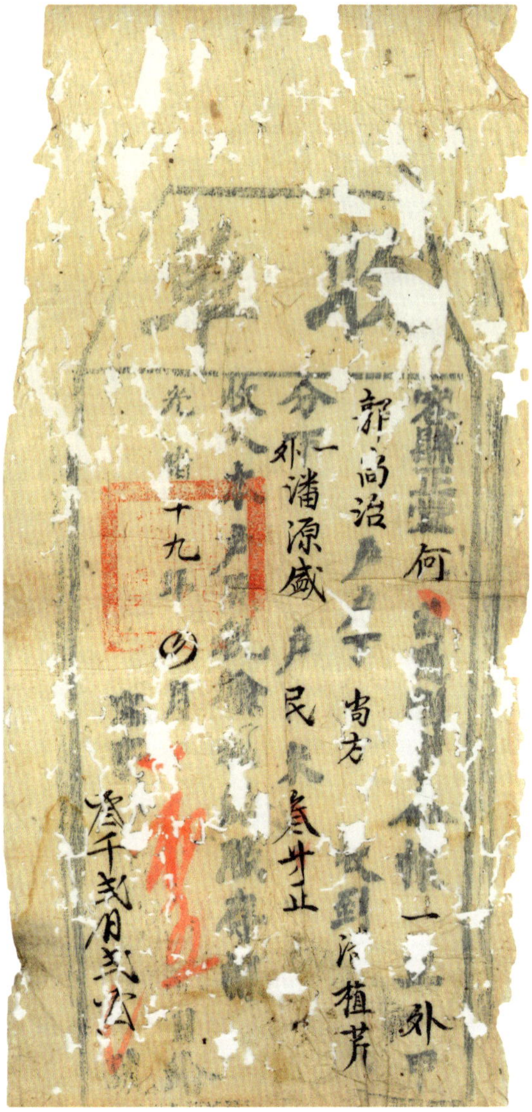

收單
容縣正堂何
郭尚治户 收到潘植芹
分下一外潘源盛 户民米
光緒十九年四月初五日

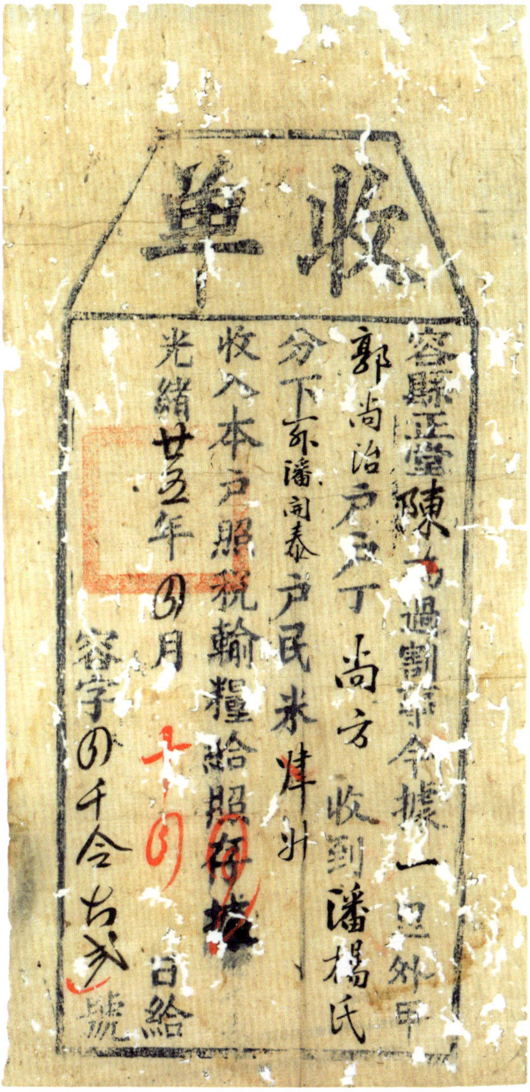
收單
容縣正堂陳 為過割事 令據 一里外甲
郭尚治户丁尚方 收到潘楊氏
分下示潘同泰户民米肆升
收入本户照税輸糧給照存據
光緒廿五年四月 十四 日給
容字四千合七弍號

0007 光绪二十五年四月十四日容县潘杨氏民米输纳过户收单

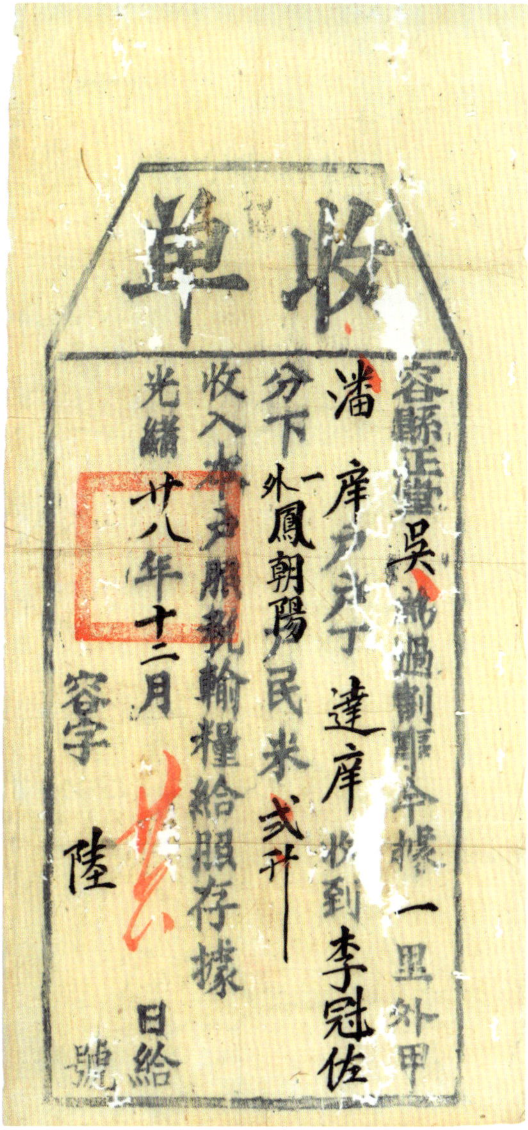
收單
容縣正堂吳 為過割事 令據 一里外甲
潘庠户丁達庠 收到李冠佐
分下一外鳳朝陽户民米弍升
收入本户照税輸糧給照存據
光緒廿八年十二月 廿六 日給
容字 陸 號

0008 光绪二十八年十二月二十六日容县李冠佐民米输纳收单

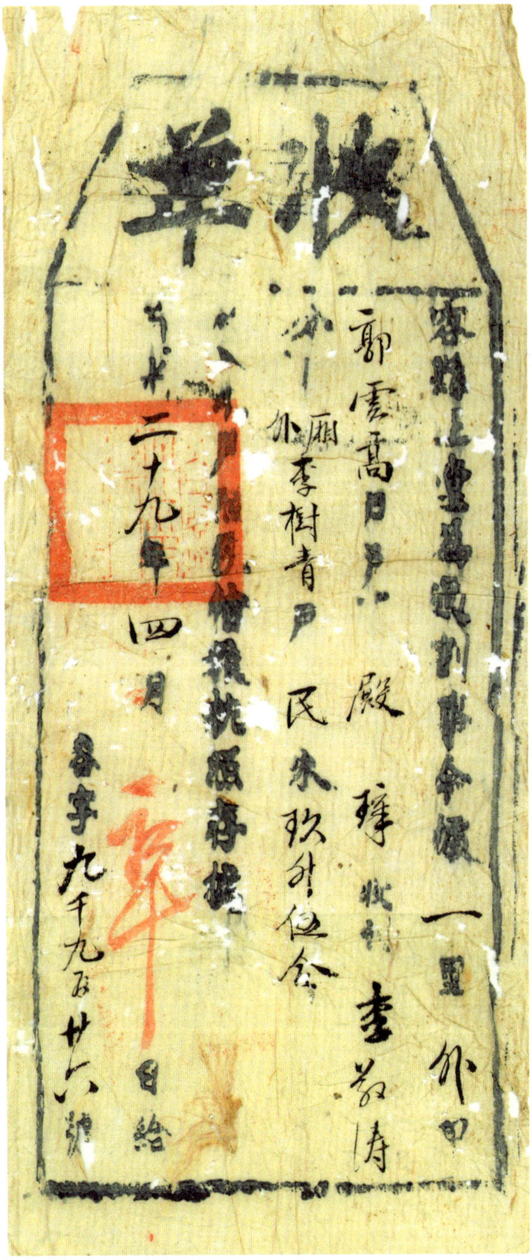

0009 光绪二十九年四月初十日容县李敬涛民米输纳过户收单

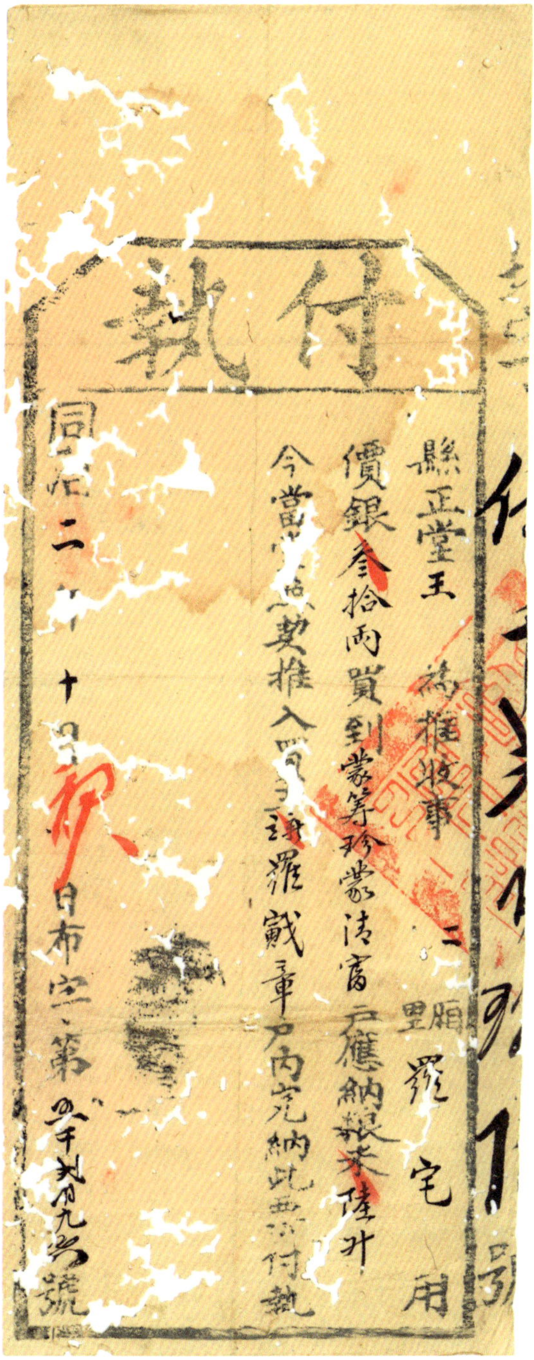

付執

縣正堂王 為推收事 二圖 里羅宅 用

價銀叁拾兩買到蒙籌珍蒙清富户應納粮米陸升

今當堂照數推入羅戠章户內完納此票付執

同治二年十月初八日布字第 號

0001 同治二年十月初八日北流县蒙筹珍、蒙清富粮米输纳额兑入罗戬章户下输纳付执

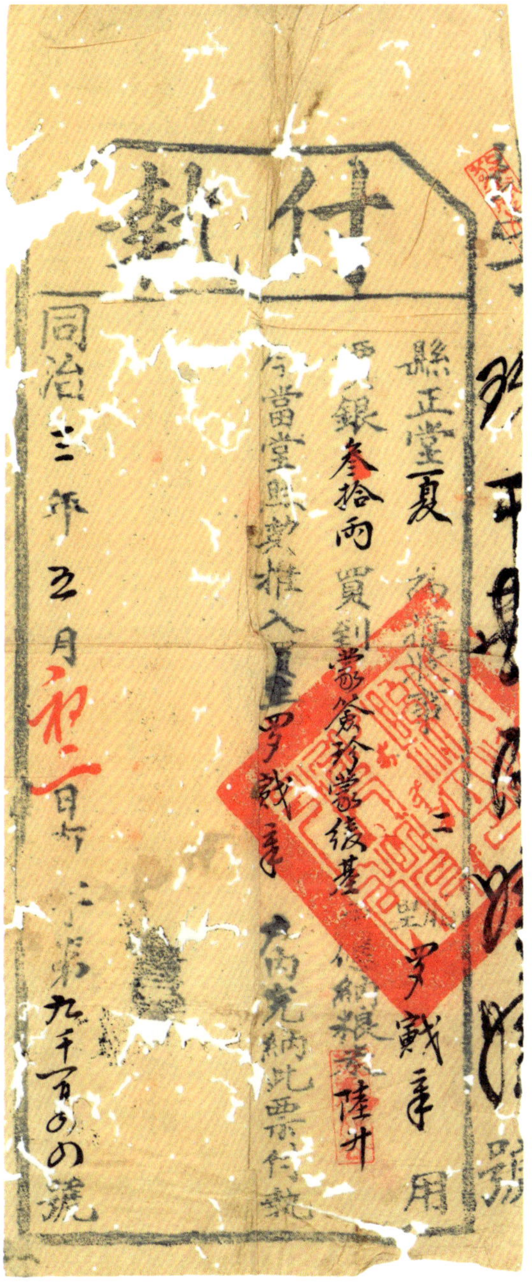

付執

縣正堂夏 為推收事 二 罗戠章 用

價銀叁拾兩買到蒙簽珍蒙綾基户應納粮米陸升

今當堂照數推入罗戠章户內完納此票付執

同治三年五月初二日 字第 號

0002 同治三年五月初二日北流县蒙签珍、蒙绫基粮米输纳额兑入罗戬章户下输纳付执

0003 同治八年二月北流县蒙佥珍、蒙辅弼粮米输纳额兑入罗戭章户下输纳付执

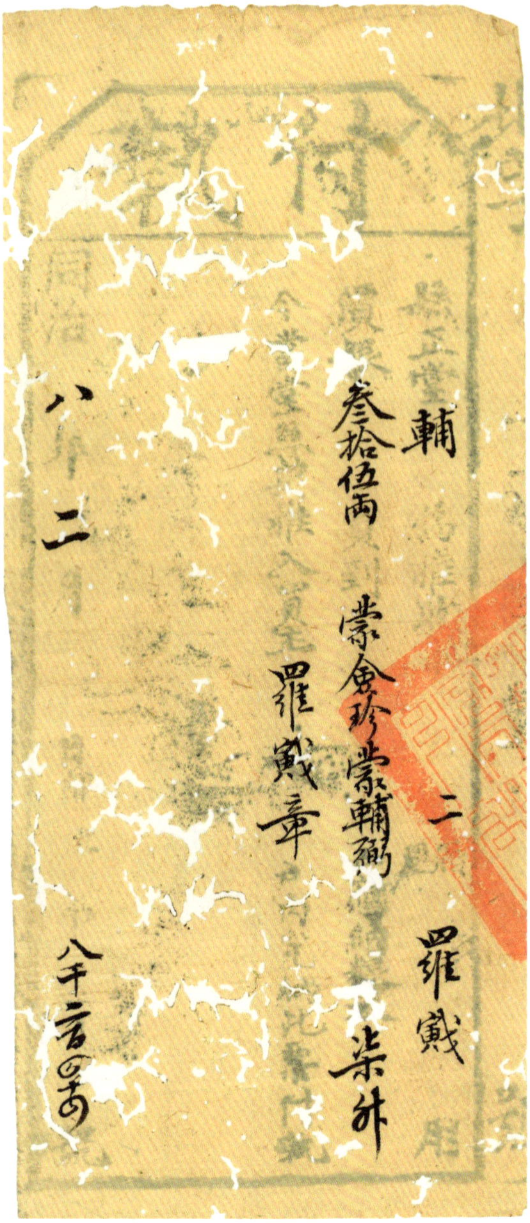

0004 同治十二年五月二十四日北流县黄万忠银米输纳额兑入罗戭章户下输纳付执

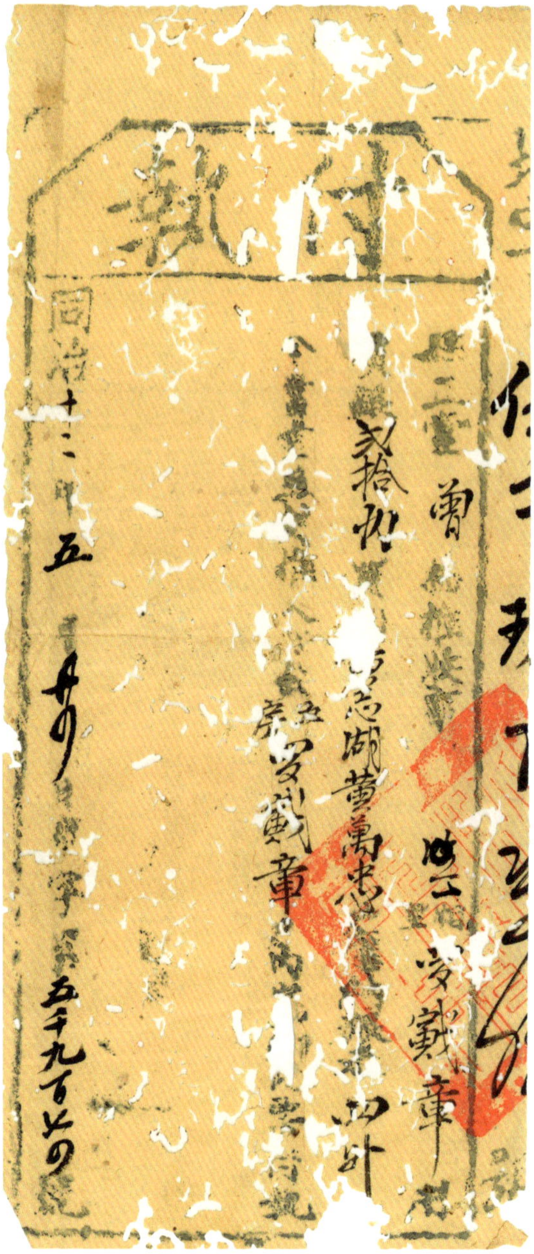

付執

0005 同治十二年五月北流县顾声远竹木山场兑入顾□先户下输税付执

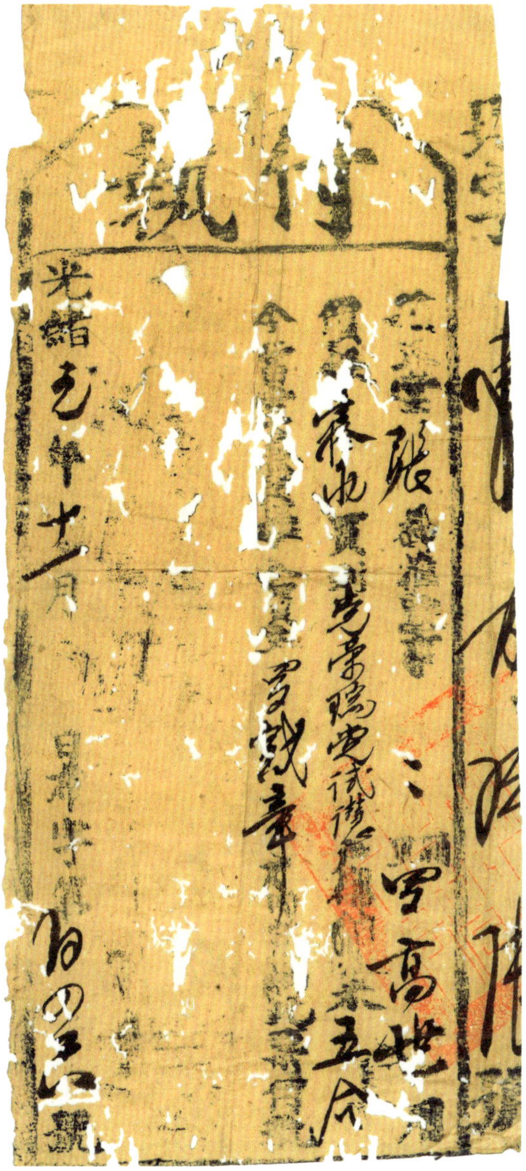

付執

光緒元年十一月

0006 光绪元年十一月北流县党荣赐、党试慧粮米输纳额兑入罗戴章户下输税付执

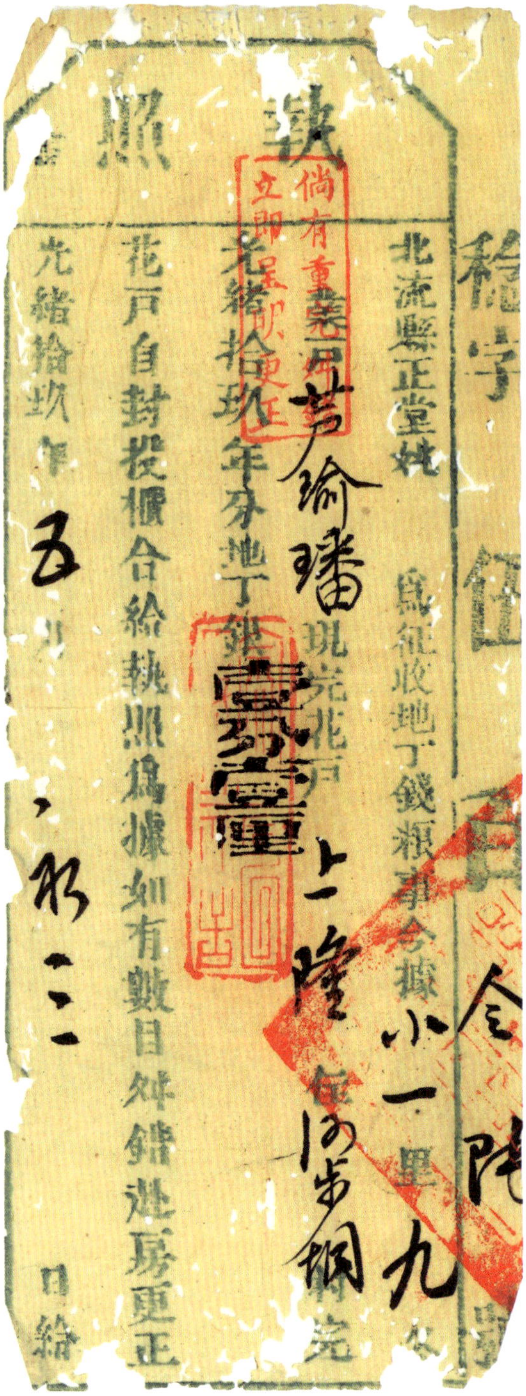

0007 光绪十九年五月初三日北流县征收芦瑜璠光绪十九年地丁银执照

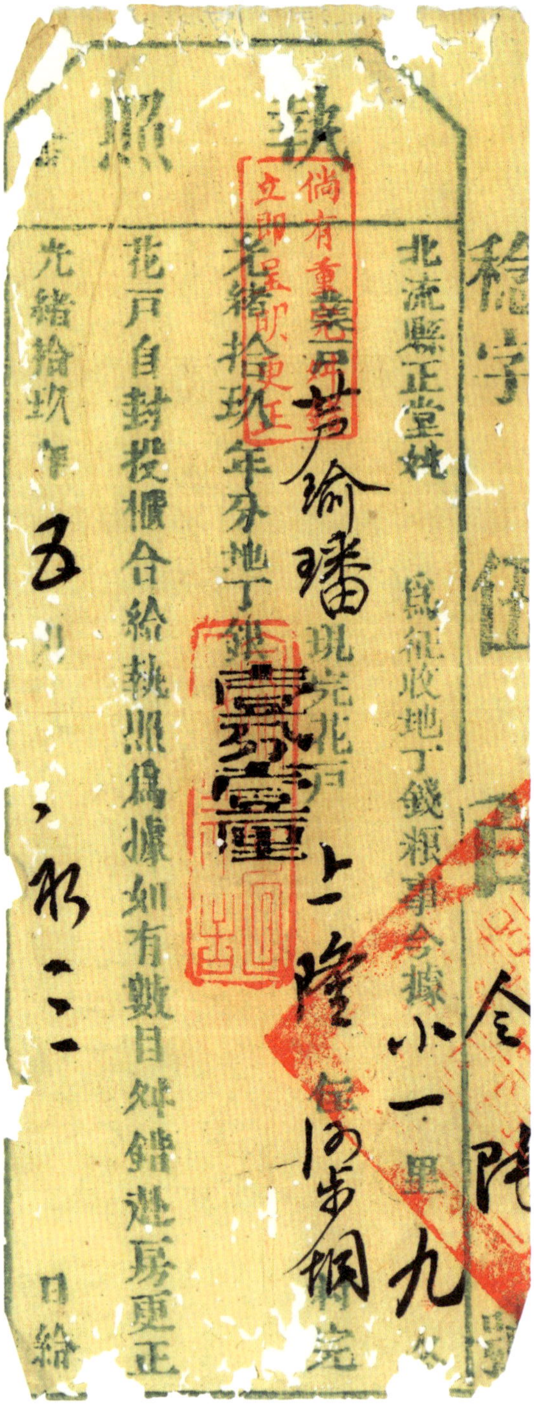

0008 光绪十九年五月初三日北流县征收芦瑜璠光绪十九年地丁银执照

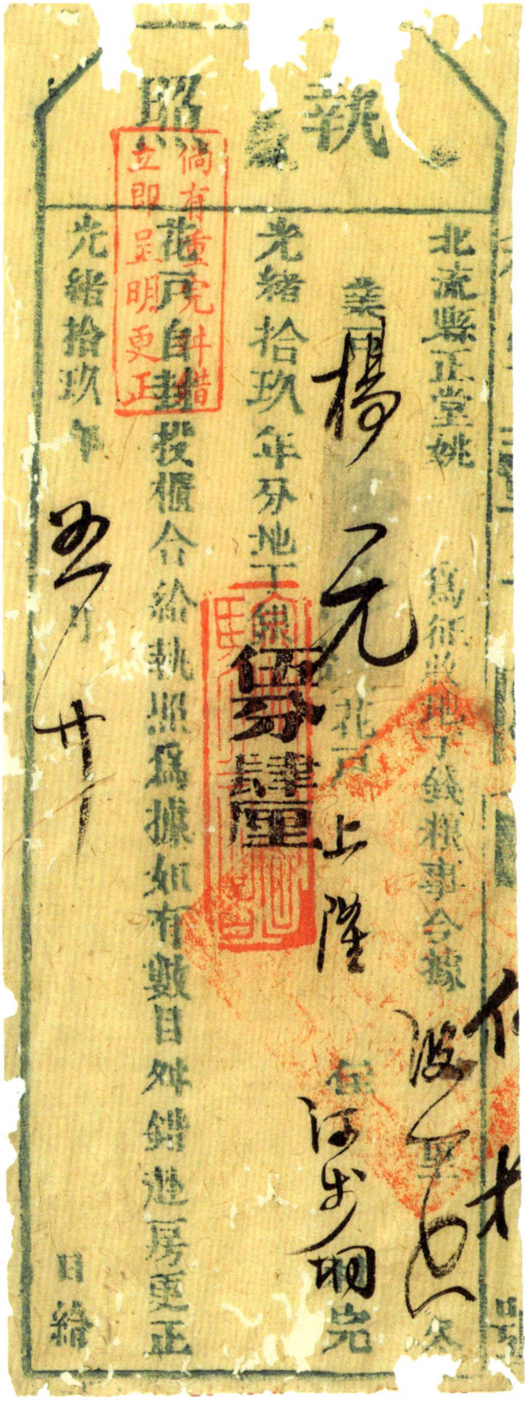
執照
北流縣正堂姚 為征收地丁錢糧事今據
光緒拾玖年分地丁銀
花戶自封投櫃合給執照為據如有數目舛錯進房更正
倘有舛錯 立即呈明更正
光緒拾玖年 月 日給

0009 光绪十九年五月二十日北流县征收杨元光绪十九年地丁银执照

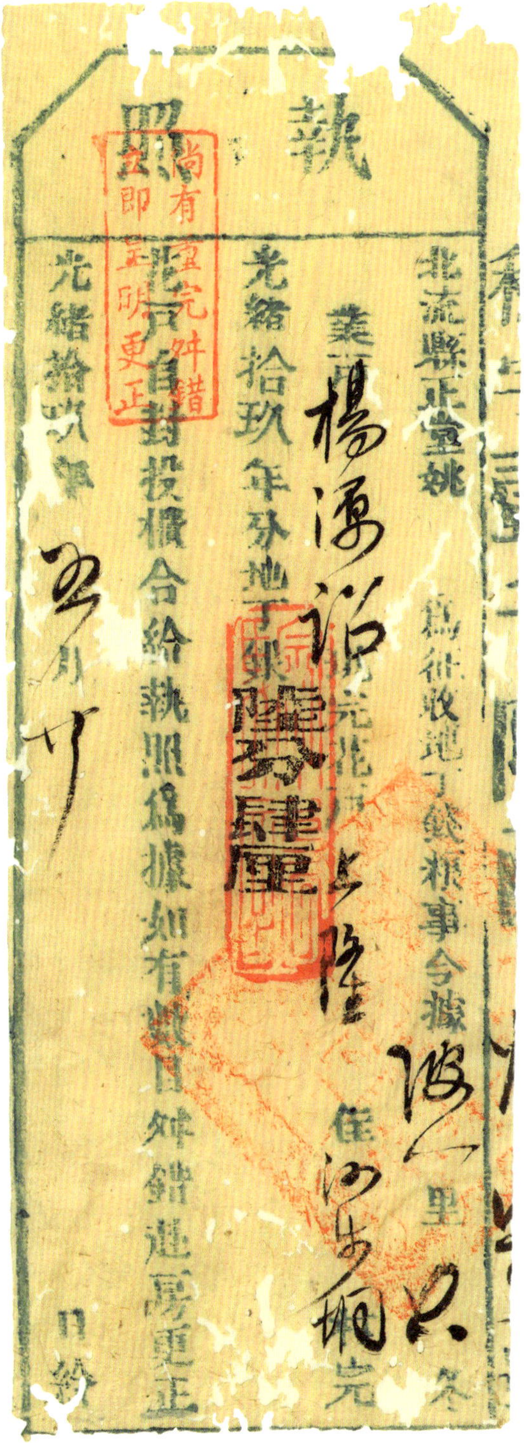
執照
北流縣正堂姚 為征收地丁錢糧事今據
光緒拾玖年分地丁銀
花戶自封投櫃合給執照為據如有數目舛錯進房更正
倘有舛錯 立即呈明更正
光緒拾玖年 月 日給

0010 光绪十九年五月二十日北流县征收杨源治光绪十九年地丁银执照

0011 光绪十九年五月二十日北流县征收党赞勳光绪十九年地丁银执照

執照

北流縣正堂姚 為徵收地丁錢糧事合將

業戶党贊勳 ……

光緒拾玖年分地丁銀 壹分壹釐

……給執照爲據如有數目舛錯進房更正

光緒拾玖年……月……日給

倘有重完舛錯 立即呈明更正

0012 光绪十九年五月二十日北流县征收杨法华光绪十九年地丁银执照

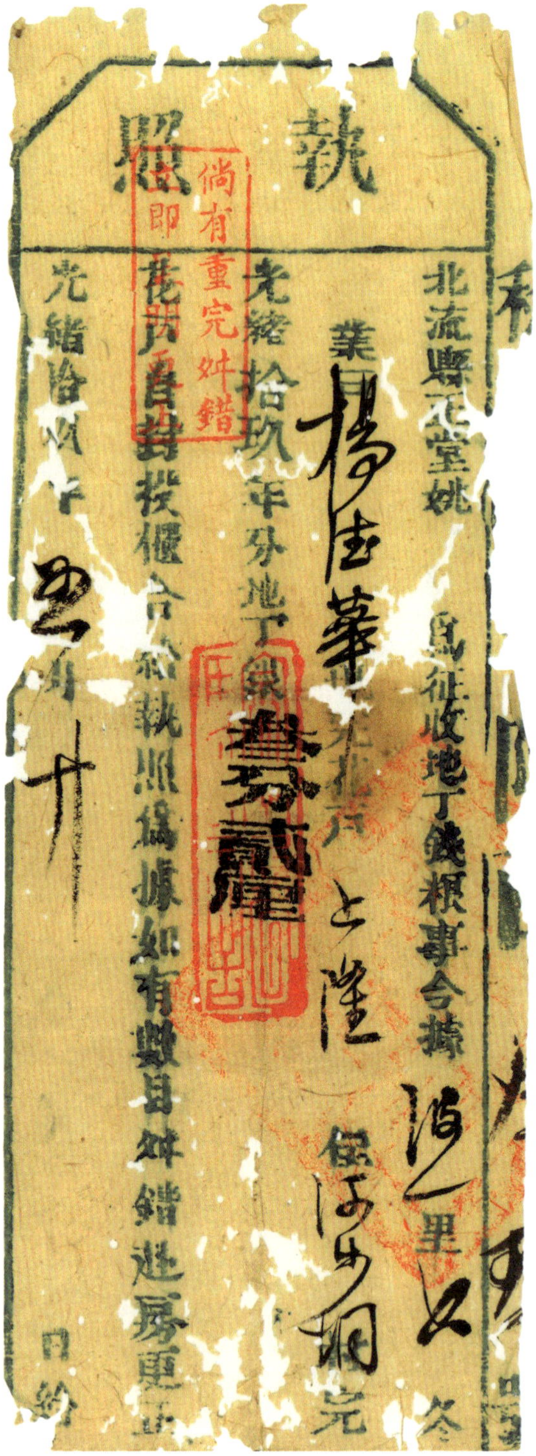

執照

北流縣正堂姚 為徵收地丁錢糧事合將

業戶楊法華 ……

光緒拾玖年分地丁銀 壹分貳釐

……給執照爲據如有數目舛錯進房更正

光緒拾玖年……月……日給

倘有重完舛錯 立即呈明更正

0013 光绪十九年五月二十日北流县征收杨法华光绪十九年地丁银执照

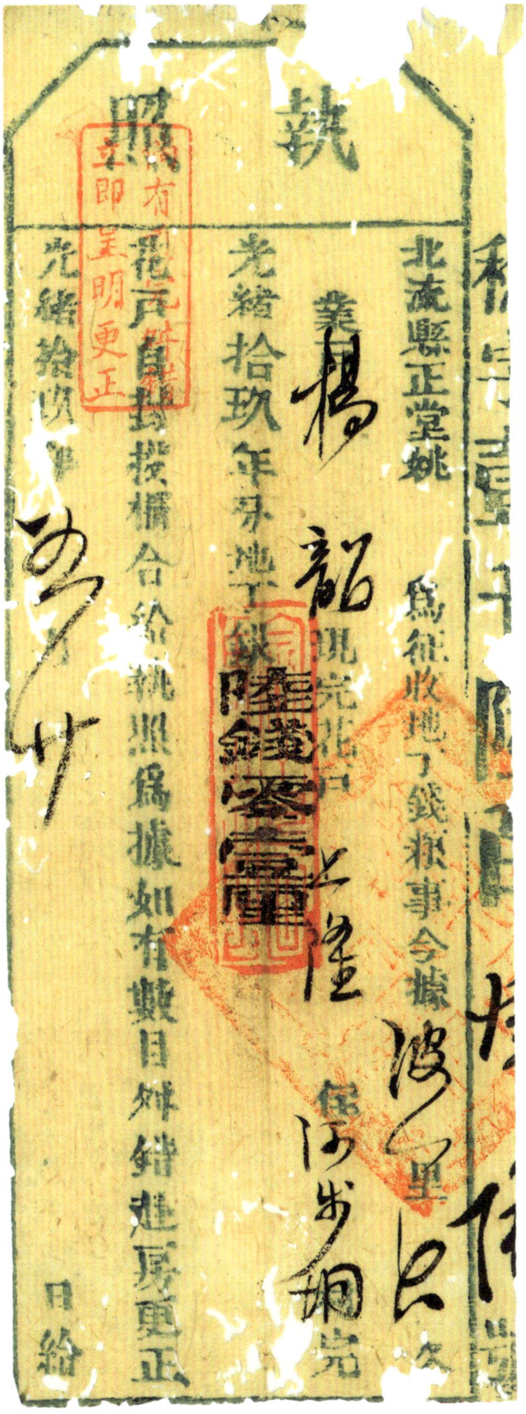

0014 光绪十九年五月二十日北流县征收杨韶光绪十九年地丁银执照

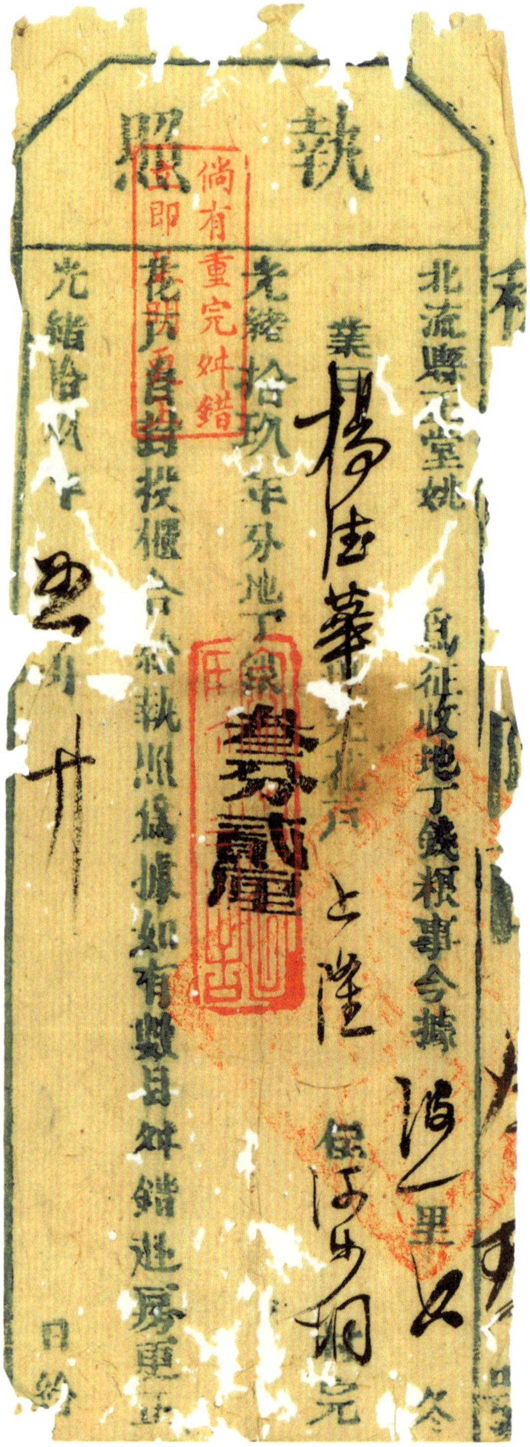
执照
北流县正堂姚　为征收地丁钱粮事。今据湘之里　冬　保
业户杨法华　　户上隆
光绪拾玖年分地丁银壹分贰厘
亲自投柜合给执照为据。如有数目舛错，速赴房更正。
光绪拾玖年五月廿日给
倘有重完舛错，立即赴房更正

0015 光绪十九年五月二十日北流县征收杨法华光绪十九年地丁银执照

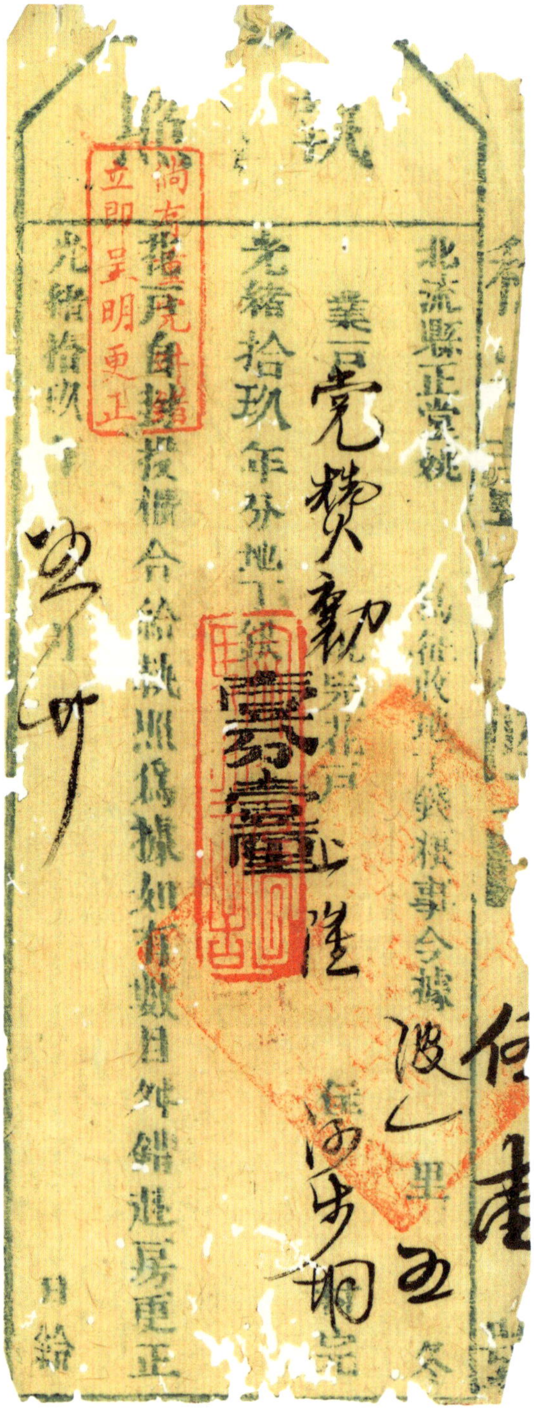
执照
北流县正堂姚　为征收地丁钱粮事。今据　之里　冬　保
业户党赟勷　　户上隆
光绪拾玖年分地丁银壹分壹厘
亲自投柜合给执照为据。如有数目舛错，速赴房更正。
光绪拾玖年五月廿日给
倘有重完舛错，立即呈明更正

0016 光绪十九年五月二十日北流县征收党赟勷光绪十九年地丁银执照

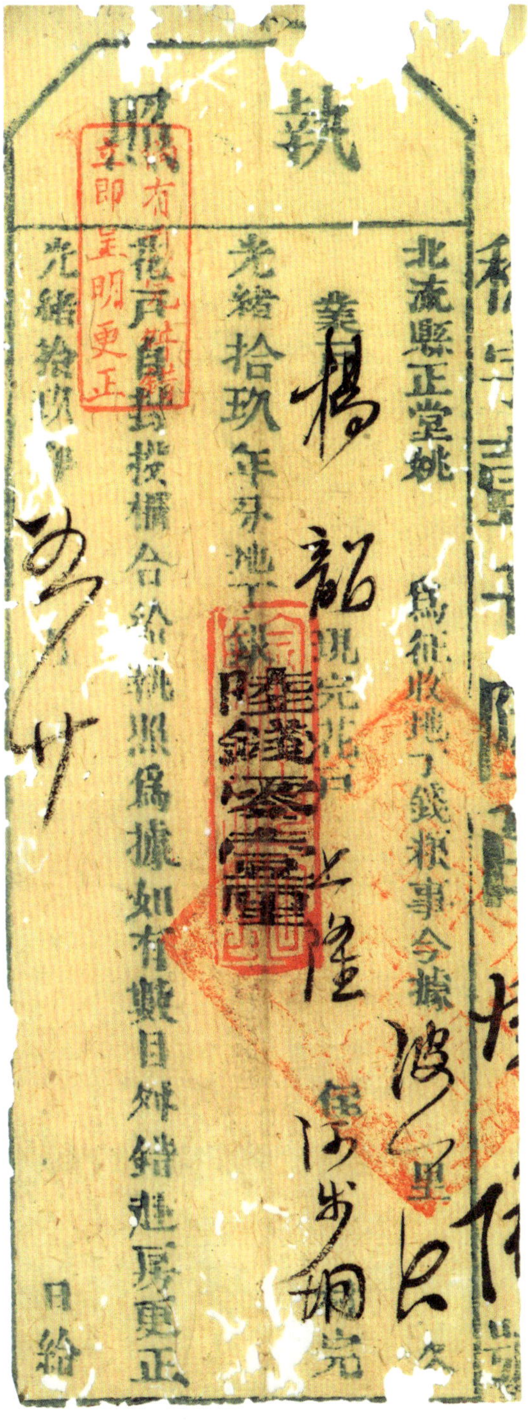

0017 光绪十九年五月二十日北流县征收杨韶光绪十九年地丁银执照

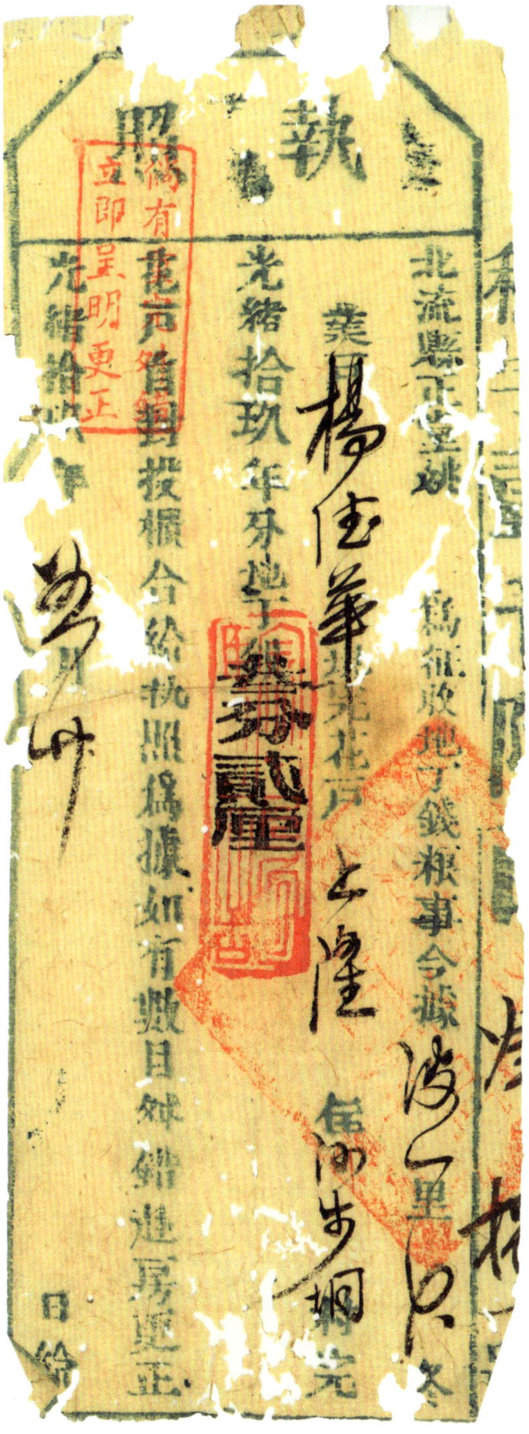

0018 光绪十九年五月二十日北流县征收杨法华光绪十九年地丁银执照

0019 光绪二十年四月二十六日北流县征收芦瑜璠户光绪二十年地丁银执照

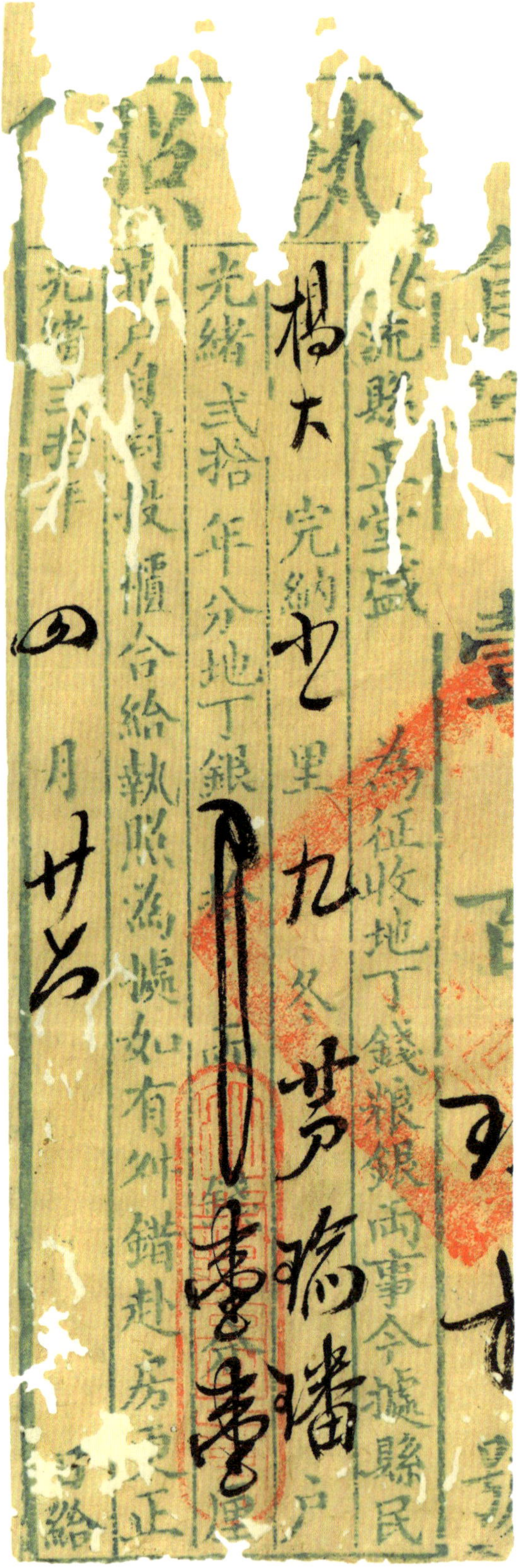
執照
北流縣正堂盛為征收地丁錢粮銀両事今據縣民
楊大完納七里九冬芦瑜璠戶
光緒貳拾年分地丁銀
戶自封投櫃合給執照為據如有舛錯赴房更正
光緒二十年四月廿六日給

0020 光绪二十年四月二十六日北流县征收苏华盛户光绪二十年地丁银执照

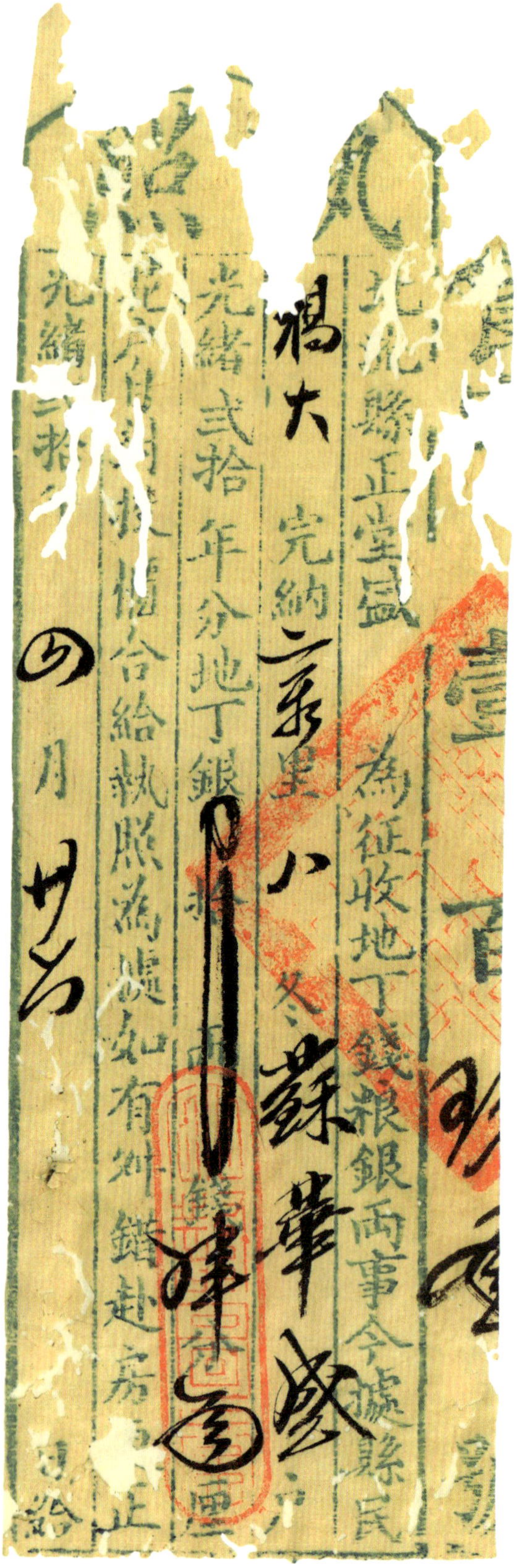
執照
北流縣正堂盛為征收地丁錢粮銀両事今據縣民
楊大完納六里八冬蘇華盛戶
光緒貳拾年分地丁銀
戶自封投櫃合給執照為據如有舛錯赴房更正
光緒二十年四月廿六日給

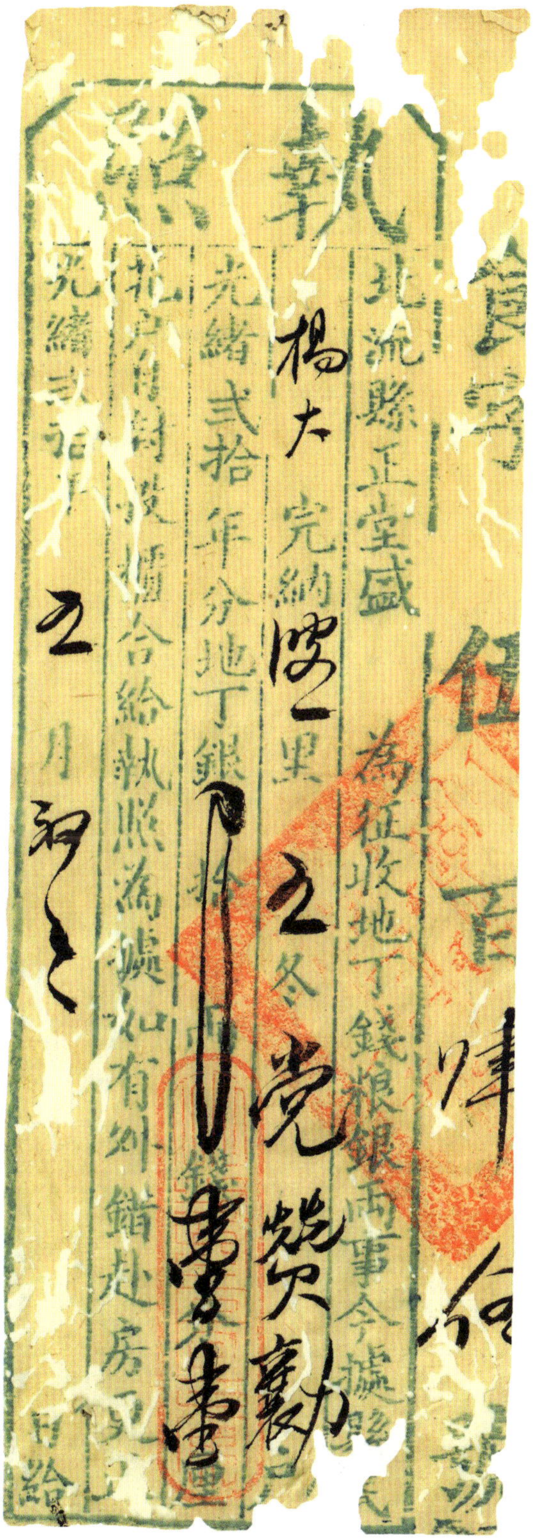
執照
北流縣正堂盛 為征收地丁錢粮銀兩事今據
楊大 完納 里 五冬 党贊勷
光緒式拾年分地丁銀
北流縣 給執照為據
光緒式拾年 五月初二 日給

0021 光绪二十年五月初二日北流县征收党赞勷户光绪二十年地丁银执照

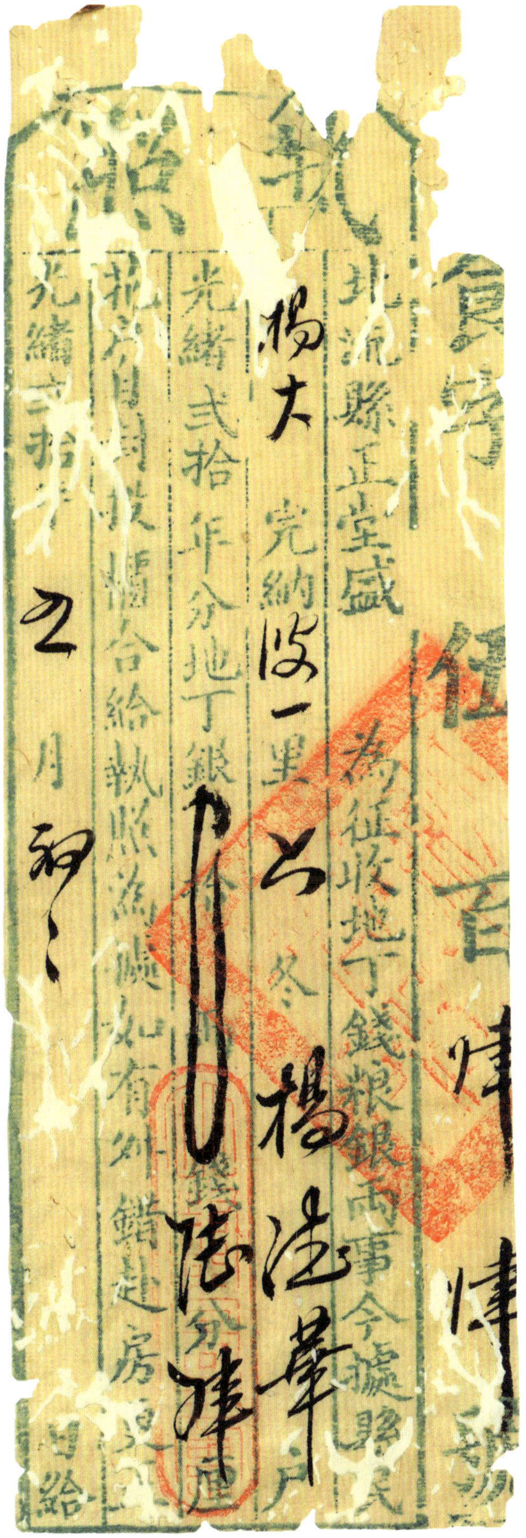
執照
北流縣正堂盛 為征收地丁錢粮銀兩事今據
楊大 完納 里 六冬 楊法華
光緒式拾年分地丁銀
北流縣 給執照為據
光緒式拾年 五月初二 日給

0022 光绪二十年五月初二日北流县征收杨法华户光绪二十年地丁银执照

0023 光绪二十年五月初二日北流县征收杨韶户光绪二十年地丁银执照

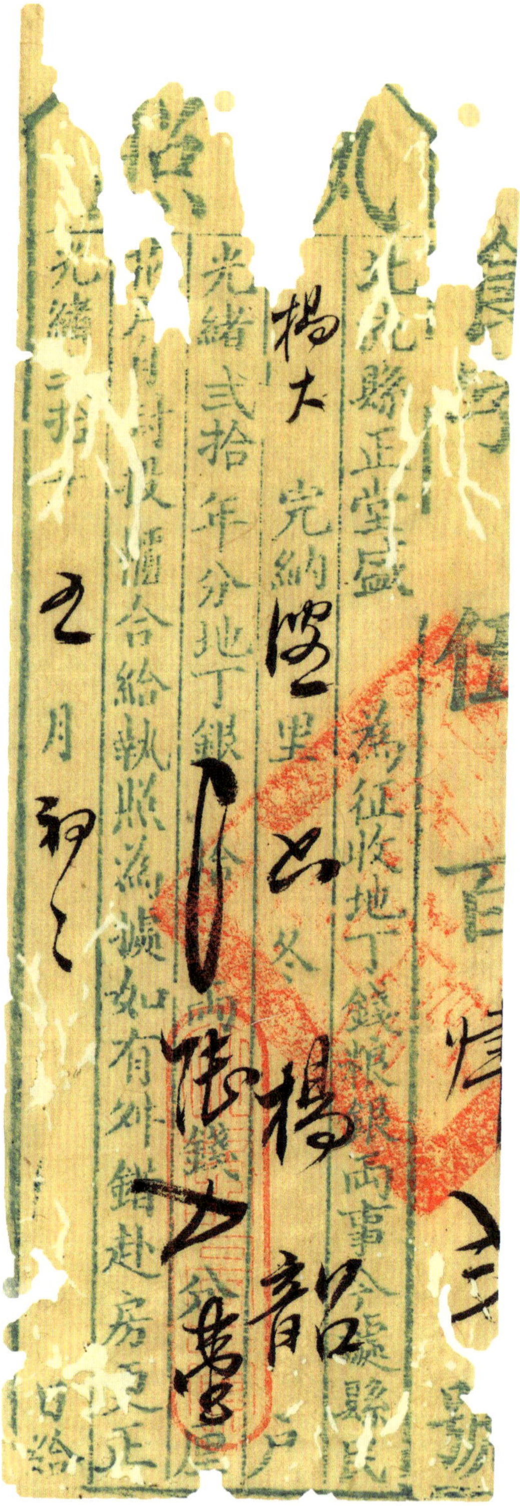

0024 光绪二十年五月初二日北流县征收杨源治户光绪二十年地丁银执照

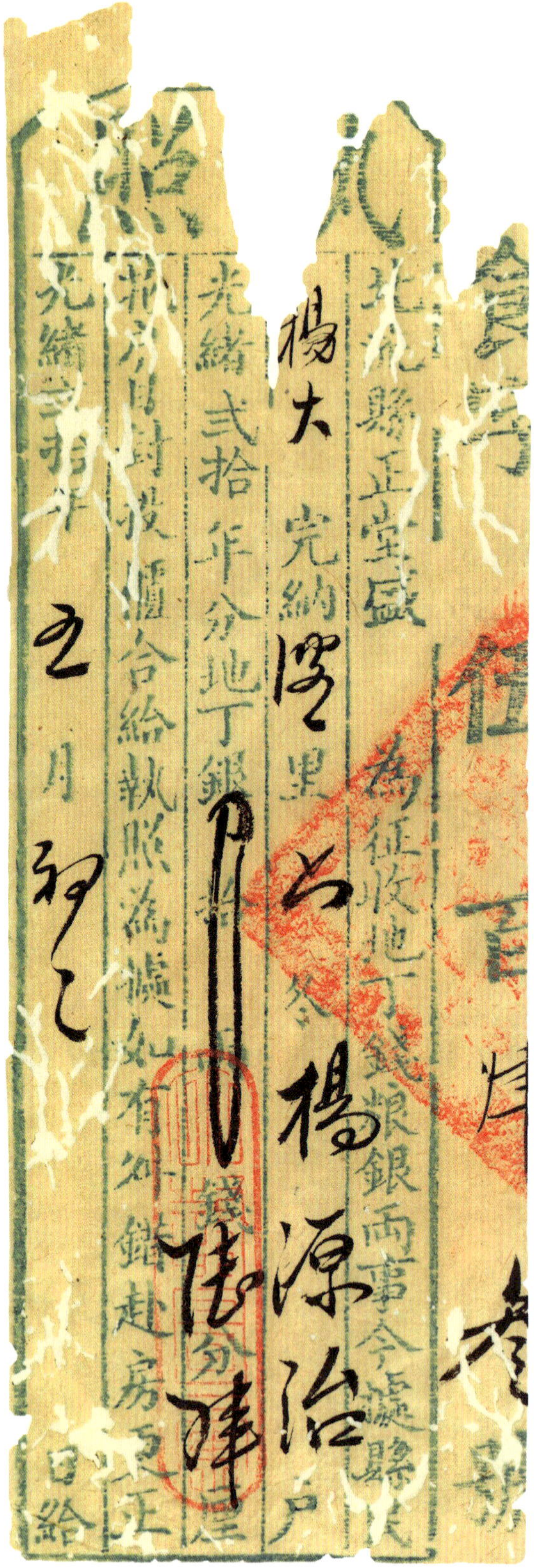

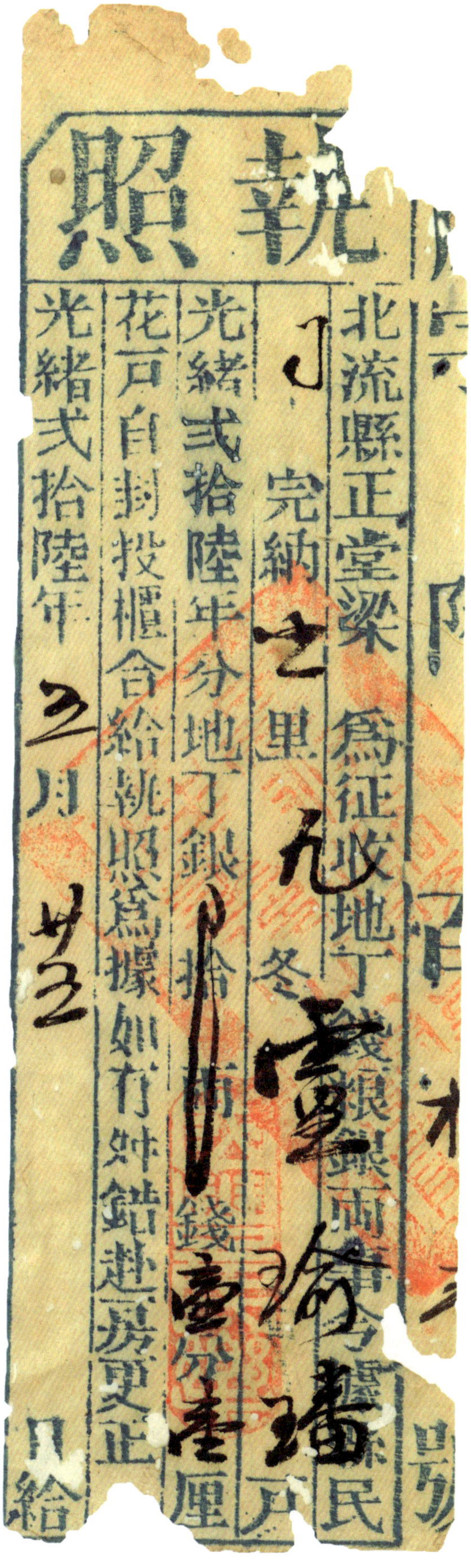

執照

北流縣正堂梁 為征收地丁錢糧銀兩事今據民 戶 完納 里 冬 光緒式拾陸年分地丁銀 兩 錢 分 釐 花戶自封投櫃合給執照為據如有舛錯赴房更正 光緒式拾陸年 月 日給

0025 光绪二十六年五月二十三日北流县征收芦瑜璠户光绪二十六年地丁银执照

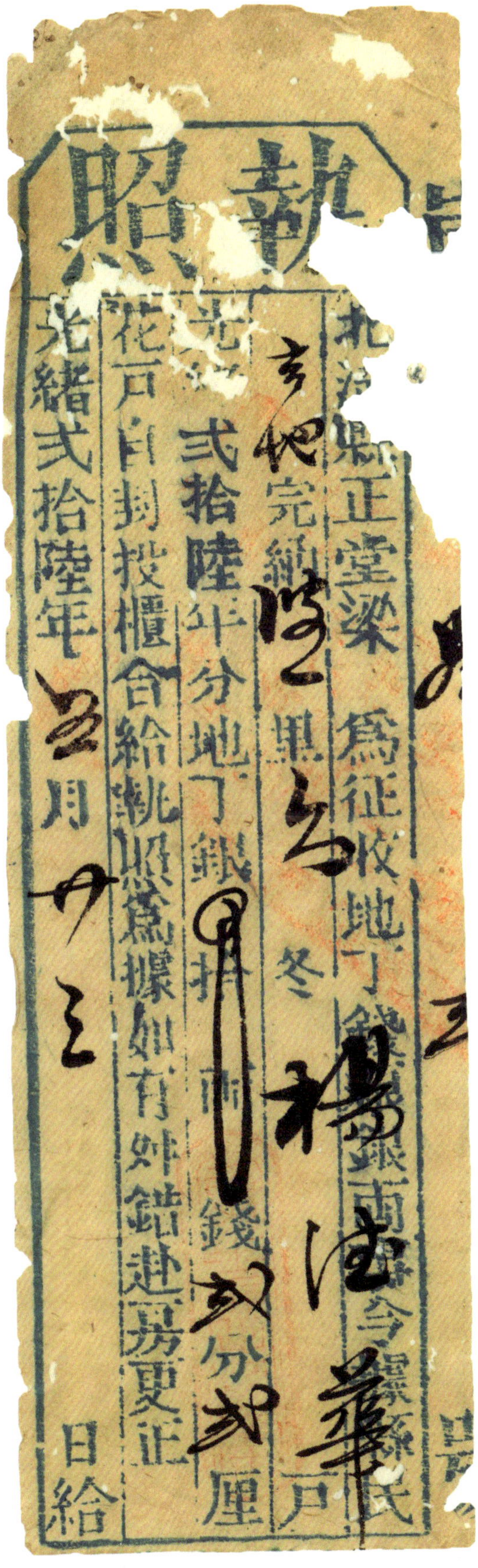

執照

北流縣正堂梁 為征收地丁錢糧銀兩事今據民 楊法華 戶 完納 里 冬 光緒式拾陸年分地丁銀 兩 錢 分 釐 花戶自封投櫃合給執照為據如有舛錯赴房更正 光緒式拾陸年 月 日給

0026 光绪二十六年五月二十三日北流县征收杨法华户光绪二十六年地丁银执照

0027 光绪二十六年五月二十三日北流县征收杨法华户光绪二十六年地丁银执照

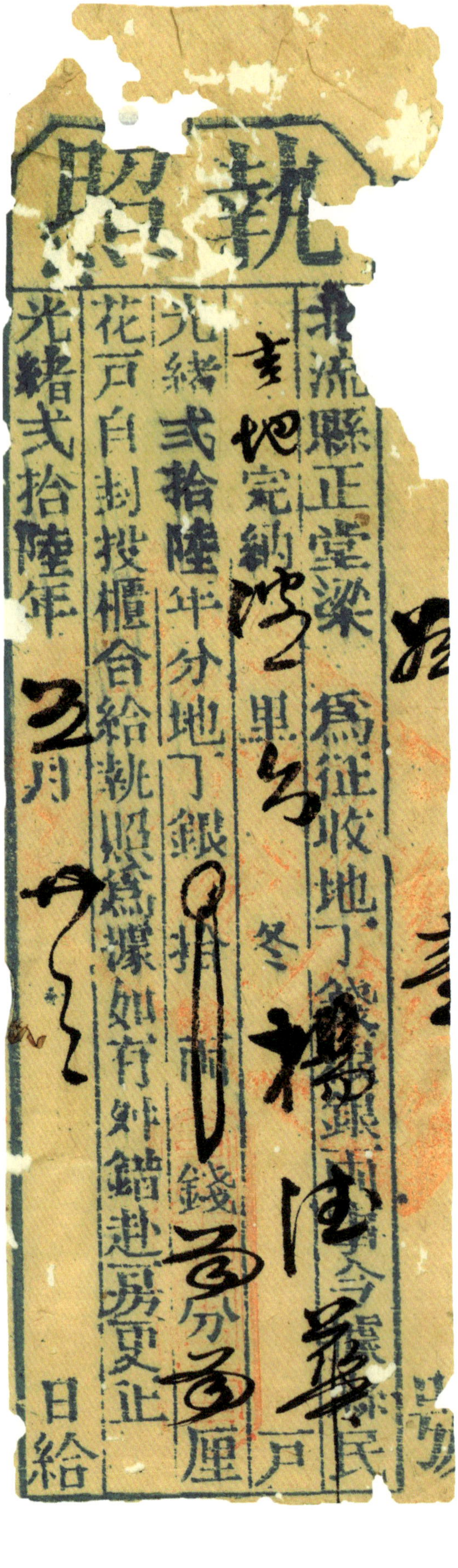

執照

北流縣正堂梁　為征收地丁錢糧事今據縣民　楊法華　戶

圭地完納　里　冬

光緒式拾陸年分地丁銀　兩　錢　分　厘

花戶自封投櫃合給執照為據如有舛錯赴房更正

光緒式拾陸年　五月　廿三　日給

0028 光绪二十六年五月二十三日北流县征收杨韶户光绪二十六年地丁银执照

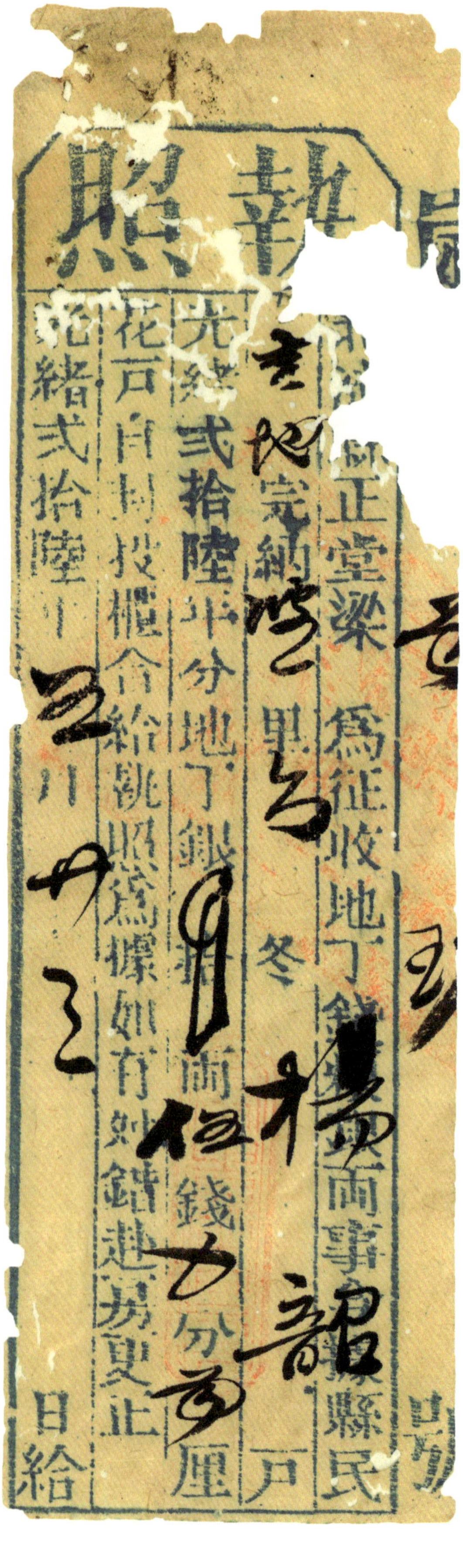

執照

北流縣正堂梁　為征收地丁錢糧事今據縣民　楊韶　戶

圭地完納　里　冬

光緒式拾陸年分地丁銀　兩　錢　分　厘

花戶自封投櫃合給執照為據如有舛錯赴房更正

光緒式拾陸年　五月　廿三　日給

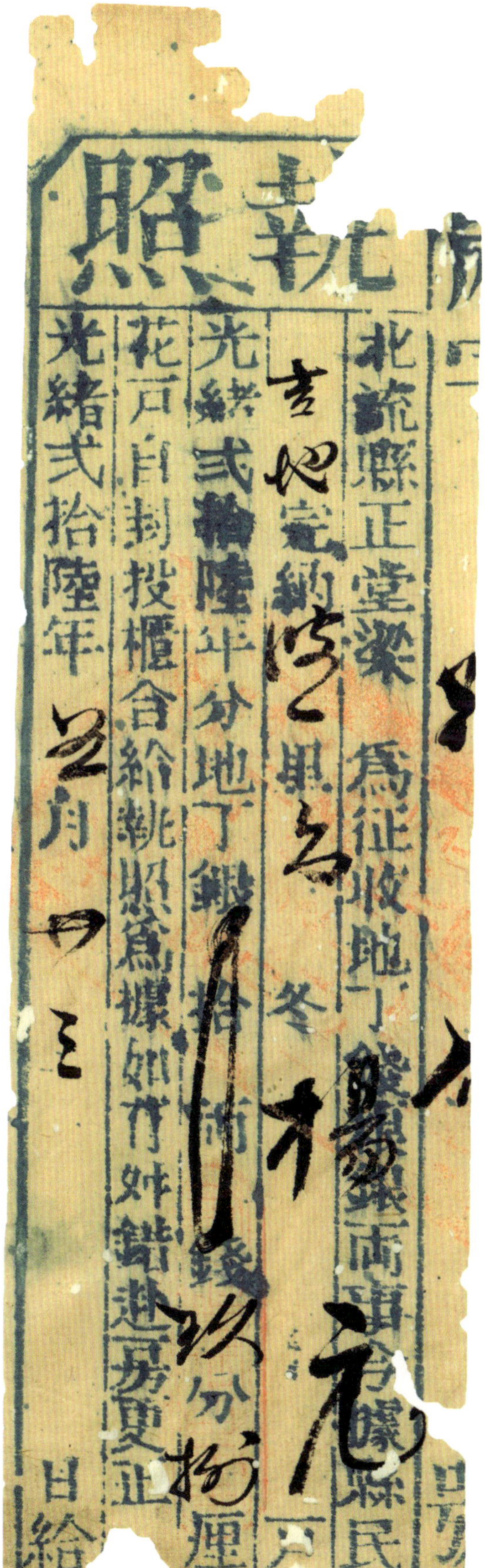
執照
北流縣正堂梁　為征收地丁錢糧事今據縣民 楊元 戶
完納 冬
光緒弍拾陸年分地丁銀 兩 錢 分 厘
花戶自封投櫃合給執照為據如有舛錯進房更正
光緒弍拾陸年 五月 廿三 日給

0029 光绪二十六年五月二十三日北流县征收杨元户光绪二十六年地丁银执照

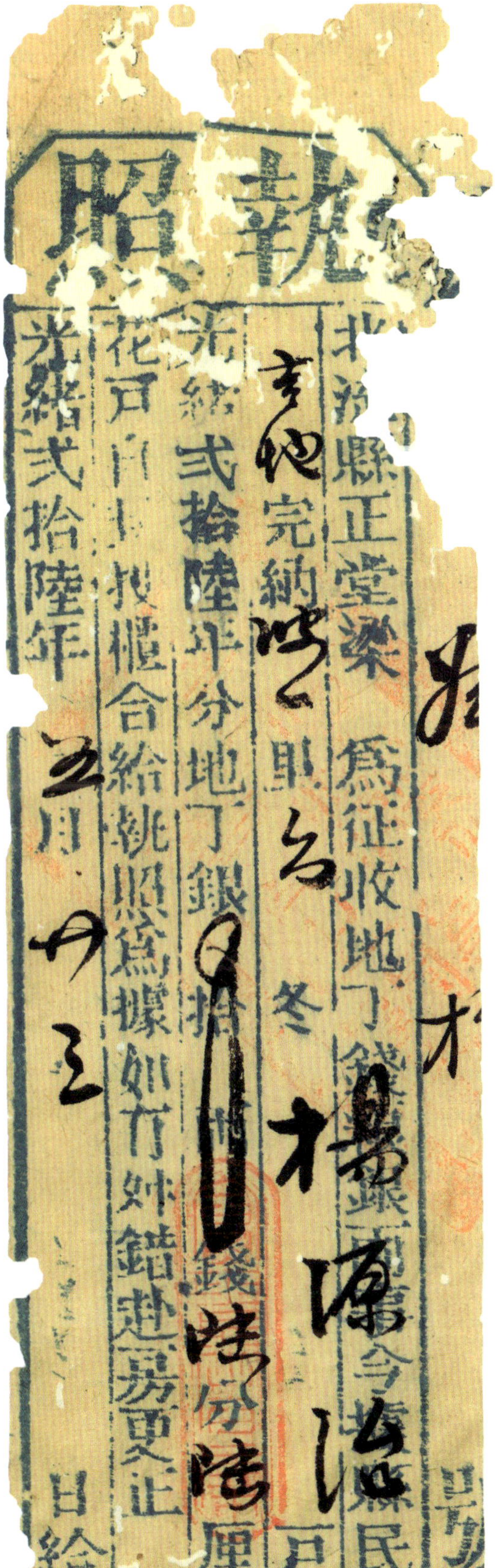
執照
北流縣正堂梁　為征收地丁錢糧事今據縣民 楊源治 戶
完納 冬
光緒弍拾陸年分地丁銀 兩 錢 分 厘
花戶自封投櫃合給執照為據如有舛錯進房更正
光緒弍拾陸年 五月 廿三 日給

0030 光绪二十六年五月二十三日北流县征收杨源治户光绪二十六年地丁银执照

0031 光绪二十六年五月二十五日北流县征收苏华盛户光绪二十六年地丁银执照

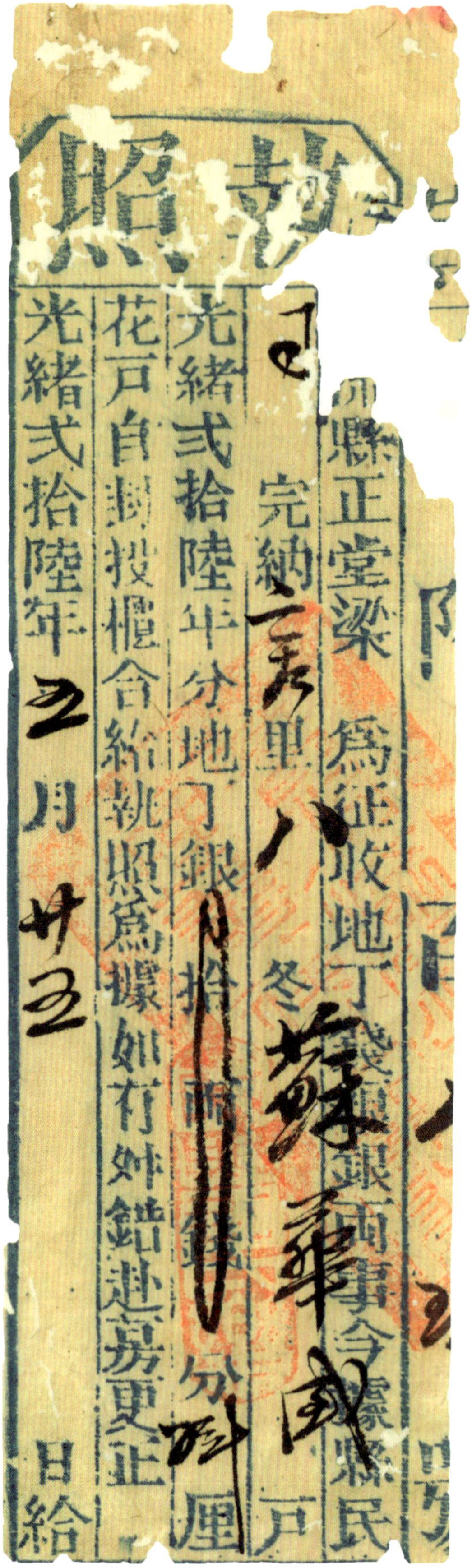

0032 光绪二十六年五月二十五日北流县征收苏华盛户光绪二十六年地丁银执照

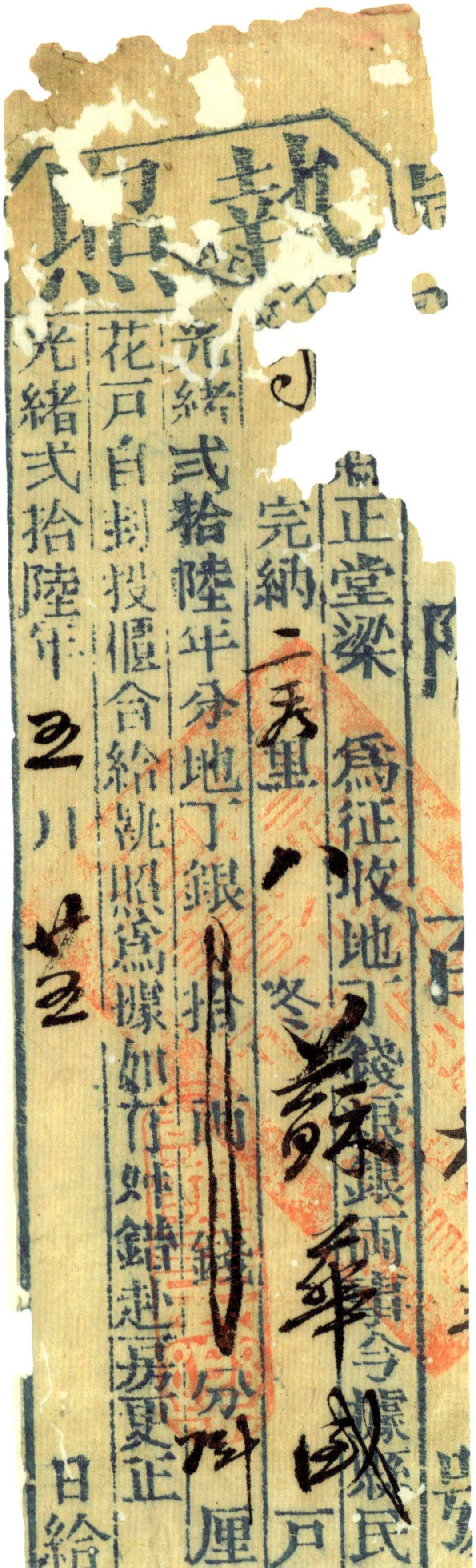

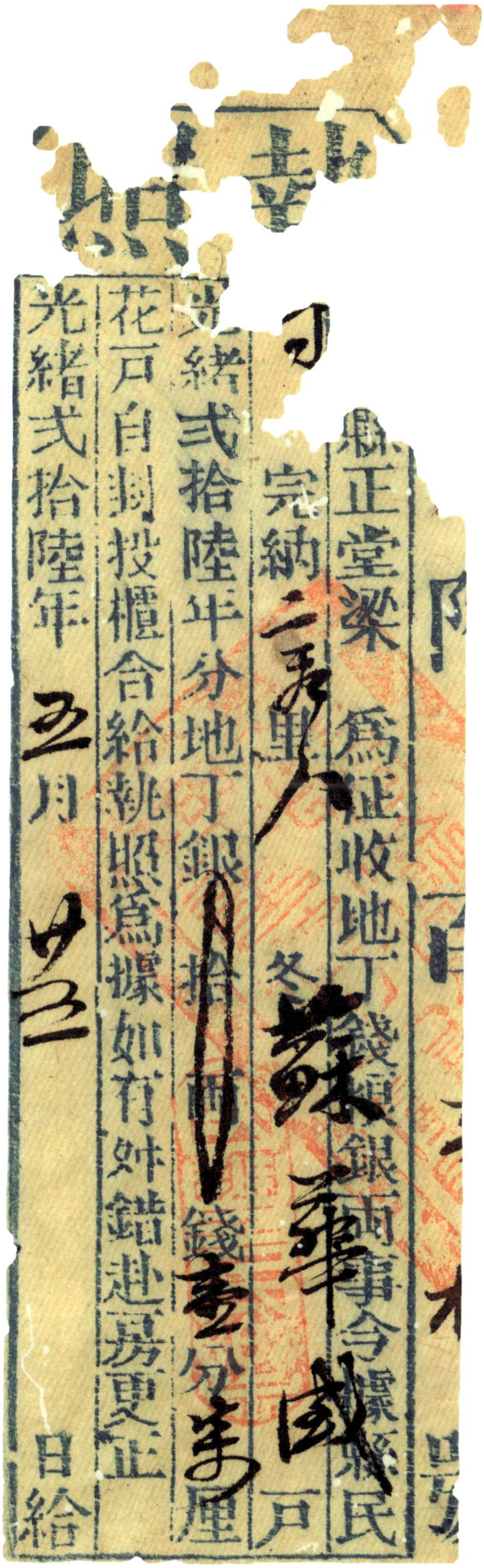
執照
縣正堂梁 爲征收地丁錢糧銀両事合據縣民 蘇華盛 戶
完納 冬
光緒式拾陸年分地丁銀 拾 両 錢 分 厘
花戶自封投櫃合給執照爲據如有舛錯赴房更正
光緒式拾陸年 五月 廿三 日給

0033 光绪二十六年五月二十五日北流县征收苏华盛户光绪二十六年地丁银执照

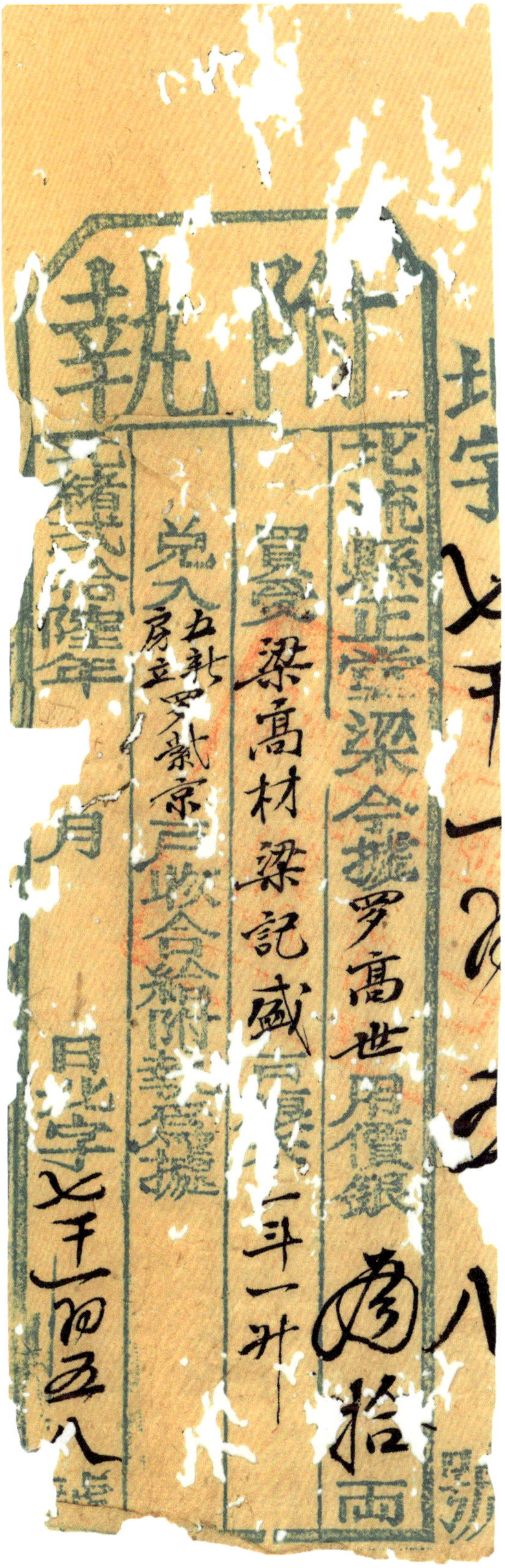
附執
北流縣正堂梁 今據羅高世戶僱銀 拾 両
梁高材梁記盛 一斗一升
兌入 羅紫京 戶收合給附執為據
光緒式拾陸年 月 日 北字

0034 光绪二十六年北流县梁高材、梁记盛粮米输纳额兑入罗紫京户下输税附执

0035 宣统元年十月二十六日北流县征收神农户宣统元年粮谷执照

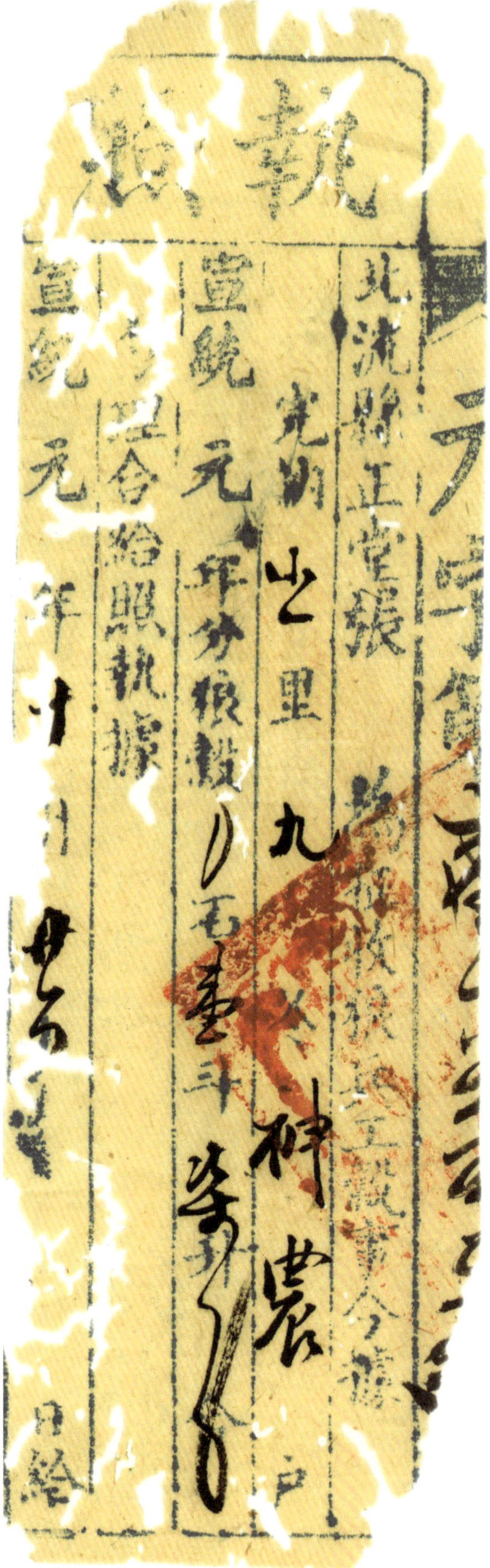
执照

北流縣正堂張

宣統元年分粮穀

宣統元年 十 月 廿六 日給

0036 宣统二年十一月初八日北流县团防总局征收伏羲户宣统二年经费执照

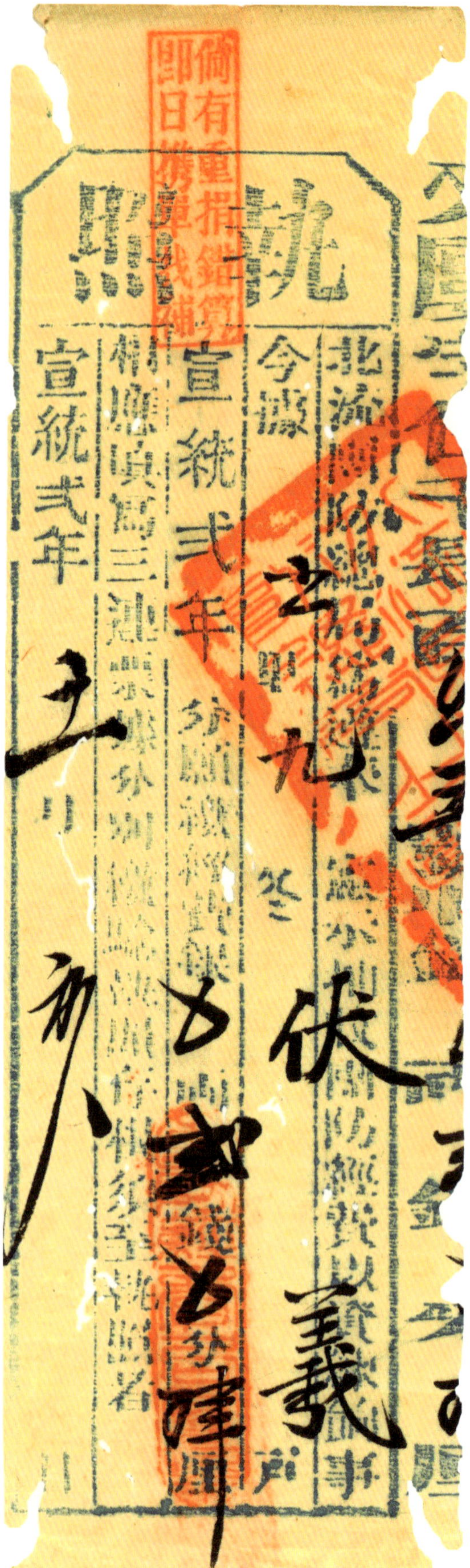
倘有重捐錯算
即日携票換補

執照

北流團防總局

宣統弍年

宣統弍年 十一 月 初八 日

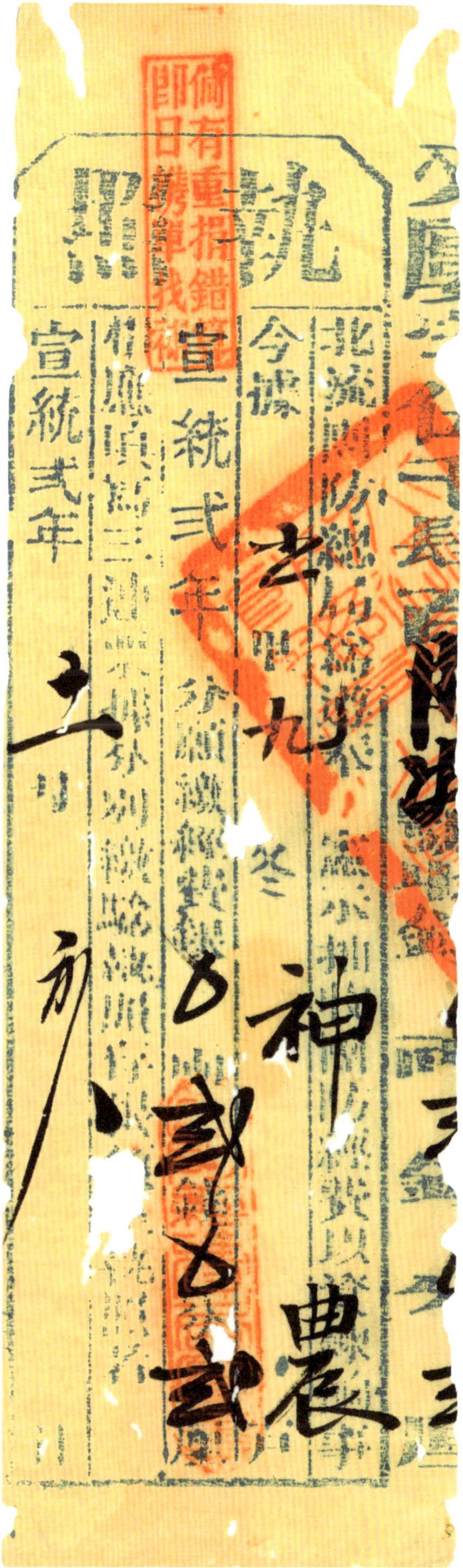
執照
倘有重捐錯誤
即日携單找補
宣統弍年

0037 宣统二年十一月初八日北流县团防总局征收神农户宣统二年经费执照

0001 光绪四年九月三十日德庆州征收冯德甫光绪四年地丁正银业户执照

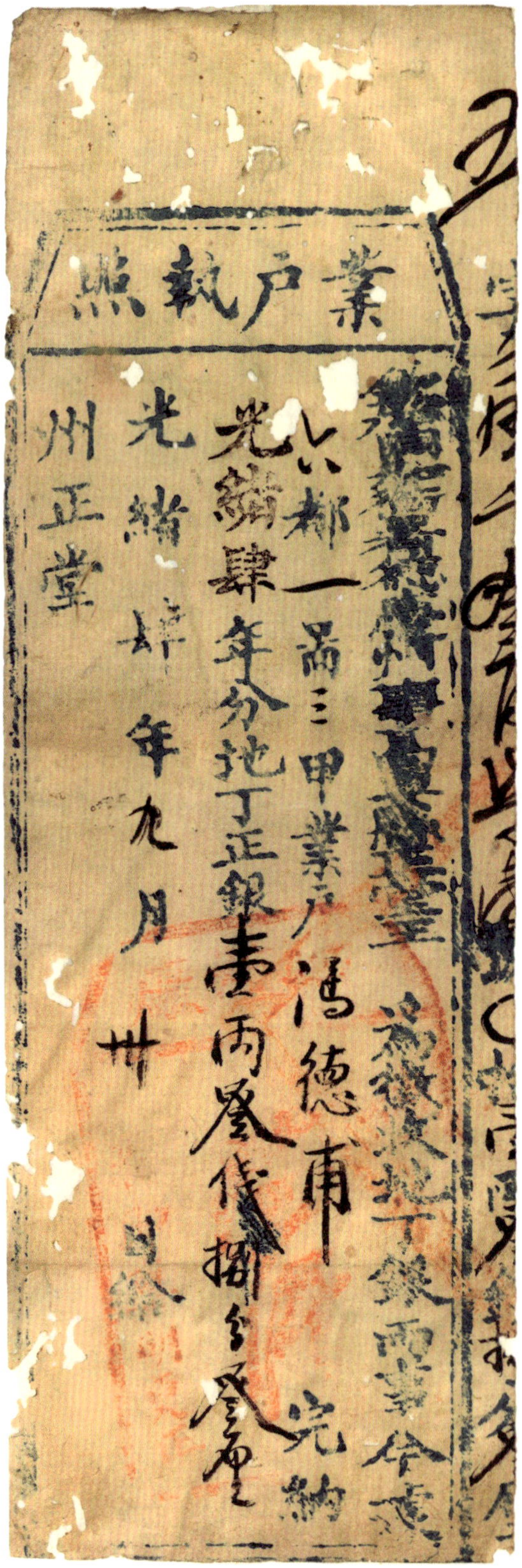
業戶執照

六都一啚三甲業戶馮德甫

光緒肆年分地丁正銀

完納

光緒肆年九月卅日給

州正堂

0002 光绪四年九月三十日德庆州征收冯德甫光绪四年色米业户执照

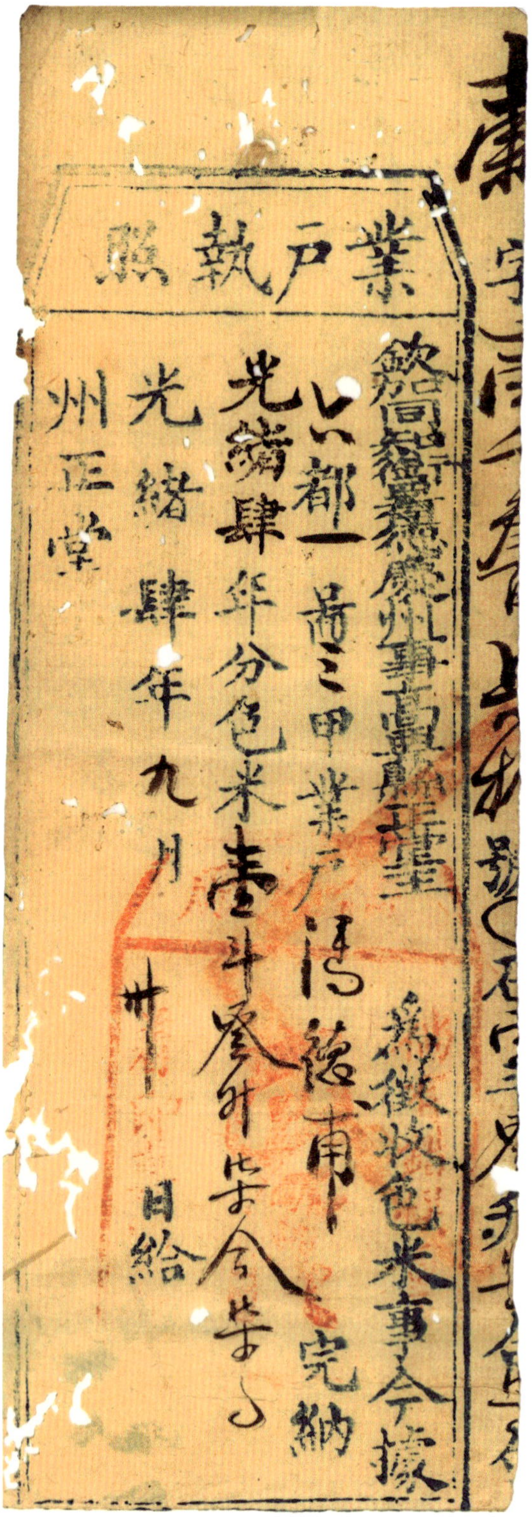
業戶執照

六都一啚三甲業戶馮德甫

光緒肆年分色米

完納

光緒肆年九月卅日給

州正堂

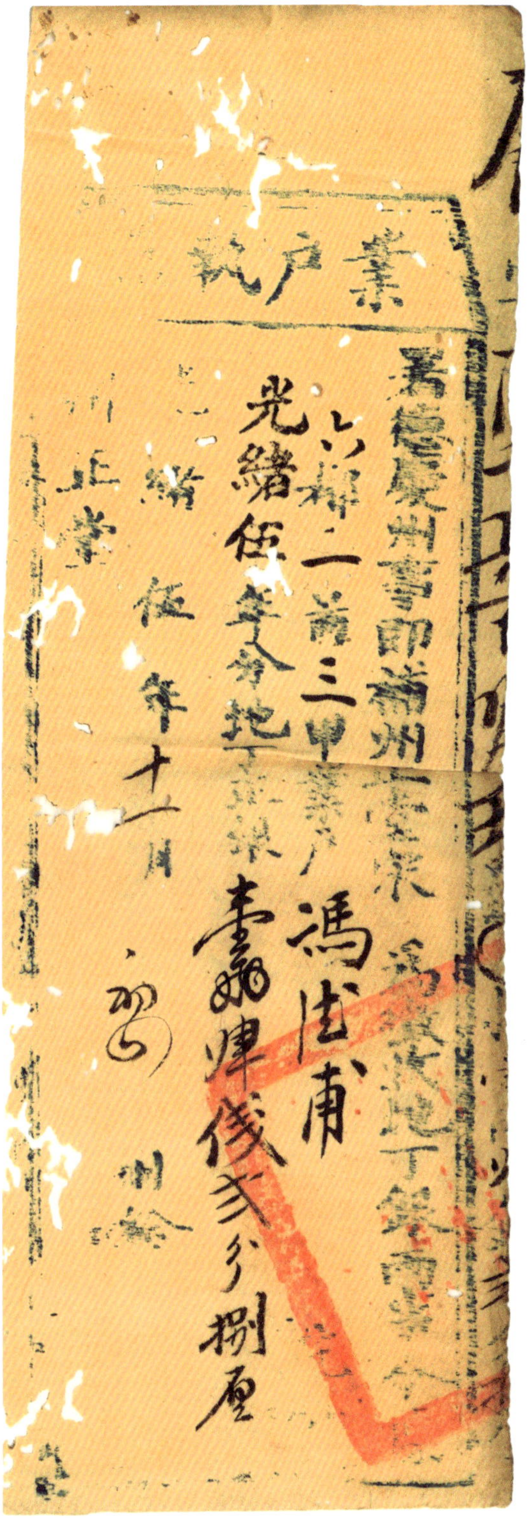

0003 光绪五年十一月初四日德庆州征收冯德甫光绪五年地丁正银业户执照

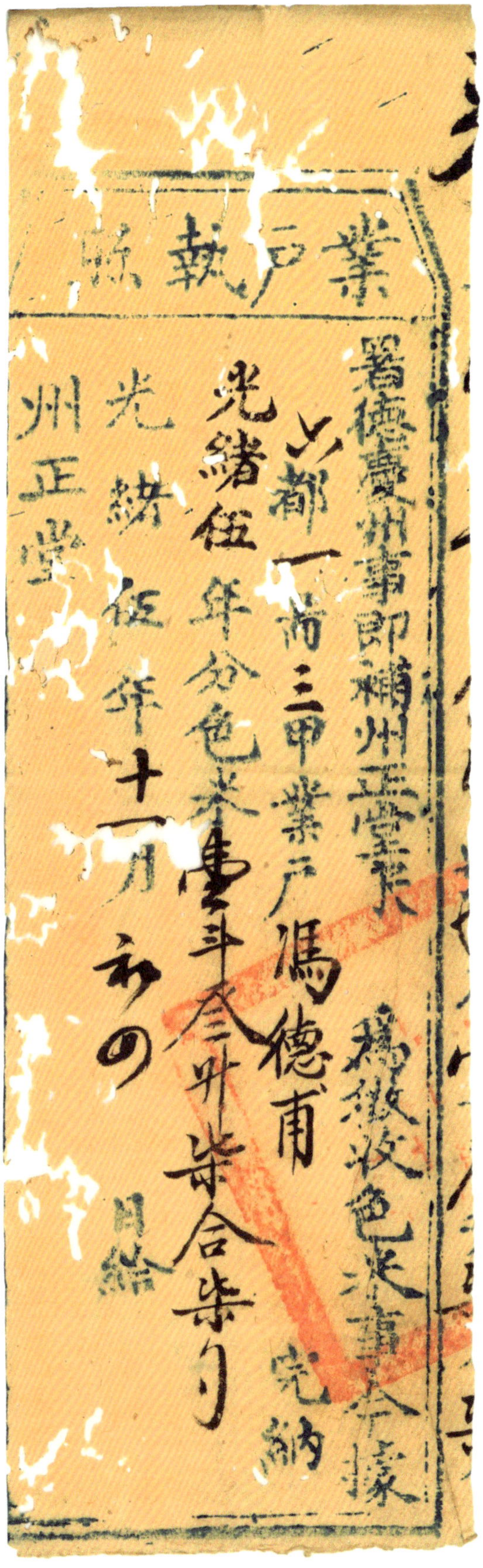

0004 光绪五年十一月初四日德庆州征收冯德甫光绪五年色米业户执照

0005 冯德甫完纳光绪五年米银统计条

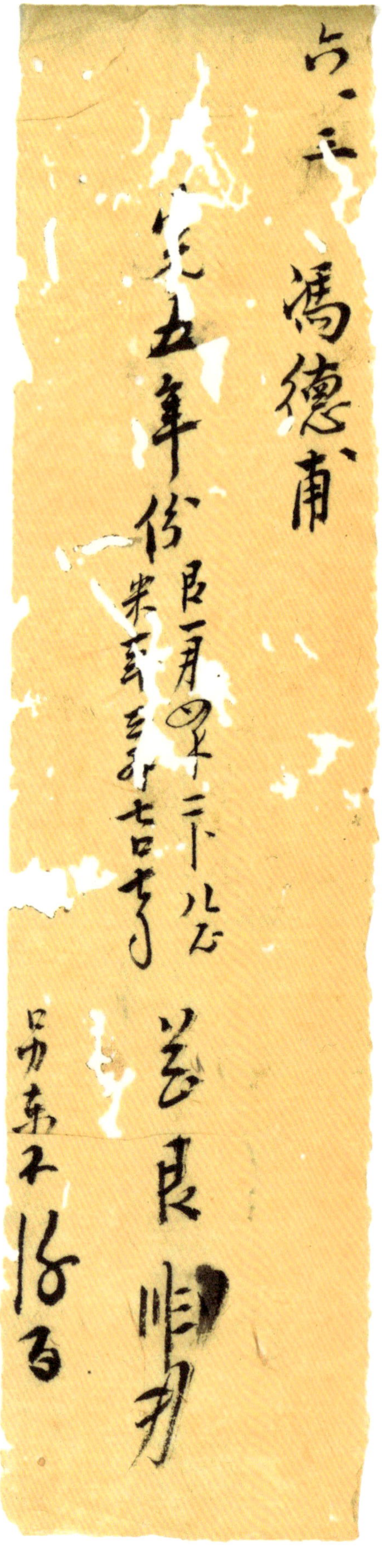

0006 光绪六年十一月二十七日德庆州征收冯德甫光绪六年地丁正银业户执照

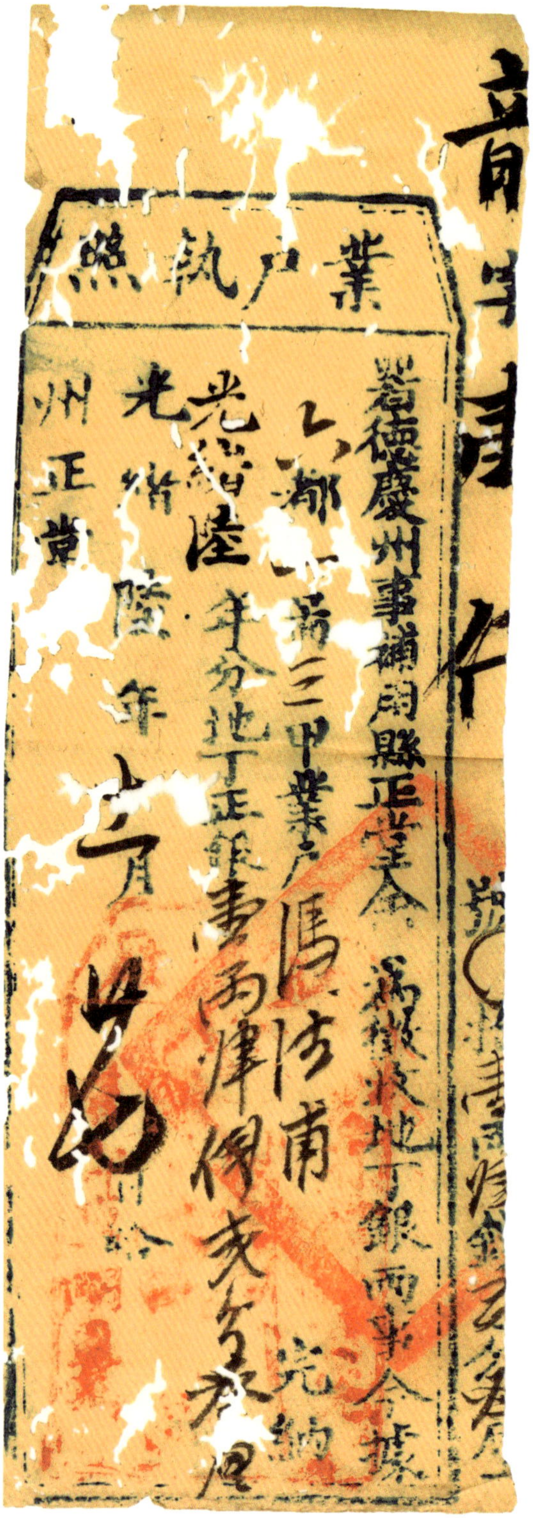
業户執照

署德慶州事補用縣正堂 全

為徵收地丁銀兩事 今據

六都一甲三甲業户 馮德甫 完納

光緒陸年分地丁正銀

光緒陸年十一月廿七日給

州正堂

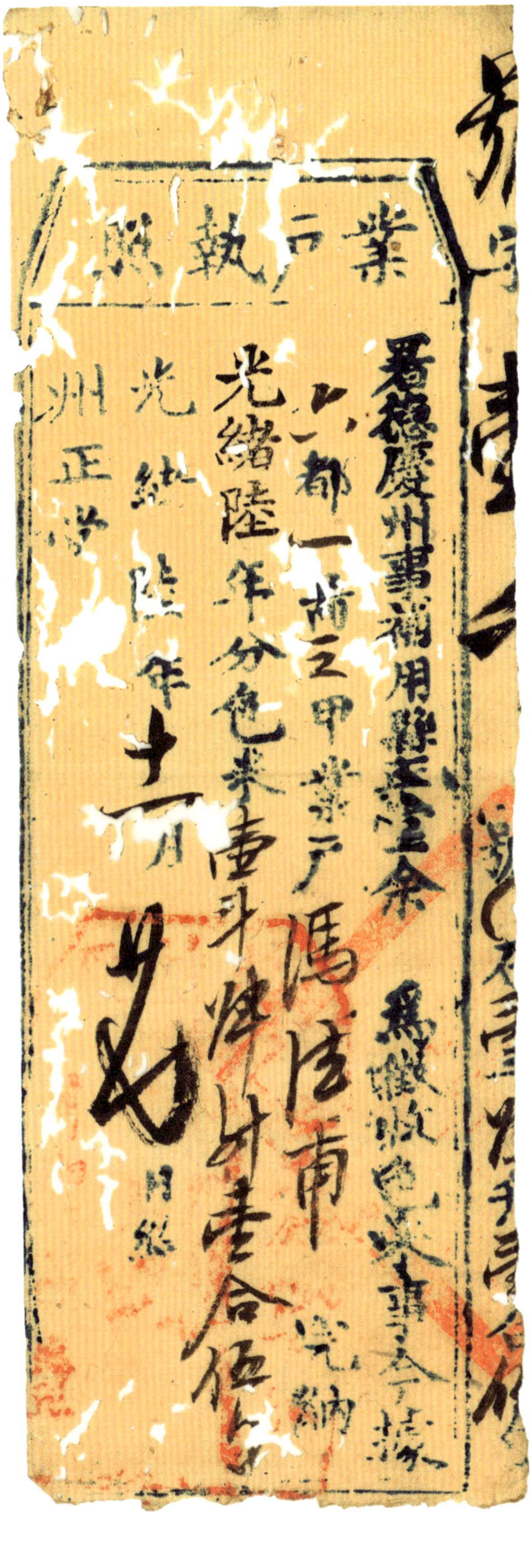

0007 光绪六年十一月二十七日德庆州征收冯德甫光绪六年色米业户执照

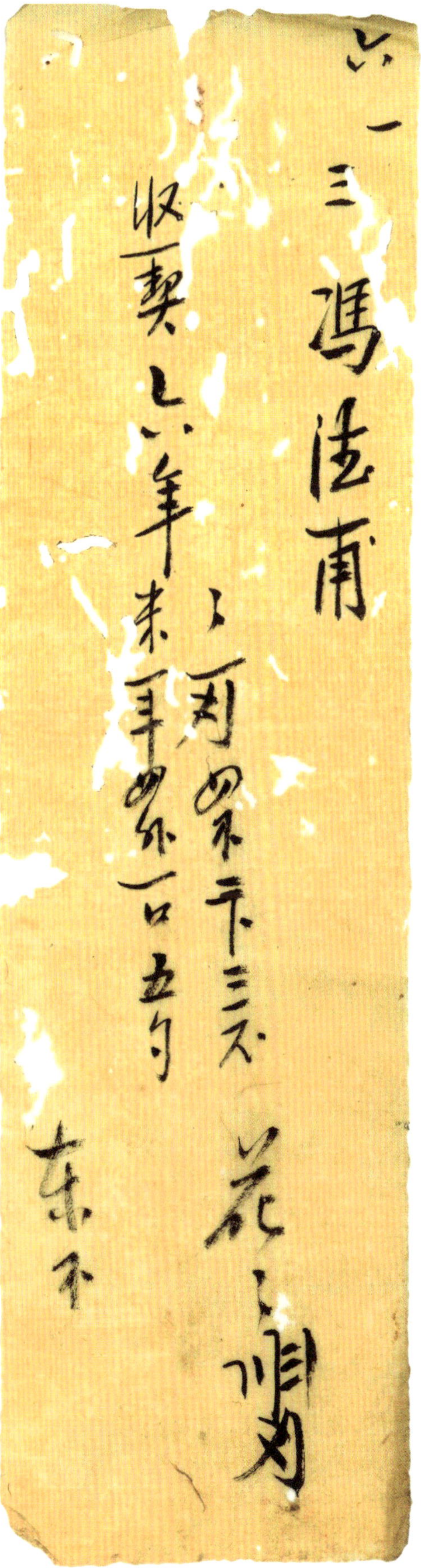

0008 冯德甫完纳光绪六年米银统计条

0009 光绪七年十一月初九日德庆州征收冯德甫光绪七年地丁正银业户执照

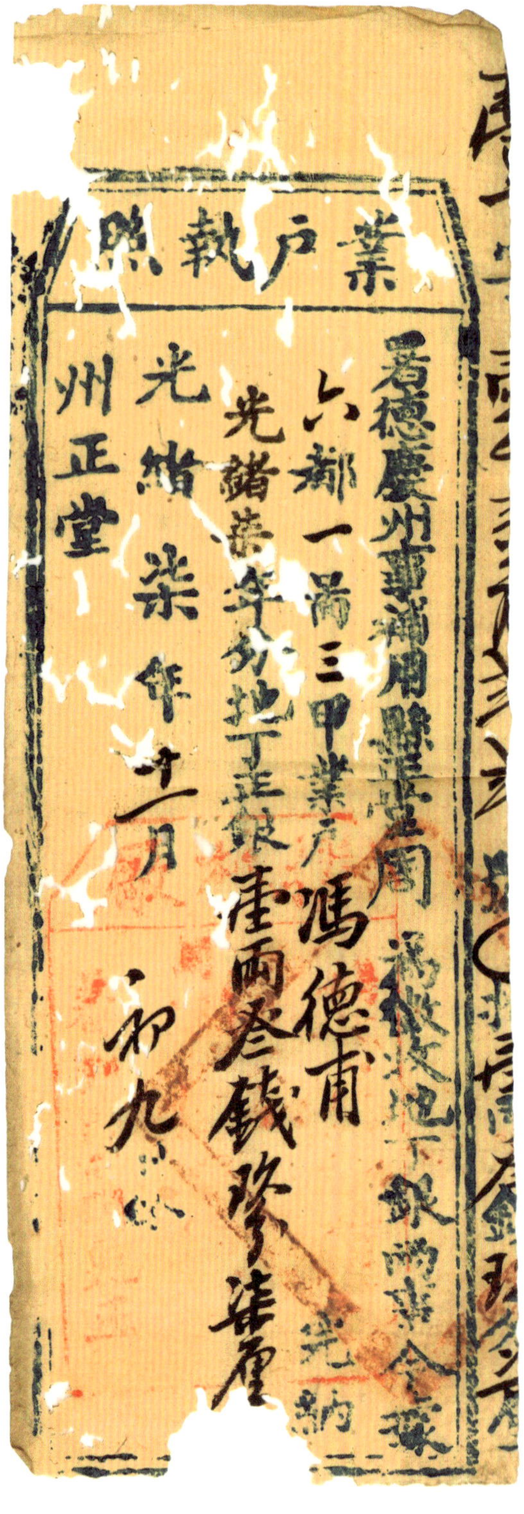

業户執照

署德慶州事補用縣正堂周　為徵收地丁銀兩事今據

六都一啚三甲業户馮德甫

光緒柒年分地丁正銀壹兩叁錢玖分柒厘　完納

光緒柒年十一月初九日

州正堂

0010 光绪七年十一月初九日德庆州征收冯德甫光绪七年色米业户执照

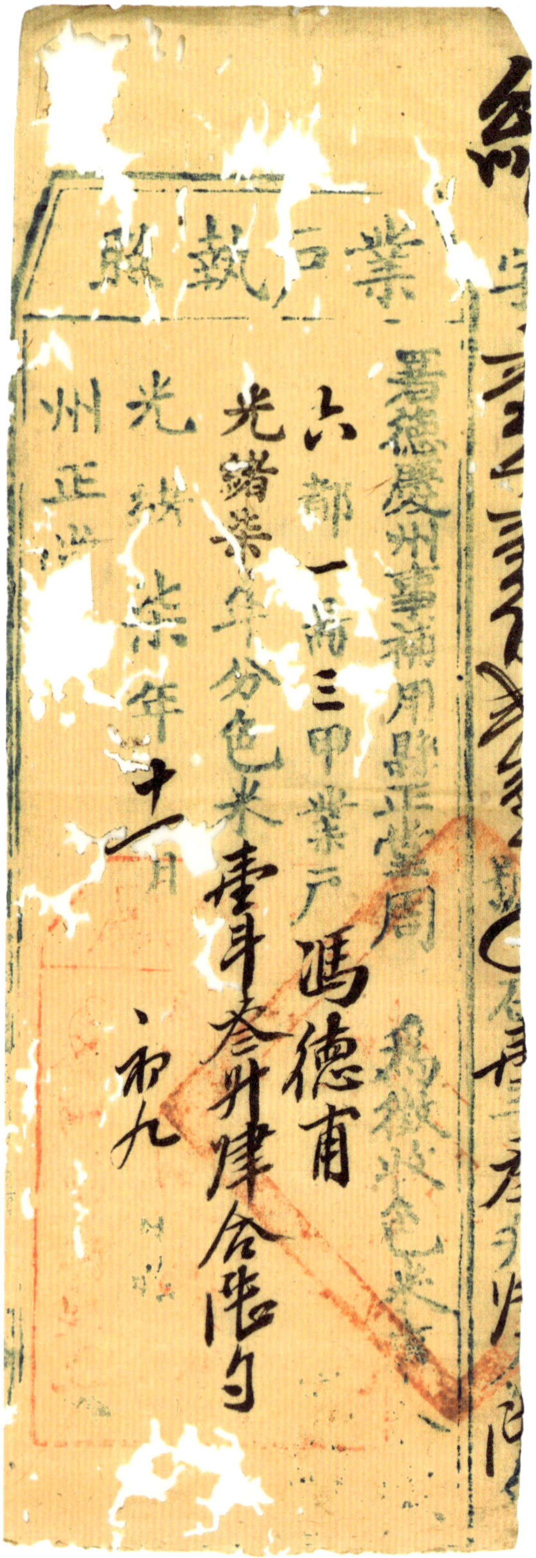

業户執照

署德慶州事補用縣正堂周　為徵收色米

六都一啚三甲業户馮德甫

光緒柒年分色米壹斗叁升肆合陸勺

光緒柒年十一月初九

州正堂

0011 冯德甫完纳光绪七年银米统计条

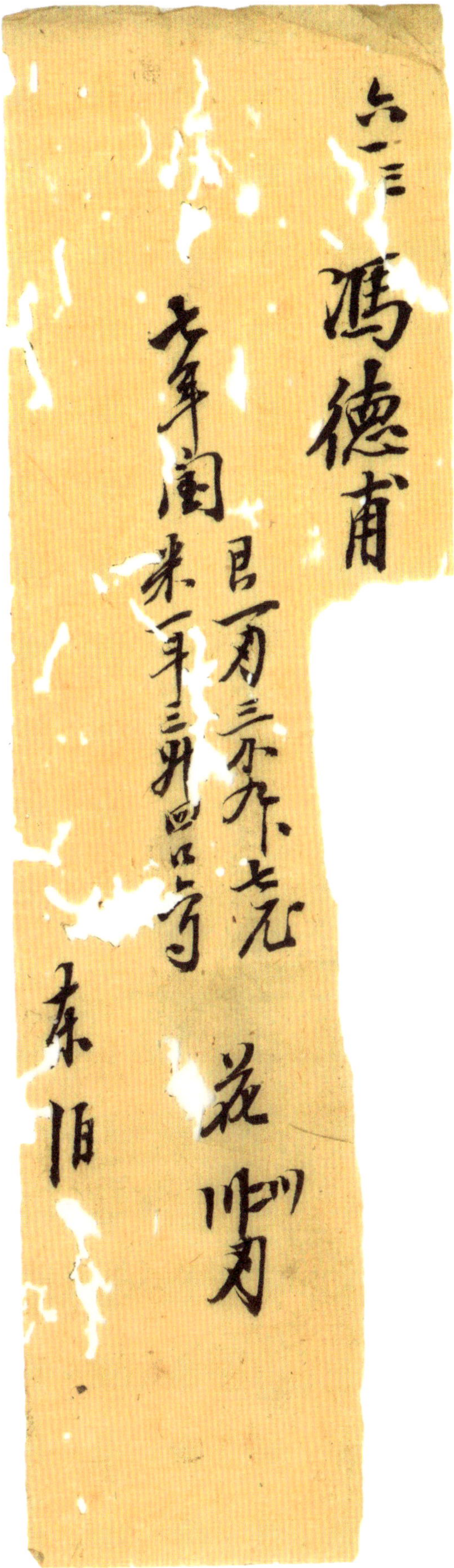

六一三
馮德甫
艮一両三分不七厘
七年閏
米一斗三升四口六勺
花
東伯

0012 冯德甫完纳光绪八年钱米统计条

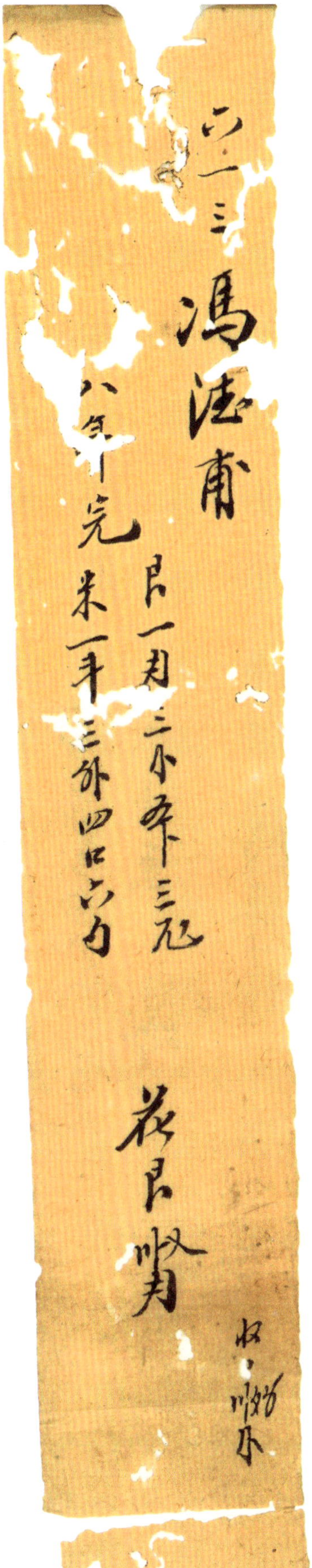

六一三
馮德甫
艮一両三分不三厘
八年完
米一斗三升四口六勺
花艮

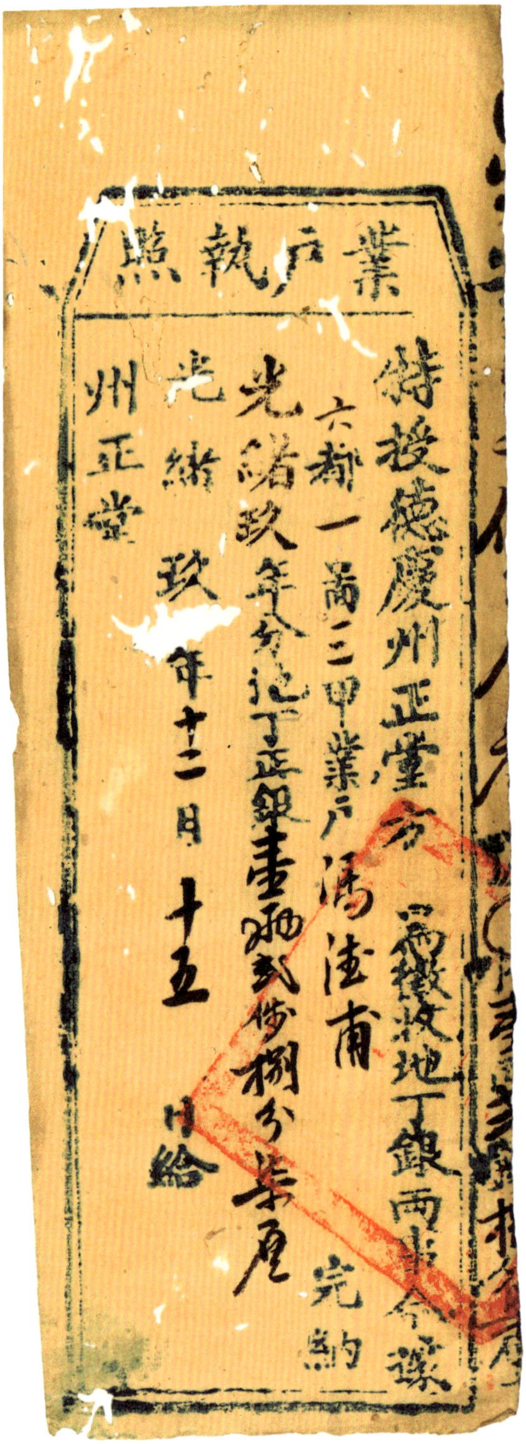
業户執照

特授德慶州正堂方 為徵收地丁銀兩 給發票據

六都一啚三甲業户馮德甫

光緒玖年分地丁正銀壹兩弍錢捌分柒厘 完納

光緒玖年十二月十五日給

州正堂

0013 光绪九年十二月十五日德庆州征收冯德甫光绪九年地丁正银业户执照

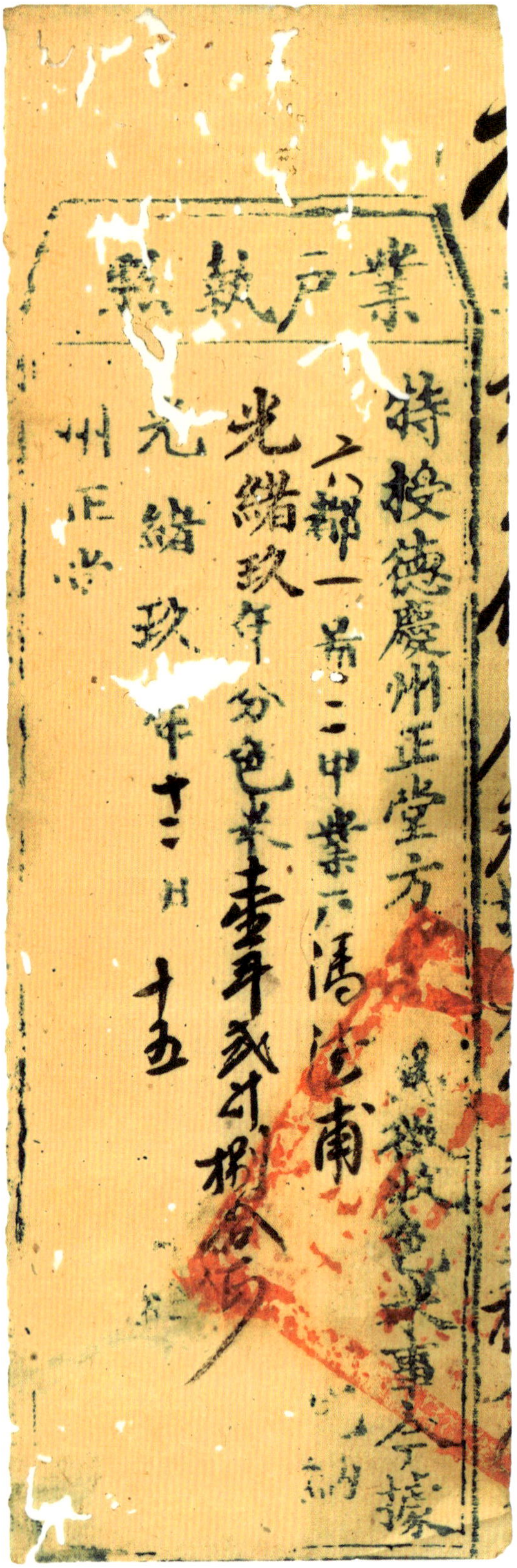
業户執照

特授德慶州正堂方 為徵收色米事 給據

六都一啚二甲業户馮德甫

光緒玖年分色米壹斗弍升捌合

完納

光緒玖年十二月十五日

州正堂

0014 光绪九年十二月十五日德庆州征收冯德甫光绪九年色米业户执照

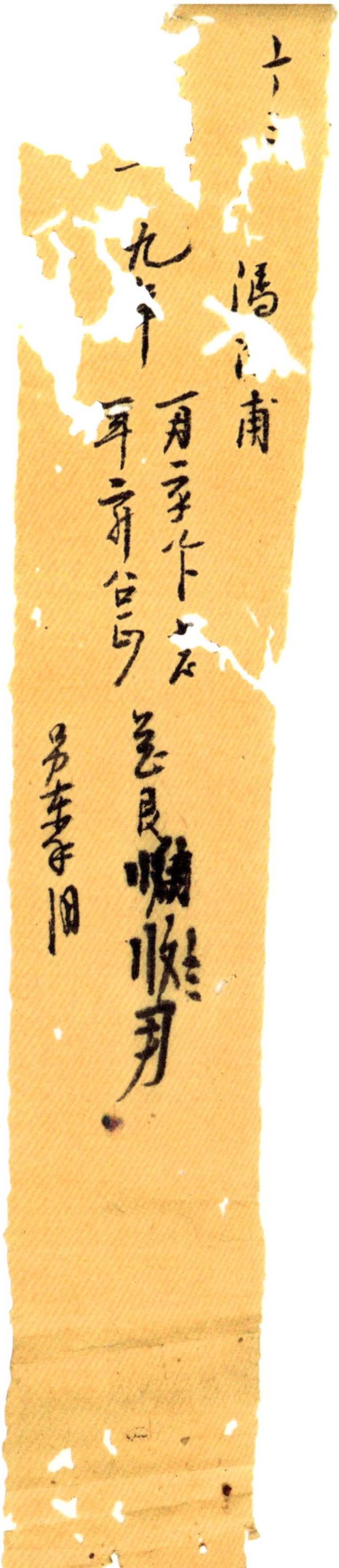

0015 冯德甫完纳光绪九年钱米统计条

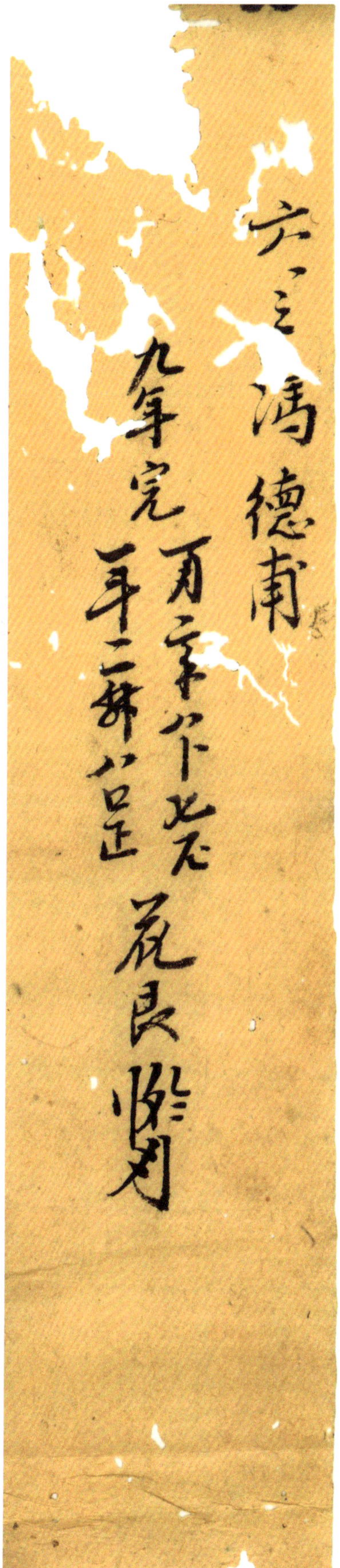

0016 冯德甫完纳光绪九年钱米统计条

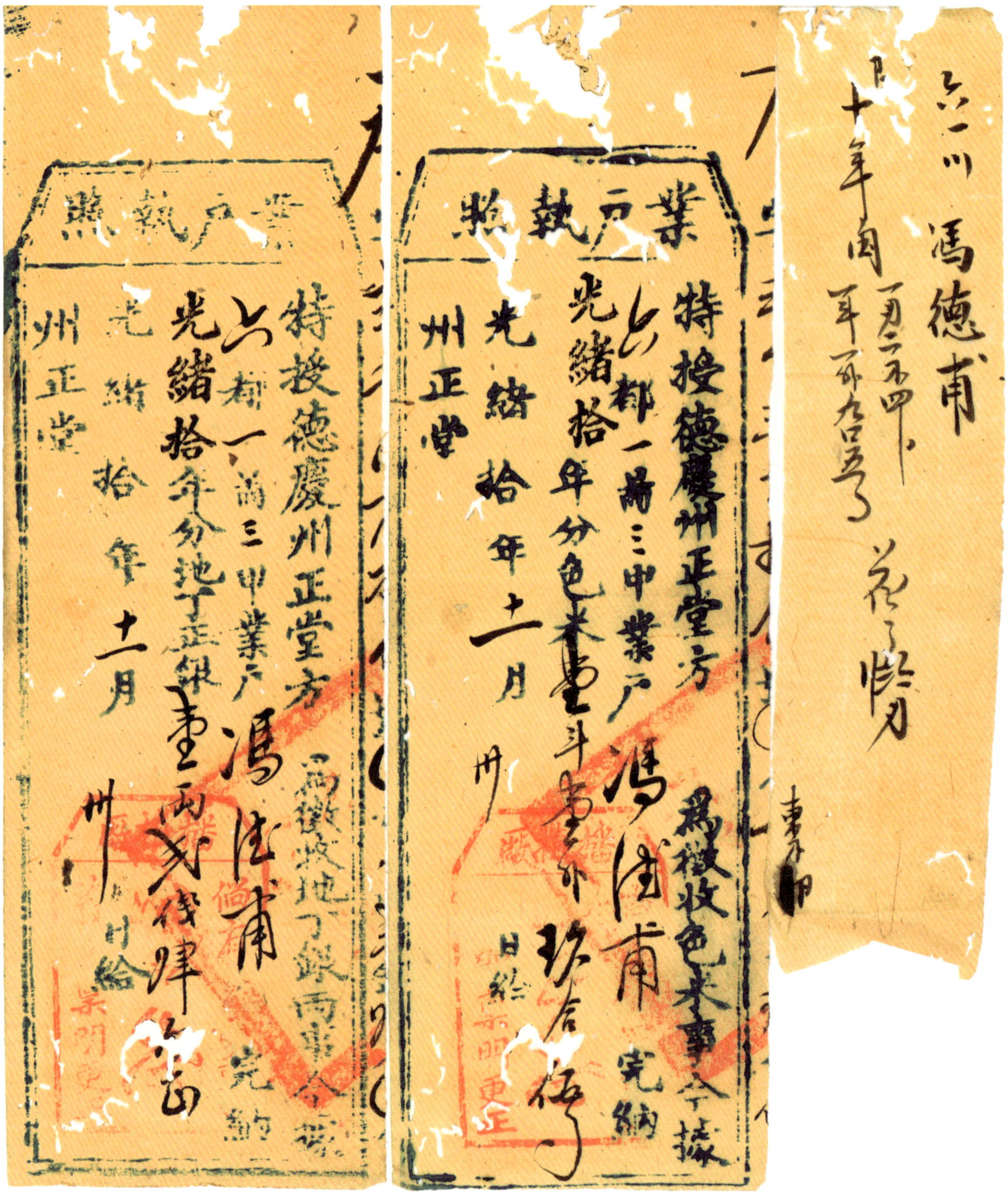

業戶執照

特授德慶州正堂方　為徵收地丁銀兩事今據

六都一甲三甲業戶　馮德甫　完納

光緒拾年分地丁正銀

光緒拾年十一月　卅日給

州正堂

業戶執照

特授德慶州正堂方　為徵收色米事今據

六都一甲三甲業戶　馮德甫　完納

光緒拾年分色米

光緒拾年十一月　卅日給

州正堂

馮德甫

0017 光绪十年十一月三十日德庆州征收冯德甫光绪十年色米业户执照；光绪十年十一月三十日德庆州征收冯德甫光绪十年地丁银业户执照；冯德甫完纳光绪十年银粮统计条

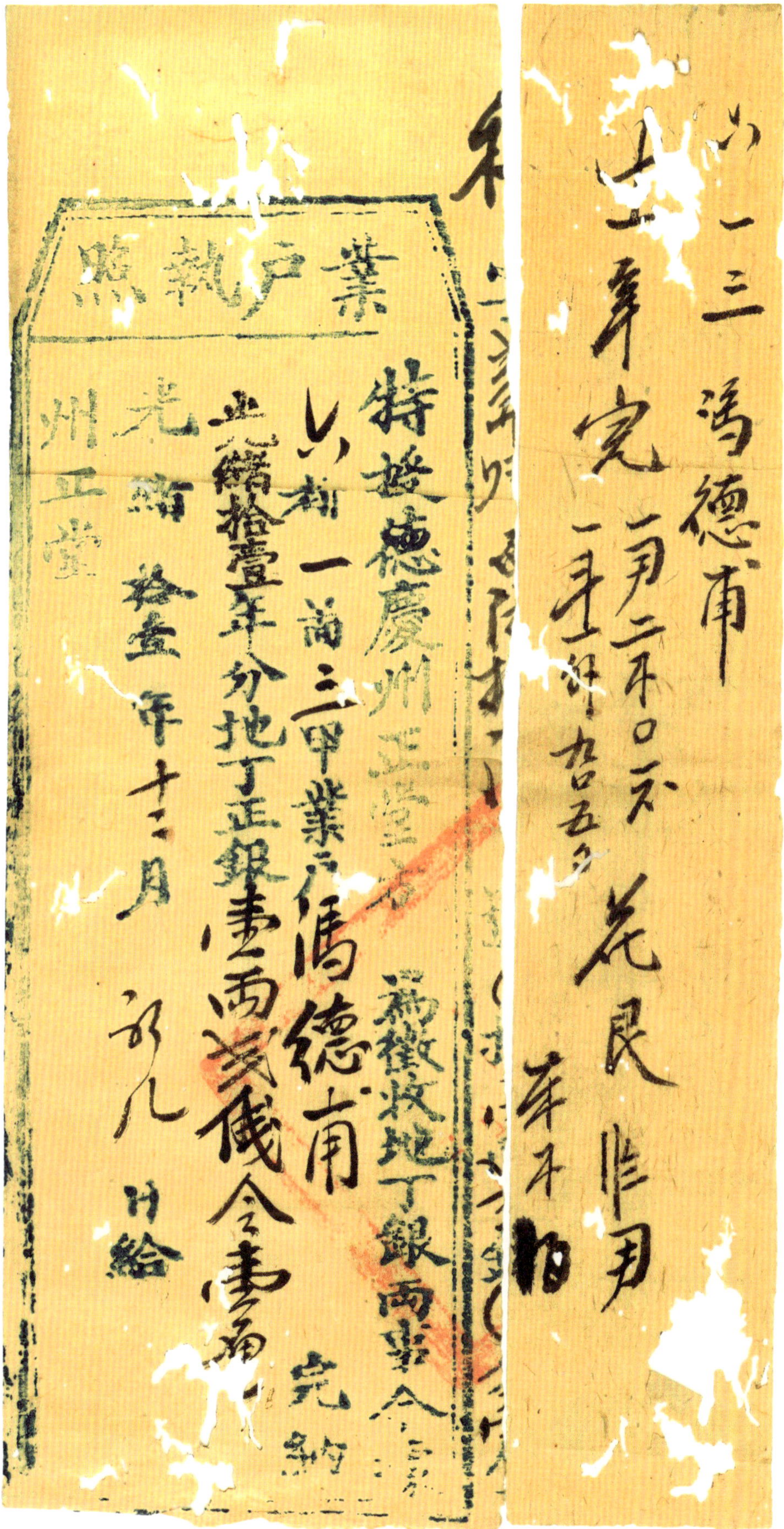
業戶執照

特授德慶州正堂 為徵收地丁銀兩事 今據

一都一啚三甲業戶馮德甫 完納

光緒拾壹年分地丁正銀壹両貳錢令壹毫

光緒拾壹年十二月初八日給

州正堂

一三 馮德甫

十一年完

花民

0018 光绪十一年十二月初八日德庆州征收冯德甫光绪十一年地丁银业户执照；冯德甫完纳光绪十一年银粮统计条

0019 光绪十一年十二月初八日德庆州征收冯德甫光绪十一年色米业户执照

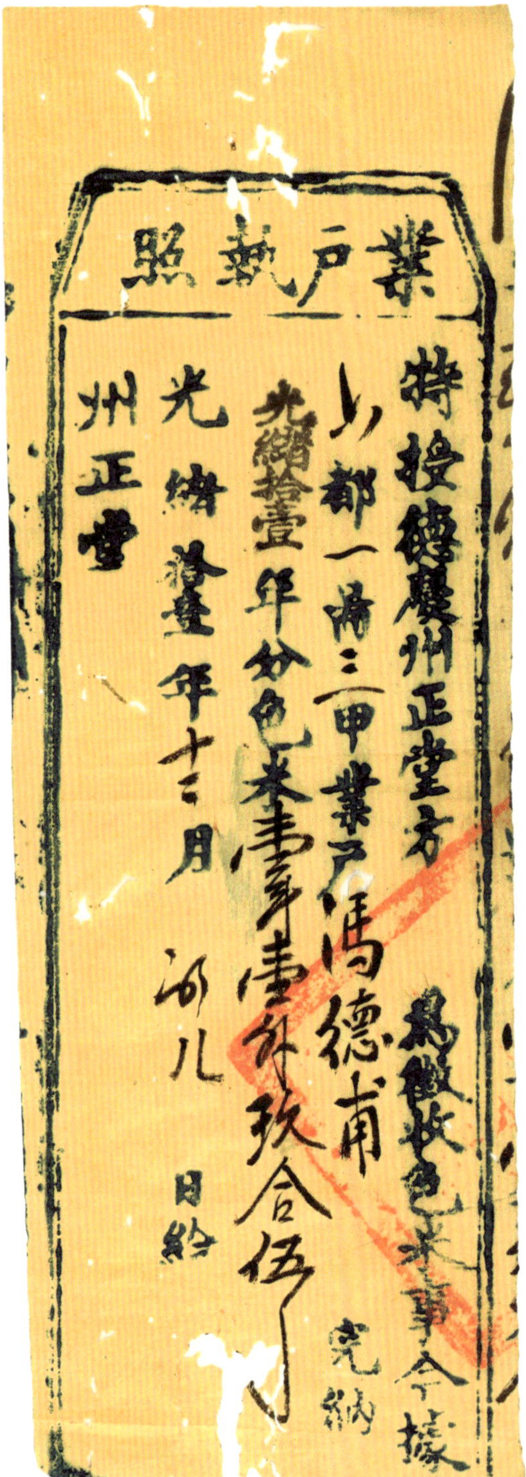

業戶執照

特授德慶州正堂方 為徵收色米事今據

業戶馮德甫 完納

光緒拾壹年分色米

光緒拾壹年十二月 日給

州正堂

0020 光绪十五年十月十二日德庆州征收冯德甫光绪十五年色米业户执照

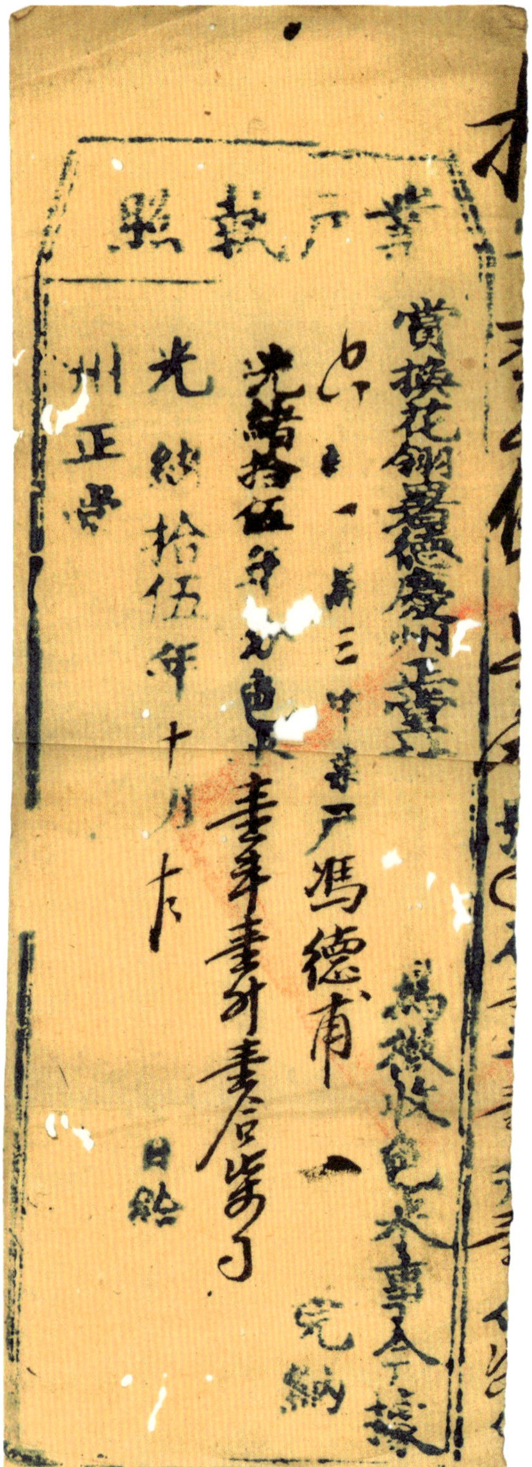

業戶執照

賞換花翎署德慶州正堂 為徵收色米事今據

業戶馮德甫 完納

光緒拾伍年分色米

光緒拾伍年十月 日給

州正堂

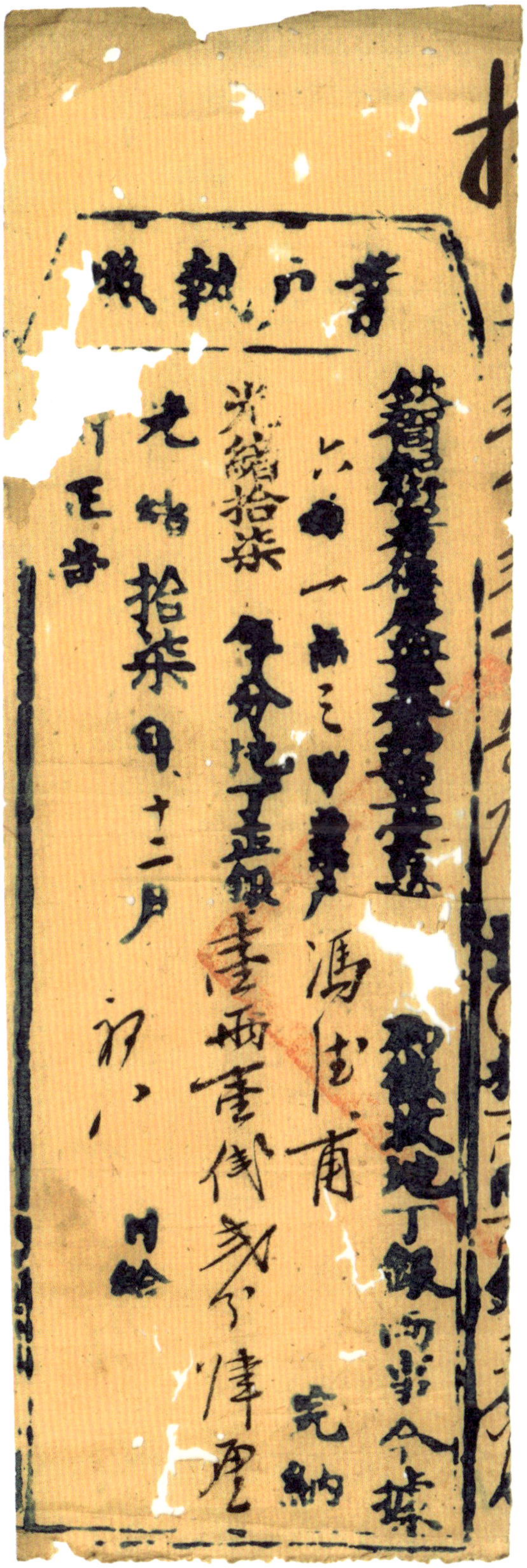
业户执照
[illegible]德庆州正堂[illegible] 为征收地丁银两事 今据
六都一甲 业户 冯德甫
光绪拾柒年分地丁正银[illegible] 完纳
光绪拾柒年十二月初八日给
州正堂

0021 光绪十七年十二月初八日德庆州征收冯德甫光绪十七年地丁正银业户执照

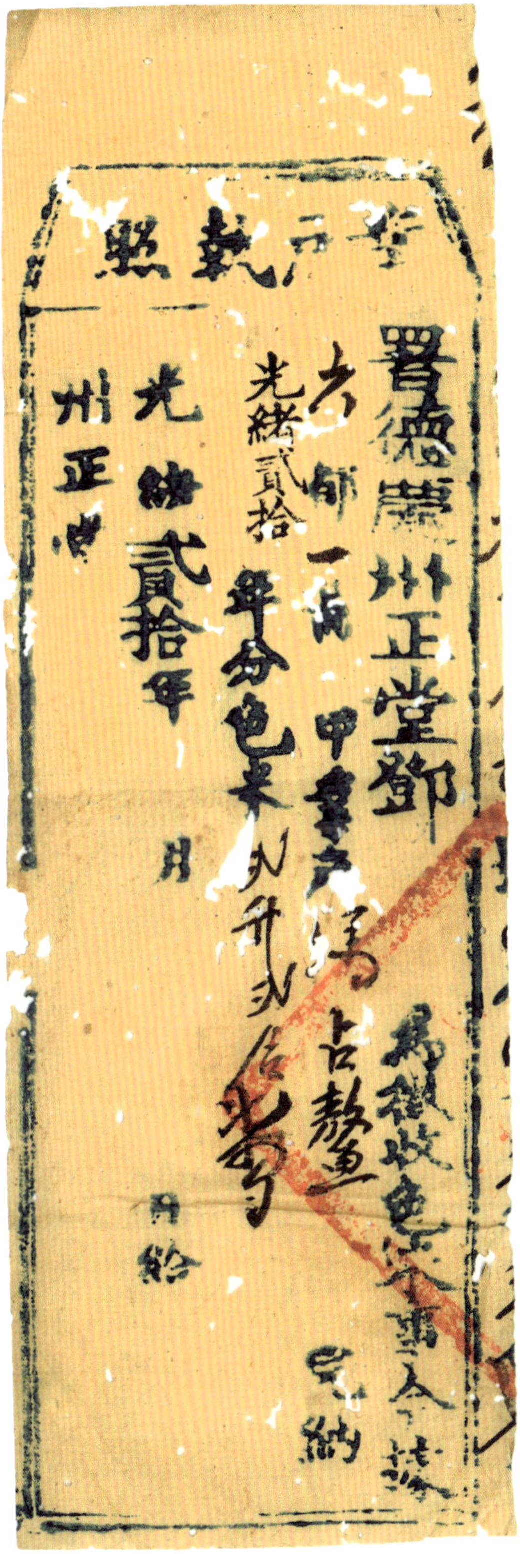
业户执照
署德庆州正堂邓 为征收色米[illegible] 今据
六都一甲 业户 冯占鳌
光绪贰拾年分色米[illegible] 完纳
光绪贰拾年 月 日给
州正堂

0022 光绪二十年德庆州征收冯占鳌光绪二十年色米业户执照

0023 光绪二十二年德庆州征收冯德甫光绪二十二年地丁正银业户执照

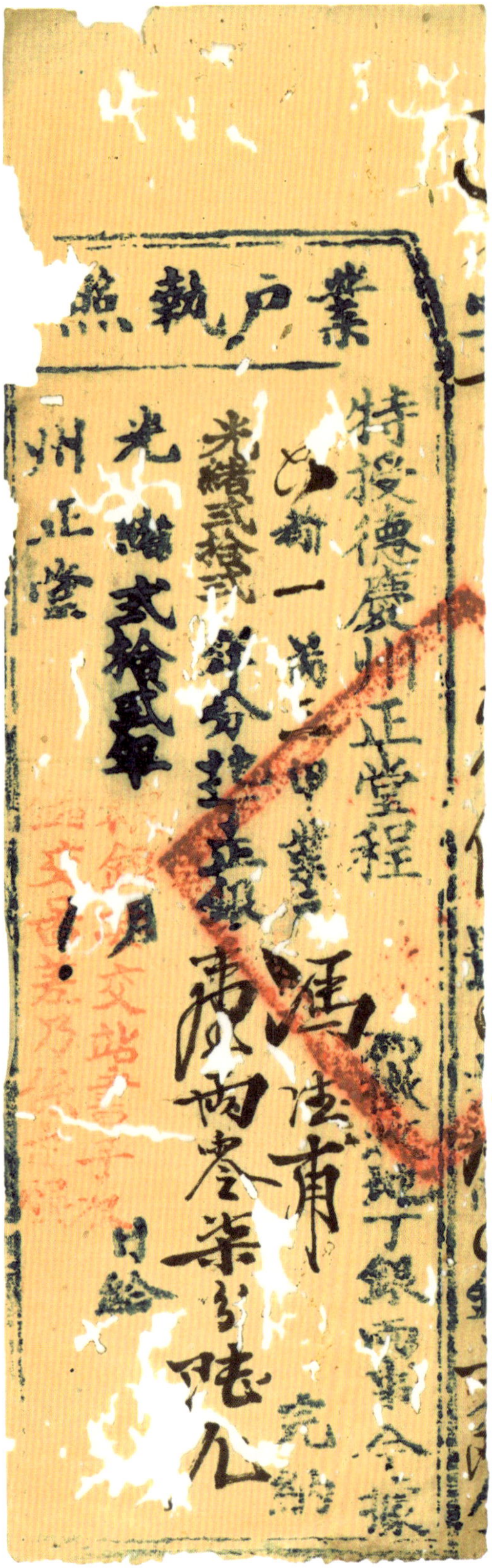

業戶執照

特授德慶州正堂程

州正堂

0024 光绪二十二年德庆州征收冯德甫光绪二十二年色米业户执照

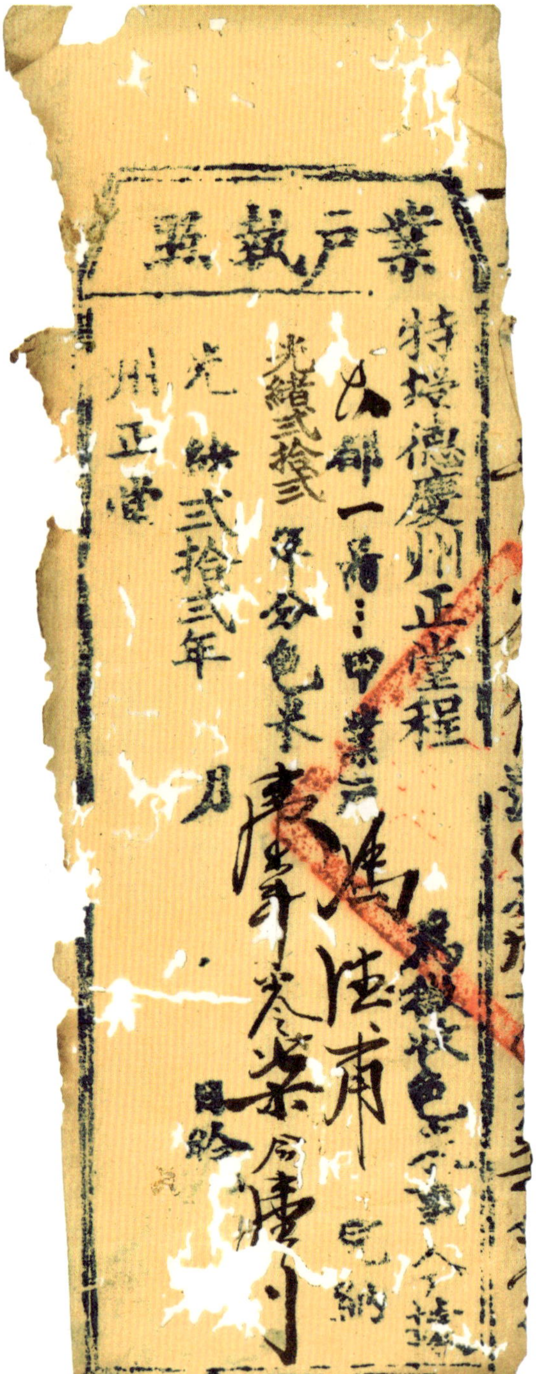

業戶執照

特授德慶州正堂程

州正堂

業戶執照
特授德慶州正堂程
六都一甲業戶馮德甫
光緒貳拾壹年分地丁正銀壹兩壹錢壹分壹厘
完納
光緒貳拾貳年 月 日給
州正堂

0025 光绪二十二年德庆州征收冯德甫光绪二十一年地丁正银业户执照

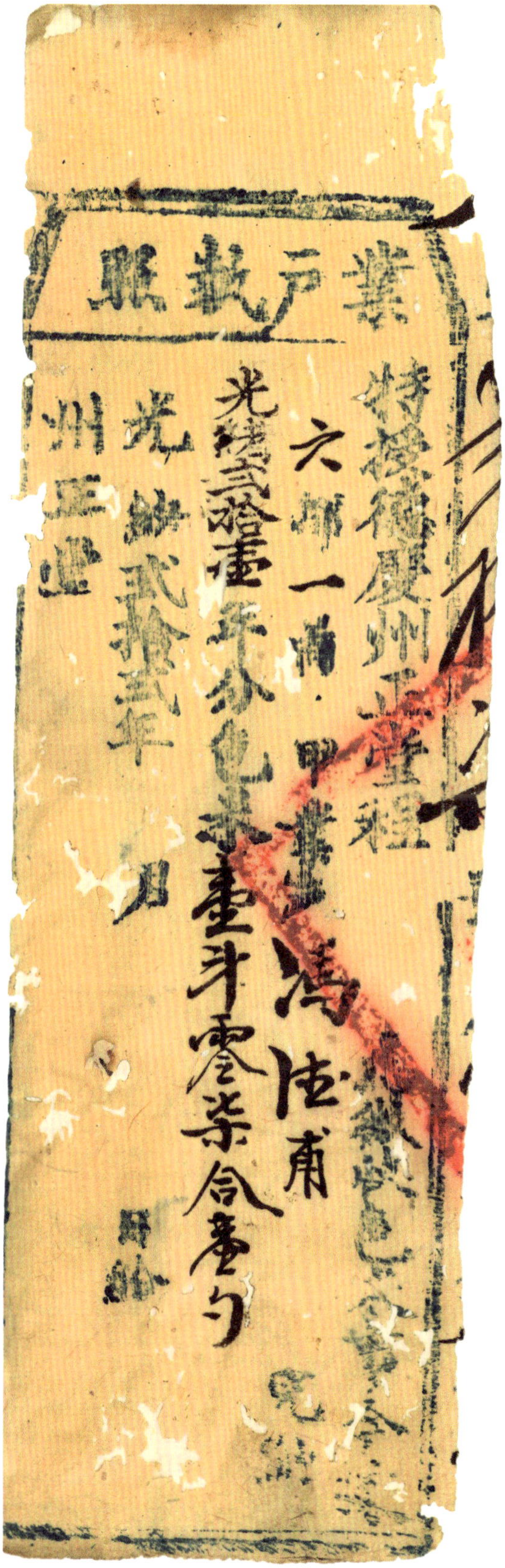

業戶執照
特授德慶州正堂程
六都一甲業戶馮德甫
光緒貳拾壹年分色米壹斗零柒合壹勺
完納
光緒貳拾貳年 月 日給
州正堂

0026 光绪二十二年德庆州征收冯德甫光绪二十一年色米业户执照

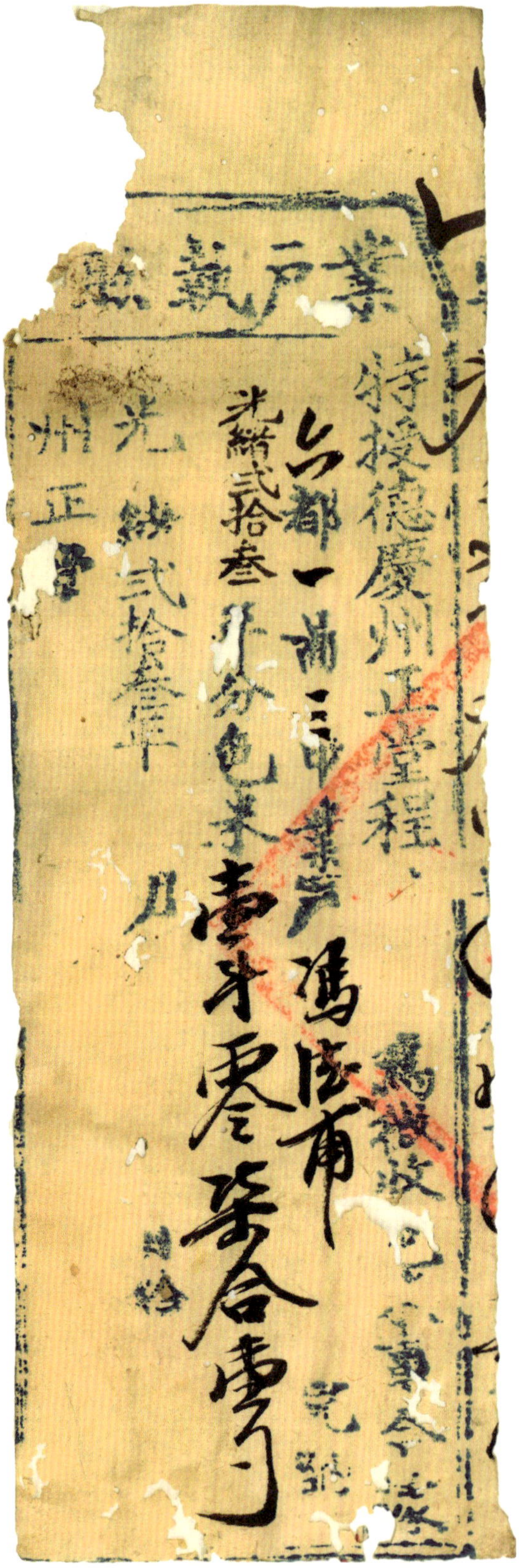

業戶執照

特授德慶州正堂程、

六都一甲三甲業戶馮德甫

光緒貳拾叁年分色米壹斗零柒合壹勺

光緒貳拾叁年 月 日給

州正堂

0027 光绪二十三年德庆州征收冯德甫光绪二十三年色米业户执照

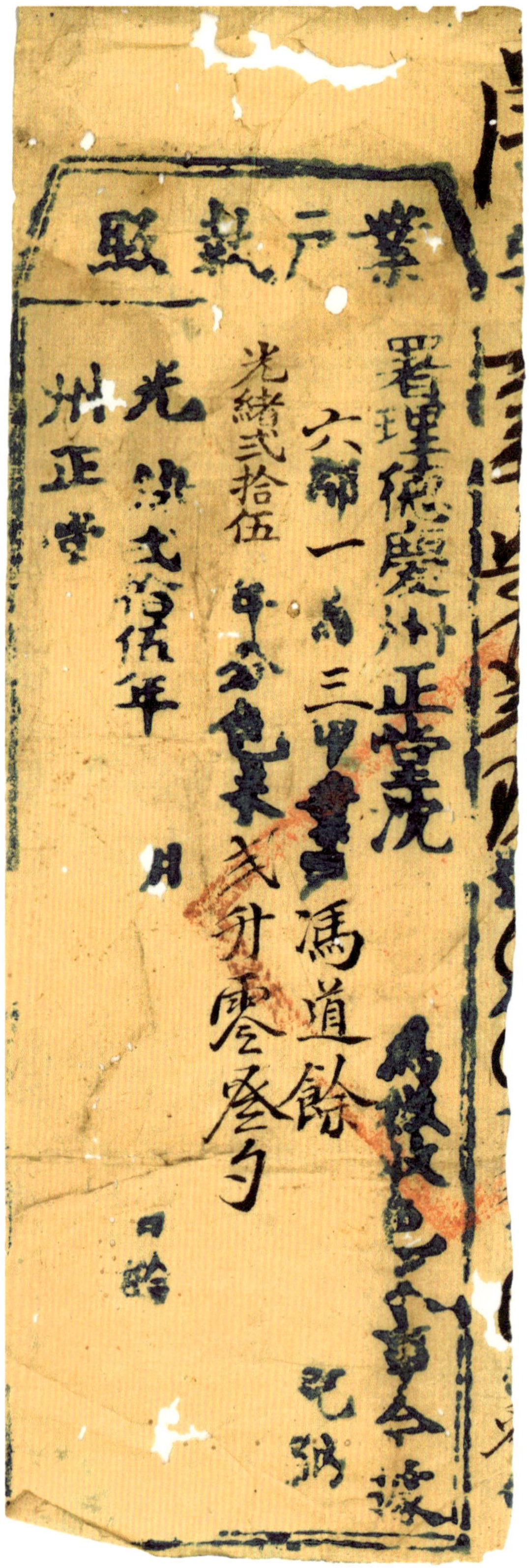

業戶執照

署理德慶州正堂范

六都一甲三甲業戶馮道餘

光緒貳拾伍年分色米貳升零叁勺

光緒貳拾伍年 月 日給

州正堂

0028 光绪二十五年德庆州征收冯道馀光绪二十五年色米业户执照

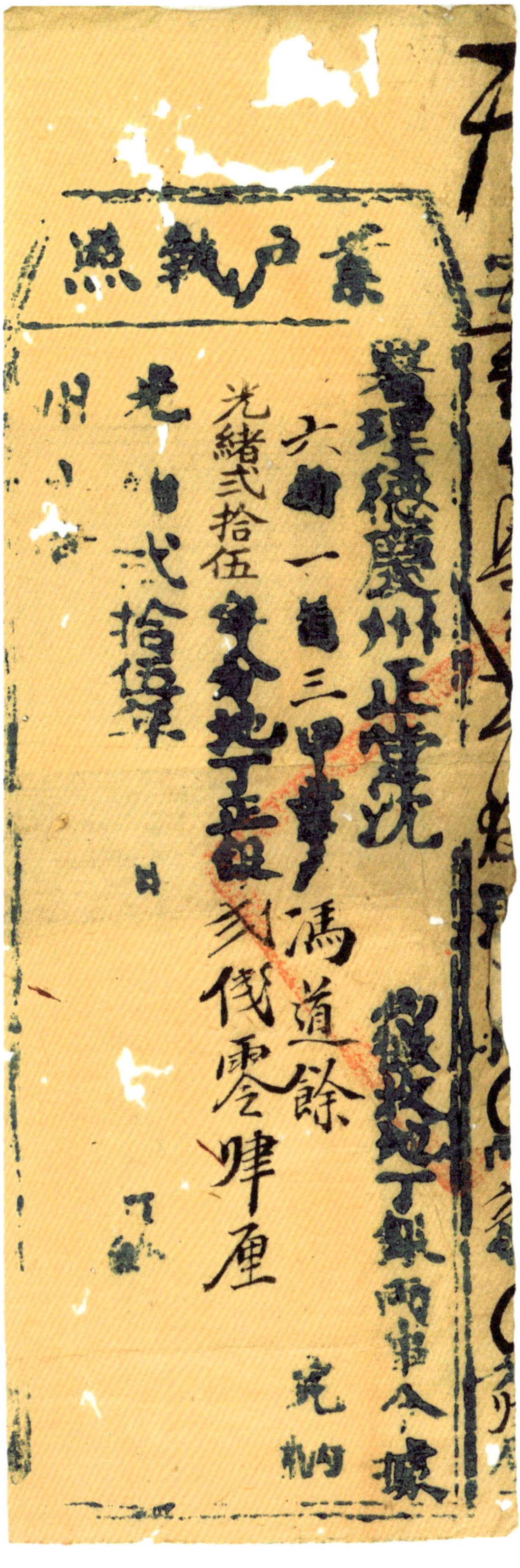

業戶執照
署理德慶州正堂沈
徵收地丁銀兩串今據
六都一甲三甲業戶馮道餘
光緒式拾伍年分地丁正銀參錢零肆厘
完納
光緒式拾伍年 月 日給

0029 光绪二十五年德庆州征收冯道馀光绪二十五年地丁正银业户执照

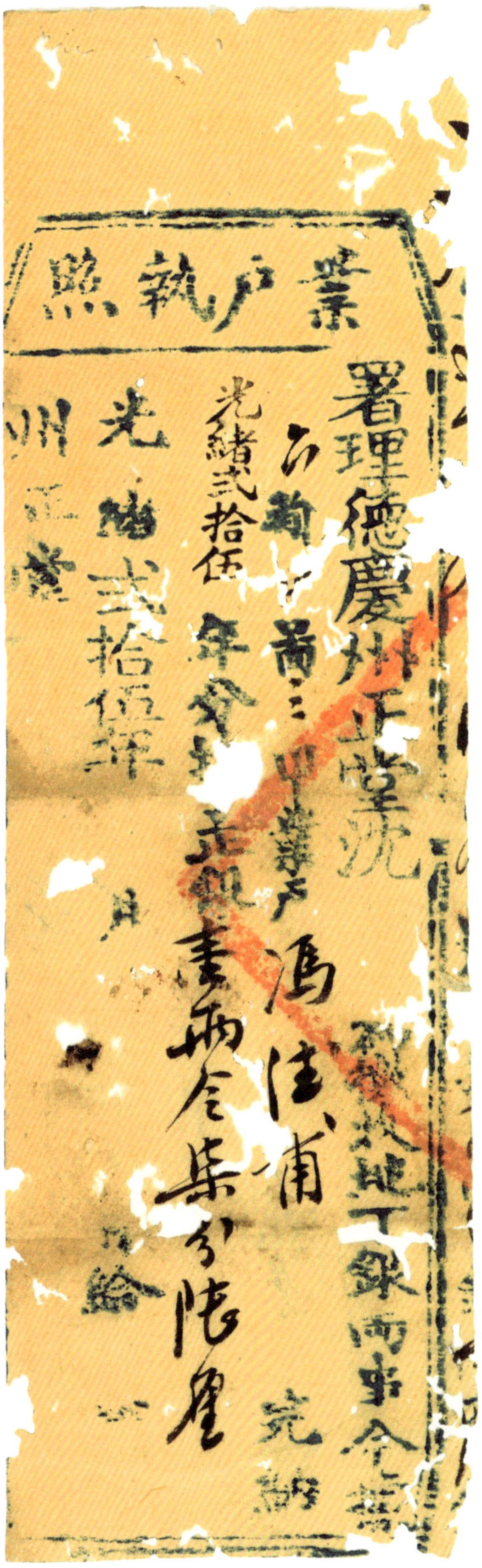

業戶執照
署理德慶州正堂沈
徵收地丁銀兩串今據
六都[illegible]甲[illegible]甲業戶馮德甫
光緒式拾伍年分地丁正銀壹兩[illegible]柒分陸厘
完納
光緒式拾伍年 月 日給

0030 光绪二十五年德庆州征收冯德甫光绪二十五年地丁正银业户执照

0031 光绪二十五年德庆州征收冯德甫光绪二十五年色米业户执照

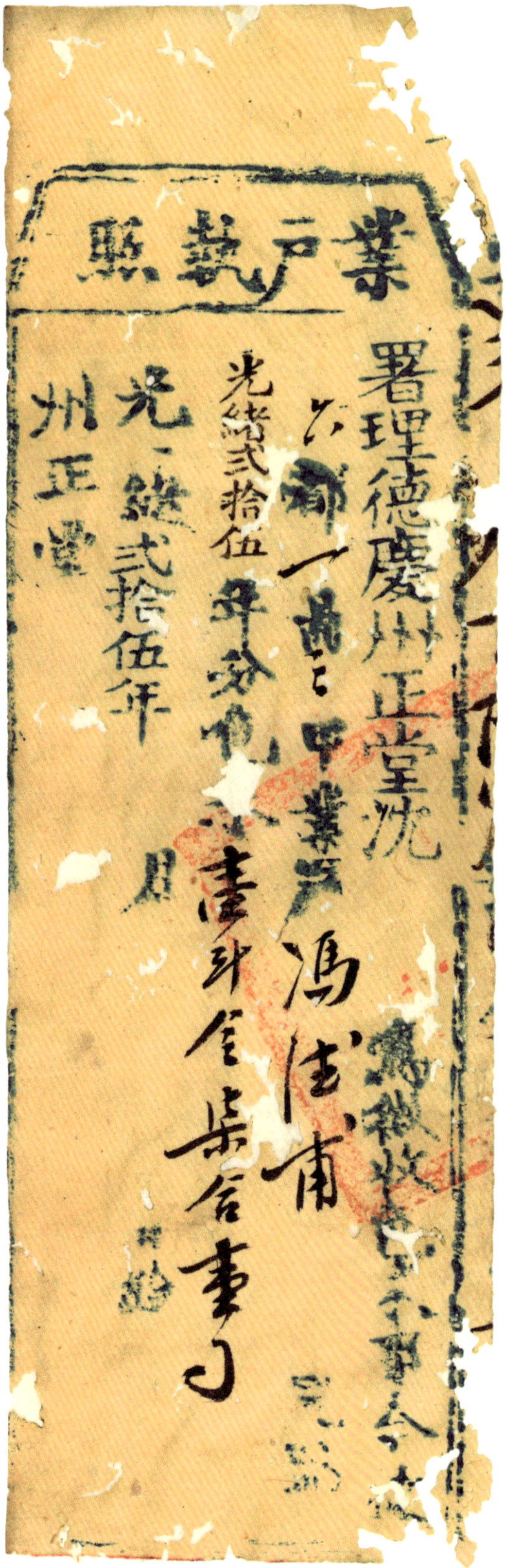
業戶執照
署理德慶州正堂沈
六都一啚三甲業戶馮德甫
光緒弍拾伍年分色米
光緒弍拾伍年 月 日
州正堂

0032 冯道馀完纳光绪二十五年米银统计条

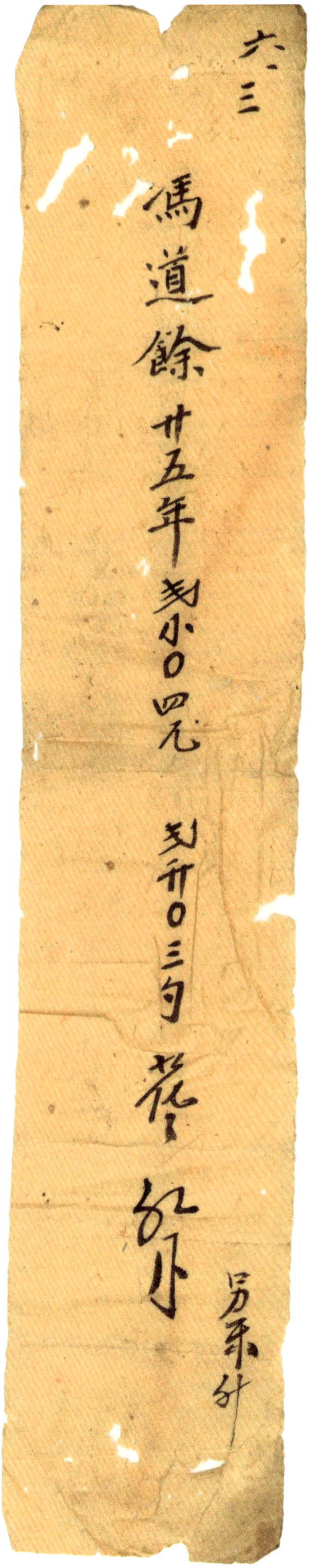
六三
馮道餘

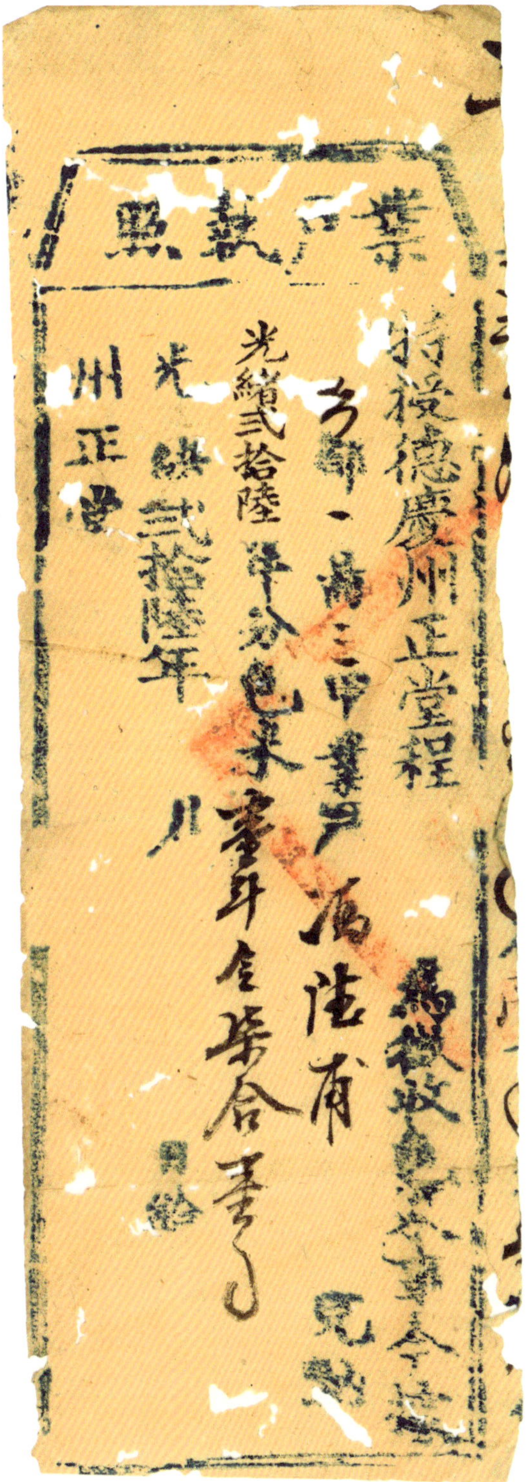

0033 光绪二十六年德庆州征收冯德甫光绪二十六年色米业户执照

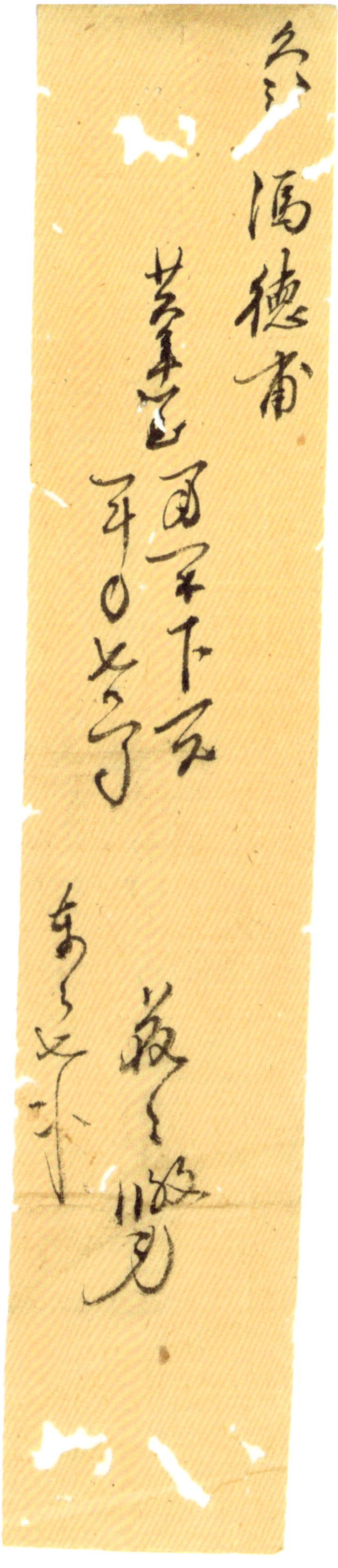

0034 冯德甫完纳光绪二十六年钱米统计条

0035 光绪二十八年德庆州征收宋弼泰光绪二十八年地丁正银业户执照

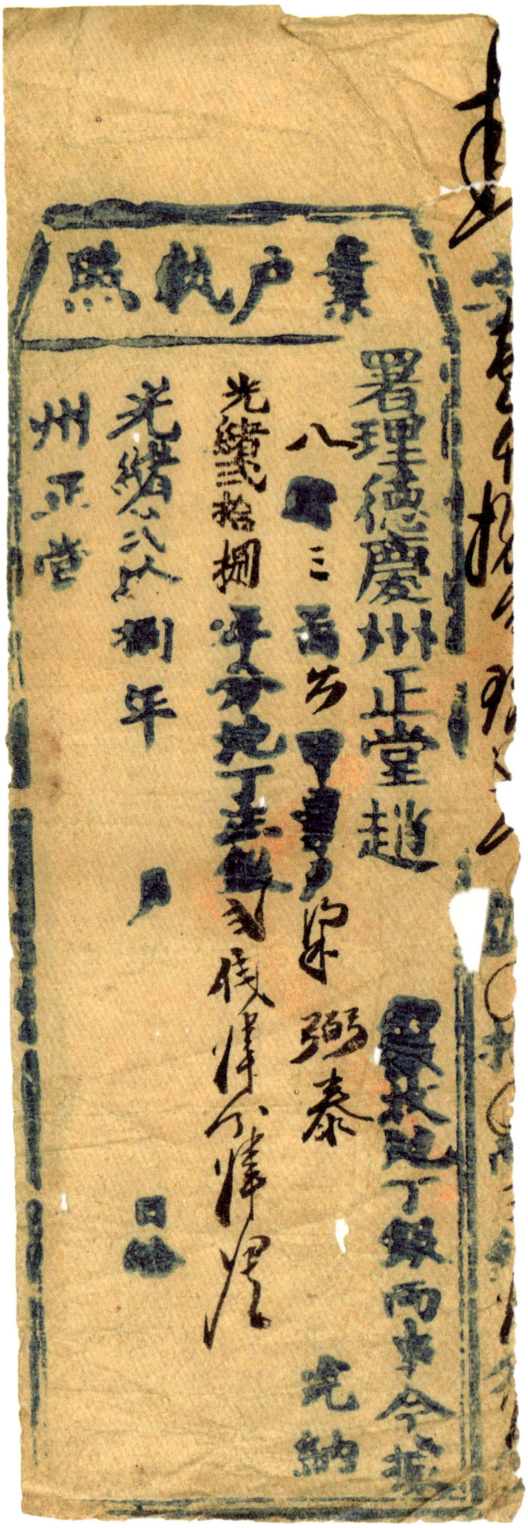
業戶執照
署理德慶州正堂趙
弼泰
州正堂
光緒貳拾捌年

0036 光绪三十年德庆州征收梁弼泰光绪三十年地丁正银业户执照

業戶執照
署理德慶州正堂陳
光緒叁拾年
光緒叁拾年

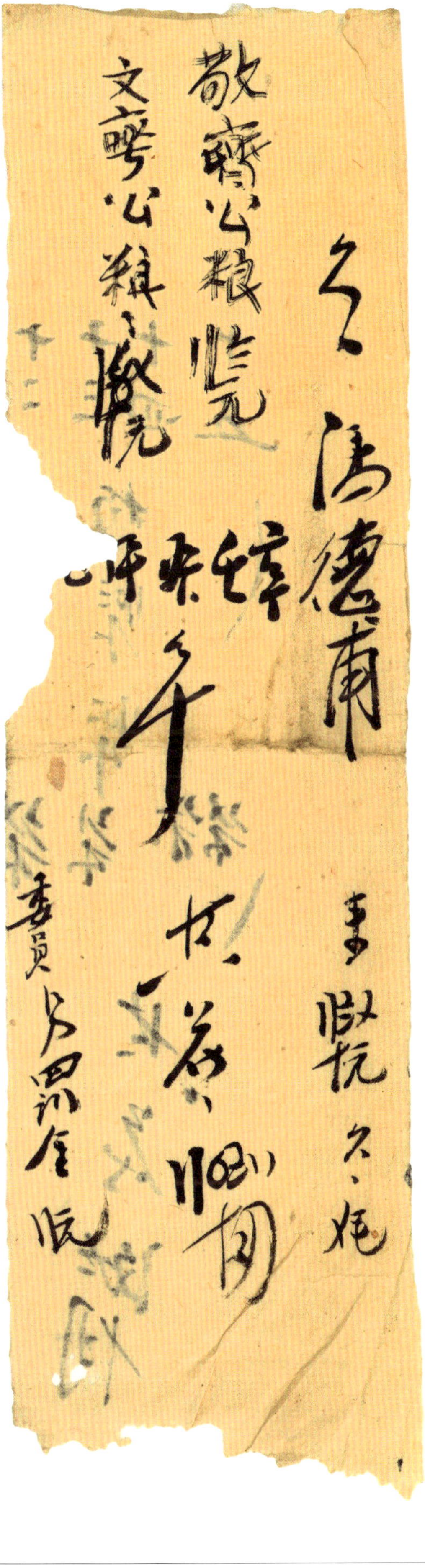

0037 冯德甫记账统计

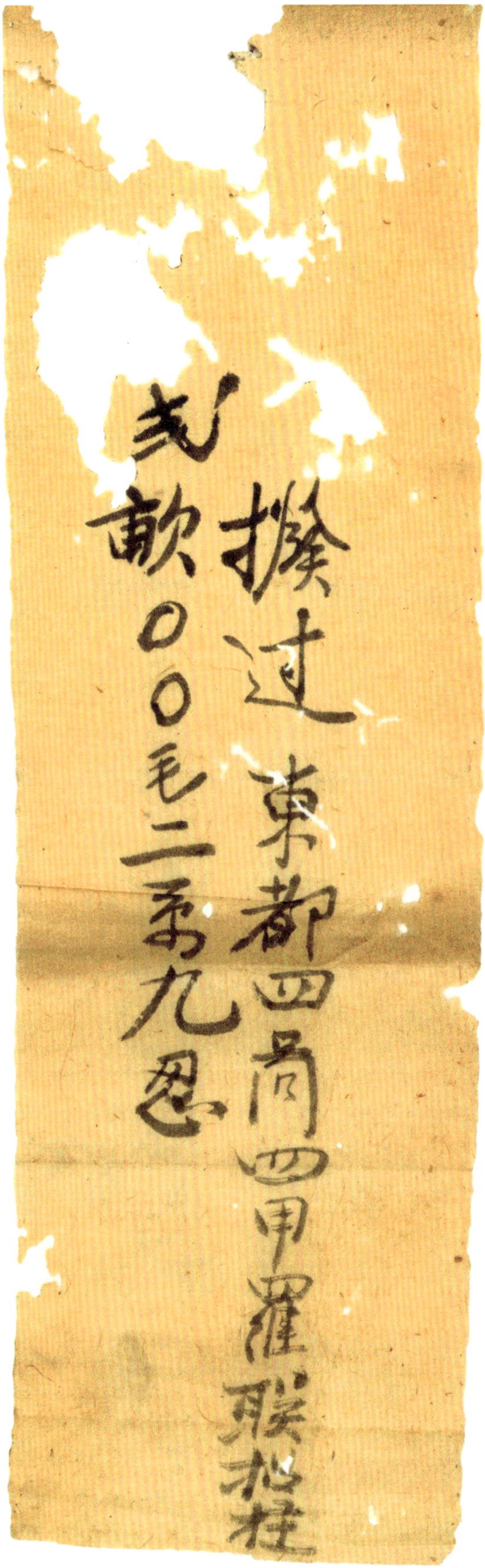

0038 划拨罗联招田产据

0039 佚名记录民米数量据

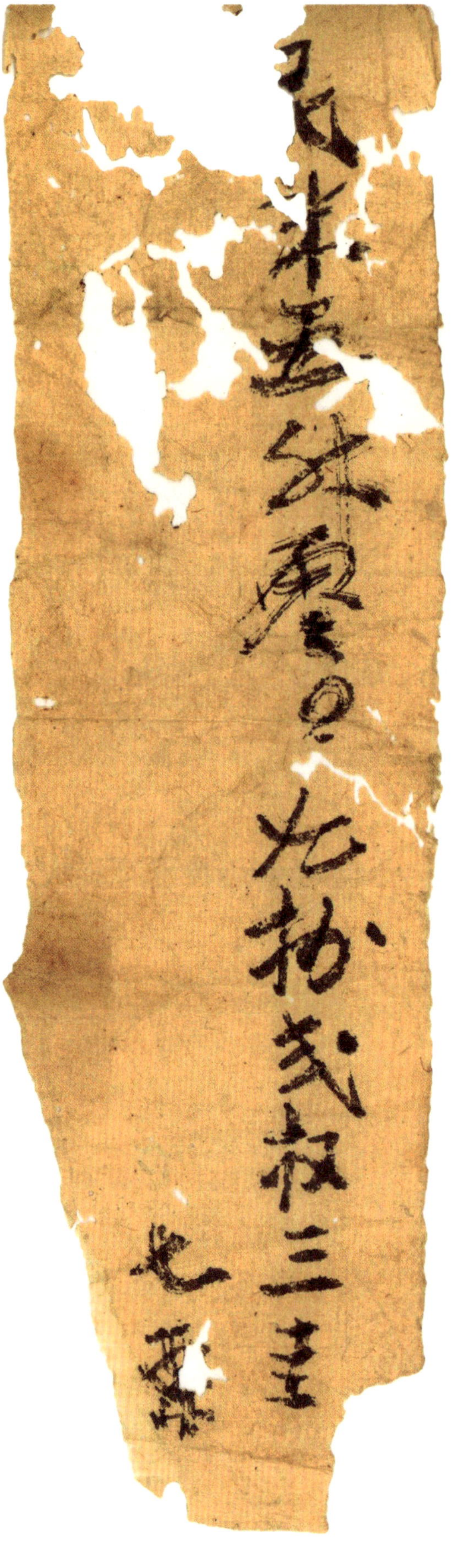

0040 族内田亩摊税统计

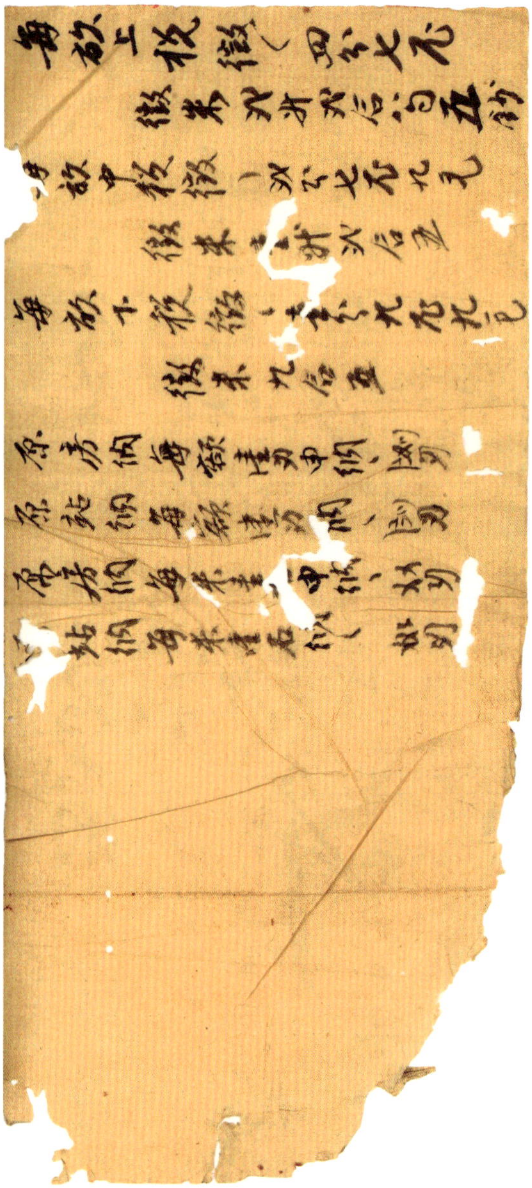

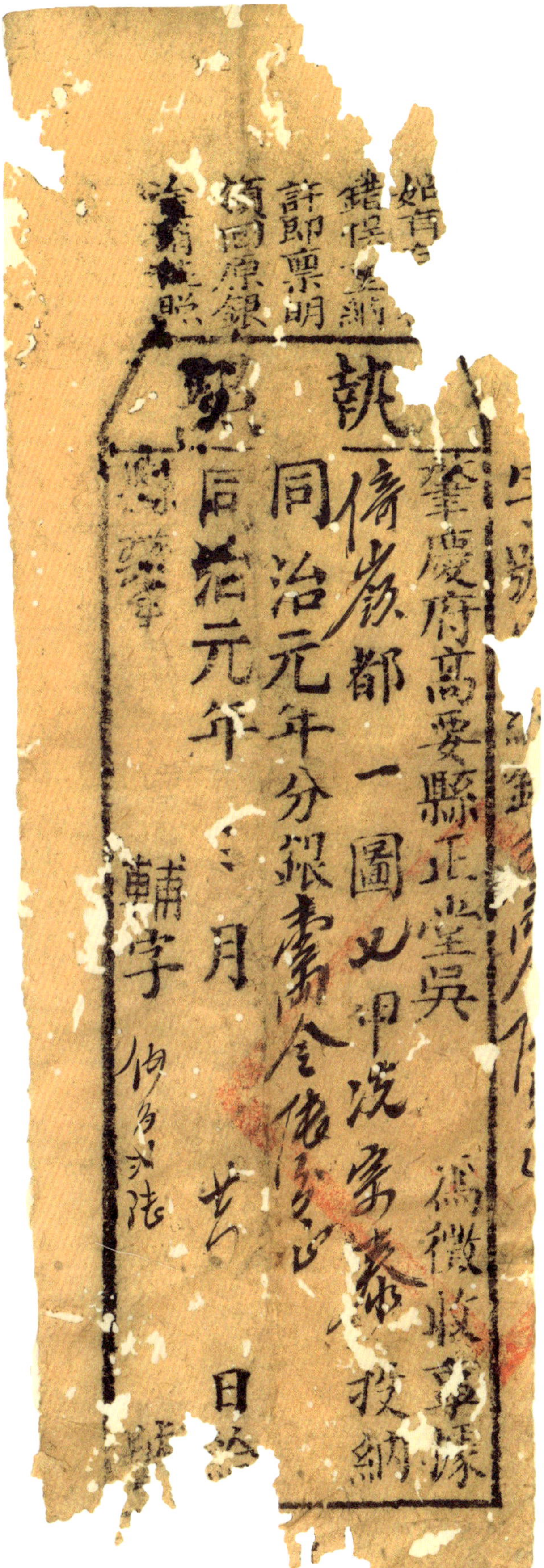

0001 同治元年三月二十六日肇庆府高要县征收冼宗泰同治元年赋银执照

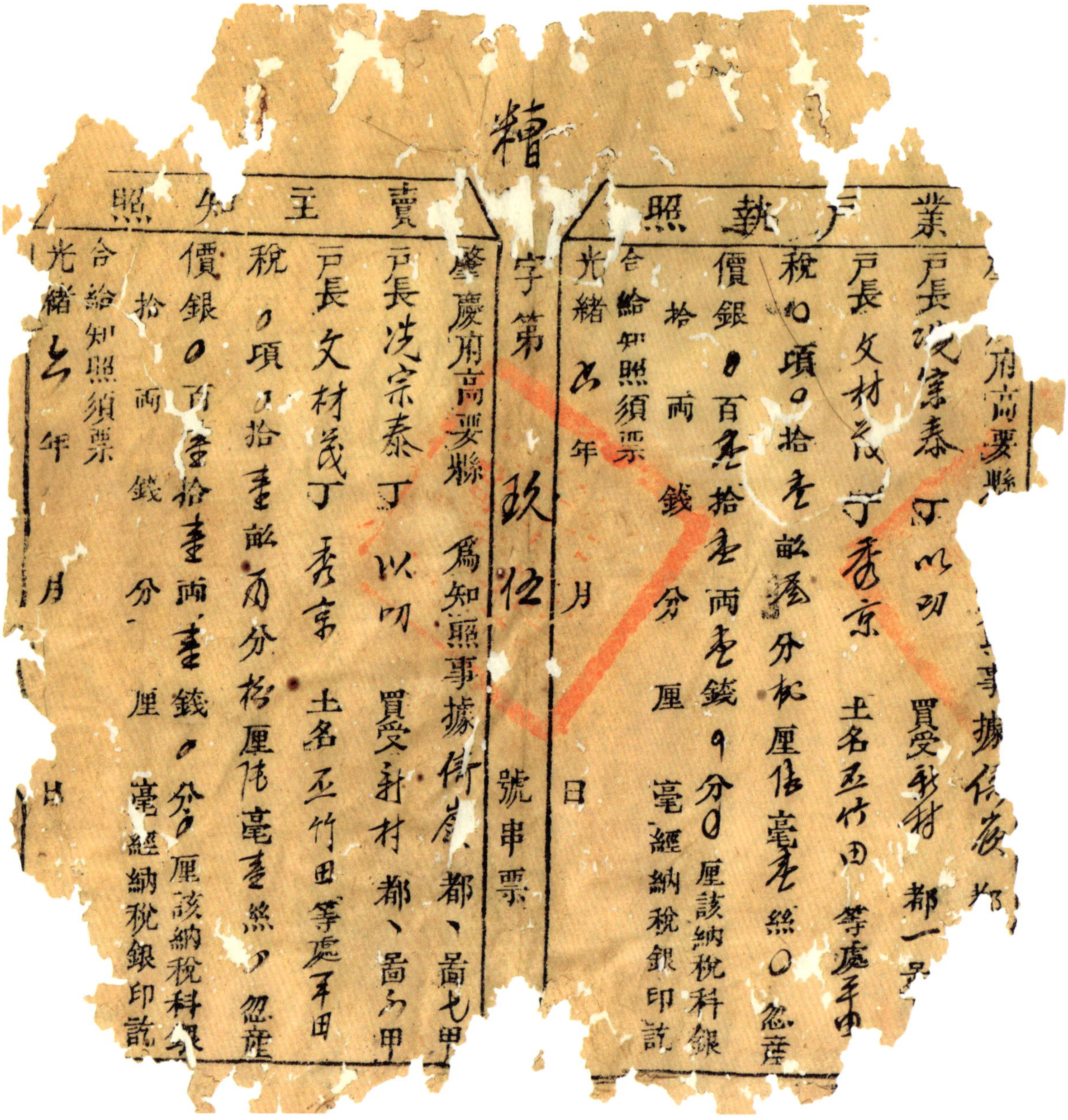

糟

業戶執照

[illegible]府高要縣 [illegible]事據[illegible] 都 一 [illegible]
戶長冼宗泰 丁冼以叨 買受彩材 都 [illegible]
戶長文材茂丁秀京 土名丕竹田等處平田
稅〇項〇拾壹畝[illegible]分[illegible]厘[illegible]毫[illegible]絲〇忽產
價銀〇百壹拾壹兩壹錢〇分〇厘該納稅科銀
拾 兩 錢 分 厘 毫經納稅銀印訖
合給知照須票
光緒六年 月 日

字第玖佰號串票

賣主知照

肇慶府高要縣 為知照事據[illegible] 都 [illegible]七甲
戶長冼宗泰 丁冼以叨 買受彩材 都 [illegible]甲
戶長文材茂丁秀京 土名丕竹田等處平田
稅〇項〇拾壹畝[illegible]分[illegible]厘[illegible]毫壹絲[illegible]忽產
價銀〇百壹拾壹兩壹錢〇分[illegible]厘該納稅科銀
拾 兩 錢 分 厘 毫經納稅銀印訖
合給知照須票
光緒六年 月 日

0002 光绪六年肇庆府高要县冼以叨买田确权输税业户执照（业户、卖主双联）

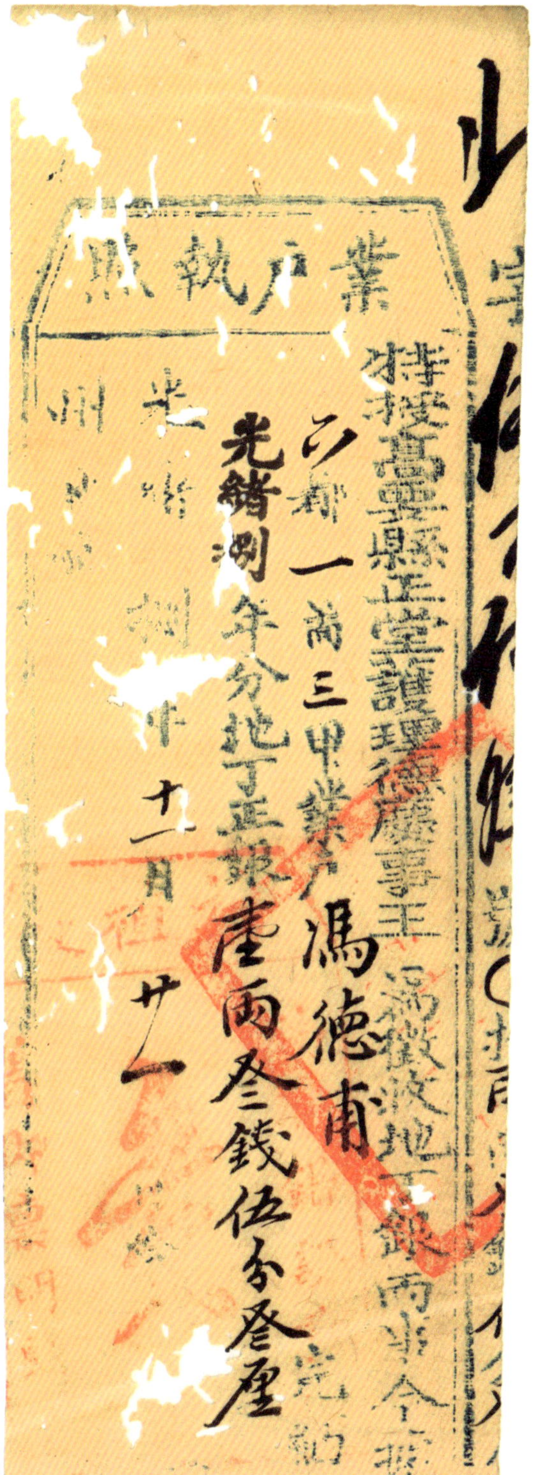

0003 光绪八年十一月二十一日高要县征收冯德甫光绪八年地丁正银业户执照

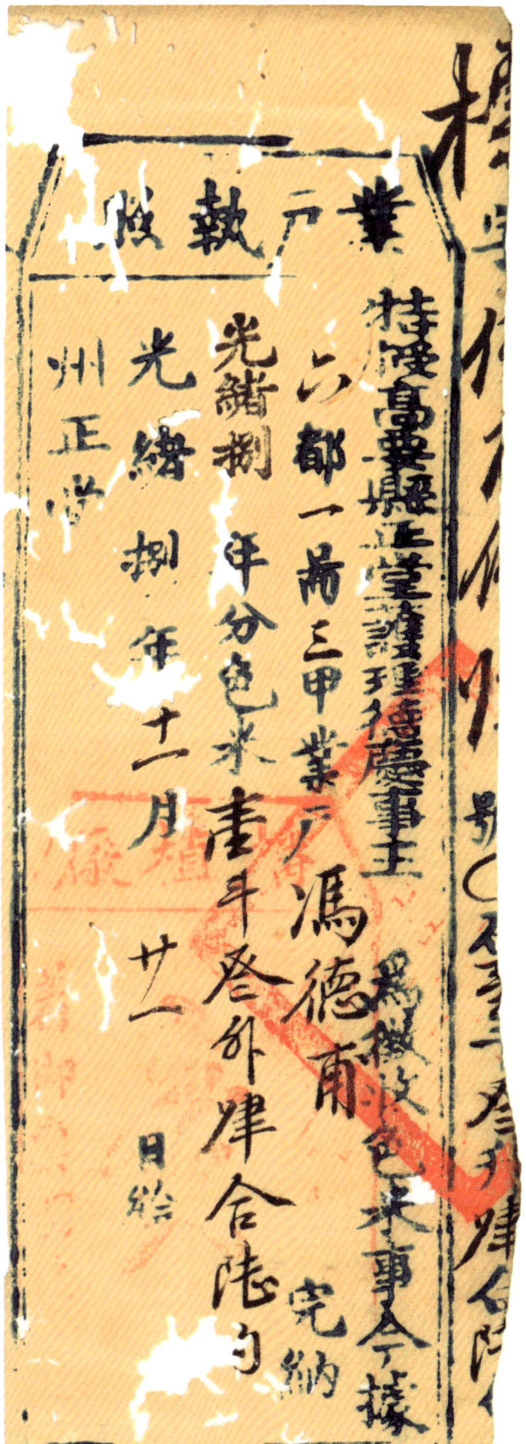

0004 光绪八年十一月二十一日高要县征收冯德甫光绪八年色米业户执照

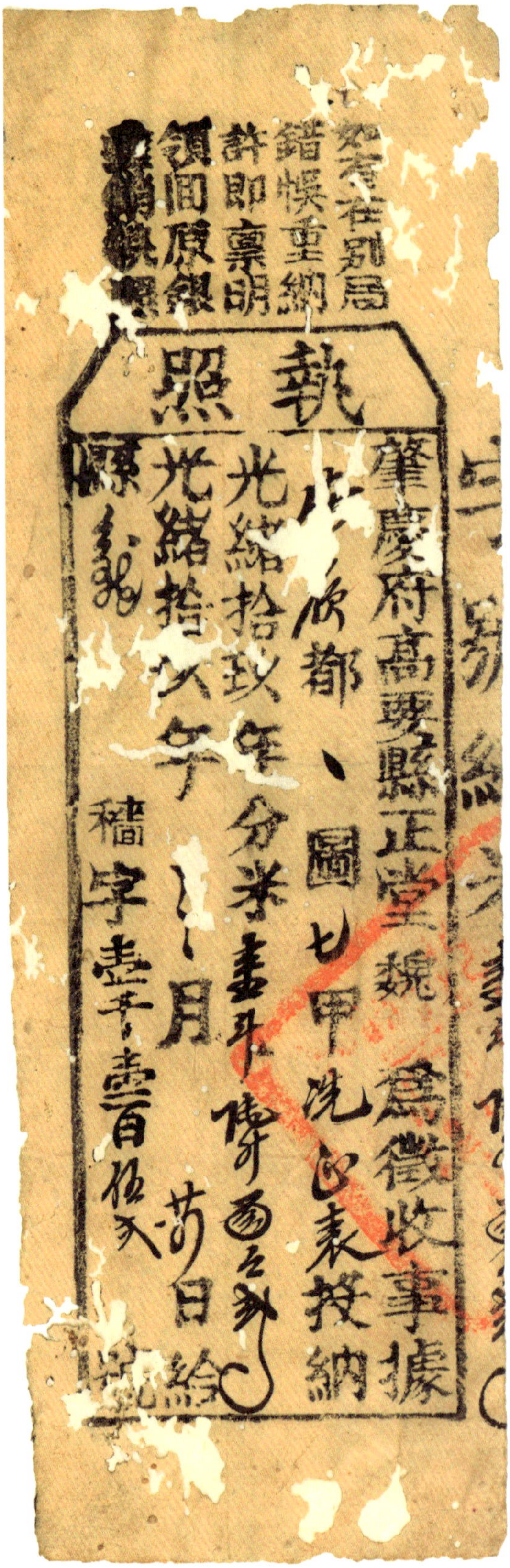

如有在別局
錯悞重納
許即禀明
領回原銀
塗銷執照

執照

肇慶府高要縣正堂魏　為徵收事據
都、圖七甲冼正表投納
光緒拾玖年分米壹升
光緒拾玖年三月廿四日給
稽字壹千壹百伍　號

0005 光绪十九年三月二十四日肇庆府高要县征收冼正表光绪十九年民米执照

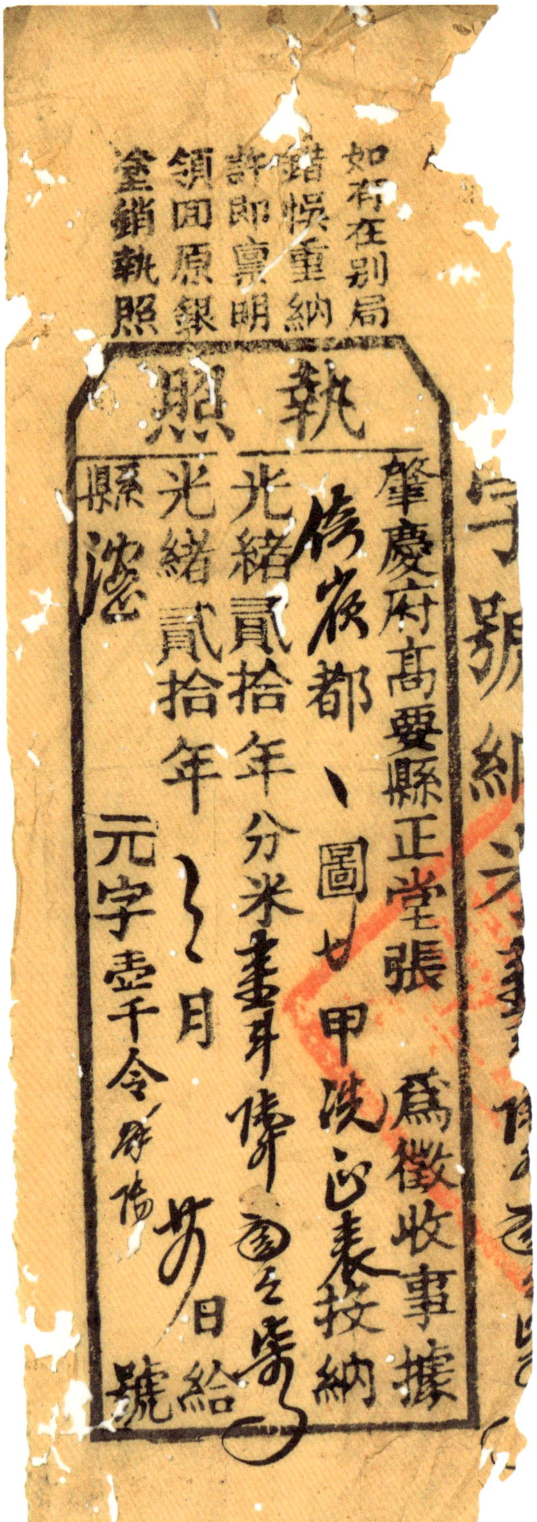

如有在別局
錯悞重納
許即禀明
領回原銀
塗銷執照

執照

肇慶府高要縣正堂張　為徵收事據
都、圖七甲冼正表投納
光緒貳拾年分米壹升
光緒貳拾年三月廿四日給
元字壹千令　號

0006 光绪二十年三月二十四日肇庆府高要县征收冼正表光绪二十年民米执照

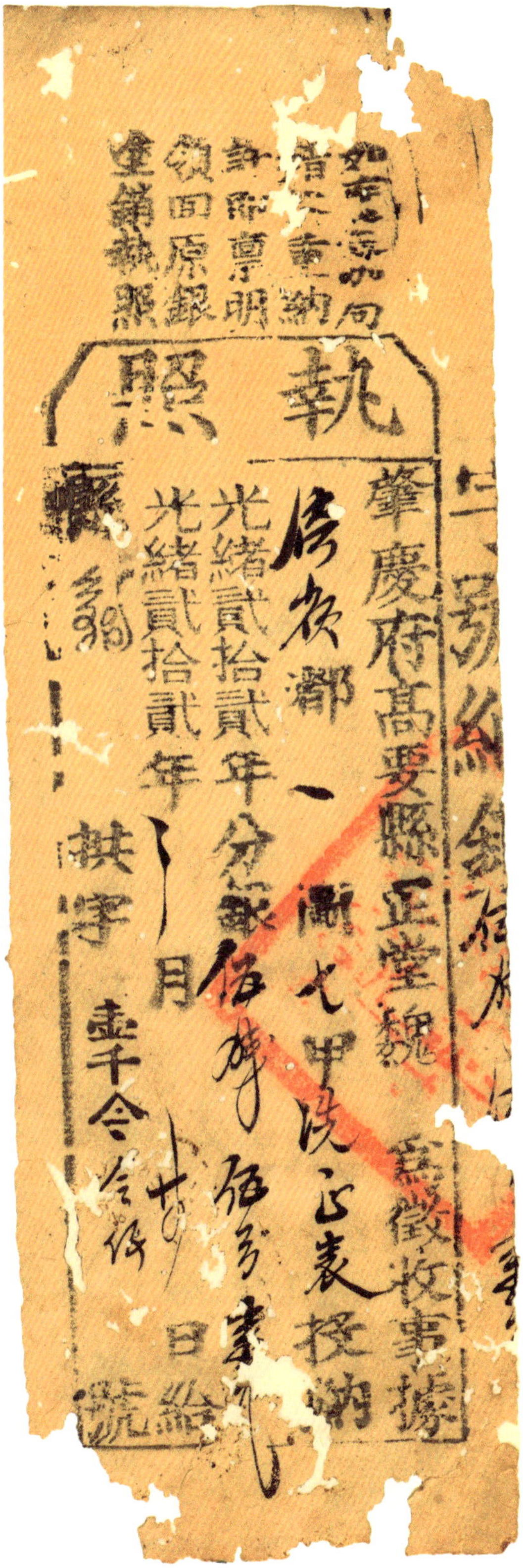
如有……
錯……重納
許即稟明
領回原銀
塗銷執照

執照

肇慶府高要縣正堂魏　為徵收事據
倚夜都　一圖七甲冼正表　投納
光緒貳拾貳年分……
光緒貳拾貳年　月　日給
……號

0007 光绪二十二年三月二十四日肇庆府高要县征收冼正表光绪二十二年赋银执照

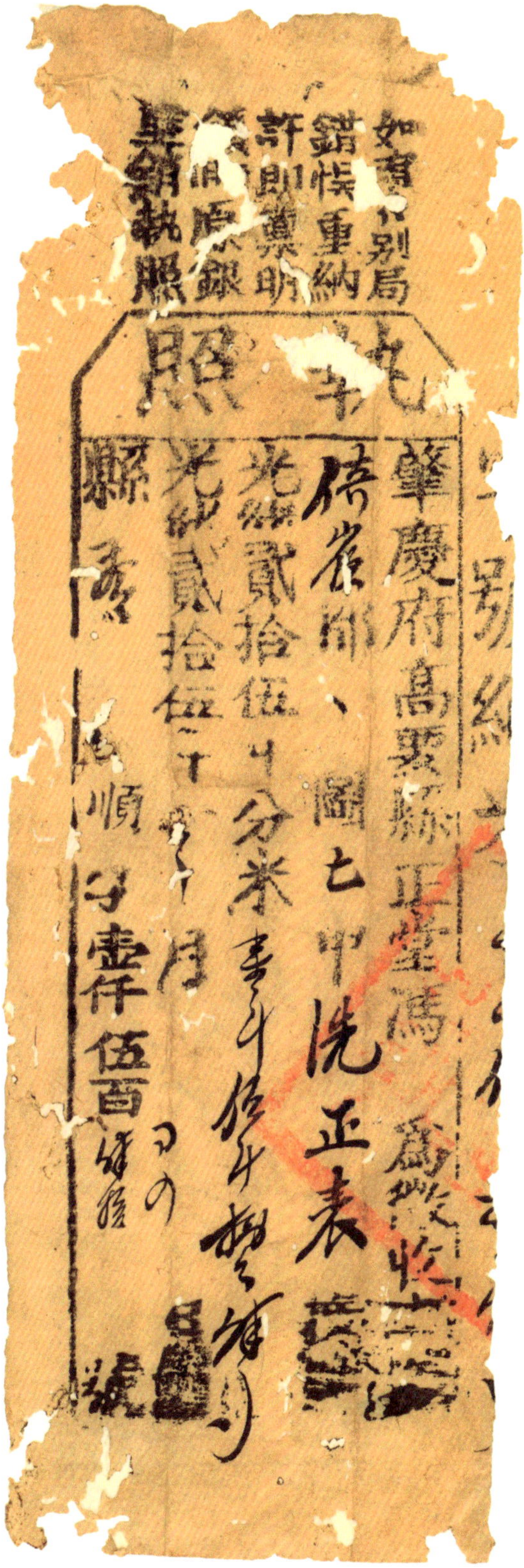
如有……別局
錯悞重納
許即稟明
領回原銀
塗銷執照

執照

肇慶府高要縣正堂馮　為徵收……
倚岩都　一圖七甲冼正表
光緒貳拾伍年分米……
光緒貳拾伍年　月
……號

0008 光绪二十五年三月二十四日肇庆府高要县征收冼正表光绪二十五年民米执照

0009 光绪二十六年四月二十七日肇庆府高要县征收冼正表光绪二十六年赋银执照

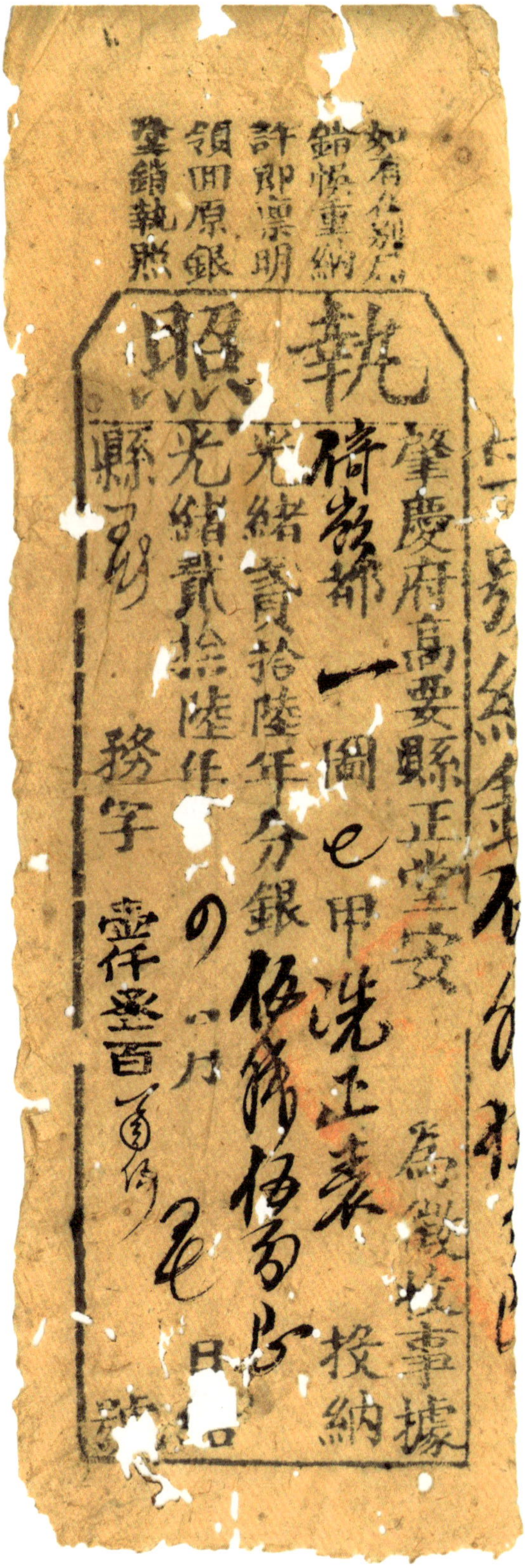
許即票明
領回原銀
塗銷執照
執照
肇慶府高要縣正堂安 為徵收事據
都 圖 甲 冼正表 投納
光緒貳拾陸年分銀
光緒貳拾陸年 月 日 給
縣 務字 號

0010 光绪二十七年三月二十九日高要县征收冼正表光绪二十七年赋银执照

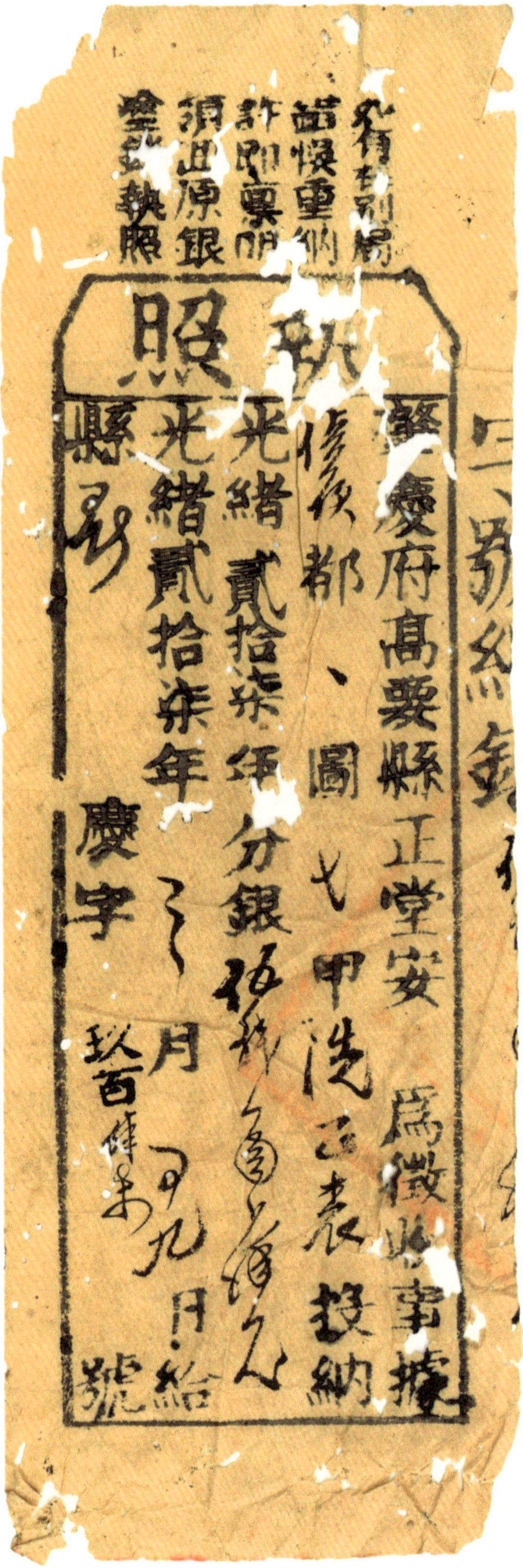
許即稟明
須出原銀
塗銷執照
執照
肇慶府高要縣正堂安 為徵收事據
都 圖 甲 冼正表 投納
光緒貳拾柒年分銀
光緒貳拾柒年 月 日 給
縣 慶字 號

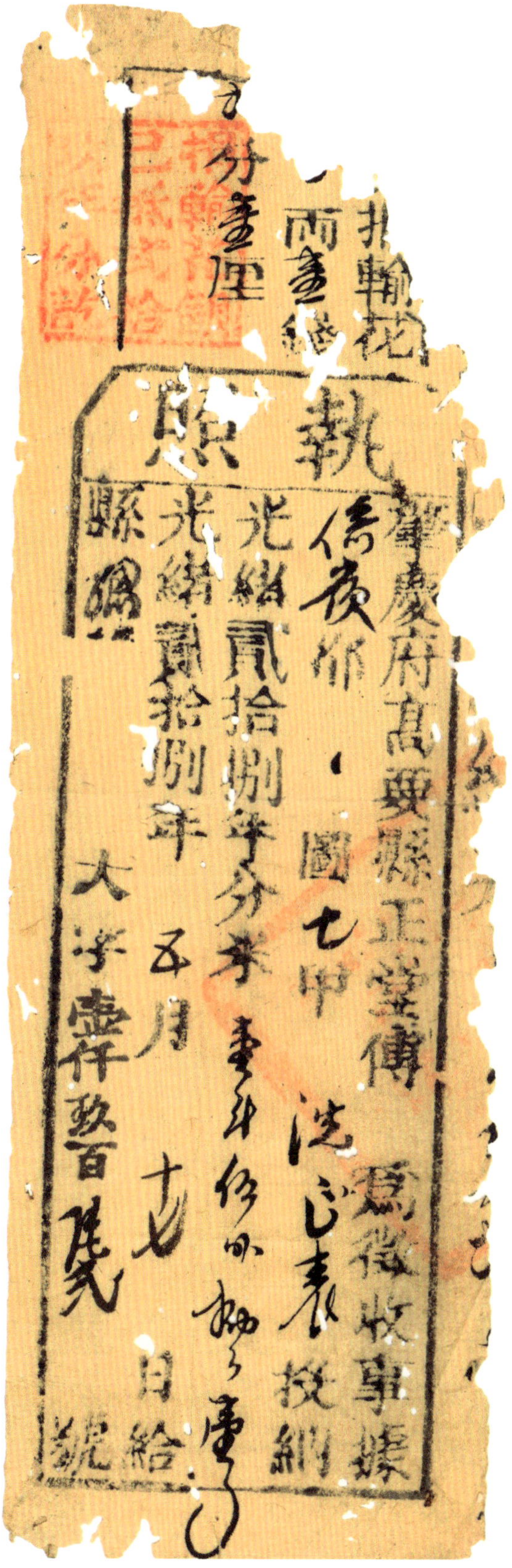
肇慶府高要縣正堂傅 為徵收事據
都 圖七甲 洗正表 投納
光緒貳拾捌年分米
光緒貳拾捌年 正月 十七 日給
號
縣給
執照

0011 光绪二十八年正月十七日肇庆府高要县征收洗正表光绪二十八年民米执照

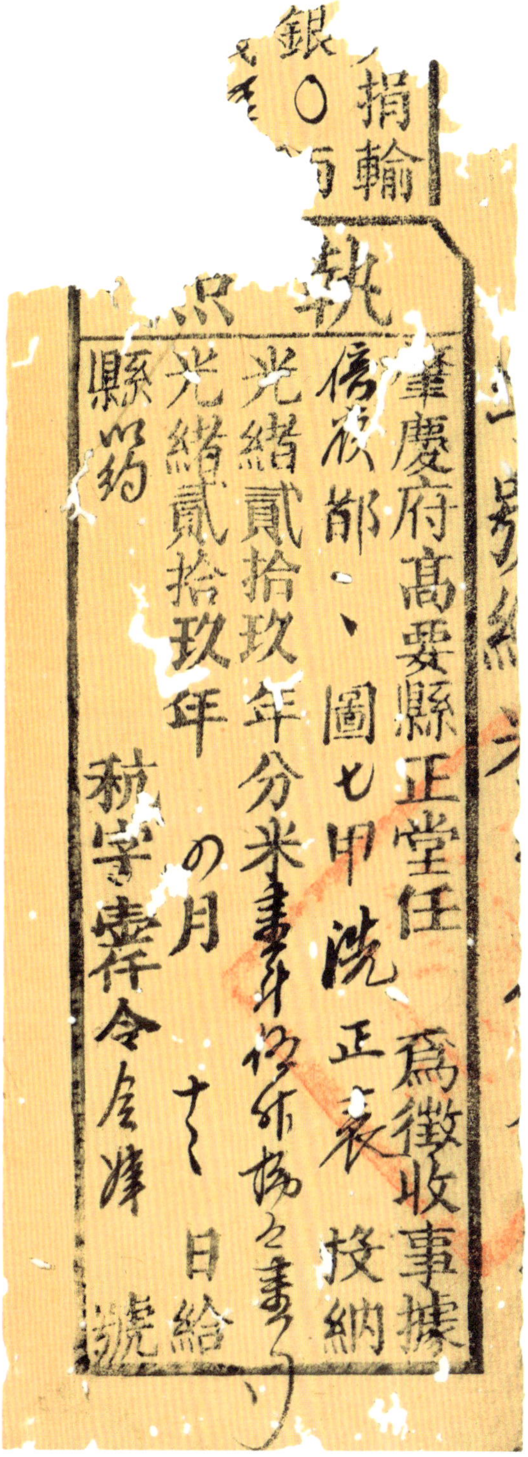
捐輸
執照
肇慶府高要縣正堂任 為徵收事據
都 圖七甲 洗正表 投納
光緒貳拾玖年分米
光緒貳拾玖年 四月 十二 日給
號
縣給

0012 光绪二十九年四月十二日肇庆府高要县征收洗正表光绪二十九年民米执照

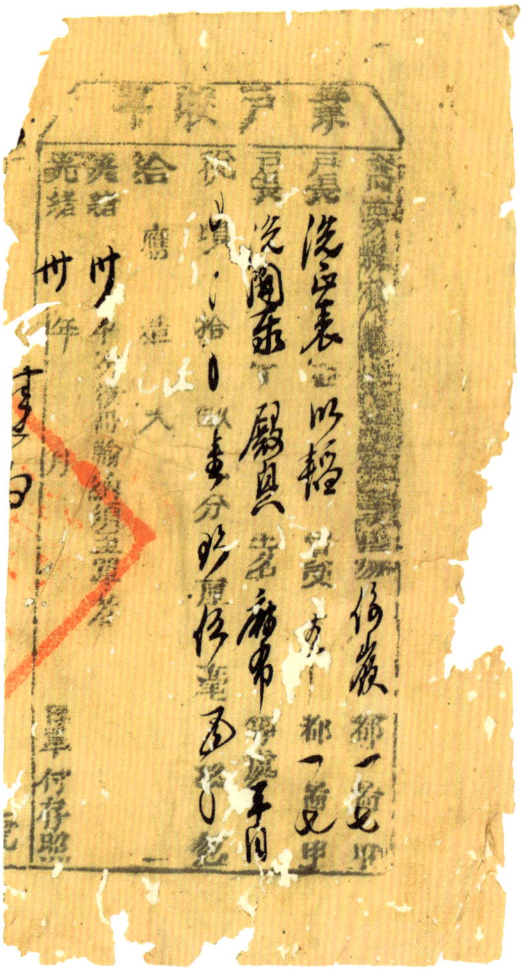
業戶聯單

0013 光绪三十年高要县冼以韬买田确权纳税业户联单

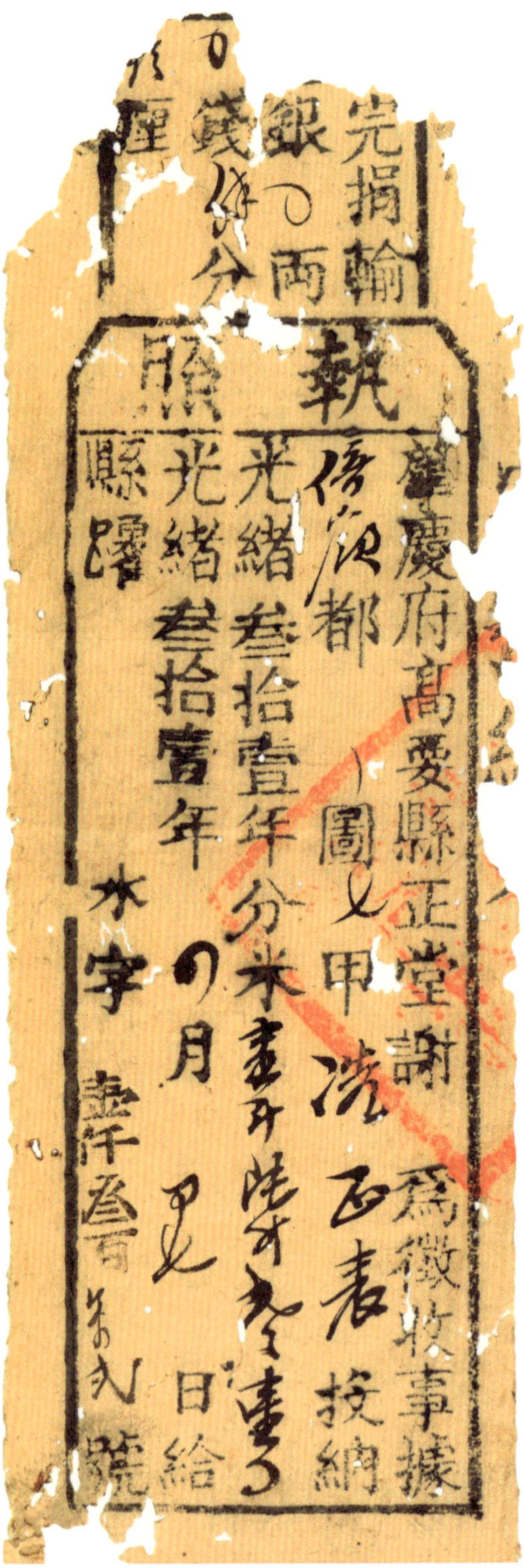
先捐輸銀 兩 錢 分 厘

執照

肇慶府高要縣正堂謝 為徵收事據 都 圖 甲 投納

光緒叁拾壹年分米

光緒叁拾壹年 月 日給

縣譯 字 號

0014 光绪三十一年四月二十七日肇庆府高要县征收冼正表光绪三十一年民米执照

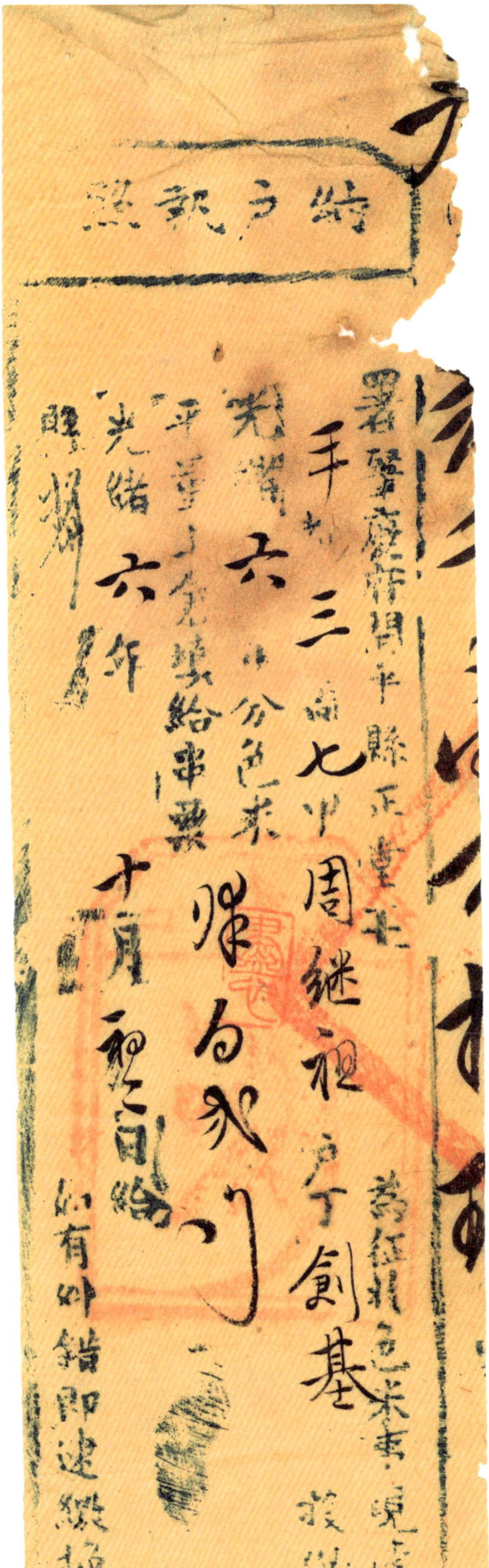
納戶執照
署肇慶府開平縣正堂
周繼祖 戶丁 創基
光緒六年十月初二日給
如有舛錯即速繳換

0001 光绪六年十月初二日肇庆府开平县征收周创基光绪六年色米纳户执照

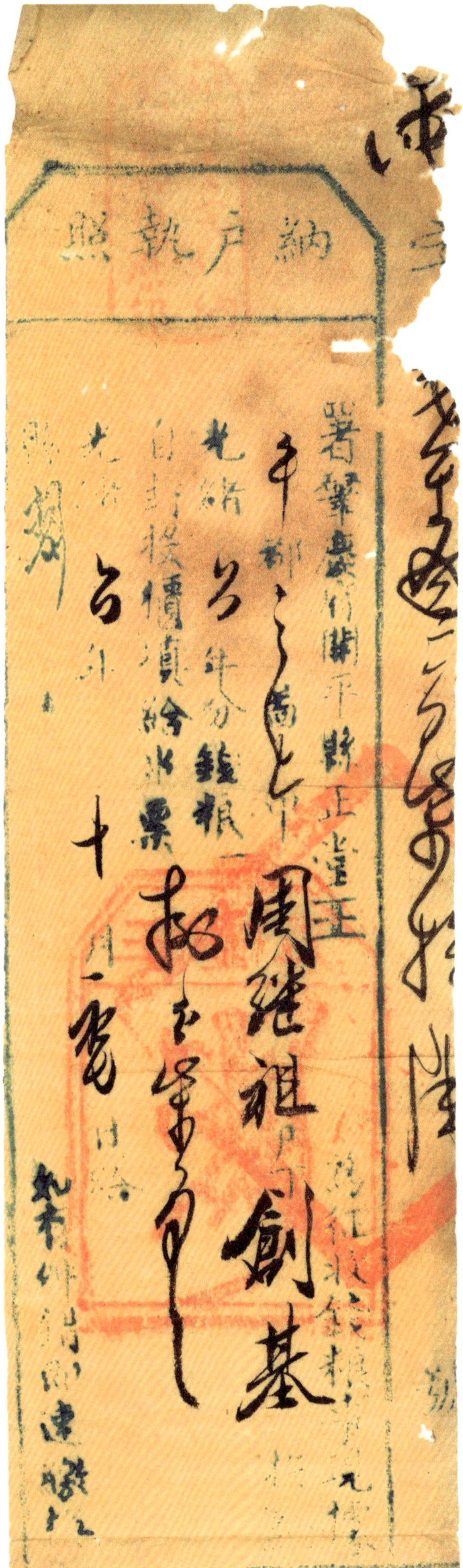
納戶執照
署肇慶府開平縣正堂
周繼祖 戶丁 創基
光緒六年分錢糧
如有舛錯即速繳換

0002 光绪六年十月初七日肇庆府开平县征收周创基光绪六年钱粮纳户执照

0003 光绪七年十月十二日肇庆府开平县征收周创基光绪七年色米执照

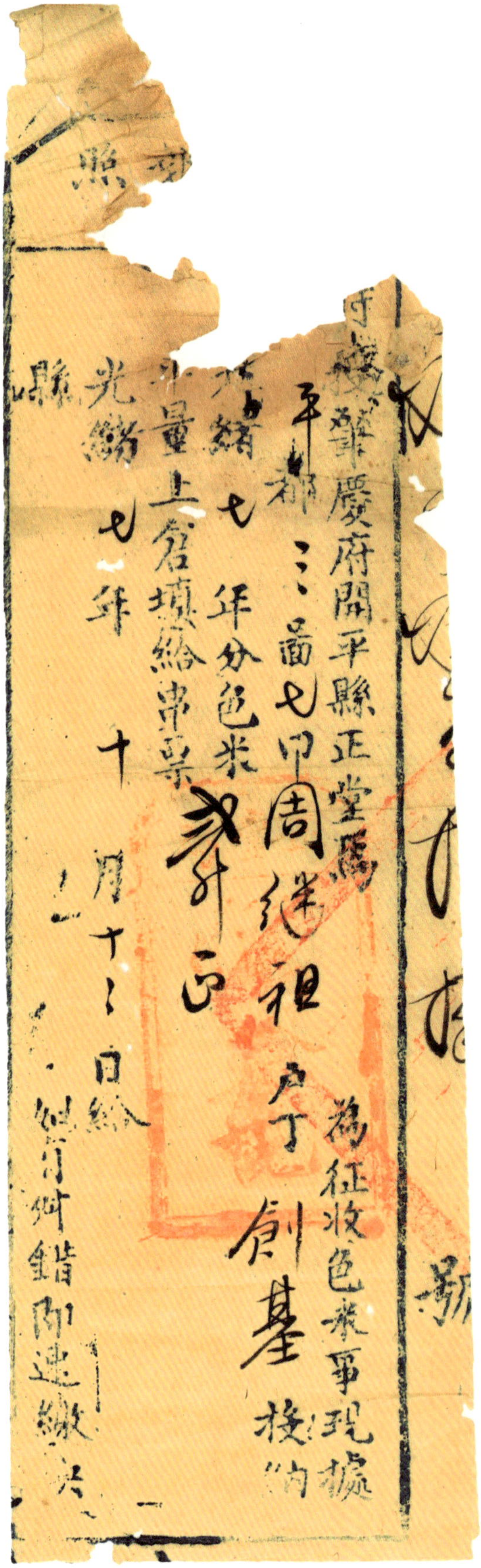
特授肇慶府開平縣正堂馮 為征收色米事現據
平都三啚七甲周繼祖戶丁創基
光緒七年分色米
斗量上倉填給串票
光緒七年十月十二日給
如有舛錯即速繳換

0004 光绪七年十月十二日肇庆府开平县征收周创基光绪七年钱粮执照

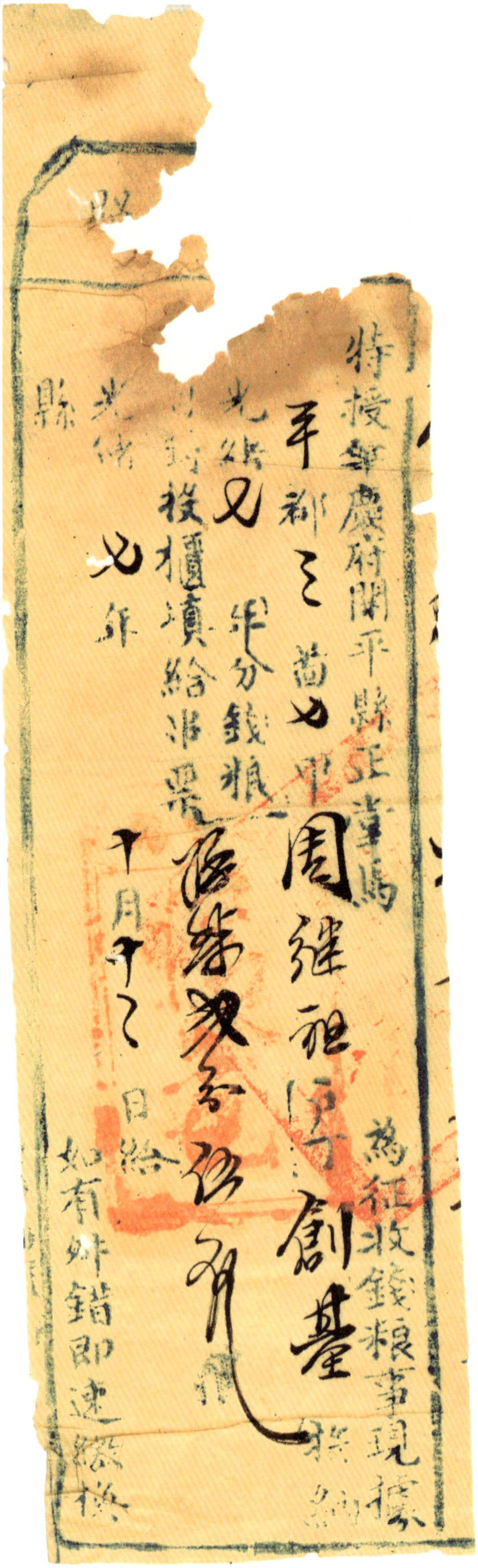
特授肇慶府開平縣正堂馮 為征收錢粮事現據
平都三啚七甲周繼祖戶丁創基
光緒七年分錢粮
投櫃填給串票
光緒七年十月十二日給
如有舛錯即速繳換

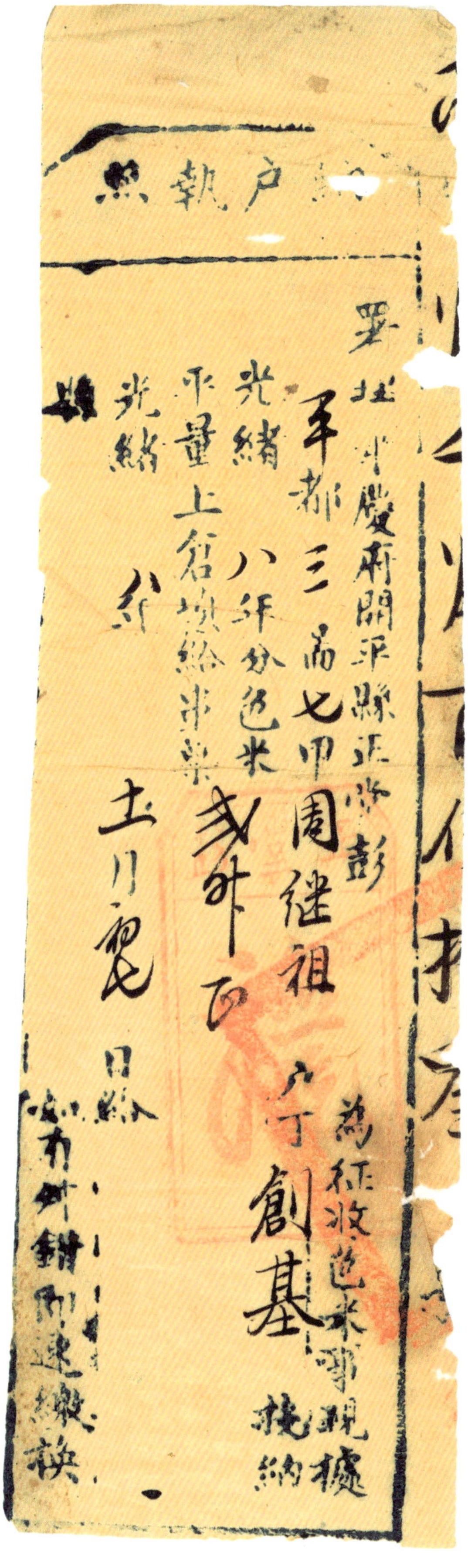

0005 光绪八年十一月初七日肇庆府开平县征收周创基光绪八年色米纳户执照

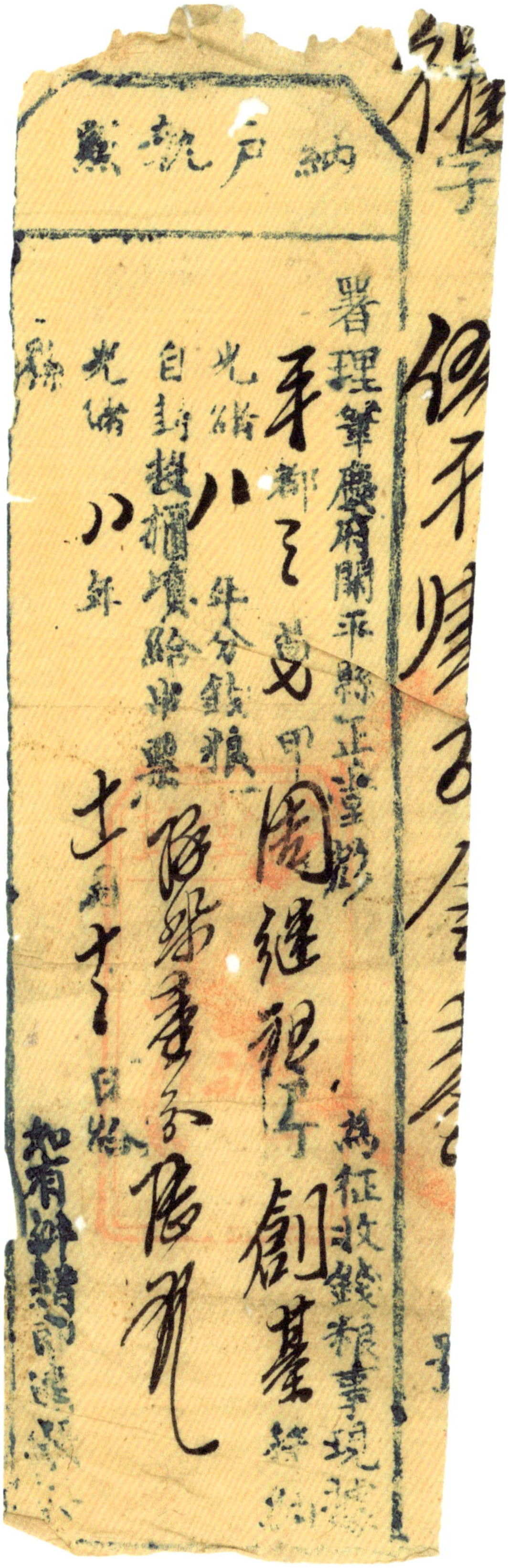

0006 光绪八年十一月十二日肇庆府开平县征收周创基光绪八年钱粮纳户执照

0001 光绪七年八月十一日新兴县征收梁博光绪七年民米执照

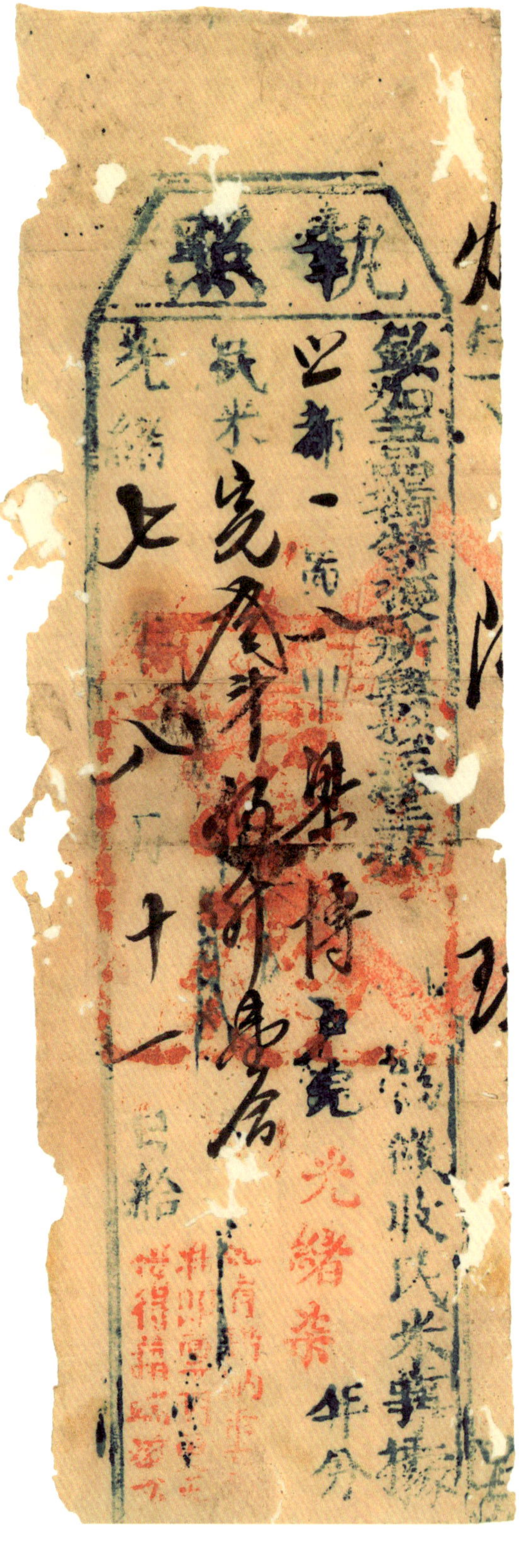

執照

如有錯納重完

0002 光绪二十年八月十四日新兴县征收梁博光绪二十年丁银执照

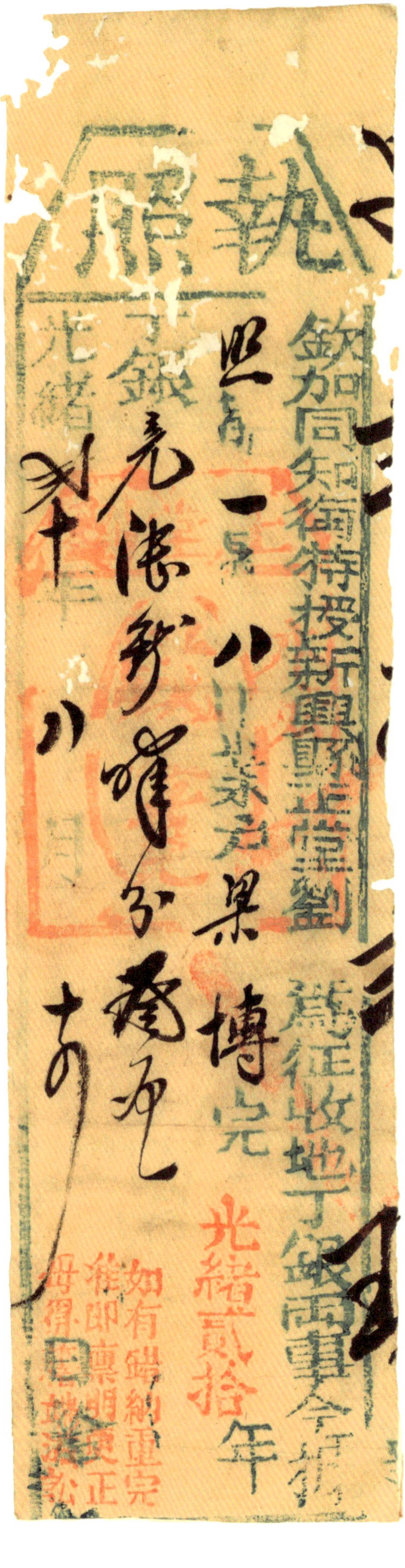

執照

欽加同知銜特授新興縣正堂劉

為征收地丁銀兩事今據

丁銀

光緒貳拾年

如有錯納重完
准即稟明更正
毋得日久滋訟

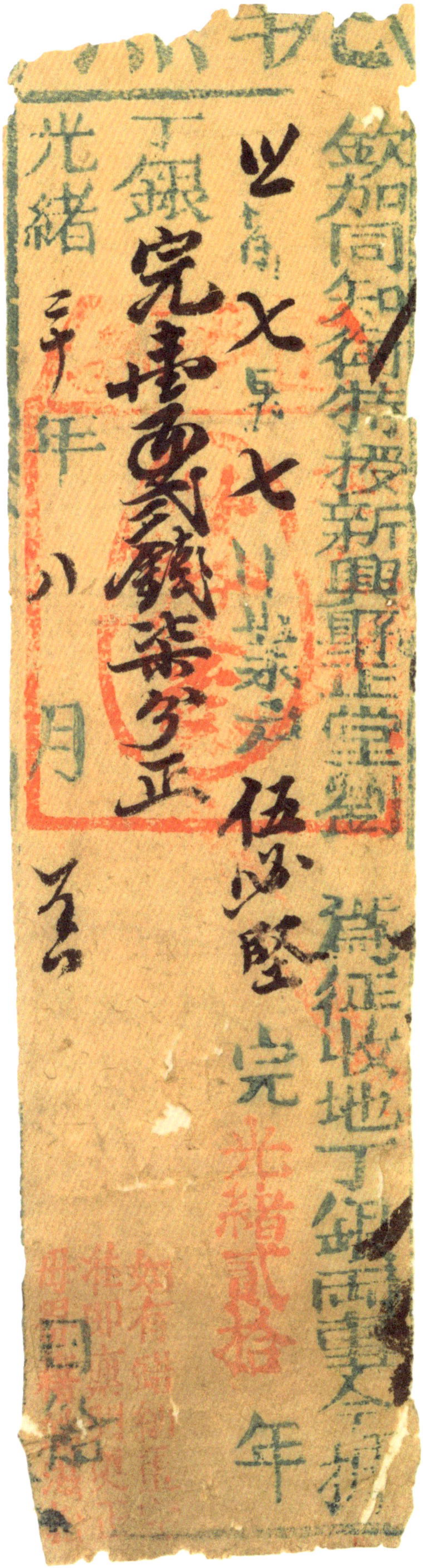

0003 光绪二十年八月二十六日肇庆府新兴县征收伍必坚光绪二十年丁银执照

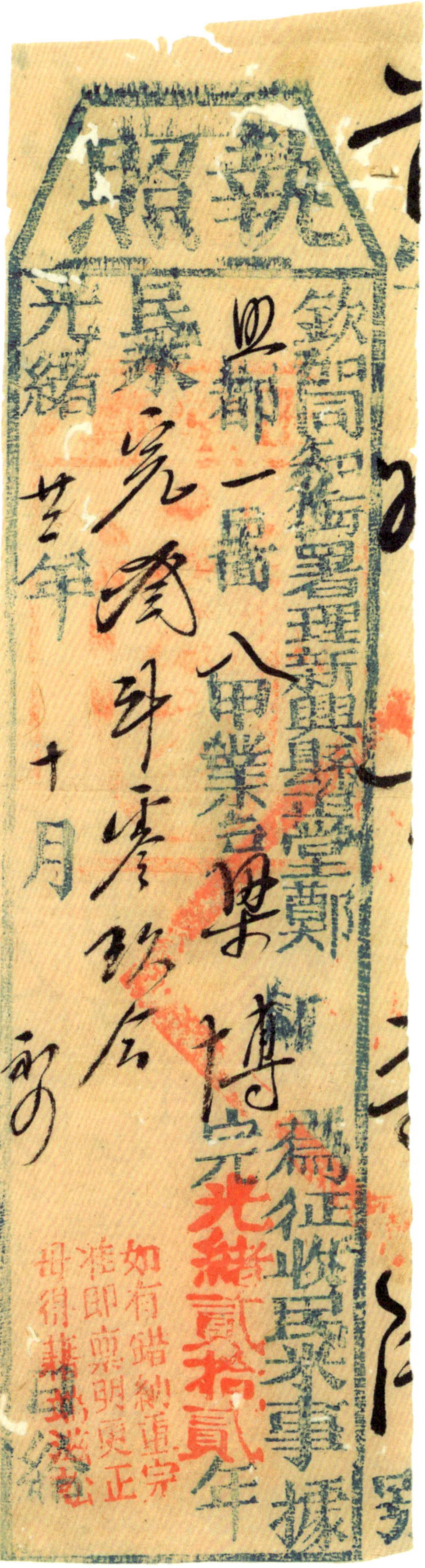

0004 光绪二十二年十月初四日新兴县征收梁博光绪二十二年民米执照

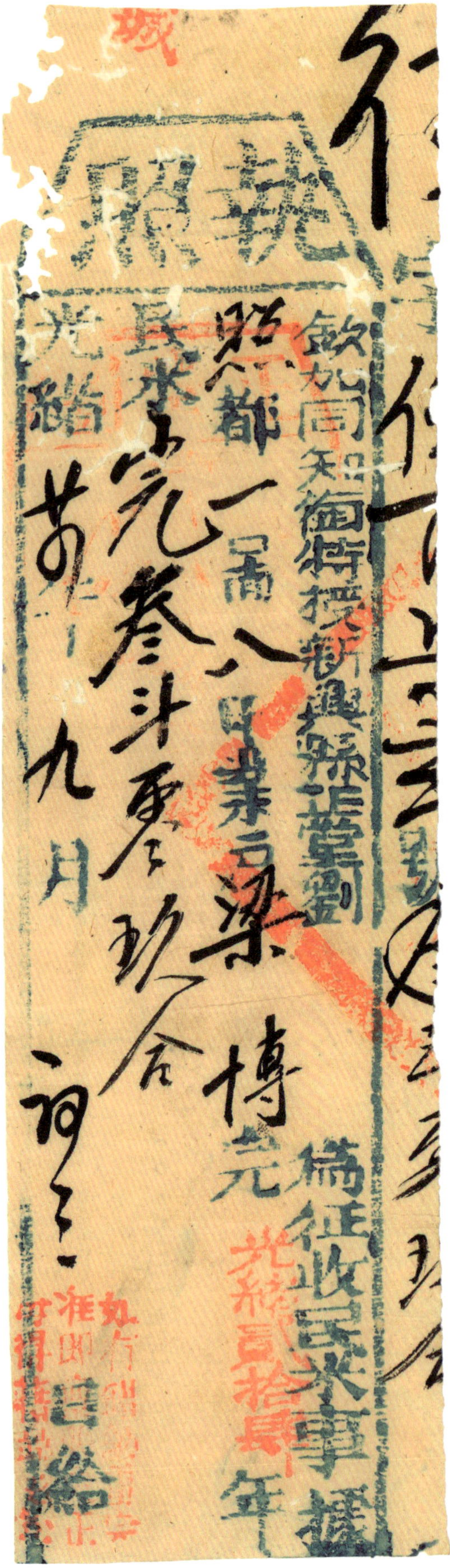

执照
钦加同知衔特授新兴县正堂刘 为征收民米事 据
照都一图八甲业户梁博完
叁斗叁升玖合
光绪贰拾肆年
光绪廿四年九月初三日给

0005 光绪二十四年九月初三日新兴县征收梁博光绪二十四年民米执照

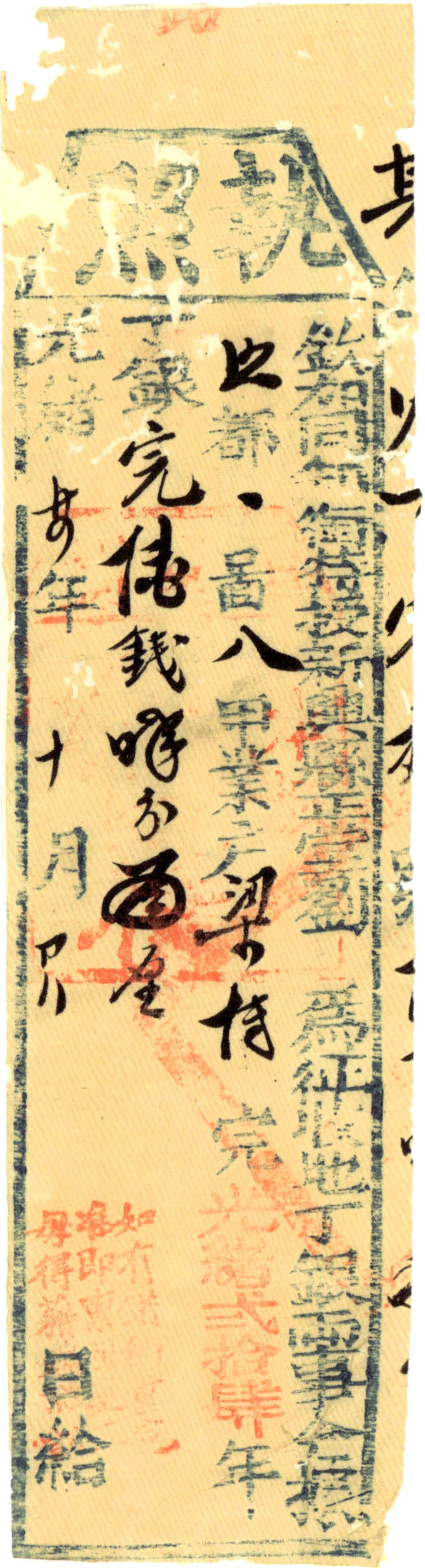

执照
钦加同知衔特授新兴县正堂刘 为征收地丁银事 据
比都一图八甲业户梁博完
丁银
光绪贰拾肆年
光绪廿四年十月 日给

0006 光绪二十四年十月初八日新兴县征收梁博光绪二十四年丁银执照

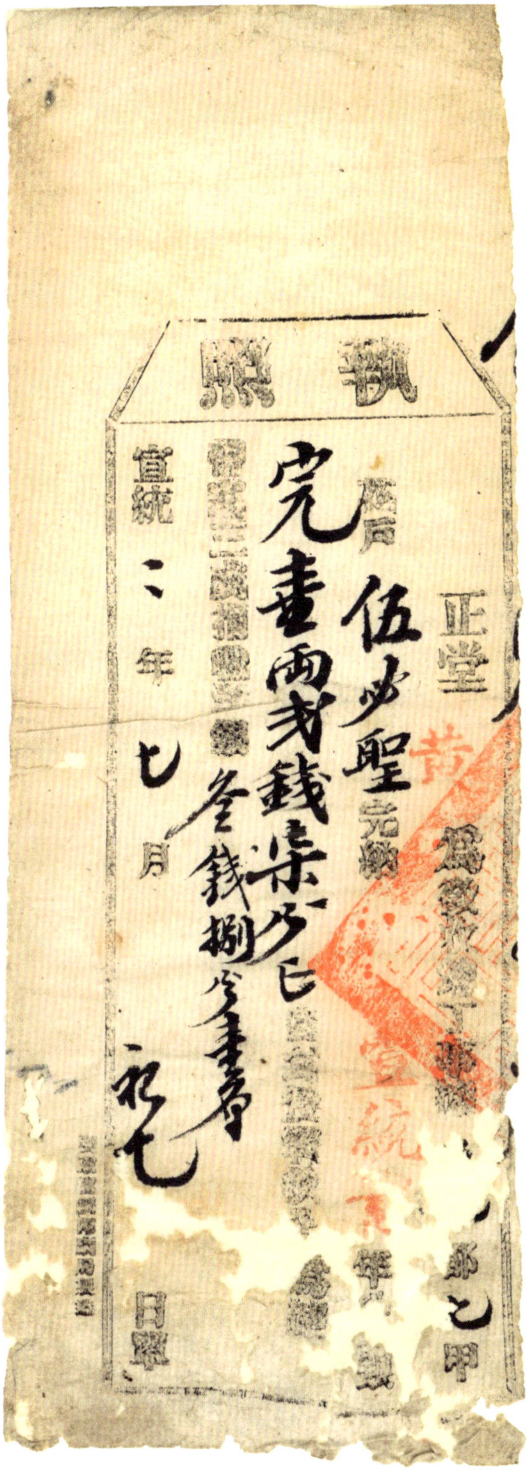
執照
正堂
伍必聖 完納
宣統 二 年 七 月 日

0007 宣统二年七月初七日肇庆府新兴县征收伍必圣宣统二年赋银执照

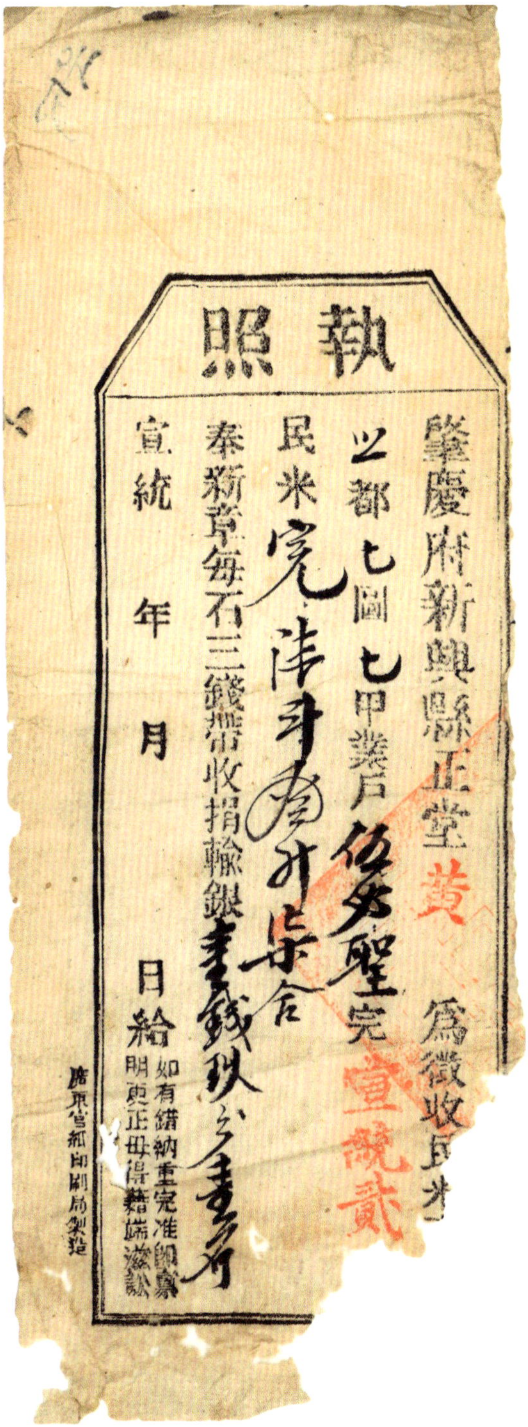
執照
肇慶府新興縣正堂黃 為徵收民米
一都七圖七甲業戶伍必聖完
民米
奉新章每石三錢帶收捐輸銀
宣統 年 月 日給
如有錯納重完准照
明更正毋得藉端滋訟
廣東官紙印刷局製造

0008 宣统年间肇庆府新县征收伍必圣宣统二年民米执照

民国票据

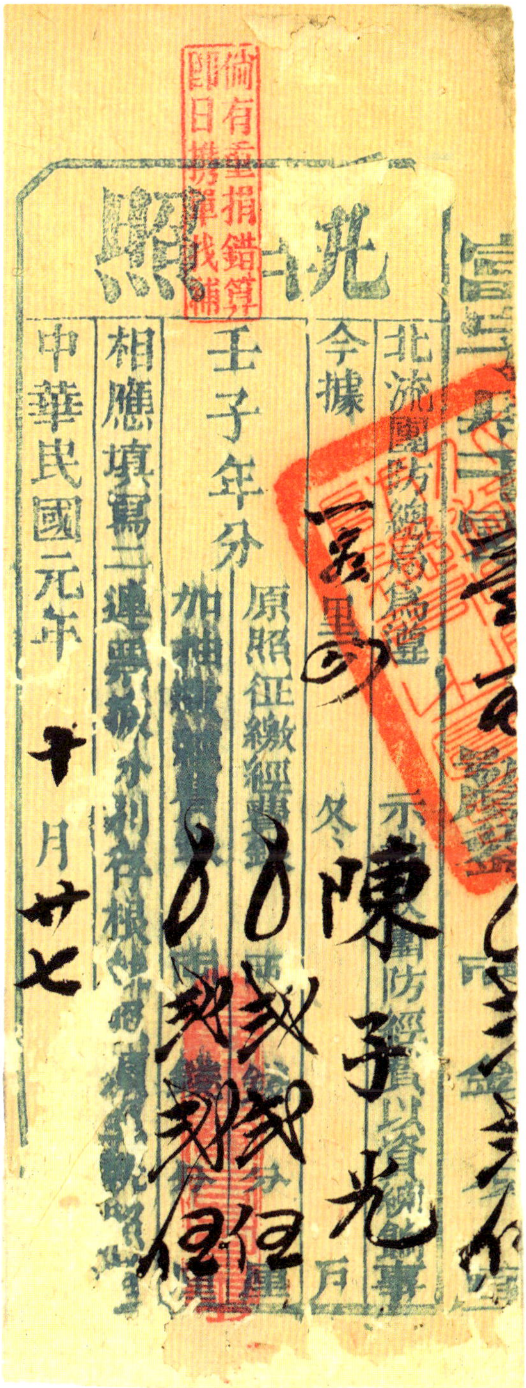

0001 民国元年十月二十七日北流县团防总局抽收陈子光壬子年（民国元年）团防费银执照

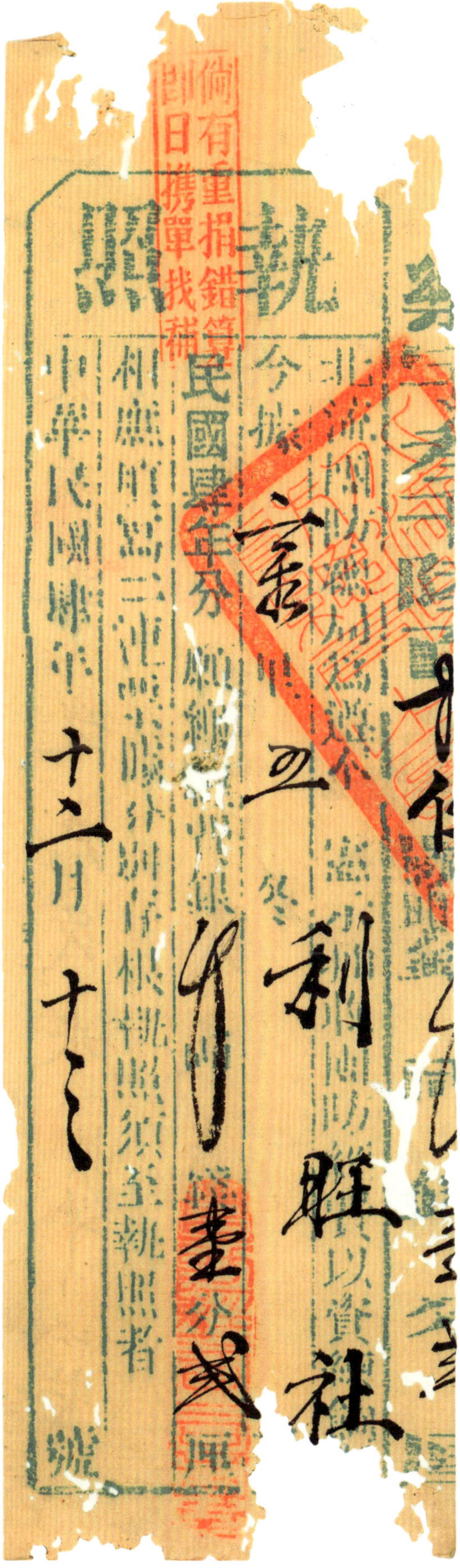

0002 民国四年十二月十三日北流县团防总局抽收利旺社民国四年团防费银执照

0003 民国四年陈子光等户缴纳民米统计

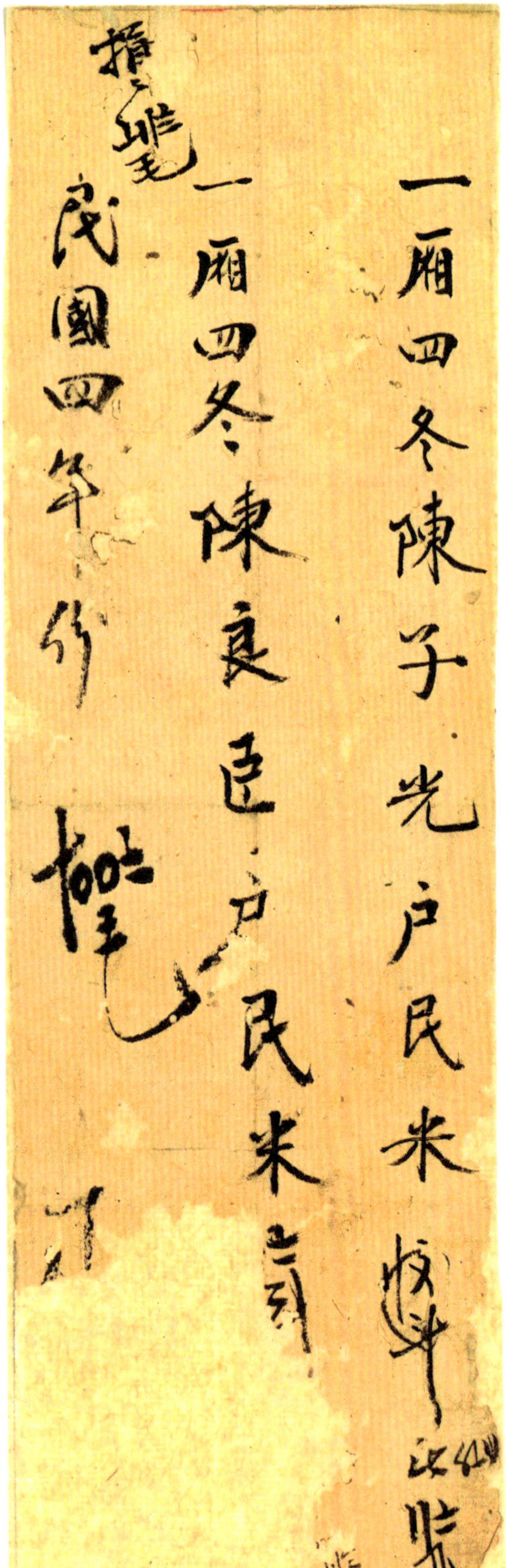

一厢四冬陳子光户民米
一厢四冬陳良臣户民米
民國四年

0004 民国五年一月十三日北流县征收陈良臣民国四年地丁银执照

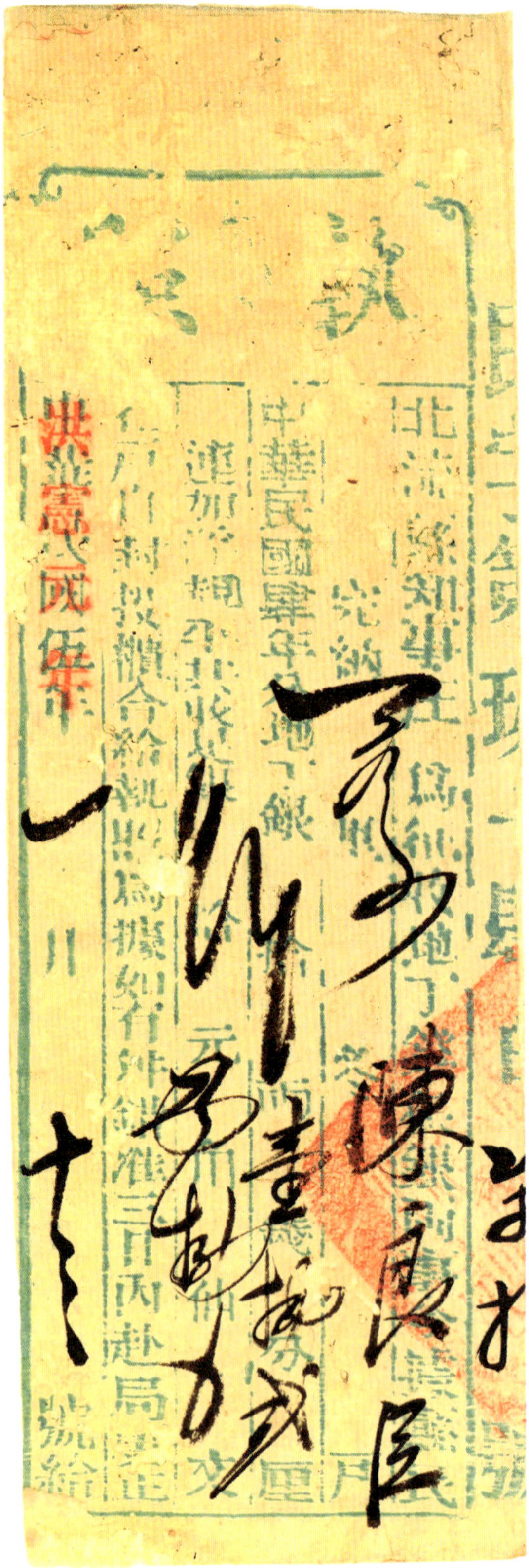

北流縣知事
中華民國肆年分地丁銀
陳良臣

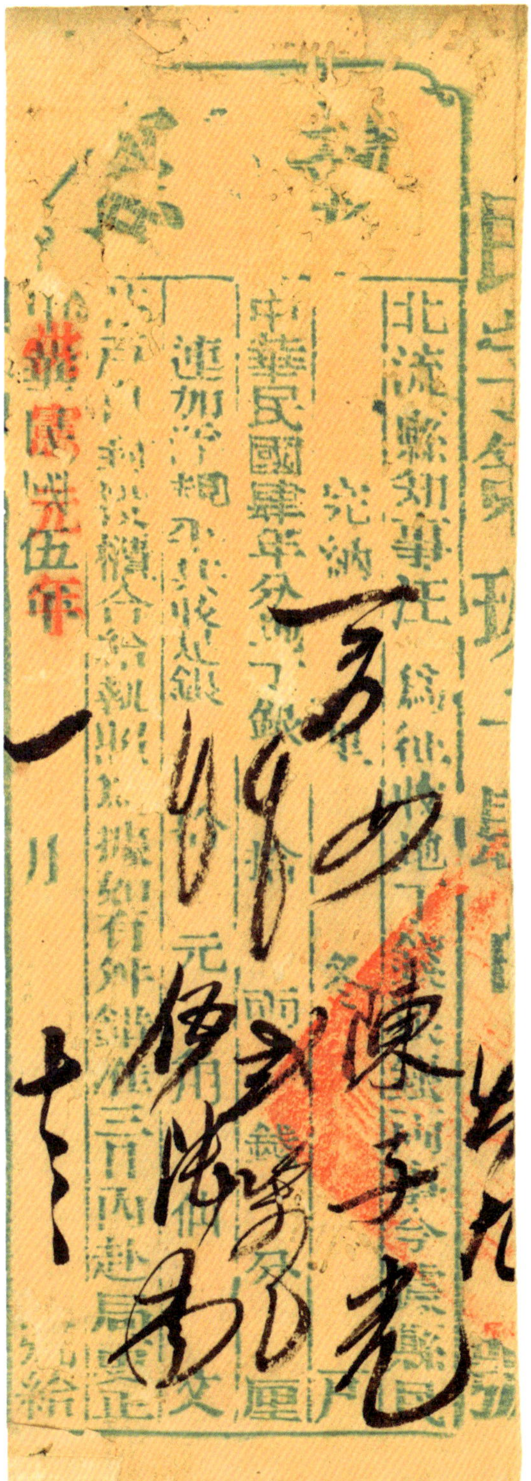

0005 民国五年一月十三日北流县征收陈子光民国四年地丁银执照

0006 民国五年一月十四日北流县征收陈子光民国四年地丁银执照

0007 民国五年一月十四日北流县团防总局抽收陈良臣民国四年团防费银执照

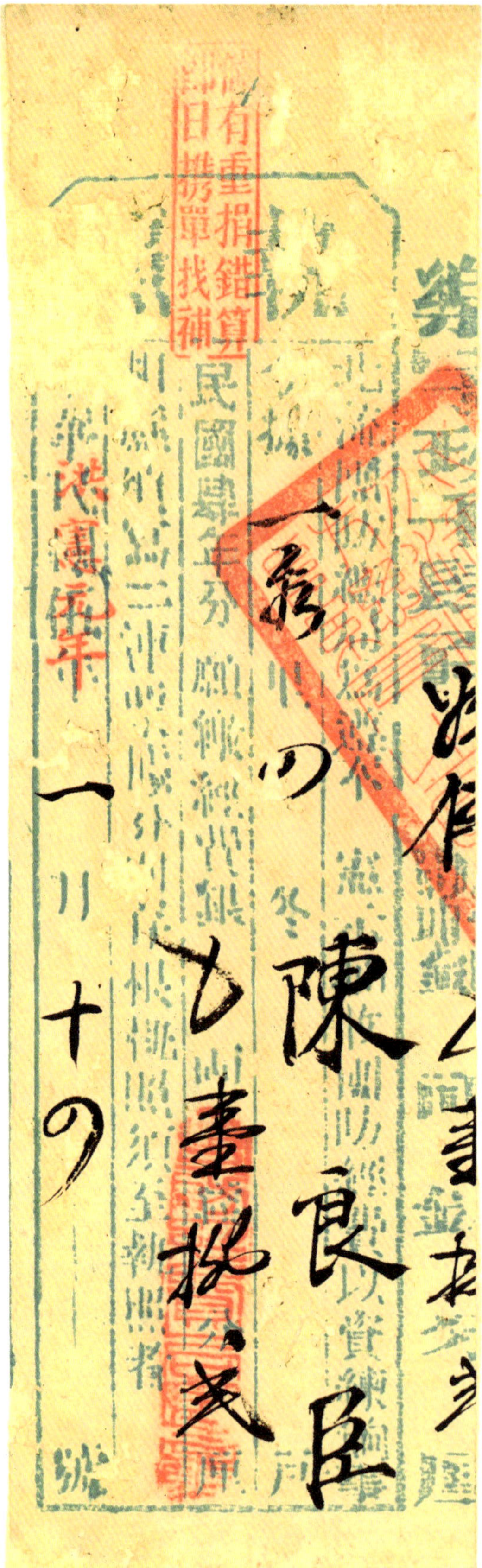

0008 民国六年十一月三十日北流县伏羲会完纳民国六年各项分粮赋执照

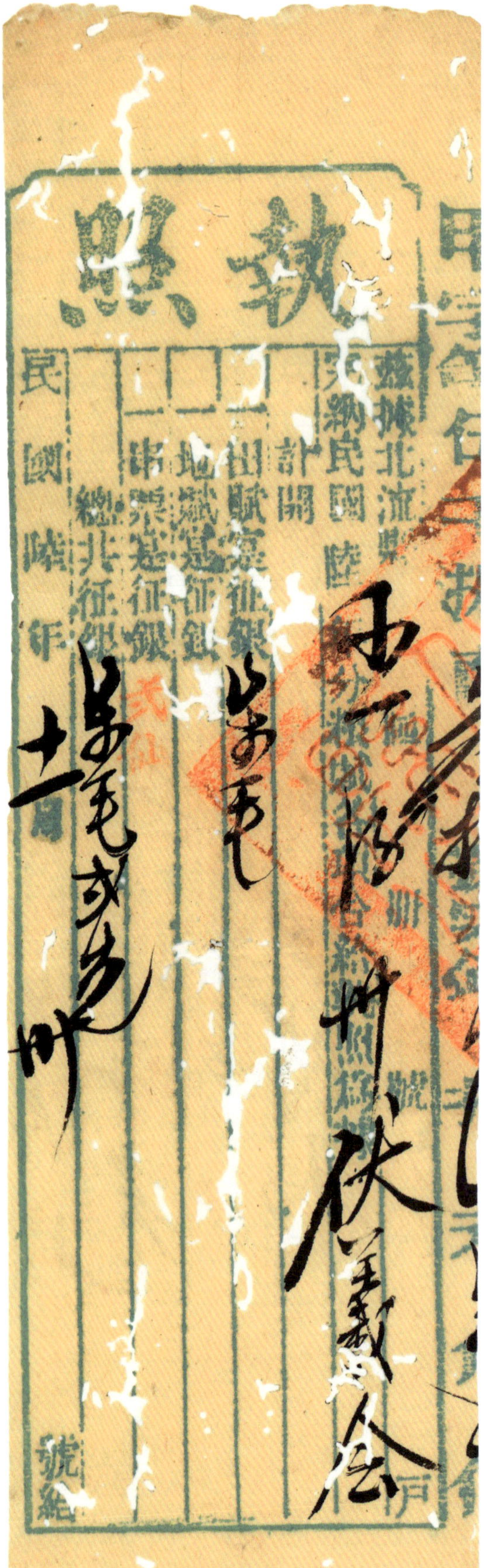

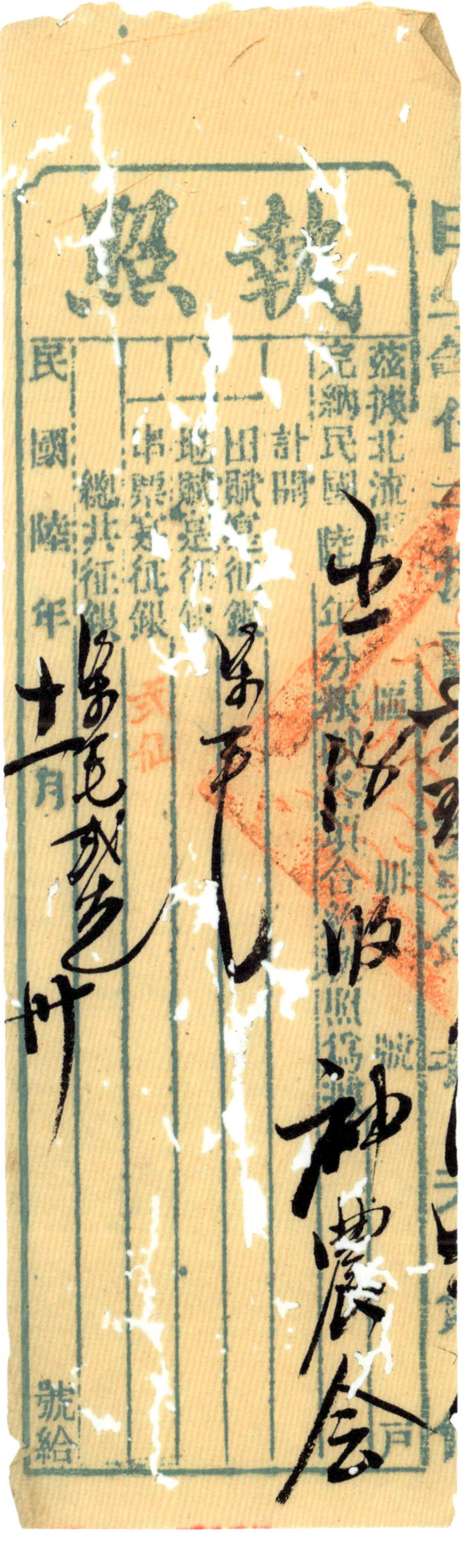

執照

茲據北流縣……
完納民國陸年……

計開

一田賦應征銀

一地賦應征銀

一串槩應征銀

總共征銀

民國陸年　月　日給

0009 民国六年十一月三十日北流县神农会完纳民国六年各项分粮赋执照

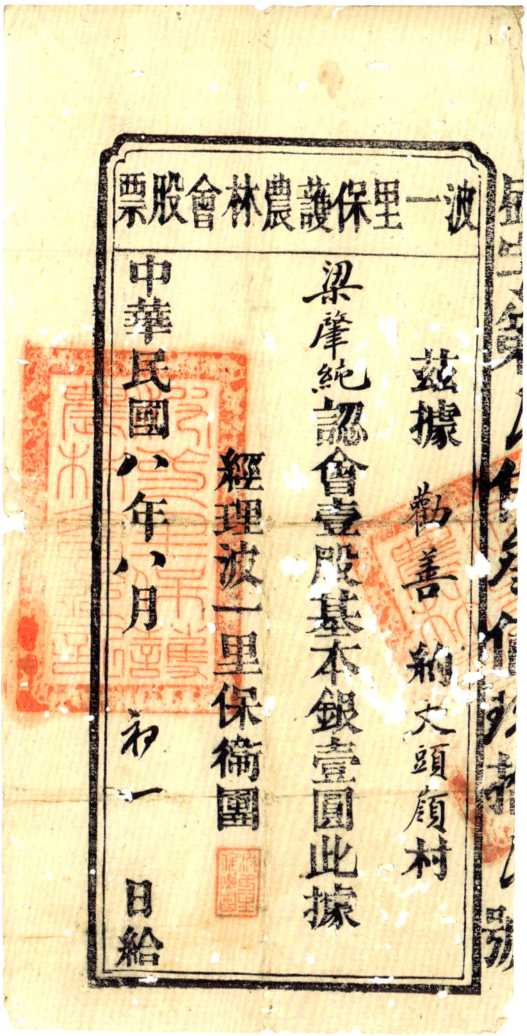

波一里保護農林會股票

茲據　勸善　納文頭顧村

梁肇純認會壹股基本銀壹圓此據

經理波一里保衛團

中華民國八年八月初一日給

0010 民国八年八月初一日北流县梁肇纯认购波一里保护农林会股票

0011 民国十二年六月二十六日北流县宾兴馆收取林伟兰税契附捐执照

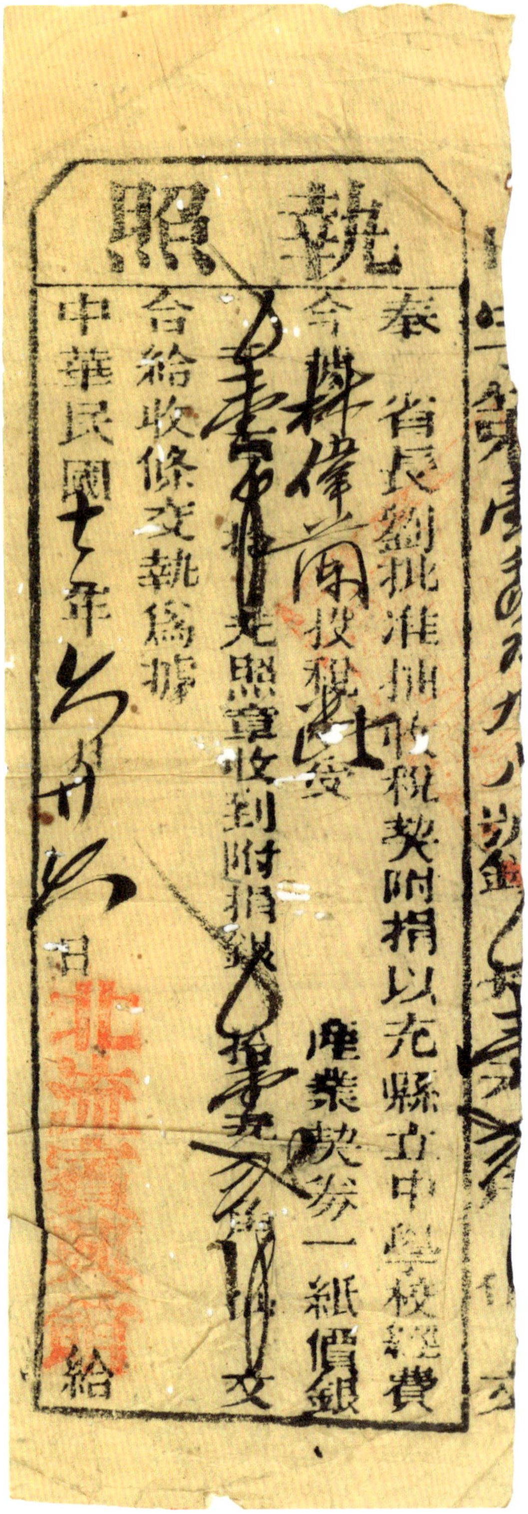
執照

奉 省長劉批准抽收税契附捐以充縣立中學校經費

今據林偉蘭投税產業契券一紙價銀 文

照章收到附捐銀 文

合給收條交執為據

中華民國十二年六月廿六日 北流縣賓興館給

0012 民国二十七年元月十四日北流县黄仪贞代田主送缴乡仓谷粮收据

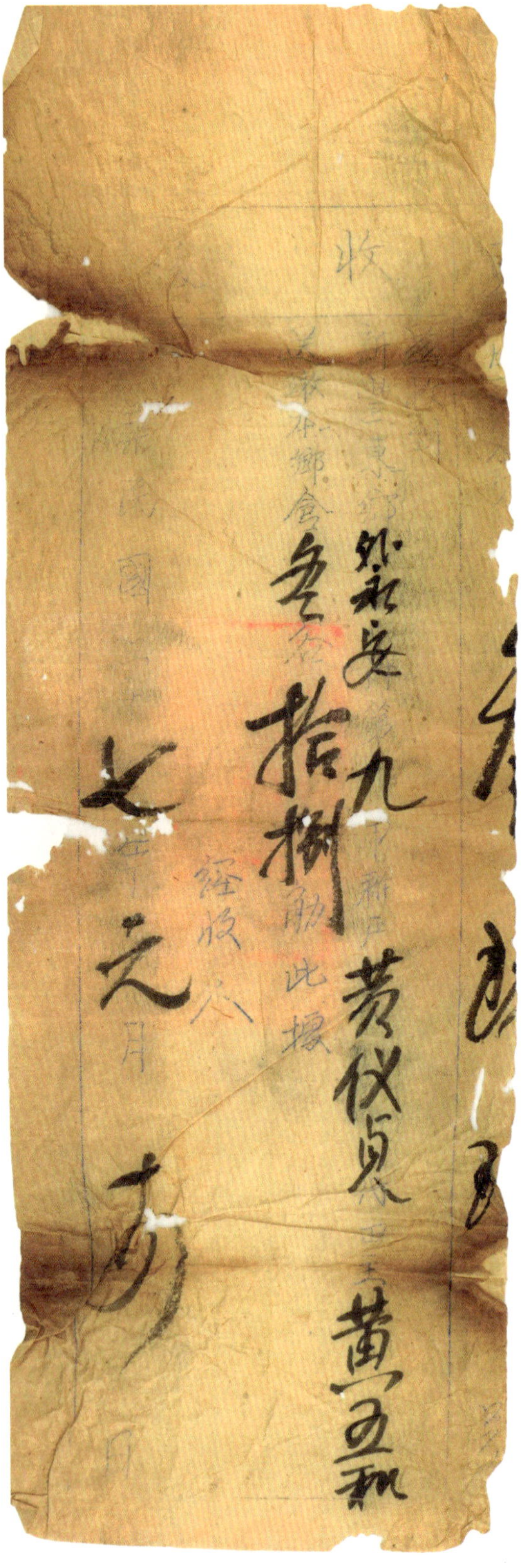
收

外和安 拾捌 九

黄仪贞 黄五和

經收人 此據

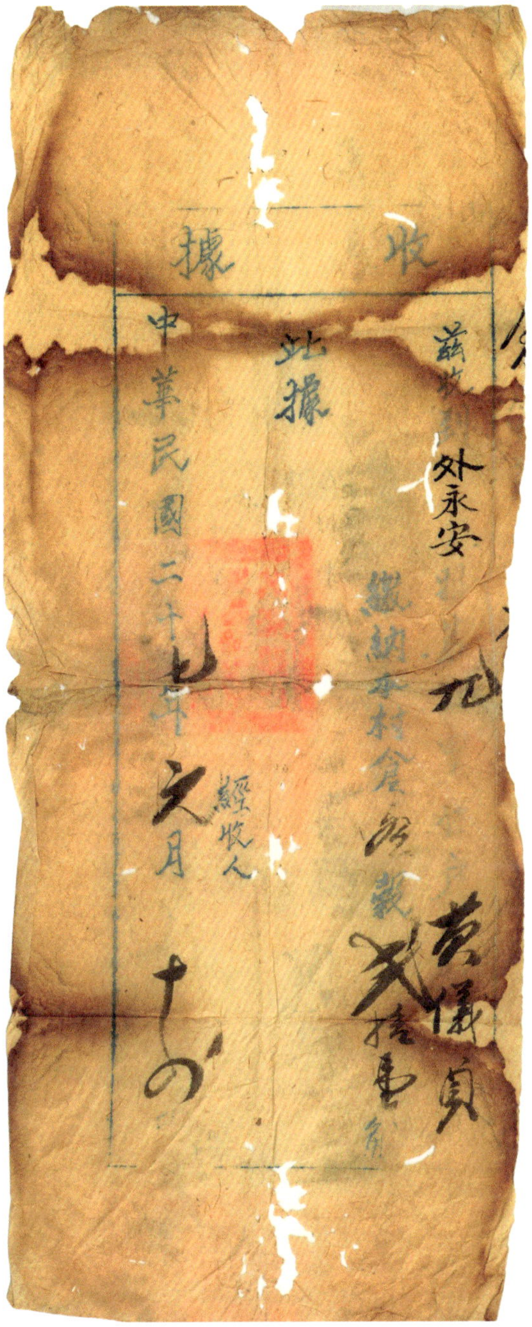
收據
茲據外永安 繳納本村倉穀 黄儀貞
此據
經收人
中華民國二十七年六月十四日

0013 民国二十七年六月十四日北流县黄仪贞缴纳本村仓谷粮收据

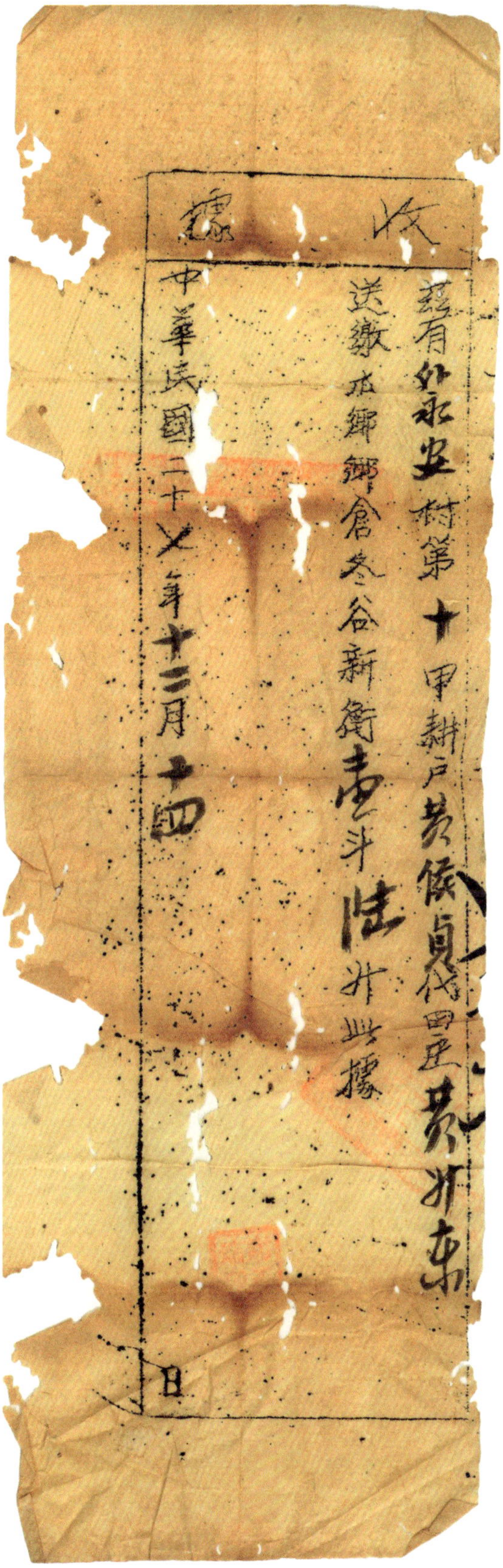
收據
茲有外永安村第十甲耕戶黄侯貞代田戶黄廾東
送繳本鄉鄉倉冬谷新衡壹斗陸廾此據
中華民國二十七年十二月十四日

0014 民国二十七年十二月十四日北流县黄侯贞代缴冬谷收据

0015 民国三十一年二月七日郑纪安缴纳新旧米津收据

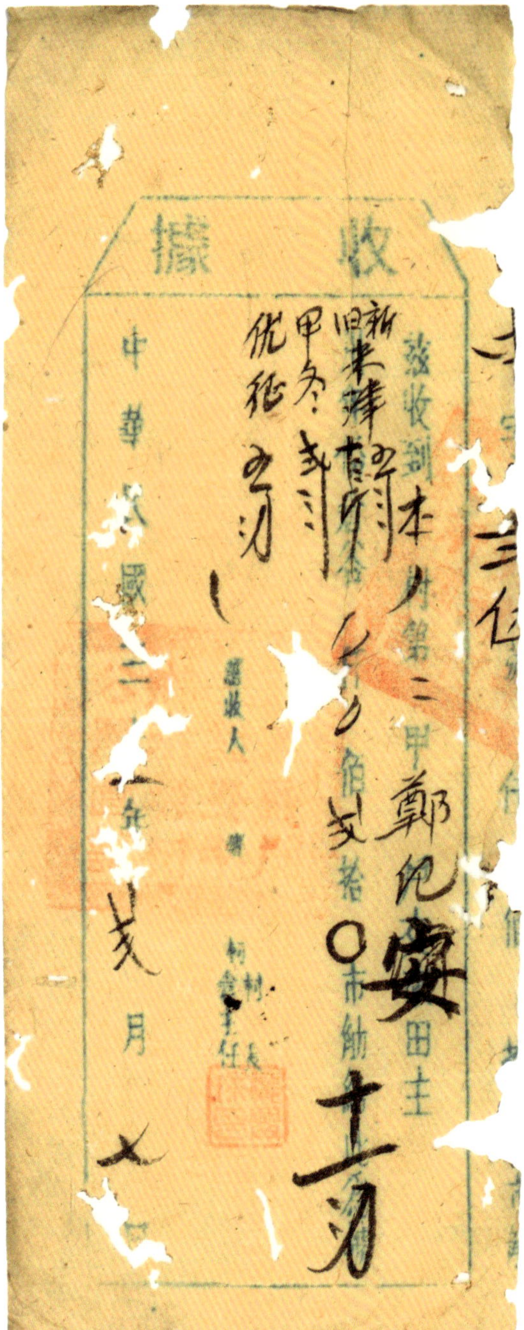

0016 民国三十一年二月七日郑纪宏缴纳新旧米津收据

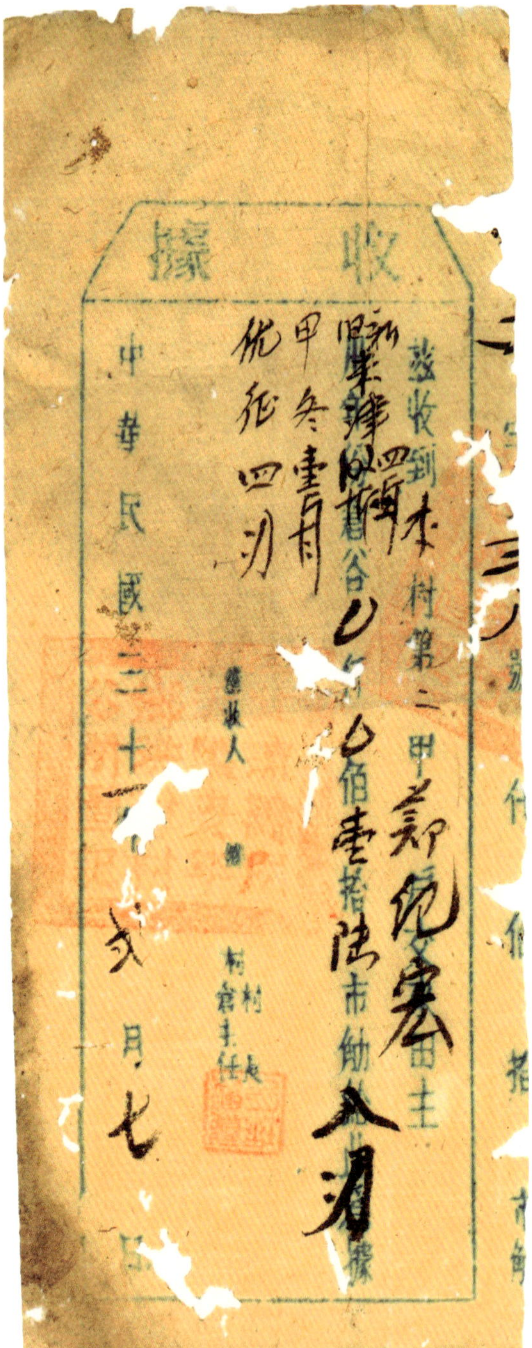

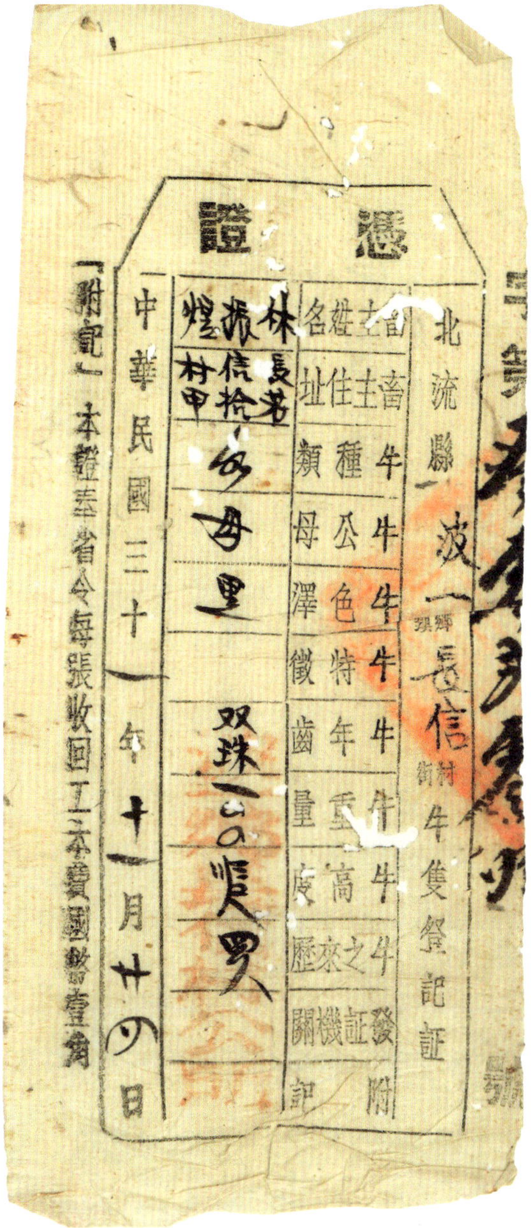

憑證

北流縣 波一 鄉鎮 長信 村街 牛隻登記證

畜主姓名 林振煜

畜主住址

牛種類

牛公母 母

牛色澤

牛特徵

牛年齒

牛重量

牛高度

牛之來歷

發證機關

中華民國三十一年十一月廿四日

「附記」本證奉省令每張收回工本費國幣壹角

0017 民国三十一年十一月二十四日北流县林振煜牛只登记凭证

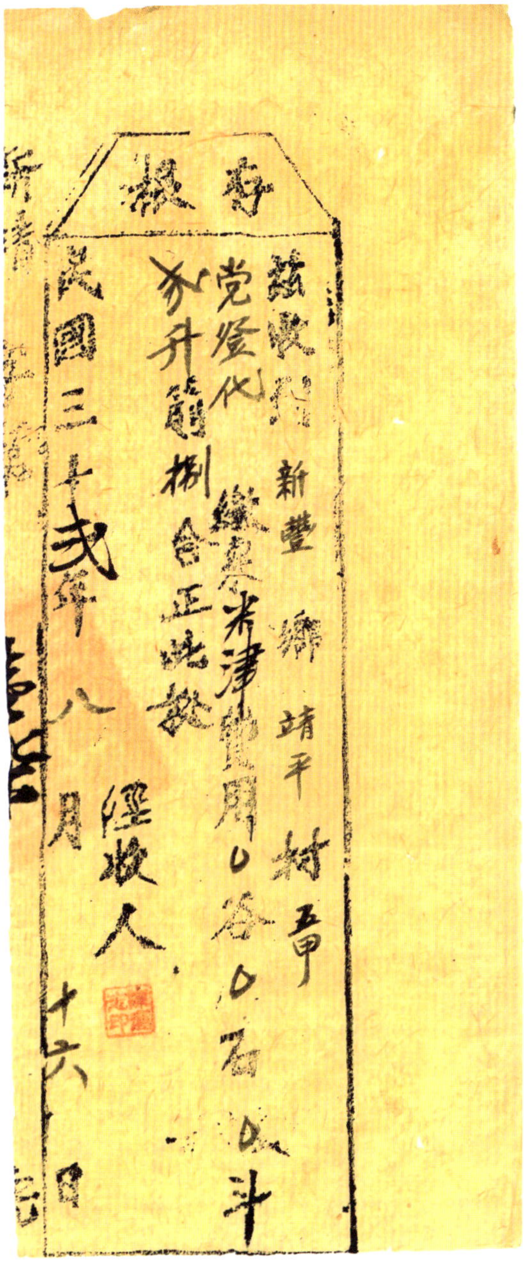

存根

茲收到 新豐 鄉 靖平 村 章 党登代 繳交米津費用○谷○石○斗○升 合 正此據

民國三十弍年八月十六日

經收人

0018 民国三十二年八月十六日北流县党登代缴纳米津费用收据存根

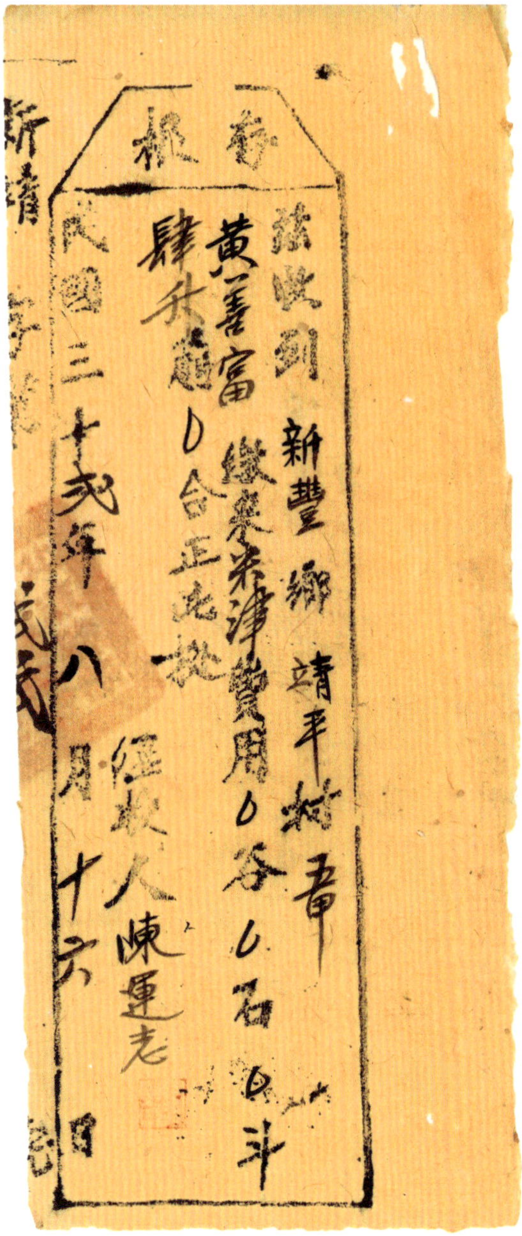

存根
茲收到 新豐鄉 靖平村 五甲 黄善富 繳交米津費用〇谷〇石〇斗肆升〇合正此據
民國三十二年八月十六日
經收人 陳運老

0019 民国三十二年八月十六日北流县黄善富缴纳米津费用收据存根

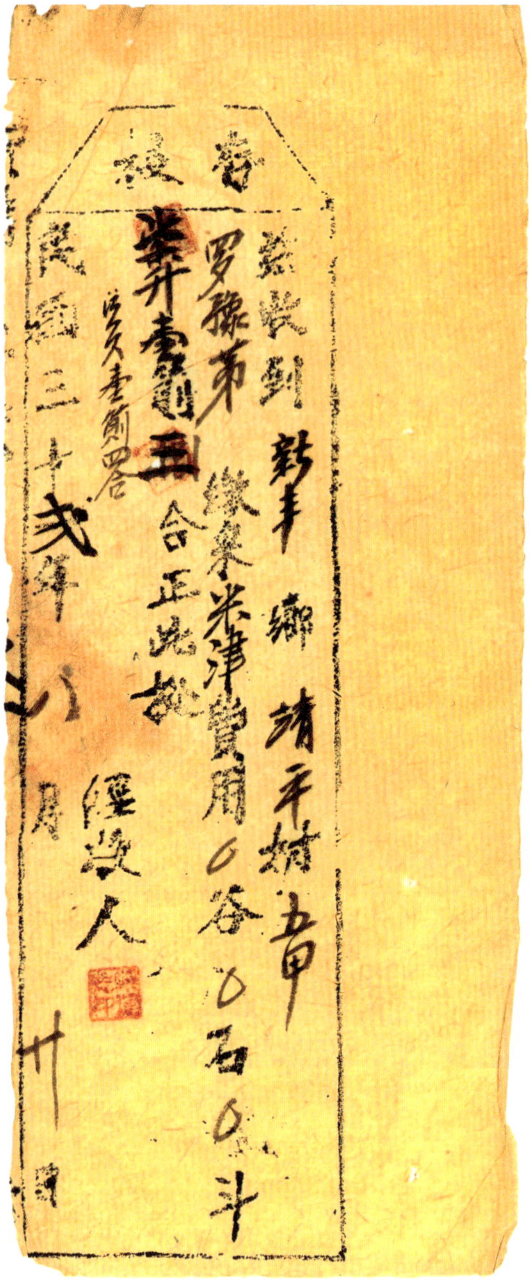

存根
茲收到 新豐鄉 靖平村 五甲 罗豫第 繳交米津費用〇谷〇石〇斗 升 合正此據
民國三十二年八月廿日
經收人

0020 民国三十二年八月二十日北流县罗豫第缴纳米津费用收据存根

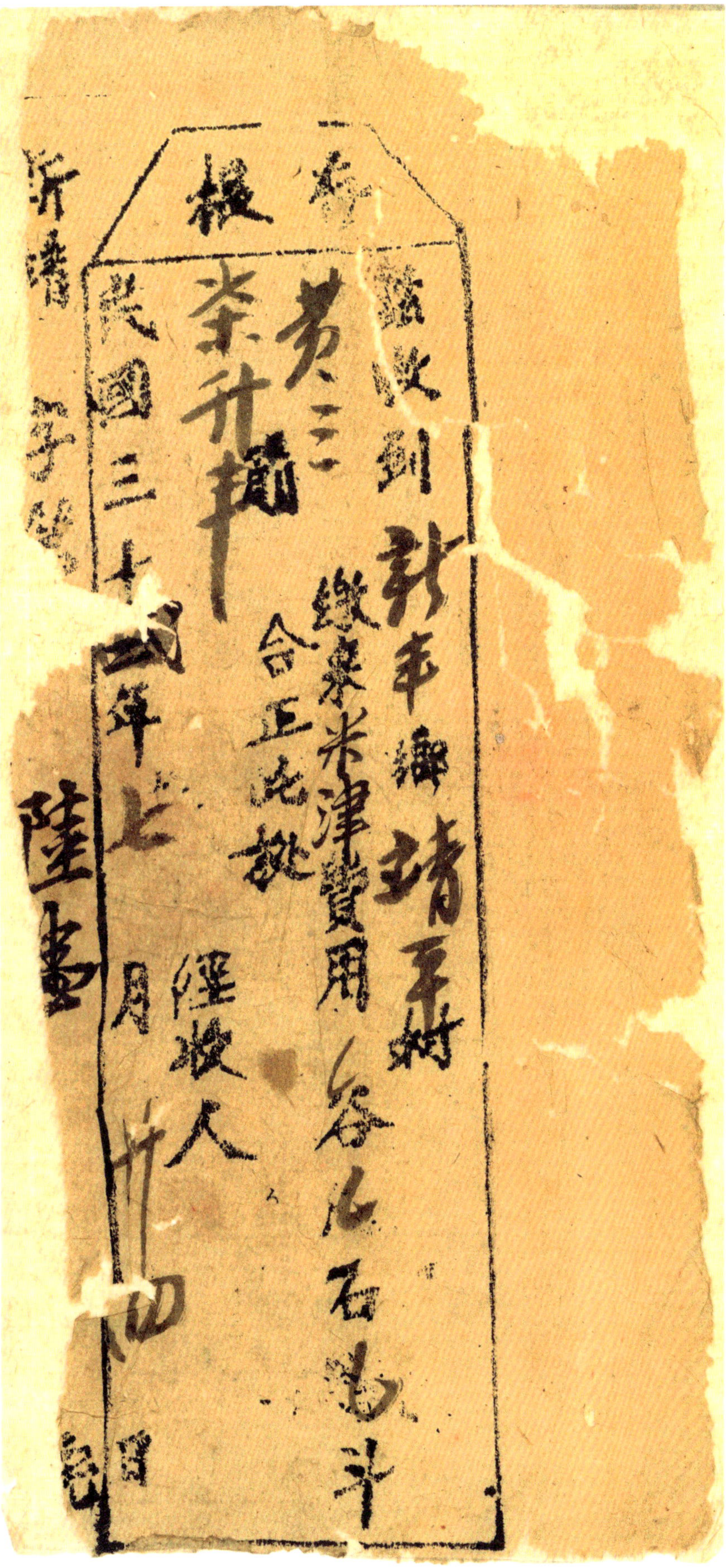
存根
新靖 字第 号
兹收到新丰乡靖东村
黄三缴来米津费用谷 石 斗
合正此据
经收人 李升年
民国三十四年七月廿四日

0021 民国三十四年七月二十四日北流县黄三缴纳米津费用收据存根

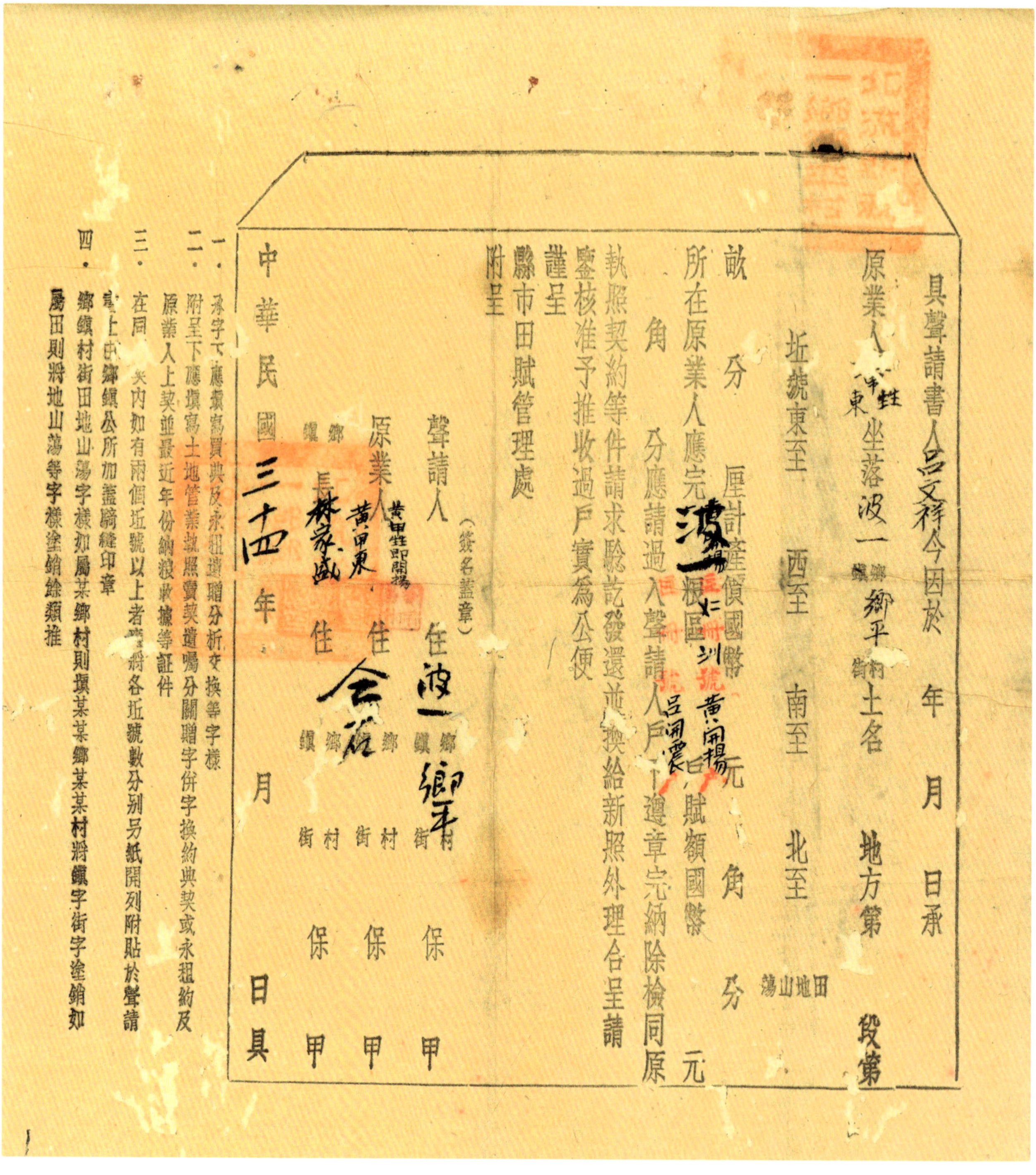

具聲請書人呂文祥今因於 年 月 日承
原業人黄甲東 坐落波一鄉鎮 鄉平村街 土名 地方第 段第
坵號東至 西至 南至 北至 田地山蕩
畝 分 釐計產價國幣 元 角 分 元
所在原業人應完 渡一根區 仁圳 黄開揚 戶賦額國幣
角 分應請過入聲請人 呂甸震 戶下遵章完納除檢同原
執照契約等件請求驗訖發還並換給新照外理合呈請
鑒核准予推收過戶實為公便
謹呈
縣市田賦管理處
附呈

聲請人 （簽名蓋章） 住波一鄉鎮 鄉平村街 保 甲
原業人 黄甲東 黄甲姓即開揚 住 鄉鎮 村街 保 甲
鄉鎮長 林家盛 住 全後 鄉鎮 村街 保 甲

中華民國三十四年 月 日具

一、承字下應填寫買典及永租遺贈分析交換等字樣
二、附呈下應填寫土地管業執照賣契遺囑分關贈字併字換約典契或永租約及原業人上契並最近年份納糧收據等証件
三、在同一契內如有兩個坵號以上者應將各坵號數分別另紙開列附貼於聲請書上由鄉鎮公所加蓋騎縫印章
四、鄉鎮村街田地山蕩字樣如屬某鄉村則填某某鄉某某村將鎮字街字塗銷如屬田則將地山蕩等字樣塗銷餘類推

0022 民国三十四年北流县吕文祥承购田产事田赋过户声请书

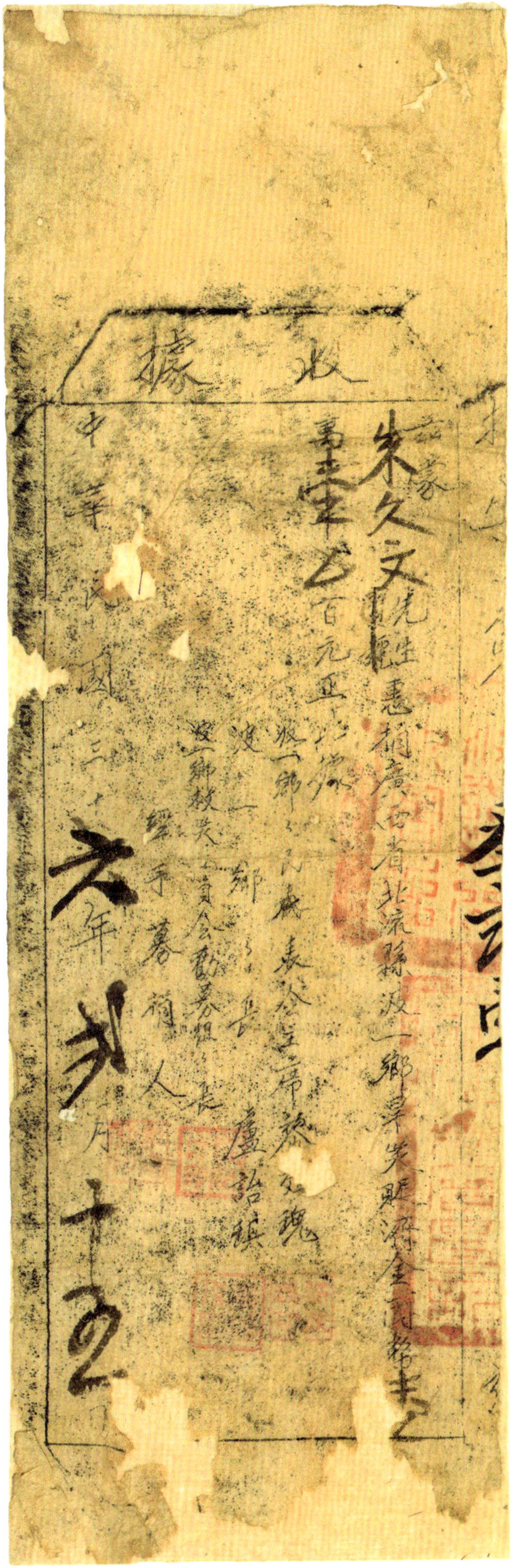

收據

0023 民国三十六年二月十五日北流县朱久文捐助旱灾赈济金收据

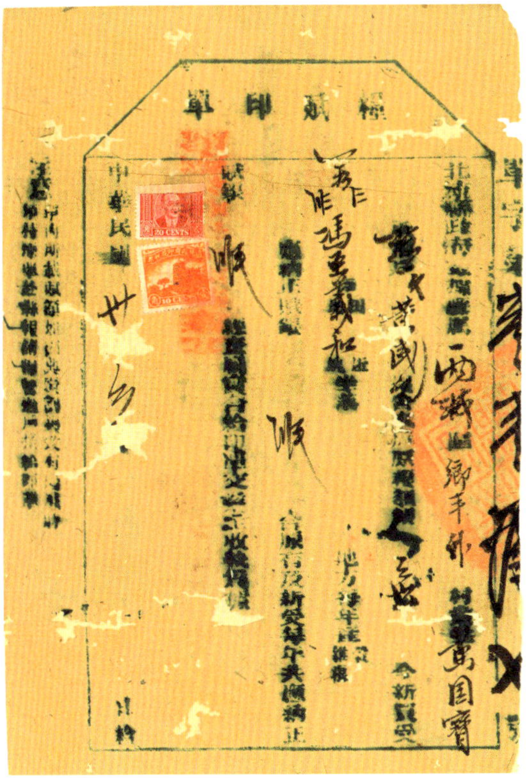

糧賦印單

0024 民国三十六年北流县黄国宝新买受田产调整缴纳粮赋印单

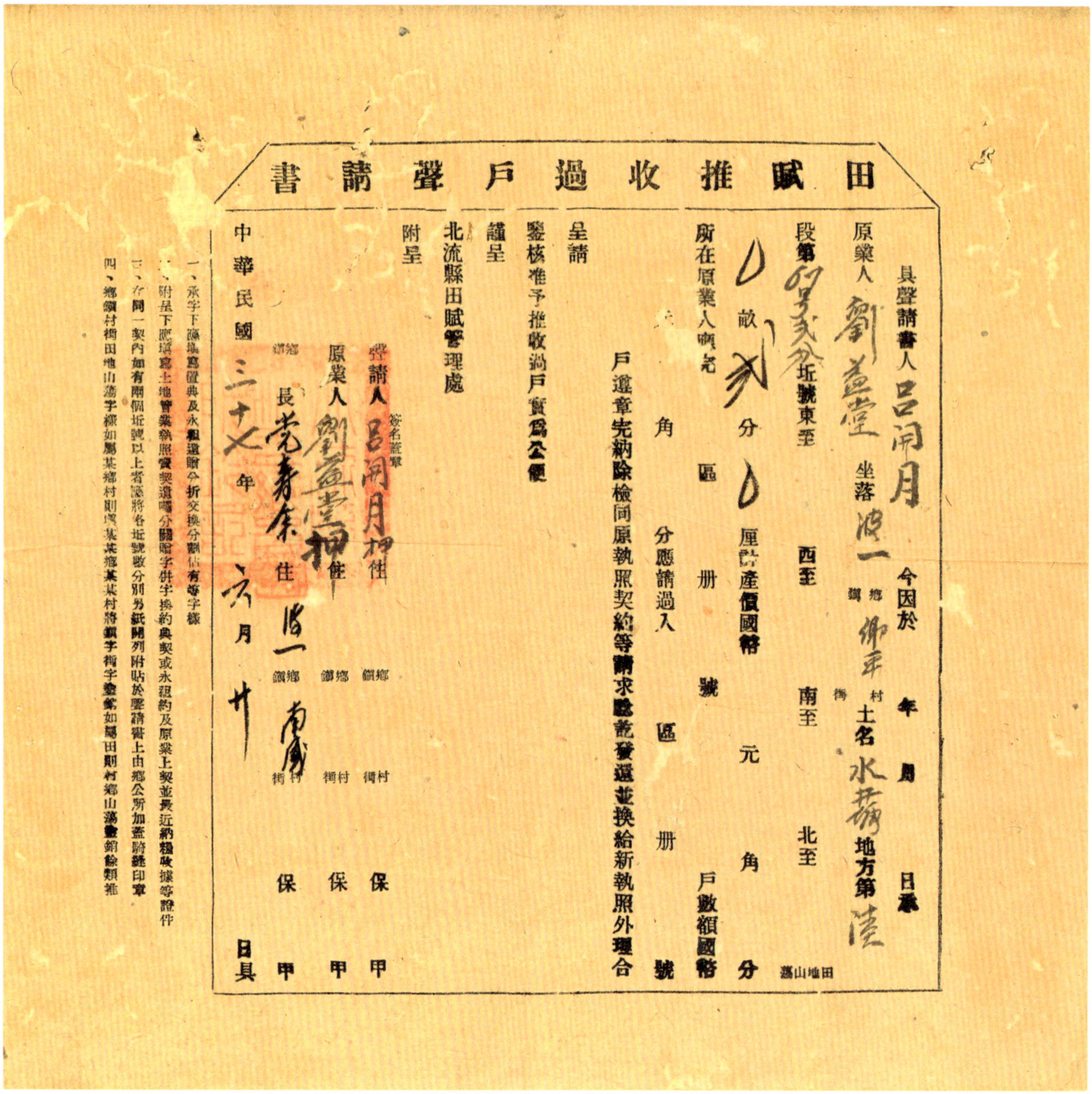

田賦推收過戶聲請書

具聲請書人呂開月 今因於 年 月 日承

原業人劉益堂 坐落波一 鄉鎮 鄉平 村街 土名水蕃 地方第陸 田地山蕩

段第6号式分坵號東至 西至 南至 北至

0 畝 式 分 0 厘計產價國幣 元 角 分

所在原業人戶名 區 冊 號 戶數額國幣

角 分應請過入 區 冊 號

戶遵章先納除檢同原執照契約等請求驗蓋發還並換給新執照外理合

呈請

鑒核准予推收過戶實爲公便

謹呈

北流縣田賦管理處

附呈

聲請人呂開月 押 簽名蓋章 住 鄉鎮 村街 保 甲

原業人劉益堂 押 住 鄉鎮 村街 保 甲

鄉鎮長党壽余 住洛一 鄉鎮 南盛 村街 保 甲

中華民國三十七年六月廿日具

一、承字下應填寫價典及永租遺贈分折交換分割佔有等字樣

二、附呈下應填寫土地營業執照賣契遺囑分關贈字併字換約典契或永租約及原業上契並最近納糧收據等證件

三、在同一契內如有兩個坵號以上者應將各坵號數分別另紙開列附貼於聲請書上由鄉公所加蓋騎縫印章

四、鄉鎮村街田地山蕩字樣如屬某鄉村則塗某某鎮某某村將鎮字街字塗銷如屬田則將地山蕩塗銷餘類推

0025 民国三十七年六月二十日北流县吕开月承购田产田赋推收过户声请书

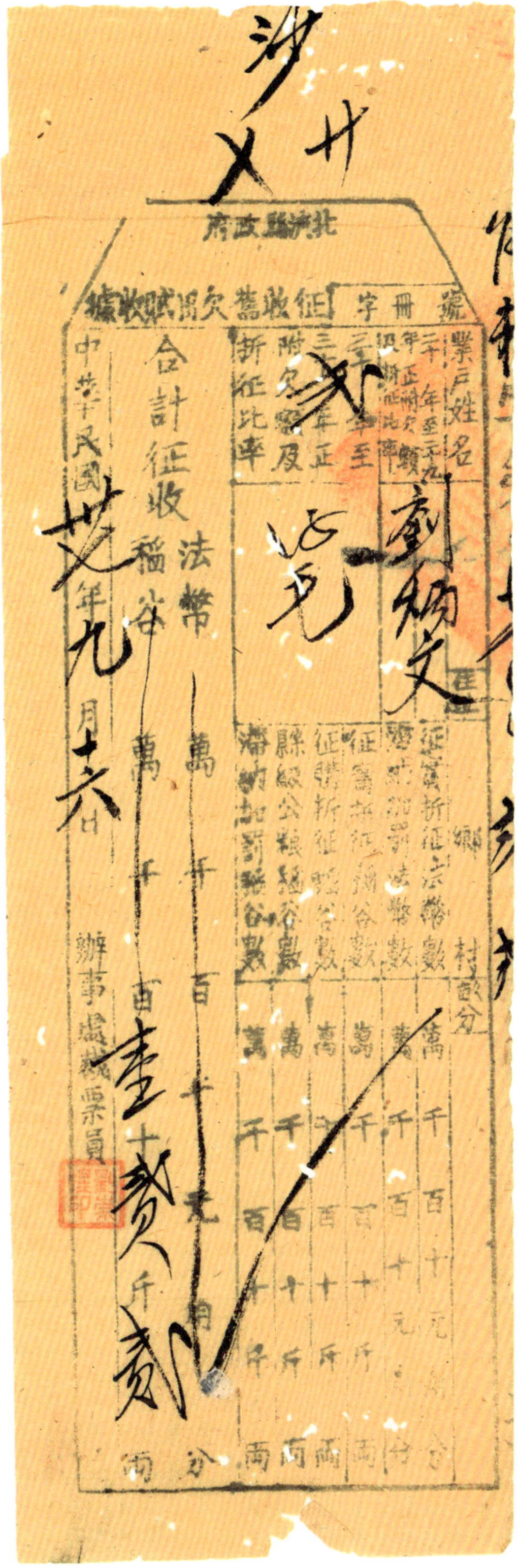

北流縣政府
征收舊欠田賦收據
字 冊 號
業戶姓名 劉炳文
鄉 村 畝 分
合計征收 法幣 萬 千 百 十 元 角 分
稻谷 萬 千 百 十 斤 兩
中華民國卅七年九月十六日
辦事處收票員

0026 民国三十七年九月十六日北流县政府征收刘炳文民国三十二年旧欠田赋收据

0027 民国三十七年十二月二十九日北流县地方法院公证处关于陈宝让等田产交易公证书

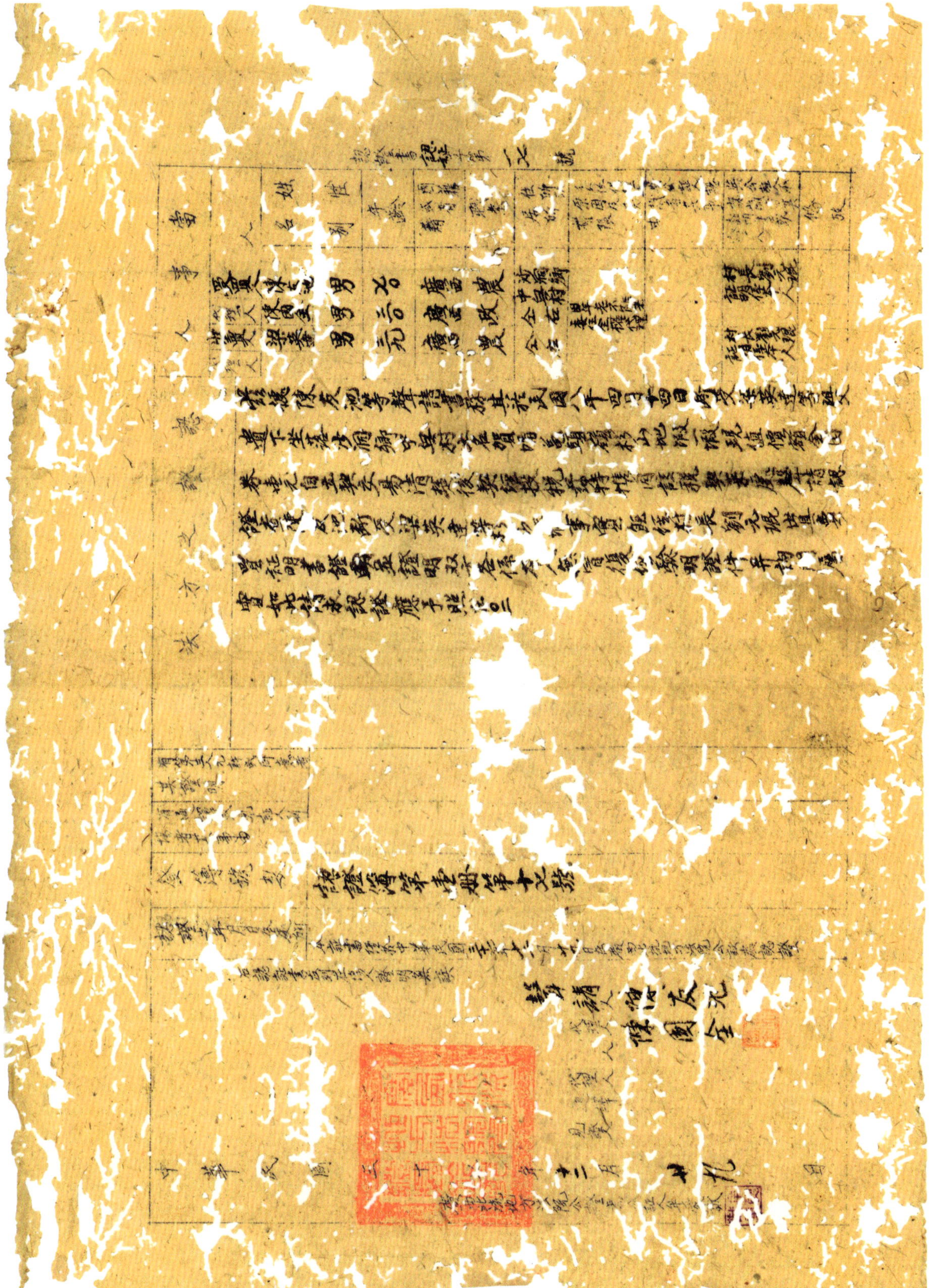

0028 民国三十七年十二月二十九日北流县地方法院公证处关于陈友池等田产交易公证书

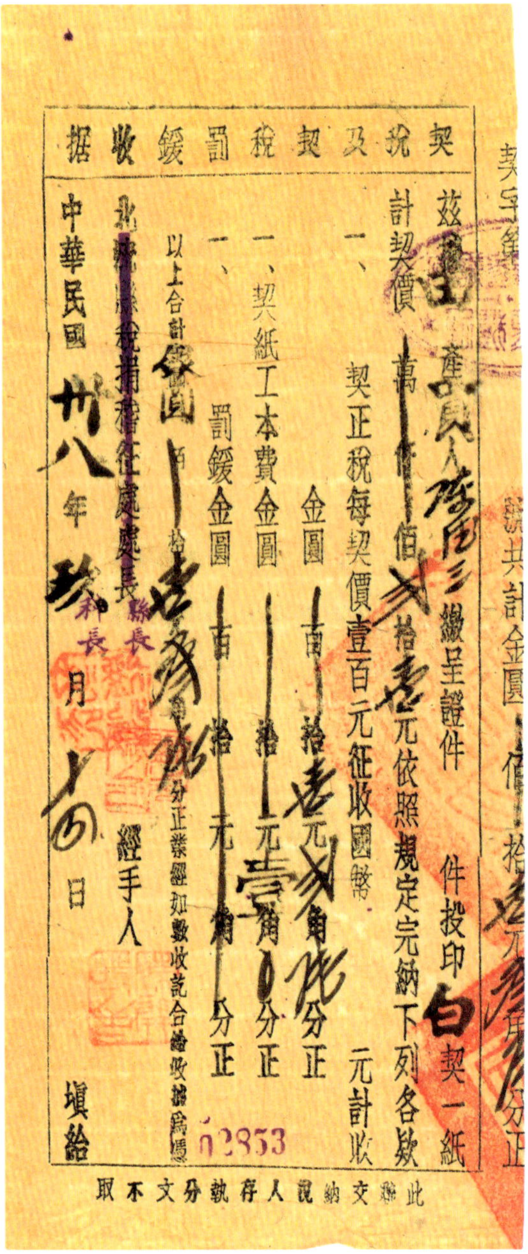

契税及罰鍰收据

茲據 産民人陳田三 繳呈證件 件投印 白契一紙

計契價 萬 仟 佰 拾 元依照規定完納下列各欵

一、契正税每契價壹百元征收國幣 元計收

金圓 百 拾 元 角 分正

一、契紙工本費金圓 百 拾 元 角 分正

一、罰鍰金圓 百 拾 元 角 分正

以上合計金圓 佰 拾 元 角 分正業經如數收訖合給收據爲憑

北流縣税捐稽征處處長

中華民國卅八年玖月十四日 經手人 填給

此聯交納税人存執分文不取

0029 民国三十八年（一九四九年）九月十四日北流县陈田三缴纳契税收据

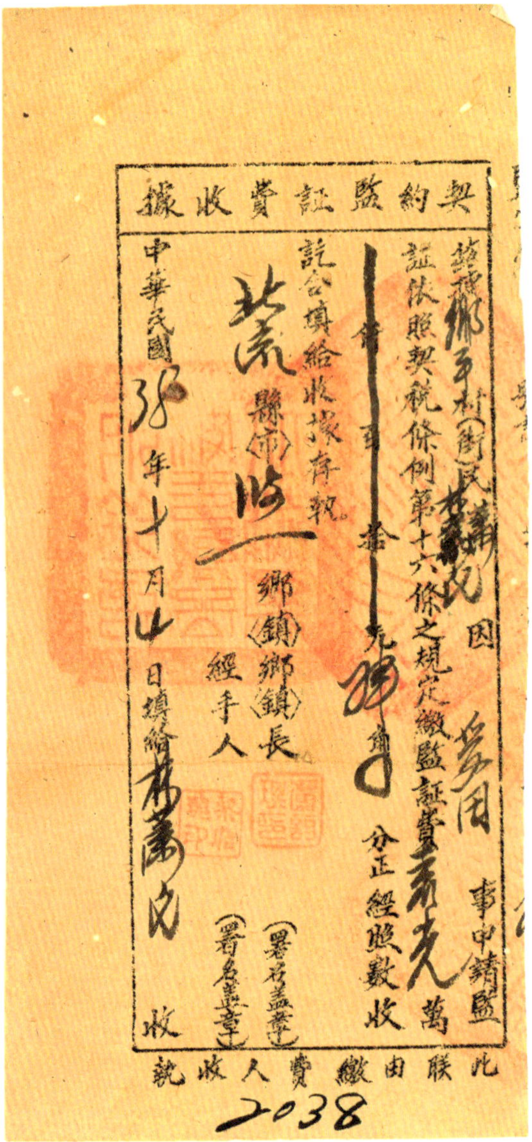

契約監證費收據

茲據 鄉（鎮）村（街）民 林蕭氏 因 事申請監證依照契税條例第十六條之規定繳監證費 萬 仟 佰 拾 元 角 分正經照數收訖合填給收據存執

縣（市） 鄉（鎮）鄉（鎮）長（署名蓋章） 經手人（署名蓋章）

中華民國38年十月4日填給 林蕭氏 收

此联由繳費人收執

2038

0030 民国三十八年（一九四九年）十月四日北流县林萧氏缴纳契约监证费收据

0031 民国某年六月北流县黄国宝缴纳粮赋印单

0032 北流县契纸验条

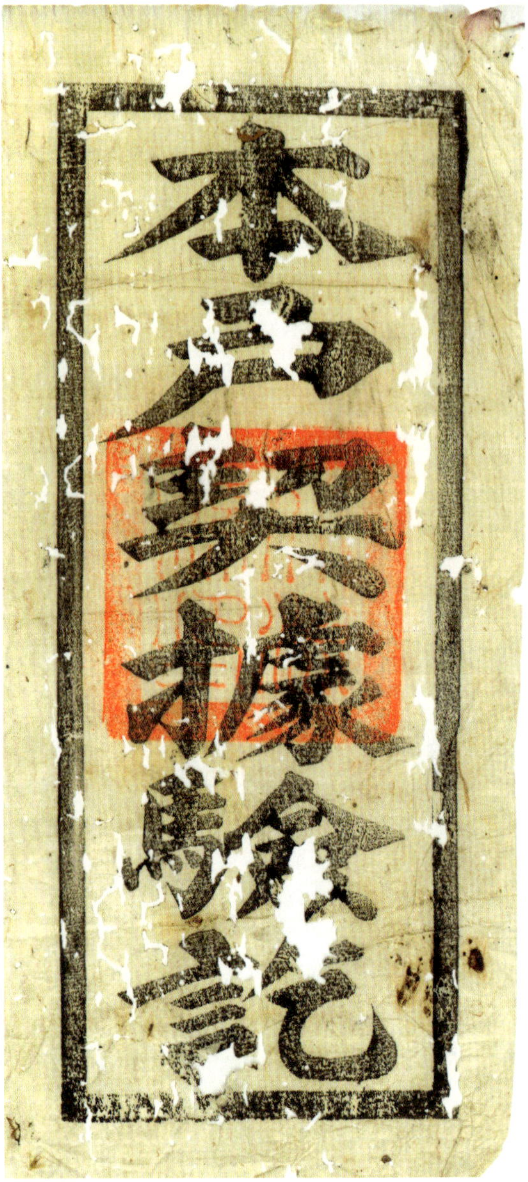
本戶契據驗記

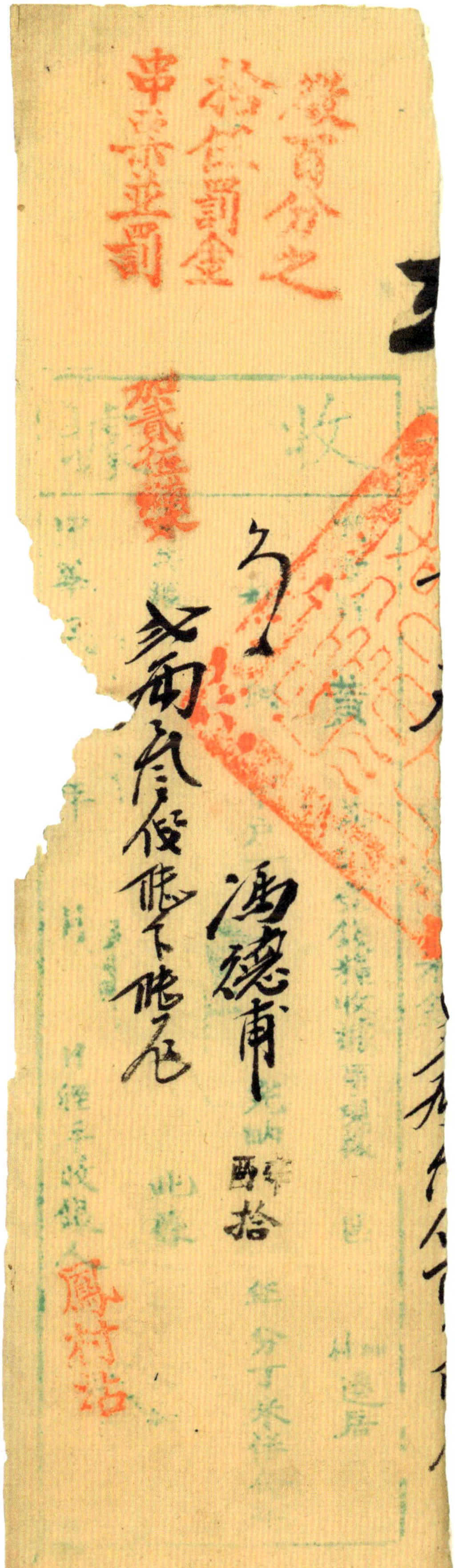

0001 民国年间德庆县征收冯德甫民国十年丁米收据

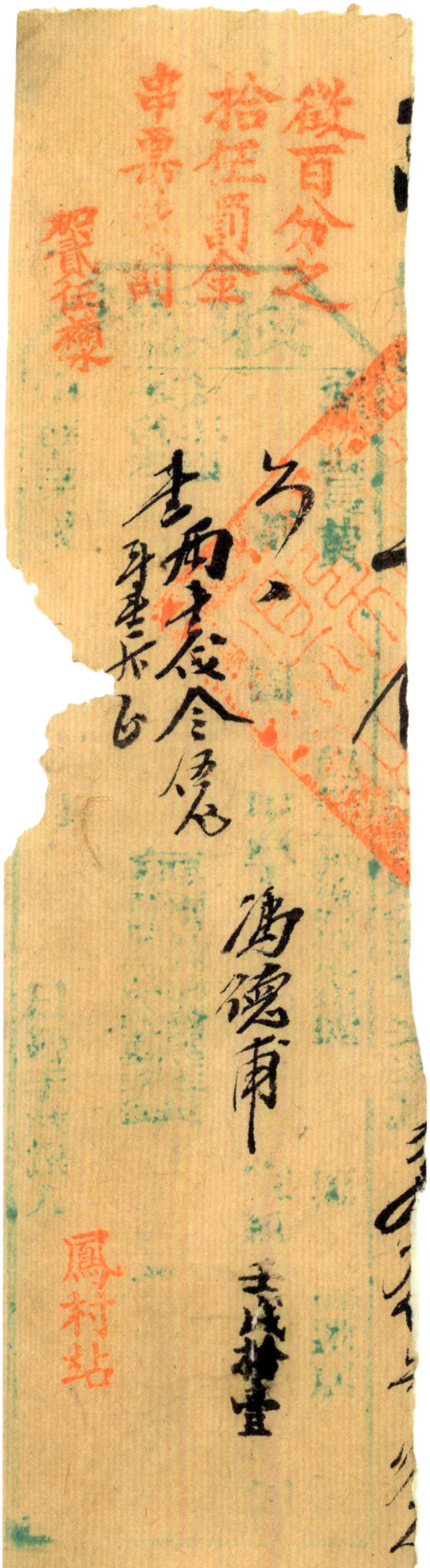

0002 民国年间德庆县征收冯德甫民国十一年赋银收据

0003 民国年间德庆县征收冯德甫民国十二年赋银收据

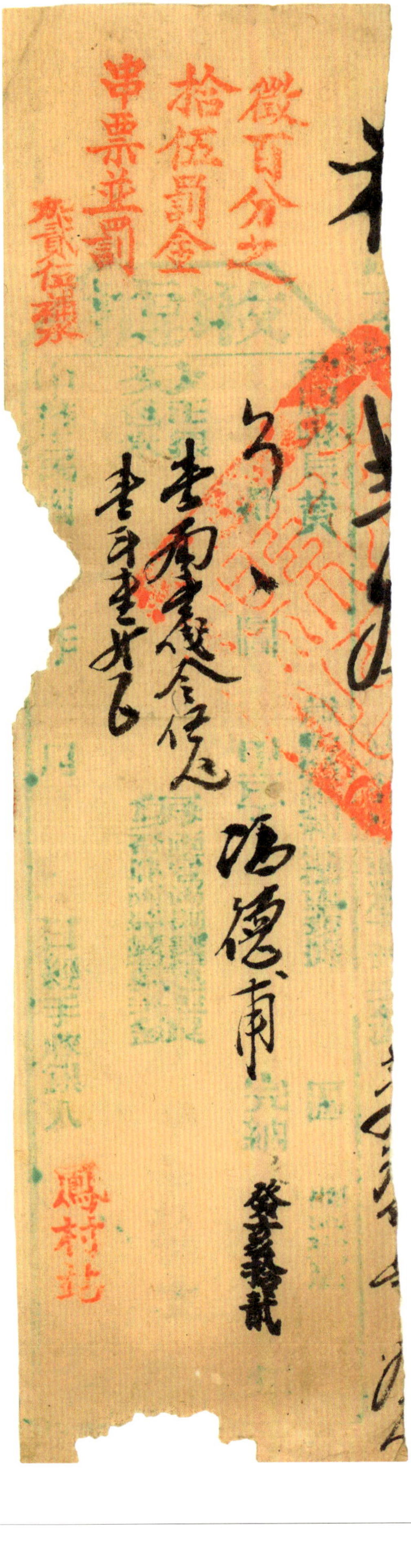
徵百分之拾伍罰金串票並罰

馮德甫

0004 民国年间德庆县征收冯德甫民国十三年钱粮收据

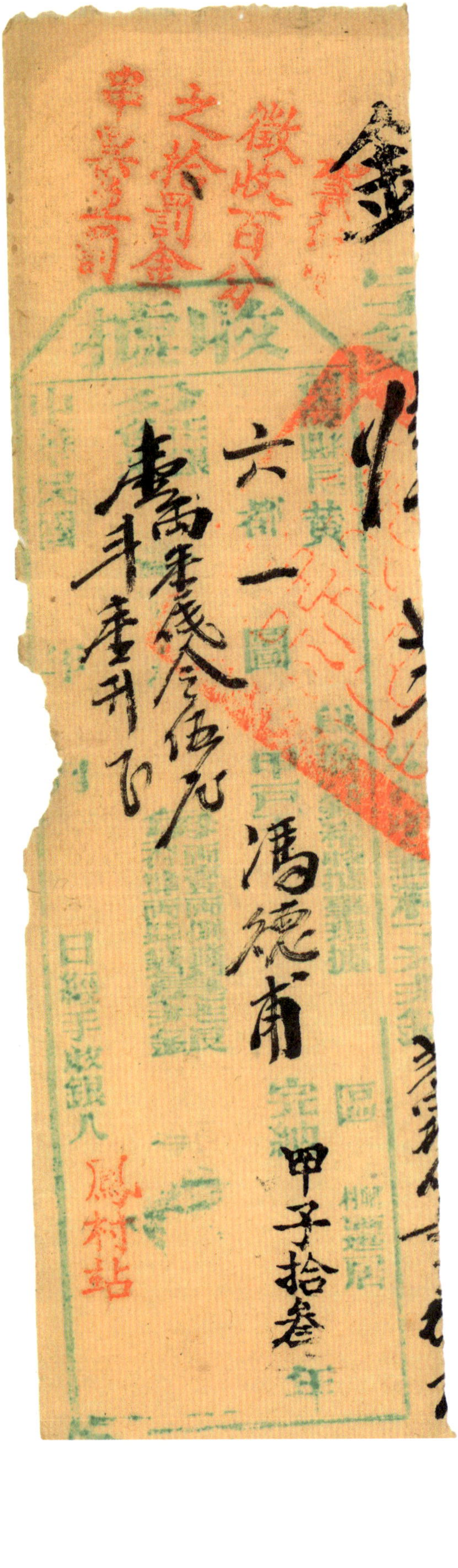
徵收百分之拾罰金

六一

馮德甫

甲子拾叁

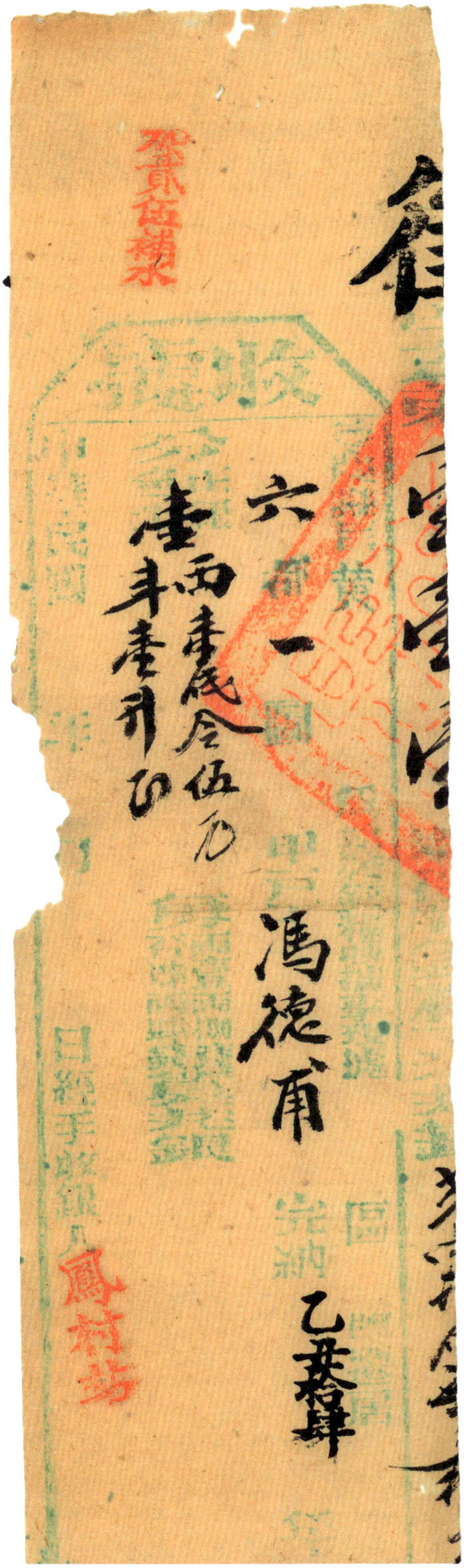

0005 民国年间德庆县征收冯德甫民国十四年钱粮收据

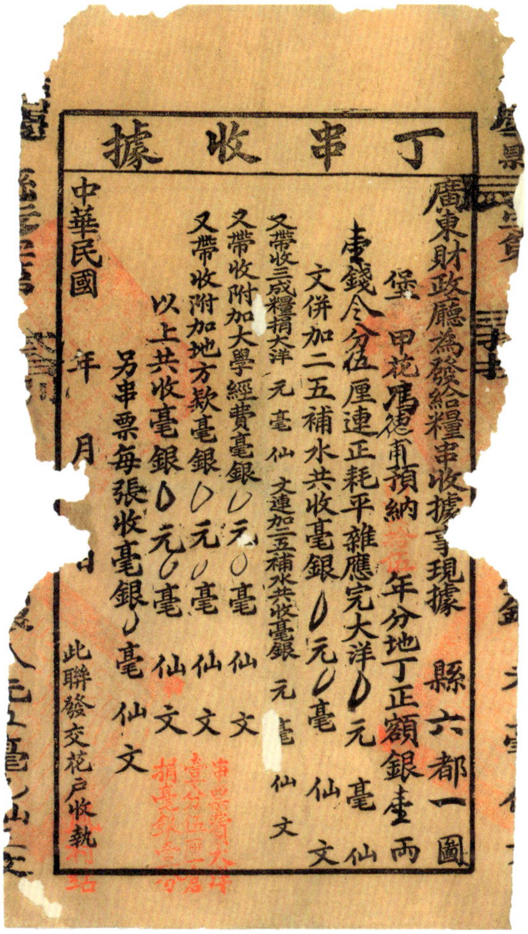

丁串收據

廣東財政廳為發給糧串收據事現據　縣六都一圖
堡　甲花戶馮德甫預納拾伍年分地丁正額銀壹兩
壹錢今分伍厘連正耗平雜應完大洋　元　毫　仙
文併加二五補水共收毫銀　元　毫　仙　文
又帶收三成糧捐大洋　元　毫　仙　文連加二五補水共收毫銀　元　毫　仙　文
又帶收附加大學經費毫銀　元　毫　仙　文
又帶收附加地方款毫銀　元　毫　仙　文
以上共收毫銀　元　毫　仙　文
另串票每張收毫銀　毫　仙　文
中華民國　年　月　日
此聯發交花戶收執

0006 民国年间德庆县征收冯德甫民国十五年地丁正额银丁串收据

0007 民国年间德庆县征收冯德甫民国十五年米粮米串收据

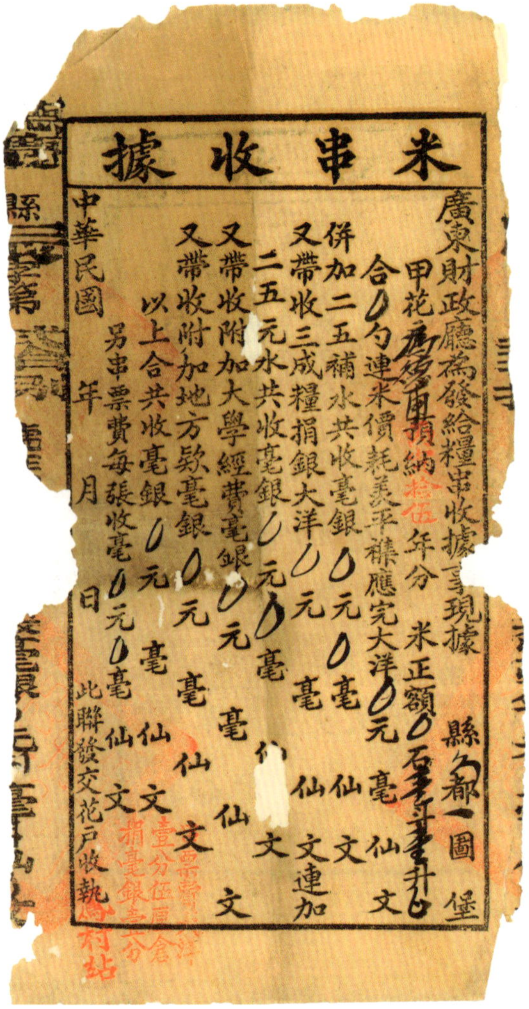

0008 民国年间德庆县征收冯文华民国十九年地丁银粮户执照

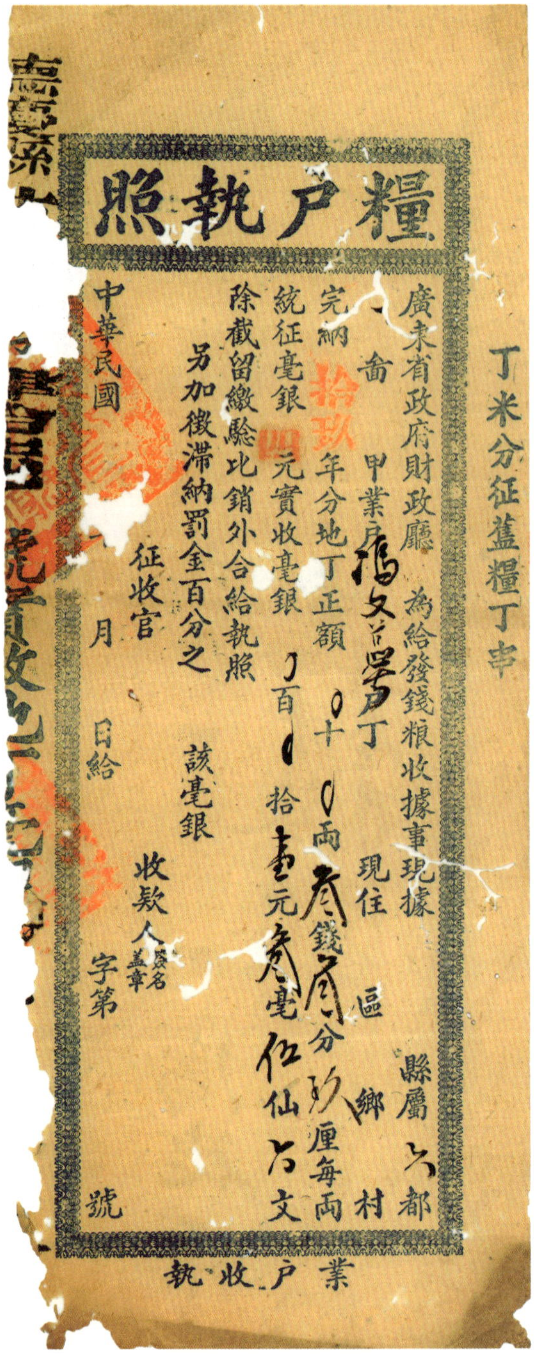

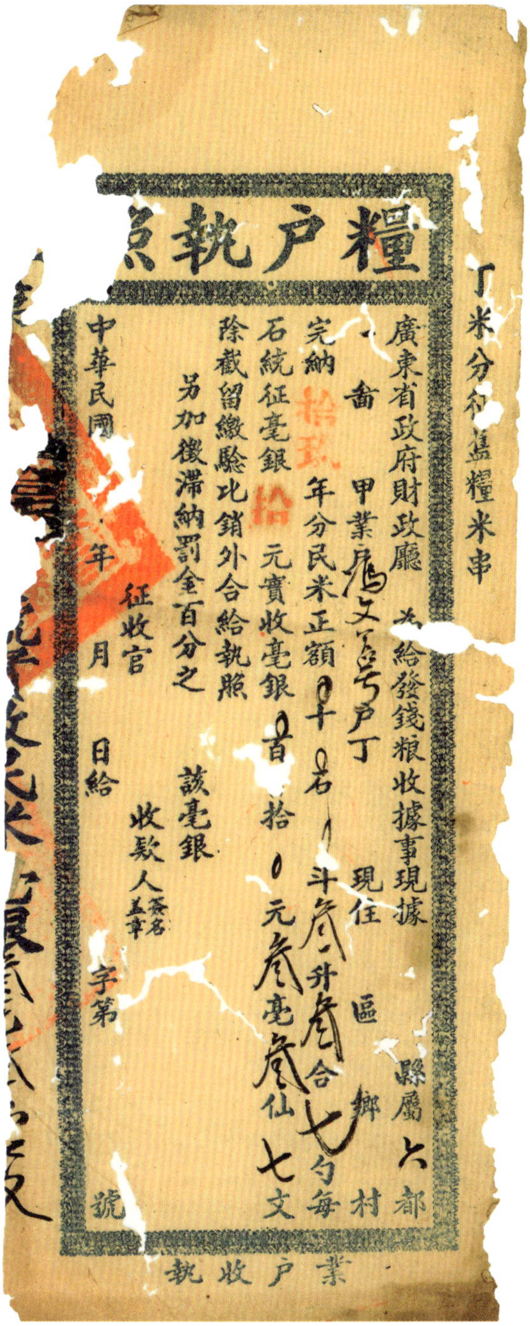

0009 民国年间德庆县征收冯文华民国十九年民米粮户执照

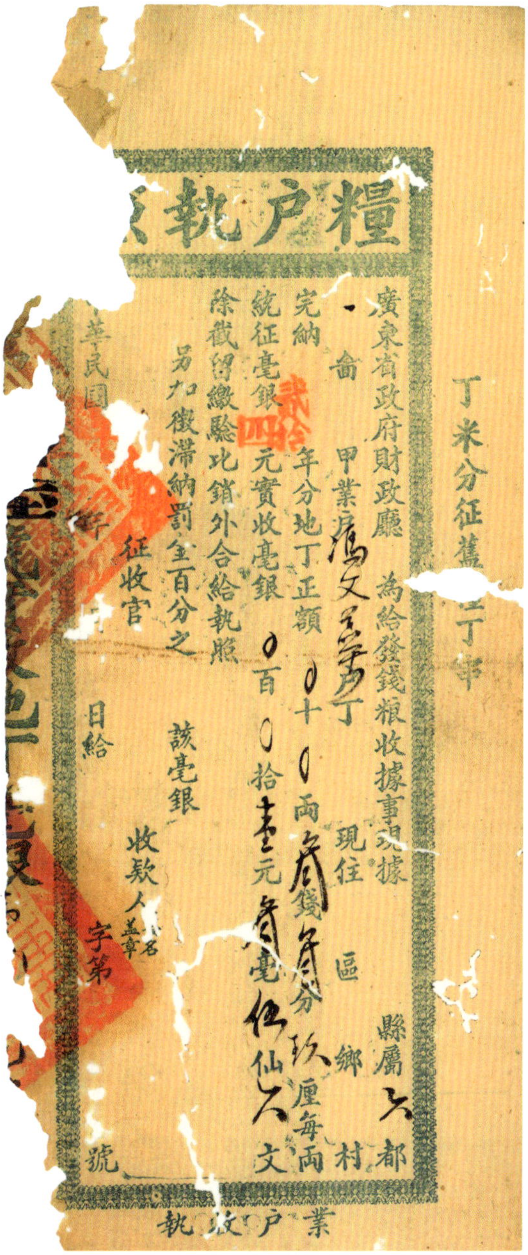

0010 民国年间期德庆县征收冯文华民国二十年地丁银粮户执照

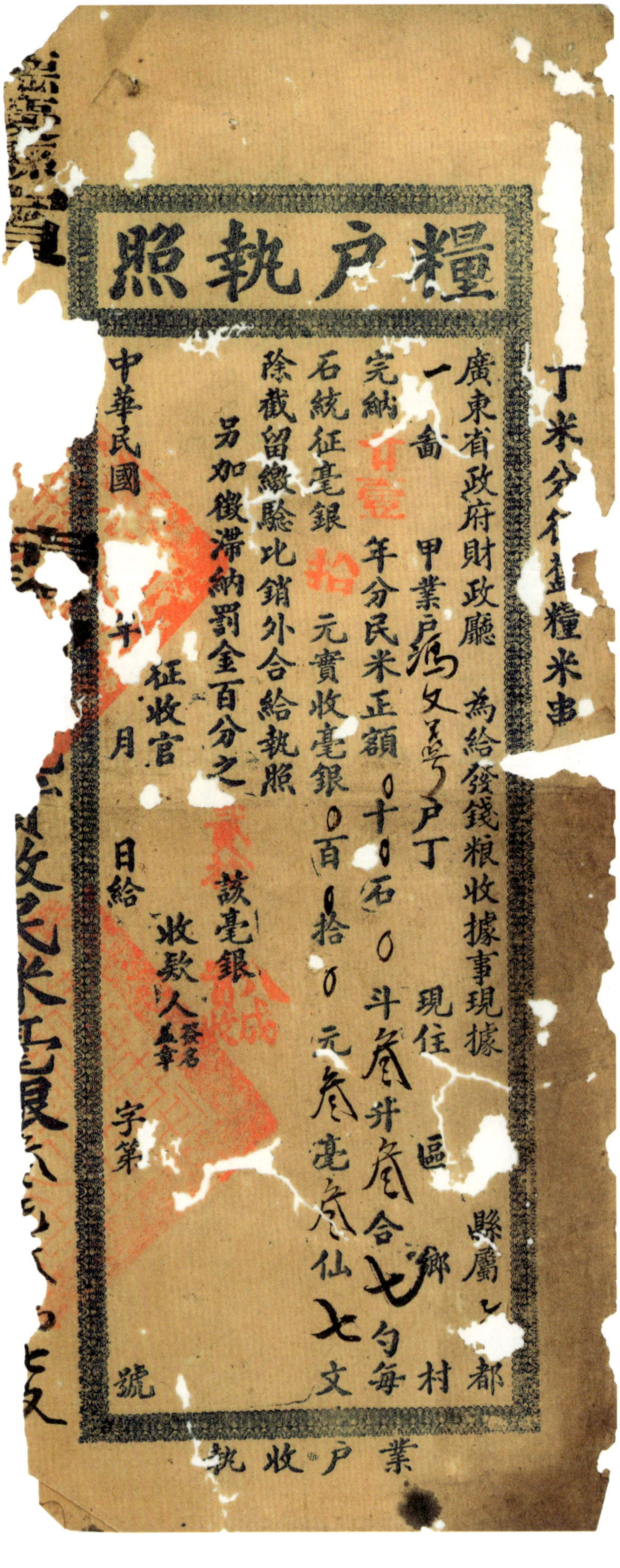

糧户執照

丁米分釐糧米串

廣東省政府財政廳　為給發錢粮收據事現據　縣屬　都

一　啚　甲業戶馮文華戶丁　現住　區　鄉　村

完納廿壹年分民米正額〇十〇石〇斗叁升叁合七勺每

石統征毫銀　拾　元實收毫銀〇百〇拾〇元叁毫叁仙七文

除截留繳驗比銷外合給執照

另加徵滞納罰金百分之　該毫銀

征收官　收款人簽名蓋章

中華民國廿　年　月　日給　字第　號

業户收執

0011 民国年间德庆县征收冯文华民国二十一年民米粮户执照

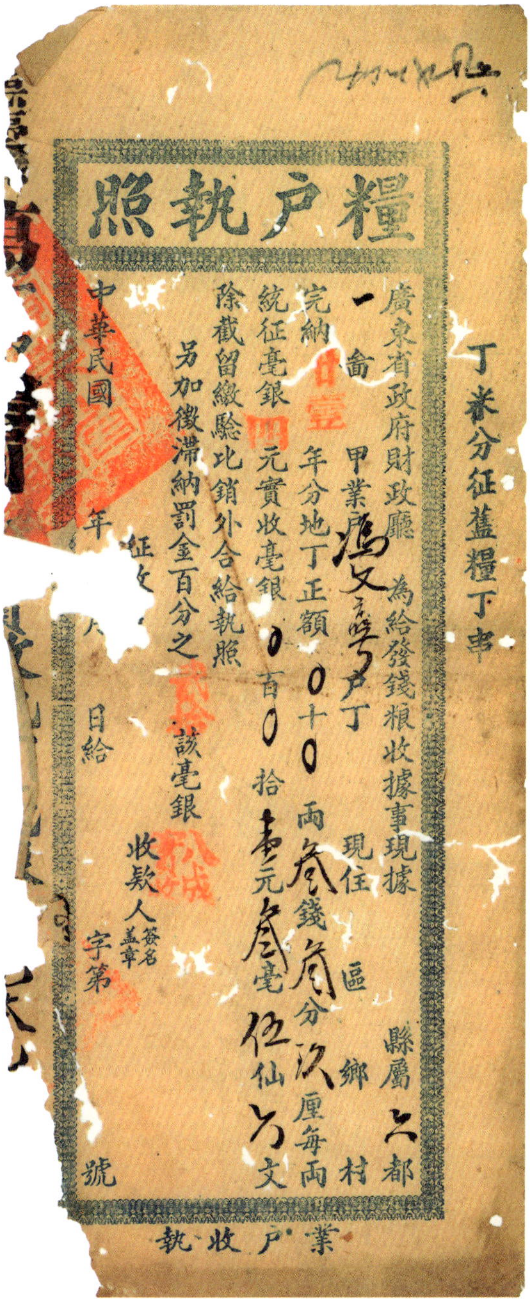

0012-1 民国年间德庆县征收冯文华民国二十一年地丁银粮户执照（正面）

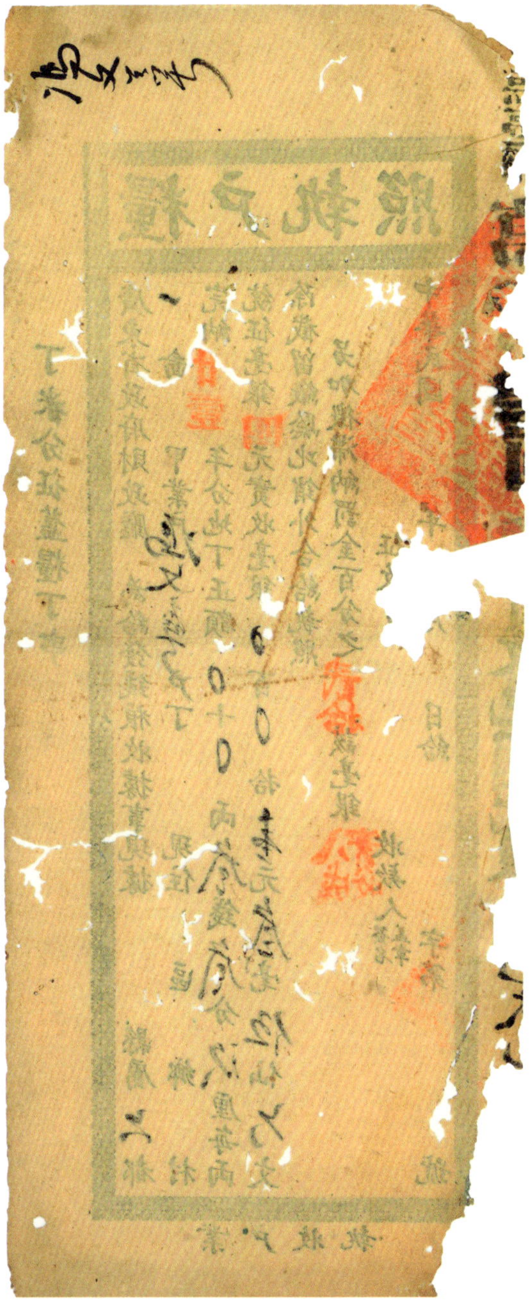

0012-2 民国年间德庆县征收冯文华民国二十一年地丁银粮户执照（背面）

0001 民国年间封川县田赋管理处征收孔尧宗田赋通知单

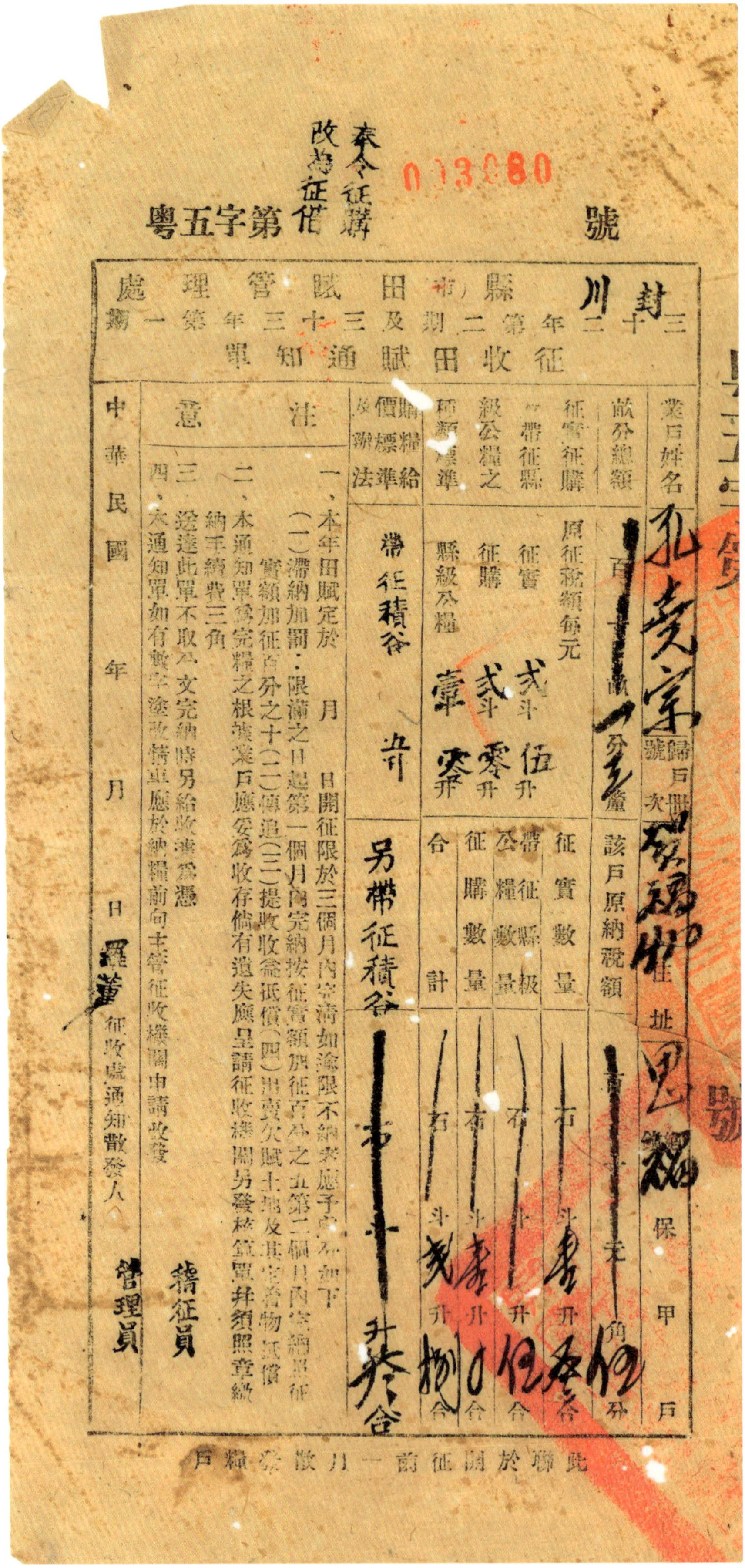
粵五字第 003080 號
奉令征購改為征借

封川縣(市)田賦管理處
三十二年第二期及三十三年第一期
征收田賦通知單

業戶姓名：孔尧宗
畝分總額：一百 畝 分 釐
征實征購：原征稅額每元 征實 征購
帶征縣級公糧之標準：縣級公糧 貳斗 貳斗零升 伍升
購糧價標準及給付辦法：帶征積谷
歸戶冊號次
住址
保 甲 戶
該戶原納稅額 元 角 分
征實數量 石 斗 升 合
帶征縣級公糧數量 石 斗 升 合
征購數量 石 斗 升 合
合計 石 斗 升 合
另帶征積谷 斗 升 合

注意
一、本年田賦定於 月 日開征限於三個月內完清如逾限不納者應予處分如下
(一)滯納加罰：限滿之日起第一個月內完納按征實額加征百分之五第二個月內完納照征實額加征百分之十(二)懲追(三)提收益抵償(四)出賣欠賦土地及其定着物抵償
二、本通知單為完糧之根據業戶應妥為收存倘有遺失應呈請征收機關另發核算并須照章繳納手續費三角
三、送達此單不取分文完納時另給收據為憑
四、本通知單如有塗改情事應於納糧前向主管征收機關申請收發

中華民國 年 月 日
羅董 征收處通知散發人
稽征員
管理員

此聯於開征前一月散發糧戶

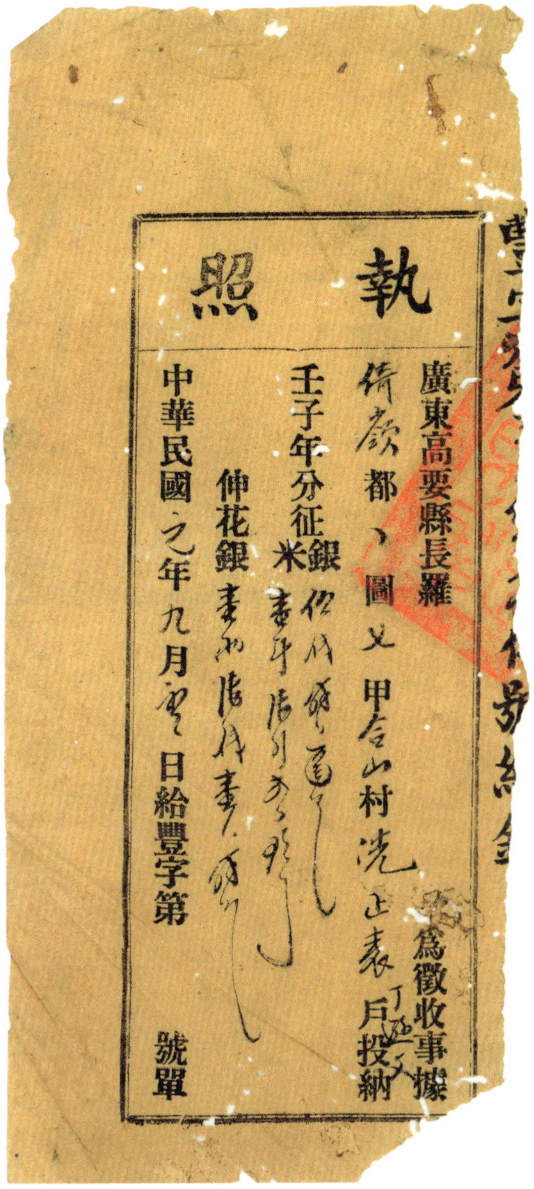
執照
廣東高要縣長羅 為徵收事據
都 圖 甲 村冼正表 戶投納
壬子年分征米銀
仲花銀
中華民國元年九月初二日給豐字第 號單

0001 民国元年九月初二日高要县征收冼正表壬子年（民国元年）银米执照

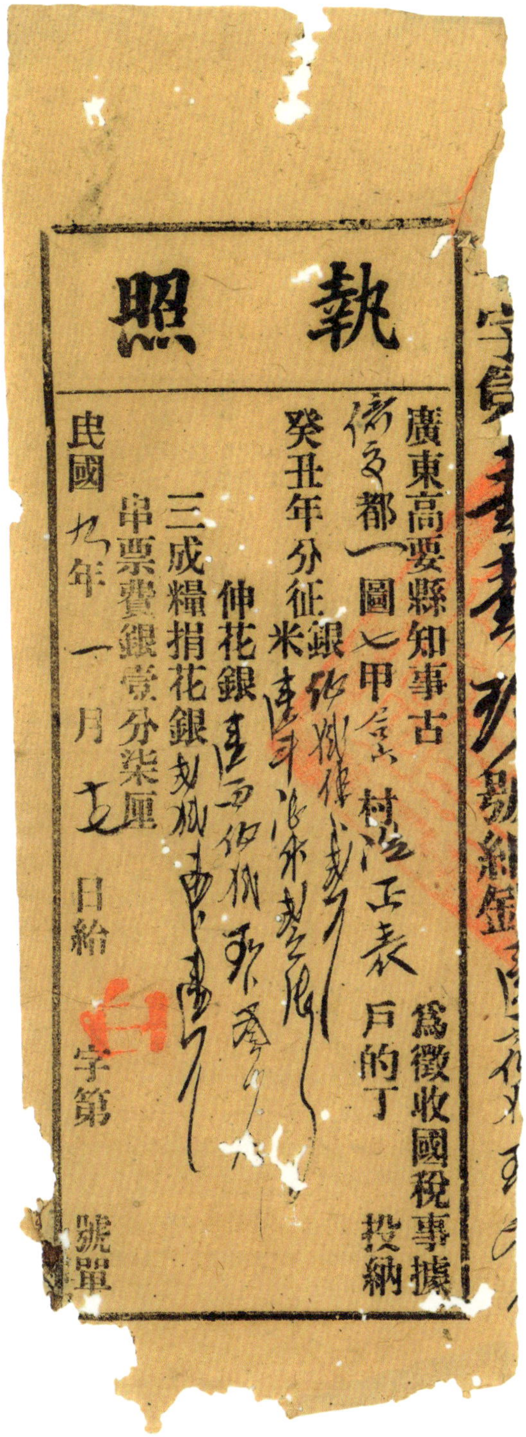
執照
廣東高要縣知事古 為徵收國稅事據
都一圖七甲 村冼正表 戶的丁 投納
癸丑年分征米銀
仲花銀
三成糧捐花銀
串票費銀壹分柒厘
民國九年一月十七日給 字第 號單

0002 民国九年一月十七日高要县征收冼正表癸丑年（民国二年）银米执照

0003 民国九年一月十七日高要县征收洗正表甲寅年（民国三年）银米执照

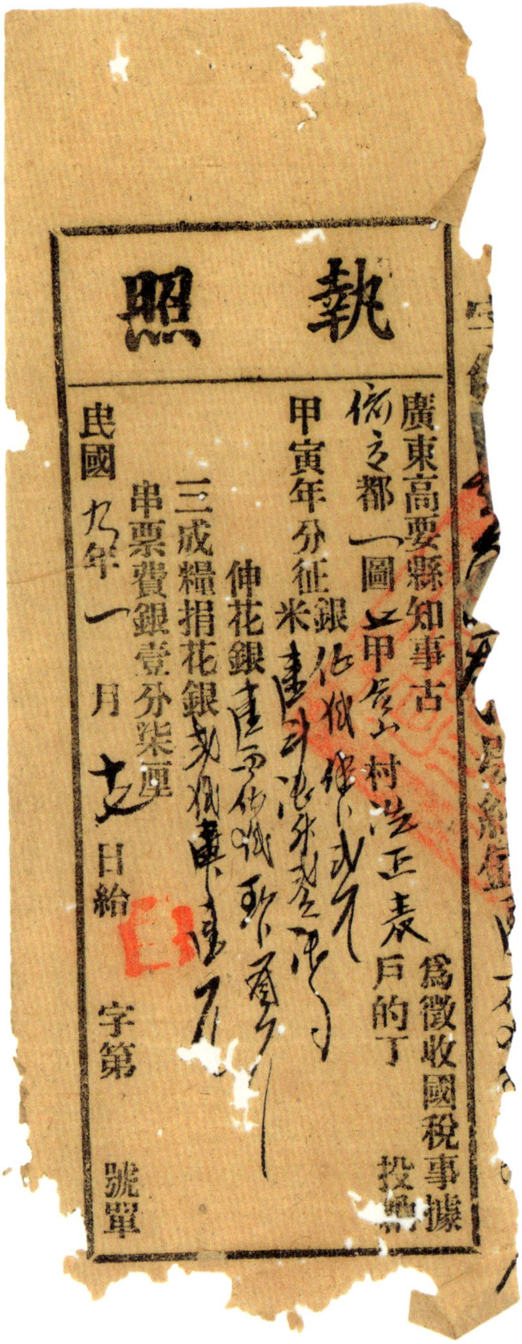

執照

廣東高要縣知事古　爲徵收國稅事據

都一圖　甲　村　戶的丁　投納

甲寅年分征米銀

伸花銀

三成糧捐花銀

串票費銀壹分柒厘

民國　年　月　日給　字第　號單

0004 民国九年一月十七日高要县征收洗正表乙卯年（民国四年）银米执照

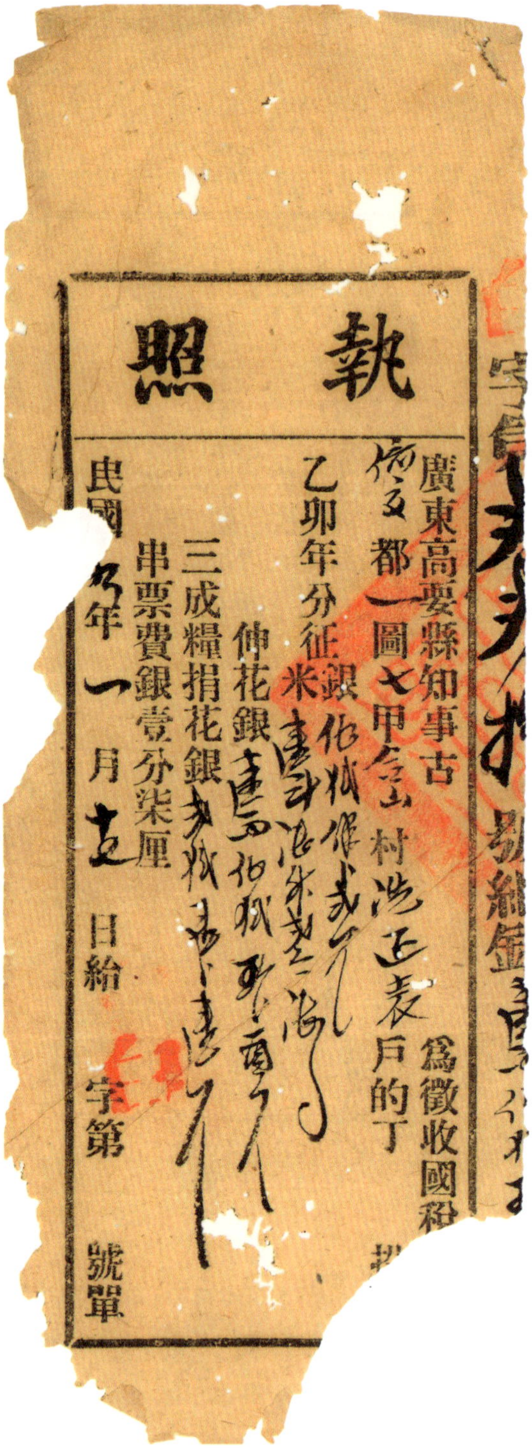

執照

廣東高要縣知事古　爲徵收國稅

都一圖　甲　村　戶的丁　投

乙卯年分征米銀

伸花銀

三成糧捐花銀

串票費銀壹分柒厘

民國　年　月　日給　字第　號單

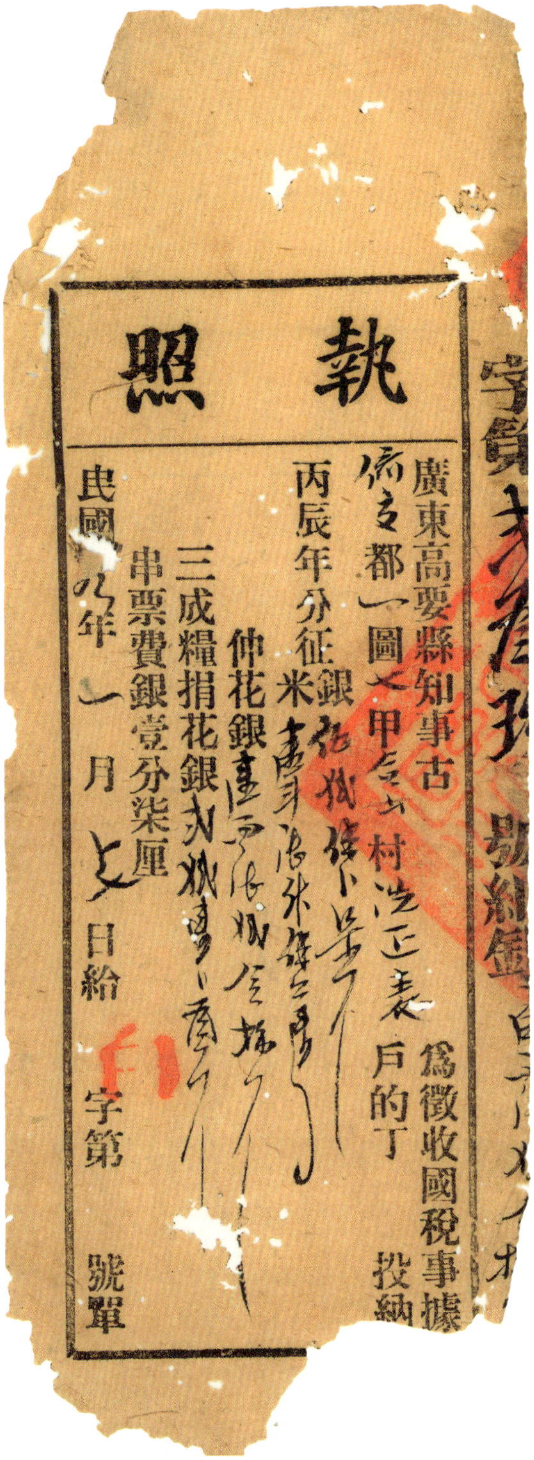

執照

廣東高要縣知事古　為徵收國稅事據
[illegible]都一圖七甲[illegible]村冼正表戶的丁　投納
丙辰年分征米銀 [illegible]
仲花銀 [illegible]
三成糧捐花銀 [illegible]
串票費銀壹分柒厘
民國九年一月十七日給
字第　號單

0005 民国九年一月十七日高要县征收冼正表丙辰年（民国五年）银米执照

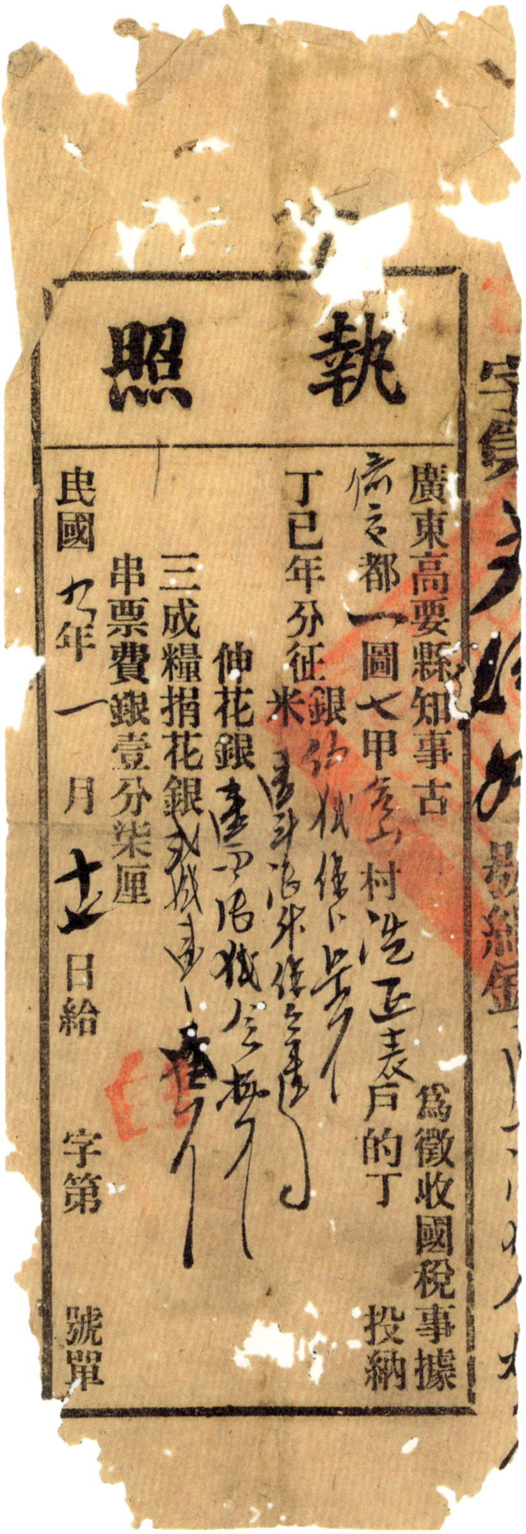

執照

廣東高要縣知事古　為徵收國稅事據
[illegible]都一圖七甲[illegible]村冼正表戶的丁　投納
丁巳年分征米銀 [illegible]
仲花銀 [illegible]
三成糧捐花銀 [illegible]
串票費銀壹分柒厘
民國九年一月十七日給
字第　號單

0006 民国九年一月十七日高要县征收冼正表丁巳年（民国六年）银米执照

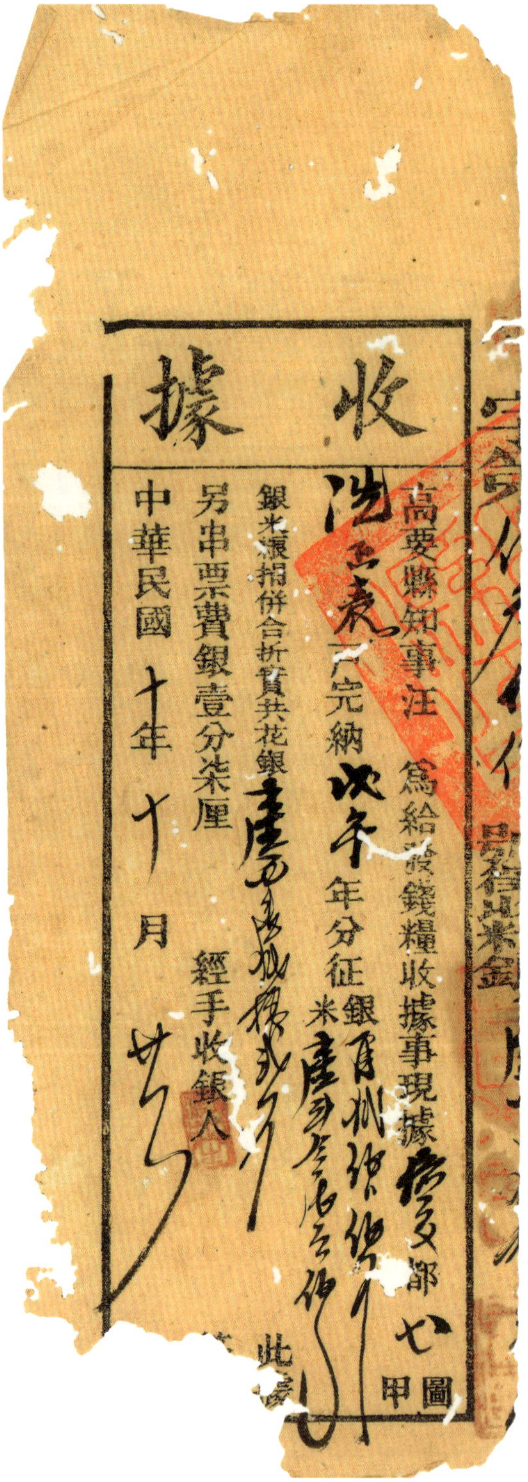
收據
高要縣知事汪 為給發錢糧收據事現據 都 七 圖 甲
冼正表 戶完納 戊午 年分征銀 米
銀米糧捐併合折實共花銀
另串票費銀壹分柒厘
中華民國 十年 十 月 廿三 日 經手收銀人

0007 民国十年十月二十三日高要县征收冼正表戊午年（民国七年）银米收据

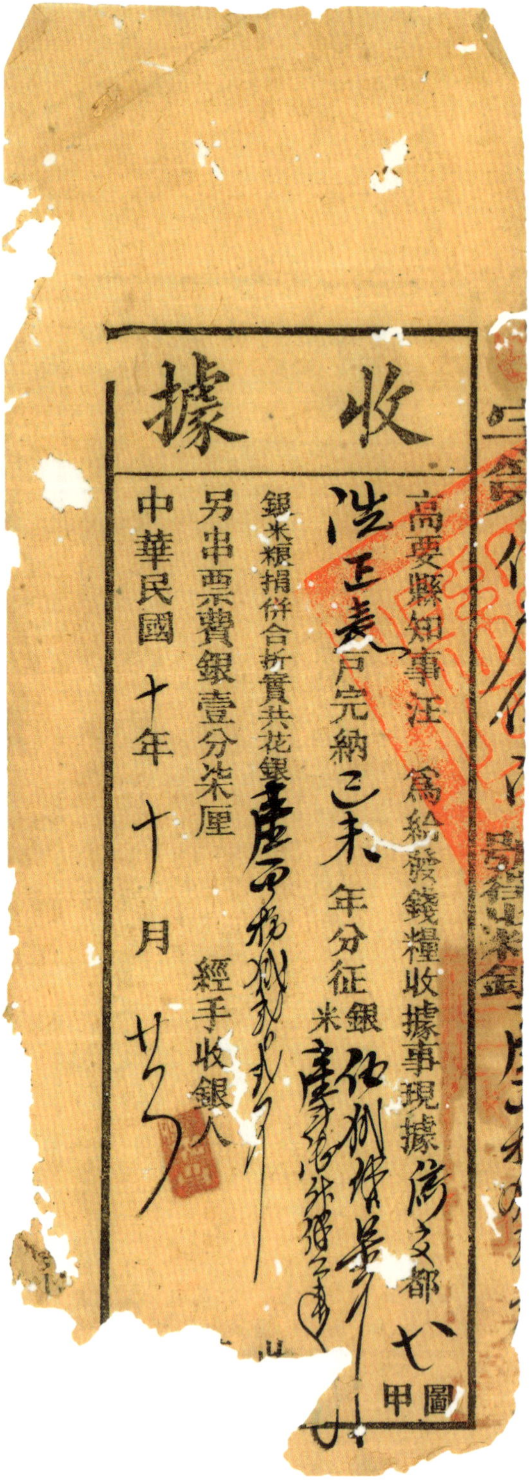
收據
高要縣知事汪 為給發錢糧收據事現據 都 七 圖 甲
冼正表 戶完納 己未 年分征銀 米
銀米糧捐併合折實共花銀
另串票費銀壹分柒厘
中華民國 十年 十 月 廿三 日 經手收銀人

0008 民国十年十月二十三日高要县征收冼正表己未年（民国八年）银米收据

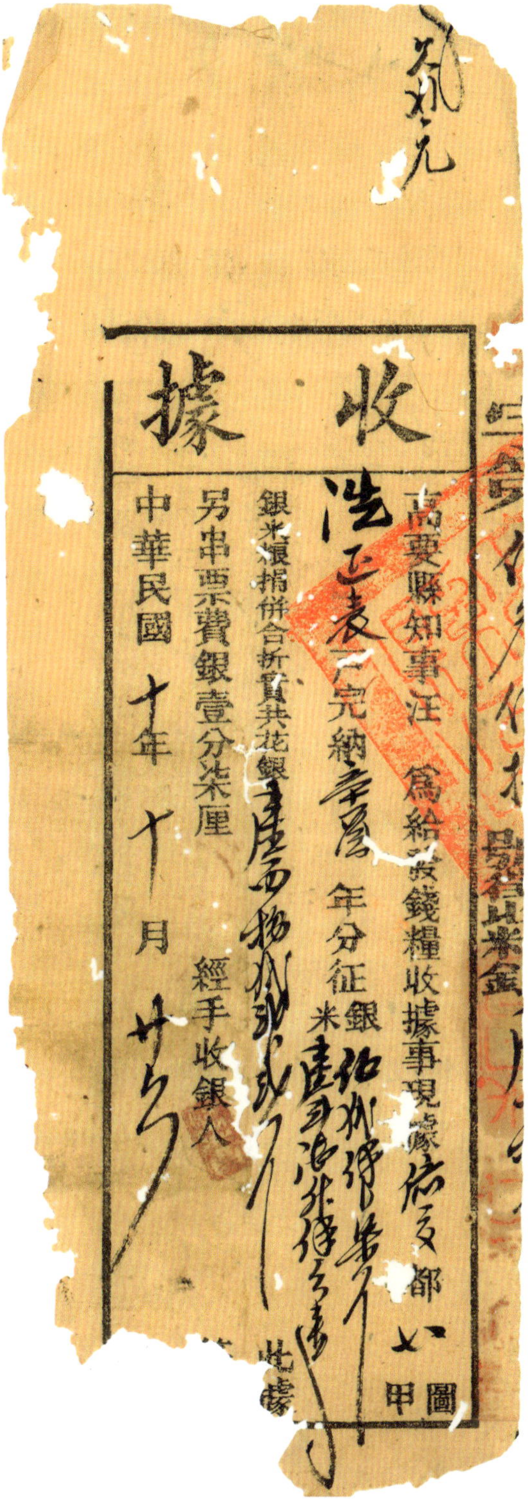
收據
高要縣知事汪　為給發錢糧收據事現據　都　圖　甲
冼正表戶完納辛酉年分征銀米
銀米粮捐併合折實共花銀
另串票費銀壹分柒厘
中華民國十年十月廿三日　經手收銀人

0009 民国十年十月二十三日高要县征收冼正表辛酉年（民国十年）银米收据

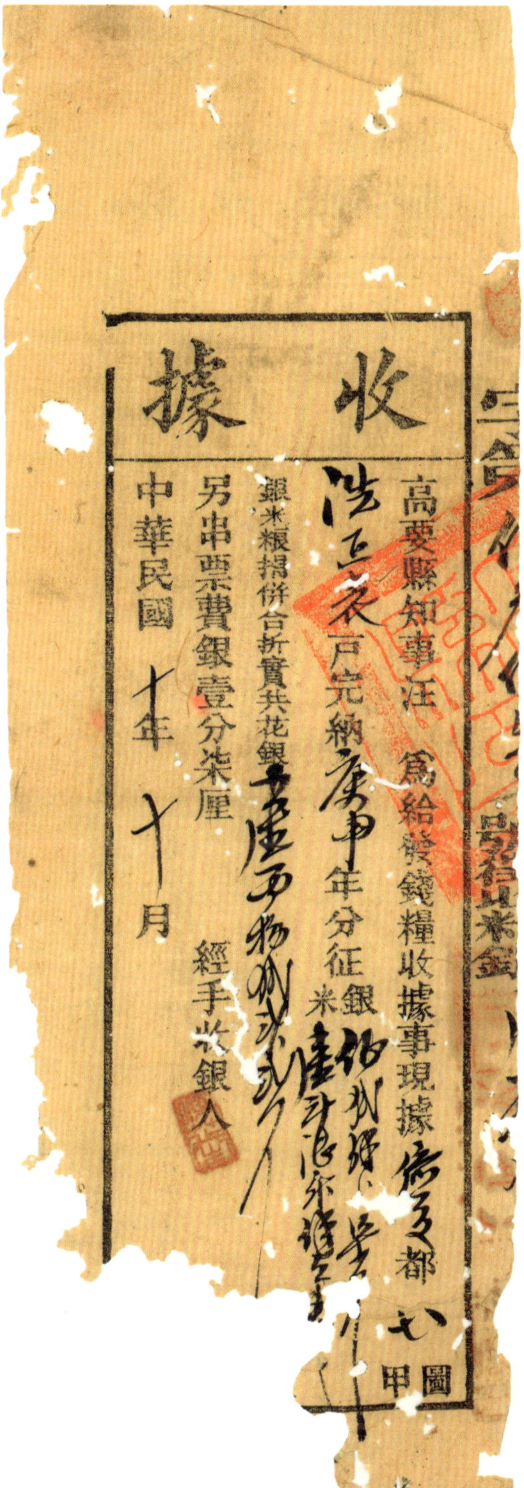
收據
高要縣知事汪　為給發錢糧收據事現據　都　圖　甲
冼正表戶完納庚申年分征銀米
銀米粮捐併合折實共花銀
另串票費銀壹分柒厘
中華民國十年十月　經手收銀人

0010 民国十年十月高要县征收冼正表庚申年（民国九年）银米收据

0011 民国二十一年一月十三日高要县征收冼乐民国二十年钱粮地丁银粮户执照

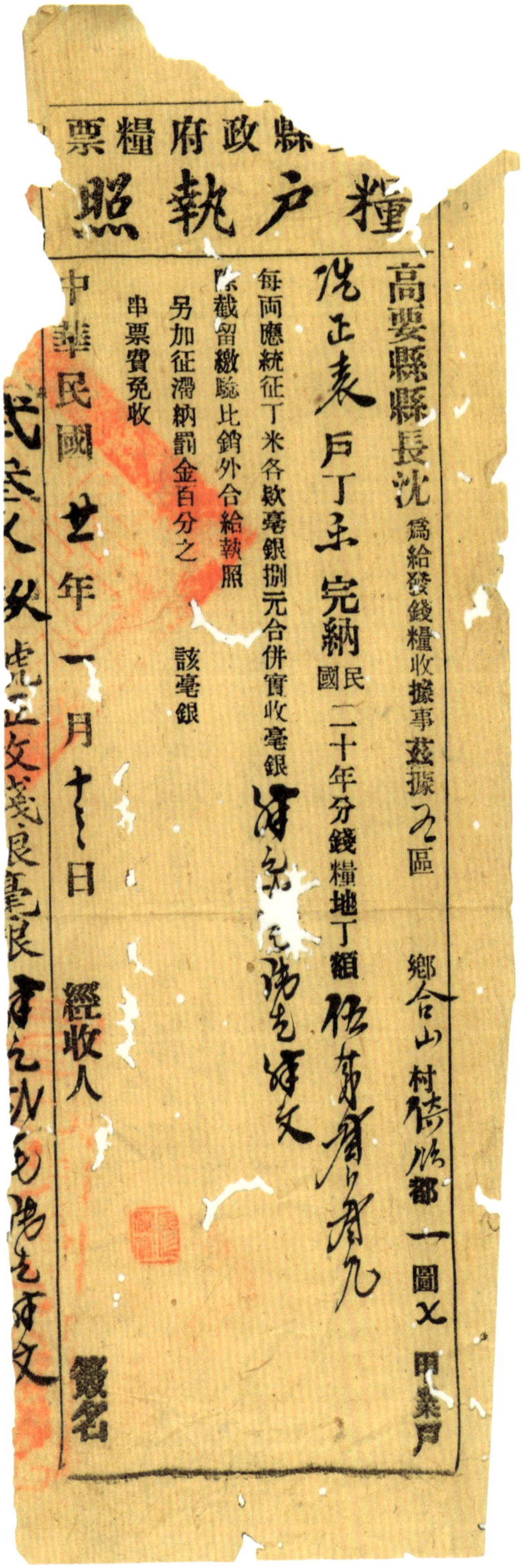

高要縣政府糧票
糧户執照
高要縣縣長沈 為給發錢糧收據事茲據 五區 鄉合山村 都一圖 又甲 業戶
冼乐表 戶丁乐 完納 民國二十年分錢糧地丁額 [illegible]
每兩應統征丁米各款毫銀捌元合併實收毫銀 [illegible]
除截留繳驗比銷外合給執照
另加征滯納罰金百分之 該毫銀
串票費免收
中華民國廿一年 一月 十三日 經收人 簽名

0012 民国年代高要县征收冼乐民国二十一年钱粮地丁银粮户执照

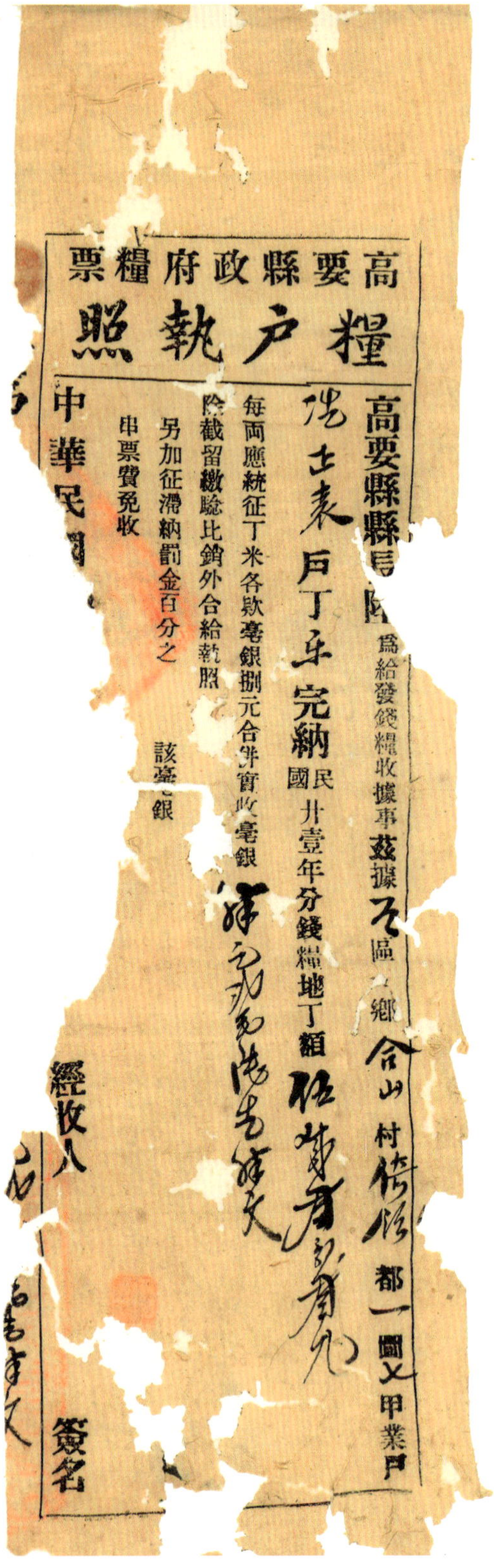

高要縣政府糧票
糧户執照
高要縣縣長 [illegible] 為給發錢糧收據事茲據 五區 鄉合山村 都一圖 又甲 業戶
冼乐表 戶丁乐 完納 民國廿壹年分錢糧地丁額 [illegible]
每兩應統征丁米各款毫銀捌元合併實收毫銀 [illegible]
除截留繳驗比銷外合給執照
另加征滯納罰金百分之 該毫銀
串票費免收
中華民國 經收人 簽名

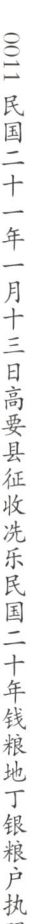

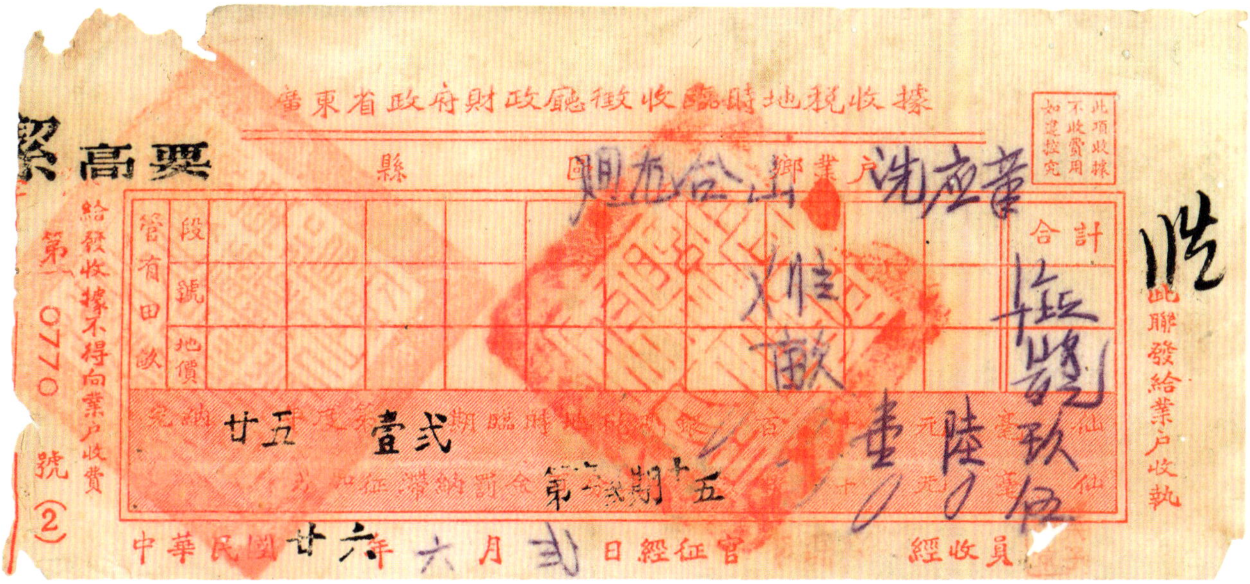

0013 民国二十六年六月二日高要县冼应章临时地税收据

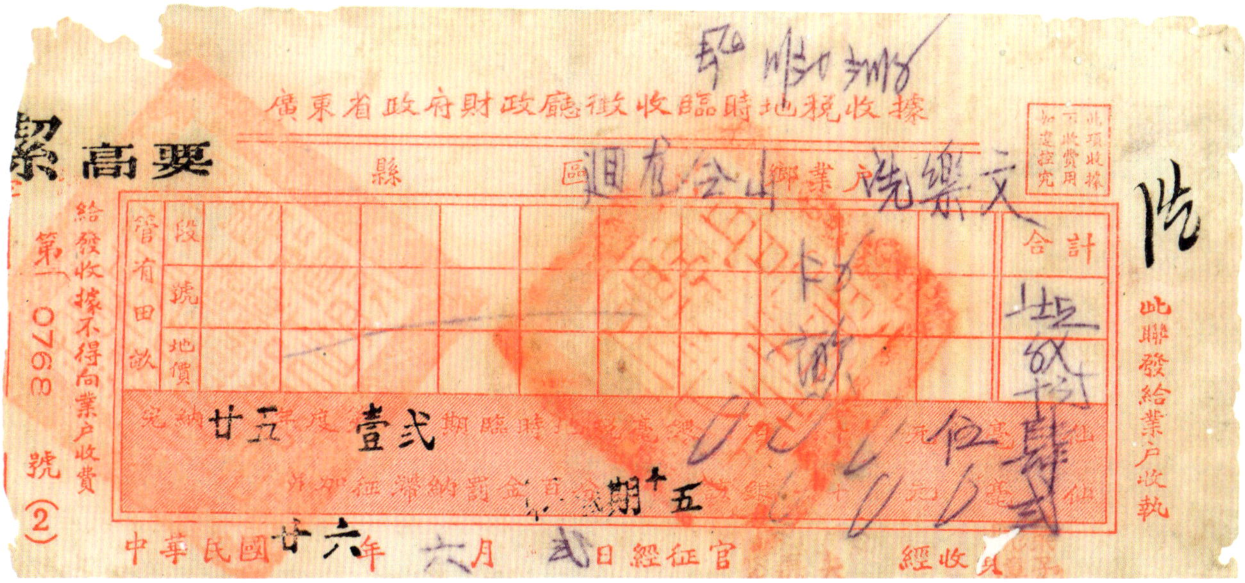

0014 民国二十六年六月二日高要县冼乐文临时地税收据

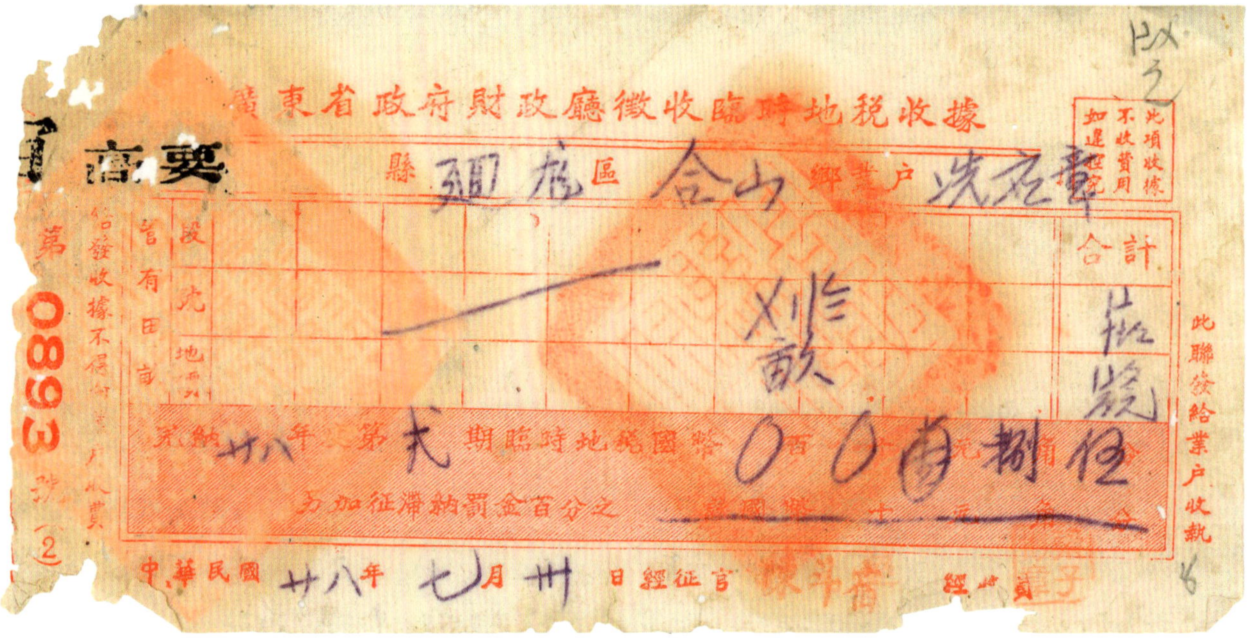
高要
廣東省政府財政廳徵收臨時地税收據
縣 廻龍 區 合山 鄉業户 冼应章
此項收據不收費用如違征究
第 0893 號 (2)
給發收據不得向業户收費
管有田畝 | 段號 | 地價 | 合計
畝
完納廿八年度第六期臨時地税國幣 0 百 0 十 0 元 捌角 伍分
另加征滯納罰金百分之 該國幣 十 元 角 分
中華民國 廿八年 七月 卅 日經征官 經收員
此聯發給業户收執

0015 民国二十八年七月三十日高要县冼应章临时地税收据

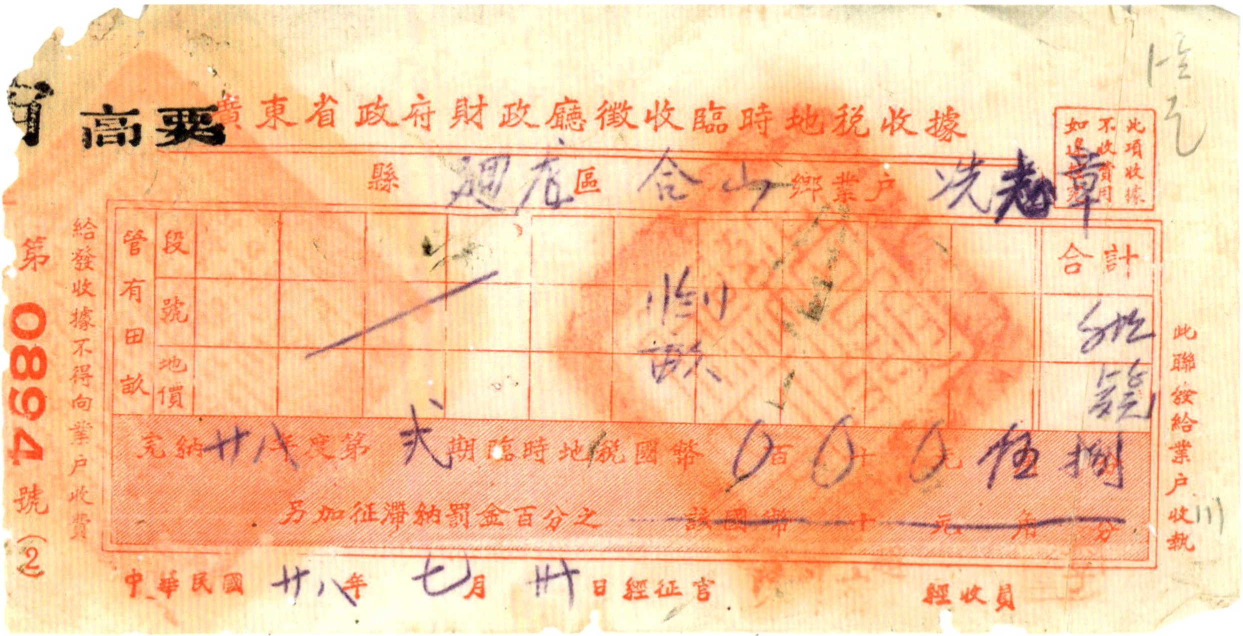
高要
廣東省政府財政廳徵收臨時地税收據
縣 廻龍 區 合山 鄉業户 冼志章
此項收據不收費用如違征究
第 0894 號 (2)
給發收據不得向業户收費
管有田畝 | 段號 | 地價 | 合計
畝
完納廿八年度第六期臨時地税國幣 0 百 0 十 0 元 伍角 捌分
另加征滯納罰金百分之 該國幣 十 元 角 分
中華民國 廿八年 七月 卅 日經征官 經收員
此聯發給業户收執

0016 民国二十八年七月三十日高要县冼志章临时地税收据

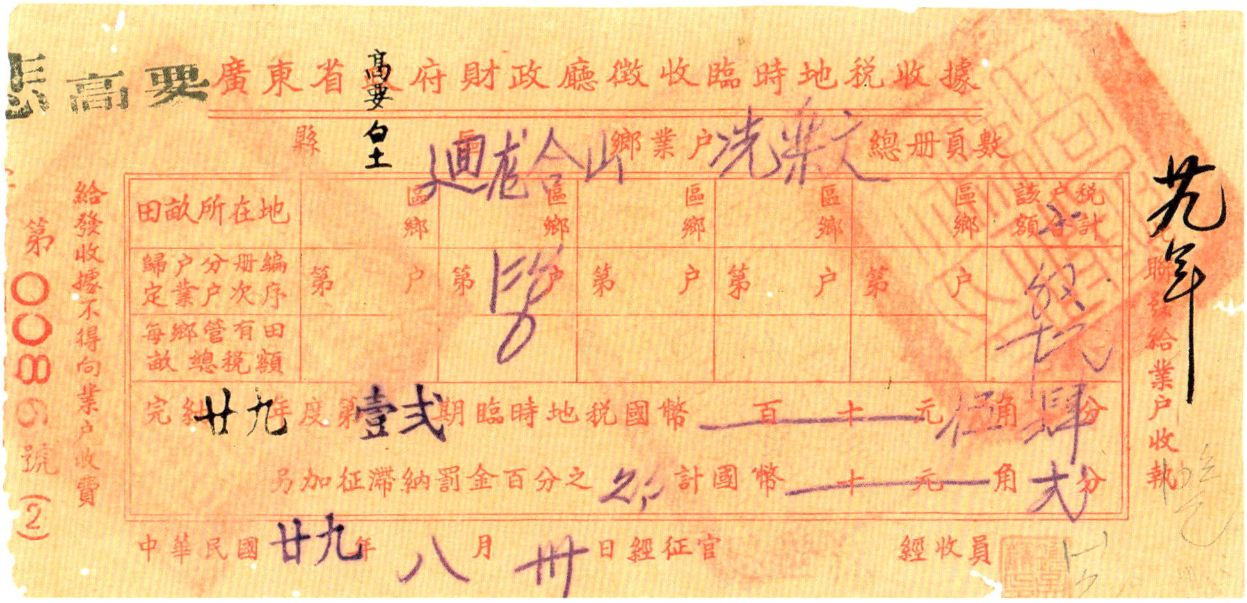

0017-1 民国二十九年八月三十日高要县冼乐文临时地税收据（正面）

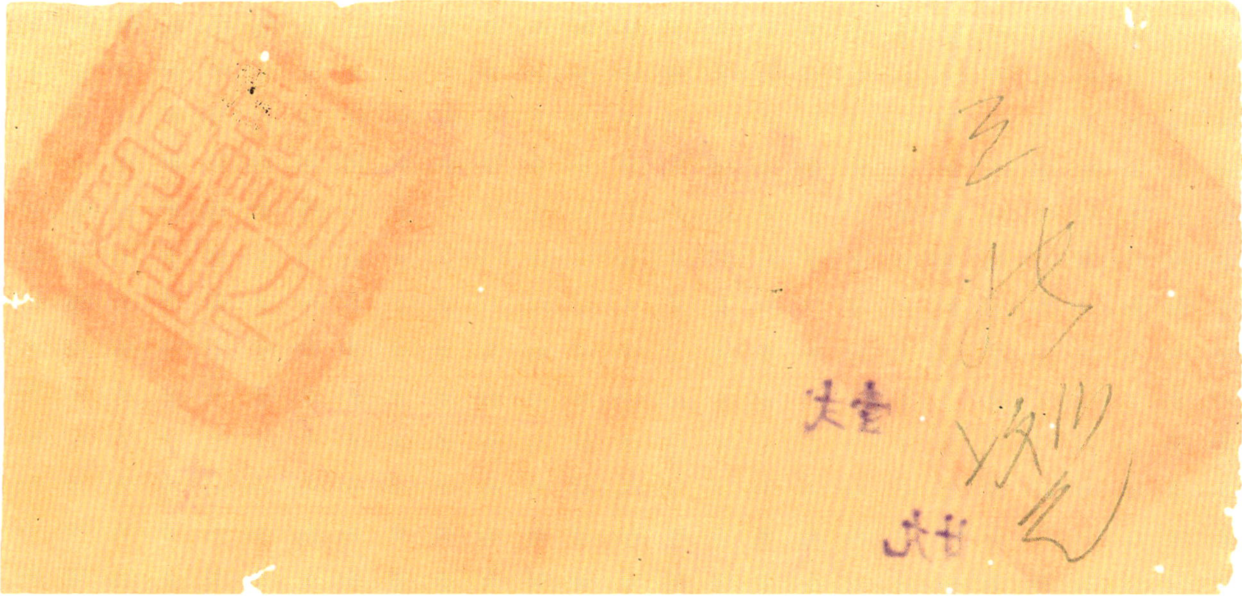

0017-2 民国二十九年八月三十日高要县冼乐文临时地税收据（背面）

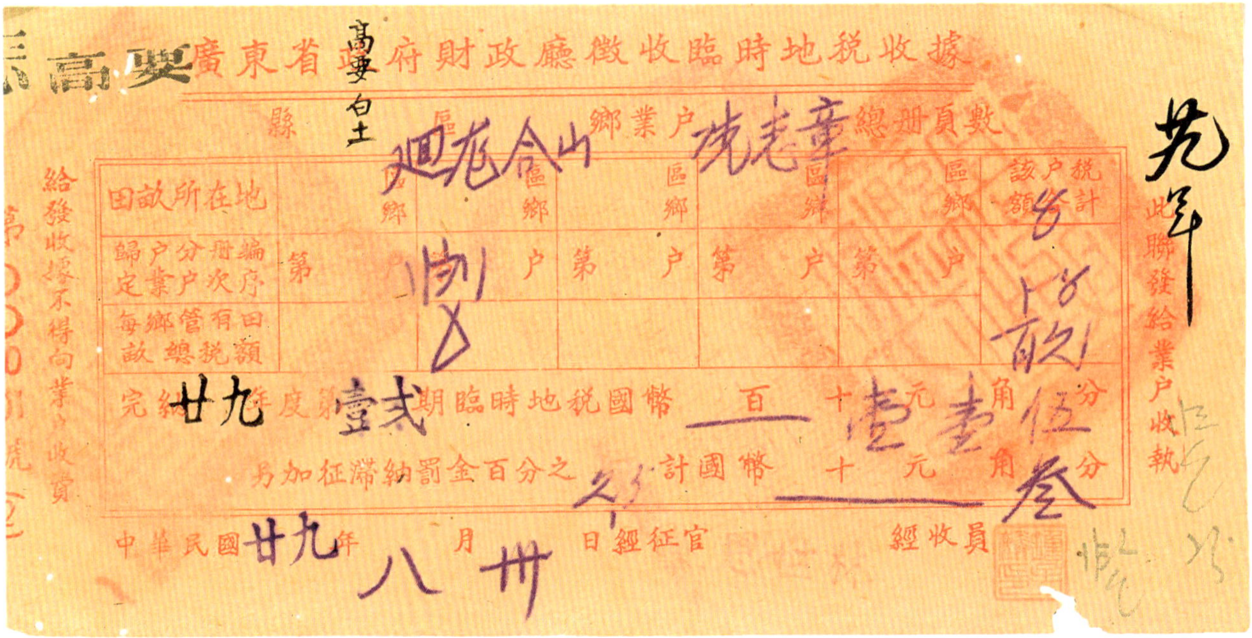

0018 民国二十九年八月三十日高要县冼志章临时地税收据

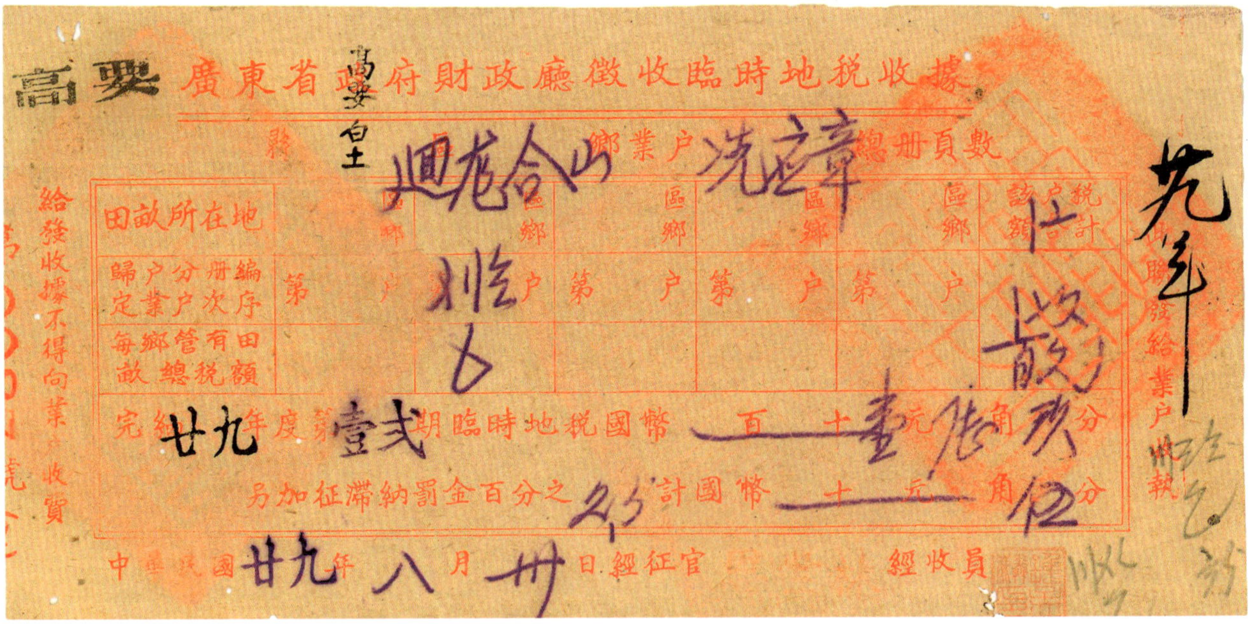

0019 民国二十九年八月三十日高要县冼应章临时地税收据

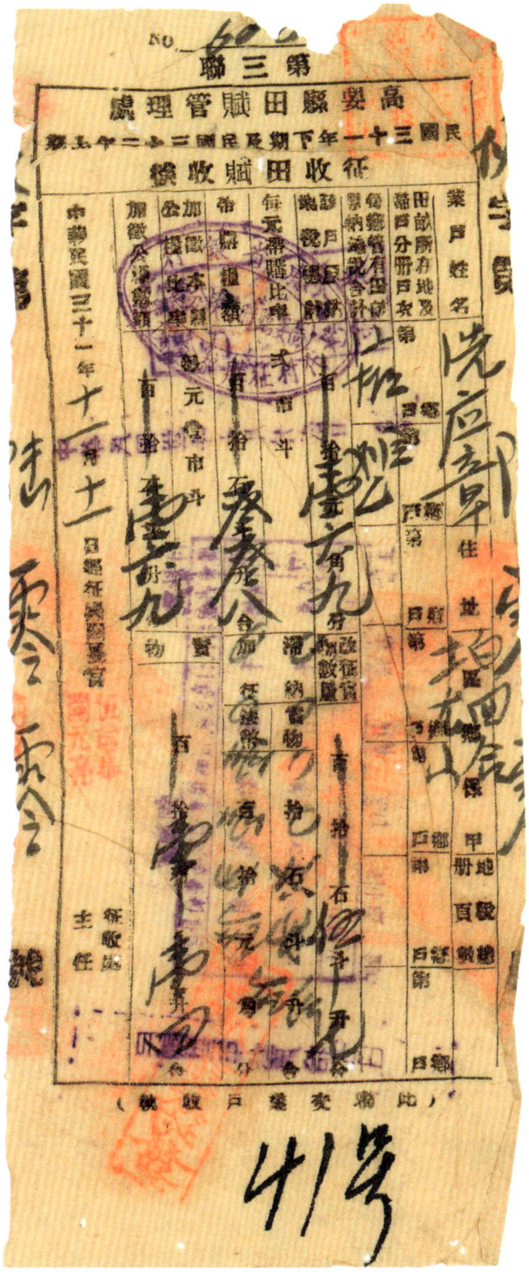

0020—1 民国三十一年十一月十一日高要县田赋管理处征收冼应章田赋收条（正面）

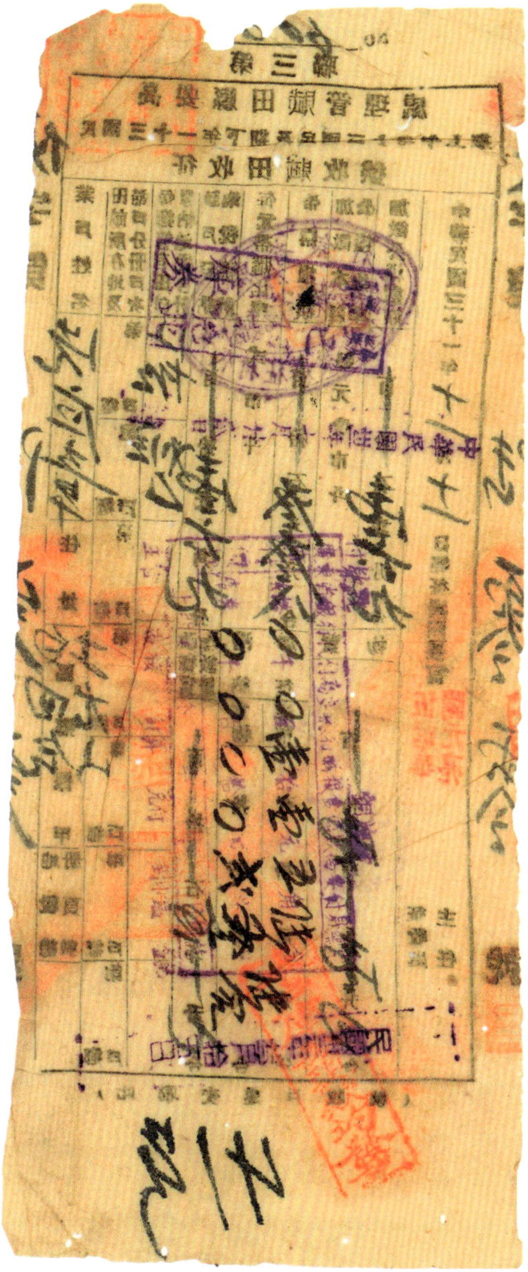

0020—2 民国三十一年十一月十一日高要县田赋管理处征收冼应章田赋收条（背面）

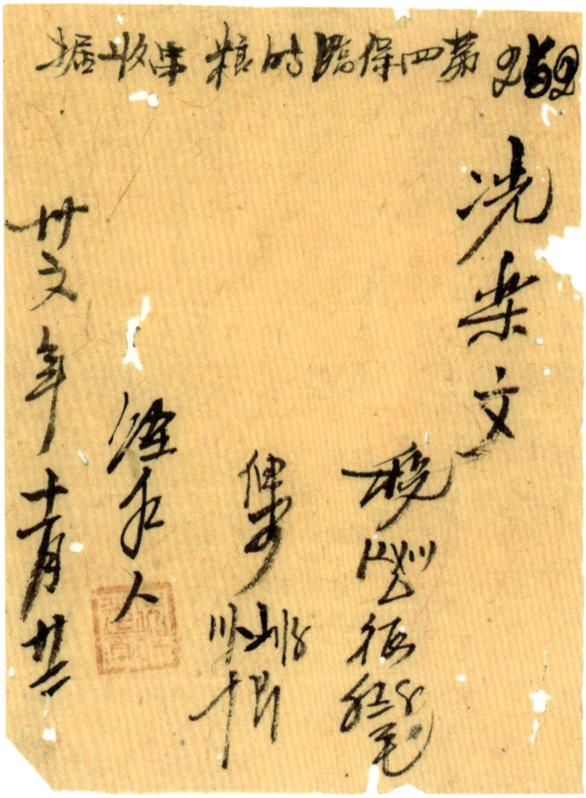
第四保临时粮串收据
冼乐文
卅六年十一月廿二

0021 民国三十六年十一月二十二日高要县冼乐文临时粮串收据

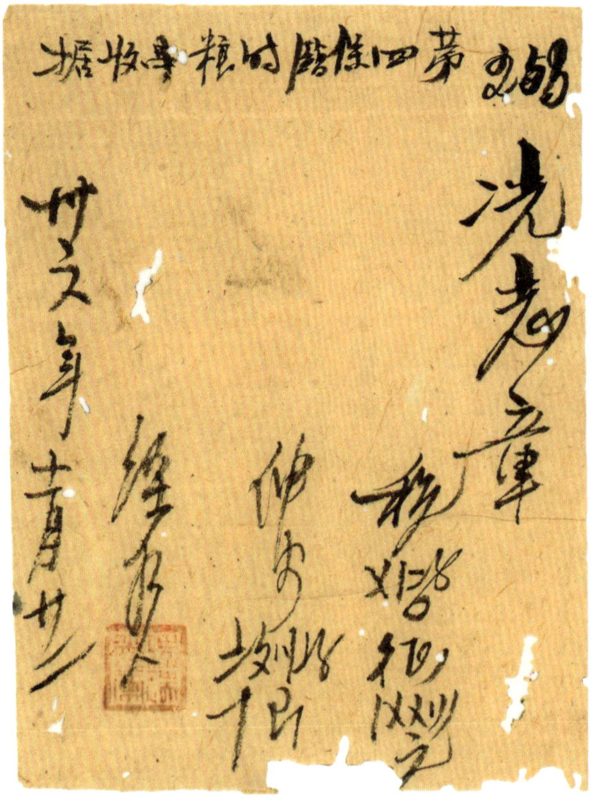
第四保临时粮串收据
冼志章
卅六年十一月廿二

0022 民国三十六年十一月二十二日高要县冼志章临时粮串收据

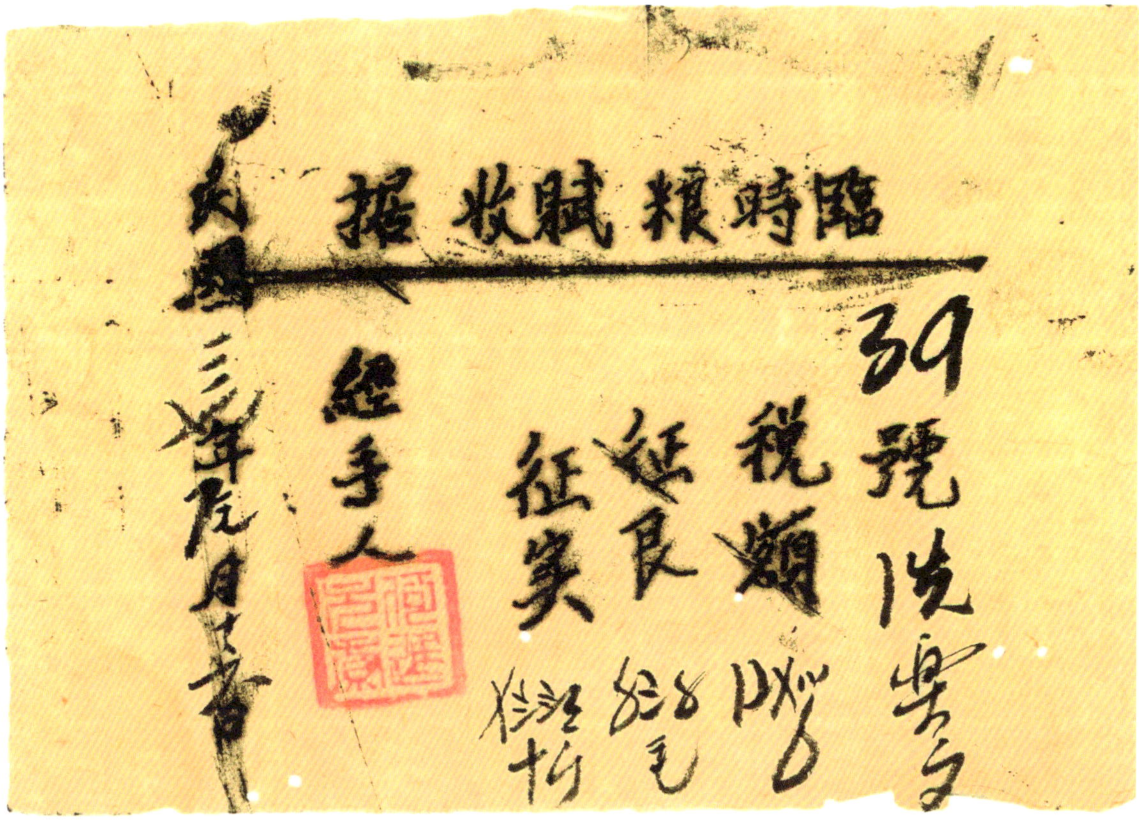

0023 民国三十七年元月十六日高要县回龙区合山乡冼乐文临时粮赋收据

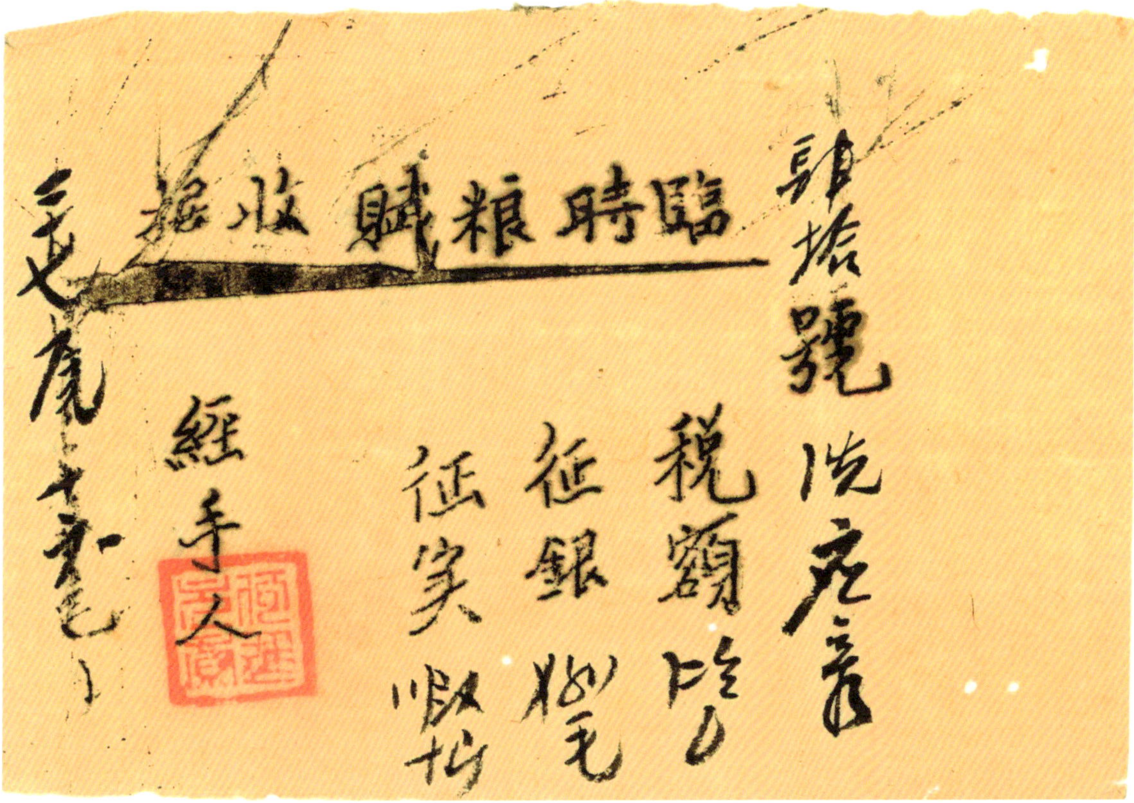

0024 民国三十七年元月十六日高要县回龙区合山乡冼应新临时粮赋收据

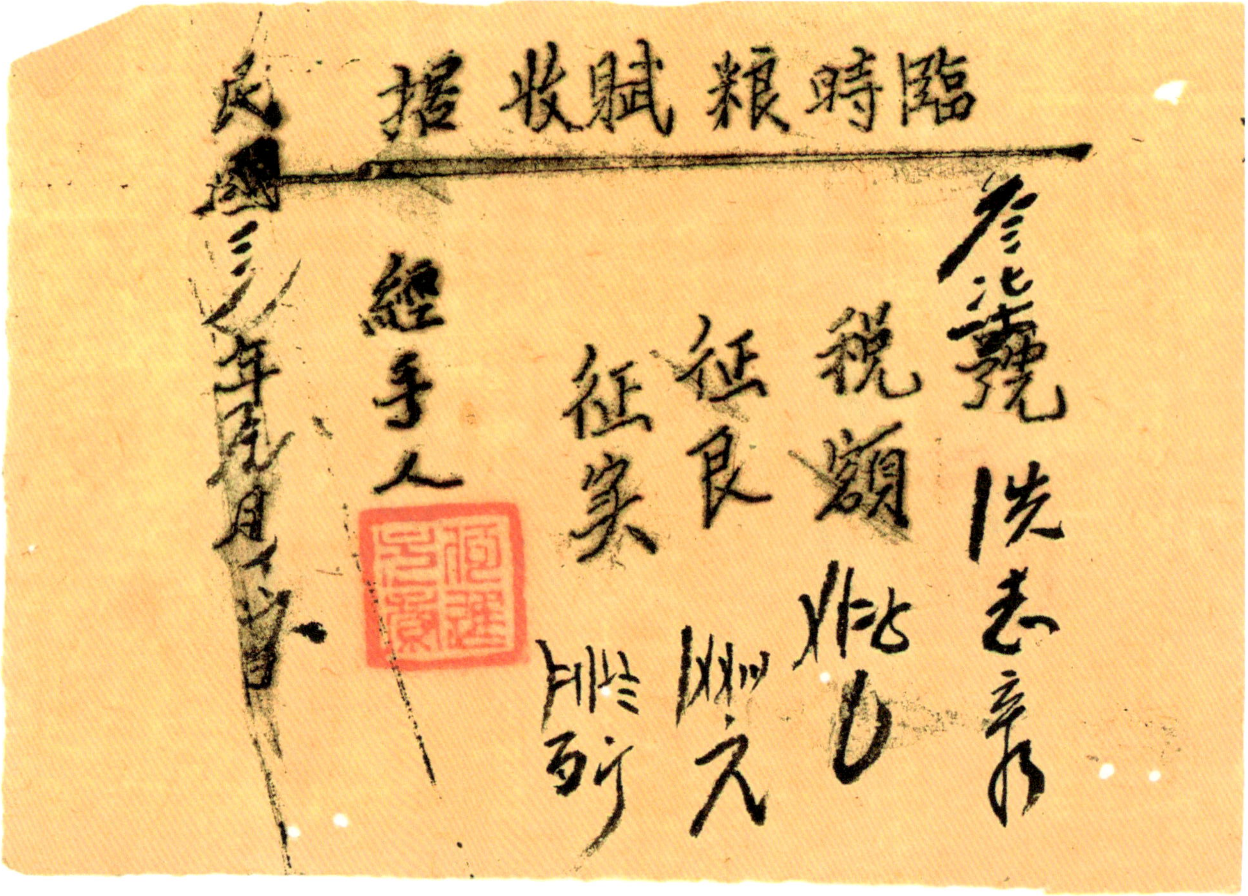
臨時粮賦收据

户號 冼志新

税額

征良

征实

經手人

民國三十七年元月十六日

0025 民国三十七年元月十六日高要县冼志新临时粮赋收据

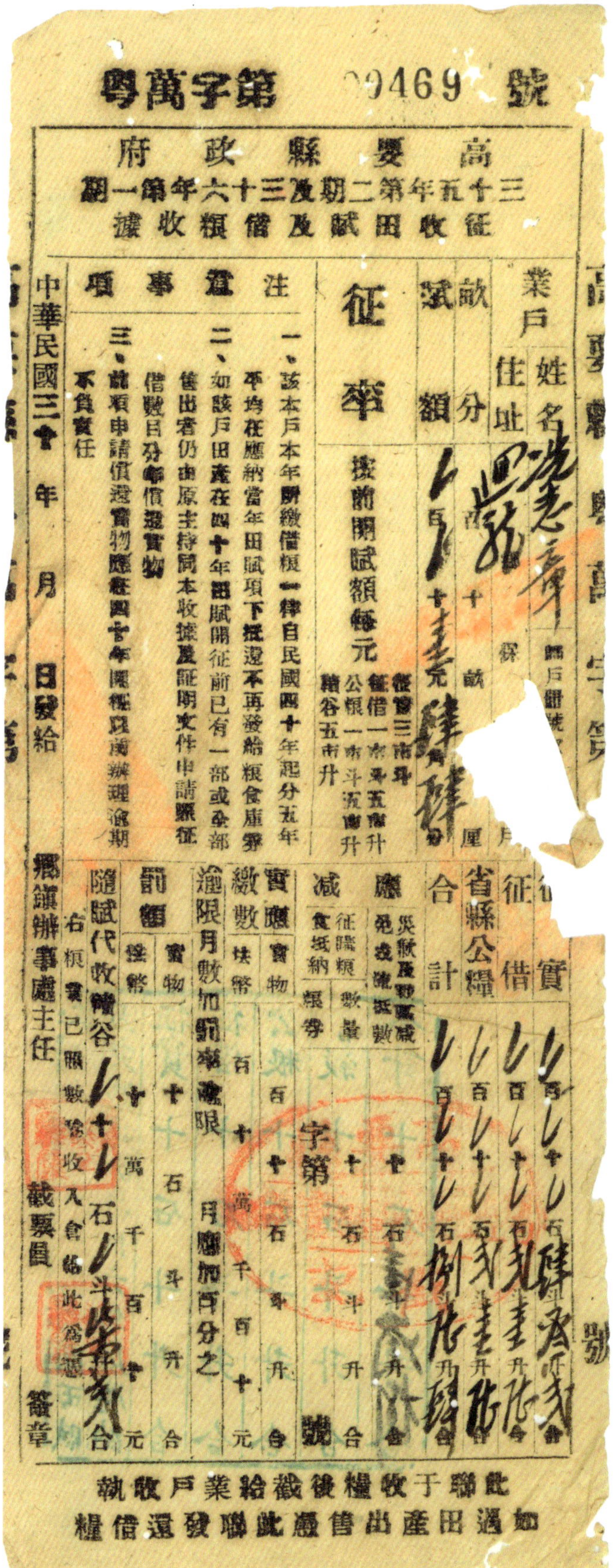

粵萬字第 00469 號

高要縣政府
三十五年第二期及三十六年第一期
征收田賦及借糧收據

業戶姓名	冼志章
住址	
畝分	
賦額	

征率：按前期賦額每元 征實三市斗 征借一市斗五市升 公糧一市斗五市升 隨谷五市升

注意事項

一、該本戶本年所繳借糧一律自民國四十年起分五年平均在應納當年田賦項下抵還不再發給糧食庫券

二、如該戶田產在四十年田賦開征前已有一部或全部售出者仍由原主持同本收據及證明文件申請照征借賦日分年償還實物

三、前項申請償還實物應在四十年開征以前辦理逾期不負責任

中華民國三十六年 月 日發給

征實	百 十 石 斗 升 合
征借	百 十 石 斗 升 合
省縣公糧	百 十 石 斗 升 合
合計	百 十 石 斗 升 合
應減 災歉及特殊減免或減征數	十 石 斗 升 合
減 征購糧數量 實征納糧券	字第 號
實應繳數 實物	百 十 石 斗 升 合
實應繳數 法幣	百 十 萬 千 百 十 元
逾限月數加罰率	逾限 月應加百分之
罰額 實物	十 石 斗 升 合
罰額 法幣	十 萬 千 百 十 元
隨賦代收積谷	十 石 斗 升 合

右糧業已照數驗收入倉給此爲憑

鄉鎮辦事處主任 截票員 簽章

此聯于收糧後截給業戶收執
如遇田產出售應將此聯發還借糧

0026 民国三十□年高要县征收冼志章田赋及借粮收据

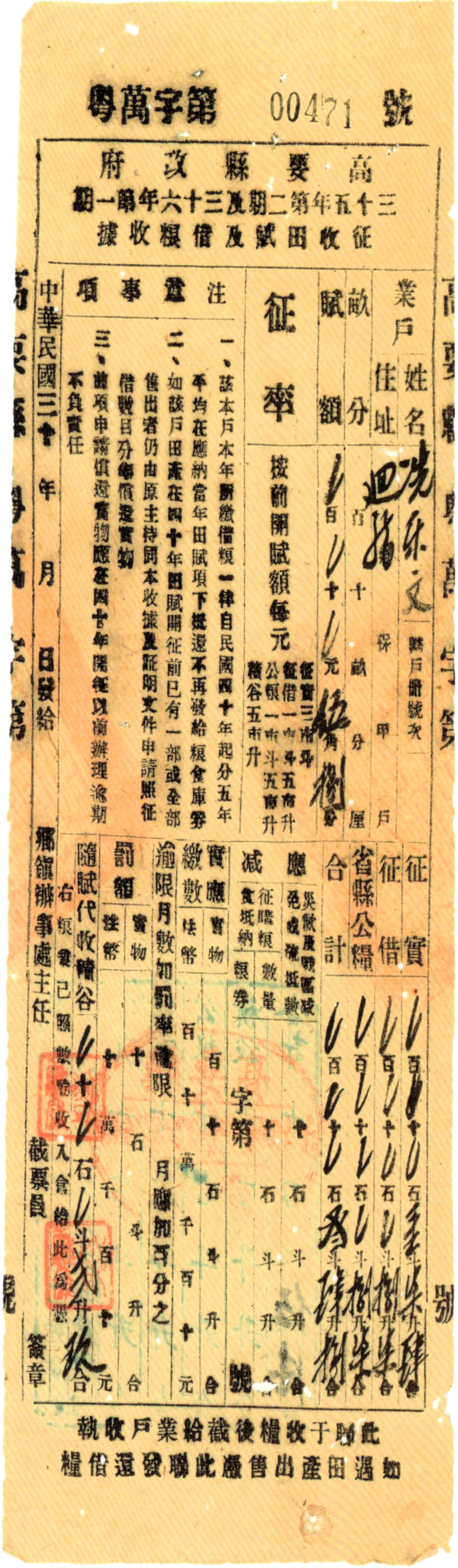

粤萬字第 00471 號

高要縣政府

三十五年第二期及三十六年第一期征收田賦及借糧收據

業戶姓名 冼乐文

住址 迴龍

畝分　十　畝　分　厘

賦額　百　十　元　角　分

征率 按前開賦額每元 征實三市斗 征借一市斗五市升 公糧一市斗五市升 積谷五市升

注意事項

一、該本戶本年所繳借糧一律自民國四十年起分五年平均在應納當年田賦項下抵還不再發給糧食庫券

二、如該戶田產在四十年田賦開征前已有一部或全部售出者仍由原主持同本收據及証明文件申請照征借數目分年償還實物

三、前項申請償還實物應在四十年開征以前辦理逾期不負責任

中華民國三十　年　月　日發給

征實　百　十　石　斗　升　合

征借　百　十　石　斗　升　合

省縣公糧　百　十　石　斗　升　合

合計　百　十　石　斗　升　合

應減 災歉及戰區減免或強征抵繳　實物　十　石　斗　升　合

食抵納糧券　字第　號

實繳數 實物　百　十　石　斗　升　合

逾限月數加罰率 逾限　月應加罰百分之

罰鍰 實物　十　石　斗　升　合

隨賦代收積谷　十　石　斗　升　合

右糧業已照數驗收入倉給此為憑

鄉鎮辦事處主任

截票員　簽章

此聯于收糧後截給業戶收執

如遇田產出售應憑此聯發還借糧

0027−1 民国三十□年高要县政府征收冼乐文田赋及借粮收据（正面）

0027−2 民国三十□年高要县政府征收冼乐文田赋及借粮收据（背面）

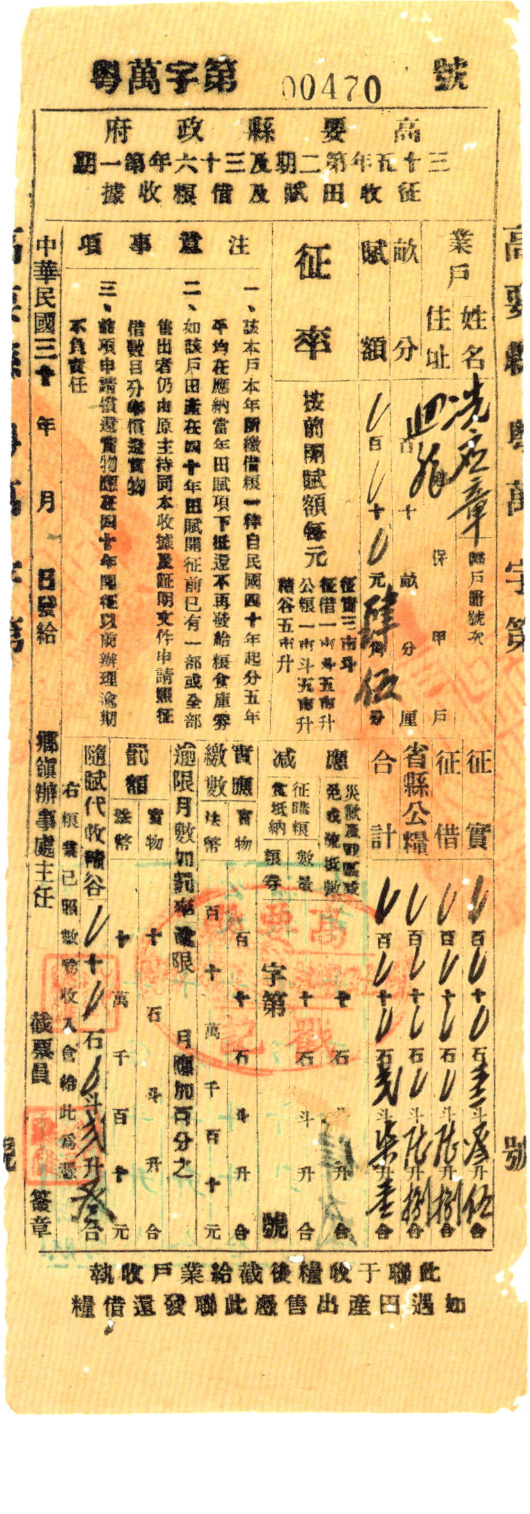

0028-1 民国三十□年高要县政府征收冼应章田赋及借粮收据（正面）

0028-2 民国三十□年高要县政府征收冼应章田赋及借粮收据（背面）

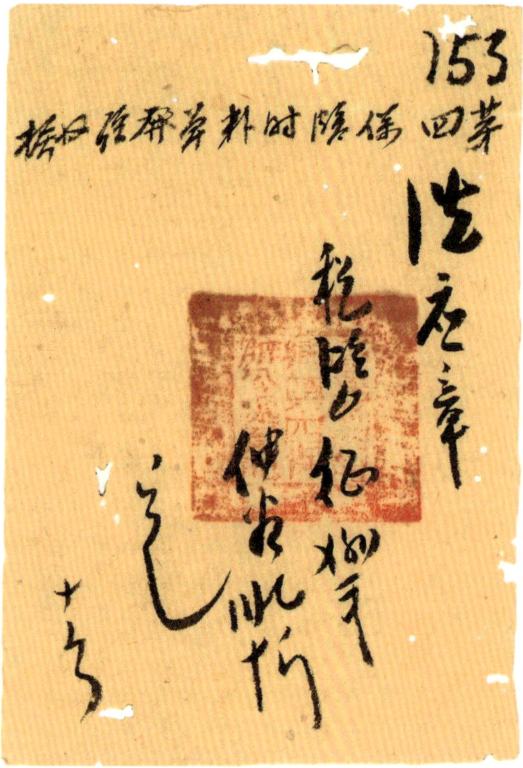

0029 民国年间高要县冼应章临时补单发给收据

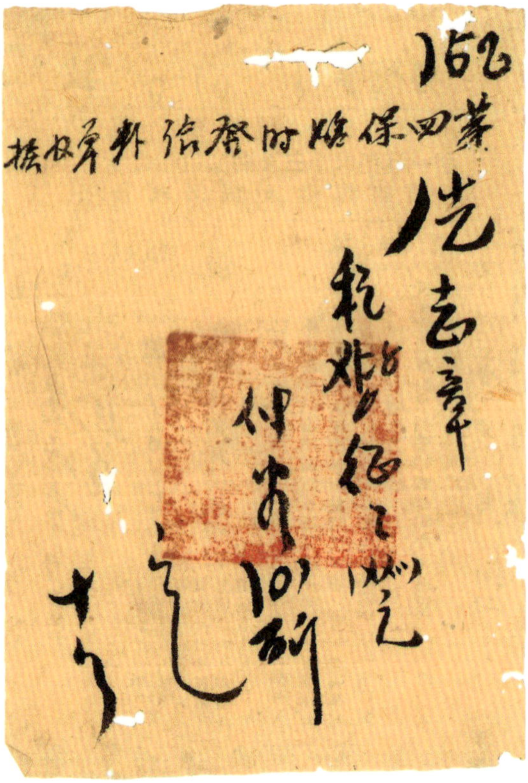

0030 民国年间高要县冼志章临时发给补单收据

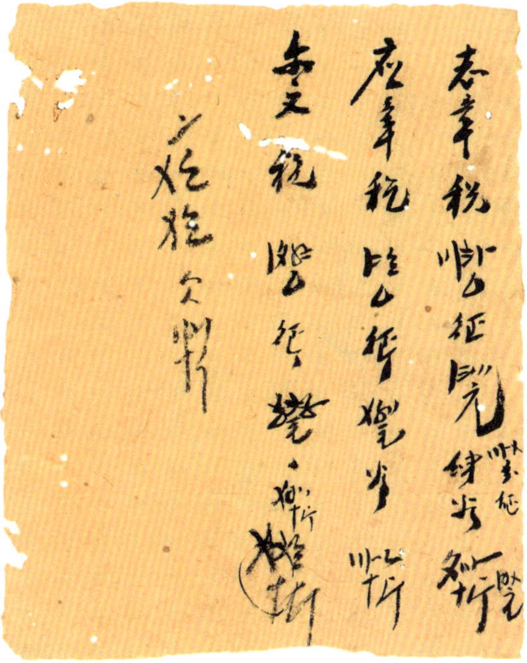

0031 民国年间高要县冼志章等缴税凭条

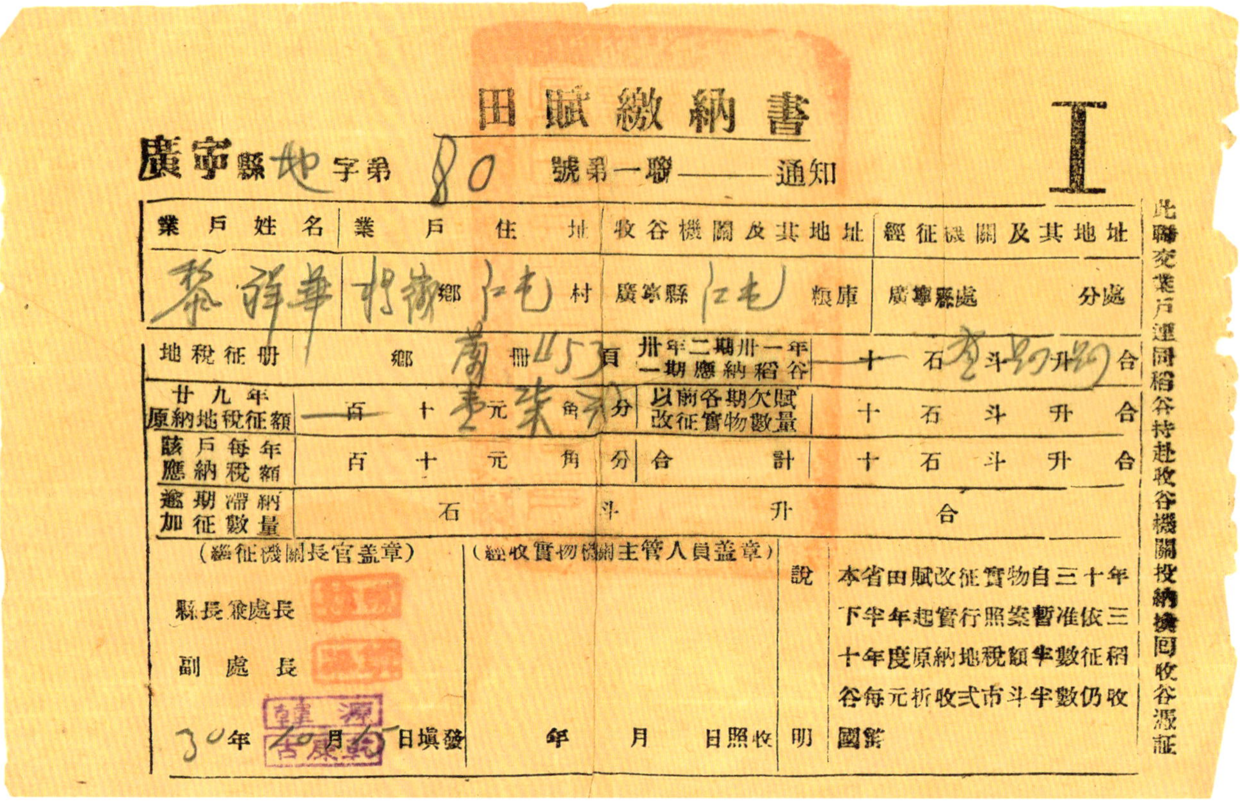
田賦繳納書 I

廣寧縣 地 字第 80 號第一聯——通知

業戶姓名	業戶住址	收谷機關及其地址	經征機關及其地址
黎祥華	杉樹鄉 江屯 村	廣寧縣 江屯 糧庫	廣寧縣處 分處

地稅征冊	鄉 簡 冊 115 頁	卅年二期卅一年一期應納稻谷	一十 石 叁斗 升 合
廿九年原納地稅征額	一百 十 壹元 柒角 分	以前各期欠賦改征實物數量	十 石 斗 升 合
該戶每年應納稅額	百 十 元 角 分	合計	十 石 斗 升 合
逾期滯納加征數量	石 斗 升 合		

（經征機關長官蓋章） 縣長兼處長 副處長 30年10月5日填發

（經收實物機關主管人員蓋章） 年 月 日照收

說明：本省田賦改征實物自三十年下半年起實行照案暫准依三十年度原納地稅額半數征稻谷每元折收式市斗半數仍收國幣

此聯交業戶運同稻谷持赴收谷機關投納換回收谷憑証

0001 民国三十年十月广宁县黎祥华田赋缴纳书第一联

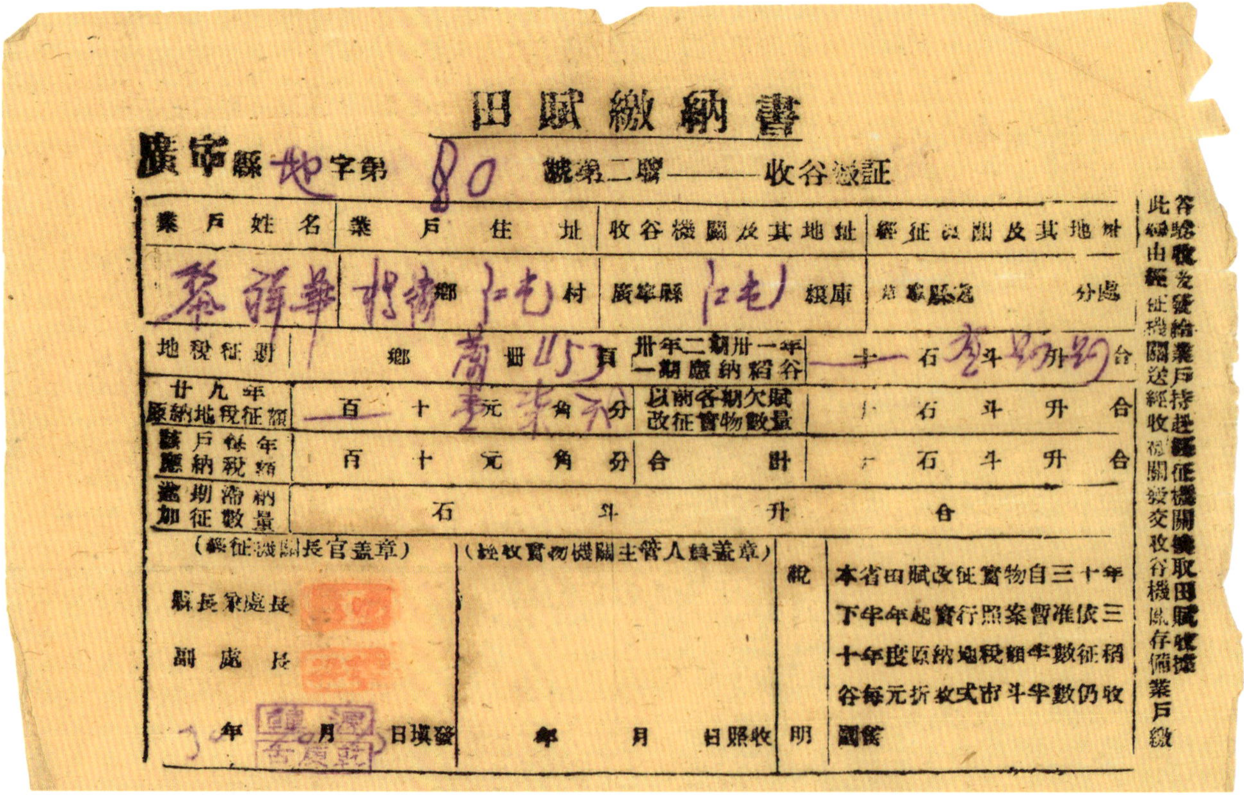
田賦繳納書

廣寧縣 地 字第 80 號第二聯——收谷憑証

業戶姓名	業戶住址	收谷機關及其地址	經征機關及其地址
黎祥華	杉樹鄉 江屯 村	廣寧縣 江屯 糧庫	廣寧縣處 分處

地稅征冊	鄉 簡 冊 115 頁	卅年二期卅一年一期應納稻谷	一十 石 叁斗 升 合
廿九年原納地稅征額	一百 十 壹元 柒角 分	以前各期欠賦改征實物數量	十 石 斗 升 合
該戶每年應納稅額	百 十 元 角 分	合計	十 石 斗 升 合
逾期滯納加征數量	石 斗 升 合		

（經征機關長官蓋章） 縣長兼處長 副處長 30年10月 日填發

（經收實物機關主管人員蓋章） 年 月 日照收

說明：本省田賦改征實物自三十年下半年起實行照案暫准依三十年度原納地稅額半數征稻谷每元折收式市斗半數仍收國幣

此聯由經征機關送經收谷機關發交業戶繳谷驗收後發給業戶持赴經征機關換取田賦收據

0002 民国三十年十月广宁县黎祥华田赋缴纳书第二联

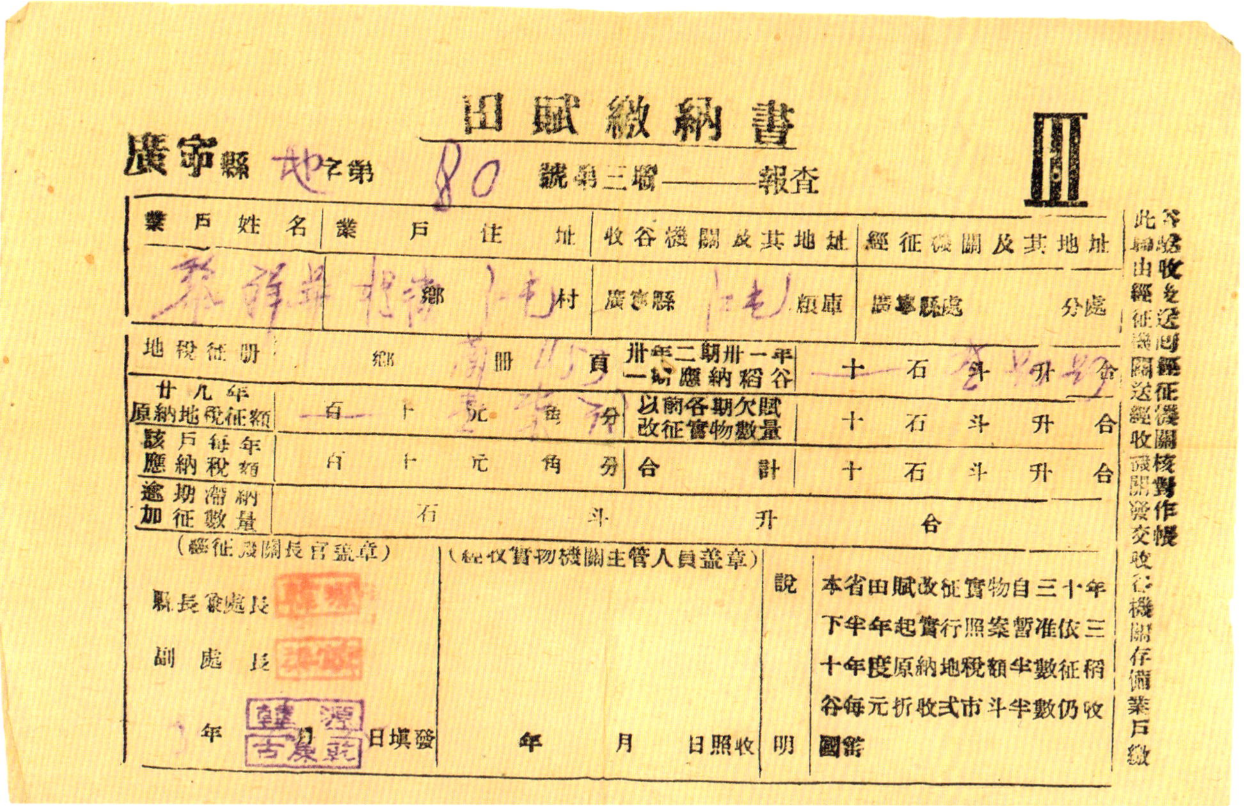

田賦繳納書

III

廣寧縣 武字第 80 號第三聯——報查

業戶姓名	業戶住址	收谷機關及其地址	經征機關及其地址
黎祥華	鄉 村	廣寧縣 糧庫	廣寧縣處 分處

地稅征冊	鄉 冊 頁	卅年二期卅一年一期應納稻谷	十 石 斗 升 合
廿九年原納地稅征額	百 十 元 角 分	以前各期欠賦改征實物數量	十 石 斗 升 合
該戶每年應納稅額	百 十 元 角 分	合計	十 石 斗 升 合
遞增帶納加征數量	石 斗 升 合		

（經征機關長官蓋章）
縣長兼處長
副處長
年 月 日填發

（經收實物機關主管人員蓋章）
年 月 日照收

說明：本省田賦改征實物自三十年下半年起實行照案暫准依三十年度原納地稅額半數征稻谷每元折收式市斗半數仍收國幣

此聯由經征機關送經收機關交收谷機關存備業戶繳谷時經收機關核對作據

0003 民国三十年十月广宁县黎祥华田赋缴纳书第三联

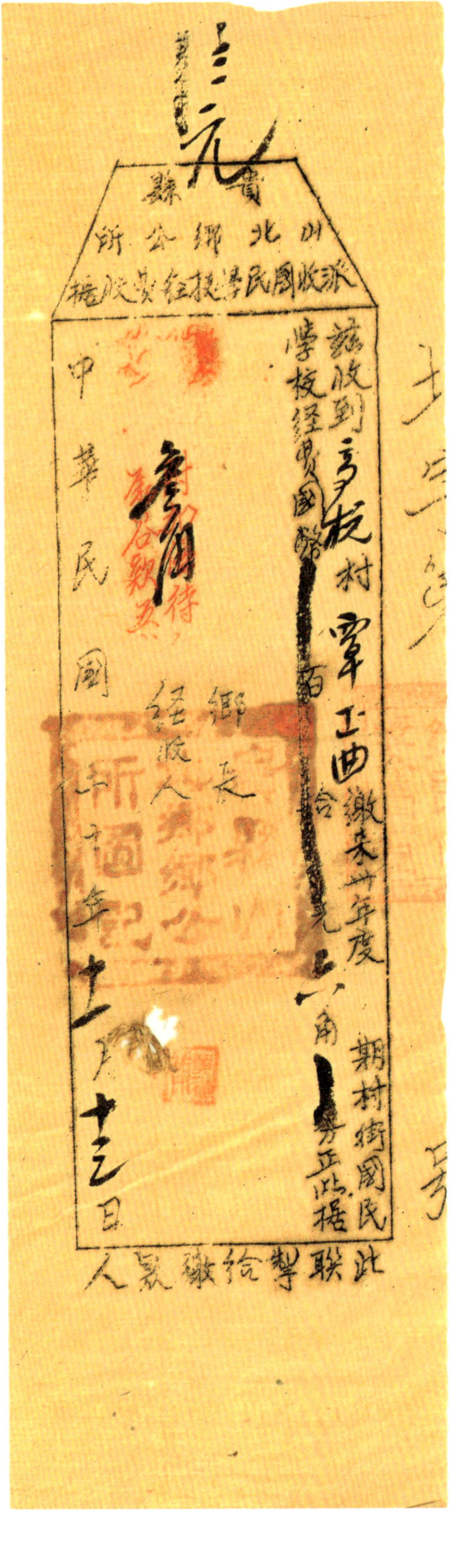

貴縣川北鄉公所派收國民學校經費收據

茲收到　村覃正曲繳來卅年度學校經費國幣　元　角　分正此據

中華民國卅年十一月十三日

鄉長
經收人

此聯掣給繳款人

0001 民国三十年十一月十三日贵县派收覃正曲民国三十年度国民学校经费收据

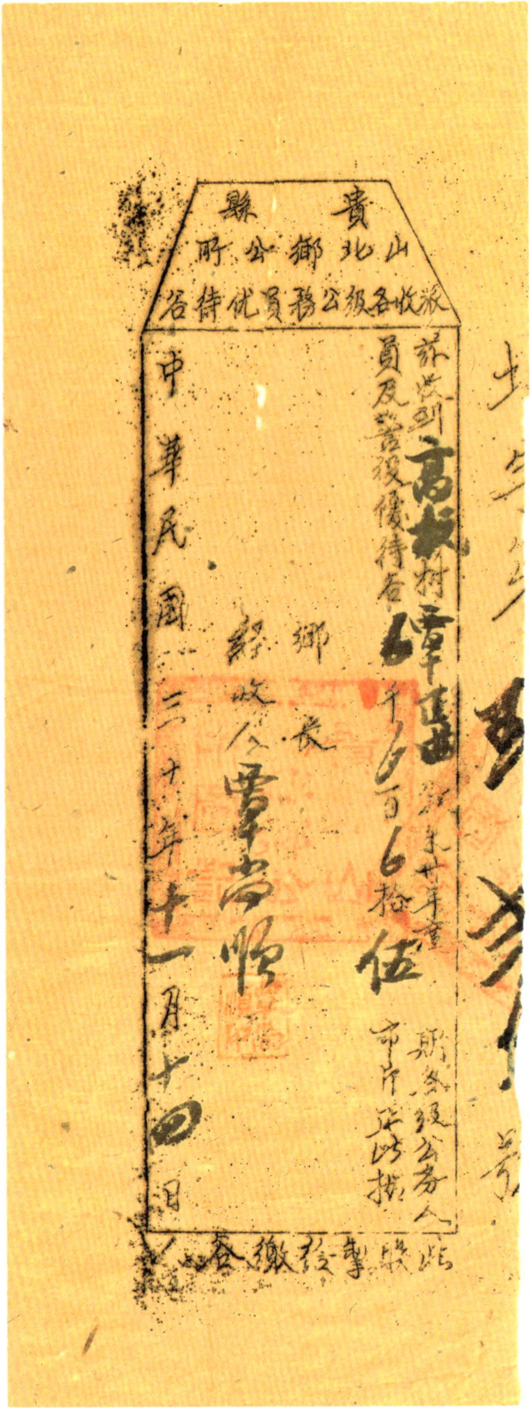

貴縣山北鄉公所派收各級公務員優待谷

茲收到高嶺村覃正曲繳來卅年度各級公務員及警役優待谷　斤正此據

中華民國三十年十一月十四日

鄉長
經收人

此聯掣給繳谷人

0002 民国三十年十一月十四日贵县派收覃正曲民国三十年度各级公务人员及警役优待谷收据

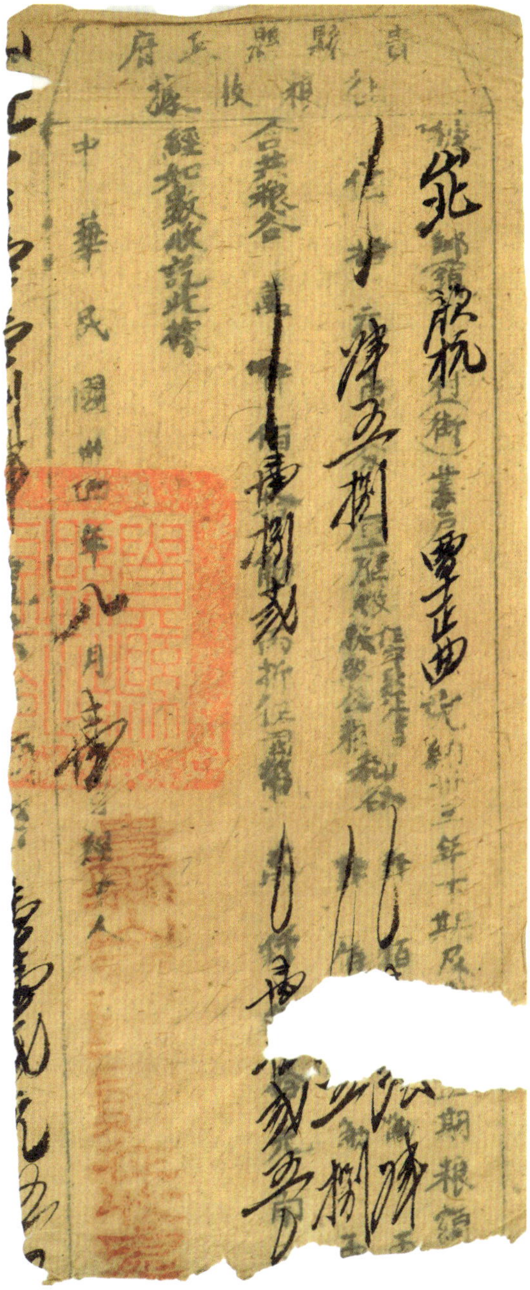

貴縣征粮收據

中華民國卅四年八月一日

0003 民国三十四年八月一日贵县征收覃正曲民国三十三年征粮收据

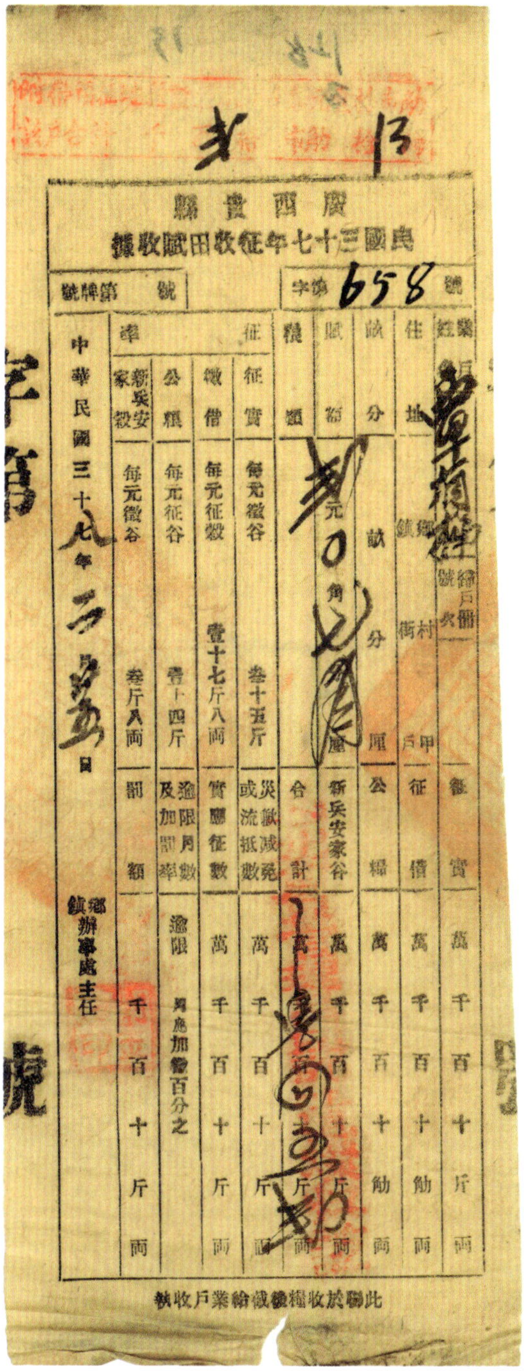

廣西貴縣
民國三十七年征收田賦收據

字第 658 號

此聯於收糧機關給業戶收執

0004 民国三十八年二月二十五日贵县征收覃有捶民国三十七年田赋收据

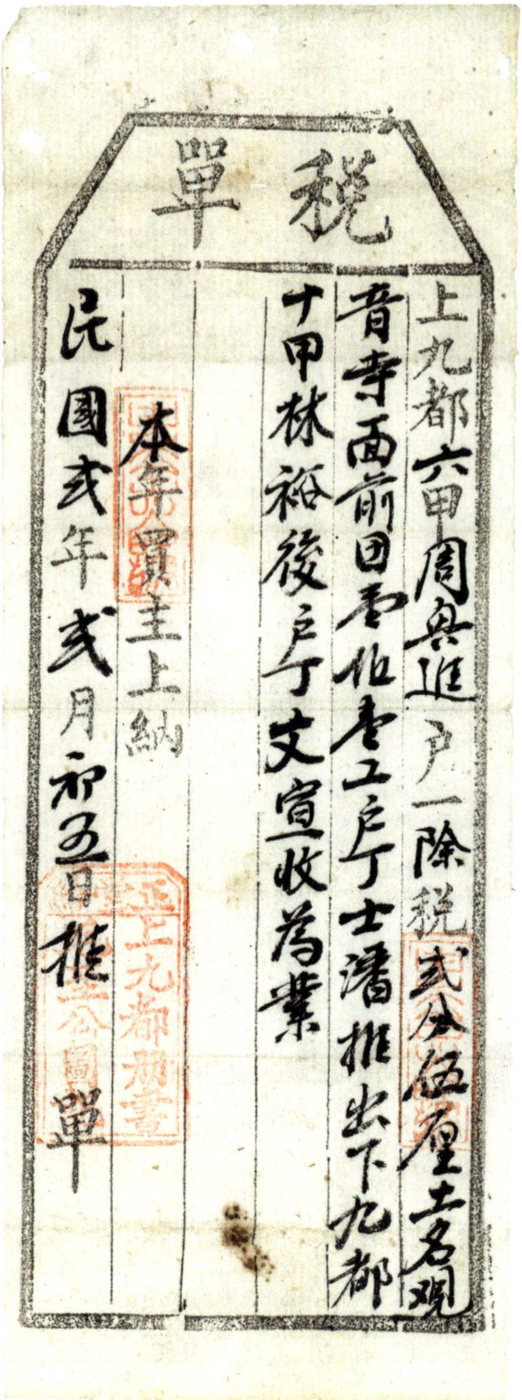

税單

上九都六甲周兵進户一除税贰分伍厘土名观
音寺西前田壹丘化壹工户丁士潘推出下九都
十甲林裕後户丁文宣收爲業

本年買主上納

民國贰年贰月初五日推單

0001 民国二年二月初五日富川县林文宣买入田产交接推单

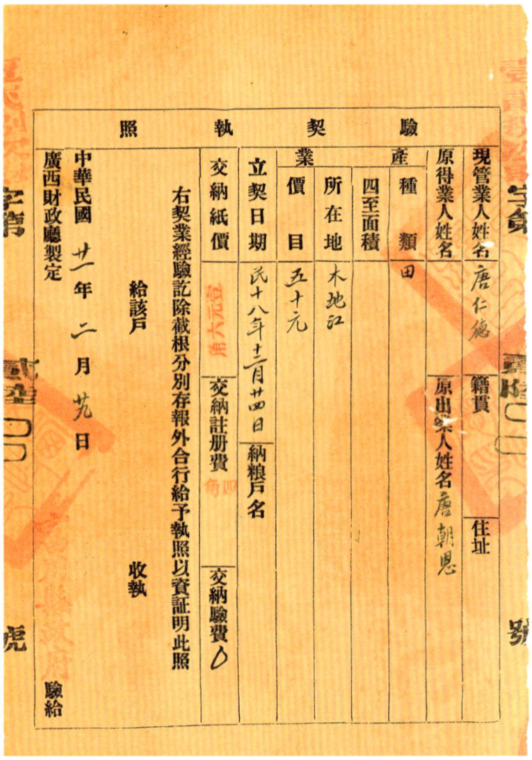

驗契執照

現管業人姓名 唐仁德　籍貫　住址

原得業人姓名　原出業人姓名 唐朝恩

產：種類 田

四至面積

業：所在地 木地江

價目 五十元

立契日期 民十八年十二月廿四日　納粮戶名

交納紙價 壹元六角　交納註册費 四角　交納驗費 0

右契業經驗訖除截根分別存報外合行給予執照以資証明此照

給該戶　收執

中華民國 廿一年 二月 廿九日

廣西財政廳製定　驗給

0002 民国二十一年二月二十九日富川县唐仁德验契执照

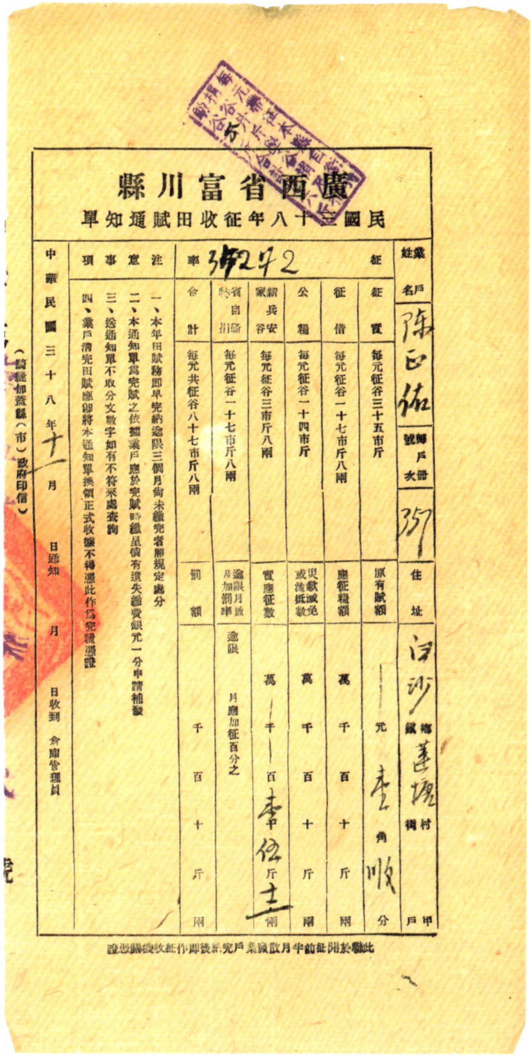

廣西省富川縣
民國三十八年征收田賦通知單

業戶姓名：陈巨佑　冊戶號次：357　住址：白沙 鄉鎮 莲塘 村街 甲 戶

征率：34272

征實：每元征谷三十五市斤
征借：每元征谷一十七市斤八兩
公糧：每元征谷一十四市斤
綏靖兵谷：每元征谷三市斤八兩
省自治捐：每元征谷一十七市斤八兩
合計：每元共征谷八十七市斤八兩

原有賦額　元　角　分
應征糧額　萬　千　百　十　斤　兩
災歉減免或流抵數　萬　千　百　十　斤　兩
實應征數　萬　千　百　十　斤　兩
逾限月數及加罰率　逾限　月應加征百分之
罰額　千　百　十　斤　兩

注意事項
一、本年田賦務即早完納逾限三個月尚未繳完者照規定處分
二、本通知單為完賦之依據業戶應於完賦時繳呈倘有遺失繳費銀元一分申請補發
三、送通知單不取分文數字如有不符來處查詢
四、業戶清完田賦應即將本通知單換領正式收據不得憑此作為完糧憑證

中華民國三十八年十一月　日通知　月　日收到　倉廒管理員
（請鈐加蓋縣（市）政府印信）

此聯於開征前半月散發業戶完納後即作征收機關憑證

0003 民国三十八年（一九四九年）十一月富川县陈巨佑民国三十八年征收田赋通知单

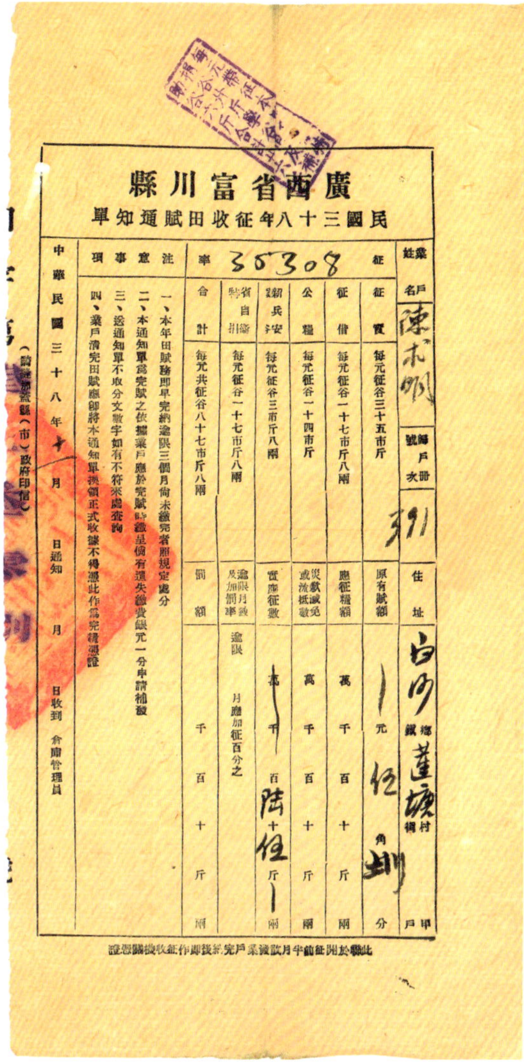

廣西省富川縣
民國三十八年征收田賦通知單

業戶姓名：陳木明　冊戶號次：391　住址：白沙 鄉鎮 莲塘 村街 甲 戶

征率：35308

征實：每元征谷三十五市斤
征借：每元征谷一十七市斤八兩
公糧：每元征谷一十四市斤
綏靖兵谷：每元征谷三市斤八兩
省自治捐：每元征谷一十七市斤八兩
合計：每元共征谷八十七市斤八兩

原有賦額　元　角　分
應征糧額　萬　千　百　十　斤　兩
災歉減免或流抵數　萬　千　百　十　斤　兩
實應征數　萬　千　百　十　斤　兩
逾限月數及加罰率　逾限　月應加征百分之
罰額　千　百　十　斤　兩

注意事項
一、本年田賦務即早完納逾限三個月尚未繳完者照規定處分
二、本通知單為完賦之依據業戶應於完賦時繳呈倘有遺失繳費銀元一分申請補發
三、送通知單不取分文數字如有不符來處查詢
四、業戶清完田賦應即將本通知單換領正式收據不得憑此作為完糧憑證

中華民國三十八年十一月　日通知　月　日收到　倉廒管理員
（請鈐加蓋縣（市）政府印信）

此聯於開征前半月散發業戶完納後即作征收機關憑證

0004 民国三十八年（一九四九年）十一月富川县陈木明民国三十八年征收田赋通知单

0005 民国三十八年（一九四九年）十一月富川县陈国明民国三十八年征收田赋通知单

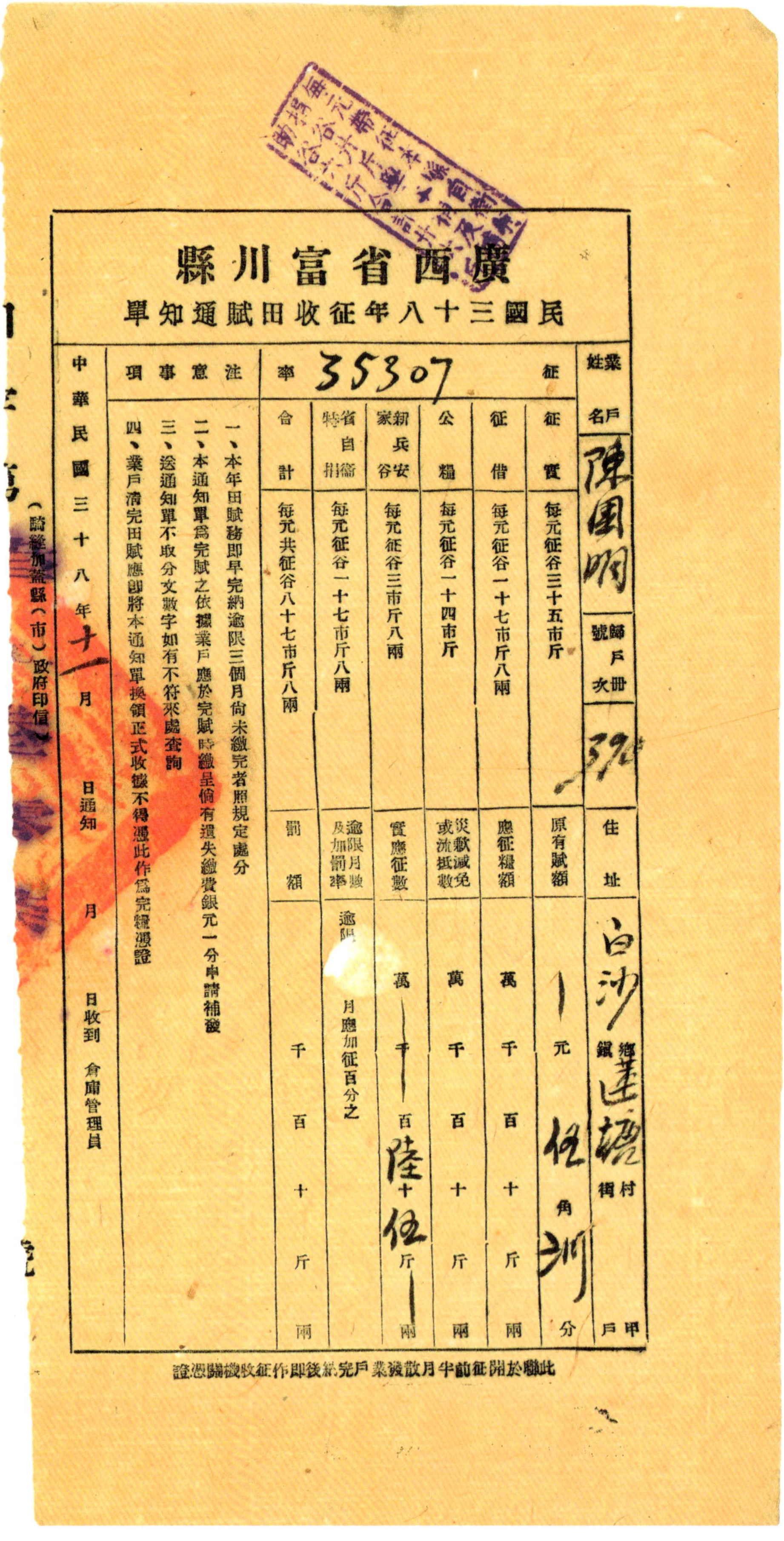

廣西省富川縣

民國三十八年征收田賦通知單

業戶姓名：陳国明

歸戶冊號次：37（?）

住址：白沙鄉鎮蓮塘村街 甲 戶

征率：35307

征實	征借	公糧	縣兵家安谷	省自衛特捐	合計
每元征谷三十五市斤	每元征谷一十七市斤八兩	每元征谷一十四市斤	每元征谷三市斤八兩	每元征谷一十七市斤八兩	每元共征谷八十七市斤八兩

原有賦額	應征糧額	災歉減免或流抵數	實應征數	逾限月數及加罰率	罰額
一元 伍角 洲分	萬 千 百 十 斤 兩	萬 千 百 十 斤 兩	萬 — 千 — 百 陸十 伍斤 — 兩	逾限 月應加征百分之	千 百 十 斤 兩

注意事項

一、本年田賦務即早完納逾限三個月尚未繳完者照規定處分

二、本通知單爲完賦之依據業戶應於完賦時繳呈倘有遺失繳費銀元一分申請補發

三、送通知單不取分文數字如有不符來處查詢

四、業戶清完田賦應即將本通知單換領正式收據不得憑此作爲完糧憑證

中華民國三十八年十一月 日通知 月 日收到 倉廒管理員

（騎縫加蓋縣（市）政府印信）

此聯於開征前半月散發業戶完納後即作征收機關憑證

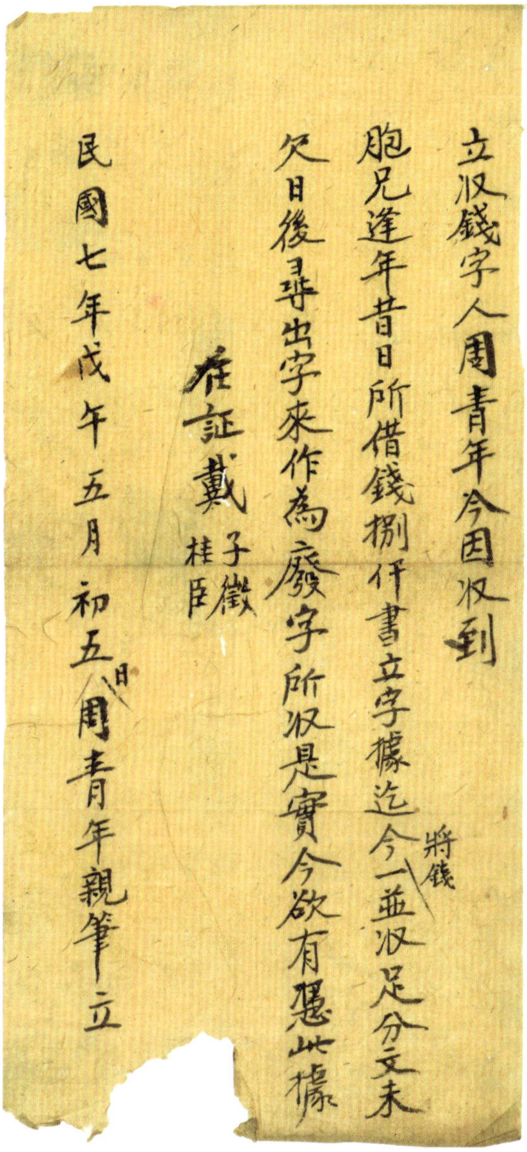
立收錢字人周青年今因收到
胞兄逢年昔日所借錢捌仟書立字據迄今將錢一並收足分文未
欠日後尋出字來作為廢字所收是實今欲有憑此據
在証戴子徵
桂臣
民國七年戊午五月初五日周青年親筆立

0001 民国七年五月初五日灌阳县周青年收到周逢年借款收条

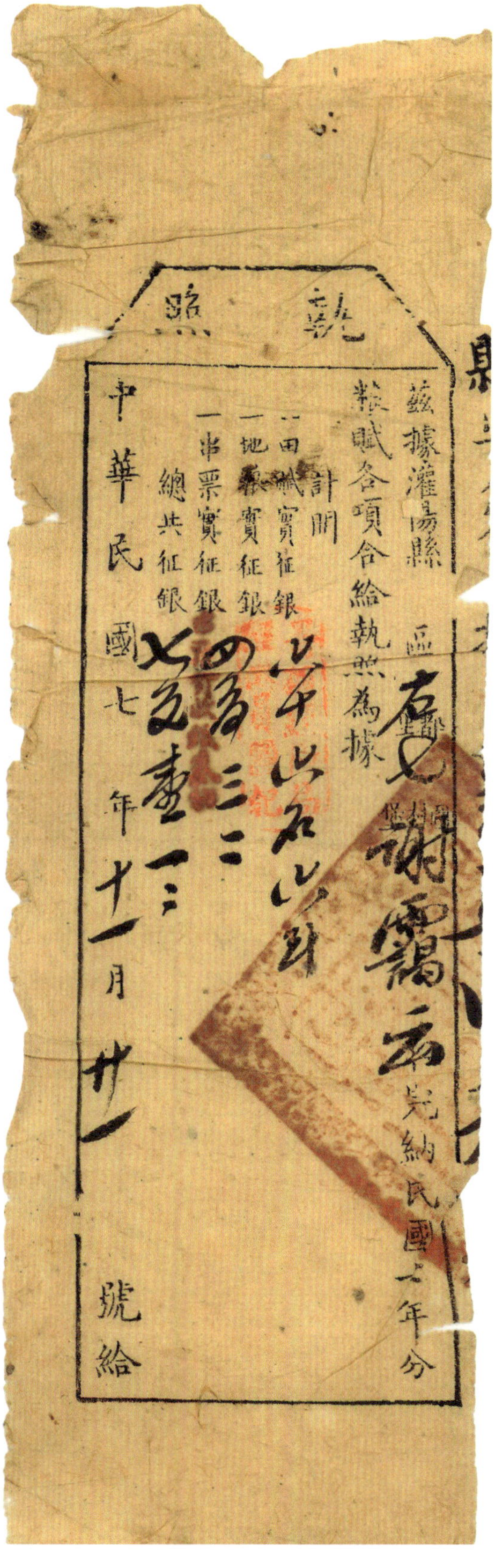
執照
茲據灌陽縣 區 謝靄云
糧賦各項合給執照為據
計開
一田賦實征銀
一地丁實征銀
一串票實征銀
總共征銀
完納民國七年分
中華民國七年十一月廿一
號給

0002 民国七年十一月二十一日灌阳县谢霭云完纳民国七年各项粮赋执照

0003 民国七年十一月二十一日灌阳县谢成乾完纳各项粮赋执照

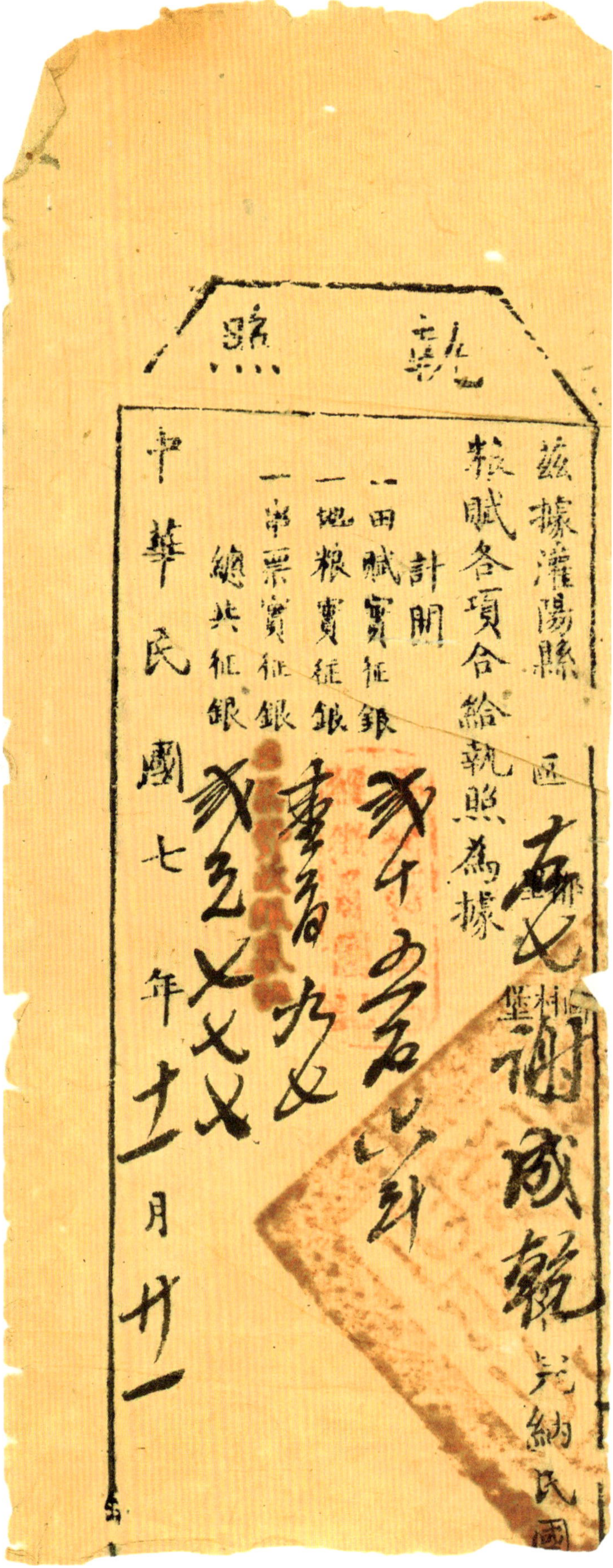

執照

茲據灌陽縣　區　謝成乾完納民國
粮賦各項合給執照為據
計開
一田賦實征銀
一地粮實征銀
一串票實征銀
總共征銀
中華民國七年十一月廿一

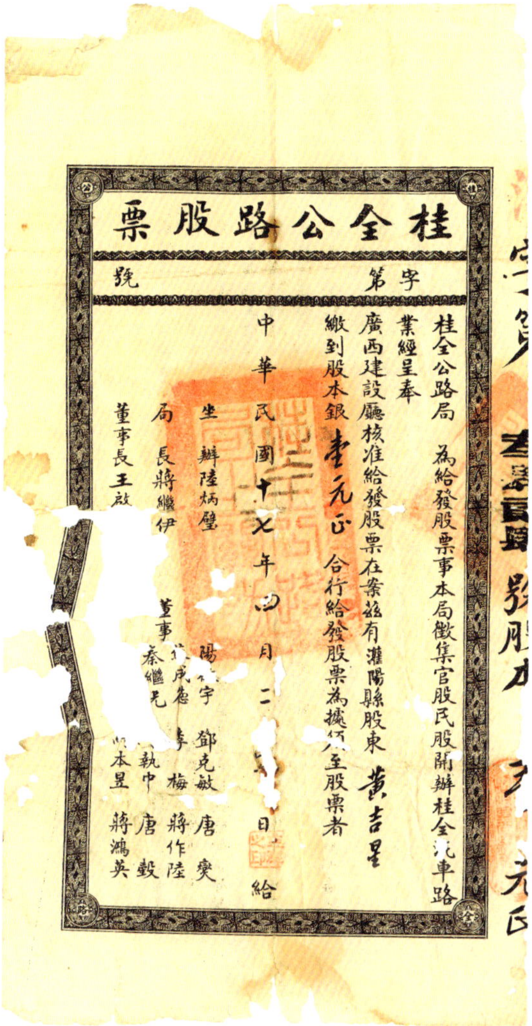

桂全公路股票

字第 號

桂全公路局 為給發股票事本局徵集官股民股開辦桂全汽車路業經呈奉

廣西建設廳核准給發股票在案茲有灌陽縣股東 黃吉星

繳到股本銀 壹元正 合行給發股票為據須至股票者

中華民國十七年四月二日給

局長 蔣繼伊

坐辦 陸炳璧

董事長 王啟[illegible]

董事 [illegible] 秦繼元 [illegible] 鄧克敏 唐奭 [illegible]梅 蔣作陸 [illegible]執中 唐毅 [illegible]本昱 蔣鴻英

0004—1 民国十七年四月二日灌阳县黄吉星桂全公路股票（正面）

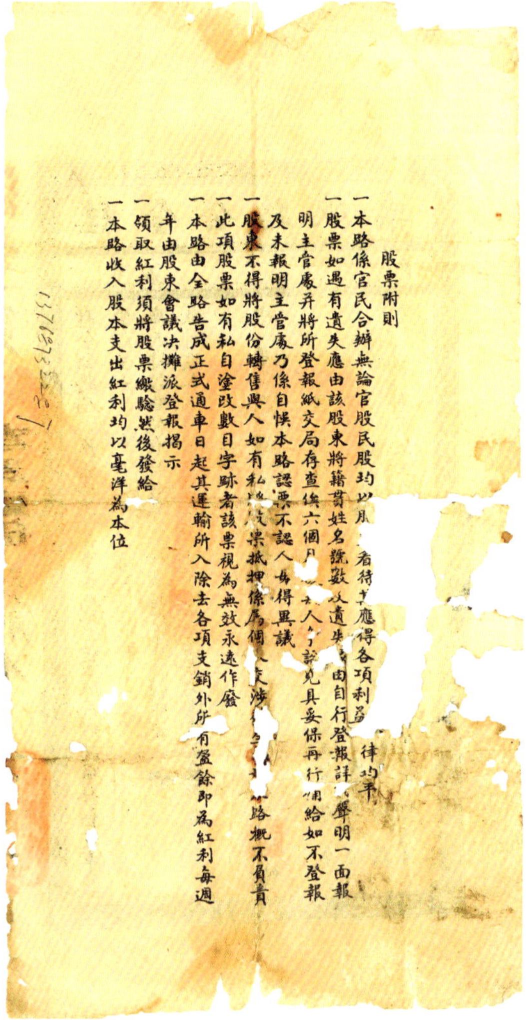

股票附則

一本路係官民合辦無論官股民股均以[illegible]者待遇應得各項利益一律均平

一股票如遇有遺失應由該股東將籍貫姓名號數以遺失[illegible]由自行登報詳細聲明一面報明主管處并將所登報紙交局存查俟六個月[illegible]無人[illegible]認充具妥保再行補給如不登報及未報明主管處乃係自悞本路認票不認人毋得異議

一股東不得將股份轉售與人如有私[illegible]抵押係局個人[illegible]涉[illegible]本路概不負責

一此項股票如有私自塗改數目字跡者該票視為無效永遠作廢

一本路由全路告成正式通車日起其運輸所入除去各項支銷外所有盈餘即為紅利每週年由股東會議決攤派登報揭示

一領取紅利須將股票繳驗然後發給

一本路收入股本支出紅利均以毫洋為本位

0004—2 民国十七年四月二日灌阳县黄吉星桂全公路股票（背面）

0005 民国十七年五月一日灌阳县唐、黄二姓桂全公路股票

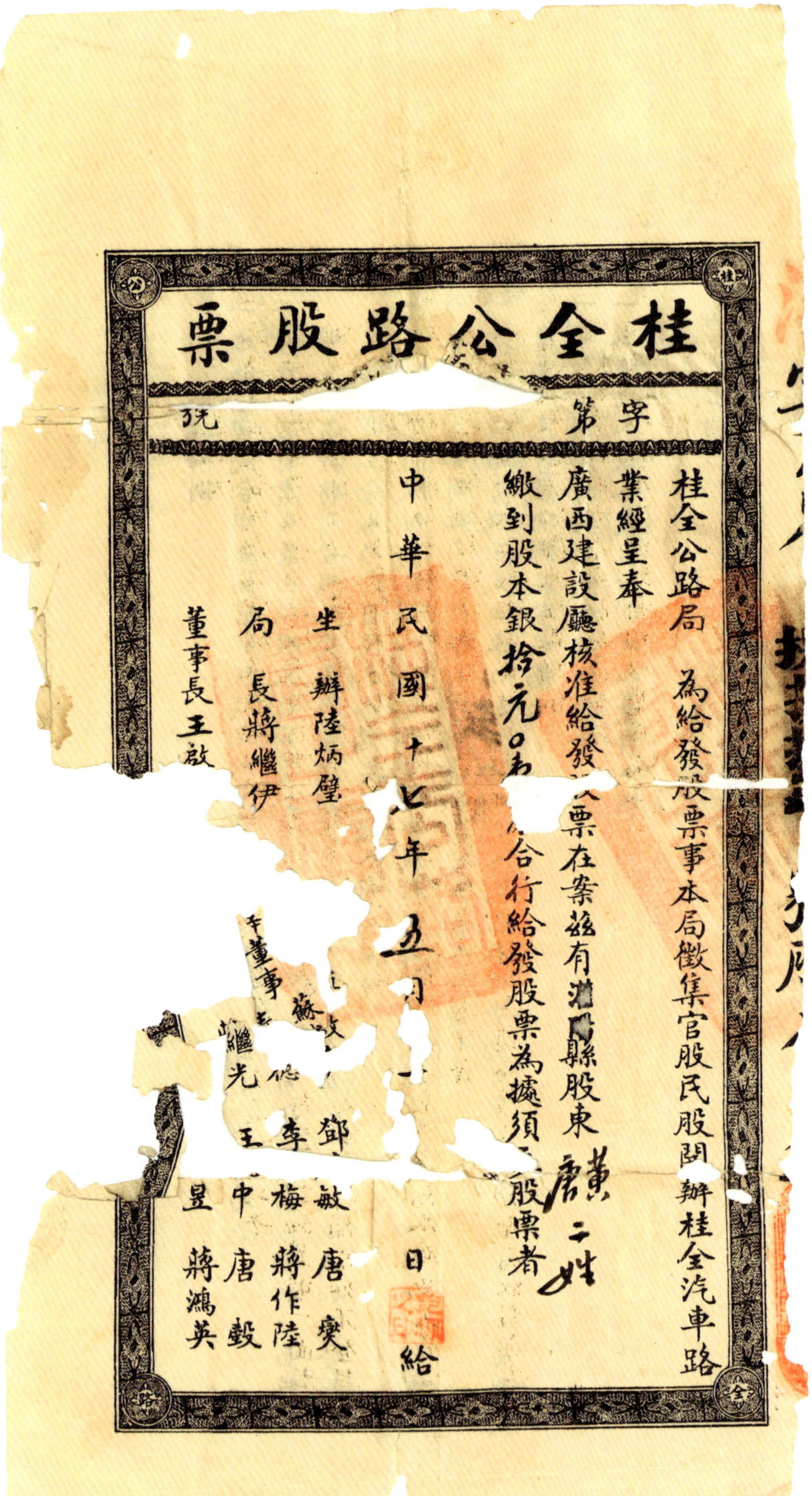
桂全公路股票

字第　號

桂全公路局　為給發股票事本局徵集官股民股開辦桂全汽車路
業經呈奉
廣西建設廳核准給發股票在案茲有灌縣股東唐黃二姓
繳到股本銀拾元〇角……合行給發股票為據須……股票者

中華民國十七年五月　日給

坐辦陸炳璧
局長蔣繼伊
董事長王啟……
董事　蘇……　鄧……敏　唐奭　李梅　蔣作陸　王……中　唐穀　……繼光……昱　蔣鴻英

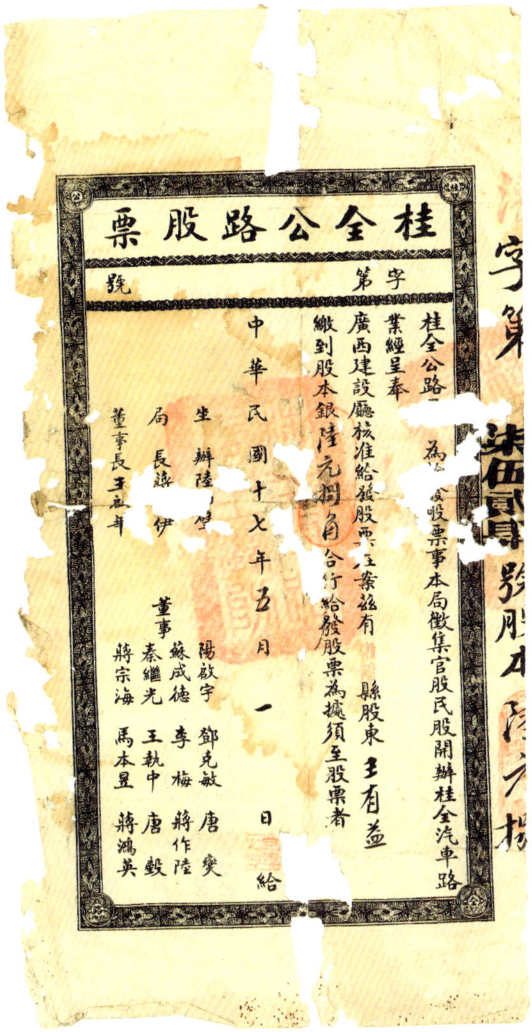

桂全公路股票

字第 號

桂全公路[illegible]為[illegible]股票事本局徵集官股民股開辦桂全汽車路業經呈奉廣西建設廳核准給發股票在案茲有 縣股東王有益繳到股本銀陸元捌角合行給發股票為據須至股票者

中華民國十七年五月 一 日給

生辦陸[illegible] 局長蔣伊 董事長王[illegible]

董事 陽啟宇 鄧克敏 唐燮 蘇咸德 李梅 蔣作陸 秦繼光 王執中 唐毅 蔣宗海 馬本昱 蔣鴻英

0006—1 民国十七年五月一日灌阳县王有益桂全公路股票（正面）

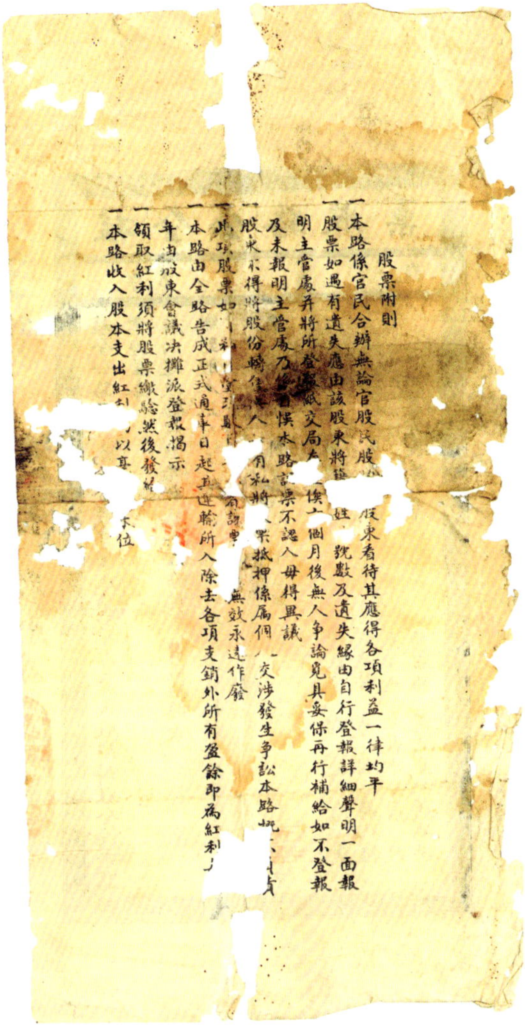

股票附則

一本路係官民合辦無論官股民股[illegible]股東看待其應得各項利益一律均平

一股票如遇有遺失應由該股東將籍[illegible]姓[illegible]號數及遺失緣由自行登報詳細聲明一面報明主管處并將所登報紙交局[illegible]候一個月後無人爭論覓具妥保再行補給如不登報及未報明主管處[illegible]本路官票不認[illegible]得異議

一股東不得將股份[illegible]私相[illegible]抵押係屬個人交涉發生爭訟本路概不負責

一此項股票如[illegible]無效永遠作廢

一本路由全路告成正式通車日起[illegible]運輸所入除去各項支銷外所有盈餘即為紅利[illegible]年由股東會議決攤派登報揭示

一領取紅利須將股票繳驗然後發給

一本路收入股本支出紅利[illegible]以[illegible]位

0006—2 民国十七年五月一日灌阳县王有益桂全公路股票（背面）

0007 民国十七年五月灌阳县利清户桂全公路股票

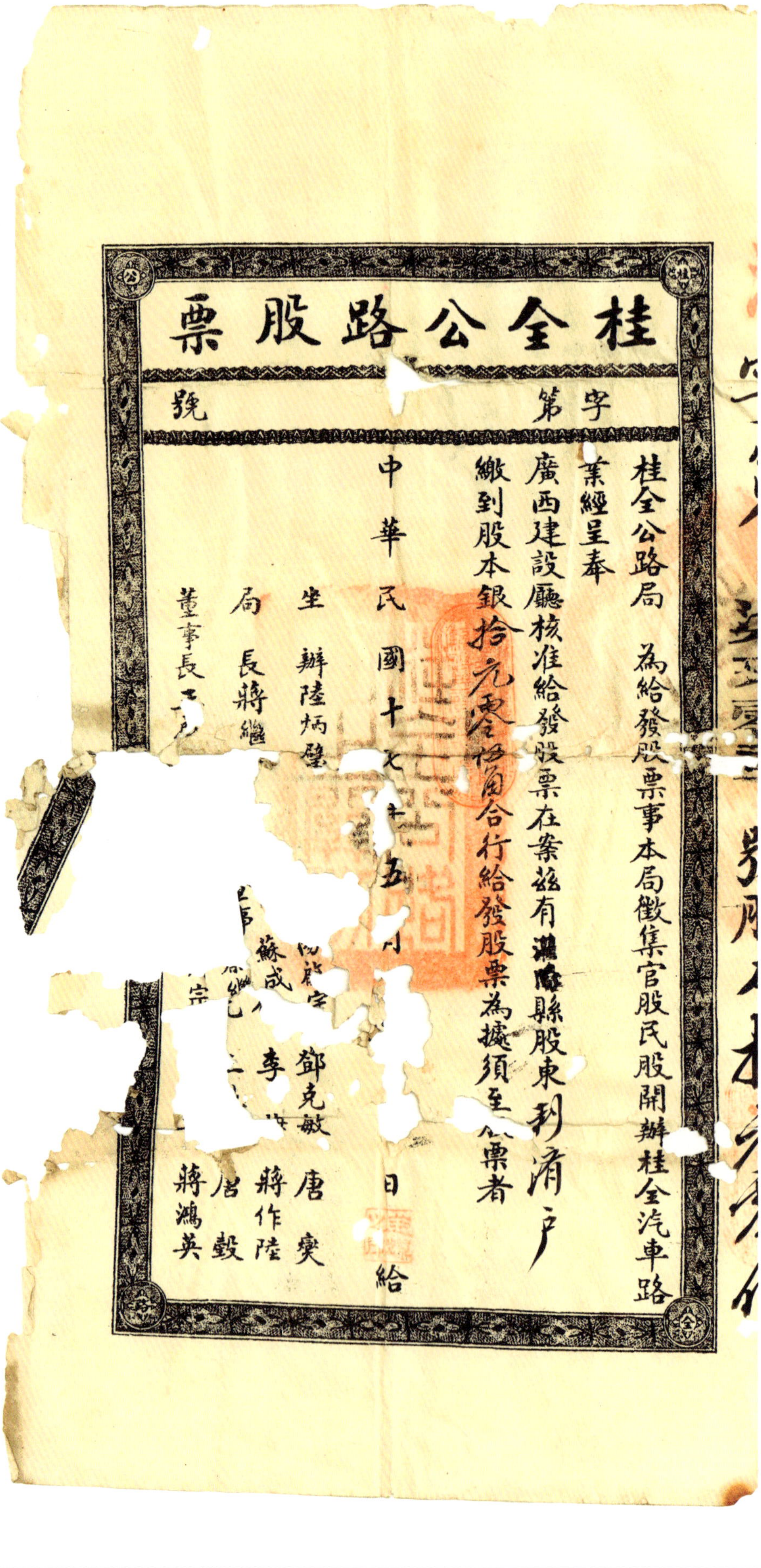

桂全公路股票

字第 號

桂全公路局 為給發股票事本局徵集官股民股開辦桂全汽車路
業經呈奉
廣西建設廳核准給發股票在案茲有灌陽縣股東利清户
繳到股本銀拾元零拾角合行給發股票為據須至股票者

中華民國十七年五月 日給

坐辦陸炳璧 鄧克敏 唐夔
局長蔣繼 蘇成 李 蔣作陸
局 居穀
董事長 蔣鴻英

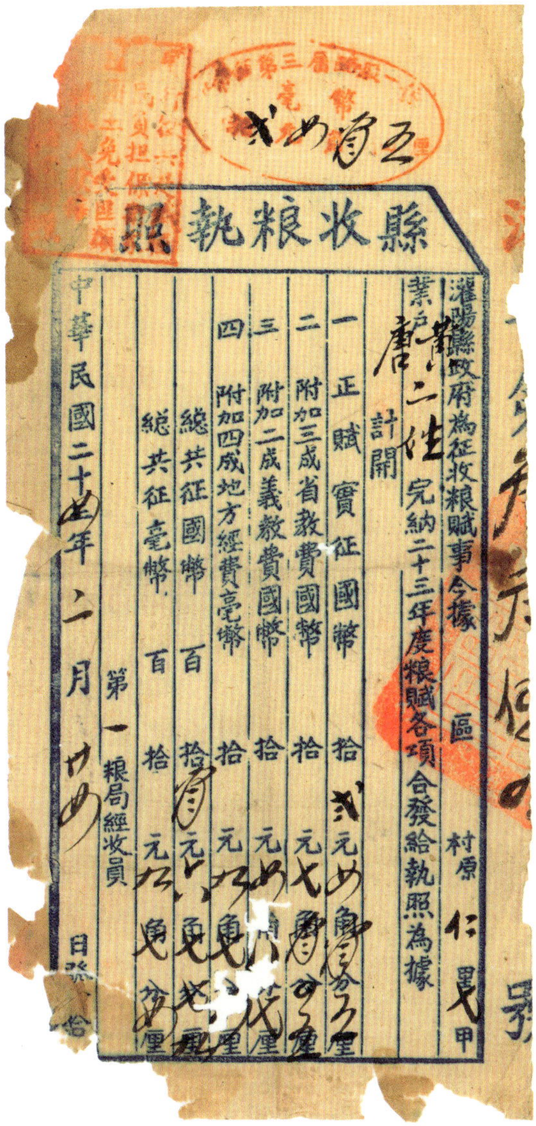

縣收粮執照

灌陽縣政府為征收粮賦事今據　區　村原仁里　甲

業戶唐黃二姓完納二十三年度粮賦各項合發給執照為據

計開

一　正賦實征國幣　拾　元　角　分　厘

二　附加三成省教費國幣　拾　元　角　分　厘

三　附加二成義教費國幣　拾　元　角　分　厘

四　附加四成地方經費毫幣　拾　元　角　分　厘

總共征國幣　百　拾　元　角　分　厘

總共征毫幣　百　拾　元　角　分　厘

第一粮局經收員

中華民國二十四年二月廿四日發給

0008–1 民国二十四年二月二十四日灌阳县征收唐、黄二姓民国二十三年度粮赋执照（正面）

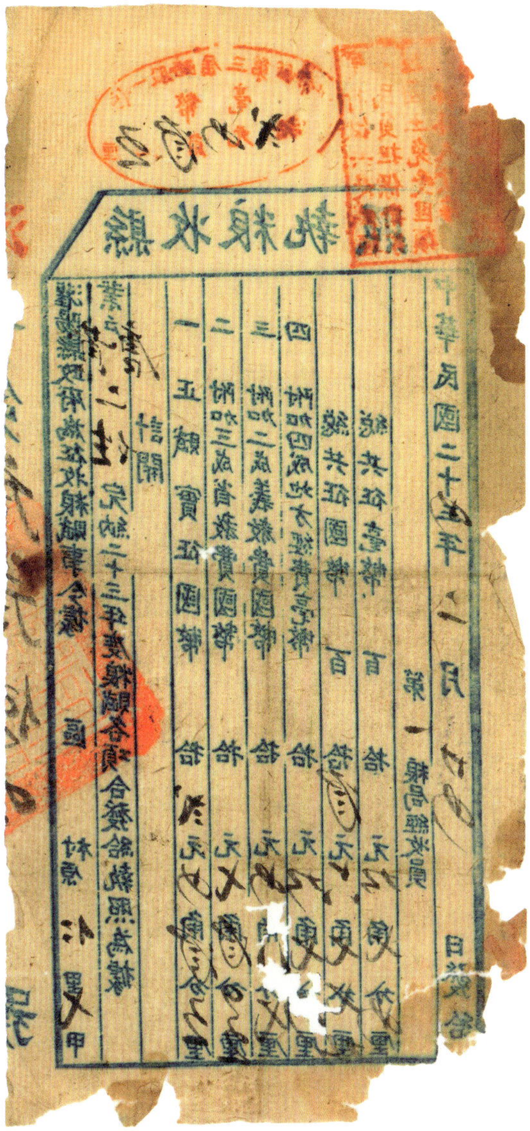

0008–2 民国二十四年二月二十四日灌阳县征收唐、黄二姓民国二十三年度粮赋执照（背面）

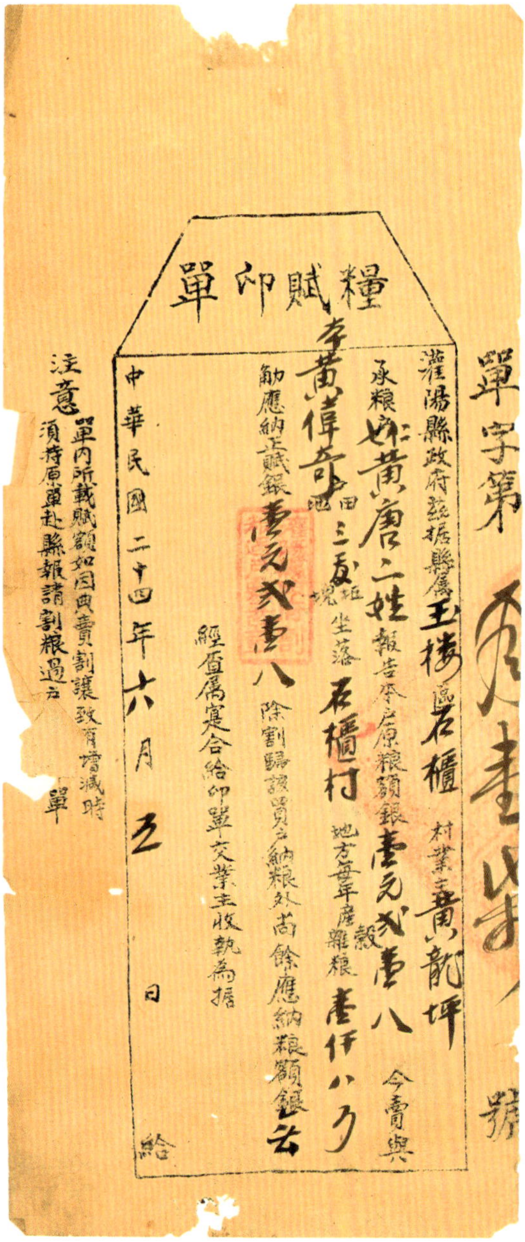
糧賦印單

單字第 號

灌陽縣政府兹據縣屬玉樓區石檣村業主黃龍坪 今賣與
承粮户仁七黃唐二姓報告本户原粮額銀壹元弍毫八
本户黃偉奇户地田三处坵塊坐落石檣村地方每年產穀雜粮壹仟八百觔
應納正賦銀壹元弍毫八 除割歸該買户納粮外尚餘應納粮額銀云
經查屬寔合給印單交業主收執為据
中華民國二十四年六月五日給

注意 單内所載賦額如因典賣割讓致有增減時須持原單赴縣報請割粮過户 單

0009 民国二十四年六月五日灌阳县黄龙坪粮赋印单

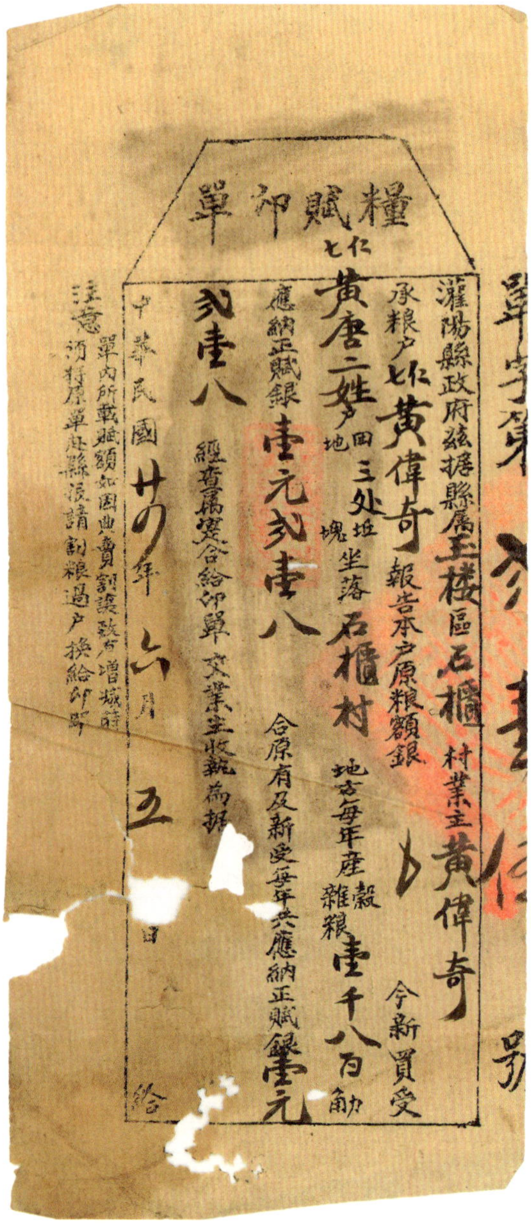
糧賦印單

單字第 號

灌陽縣政府兹據縣屬玉楼區石檣村業主黃偉奇 今新買受
承粮户七仁黃偉奇報告本户原粮額銀
仁七黃唐二姓户田地三处坵塊坐落石檣村地方每年產穀雜粮壹千八百觔
應納正賦銀壹元弍毫八 合原有及新受每年共應納正賦銀壹元弍毫八
經查屬寔合給印單交業主收執為据
中華民國廿四年六月五日給

注意 單内所載賦額如因典賣割讓致有增減時須持原單赴縣報請割粮過户換給印單

0010 民国二十四年六月五日灌阳县黄伟奇粮赋印单

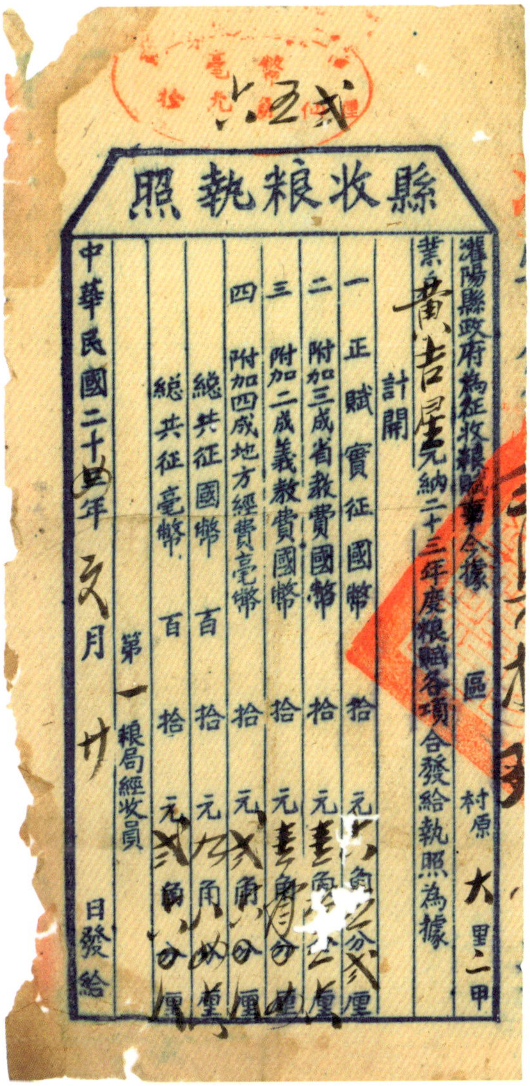
縣收粮執照

灌陽縣政府為征收粮賦事今據 區 村原 大 里二甲

業户黄吉星完納二十三年度粮賦各項合發給執照為據

計開

一 正賦實征國幣 拾 元 角 分 厘

二 附加三成省教費國幣 拾 元 角 分 厘

三 附加二成義教費國幣 拾 元 角 分 厘

四 附加四成地方經費毫幣 拾 元 角 分 厘

總共征國幣 百 拾 元 角 分 厘

總共征毫幣 百 拾 元 角 分 厘

第一粮局經收員

中華民國二十四年六月廿日發給

0011 民国二十四年六月二十日灌阳县征收黄吉星民国二十三年度各项粮赋执照

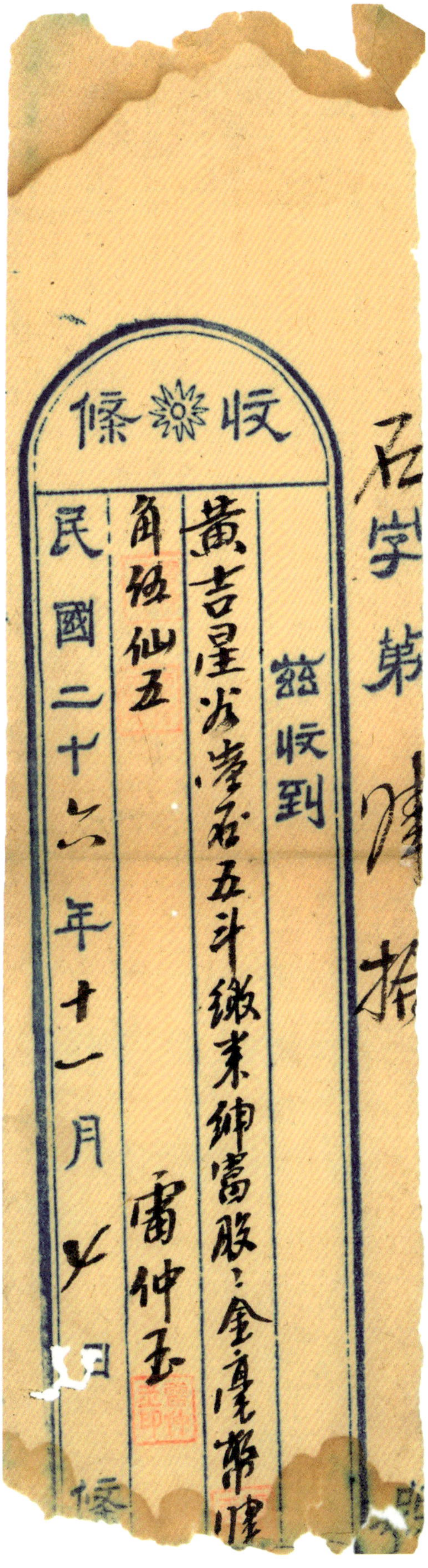
收條

茲收到

黄吉星 五斗

民國二十六年十一月七日

雷仲玉

0012 民国二十六年十一月七日灌阳县黄吉星缴米收条

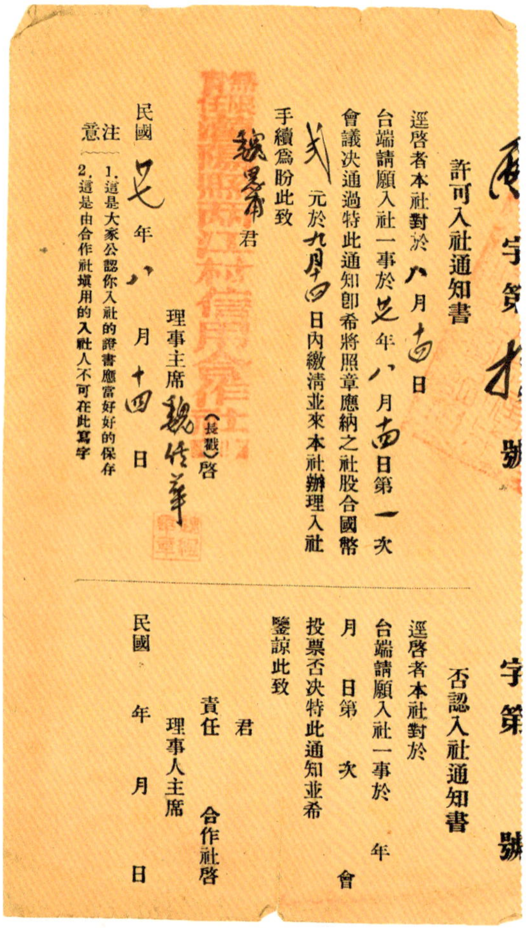

民[illegible]字第[illegible]號

許可入社通知書

逕啓者本社對於八月十四日
台端請願入社一事於廿七年八月十四日第一次
會議决通過特此通知即希將照章應納之社股合國幣
弍元於九月四日日内繳清並來本社辦理入社
手續爲盼此致

魏思甫君

理事主席魏任華（長戳）啓

民國廿七年八月十四日

注意
1.這是大家公認你入社的證書應當好好的保存
2.這是由合作社塡用的入社人不可在此寫字

字第　號

否認入社通知書

逕啓者本社對於
台端請願入社一事於　年　月　日第　次會
投票否决特此通知並希
鑒諒此致

君

責任　合作社啓
理事人主席

民國　年　月　日

0013–1　民国二十七年八月十四日灌阳县魏思甫许可入社通知书（正面）

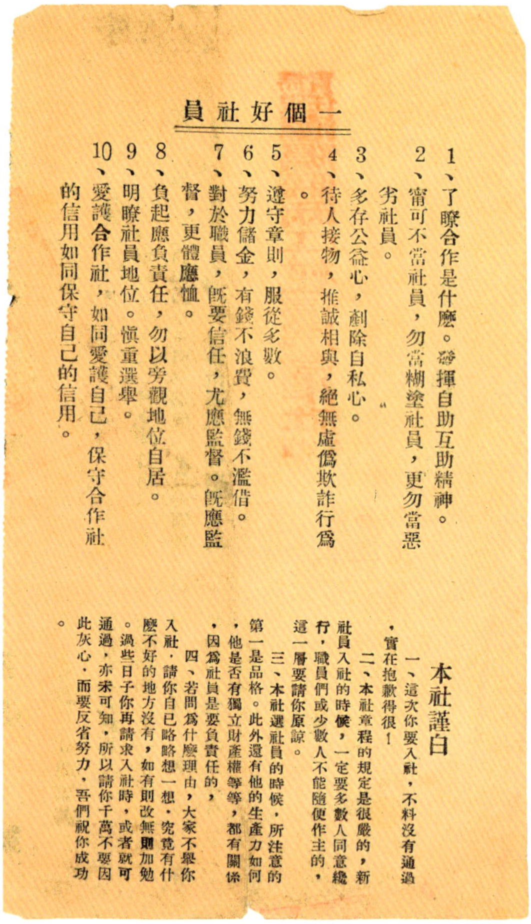

一個好社員

1、了瞭合作是什麼。發揮自助互助精神。
2、甯可不當社員，勿當糊塗社員，更勿當惡劣社員。
3、多存公益心，剷除自私心。
4、待人接物，推誠相與，絕無虛僞欺詐行爲。
5、遵守章則，服從多數。
6、努力儲金，有錢不浪費，無錢不濫借。
7、對於職員，既要信任，尤應監督。既應監督，更體應恤。
8、負起應負責任，勿以旁觀地位自居。
9、明瞭社員地位。愼重選舉。
10、愛護合作社，如同愛護自己，保守合作社的信用如同保守自己的信用。

本社謹白

一、這次你要入社，不料沒有通過，實在抱歉得很！
二、本社章程的規定是很嚴的，新社員入社的時候，一定要多數人同意纔行，職員們或少數人不能隨便作主的，這一層要請你原諒。
三、本社選社員的時候，所注意的第一是品格。此外還有他的生產力如何，他是否有獨立財產權等等，都有關係，因爲社員是要負責任的，
四、若問爲什麼理由，大家不舉你入社，請你自已略略想一想，究竟有什麼不好的地方沒有，如有則改無則加勉。過些日子你再請求入社時，或者就可通過，亦未可知，所以請你千萬不要因此灰心，而要反省努力，吾們祝你成功。

0013–2　民国二十七年八月十四日灌阳县魏思甫许可入社通知书（背面）

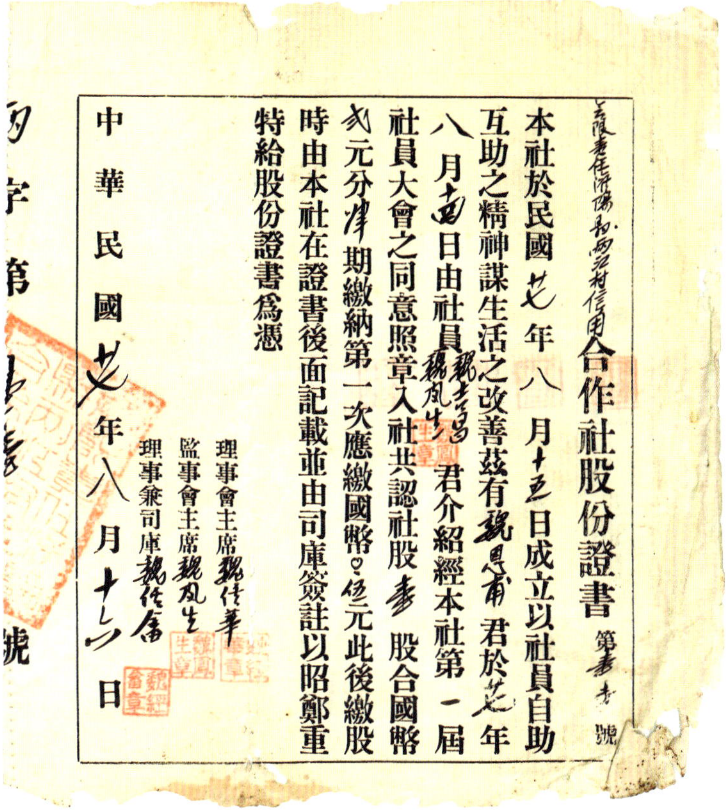

義寧老佳濟協和西石村信用合作社股份證書 第壹壹號

本社於民國廿七年八月十五日成立以社員自助互助之精神謀生活之改善茲有魏思甫君於廿七年八月十五日由社員魏永高魏凤生君介紹經本社第一屆社員大會之同意照章入社共認社股壹股合國幣貳元分肆期繳納第一次應繳國幣〇伍元此後繳股時由本社在證書後面記載並由司庫簽註以昭鄭重特給股份證書爲憑

理事會主席魏佳華
監事會主席魏凤生
理事兼司庫魏作富

中華民國廿七年八月十六日

0014-1 民国二十七年八月十六日灌阳县魏思甫入社股份证书（正面）

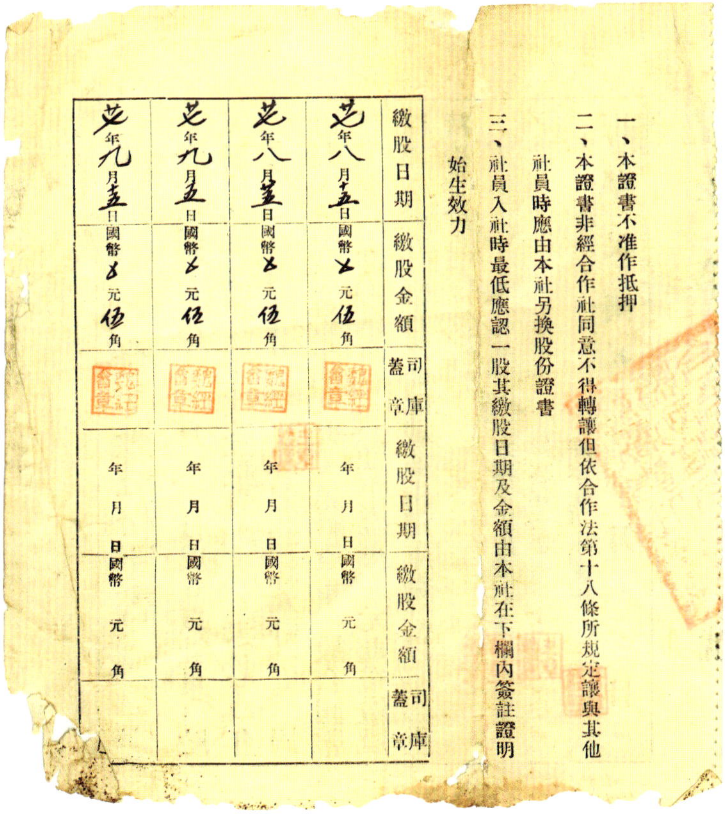

一、本證書不准作抵押
二、本證書非經合作社同意不得轉讓但依合作法第十八條所規定讓與其他社員時應由本社另换股份證書
三、社員入社時最低應認一股其繳股日期及金額由本社在下欄內簽註證明始生效力

繳股日期	繳股金額	司庫蓋章	繳股日期	繳股金額	司庫蓋章
廿七年八月十五日	國幣〇元伍角		年月日	國幣元角	
廿七年八月廿五日	國幣〇元伍角		年月日	國幣元角	
廿七年九月五日	國幣〇元伍角		年月日	國幣元角	
廿七年九月十五日	國幣〇元伍角		年月日	國幣元角	

0014-2 民国二十七年八月十六日灌阳县魏思甫入社股份证书（背面）

0015 民国二十七年十二月九日灌阳县黄龙坪捐款收条

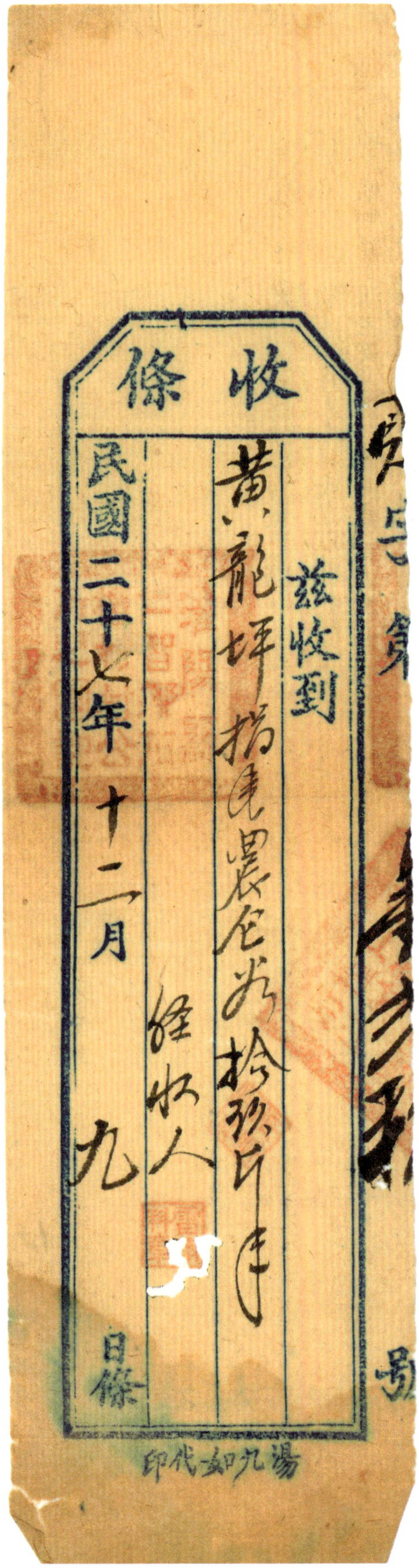

收條

茲收到

黃龍坪捐集農倉谷拾玖斤半

民國二十七年十二月九日條

經收人

湯九如代印

字第　號

0016 民国三十年二月二十一日灌阳县黄吉星缴纳储金收条

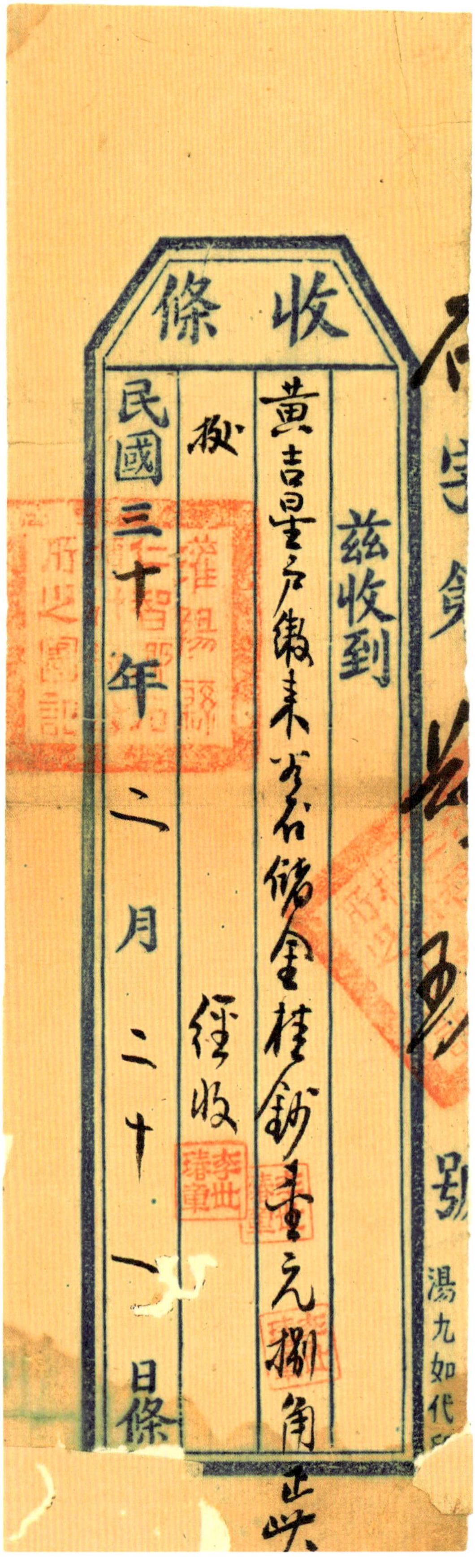

收條

茲收到

黃吉星戶繳來卅年儲金桂鈔壹元捌角正

經收

民國三十年二月二十一日條

字第　號

湯九如代印

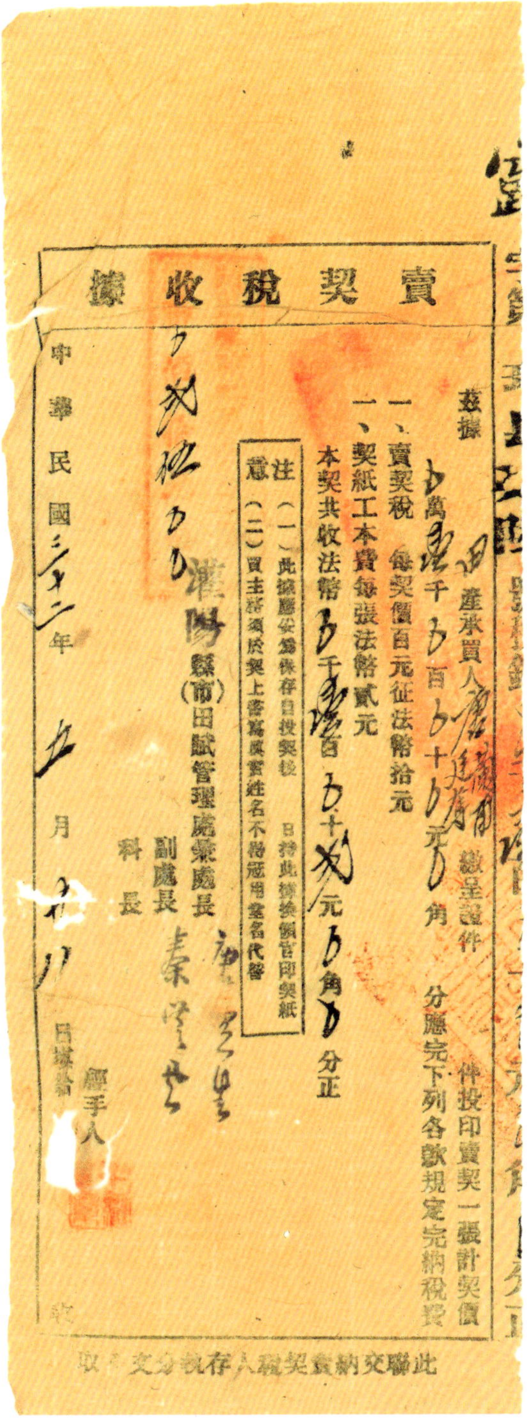

0017 民国三十二年五月二十八日灌阳县唐兰甫、唐廷夺缴纳卖契税收据

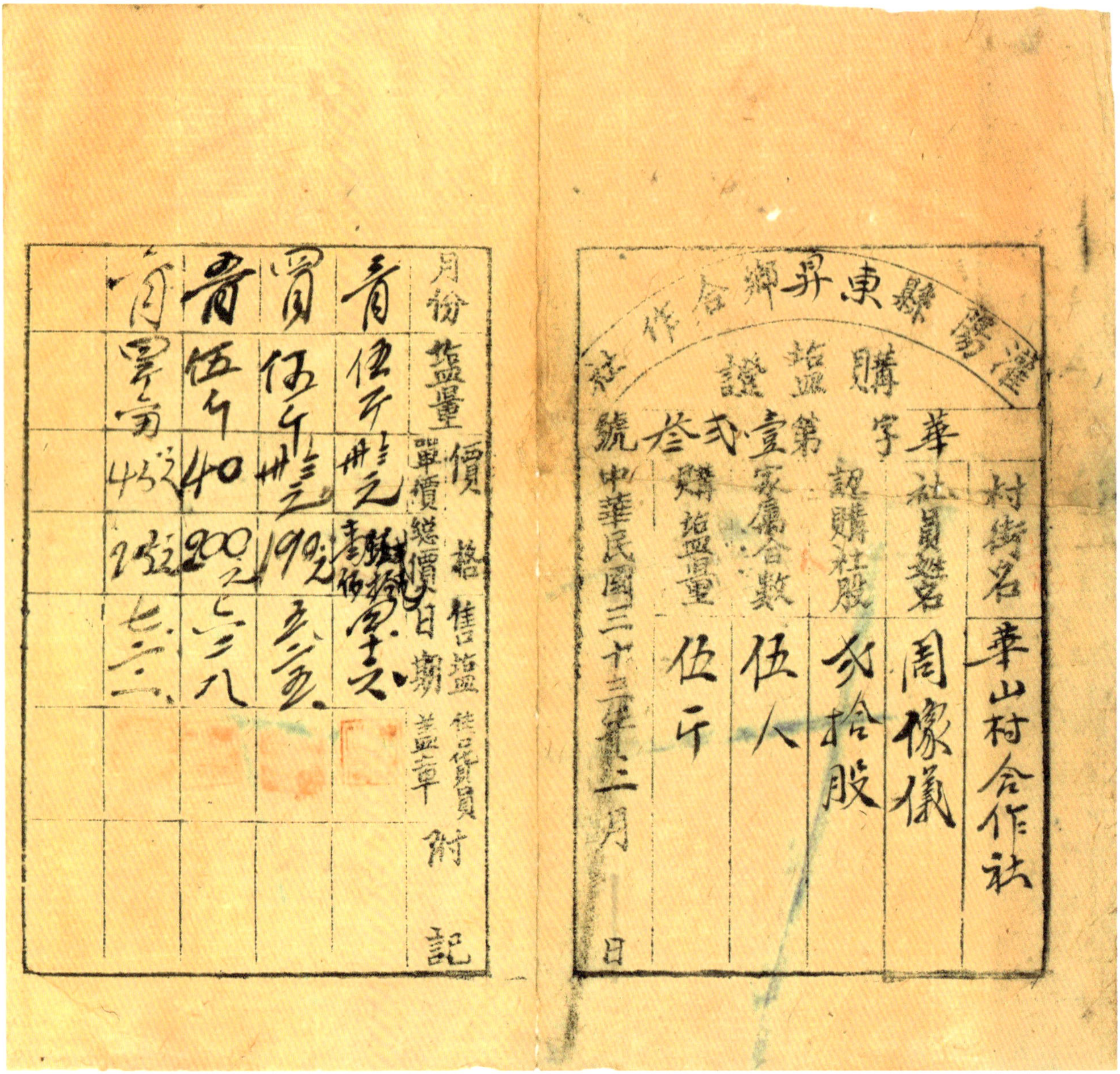

灌陽縣東昇鄉合作社
購鹽證
華字第壹弍叁號

村街名	華山村合作社
社員姓名	周像儀
認購社股	參拾股
家屬合數	伍人
購鹽量	伍斤

中華民國三十三年三月　日

月份	鹽量	價格 單價	價格 總價	售鹽日期	售鹽合作社員蓋章	附記
青	伍斤	卅元	[illegible]	[illegible]		
買	伍斤	卅元	190元	五.二.五		
青	伍斤	40	200元	六.二.八		
月	[illegible]	45元	225元	七.二.一		

0018 民国三十三年三月灌阳县东升乡合作社颁发周像仪购盐证

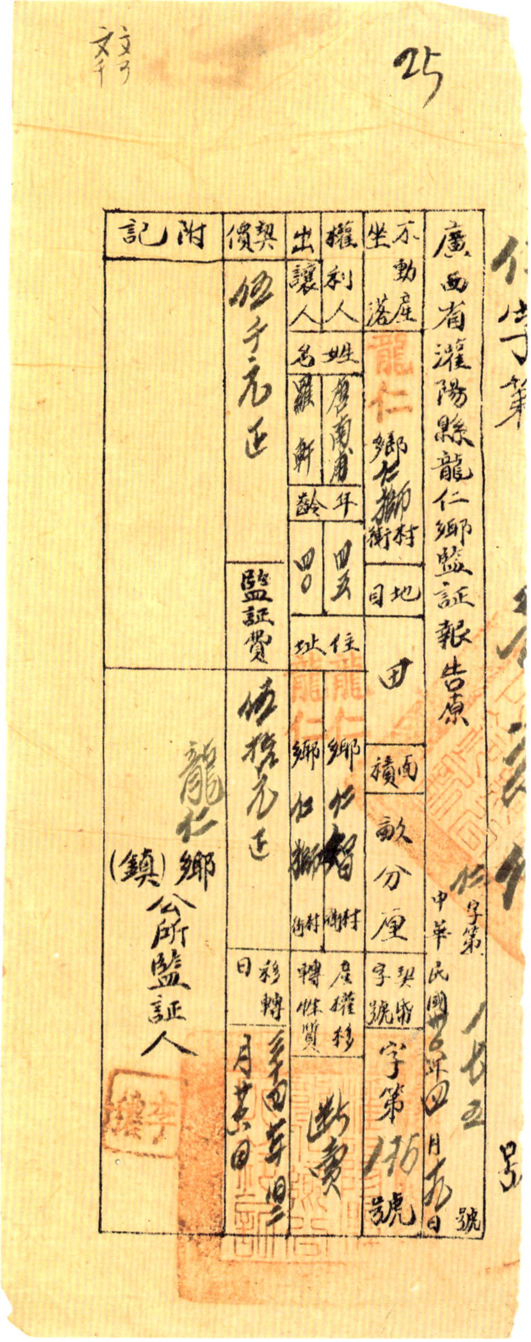

0019 民国三十四年旧二月二十六日灌阳县唐南甫、罗轩田产交易鉴证报告

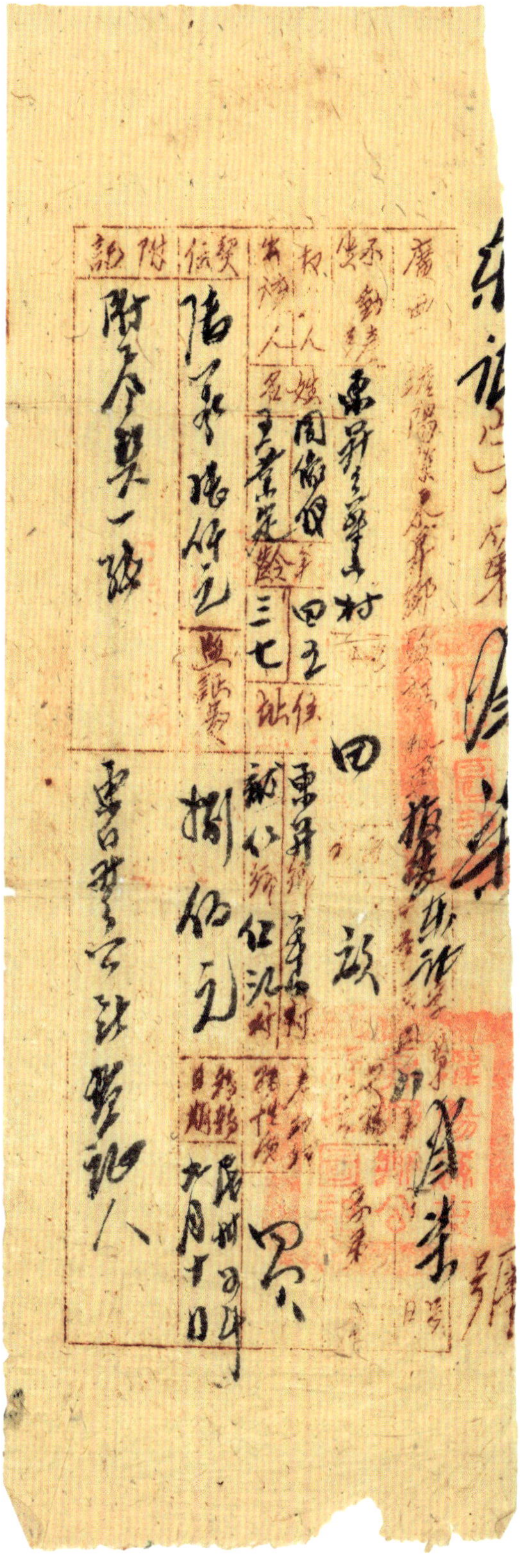

0020 民国三十五年九月十日灌阳县东升乡合作社周像仪购田监证收单

0021 民国三十六年六月七日灌阳县奉三妹买受陈海清田产征收契税收据

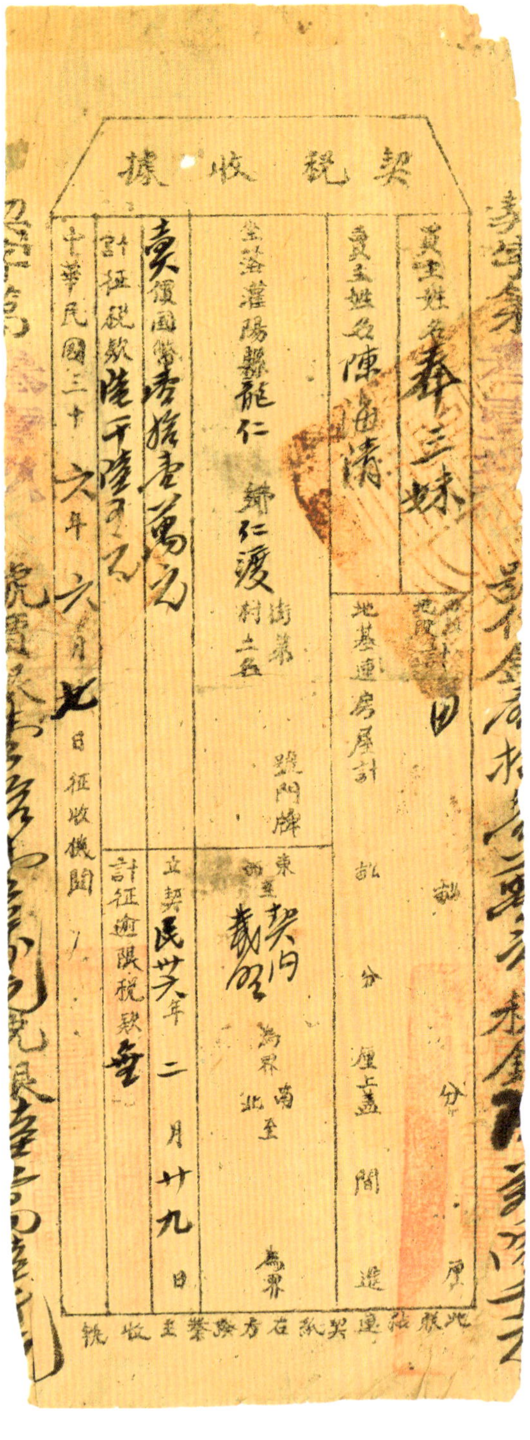

契税收据

买主姓名 奉三妹

卖主姓名 陈海清

坐落灌阳县 乡 村 街第 号门牌

地段计 田 亩 分 厘 毫

地基连房屋计 亩 分 厘 上盖 间 进

东至 西至 南至 北至 为界 契内载明

卖价国币 万元

计征税款

立契 民卅六年 二 月 廿九 日

计征逾限税款

中华民国三十六年 六 月 七 日 征收机关

此联粘连契纸右方骑缝盖章收执

0022 民国三十七年六月灌阳县唐兰甫缴纳契税收据

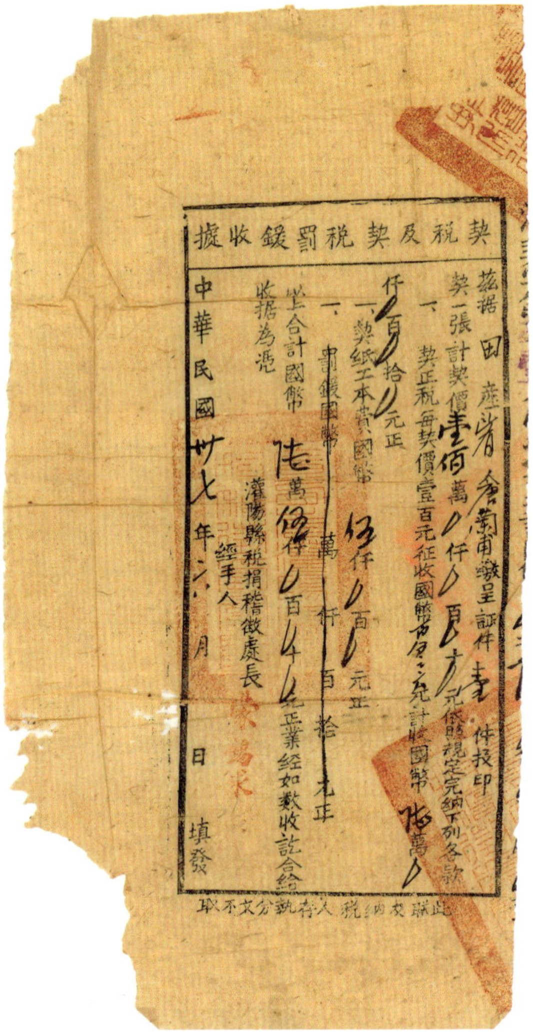

契税及契税罚锾收据

兹据 田 产业 唐兰甫 缴呈证件 壹 件投印

契一张 计契价 壹佰 万 仟 百 元依照规定完纳下列各款

一、契正税每契价壹百元征收国币 元计收国币 万

一、契纸工本费国币 仟 百 拾 元正

一、罚锾国币 万 仟 百 拾 元正

以上合计国币 万 仟 百 元正业经如数收讫合给

收据为凭

灌阳县税捐稽征处处长

经手人

中华民国 卅七 年 六 月 日 填发

此联交纳税人存执分文不取

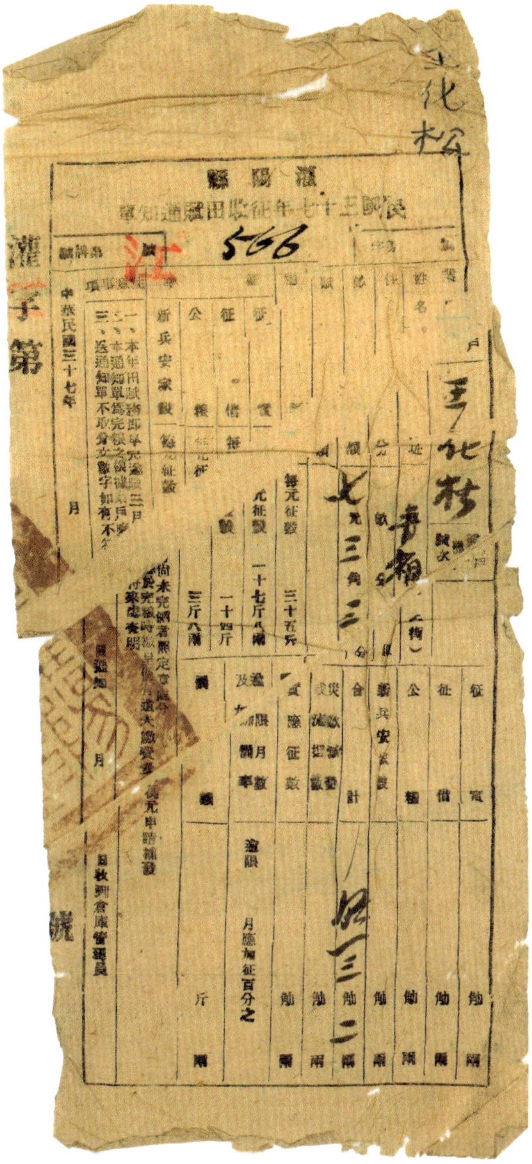

0023 民国三十七年灌阳县征收王化杜民国三十七年田赋通知单

0024 民国三十七年灌阳县征收谢元贞民国三十七年度田赋收据

0025 民国三十八年三月二十二日灌阳县唐兰甫缴纳契约监证费收据

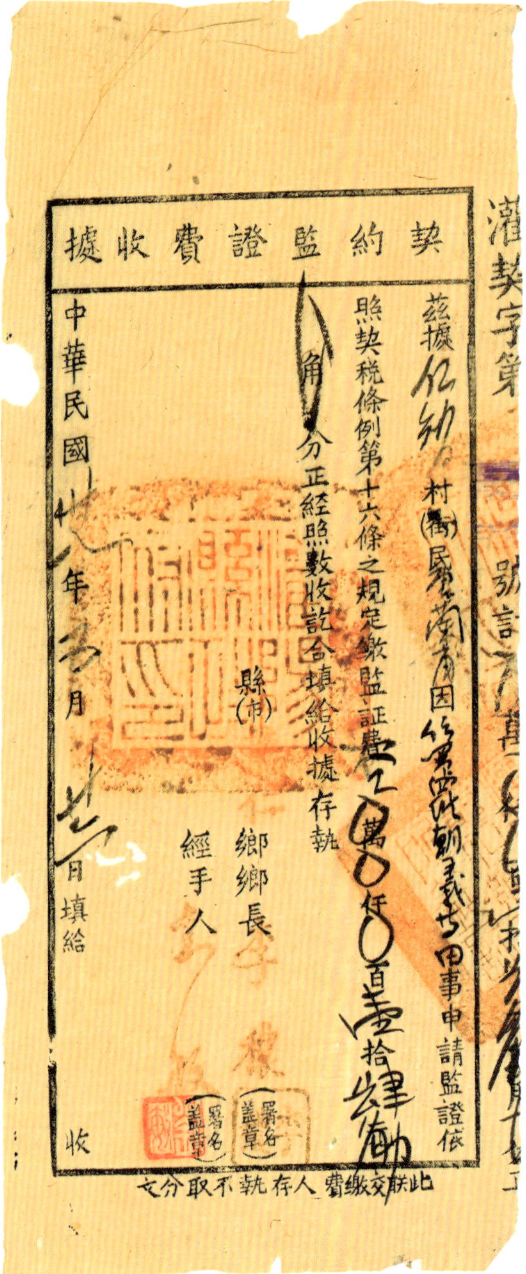

契約監證費收據

灌契字第　號

茲據　村(街)民　因　事申請監證依

照契稅條例第十六條之規定繳監證費　角　分正經照數收訖合填給收據存執

縣(市)　鄉鄉長（署名蓋章）

經手人（署名蓋章）

中華民國　年　月　日填給

收

此联交繳費人存執不取分文

0026 民国三十八年五月二十四日灌阳县唐兰甫缴纳契约监证费收据

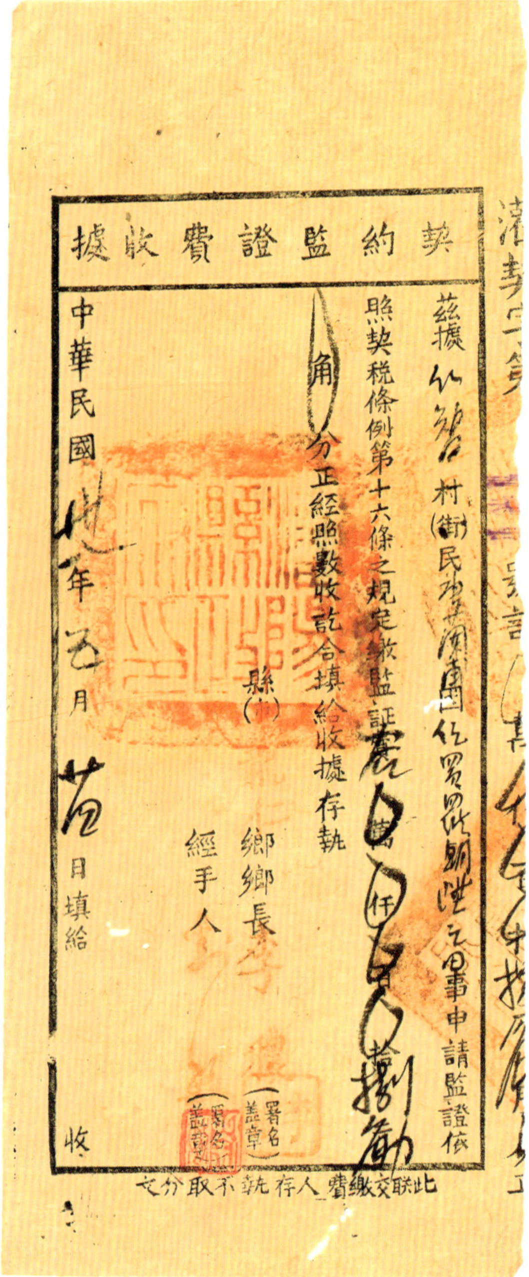

契約監證費收據

灌契字第　號

茲據　村(街)民　因　事申請監證依

照契稅條例第十六條之規定繳監證費　角　分正經照數收訖合填給收據存執

縣(市)　鄉鄉長（署名蓋章）

經手人（署名蓋章）

中華民國　年　月　日填給

收

此联交繳費人存執不取分文

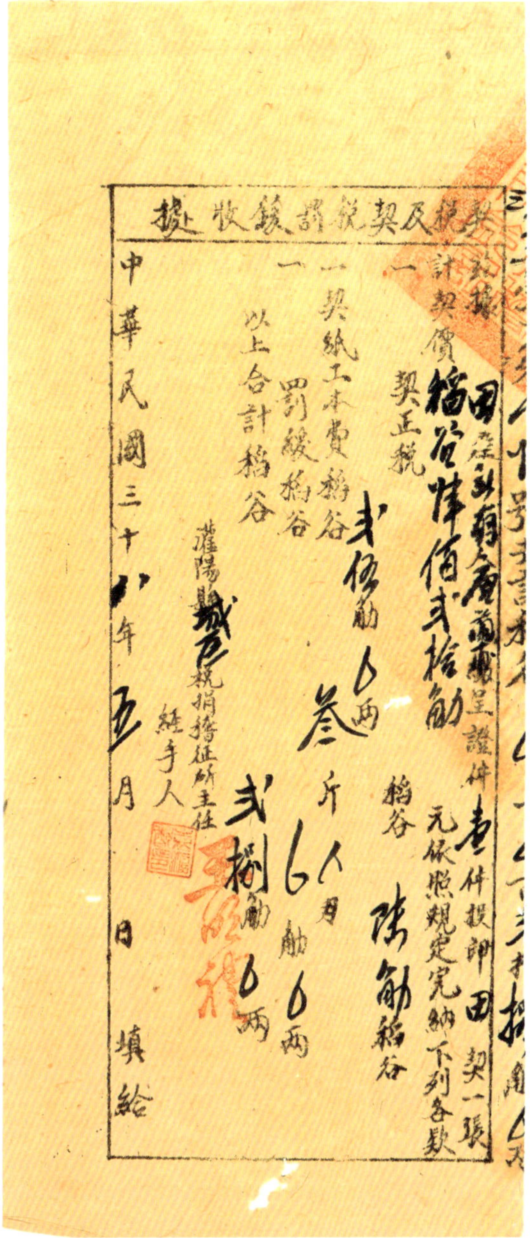

0027 民国三十八年五月灌阳县唐兰甫缴纳契税收据

0001 民国二十一年二月贺县陈孝逢、陈定荣田产交易验契执照

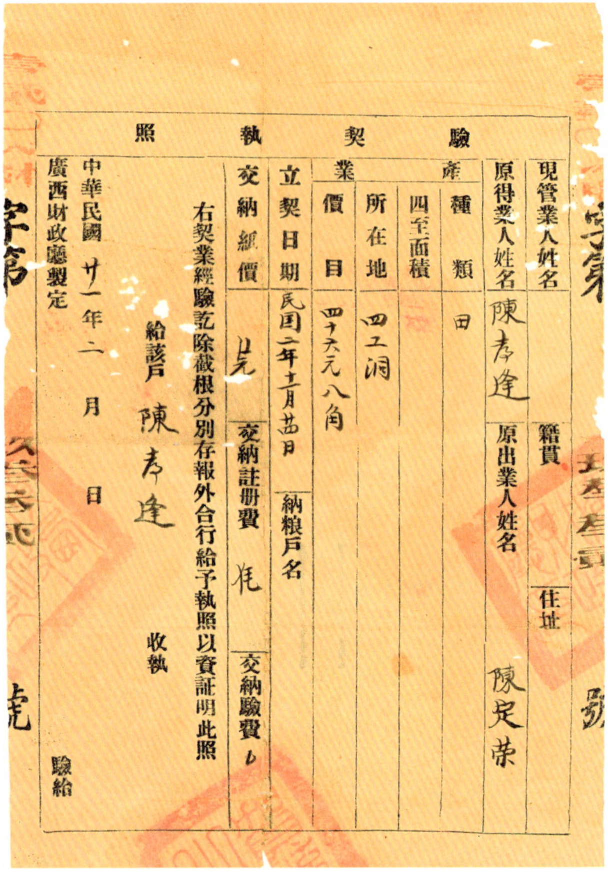
驗契執照

字第 號

現管業人姓名：陳孝逢　籍貫　住址

原得業人姓名　原出業人姓名：陳定荣

產業　種類：田　四至面積　所在地：四工洞　價目：四十六元八角

立契日期：民国二十年十二月廿四日　納粮戶名

交納契價　交納註冊費　交納驗費

右契業經驗訖除截根分別存報外合行給予執照以資証明此照

給該戶 陳孝逢 收執

中華民國 廿一年 二 月 日

廣西財政廳製定　驗給

0002 民国二十一年二月贺县陈孝逢、罗润华田产交易验契执照

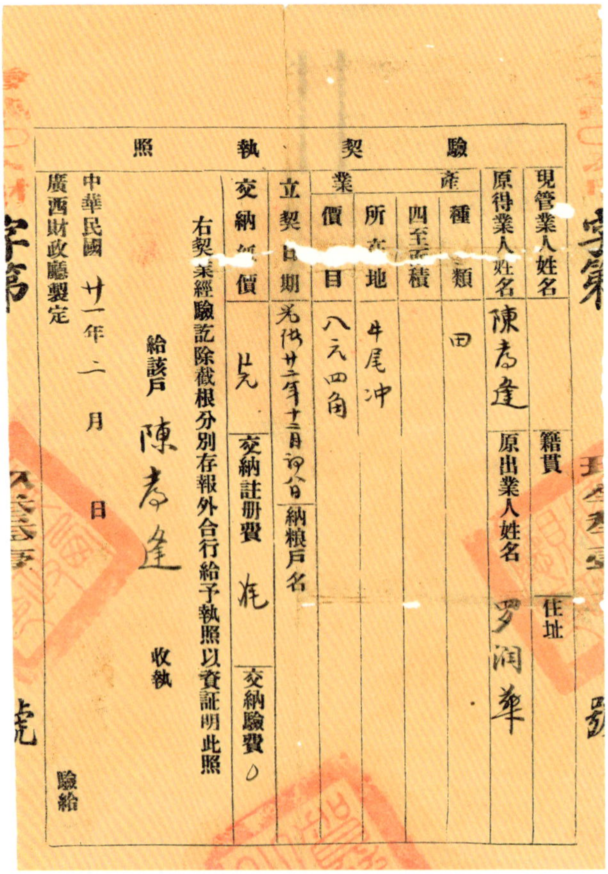
驗契執照

字第 號

現管業人姓名：陳孝逢　籍貫　住址

原得業人姓名　原出業人姓名：罗润華

產業　種類：田　四至面積　所在地：牛尾冲　價目：八元四角

立契日期：光緒廿二年十二月初八日　納粮戶名

交納契價　交納註冊費　交納驗費

右契業經驗訖除截根分別存報外合行給予執照以資証明此照

給該戶 陳孝逢 收執

中華民國 廿一年 二 月 日

廣西財政廳製定　驗給

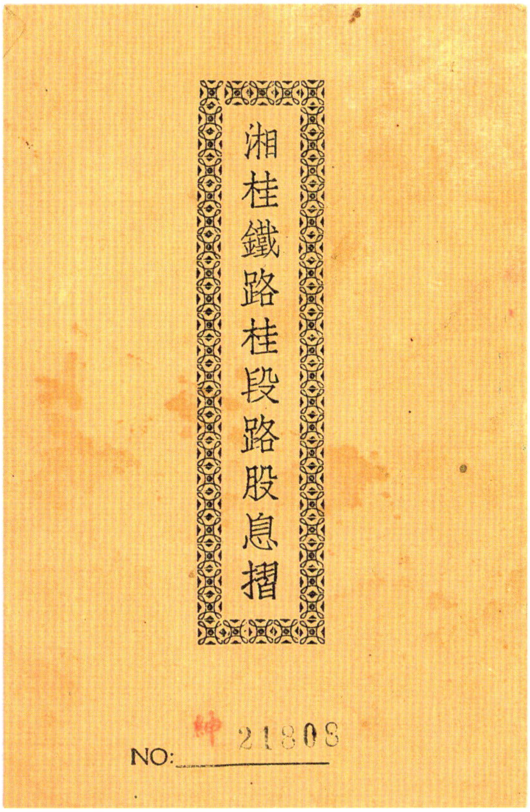
湘桂鐵路桂段路股息摺

NO: 紳 21808

0003-1 民国二十七年九月湘桂铁路桂段路股息折封面

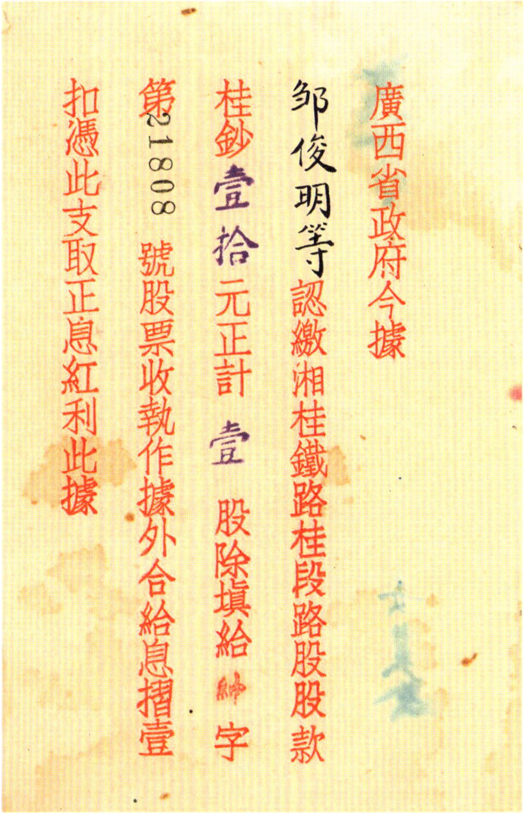
廣西省政府今據
鄒俊明等認繳湘桂鐵路桂段路股股款
桂鈔壹拾元正計壹股除填給紳字
第21808號股票收執作據外合給息摺壹
扣憑此支取正息紅利此據

0003-2 民国二十七年九月湘桂铁路桂段路股息折扉页

中華民國二十七年九月日

0003-3 民国二十七年九月湘桂铁路桂段路股息折时间页

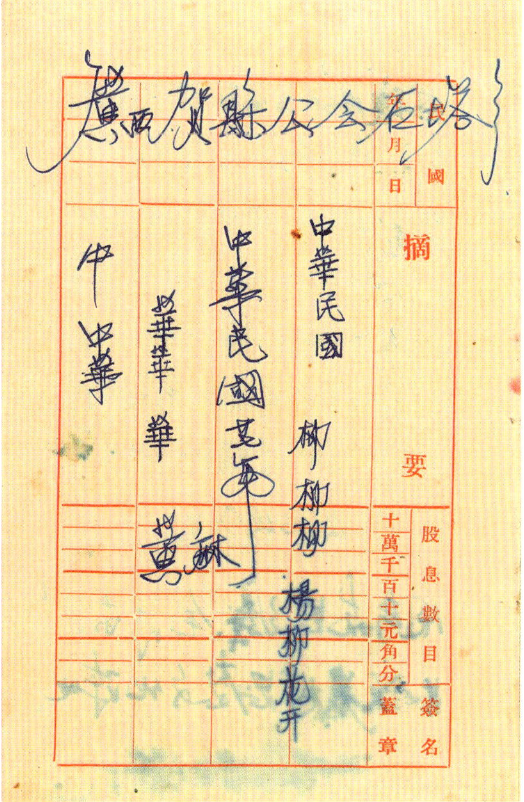
民國 年 月 日	摘要	股息數目（十萬千百十元角分）	簽名蓋章

0003-4 民国二十七年九月湘桂铁路桂段路股息折记录页

0004 民国二十八年二月五日贺县林振毓补缴民国二十四至二十七年谷粮收据

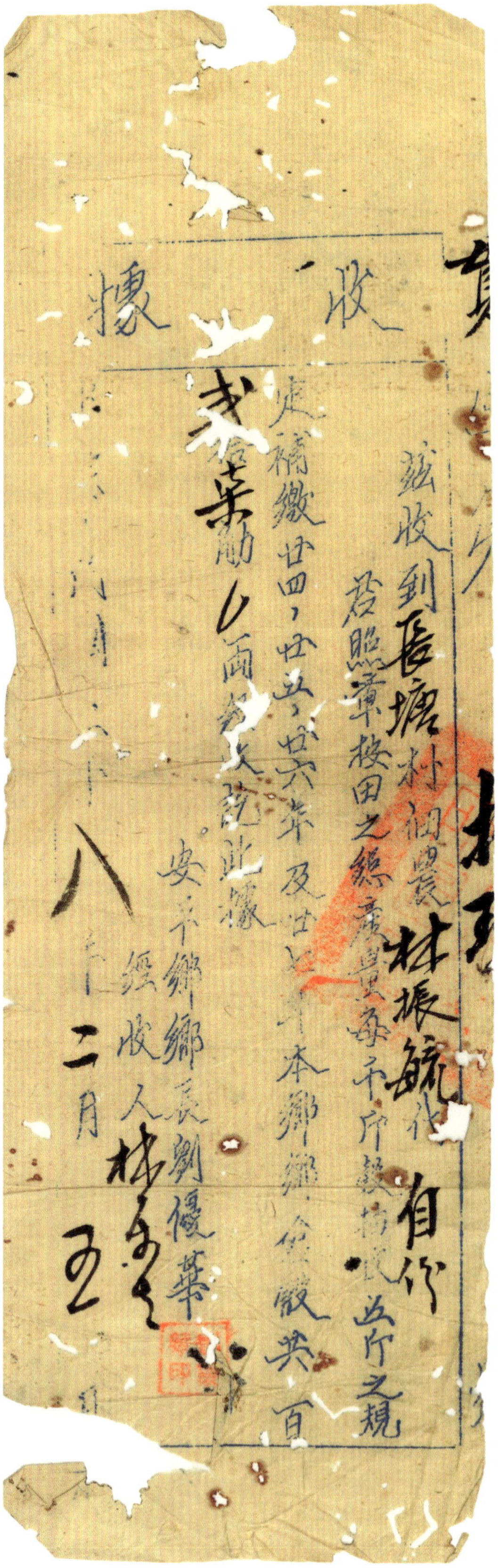

收據

茲收到長塘村朗農林振毓代自行
谷照章按田之總產量每千斤繳谷 斤之規
定補繳廿四、廿五、廿六年及廿七年本鄉鄉倉穀共 百
柒斤6兩 此據

安平鄉鄉長劉優華
經收人林

八年二月五

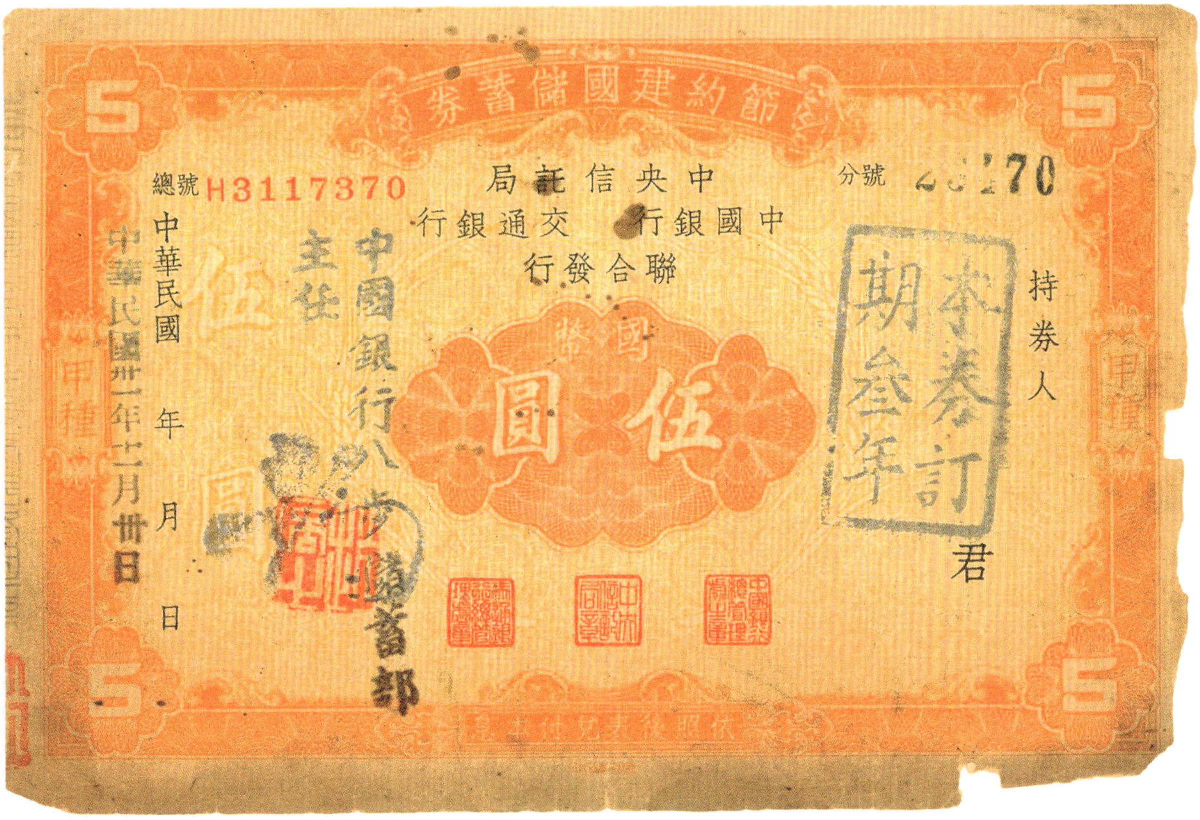

0005-1 民国三十一年十一月三十日中国银行八步储蓄部盖戳五元节约建国储蓄券（正面）

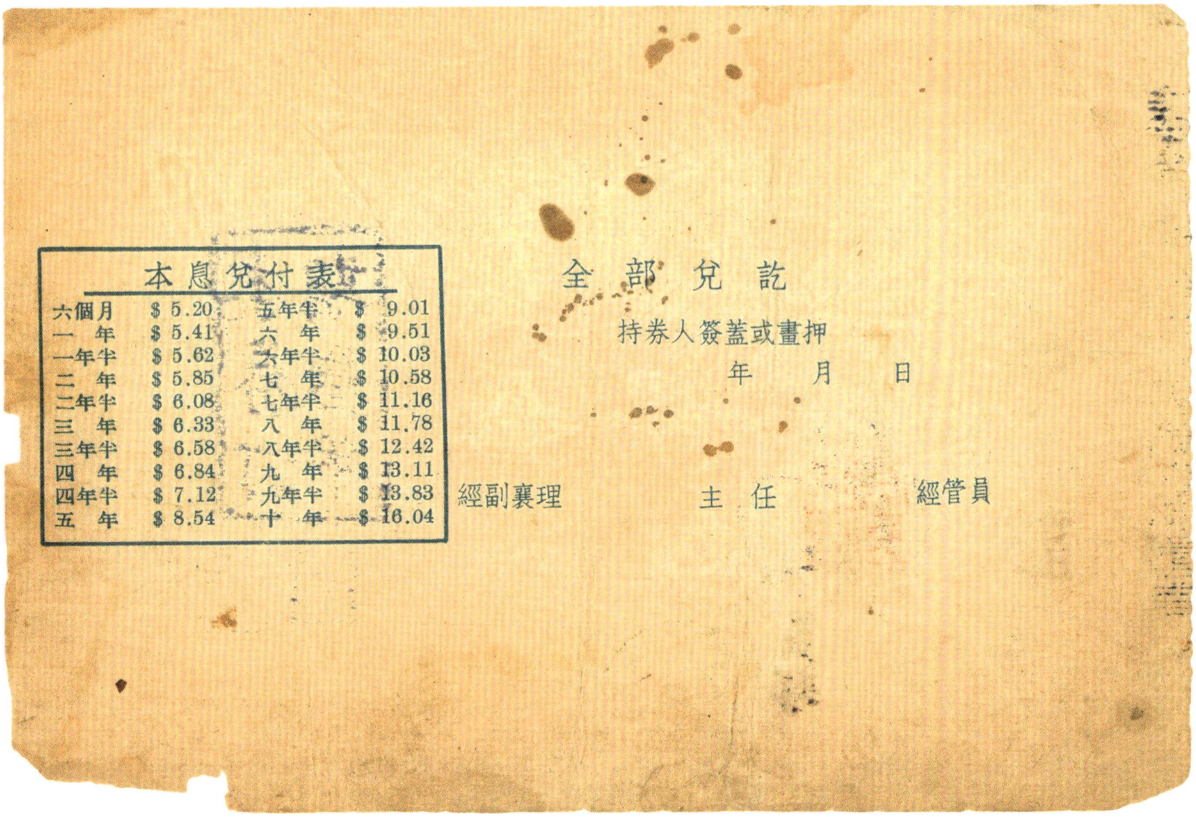

0005-2 民国三十一年十一月三十日中国银行八步储蓄部盖戳五元节约建国储蓄券（背面）

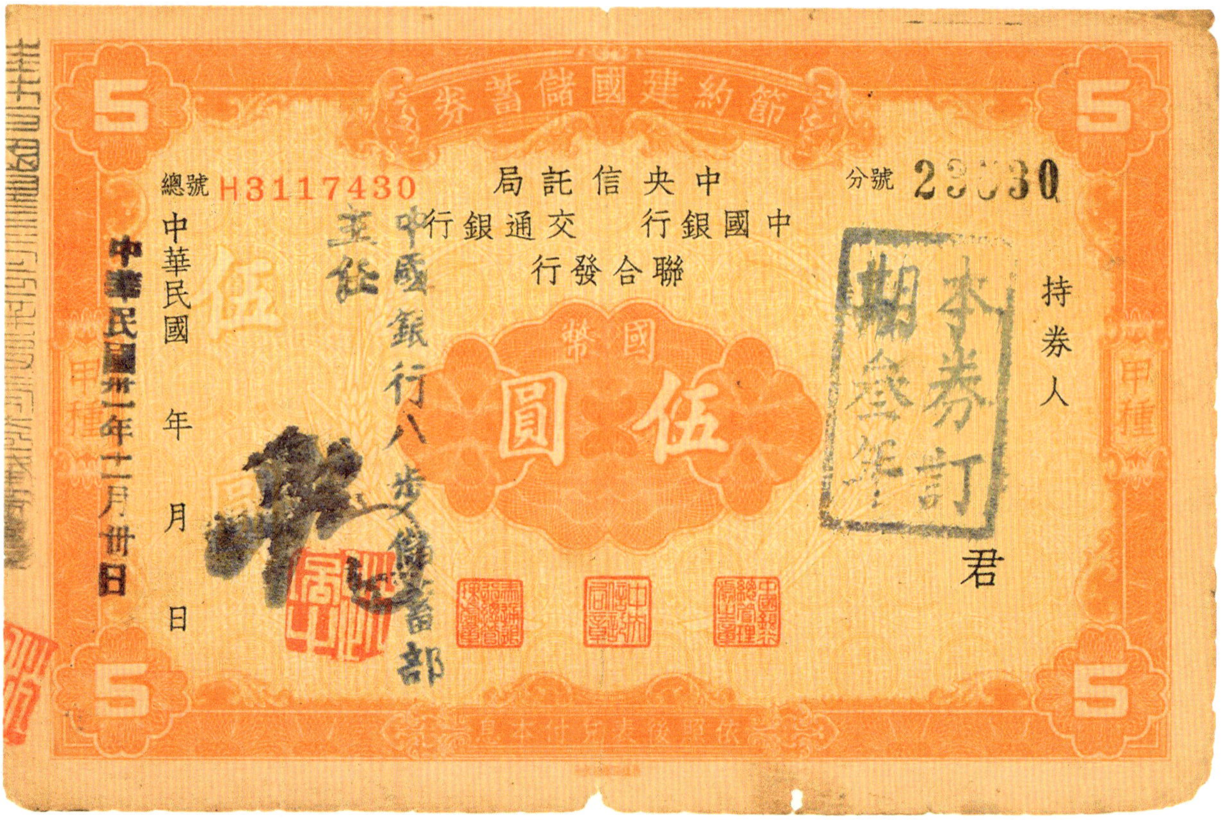

0006-1 民国三十一年十一月三十日中国银行八步储蓄部盖戳五元节约建国储蓄券（正面）

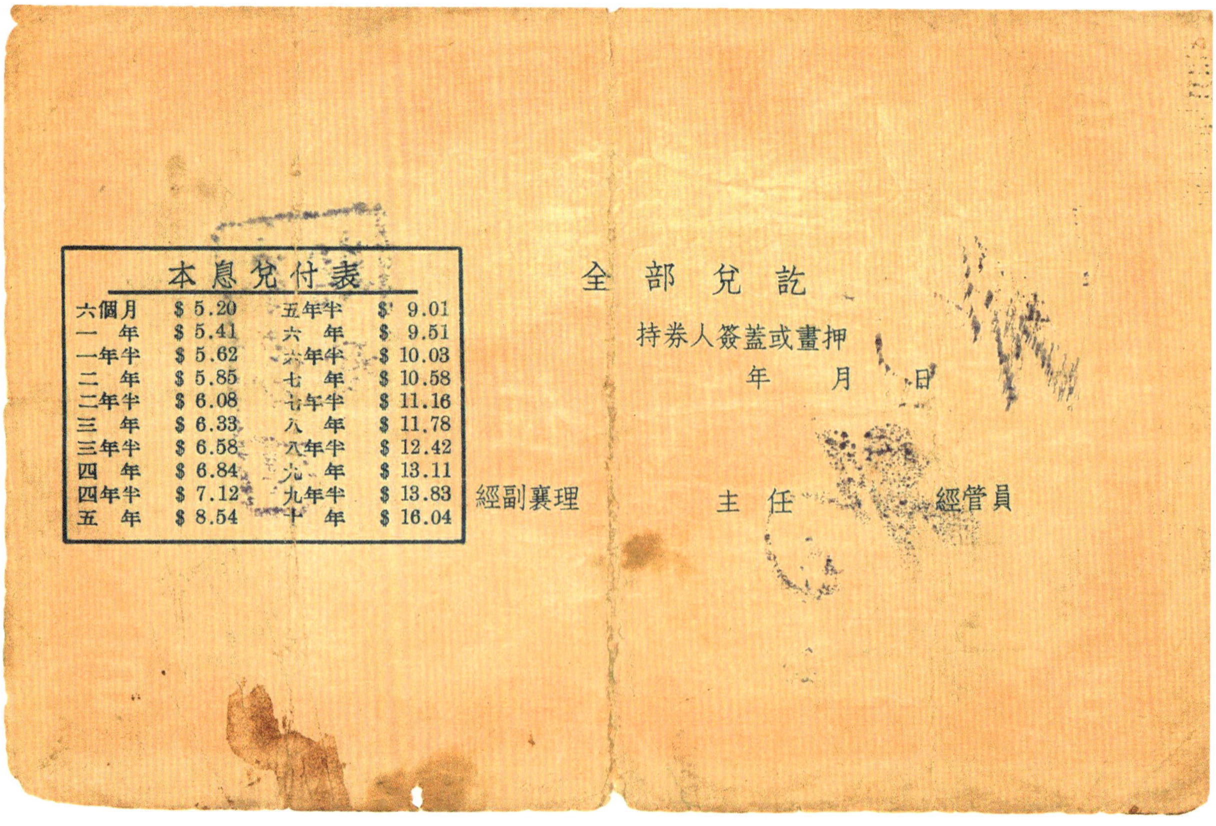

0006-2 民国三十一年十一月三十日中国银行八步储蓄部盖戳五元节约建国储蓄券（背面）

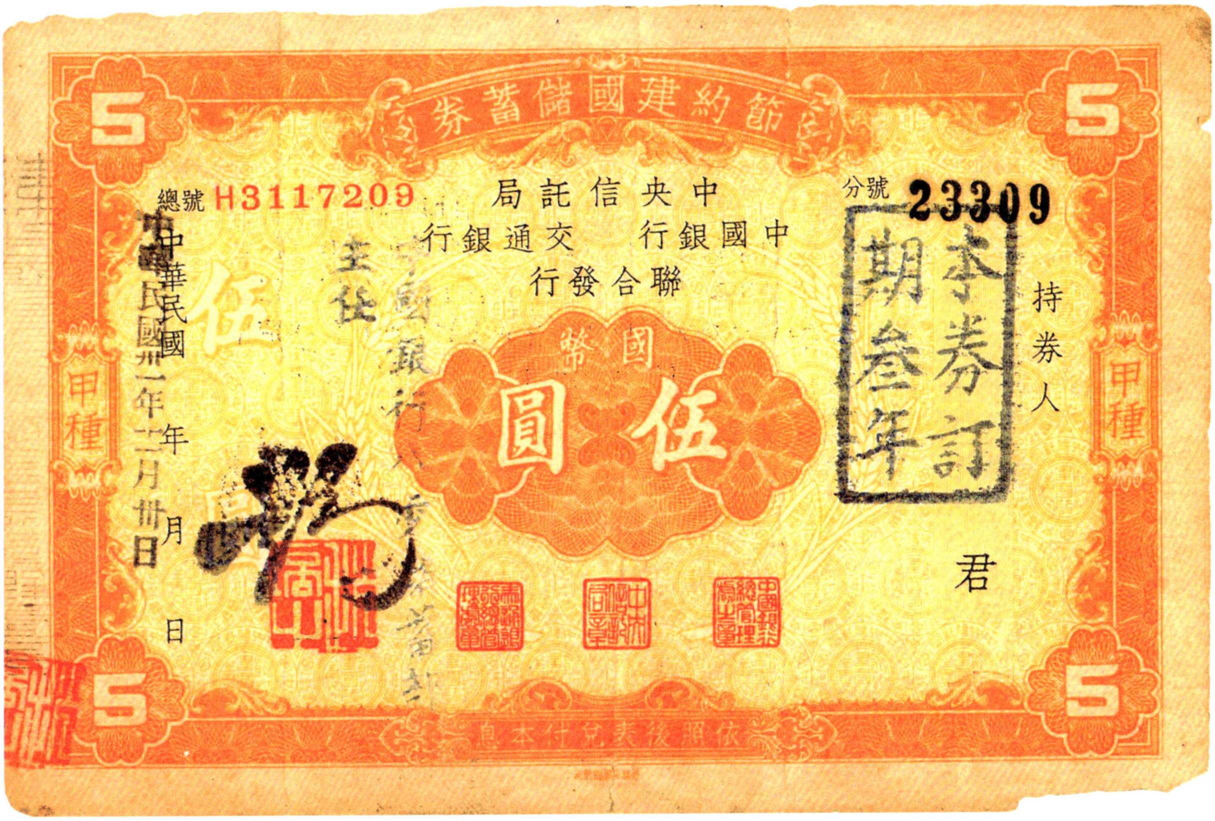

0007-1 民国三十一年十一月三十日中国银行八步储蓄部盖戳五元节约建国储蓄券（正面）

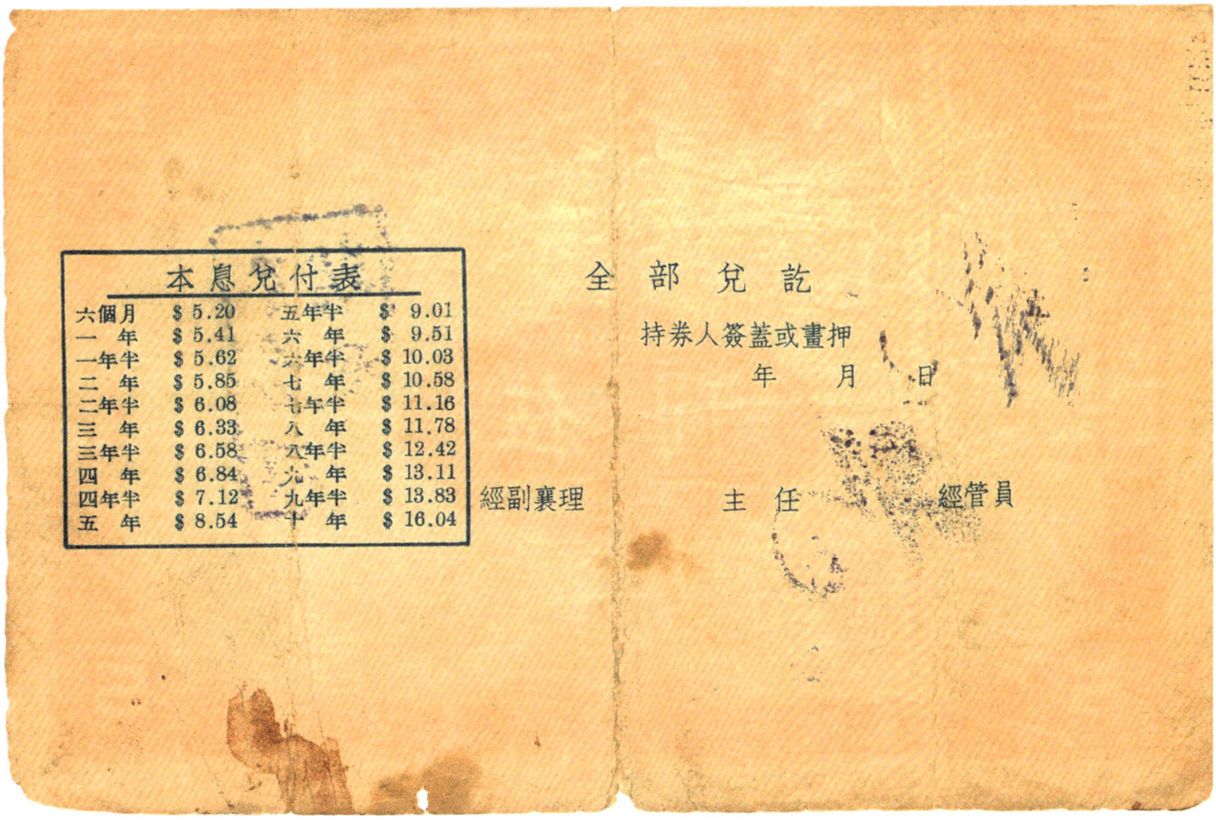

0007-2 民国三十一年十一月三十日中国银行八步储蓄部盖戳五元节约建国储蓄券（背面）

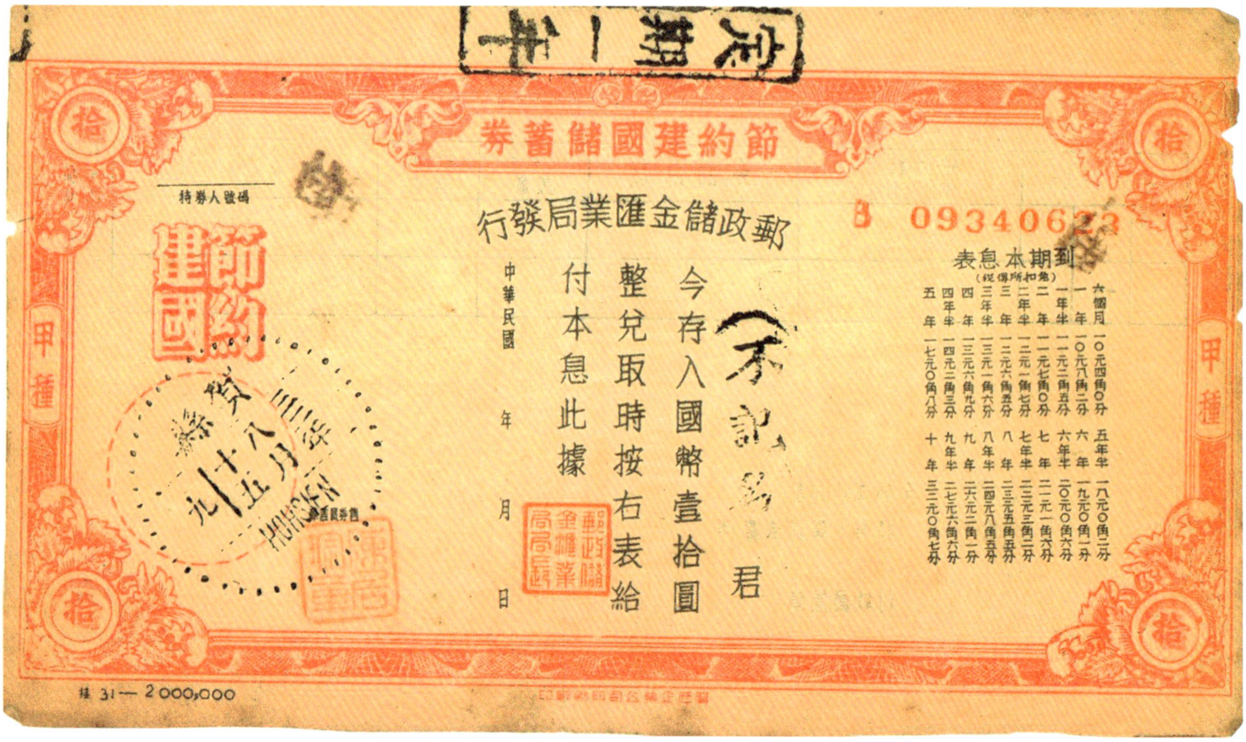

0008-1 民国三十二年八月十五日邮政储金汇业局贺县办事处盖戳十元节约建国储蓄券（正面）

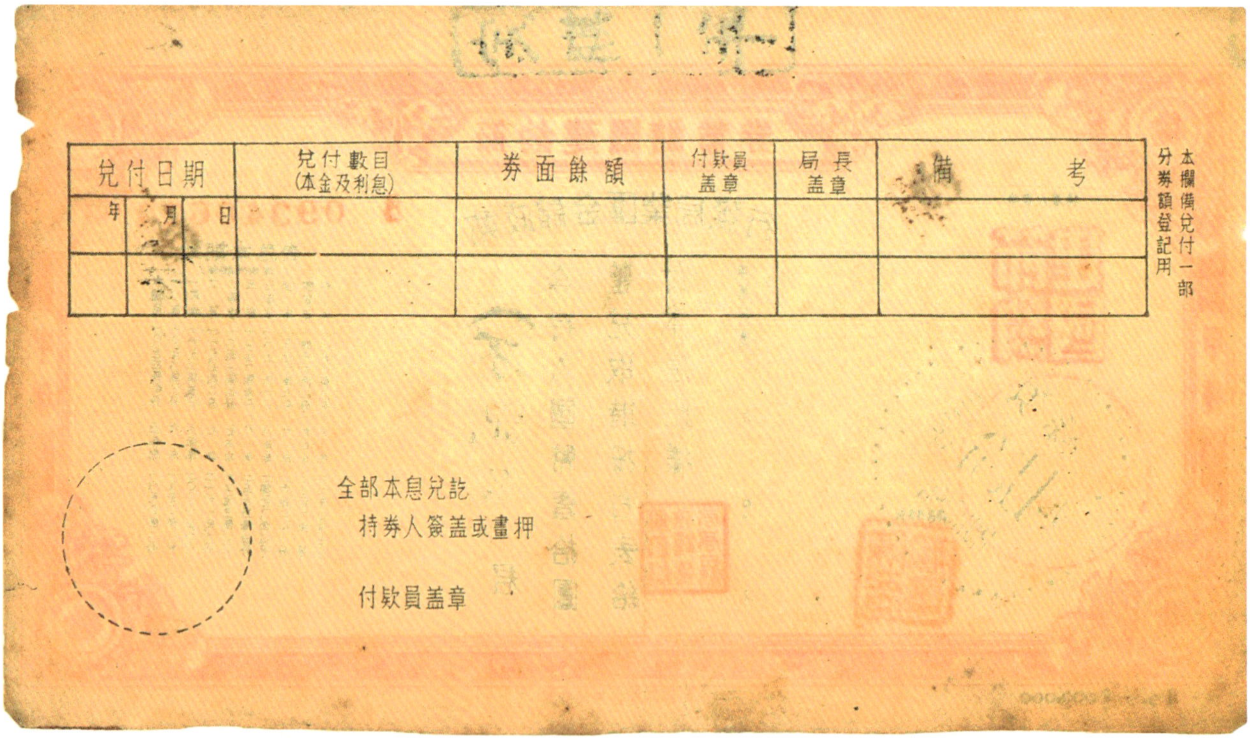

0008-2 民国三十二年八月十五日邮政储金汇业局贺县办事处盖戳十元节约建国储蓄券（背面）

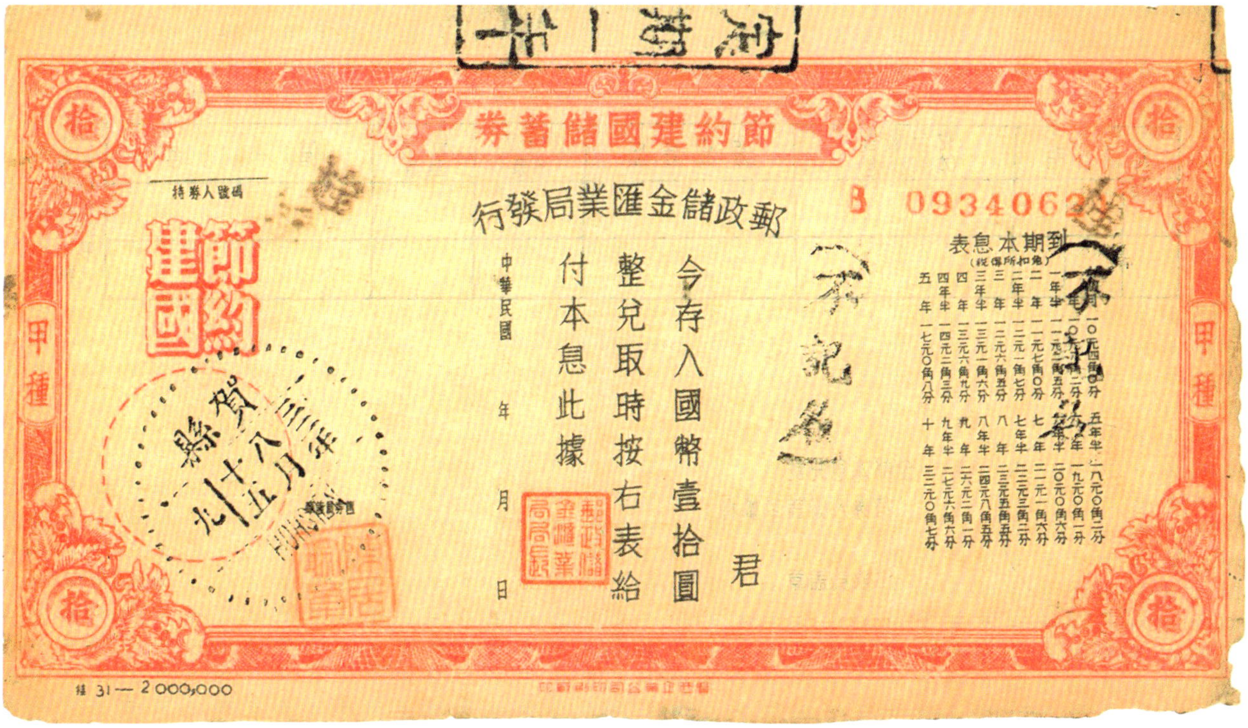

0009-1 民国三十二年八月十五日邮政储金汇业局贺县办事处盖戳十元节约建国储蓄券（正面）

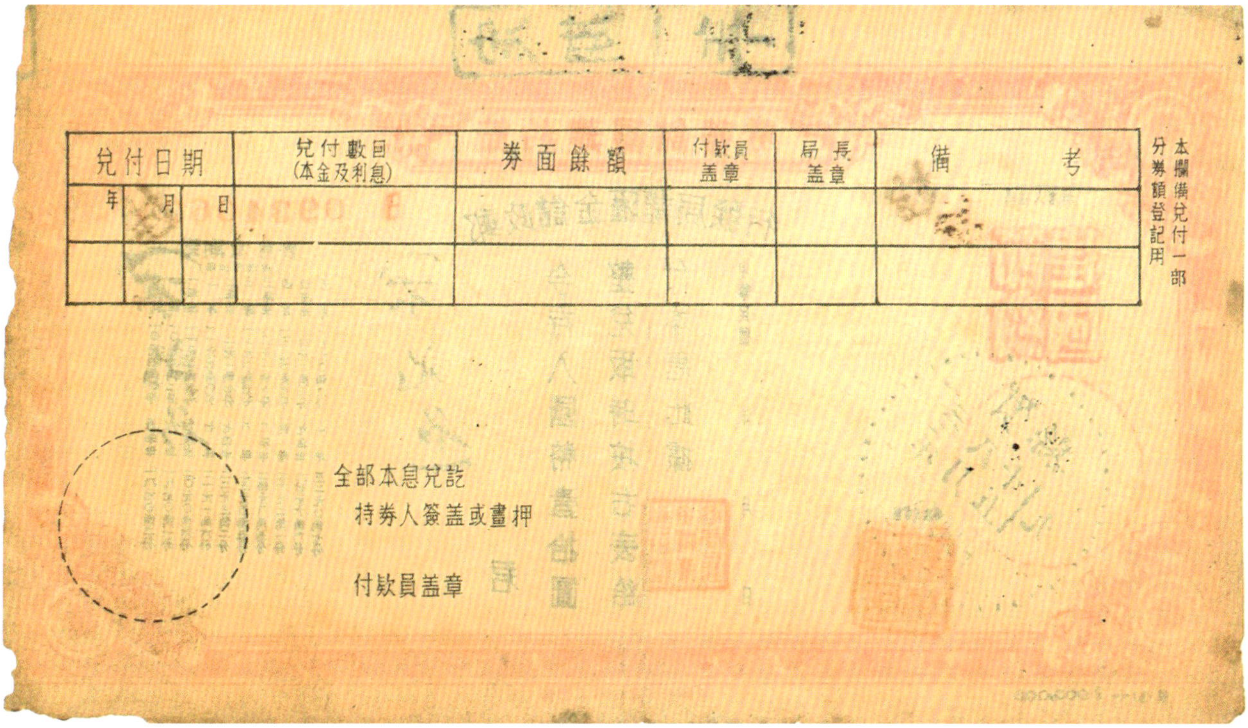

0009-2 民国三十二年八月十五日邮政储金汇业局贺县办事处盖戳十元节约建国储蓄券（背面）

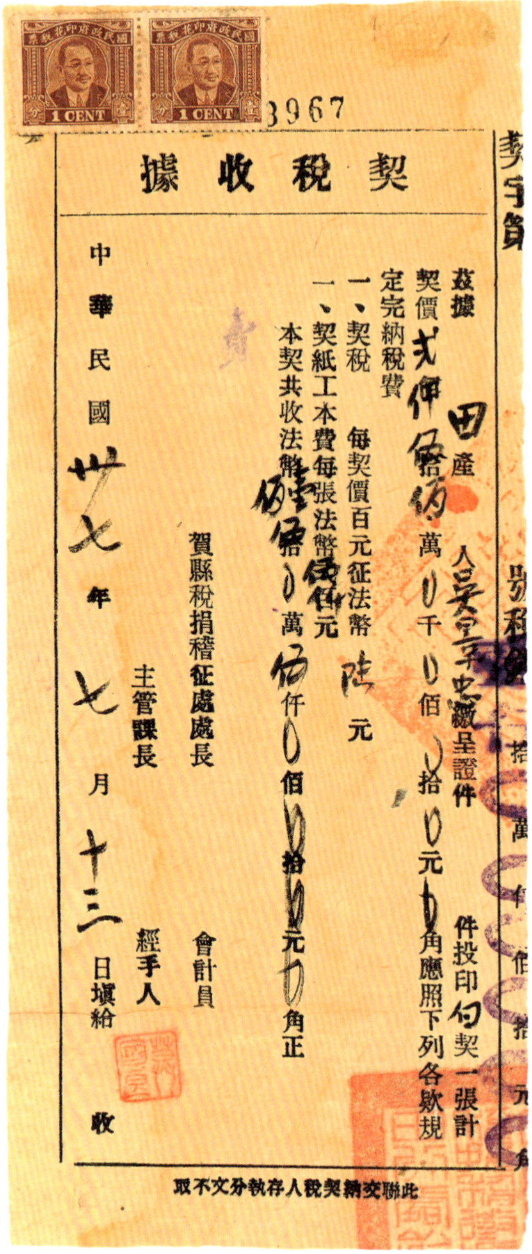

契稅收據

茲據田產人吳景忠繳呈證件件投印契一張計契價式仟伍佰萬〇千〇佰〇拾〇元〇角應照下列各款規定完納稅費

一、契稅　每契價百元征法幣陸元

一、契紙工本費每張法幣伍仟元

本契共收法幣壹佰伍拾萬伍仟〇佰〇拾〇元〇角正

賀縣稅捐稽征處處長　會計員

主管課長　經手人

中華民國卅七年七月十三日填給　收

此聯交納契稅人存執分文不取

0010 民国三十七年七月十三日贺县吴景忠契税收据

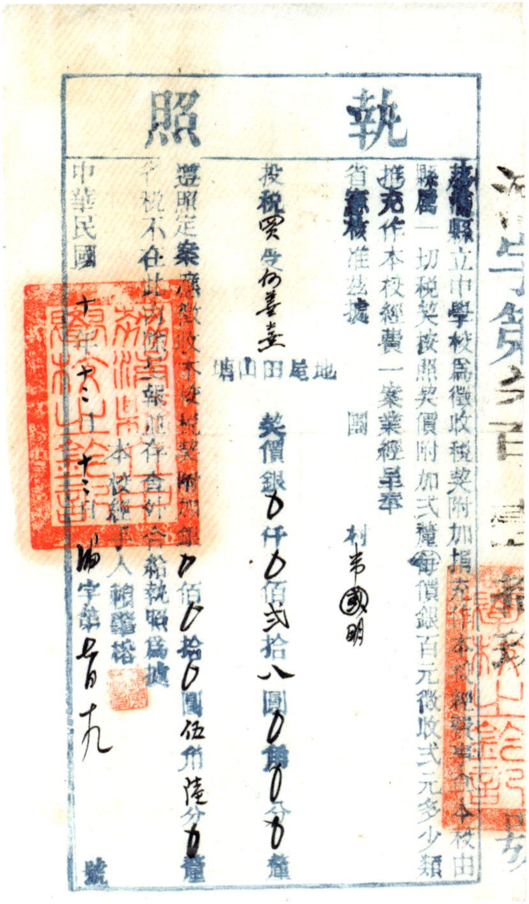

執照

荔浦縣立中學校爲徵收稅契附加捐充作本校經費事案奉本校由
縣署一切稅契按照契價附加弍釐每價銀百元徵收弍元多少類
推充作本校經費一案業經呈奉
省署核准茲據　村韦國明　圖
投稅買受何姜垚
地尾山田塘
契價銀〇仟〇佰弍拾八圓〇角〇分〇釐
遵照定案應徵收本校稅契附加銀〇佰〇拾〇圓伍角陸分〇釐
子稅不在此例除呈報並存查外合給執照爲據
本校經手人賴肇榕
中華民國十年十二月十二日
浦字第肯九號

0001 民国十年十二月十二日荔浦县立中学征收韦国明契税附加捐充作学校经费执照

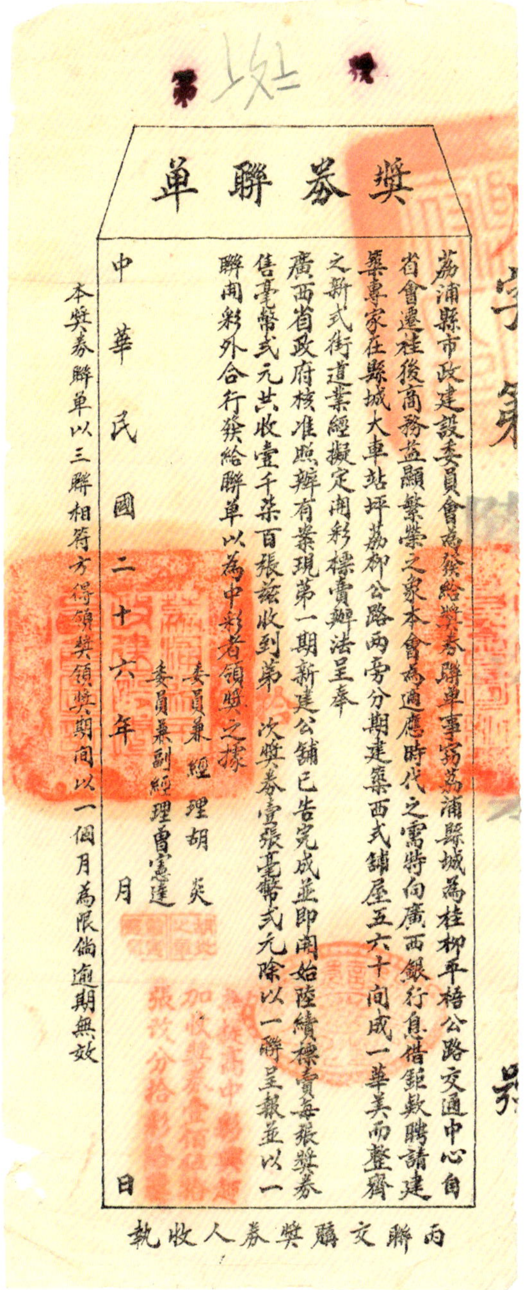

奬券聯单

荔浦縣市政建設委員會為發給奬券聯单事窃荔浦縣城為桂柳平梧公路交通中心自
省會遷桂後商務益顯繁榮之象本會為適應時代之需特向廣西銀行息借鉅款聘請建
築專家在縣城大車站坪荔柳公路兩旁分期建築西式鋪屋五六十間成一華美而整齊
之新式街道業經擬定開彩標賣辦法呈奉
廣西省政府核准照辦有案現第一期新建公鋪已告完成並即開始陸續標賣每張奬券
售毫幣弍元共收壹千柒百張茲收到第　次奬券壹張毫幣弍元除以一聯呈報並以一
聯開彩外合行發給聯单以為中彩者領奬之據
委員兼經理胡炎
委員兼副經理曾憲達
中華民國二十六年　月　日
本奬券聯单以三聯相符方得領奬領奬期間以一個月為限倘逾期無效
丙聯　文　購　奬券人收執

0002 民国二十六年荔浦县为新建公铺标卖奖券联单

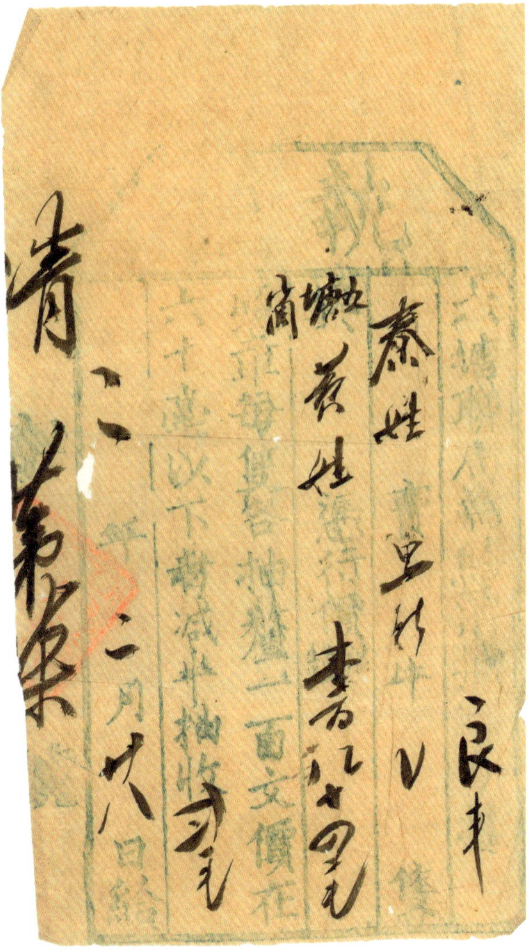

0001 民国二年二月二十八日临桂县秦姓卖牛抽税执照

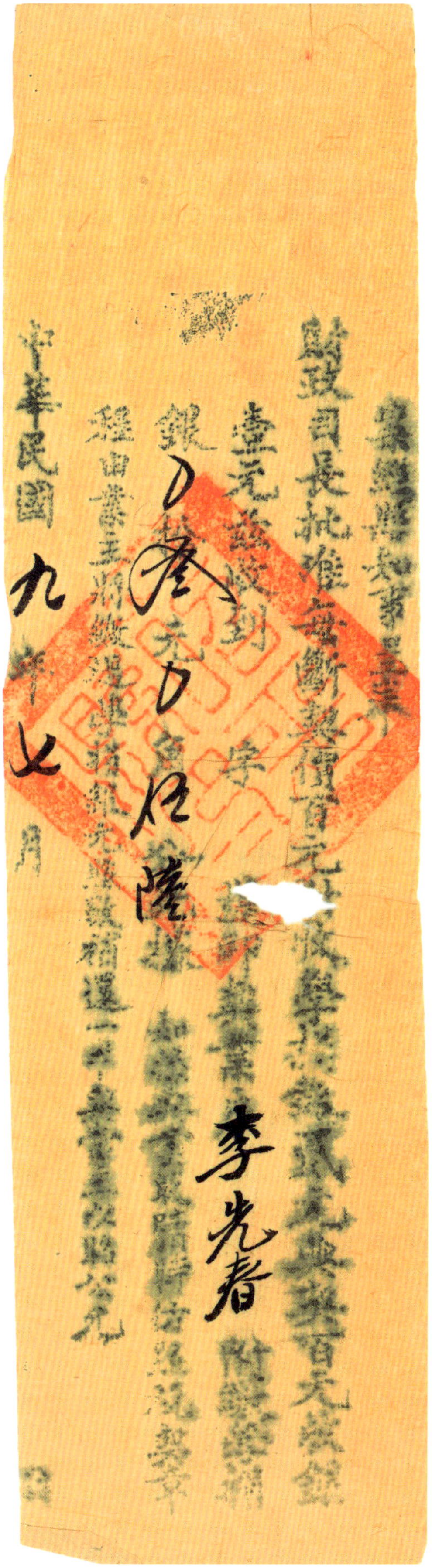

0001 民国九年七月昭平县收取李先春学捐银证明

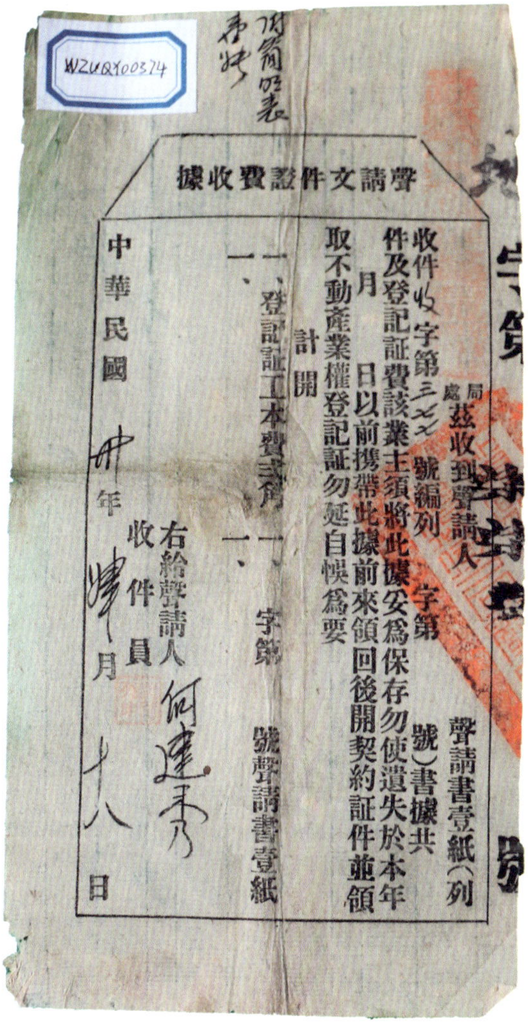

0002 民国三十年四月十八日昭平县何建秀声请文件证费收据

0003 民国三十年四月十八日昭平县何建秀声请文件证费收据

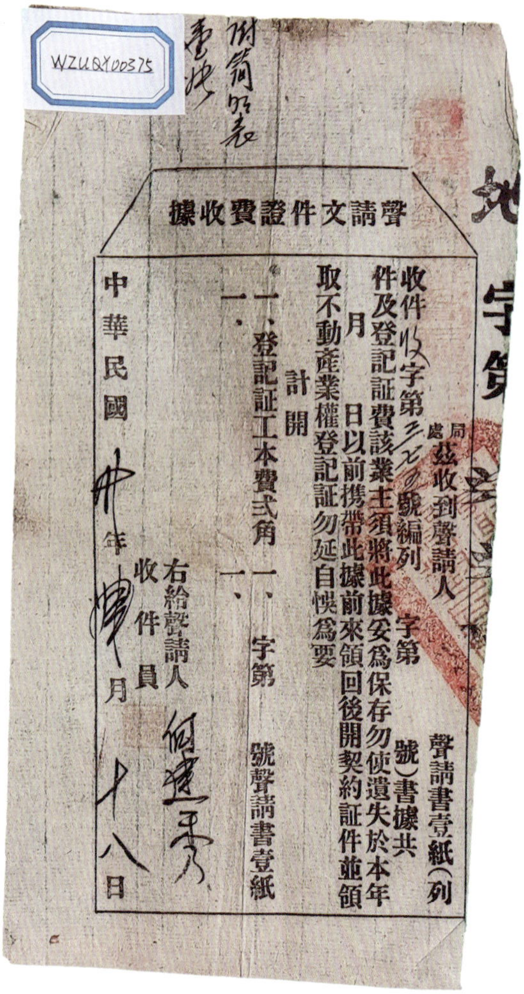

WZUQY00375

聲請文件證費收據

局處茲收到聲請人　聲請書壹紙（列收件收字第三七〇號編列　字第　號）書據共　件及登記証費該業主須將此據妥爲保存勿使遺失於本年　月　日以前攜帶此據前來領回後開契約証件並領取不動產業權登記証勿延自悞爲要

計開

一、登記証工本費弍角　一、　字第　號聲請書壹紙

一、　一、

右給聲請人

收件員　何建秀

中華民國卅年四月十八日

0004 民国三十年四月十八日昭平县何建秀声请文件证费收据

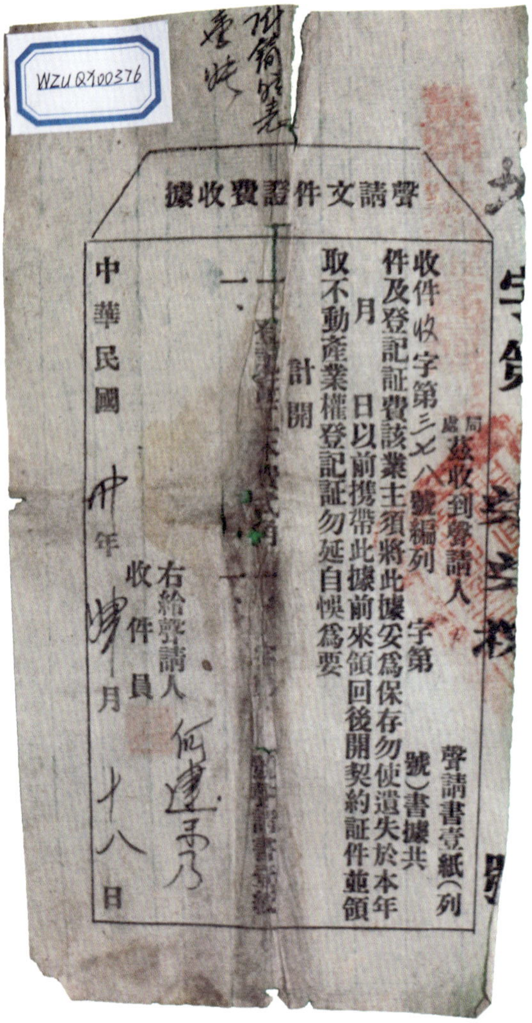

WZUQY00376

聲請文件證費收據

局處茲收到聲請人　聲請書壹紙（列收件收字第三七八號編列　字第　號）書據共　件及登記証費該業主須將此據妥爲保存勿使遺失於本年　月　日以前攜帶此據前來領回後開契約証件並領取不動產業權登記証勿延自悞爲要

計開

右給聲請人

收件員　何建秀

中華民國卅年四月十八日

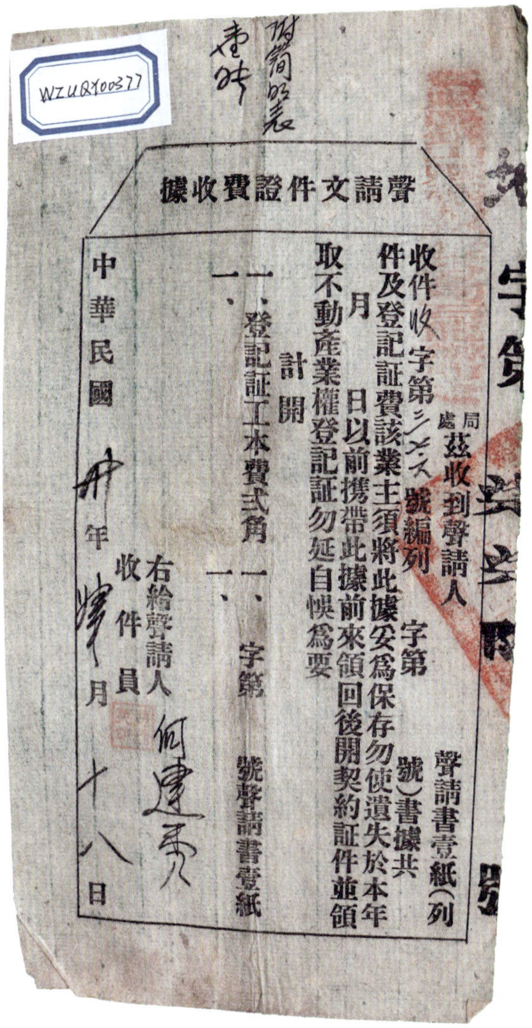

WZUQY00377

附簡明表壹張

聲請文件證費收據

收件收字第三七七號編列

局/處茲收到聲請人　聲請書壹紙（列　字第　號）書據共
件及登記証費該業主須將此據妥爲保存勿使遺失於本年
月　日以前携帶此據前來領回後開契約証件並領
取不動產業權登記証勿延自悞爲要

計開

一、登記証工本費式角　一、　字第　號聲請書壹紙

一、　一、

右給聲請人 何建秀

收件員

中華民國卅年肆月十八日

0005 民国三十年四月十八日昭平县何建秀声请文件证费收据

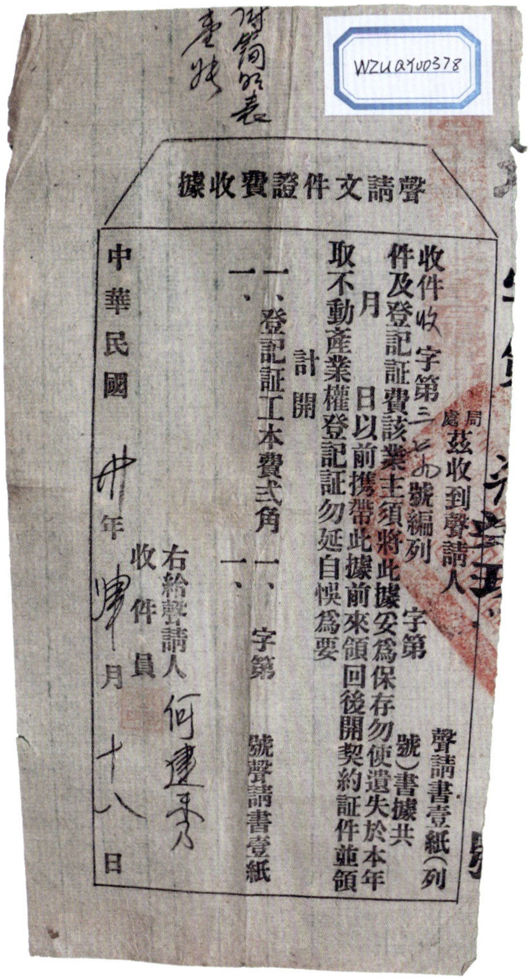

WZUQY00378

附簡明表壹張

聲請文件證費收據

收件收字第三七八號編列

局/處茲收到聲請人　聲請書壹紙（列　字第　號）書據共
件及登記証費該業主須將此據妥爲保存勿使遺失於本年
月　日以前携帶此據前來領回後開契約証件並領
取不動產業權登記証勿延自悞爲要

計開

一、登記証工本費式角　一、　字第　號聲請書壹紙

一、　一、

右給聲請人 何建秀

收件員

中華民國卅年肆月十八日

0006 民国三十年四月十八日昭平县何建秀声请文件证费收据

0007 民国三十年五月七日昭平县何建秀声请文件证费收据

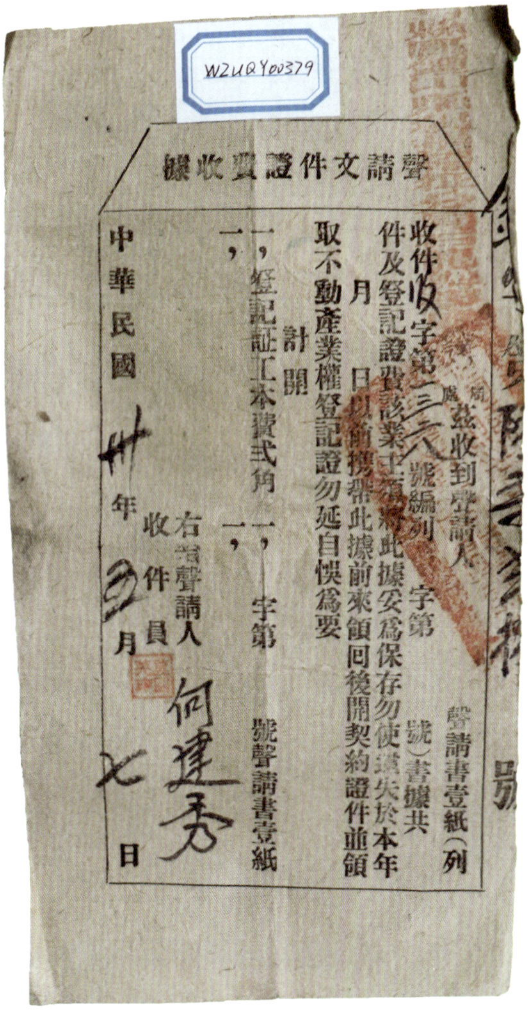
WZUQY00379

聲請文件證費收據

茲收到聲請人 聲請書壹紙（列
收件收字第三六八號編列 字第 號）書據共
件及登記證費該業已查收此據妥爲保存勿使遺失於本年
月 日以前携帶此據前來領回後開契約證件並領
取不動産業權登記證勿延自悞爲要

計開

一、 字第 號聲請書壹紙
一、登記証工本費弍角 一、
一、

右聲請人 何建秀
收件員

中華民國卅年五月七日

0008 民国三十三年二月十三日昭平县李锦心缴纳三十二年度自治户捐收据

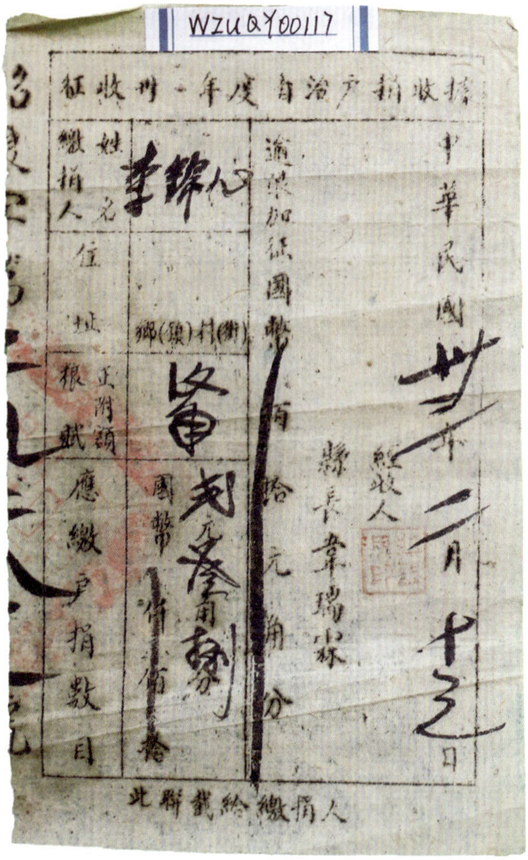
WZUQY00117

征收卅一年度自治戶捐收據

繳捐人姓名	李錦心
住址	鄉(鎮)村(街)
根據正附額賦應繳戶捐數目	國幣

滴県加征國幣 百 拾 元 角 分

中華民國卅三年二月十三日

經收人 縣長韋瑞霖

此聯截給繳捐人

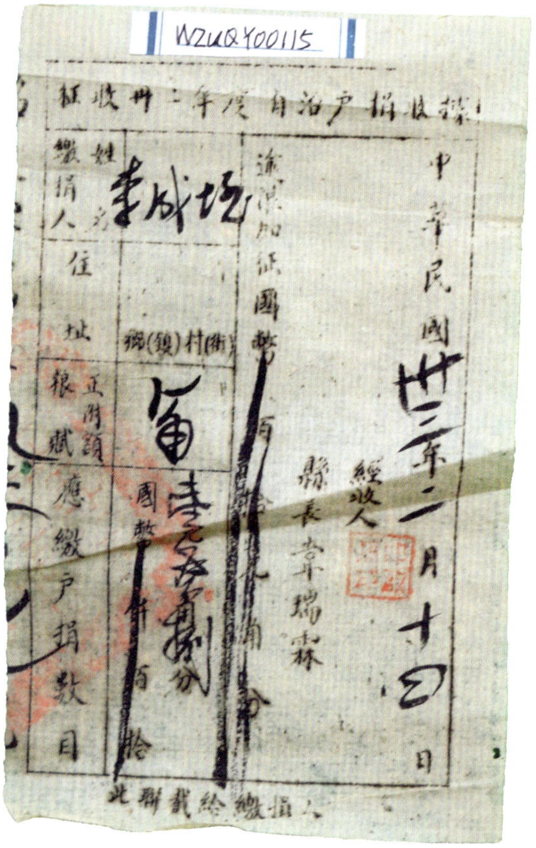

0009 民国三十三年二月十四日昭平县李成坛缴纳三十二年度自治户捐收据

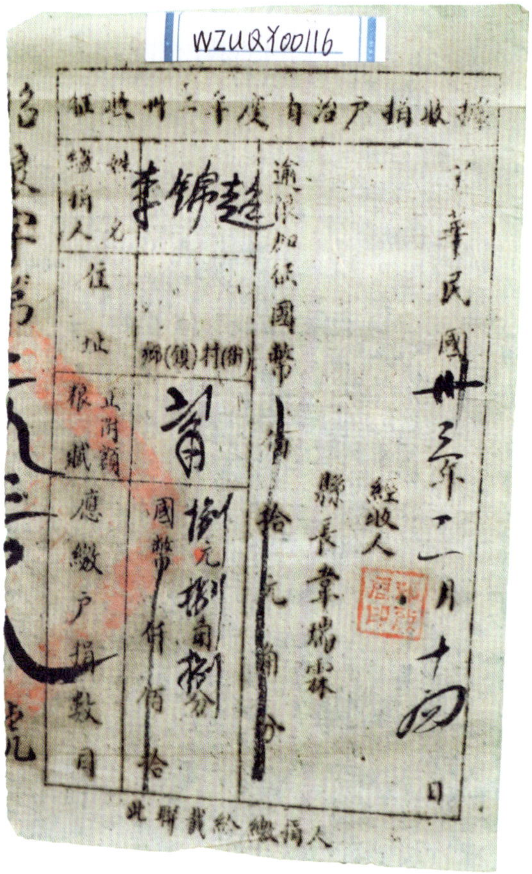

0010 民国三十三年二月十四日昭平县李锦超缴纳三十二年度自治户捐收据

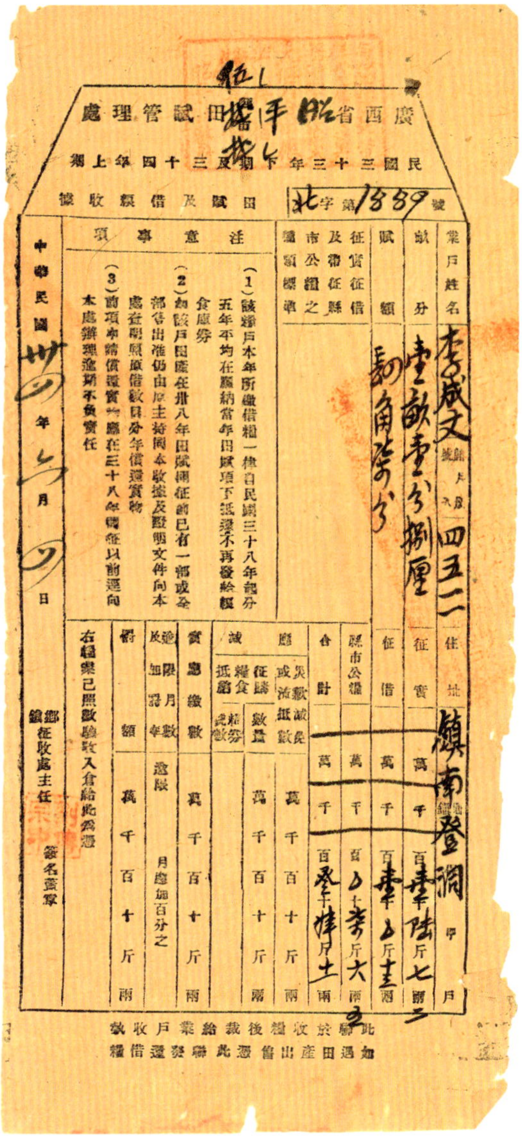

廣西省田賦管理處

民國三十三年下期及三十四年上期

田賦及借糧收據

北字第1889號

0011 民国三十四年六月四日昭平县田赋管理处征收李成文田赋及借粮通知单

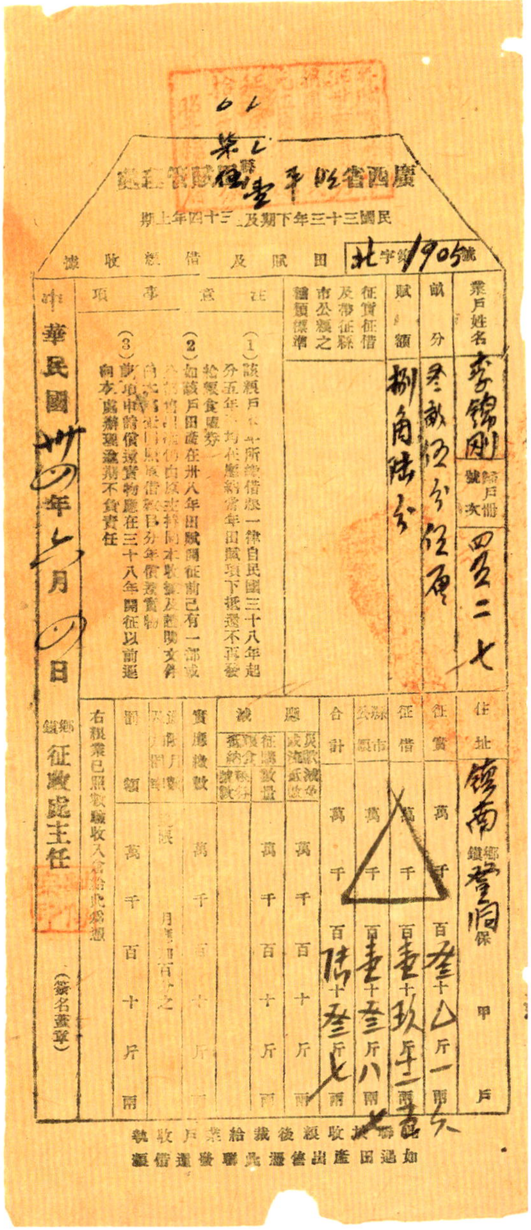

廣西省昭平縣田賦管理處

民國三十三年下期及三十四年上期

田賦及借糧收據

北字第1905號

0012 民国三十四年六月四日昭平县田赋管理处征收李锦刚田赋及借粮通知单

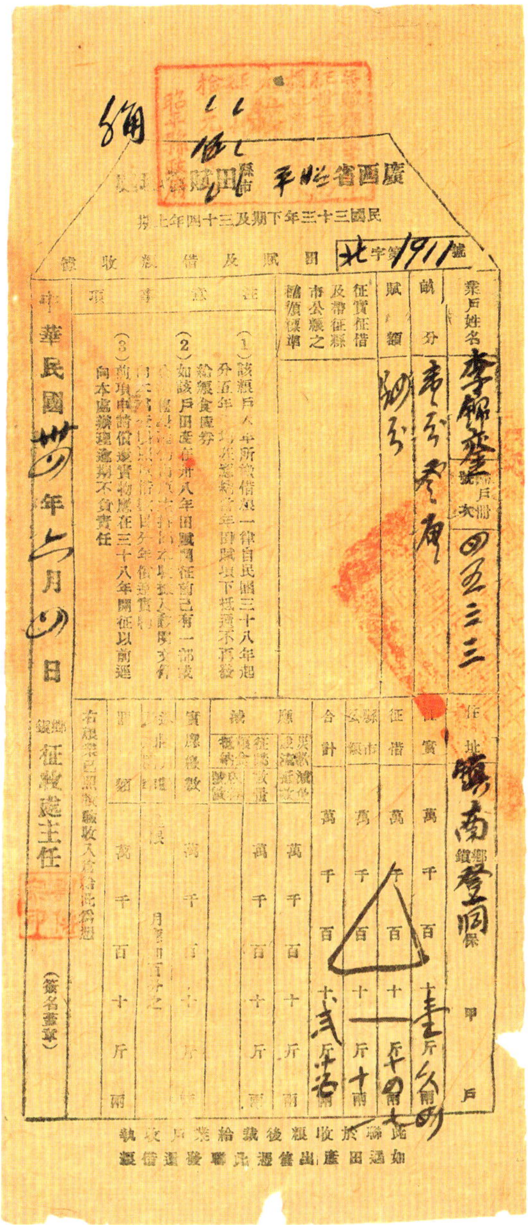
廣西省昭平縣田賦管理處
民國三十三年下期及三十四年上期
田賦及借穀收據
北字第1911號
業戶姓名 李錦鑾
中華民國卅四年六月四日
鄉鎮征收處主任

0013 民国三十四年六月四日昭平县田赋管理处征收李锦銮田赋及借粮通知单

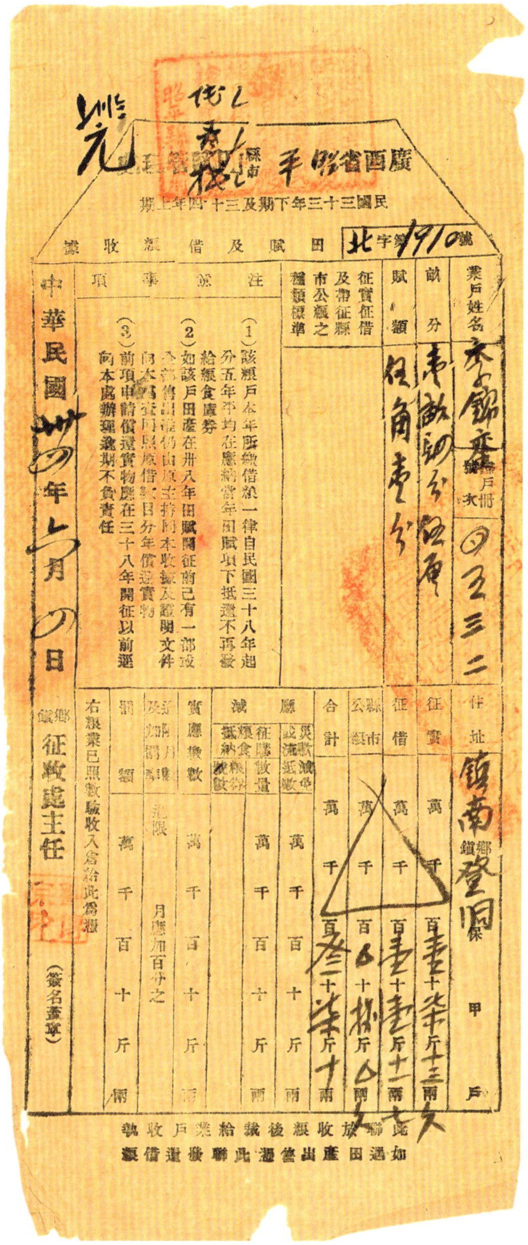
廣西省昭平縣田賦管理處
民國三十三年下期及三十四年上期
田賦及借穀收據
北字第1910號
業戶姓名 李錦鑾
中華民國卅四年六月四日
鄉鎮征收處主任

0014 民国三十四年六月四日昭平县田赋管理处征收李锦銮田赋及借粮通知单

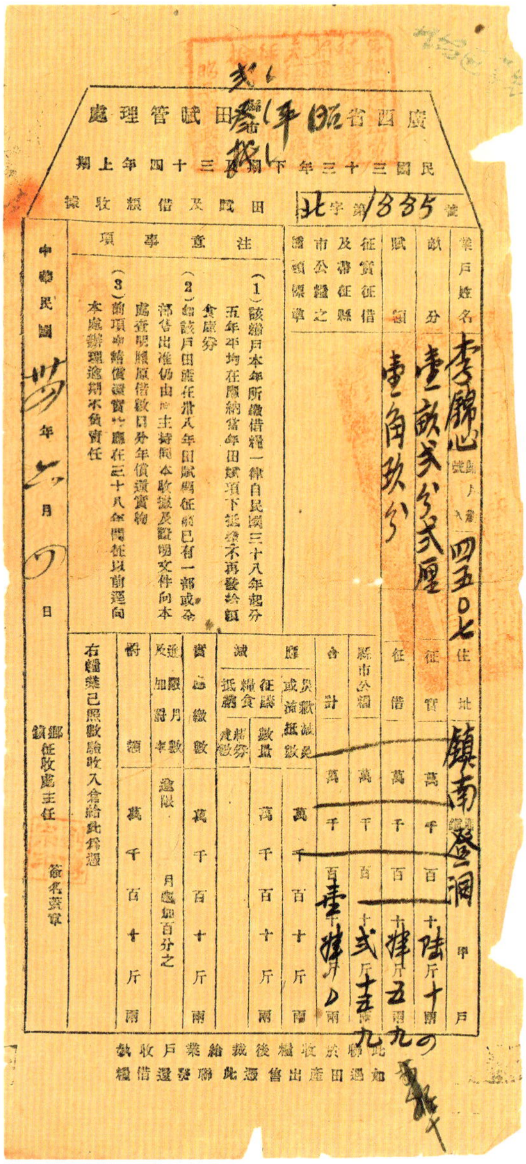
广西省田赋管理处
民国三十四年上期及三十三年下期
田赋及借粮收据
北字第1885号
业户姓名 李锦心
亩分 壹亩贰分弍厘
赋额 壹角玖分
住址 镇南登洞
注意事项
(1)该业户本年所缴借粮一律自民国三十八年起分五年平均在应纳当年田赋项下抵还不再发给实物
(2)如该户田产在卅八年田赋开征前已有一部或全部售出准仍由业主持同本收据及证明文件向本处查明照原借数目分年偿还实物
(3)前项应偿借粮实物应在三十八年开征以前径向本处办理逾期不负责任
右款业已照数验收入仓给此为凭
乡镇征收处主任 签名盖章
中华民国卅四年六月四日
如遇田产出售还此联发还借粮
此联于收后裁给业户收执

0015 民国三十四年六月四日昭平县田赋管理处征收李锦心田赋及借粮通知单

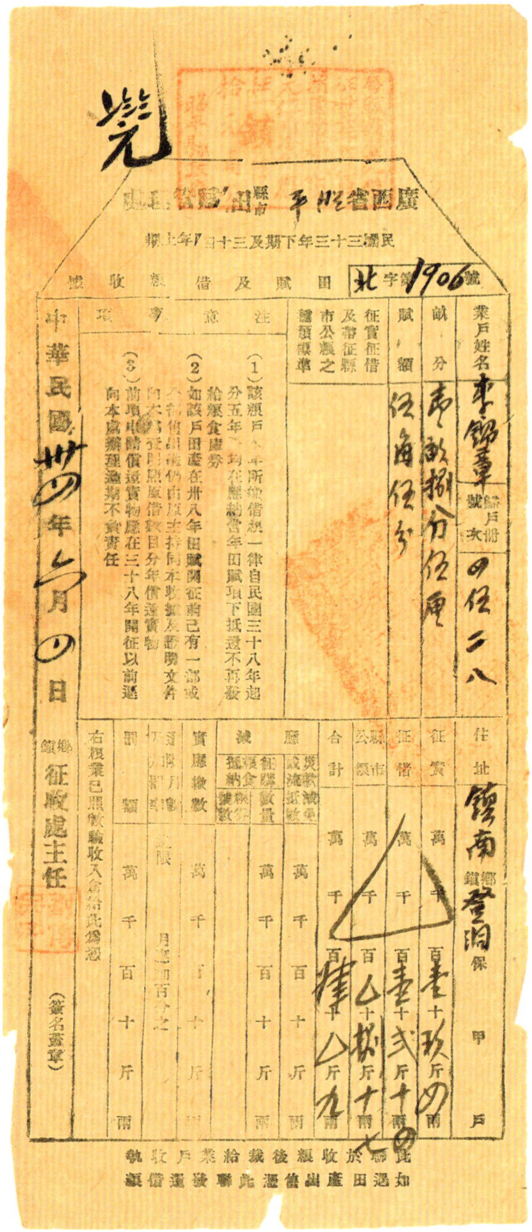
广西省昭平县田赋管理处
民国三十四年上期及三十三年下期
田赋及借粮收据
北字第1906号
业户姓名 李锦章
亩分 壹亩捌分伍厘
赋额 伍角伍分
住址 镇南登洞
注意事项
(1)该业户本年所缴借粮一律自民国三十八年起分五年平均在应纳当年田赋项下抵还不再发给
(2)如该户田产在卅八年田赋开征前已有一部或全部售出准仍由业主持同本收据及证明文件向本处查明照原借数目分年偿还实物
(3)前项应偿借粮实物应在三十八年开征以前径向本处办理逾期不负责任
右款业已照数验收入仓给此为凭
乡镇征收处主任 (签名盖章)
中华民国卅四年六月四日

0016 民国三十四年六月四日昭平县田赋管理处征收李锦章田赋及借粮通知单

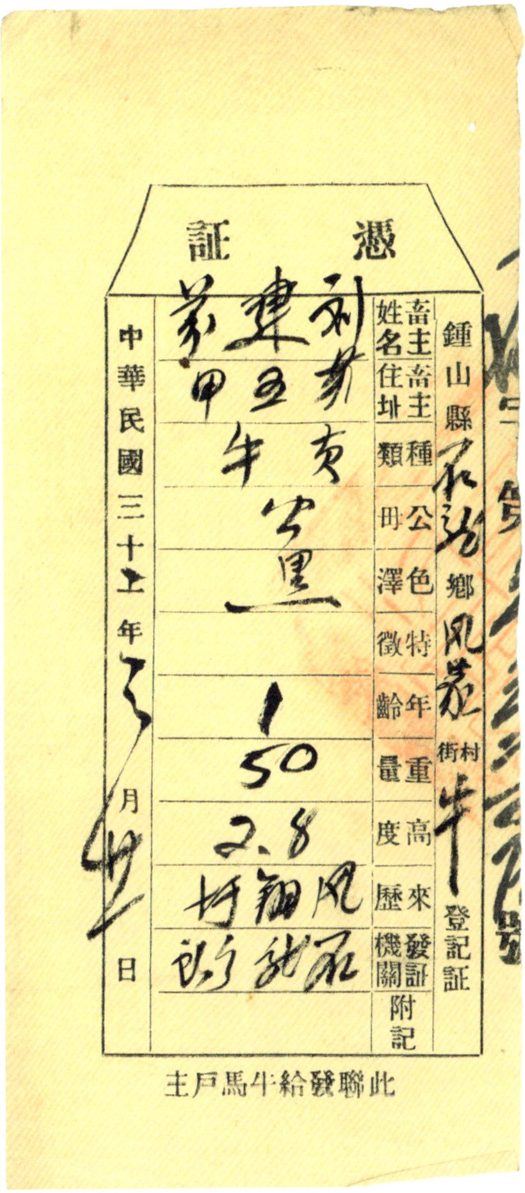

0001 民国三十一年三月二十一日钟山县刘建弟牛只登记凭证

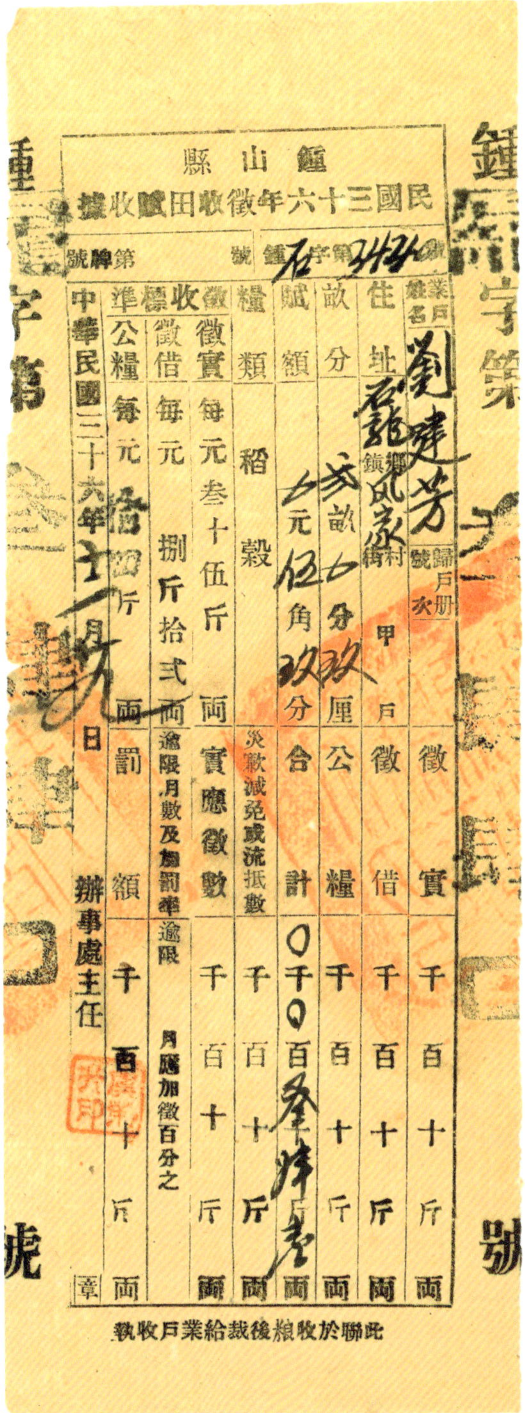

0002 民国三十六年十二月二十九日钟山县征收刘建芳民国三十六年田赋收据

0003 民国三十七年元月二日钟山县刘建芳捐中心校基金收据

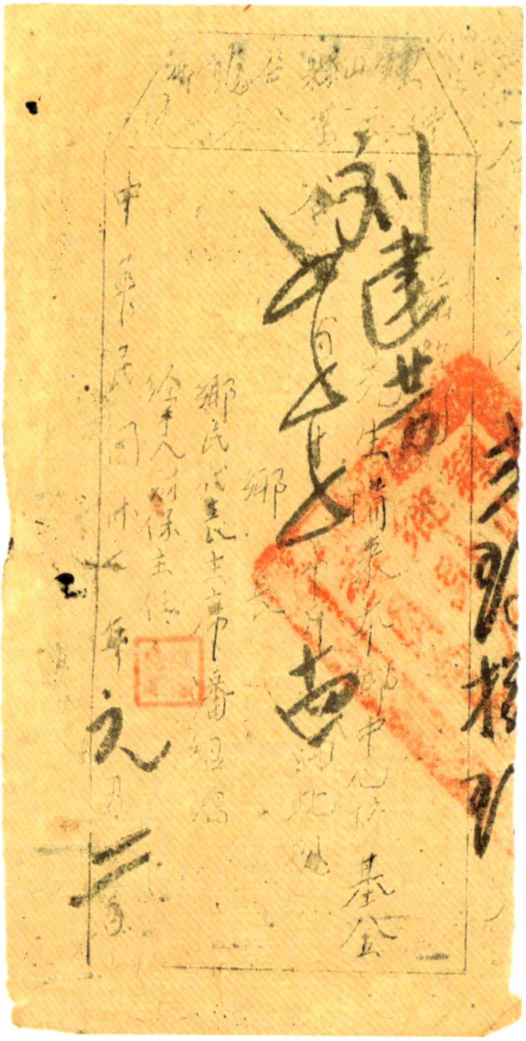

0004 民国三十七年元月二日钟山县刘建芳捐中心校基金收据

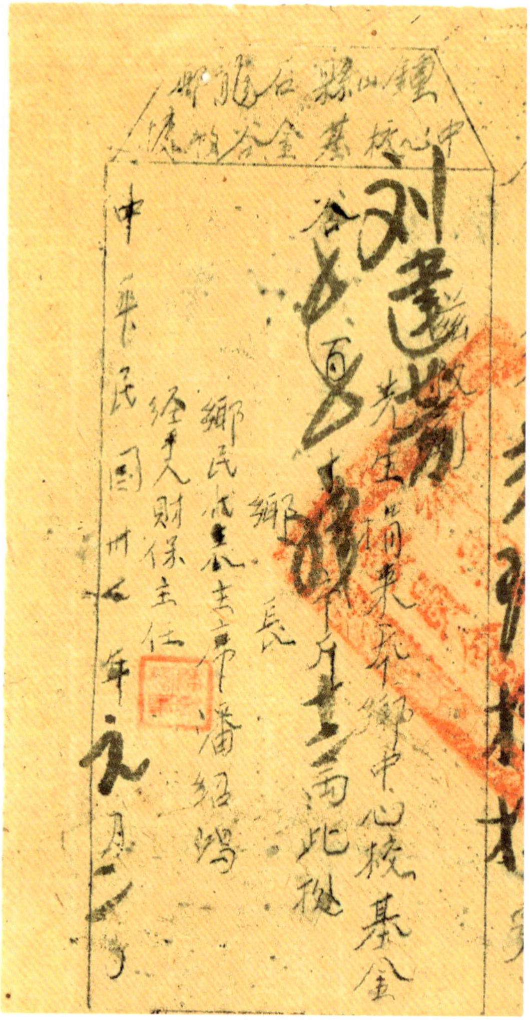

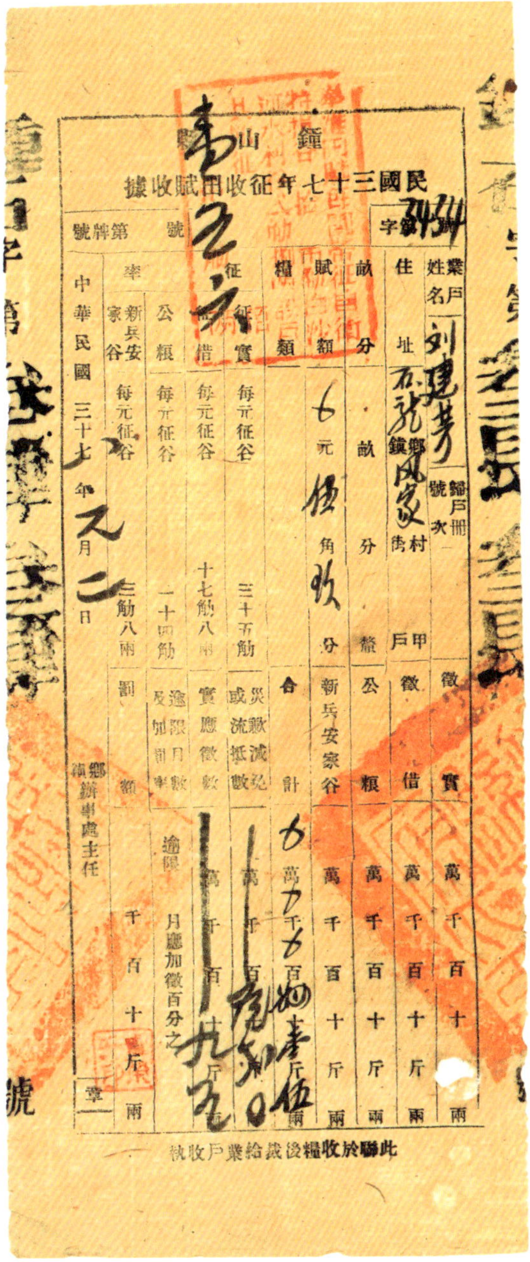
鍾山縣
民國三十七年征收田賦收據
此聯於收糧後截給業戶收執

0005 民国三十七年元月二日钟山县征收刘建芳民国三十七年田赋收据

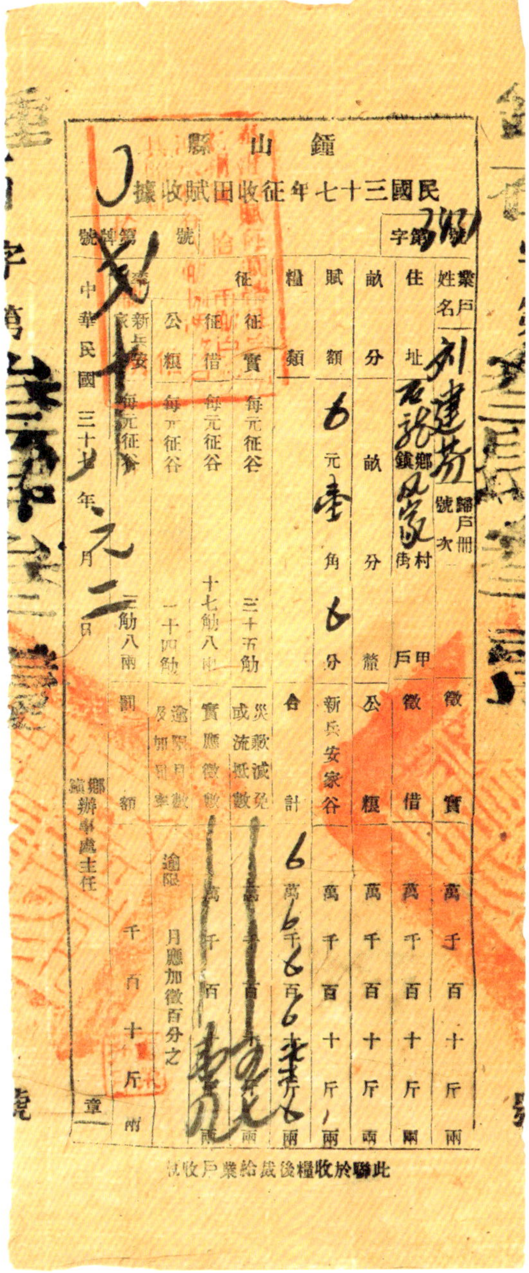
鍾山縣
民國三十七年征收田賦收據
此聯於收糧後截給業戶收執

0006 民国三十七年元月二日钟山县征收刘建芳民国三十七年田赋收据

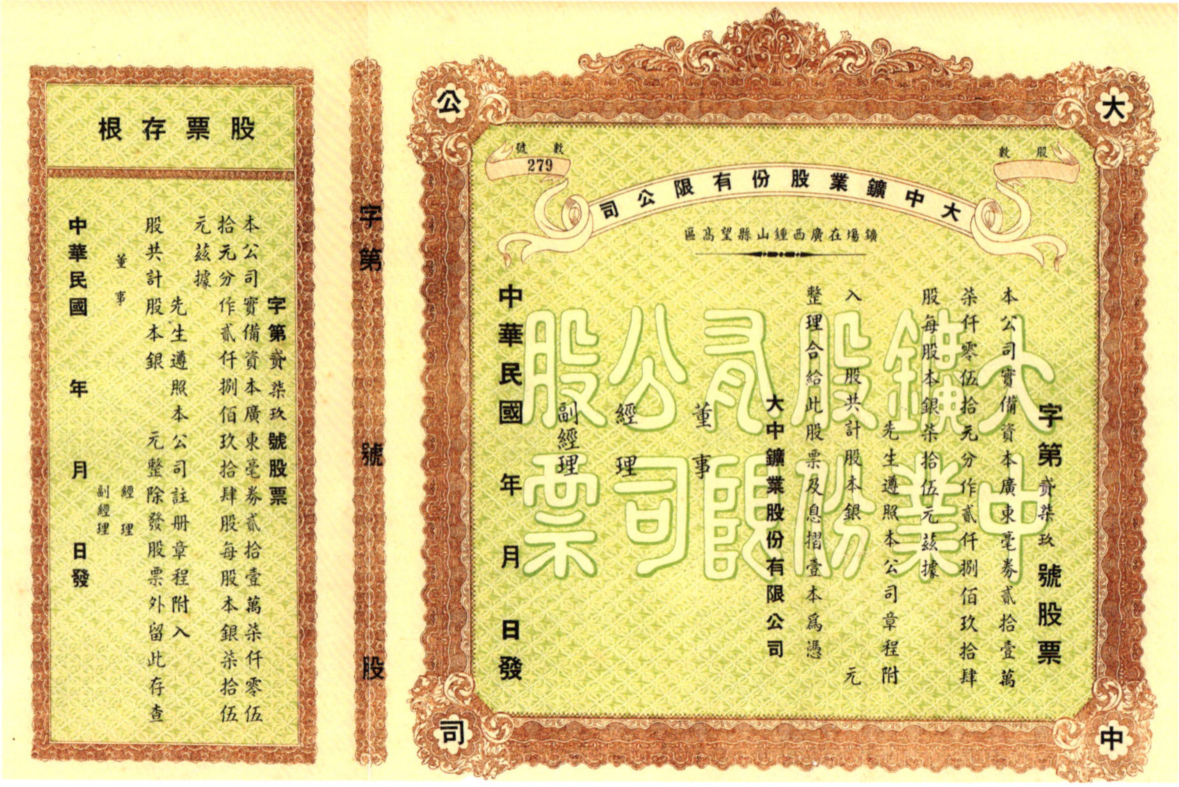

0007 民国年间钟山县大中矿业股份有限公司股票

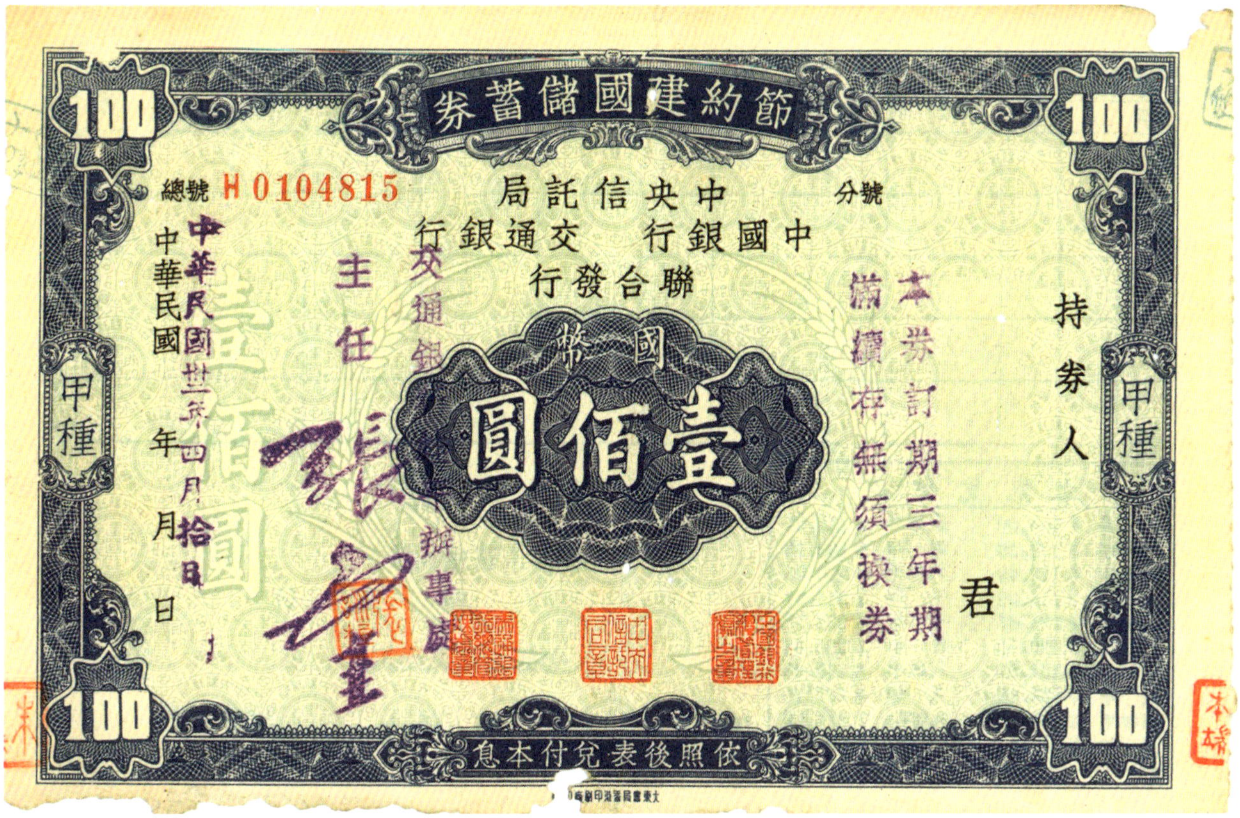

0001-1 民国三十一年四月十日交通银行桂平办事处盖戳一百元节约建国储蓄券（正面）

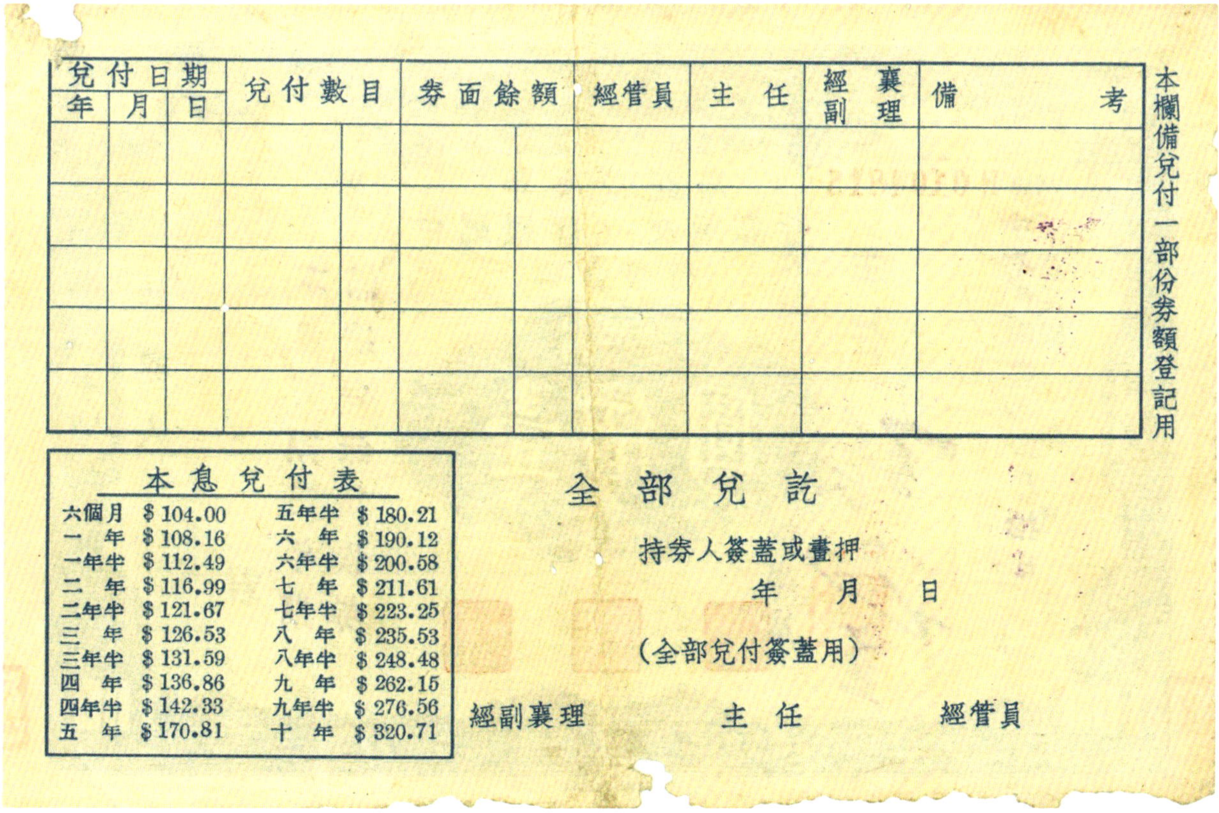

0001-2 民国三十一年四月十日交通银行桂平办事处盖戳一百元节约建国储蓄券（背面）

0001 民国十八年十一月十九日开平县法院发给周瑞朴刑诉状收据

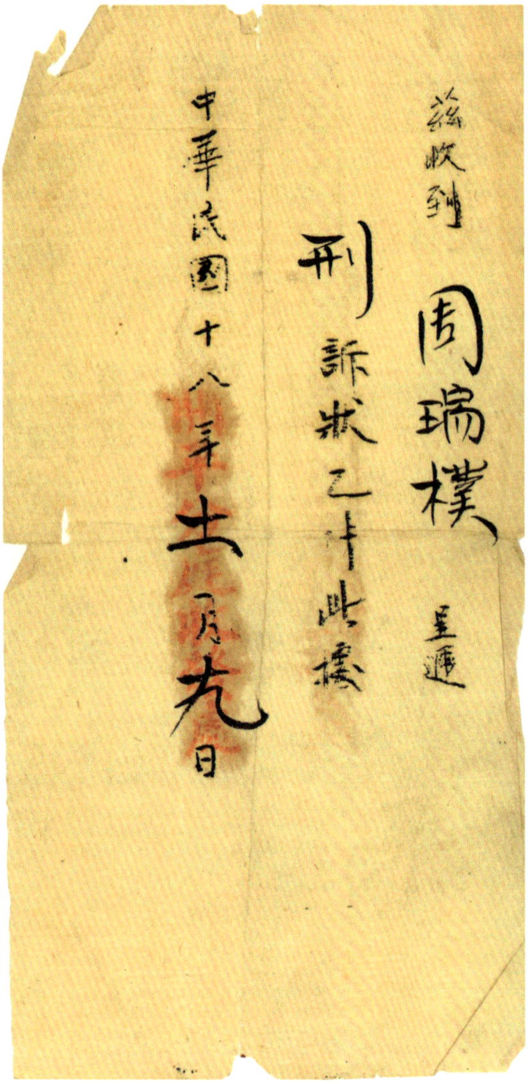

茲收到
周瑞樸 呈遞
刑訴狀乙件 此據
中華民國十八年十一月十九日

0002 民国二十四年四月开平县征收谢世扩民国二十三年地丁银粮户执照

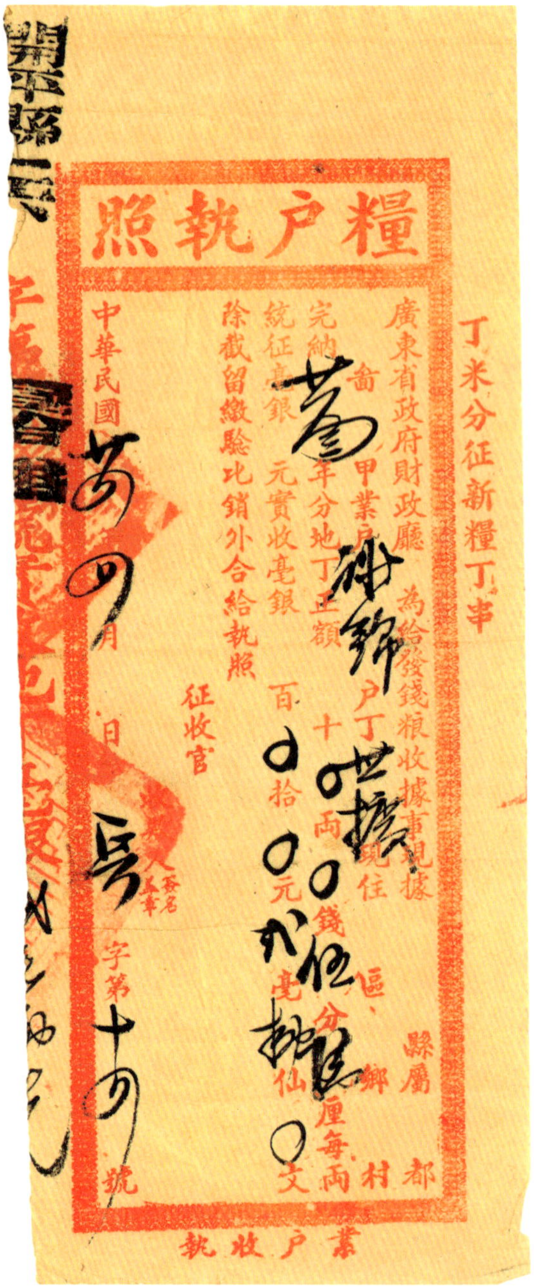

糧戶執照
丁米分征新糧丁串
廣東省政府財政廳 為給發錢糧收據事照據 縣屬 都
甲業戶 謝世擴 戶丁 現住 區 鄉 村
完納 年分地丁正額 十 兩 錢 分 厘每兩
統征毫銀 元實收毫銀 百 拾 元 毫 仙 文
除截留繳驗外合給執照
征收官
中華民國 年 月 日
字第 號
業戶收執

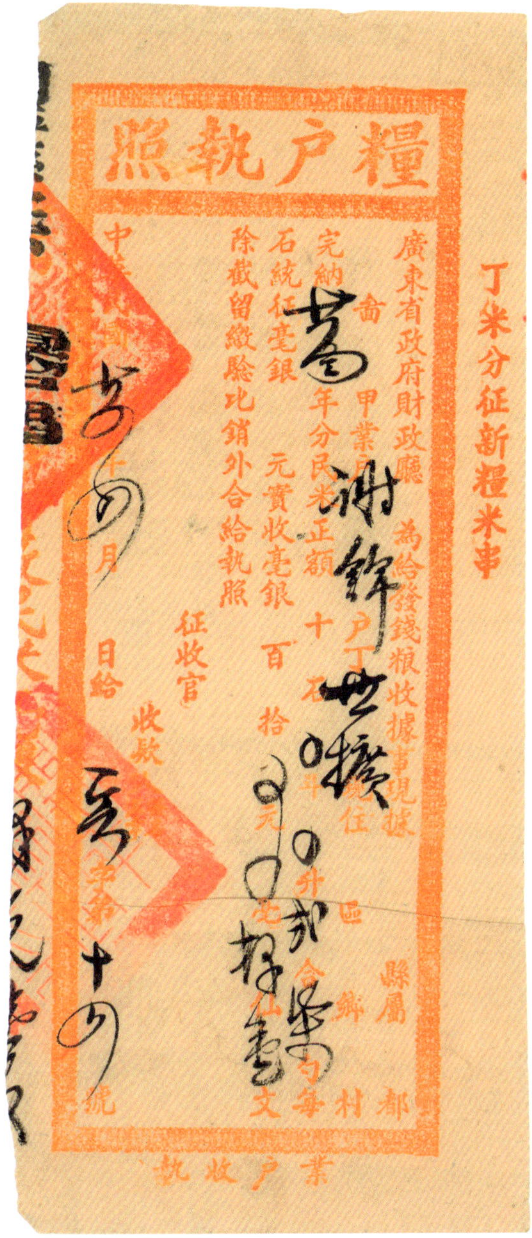

0003 民国二十四年四月开平县征收谢世扩民国二十三年民米粮户执照

0004 民国二十四年度开平县一毫券临时地税借券

開平縣民國二十四年度臨時地稅借券

第 0471189 號

憑券抵納民國二十四年度臨時地稅壹毫正

縣長葉深霖

壹 壹毫券 券

財政局長曾寶年

地稅征收員高鑑光

經手人

中華民國二十四年七月十五日印發

0005 民国二十四年度开平县一毫券临时地税借券

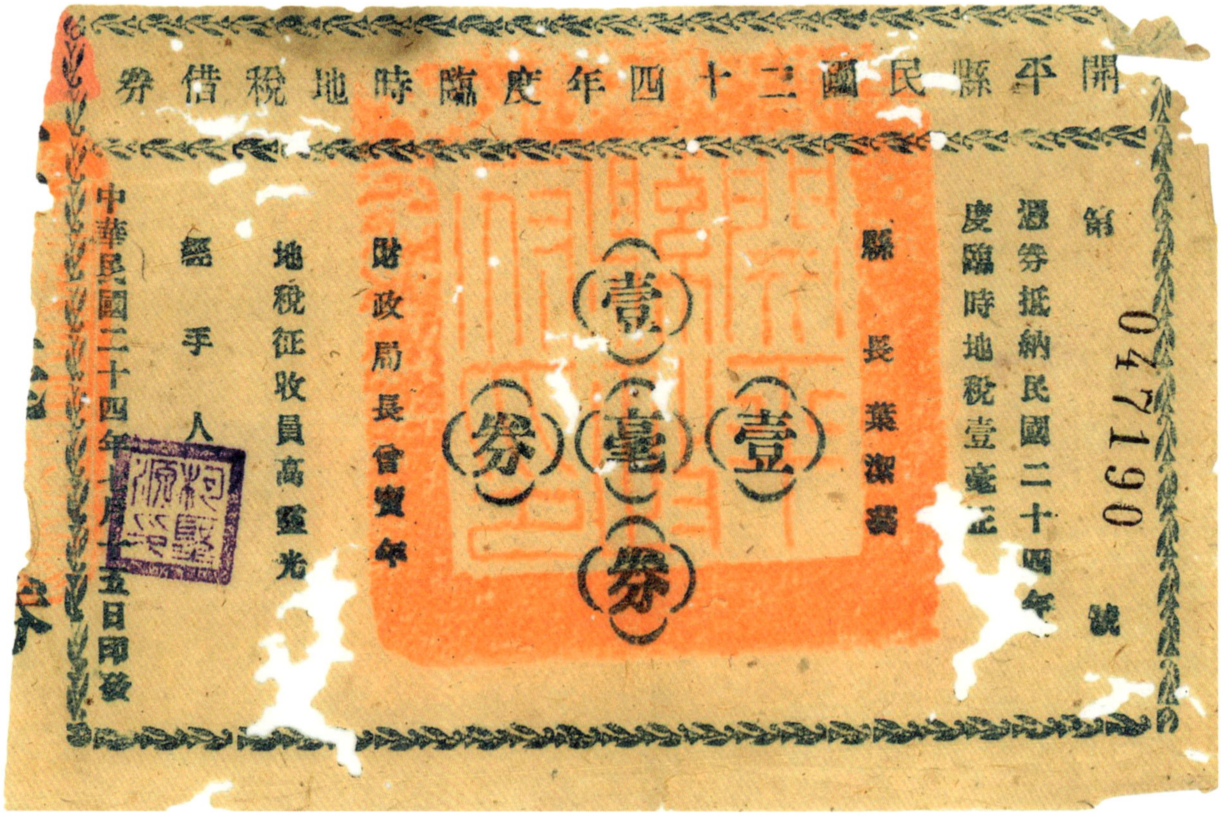

開平縣民國二十四年度臨時地稅借券

第 0471190 號

憑券抵納民國二十四年度臨時地稅壹毫正

縣長葉深霖

壹 壹毫券 券

財政局長曾寶年

地稅征收員高鑑光

經手人

中華民國二十四年七月十五日印發

0006 民国二十四年度开平县一毫券临时地税借券

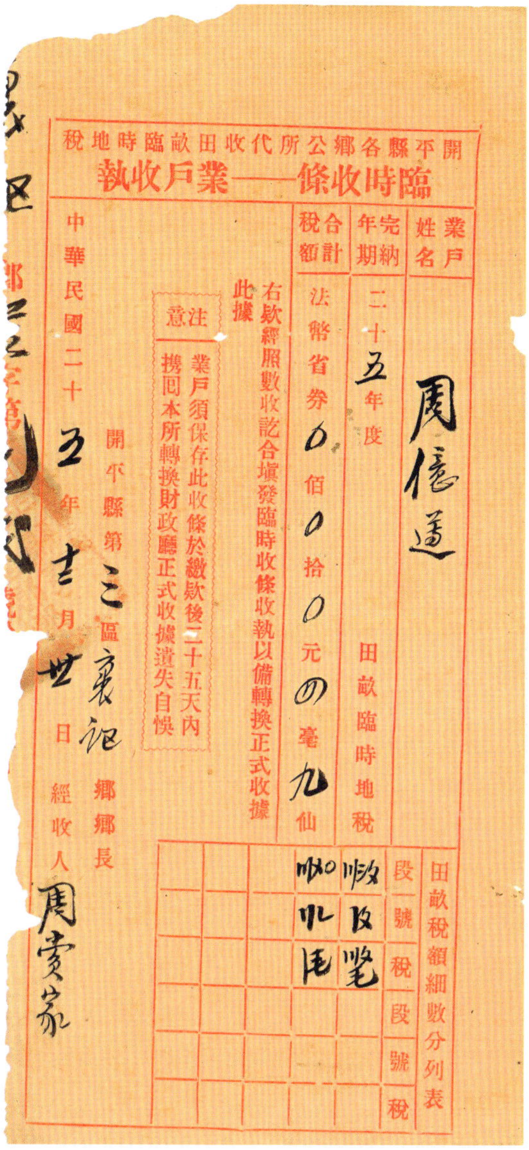

0007 民国二十五年十二月三十一日开平县周亿遵田亩地税临时收条

0008 民国二十六年六月十日开平县征收周彦瑞民国二十五年度临时地税收据

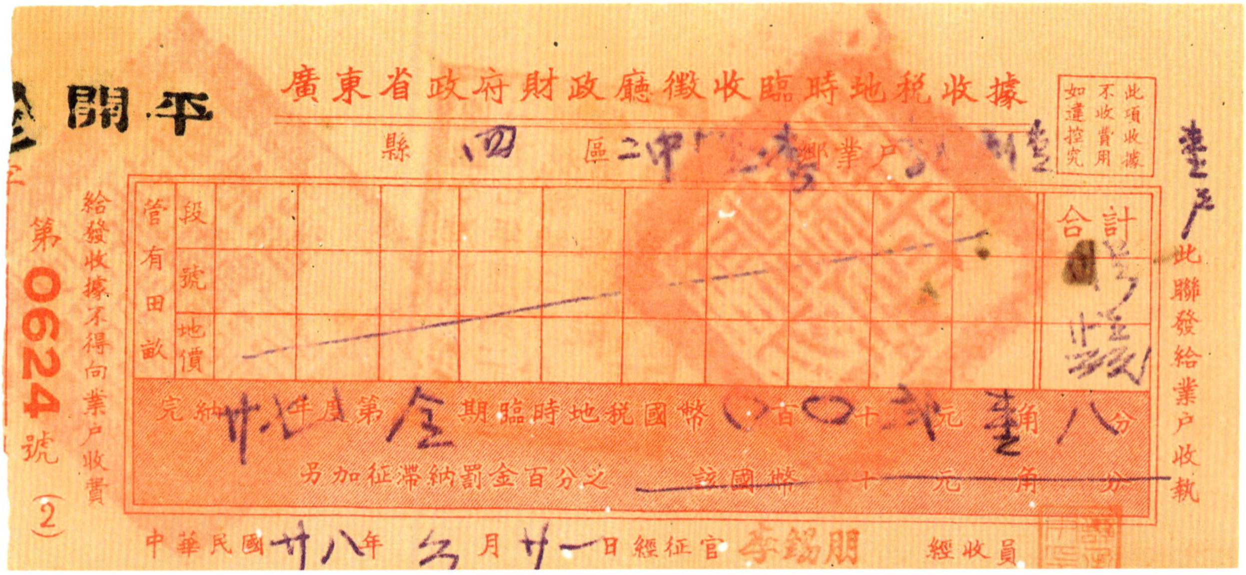

0009-1 民国二十八年六月二十一日开平县征收李周利民国二十七年度临时地税收据（正面）

0009-2 民国二十八年六月二十一日开平县征收李周利民国二十七年度临时地税收据（背面）

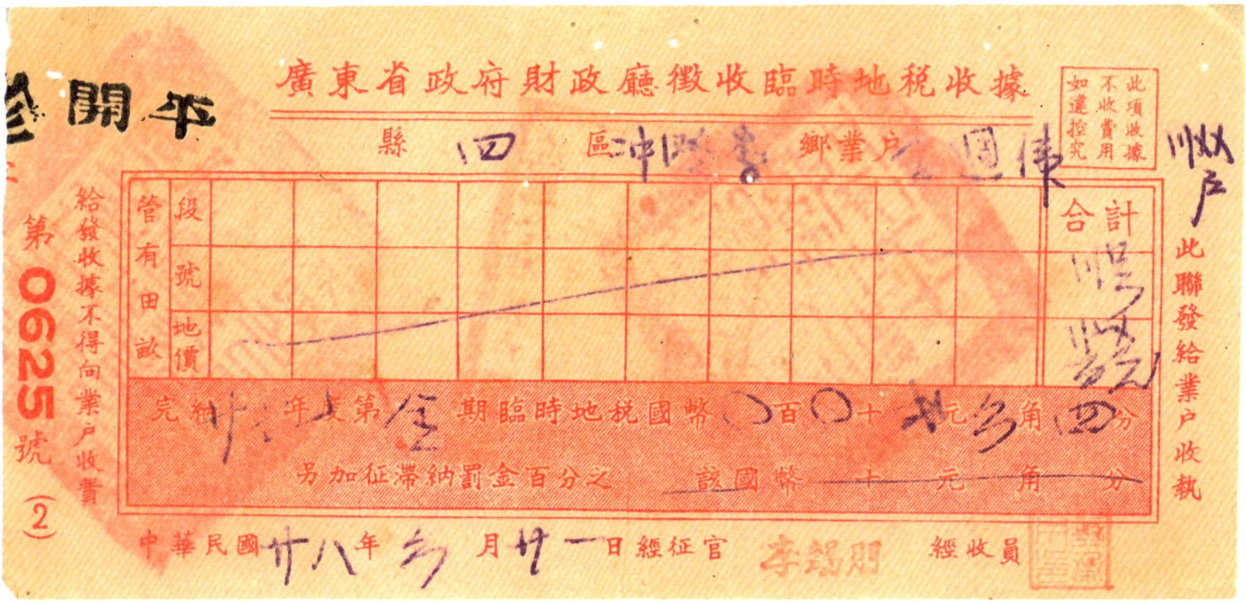

開平
廣東省政府財政廳徵收臨時地稅收據
此項收據不收費用如違控究
縣 四 區 沖陞舊 鄉 業戶 李周偉
第0625號 ②
給發收據不得向業戶收費
管有田畝 段 號 地價
合計
完納廿七年度第全期臨時地稅國幣〇百〇十 元 角 分
另加征滯納罰金百分之 該國幣 十 元 角 分
中華民國廿八年六月廿一日 經征官 李錫朋 經收員
此聯發給業戶收執

0010 民国二十八年六月二十一日开平县征收李周伟民国二十七年度临时地税收据

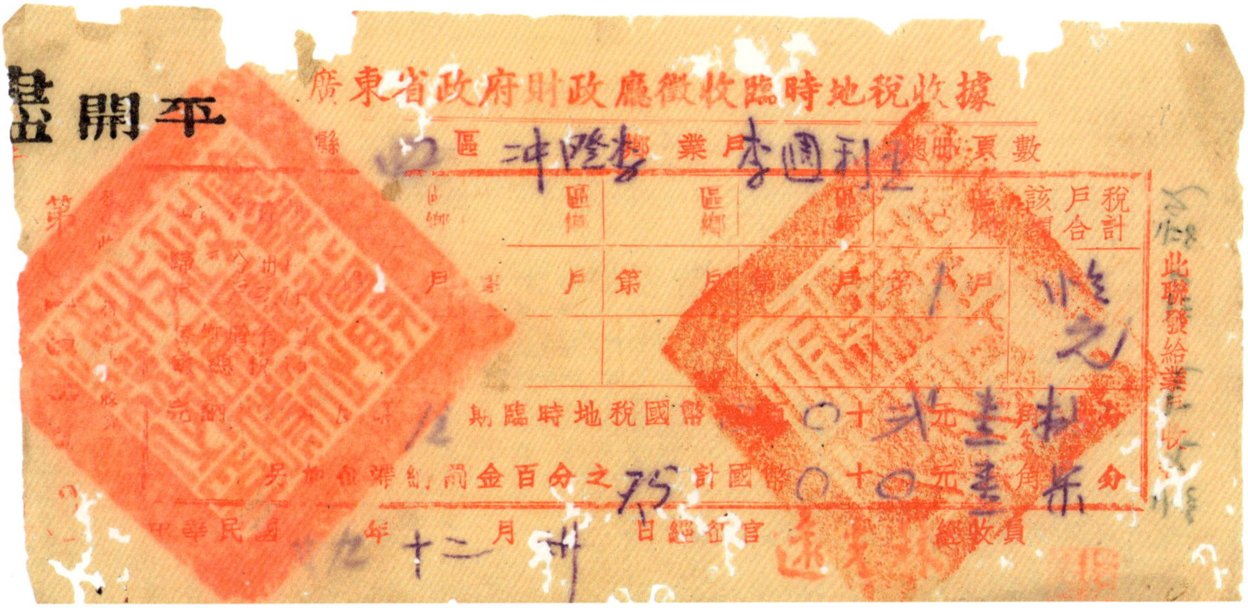

開平
廣東省政府財政廳徵收臨時地稅收據
縣 四 區 沖陞舊 鄉 業戶 李周利 總冊頁數
稅計 該戶合
期臨時地稅國幣
另加征滯納罰金百分之 計國幣 〇十〇元 角 分
中華民國 年十二月卅日 經征官 經收員
此聯發給業戶收執

0011 民国二十九年十二月三十日开平县征收李周利民国二十九年度临时地税收据

0012 民国二十九年十二月三十日开平县征收李周伟临时地税收据

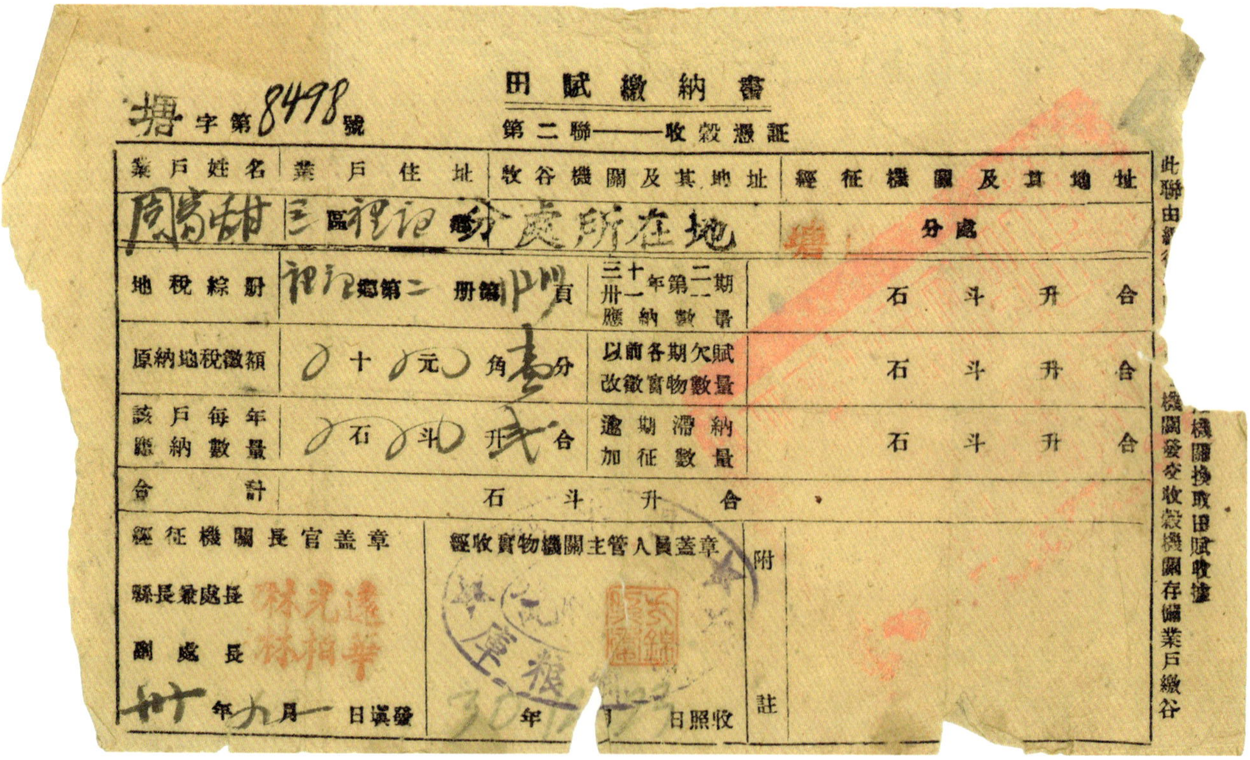

0013 民国三十年九月一日开平县周家甜田赋缴纳书

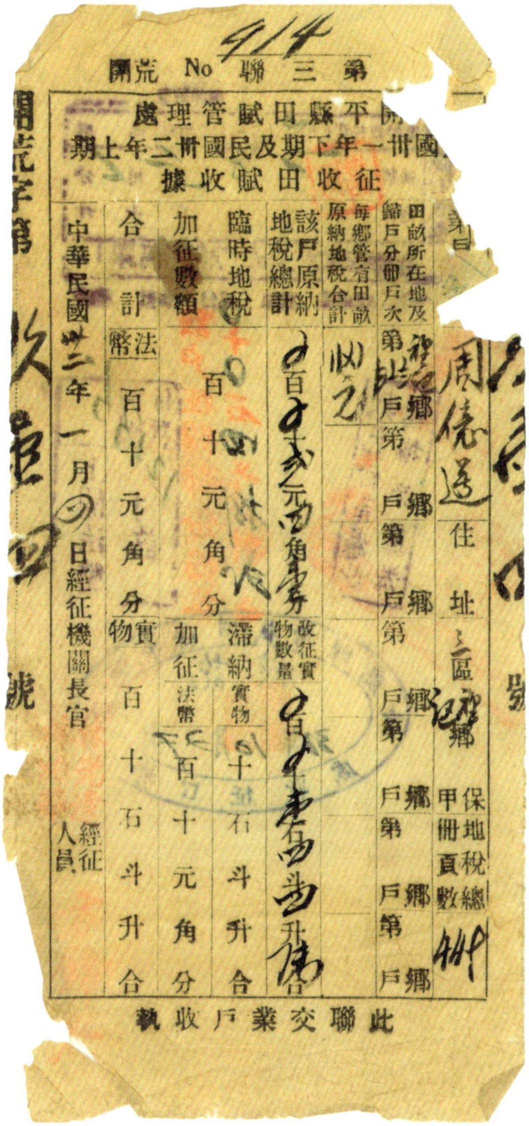

第三聯 No 914

開平縣田賦管理處
國卅一年下期及民國卅二年上期
征收田賦收據

此聯交業戶收執

0014 民国三十二年一月四日开平县周亿遵征收田赋收据

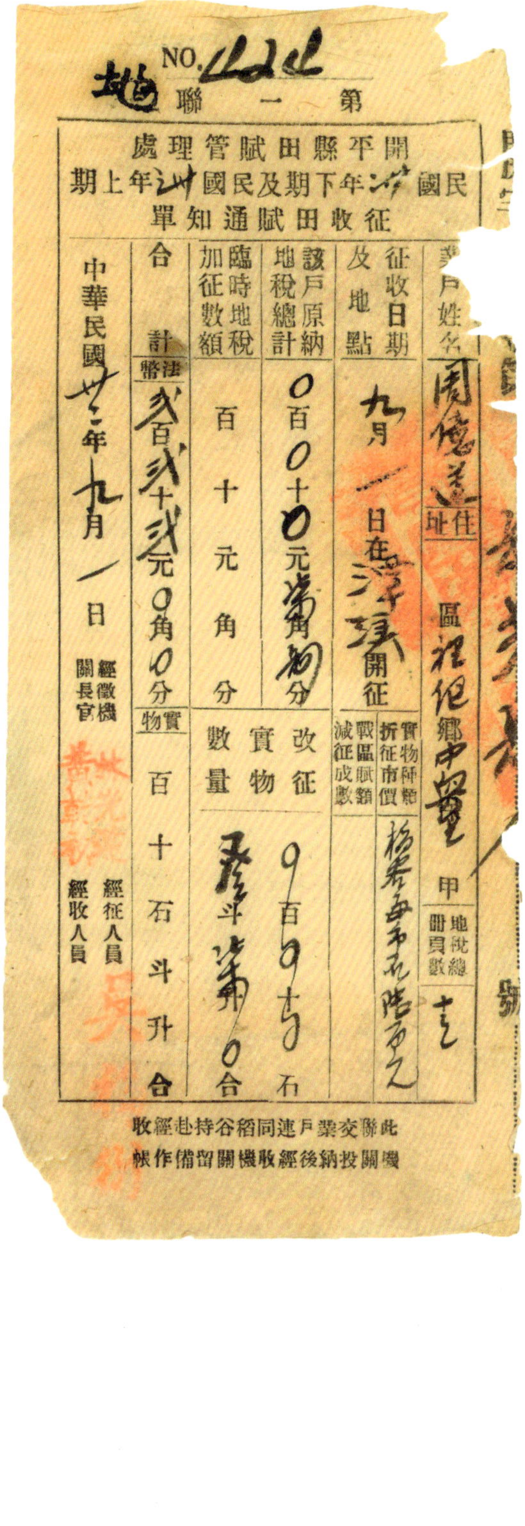

第一聯

開平縣田賦管理處
民國卅一年下期及民國卅二年上期
征收田賦通知單

此聯交業戶連同稻谷持赴經收機關投納後經收機關留備作帳

0015 民国三十二年九月一日开平县田赋管理处征收周亿遵田赋通知单

贈　券

此券當作銀紙用，請
閣下切勿遺失此張銀紙也凡有此
券携到梁大正牙科畫相社無論理
牙及畫相一切照原價減收八折以
示歡迎優待顧客也此上
各界男女公鑒　　梁大正謹發
鋪在新造墟和平路第五號開張

0016-1　梁大正牙科画相社八折赠券（正面）

請陳廉生叶恩牧師滙款來　開平縣赤坎郵局[illegible]轉
交赤坎埠昇平市　義益雜貨店轉交謳村　周昇
先生收、我以為這地址合了；如果你話未合、或還有
别的好地址、請你寄信通知陳廉生就是、因為我的
清單、同你的數目、左轉右扣、第一件日子久恐怕數目
難記、第二件必要你自己同教會直接、正係長久計策
現在有接濟滙款之新路徑了、就是由廣州恩牧師滙
來、所以你要寫信請求陳廉生、又寫一封信寄去廣
州東山寺貝底福音堂恩常孫牧師、恩牧師自然
會去南關夏秀泉先生代滙款給你了；以上的消息
是最近所知的、故特字通知你、我現在另外寫有一張
紙、如果你無款使用、請去偉生處取十元、[illegible]以為應用、

0016-2　梁大正牙科画相社八折赠券（背面信件上文）

日年伯台鑒、啓者、家兄梁信一、今日來赤坎、講及、伯台
三月四月份取去共二十元、信一兄記入五月份清單付往
香港、但到今日是七月三日）陳廉生還未將廿元寄還
、早日代支之銀、隔兩個月都未付返、現因郵政阻
滯、各人生活困難、所以信一兄囑我、自今以後、
停止代其交款、請伯台直接向教會、叫陳廉生
直接付給伯台[illegible]可也、請伯台注意、自今日起、
以後切不可叫細牛來弟處取款、請直接由教會付上
就是、至前日已取去十元、請便中叫細牛將收條交
回、等我交回信一兄可也、專此奉覆、並問
時安、
弟梁偉生字　七月三号

0016-3　梁大正牙科画相社八折赠券（背面信件下文）

周先生平安：前日付上一函、諒已收到、我今日（即七月
七号）得接廣州恩常孫牧師叶南關夏秀泉先
生經手滙來大洋一百二十元正、是算我五六月份之
清單、但七月份之清單、我七月一號就寄去香港了
因為七月一号寄一封信八月一号乃到香港、由香港陳
廉生寄信叶恩牧師滙款、由廣州郵政局滙來呂山
城、約十日就滙到了！所以我特意再寫信請你、每
個月一号就寄清單去香港、比如七月份之清單
你切不可等到七月卅号正寄去香港、七月一号就要
寄七月清單了！八月一号又寄八月清單了！你如此
寄法、就快一個月滙款到赤坎給你了；我前日寫信

0016-4　梁大正牙科画相社八折赠券（背面信件第一页）

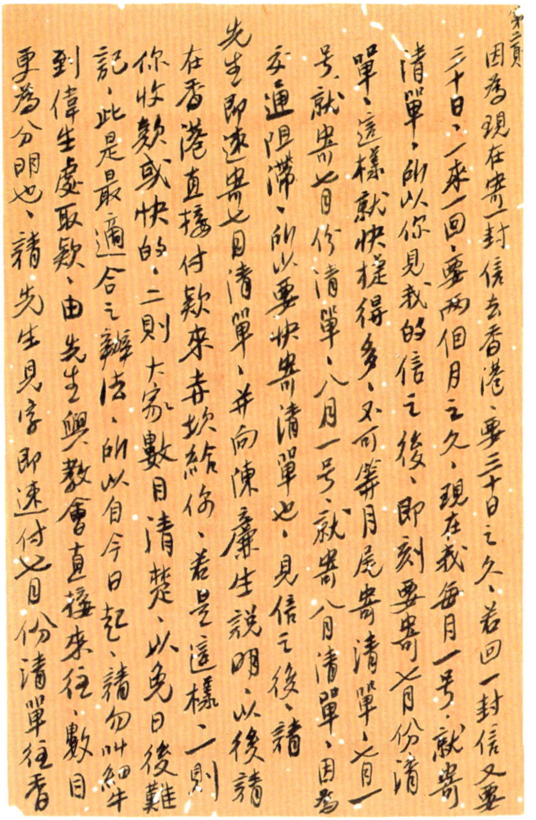

第二頁

因為現在寄一封信去香港，要三十日之久，若回一封信又要三十日，一來一回，要兩個月之久，現在我每月一号，就寄清單，所以你見我的信之後，即刻要寄七月份清單，這樣就快捷得多，不可等月尾寄清單，七月一号就寄七月份清單，八月一号，就寄八月清單，因為交通阻滯，所以要快寄清單也，見信之後，請先生即速寄七月清單，并向陳廉生說明，以後請在香港直接付款來赤坎給你，若是這樣，一則你收款或快的，二則大家數目清楚，以免日後難記，此是最適合之辦法，所以自今日起，請勿叫細牛到偉生處取款，由先生與教會直接來往，數目更為分明也，請先生見字即速付七月份清單往香

0016—5 梁大正牙科画相社八折赠券（背面信件第二页）

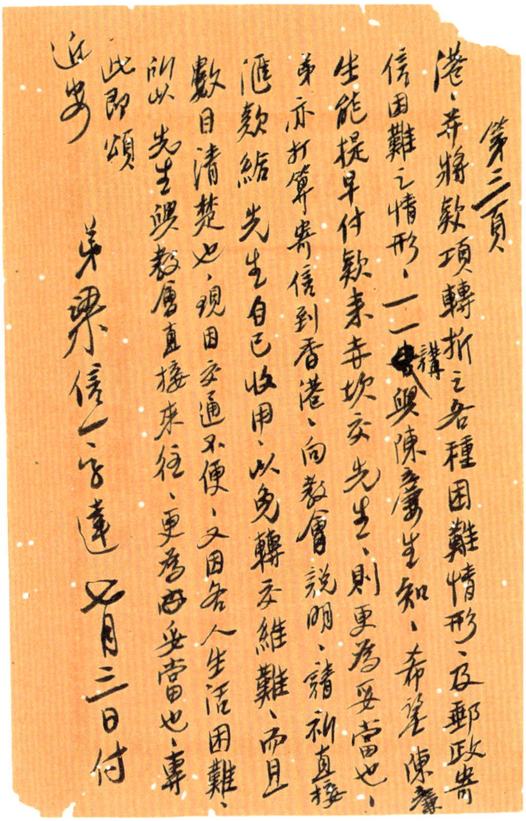

第三頁

港，赤將款項轉折之各種困難情形，及郵政寄信困難之情形，一一講與陳廉生知，希望陳廉生能提早付款來赤坎交先生，則更為妥當也，弟亦打算寄信到香港，向教會說明，請祈直接滙款給 先生自己收用，以免轉交維難，而且數目清楚也，現因交通不便，又因各人生活困難，所以 先生與教會直接來往，更為妥當也，專此即頌

近安

弟梁信達 七月三日付

0016—6 梁大正牙科画相社八折赠券（背面信件第三页）

0001 罗定县佚名汇款条

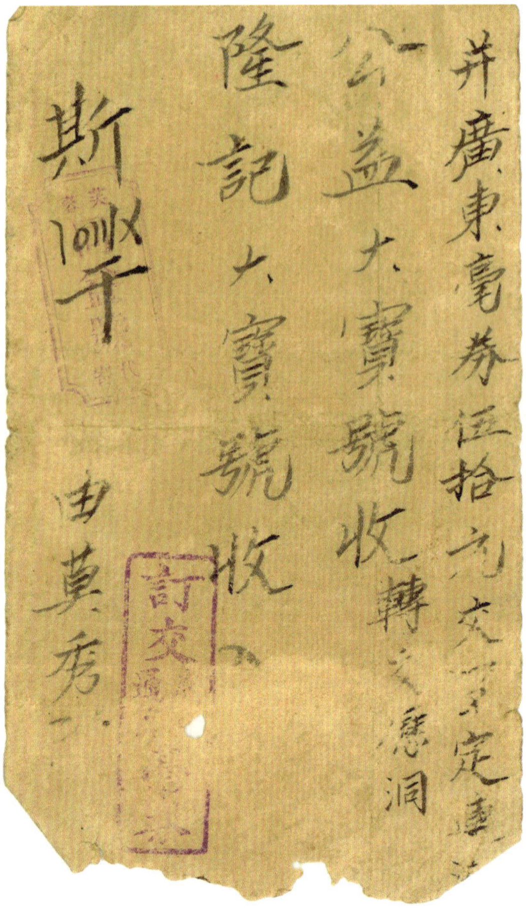
并廣東毫券伍拾元交羅定連灘
公益大寶號收轉交應洞
隆記大寶號收
斯〡〇〤千
由莫秀

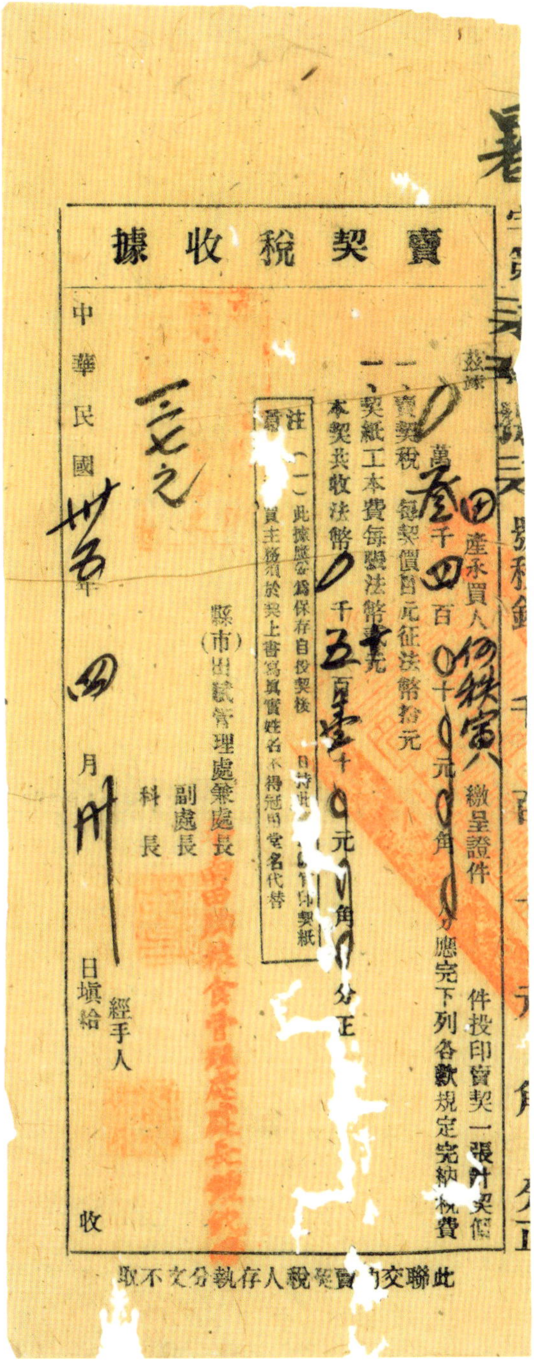

0001—1 民国三十五年四月三十日平南县田赋粮食管理处征收伍秩寅契税收据（正面）

0001—2 民国三十五年四月三十日平南县田赋粮食管理处征收伍秩寅契税收据（背面）

0001 民国八年八月初一日容县梁肇纯认购波一里保护农林会股票

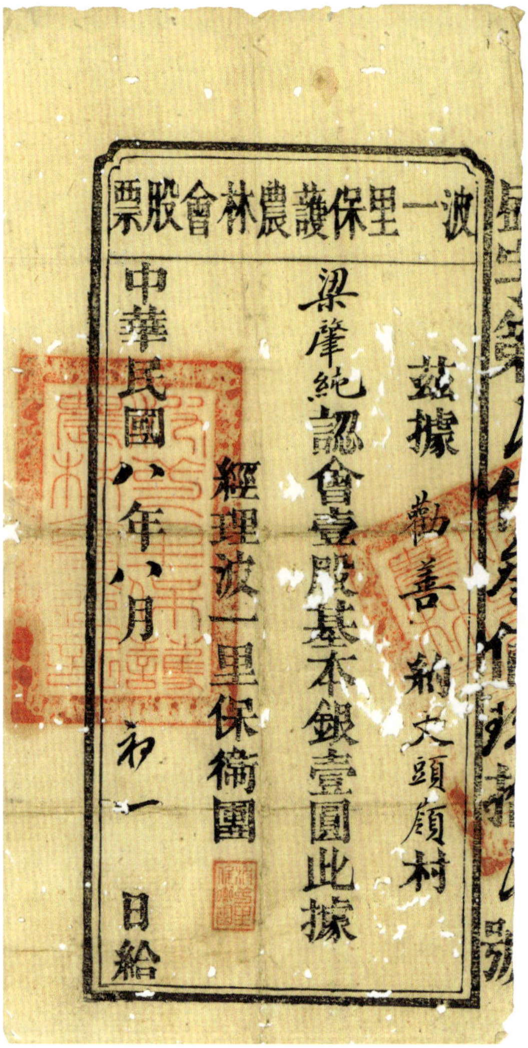

波一里保護農林會股票

茲據勸善約文頭嶺村

梁肇純認會壹股基本銀壹圓此據

經理波一里保衛團

中華民國八年八月初一日給

0002 民国二十七年十月十二日容县覃进记交仓谷收据

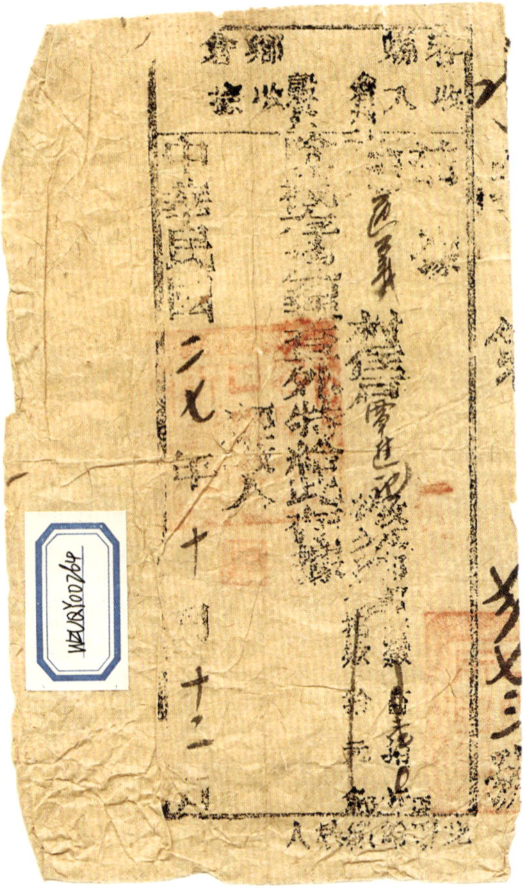

中華民國二七年十月十二

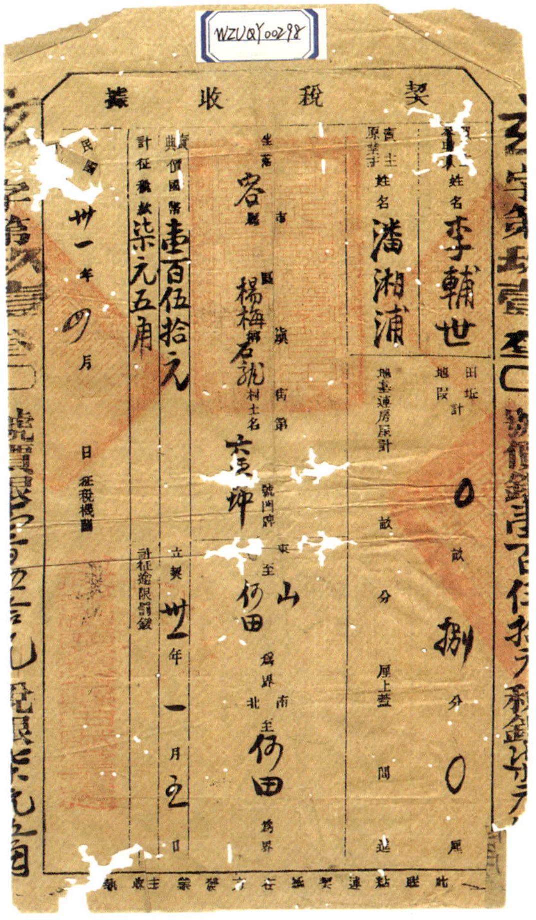

契税收据

0003 民国三十一年一月五日容县潘湘浦契税收据

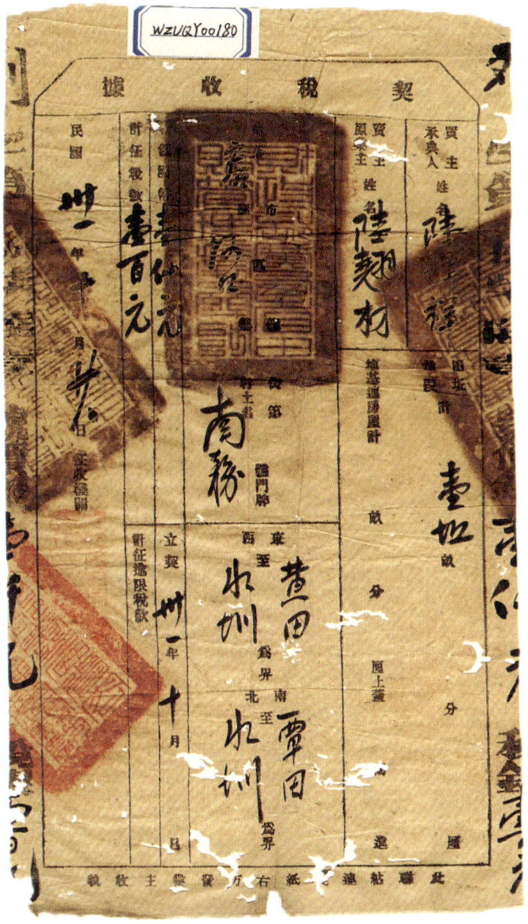

契税收据

0004 民国三十一年十月二十八日容县陆辉祥契税收据

0005 民国三十五年七月三十日容县彭超宏收契约监证费收据

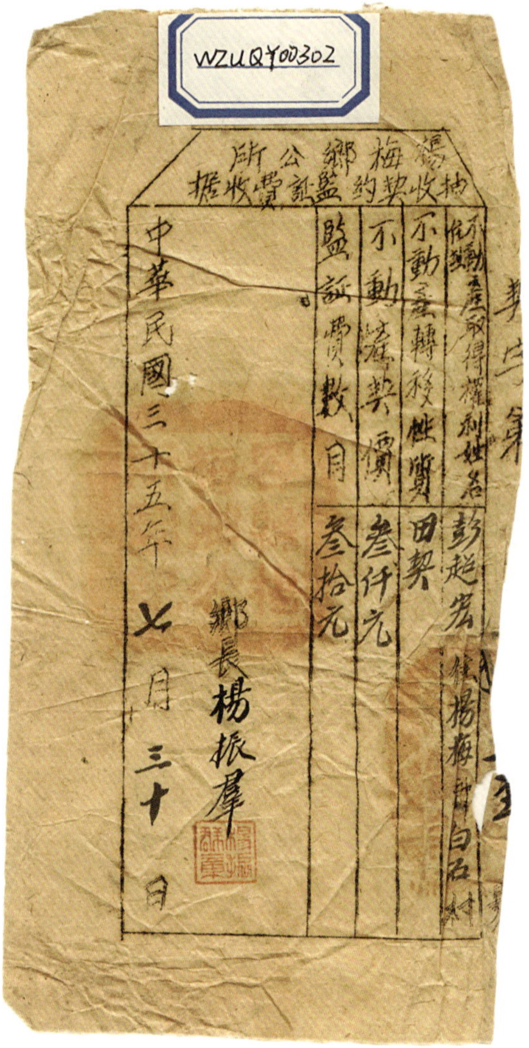
WZUQY00302

梅鄉公所抽收契約監證費收據

契字第

不動產取得權利姓名	彭超宏 住楊梅鄉白石村
不動產轉移性質	田契
不動產契價	叁仟元
監證費數目	叁拾元

鄉長 楊振羣

中華民國三十五年七月三十日

0006 民国三十七年五月三十一日容县陆济峰安保经费收据

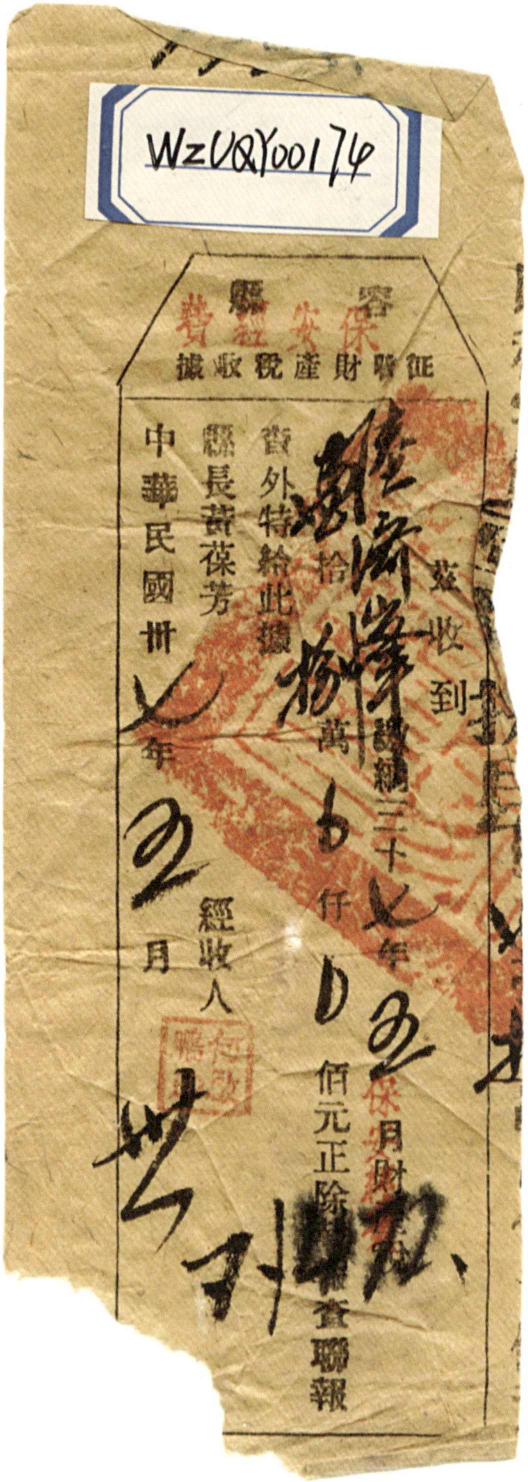
WZUQY00174

容縣保安經費 徵收財產稅收據

茲收到 陸濟峰 繳納三十七年 月份財產 [illegible] 拾 [illegible] 萬 [illegible] 仟 [illegible] 佰元正除 [illegible] 查聯報

賚外特給此據

縣長黃葆芳

經收人

中華民國卅七年五月卅一日

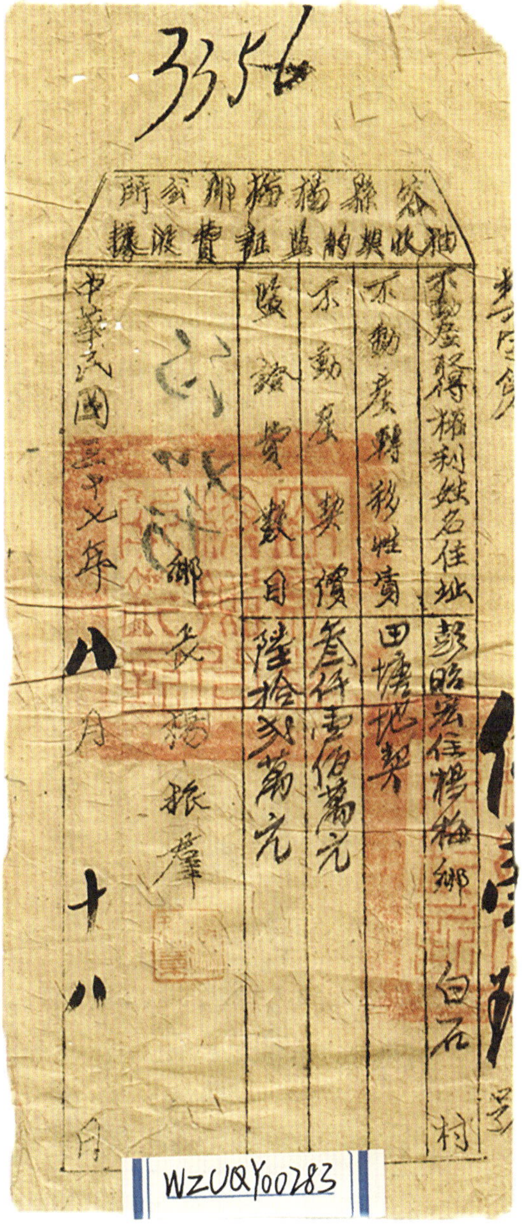

0007 民国三十七年八月十八日容县彭昭宏契约鉴证费收据

0008 民国年间容县保安经费收据

0001 民国四年四月十一日梧州王懋关于认购公债在广西省内包售内定购电报

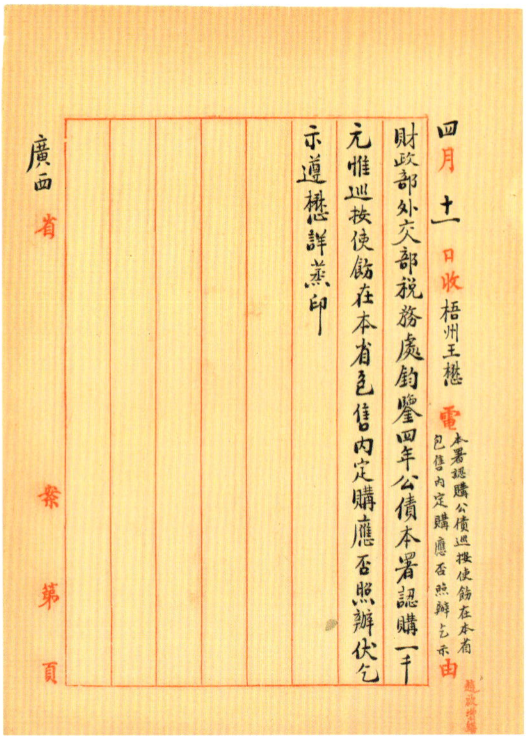

四月十一日收 梧州王懋 電 由 本署認購公債巡按使飭在本省包售內定購應否照辦乞示

財政部外交部稅務處鈞鑒四年公債本署認購一千元惟巡按使飭在本省包售內定購應否照辦伏乞示遵懋詳蒸印

廣西省 案 第 頁

0002 民国三十年八月二十四日梧州市公安局征收何牛土地权利登记费收据

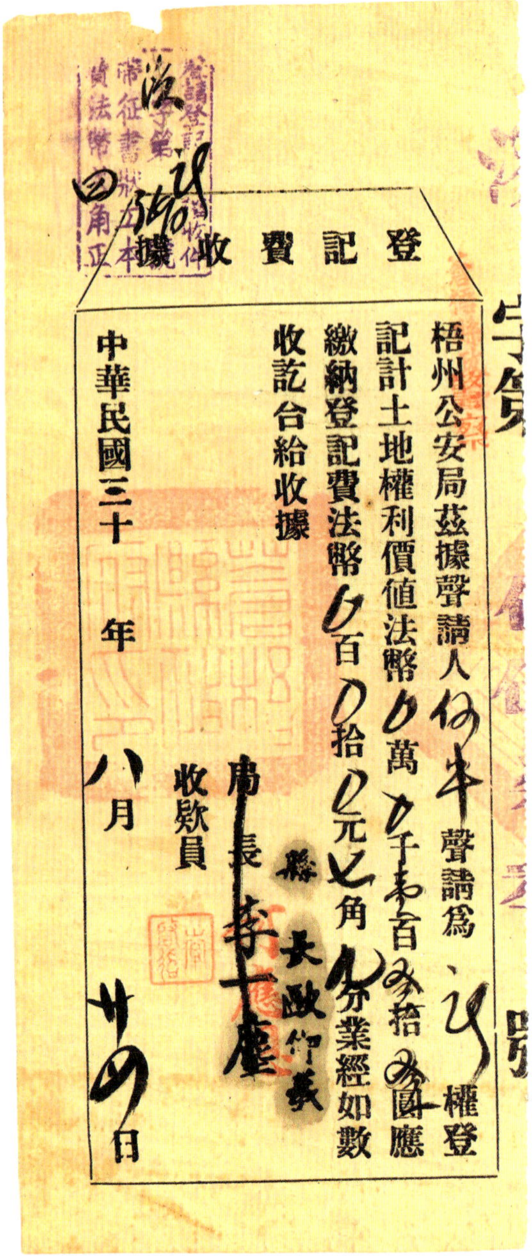

登記費收據

梧州公安局茲據聲請人何牛聲請為　權登記計土地權利價值法幣〇萬〇千壹百叁拾叁圓應繳納登記費法幣〇百〇拾〇元〇角〇分業經如數收訖合給收據

局長 李一塵

收欵員

中華民國三十年八月廿四日

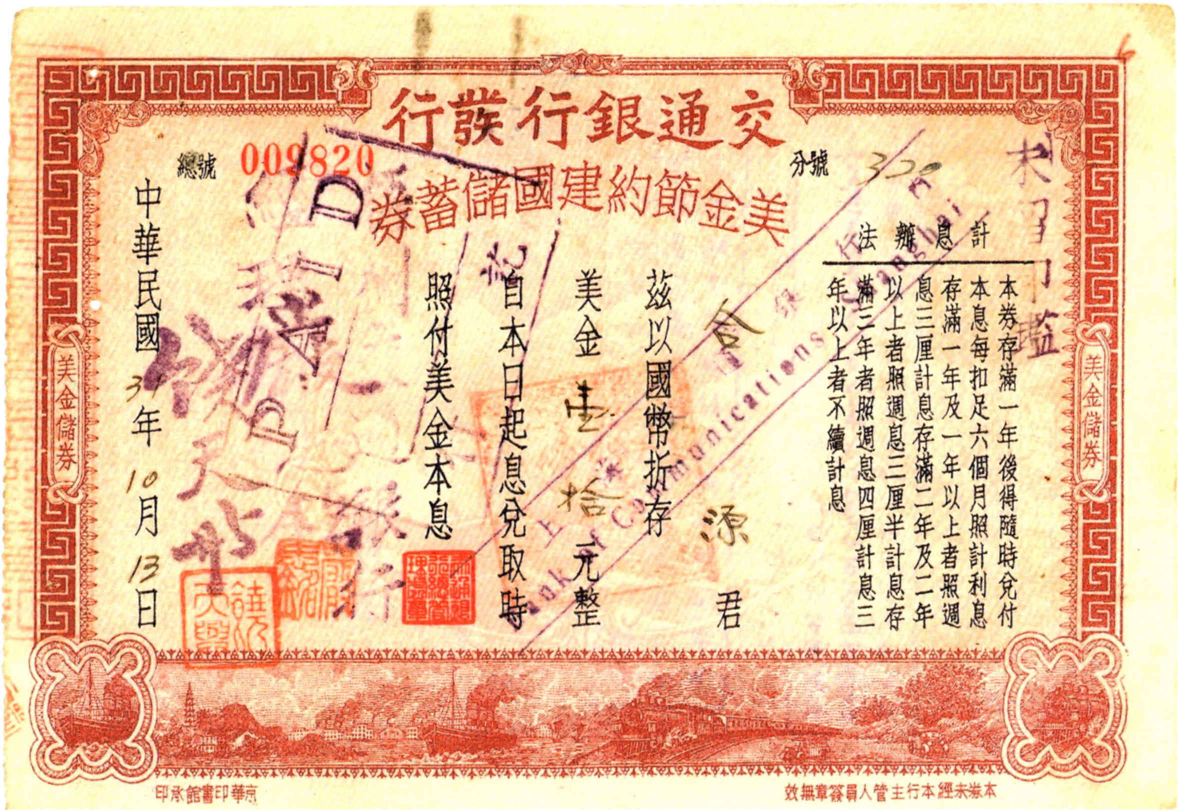

0003-1 民国三十一年十月十三日梧州交通银行盖戳美金节约建国储蓄券（正面）

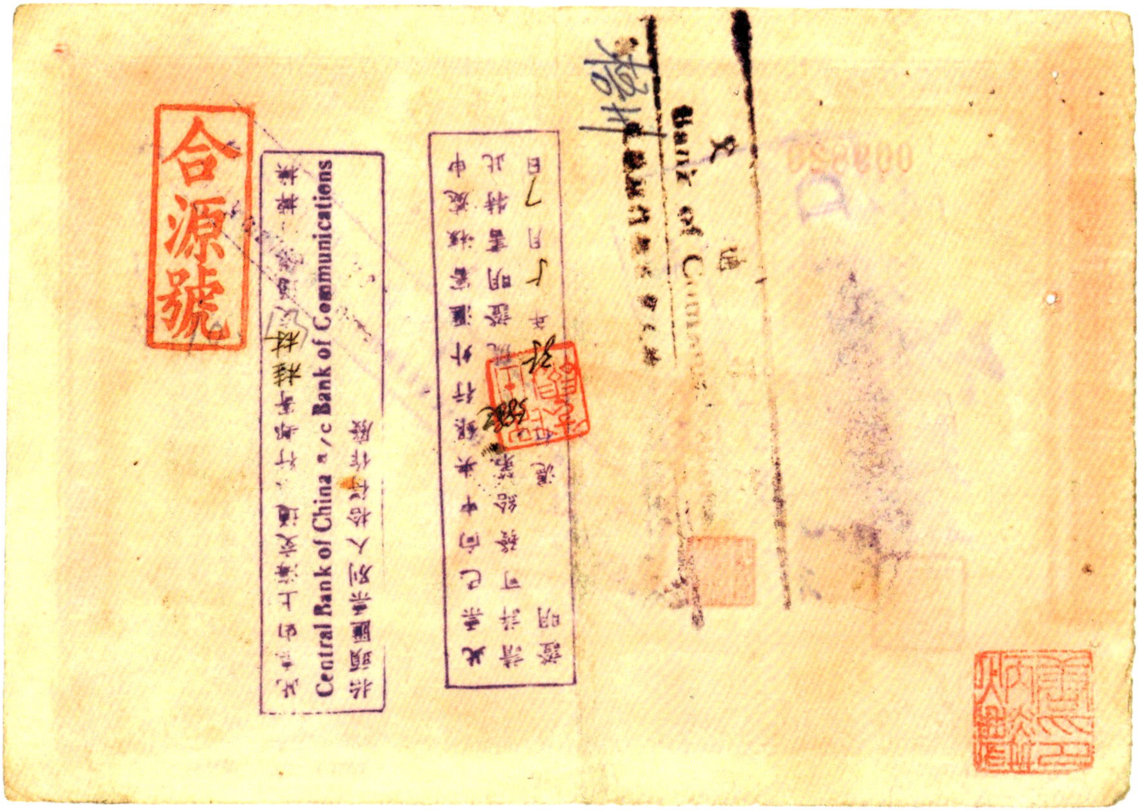

0003-2 民国三十一年十月十三日梧州交通银行盖戳美金节约建国储蓄券（背面）

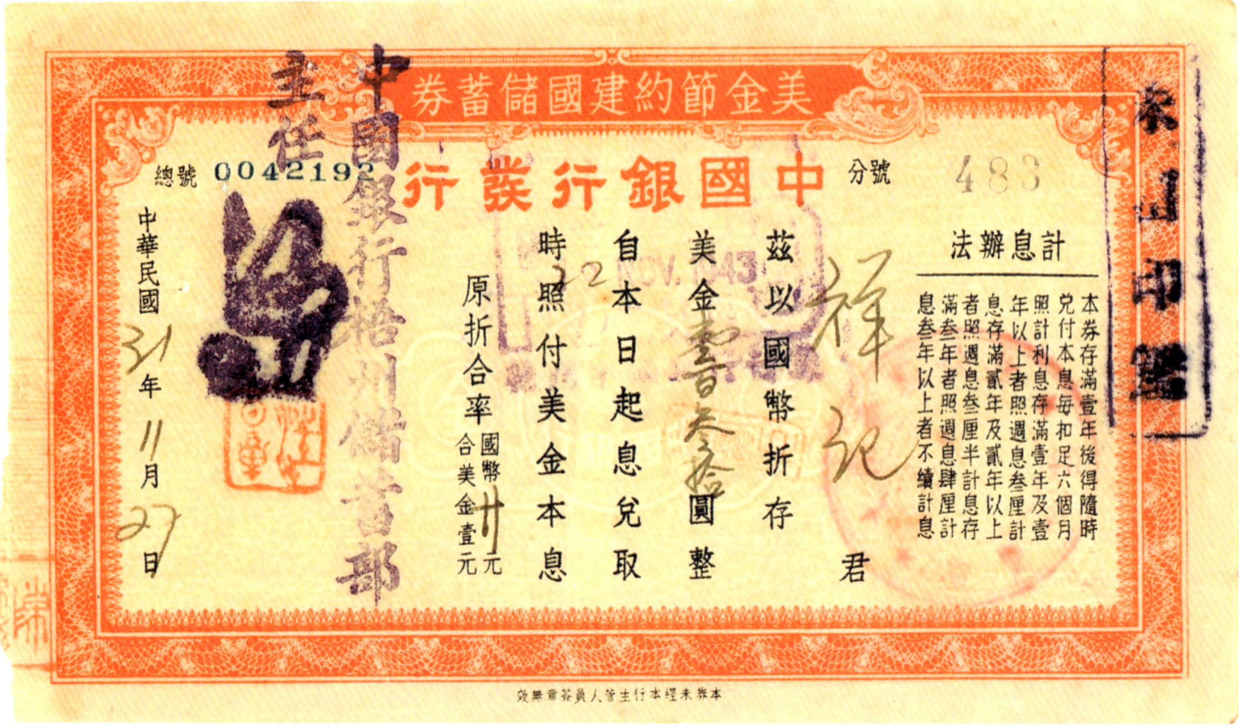
美金節約建國儲蓄券

中國銀行發行

分號 483

總號 0042192

計息辦法

本券存滿壹年後得隨時兌付本息每扣足六個月照計利息存滿壹年及壹年以上者照週息叁厘計息存滿貳年及貳年以上者照週息叁厘半計息存滿叁年者照週息肆厘計息叁年以上者不續計息

祥記 君

茲以國幣折存

美金壹百叁拾圓整

自本日起息兌取

時照付美金本息

原折合率 國幣廿元合美金壹元

中華民國31年11月27日

中國銀行梧州儲蓄部 主任

本券未經本行主管人員簽章無效

0004 民国三十一年十一月二十七日中国银行梧州储蓄部盖戳美金节约建国储蓄券

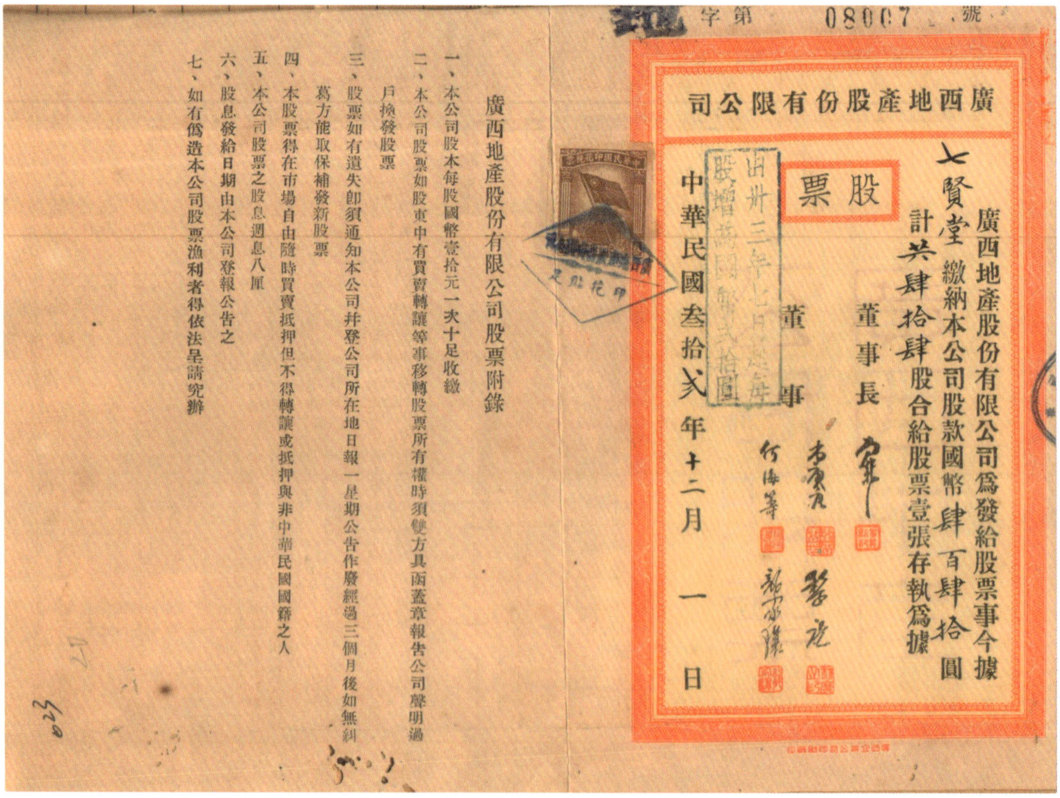
字第 08007 號

廣西地產股份有限公司

股票

廣西地產股份有限公司爲發給股票事今據七賢堂繳納本公司股款國幣肆百肆拾圓計共肆拾肆股合給股票壹張存執爲據

董事長

董事

中華民國叁拾弍年十二月一日

廣西地產股份有限公司股票附錄

一、本公司股本每股國幣壹拾元一次十足收繳

二、本公司股票如股東中有買賣轉讓等事移轉股票所有權時須雙方具函蓋章報告公司聲明過戶換發股票

三、股票如有遺失即須通知本公司并登公司所在地日報一星期公告作廢經過三個月後如無糾葛方能取保補發新股票

四、本股票得在市場自由隨時買賣抵押但不得轉讓或抵押與非中華民國國籍之人

五、本公司股票之股息週息八厘

六、股息發給日期由本公司登報公告之

七、如有僞造本公司股票漁利者得依法呈請究辦

0005 民国三十二年十二月一日七贤堂认购广西地产股份有限公司股票（梧州市档案馆藏）

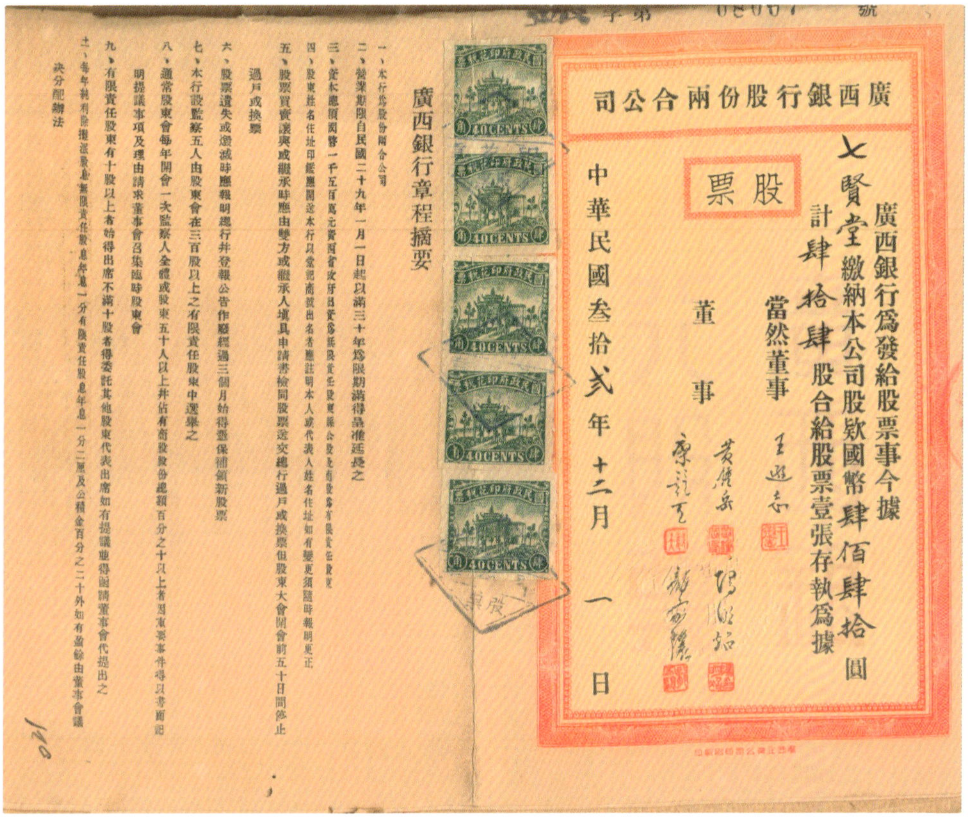

廣西銀行股份兩合公司

股票

廣西銀行爲發給股票事今據七賢堂繳納本公司股款國幣肆佰肆拾圓計肆拾肆股合給股票壹張存執爲據

當然董事

董事

中華民國叁拾貳年十二月一日

廣西銀行章程摘要

一、本行爲股份兩合公司

二、營業期限自民國二十九年一月一日起以滿三十年爲限期滿得呈准延長之

三、資本總額國幣一千五百萬元省政府出資爲無限責任股東公股爲有限責任股東

四、股東姓名住址印鑑應開送本行以堂記商號出名者應註明本人或代表人姓名住址如有變更須隨時報明更正

五、股票買賣讓與或繼承時應由雙方或繼承人填具申請書檢同股票送交總行過戶或換票但股東大會開會前五十日間停止過戶或換票

六、股票遺失或毀滅時應報明總行并登報公告作廢經過三個月始得覓保補領新股票

七、本行設監察五人由股東會在三百股以上之有限責任股東中選舉之

八、通常股東會每年開會一次監察人全體或股東五十人以上并佔有商股股份總額百分之十以上者因重要事件得以書面記明提議事項及理由請求董事會召集臨時股東會

九、有限責任股東有十股以上者始得出席不滿十股者得委託其他股東代表出席如有提議並得函請董事會代提出之

十、每年純利除撥派股息無限責任股息年息一分有限責任股息年息一分二厘及公積金百分之二十外如有盈餘由董事會議決分配辦法

0006 民国三十二年十二月一日七贤堂认购广西银行股份两合公司股票（梧州市档案馆藏）

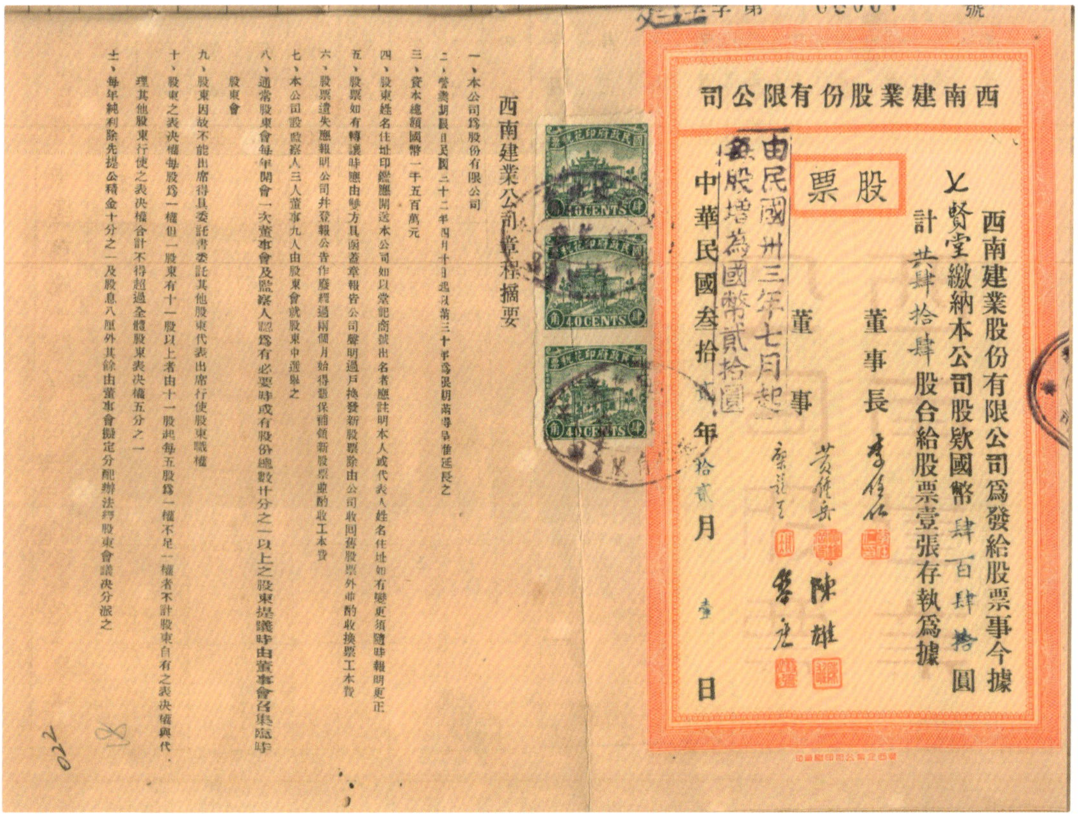

西南建業股份有限公司

股票

西南建業股份有限公司爲發給股票事今據七賢堂繳納本公司股款國幣肆佰肆拾圓計共肆拾肆股合給股票壹張存執爲據

董事長

董事

中華民國叁拾貳年拾貳月壹日

由民國卅三年七月起每股增爲國幣貳拾圓

西南建業公司章程摘要

一、本公司爲股份有限公司

二、營業期限自民國三十二年四月十日起以滿三十年爲限期滿得呈准延長之

三、資本總額國幣一千五百萬元

四、股東姓名住址印鑑應開送本公司如以堂記商號出名者應註明本人或代表人姓名住址如有變更須隨時報明更正

五、股票如有轉讓時應由雙方具函蓋章報告公司聲明過戶換發新股票除由公司收回舊股票外并酌收換票工本費

六、股票遺失應報明公司并登報公告作廢經過兩個月始得覓保補領新股票並酌收工本費

七、本公司設監察人三人董事九人由股東會就股東中選舉之

八、通常股東會每年開會一次董事會及監察人認爲有必要時或有股份總數廿分之一以上之股東提議時由董事會召集臨時股東會

九、股東因故不能出席得具委託書委託其他股東代表出席行使股東職權

十、股東之表決權每股爲一權但一股東有十一股以上者由十一股起每五股爲一權不足一權者不計股東自有之表決權與代理其他股東行使之表決權合計不得超過全體股東表決權五分之一

十一、每年純利除先提公積金十分之一及股息八厘外其餘由董事會擬定分配辦法經股東會議決分派之

0007 民国三十二年十二月一日七贤堂认购西南建业股份有限公司股票（梧州市档案馆藏）

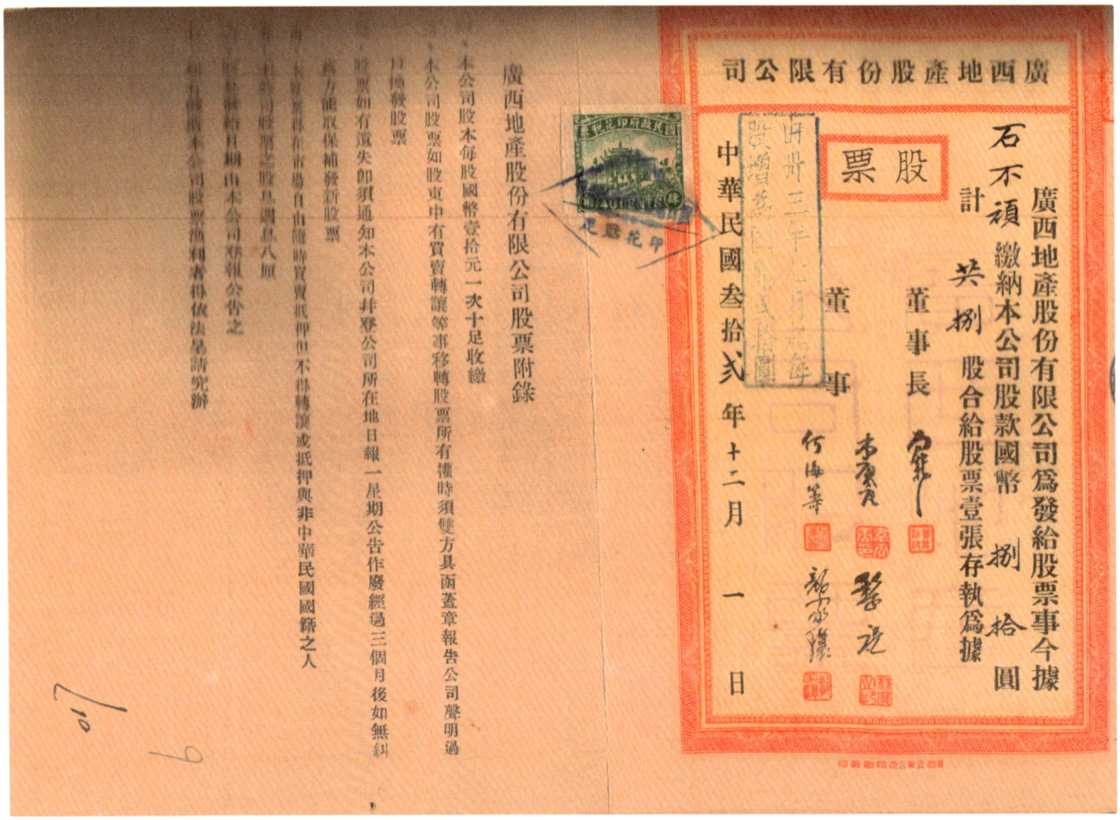

廣西地產股份有限公司

股票

廣西地產股份有限公司爲發給股票事今據
石不頑 繳納本公司股款國幣 捌拾 圓
計 共捌 股合給股票壹張存執爲據

董事長

董事

中華民國叁拾贰年十二月 一 日

廣西地產股份有限公司股票附錄

本公司股本每股國幣壹拾元一次十足收繳

本公司股票如股東中有買賣轉讓等事移轉股票所有權時須雙方具函蓋章報告公司聲明過戶換發股票

股票如有遺失卽須通知本公司并登公司所在地日報一星期公告作廢經過三個月後如無糾葛方能取保補發新股票

本股票得在市場自由隨時買賣抵押但不得轉讓或抵押與非中華民國國籍之人

本公司股票之股息週息八厘

股息發給日期由本公司登報公告之

如有偽造本公司股票漁利者得依法呈請究辦

0008 民国三十二年十二月一日石不顽认购广西地产股份有限公司股票（梧州市档案馆藏）

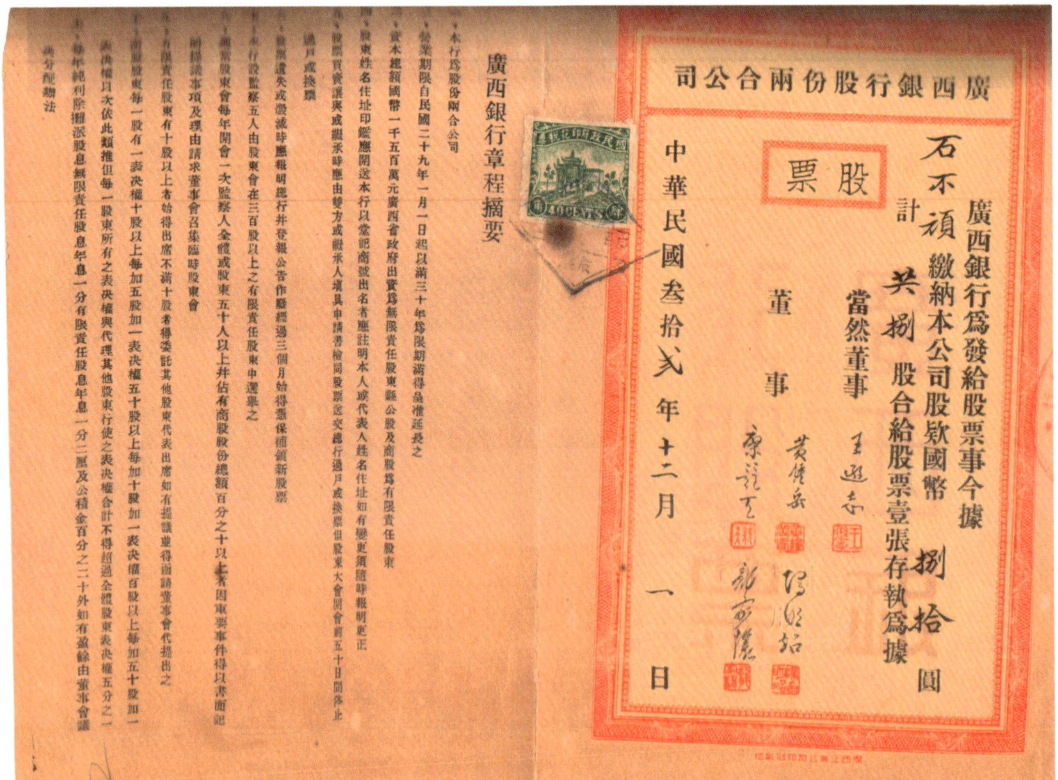

廣西銀行股份兩合公司

股票

廣西銀行爲發給股票事今據
石不頑 繳納本公司股欵國幣 捌拾 圓
計 共捌 股合給股票壹張存執爲據

當然董事

董事

中華民國叁拾贰年十二月 一 日

廣西銀行章程摘要

一、本行爲股份兩合公司

二、營業期限自民國二十九年一月一日起以滿三十年爲限期滿得呈准延長之

三、資本總額國幣一千五百萬元廣西省政府出資爲無限責任股東縣公股及商股爲有限責任股東

四、股東姓名住址印鑑應開送本行以堂記商號出名者應註明本人或代表人姓名住址如有變更須隨時報明更正

五、股票買賣讓與或繼承時應由雙方或繼承人塡具申請書檢同股票送交總行過戶或換票但股東大會開會前五十日間停止過戶或換票

六、股票遺失或毀滅時應報明總行并登報公告作廢經過三個月始得憑保領新股票

七、本行設監察五人由股東會在三百股以上之有限責任股東中選舉之

八、通常股東會每年開會一次監察人全體或股東五十人以上并佔有商股股份總額百分之十以上者因重要事件得以書面記明提議事項及理由請求董事會召集臨時股東會

九、有限責任股東有十股以上者始得出席不滿十股者得委託其他股東代表出席如有提議並得函請董事會代提出之

十、有限股東每一股有一表決權十股以上每加五股加一表決權五十股以上每加十股加一表決權百股以上每加五十股加一表決權以次依此類推但每一股東所有之表決權與代理其他股東行使之表決權合計不得超過全體股東表決權五分之一

十一、每年純利除攤派股息無限責任股息年息一分有限責任股息年息一分二厘及公積金百分之二十外如有盈餘由董事會議決分配辦法

0009 民国三十二年十二月一日石不顽认购广西银行股份两合公司股票（梧州市档案馆藏）

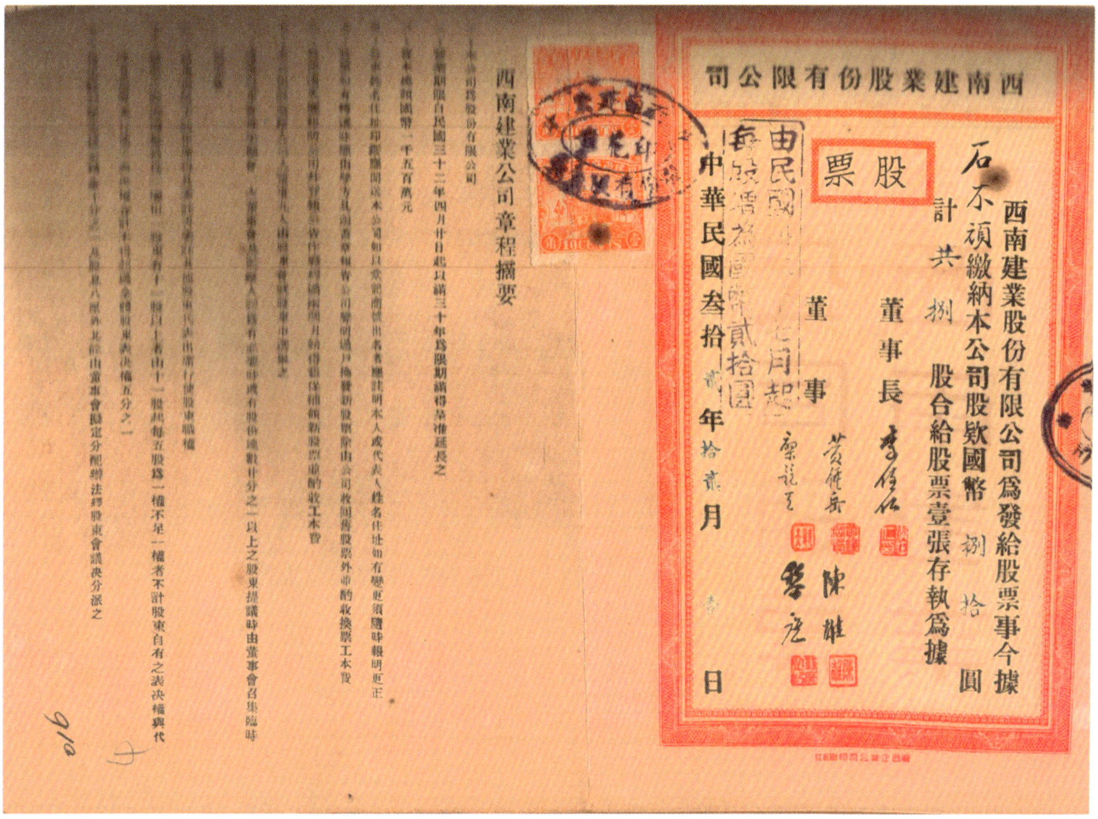

西南建業股份有限公司

股票

西南建業股份有限公司爲發給股票事今據
石不頑繳納本公司股款國幣捌拾圓
計共捌股合給股票壹張存執爲據

董事長
董事

中華民國叁拾貳年拾貳月壹日

西南建業公司章程摘要

一、本公司爲股份有限公司
二、營業期限自民國三十二年四月廿日起以滿三十年爲限期滿得呈准延長之
三、資本總額國幣一千五百萬元

0010 民国三十二年十二月一日石不顽认购西南建业股份有限公司股票（梧州市档案馆藏）

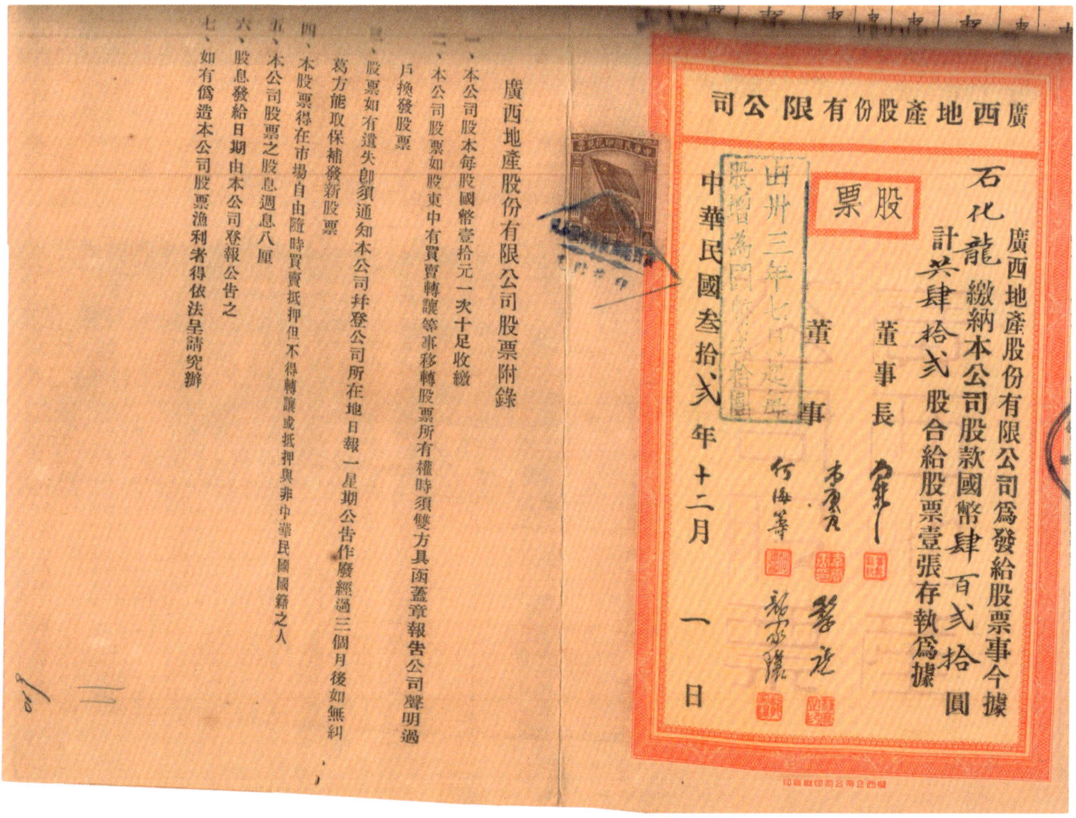

廣西地產股份有限公司

股票

廣西地產股份有限公司爲發給股票事今據
石化龍繳納本公司股款國幣肆百弍拾圓
計共肆拾弍股合給股票壹張存執爲據

董事長
董事

中華民國叁拾弍年十二月一日

廣西地產股份有限公司股票附錄

一、本公司股本每股國幣壹拾元一次十足收繳
二、本公司股票如股東中有買賣轉讓等事移轉股票所有權時須雙方具函蓋章報告公司聲明過戶換發股票
三、股票如有遺失即須通知本公司并登公司所在地日報一星期公告作廢經過三個月後如無糾葛方能取保補發新股票
四、本股票得在市場自由隨時買賣抵押但不得轉讓或抵押與非中華民國國籍之人
五、本公司股票之股息週息八厘
六、股息發給日期由本公司登報公告之
七、如有僞造本公司股票漁利者得依法呈請究辦

0011 民国三十二年十二月一日石化龙认购广西地产股份有限公司股票（梧州市档案馆藏）

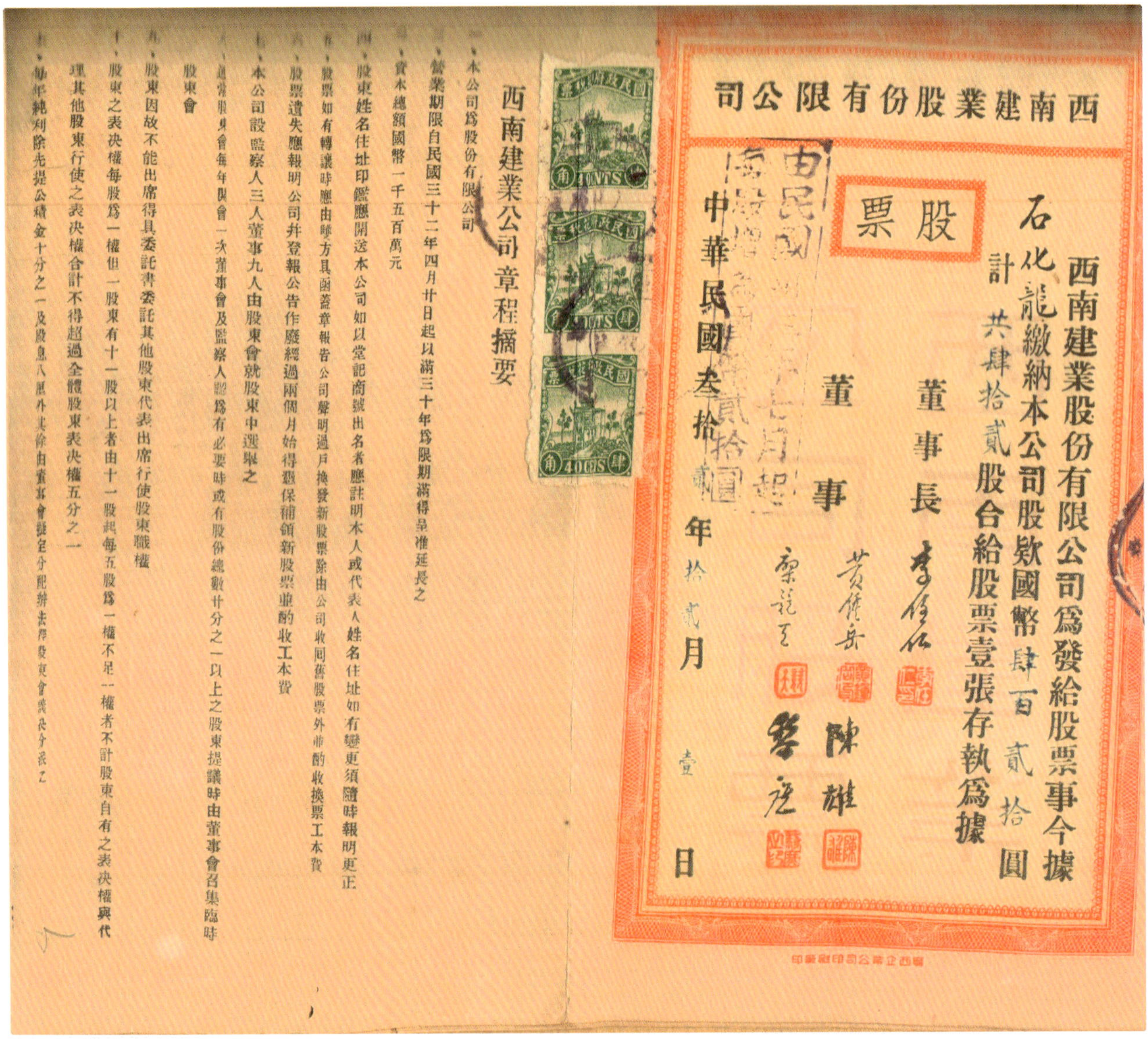

西南建業公司章程摘要

一、本公司爲股份有限公司

二、營業期限自民國三十二年四月廿日起以滿三十年爲限期滿得呈准延長之

三、資本總額國幣一千五百萬元

四、股東姓名住址印鑑應開送本公司如以堂記商號出名者應註明本人或代表人姓名住址如有變更須隨時報明更正

五、股票如有轉讓時應由雙方具函蓋章報告公司聲明過戶換發新股票除由公司收回舊股票外並酌收換票工本費

六、股票遺失應報明公司并登報公告作廢經過兩個月始得覓保補領新股票並酌收工本費

七、本公司設監察人三人董事九人由股東會就股東中選舉之

八、通常股東會每年開會一次董事會及監察人認爲有必要時或有股份總數廿分之一以上之股東提議時由董事會召集臨時股東會

九、股東因故不能出席得具委託書委託其他股東代表出席行使股東職權

十、股東之表決權每股爲一權但一股東有十一股以上者由十一股起每五股爲一權不足一權者不計股東自有之表決權與代理其他股東行使之表決權合計不得超過全體股東表決權五分之一

十一、每年純利除先提公積金十分之一及股息八厘外其餘由董事會擬定分配辦法提交股東會議決分派之

西南建業股份有限公司

股票

西南建業股份有限公司爲發給股票事今據

石化龍繳納本公司股欵國幣肆百貳拾圓

計共肆拾貳股合給股票壹張存執爲據

董事長 李任仁

董事 陳雄

中華民國叁拾貳年拾貳月壹日

0012 民国三十二年十二月一日石化龙认购西南建业股份有限公司股票（梧州市档案馆藏）

莫林記收條
梧州 九坊路　南寧 民生路　桂林 桂南路　柳州 小南路
收到 大柴公司 梧州廠 寶號先生來報費銀 捌仟伍佰元
民國卅五年八月卅日
梧州九坊路 莫林記報局收條

0013 民国三十五年八月三十日火柴公司梧州厂上报费银莫林记收条

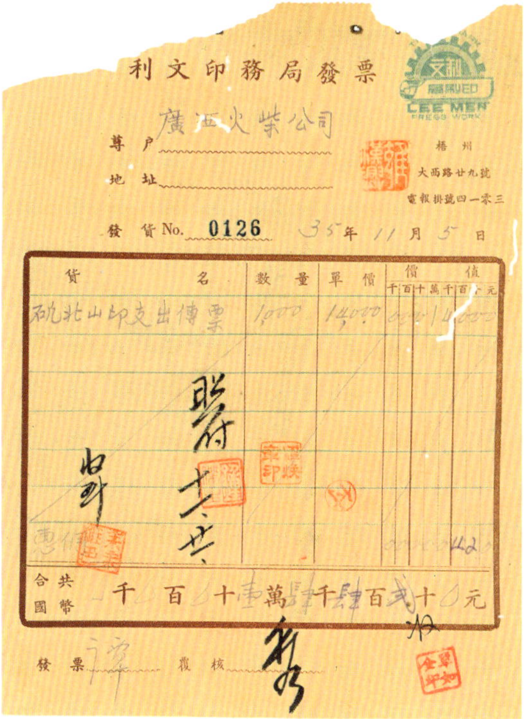
利文印務局發票
尊户 廣西火柴公司
地址
梧州 大南路廿九號 電報掛號一四一零三
發貨 No. 0126　35年11月5日

貨名	數量	單價	價值
砂紙北山印支出傳票	1,000	14.000	14,000

合共國幣
發票　覆核

0014 民国三十五年十一月五日广西火柴公司利文印务局发票

0015-1 广西省银行（梧州地名）一元面值纸币（正面）

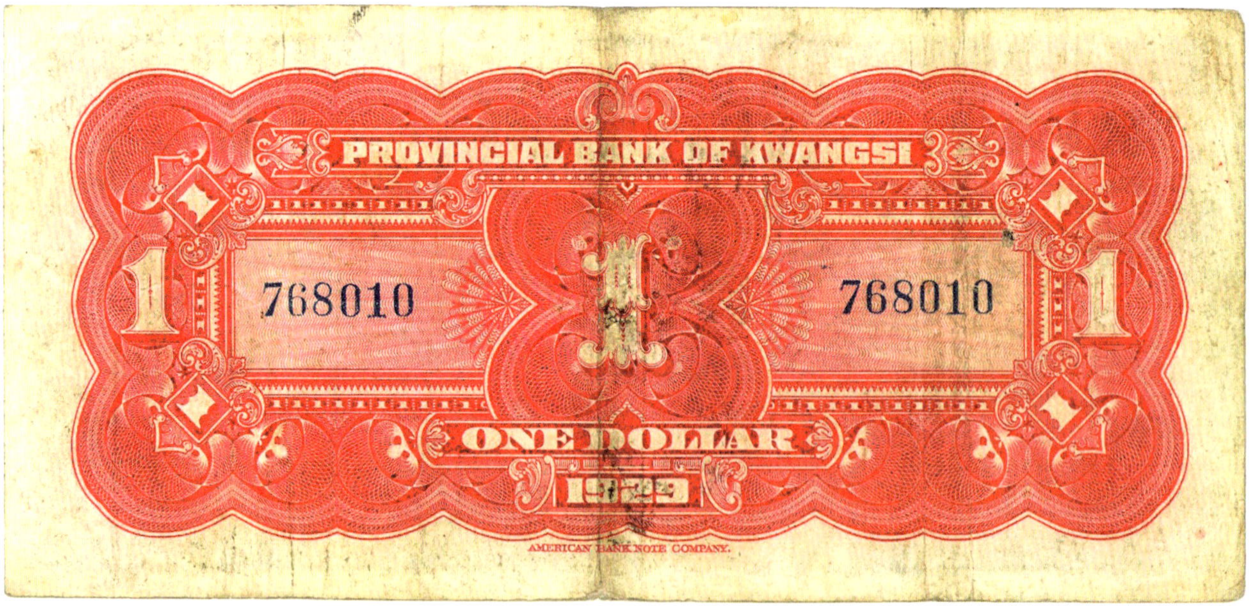

0015-2 广西省银行（梧州地名）一元面值纸币（背面）

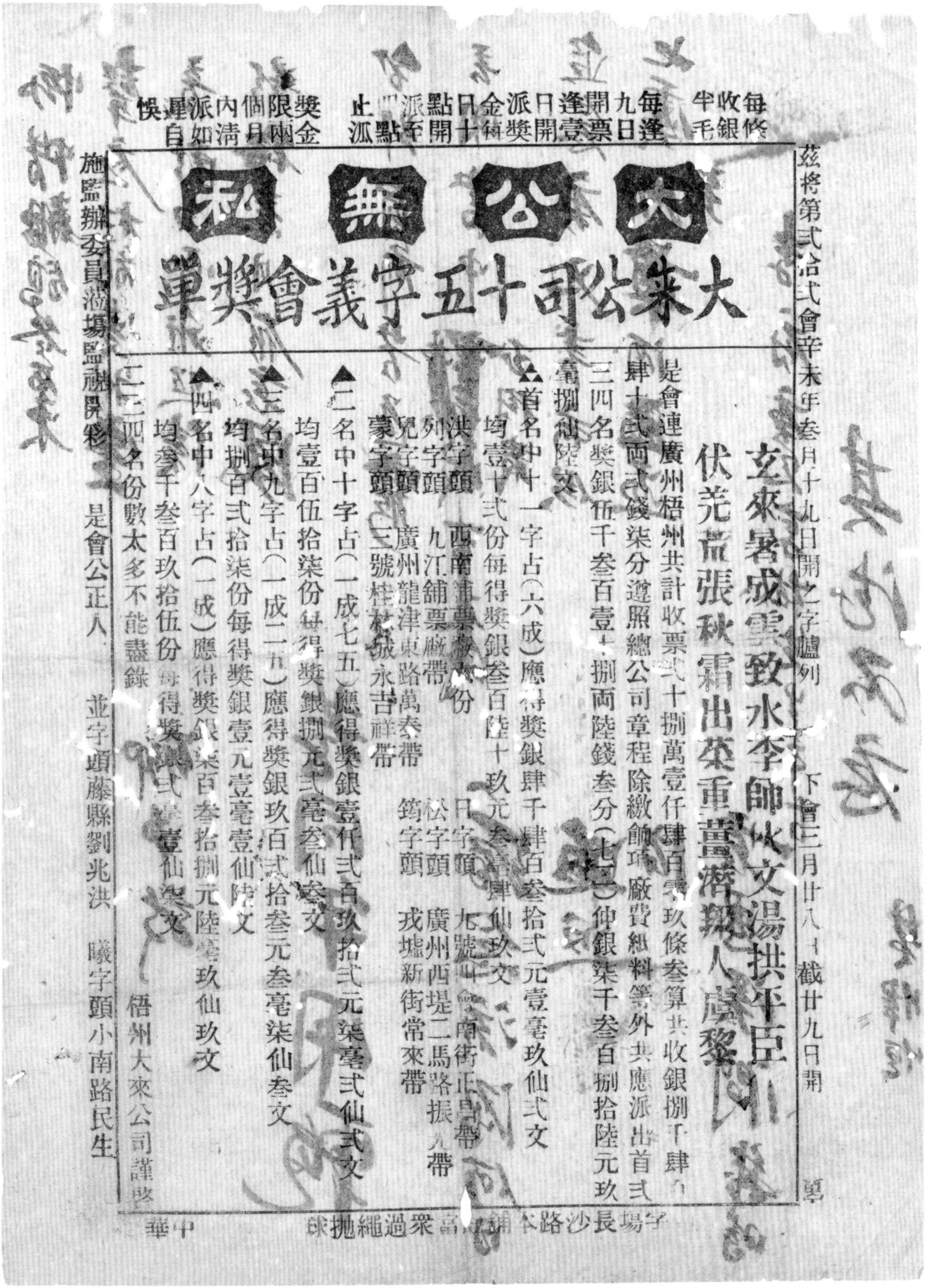
每修收銀半毛 每逢九日開票逢壹日開派獎金每日十點開派至四點止派 獎金限兩個月內清派如遲自悞

兹將第弍拾弍會辛未年叁月十九日開之字臚列 下會三月廿八十截廿九日開

大公無私

大来公司十五字義會獎單

玄來暑成雲致水李師收文湯拱平臣

伏芜荒張秋霜出菜重薑潛翔人虞黎

是會連廣州梧州共計收票弍十捌萬壹仟肆百零玖條叁算共收銀捌千肆百肆十弍両弍錢柒分遵照總公司章程除繳餉項廠費紙料等外共應派出首弍三四名獎銀伍千叁百壹十捌両陸錢叁分(七二)伸銀柒千叁百捌拾陸元玖毫捌仙陸文

▲首名中十一字占(六成)應得獎銀肆千肆百叁拾弍元壹毫玖仙弍文 均壹十弍份每得獎銀叁百陸十玖元叁毫肆仙玖文

洪字頭 西南沛票廠 份 日字頭 九號 會南街正昌帶

列字頭 九江舖票廠帶 松字頭 廣州西堤二馬路振九帶

兇字頭 廣州龍津東路萬泰帶 鈎字頭 戎墟新街常來帶

蒙字頭 三號桂林城永吉祥帶

▲二名中十字占(一成七五)應得獎銀壹仟弍百玖拾弍元柒毫弍仙弍文 均壹百伍拾柒份每得獎銀捌元弍毫叁仙叁文

▲三名中九字占(一成二九)應得獎銀玖百弍拾叁元叁毫柒仙叁文 均捌百弍拾柒份每得獎銀壹元壹毫壹仙陸文

▲四名中八字占(一成)應得獎銀柒百叁拾捌元陸毫玖仙玖文 均叁千叁百玖拾伍份每得獎銀弍毫壹仙柒文

(二三四名份數太多不能盡錄) 梧州大來公司謹啓

施監辦委員蒞場監視開彩 是會公正人 並字頭藤縣劉兆洪 曦字頭小南路民生

字場長沙路本舖 高過繩抛球 中華

0016 民国年间大来公司十五字义会奖单

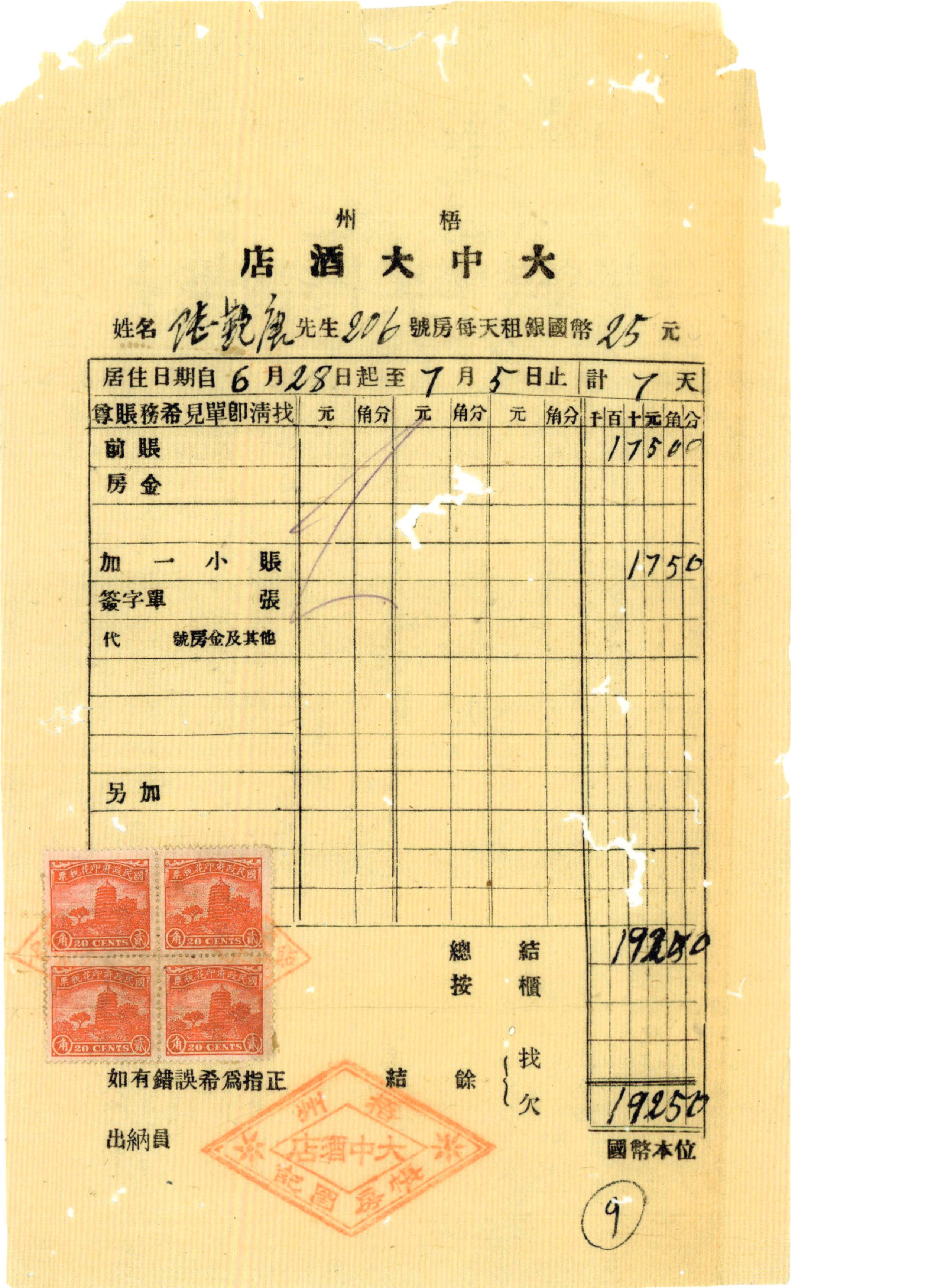

梧州

大中大酒店

姓名 陸凱唐 先生 206 號房每天租銀國幣 25 元

居住日期自 6 月 28 日起至 7 月 5 日止	計 7 天
尊賬務希見單即清找	千百十元角分
前賬	17500
房金	
加一小賬	1750
簽字單　張	
代　號房金及其他	
另加	
總結	19250
櫃按	
結餘 找／欠	19250
	國幣本位

如有錯誤希爲指正

出納員

梧州大中大酒店 樓面部

9

0017 民国年间陆凯唐梧州大中大酒店住房票据

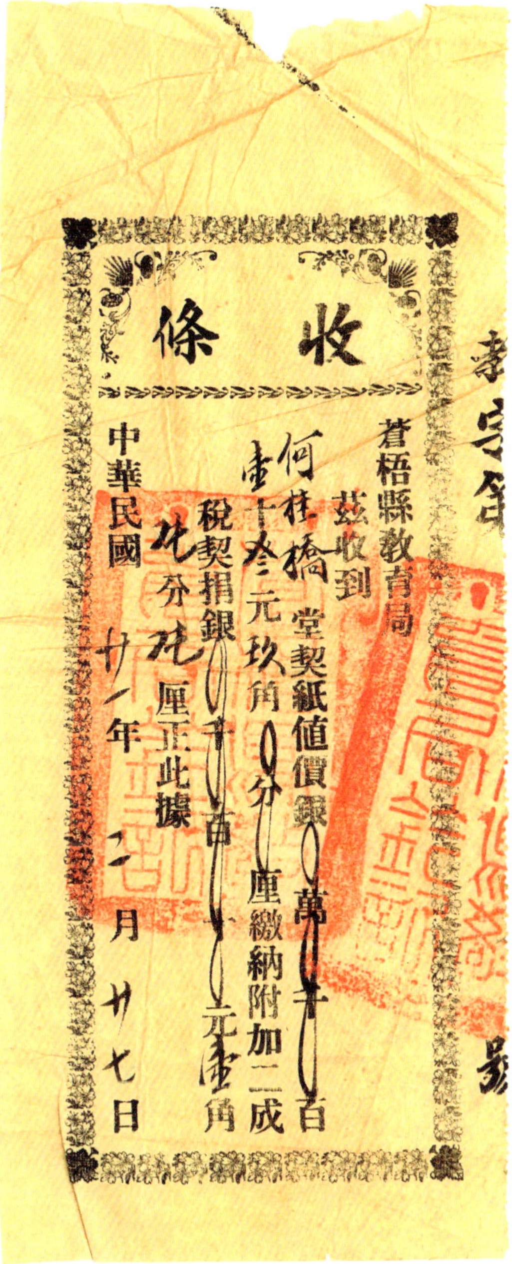
收條

蒼梧縣教育局

茲收到

何桂橋 堂契紙值價銀〇萬〇千〇百

壹十叁元玖角〇分〇厘繳納附加一成

稅契捐銀〇千〇百〇十〇元壹角

玖分玖厘正此據

中華民國廿一年二月廿七日

0001 民国二十一年二月二十七日苍梧县教育局征收何桂桥契税及附加捐银收条

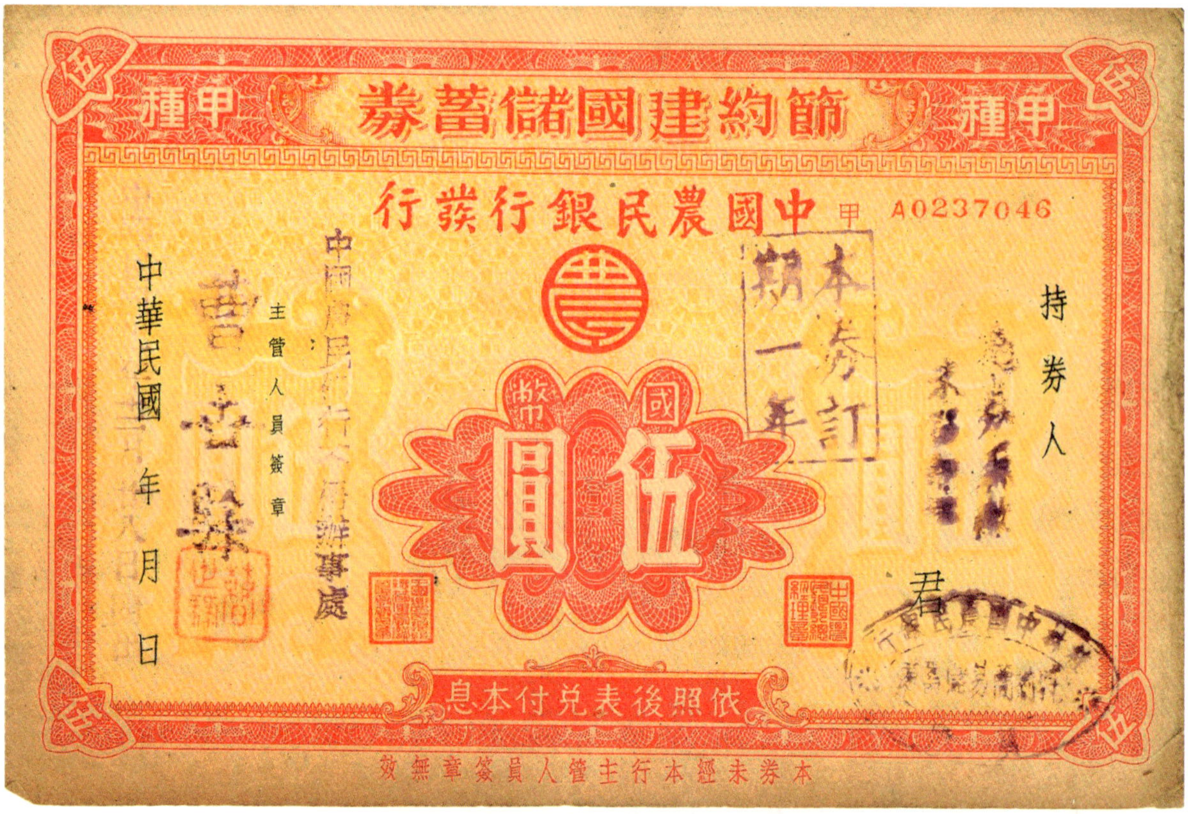

0002-1 民国三十一年十二月二十八日中国农民银行苍梧办事处发行五元节约建国储蓄券（正面）

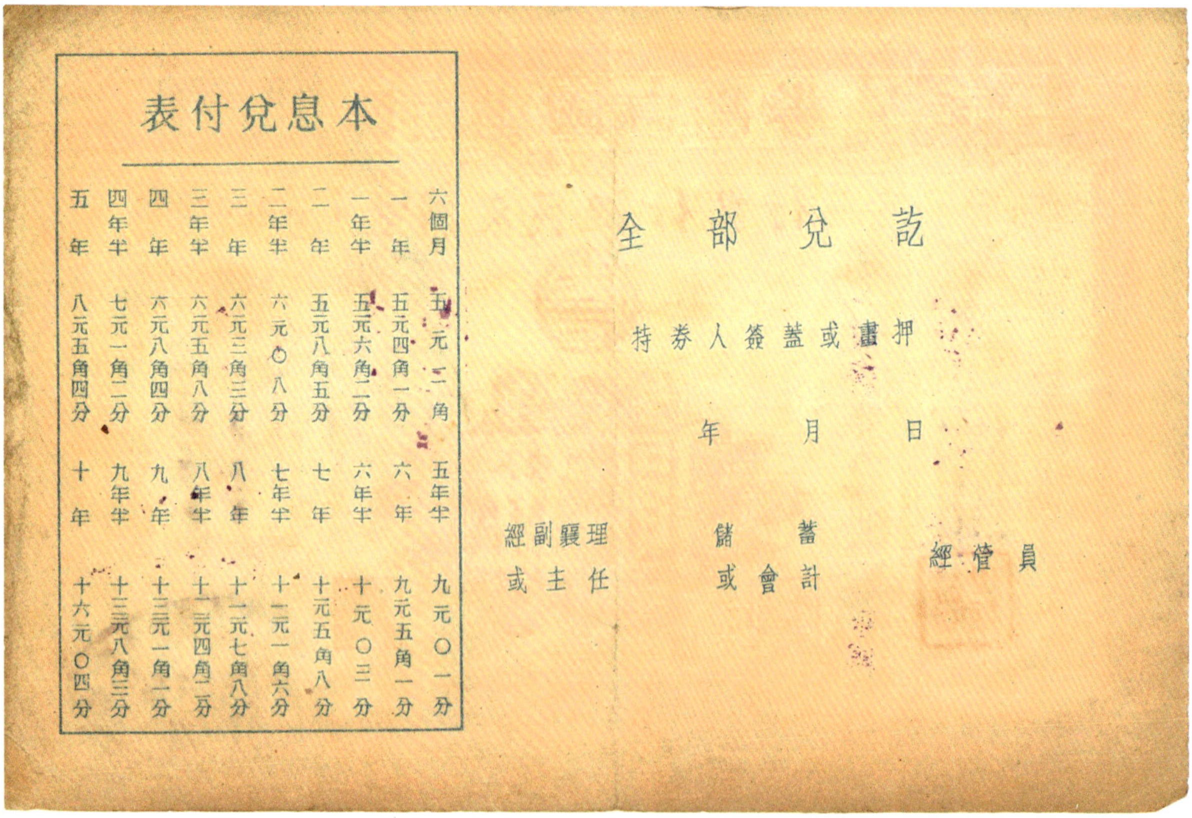

0002-2 民国三十一年十二月二十八日中国农民银行苍梧办事处发行五元节约建国储蓄券（背面）

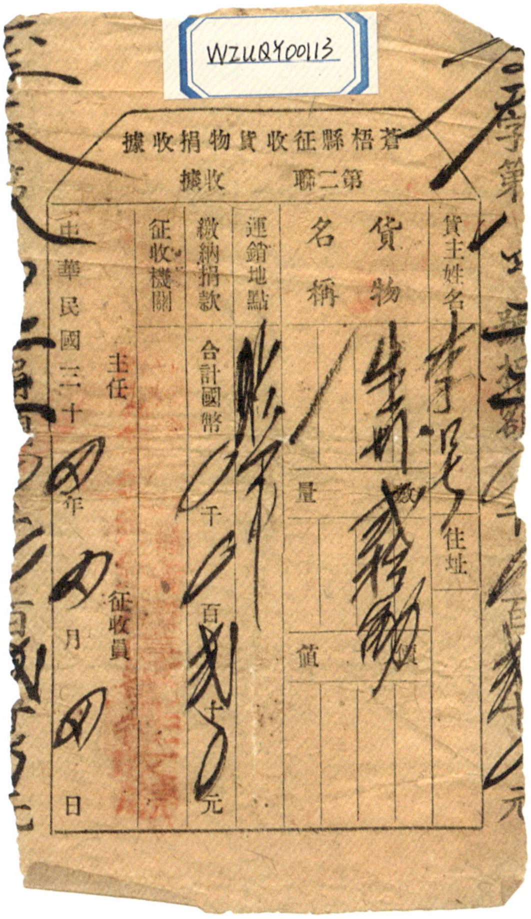

WZUQY00113

蒼梧縣征收貨物捐收據

第二聯　收據

貨主姓名	李号
住址	
貨物名稱	
數量	
價值	
運銷地點	
繳納捐款	合計國幣　千　百　十　元
征收機關	

主任　征收員

中華民國三十四年四月四日

0003 民国三十四年四月四日苍梧县李号征收货物捐收据

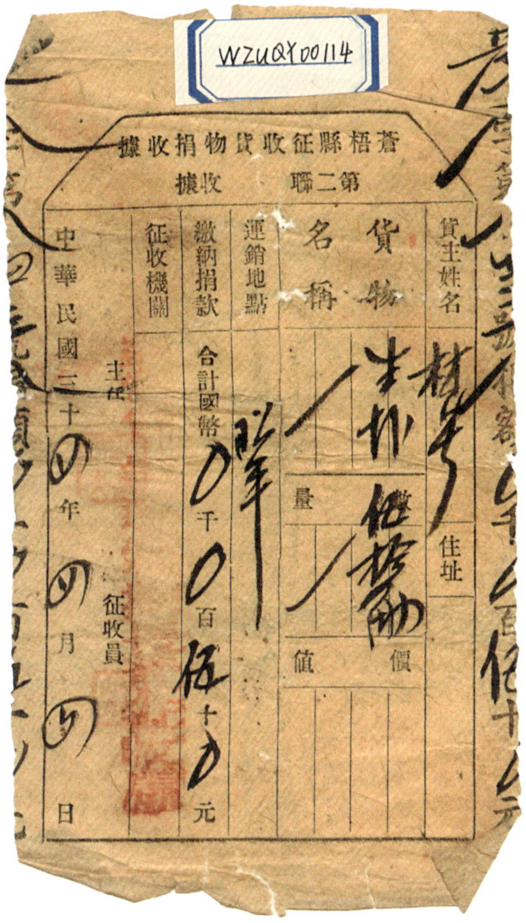

WZUQY00114

蒼梧縣征收貨物捐收據

第二聯　收據

貨主姓名	林号
住址	
貨物名稱	
數量	
價值	
運銷地點	
繳納捐款	合計國幣　千　百　十　元
征收機關	

主任　征收員

中華民國三十四年四月四日

0004 民国三十四年四月四日苍梧县林号征收货物捐收据

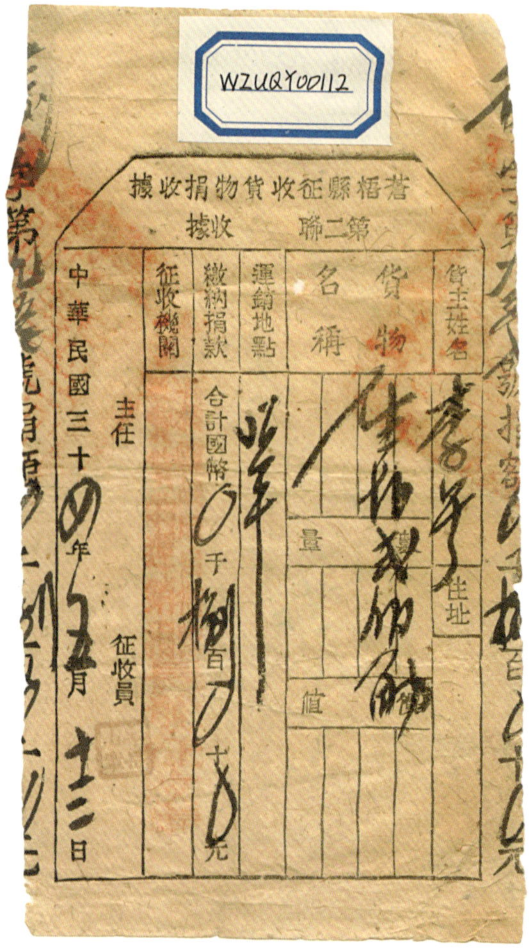

0005 民国三十四年五月十三日苍梧县李号征收货物捐收据

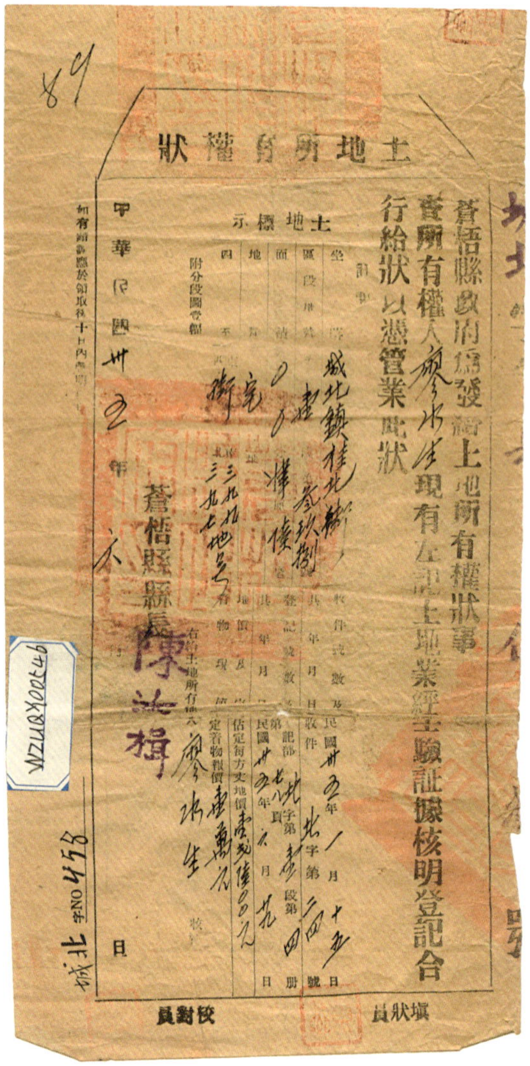

0006 民国三十五年六月苍梧县廖水生土地所有权状

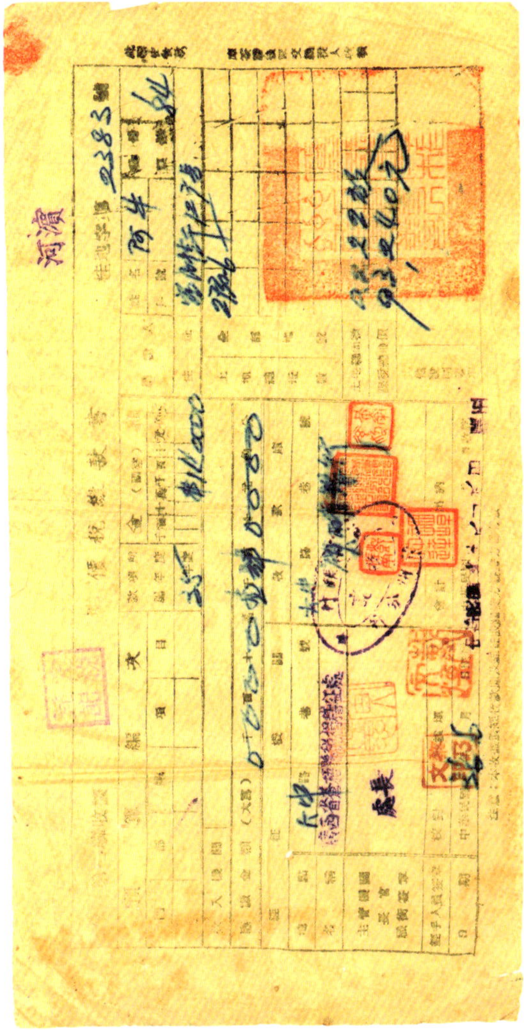

0007 民国三十六年六月苍梧县阿牛地价税缴款书

013031

中華郵政
國內匯票憑條

本憑條應由匯款人截下保存如需查詢應請將本憑條繳出否則郵局概不受理

兌付局名 汕尾

金圓 肆佰叁拾圓整

受款人姓名

匯費：$

0008 苍梧县发往汕尾汇票（梧州市档案馆藏）

0009 苍梧县发往汕尾汇票（梧州市档案馆藏）

012196

中華郵政
國內匯票憑條

兌付局名 汕尾

金圓 捌佰捌拾圓整

本憑條應由匯款人妥為保存如需查詢應請將本憑條繳出否則郵局概不受理

受款人姓名

匯費：
$ 19.20

發匯局日戳

0001 民国四年阴历九月十二日藤县太平镇仁寿公益会梁何氏入会请愿

藤縣太平鎮仁壽公益會　為
給三聯證單存根事茲據梁何氏請願入會照繳
會底金核與會章相符准作本會會員嗣後應享
所有權利相應給發聯証理合繕具存根備查

請願人　現年七十歲楊肖里思桃
代供人
鄰証人
段調查員

男　濟前

中華民國四年陰曆九月十二日

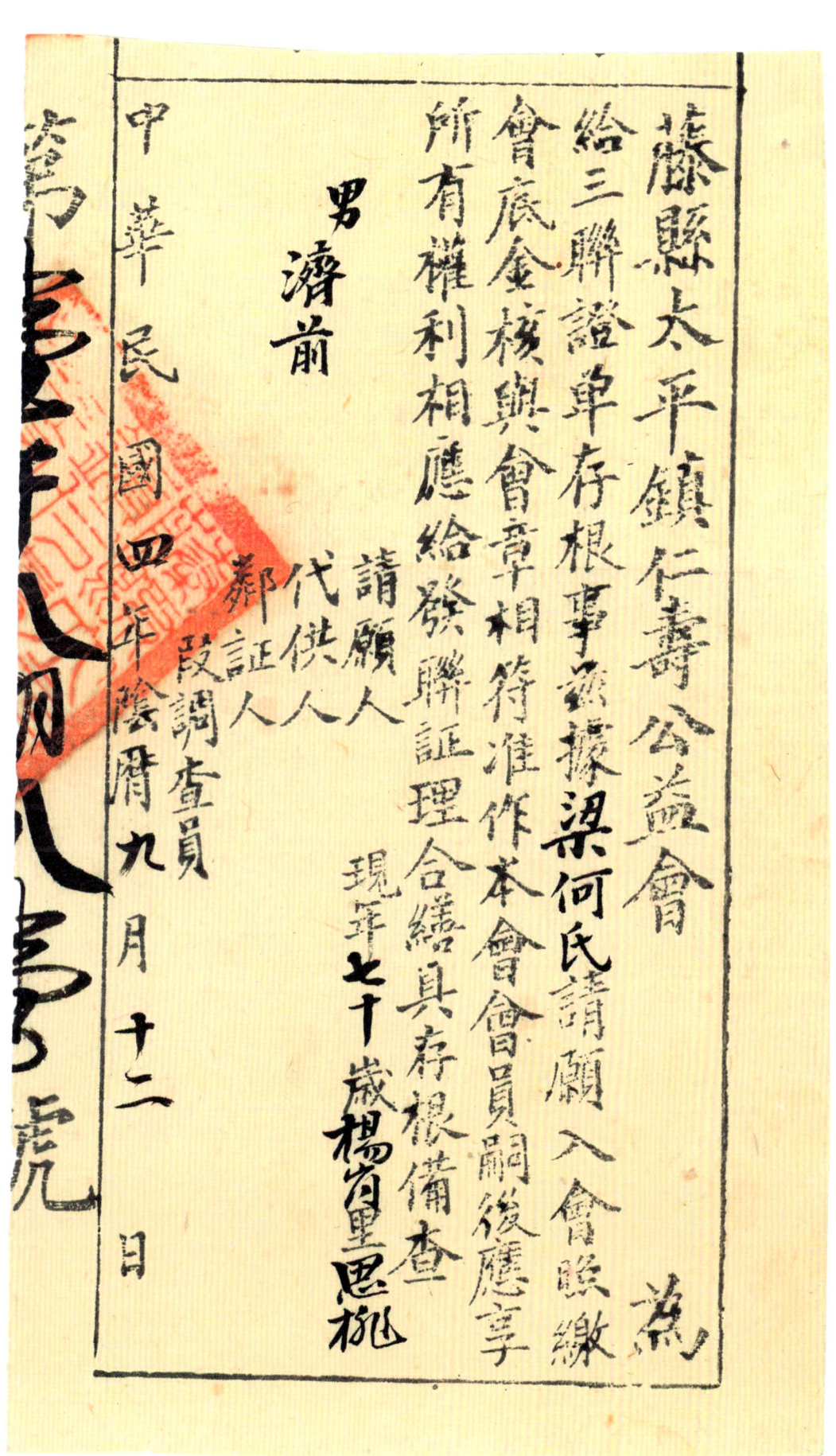

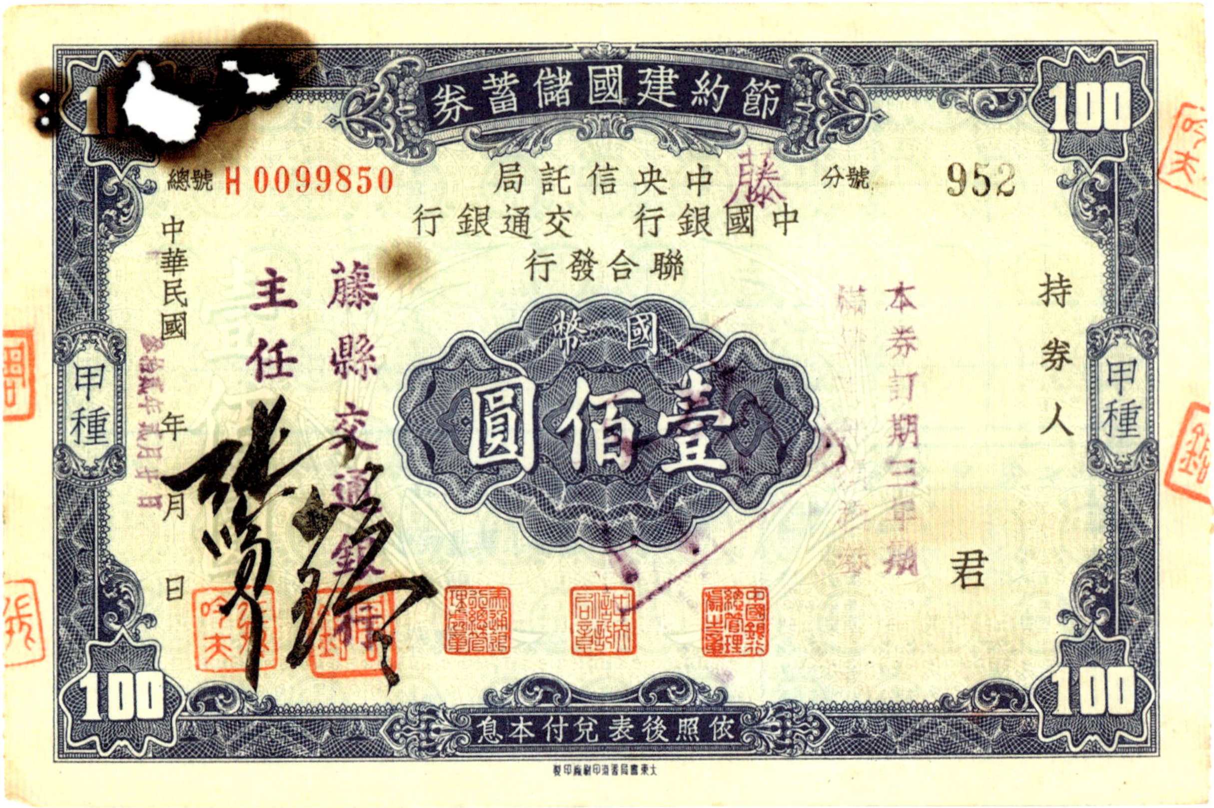

節約建國儲蓄券

總號 H0099850　分號 952

中央信託局　中國銀行　交通銀行　聯合發行

國幣 壹佰圓

甲種

中華民國　年　月　日

持券人　君

藤縣交通銀行主任

本券訂期三年期

依照後表兌付本息

0002-1 民国三十二年二月二十日藤县交通银行印戳一百元面值节约建国储蓄券（正面）

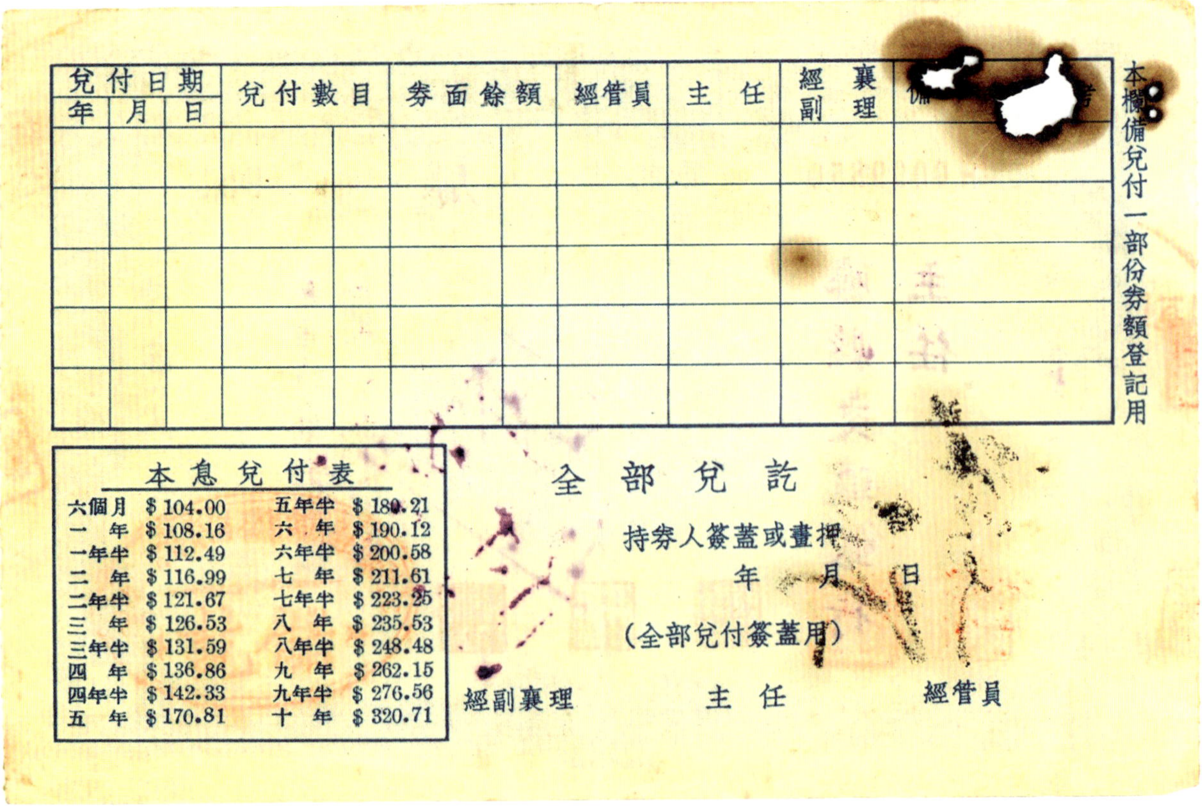

兌付日期 年	月	日	兌付數目	券面餘額	經管員	主任	經副襄理	備考

本欄備兌付一部份券額登記用

本息兌付表

六個月	$ 104.00	五年半	$ 180.21
一　年	$ 108.16	六　年	$ 190.12
一年半	$ 112.49	六年半	$ 200.58
二　年	$ 116.99	七　年	$ 211.61
二年半	$ 121.67	七年半	$ 223.25
三　年	$ 126.53	八　年	$ 235.53
三年半	$ 131.59	八年半	$ 248.48
四　年	$ 136.86	九　年	$ 262.15
四年半	$ 142.33	九年半	$ 276.56
五　年	$ 170.81	十　年	$ 320.71

全部兌訖

持券人簽蓋或畫押

年　月　日

（全部兌付簽蓋用）

經副襄理　主任　經管員

0002-2 民国三十二年二月二十日藤县交通银行印戳一百元面值节约建国储蓄券（背面）

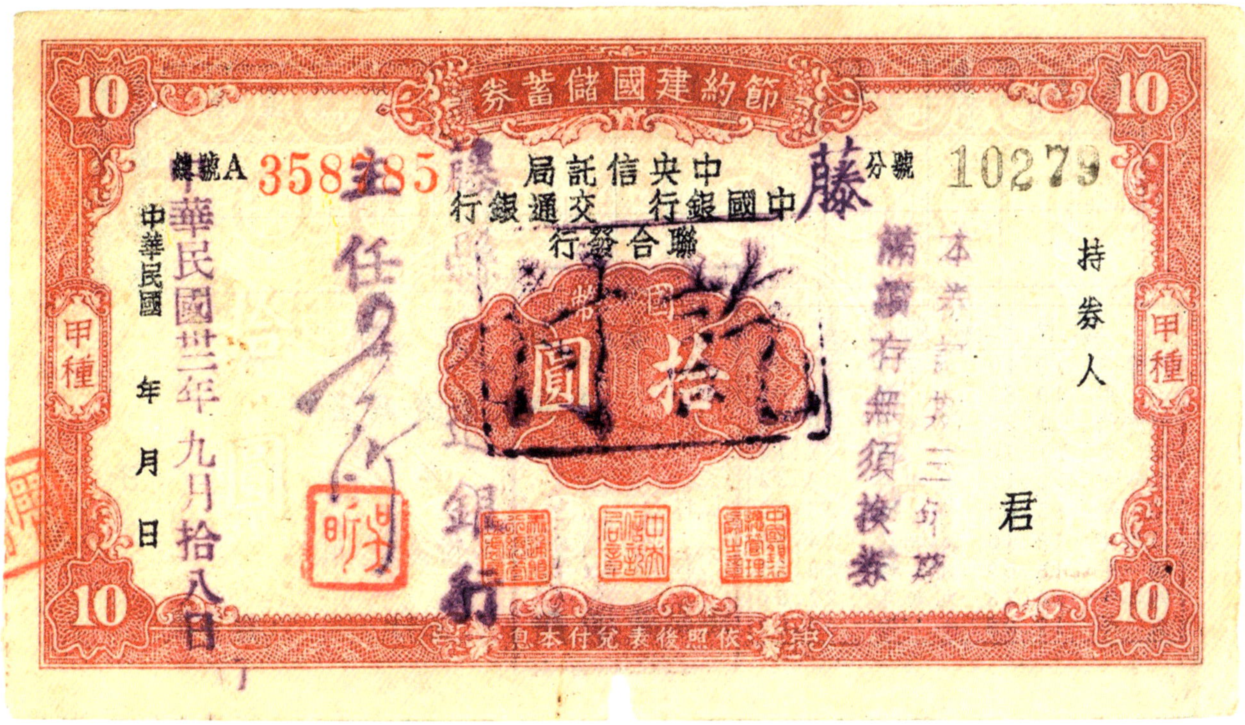

0003-1 民国三十二年九月十八日藤县交通银行印戳十元面值节约建国储蓄券（正面）

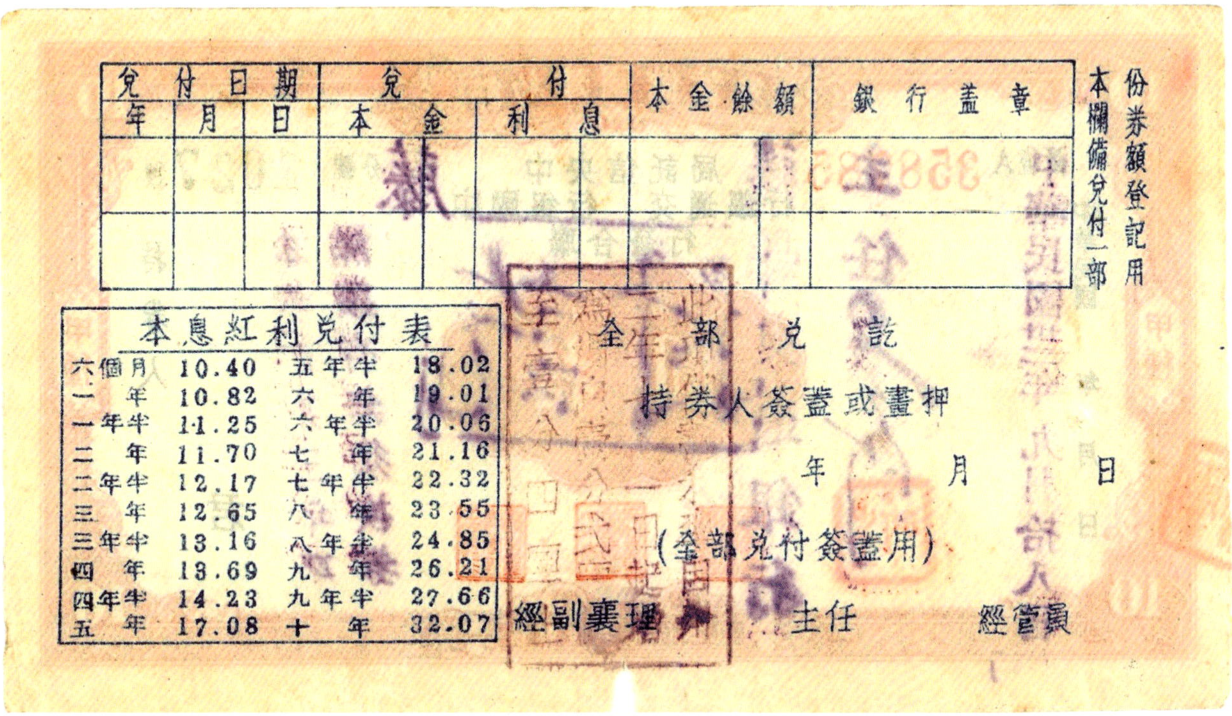

0003-2 民国三十二年九月十八日藤县交通银行印戳十元面值节约建国储蓄券（背面）

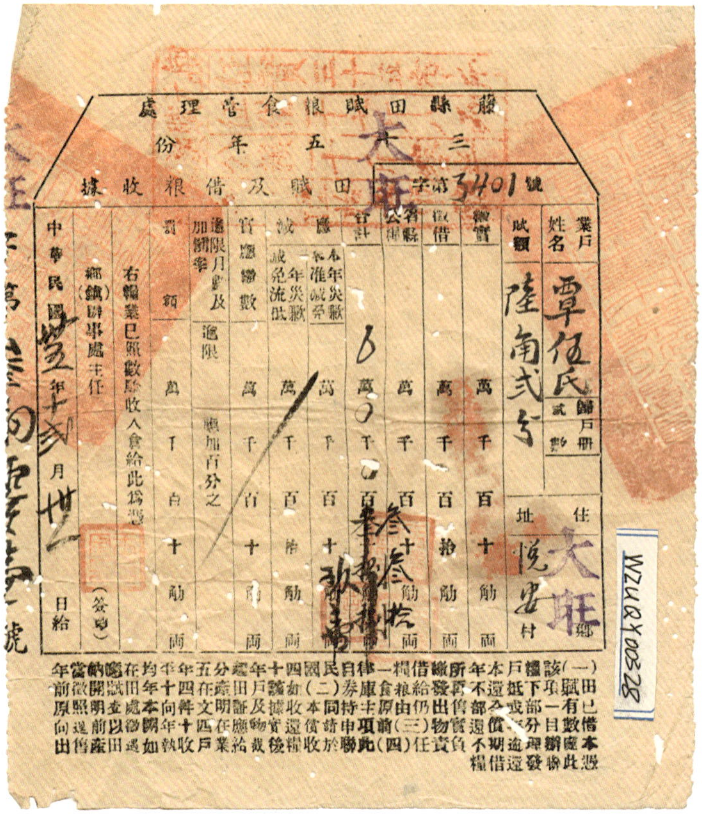

藤縣田賦糧食管理處
三十五年份
田賦及借糧收據
字第3401號

業戶姓名：覃伍氏　歸戶冊號數　住址：大旺鄉悦安村
賦額：陸角弍分

(一)該戶攤借糧一律自民國四十年起分五年平均在應納當年田賦項下抵還不另發給糧食庫券(二)如該戶田產在四十年開徵前已有一部或全部出賣仍由原主持同本收據及買賣文件向本處查明照原借數目分年償還實物(三)前項申請償還實物應在四十年以前送向本處辦理逾期不負責任(四)此聯於收糧後裁給業戶收執如遇田產出借憑此聯發還借糧

右糧業已照數驗收入倉給此為憑
鄉(鎮)辦事處主任　(簽章)
中華民國卅五年十二月卅一日給

0004 民国三十五年十二月三十一日藤县田赋管理处征收覃伍氏民国三十五年田赋及借粮收据

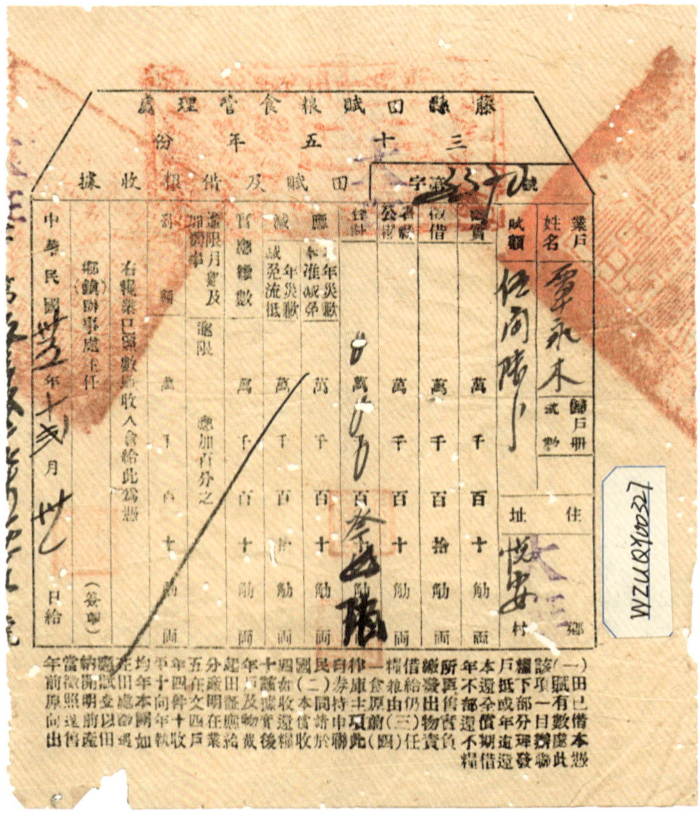

藤縣田賦糧食管理處
三十五年份
田賦及借糧收據

業戶姓名：覃永木　歸戶冊號數　住址：大旺鄉悦安村
賦額：伍角陸

(一)該戶攤借糧一律自民國四十年起分五年平均在應納當年田賦項下抵還不另發給糧食庫券(二)如該戶田產在四十年開徵前已有一部或全部出賣仍由原主持同本收據及買賣文件向本處查明照原借數目分年償還實物(三)前項申請償還實物應在四十年以前送向本處辦理逾期不負責任(四)此聯於收糧後裁給業戶收執如遇田產出借憑此聯發還借糧

右糧業已照數驗收入倉給此為憑
鄉(鎮)辦事處主任　(簽章)
中華民國卅五年十二月卅一日給

0005 民国三十五年十二月三十一日藤县田赋管理处征收覃永木民国三十五年田赋及借粮收据

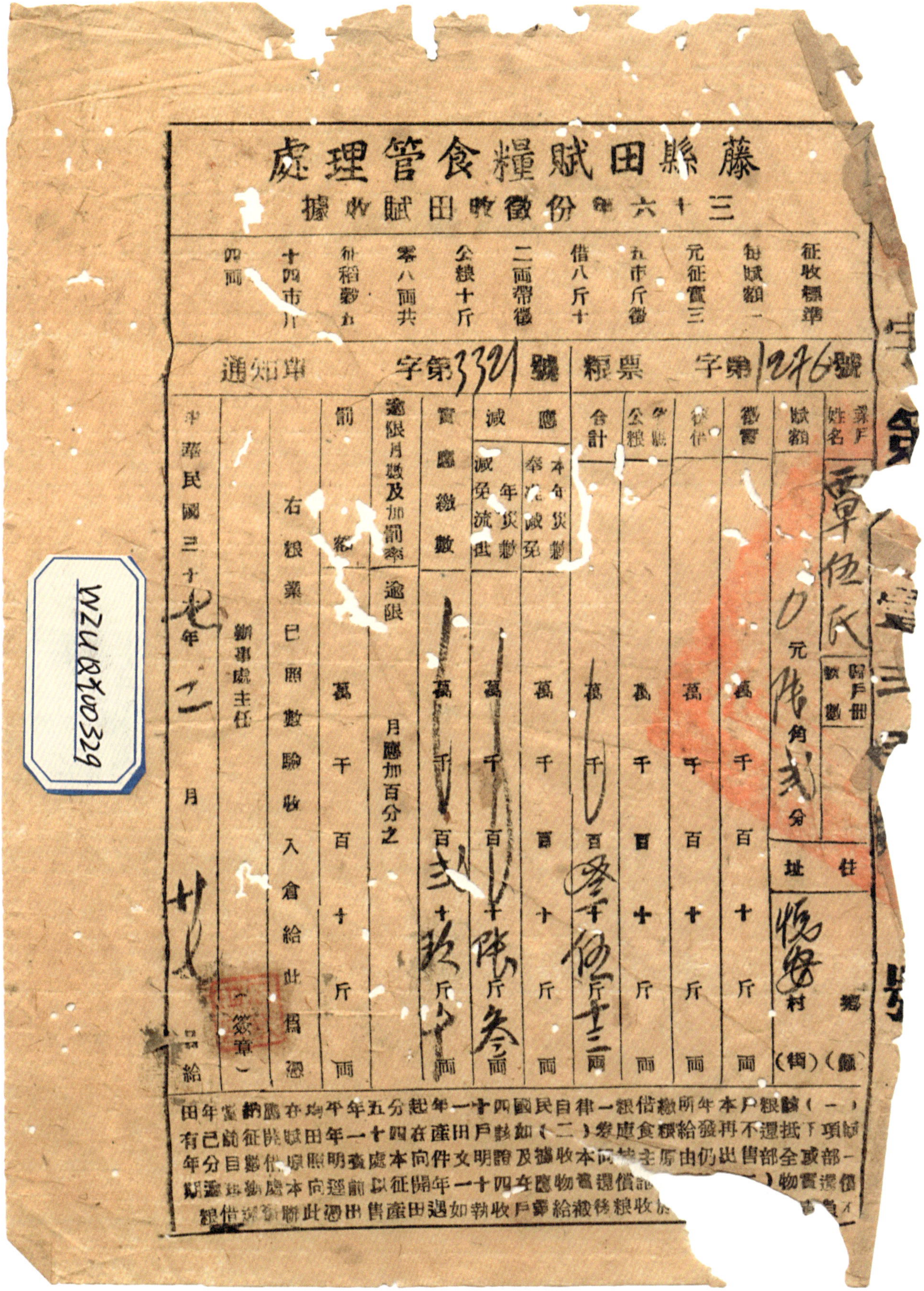

藤縣田賦糧食管理處

三十六年份徵收田賦收據

征收標準 每賦額一元征實三五市斤徵借八斤十二兩帶徵公糧十斤零八兩共計稻穀五十四市斤四兩

糧票 字第1276號　通知單 字第3321號

業戶姓名	賦額	徵實	徵借	帶徵公糧	合計	應減：本年災歉奉准減免	應減：減免年災歉流抵	實應繳數	逾限月數及加罰率	罰額
覃伍氏	0元陸角弍分	萬千百十斤兩	萬千百十斤兩	萬千百十斤兩	萬千百叁十伍斤十二兩	萬千百十斤兩	萬千百十陸斤叁兩	萬千百弍十玖斤个兩	逾限　月應加百分之	萬千百十斤兩

歸戶冊數
住址 懷安村 鄉（鎮）村（街）

右糧業已照數驗收入倉給此據憑

處主任（簽章）

中華民國三十七年二月廿七日給

（一）餘糧戶本年所繳借糧一律自民國四十一年起分五年平均在應納當年田賦項下抵還不再發給糧食庫券（二）如該戶田產在四十一年田賦開徵前已有一部或全部出售仍由原業主向本收據及證明文件向本處查明照原借糧數目分年償還實物（[illegible]）償還實物應在四十一年開徵以前向本處登記逾期[illegible][illegible]負[illegible]收糧務須給予業戶收執如遇田產出售此憑此聯[illegible]借糧

WZU870329

0006 民国三十七年二月二十七日藤县田赋管理处征收覃伍氏民国三十六年田赋收据

0007 民国三十七年二月二十七日藤县征收覃发钦富户捐收据

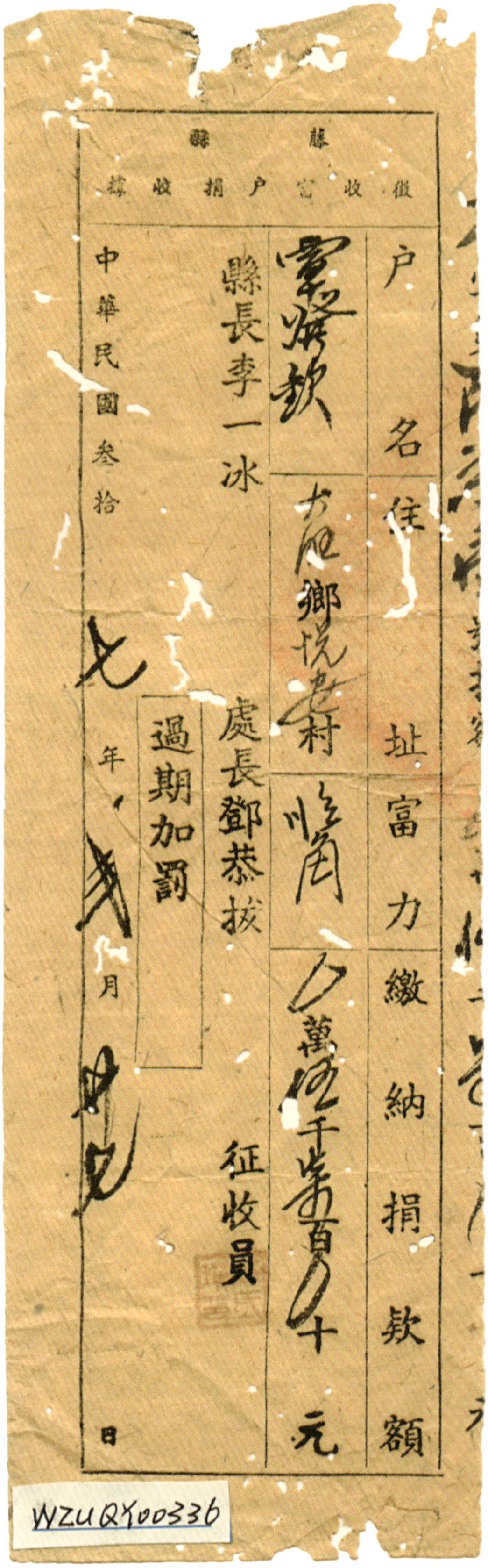
藤縣

徵收富户捐收據

户名 覃發欽

住址 [illegible]鄉[illegible]村

富力 [illegible]

繳納捐款額 [illegible]萬[illegible]千[illegible]百[illegible]十元

縣長李一冰

處長鄧恭拔

征收員

過期加罰

中華民國叁拾七年[illegible]月[illegible]日

WZUQY00336

0008 民国三十七年二月二十七日藤县征收覃伍氏富户捐收据

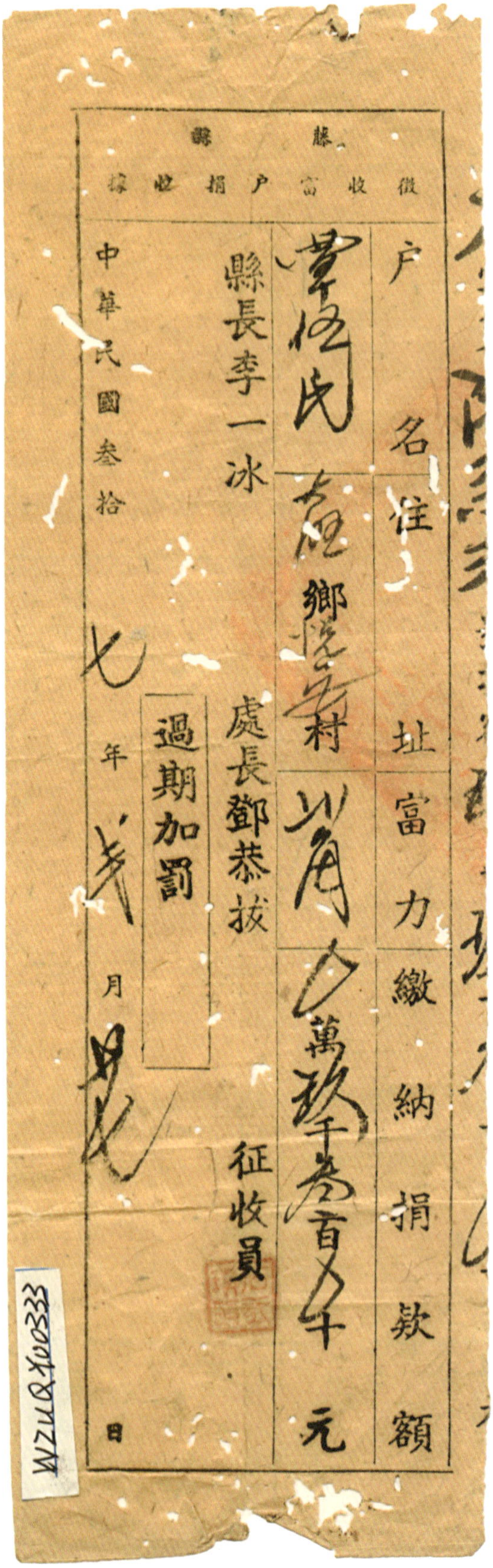
藤縣

徵收富户捐收據

户名 覃伍氏

住址 [illegible]鄉[illegible]村

富力 [illegible]

繳納捐款額 [illegible]萬[illegible]千[illegible]百[illegible]元

縣長李一冰

處長鄧恭拔

征收員

過期加罰

中華民國叁拾七年[illegible]月[illegible]日

WZUQY00333

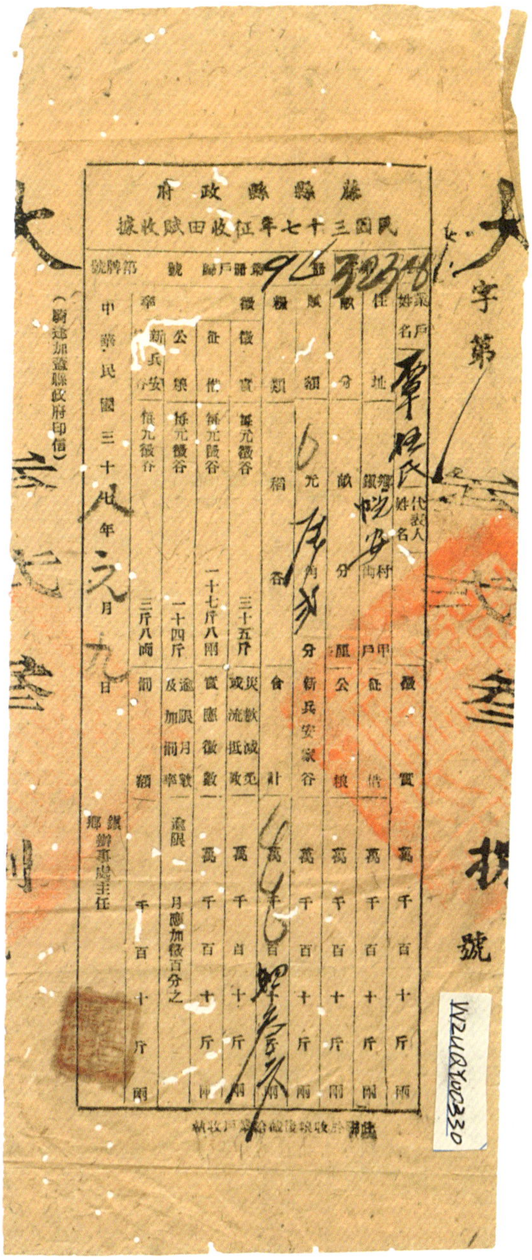

藤縣縣政府
民國三十七年征收田賦收據
業戶冊籍號 第　號 牌號 96
業戶姓名 覃伍氏
代表人姓名
住址 鄉鎮 悦安 村街 甲 戶
畝分 畝 分
賦額 6 元 角 分
稅額 稻 谷
徵實 每元徵谷 三十五斤
徵借 每元徵谷 一十七斤八兩
公糧 每元徵谷 一十四斤
新兵安家谷 每元徵谷 三斤八兩
徵實 萬 千 百 十 斤 兩
征借 萬 千 百 十 斤 兩
公糧 萬 千 百 十 斤 兩
新兵安家谷 萬 千 百 十 斤 兩
合計 萬 千 百 十 斤 兩
災歉減免或流抵數 萬 千 百 十 斤 兩
實應徵數 萬 千 百 十 斤 兩
逾限月數及加罰率 逾限 月應加徵百分之
罰額 千 百 十 斤 兩
鎮鄉辦事處主任
中華民國三十八年元月九日
（騎縫加蓋縣政府印信）
WZUQY00330

0009 民国三十八年元月九日藤县征收覃伍氏民国三十七年田赋收据

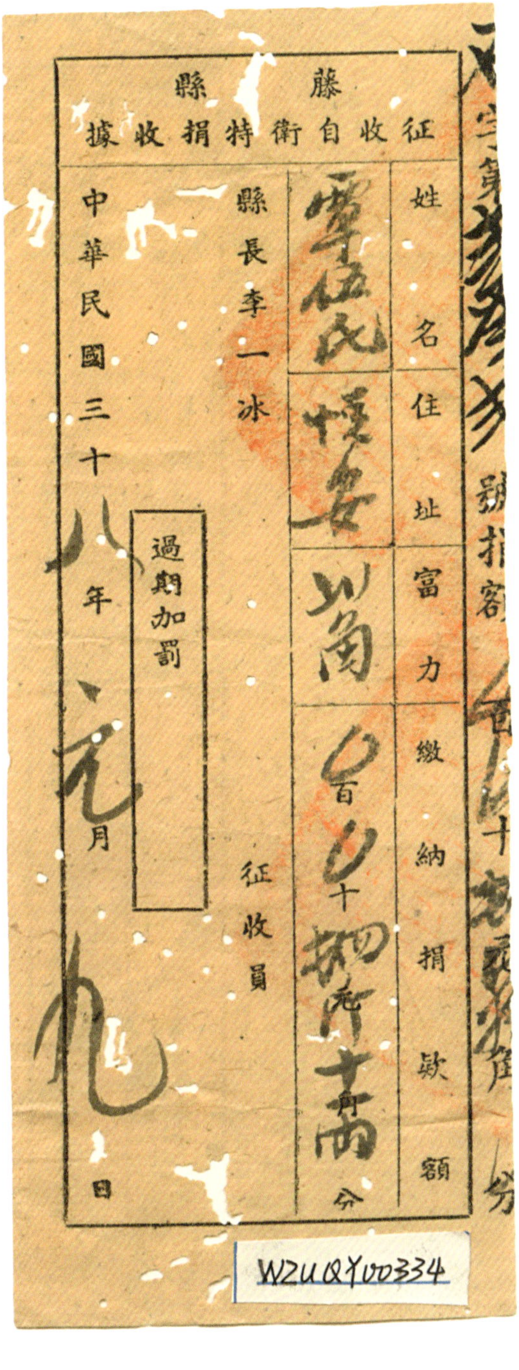

藤縣
征收自衛特捐收據
姓名 覃伍氏
住址 悦安
富力繳納捐款額 6 百 6 十 捌 元 十 角 分
縣長李一冰
過期加罰
征收員
中華民國三十八年元月九日
WZUQY00334

0010 民国三十八年元月九日藤县征收覃伍氏自卫特捐收据

0011 民国三十八年元月九日藤县征收覃永木自卫特捐收据

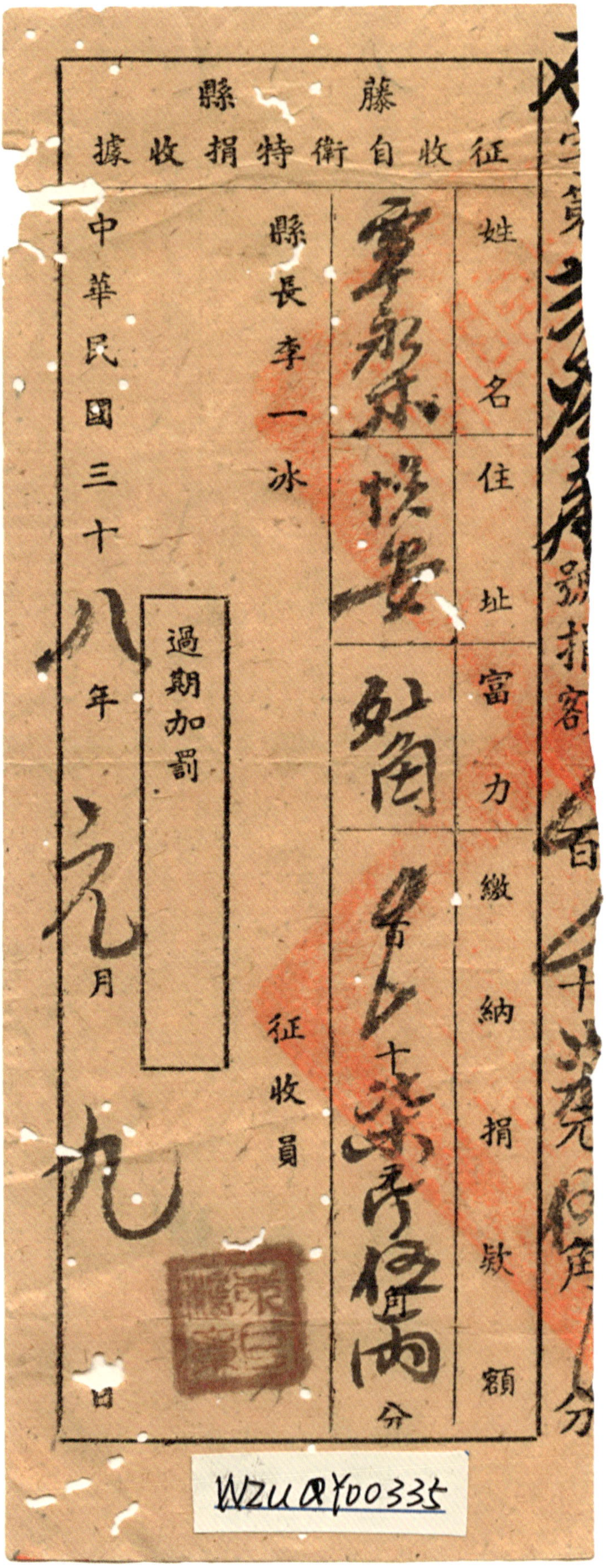
藤縣
征收自衛特捐收據

字第　　號捐額　　百　　十　　元　　角　　分

姓名	覃永木
住址	
富力	
繳納捐款額	百　十　元　角　分

縣長李一冰

征收員

過期加罰

中華民國三十八年元月九日

WZUQY00335

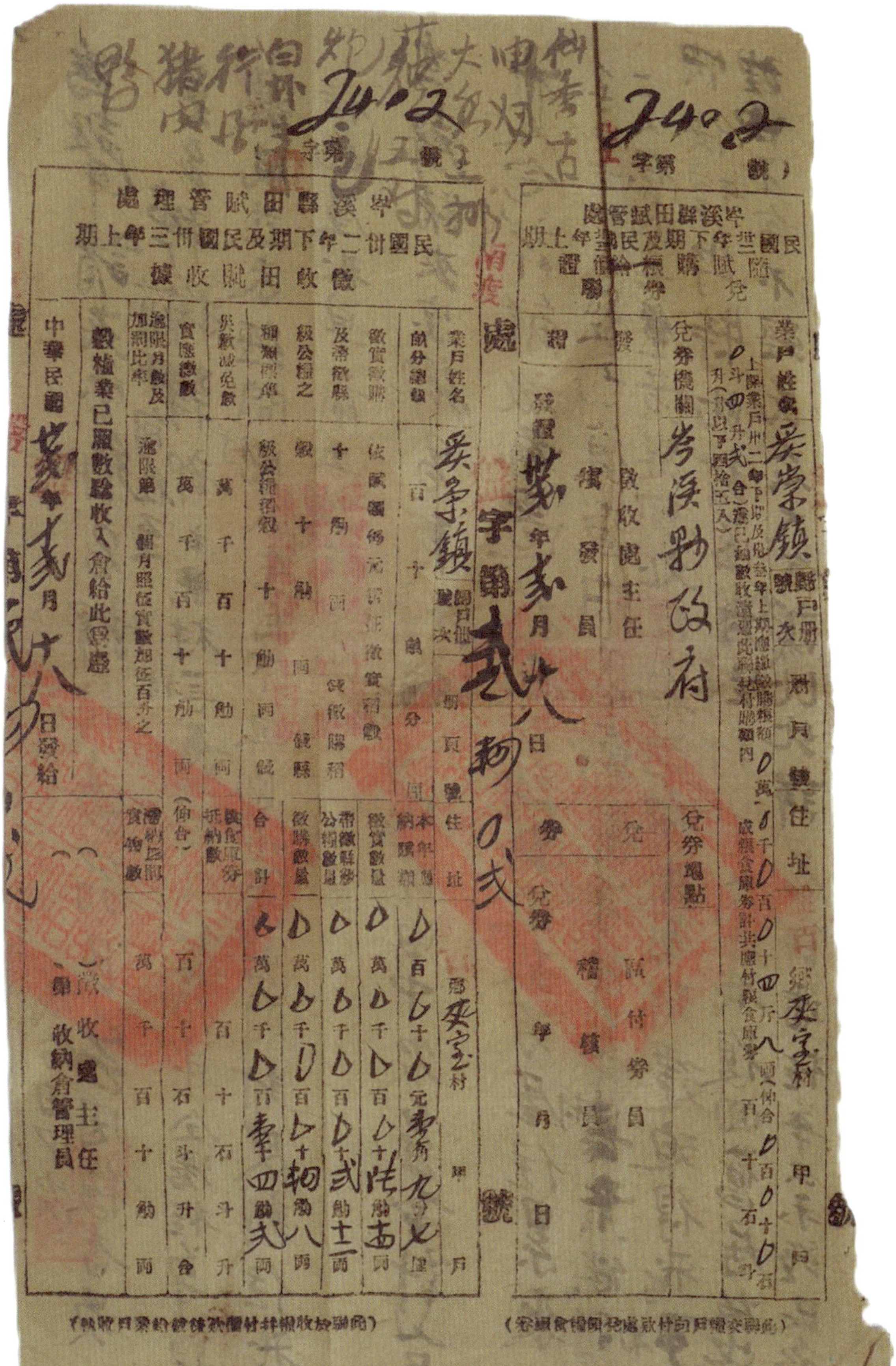
岑溪縣田賦管理處
民國廿二年下期及民國廿三年上期
徵收田賦收據
業戶姓名 奚崇鎮
岑溪縣政府

0001 民国二十二年十二月十八日夹宝村崇镇缴收田赋收据

0002 民国三十年十一月十一日徐展琮田地不动产交易登记费收据

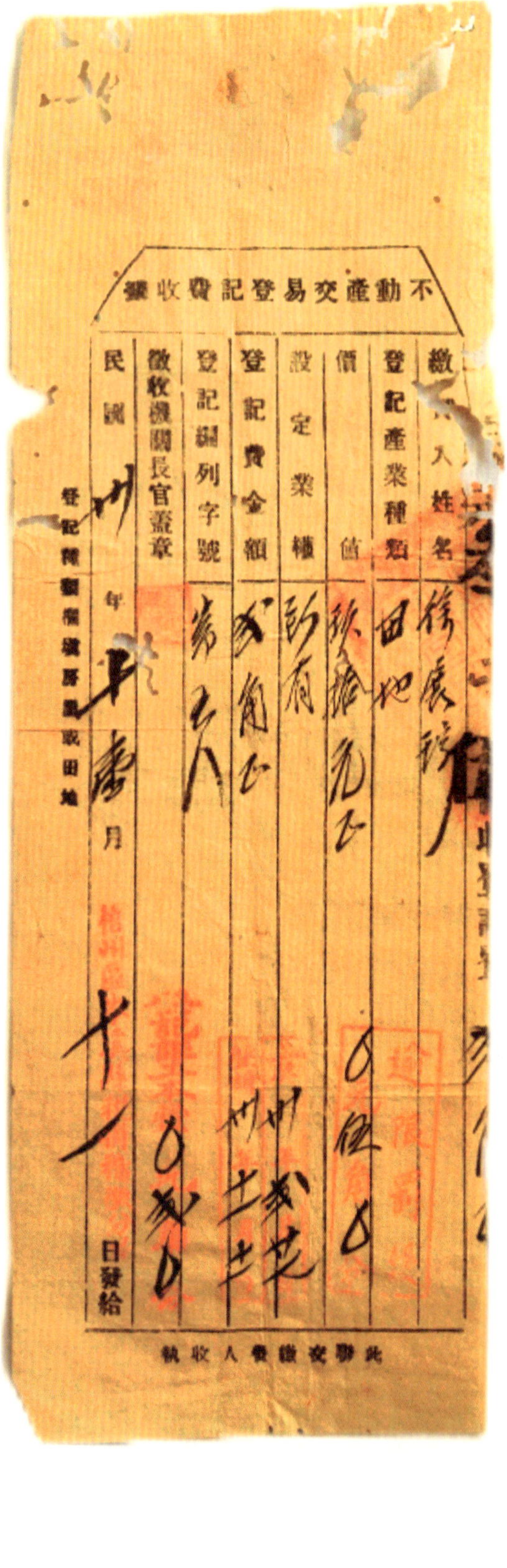
不動產交易登記費收據

繳費人姓名 徐展琮
登記產業種類 田地
價值
設定業權
登記費金額
登記編列字號
徵收機關長官蓋章
民國 卅 年 十一 月 十一 日發給

此聯交繳費人收執

0003 民国三十二年五月岑溪余正然卖契税收据

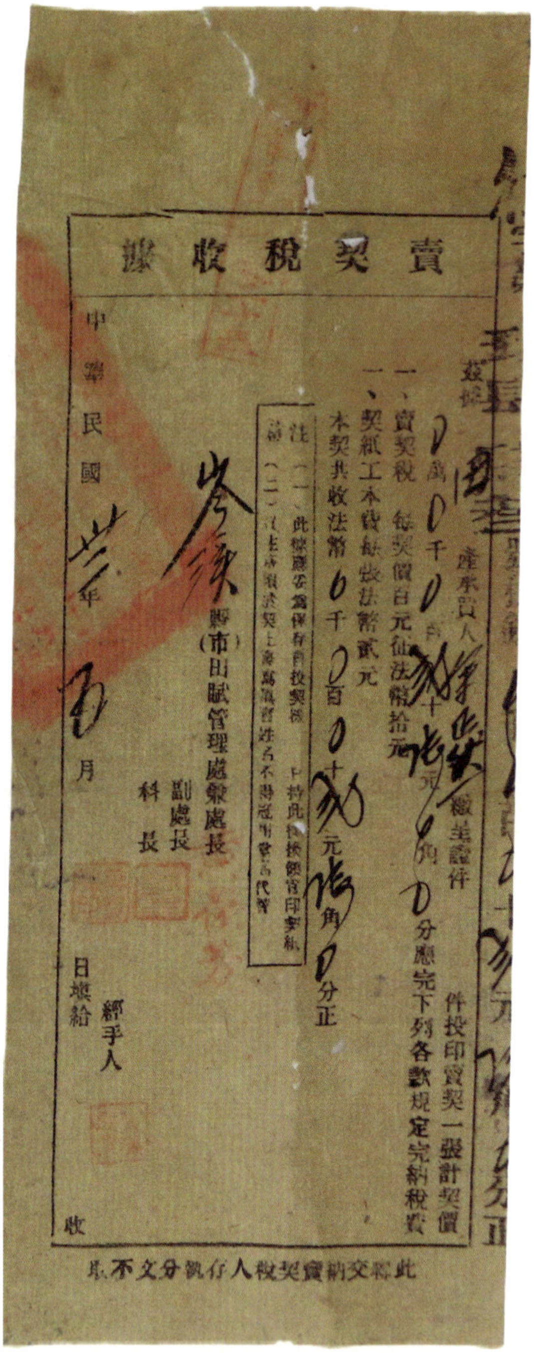
賣契稅收據

產承買人 繳呈證件 件投印賣契一張計契價 元 角 分應完下列各款規定完納稅費

一、賣契稅 每契價百元徵法幣拾元

一、契紙工本費 每張法幣貳元

本契共收法幣 千 百 十 元 角 分正

注（一）此據應妥為保存前投契稅

（二）

岑溪 縣（市）田賦管理處 處長 副處長 科長

中華民國 卅二 年 五 月 日填給 經手人 收

此聯交納賣契稅人存執分文不取

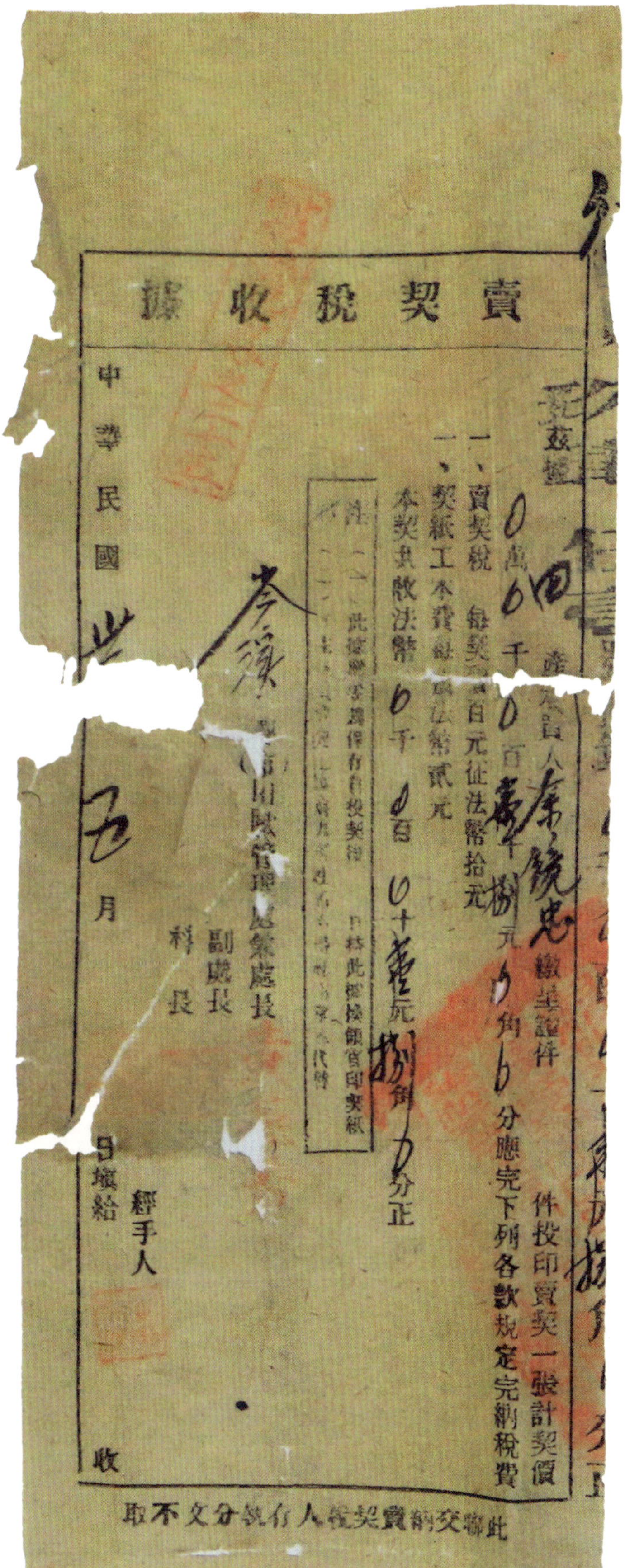

賣契稅收據

茲據 [illegible] 業戶余鏡忠繳呈證件 件投印賣契一張計契價 [illegible] 分應完下列各款規定完納稅費

一、賣契稅 每契價 [illegible] 百元征法幣拾元

一、契紙工本費 每 [illegible] 法幣貳元

本契共收法幣 [illegible] 分正

注 (一) 此據應妥為保存自投契 [illegible]

岑溪縣政府財政管理處處長 副處長 科長

中華民國卅二年五月 日填給 經手人

收

此聯交納賣契人存執分文不取

0004 民国三十二年五月岑溪余镜忠卖契税收据

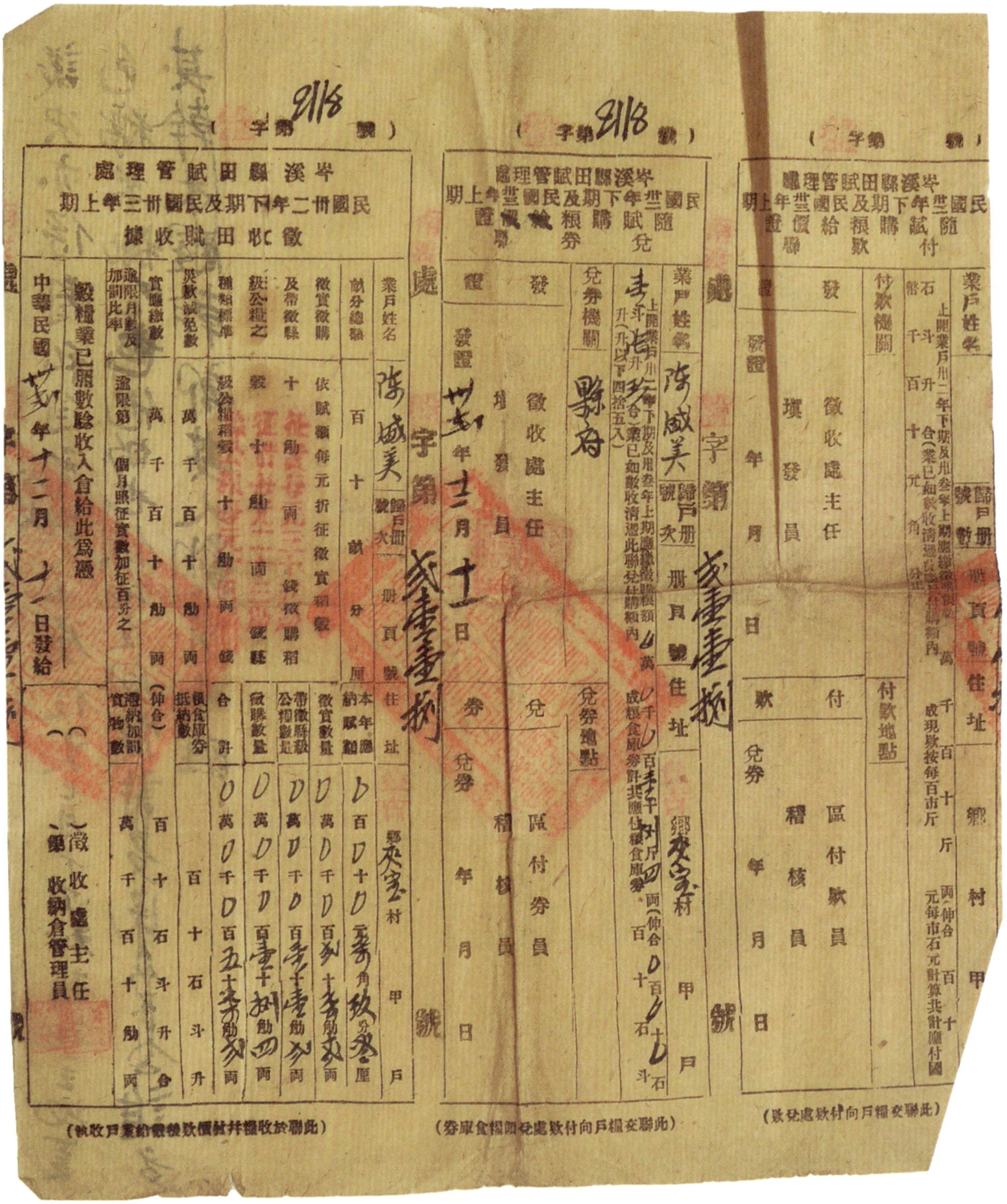

0005 民国三十二年十二月十一日夹宝村陈盛美征收田赋收据

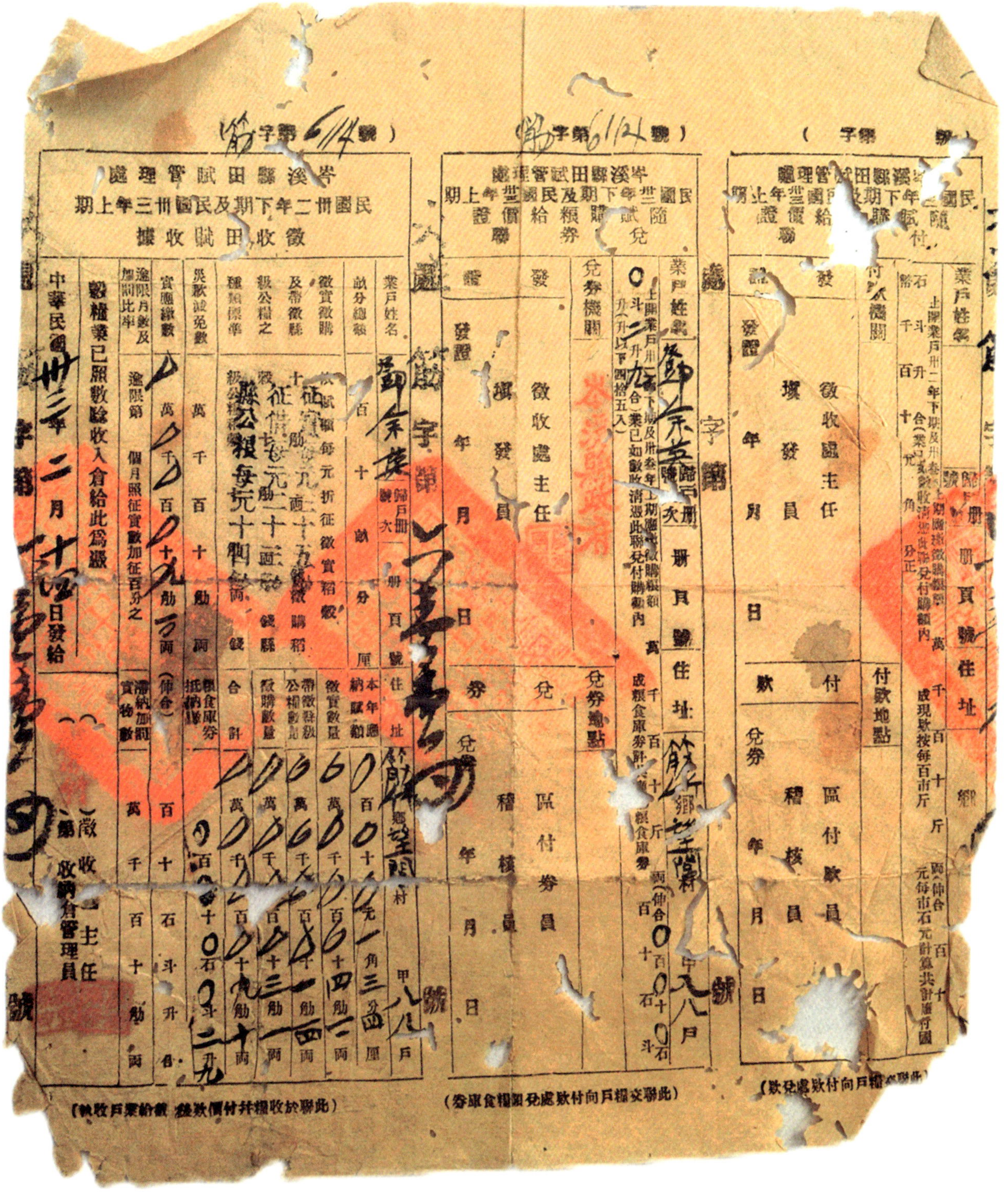

0006 民国三十三年二月十四日筋竹乡望问村邓余英征收田赋收据

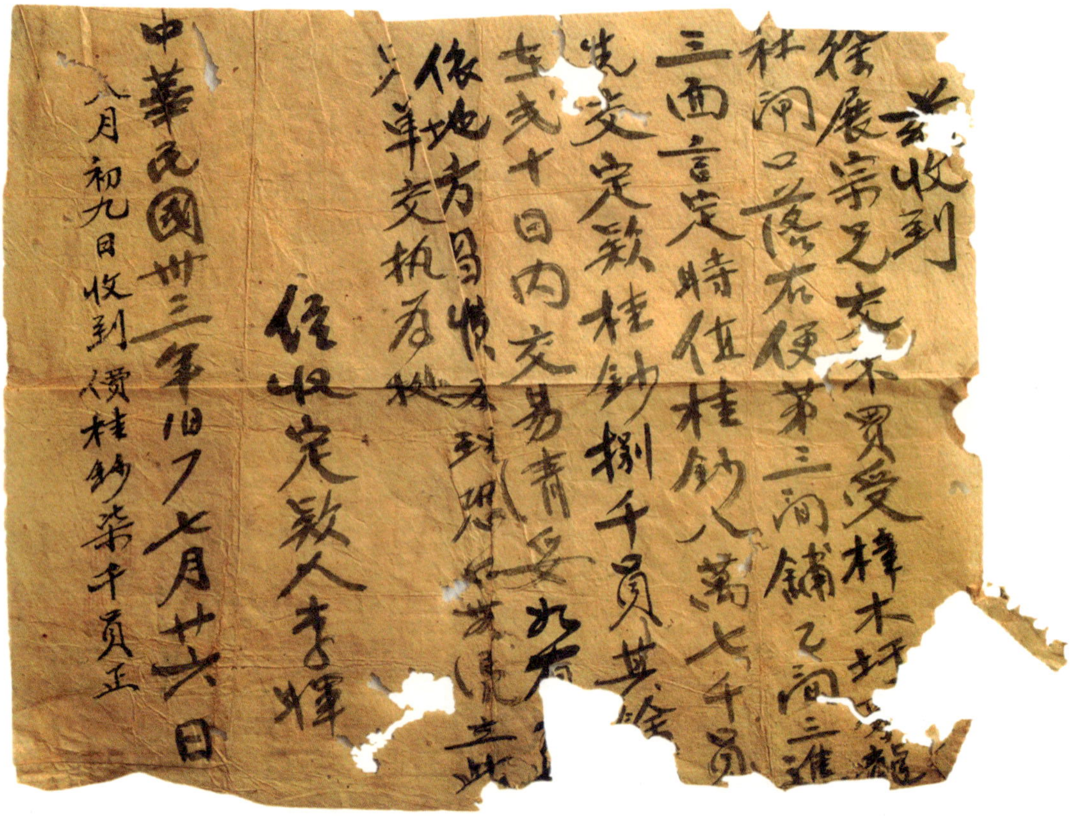

兹收到
徐展宗兄交來買受樟木圩□□龍
秋潤口落右便第三間鋪之間三進
三面言定時值桂鈔八萬七千員
先交定款桂鈔捌千員其餘
准於十日內交易清妥此存
依地方習慣
另年交執存據
經收定款人李輝
中華民國卅三年舊7七月廿六日
八月初九日收到價桂鈔柒千員正

0007 民国三十三年旧历七月二十六日樟木圩徐展宗铺租收据

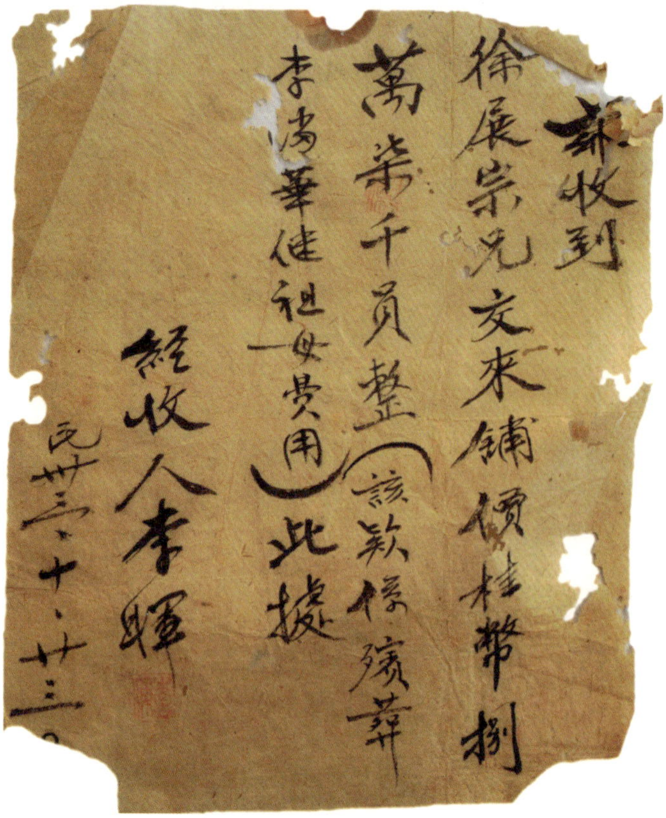

兹收到
徐展宗兄交來鋪價桂幣捌
萬柒千員整（該款係殯葬
李肖華健祖母費用）此據
經收人李輝
民卅三、十、廿三

0008 民国三十三年十月二十三日徐展宗铺租收据

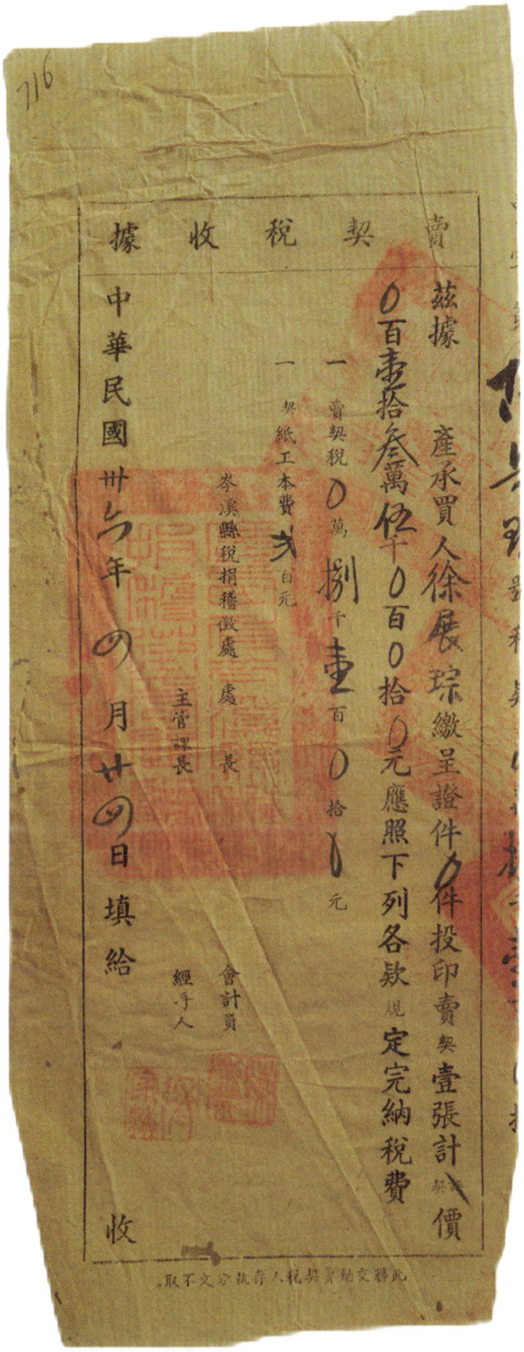

賣契稅收據

茲據 產承買人徐展琮繳呈證件乙件投印賣契壹張計契價

〇百壹拾叁萬伍千〇百〇拾〇元應照下列各款規定完納稅費

一 賣契稅〇萬捌千壹百〇拾乙元

一 契紙工本費貳百元

岑溪縣稅捐稽徵處 處長

主管課長

會計員

經手人

中華民國卅六年四月廿四日填給

收

此聯交納賣契稅人存執分文不取

0009 民国三十六年四月二十四日岑溪徐展琮卖契税收据

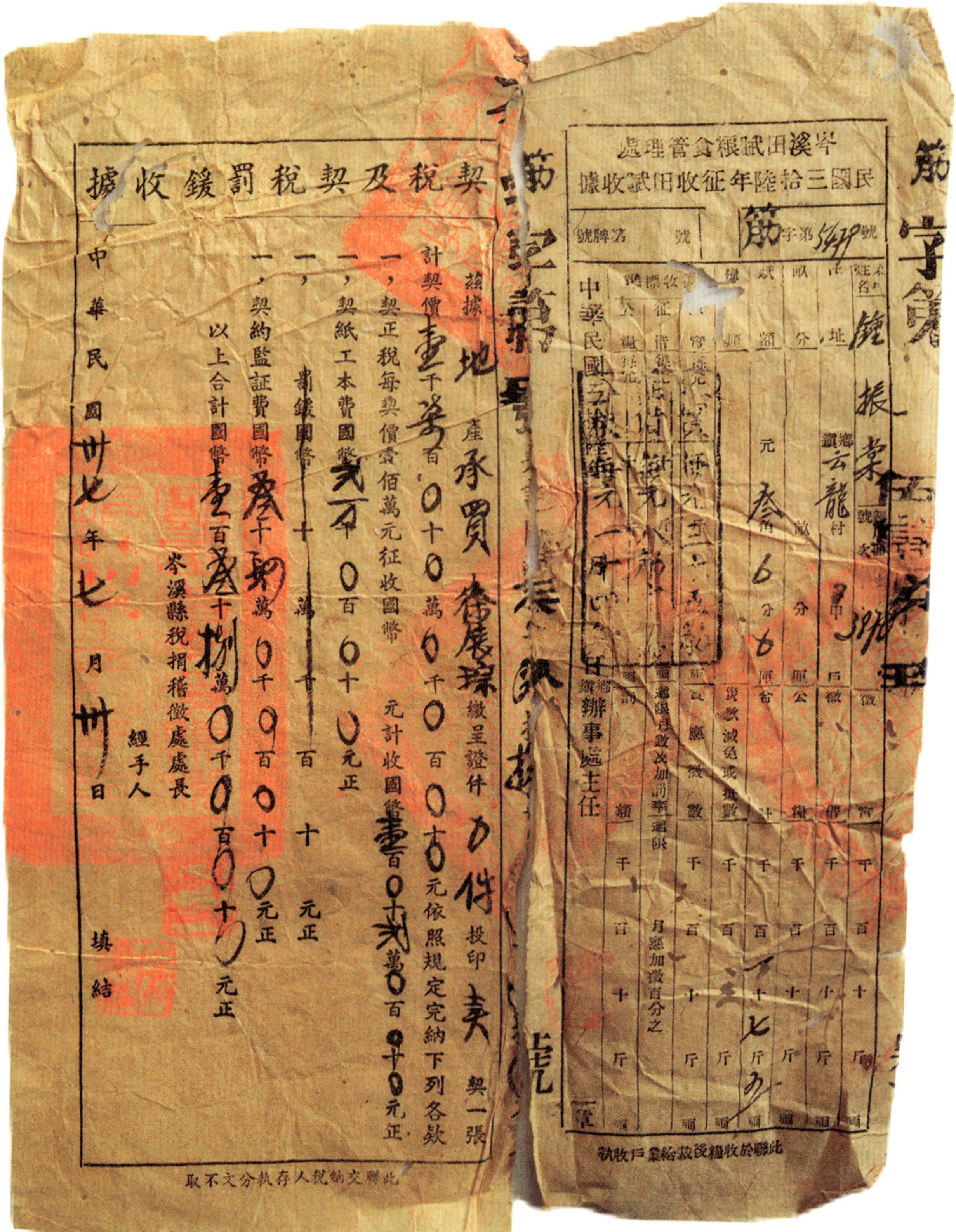

契稅及契稅罰鍰收據

茲據 地 產承買 徐展琮 繳呈證件 乙件 投印 賣 契一張

計契價壹千萬〇十〇萬〇千〇百〇十〇元依照規定完納下列各款

一、契正稅每契價壹佰萬元征收國幣 元計收國幣壹百〇十貳萬〇百〇十〇元正

一、契紙工本費國幣貳万〇百〇十〇元正

一、罰鍰國幣 十 萬 十 百 十 元正

一、契約監証費國幣叁十貳萬〇千〇百〇十〇元正

以上合計國幣壹百叁十捌萬〇千〇百〇十〇元正

岑溪縣稅捐稽徵處處長

經手人

中華民國卅七年七月卅日 填結

此聯交納稅人存執分文不取

岑溪田賦糧食管理處

民國三十陸年征收田賦收據

筋字第5439號

姓名 鍾振棠

住址 云龍鄉鎮 村

此聯於收糧後發給業戶收執

0010 民国三十七年七月三十日云龙村钟振棠征收田赋收据

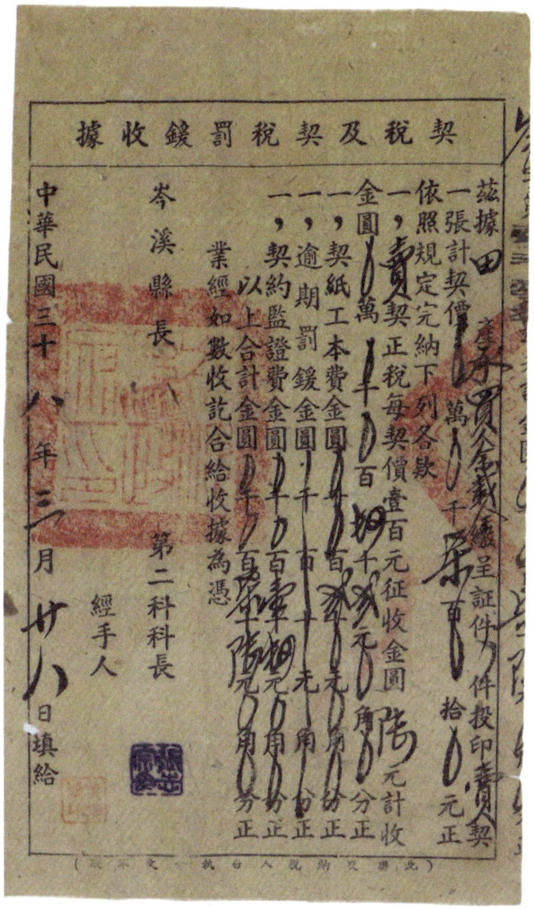

契稅及契稅罰鏹收據

茲據 田 產 □□□ 一張計契價 萬 千 百 拾 元正 呈証件 件投印 契
依照規定完納下列各款
一，契正稅每契價壹百元征收金圓 元計收 金圓 萬 千 百 元 角 分正
一，契紙工本費金圓 千 百 元 角 分正
一，逾期罰鏹金圓 千 百 元 角 分正
一，契約監證費金圓 千 百 元 角 分正
以上合計金圓 千 百 元 角 分正
業經如數收訖合給收據為憑
岑溪縣長 第二科科長 經手人
中華民國三十八年三月廿八日填給

0011 民国三十八年三月二十八日岑溪余载人契税及契税罚钱收据

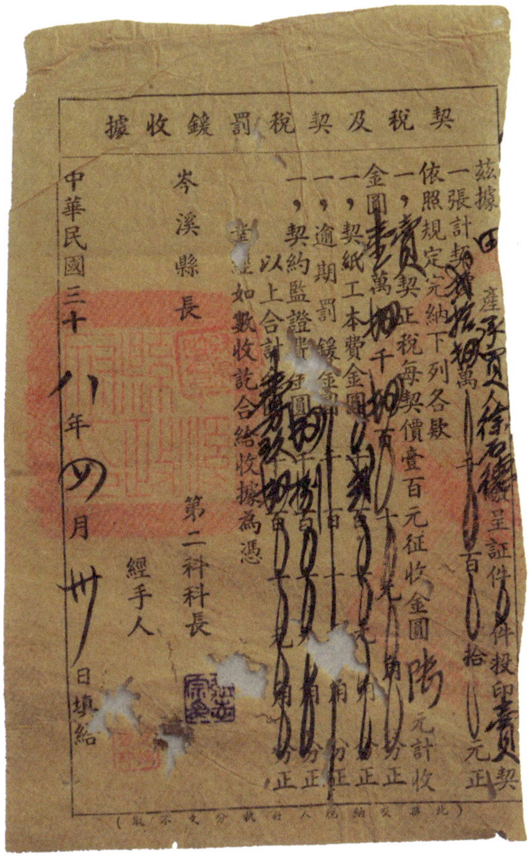

契稅及契稅罰鏹收據

茲據 田 產 □□□ 一張計契價 萬 千 百 拾 元正 呈証件 件投印 契
依照規定完納下列各款
一，契正稅每契價壹百元征收金圓 元計收 金圓 萬 千 百 元 角 分正
一，契紙工本費金圓 千 百 元 角 分正
一，逾期罰鏹金圓 千 百 元 角 分正
一，契約監證費金圓 千 百 元 角 分正
以上合計金圓 千 百 元 角 分正
業經如數收訖合給收據為憑
岑溪縣長 第二科科長 經手人
中華民國三十八年四月卅日填給

0012 民国三十八年四月三十日岑溪徐石德契税及契税罚钱收据

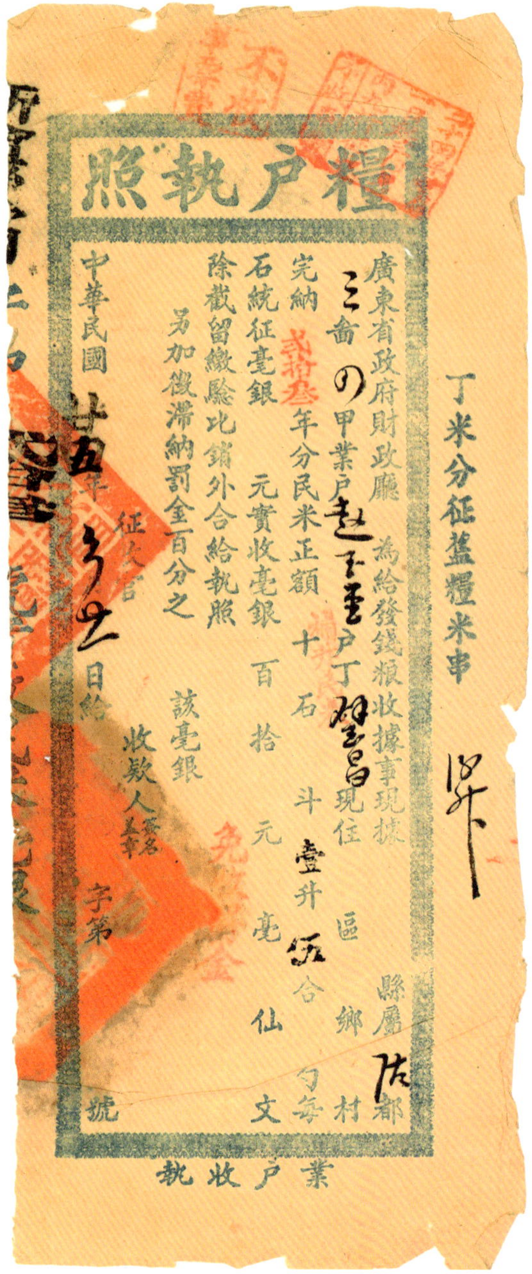

糧戶執照

丁米分征羞糧米串

廣東省政府財政廳　為給發錢糧收據事現據　縣屬　都
三畬　甲業戶　戶丁　現住　區　鄉　村
完納貳拾叁年分民米正額　十　石　斗　壹升　伍合　勺每
石統征毫銀　元實收毫銀　百　拾　元　毫　仙　文
除截留繳驗比銷外合給執照
另加徵滯納罰金百分之　該毫銀
中華民國廿五年　月　日給　征收官　收款人簽名蓋章　字第　號

業戶收執

0001 民国二十五年六月二十一日新会县邓玉昌完纳民国二十三年民米粮户执照

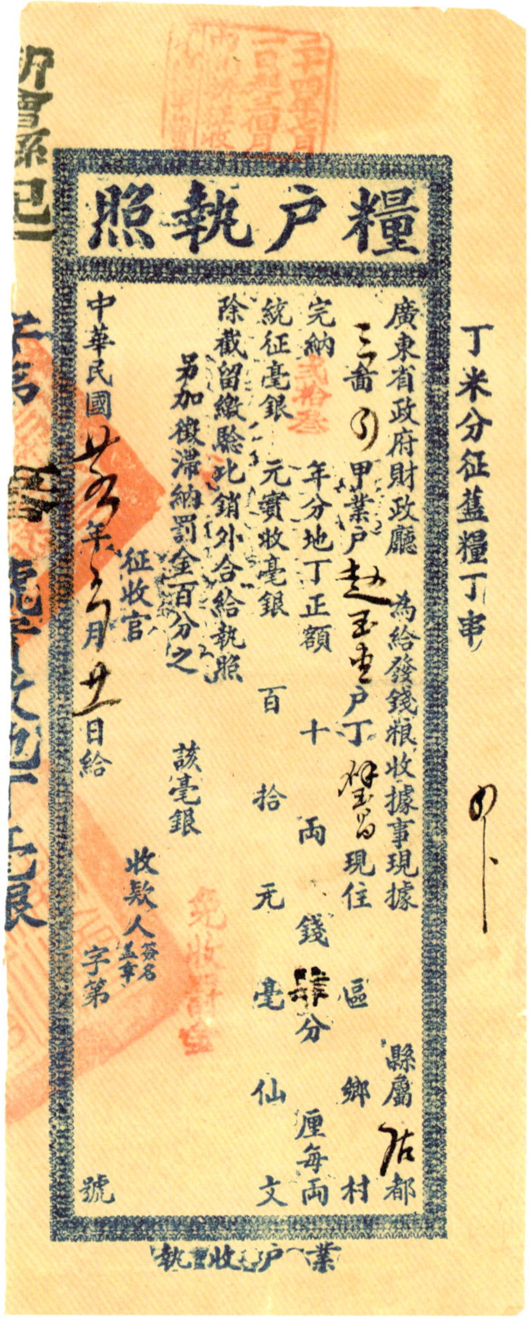

糧戶執照

丁米分征羞糧丁串

廣東省政府財政廳　為給發錢糧收據事現據　縣屬　都
三畬　甲業戶　戶丁　現住　區　鄉　村
完納貳拾叁年分地丁正額　十　兩　錢　肆分　釐每兩
統征毫銀　元實收毫銀　百　拾　元　毫　仙　文
除截留繳驗比銷外合給執照
另加徵滯納罰金百分之　該毫銀
中華民國　年　月　日給　征收官　收款人簽名蓋章　字第　號

業戶收執

0002 民国二十五年六月二十一日新会县邓玉昌完纳民国二十三年地丁钱粮户执照

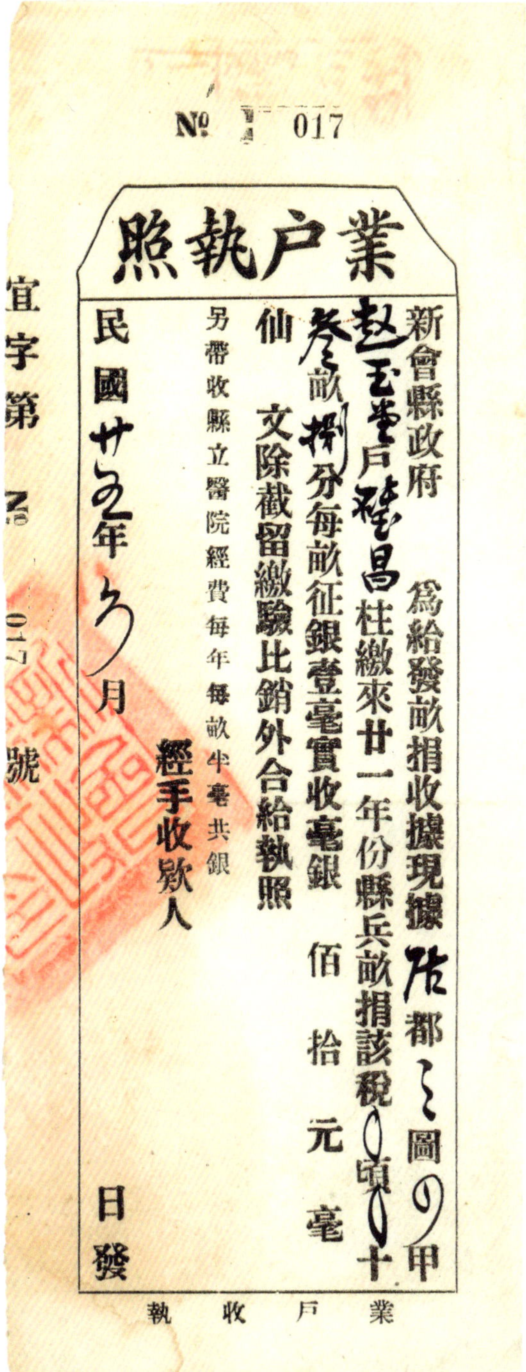

宜字第 № 017 號

№ [illegible] 017

業户執照

新會縣政府　為給發畝捐收據現據[illegible]都三圖[illegible]甲趙玉堂户璧昌柱繳來廿一年份縣兵畝捐該稅[illegible]頃[illegible]十叁畝捌分每畝征銀壹毫實收毫銀　佰　拾　元　毫　仙　文除截留繳驗比銷外合給執照

另帶收縣立醫院經費每年每畝半毫共銀

經手收欵人

民國廿五年六月　日發

業户收執

0003 民国二十五年六月新会县赵壁昌缴纳民国二十一年县兵亩捐业户执照

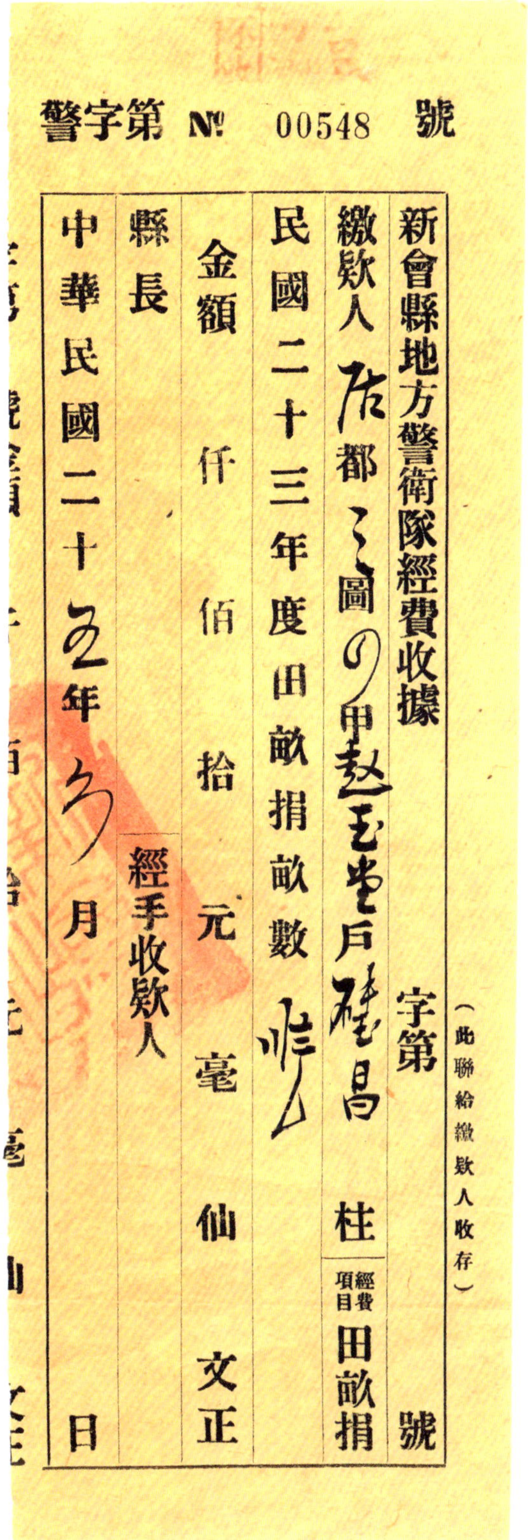

警字第 № 00548 號

新會縣地方警衛隊經費收據　字第　號

（此聯給繳欵人收存）

繳欵人 [illegible]都三圖[illegible]甲趙玉堂户璧昌柱

經費項目 田畝捐

民國二十三年度田畝捐畝數 [illegible]

金額　仟　佰　拾　元　毫　仙　文正

縣長

經手收欵人

中華民國二十五年六月　日

0004 民国二十五年六月新会县赵壁昌缴纳地方警卫队经费收据

0005 民国二十五年六月新会县赵壁昌缴纳地方警卫队经费收据

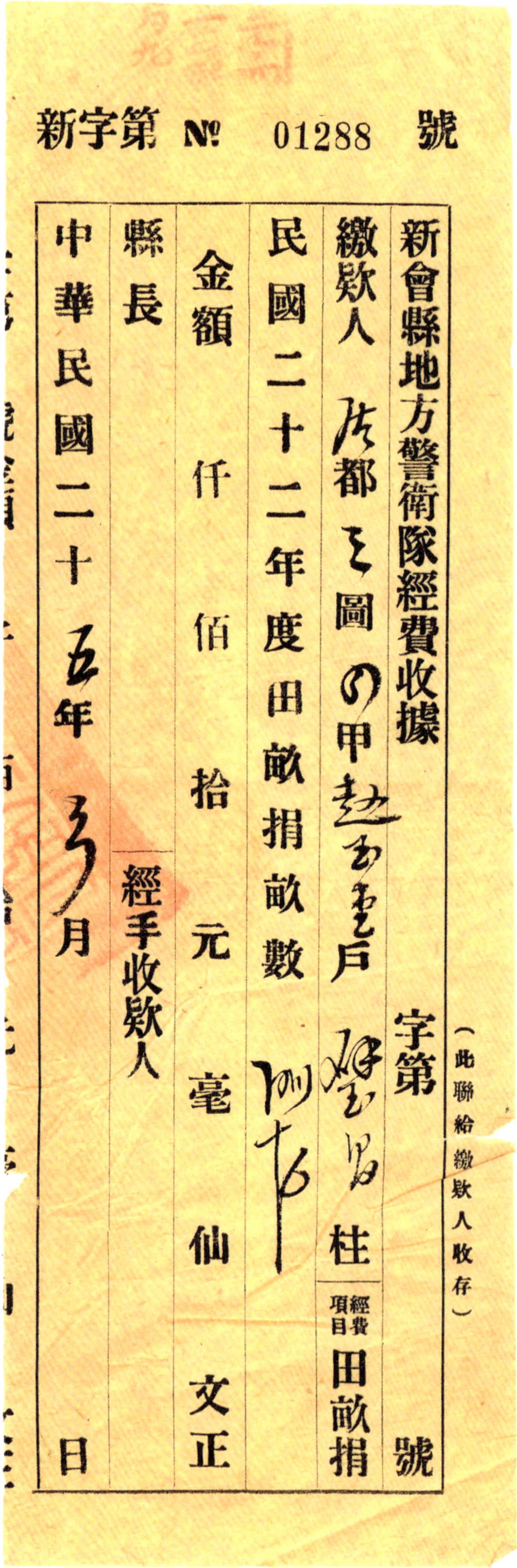

新字第 № 01288 號

（此聯給繳欵人收存）

新會縣地方警衛隊經費收據　字第　號

繳欵人 古都三圖四甲趙璧戶 璧昌 柱　經費項目 田畝捐

民國二十二年度田畝捐畝數 [illegible]

金額　仟　佰　拾　元　毫　仙　文正

縣長　　經手收欵人

中華民國二十五年六月　日

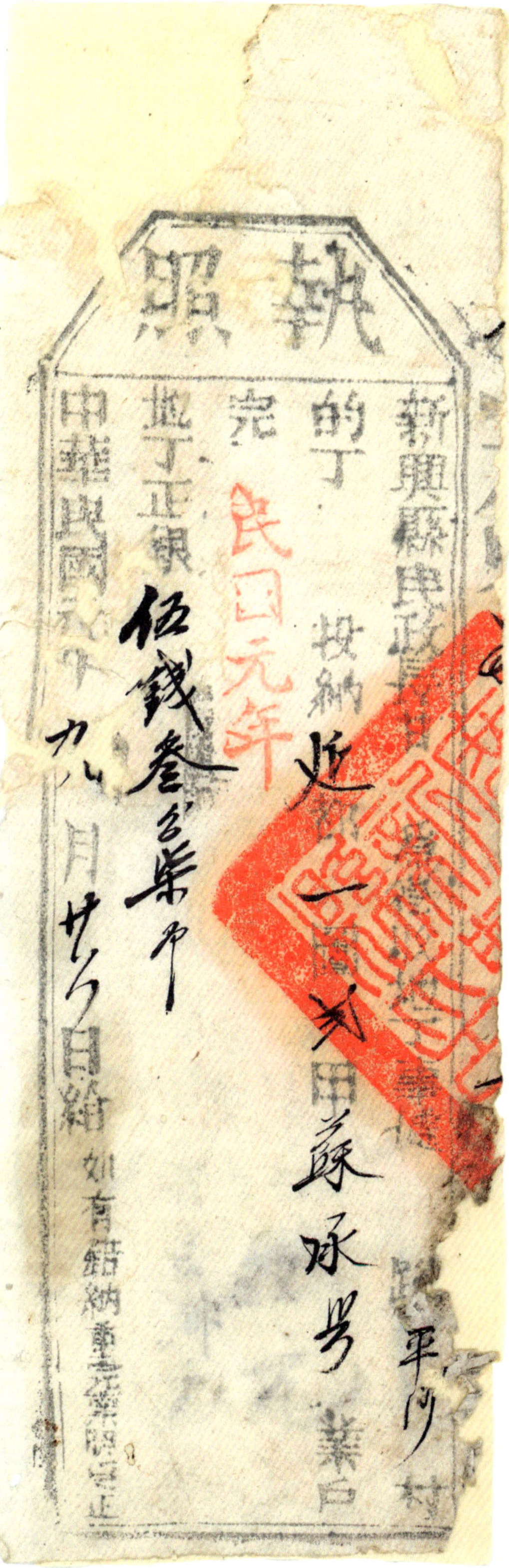

執照
新興縣民政……
……路平沙村
的丁　投納　近都一圖三甲蘇承興　業戶
完　民国元年
地丁正銀伍錢叁分柒厘
中華民國元年九月廿六日給　如有錯納重完案照更正

0001 民国元年九月二十六日新兴县征收苏承兴民国元年地丁正银执照

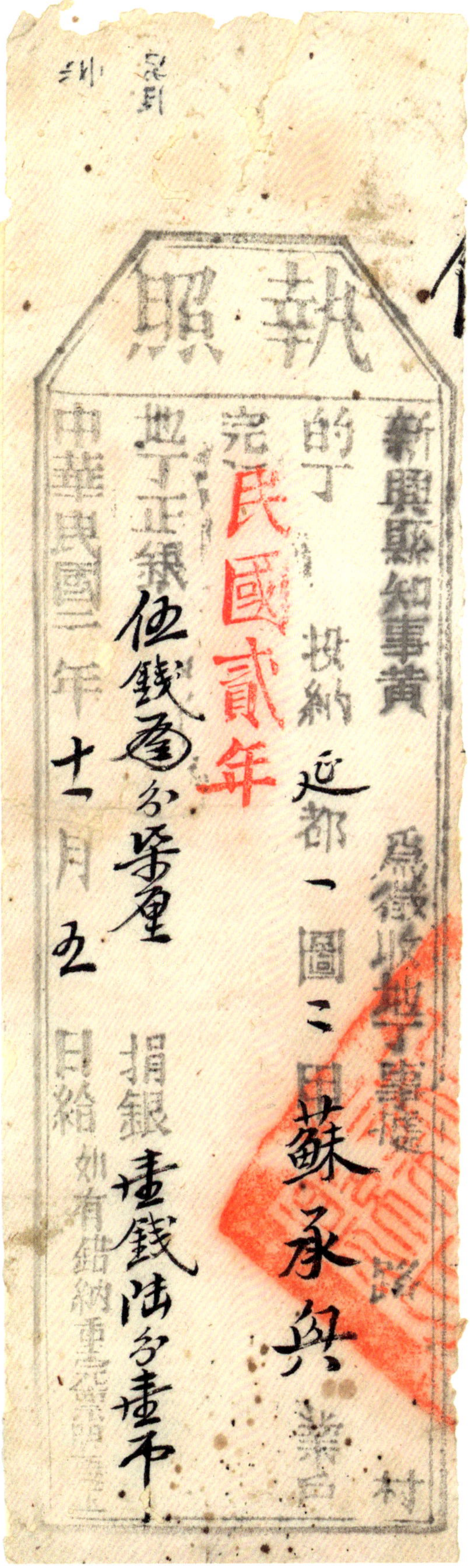

執照
新興縣知事黃　為徵收地丁事據……路……村
的丁　投納　近都一圖二甲蘇承與　業戶
完　民國貳年
地丁正銀伍錢叁分柒厘　捐銀壹錢陸分壹厘
中華民國二年十一月五日給　如有錯納重完案照更正

0002 民国二年十一月五日新兴县征收苏承兴民国二年地丁正银执照

0003 民国二年十一月五日新兴县征收苏承兴民国二年民米执照

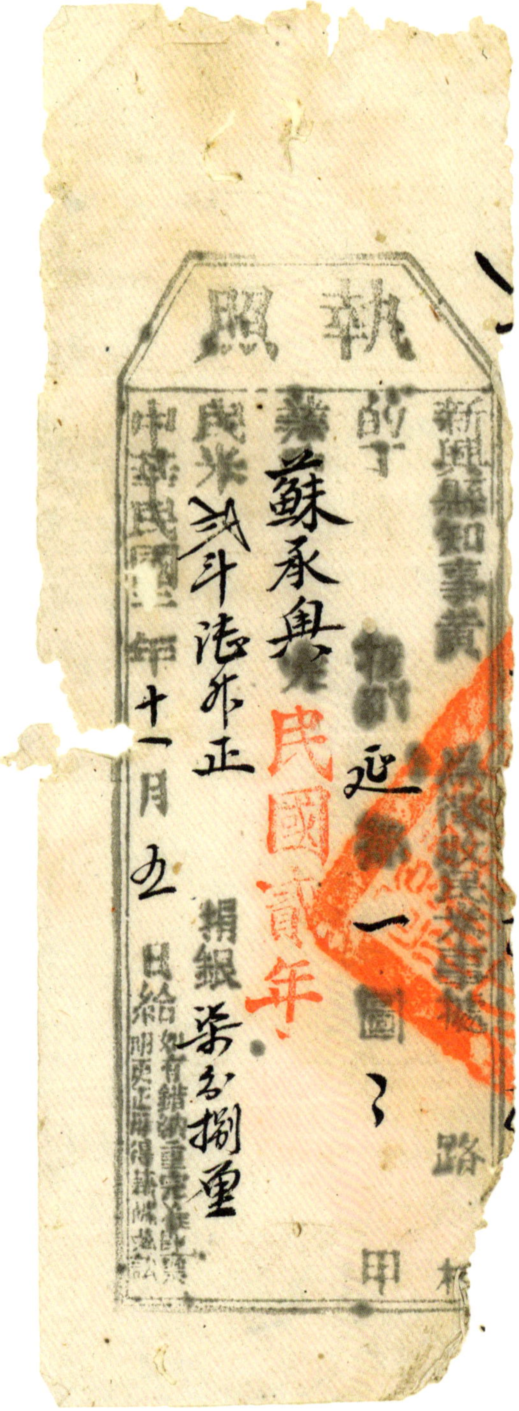

0004 民国三年五月十五日新兴县叶尚德缴纳土地陈报手续费收据

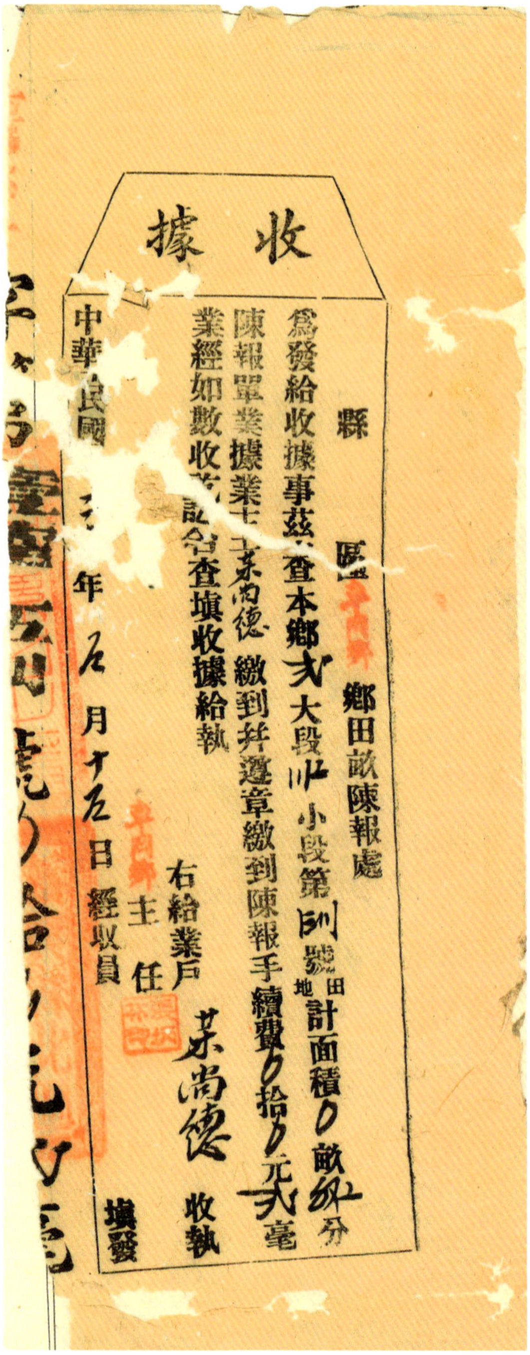

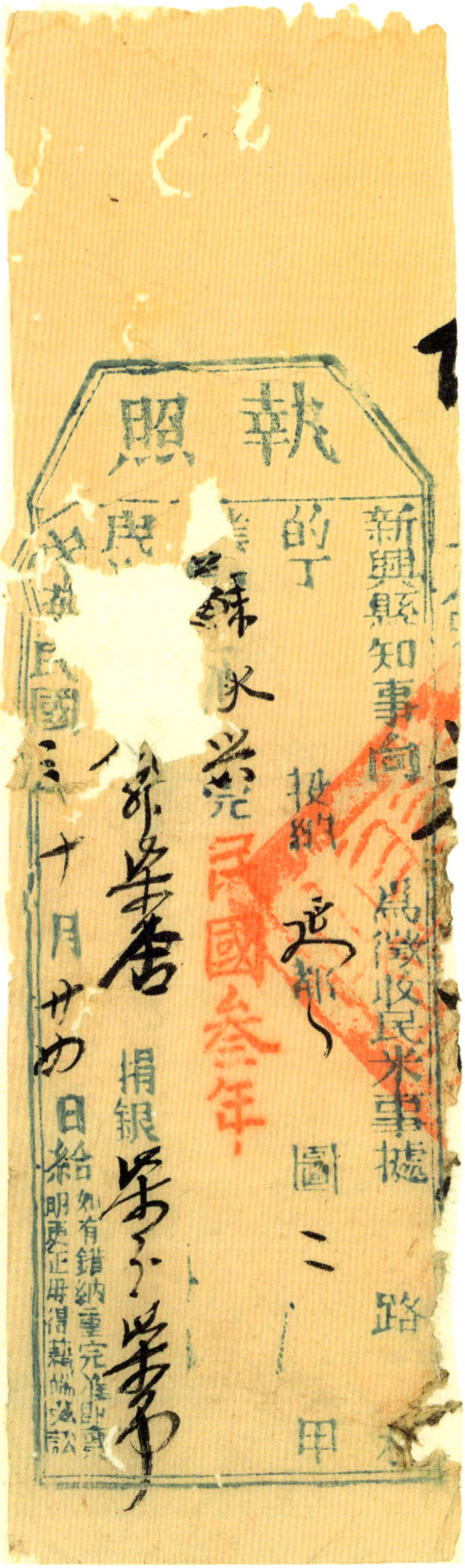

執照
新興縣知事向
的丁
投納
完民國叁年
捐銀
中華民國三年十月廿四日給

0005 民国三年十月二十四日新兴县征收苏承兴民国三年民米捐银执照

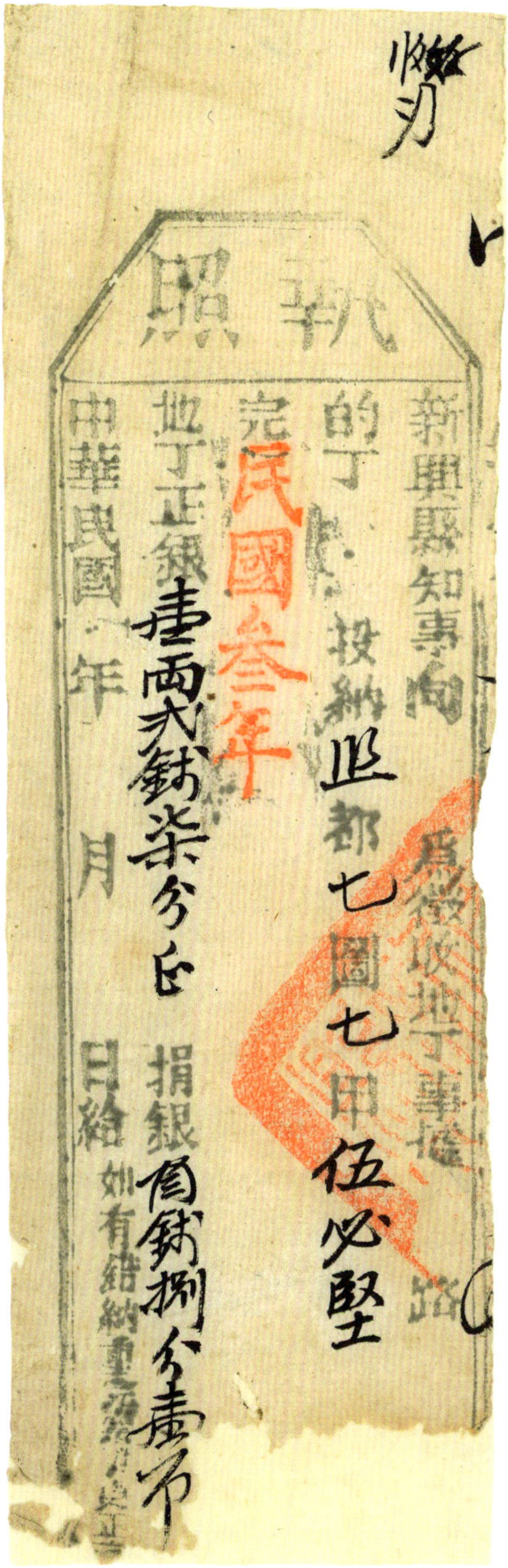

執照
新興縣知事向
的丁
投納
伍必堅
完民國叁年
地丁正銀
捐銀
中華民國 年 月 日給

0006 民国三年新兴县征收伍必坚民国三年地丁正银执照

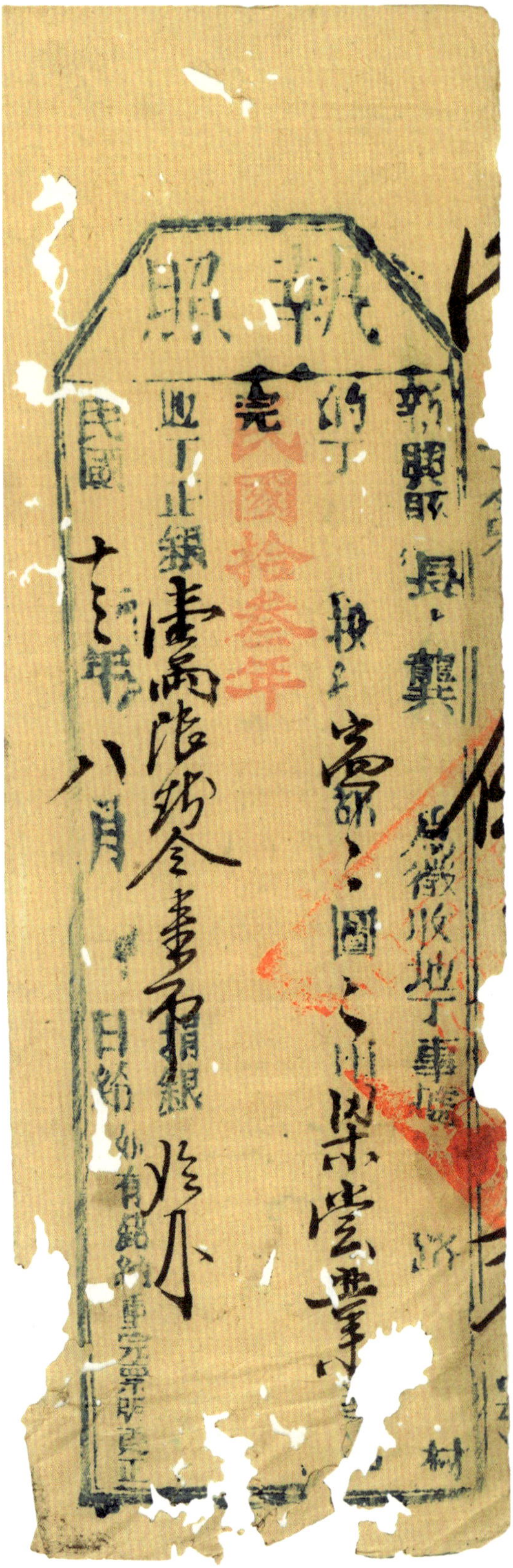

執照

新興縣長龔　為徵收地丁事據

都　圖　甲梁尝業

的丁　授納

完　民國拾叁年

地丁正銀

民國十三年八月　日給

0007 民国十三年八月新兴县征收梁尝业民国十三年地丁银执照

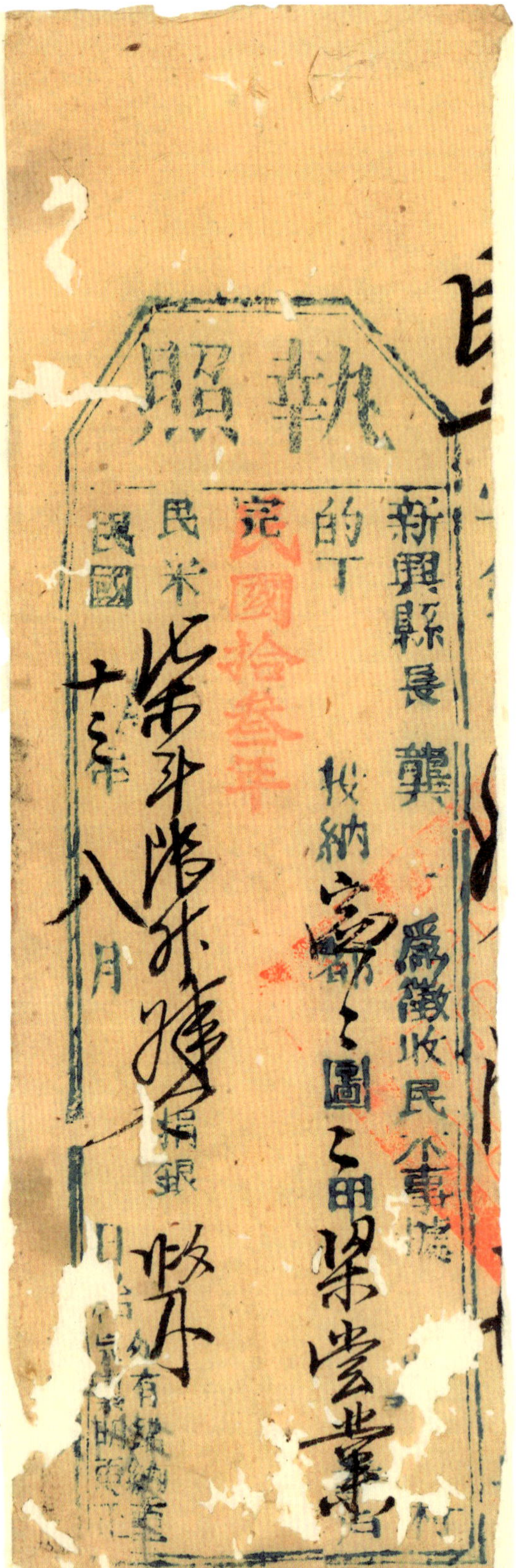

執照

新興縣長龔　為徵收民米事據

都　圖　甲梁尝業

的丁　授納

完　民國拾叁年

民米

民國十三年八月　日給

0008 民国十三年八月新兴县征收梁尝业民国十三年民米执照

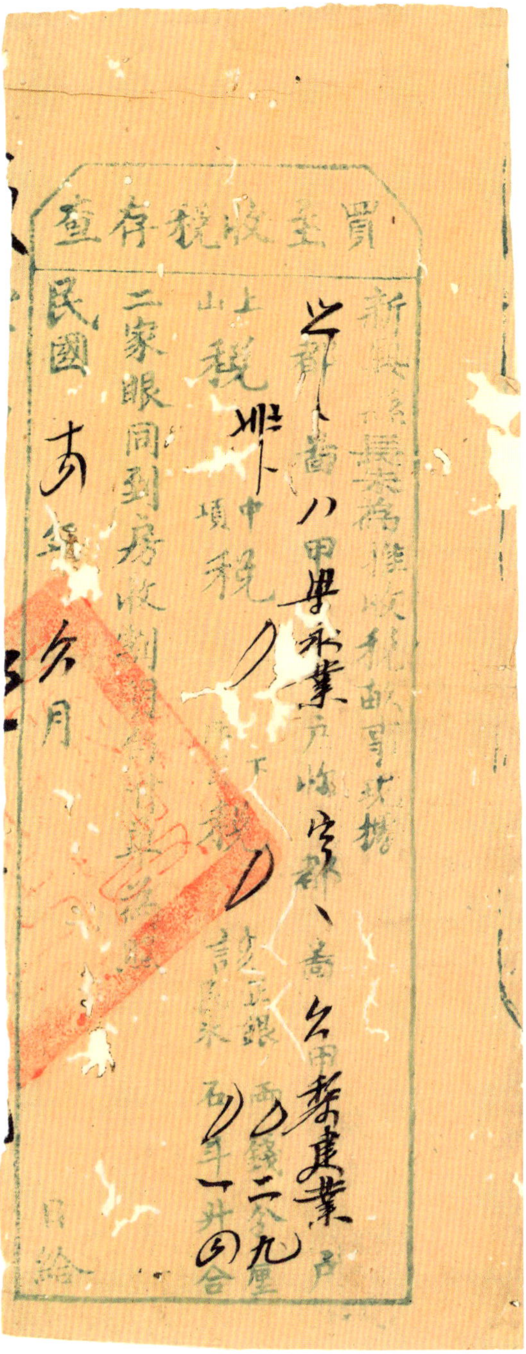
買契收稅存查

0009 民国十四年九月新兴县梁永业买受黎建业田产接受地税交割收单

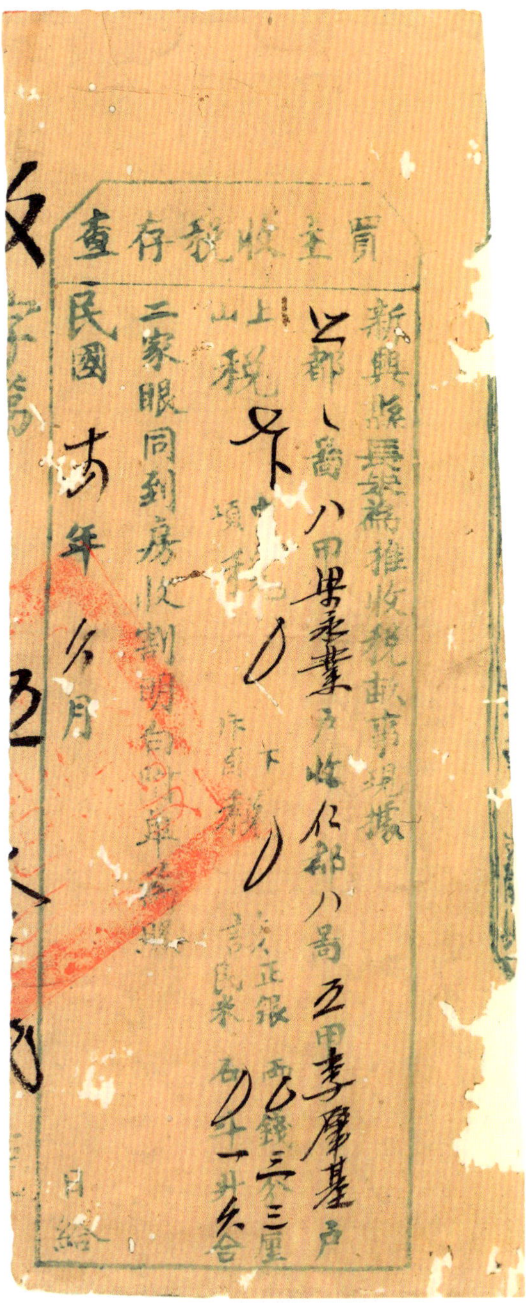
買契收稅存查

0010 民国十四年九月新兴县梁永业买受李肇基田产接受地税交割收单

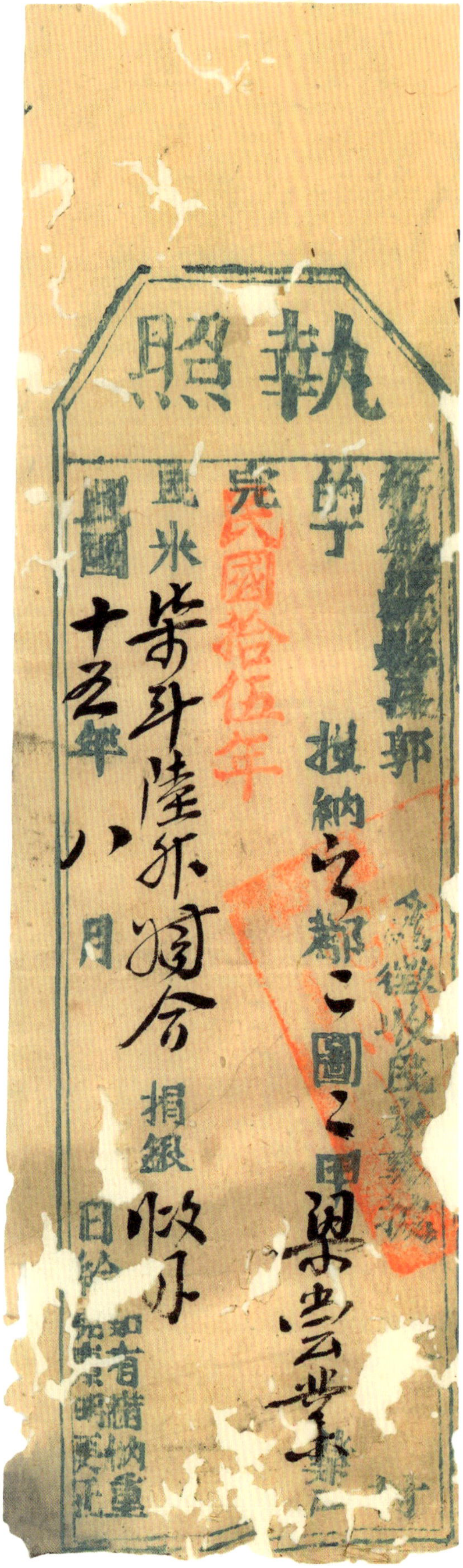

0011 民国十五年八月新兴县征收梁尝业民国十五年民米执照

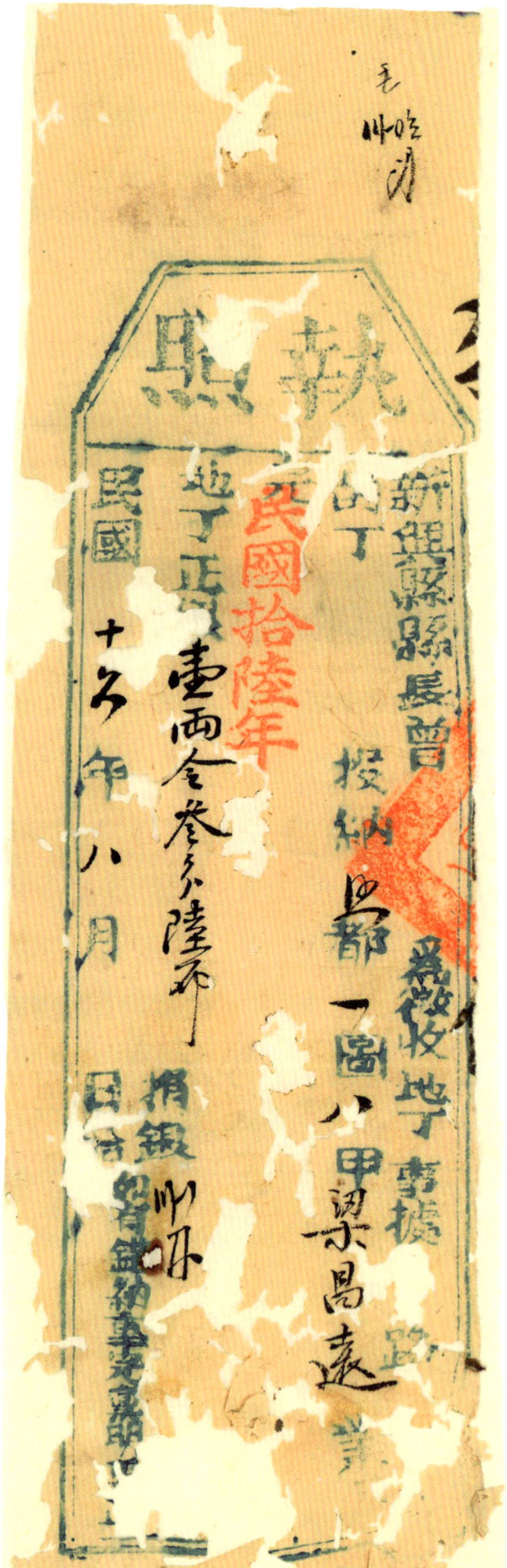

0012 民国十六年八月新兴县征收梁昌远民国十六年地丁正银执照

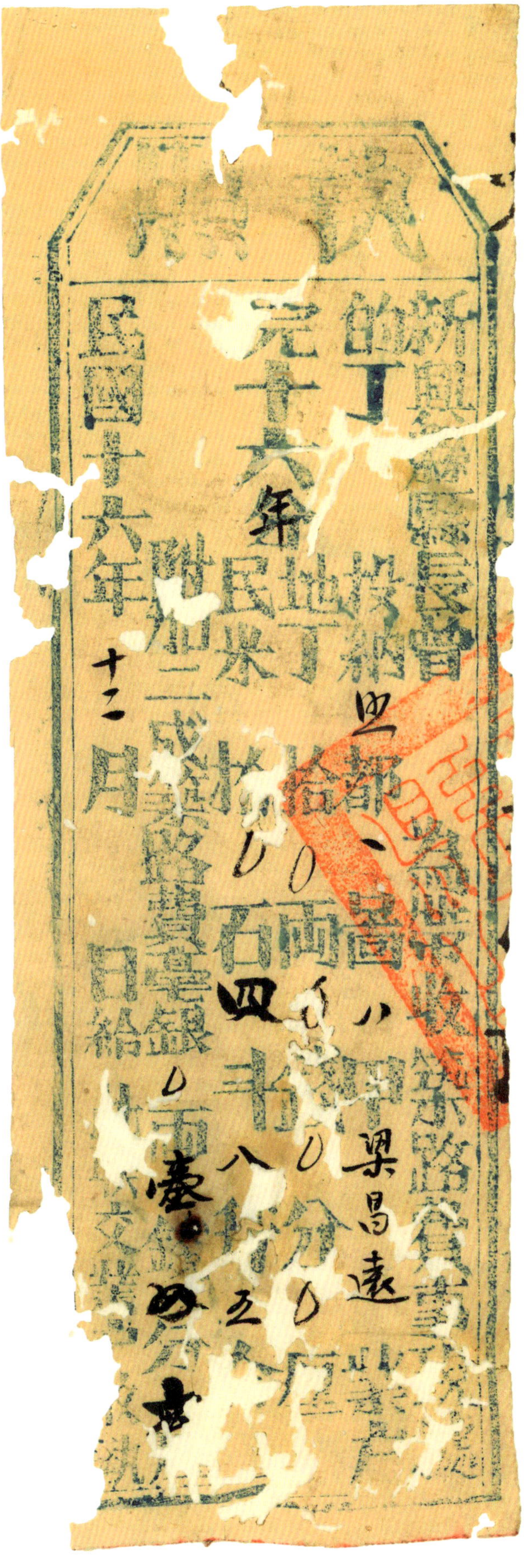
執照
新興縣縣長曾 [illegible]築路費[illegible]
的丁 投納 四都 八圖 甲 梁昌遠 戶
完十六年 地丁 [illegible]兩 [illegible]分 [illegible]釐
民米 [illegible]石四斗 [illegible]升 [illegible]合
附加二成築路費毫銀 [illegible]兩 [illegible]
民國十六年十二月 日給 [illegible]

0013 民国十六年十二月新兴县征收梁昌远民国十六年筑路费执照

0014-1 民国十七年七月新兴县征收梁尝业民国十七年地丁正银执照（正面）

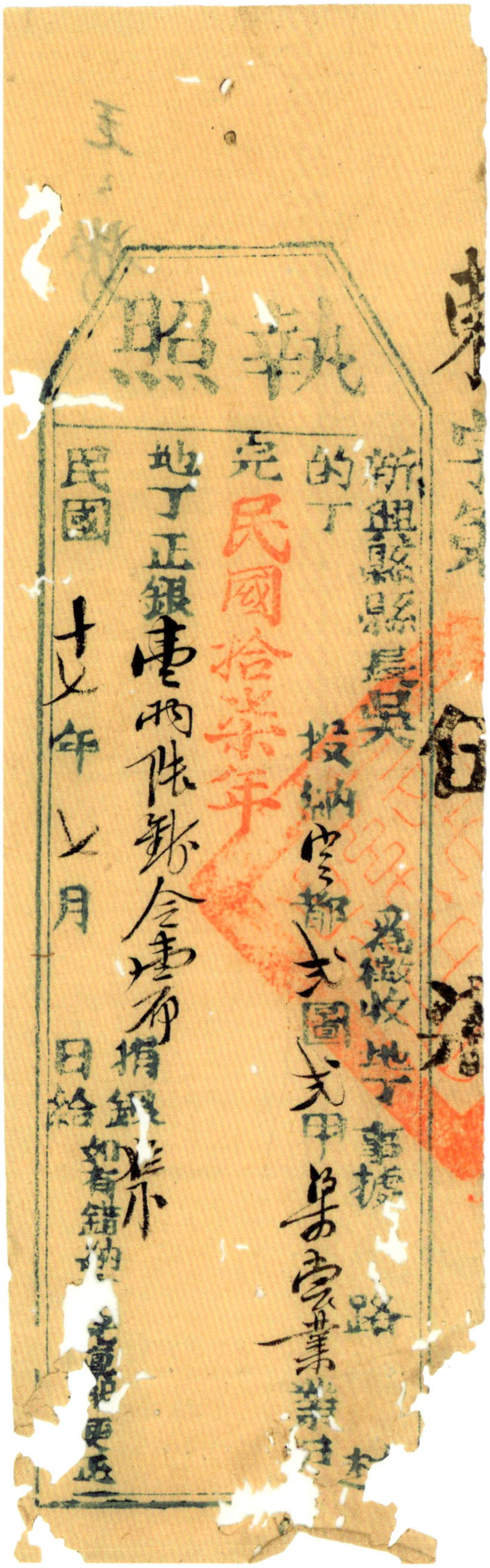

0014-2 民国十七年七月新兴县征收梁尝业民国十七年地丁正银执照（背面）

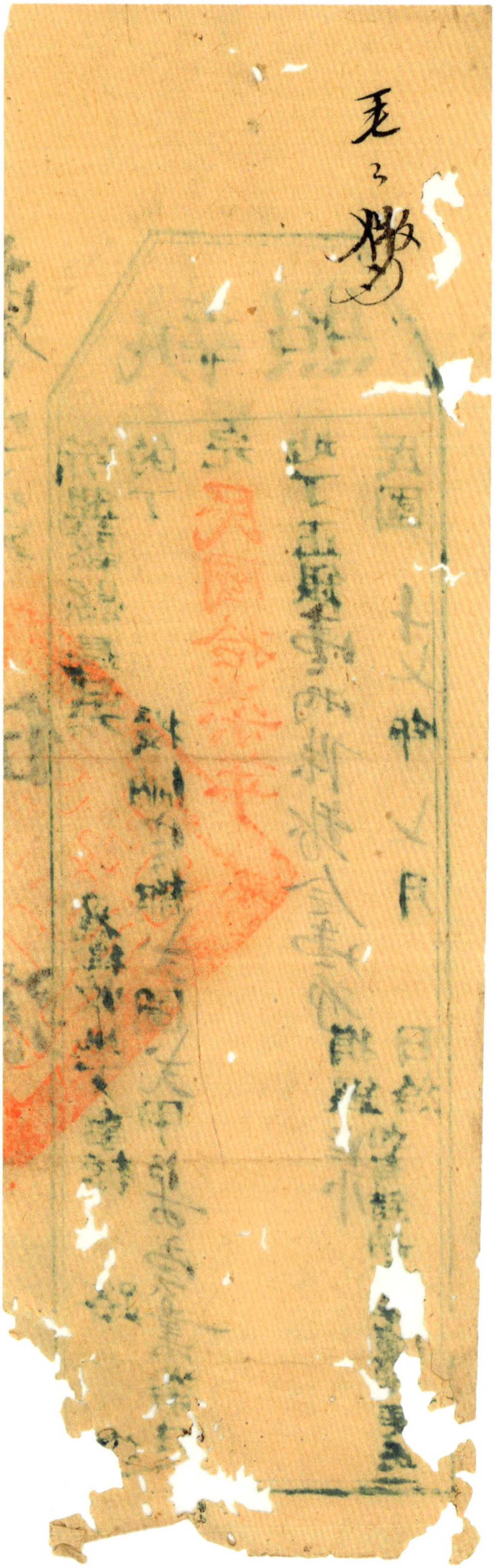

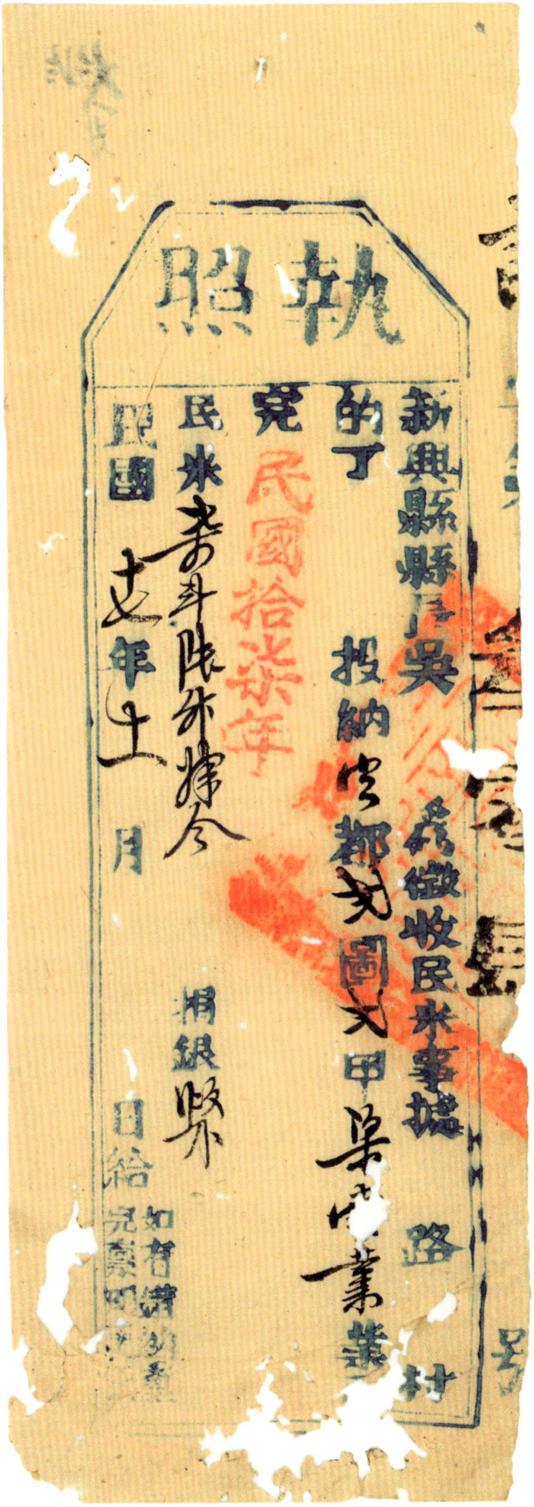

執照

新興縣縣長吳　為徵收民米事據　路　村

的丁　投納　都　圖　甲　梁尝業

完　民國拾柒年

民米

民國　十七年十　月

捐銀

日給

0015-1　民国十七年十一月新兴县征收梁尝业民国十七年民米执照（正面）

0015-2　民国十七年十一月新兴县征收梁尝业民国十七年民米执照（背面）

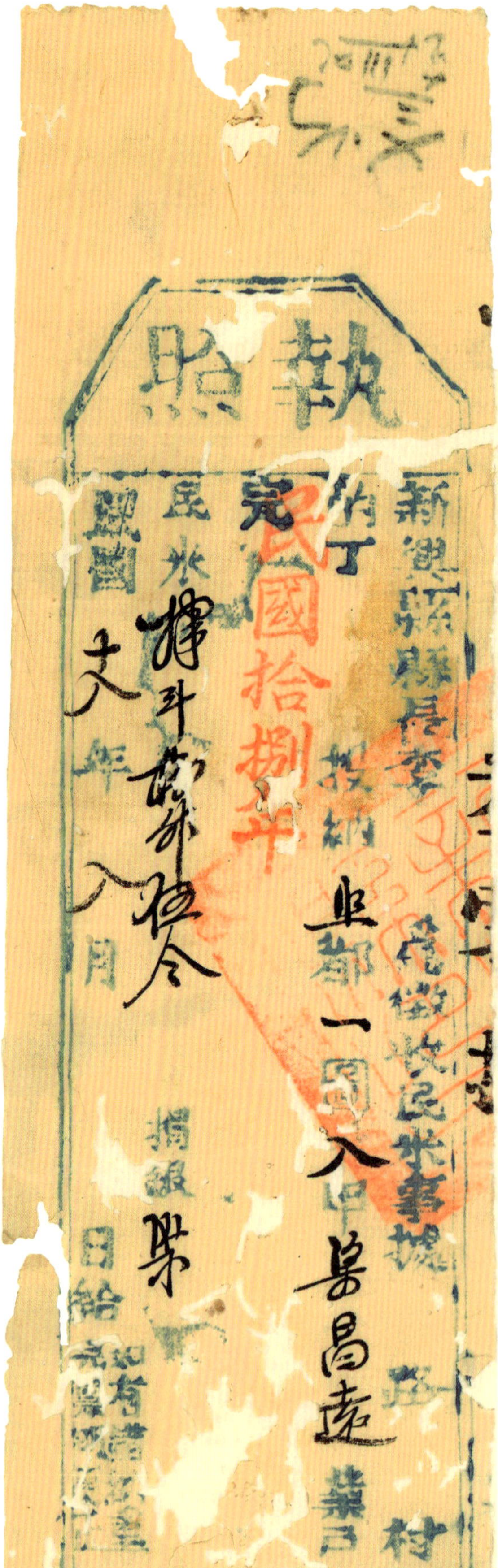
執照
新興縣縣長
完納
民國拾捌年
民米
梁昌遠

0016 民国十八年八月新兴县征收梁昌远民国十八年民米执照

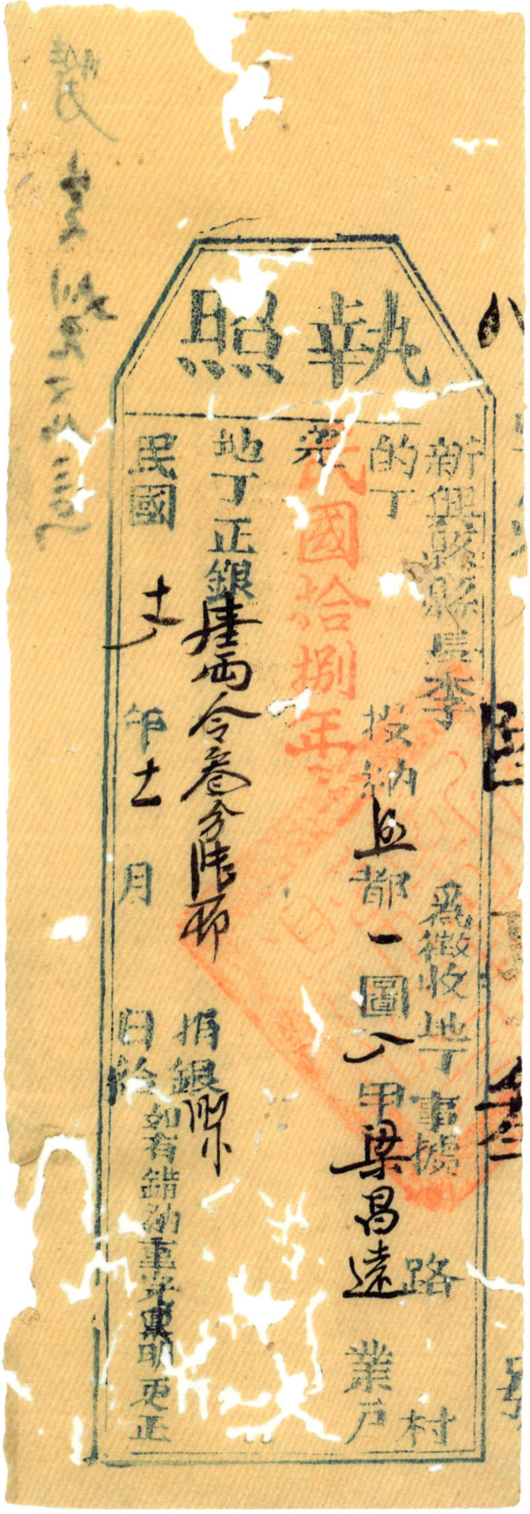
執照
新興縣縣長李 為徵收地丁事據
路 村 業戶
的丁 按納 都一圖 甲 梁昌遠
地丁正銀
捐銀
民國 十八 年 十一 月 日給
如有錯誤準予更正

0017–1 民国十八年十一月新兴县征收梁昌远民国十八年地丁正银执照（正面）

0017–2 民国十八年十一月新兴县征收梁昌远民国十八年地丁正银执照（背面）

0018 民国二十年五月十五日新兴县苏植林缴纳土地陈报手续费收据

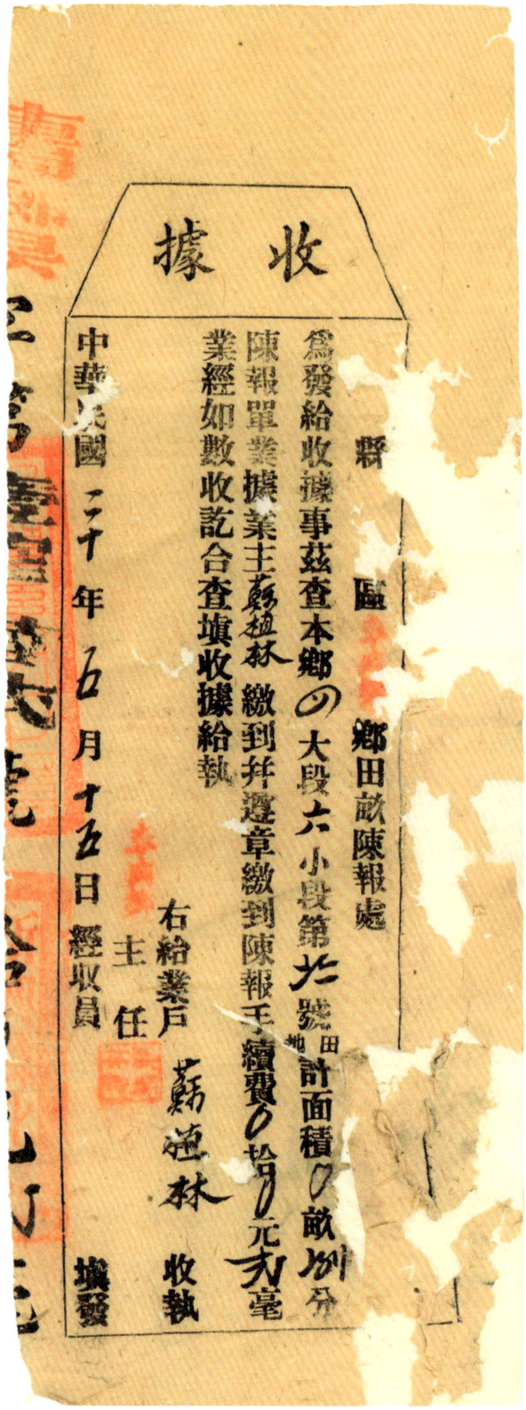

收據

縣 區 鄉田畝陳報處

為發給收據事茲查本鄉〇大段六小段第廿號田地計面積〇畝卅分

陳報單業據業主蘇植林繳到并遵章繳到陳報手續費〇拾〇元弍毫

業經如數收訖合查填收據給執

右給業戶 蘇植林 收執

中華民國二十年五月十五日 經收員 主任 填發

0019 民国二十年五月十五日新兴县苏植林缴纳土地陈报手续费收据

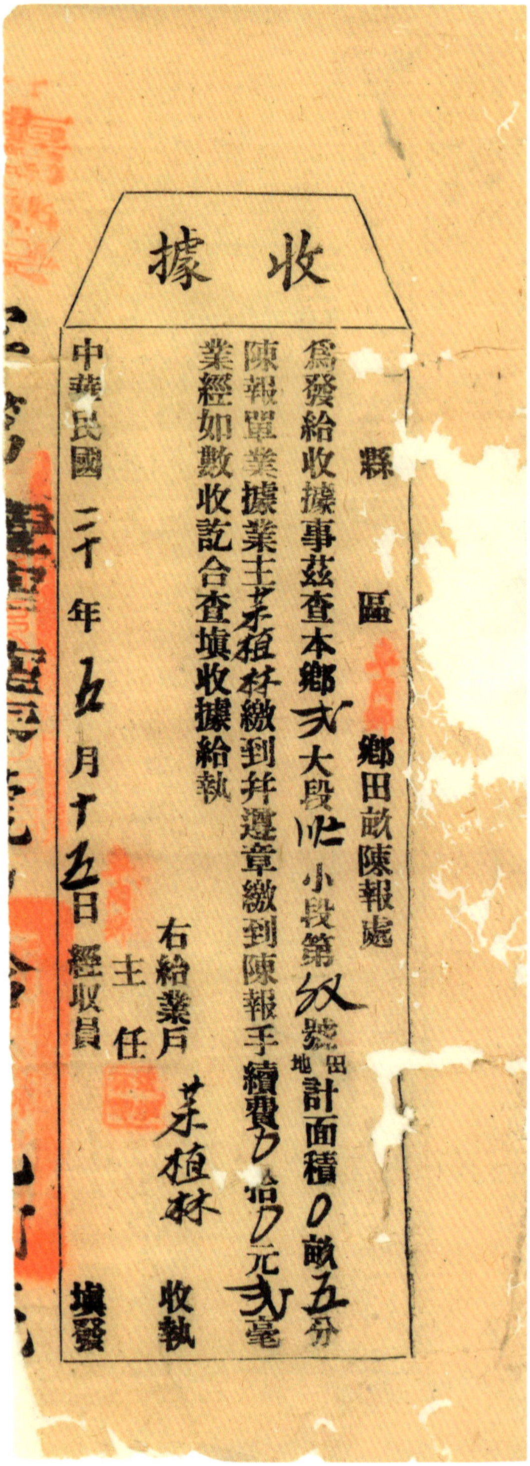

收據

縣 區 鄉田畝陳報處

為發給收據事茲查本鄉弍大段廿小段第玖號田地計面積〇畝五分

陳報單業據業主蘇植林繳到并遵章繳到陳報手續費〇拾〇元弍毫

業經如數收訖合查填收據給執

右給業戶 蘇植林 收執

中華民國二十年五月十五日 經收員 主任 填發

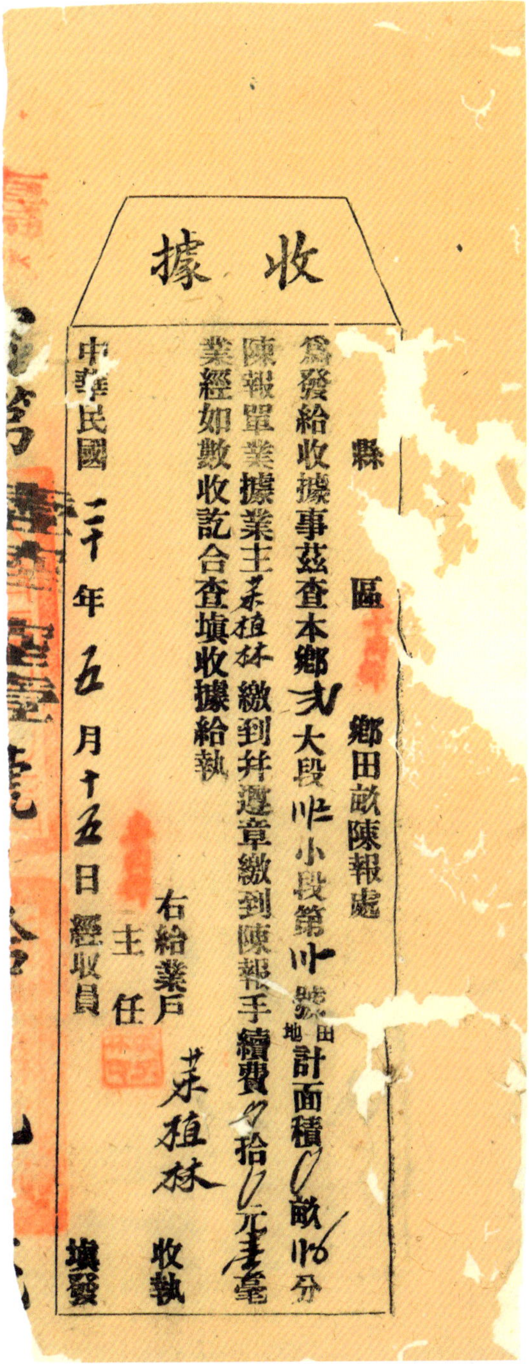

收據

縣 區 鄉田畝陳報處

為發給收據事茲查本鄉十大段卅小段第卅號田地計面積0畝16分陳報單業據業主苏植林繳到并遵章繳到陳報手續費0拾0元三毫業經如數收訖合查填收據給執

右給業戶 苏植林 收執

中華民國二十年五月十五日 經收員 主任 填發

0020 民国二十年五月十五日新兴县苏植林缴纳土地陈报手续费收据

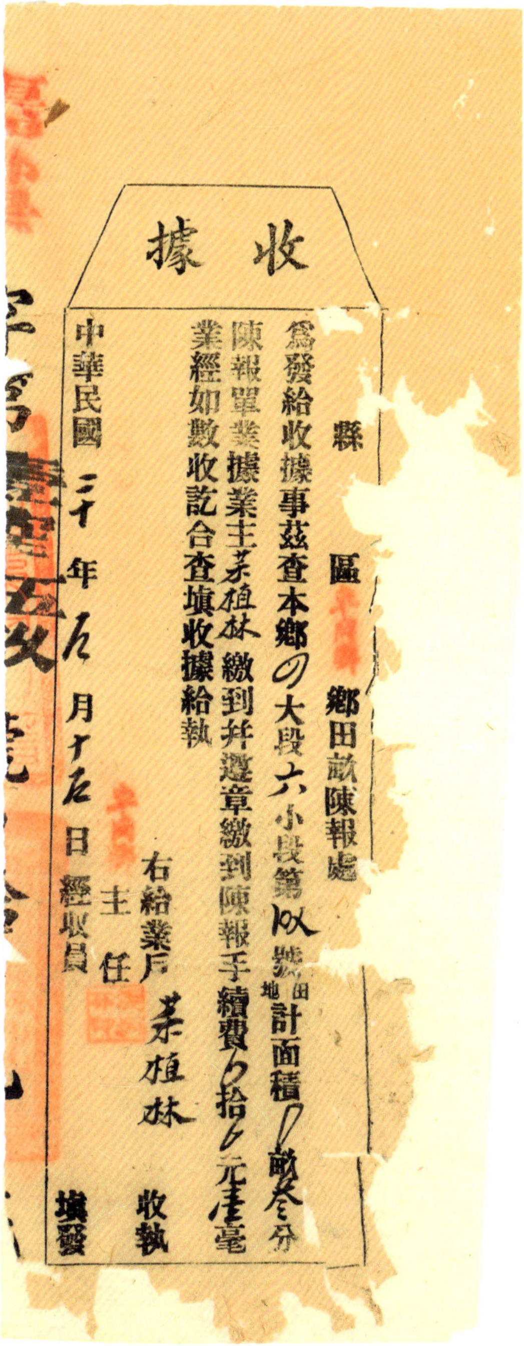

收據

縣 區 鄉田畝陳報處

為發給收據事茲查本鄉0大段六小段第[illegible]號田地計面積0畝叁分陳報單業據業主苏植林繳到并遵章繳到陳報手續費0拾0元三毫業經如數收訖合查填收據給執

右給業戶 苏植林 收執

中華民國二十年五月十五日 經收員 主任 填發

0021 民国二十年五月十五日新兴县苏植林缴纳土地陈报手续费收据

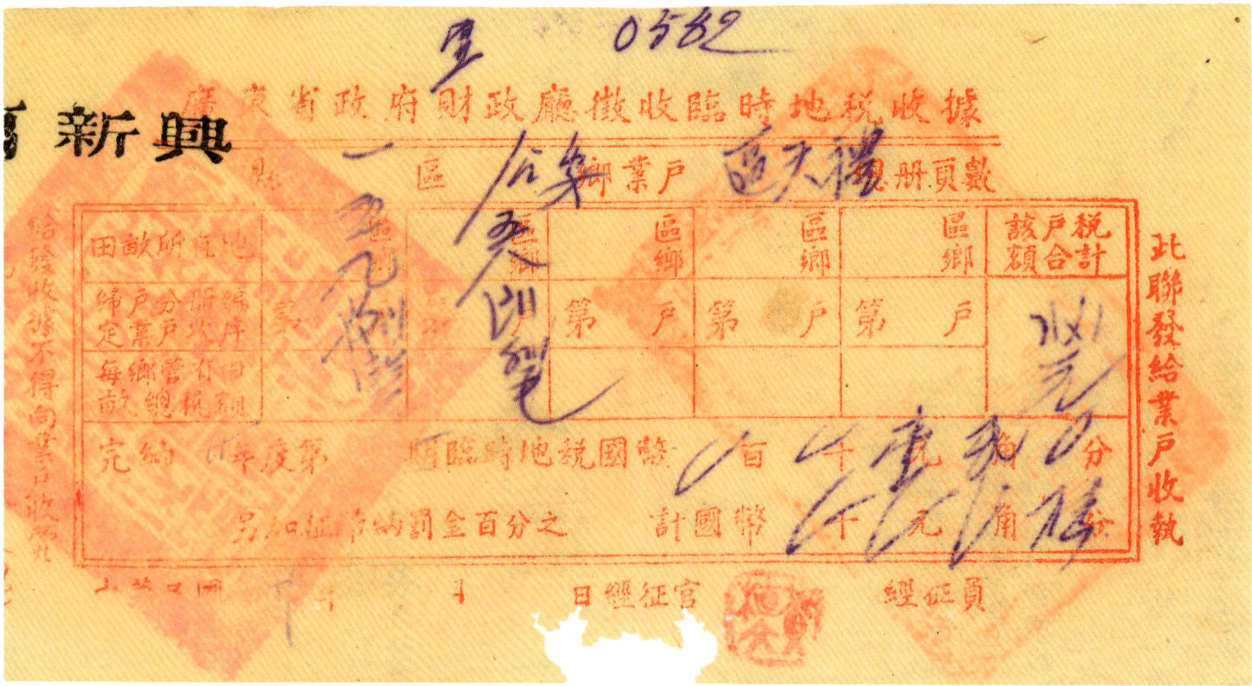

新興

廣東省政府財政廳徵收臨時地稅收據

縣 區 鄉業戶 冊頁數

完納 年度第 期臨時地稅國幣 百 十 元 角 分

另加征滯納罰金百分之 計國幣 十 元 角 分

日經征官 經征員

此聯發給業戶收執

給發收據不得向業戶收費

0022 民国二十年新兴县征收区天礼民国二十年度临时地税收据

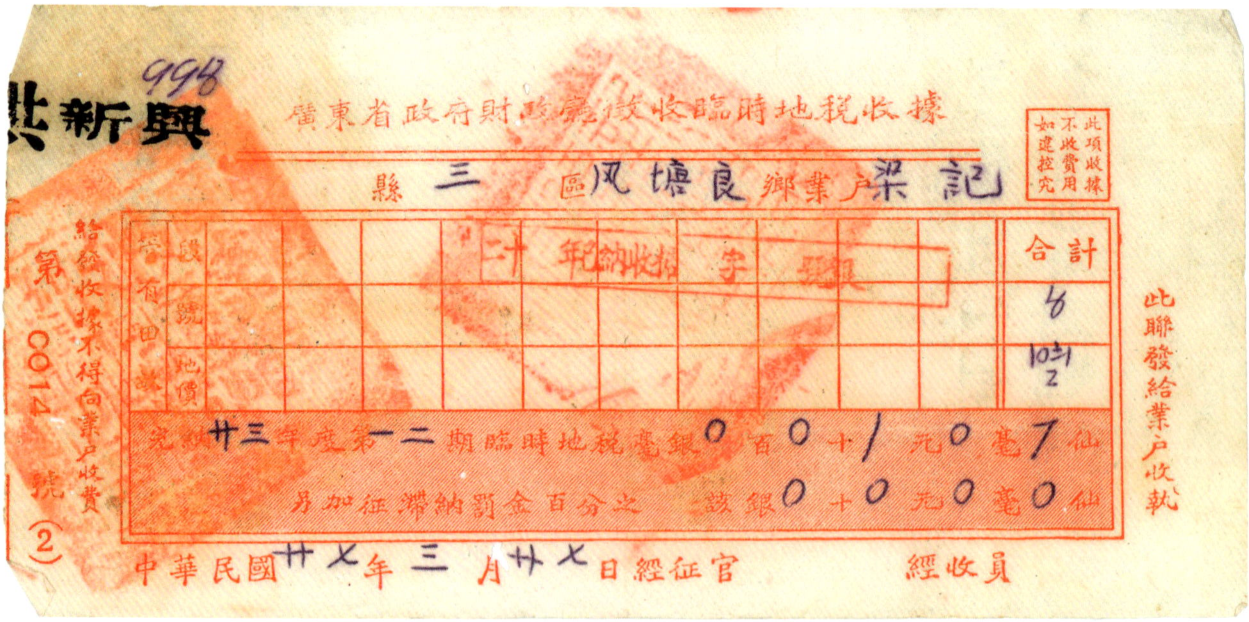

新興

廣東省政府財政廳徵收臨時地稅收據

此項收據不收費用如違控究

縣 三 區 鄉業戶梁記

合計

完納廿三年度第一二期臨時地稅毫銀 0 百 0 十 1 元 0 毫 7 仙

另加征滯納罰金百分之 毫銀 0 十 0 元 0 毫 0 仙

中華民國廿七年三月廿七日經征官 經收員

此聯發給業戶收執

給發收據不得向業戶收費

0023 民国二十七年三月二十七日新兴县征收梁记民国二十三年第一、二期临时地税收据

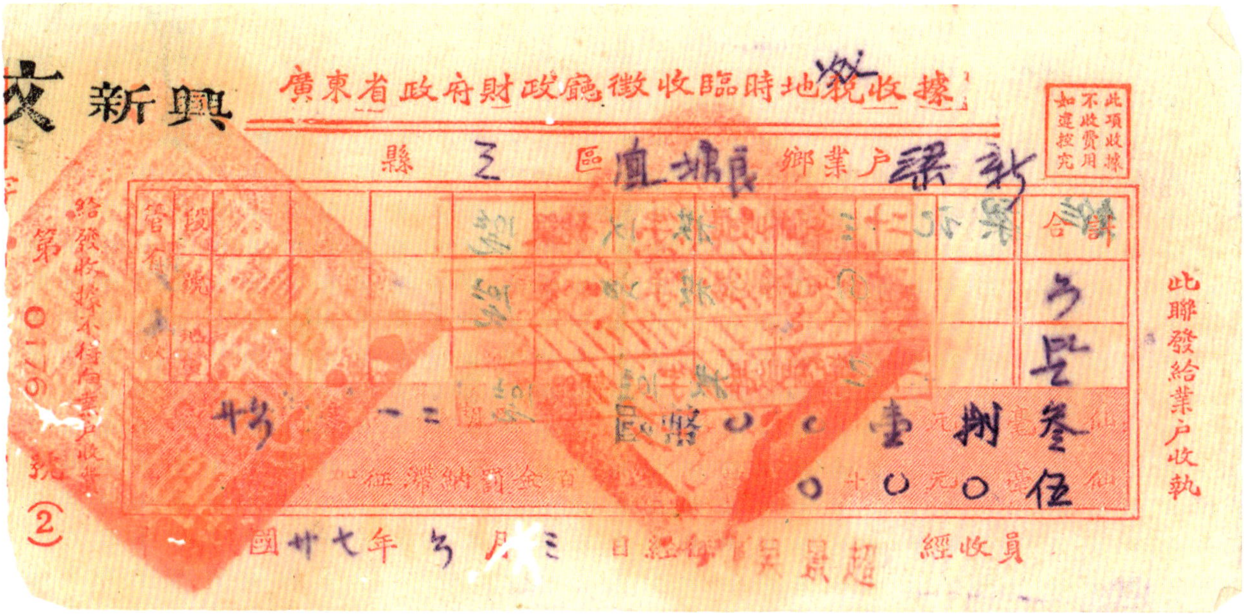

0024-1 民国二十七年六月三日新兴县征收梁新民国二十六年第一、二期临时地税收据（正面）

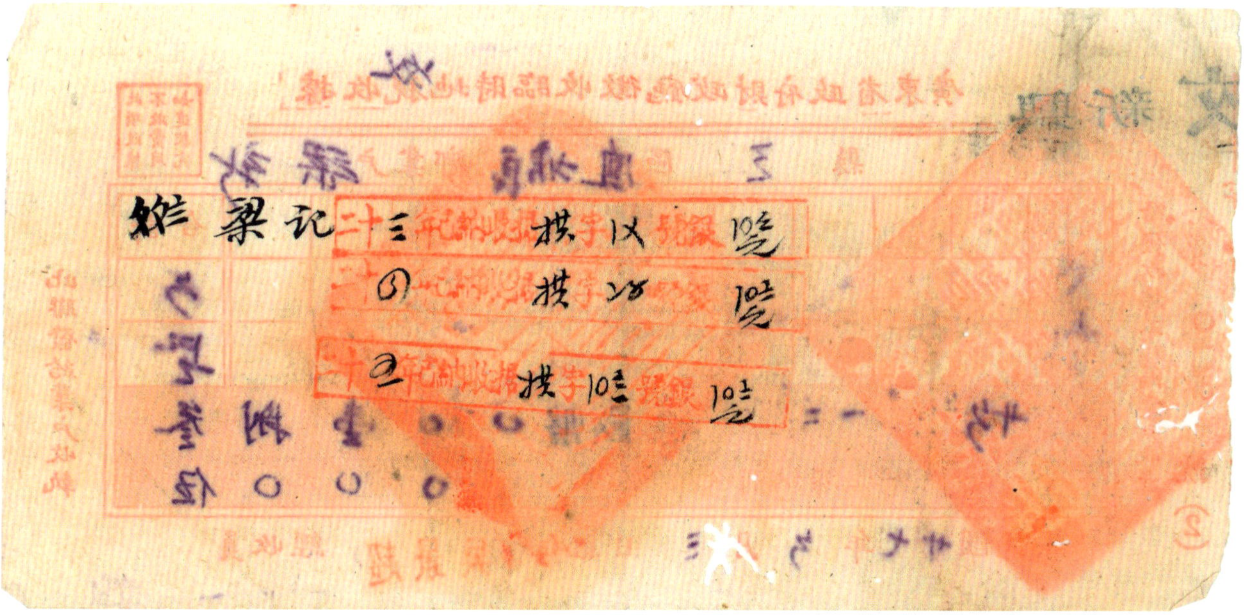

0024-2 民国二十七年六月三日新兴县征收梁新民国二十六年第一、二期临时地税收据（背面）

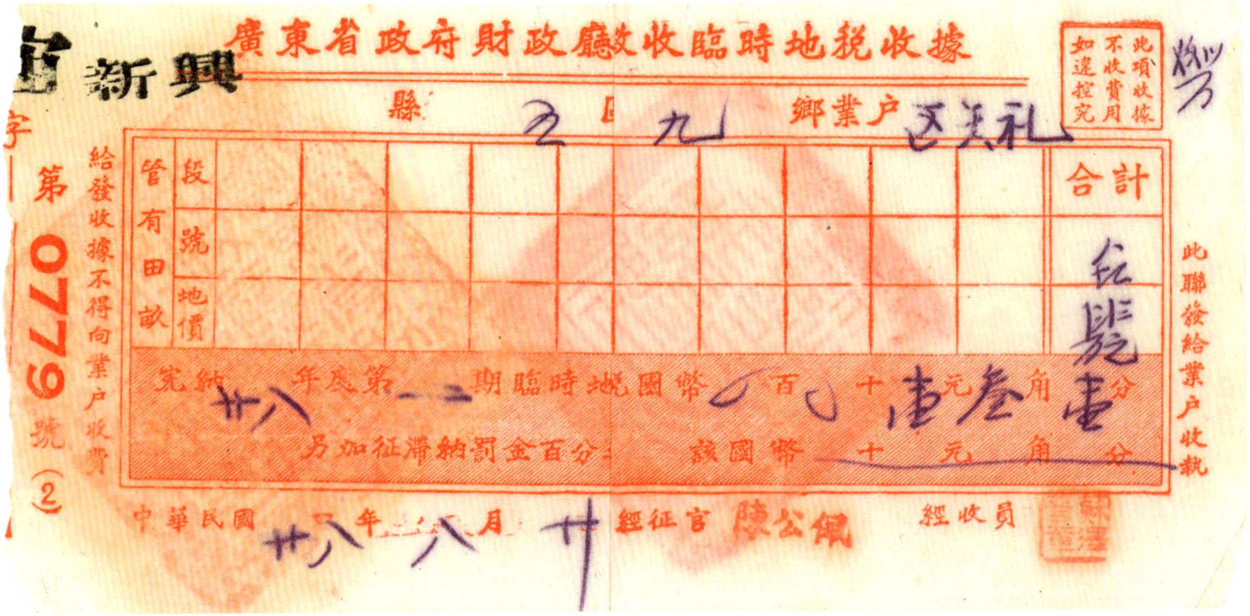

興新 字 第0779號 (2)

給發收據不得向業戶收費

廣東省政府財政廳徵收臨時地稅收據

縣 區 鄉業户

管有田畝 段號 地價 合計

完納 年度第 期臨時地稅國幣 百 十 元 角 分

另加征滯納罰金百分之 該國幣 十 元 角 分

中華民國 年 月 日 經征官 經收員

此項收據不收費用如違控究

此聯發給業戶收執

0025 民国二十八年八月二十日新兴县征收区天礼民国二十八年度临时地税收据

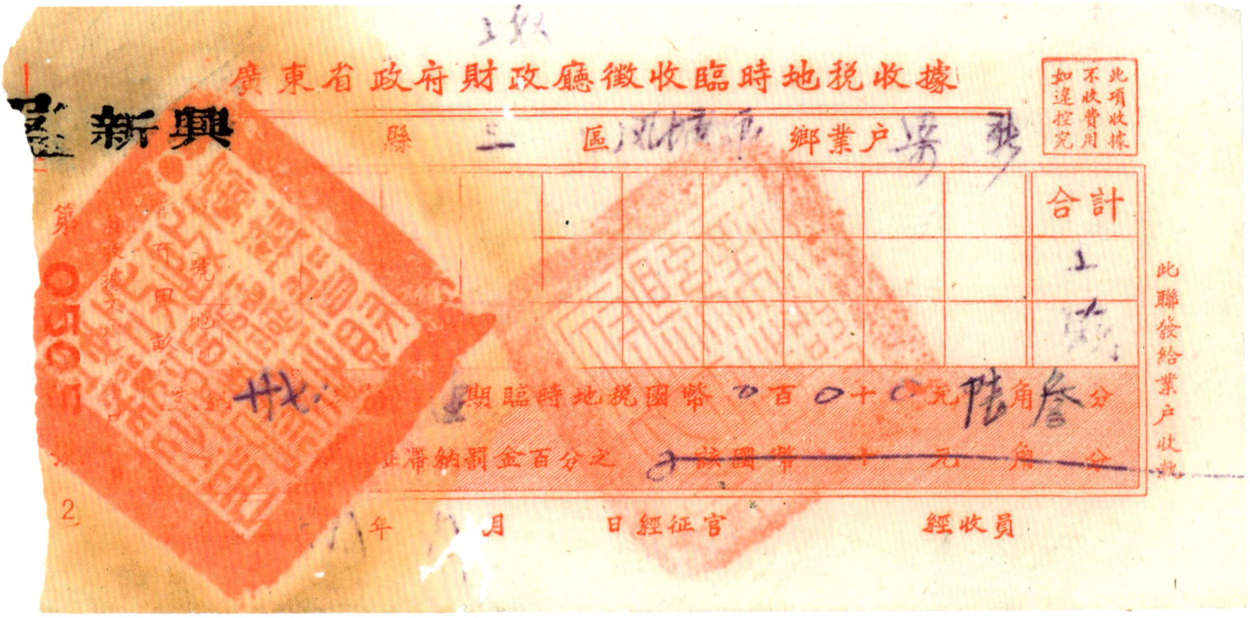

興新

廣東省政府財政廳徵收臨時地稅收據

縣 區 鄉業户

合計

期臨時地稅國幣 百 十 元 角 分

征滯納罰金百分之 該國幣 十 元 角 分

年 月 日 經征官 經收員

此項收據不收費用如違控究

此聯發給業戶收執

0026 民国二十八年八月新兴县征收梁新民国二十七年临时地税收据

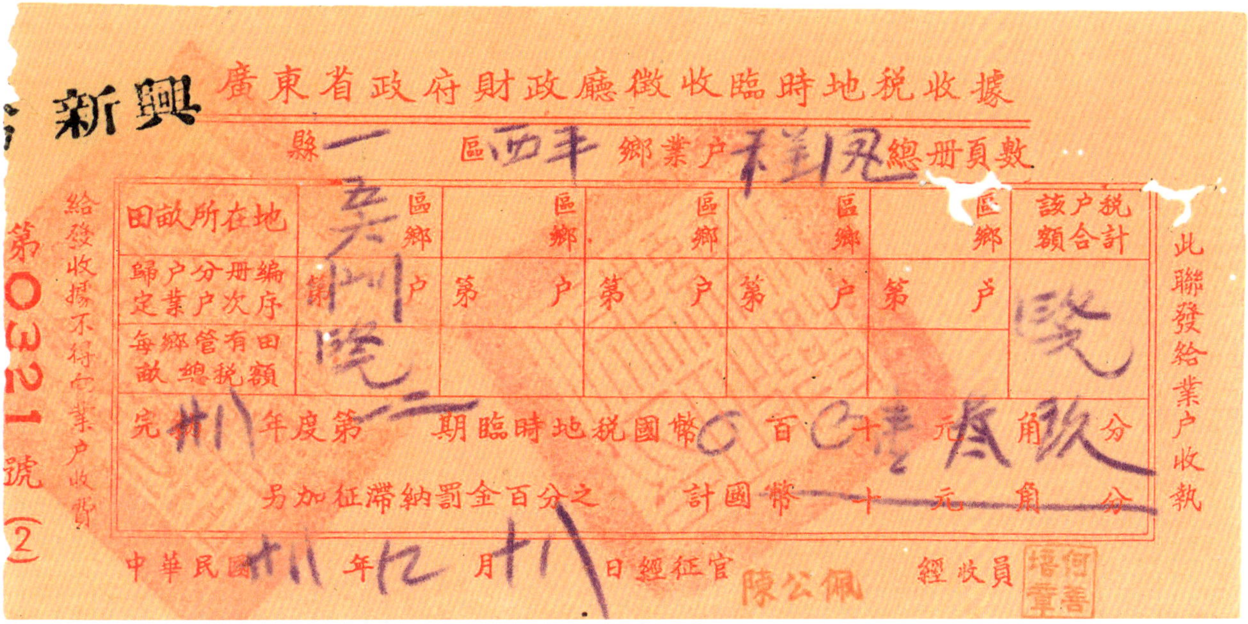

新興 廣東省政府財政廳徵收臨時地稅收據

縣 一 區 西丰 鄉 業户 程凤 總冊頁數

田畝所在地	吴州 區鄉	區鄉	區鄉	區鄉	區鄉	該户稅額合計
歸户分冊編定業户次序	第 户	第 户	第 户	第 户	第 户	陸
每鄉管有田畝總稅額	陸					

完廿八年度第一二期臨時地稅國幣〇百〇十壹元叁角玖分

另加征滯納罰金百分之　計國幣　十　元　角　分

中華民國廿八年九月十八日經征官 陳公佩 經收員 何培善章

第0321號 (2)

給發收據不得向業户收費

此聯發給業户收執

0027 民国二十八年九月十八日新兴县征收程凤民国二十八年第一、二期临时地税收据

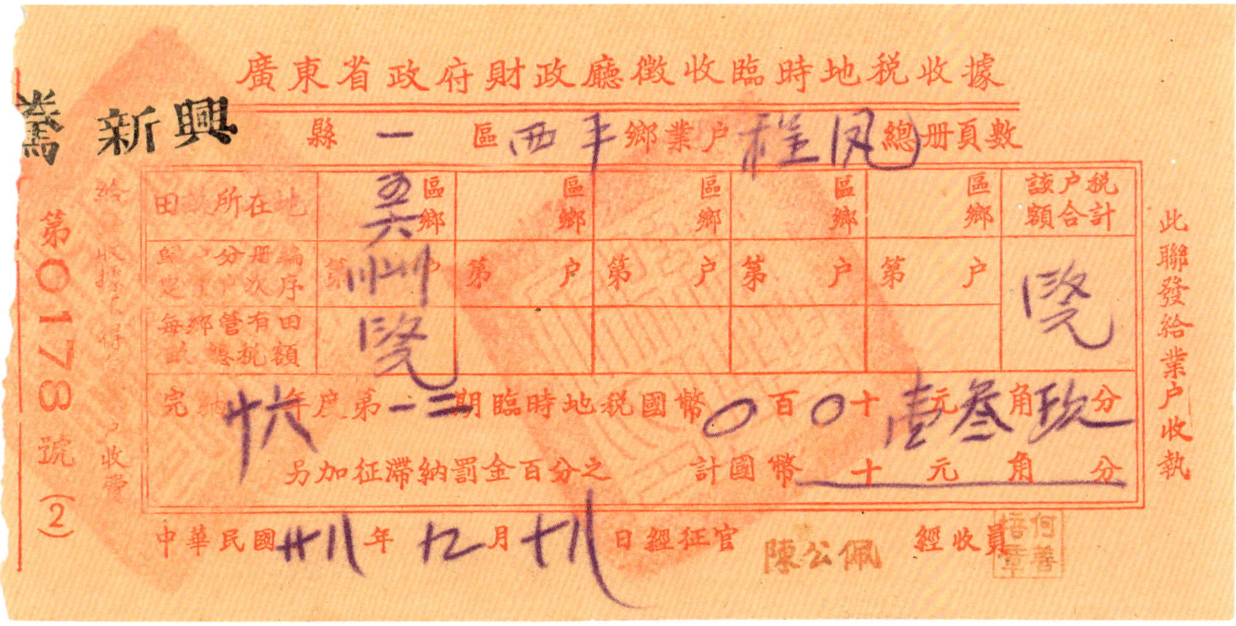

新興 廣東省政府財政廳徵收臨時地稅收據

縣 一 區 西丰 鄉 業户 程凤 總冊頁數

田畝所在地	吴州 區鄉	區鄉	區鄉	區鄉	區鄉	該户稅額合計
歸户分冊編定業户次序	第 户	第 户	第 户	第 户	第 户	陸
每鄉管有田畝總稅額	陸					

完廿六年度第一二期臨時地稅國幣〇百〇十壹元叁角玖分

另加征滯納罰金百分之　計國幣　十　元　角　分

中華民國廿八年九月十八日經征官 陳公佩 經收員 何培善章

第0178號 (2)

給發收據不得向業户收費

此聯發給業户收執

0028 民国二十八年九月十八日新兴县征收程凤民国二十六年第一、二期临时地税收据

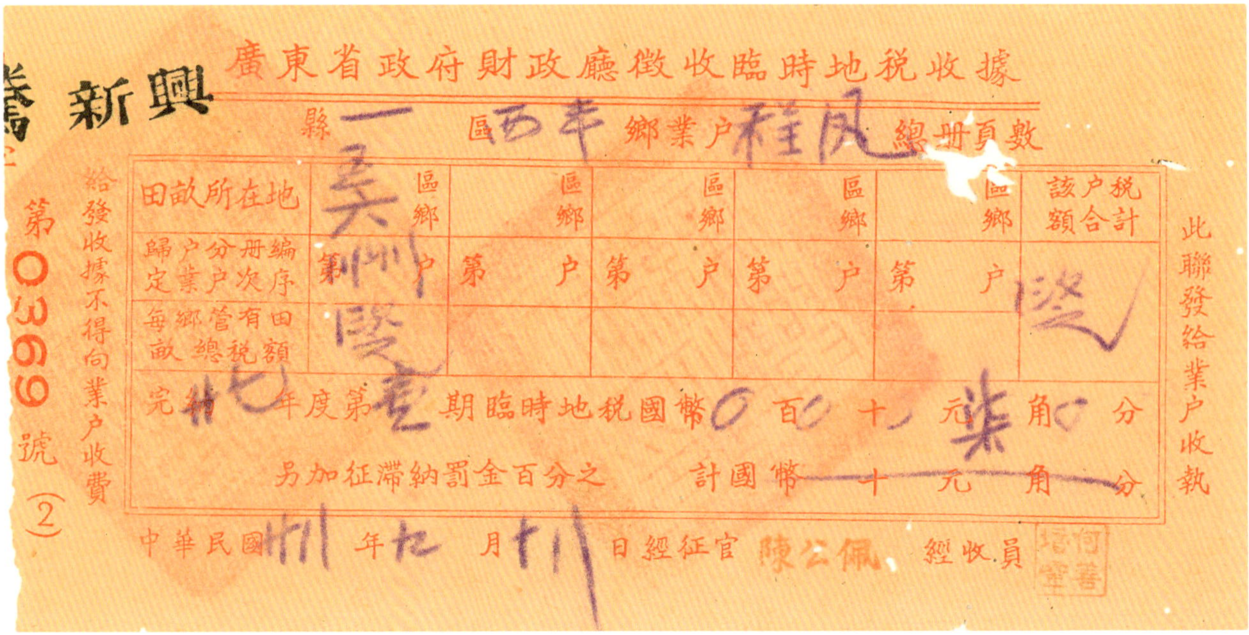

新興縣 第0369號 ②

廣東省政府財政廳徵收臨時地稅收據

一 區 西丰 鄉 業户 程凤 總冊頁數

田畝所在地	吴州 區鄉	區鄉	區鄉	區鄉	區鄉	該户稅額合計
歸户分冊編定業户次序	第 户	第 户	第 户	第 户	第 户	陸
每鄉管有田畝總稅額	陸					

完納 廿七 年度第 壹 期臨時地稅國幣 0 百 0 十 元 柒 角 0 分

另加征滯納罰金百分之 計國幣 十 元 角 分

中華民國 廿八 年 九 月 十八 日 經征官 陳公佩 經收員 何培善

給發收據不得向業户收費

此聯發給業户收執

0029 民国二十八年九月十八日新兴县征收程凤民国二十七年第一期临时地税收据

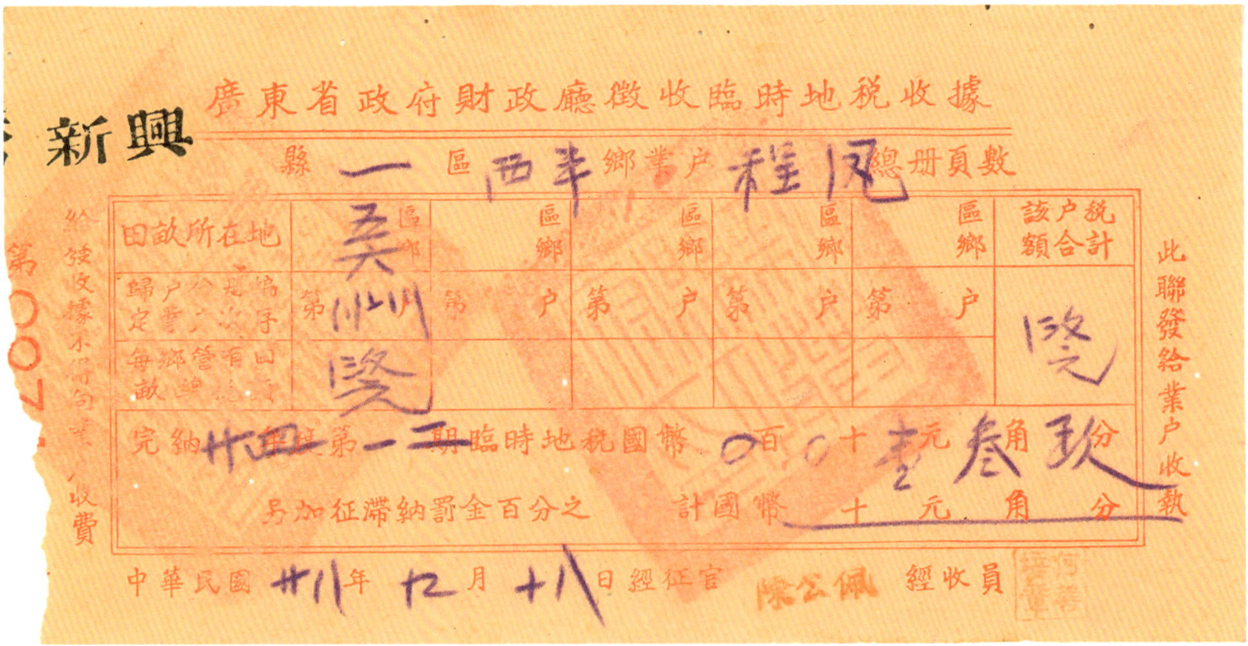

新興縣 第007…

廣東省政府財政廳徵收臨時地稅收據

一 區 西丰 鄉 業户 程凤 總冊頁數

田畝所在地	吴州 區鄉	區鄉	區鄉	區鄉	區鄉	該户稅額合計
歸户分冊編定業户次序	第 户	第 户	第 户	第 户	第 户	陸
每鄉管有田畝總稅額	陸					

完納 廿四 年度第 一二 期臨時地稅國幣 0 百 0 十 壹 元 叁 角 玖 分

另加征滯納罰金百分之 計國幣 十 元 角 分

中華民國 廿八 年 九 月 十八 日 經征官 陳公佩 經收員 何培善

給發收據不得向業户收費

此聯發給業户收執

0030 民国二十八年九月十八日新兴县征收程凤民国二十四年第一、二期临时地税收据

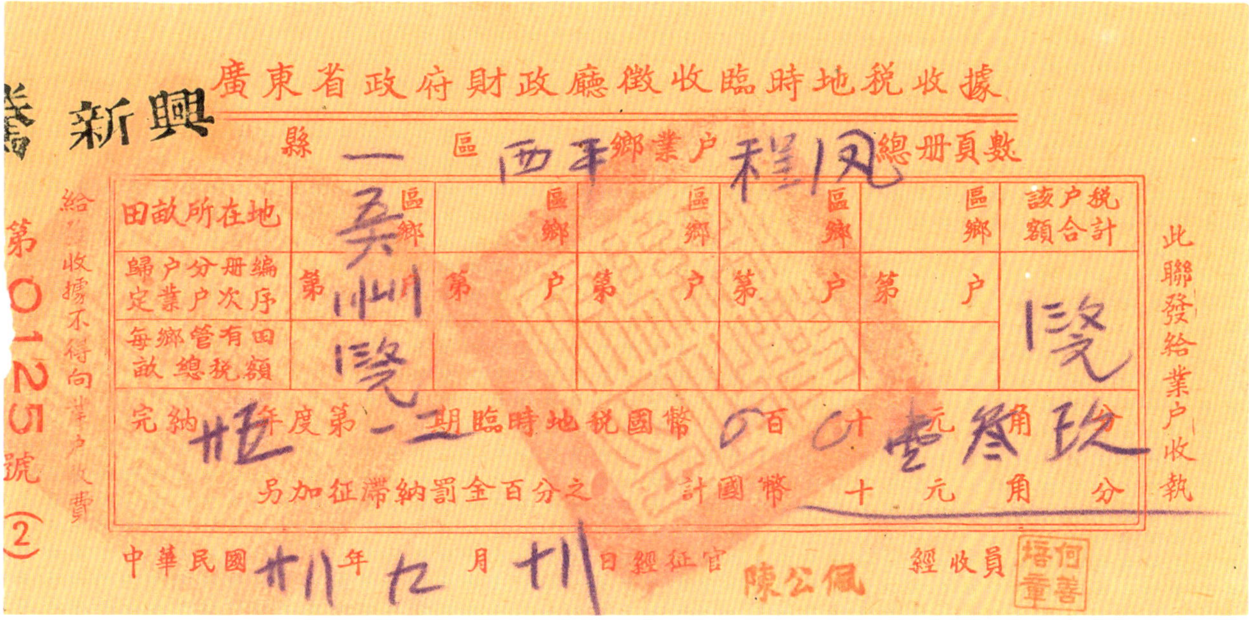
新興 廣東省政府財政廳徵收臨時地稅收據

第0125號 (2)

給發收據不得向業户收費

縣 一 區 西平 鄉業户 程凤 總册頁數

田畝所在地	吴 區鄉	區鄉	區鄉	區鄉	區鄉	該户稅額合計
歸户分册編定業户次序	第 卌 户	第 户	第 户	第 户	第 户	陸
每鄉管有田畝總稅額	陸					

完納 廿五 年度第一二期臨時地稅國幣 0 百 0 十 壹 元 叁 角 玖 分

另加征滯納罰金百分之 計國幣 十 元 角 分

中華民國 廿八 年 九 月 十八 日經征官 陳公佩 經收員 何培善章

此聯發給業户收執

0031 民国二十八年九月十八日新兴县征收程凤民国二十五年第一、二期临时地税收据

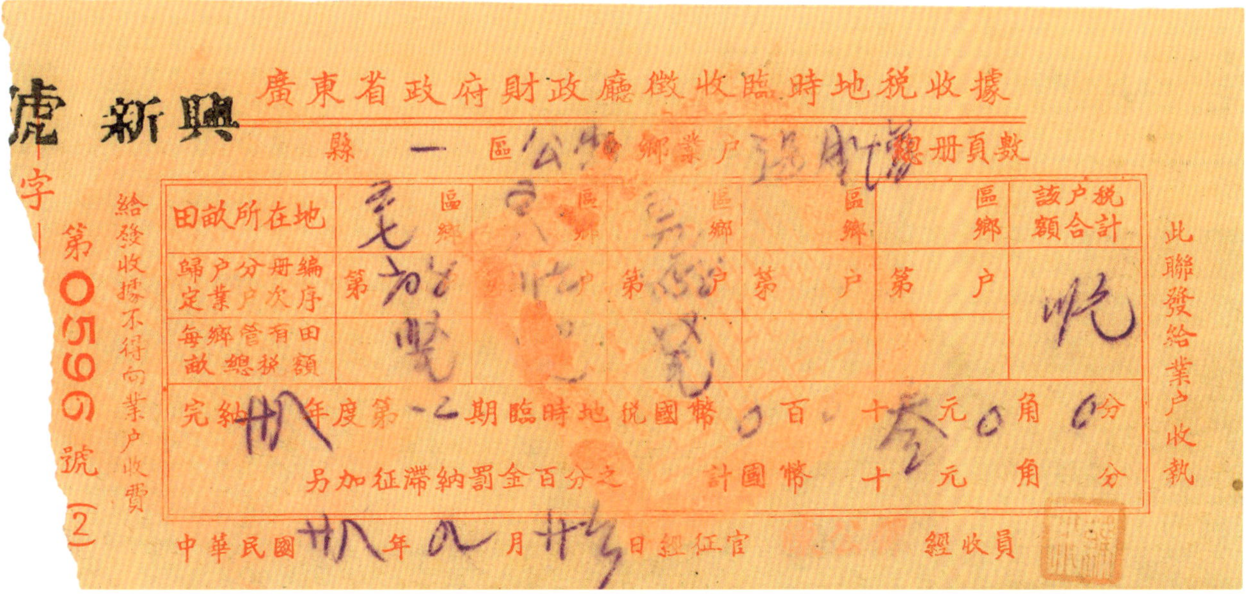
新興 廣東省政府財政廳徵收臨時地稅收據

虎字第0596號 (2)

給發收據不得向業户收費

縣 一 區 公 鄉業户 張成增 總册頁數

田畝所在地	區鄉	區鄉	區鄉	區鄉	區鄉	該户稅額合計
歸户分册編定業户次序	第 户	第 户	第 户	第 户	第 户	
每鄉管有田畝總稅額						

完納 廿八 年度第一二期臨時地稅國幣 0 百 十 叁 元 0 角 0 分

另加征滯納罰金百分之 計國幣 十 元 角 分

中華民國 廿八 年 九 月 廿六 日經征官 陳公佩 經收員

此聯發給業户收執

0032 民国二十八年九月二十六日新兴县征收张成增民国二十八年第一、二期临时地税收据

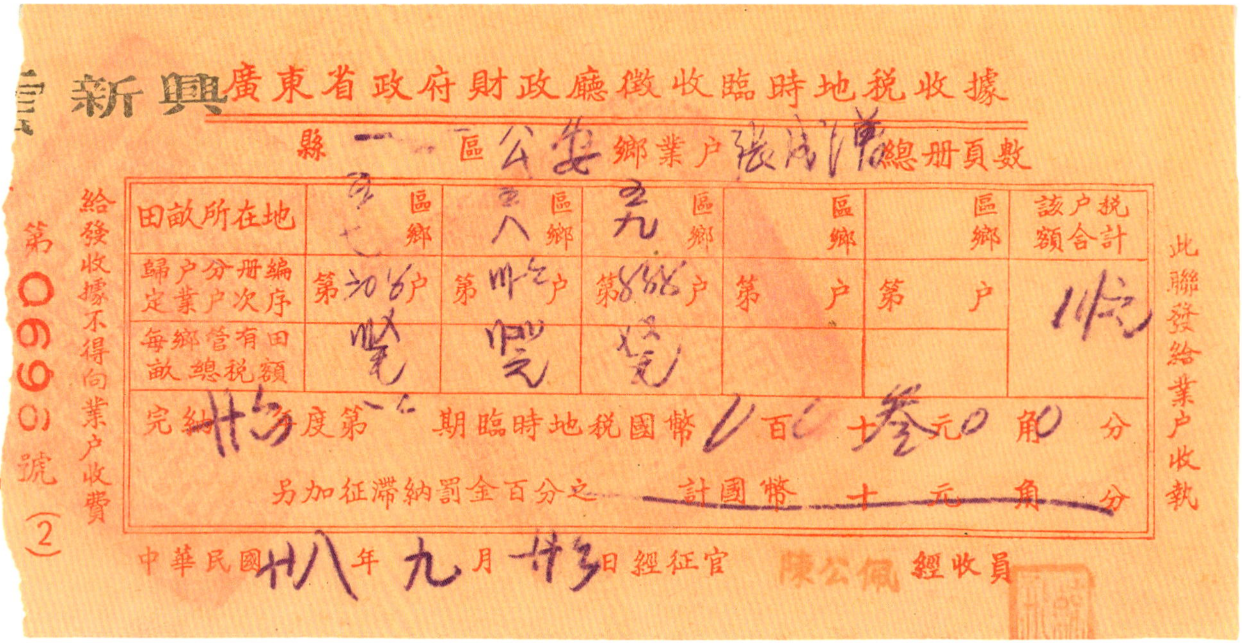
新興
廣東省政府財政廳徵收臨時地稅收據
縣　區　鄉業户　總册頁數
給發收據不得向業户收費
第0690號 ②

田畝所在地	區 鄉	區 鄉	區 鄉	區 鄉	區 鄉	該户稅額合計
歸户分册編定業户次序	第　户	第　户	第　户	第　户	第　户	
每鄉管有田畝總稅額						

完納　年度第　期臨時地稅國幣　百　十　元　角　分
另加征滯納罰金百分之　計國幣　十　元　角　分
中華民國　年　月　日經征官　陳公佩　經收員
此聯發給業户收執

0033 民国二十八年九月二十六日新兴县征收张成增民国二十六年第一、二期临时地税收据

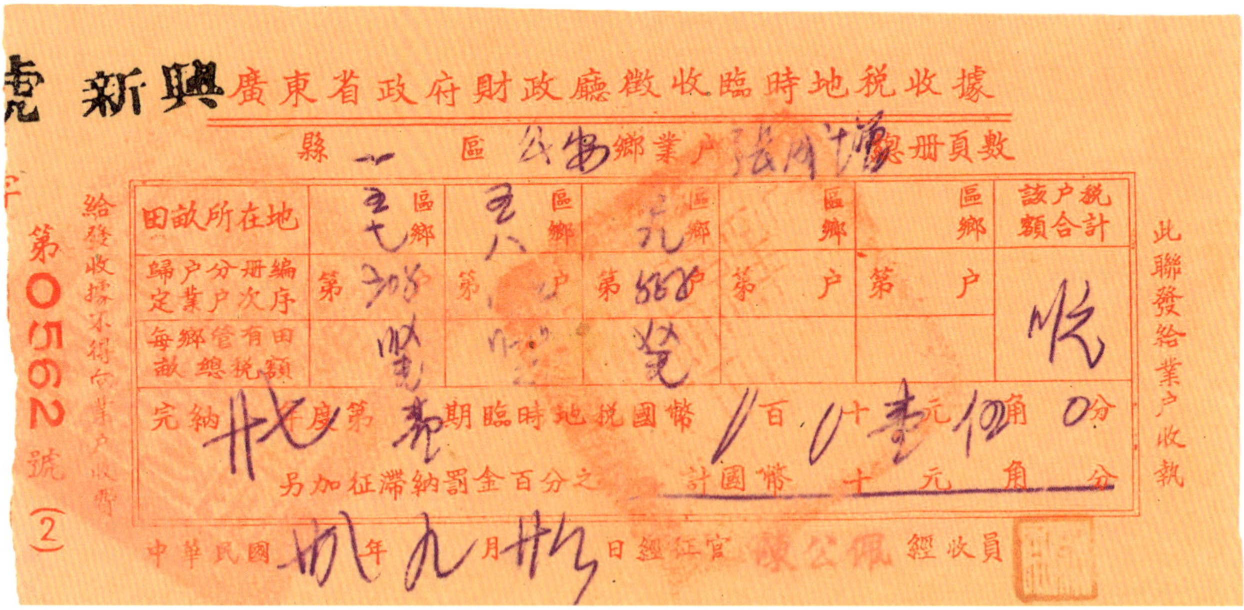
新興
廣東省政府財政廳徵收臨時地稅收據
縣　區　鄉業户　總册頁數
給發收據不得向業户收費
第0562號 ②

田畝所在地	區 鄉	區 鄉	區 鄉	區 鄉	區 鄉	該户稅額合計
歸户分册編定業户次序	第　户	第　户	第　户	第　户	第　户	
每鄉管有田畝總稅額						

完納　年度第　期臨時地稅國幣　百　十　元　角　分
另加征滯納罰金百分之　計國幣　十　元　角　分
中華民國　年　月　日經征官　陳公佩　經收員
此聯發給業户收執

0034 民国二十八年九月二十六日新兴县征收张成增民国二十七年第一期临时地税收据

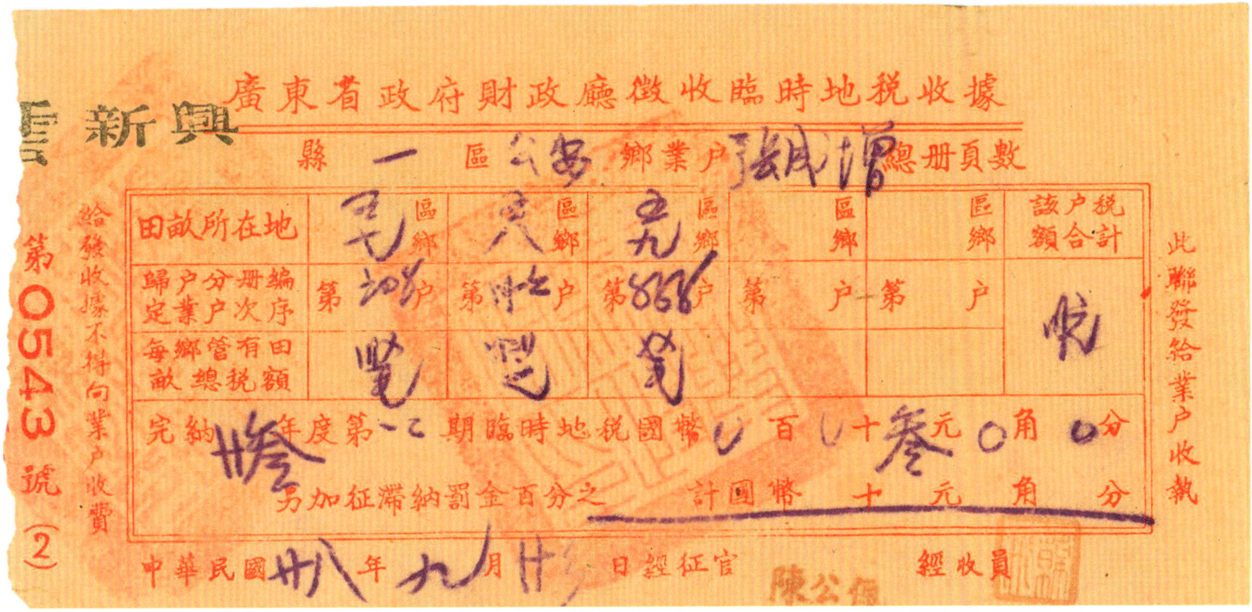
新興 廣東省政府財政廳徵收臨時地稅收據
第0543號 (2)
縣 一 區 公安 鄉業户 張成增 總册頁數

田畝所在地	區鄉	區鄉	區鄉	區鄉	區鄉	該户稅額合計
歸户分册編定業户次序	第 户	第 户	第 户	第 户	第 户	
每鄉管有田畝總稅額						

完納 廿叁 年度第一、二期臨時地稅國幣 一百一十叁元〇角〇分
另加征滯納罰金百分之 計國幣 十 元 角 分
中華民國 廿八 年 九 月 廿六 日經征官 陳公佩 經收員
給發收據不得向業户收費
此聯發給業户收執

0035 民国二十八年九月二十六日新兴县征收张成增民国二十三年第一、二期临时地税收据

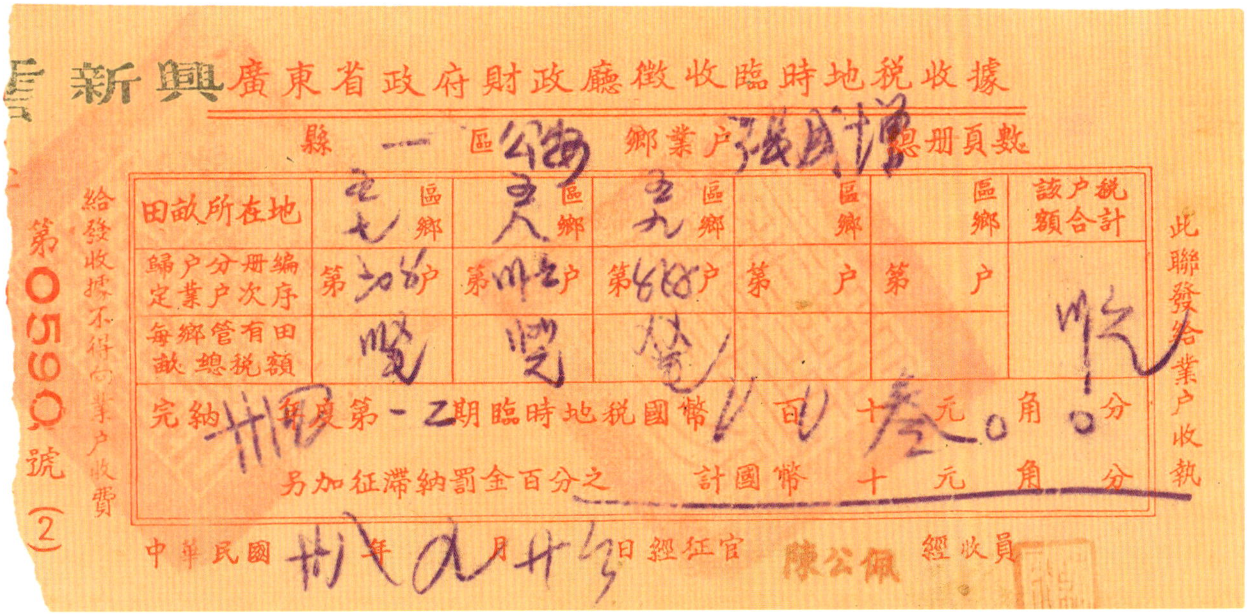
新興 廣東省政府財政廳徵收臨時地稅收據
第0590號 (2)
縣 一 區 公安 鄉業户 張成增 總册頁數

田畝所在地	區鄉	區鄉	區鄉	區鄉	區鄉	該户稅額合計
歸户分册編定業户次序	第 户	第 户	第 户	第 户	第 户	
每鄉管有田畝總稅額						

完納 廿四 年度第一、二期臨時地稅國幣 一百一十叁元〇角〇分
另加征滯納罰金百分之 計國幣 十 元 角 分
中華民國 廿八 年 九 月 廿六 日經征官 陳公佩 經收員
給發收據不得向業户收費
此聯發給業户收執

0036 民国二十八年九月二十六日新兴县征收张成增民国二十四年第一、二期临时地税收据

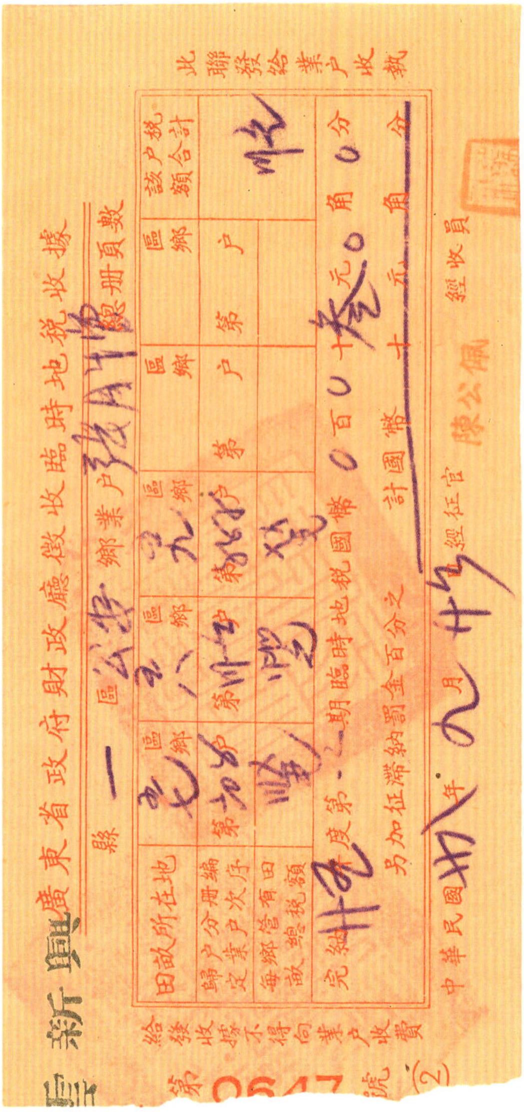

新興 廣東省政府財政廳徵收臨時地稅收據

總冊頁數

田畝所在地	縣 一區	區 鄉	區 鄉	區 鄉
歸戶分冊編定業戶次序	第 戶	第 戶	第 戶	第 戶
每鄉區有田畝總稅額				

該戶稅額合計

完納 年度第一、二期臨時地稅國幣 百 十 元 角 分

另加征滯納罰金百分之 計國幣 十 元 角 分

中華民國 年 月 日 經征官 陳公佩 經收員

給發收據不得向業戶收費

此聯發給業戶收執

第 0647 號

0037 民国二十八年九月二十六日新兴县征收张成增民国二十五年第一、二期临时地税收据

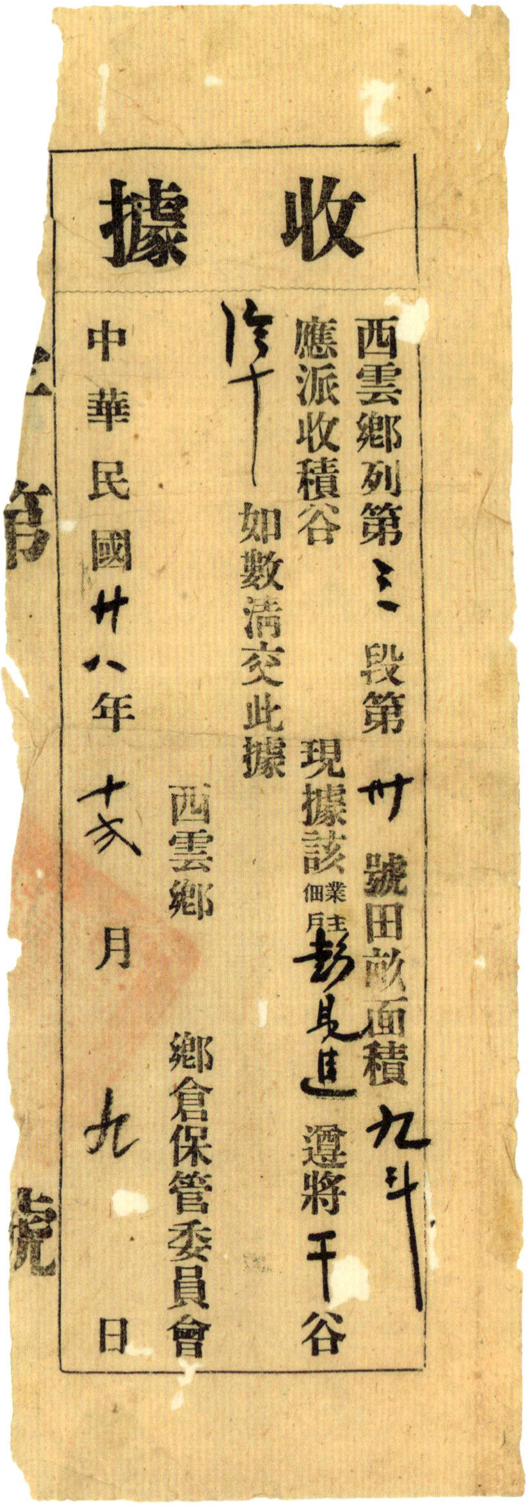

收據

西雲鄉列第三段第廿號田畝面積九斗

應派收積谷 伍斗

現據該業佃戶彭是進遵將干谷

如數清交此據

西雲鄉

鄉倉保管委員會

中華民國廿八年十二月九日

0038 民国二十八年十二月九日新兴县彭是进清交干谷收据

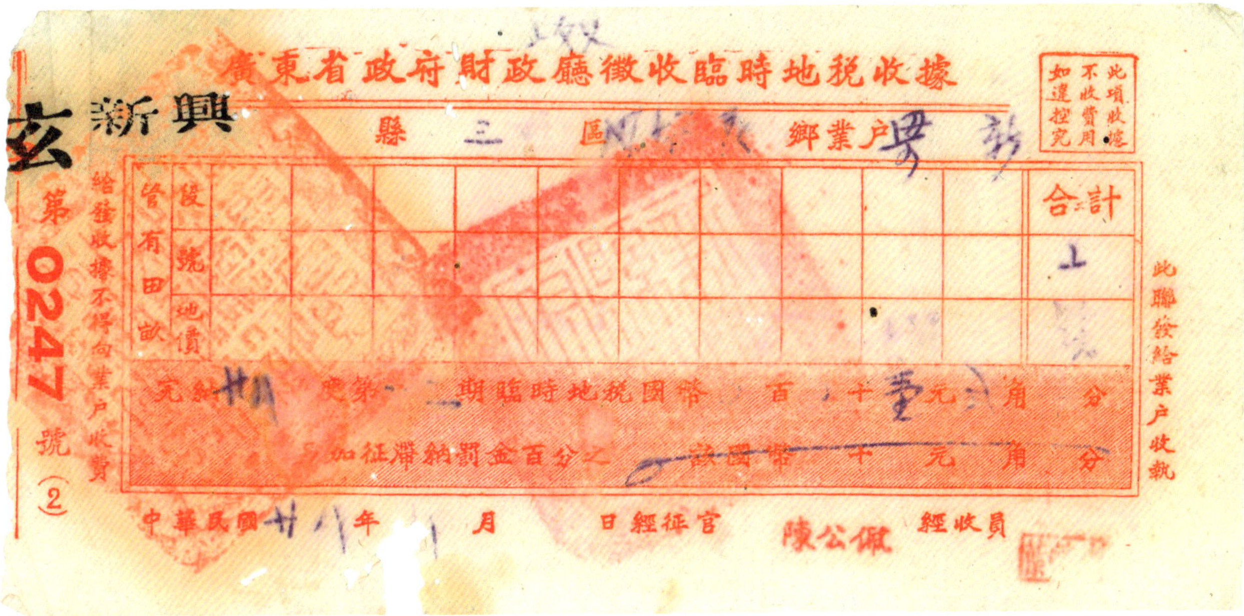

0039 民国二十八年新兴县征收梁新民国二十八年第一、二期临时地税收据

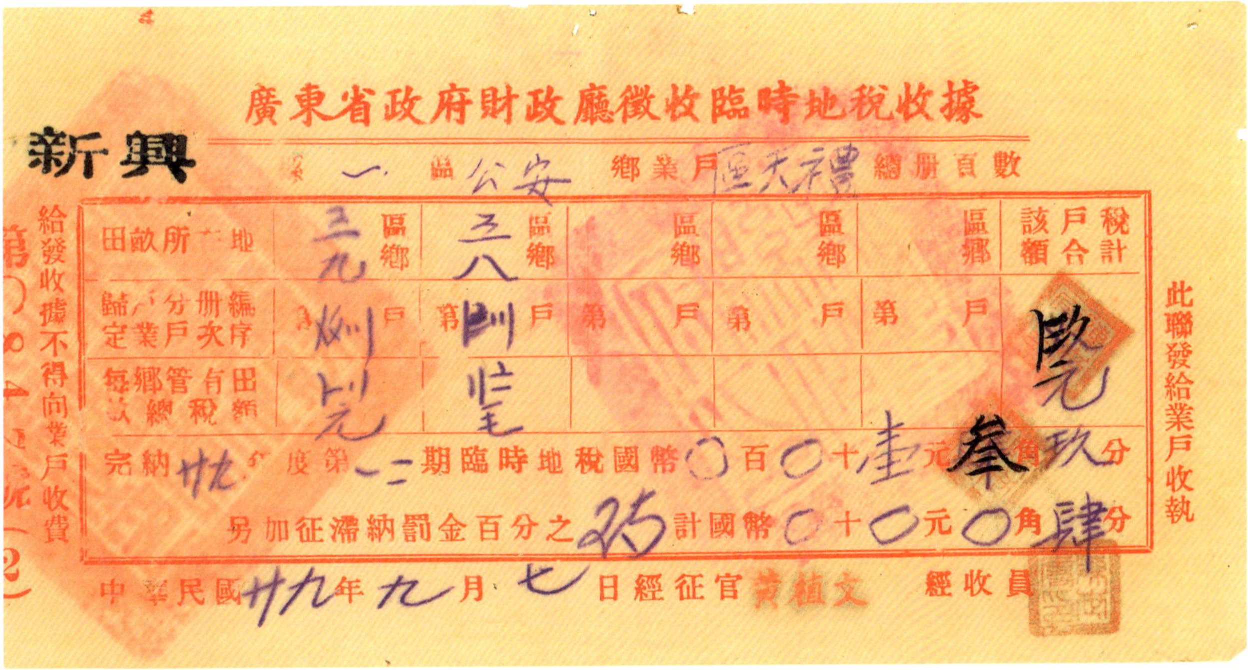

0040 民国二十九年九月七日新兴县征收区天礼民国二十九年第一、二期临时地税收据

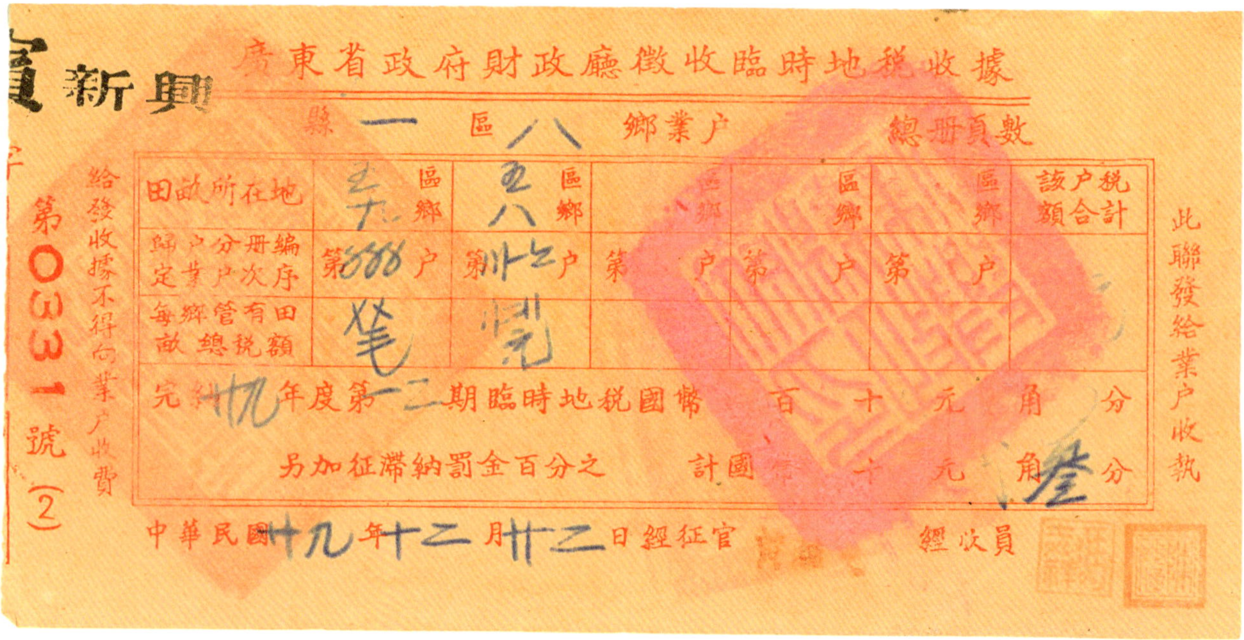
新興 縣 一 區 八 鄉業戶 總冊頁數

廣東省政府財政廳徵收臨時地稅收據

第 0331 號 (2)

給發收據不得向業戶收費

田畝所在地	[illegible] 區鄉	五八 區鄉	區鄉	區鄉	區鄉	該戶稅額合計
歸戶分冊編定業戶次序	第[illegible]戶	第[illegible]戶	第 戶	第 戶	第 戶	
每鄉管有田畝總稅額	[illegible]	[illegible]				

完納廿九年度第一二期臨時地稅國幣 百 十 元 角 分

另加征滯納罰金百分之 計國幣 十 元 角叁分

中華民國廿九年十二月廿二日經征官 經收員

此聯發給業戶收執

0041 民国二十九年十二月二十二日新兴县征收民国二十九年第一、二期临时地税收据

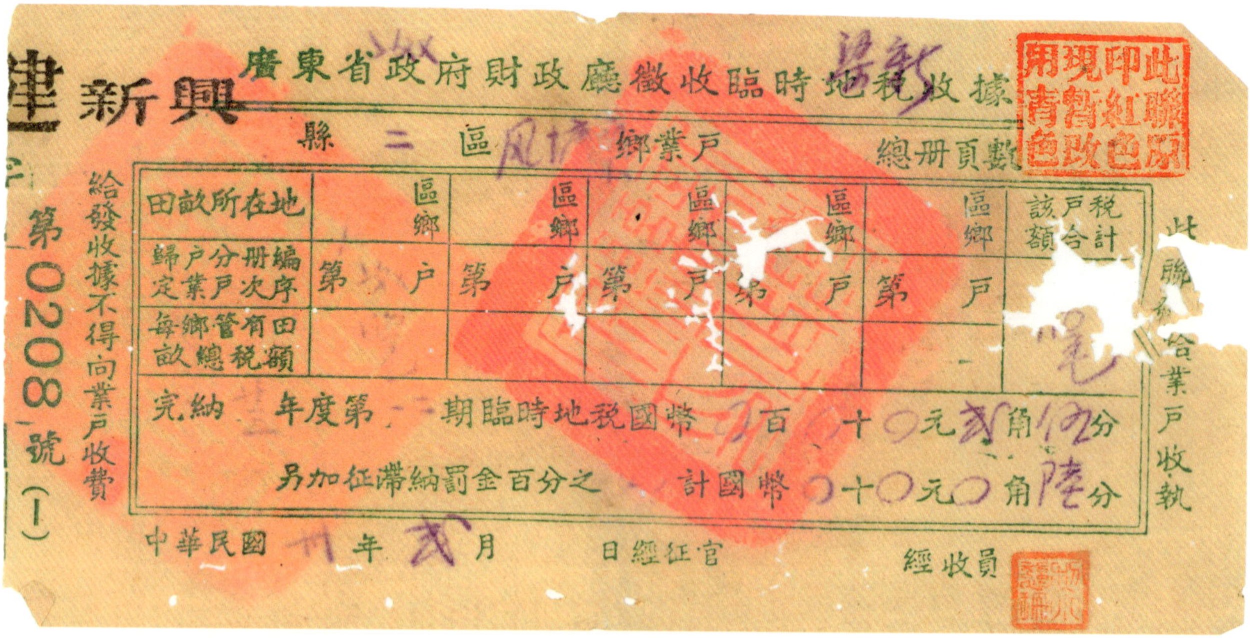
新興 縣 二 區 [illegible] 鄉業戶 總冊頁數

廣東省政府財政廳徵收臨時地稅收據

此聯原印紅色現改用青色

第 0208 號 (1)

給發收據不得向業戶收費

田畝所在地	區鄉	區鄉	區鄉	區鄉	區鄉	該戶稅額合計
歸戶分冊編定業戶次序	第 戶	第 戶	第 戶	第 戶	第 戶	
每鄉管有田畝總稅額						

完納 年度第 期臨時地稅國幣 百 十〇元貳角伍分

另加征滯納罰金百分之 計國幣〇十〇元〇角陸分

中華民國卅年貳月 日經征官 經收員

此聯發給業戶收執

0042 民国三十年二月新兴县梁新缴纳民国二十三年第一、二期临时地税收据

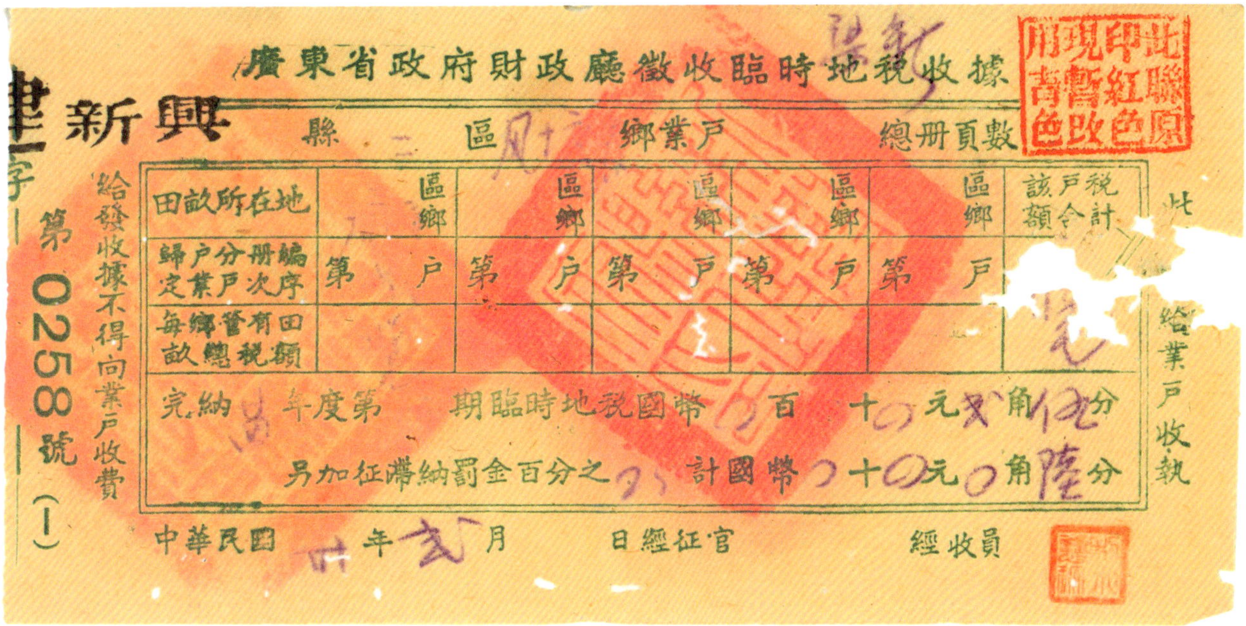

興新 字第0258號（一）

廣東省政府財政廳徵收臨時地稅收據

此聯原印紅色現暫改用青色

縣 區 鄉業戶 總冊頁數

給發收據不得向業戶收費

田畝所在地	區鄉	區鄉	區鄉	區鄉	區鄉	該戶稅額合計
歸戶分冊編定業戶次序	第 戶	第 戶	第 戶	第 戶	第 戶	
每鄉管有田畝總稅額						
完納 年度第 期臨時地稅國幣 百 十 元 角 分						
另加征滯納罰金百分之 計國幣 十 元 角 分						

此聯發給業戶收執

中華民國 年 月 日經征官 經收員

0043 民国三十年二月新兴县梁新完纳民国二十四年地税收据

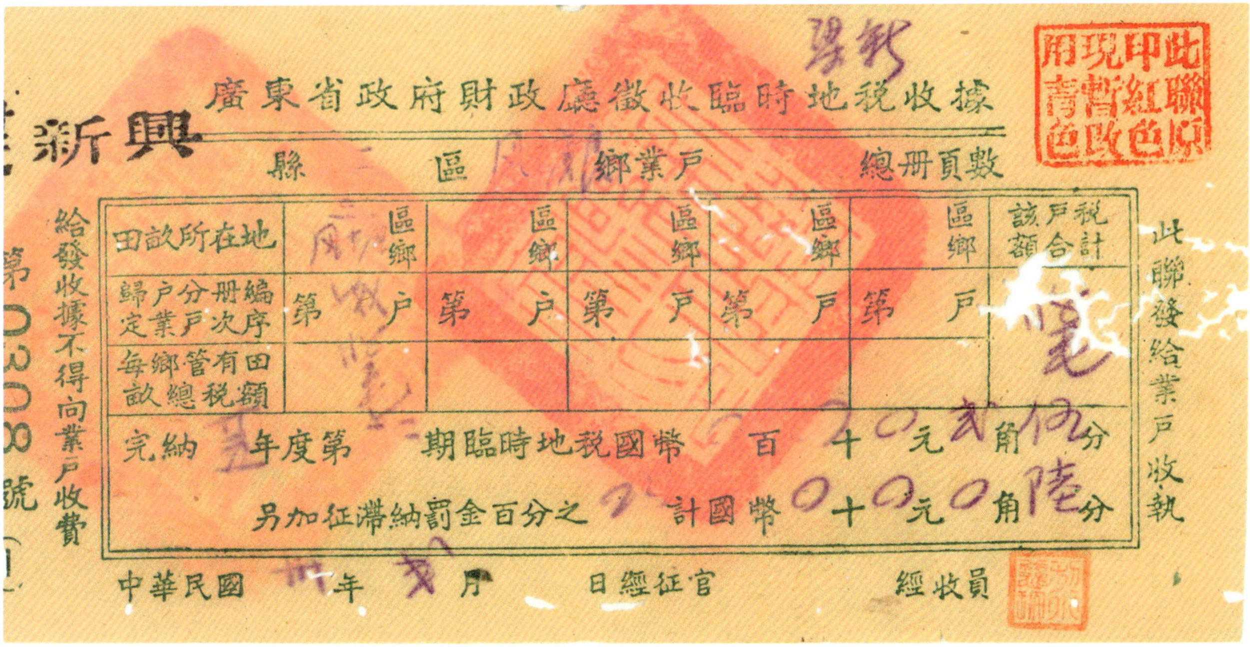

興新 字第0308號（一）

廣東省政府財政廳徵收臨時地稅收據

此聯原印紅色現暫改用青色

縣 區 鄉業戶 總冊頁數

給發收據不得向業戶收費

田畝所在地	區鄉	區鄉	區鄉	區鄉	區鄉	該戶稅額合計
歸戶分冊編定業戶次序	第 戶	第 戶	第 戶	第 戶	第 戶	
每鄉管有田畝總稅額						
完納 年度第 期臨時地稅國幣 百 十 元 角 分						
另加征滯納罰金百分之 計國幣 十 元 角 分						

此聯發給業戶收執

中華民國 年 月 日經征官 經收員

0044 民国三十年二月新兴县梁新完纳民国二十五年第一、二期临时地税收据

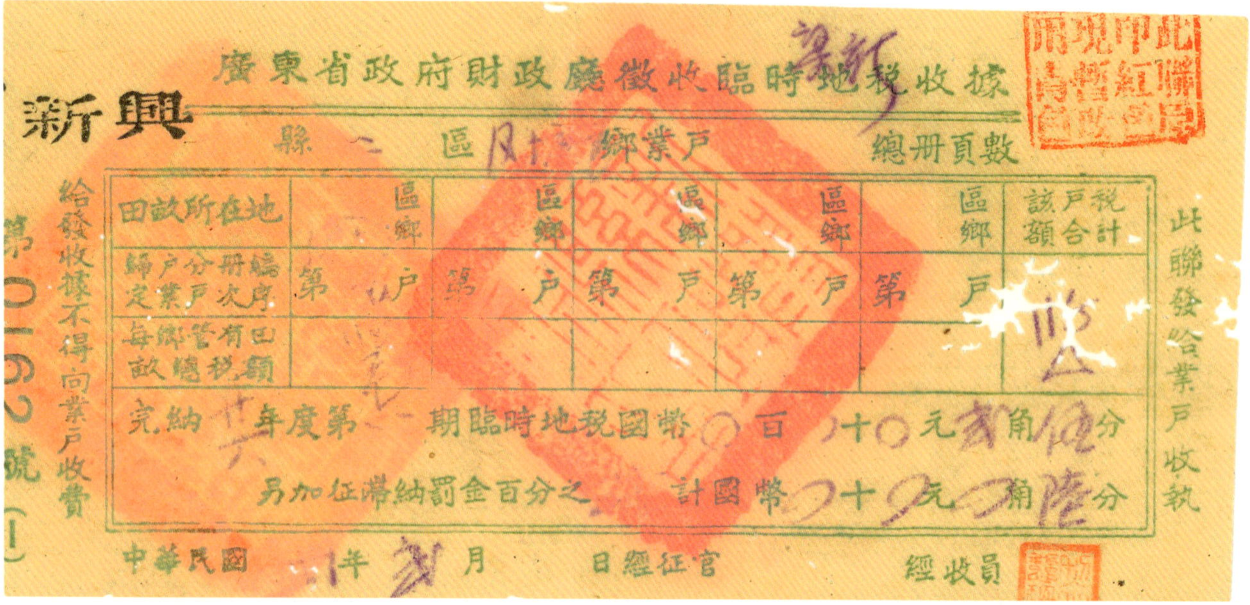

新興

廣東省政府財政廳徵收臨時地稅收據

縣 二 區 鄉 業戶 總册頁數

田畝所在地	區鄉	區鄉	區鄉	區鄉	區鄉	該戶稅額合計
歸戶分册編定業戶次序	第 戶	第 戶	第 戶	第 戶	第 戶	
每鄉管有田畝總稅額						

完納 年度第 期臨時地稅國幣 百 十 元 角 分

另加征滯納罰金百分之 計國幣 十 元 角 分

中華民國 年 月 日經征官 經收員

給發收據不得向業戶收費

第 0162 號 (一)

此聯發給業戶收執

此聯原印紅色現暫改用青色

0045 民国三十年二月新兴县梁新完纳民国二十六年第一、二期临时地税收据

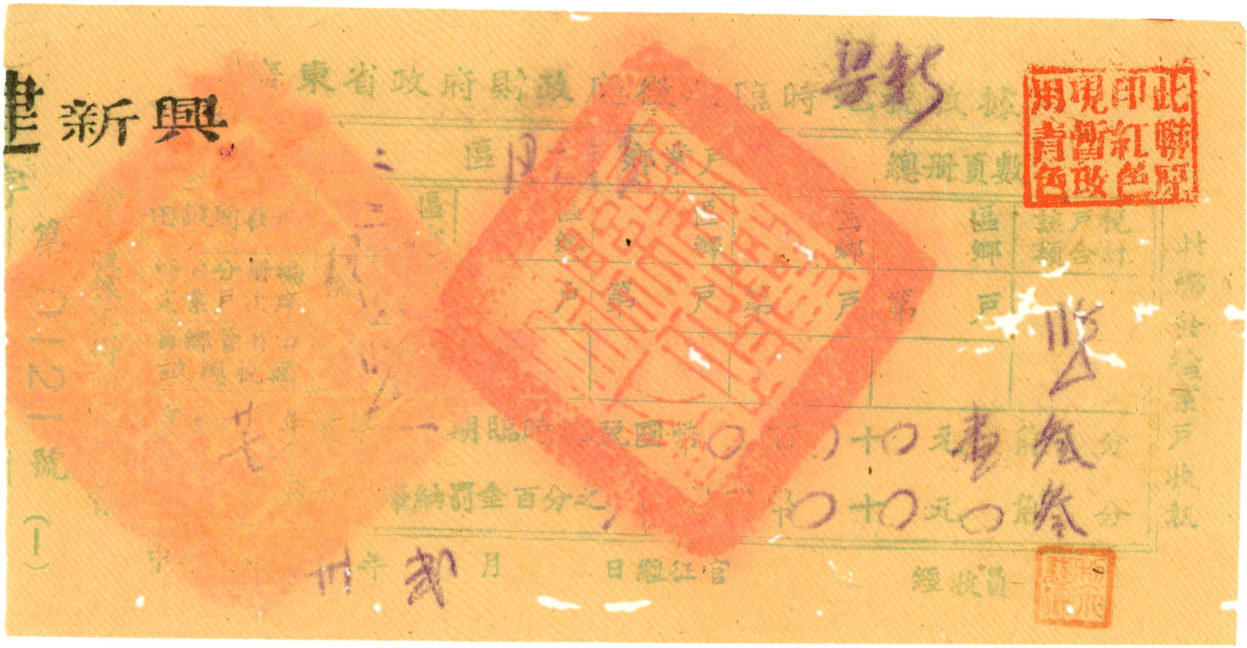

新興

廣東省政府財政廳徵收臨時地稅收據

此聯原印紅色現暫改用青色

0046 民国三十年二月新兴县梁新缴纳民国二十七年第一期临时地税收据

興新
廣東省政府財政廳徵收臨時地稅收據
總冊頁數

0047 民国三十年二月新兴县梁新缴纳民国二十八年第一、二期临时地税收据

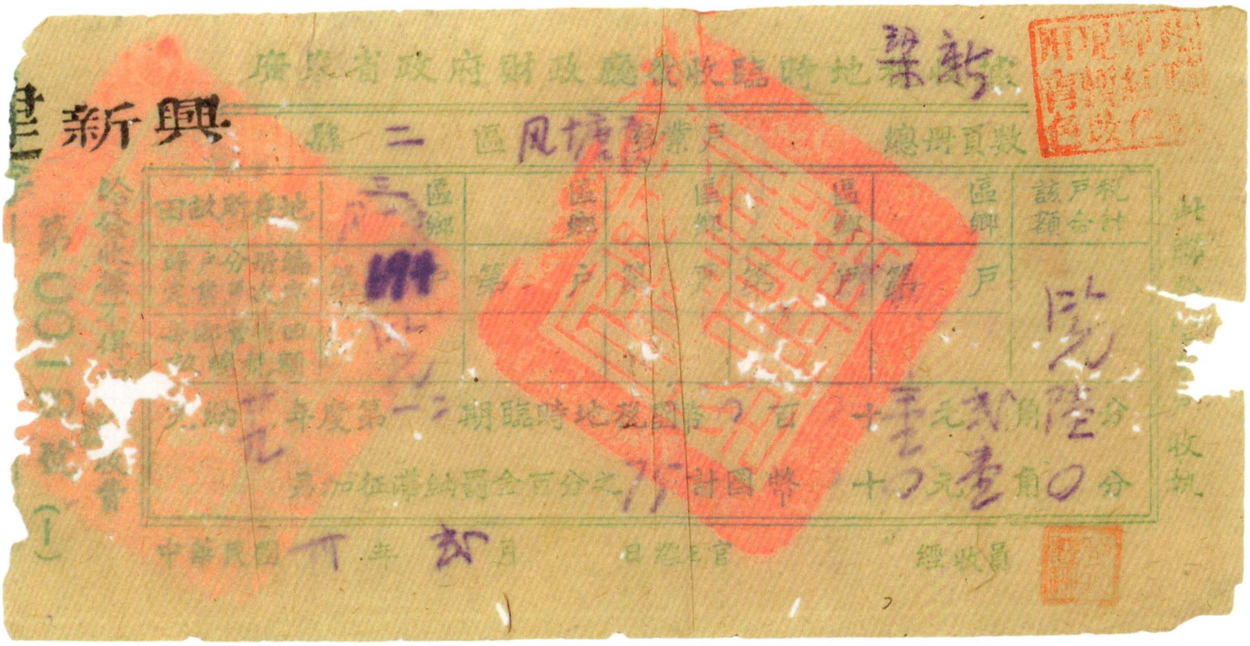

興新
廣東省政府財政廳徵收臨時地稅收據
縣 二 區 業戶 總冊頁數
中華民國 年 月 日 經收員

0048 民国三十年二月新兴县梁新缴纳民国二十九年第一、二期临时地税收据

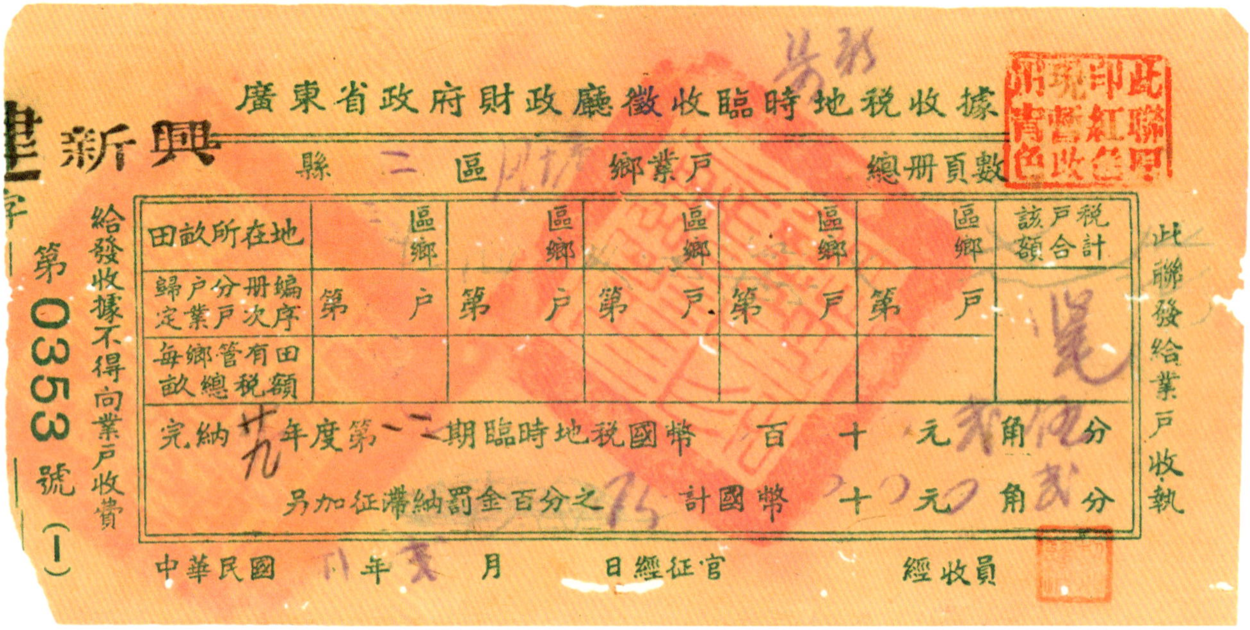

0049-1 民国三十年二月新兴县梁新缴纳民国二十九年第一、二期临时地税收据（正面）

0049-2 民国三十年二月新兴县梁新缴纳民国二十九年第一、二期临时地税收据（背面）

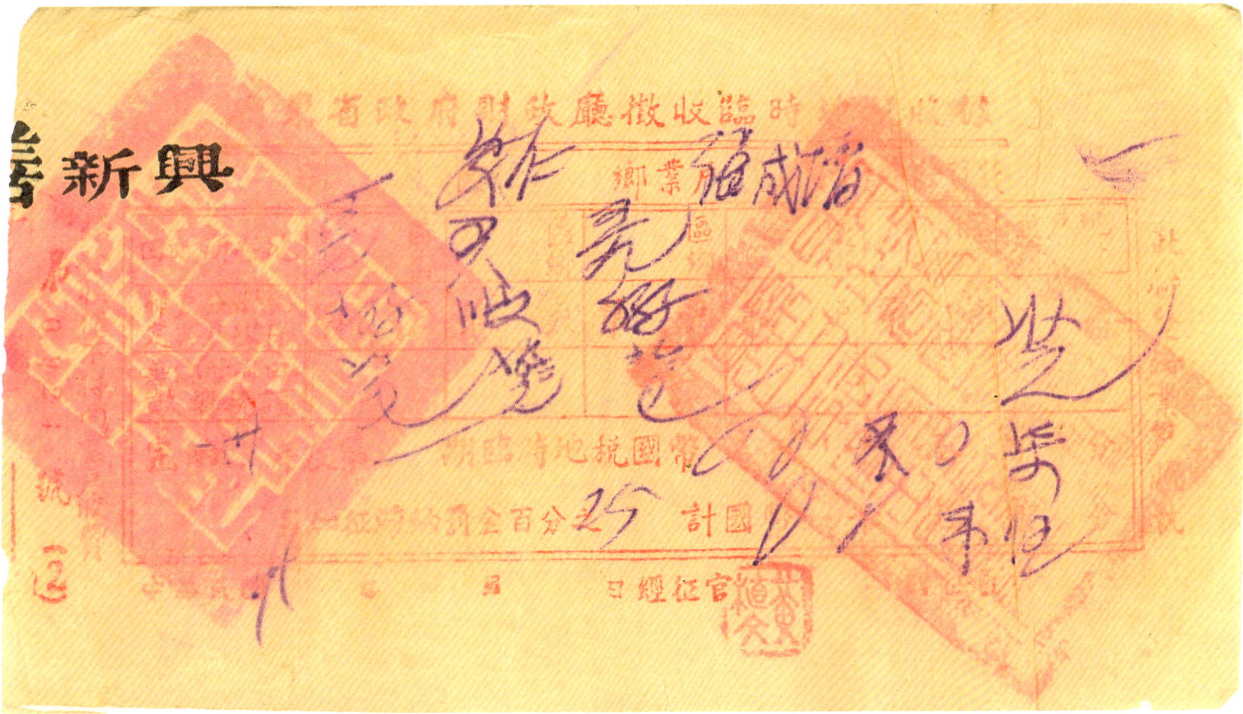

0050 民国三十年新兴县征收张成增民国三十年第一期临时地税收据

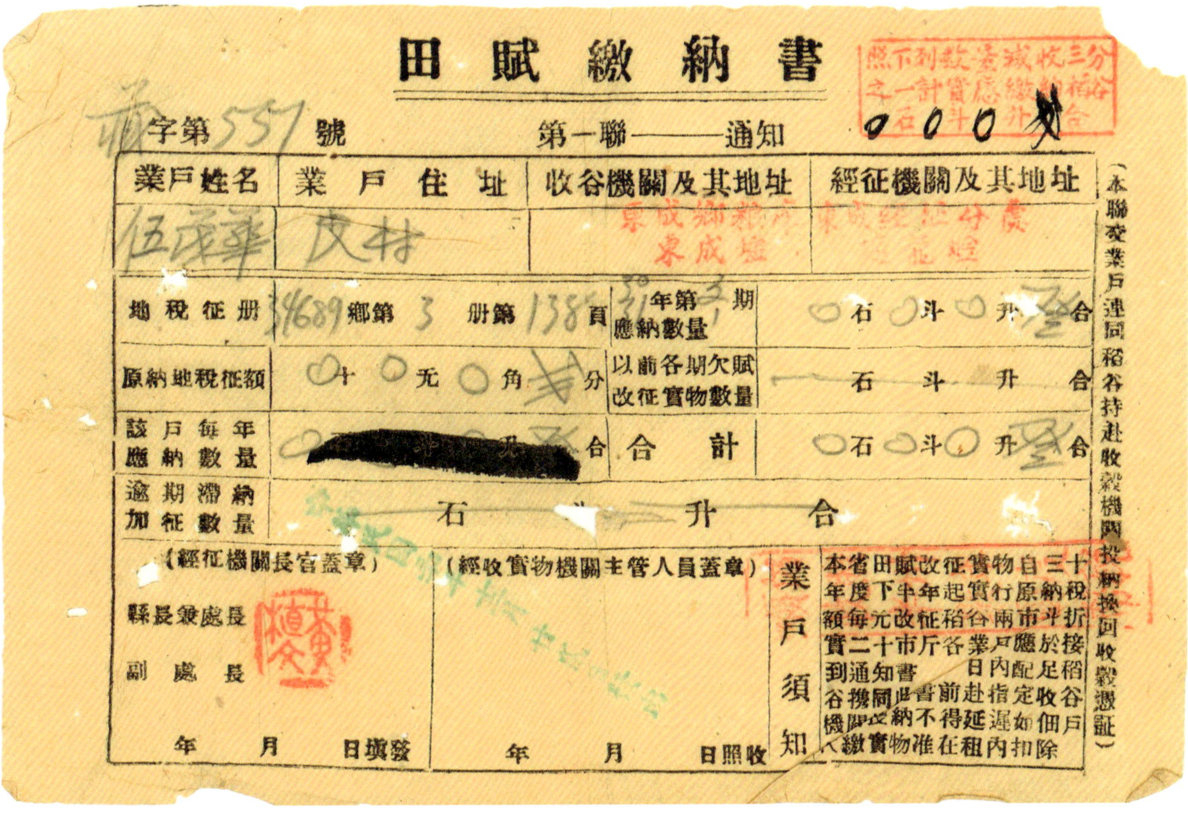

田賦繳納書

字第557號　第一聯——通知　000

業戶姓名	業戶住址	收谷機關及其地址	經征機關及其地址
伍成華	皮村	東成鄉糧倉 東成墟	東成經征分處

地稅征册	34689 鄉第 3 册第 1388 頁	31 年第 期 應納數量	〇石〇斗〇升 合
原納地稅征額	〇十〇元〇角 分	以前各期欠賦改征實物數量	石 斗 升 合
該戶每年應納數量	[redacted] 合	合計	〇石〇斗〇升 合
逾期滯納加征數量	石 斗 升 合		

（經征機關長官蓋章）
縣長兼處長
副處長
年 月 日填發

（經收實物機關主管人員蓋章）
年 月 日照收

業戶須知：本省田賦改征實物自三十年度下半年起實行原納稅額每元改征稻谷兩市斗折實二十市斤各業戶應於接到通知書 日內配足稻谷攜同此書前赴指定收谷機關交納不得延遲如佃戶代繳實物准在租內扣除

（本聯交業戶連同稻谷持赴收穀機關投納換回收穀憑証）

0051 民国三十年至三十一年新兴县伍成华田赋缴纳书

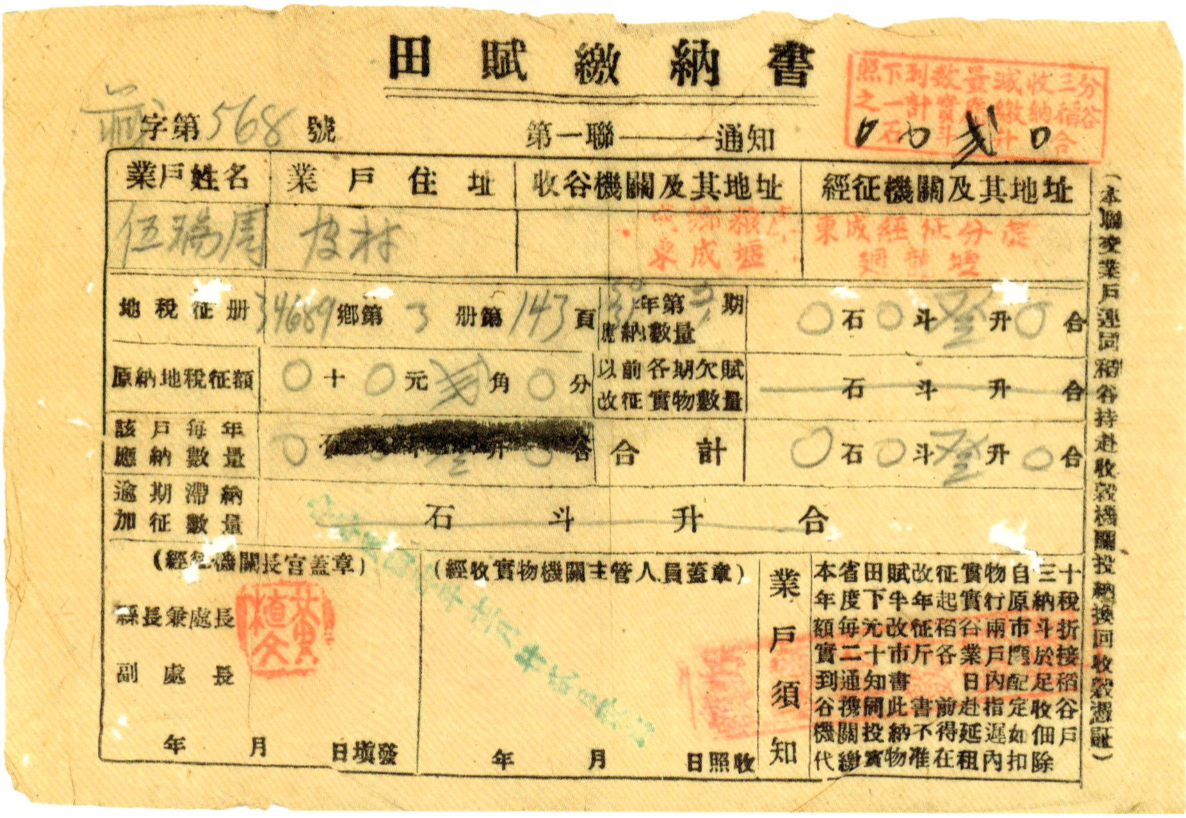

田賦繳納書

照下列數量減收三分之一計實應繳納稻谷〇石〇斗八升〇合

字第568號　　第一聯——通知

業戶姓名	業戶住址	收谷機關及其地址	經征機關及其地址
伍瑞周	良村	東成墟	東成經征分處

地稅征册	34689鄉第3册第143頁	年第 期應納數量	〇石〇斗叁升〇合
原納地稅征額	〇十〇元叁角〇分	以前各期欠賦改征實物數量	石 斗 升 合
該戶每年應納數量	〇 [redacted] 合	合計	〇石〇斗叁升〇合
逾期滯納加征數量	石 斗 升 合		

（經征機關長官蓋章）
縣長兼處長
副處長
年　月　日填發

（經收實物機關主管人員蓋章）
年　月　日照收

業戶須知：本省田賦改征實物自三十年度下半年起實行原納稅額每元改征稻谷兩市斗折實二十市斤各業戶應於接到通知書　日內配足稻谷携同此書前赴指定收谷機關投納不得延遲如佃戶代繳實物准在租內扣除

（本聯交業戶連同稻谷持赴收穀機關投納換回收穀憑証）

0052 民国三十年至三十一年新兴县伍瑞周田赋缴纳书

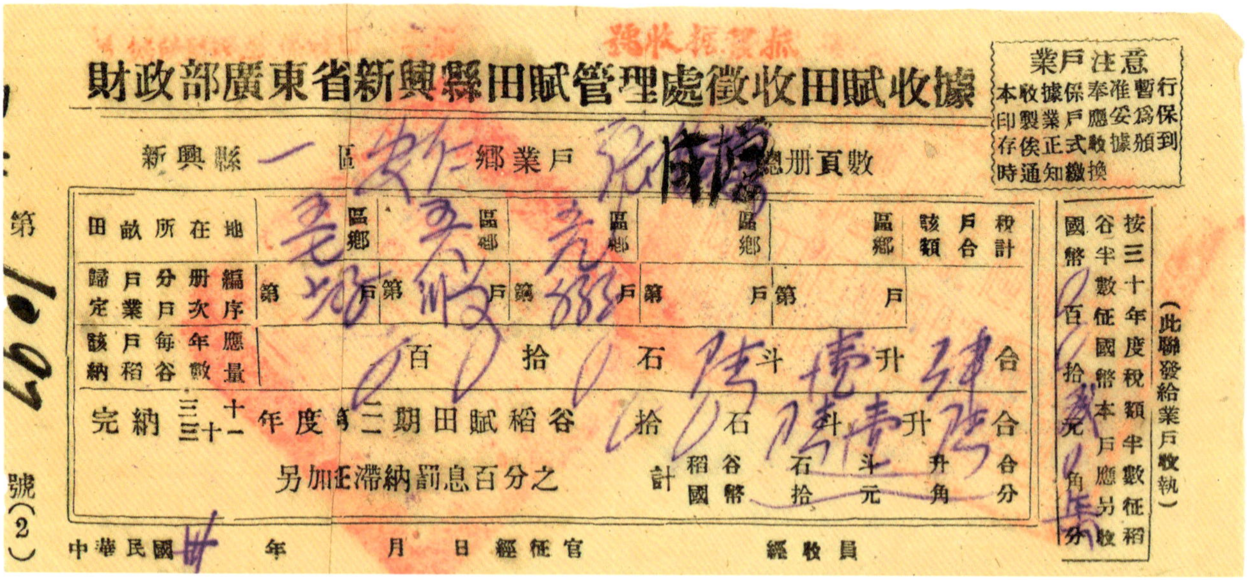

財政部廣東省新興縣田賦管理處徵收田賦收據

業戶注意：本收據係奉准暫行印製業戶應妥為保存俟正式收據頒到時通知繳換

第1093號（2）

新興縣　一　區　鄉業戶　　總册頁數

田畝所在地	區鄉	區鄉	區鄉	區鄉	區鄉　該戶額稅合計
歸戶分册編定業戶次序	第　戶	第　戶	第　戶	第　戶	第　戶
該戶每年應納稻谷數量	百	拾	石	斗　升	合

完納三十/三十一年度第二期田賦稻谷　拾　石　斗　升　合

另加征滯納罰息百分之　　計　稻谷　石　斗　升　合　國幣　拾　元　角　分

中華民國卅　年　月　日　經征官　　經收員

按三十年度稅額半數征稻谷半數征國幣本戶應另收國幣　百　拾　元　角　分

（此聯發給業戶收執）

0053 民国三十年新兴县田赋管理处征收张成源民国三十年第二期及三十一年第一期田赋收据

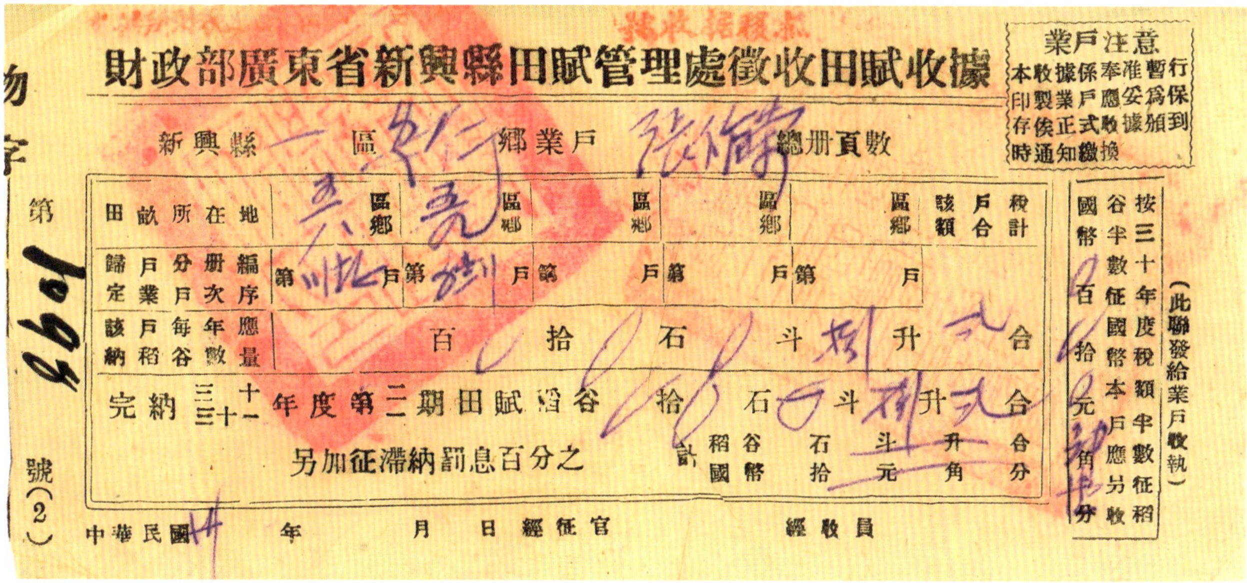

財政部廣東省新興縣田賦管理處徵收田賦收據

業戶注意：本收據係奉准暫行印製業戶應妥為保存俟正式收據頒到時通知繳換

新興縣　區　鄉業戶　總册頁數

田畝所在地	區鄉	區鄉	區鄉	區鄉	區鄉	該戶額合計
歸戶分册編定業戶次序	第　戶	第　戶	第　戶	第　戶	第　戶	
該戶每年應納稻谷數量	百　拾　石　斗　升　合					

完納三十／三十一年度第二期田賦稻谷　拾　石　斗　升　合

另加征滯納罰息百分之　計 稻谷　石　斗　升　合　國幣　拾　元　角　分

中華民國　年　月　日　經征官　經收員

按三十年度稅額半數征稻谷半數征國幣本戶應另收國幣　百　拾　元　角　分

（此聯發給業戶收執）

第　號（2）

0054 民国三十年新兴县田赋管理处征收张作荣民国三十年第二期及三十一年第一期田赋收据

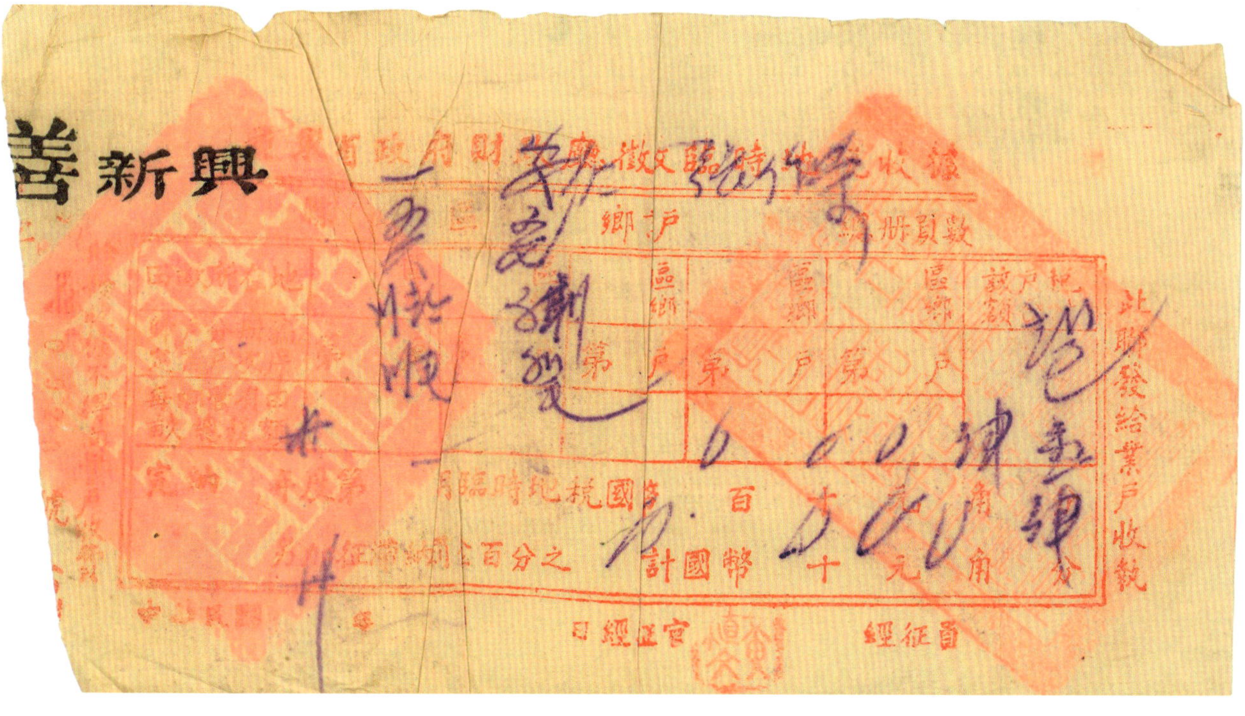

新興

省政府財政廳徵收臨時地稅收據

鄉　戶　總册頁數

區鄉　區鄉　區鄉　該戶額合計

第　戶　第　戶　第　戶

完納　年度第　期臨時地稅國幣　百　十　元　角

另加征滯納罰息百分之　計國幣　十　元　角　分

此聯發給業戶收執

經征官　經征員

0055 民国三十年新兴县征收张作荣临时地税收据

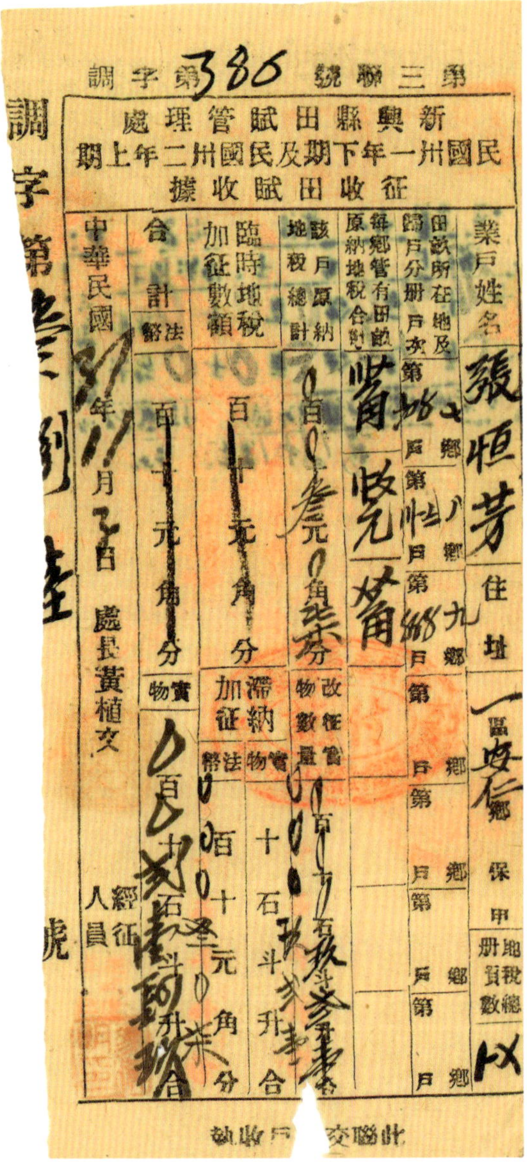
調字第386號 第三聯

新興縣田賦管理處

民國卅一年下期及民國卅二年上期

征收田賦收據

業戶姓名 張恒芳 住址 一區安仁鄉

中華民國卅一年十一月三日 處長黃植文

0056−1 民国三十一年十一月三日新兴县田赋管理处征收张恒芳民国三十一年下期及三十二年上期田赋收据（正面）

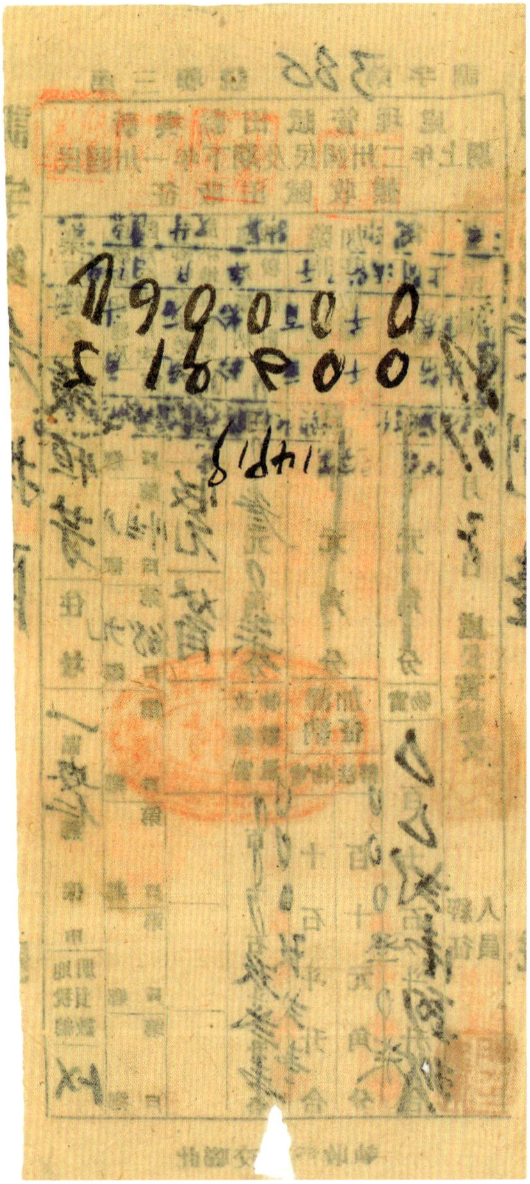

0056−2 民国三十一年十一月三日新兴县田赋管理处征收张恒芳民国三十一年下期及三十二年上期田赋收据（背面）

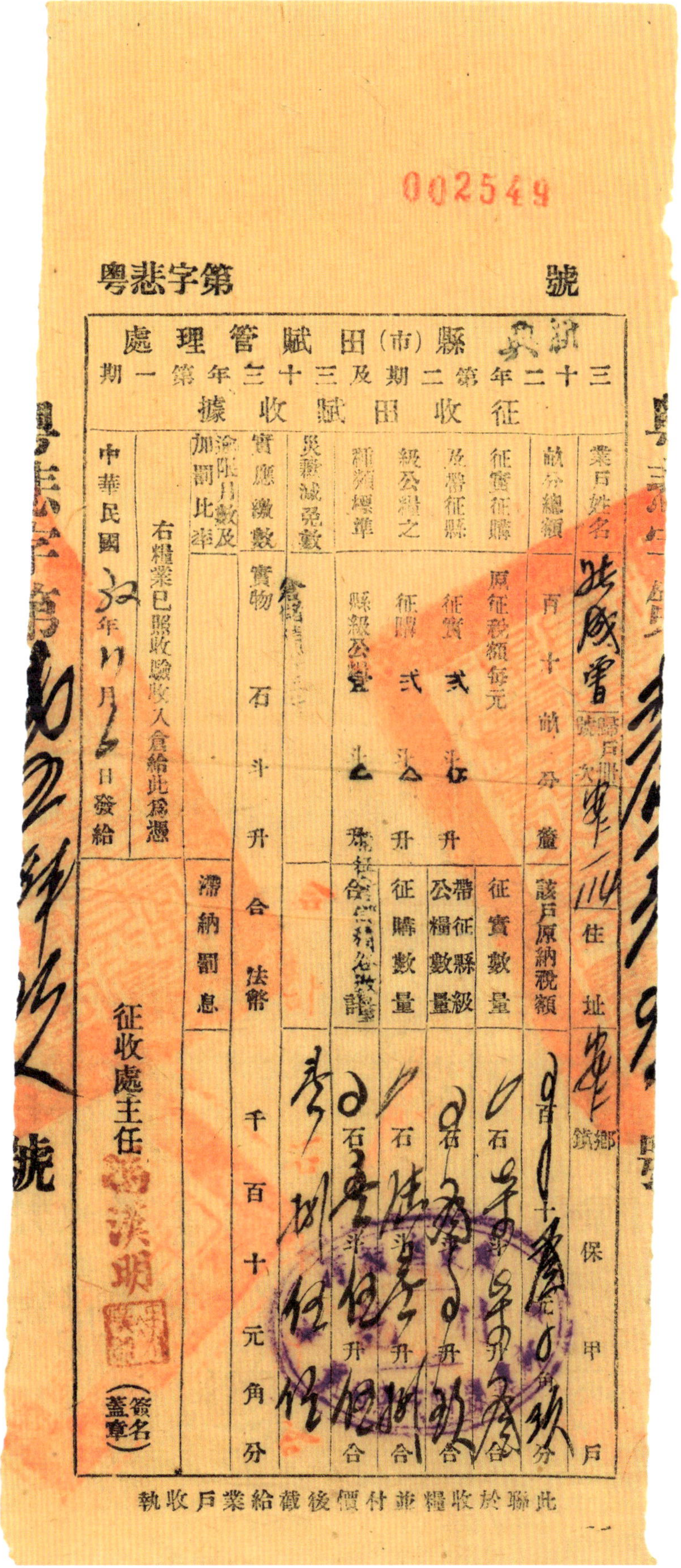

002549

粤悲字第　　號

新興縣（市）田賦管理處

三十二年第二期及三十三年第一期

征收田賦收據

業戶姓名　張成增

畝分總額　百　十　畝　分　釐

征實征購及帶征縣級公糧之種類標準　原征稅額每元　征實　式　斗　升　征購　式　斗　升　縣級公糧　斗　升　合

災歉減免數

實應繳數　實物　石　斗　升　合　法幣　千　百　十　元　角　分

逾限月數及加罰比率

滯納罰息

該戶原納稅額　百　十　元　角　分

征實數量　石　斗　升　合

帶征縣級公糧數量　石　斗　升　合

征購數量　石　斗　升　合

住址　　鄉鎮　保　甲　戶

右糧業已照收驗收入倉給此為憑

中華民國32年11月6日發給

征收處主任（簽名蓋章）

此聯於收糧並付價後截給業戶收執

0057 民国三十二年十一月六日新兴县田赋管理处征收张成增民国三十二年第二期及三十三年第一期田赋收据

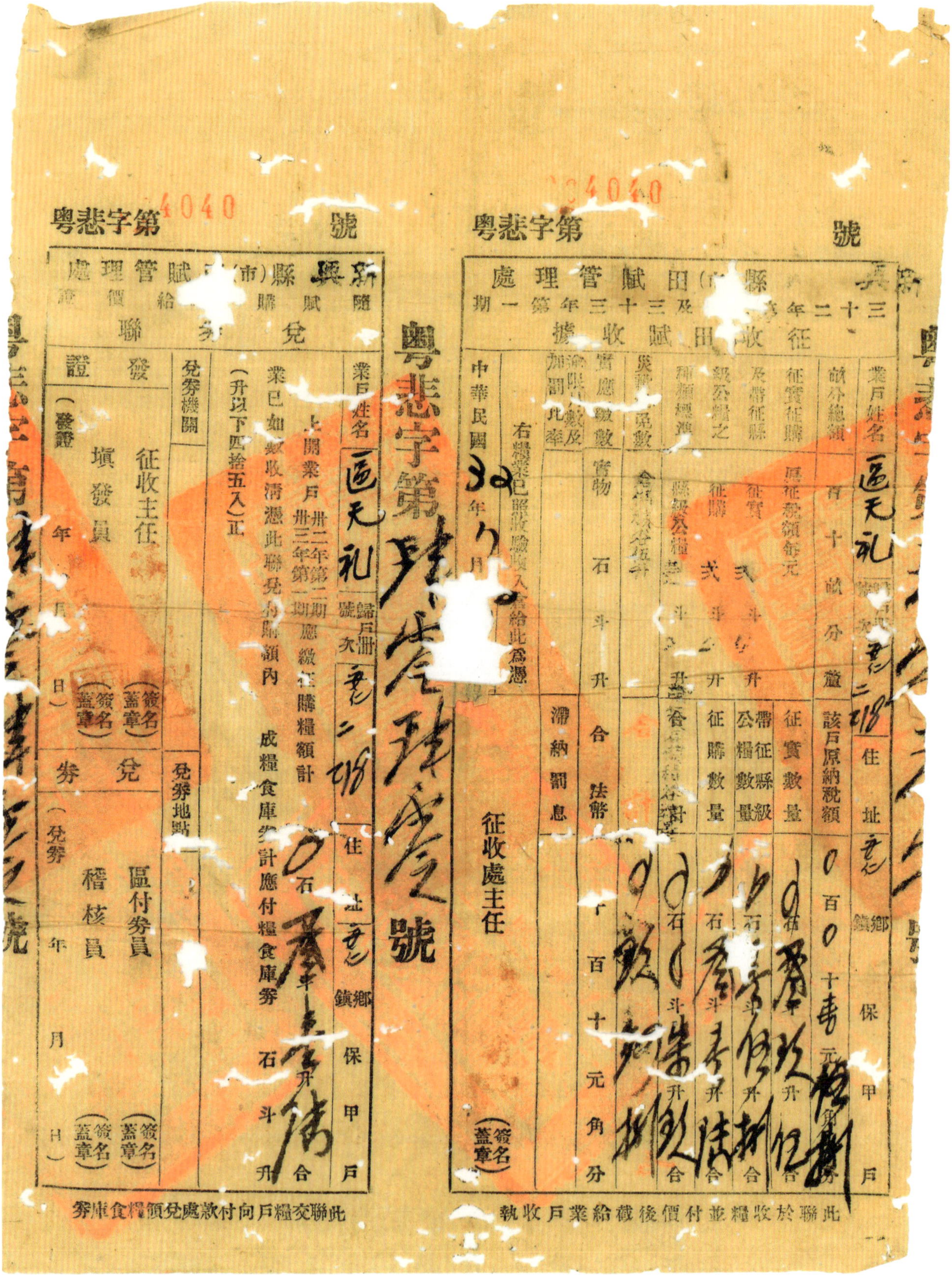

0058 民国三十二年十一月新兴县田赋管理处征收区天礼民国三十二年第二期及三十三年第一期田赋收据

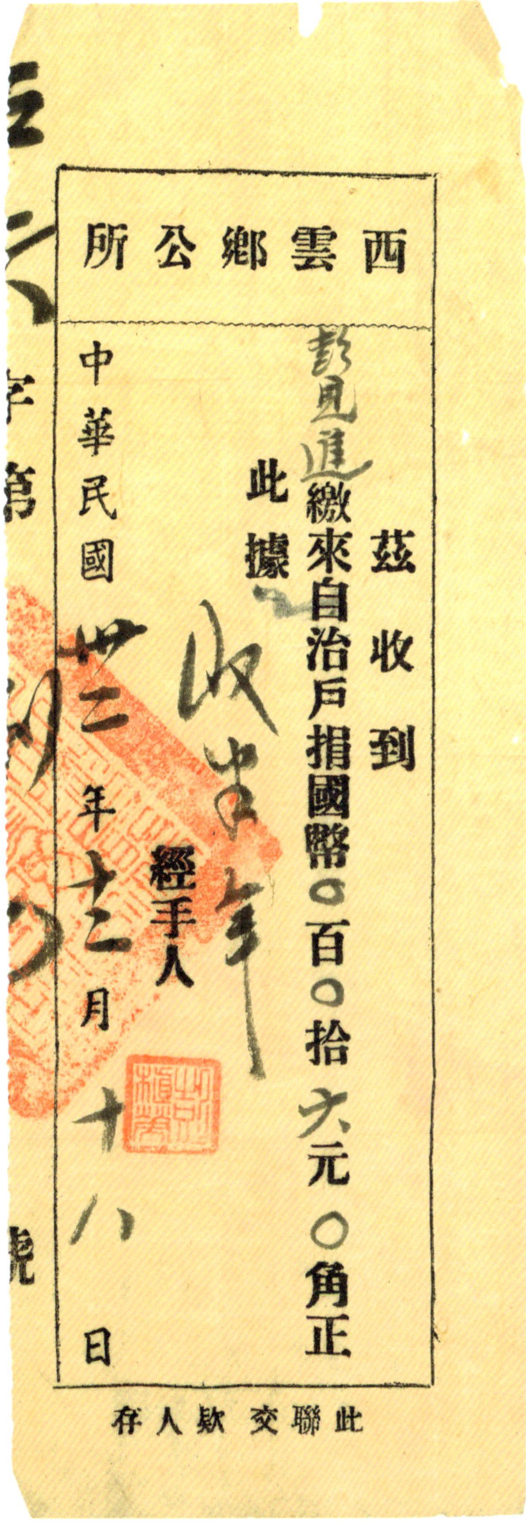

西雲鄉公所

茲收到

彭恩進繳來自治戶捐國幣○百○拾六元○角正

此據

經手人

中華民國卅二年十二月十八日

此聯交款人存

0059 民国三十二年十二月十六日新兴县西云乡彭恩进缴纳自治户捐收据

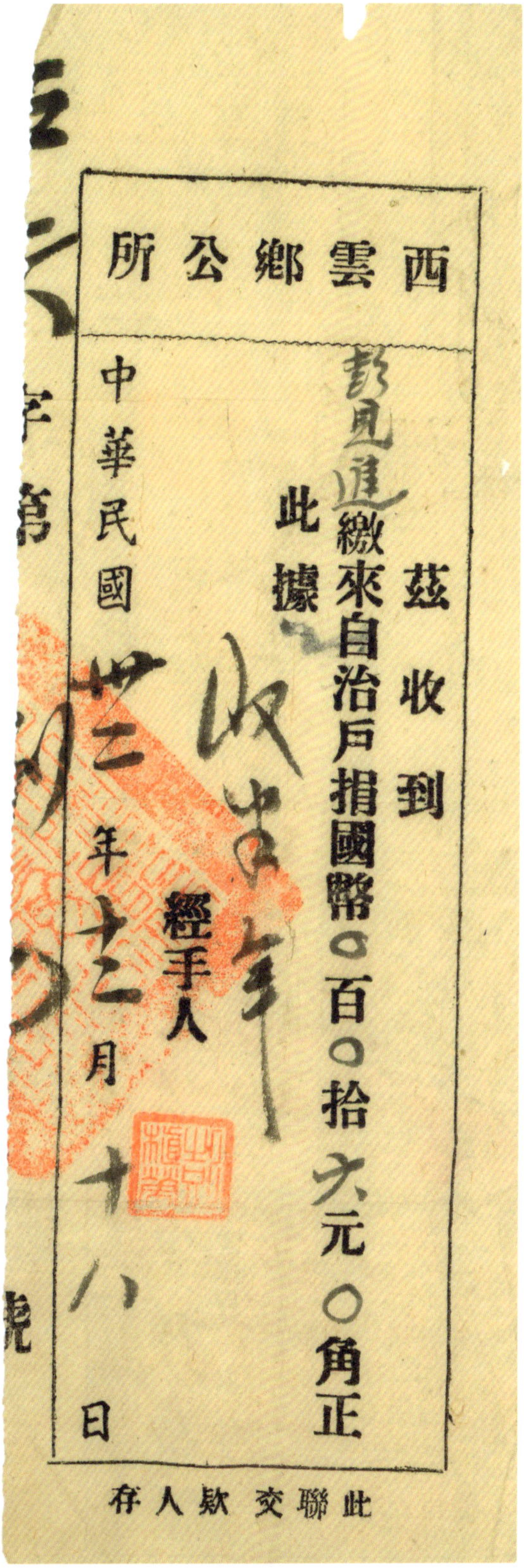

西雲鄉公所

茲收到

彭恩進繳來自治戶捐國幣○百○拾六元○角正

此據

經手人

中華民國卅二年十二月十八日

此聯交款人存

0060 民国三十二年十二月十八日新兴县西云乡彭是进缴纳自治户捐收据

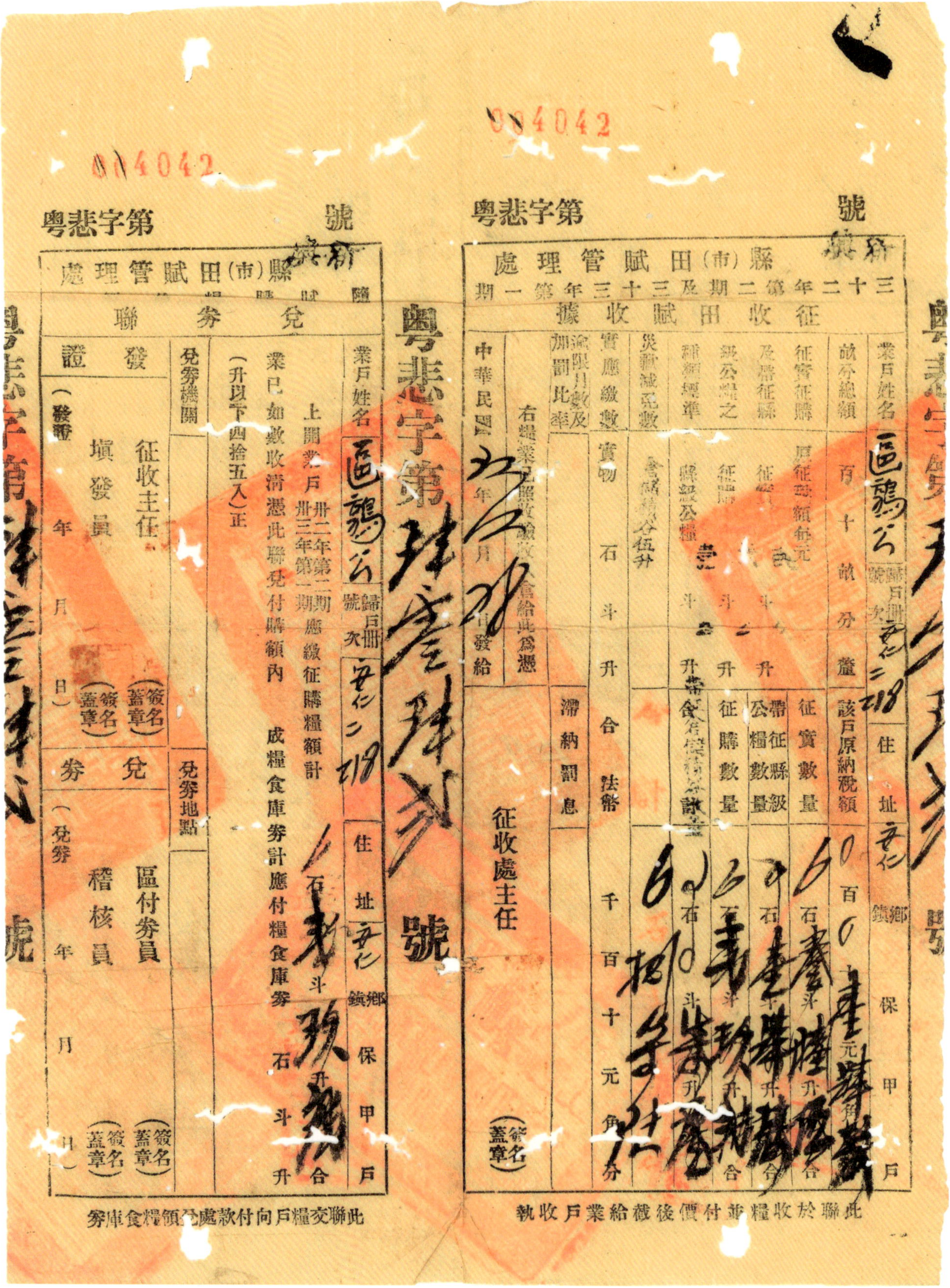

0061 民国三十二年十二月二十八日新兴县田赋管理处征收区鹤公民国三十二年第二期及三十三年第一期田赋收据

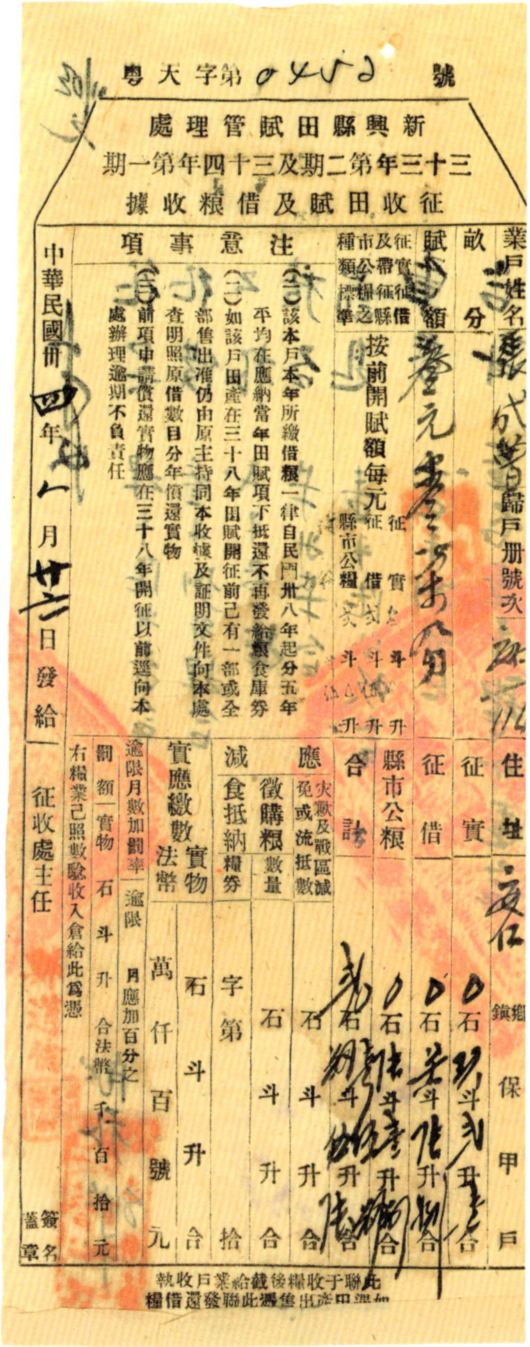

粤大字第0452号

新兴县田赋管理处
三十三年第二期及三十四年第一期
征收田赋及借粮收据

业户姓名 张成曾　归户册号次
亩分
赋额 叁元壹角
征实征借及市县公粮之种类标准：按前开赋额每元征实　斗　征借　斗　县市公粮　斗　升

注意事项
（一）该本户本年所缴借粮一律自民国卅八年起分五年平均在应纳当年田赋项下抵还不再发给粮食库券
（二）如该户田产在三十八年田赋开征前已有一部或全部售出准仍由原主持同本收据及证明文件向本处查明照原借数目分年偿还实物
（三）前项申请偿还实物应在三十八年开征以前送向本处办理逾期不负责任

中华民国卅四年一月廿六日发给
征收处主任

住址　乡镇　保　甲　户
征实　石　斗　升　合
征借　石　斗　升　合
县市公粮　石　斗　升　合
合计　石　斗　升　合
应免缴数 灾歉及战区减免或流抵数　石　斗　升　合
征购粮 数量　石　斗　升　合
减食抵纳粮券　字第　号
实应缴数 实物　石　斗　升　合
法币　万　仟　百　拾　元
逾限月数加罚率　逾限　月应加百分之
罚额 实物　石　斗　升　合　法币　千　百　拾　元
右粮业已照数验收入仓给此为凭
签名盖章

此联于收粮后截给业户收执
如遇田产出售凭此联发还借粮

0062—1 民国三十四年一月二十六日新兴县田赋管理处征收张成曾民国三十三年第二期及三十四年第一期田赋及借粮收据（正面）

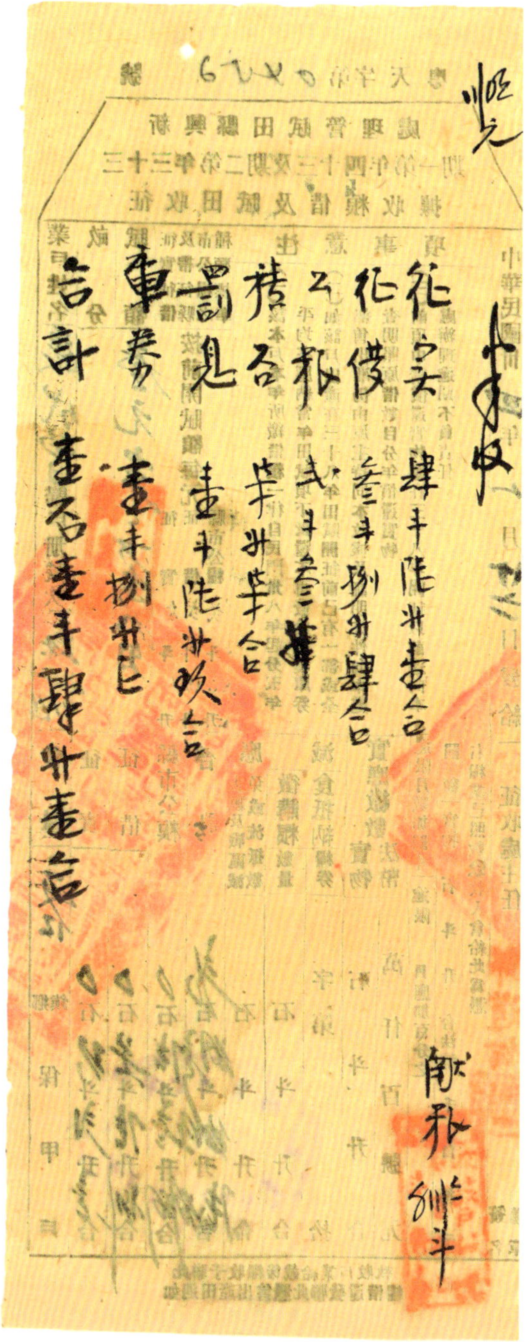

征实 肆斗陆升壹合
征借 叁斗捌升肆合
公粮 贰斗叁升
积谷 半斗半合
罚息 壹斗陆升玖合
串票 壹斗捌升
合计 壹石壹斗肆升壹合

0062—2 民国三十四年一月二十六日新兴县田赋管理处征收张成曾民国三十三年第二期及三十四年第一期田赋及借粮收据（背面）

0063 民国三十五年十一月十日新兴县田赋管理处征收伍联合民国三十四年第二期及三十五年第一期田赋及征借粮食通知单

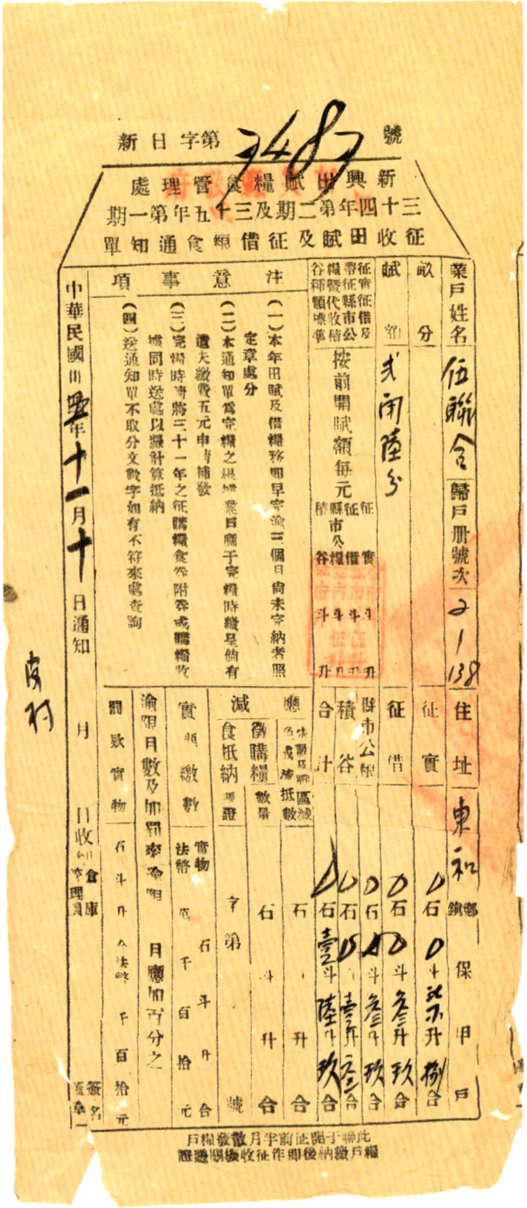

新日字第 3487 號

新興田賦糧食管理處
三十四年第二期及三十五年第一期
征收田賦及征借糧食通知單

業戶姓名：伍聯合　歸戶冊號次：2/138　住址：東和鄉鎮　保　甲　戶

畝分　賦額：弍角陸分　按前開賦額每元征實　征借　縣市公積谷

注意事項
（一）本年田賦及借糧務期早完逾三個月尚未完納者照定章處分
（二）本通知單為完糧之根據業戶應于完糧時繳呈倘有遺失繳費五元申請補發
（三）完糧時準將三十一年之征購糧食券附券或購糧收據同時送處以憑計算抵納
（四）送通知單不取分文數字如有不符來處查詢

中華民國卅四年十一月十日通知

此聯于開征前半月散發糧戶
糧戶繳納後即作征收機關憑證

0064 民国三十五年十一月十日新兴县田赋管理处征收伍瑞周民国三十四年第二期及三十五年第一期田赋及征借粮食通知单

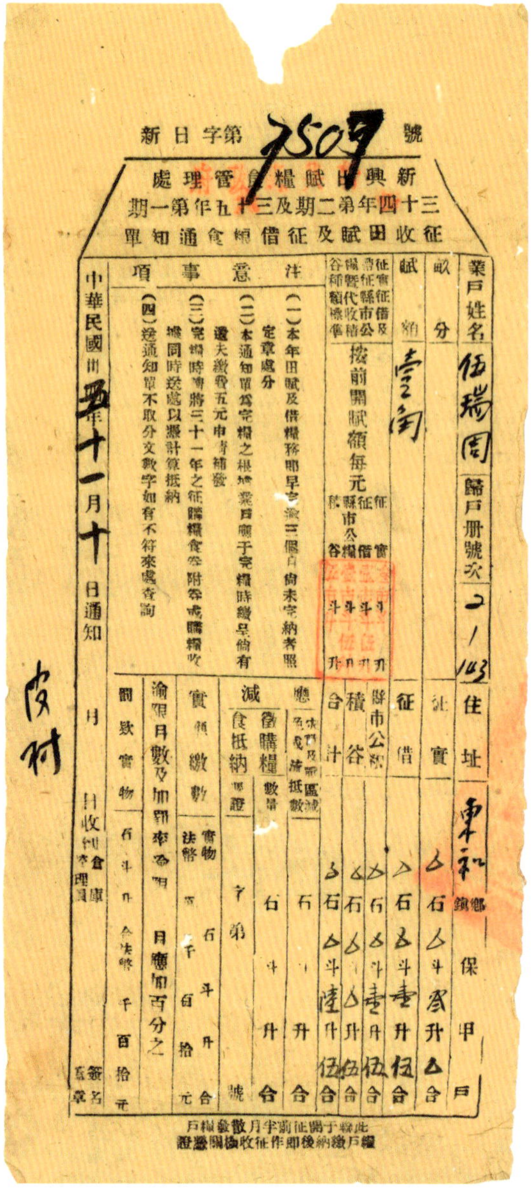

新日字第 7509 號

新興田賦糧食管理處
三十四年第二期及三十五年第一期
征收田賦及征借糧食通知單

業戶姓名：伍瑞周　歸戶冊號次：2/103　住址：東和鄉鎮　保　甲　戶

畝分　賦額：壹角　按前開賦額每元征實　征借　縣市公積谷

注意事項
（一）本年田賦及借糧務期早完逾三個月尚未完納者照定章處分
（二）本通知單為完糧之根據業戶應于完糧時繳呈倘有遺失繳費五元申請補發
（三）完糧時準將三十一年之征購糧食券附券或購糧收據同時送處以憑計算抵納
（四）送通知單不取分文數字如有不符來處查詢

中華民國卅四年十一月十日通知

此聯于開征前半月散發糧戶
糧戶繳納後即作征收機關憑證

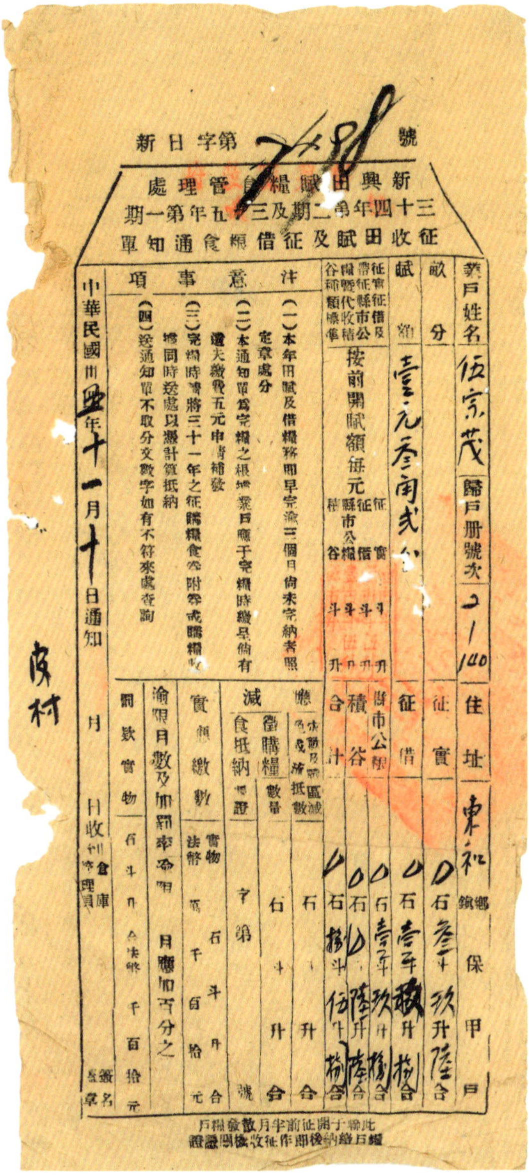
新日字第　號
新興田賦糧食管理處
三十四年第二期及三十五年第一期
征收田賦及征借糧食通知單
業戶姓名 伍宗茂　歸戶冊號次 2/140　住址 東和 鄉鎮 保 甲 戶
畝分
賦額 壹元叁角弍分
征實　征借
征實征借及縣市公積谷標準：按前開賦額每元 征實 斗 升；征借 斗 升；縣市公積谷 斗 升
注意事項
(一)本年田賦及借糧務期早完逾三個月尚未完納者照定章處分
(二)本通知單為完糧之根據業戶應于完糧時繳呈倘有遺失繳費五元申請補發
(三)完糧時需將三十一年之征購糧食券附券或購糧收據同時送處以憑計算抵納
(四)送通知單不取分文數字如有不符來處查詢
征實　征借　縣市公積谷　合計
應減免數　減征購糧數量　食糧抵納憑證
實繳數　實物 石 斗 升 合　法幣 萬 千 百 拾 元
逾限月數及加罰率　月應加罰百分之
罰款實物 石 斗 升 合　法幣 千 百 拾 元
中華民國卅四年十一月十日通知　月　日收　征收倉庫管理員 簽名蓋章
此聯于開征前半月散發糧戶 糧戶繳納後作征收憑證

0065 民国三十五年十一月十日新兴县田赋管理处征收伍宗茂民国三十四年第二期及三十五年第一期田赋及征借粮食通知单

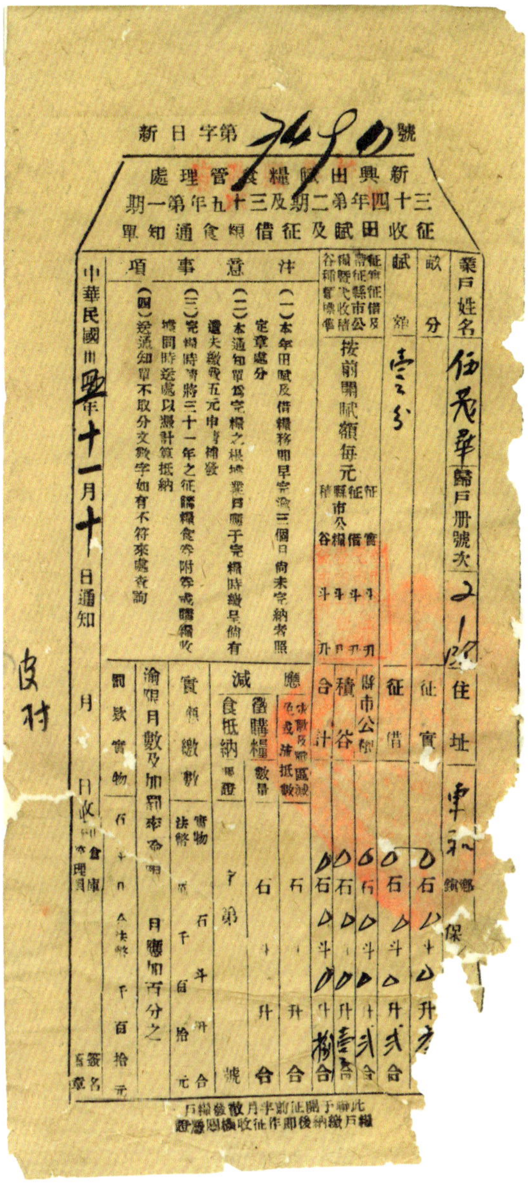
新日字第　號
新興田賦糧食管理處
三十四年第二期及三十五年第一期
征收田賦及征借糧食通知單
業戶姓名 伍志華　歸戶冊號次　住址 東和 鄉鎮 保
畝分
賦額 壹分
征實　征借
征實征借及縣市公積谷標準：按前開賦額每元 征實 斗 升；征借 斗 升；縣市公積谷 斗 升
注意事項
(一)本年田賦及借糧務期早完逾三個月尚未完納者照定章處分
(二)本通知單為完糧之根據業戶應于完糧時繳呈倘有遺失繳費五元申請補發
(三)完糧時需將三十一年之征購糧食券附券或購糧收據同時送處以憑計算抵納
(四)送通知單不取分文數字如有不符來處查詢
征實　征借　縣市公積谷　合計
應減免數　減征購糧數量　食糧抵納憑證
實繳數　實物 石 斗 升 合　法幣 萬 千 百 拾 元
逾限月數及加罰率　月應加罰百分之
罰款實物 石 斗 升 合　法幣 千 百 拾 元
中華民國卅四年十一月十日通知　月　日收　征收倉庫管理員 簽名蓋章
此聯于開征前半月散發糧戶 糧戶繳納後作征收憑證

0066 民国三十五年十一月十日新兴县田赋管理处征收伍志华民国三十四年第二期及三十五年第一期田赋及征借粮食通知单

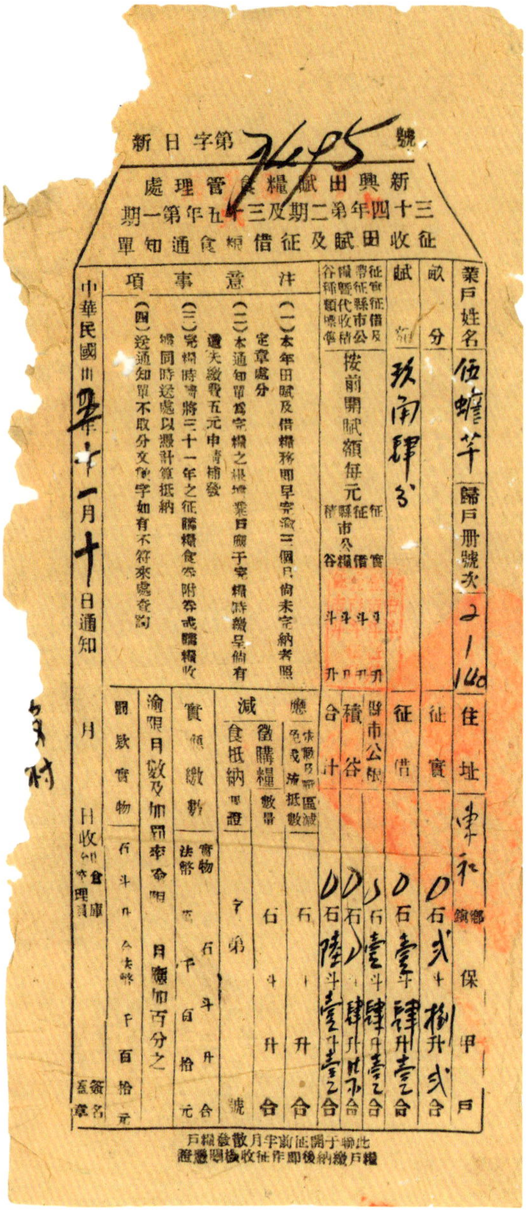

新日字第 7495 號

新興田賦糧食管理處
三十四年第二期及三十五年第一期
征收田賦及征借糧食通知單

業戶姓名：伍蟾芊　歸戶冊號次：21140

注意事項
（一）本年田賦及借糧務期早完，逾三個月尚未完納者，照定章處分
（二）本通知單為完糧之根據，業戶應于完糧時繳呈，倘有遺失，繳費五元申請補發
（三）完糧時得將三十一年之征購糧食券附券或購糧收據同時送處，以憑計算抵納
（四）送通知單不取分文，倘字如有不符，來處查詢

中華民國卅五年十一月十日通知

0067 民国三十五年十一月十日新兴县田赋管理处征收伍蟾芊民国三十四年第二期及三十五年第一期田赋及征借粮食通知单

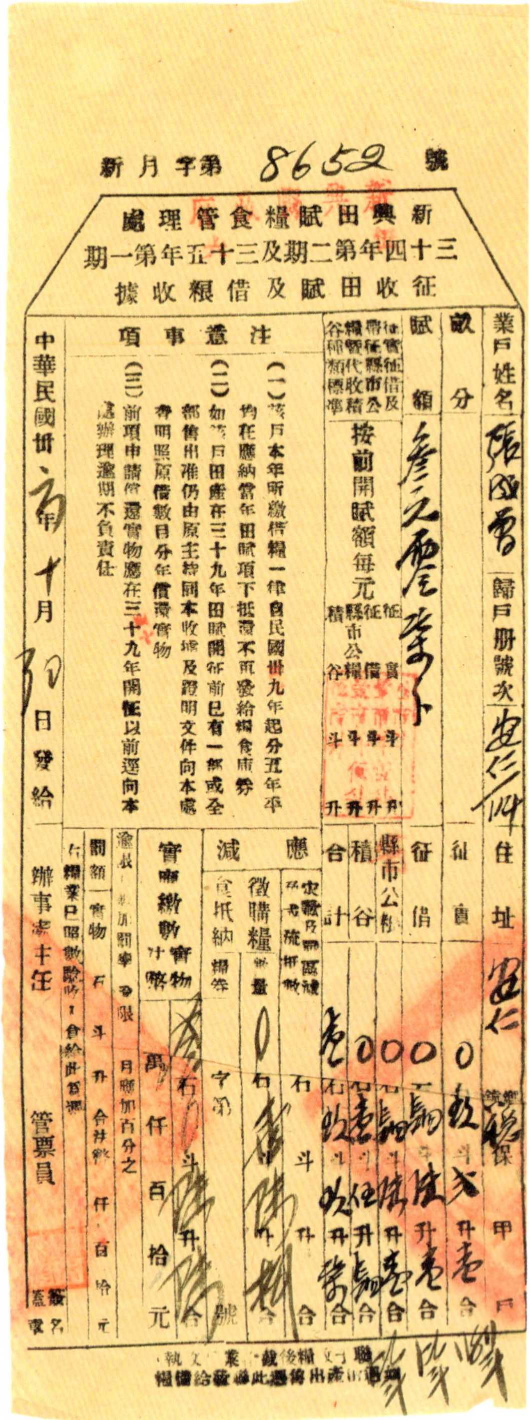

新月字第 8652 號

新興田賦糧食管理處
三十四年第二期及三十五年第一期
征收田賦及借糧收據

業戶姓名：張成曾

注意事項
（一）該戶本年所繳借糧一律自民國卅九年起分五年平均在應納當年田賦項下抵還，不再發給糧食庫券
（二）如該戶田產在三十九年田賦開征前已有一部或全部售出，准仍由原主持同本收據及證明文件向本處申明，照原借數目分年償還實物
（三）前項申請償還實物應在三十九年開征以前逕向本處辦理，逾期不負責任

中華民國卅六年十月卅日發給

0068 民国三十六年十月三十日新兴县田赋管理处征收张成曾民国三十四年第二期及三十五年第一期田赋及借粮收据

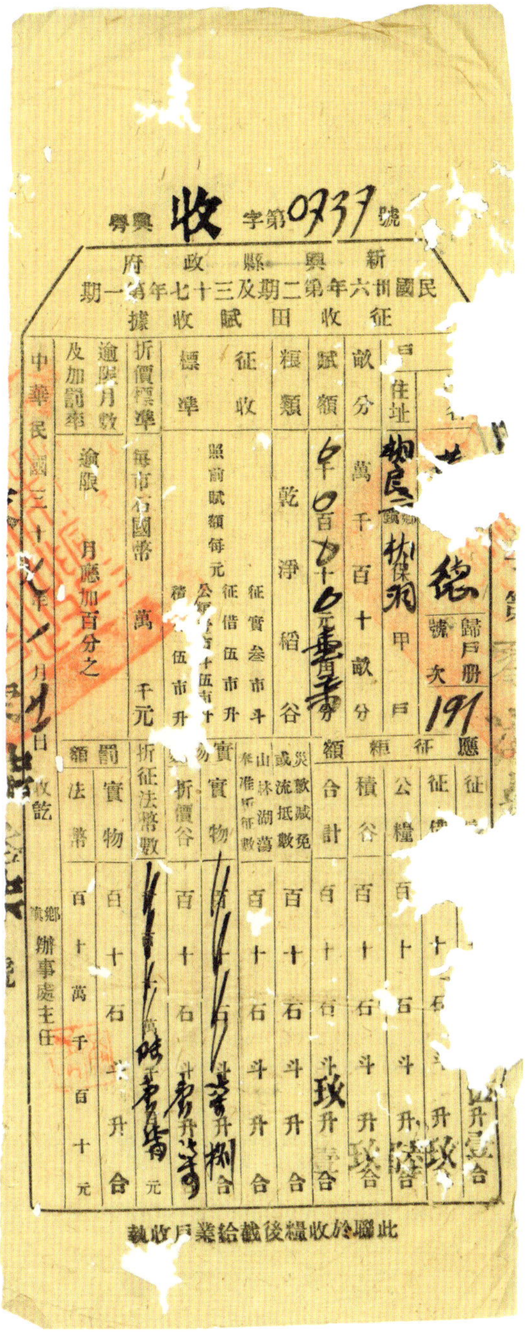
興粵 收 字第0737號

新興縣政府

民國卅六年第二期及三十七年第一期

征收田賦收據

此聯於收糧後截給業戶收執

0069 民国三十七年一月二十一日新兴县政府征收□□德民国三十六年第二期及三十七年第一期田赋收据

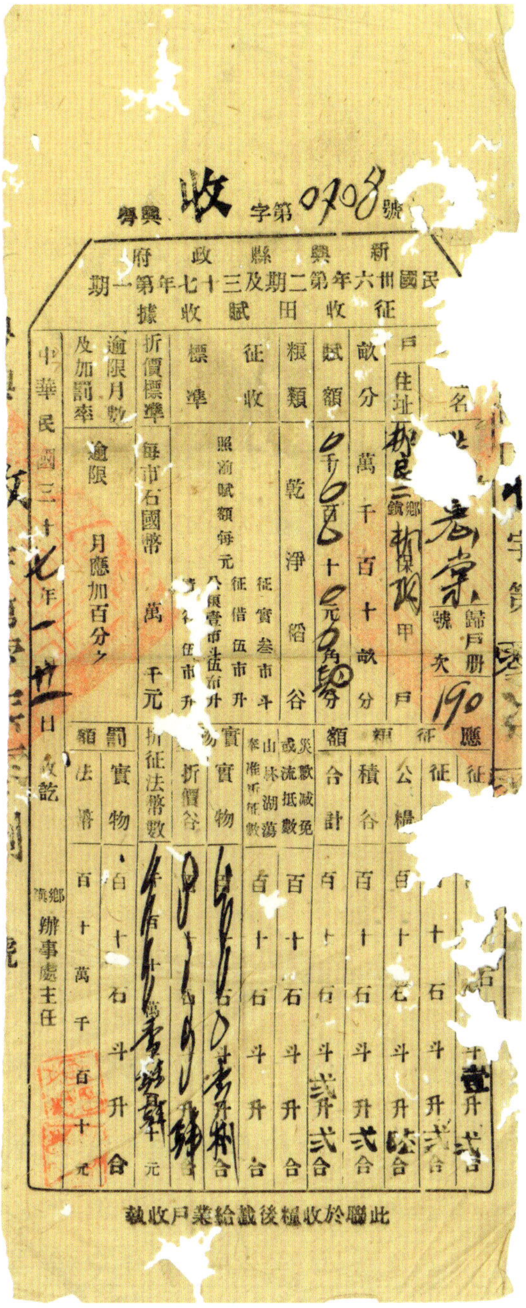
興粵 收 字第0708號

新興縣政府

民國卅六年第二期及三十七年第一期

征收田賦收據

此聯於收糧後截給業戶收執

0070 民国三十七年一月二十一日新兴县政府征收□□棠民国三十六年第二期及三十七年第一期田赋收据

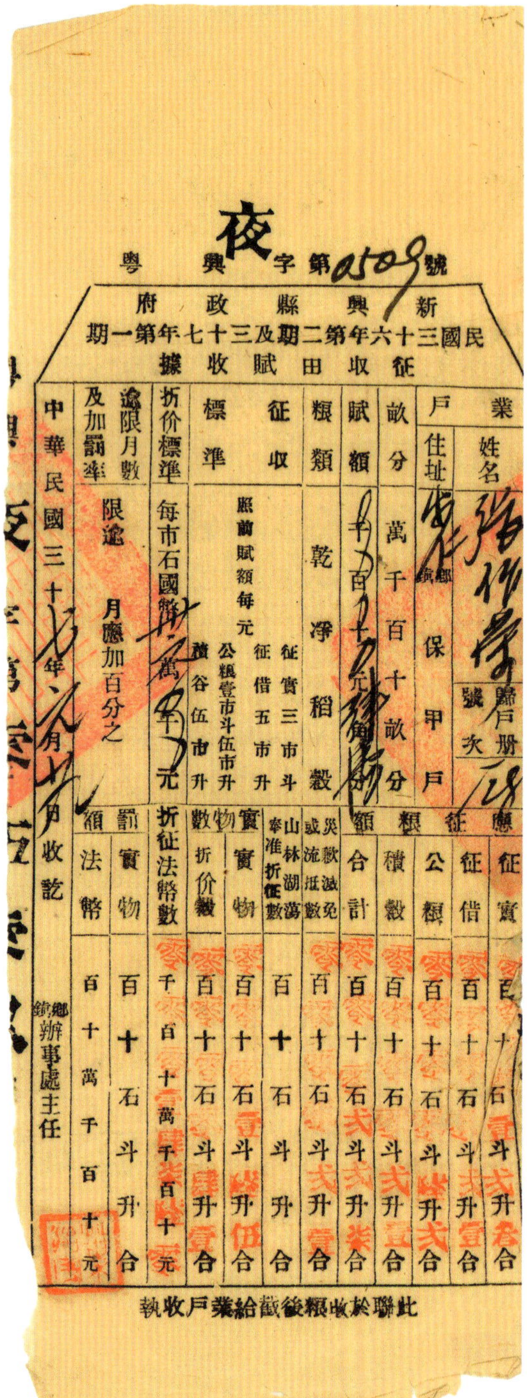
粵興字第0509號

新興縣政府

民國三十六年第二期及三十七年第一期

征收田賦收據

業戶	姓名	張作榮
	住址	鄉鎮 保 甲 戶
	戶冊號次	
畝分		萬千百十畝分
賦額		千百十元角分
糧類		乾淨稻穀
征收標準		照前賦額每元 征實三市斗 征借五市升 積谷伍市升 公糧壹市斗伍市升
折价標準		每市石國幣 萬 千 元
逾限月數及加罰率		限逾 月應加百分之

應征實	百十石斗升合
征借	百十石斗升合
公糧	百十石斗升合
積穀	百十石斗升合
合計	百十石斗升合
災歉減免或流抵數	百十石斗升合
山林湖蕩奉准折征數	百十石斗升合
實物	百十石斗升合
折价數	百十石斗升合
折征法幣數	千百十萬千百十元
罰額 實物	百十石斗升合
罰額 法幣	百十萬千百十元

中華民國三十七年元月廿九日收訖

鄉鎮辦事處主任

此聯於收糧後截給業戶收執

0071 民国三十七年元月二十九日新兴县政府征收张作荣民国三十六年第二期及三十七年第一期田赋收据

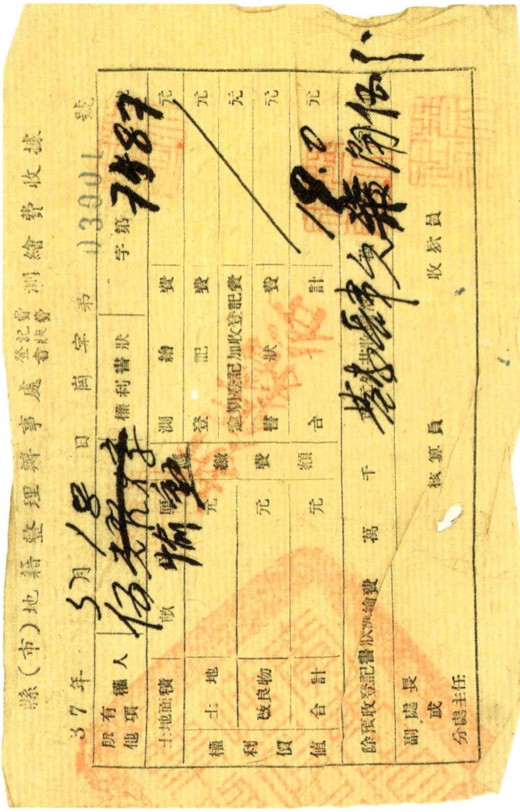
縣（市）地籍整理辦事處 登記費 測繪費 收據

37年 5月18日 商字第 13901 字第 7483 號

所有權人 伍愉勛

測繪費、登記費、書狀費、合計

收款員 核算員 副處長 分處主任

0072 民国三十七年五月十八日新兴县伍愉勋测绘费收据

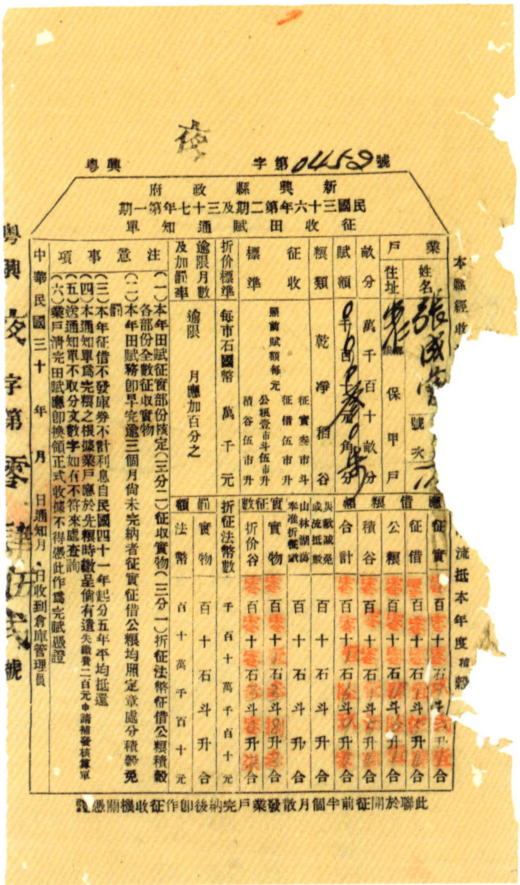
粵興　字第0452號

新興縣政府
民國三十六年第二期及三十七年第一期
征收田賦通知單

業戶 姓名 張成曾　住址 鄉 保 甲 戶 號次
畝分 萬 千 百 十 畝 分
賦額
糧類 乾淨稻谷
征收標準 照前賦額每元 征實叁市斗 征借伍市升 公糧壹市斗伍市升 積谷伍市升
折价標準 每市石國幣 萬 千 元
逾限月數及加罰率 逾限 月應加百分之
應征糧額 征實 征借 公糧 積谷 合計 百 十 石 斗 升 合
災歉減免成流抵數 百 十 石 斗 升 合
山林湖蕩率准折征 百 十 石 斗 升 合
實征數 實物 折价谷 百 十 石 斗 升 合
折征法幣數 千 百 十 萬 千 百 十 元
罰額 實物 百 十 石 斗 升 合　法幣 百 十 萬 千 百 十 元

注意事項
(一)本年田賦征實部份核定(三分二)征收實物(三分一)折征法幣征借公糧積穀各部份全數征收實物
(二)本年田賦務即早完逾三個月尚未完納者征實征借公糧均照定章處罰積穀免罰
(三)本年征借不發庫券不計利息自民國四十一年起分五年平均抵還
(四)本通知單為完糧之根據業戶應於先糧時繳呈倘有遺失繳費二百元申請補發核算單
(五)送通知單不取分文數字如有不符來處查詢
(六)業戶清完田賦應即換領正式收據不得憑此作為完賦憑證

中華民國三十　年　月　日通知　月　日收到　倉庫管理員

此聯於開征前半個月散發業戶完納後即作征收機關憑證

本縣經收……流抵本年度積穀

0073 民国年间新兴县政府征收张成曾民国三十六年第二期及三十七年第一期田赋通知单

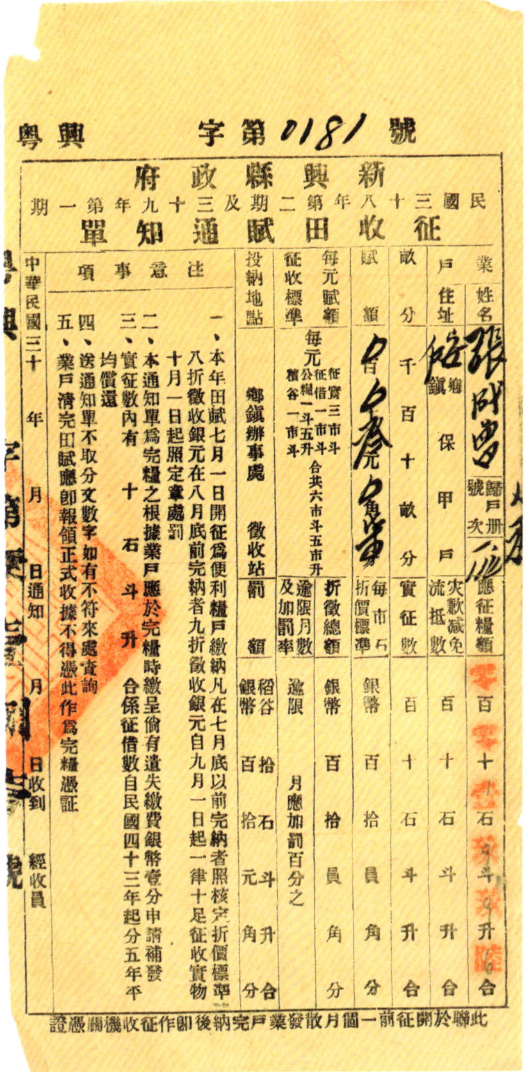
粵興　字第0181號

新興縣政府
民國三十八年第二期及三十九年第一期
征收田賦通知單

業戶 姓名 張成曾　住址 鄉鎮 保 甲 戶　歸戶冊號次
畝分 千 百 十 畝 分
賦額
每元賦額征收標準 每元 征實三市斗 征借一市斗 公糧一斗五升 積谷一市斗 合共六市斗五市升
投納地點 鄉鎮辦事處 徵收站
應征糧額 百 十 石 斗 升 合
災歉減免流抵數 百 十 石 斗 升 合
實征數 百 十 石 斗 升 合
每市石折價標準 銀幣 百 拾 員 角 分
折徵總額 銀幣 百 拾 員 角 分
逾限月數及加罰率 逾限 月應加罰百分之
罰額 稻谷 拾 石 斗 升 合　銀幣 百 拾 元 角 分

注意事項
一、本年田賦七月一日開征為便利糧戶繳納凡在七月底以前完納者照核定折價標準八折徵收銀元在八月底前完納者九折徵收銀元自九月一日起一律十足征收實物十月一日起照定章處罰
二、本通知單為完糧之根據業戶應於完糧時繳呈倘有遺失繳費銀幣壹分申請補發
三、實征數內有　十　石　斗　升　合係征借數自民國四十三年起分五年平均償還
四、送通知單不取分文數字如有不符來處查詢
五、業戶清完田賦應即報領正式收據不得憑此作為完糧憑証

中華民國三十　年　月　日通知　月　日收到　經收員

此聯於開征前一個月散發業戶完納後即作征收機關憑證

0074 民国年间新兴县征收张成曾民国三十八年第二期及三十九年第一期田赋征收通知单

0075 民国年间新兴县梁炳田土业权登记条

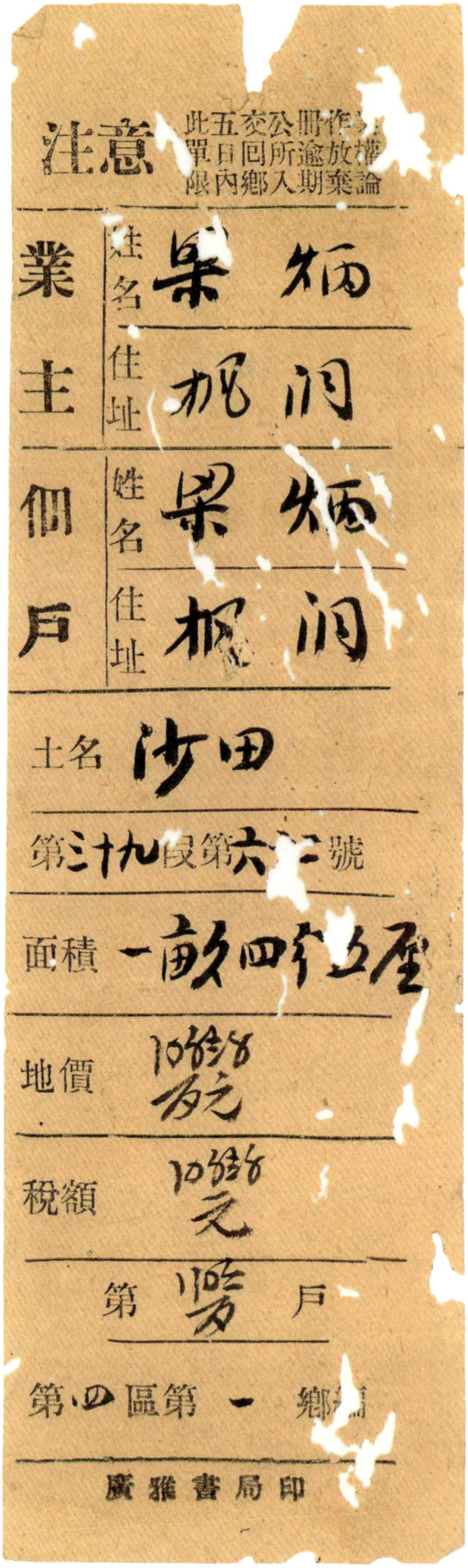

注意　此單限五日內交回鄉公所入冊逾期作放棄業權論

業主	姓名	梁炳
	住址	枧洞
佃戶	姓名	梁炳
	住址	枧洞

土名　沙田

第三十九段第六〇號

面積　一畝四分五厘

地價　10〇〇8 万元

稅額　10〇〇8 元

第　〇〇　戶

第四區第一鄉編

廣雅書局印

0076 民国年间新兴县苏植林缴纳土地陈报手续费收据

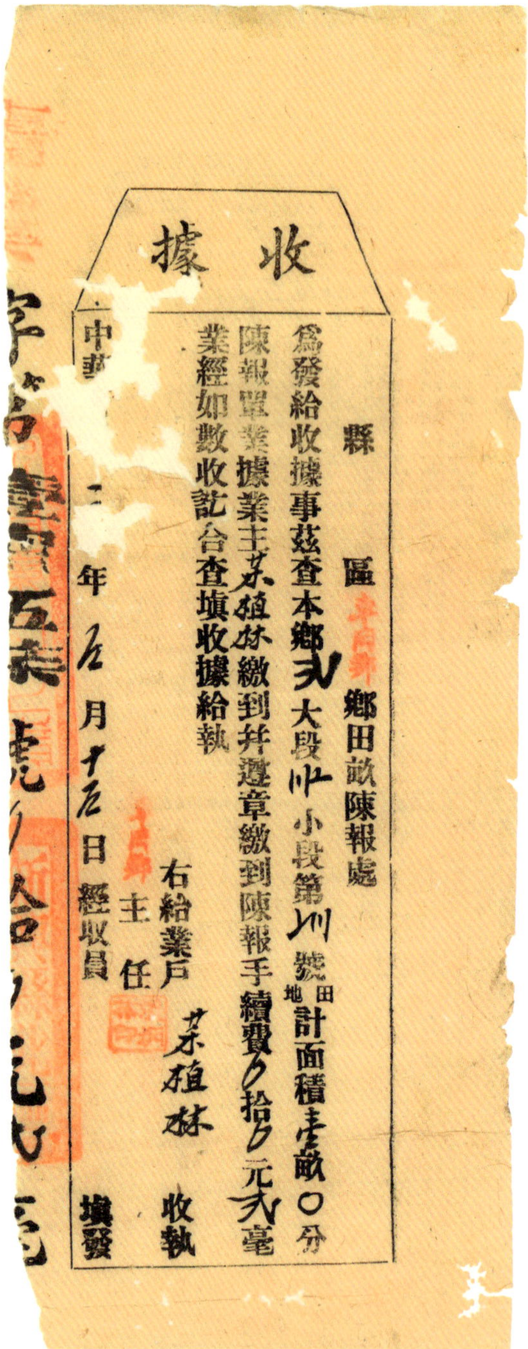

收據

縣　區辛宇鄉鄉田畝陳報處

為發給收據事茲查本鄉弍大段卅小段第川號田地計面積壹畝〇分

陳報單業據業主蘇植林繳到并遵章繳到陳報手續費〇拾〇元弍毫

業經如數收訖合查填收據給執

右給業戶　蘇植林　收執

主任

中華民國　二　年　五月十五日　經收員　填發

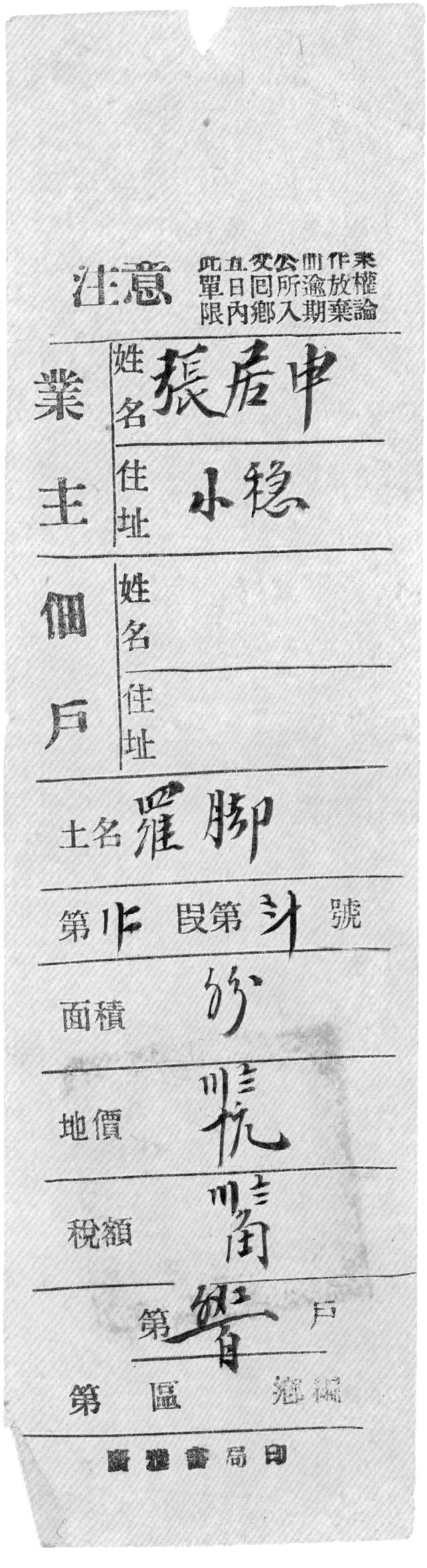

注意 此單限五日內交回鄉公所入冊逾期作放棄業權論

業主 姓名 張居申
住址 小稔

佃戶 姓名
住址

土名 羅脚

第[illegible]段第[illegible]號

面積 [illegible]

地價 [illegible]

稅額 [illegible]

第[illegible]戶

第 區 鄉編

[illegible]書局印

0077 民国年间新兴县张居申田土业权登记条

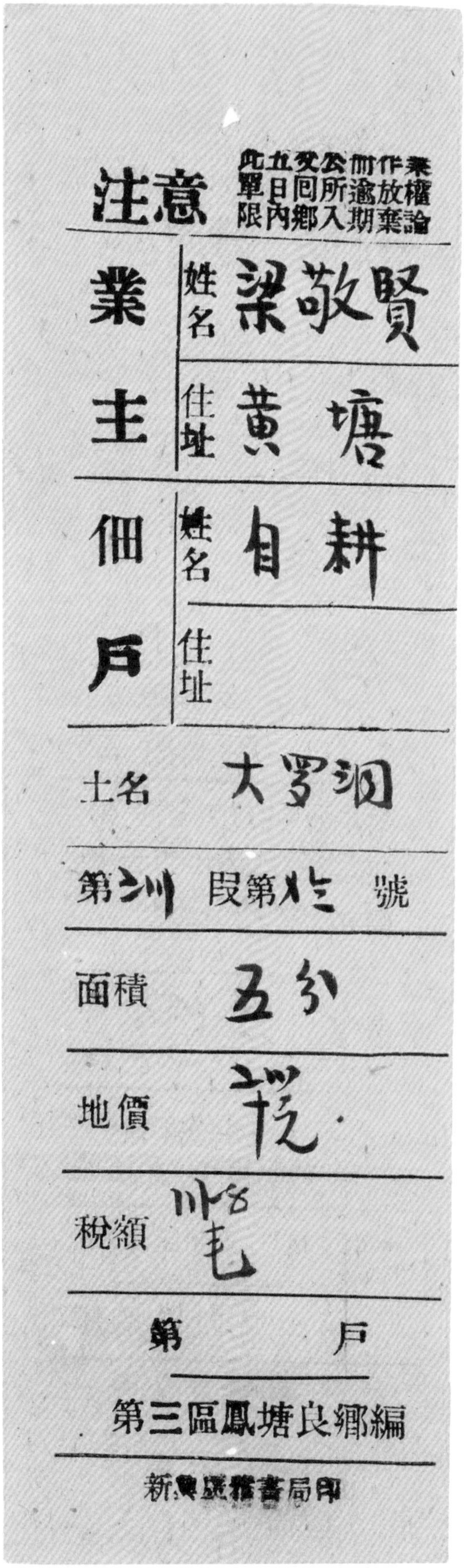

注意 此單限五日內交回鄉公所入冊逾期作放棄業權論

業主 姓名 梁敬賢
住址 黃塘

佃戶 姓名 自耕
住址

土名 大罗洞

第[illegible]段第[illegible]號

面積 五分

地價 [illegible]

稅額 [illegible]

第 戶

第三區鳳塘良鄉編

新興[illegible]書局印

0078 民国年间新兴县梁敬贤田土业权登记条

0079 民国年间新兴县梁敬贤田土业权登记条

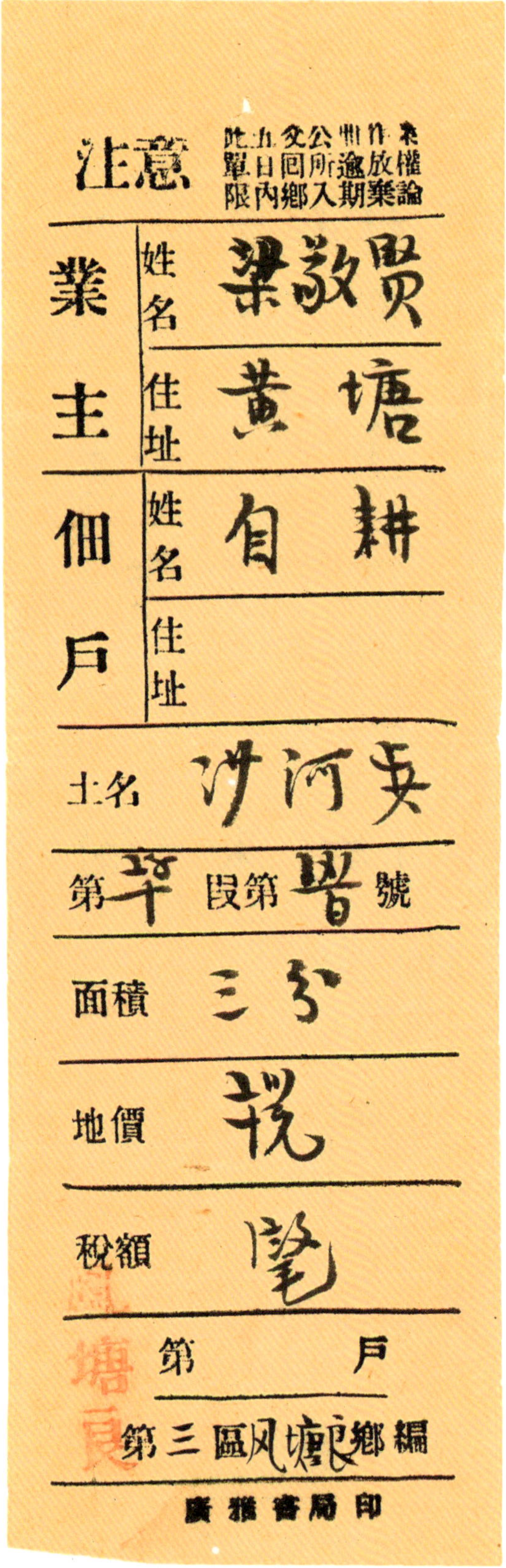

注意 此單限五日內交回鄉公所入冊逾期作放棄業權論

業主	姓名	梁敬贤
	住址	黄塘
佃戶	姓名	自耕
	住址	

土名 沙河尖

第卄段第[illegible]號

面積 三分

地價 [illegible]

稅額 [illegible]

第　　戶

第三區风塘鄉編

廣雅書局印

0080 民国年间新兴县梁敬贤田土业权登记条

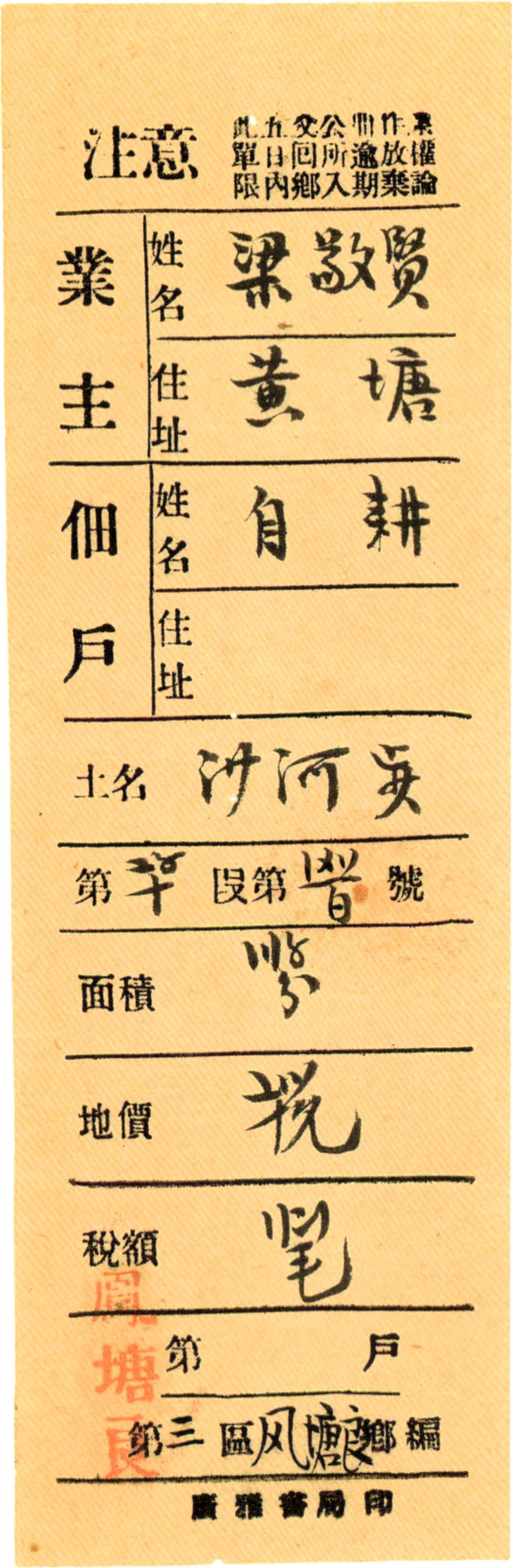

注意 此單限五日內交回鄉公所入冊逾期作放棄業權論

業主	姓名	梁敬贤
	住址	黄塘
佃戶	姓名	自耕
	住址	

土名 沙河尖

第卄段第[illegible]號

面積 [illegible]

地價 [illegible]

稅額 [illegible]

第　　戶

第三區风塘鄉編

廣雅書局印

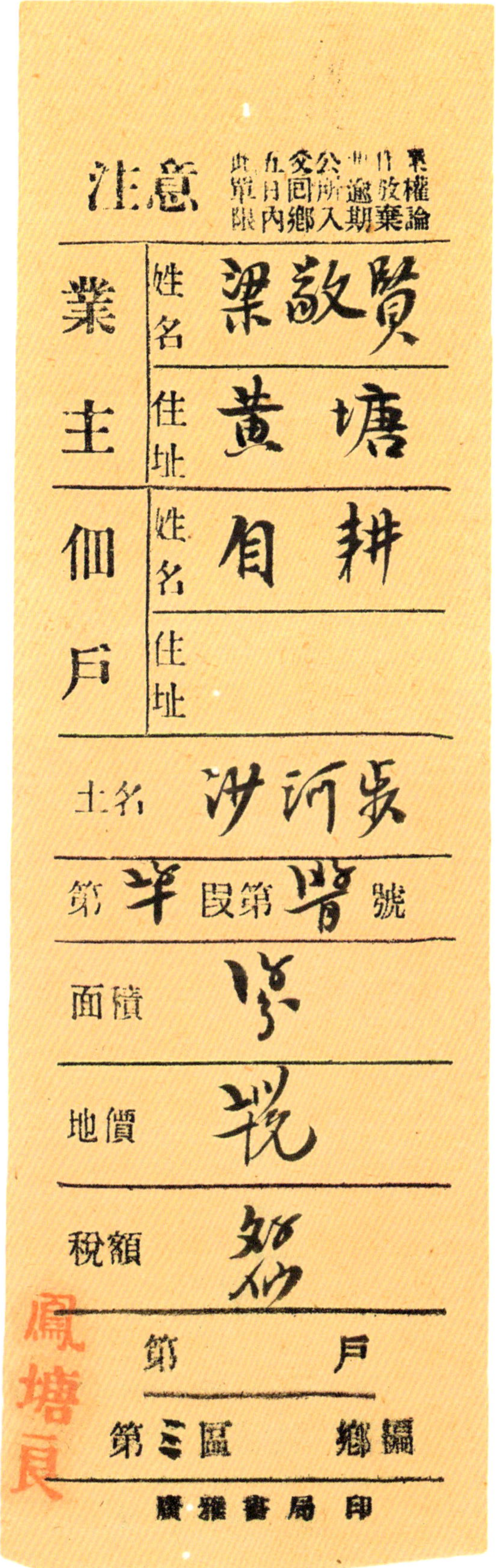
注意 此單限五日內交同鄉公所入而逾期作放棄業權論

業主	姓名	梁敬賢
	住址	黃塘
佃戶	姓名	自耕
	住址	

土名 沙河長

第　段第　號

面積

地價

稅額

第　戶

第三區　鄉編

鳳塘良

廣雅書局印

0081 民国年间新兴县梁敬贤田土业权登记条

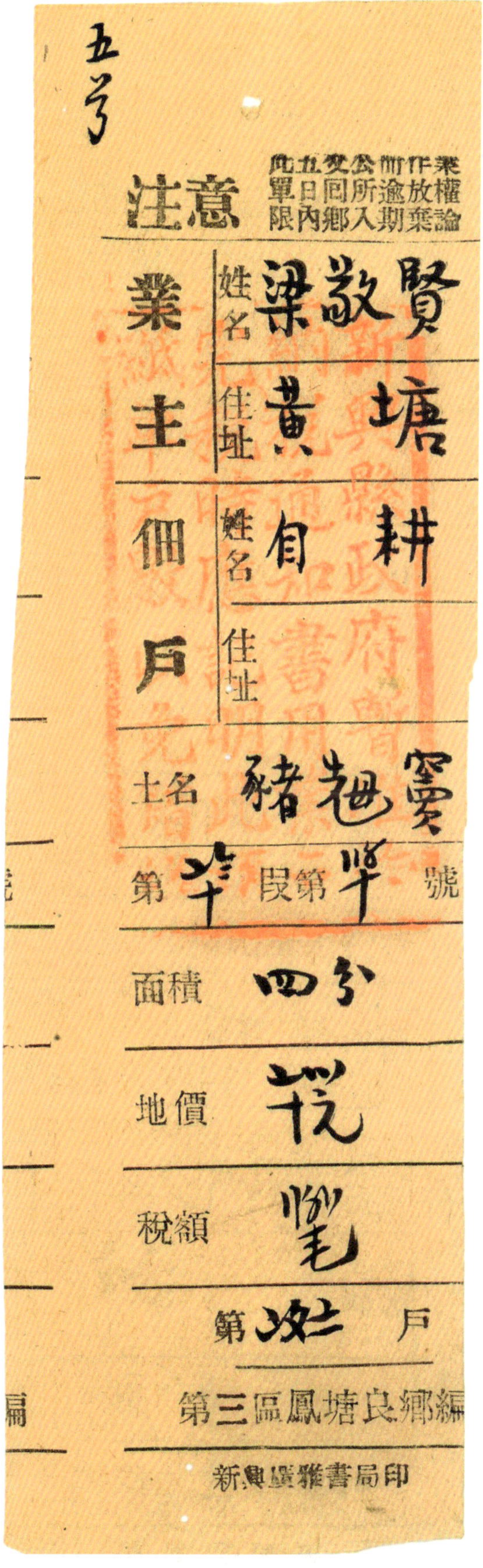
五号

注意 此單限五日內交同鄉公所入而逾期作放棄業權論

業主	姓名	梁敬賢
	住址	黃塘
佃戶	姓名	自耕
	住址	

土名 豬乸竇

第　段第　號

面積 四分

地價

稅額

第　戶

第三區鳳塘良鄉編

新興廣雅書局印

0082 民国年间新兴县梁敬贤田土业权登记条

0083 民国年间新兴县彭卓华田土业权登记条

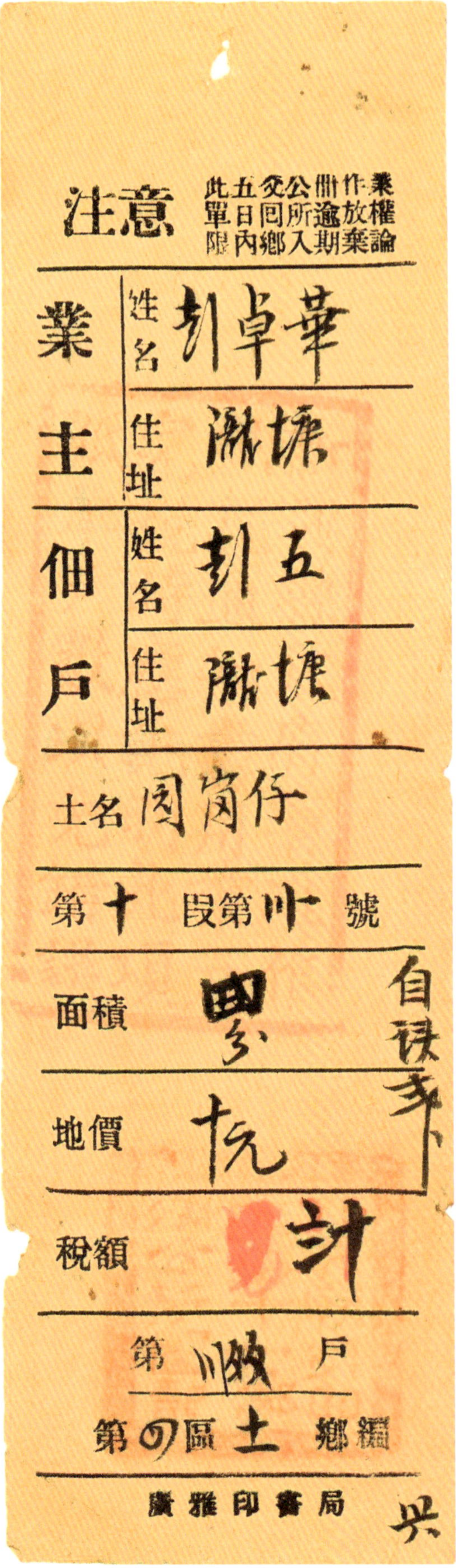

注意 此單限五日內交回鄉公所入冊逾期作放棄業權論

業主	姓名	彭卓華
	住址	灘塘
佃戶	姓名	彭五
	住址	灘塘

土名 園崗仔

第十段第卅號

面積 四分

地價 十元

稅額 廿

自耕業

第 四 戶

第四區土鄉編

廣雅印書局

吳

0084 民国年间新兴县彭卓华田土业权登记条

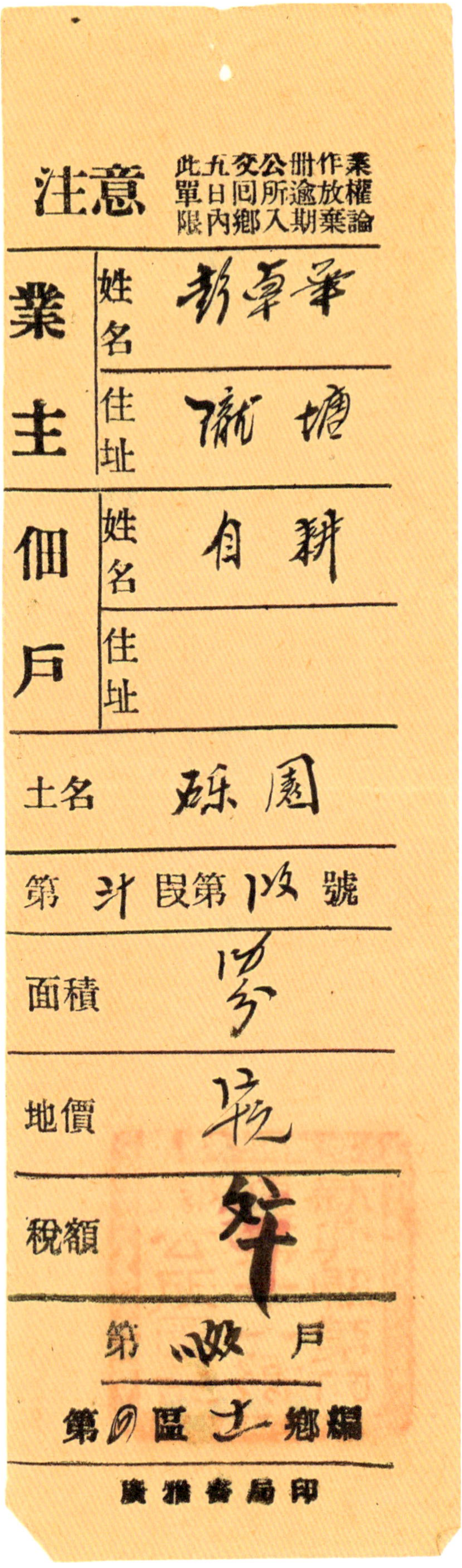

注意 此單限五日內交回鄉公所入冊逾期作放棄業權論

業主	姓名	彭卓華
	住址	灘塘
佃戶	姓名	自耕
	住址	

土名 磜園

第廿段第〡〤號

面積 〤分

地價 十元

稅額 [illegible]

第 四 戶

第四區土鄉編

廣雅書局印

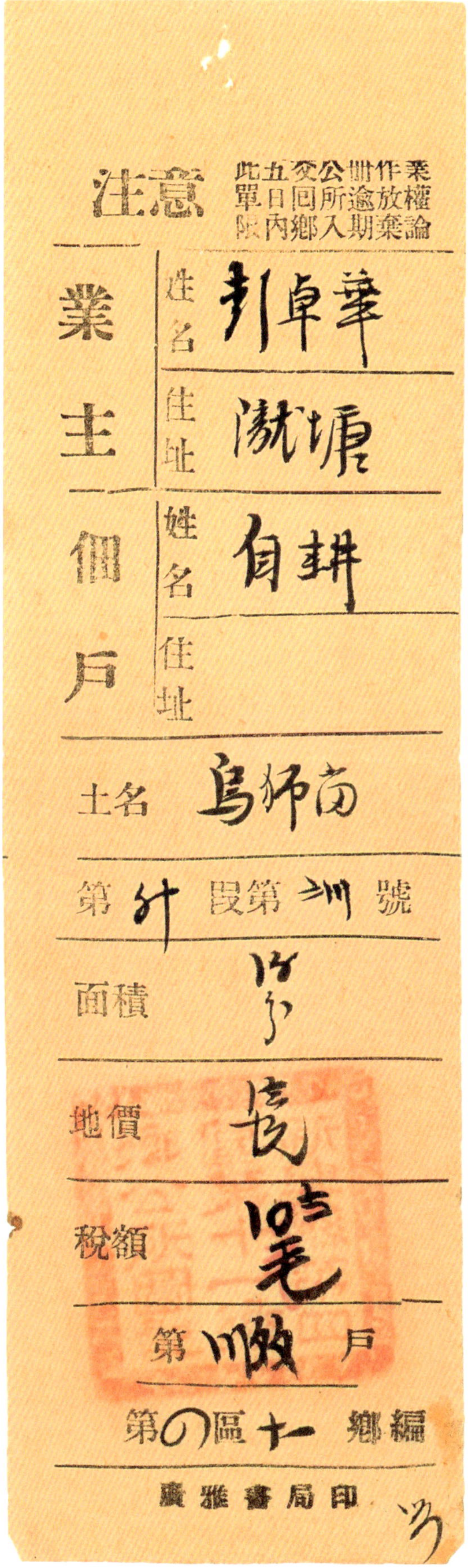

注意 此單限五日內交回鄉公所入冊逾期作放棄業權論

業主	姓名	彭卓華
	住址	潔塘
佃戶	姓名	自耕
	住址	

土名 烏狮岗

第廿段第[illegible]號

面積 [illegible]

地價 [illegible]

稅額 [illegible]

第[illegible]戶

第四區十一鄉編

廣雅書局印

0085 民国年间新兴县彭卓华田土业权登记条

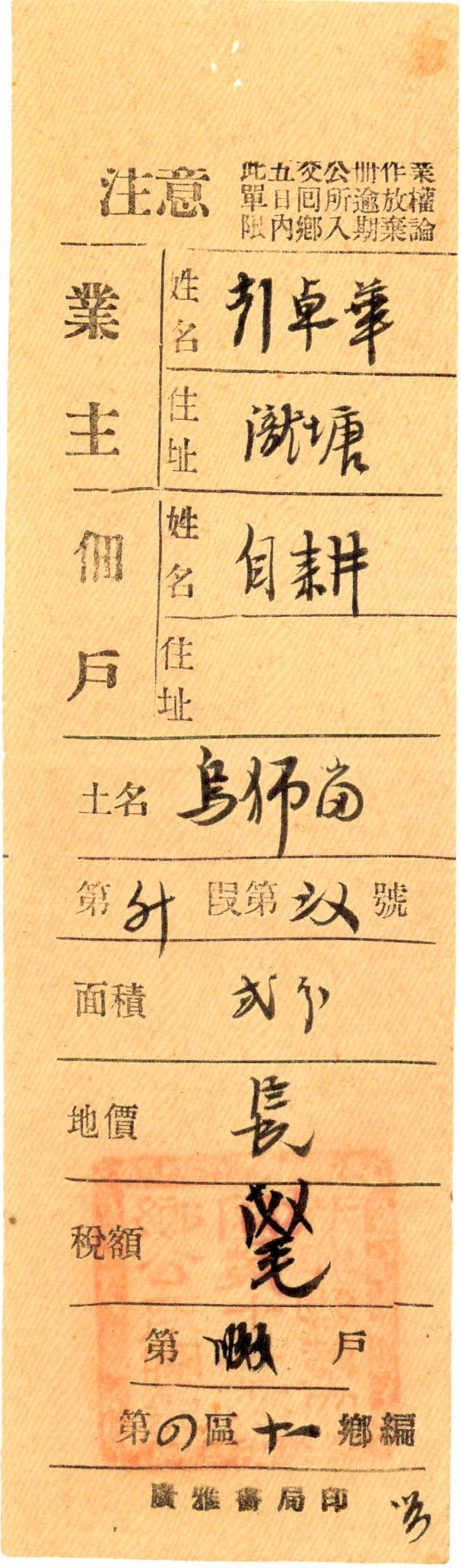

注意 此單限五日內交回鄉公所入冊逾期作放棄業權論

業主	姓名	彭卓華
	住址	潔塘
佃戶	姓名	自耕
	住址	

土名 烏狮岗

第廿段第[illegible]號

面積 [illegible]

地價 [illegible]

稅額 [illegible]

第[illegible]戶

第四區十一鄉編

廣雅書局印

0086 民国年间新兴县彭卓华田土业权登记条

0087 民国年间新兴县彭善初田土业权登记条

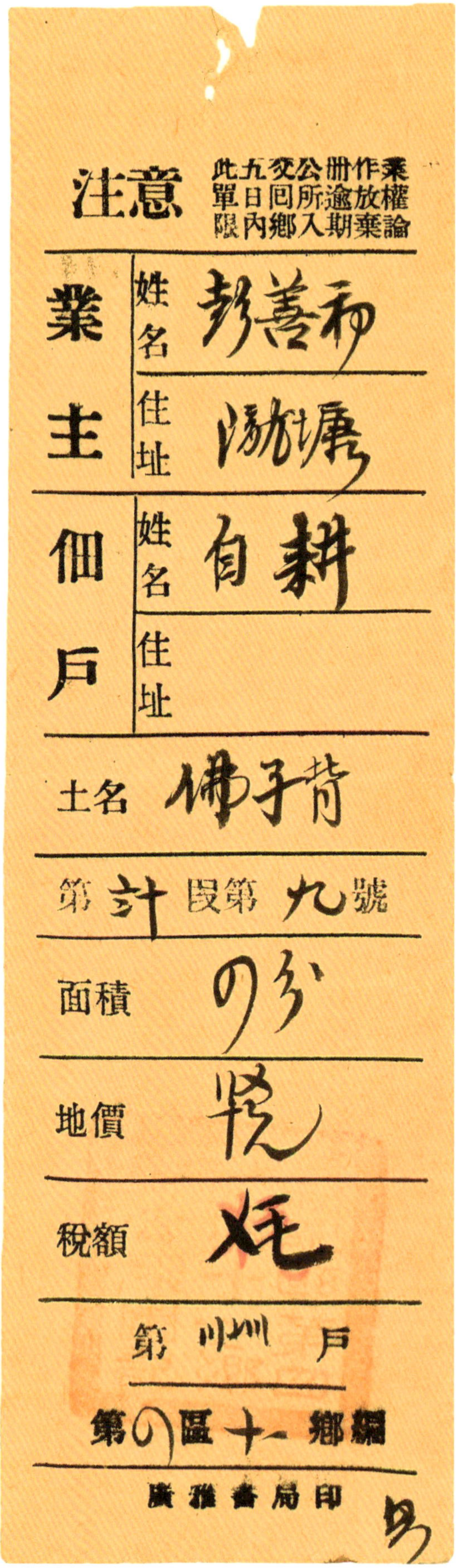

注意 此單限五日內交回鄉公所入冊逾期作放棄業權論

業主	姓名	彭善初
	住址	湴塘
佃戶	姓名	自耕
	住址	
土名		佛子背

第廿段第九號

面積 の分

地價

稅額

第 川卅 戶

第の區十一鄉編

廣雅書局印

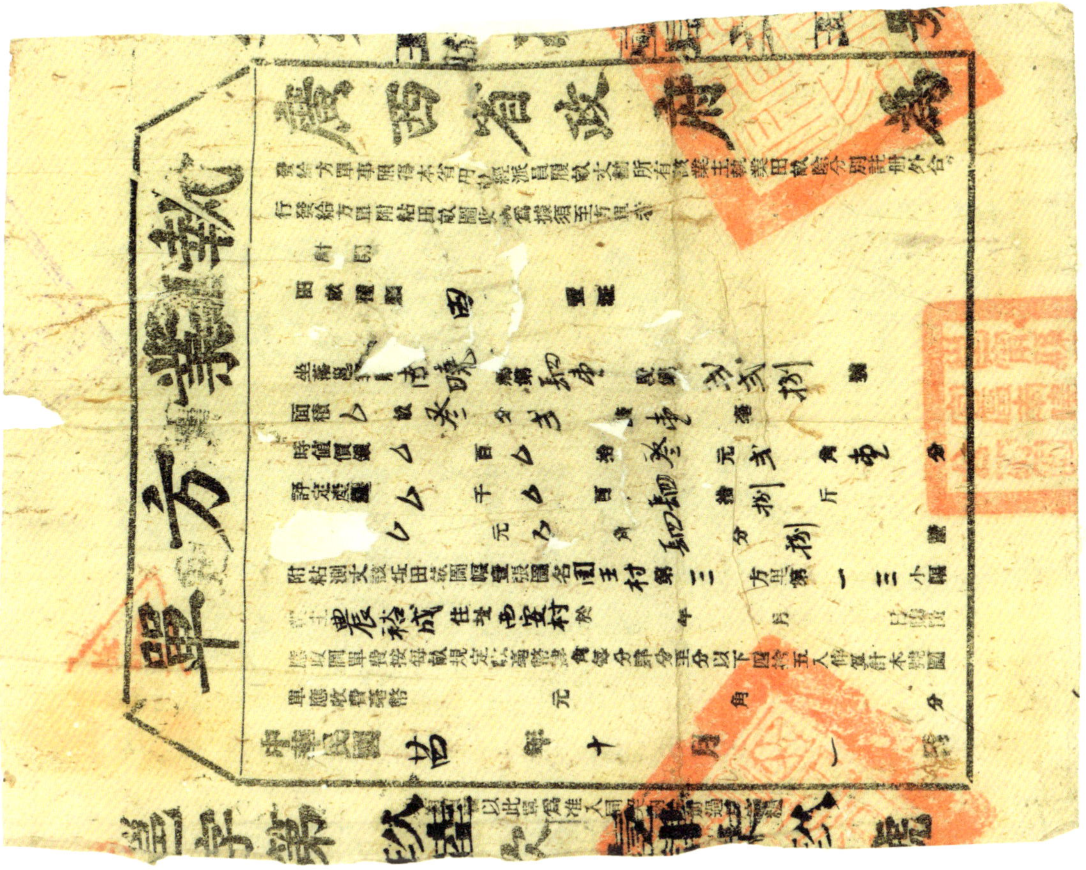

0001 民国二十四年十月一日邕宁县农裕成购置田亩收取税款执业方单

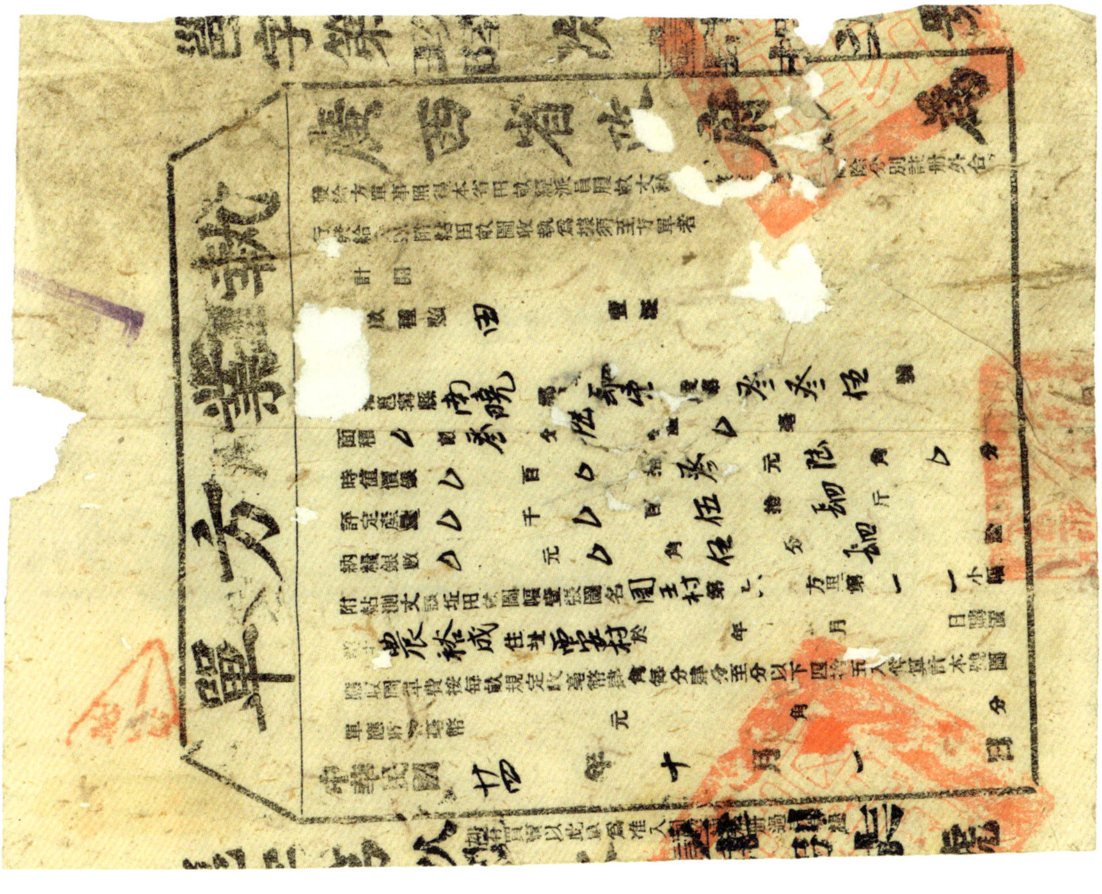

0002 民国二十四年十月一日邕宁县农裕成购置田亩收取税款执业方单

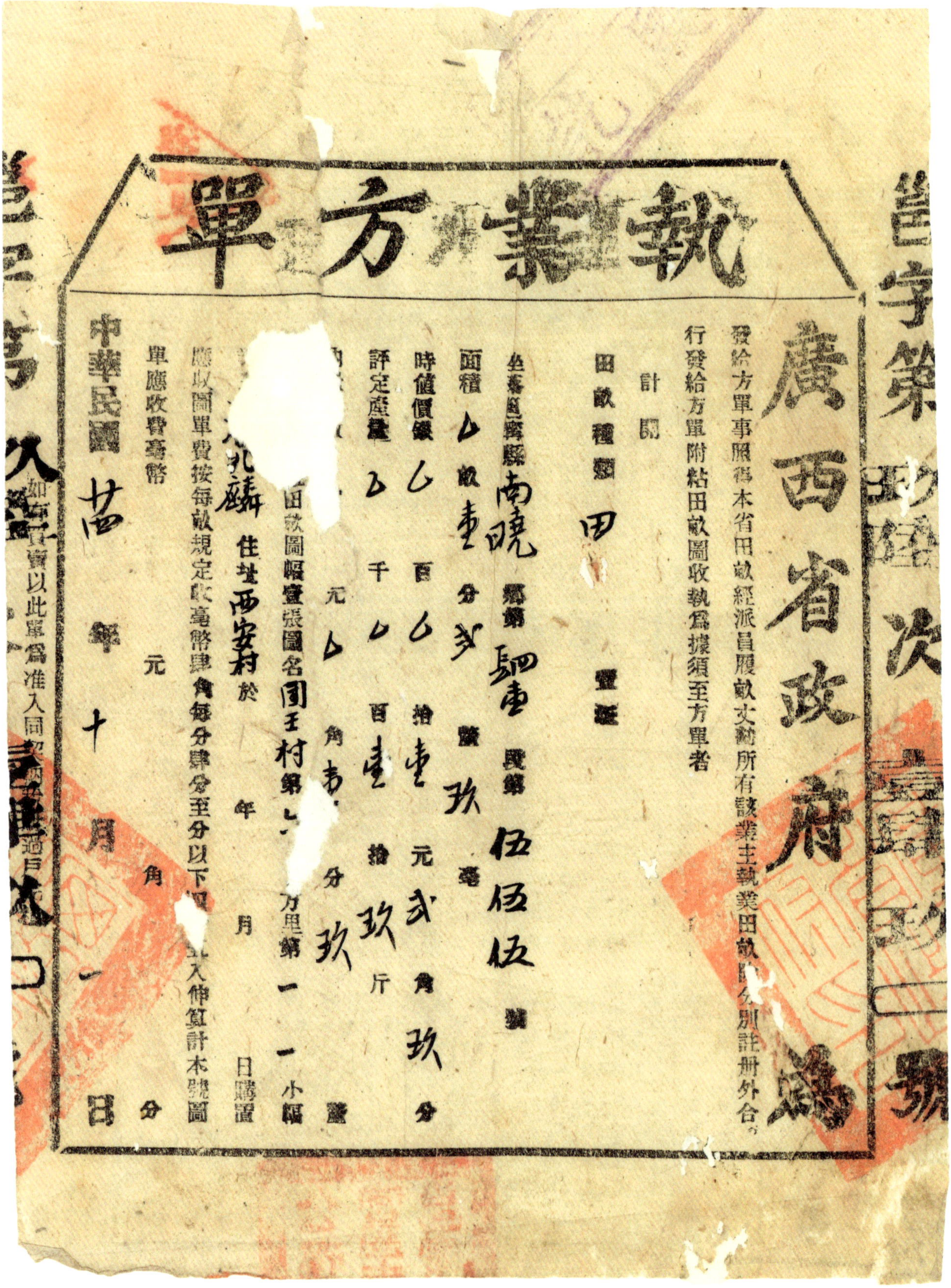
執業方單

廣西省政府

發給方單事照得本省田畝經派員履畝丈勘所有該業主執業田畝除分別註册外合行發給方單附粘田畝圖收執爲據須至方單者

計開

田畝種類 田 壹 坵

坐落邕寧縣 南曉 鄉第 驷重 段第 伍伍伍 號

面積 〇 畝 壹 分 弍 釐 玖 毫

時值價銀 〇 百 〇 拾 壹 元 弍 角 玖 分

評定產量 〇 千 〇 百 壹 拾 玖 斤

〇 元 〇 角 壹 分 玖 釐

田畝圖幅壹張圖名 固王村第 方里第 一 一 小幅

□孔麟 住址 西安村 於 年 月 日購置

應收圖單費按每畝規定收毫幣肆角每分肆仙至分以下 入仲算計本號圖

單應收費毫幣 元 角 分

中華民國 廿四 年 十 月 一 日

0003 民国二十四年十月一日邕宁县□□麟购置田亩收取税款执业方单

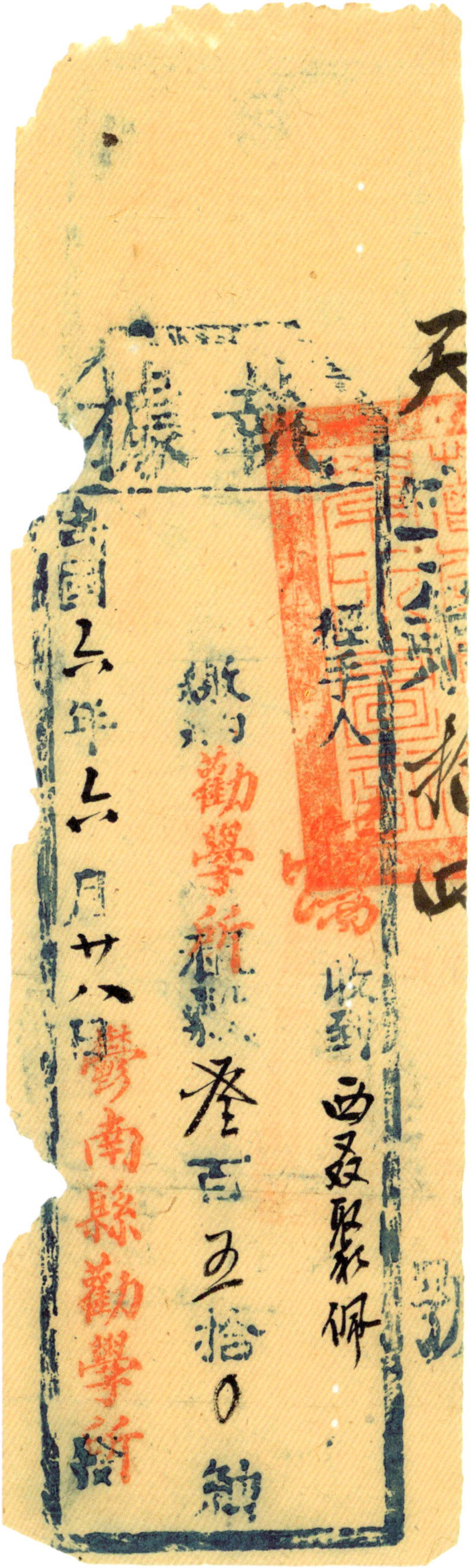

0001 民国六年六月二十八日郁南县西叐聚佩缴纳劝学所租谷执据

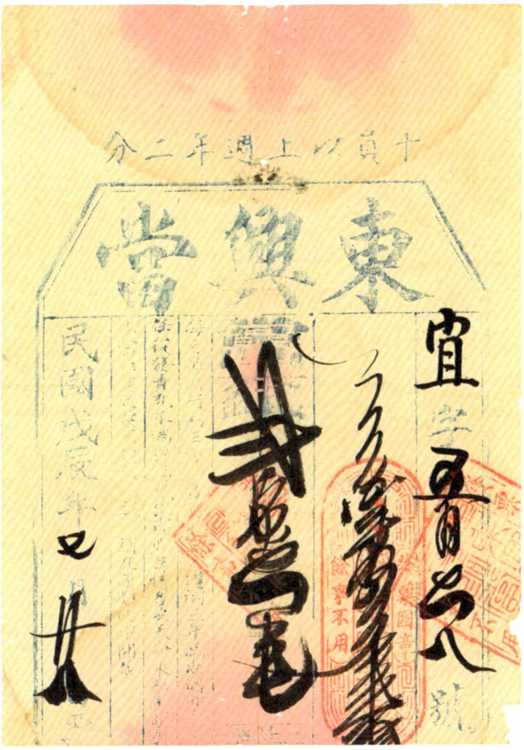

0002 民国戊辰年（十七年）七月二十八日东兴当铺宜字号当票

0003 民国戊辰年（十七年）七月东兴当铺宜字号当票

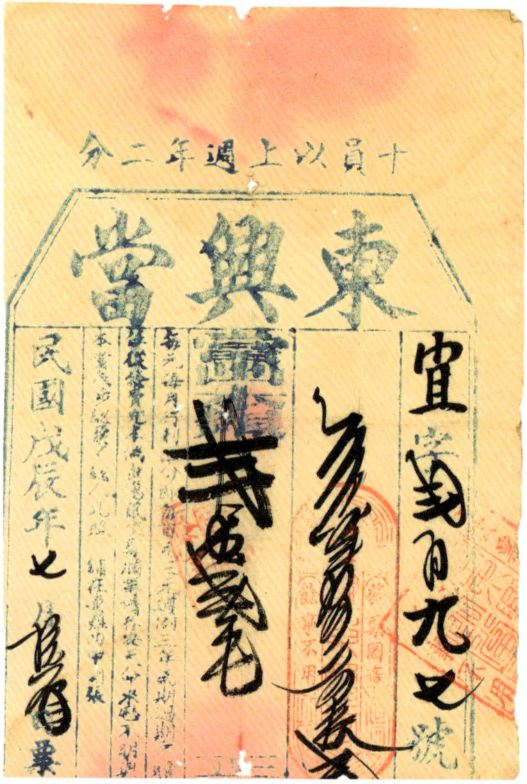

0004 民国戊辰年（十七年）九月二十四日东兴当铺珠字号当票

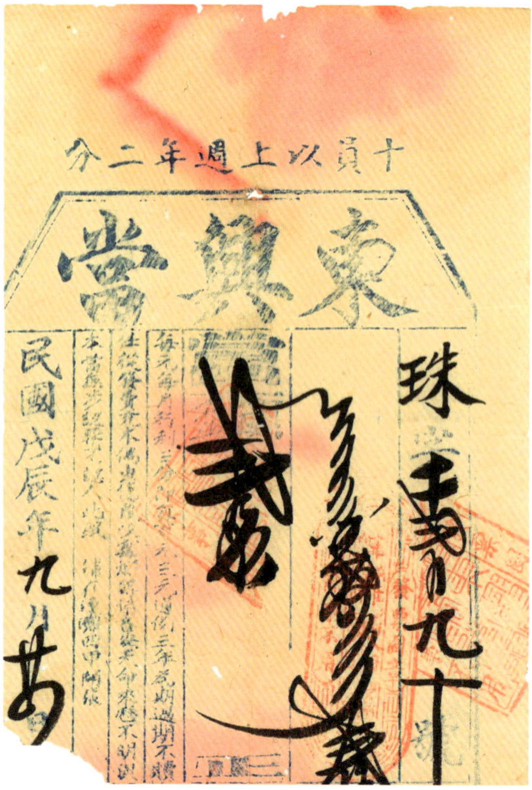

拾元以上週年弍分

裕寧當

務字

0005 民国十七年十二月二十二日裕宁当铺务字号当票

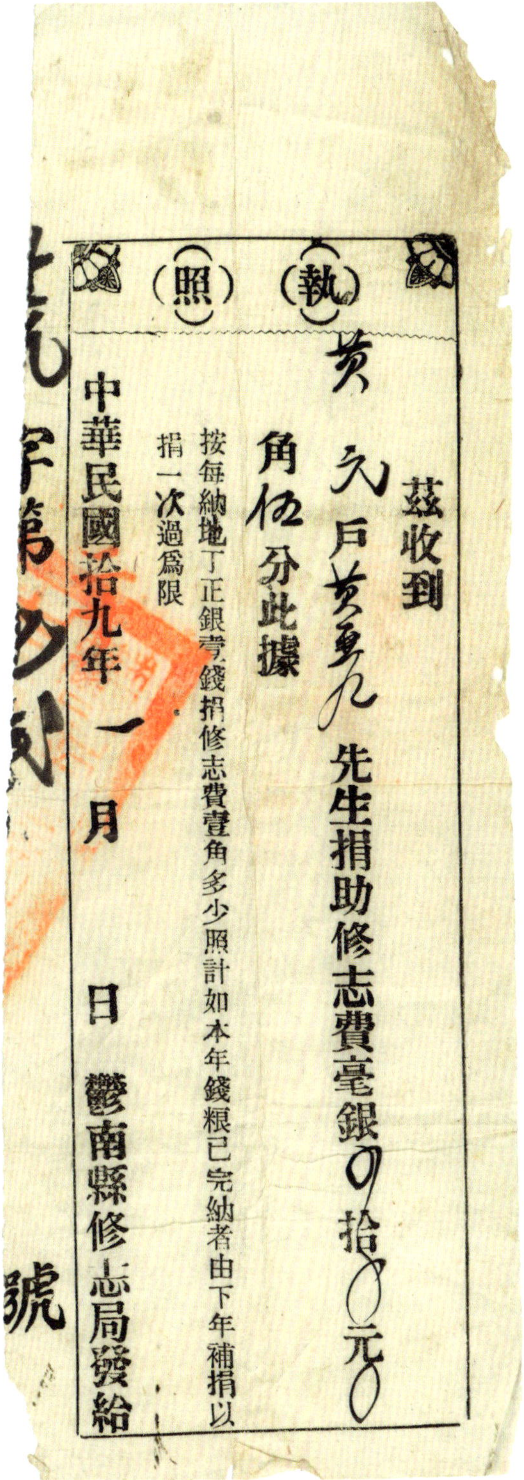

執　照

茲收到

先生捐助修志費毫銀　　拾　　元　　角　　分此據

按每納地丁正銀壹錢捐修志費壹角多少照計如本年錢粮已完納者由下年補捐以捐一次過為限

中華民國拾九年　一　月　　日

鬱南縣修志局發給

字第　　號

0006 民国十九年一月郁南县修志局接受黄亚九捐助修志费收据

0007 民国二十二年八月初一日郁南县陈木新收取曾钦元缴纳祐福堂生会银收据

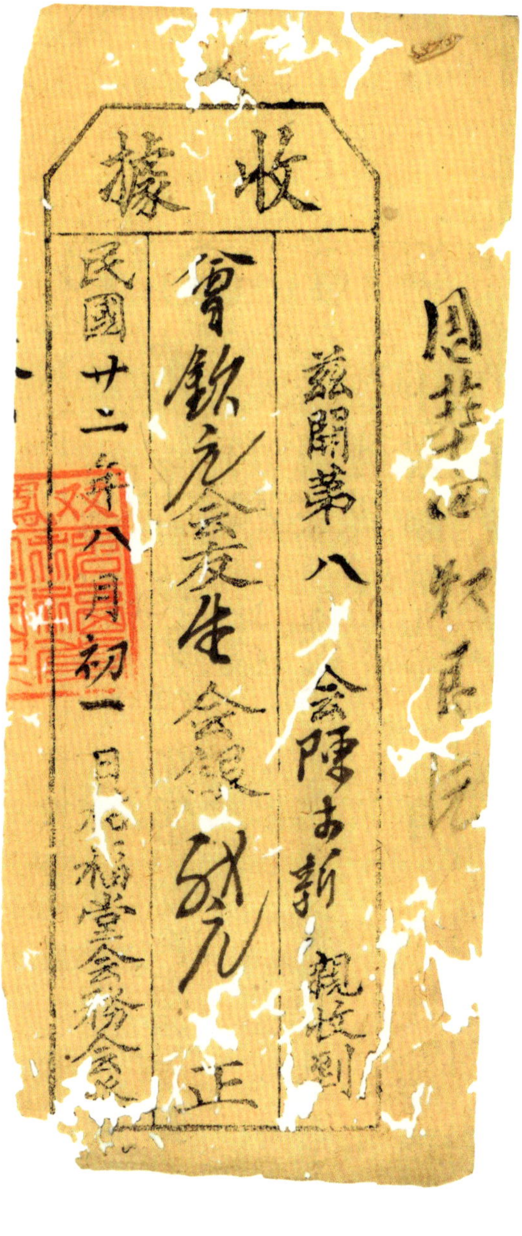
收據
茲開第八会陳木新親收到
曾欽元会交生会銀[illegible]元正
民國廿二年八月初一日祐福堂会務会
恩若[illegible]收民足

0008 民国二十二年八月初一日郁南县陈木新收取陈东期缴纳祐福堂生会银收据

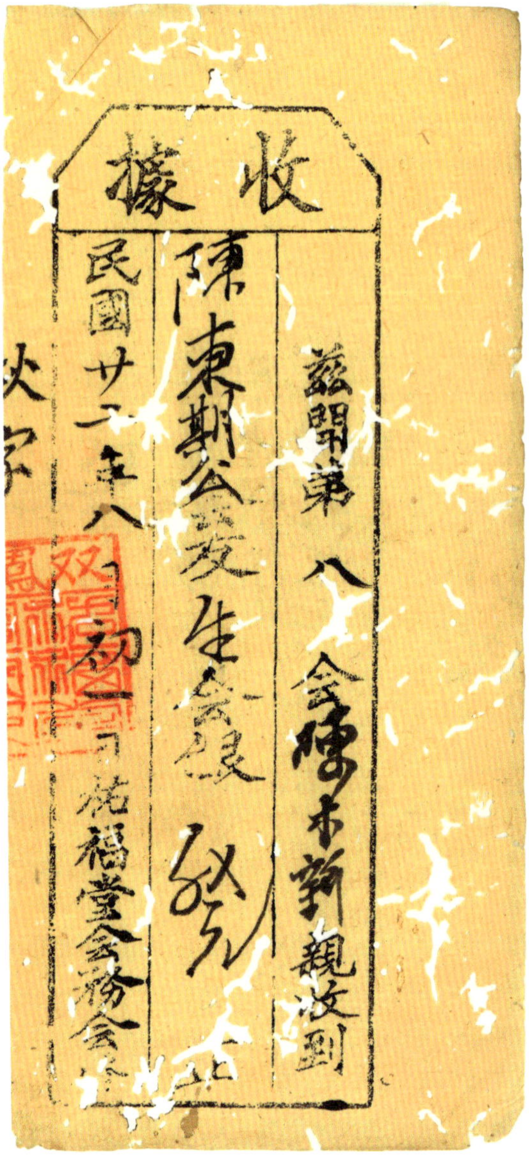
收據
茲開第八会陳木新親收到
陳東期公交生会銀[illegible]元正
民國廿二年八月初一日祐福堂会務会
收字

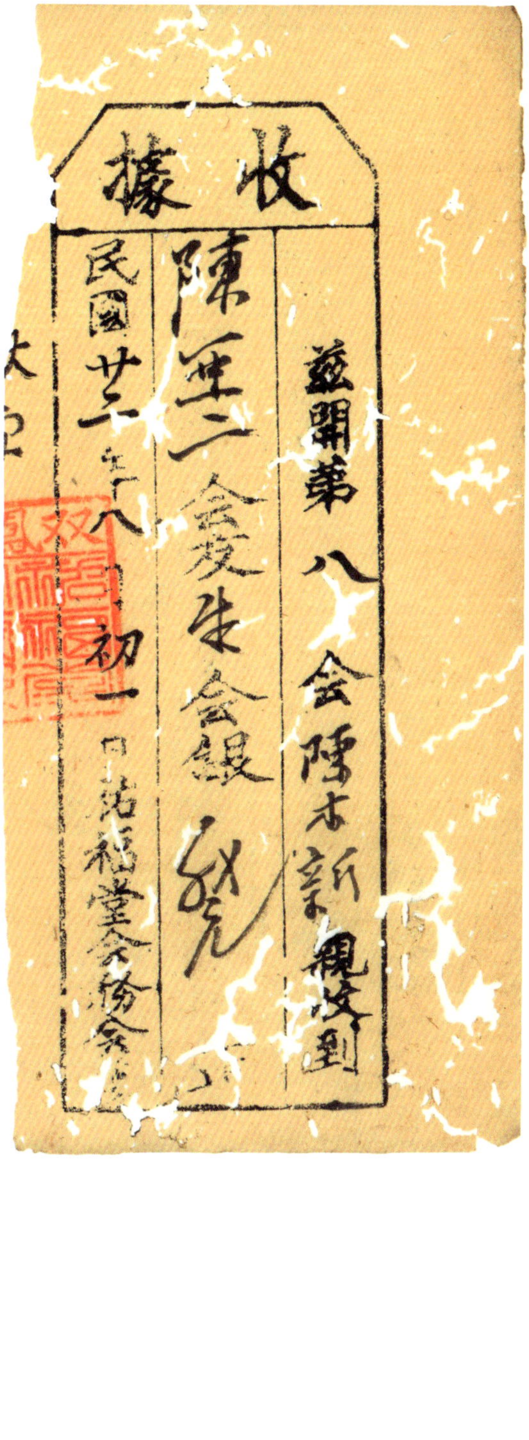
收據
茲開第八会陳木新親收到
陳亞二会交生会銀
民國廿二年八月初一日祐福堂会務会

0009 民国二十二年八月初一日郁南县陈木新收取陈亚二缴纳祐福堂生会银收据

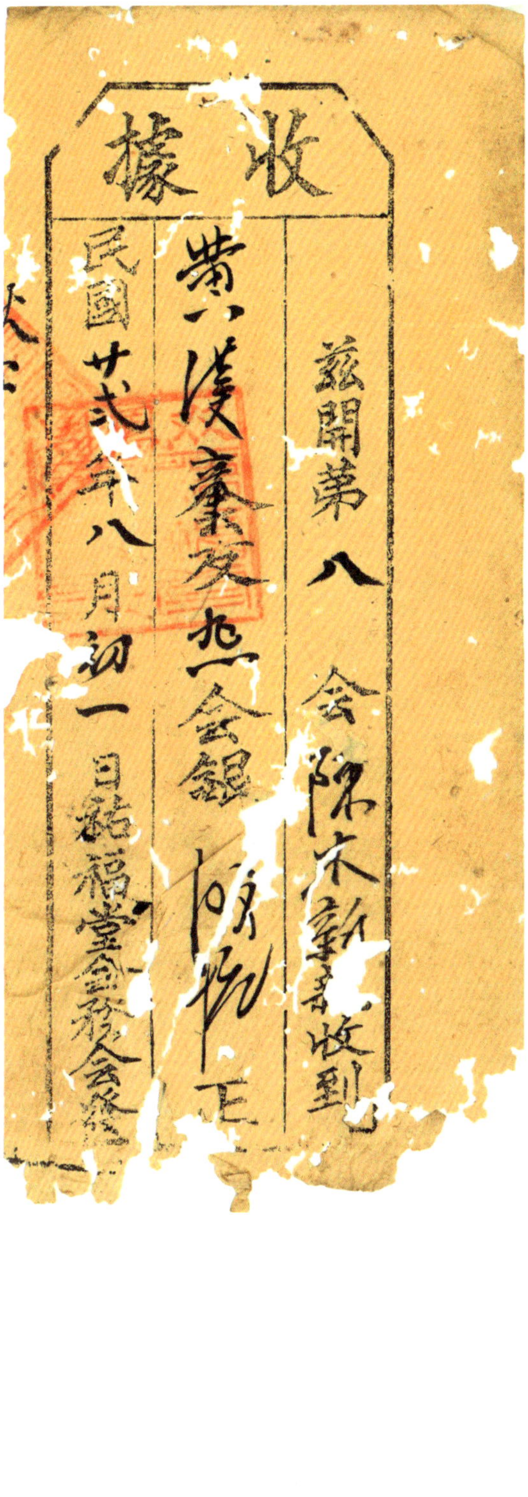
收據
茲開第八会陳木新收到
黃漢辛交熟会銀
民國廿弍年八月初一日祐福堂会務会

0010 民国二十二年八月初一日郁南县陈木新收取黄汉辛缴纳祐福堂熟会银收据

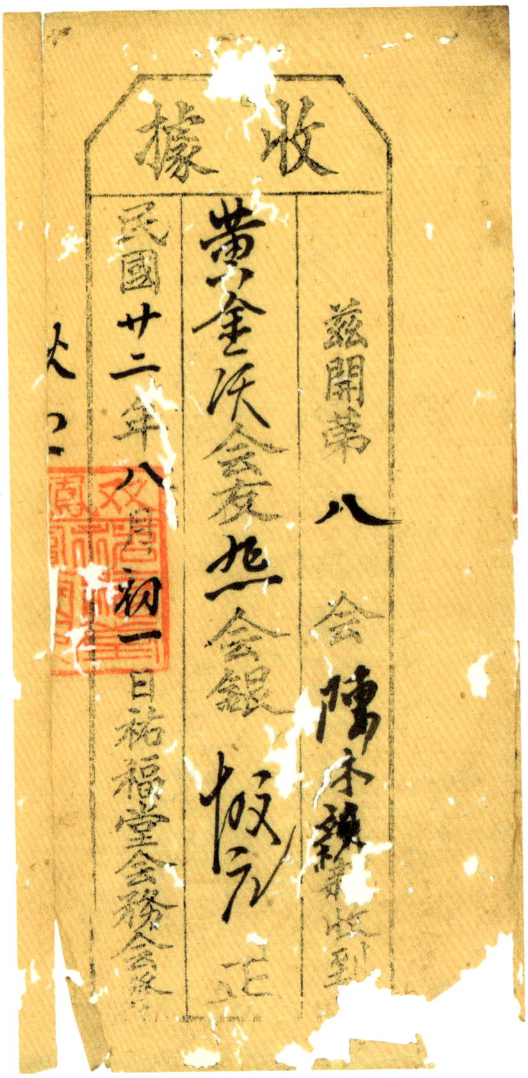

收據

茲開第八会陳木新收到

黄金沃会友九会銀伍元正

民國廿二年八月初一日祐福堂会務会发

0011 民国二十二年八月初一日郁南县陈木新收取黄金沃祐福堂熟会银收据

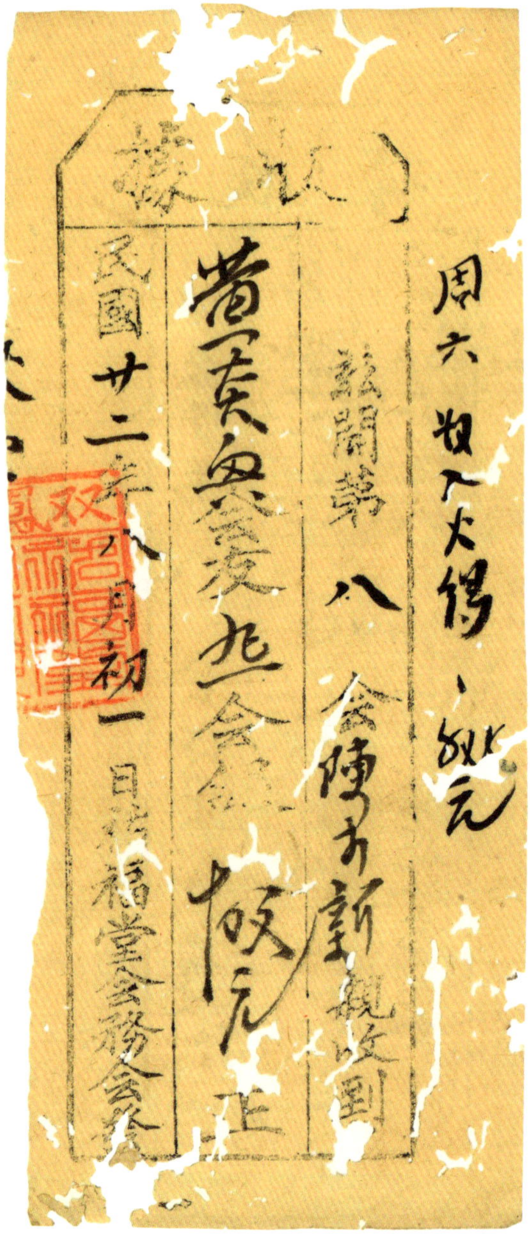

收據

茲開第八会陳木新收到

黄炎兴会友九会銀伍元正

民國廿二年八月初一日祐福堂会務会发

0012 民国二十二年八月初一日郁南县陈木新收取黄炎兴缴纳祐福堂熟会银收据

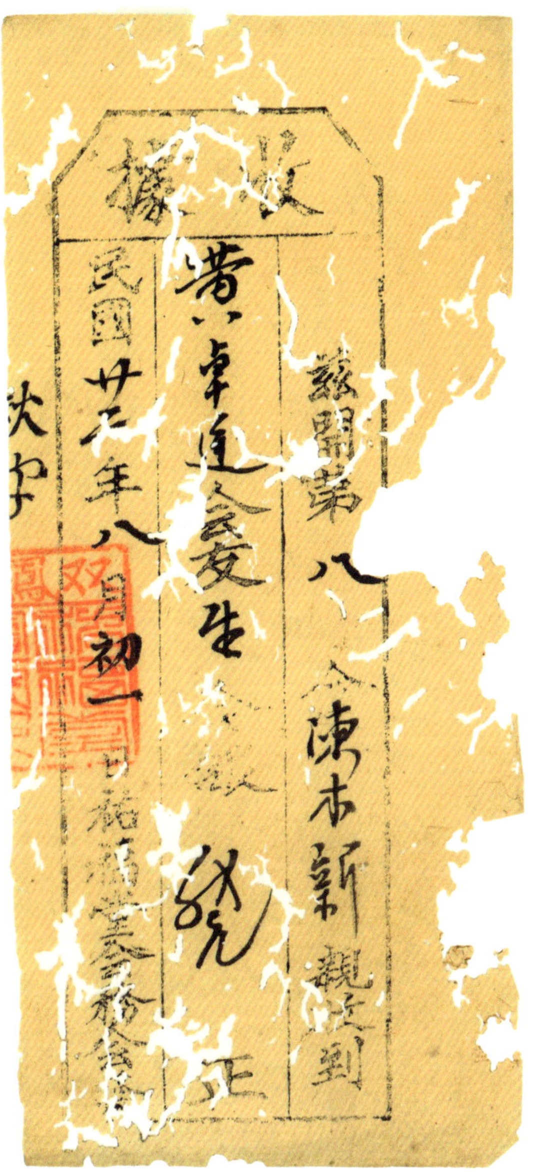

0013 民国二十二年八月初一日郁南县陈木新收取黄卓连缴纳祐福堂生会银收据

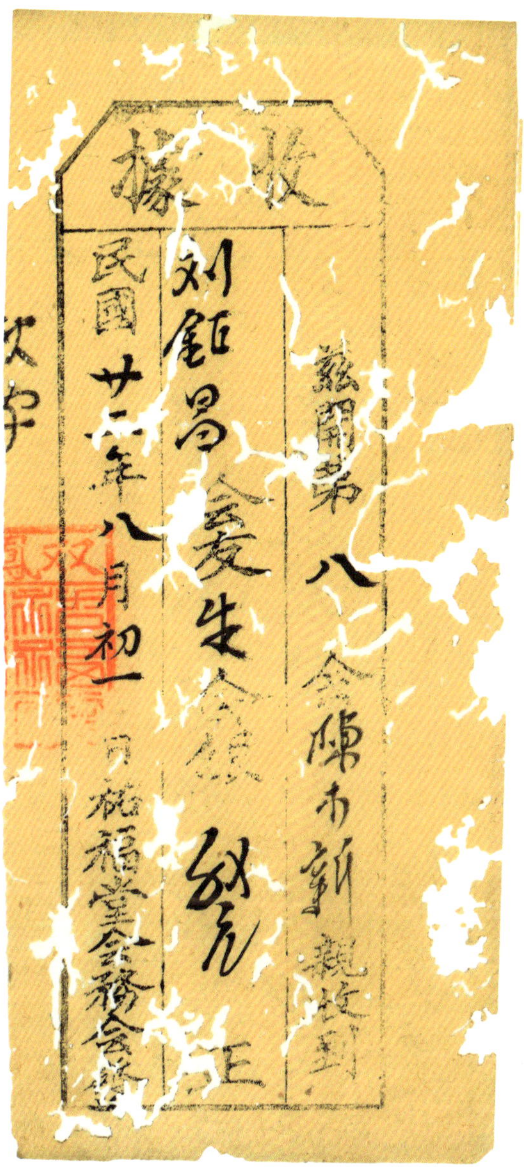

0014 民国二十二年八月初一日郁南县陈木新收取刘钜昌缴纳祐福堂生会银收据

0015 民国二十二年八月初一日郁南县陈木新收取刘荣昌缴纳祐福堂生会银收据

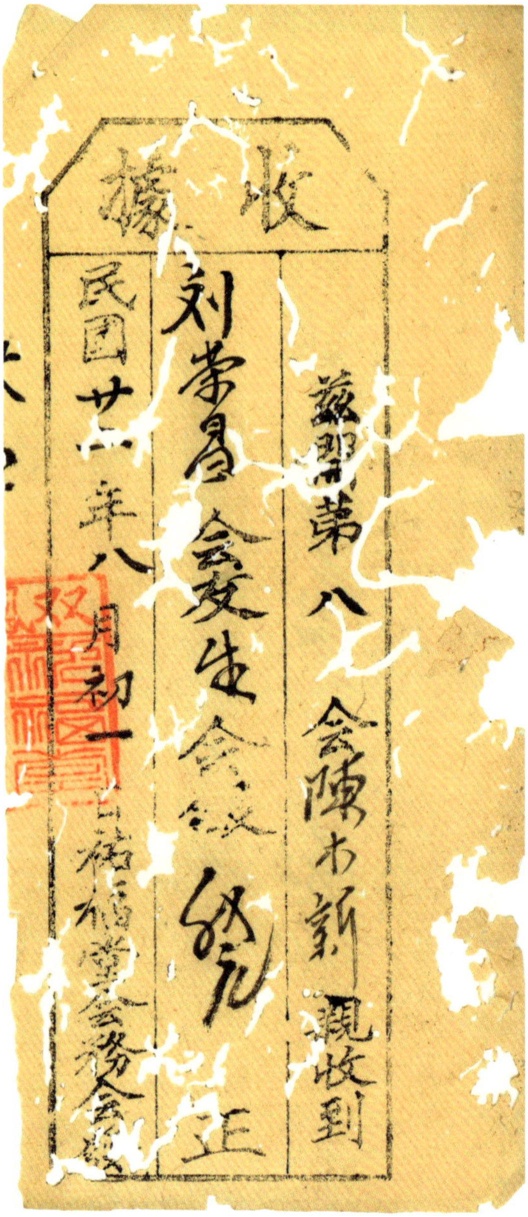

收據

茲開第八會陳木新親收到

劉榮昌會友生會銀 [illegible] 正

民國廿二年八月初一日祐福堂會務會發

0016 民国二十二年八月初一日郁南县陈木新收取刘森昌缴纳祐福堂熟会银收据

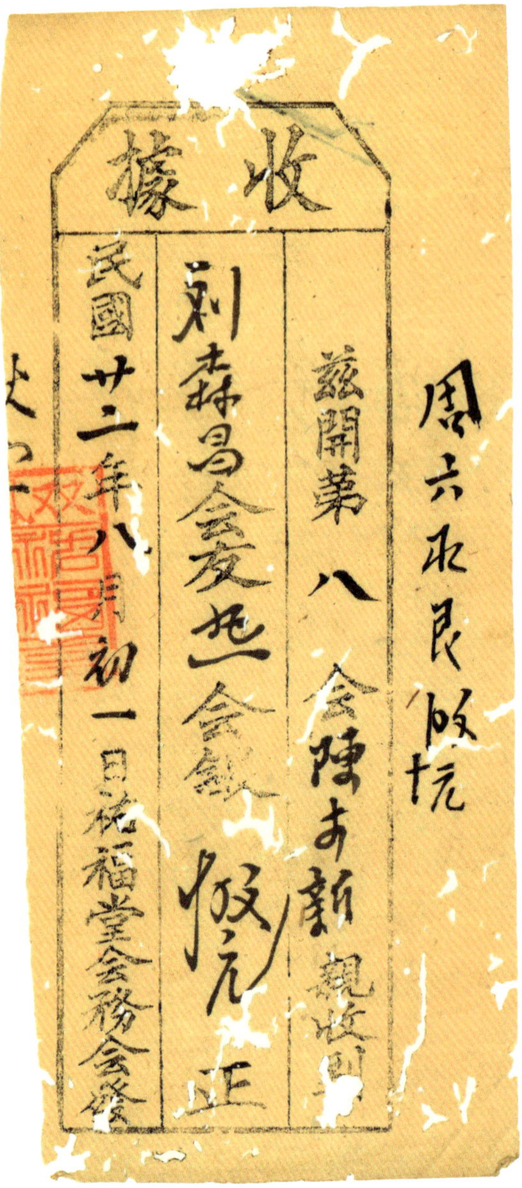

收據

茲開第八會陳木新親收到

劉森昌會友熟會銀 [illegible] 正

民國廿二年八月初一日祐福堂會務會發

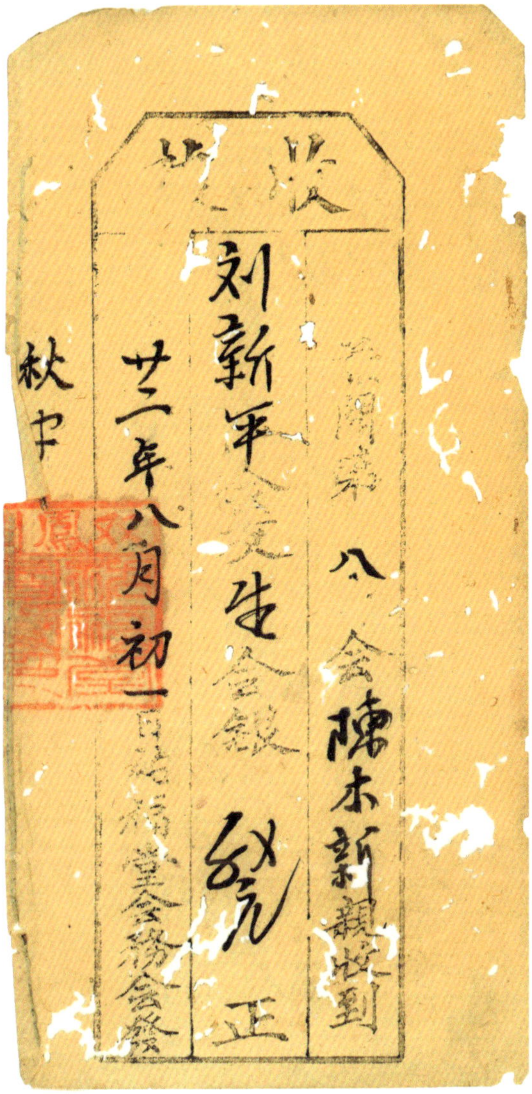

0017 民国二十二年八月初一日郁南县陈木新收取刘新平缴纳祐福堂生会银收据

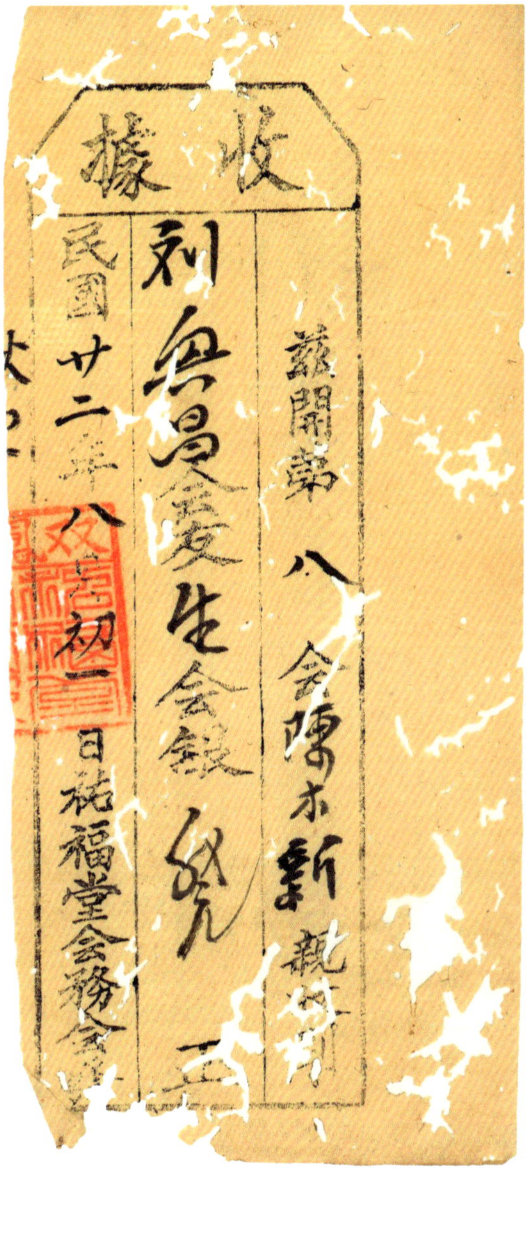

0018 民国二十二年八月初一日郁南县陈木新收取刘兴昌缴纳祐福堂生会银收据

0019 民国二十二年八月初一日郁南县陈木新收取刘馀昌缴纳祐福堂生会银收据

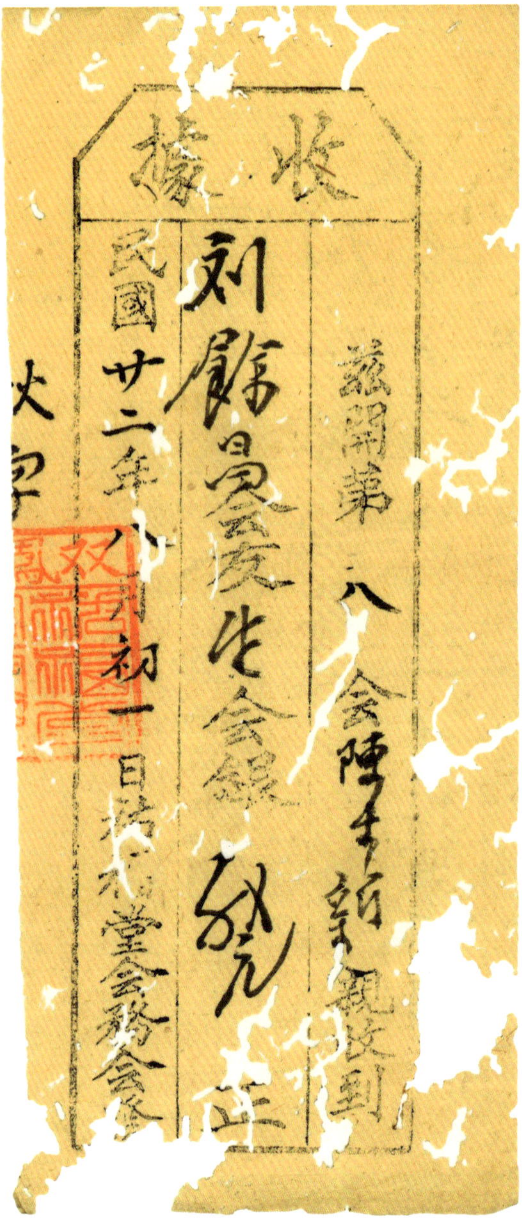

收據

兹開第八会陳木新親收到

刘馀昌交生会銀[illegible]正

民國廿二年八月初一日祐福堂會務会發

收字

0020 民国二十二年八月初一日郁南县陈木新收取卢兴栓缴纳祐福堂生会银收据

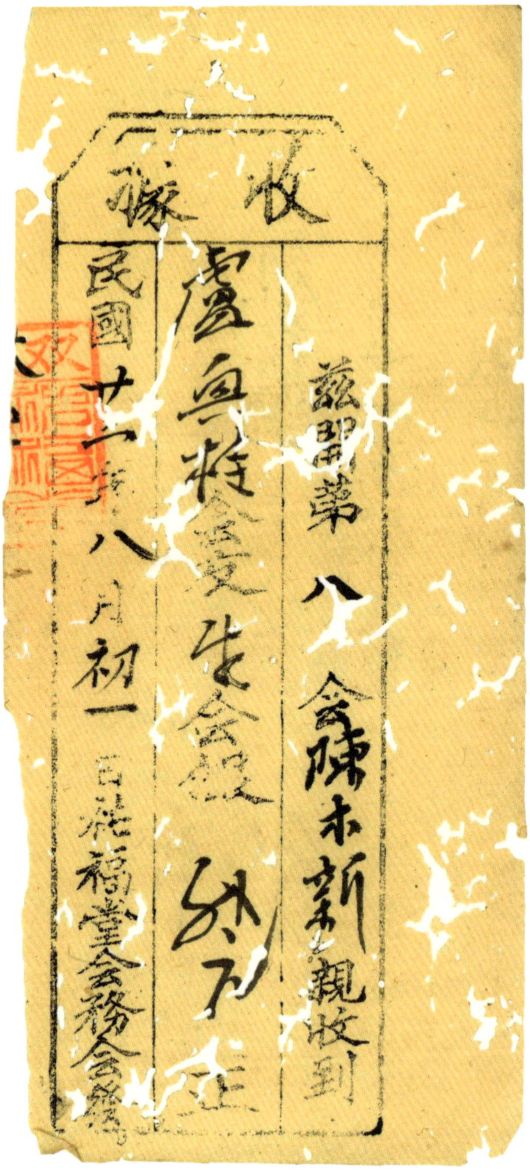

收據

兹開第八会陳木新親收到

盧興栓交生会銀[illegible]正

民國廿二年八月初一日祐福堂會務会發

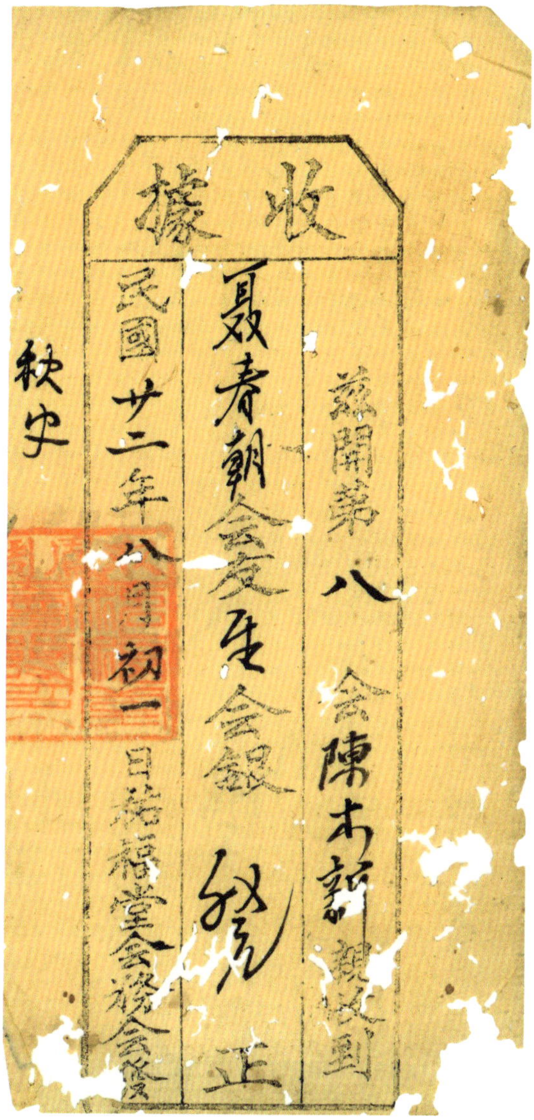

收據
蔡開第八会陳木新親收到
聶春朝交生会銀叁元正
民國廿二年八月初一日祐福堂会務会發
秋字

0021 民国二十二年八月初一日郁南县陈木新收取聂春朝缴纳祐福堂生会银收据

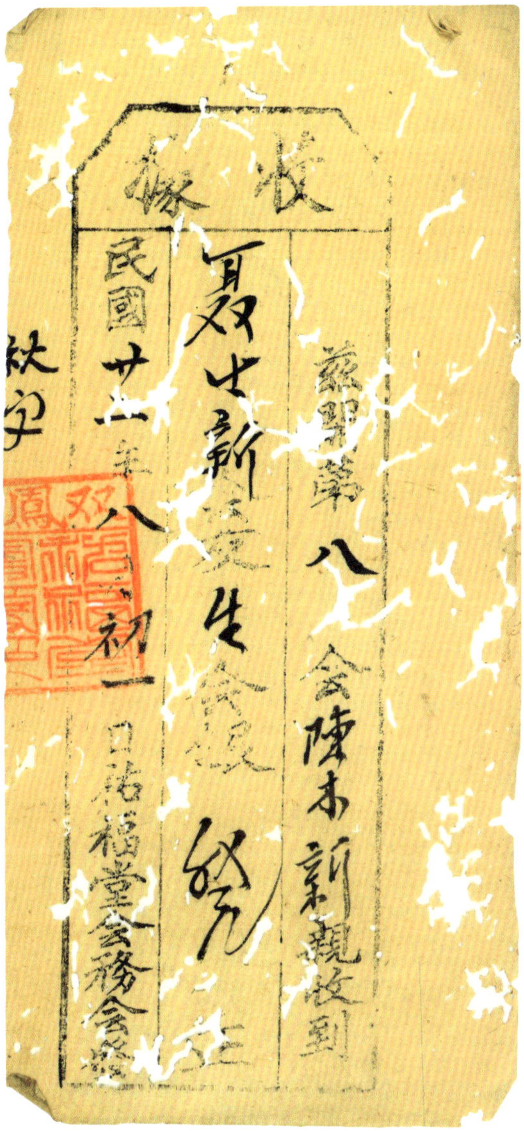

收據
蔡開第八会陳木新親收到
聶士新交生会銀叁元正
民國廿二年八月初一日祐福堂会務会發
秋字

0022 民国二十二年八月初一日郁南县陈木新收取聂士新缴纳祐福堂生会银收据

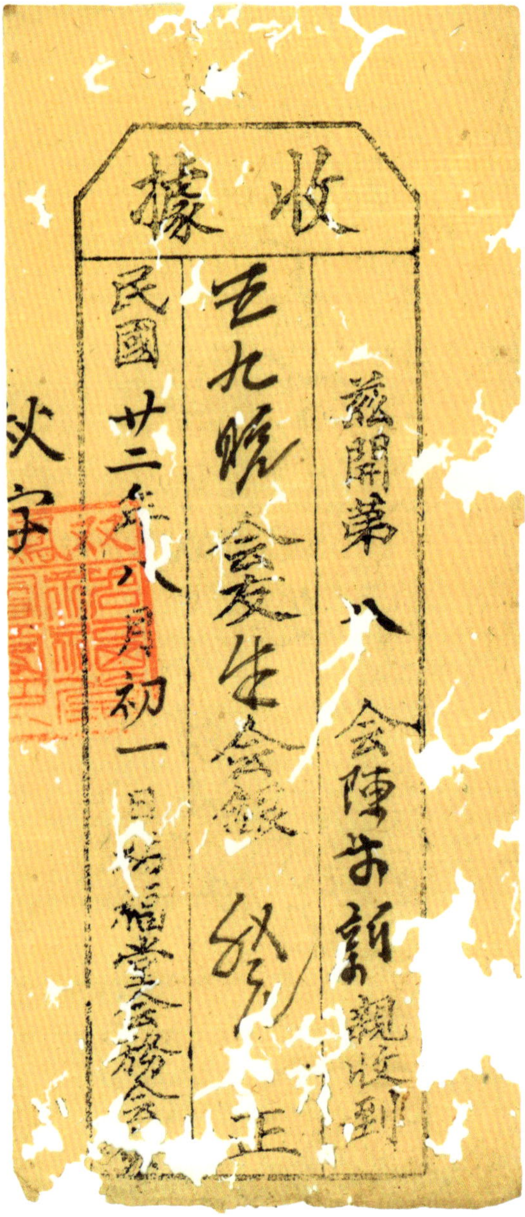

0023 民国二十二年八月初一日郁南县陈木新收取王九晓缴纳祐福堂生会银收据

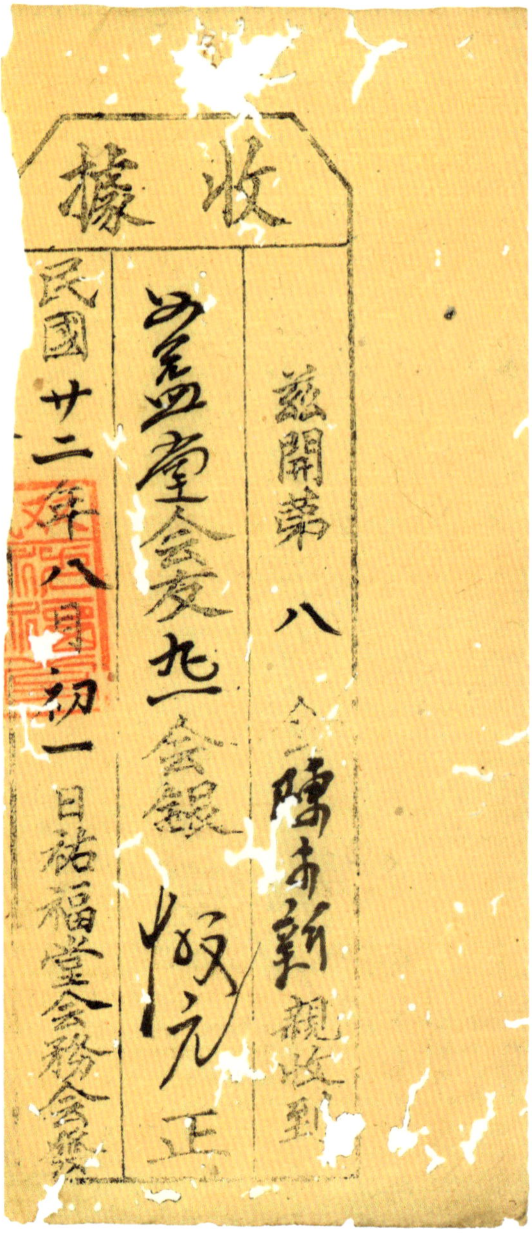

0024 民国二十二年八月初一日郁南县陈木新收取兴益堂缴纳祐福堂熟会银收据

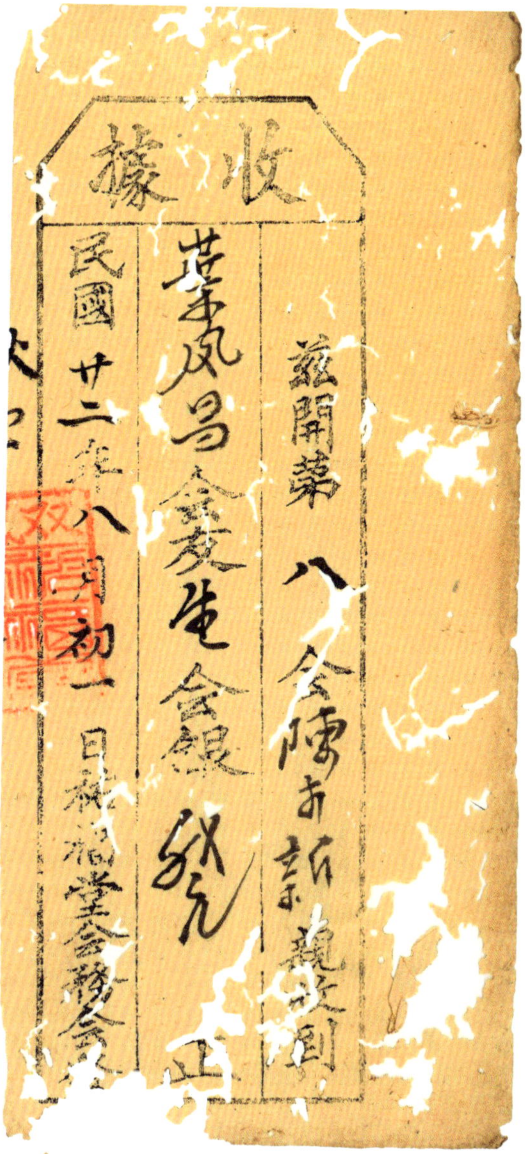
收據
茲開第 八 会 陳木新 親收到
葉凤昌会友生会银 弍元 正
民國 廿二年 八月 初一日 祐福堂会務会

0025 民国二十二年八月初一日郁南县陈木新收取叶凤昌缴纳祐福堂生会银收据

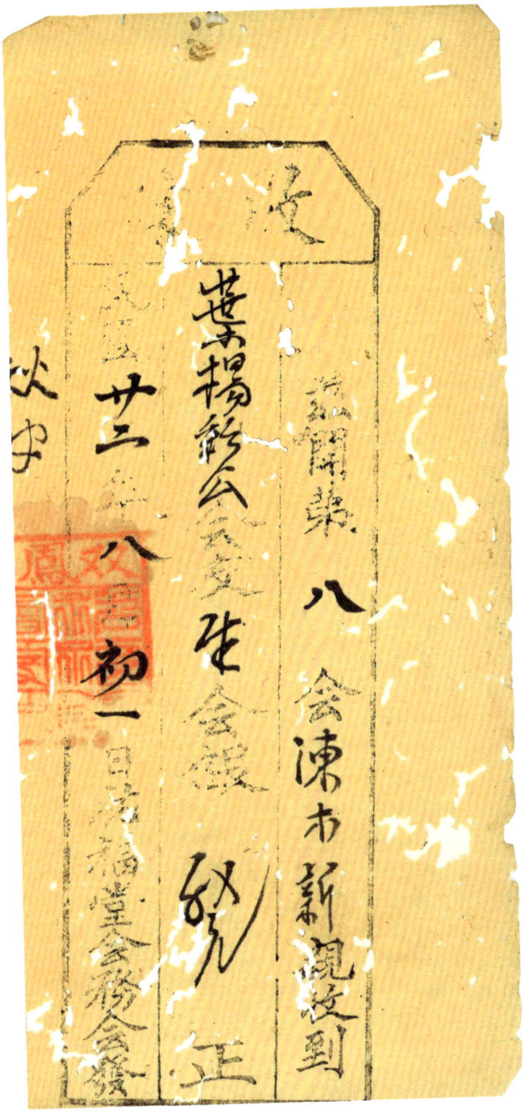
收
茲開第 八 会 陳木新 親收到
葉楊彩会友生会银 弍元 正
民國 廿二年 八月 初一日 祐福堂会務会發

0026 民国二十二年八月初一日郁南县陈木新收取叶杨彩缴纳祐福堂生会银收据

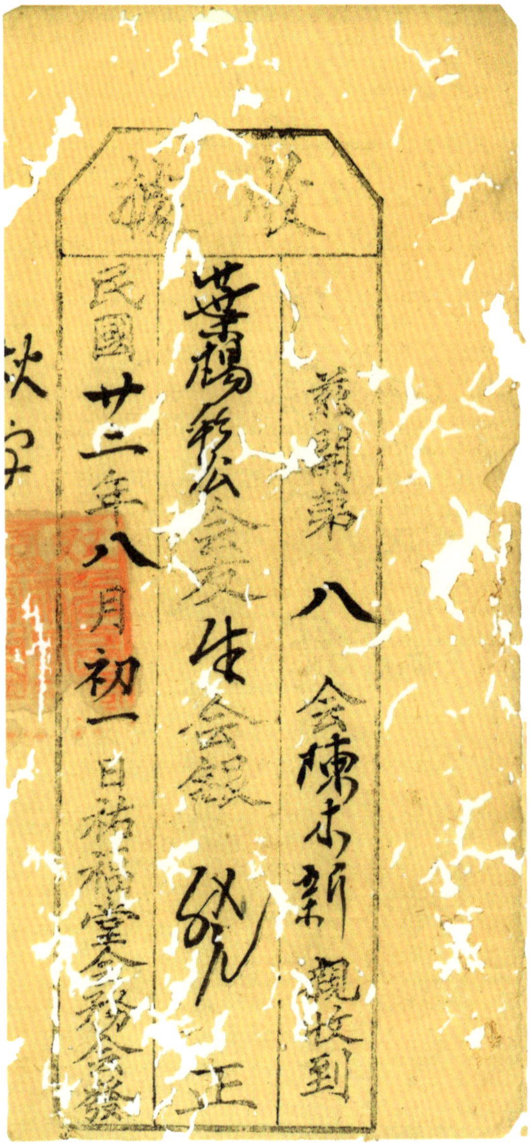

收據

茲開第八会陳木新親收到

葉楊彩公会友生会銀[illegible]正

民國廿二年八月初一日祐福堂会務会發

0027 民国二十二年八月初一日郁南县陈木新收取叶杨彩缴纳祐福堂生会银收据

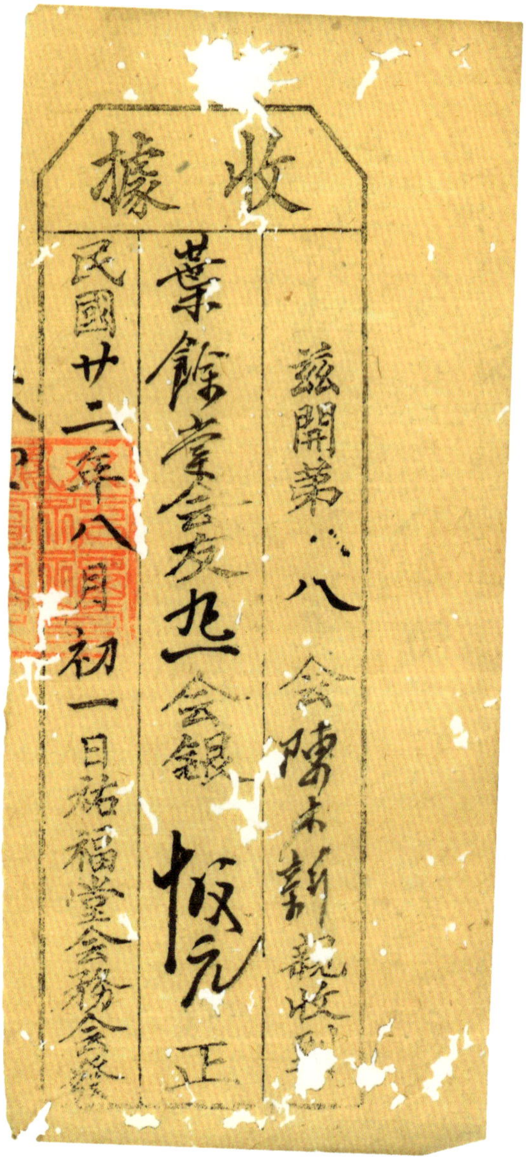

收據

茲開第八会陳木新親收到

葉餘堂会友熟会銀[illegible]正

民國廿二年八月初一日祐福堂会務会發

0028 民国二十二年八月初一日郁南县陈木新收取叶馀堂缴纳祐福堂熟会银收据

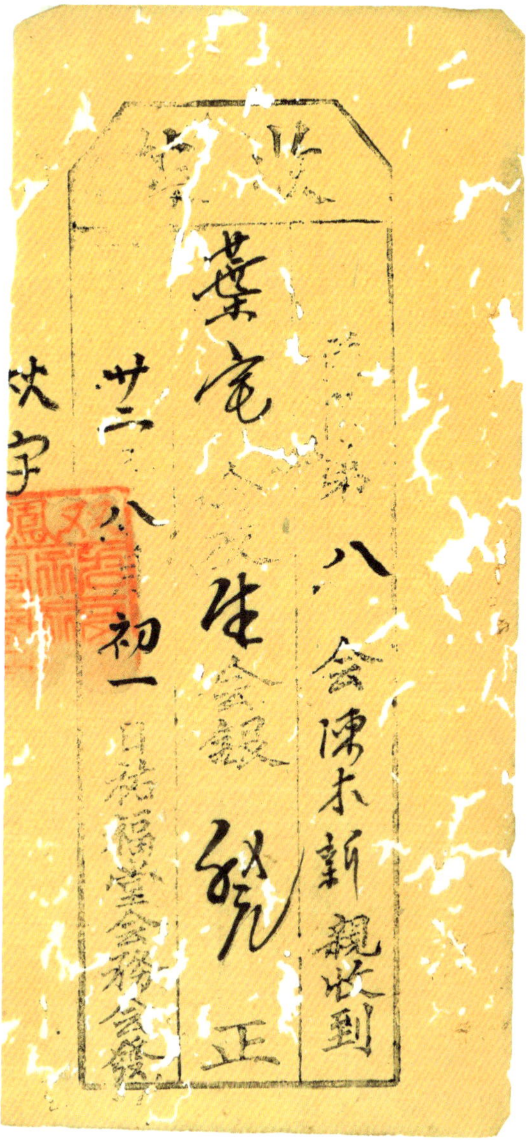

0029 民国二十二年八月初一日郁南县陈木新收取叶宅缴纳祐福堂生会银收据

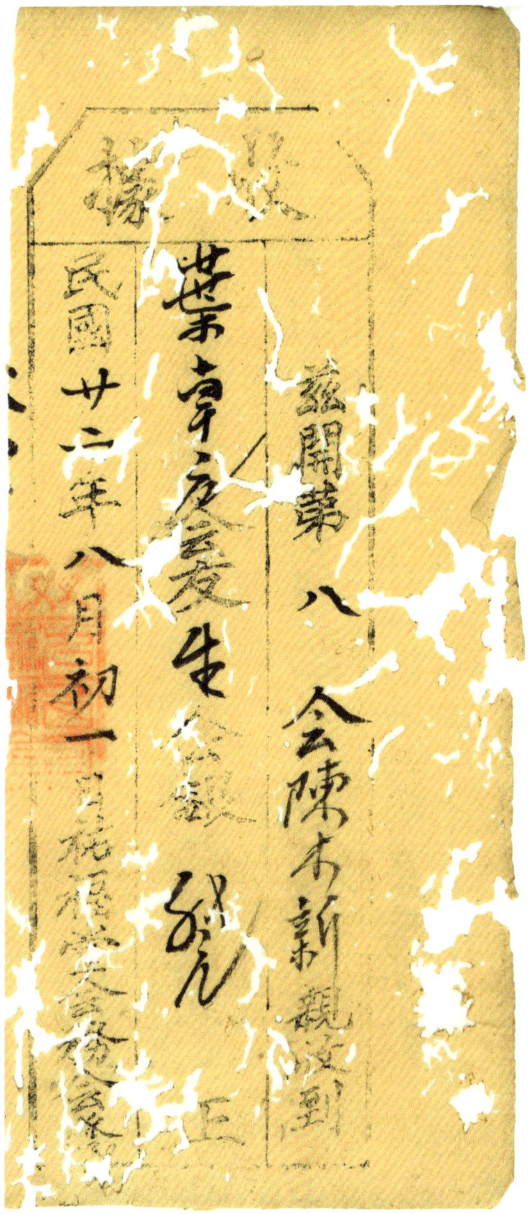

0030 民国二十二年八月初一日郁南县陈木新收取叶卓元缴纳祐福堂生会银收据

0031 民国二十二年八月初一日郁南县叶金水收取曾兆凤、曾兆凰缴纳祐福堂生会银收据

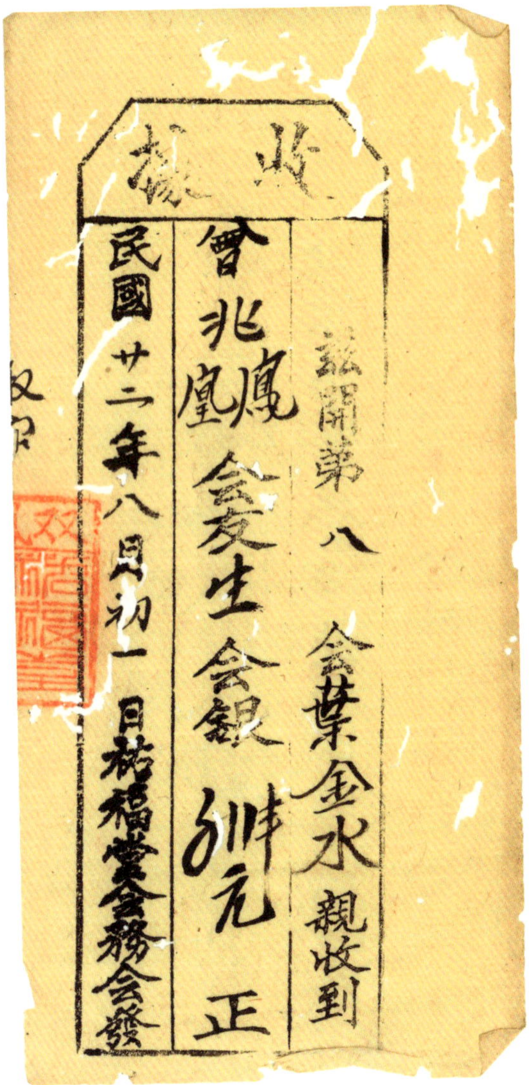

收據

茲開第八会葉金水親收到

曾兆鳳 兆凰 会友生会銀 卅元 正

民國廿二年八月初一日祐福堂会務会發

0032 民国二十二年八月初一日郁南县叶金水收取陈东祺缴纳祐福堂生会银收据

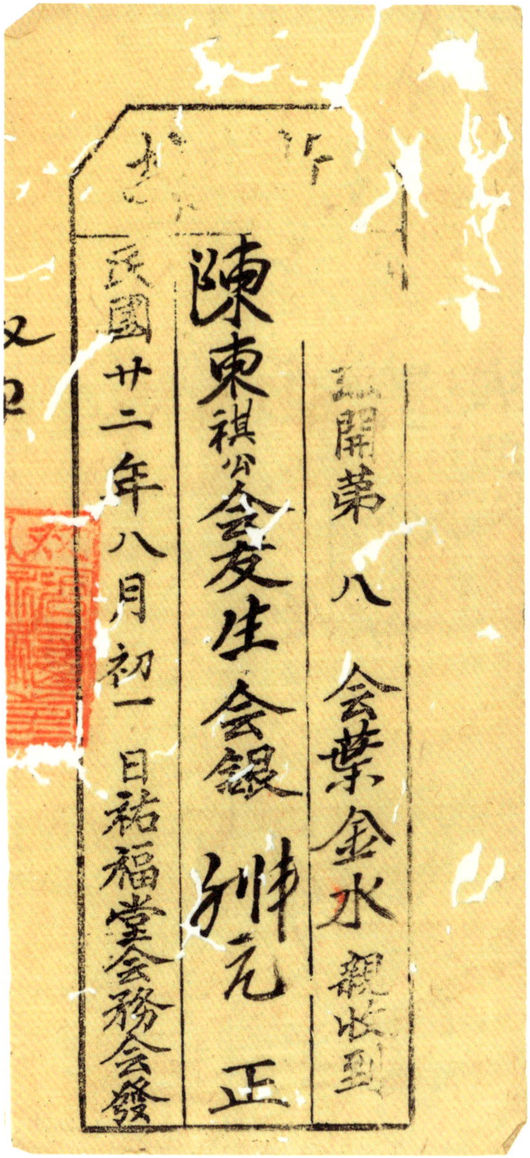

收據

茲開第八会葉金水親收到

陳東祺公 会友生会銀 卅元 正

民國廿二年八月初一日祐福堂会務会發

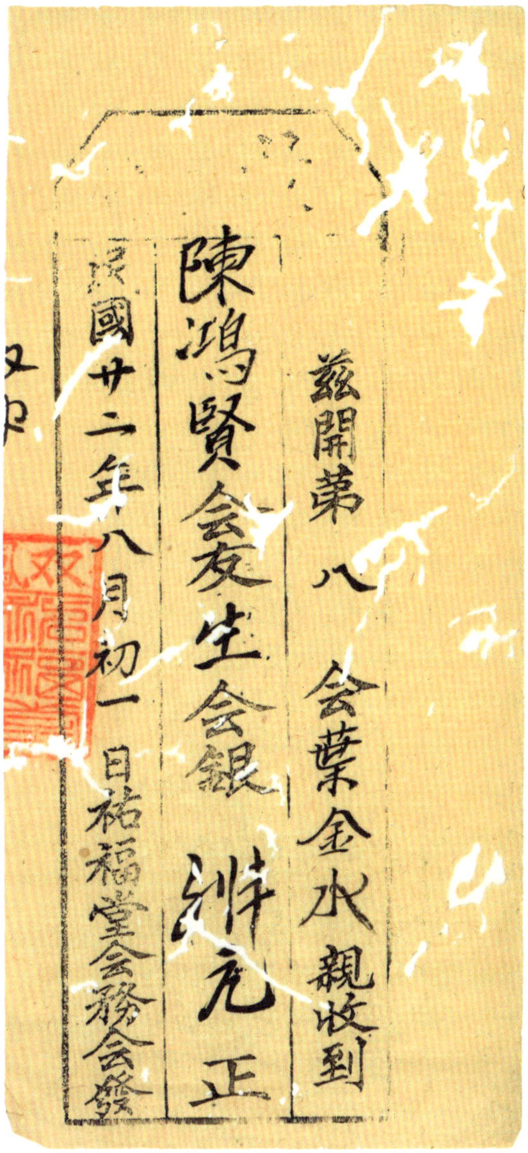
茲開第八会葉金水親收到
陳鴻賢会友生会银 洋元正
民國廿二年八月初一日祐福堂会務会發

0033 民国二十二年八月初一日郁南县叶金水收取陈鸿贤缴纳祐福堂生会银收据

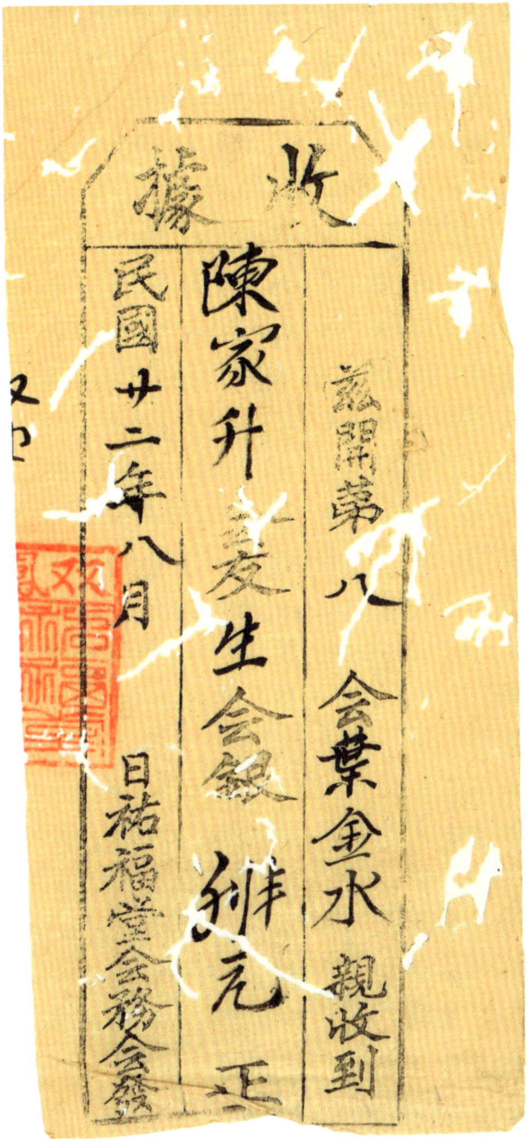
收據
茲開第八会葉金水親收到
陳家升会友生会银 洋元正
民國廿二年八月 日祐福堂会務会發

0034 民国二十二年八月初一日郁南县叶金水收取陈家升缴纳祐福堂生会银收据

0035 民国二十二年八月初一日郁南县叶金水收取陈亚朝缴纳祐福堂生会银收据

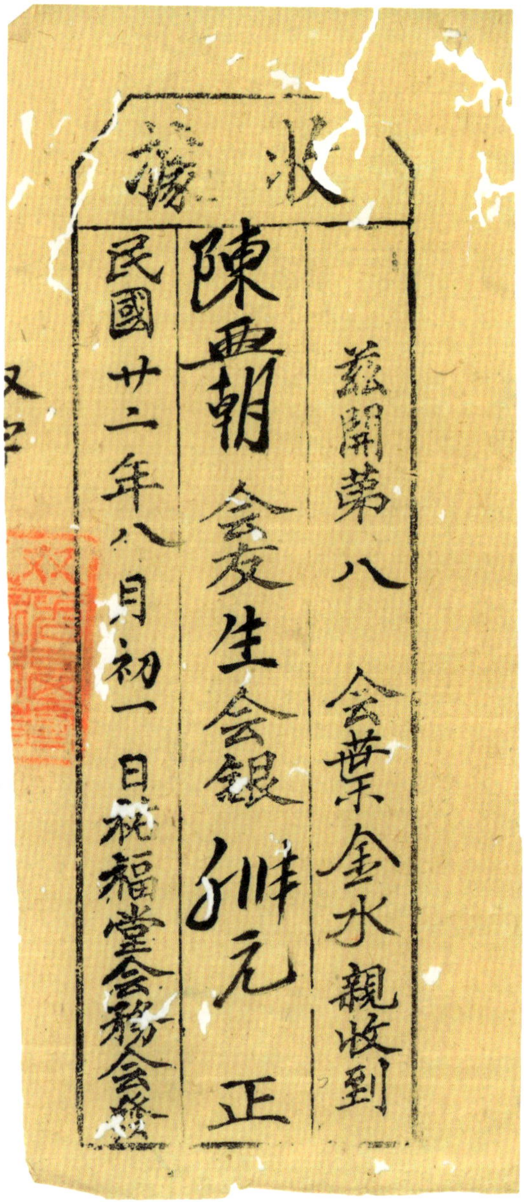

收據

茲開第八 会葉金水 親收到

陳亞朝 会友生会銀 [illegible]元 正

民國廿二年八月初一日祐福堂会務会發

0036 民国二十二年八月初一日郁南县叶金水收取陈亚镜缴纳祐福堂生会银收据

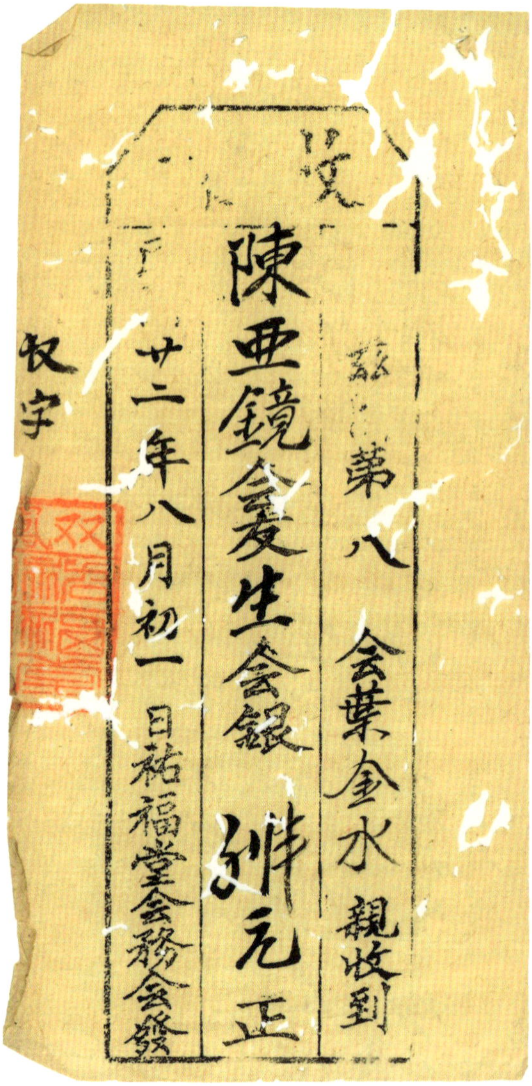

收據

茲開第八 会葉金水 親收到

陳亞鏡 会友生会銀 [illegible]元 正

民國廿二年八月初一日祐福堂会務会發

0037 民国二十二年八月初一日郁南县叶金水收取黄发祥缴纳祐福堂生会银收据

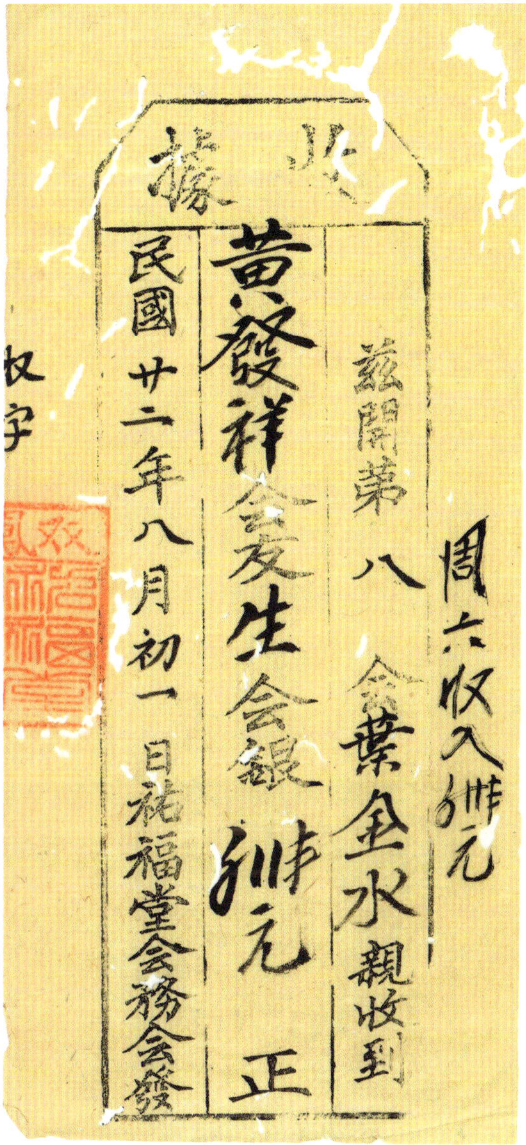

收據

茲開第 八 会 葉金水 親收到

黃發祥 会友 生会銀 卅元 正

民國 廿二年八月初一日 祐福堂会務会發

周六收入卅元

収字

0038 民国二十二年八月初一日郁南县叶金水收取黄华章缴纳祐福堂熟会银收据

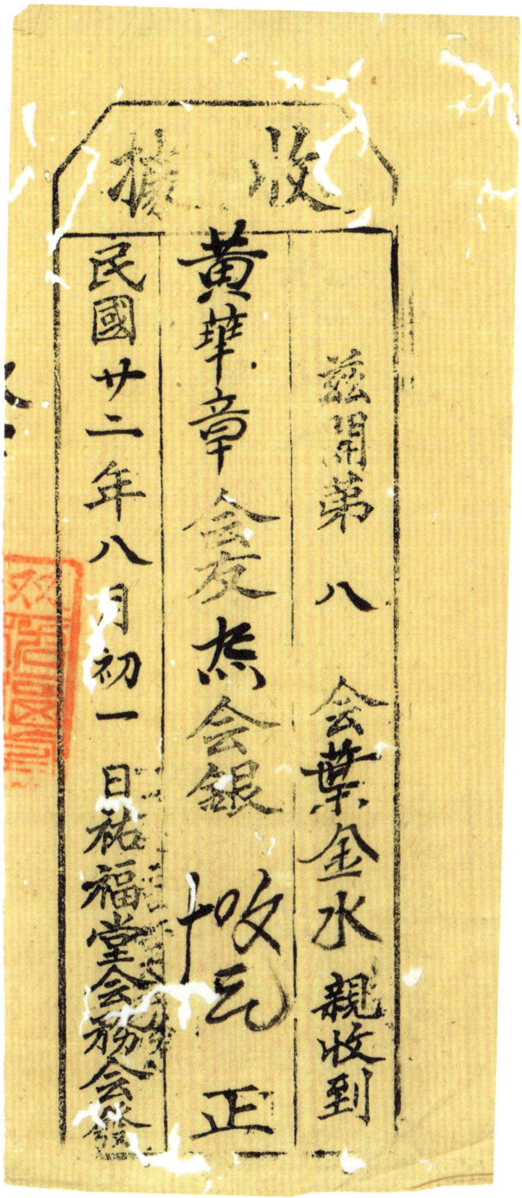

收據

茲開第 八 会 葉金水 親收到

黃華章 会友 熟会銀 卅元 正

民國 廿二年八月初一日 祐福堂会務会發

0039 民国二十二年八月初一日郁南县叶金水收取黄亚木缴纳祐福堂生会银收据

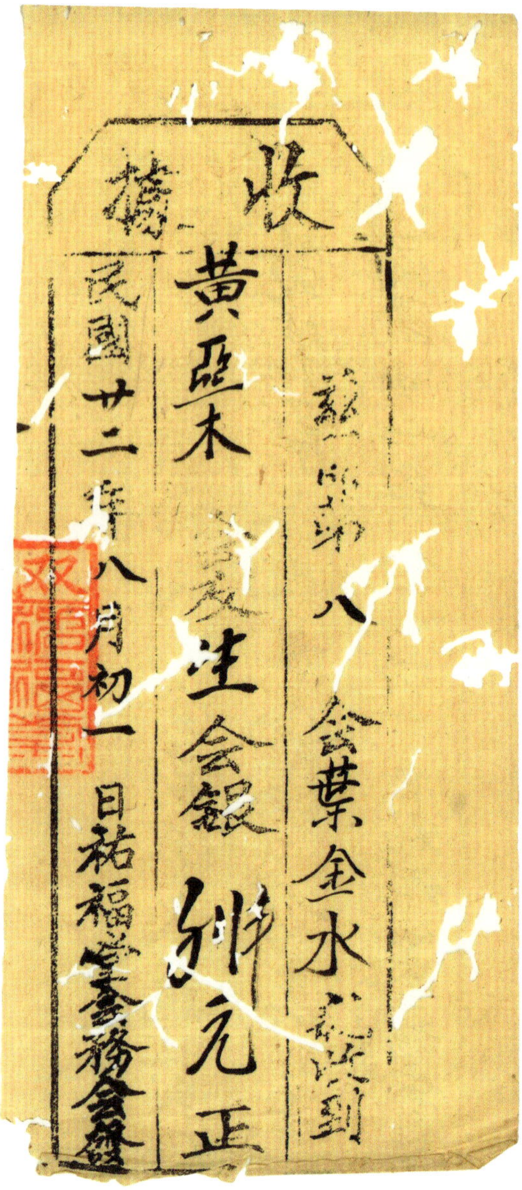
收據
茲開第八会葉金水親收到
黄亞木会友生会銀[illegible]元正
民國廿二年八月初一日祐福堂会務会發

0040 民国二十二年八月初一日郁南县叶金水收取黄亚木缴纳祐福堂生会银收据

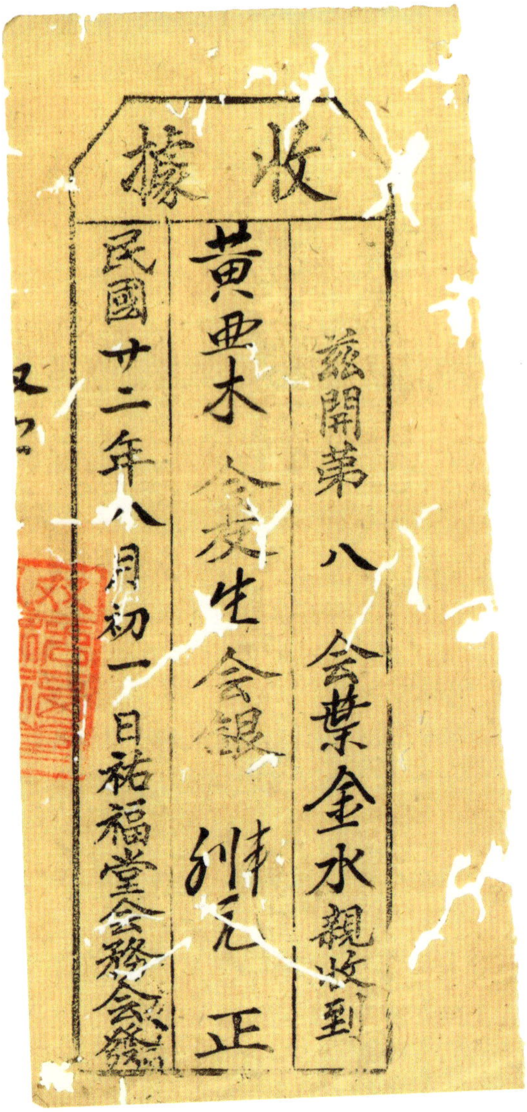
收據
茲開第八会葉金水親收到
黄亞木会友生会銀[illegible]元正
民國廿二年八月初一日祐福堂会務会發

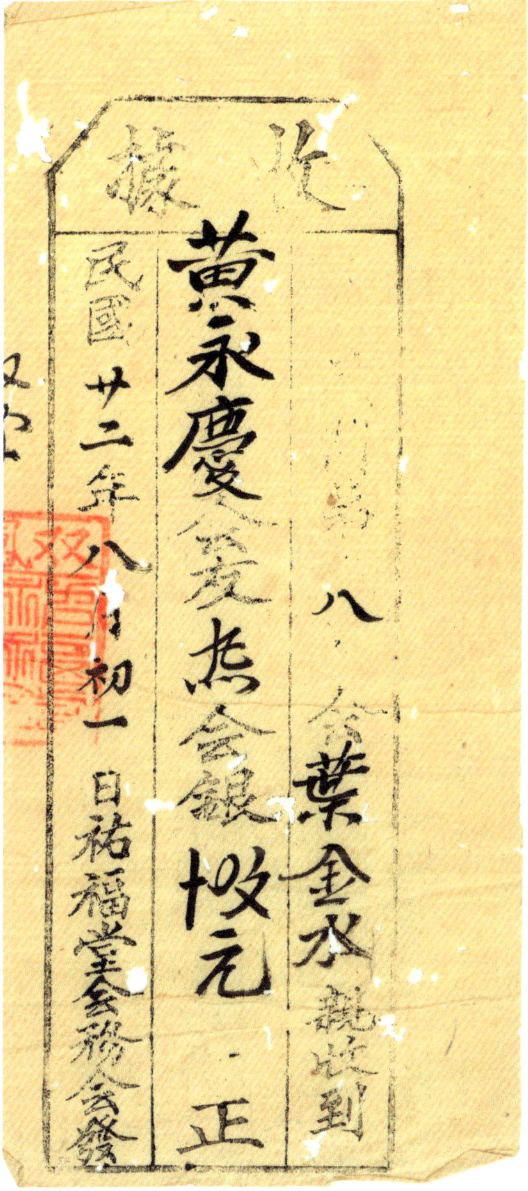

收據

茲開第八會葉金水親收到

黄永慶會友熟會銀拾元正

民國廿二年八月初一日祐福堂會務會發

0041 民国二十二年八月初一日郁南县叶金水收取黄永庆缴纳祐福堂熟会银收据

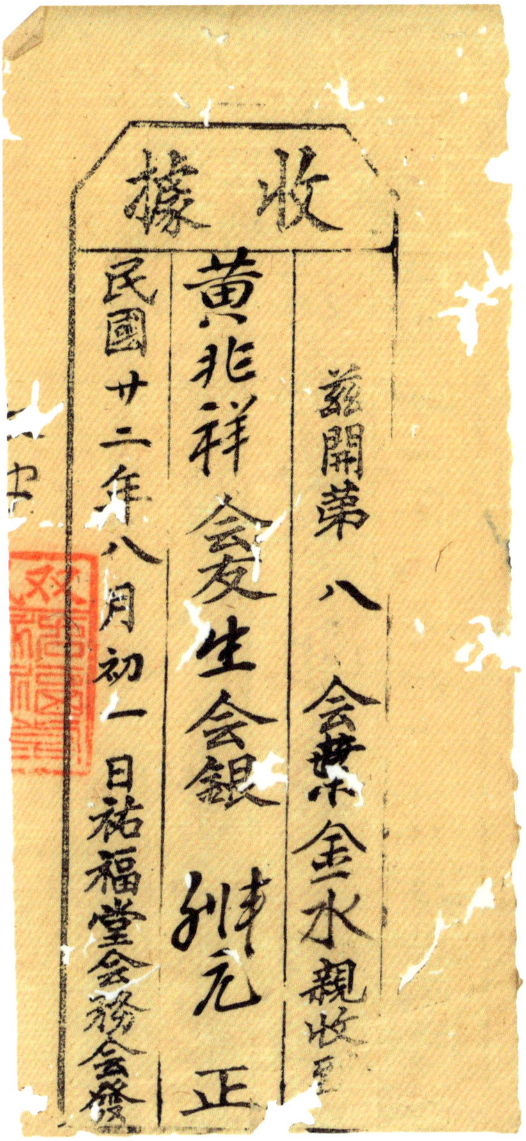

收據

茲開第八會葉金水親收至

黄兆祥會友生會銀捌元正

民國廿二年八月初一日祐福堂會務會發

0042 民国二十二年八月初一日郁南县叶金水收取黄兆祥缴纳祐福堂生会银收据

0043 民国二十二年八月初一日郁南县叶金水收取刘兴昌缴纳祐福堂会银收据

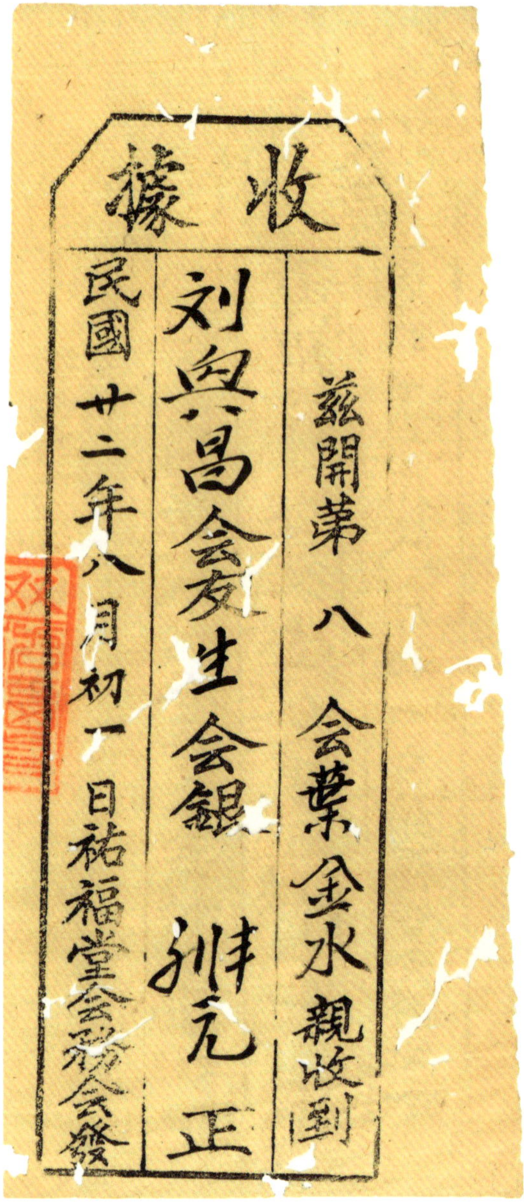

收據

兹開第 八 会葉金水親收到

刘興昌会友生会銀 捌元 正

民國廿二年八月初一日祐福堂会務会發

0044 民国二十二年八月初一日郁南县叶金水收取聂春朝缴纳祐福堂生会银收据

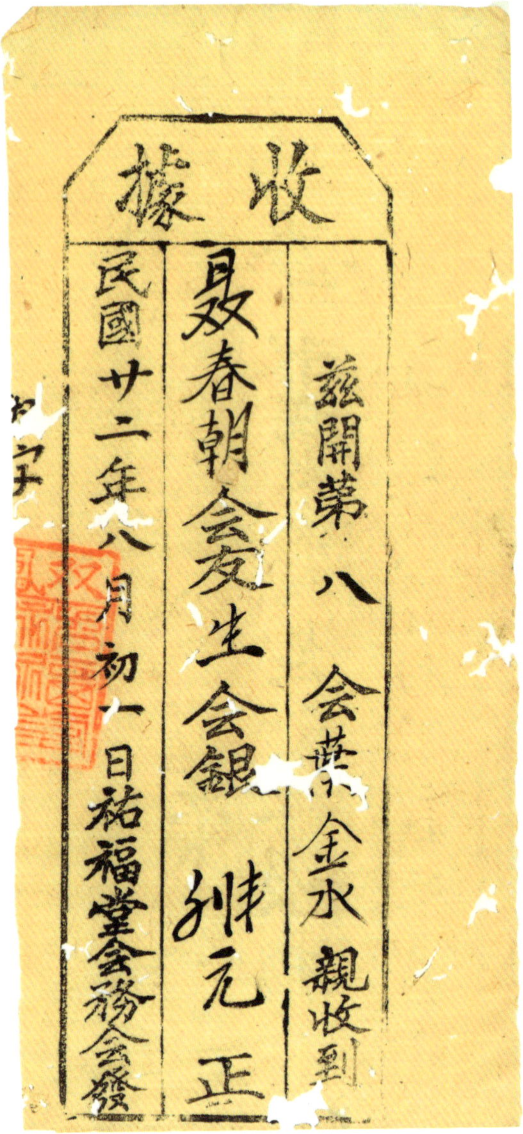

收據

兹開第 八 会葉金水親收到

聂春朝会友生会銀 捌元 正

民國廿二年八月初一日祐福堂会務会發

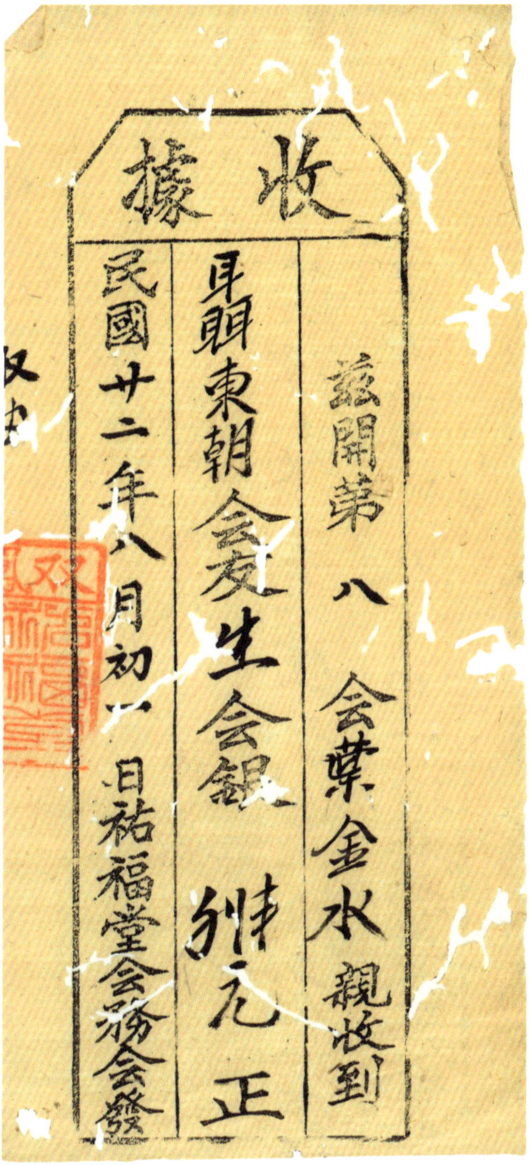

0045 民国二十二年八月初一日郁南县叶金水收取聂东朝缴纳祐福堂生会银收据

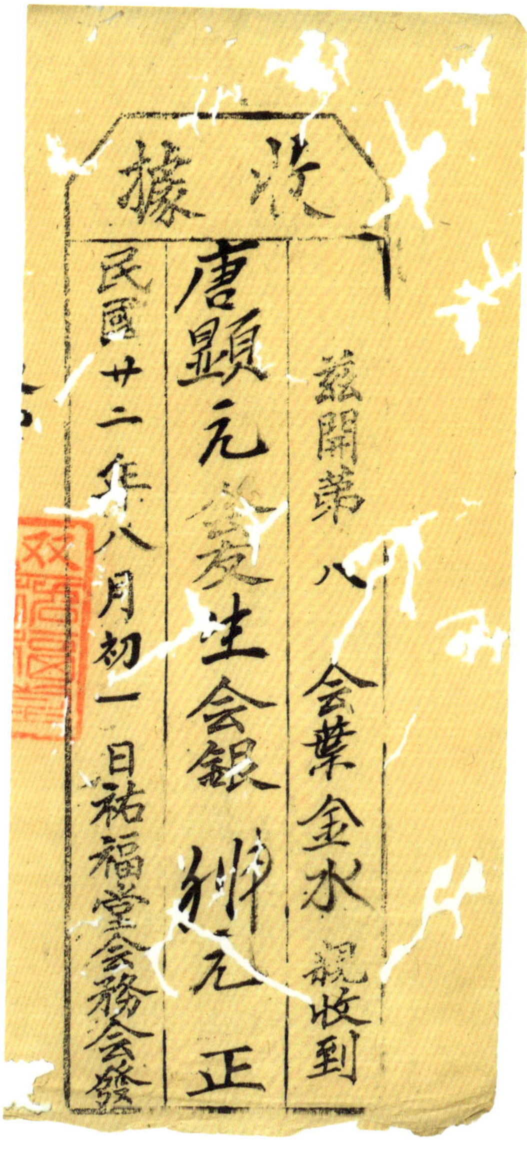

0046 民国二十二年八月初一日郁南县叶金水收取唐显元缴纳祐福堂生会银收据

0047 民国二十二年八月初一日郁南县叶金水收取杨培福堂缴纳祐福堂生会银收据

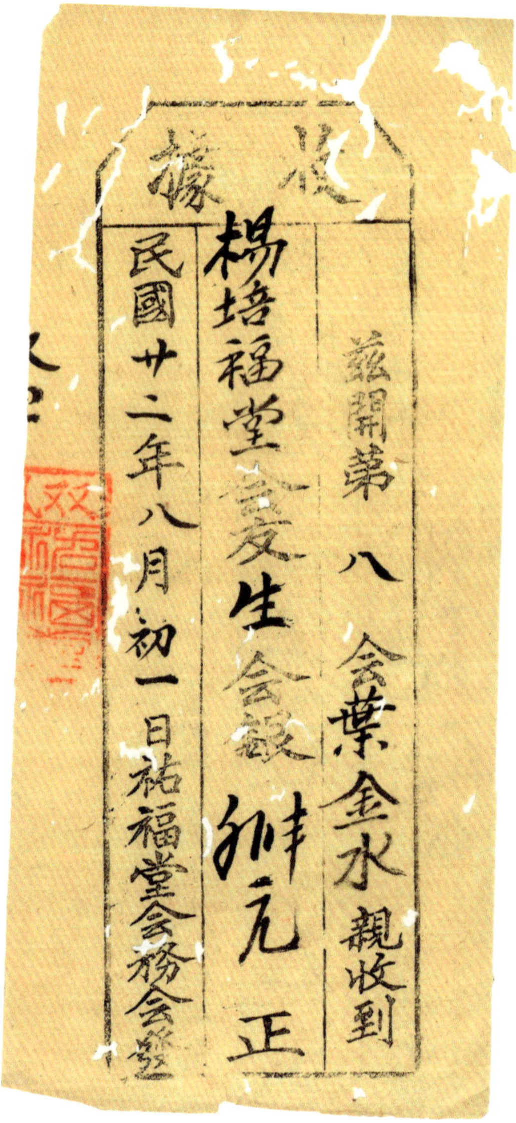
收據
茲開第八会葉金水親收到
楊培福堂会友生会銀肆元正
民國廿二年八月初一日祐福堂会務会發

0048 民国二十二年八月初一日郁南县叶金水收取叶锦泰缴纳祐福堂生会银收据

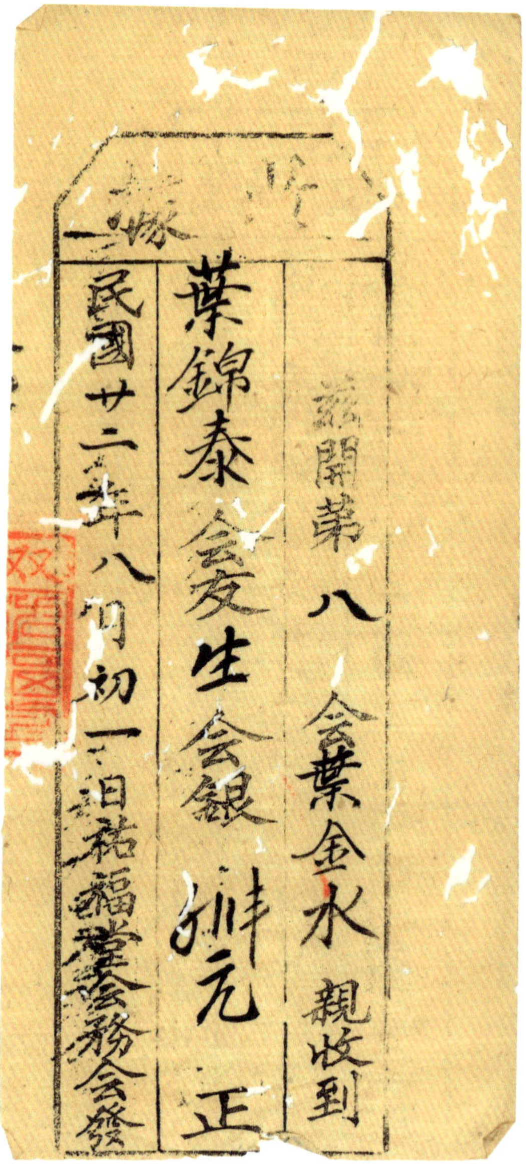
收據
茲開第八会葉金水親收到
葉錦泰会友生会銀肆元正
民國廿二年八月初一日祐福堂会務会發

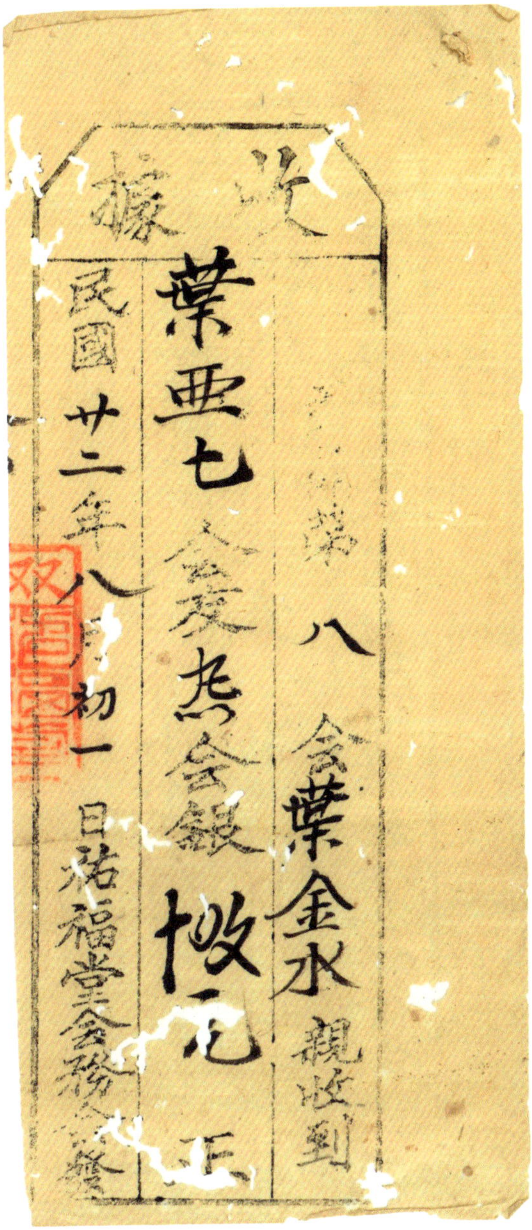
收據
八
会葉金水親收到
葉亞七会交熟会銀　元正
民國廿二年八月初一日祐福堂会務会發

0049 民国二十二年八月初一日郁南县叶金水收取叶亚七缴纳祐福堂熟会银收据

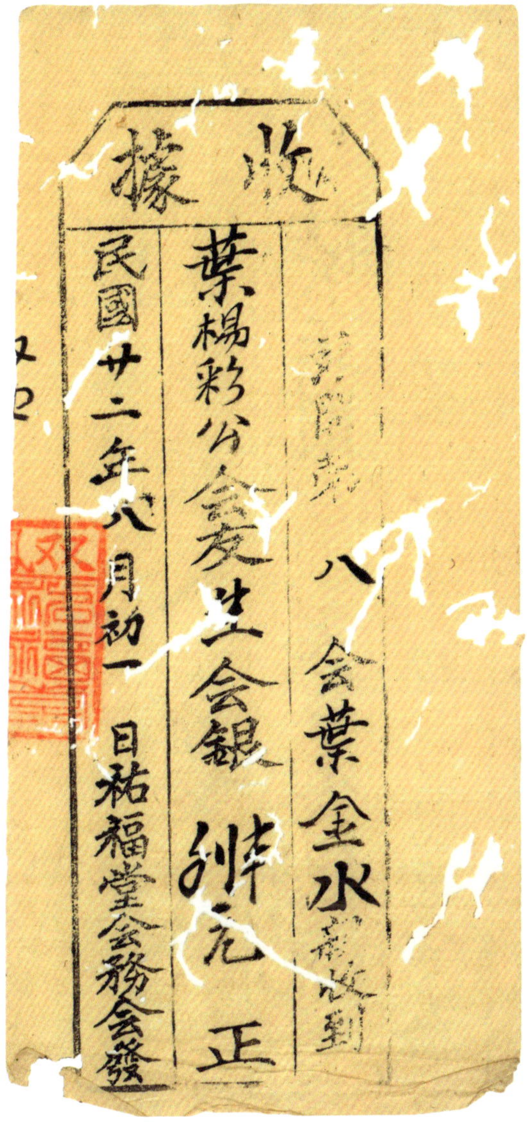
收據
八
会葉金水親收到
葉楊彩公会交生会銀　元正
民國廿二年八月初一日祐福堂会務会發

0050 民国二十二年八月初一日郁南县叶金水收取叶杨彩缴纳祐福堂生会银收据

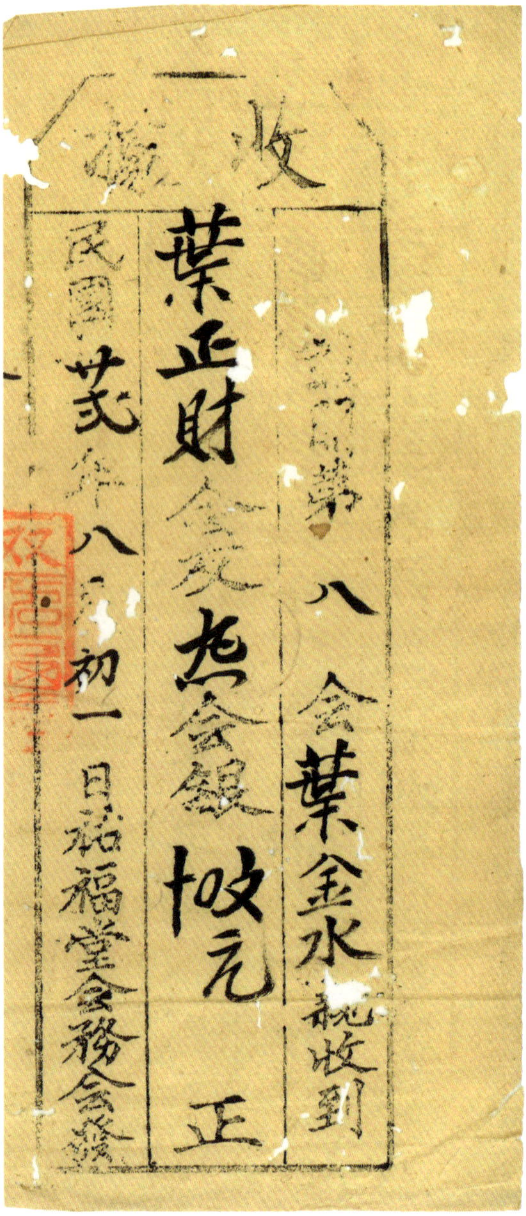
收據
茲開第八會葉金水親收到
葉正財會友熟會銀坳元正
民國廿二年八月初一日祐福堂會務會發

0051 民国二十二年八月初一日郁南县叶金水收取叶正财缴纳祐福堂熟会银收据

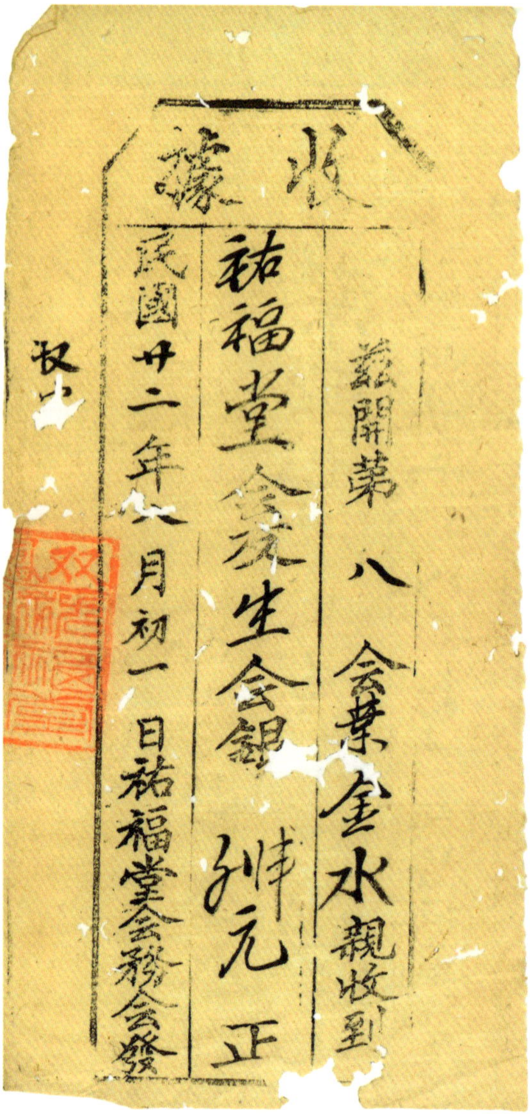
收據
茲開第八會葉金水親收到
祐福堂會友生會銀拂元正
民國廿二年八月初一日祐福堂會務會發

0052 民国二十二年八月初一日郁南县叶金水收取祐福堂会友缴纳生会银收据

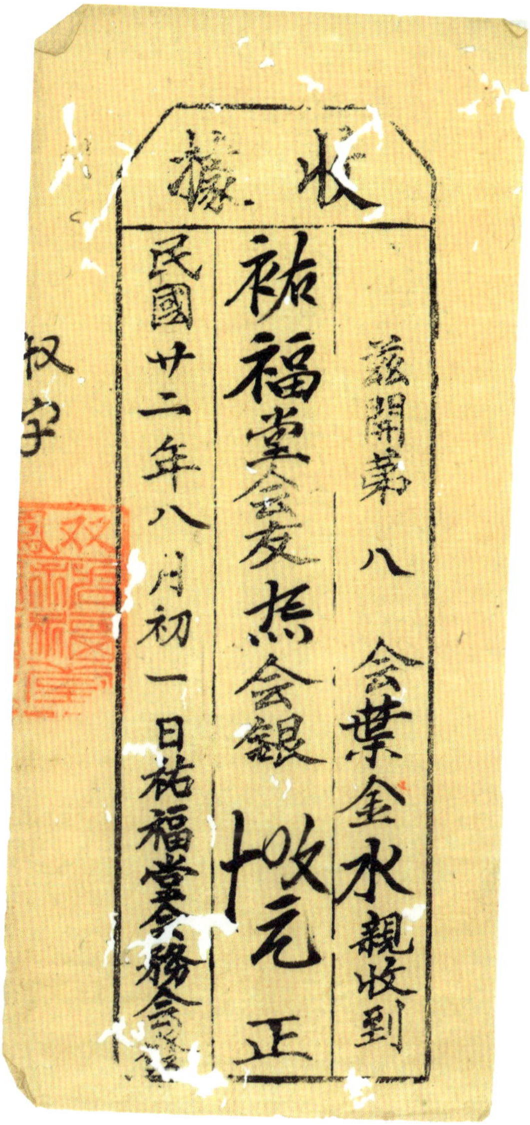

0053 民国二十二年八月初一日郁南县叶金水收取祐福堂会友缴纳熟会银收据

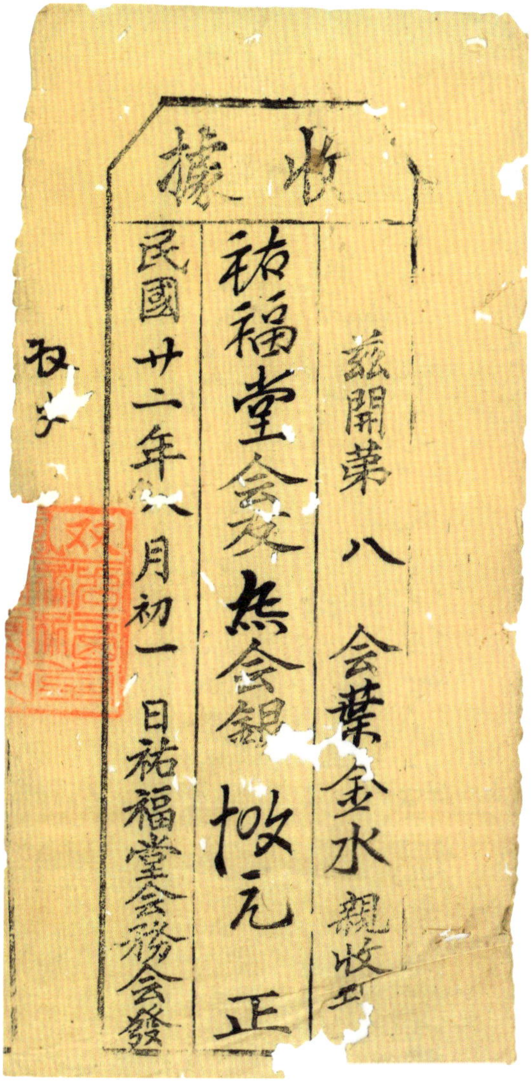

0054 民国二十二年八月初一日郁南县叶金水收取祐福堂会友熟会银收据

0055 民国二十二年八月初一日郁南县叶锦泰缴纳祐福堂生会银收据

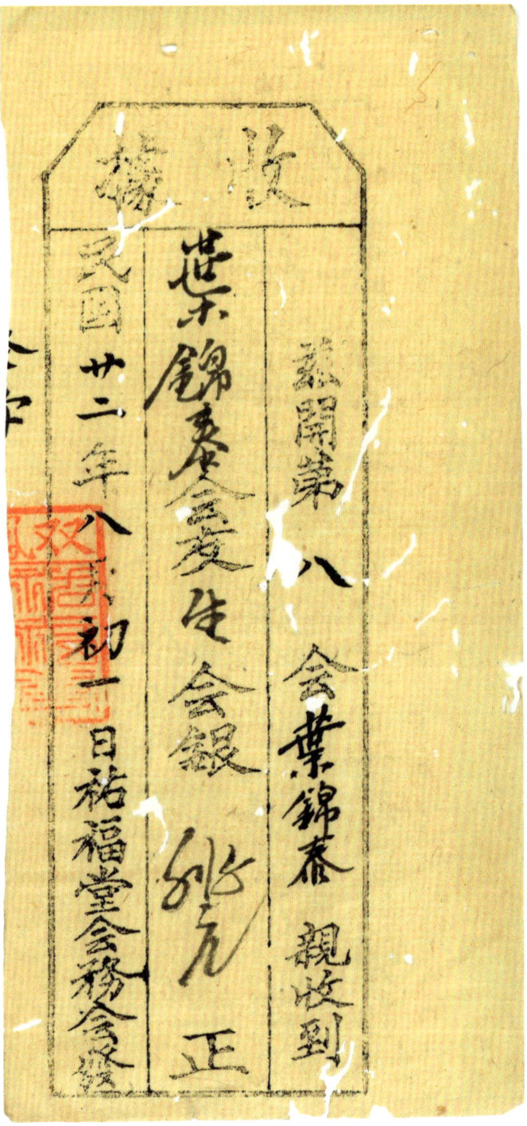
收據
茲開第八会葉錦春親收到
葉錦泰会友生会銀 [illegible] 正
民國廿二年八月初一日祐福堂会務会發

0056 民国二十二年八月初一日郁南县叶锦泰收取曾钦元缴纳祐福堂生会银收据

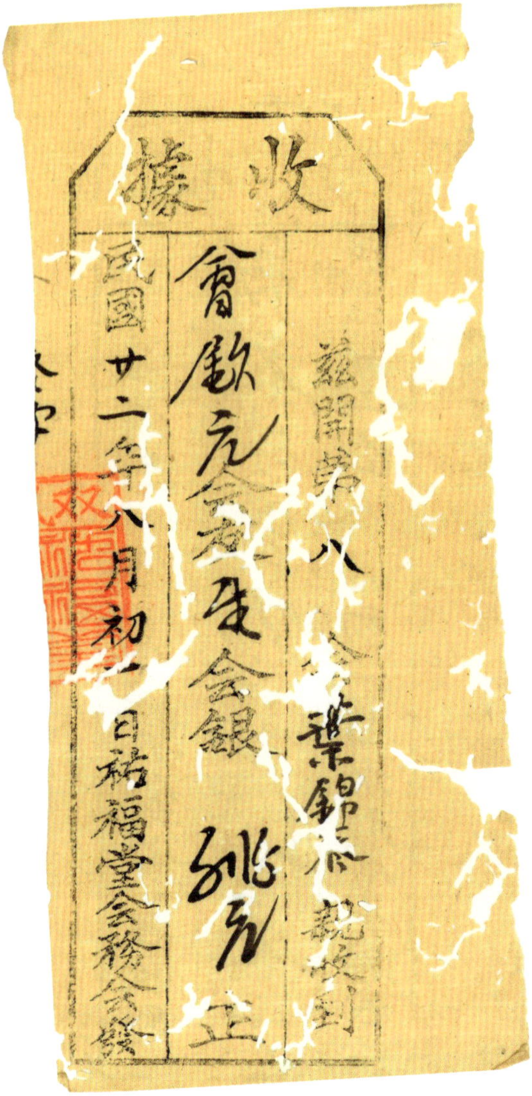
收據
茲開第八会葉錦春親收到
曾欽元会友生会銀 [illegible] 正
民國廿二年八月初一日祐福堂会務会發

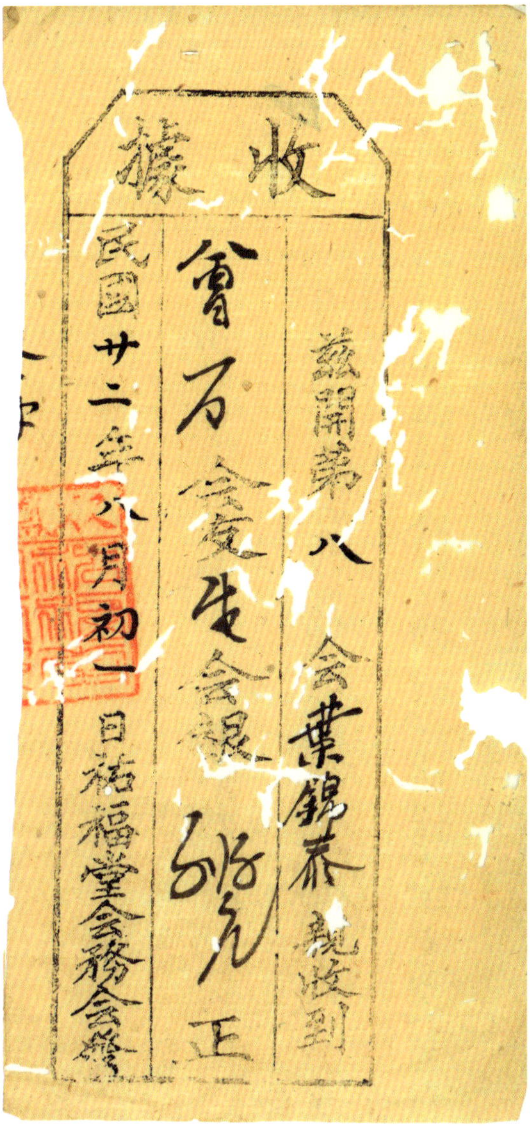

0057 民国二十二年八月初一日郁南县叶锦泰收取曾万缴纳祐福堂生会银收据

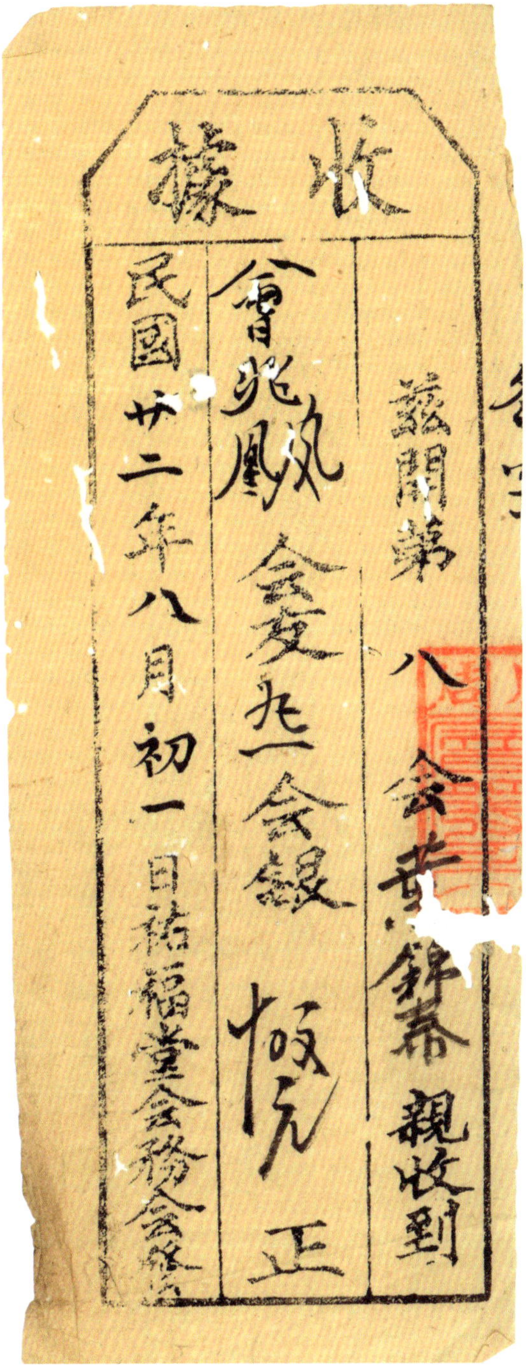

0058 民国二十二年八月初一日郁南县叶锦泰收取曾兆凤、曾兆凰缴纳祐福堂熟会银收据

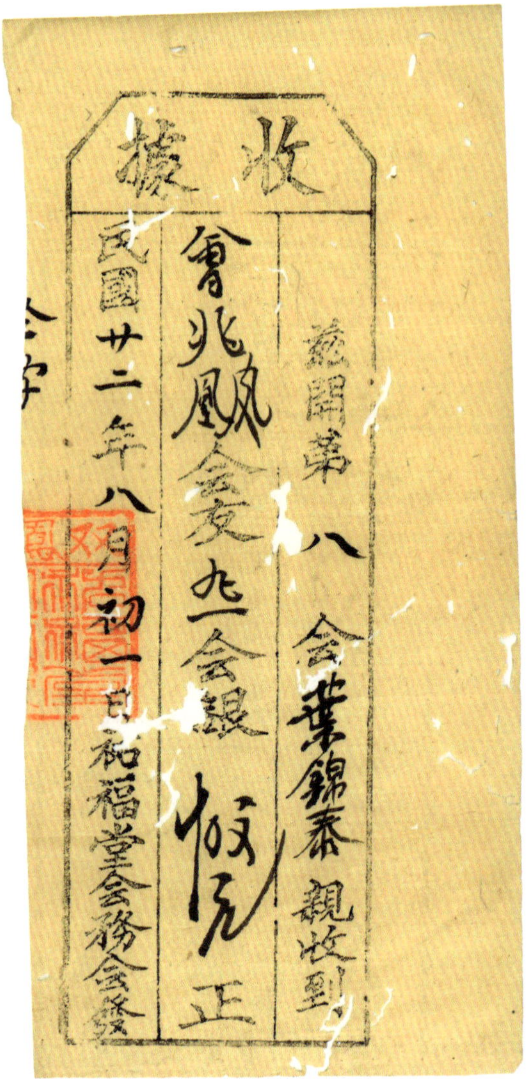

收據

茲開第八会葉錦泰親收到

曾兆鳳 兆凰 会友 九会銀

正

民國廿二年八月初一日祐福堂会務会發

0059 民国二十二年八月初一日郁南县叶锦泰收取曾兆凤、曾兆凰缴纳祐福堂熟会银收据

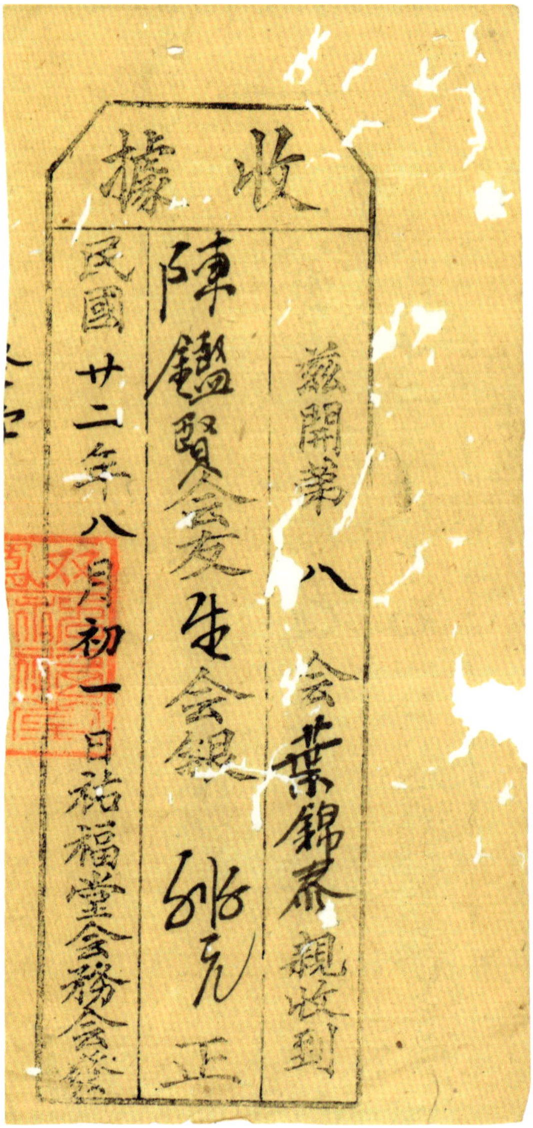

收據

茲開第八会葉錦泰親收到

陳鑑賢会友生会銀

正

民國廿二年八月初一日祐福堂会務会發

0060 民国二十二年八月初一日郁南县叶锦泰收取陈鉴贤缴纳祐福堂生会银收据

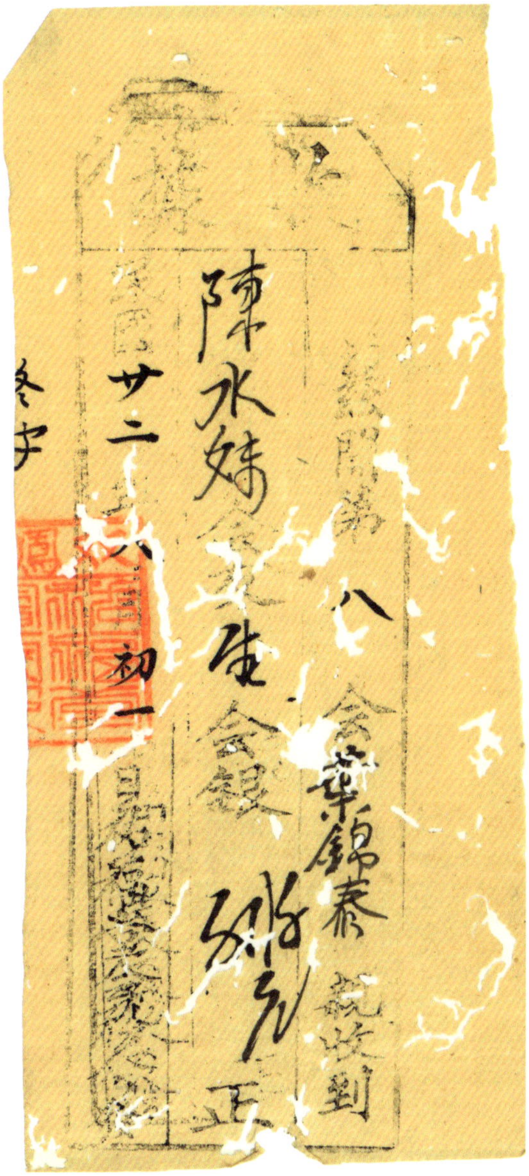

0061 民国二十二年八月初一日郁南县叶锦泰收取陈水妹缴纳祐福堂生会银收据

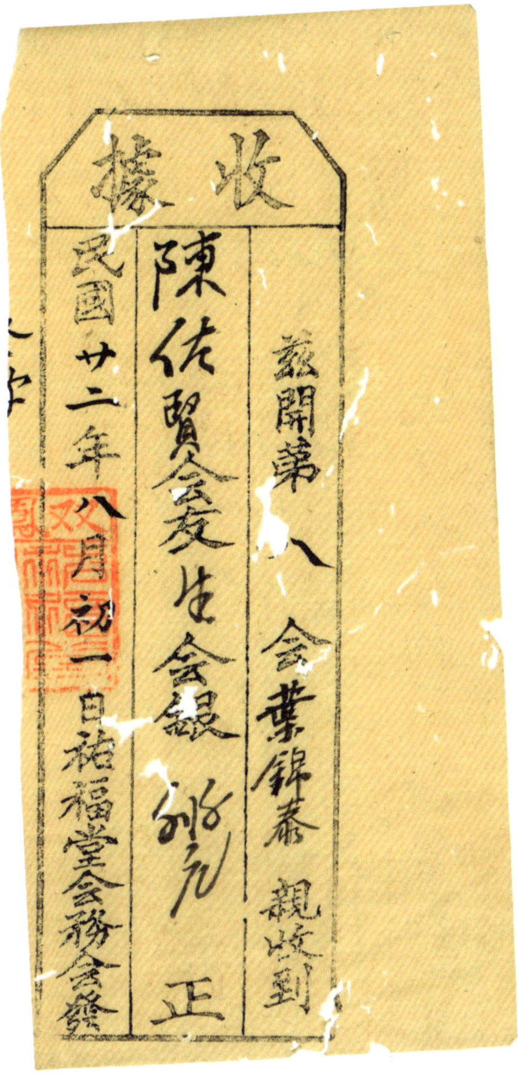

0062 民国二十二年八月初一日郁南县叶锦泰收取陈佐贤祐福堂生会银收据

0063 民国二十二年八月初一日郁南县叶锦泰收取何焯溪缴纳祐福堂熟会银收据

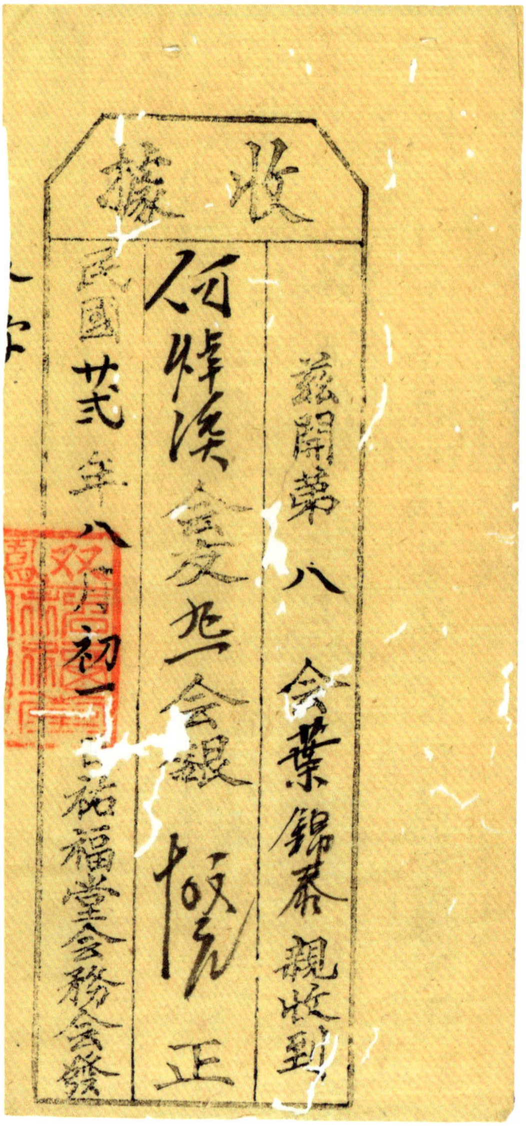
收據
茲開第八会葉錦泰親收到
何焯溪会友熟会銀[illegible]正
民國廿二年八月初一日祐福堂会務会發

0064 民国二十二年八月初一日郁南县叶锦泰收取黄发祥缴纳祐福堂生会银收据

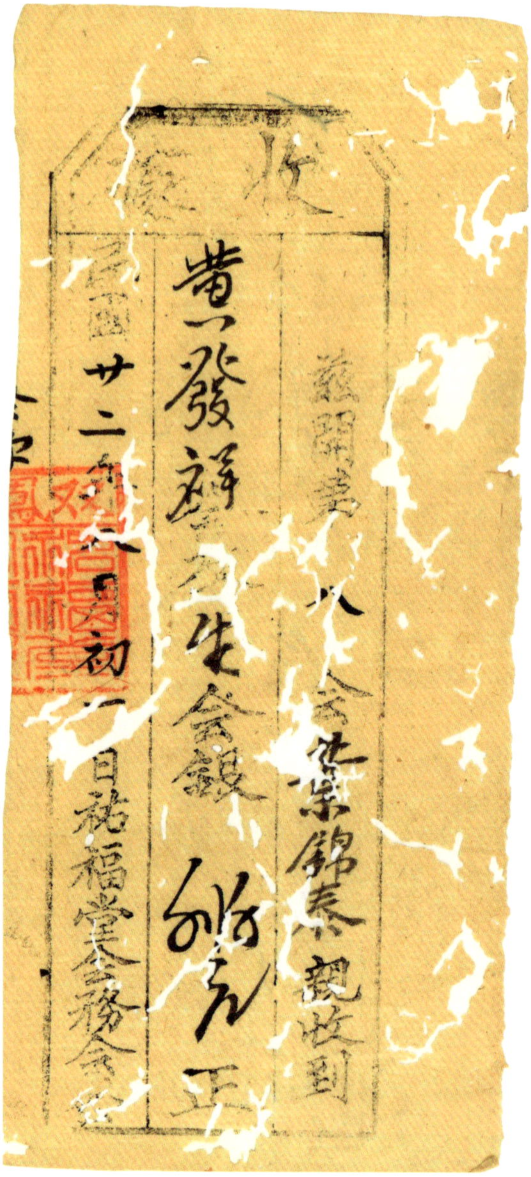
收據
茲開第八会葉錦泰親收到
黄發祥会友生会銀[illegible]正
民國廿二年八月初一日祐福堂会務会發

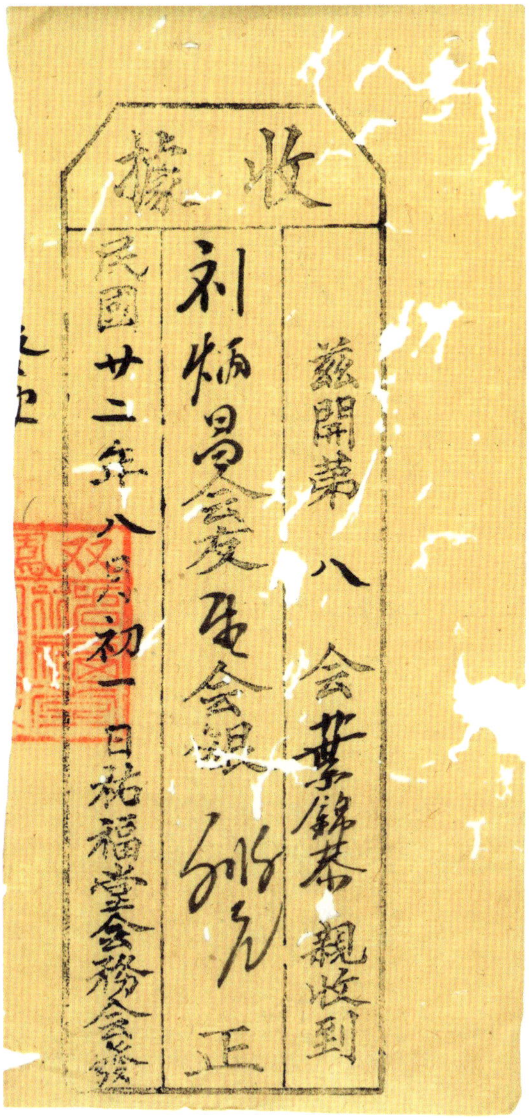
收據
茲開第八会 葉錦泰 親收到
刘炳昌会友 生会銀 [illegible] 正
民國廿二年八月初一日祐福堂会務会發

0065 民国二十二年八月初一日郁南县叶锦泰收取刘炳昌缴纳祐福堂生会银收据

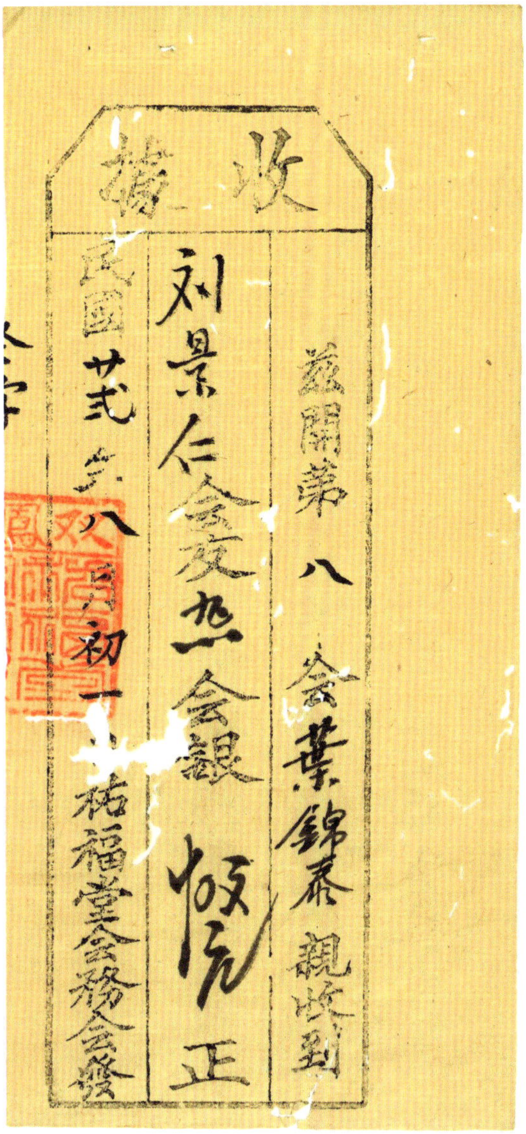
收據
茲開第八会 葉錦泰 親收到
刘景仁会友 熟会銀 [illegible] 正
民國廿二年八月初一日祐福堂会務会發

0066 民国二十二年八月初一日郁南县叶锦泰收取刘景仁缴纳祐福堂熟会银收据

0067 民国二十二年八月初一日郁南县叶锦泰收取刘茂方缴纳祐福堂生会银收据

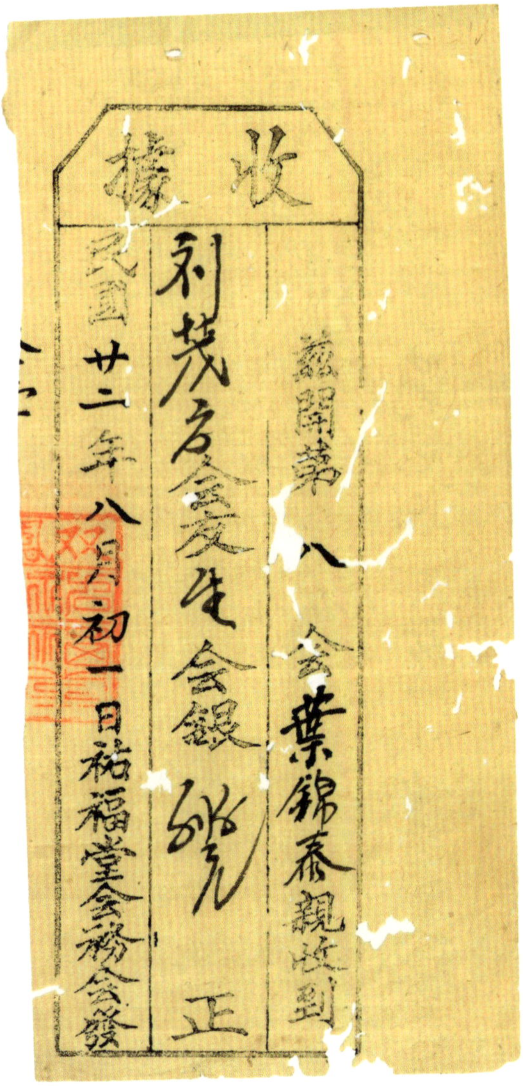

0068 民国二十二年八月初一日郁南县叶锦泰收取刘仁方缴纳祐福堂生会银收据

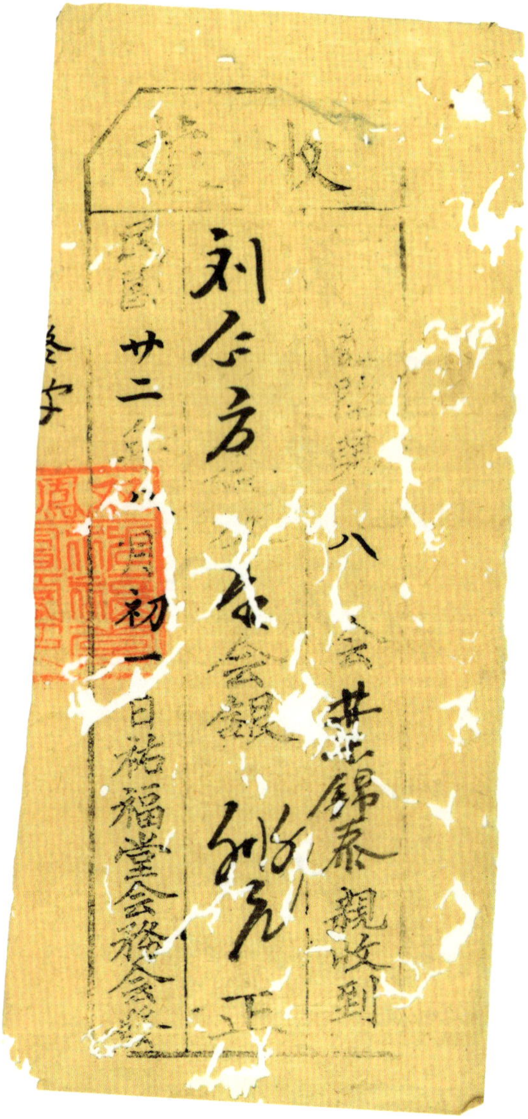

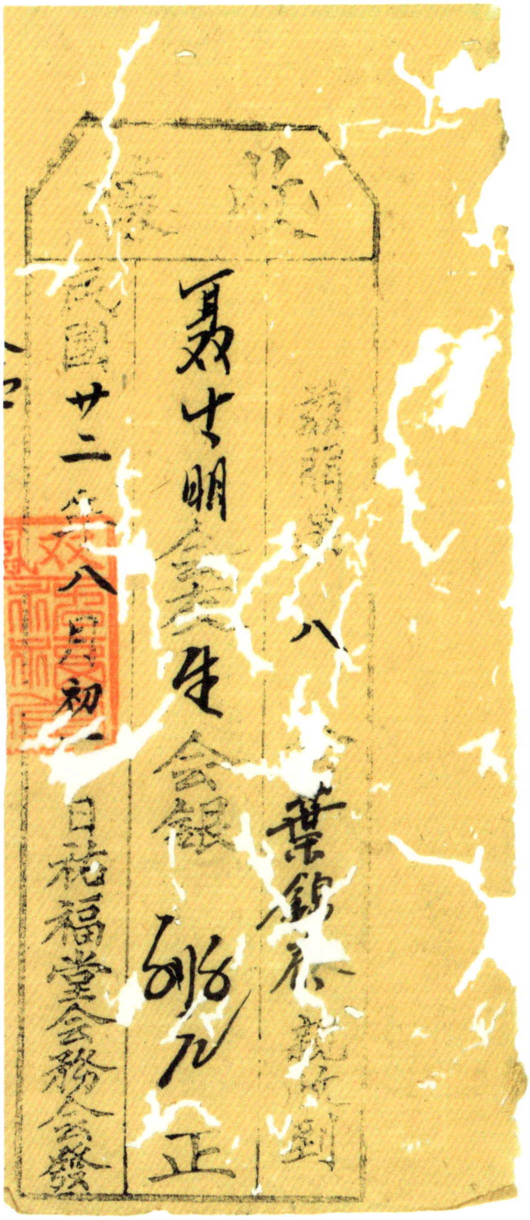

收據

祐福堂第 八 會

今 葉錦泰 親收到

聶士明會友生會銀 正

民國廿二年八月初一日祐福堂會務會發

0069 民国二十二年八月初一日郁南县叶锦泰收取聂士明缴纳祐福堂生会银收据

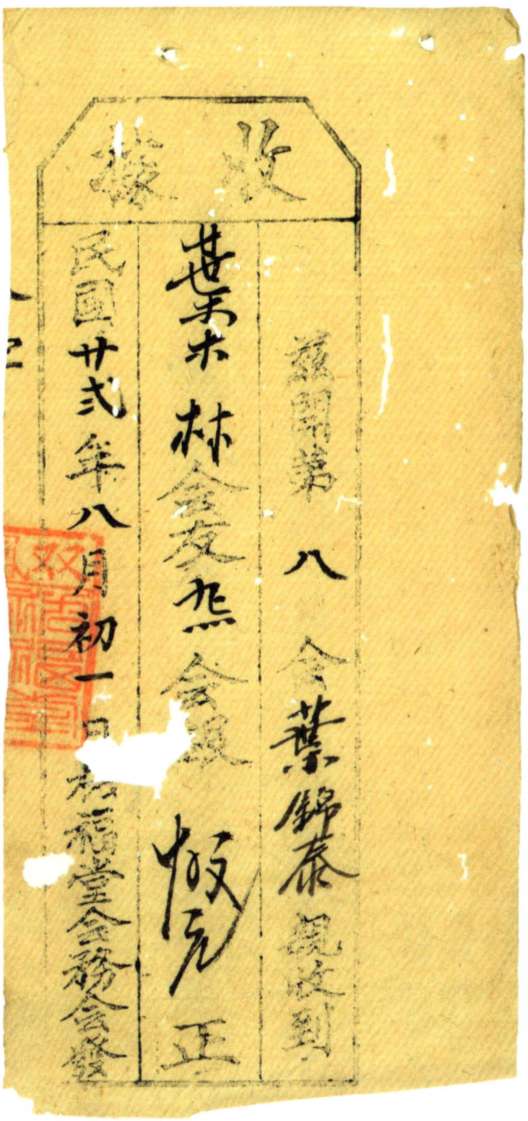

收據

祐福堂第 八 會

今 葉錦泰 親收到

葉木林會友熟會銀 正

民國廿弍年八月初一日祐福堂會務會發

0070 民国二十二年八月初一日郁南县叶锦泰收取叶木林缴纳祐福堂熟会银收据

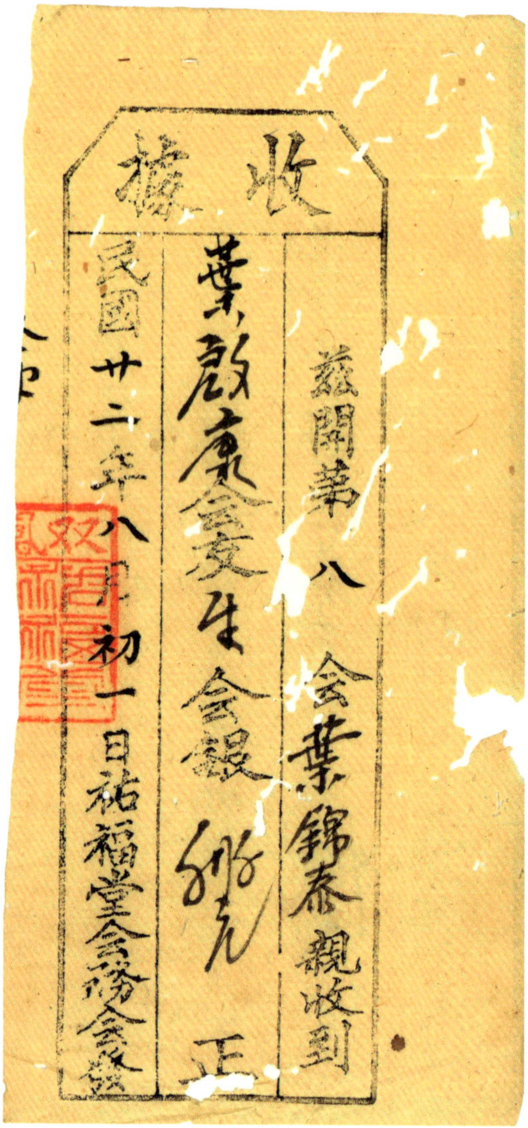

收據

茲閱第八会葉錦泰親收到

葉啟康会交生会銀[illegible]正

民國廿二年八月初一日祐福堂会務会發

0071 民国二十二年八月初一日郁南县叶锦泰收取叶启康缴纳祐福堂生会银收据

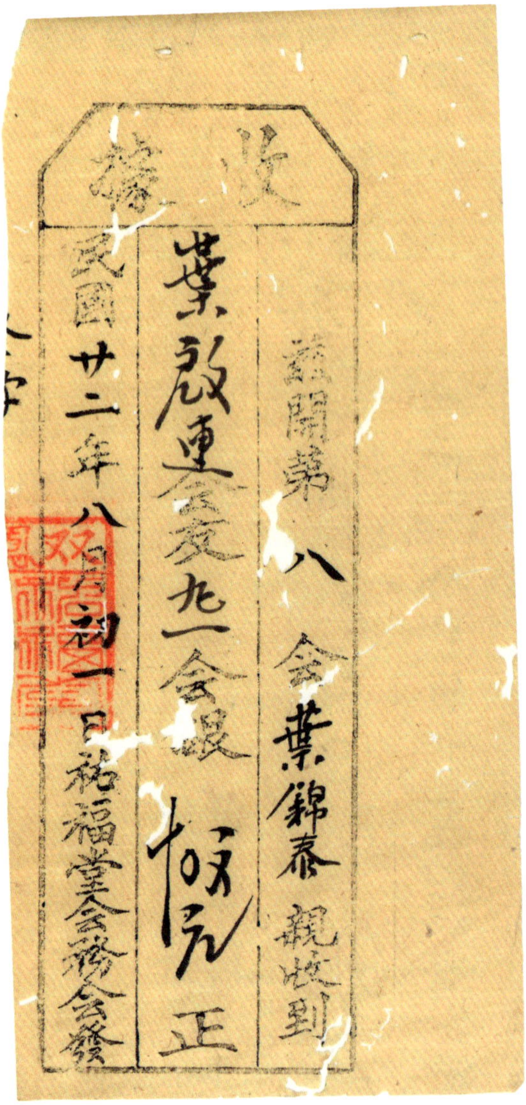

收據

茲閱第八会葉錦泰親收到

葉啟連会交九一会銀[illegible]正

民國廿二年八月初一日祐福堂会務会發

0072 民国二十二年八月初一日郁南县叶锦泰收取叶启连缴纳祐福堂熟会银收据

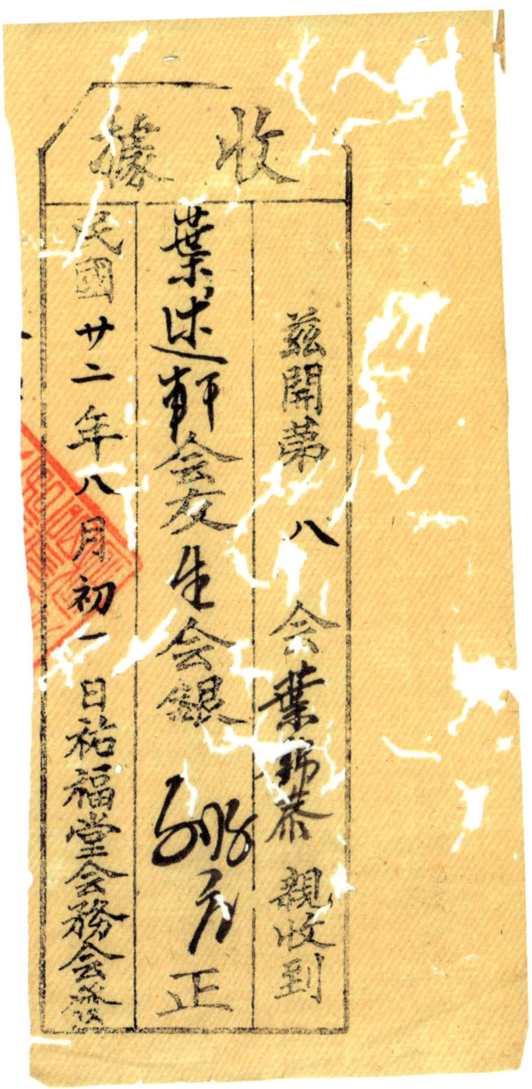
收據
茲開第八会葉錦泰親收到
葉述軒会友生会銀[illegible]元正
民國廿二年八月初一日祐福堂会務会發

0073 民国二十二年八月初一日郁南县叶锦泰收取叶述轩缴纳祐福堂生会银收据

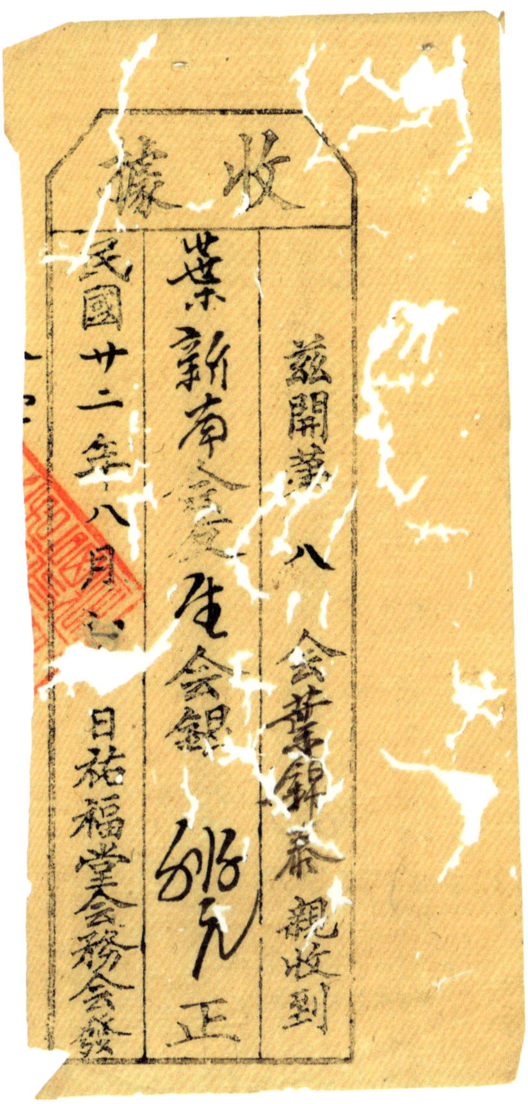
收據
茲開第八会葉錦泰親收到
葉新南会友生会銀[illegible]元正
民國廿二年八月初一日祐福堂会務会發

0074 民国二十二年八月初一日郁南县叶锦泰收取叶新南缴纳祐福堂生会银收据

0075 民国二十二年八月初一日郁南县叶锦泰收取叶亚六、叶亚宅缴纳祐福堂生会银收据

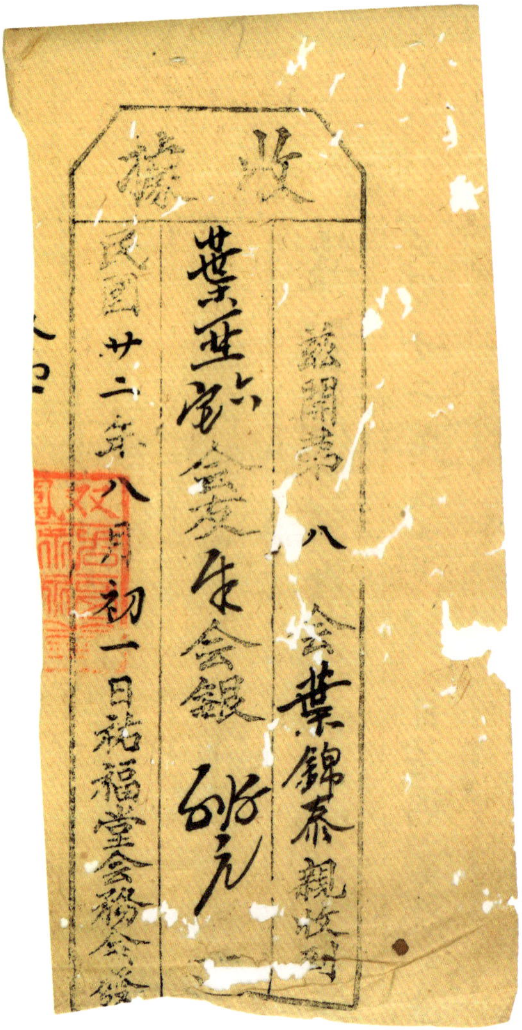
收據
茲開第八会 葉錦泰親收到
葉亞六
会友生会銀
民國廿二年八月初一日祐福堂会務会發

0076 民国二十二年八月初一日郁南县叶锦泰收取叶馀庆堂缴纳祐福堂熟会银收据

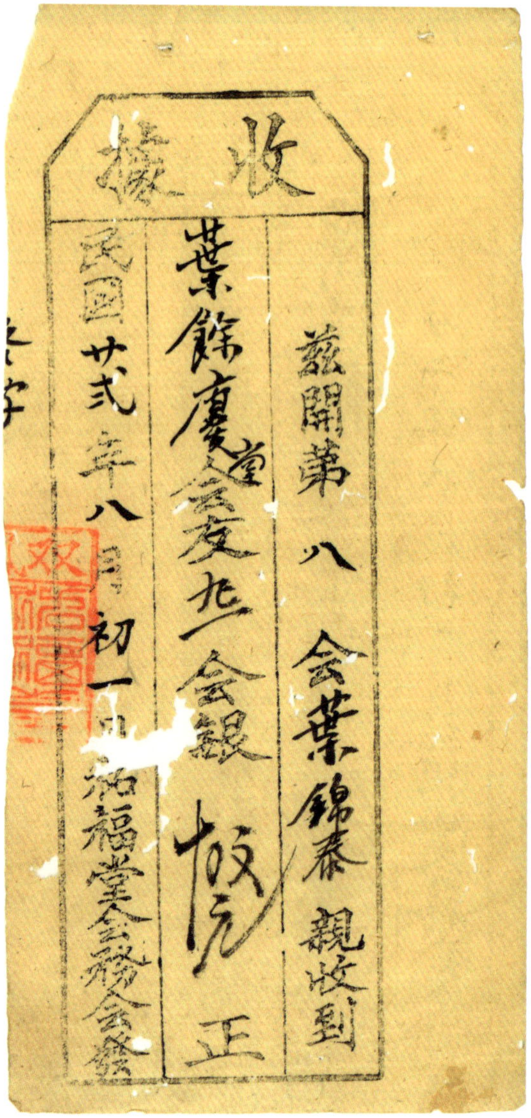
收據
茲開第八会 葉錦泰親收到
葉餘慶堂
会友九一会銀
正
民國廿弍年八月初一日祐福堂会務会發

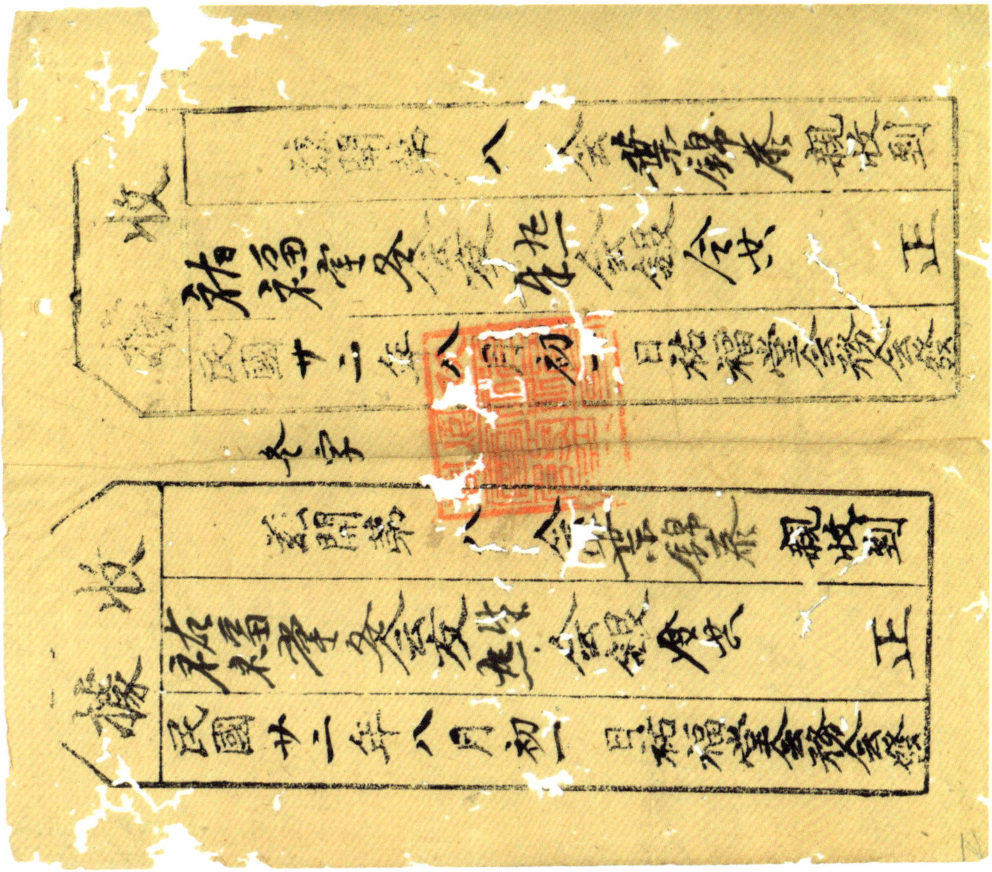

民國廿二年八月初一日祐福堂會務會發

0077 民国二十二年八月初一日郁南县叶锦泰收取祐福堂各会友缴纳生熟会银两联收据

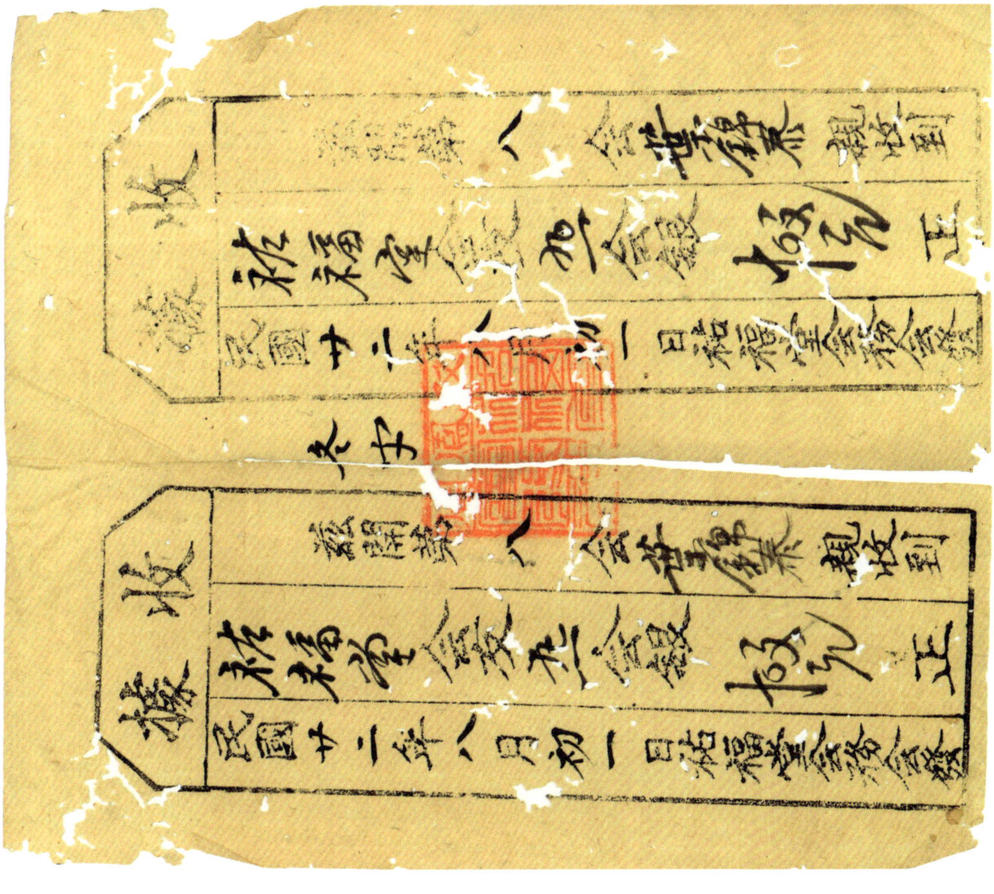

民國廿二年八月初一日祐福堂會務會發

0078 民国二十二年八月初一日郁南县叶锦泰收取祐福堂会友缴纳熟会银两联收据

0079 民国二十二年八月初一日郁南县叶锦泰收取祐福堂会友生会银收据

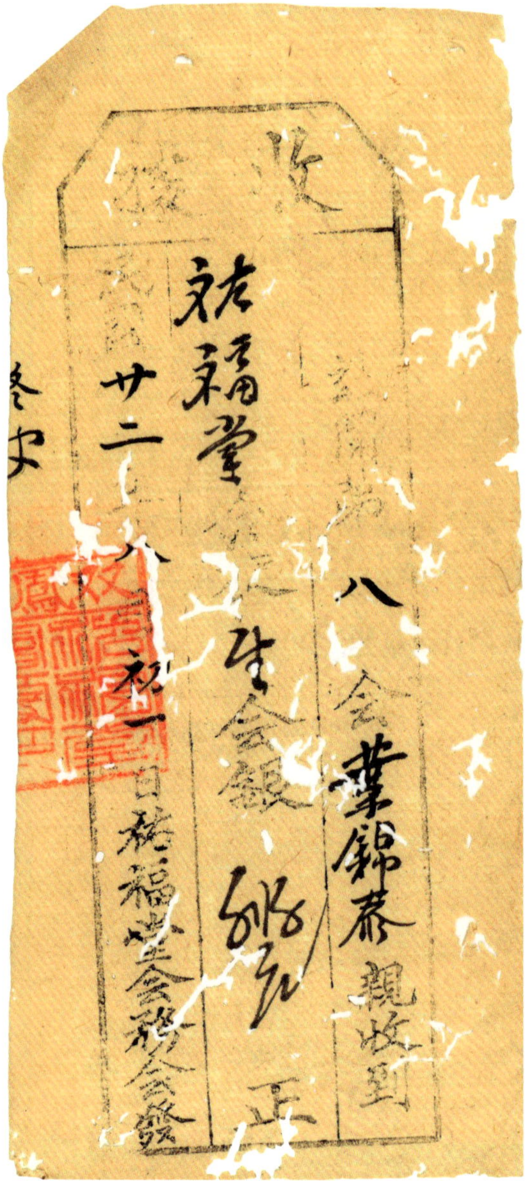

收據

茲開第八会葉錦泰親收到

祐福堂会友生会銀[illegible]正

民國廿二年八月初一日祐福堂会務会發

0080 民国二十二年八月郁南县叶锦泰收取陈连炘缴纳祐福堂生会银收据

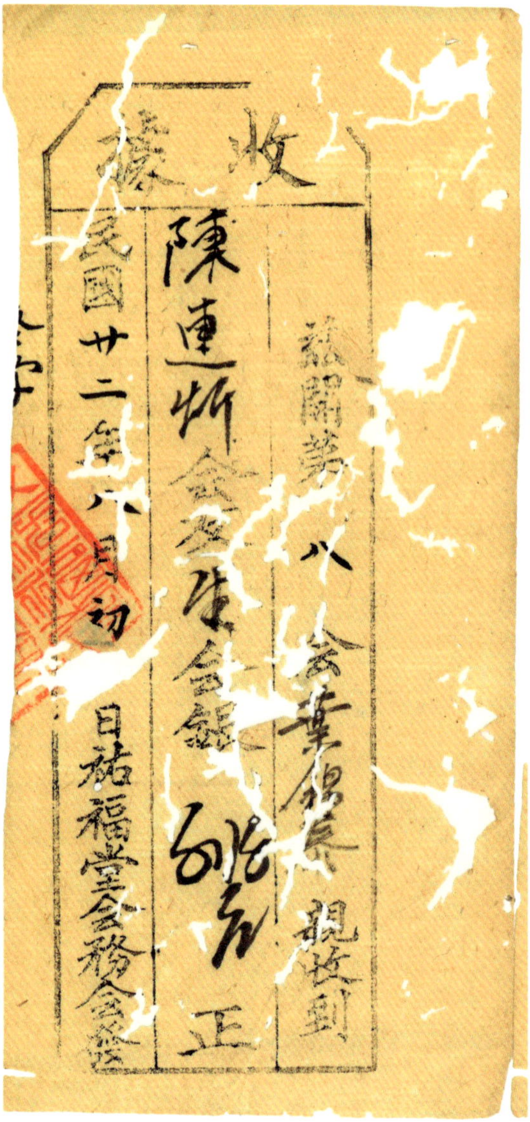

收據

茲開第八会葉錦泰親收到

陳連炘会友生会銀[illegible]正

民國廿二年八月初一日祐福堂会務会發

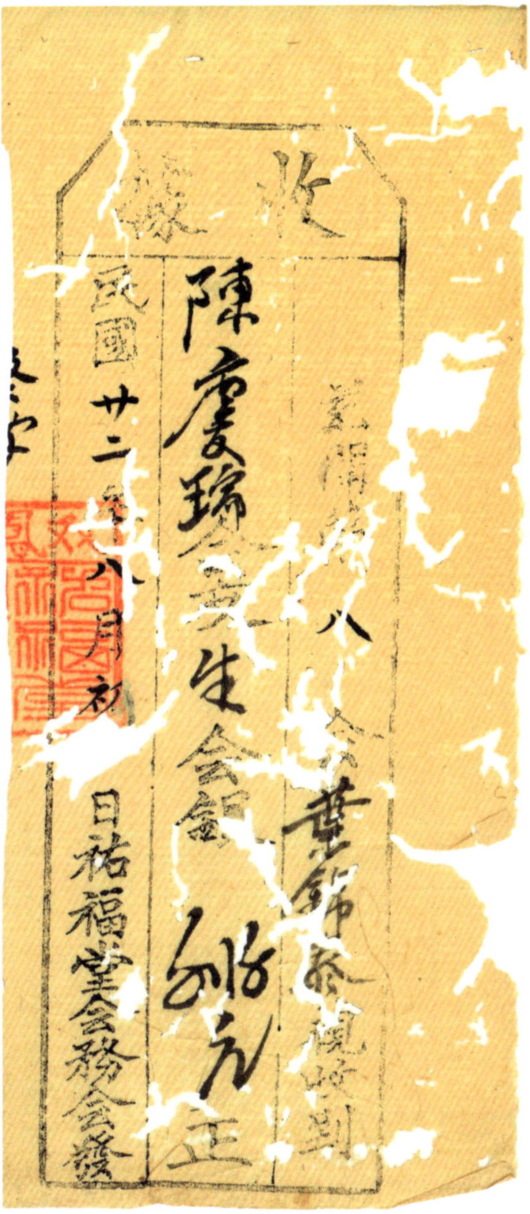
收據
茲開第八 会 葉錦泰 親收到
陳慶瑞 会友 生会銀 [illegible]元正
民國廿二年八月初 日祐福堂会務会發

0081 民国二十二年八月郁南县叶锦泰收取陈庆瑞缴纳祐福堂生会银收据

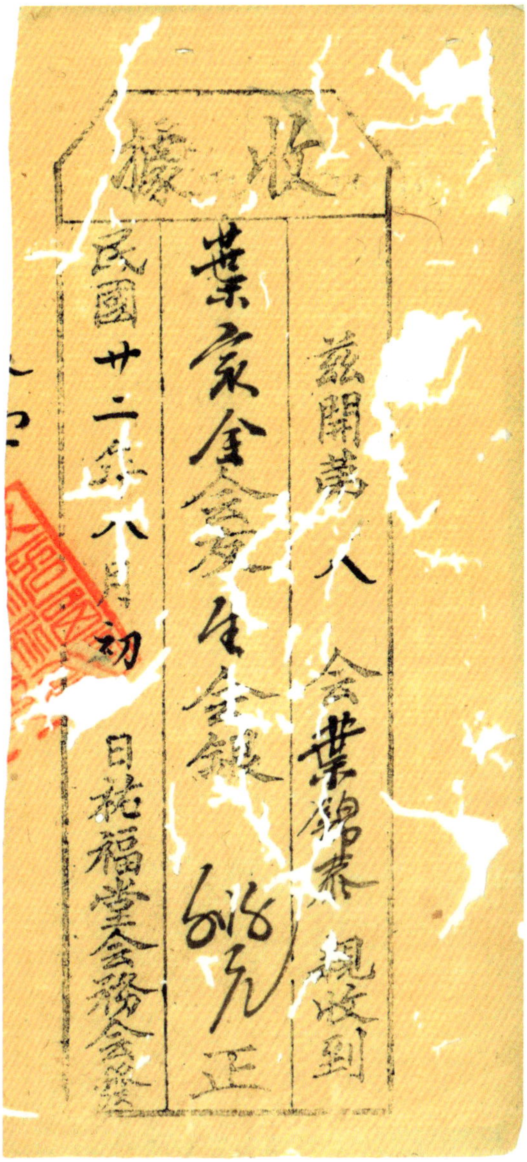
收據
茲開第八 会 葉錦泰 親收到
葉家全 会友 生会銀 [illegible]元正
民國廿二年八月初 日祐福堂会務会發

0082 民国二十二年八月郁南县叶锦泰收取叶家全缴纳祐福堂生会银收据

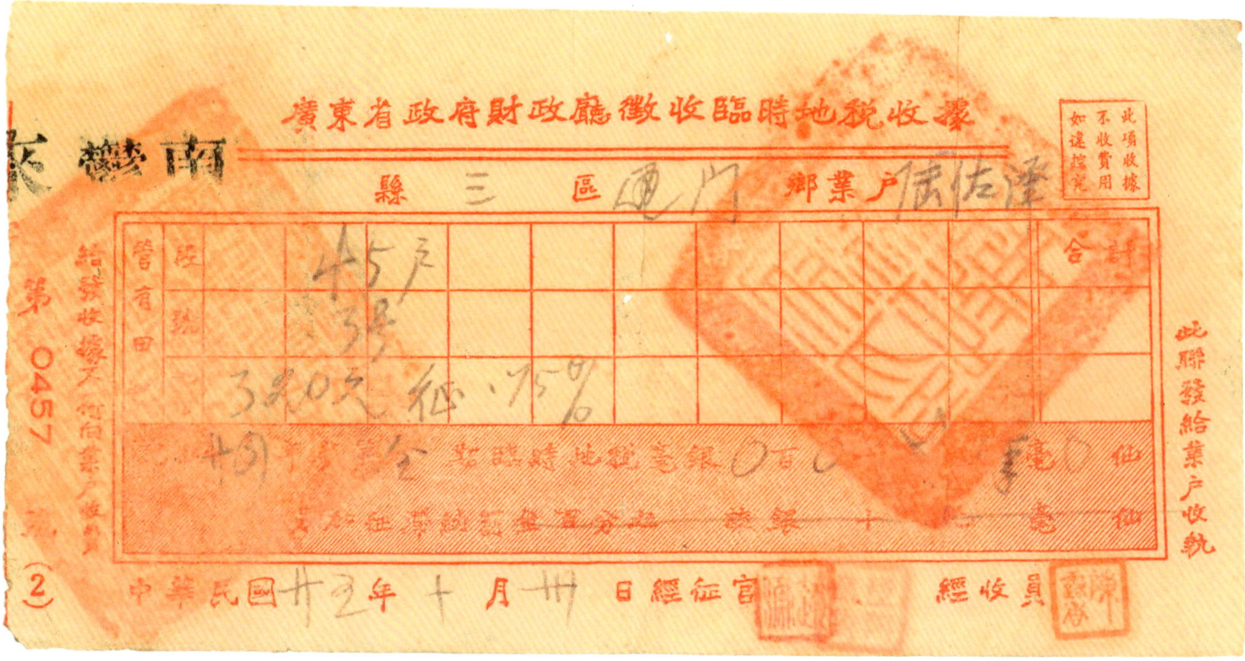

0083 民国二十五年十月三十日广东省政府财政厅征收郁南县陆佐泽民国三十四年临时地税收据

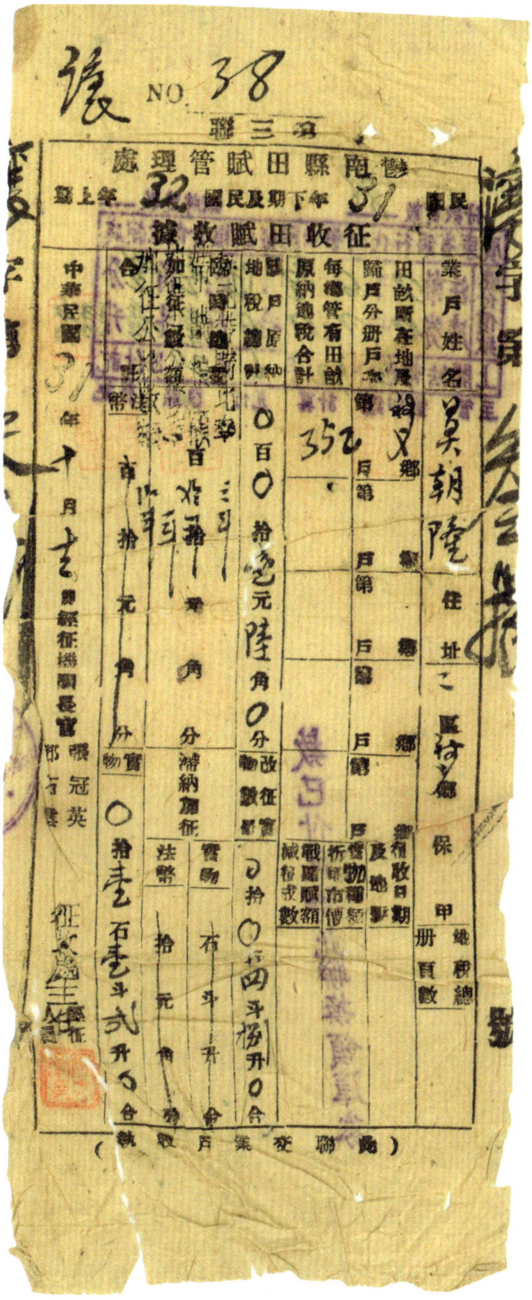

NO. 38
第三联
郁南縣田賦管理處
征收田賦收據
業戶姓名 吴朝陸

0084—1 民国三十一年十月十二日郁南县田赋管理处征收吴朝陆民国三十一年下期及三十二年上期田赋收据（正面）

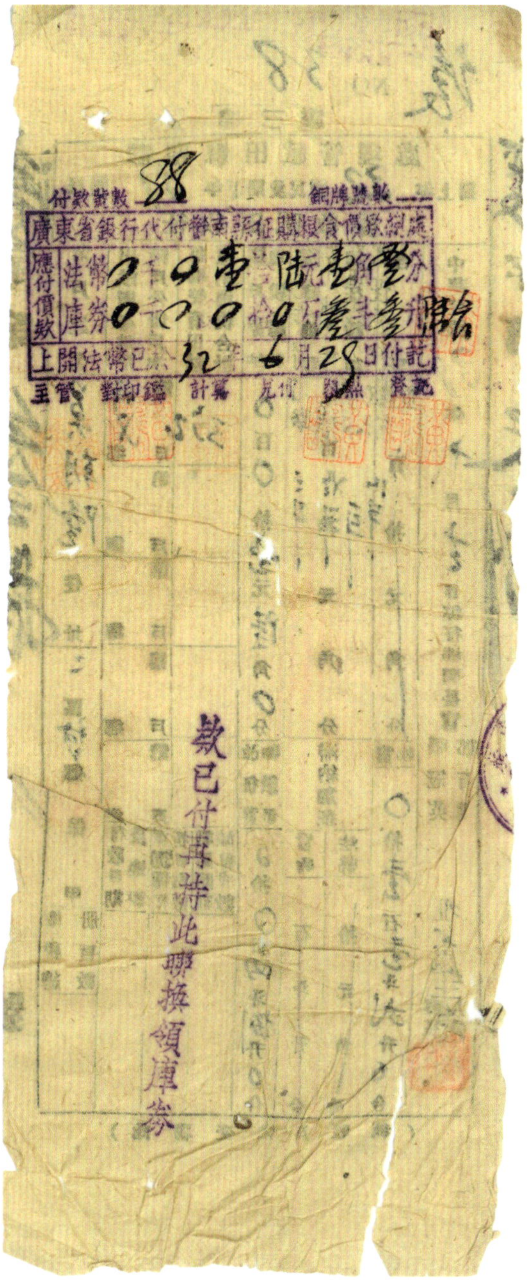

款已付再持此聯換領庫券

0084—2 民国三十一年十月十二日郁南县田赋管理处征收吴朝陆民国三十一年下期及三十二年上期田赋收据（背面）

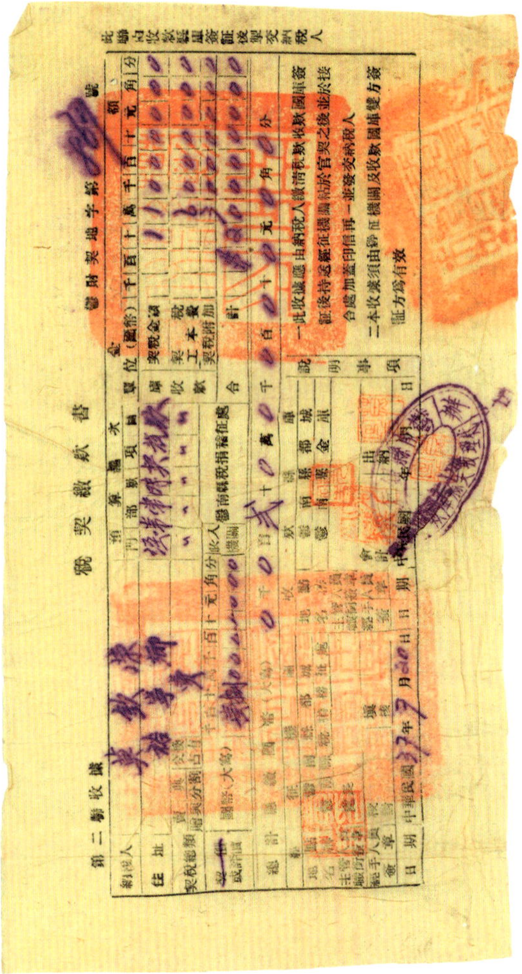

0085 民国三十七年七月二十日郁南县莫钦荣税契缴款书

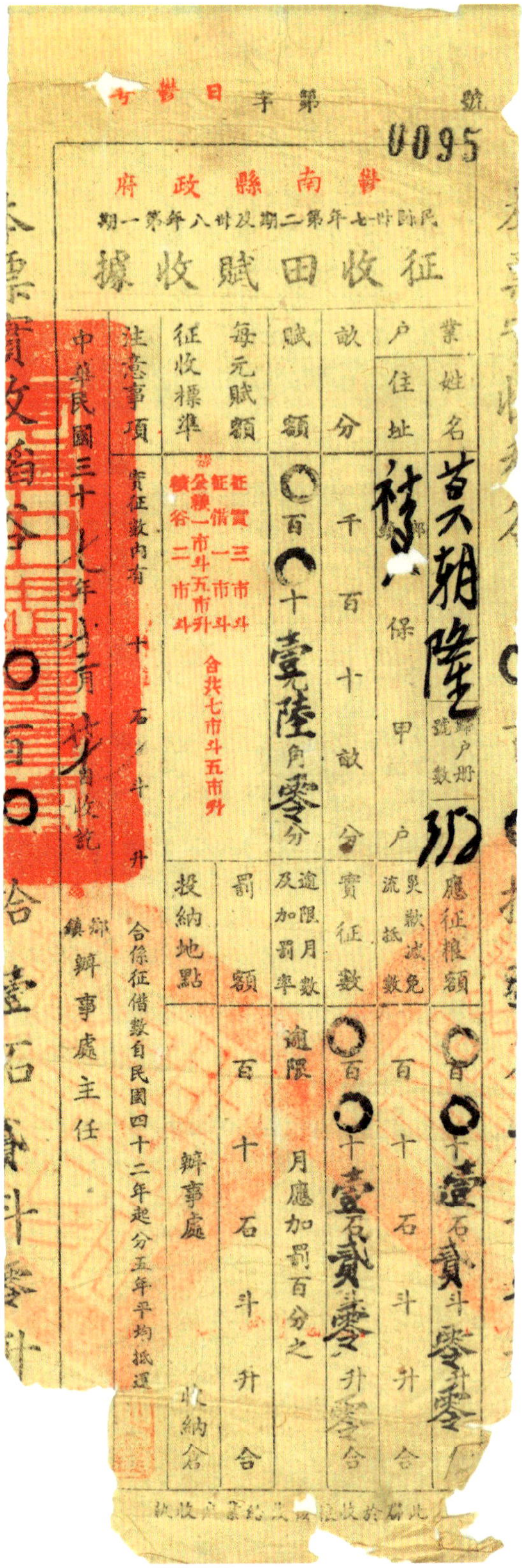

0086 民国三十七年十二月二十七日郁南县政府征收莫朝隆民国三十七年第二期及三十八年第一期田赋收据

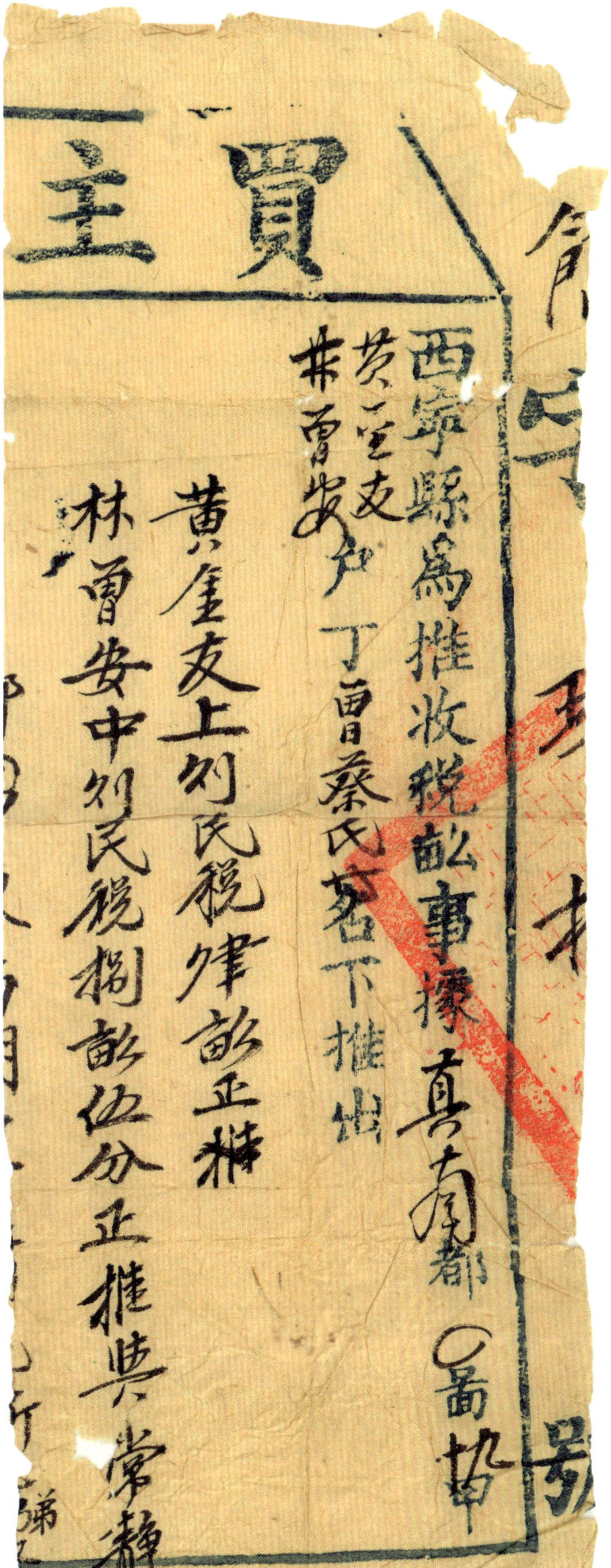
買主
管……號
西寧縣為推收稅畝事據直南都（缺）畠協
黄玉支
米曾安户丁曾蔡氏名下推出
黄金支上則民稅肆畝正推
林曾安中則民稅捌畝伍分正推與常静

0087 民国年间西宁县（郁南县）常静买受曾蔡氏田产接受税亩买主执照

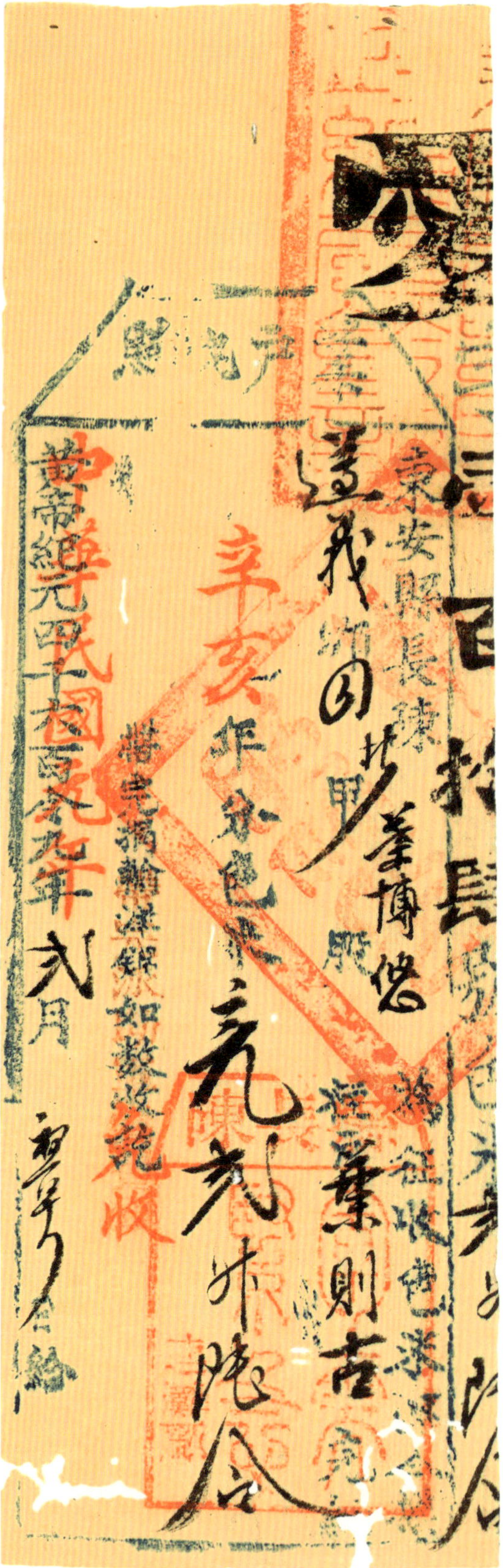

0001 民国元年二月东安县（云浮县）征收叶则古辛亥年色米业户执照

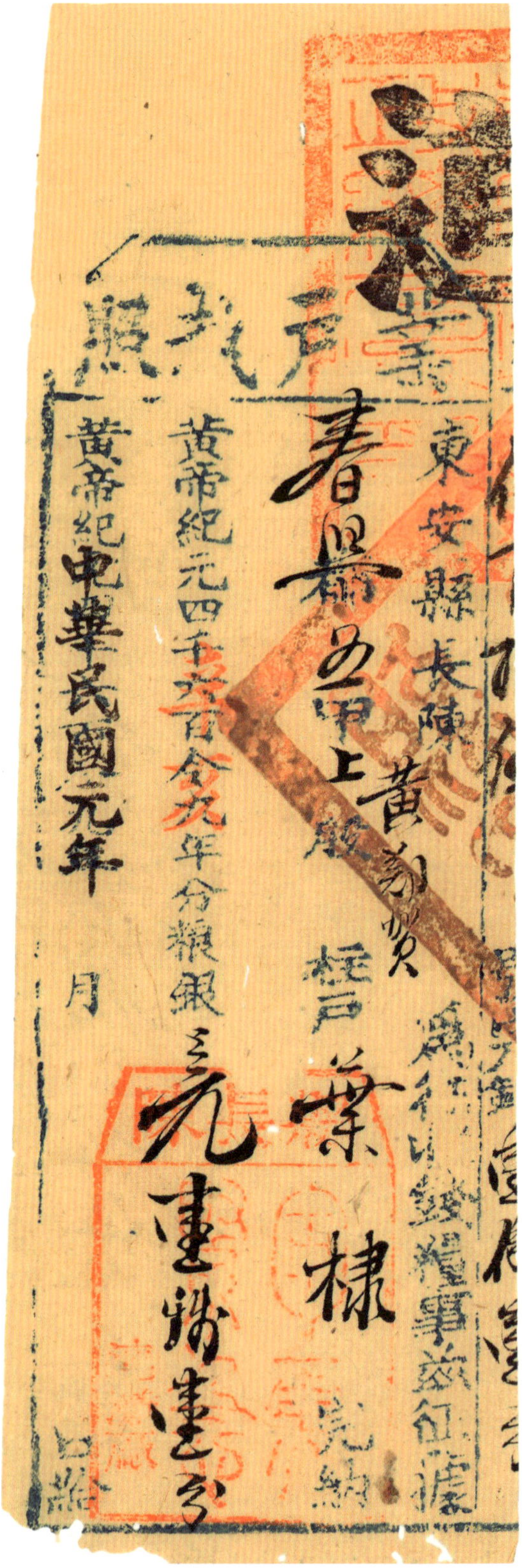

0002 民国元年东安县（云浮县）征收叶棣辛亥年粮银业户执照

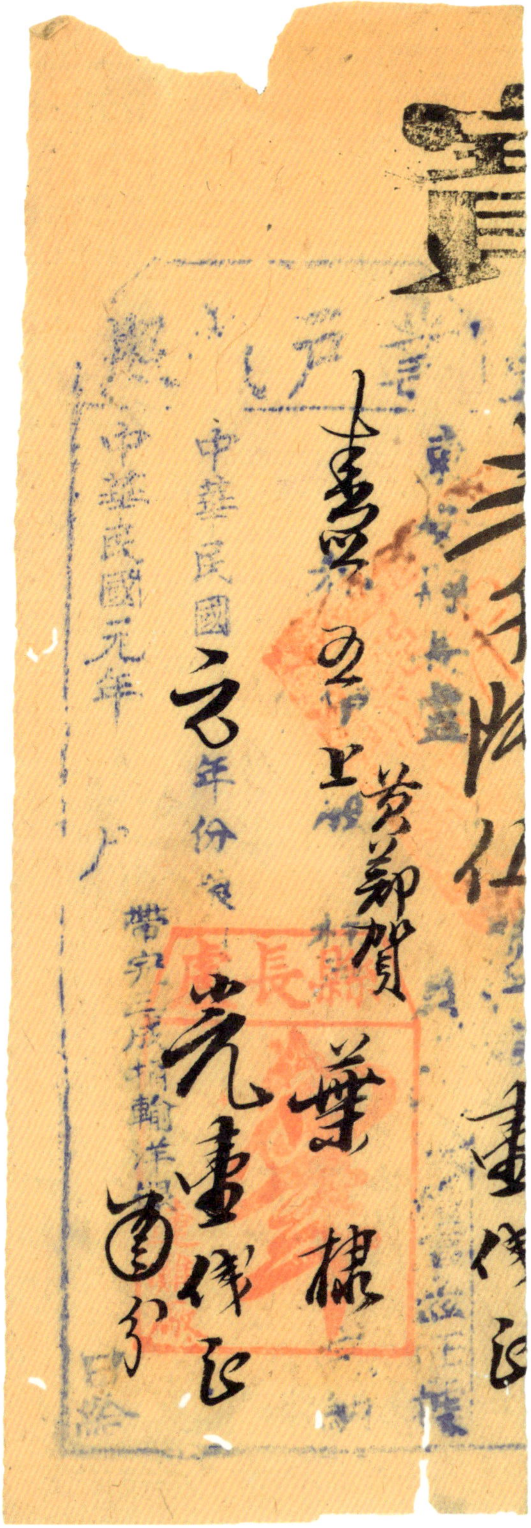

0003 民国元年东安县（云浮县）征收叶棣民国元年粮业户执照

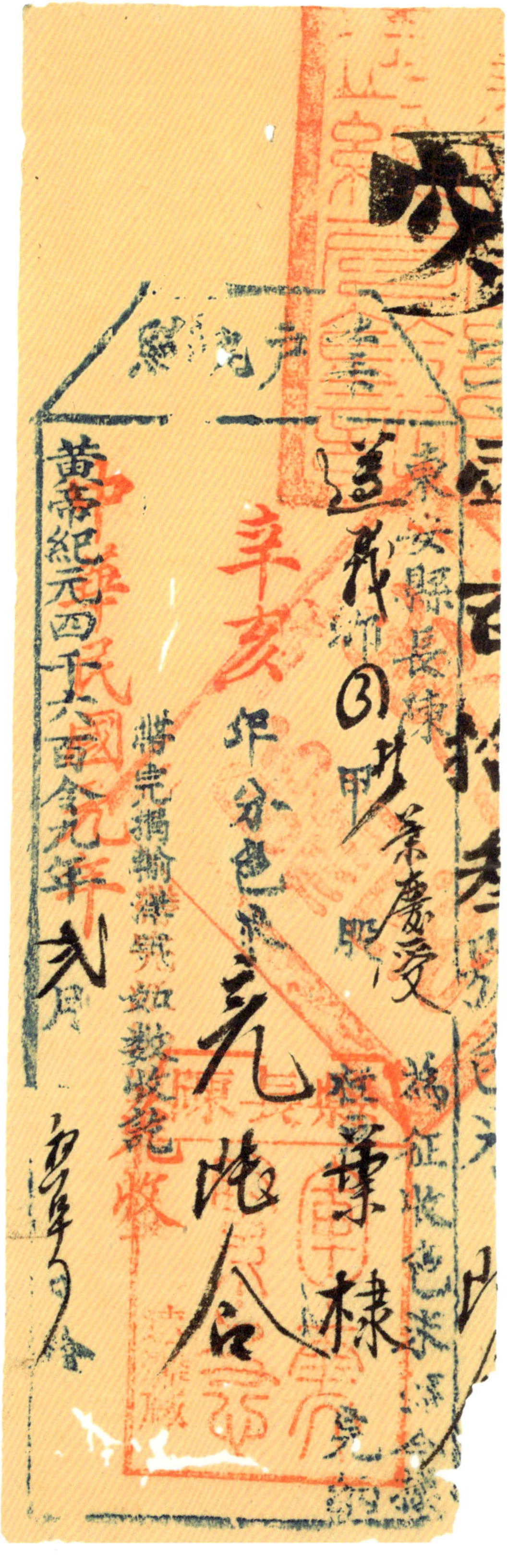

0004 民国元年东安县（云浮县）征收叶棣辛亥年色米业户执照

0005 民国元年东安县（云浮县）征收叶则古民国元年色米洋银业户执照

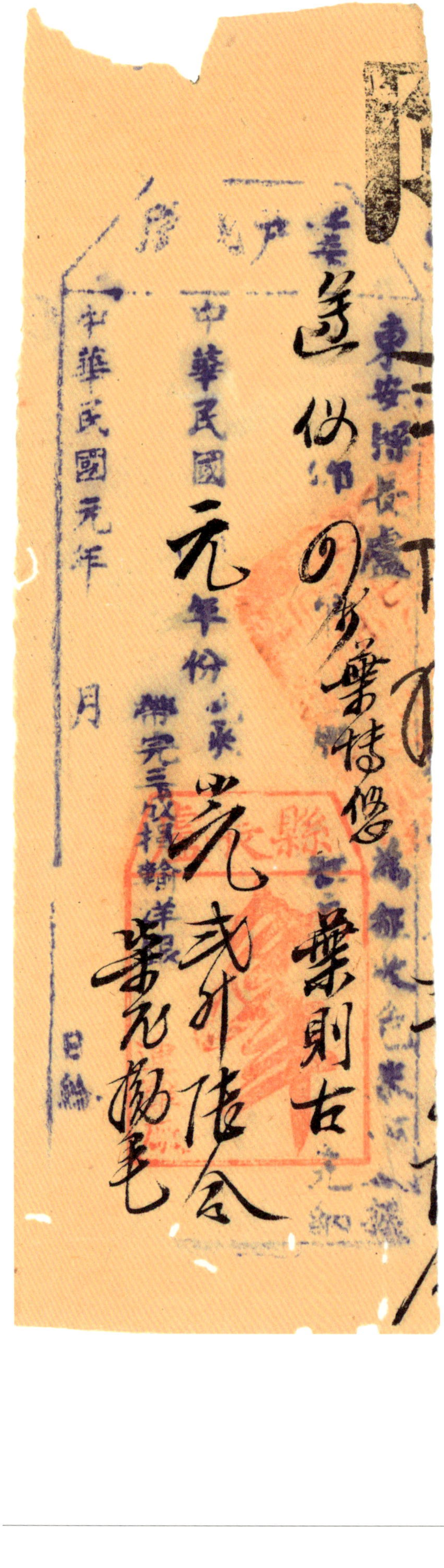

0006 民国元年东安县（云浮县）征收叶棣民国元年色米洋银业户执照

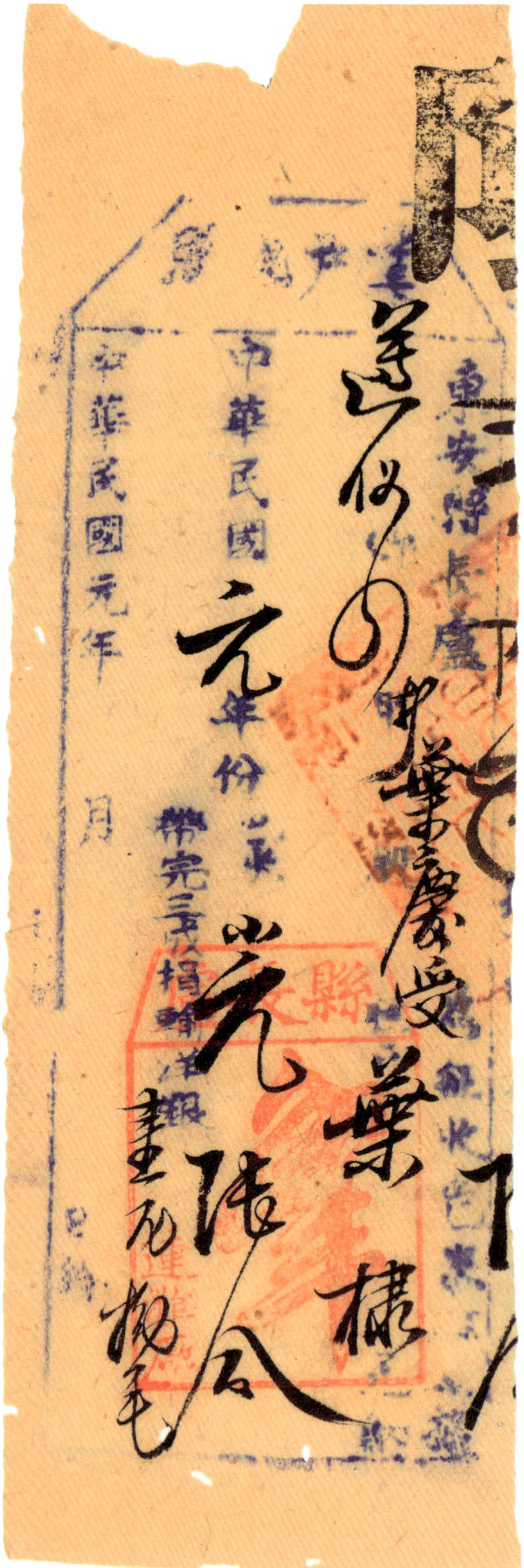

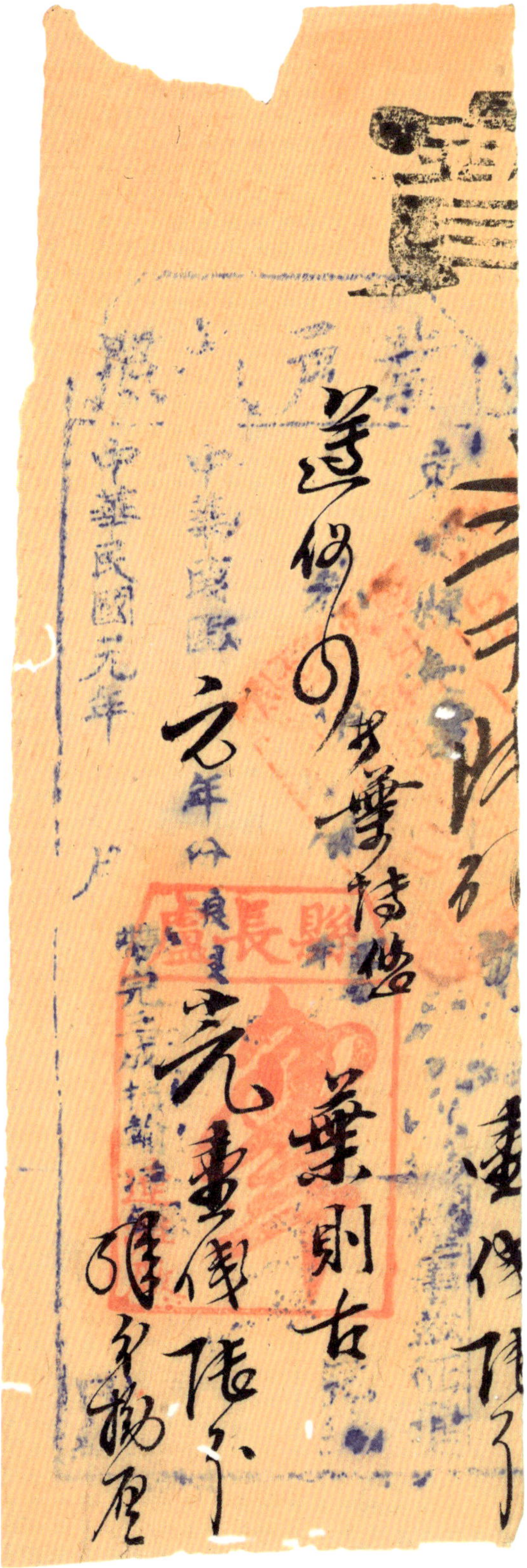

0007 民国元年东安县（云浮县）征收叶则古民国元年粮银业户执照

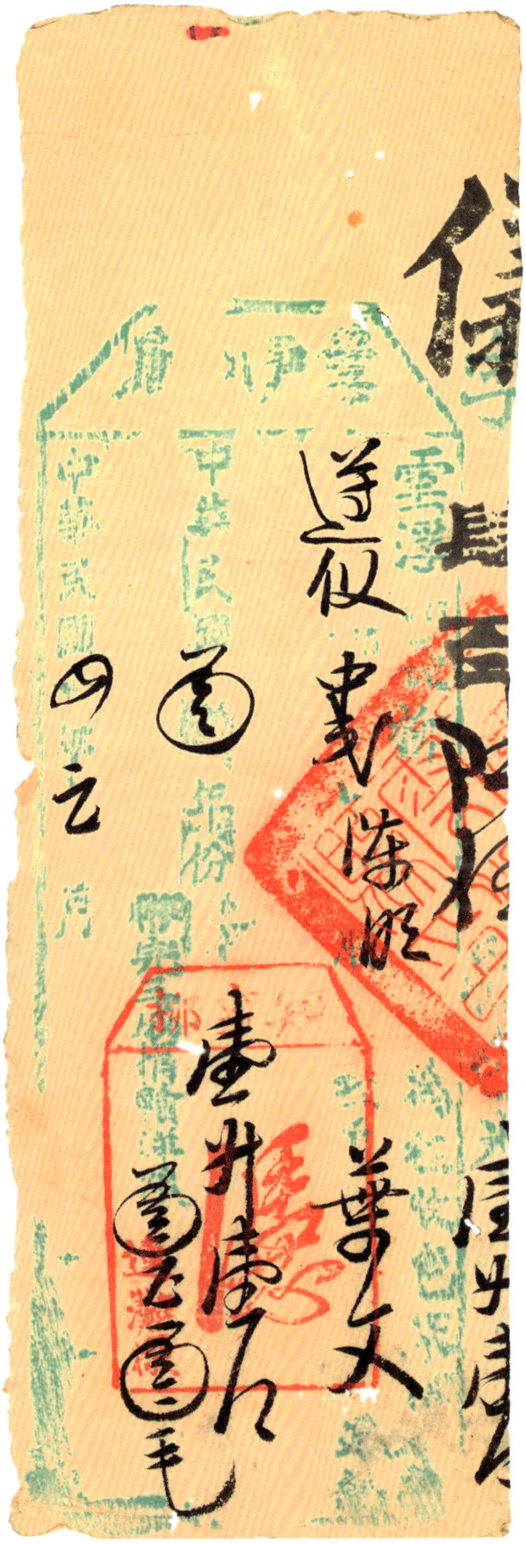

0008 民国四年元月云浮县征收叶文色米业户执照

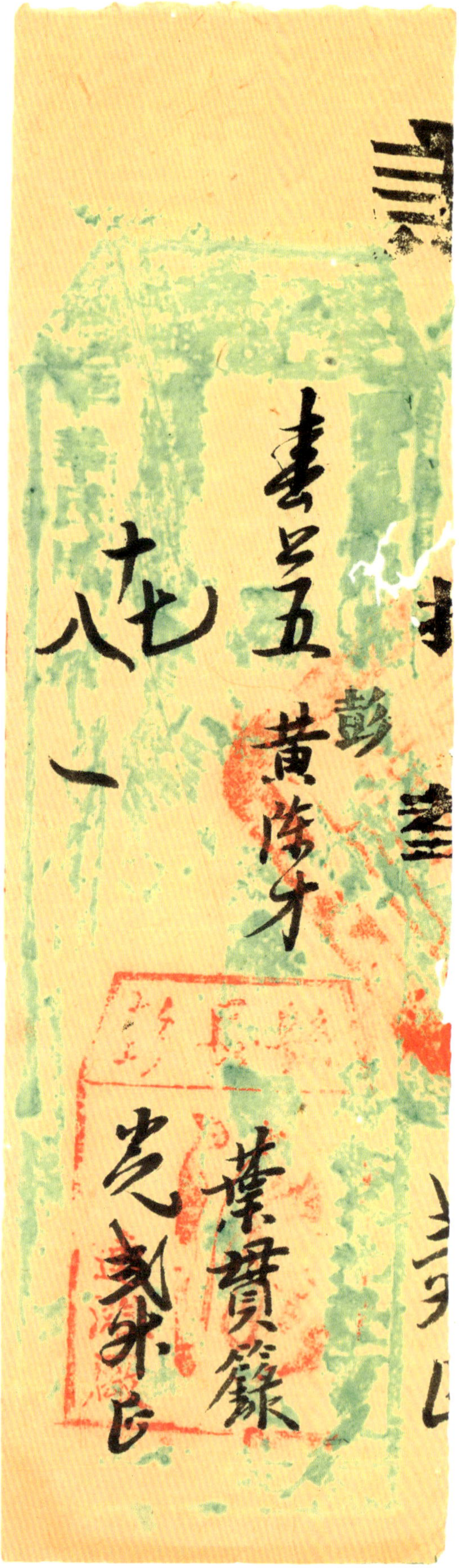

0009 民国八年一月云浮县征收叶贯箓民米执照

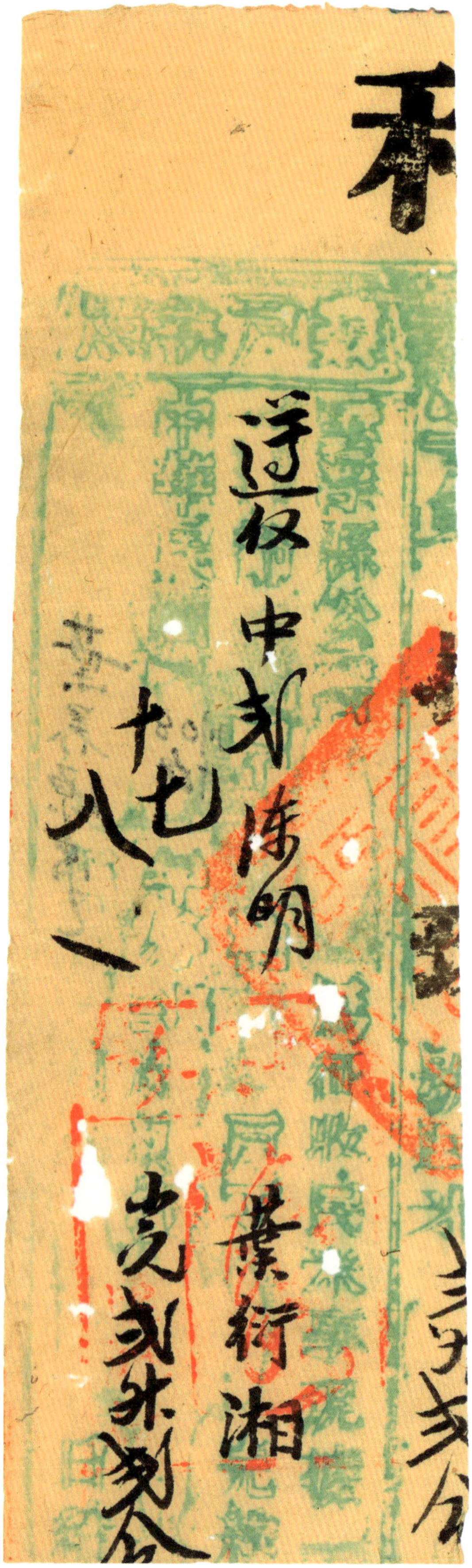

0010 民国八年一月云浮县征收叶衍湘民米执照

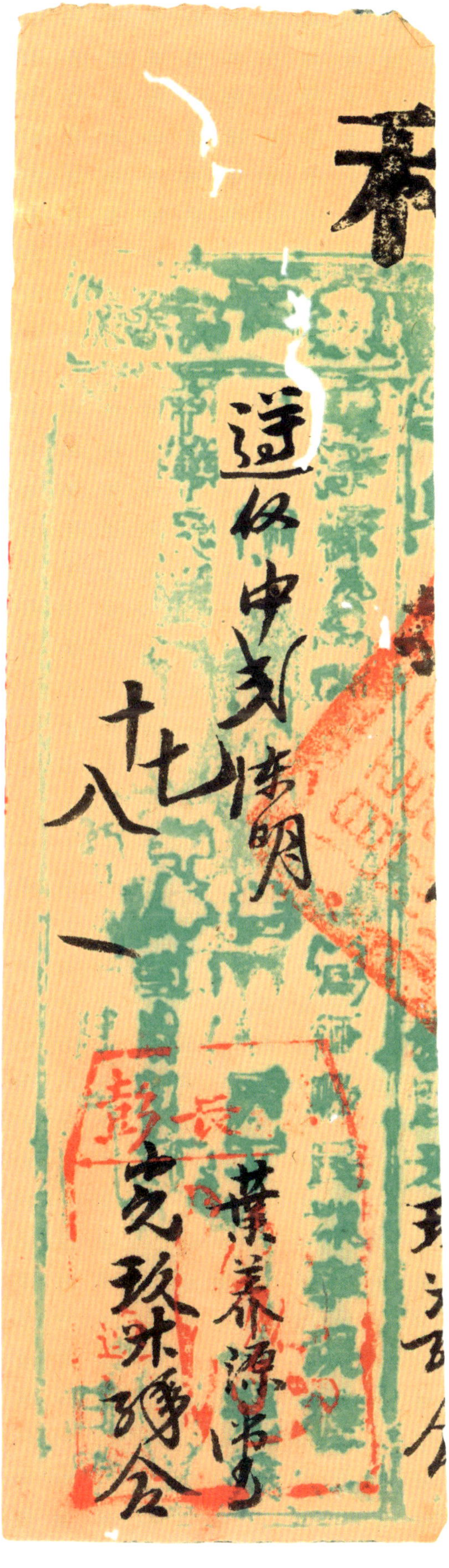

0011 民国八年一月云浮县征收叶养源民米业户执照

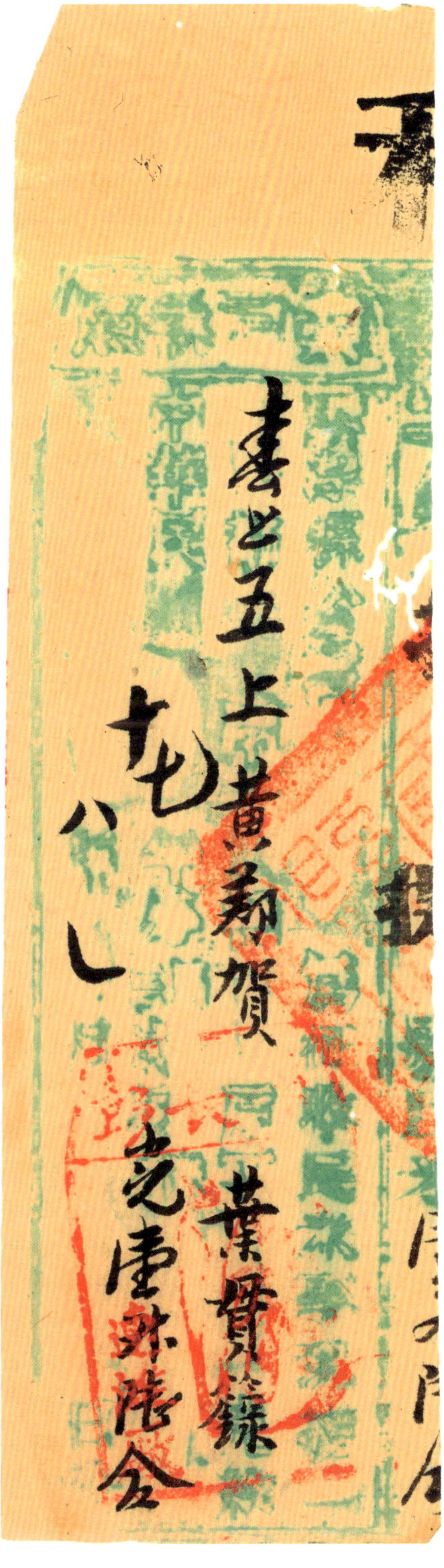

0012 民国八年七月云浮县征收叶贯箓民米业户执照

0013 民国十年五月云浮县征收周凤荣等民米执照

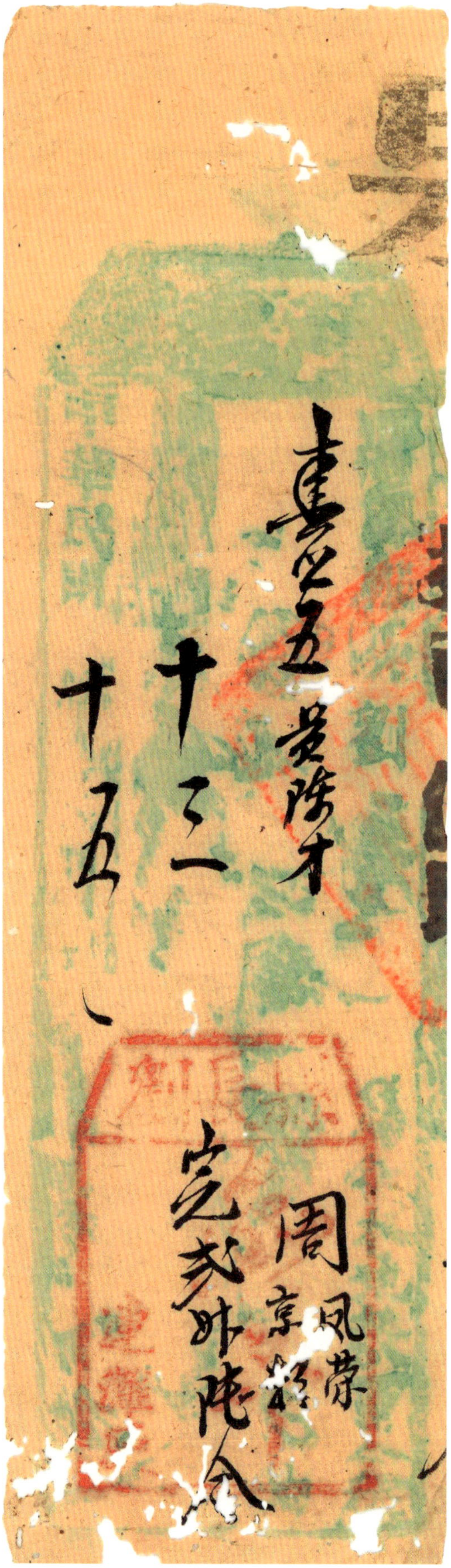

0014 民国十四年十月二十二日叶启君参与育和团集占东兴饷当股票存照

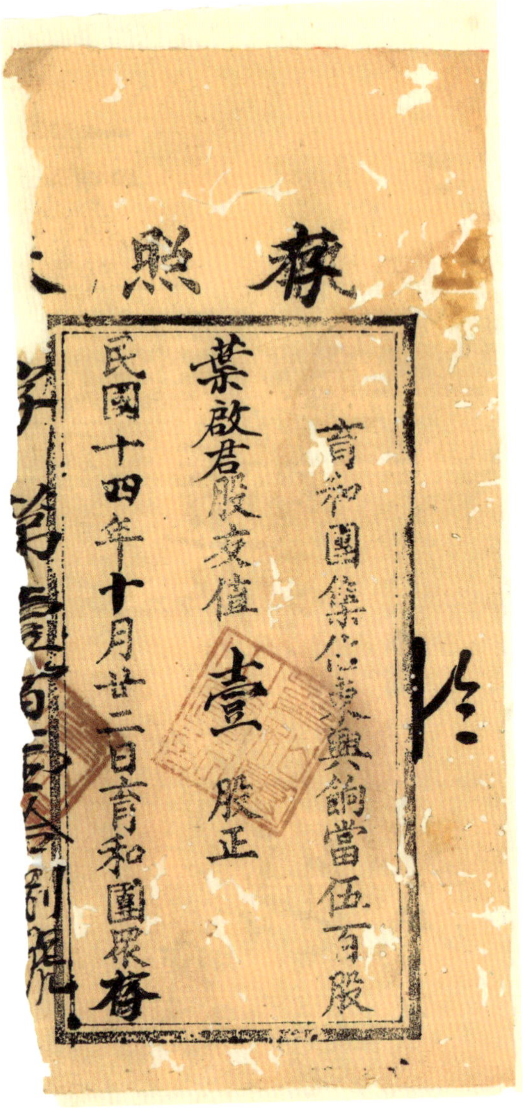

存照

育和團集佔東興餉當伍百股

葉啟君股友值 壹 股正

民國十四年十月廿二日育和團股存

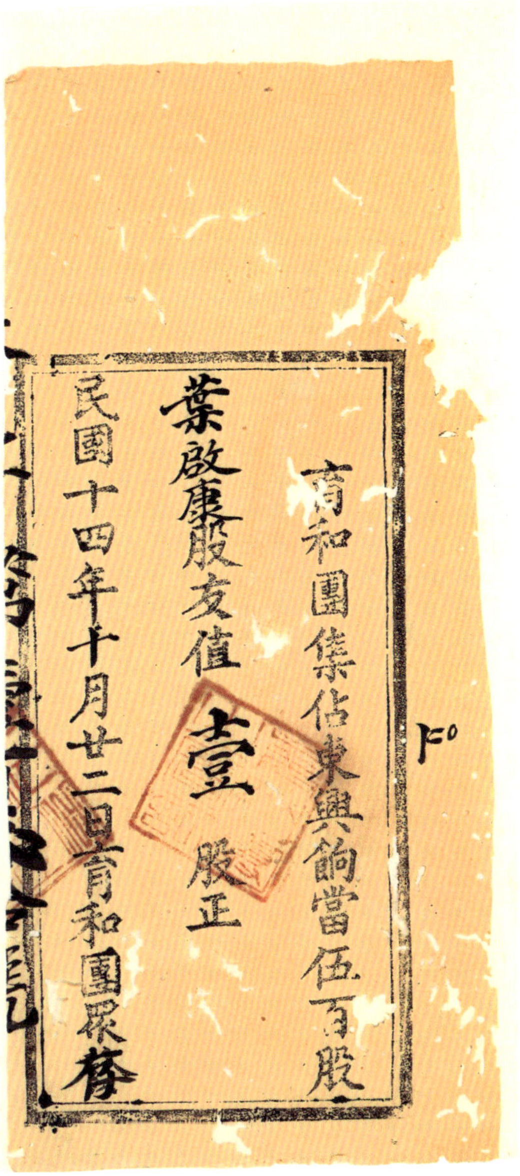

0015 民国十四年十月二十二日叶启康参与育和团集占东兴饷当股票

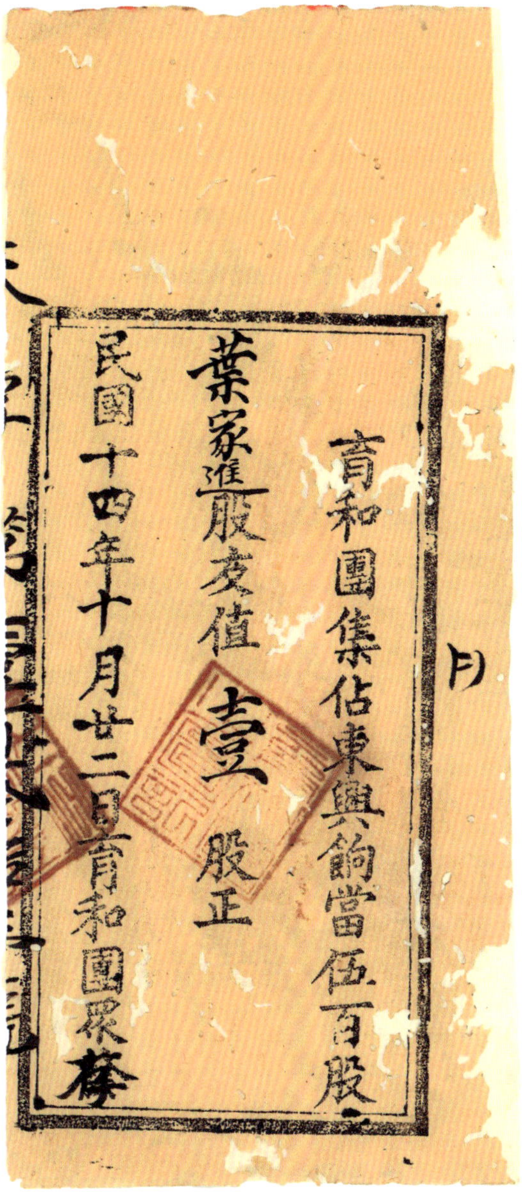

0016 民国十四年十月二十二日叶家进参与育和团集占东兴饷当股票

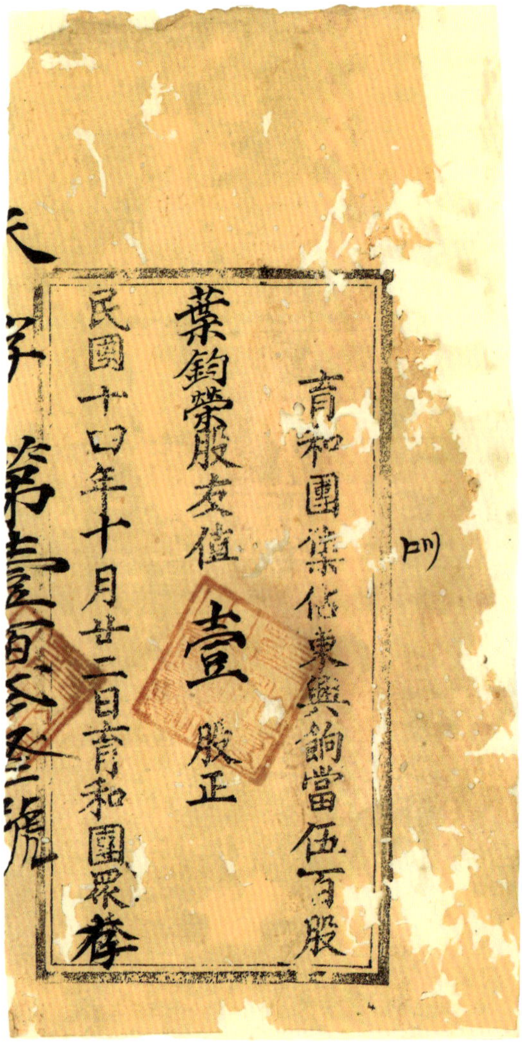

育和團集佔東興餉當伍百股
葉鈞榮股友值壹股正
民國十四年十月廿二日育和團衆存
天字第壹[illegible]號

0017 民国十四年十月二十二日叶钧荣参与育和团集占东兴饷当股票

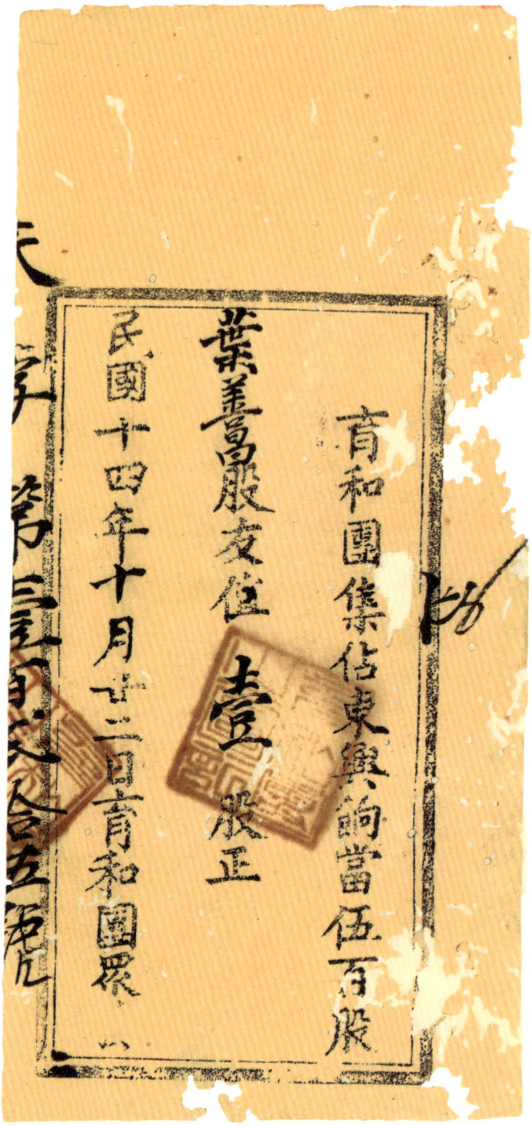

育和團集佔東興餉當伍百股
葉善昌股友值壹股正
民國十四年十月廿二日育和團衆
天字第壹[illegible]號

0018 民国十四年十月二十二日叶善昌参与育和团集占东兴饷当股票

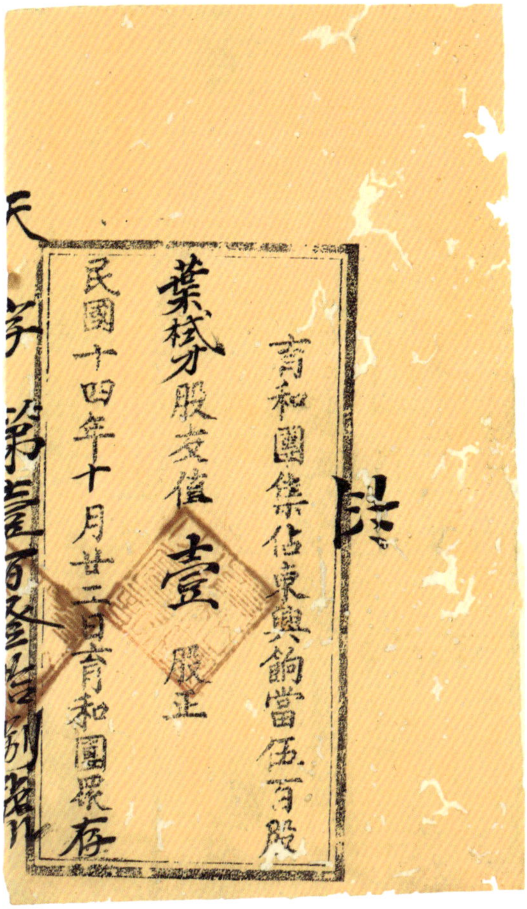

育和團集佔東興餉當伍百股
葉栻才股友值壹股正
民國十四年十月廿二日育和團服存

0019 民国十四年十月二十二日叶栻才参与育和团集占东兴饷当股票

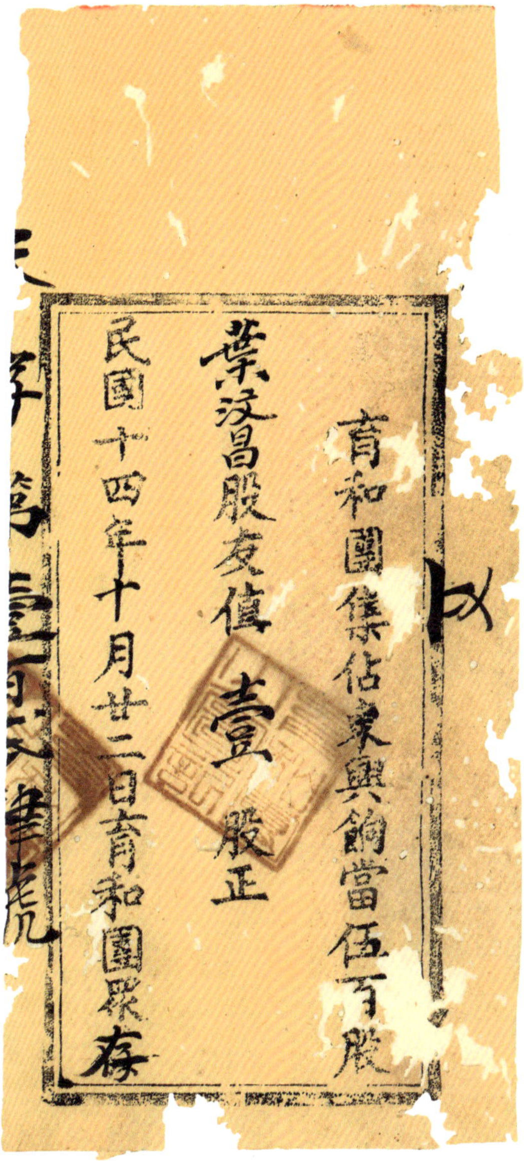

育和團集佔東興餉當伍百股
葉汶昌股友值壹股正
民國十四年十月廿二日育和團服存

0020 民国十四年十月二十二日叶汶昌参与育和团集占东兴饷当股票

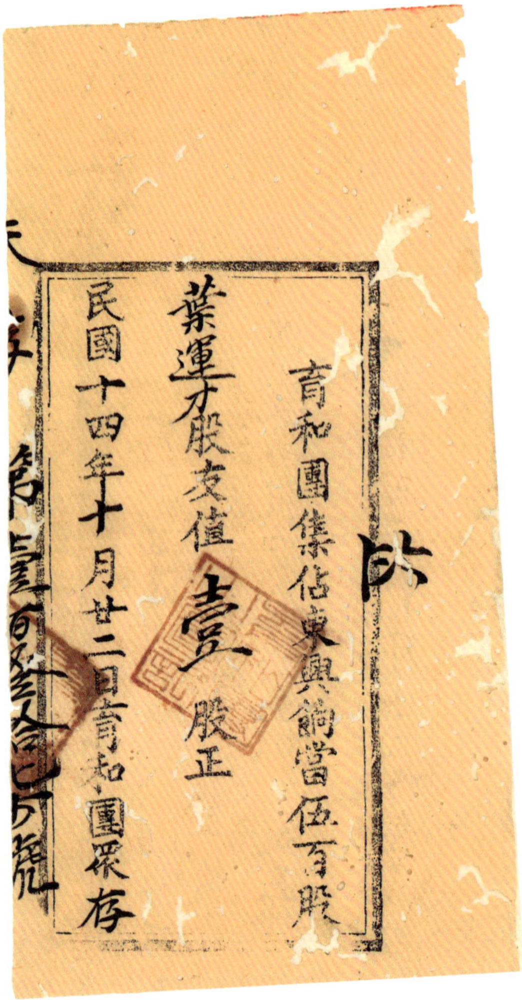

育和團集佔東興餉當伍百股

葉運才股友值 壹 股正

民國十四年十月廿二日育和團衆存

0021 民国十四年十月二十二日叶运才参与育和团集占东兴饷当股票

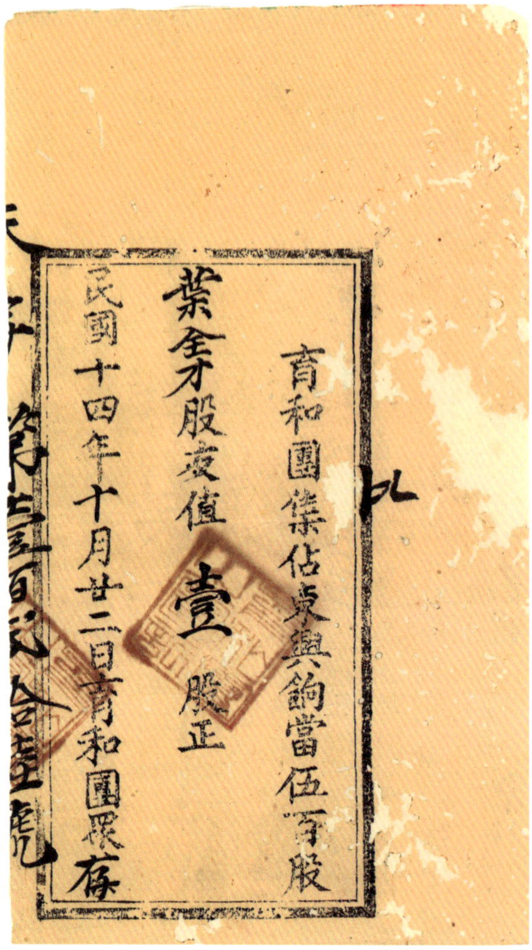

育和團集佔東興餉當伍百股

葉全才股友值 壹 股正

民國十四年十月廿二日育和團衆存

0022 民国十四年十月二十二日叶全才参与育和团集占东兴饷当股票

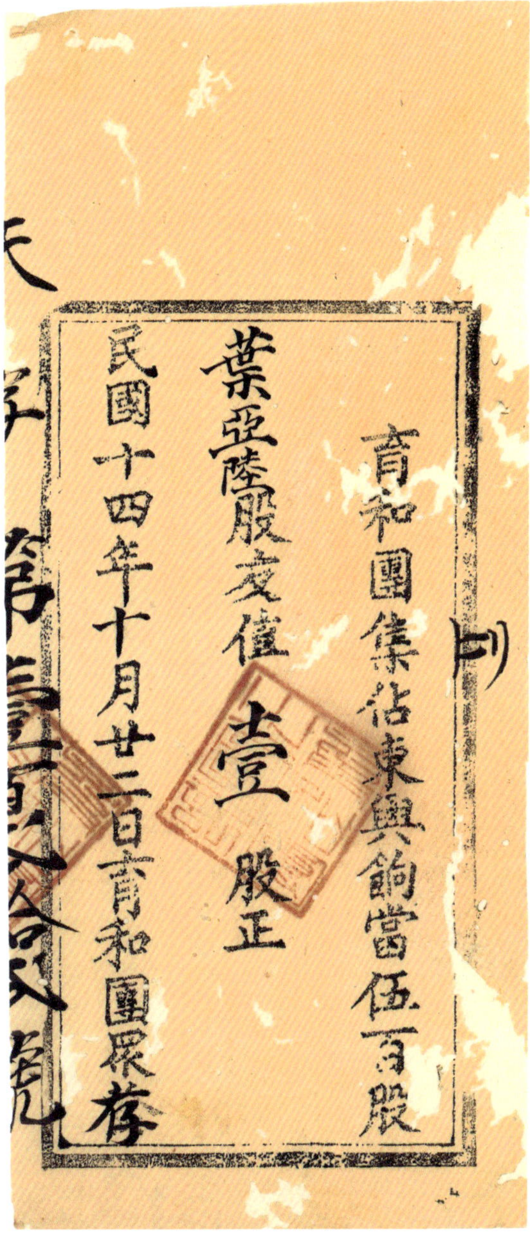
育和團集佔東興餉當伍百股

葉亞陸股友值 壹 股正

民國十四年十月廿二日育和團眾存

0023 民国十四年十月二十二日叶亚陆参与育和团集占东兴饷当股票

雲浮縣公署

執照

中華民國 十五 年 一 月

周鳳榮 伍

0024 民国十五年一月云浮县征收周凤荣民国四年地丁正银业户执照

0025 民国十五年一月云浮县征收周凤荣民国五年地丁正银业户执照

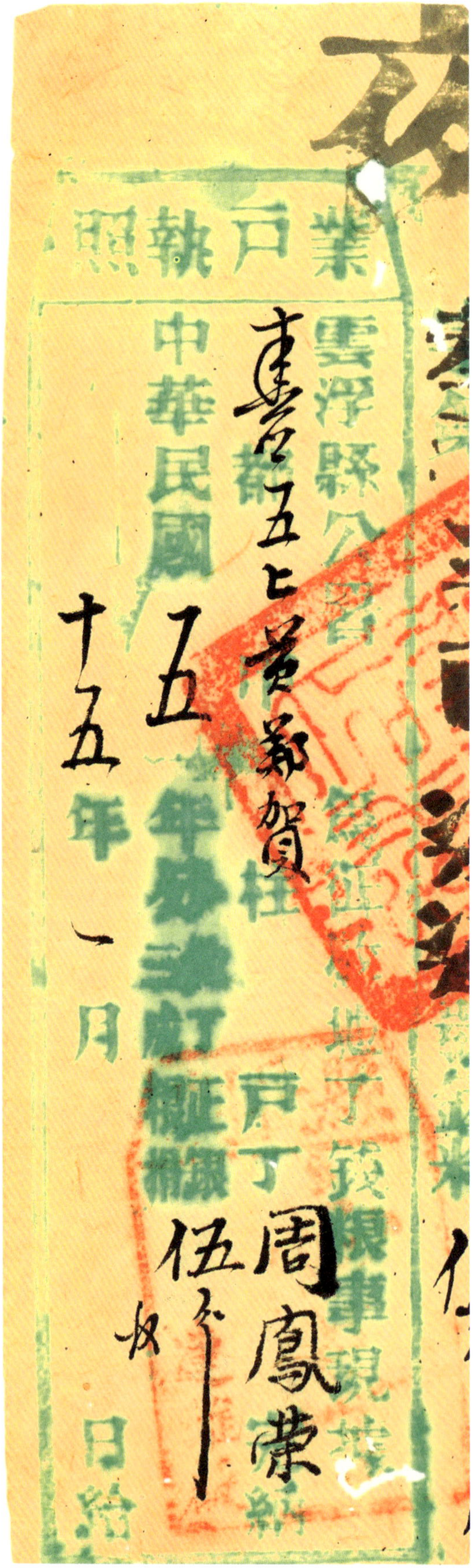

業戶執照

雲浮縣公署

中華民國 十五 年 一 月 日給

周鳳榮

0026 民国十五年一月云浮县征收周凤荣、周京朝民米执照

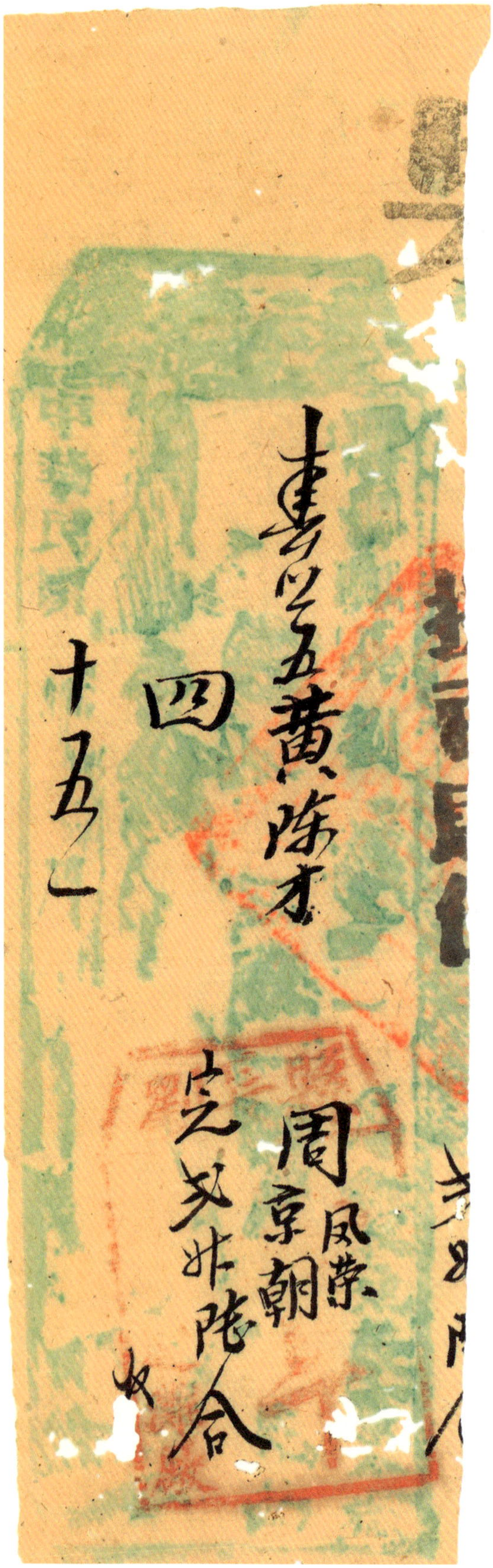

周京朝 凤荣

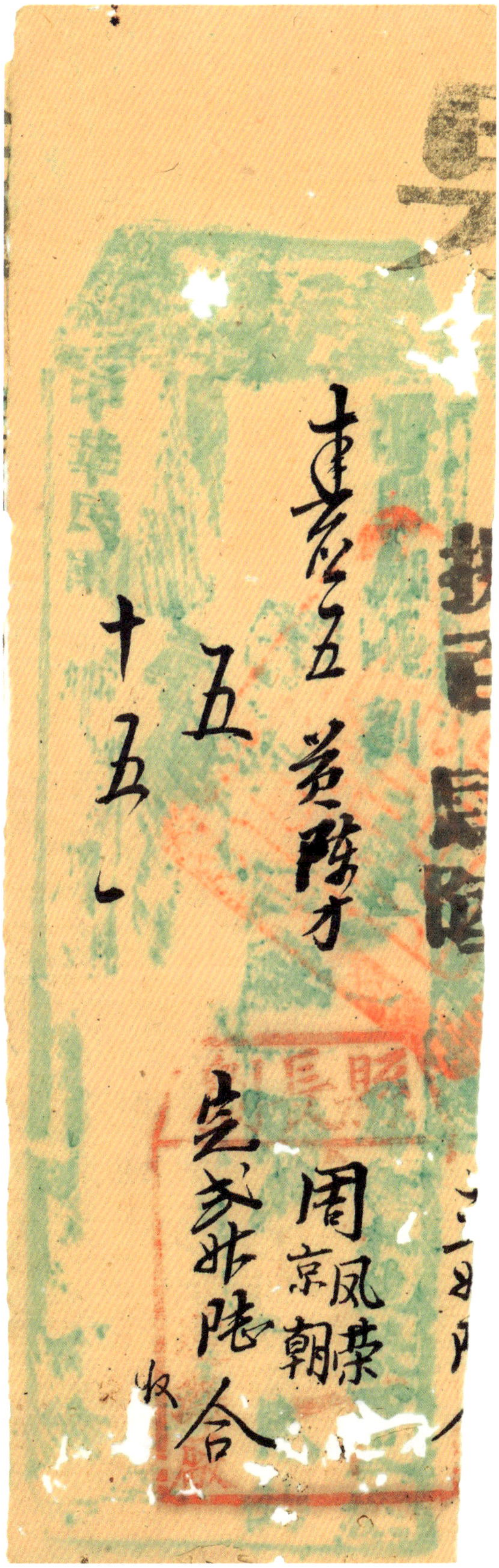

0027 民国十五年一月云浮县征收周凤荣、周京朝民米执照

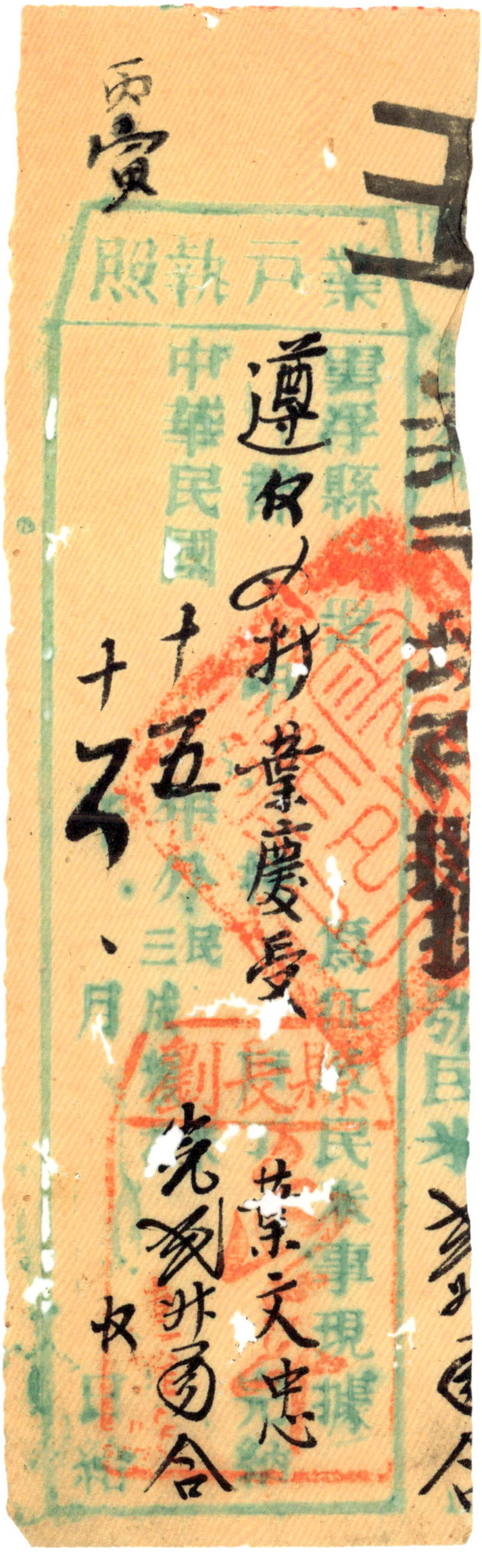

0028 民国十六年云浮县征收叶文忠民国十五年民米业户执照

黄元楷

0029 民国十六年云浮县征收黄元楷民国十六年赋税执照

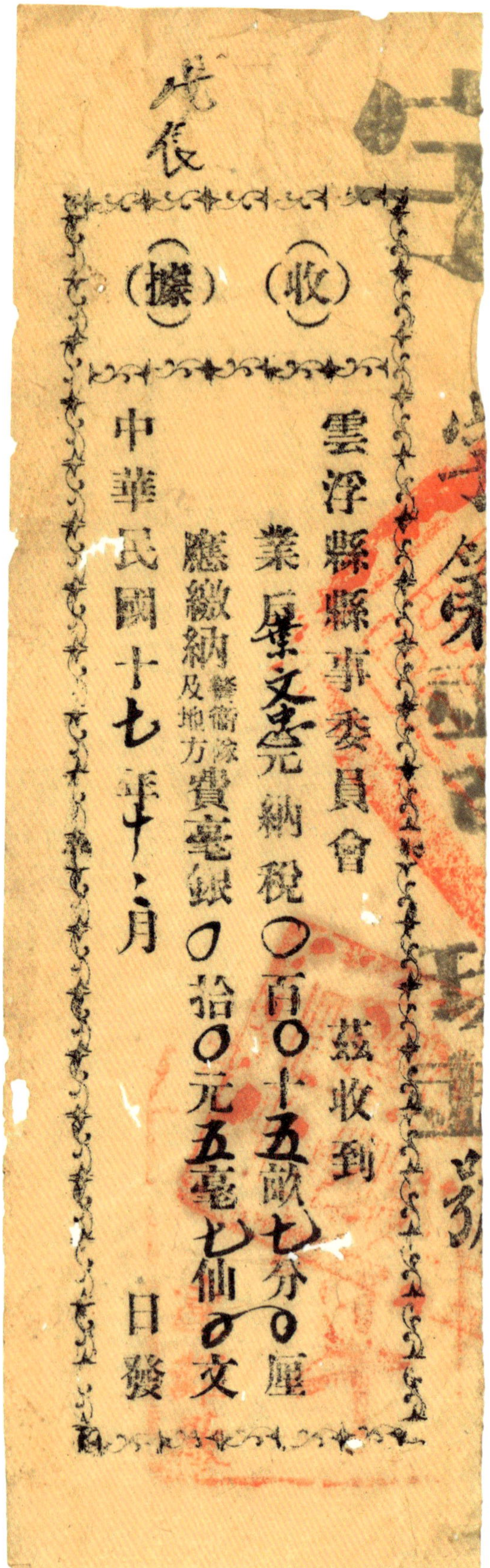

（收）（據）

雲浮縣縣事委員會 茲收到

業戶葉文忠 納稅〇百〇十五畝七分〇厘

應繳納警衛隊及地方費毫銀〇拾〇元五毫七仙〇文

中華民國十七年十二月 日發

0030 民国十七年十二月云浮县叶文忠缴纳田税及地方警卫队经费收据

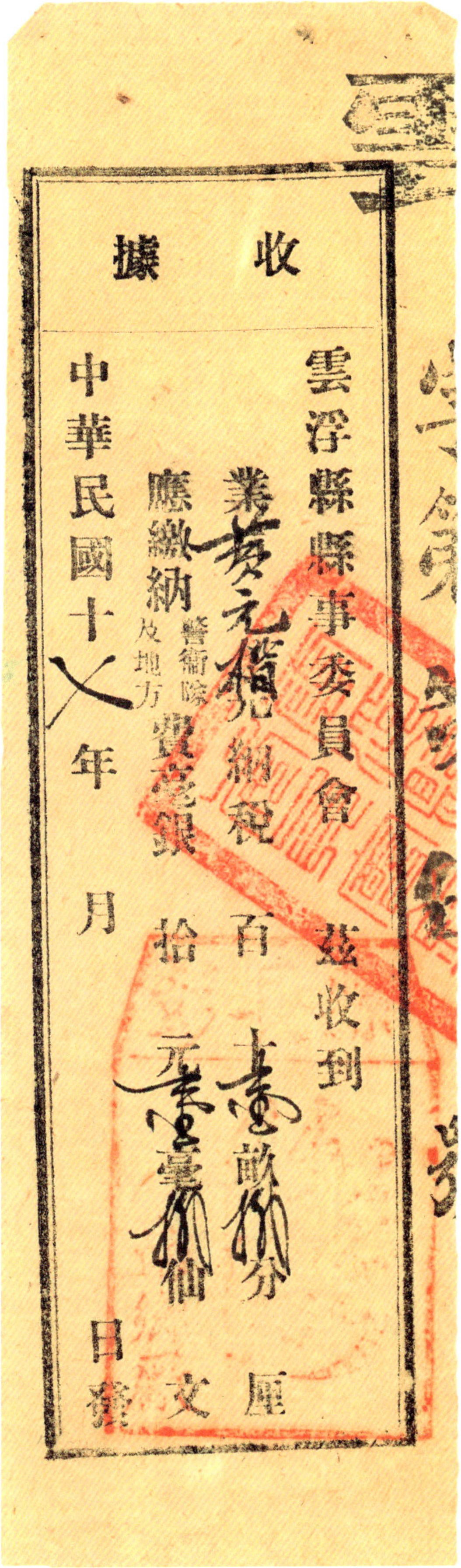

收據

雲浮縣縣事委員會茲收到

業黃元楷 □納稅 百 畝 分 厘

應繳納警衛隊及地方費毫銀 拾 元 毫 仙 文

中華民國十七年 月 日發

0031 民国十七年云浮县黄元楷缴纳田税及地方警卫队经费收据

業戶執照

雲浮縣縣長

黃元楷

中華民國十七年 月

0032 民国十七年云浮县征收黄元楷地丁民米业户执照

0033 民国十七年云浮县征收梁黄元楷民米业户执照

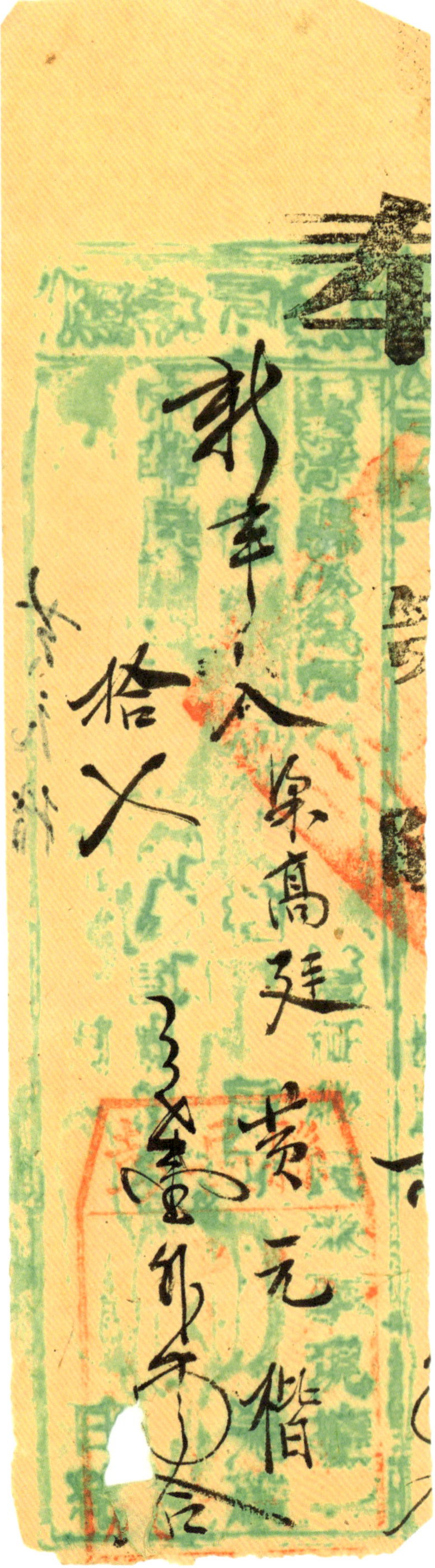

0034 民国十九年云浮县叶贯箓缴纳田税及地方警卫队经费收据

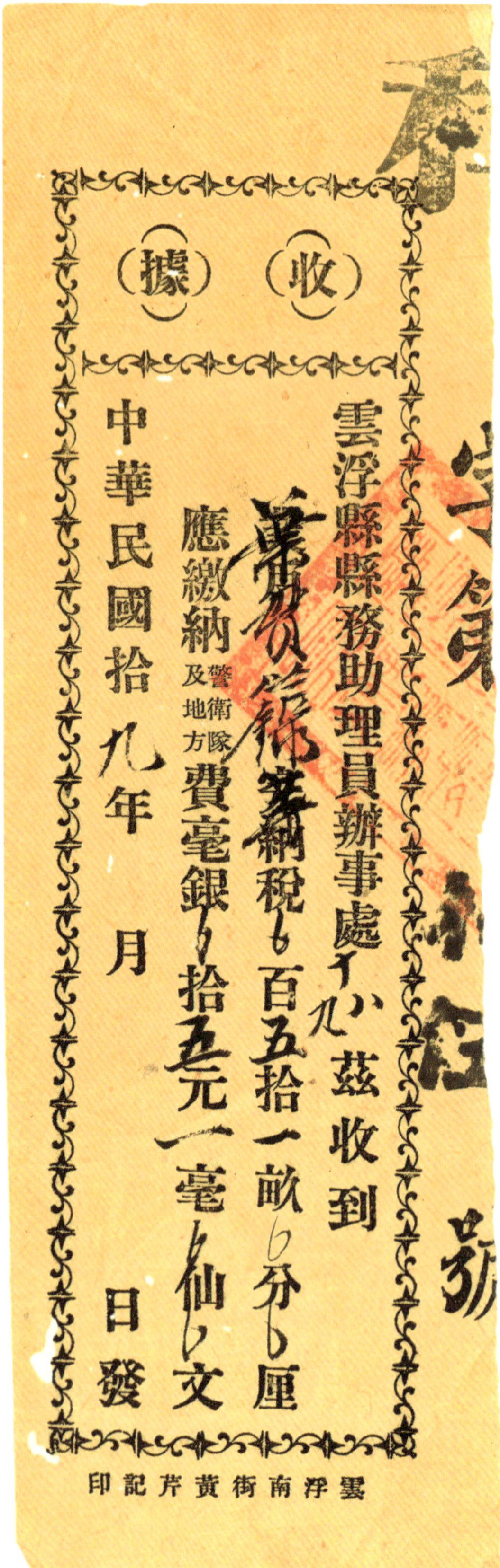

收據

雲浮縣縣務助理員辦事處　茲收到

葉貫箓　納稅　百五拾一畝　分　厘

應繳納警衛隊及地方費毫銀　拾五元一毫　仙　文

中華民國拾九年　月　日發

雲浮南街黃芹記印

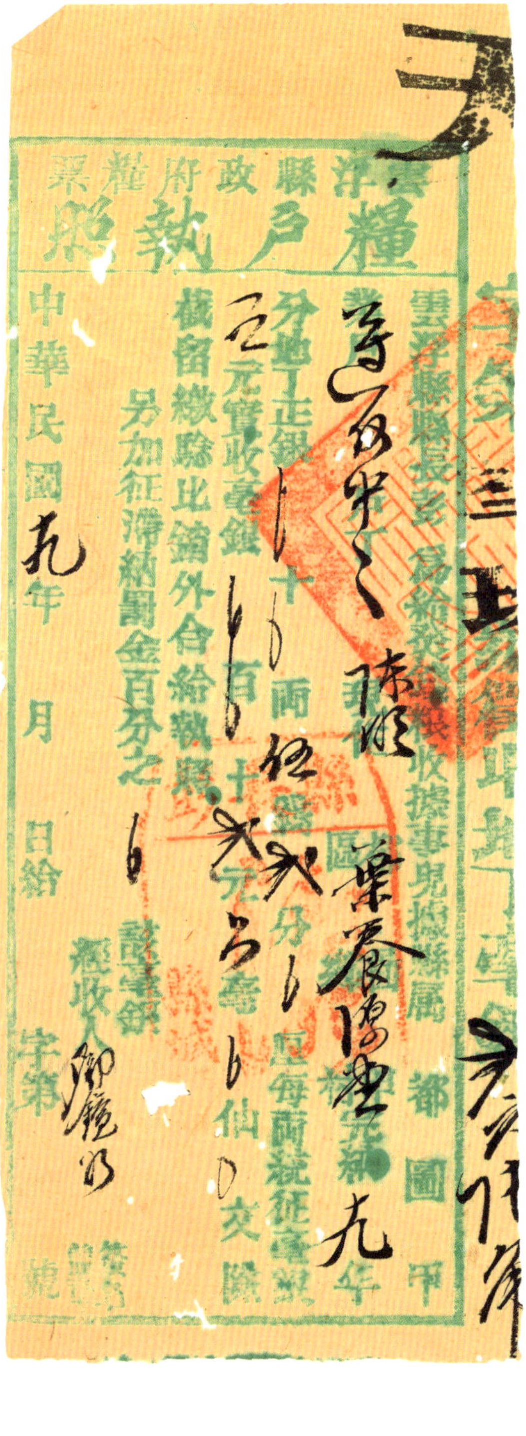

0035 民国十九年云浮县征收叶养源堂民国十九年地丁正银粮户执照

0036 民国二十年一月四日东兴当铺为字号当票

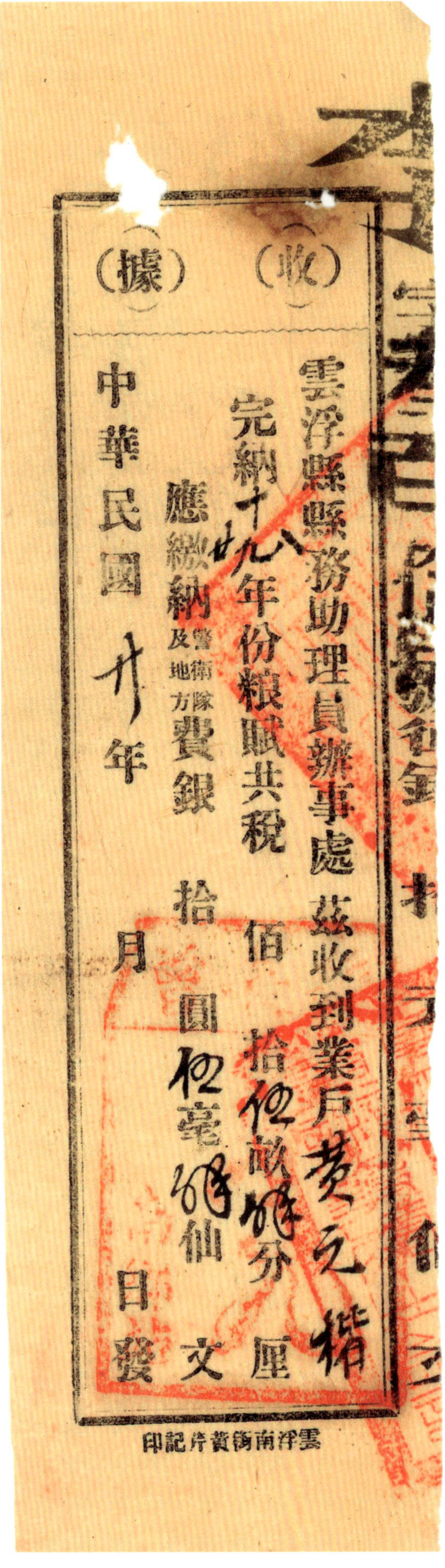

(收)(據)

雲浮縣縣務助理員辦事處 茲收到業戶黄元楷

完納十八十九廿年份粮賦共稅 佰 拾 畝 分 厘

應繳納警衛隊及地方費銀 拾 圓 毫 仙 文

中華民國廿年 月 日發

雲浮南衙黄片記印

0037 民国二十年云浮县黄元楷完纳民国十八至二十年粮赋收据

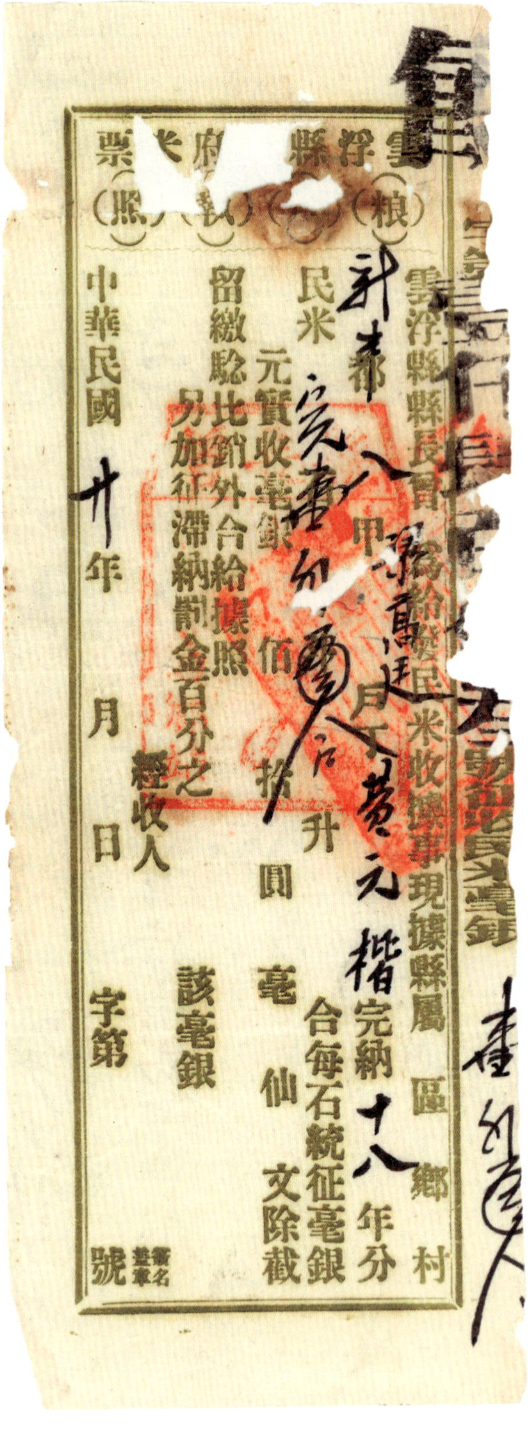

雲浮縣府米票

(粮)(執)(照)

雲浮縣縣長曾 為給發民米收據事現據縣屬 區 鄉 村

甲 戶 黄元楷 完納十八年分

民米 升 合每石統征毫銀

元實收毫銀 佰 拾 圓 毫 仙 文除截

留繳驗比銷外合給據照

另加征滯納罰金百分之 該毫銀

經收人

中華民國廿年 月 日 字第 號

0038 民国二十年云浮县征收黄元楷民国十八年民米粮户执照

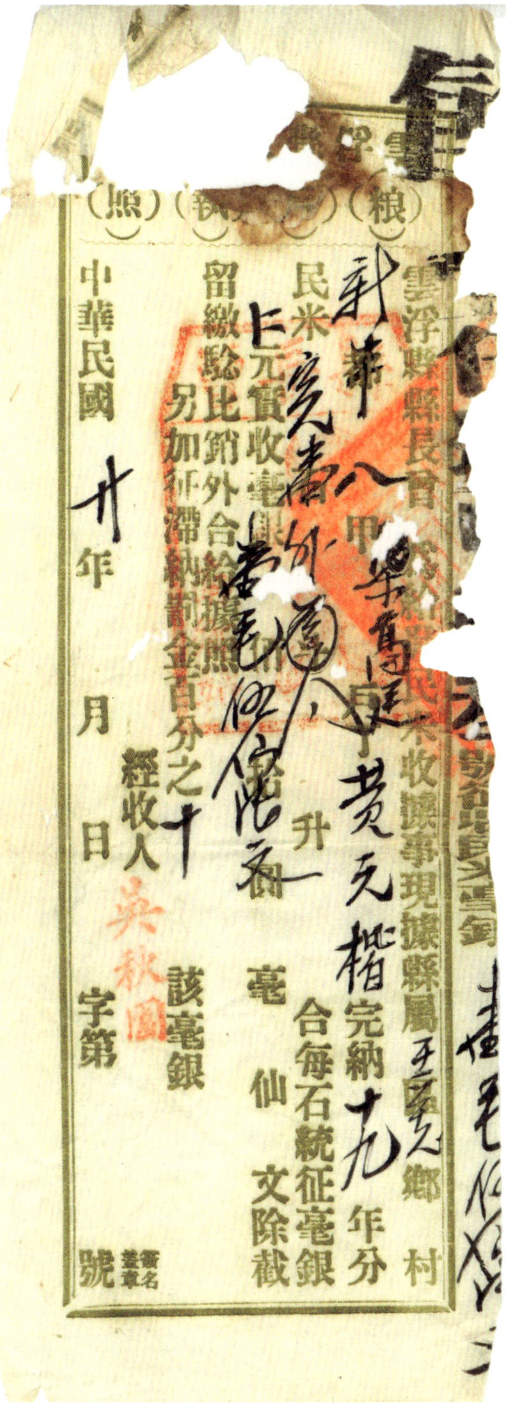

0039 民国二十年云浮县征收黄元楷民国十九年民米粮户执照

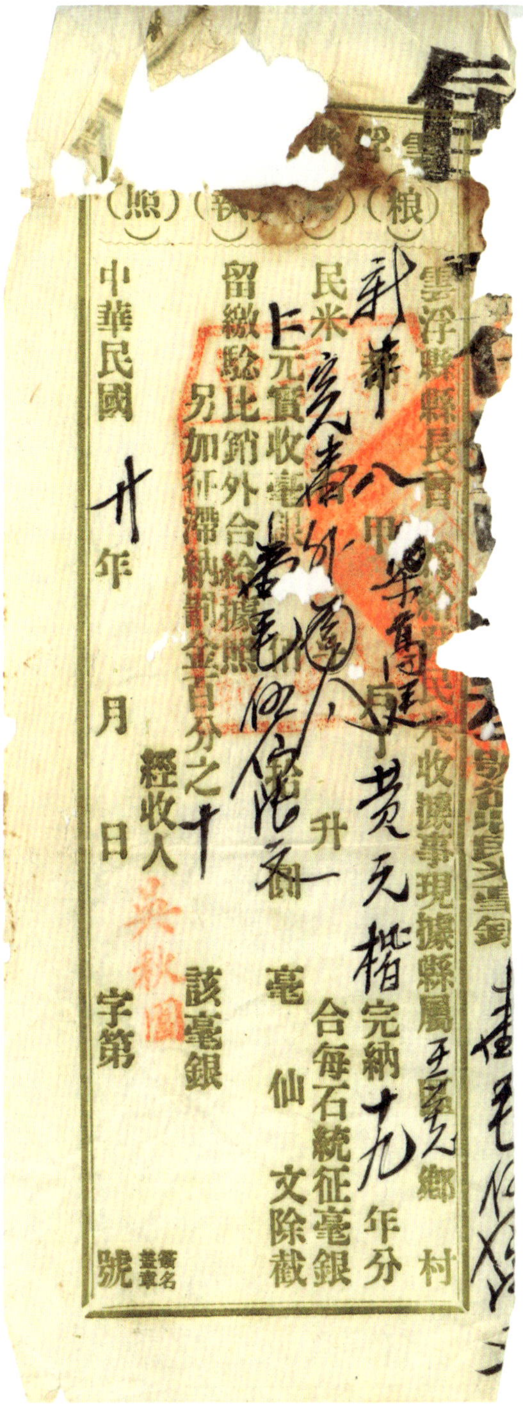

0040 民国二十年云浮县征收黄元楷民国十九年民米粮户执照

0041 民国二十三年四月二十四日云浮县白云腰公路云白段建筑委员会续征曾济昌股银执据

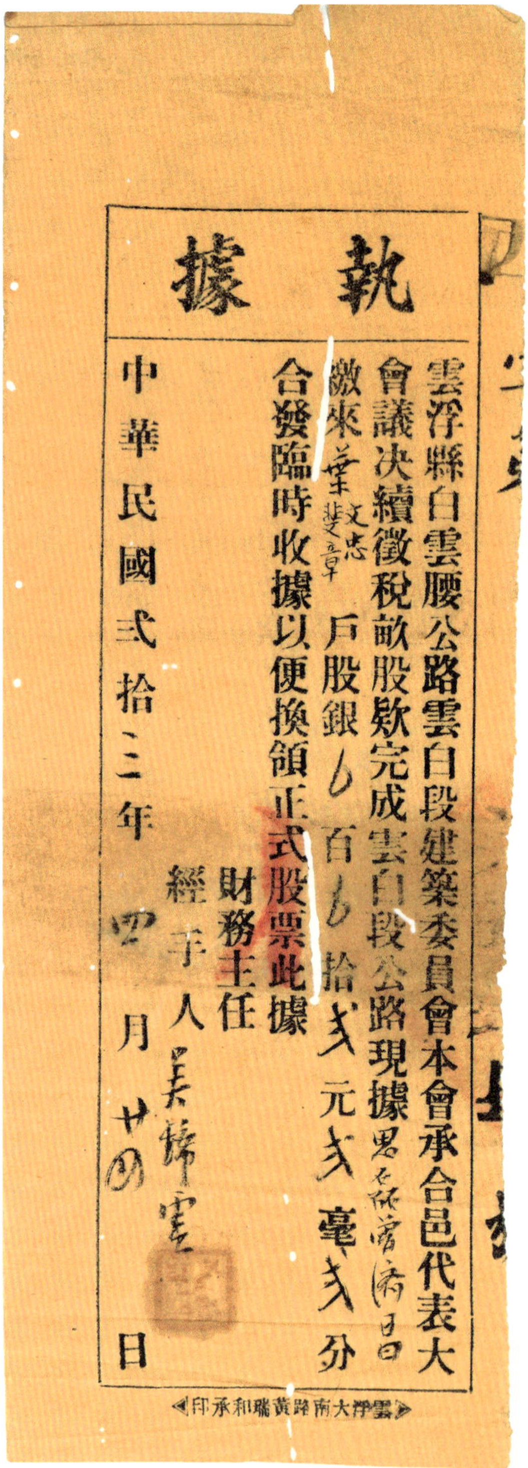

執據

雲浮縣白雲腰公路雲白段建築委員會本會承合邑代表大
會議決續徵稅畝股欵完成雲白段公路現據思磊曾濟昌
繳來葉文忠楚章戶股銀六百六拾弍元弍毫弍分
合發臨時收據以便換領正式股票此據

財務主任
經手人吳錦雲

中華民國弍拾三年四月廿四日

雲浮大南路黃瑞和承印

0042 民国二十三年四月二十四日云浮县白云腰公路云白段建筑委员会续征曾济昌股银执据

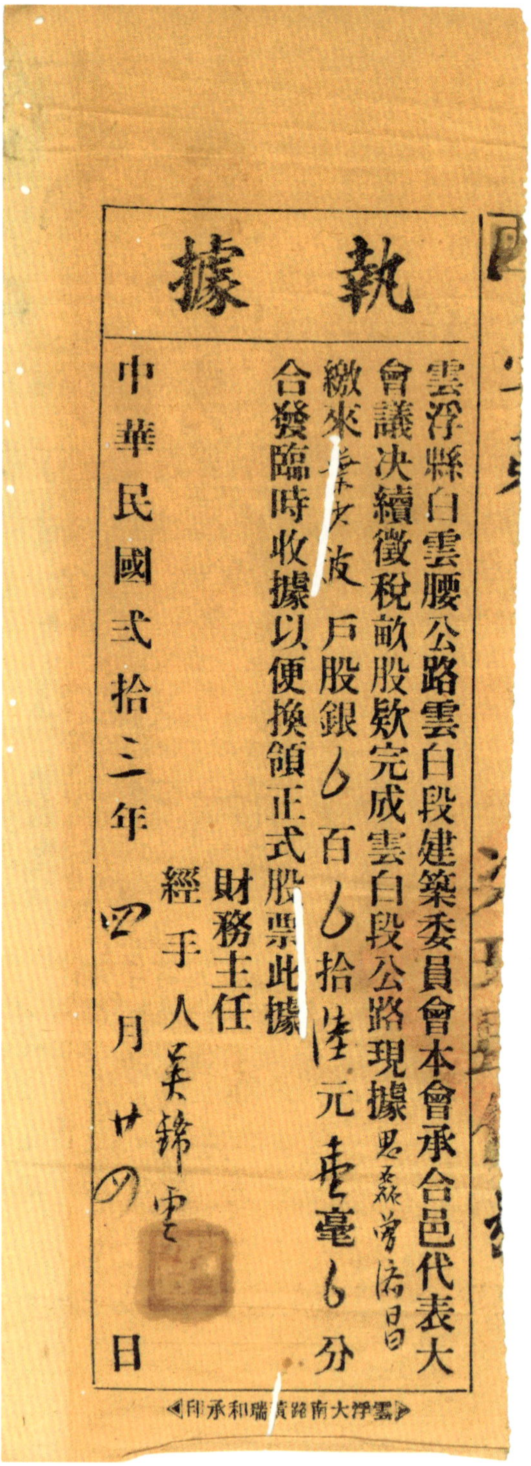

執據

雲浮縣白雲腰公路雲白段建築委員會本會承合邑代表大
會議決續徵稅畝股欵完成雲白段公路現據思磊曾濟昌
繳來葉文波戶股銀六百六拾陸元壹毫六分
合發臨時收據以便換領正式股票此據

財務主任
經手人吳錦雲

中華民國弍拾三年四月廿四日

雲浮大南路黃瑞和承印

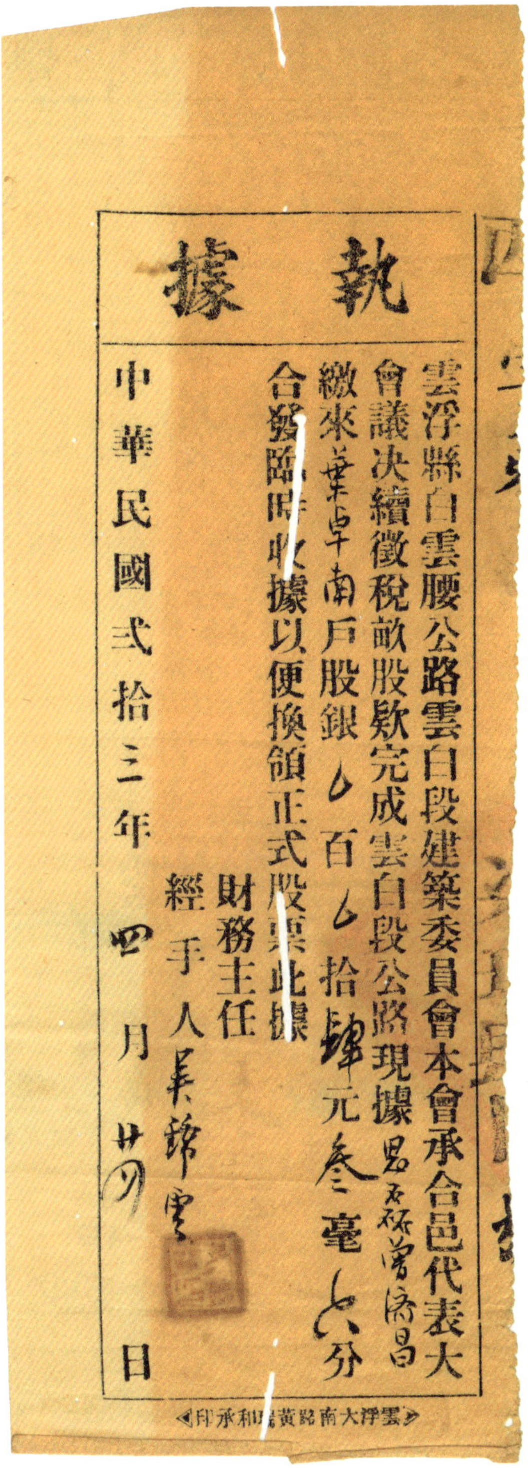

執據

雲浮縣白雲腰公路雲白段建築委員會本會承合邑代表大會議決續徵稅畝股欵完成雲白段公路現據易石鄉曾濟昌繳來葉卓南戶股銀厶百厶拾肆元叁毫七分合發臨時收據以便換領正式股票此據

財務主任

經手人吳錦雲

中華民國弍拾三年四月廿四日

雲浮大南路黃瑞和承印

0043 民国二十三年四月二十四日云浮县白云腰公路云白段建筑委员会续征曾济昌股银执据

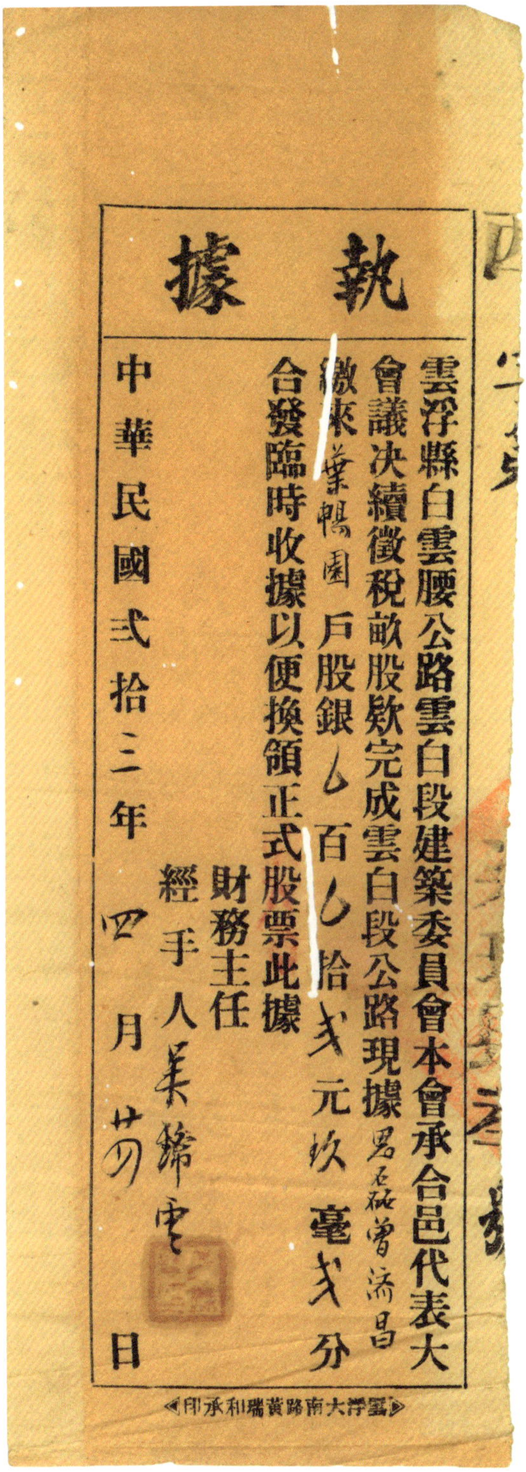

執據

雲浮縣白雲腰公路雲白段建築委員會本會承合邑代表大會議決續徵稅畝股欵完成雲白段公路現據易石鄉曾濟昌繳來葉暢園戶股銀厶百厶拾弍元玖毫弍分合發臨時收據以便換領正式股票此據

財務主任

經手人吳錦雲

中華民國弍拾三年四月廿四日

雲浮大南路黃瑞和承印

0044 民国二十三年四月二十四日云浮县白云腰公路云白段建筑委员会续征曾济昌股银执据

0045 民国二十三年四月二十四日云浮县周凤荣等缴纳警卫队附加费收条

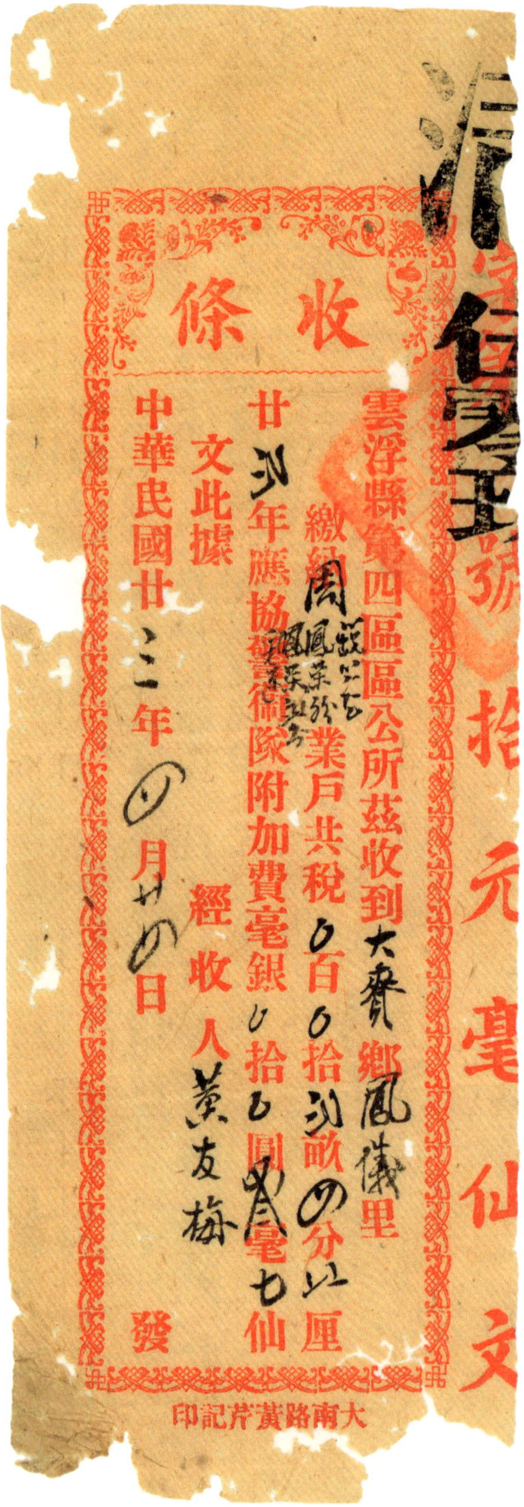

收條

雲浮縣第四區區公所茲收到大賚鄉鳳儀里

繳納周鳳榮等業戶共稅○百○拾弍畝○分以厘

廿弍年應協警衛隊附加費毫銀○拾○圓叁毫七仙

文此據

經收人黃友梅

中華民國廿三年四月廿四日發

大南路黃芹記印

0046 民国二十三年八月五日云浮县叶卓南等缴纳警卫队附加费收条

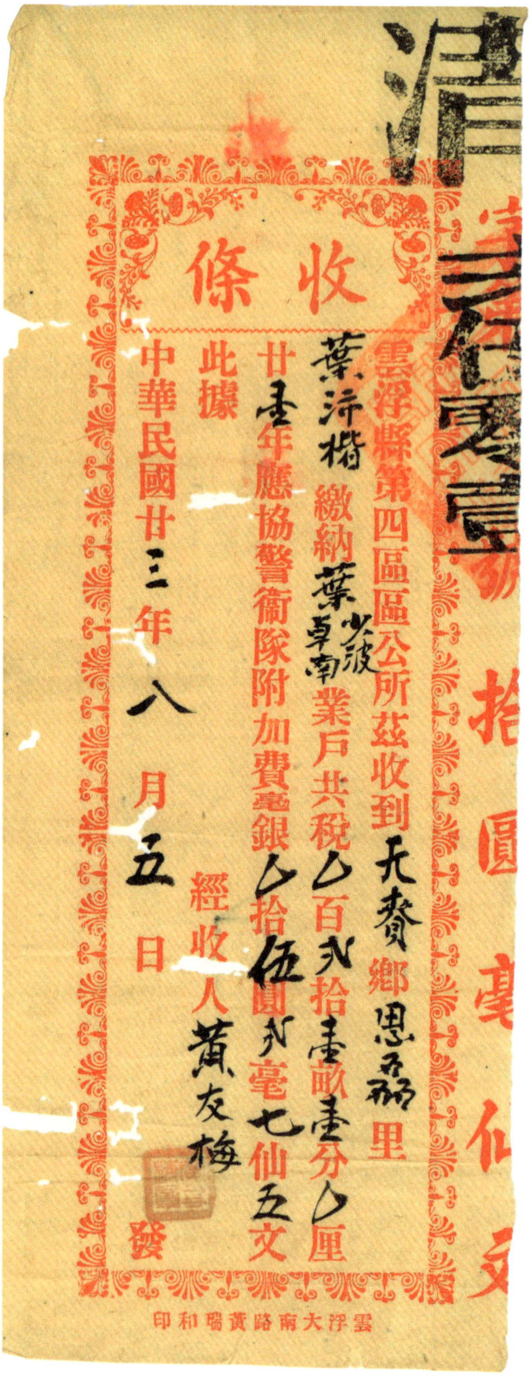

收條

雲浮縣第四區區公所茲收到天賚鄉恩孖里

葉濟楷繳納葉少波 卓南業戶共稅○百弍拾壹畝壹分○厘

廿壹年應協警衛隊附加費毫銀○拾伍圓弍毫七仙五文

此據

經收人黃友梅

中華民國廿三年八月五日發

雲浮大南路黃瑞和印

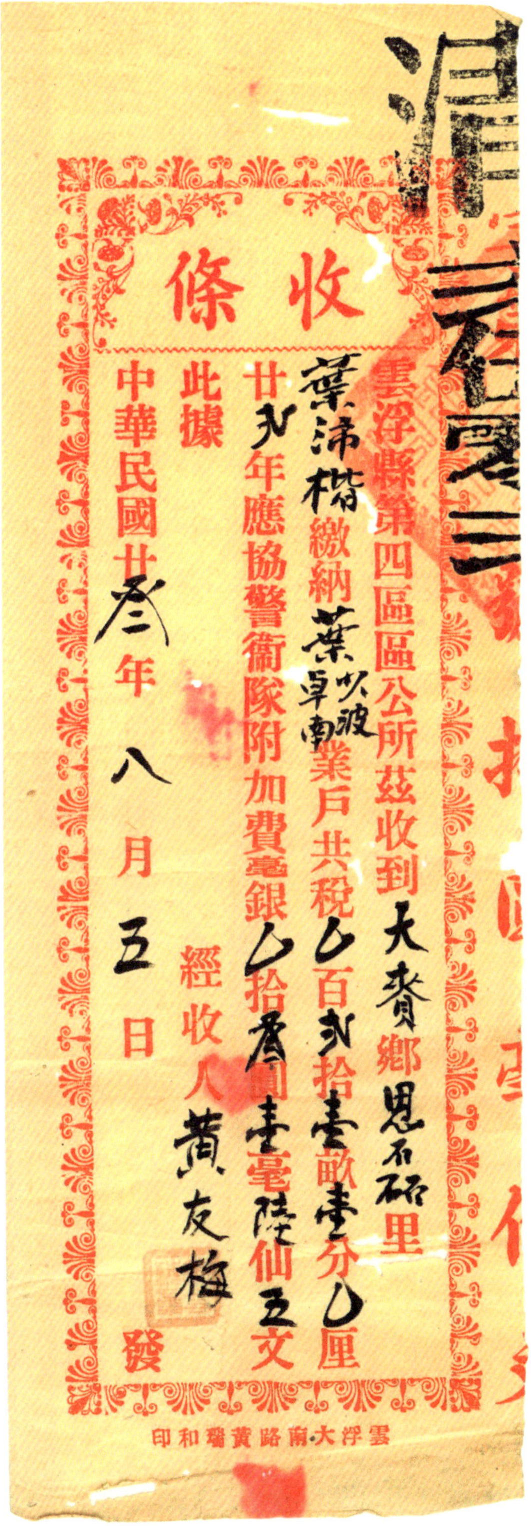

收條

雲浮縣第四區區公所茲收到大贇鄉思石砳里葉沛楷繳納葉以波卓南業戶共稅○百弍拾壹畝壹分○厘

廿九年應協警衛隊附加費毫銀○拾叁圓壹毫陸仙五文

此據

中華民國廿叁年八月五日

經收人黄友梅

發

雲浮大南路黃瑞和印

0047 民国二十三年八月五日云浮县叶卓南等缴纳警卫队附加费收条

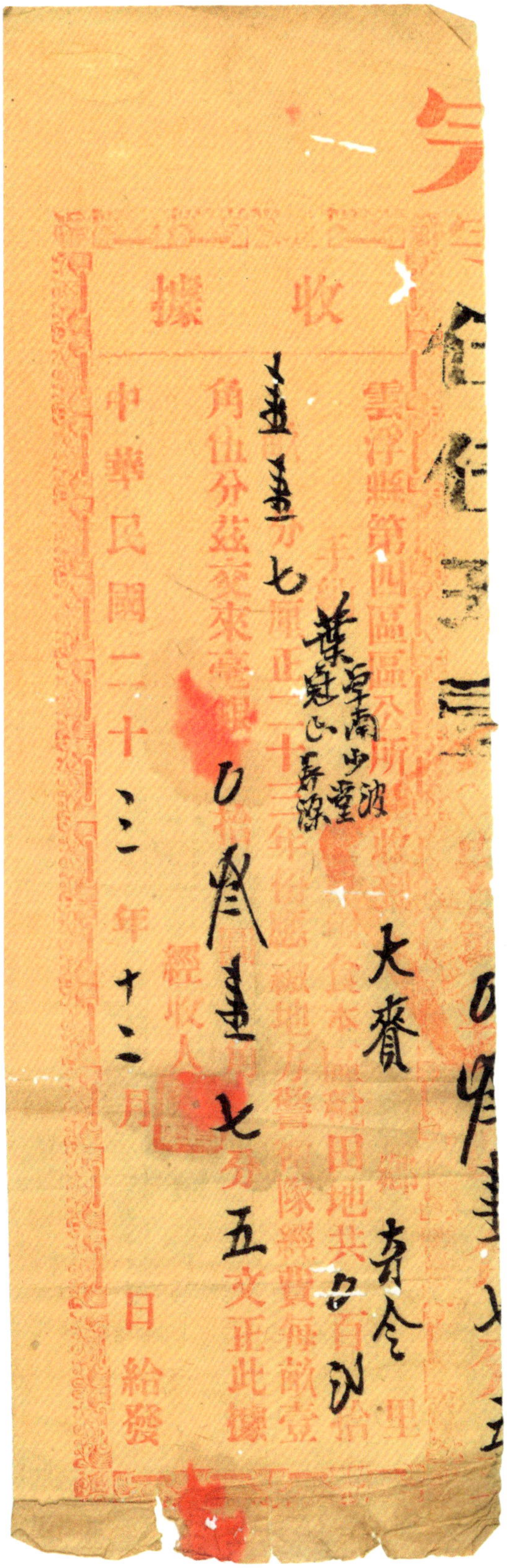

收據

雲浮縣第四區區公所茲收到大贇鄉青仝里葉卓南少波冠正弄源……田地共○百弍拾……繳地方警衛隊經費每畝壹角伍分茲交來毫銀……○叁壹七分五文正此據

中華民國二十三年十二月　日給發

經收人

0048 民国二十三年十二月云浮县叶卓南等缴纳警卫队附加费收据

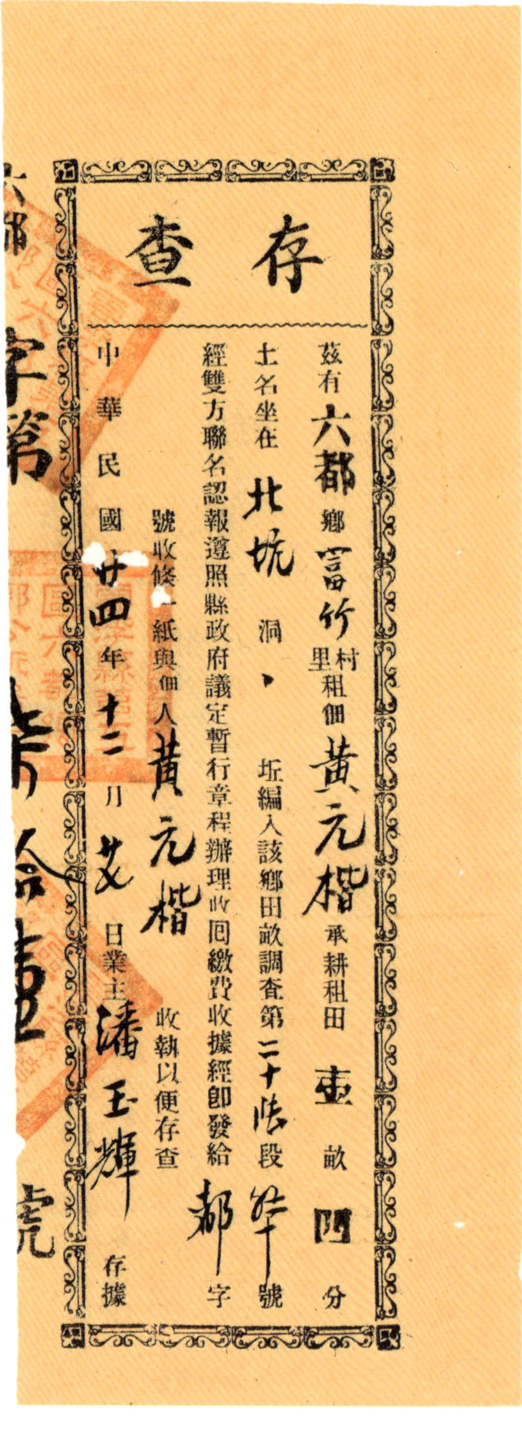

存查

兹有六都鄉富竹村里租佃黃元楷承耕租田壹畝四分
土名坐在北坑洞▶坵編入該鄉田畝調查第二十陆段廿號
經雙方聯名認報遵照縣政府議定暫行章程辦理收回繳費收據經即發給都字
號收條一紙與佃人黃元楷收執以便存查
中華民國廿四年十二月廿七日業主潘玉輝存據

0049 民国二十四年十二月二十七日云浮县调查黄元楷承耕租田存条

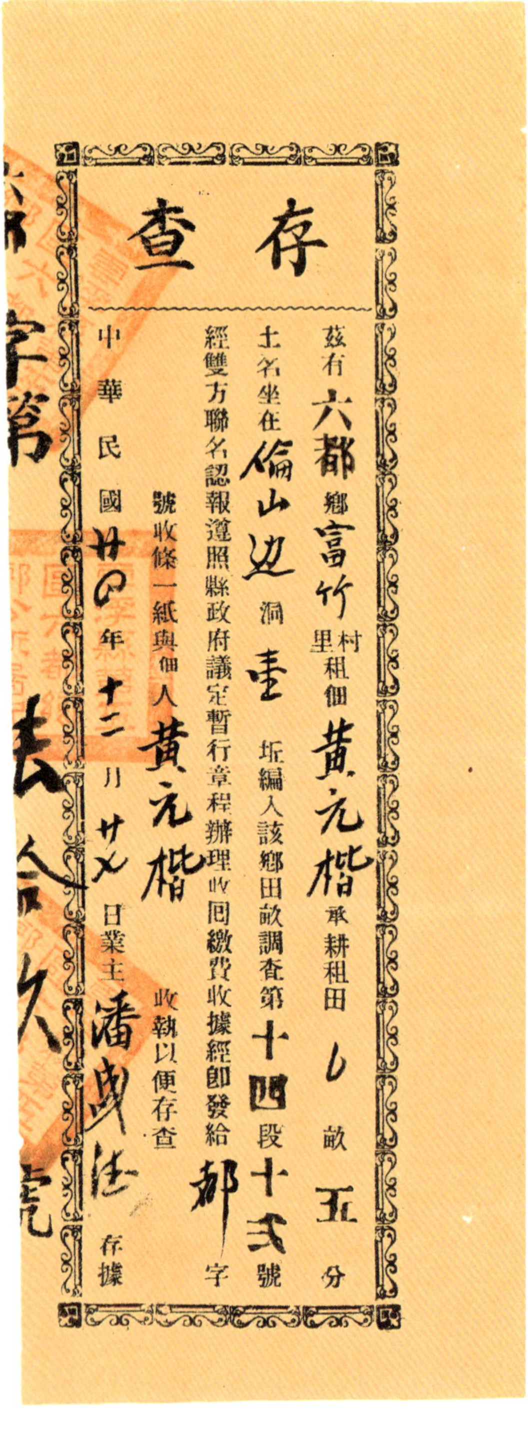

存查

兹有六都鄉富竹村里租佃黃元楷承耕租田六畝五分
土名坐在偏山边洞壹坵編入該鄉田畝調查第十四段十弍號
經雙方聯名認報遵照縣政府議定暫行章程辦理收回繳費收據經即發給都字
號收條一紙與佃人黃元楷收執以便存查
中華民國廿四年十二月廿七日業主潘盛法存據

0050 民国二十四年十二月二十七日云浮县调查黄元楷承耕租田存条

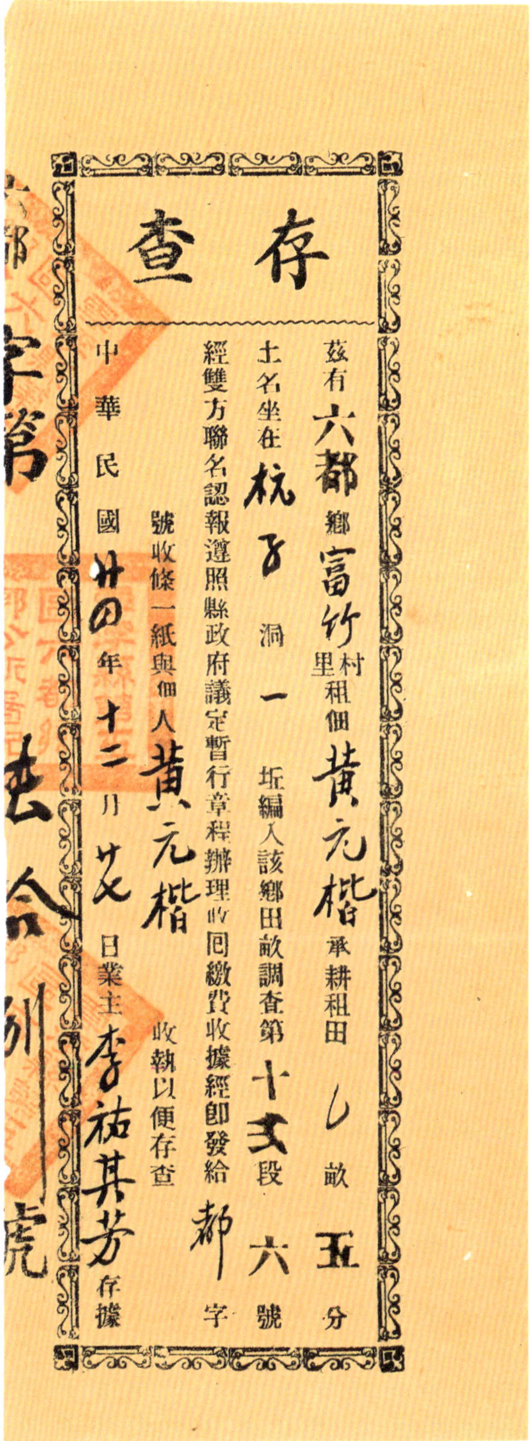

存查

茲有六都鄉富竹村里租佃黃元楷承耕租田七畝五分
土名坐在杭子垌一坵編入該鄉田畝調查第十弍段六號
經雙方聯名認報遵照縣政府議定暫行章程辦理收回繳費收據經即發給郝字
號收條一紙與佃人黃元楷收執以便存查
中華民國廿四年十二月廿七日業主李祐其芳存據

0051 民国二十四年十二月二十七日云浮县调查黄元楷承耕租田存条

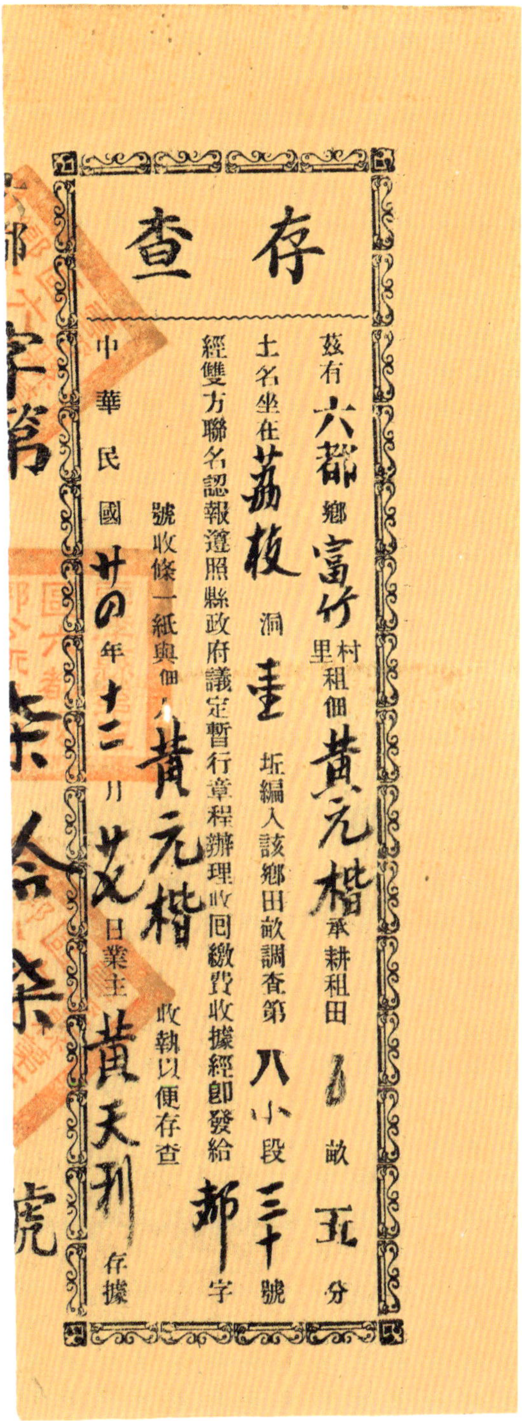

存查

茲有六都鄉富竹村里租佃黃元楷承耕租田七畝五分
土名坐在荔枝垌圭坵編入該鄉田畝調查第八小段三十號
經雙方聯名認報遵照縣政府議定暫行章程辦理收回繳費收據經即發給郝字
號收條一紙與佃人黃元楷收執以便存查
中華民國廿四年十二月廿七日業主黃天刊存據

0052 民国二十四年十二月二十七日云浮县调查黄元楷承耕租田存条

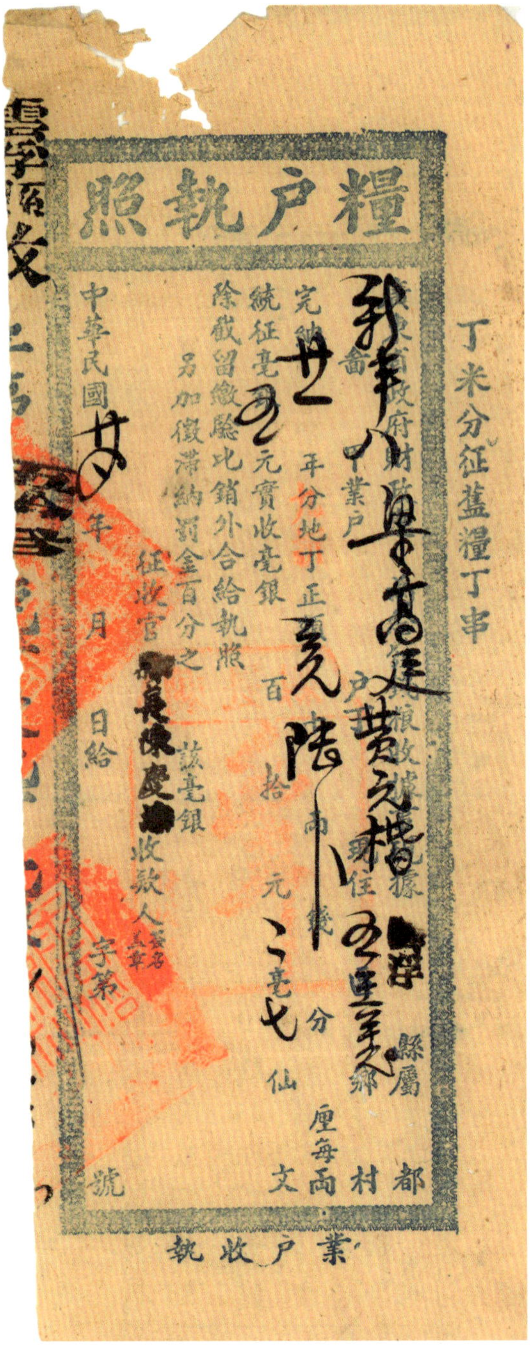

0053 民国二十四年云浮县征收黄元楷民国二十一年地丁正额银粮户执照

糧户執照

丁米分征蓋糧丁串

廣東省政府財政廳

縣屬 都 村

業户 黃元楷

完納 年分地丁正額

統征毫銀 元實收毫銀

除截留繳驗外合給執照

另加徵滯納罰金百分之

中華民國 年 月 日給

征收官

收款人簽名蓋章

字第 號

業户收執

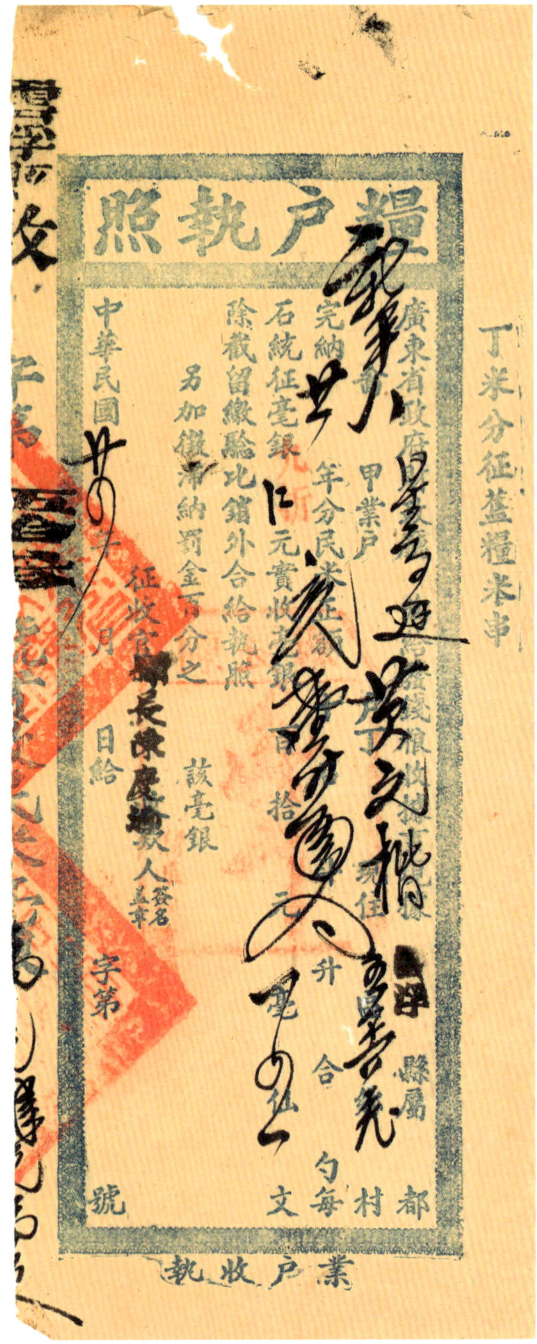

0054 民国二十四年云浮县征收黄元楷民国二十一年民米正额银粮户执照

糧户執照

丁米分征蓋糧米串

廣東省政府

縣屬 都 村

甲業户 黃元楷

完納 年分民米正額

石統征毫銀 元實收毫銀

除截留繳驗外合給執照

另加徵滯納罰金百分之

中華民國 年 月 日給

征收官

收款人簽名蓋章

字第 號

業户收執

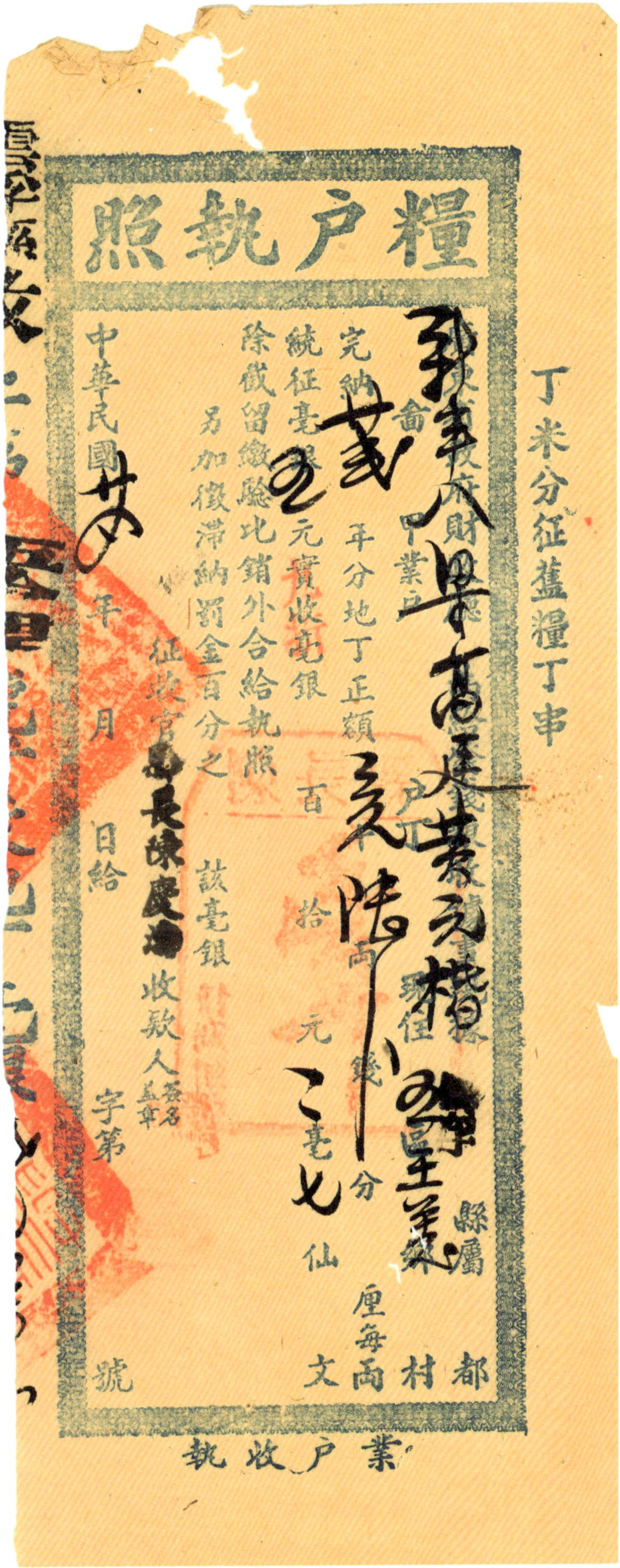
糧戶執照

丁米分征蓋糧丁串

縣屬 都 村

業戶 黃元楷 現住

完納 年分地丁正額 兩 錢 分 釐每兩

統征毫銀 元實收毫銀 百 拾 元 毫 仙 文

除截留繳驗化銷外合給執照

另加徵滯納罰金百分之 該毫銀

征收官 收款人簽名蓋章

中華民國廿四年 月 日給 字第 號

業戶收執

0055 民国二十四年云浮县征收黄元楷民国二十二年地丁正额银粮户执照

0056-1 民国二十四年云浮县征收黄元楷民国二十三年民米正额银粮户执照（正面）

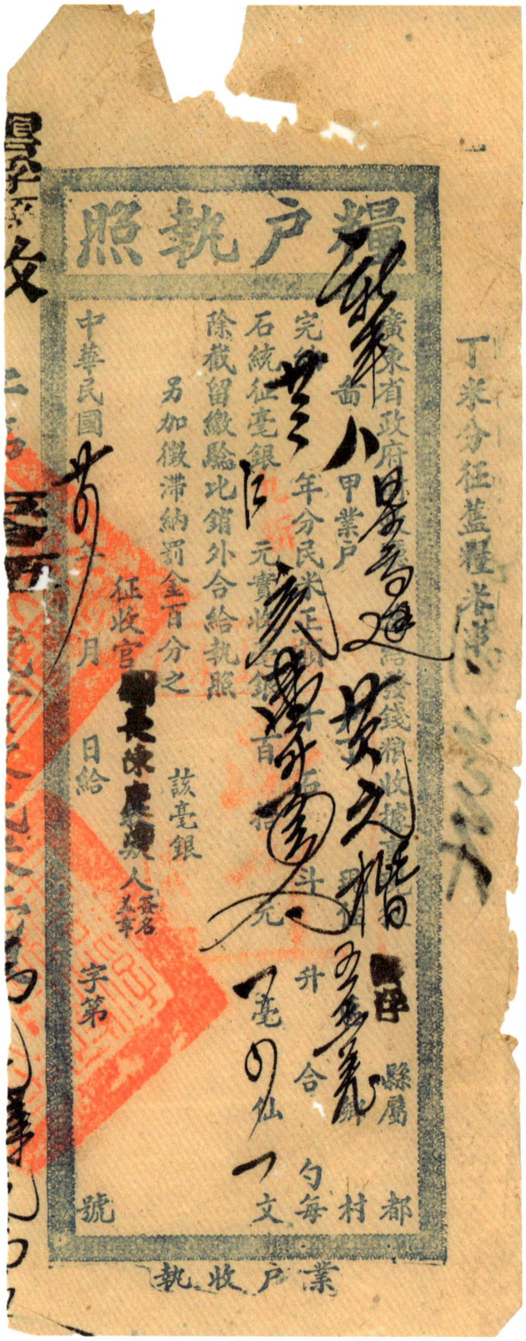
糧戶執照
丁米分征蓋糧
廣東省政府 縣屬 都 村
甲業戶 每
年分民米正 石 斗 升 合 勺
石統征毫銀 元 毫 仙 文
除截留繳驗比鎖外合給執照
另加繳滯納罰金百分之 該毫銀
征收官 人簽名蓋章
中華民國 年 月 日給 字第 號
業戶收執

0056-2 民国二十四年云浮县征收黄元楷民国二十三年民米正额银粮户执照（背面）

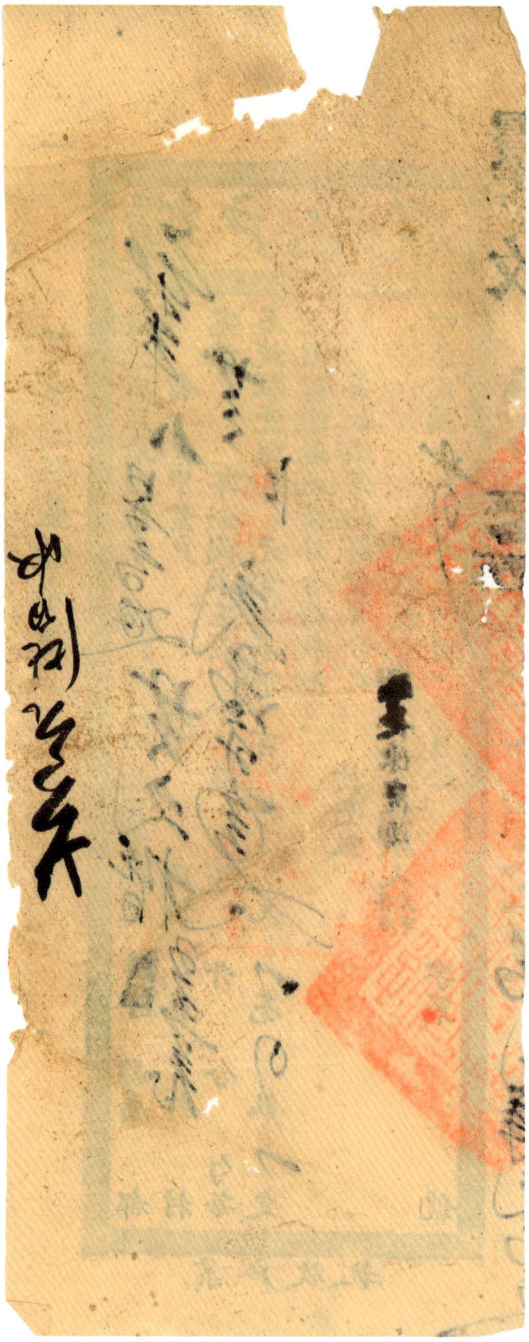

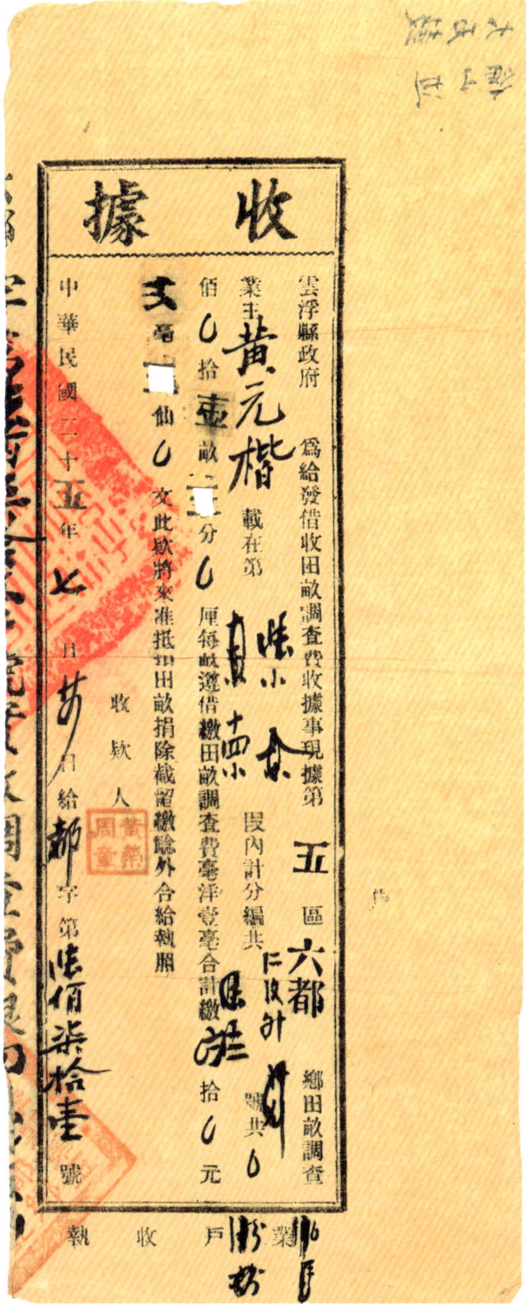

0057−1 民国二十五年七月二十四日云浮县收取黄元楷田亩调查费收据（正面）

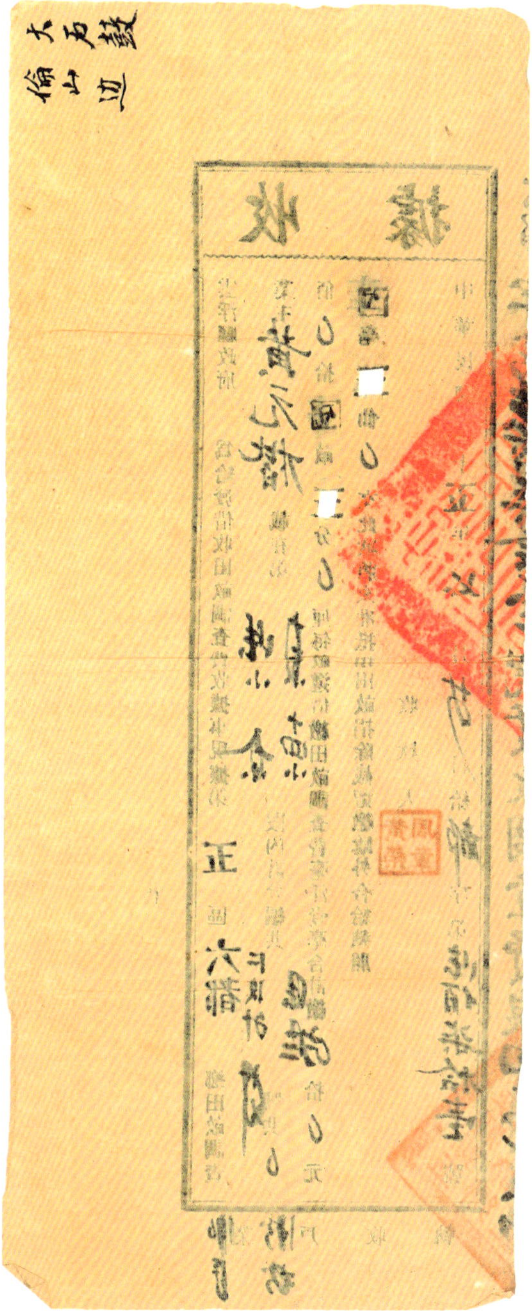

0057−2 民国二十五年七月二十四日云浮县收取黄元楷田亩调查费收据（背面）

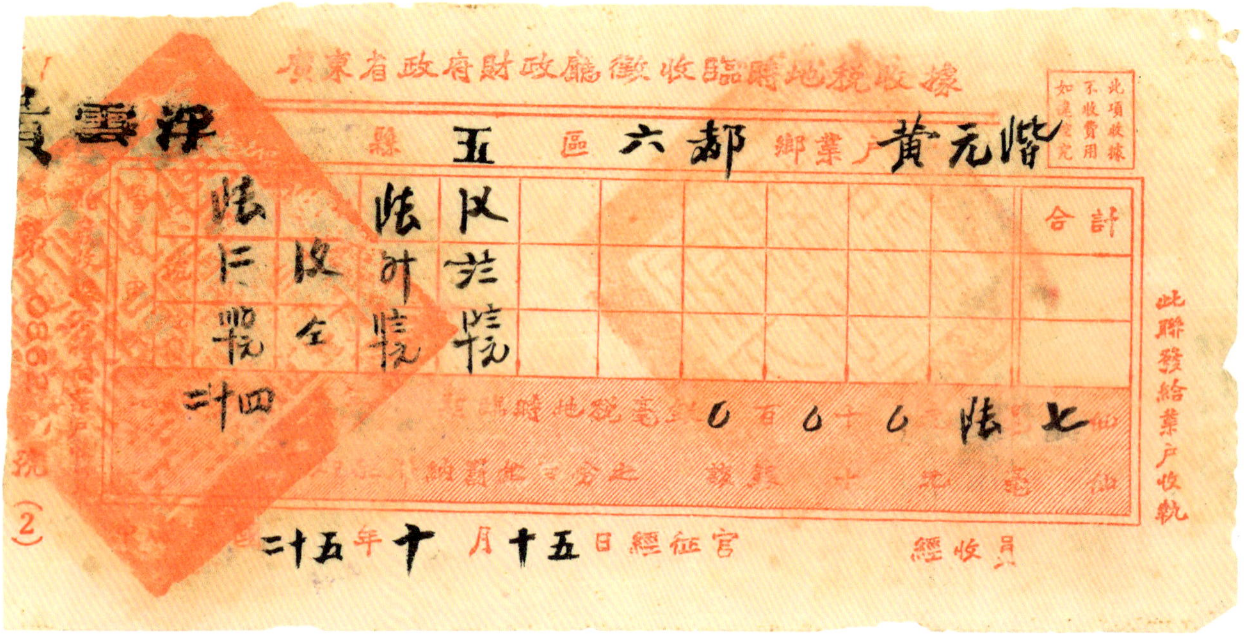

0058 民国二十五年十月十五日云浮县征收黄元阶民国二十四年临时地税收据

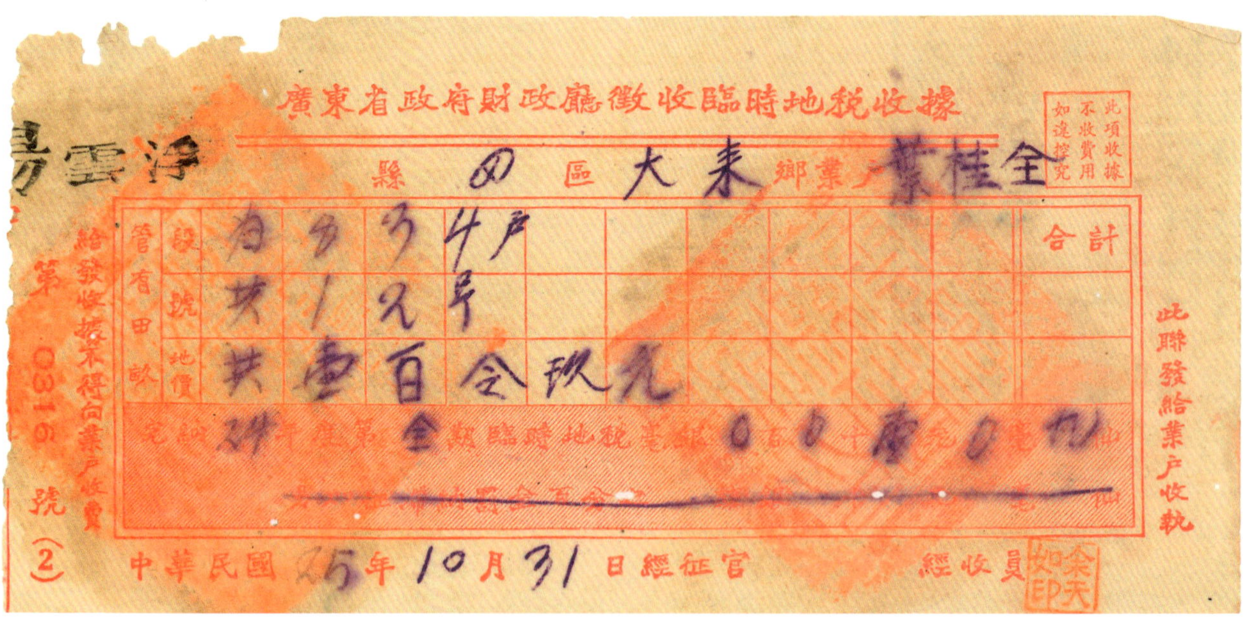

0059 民国二十五年十月三十一日云浮县征收叶桂全民国二十四年临时地税收据

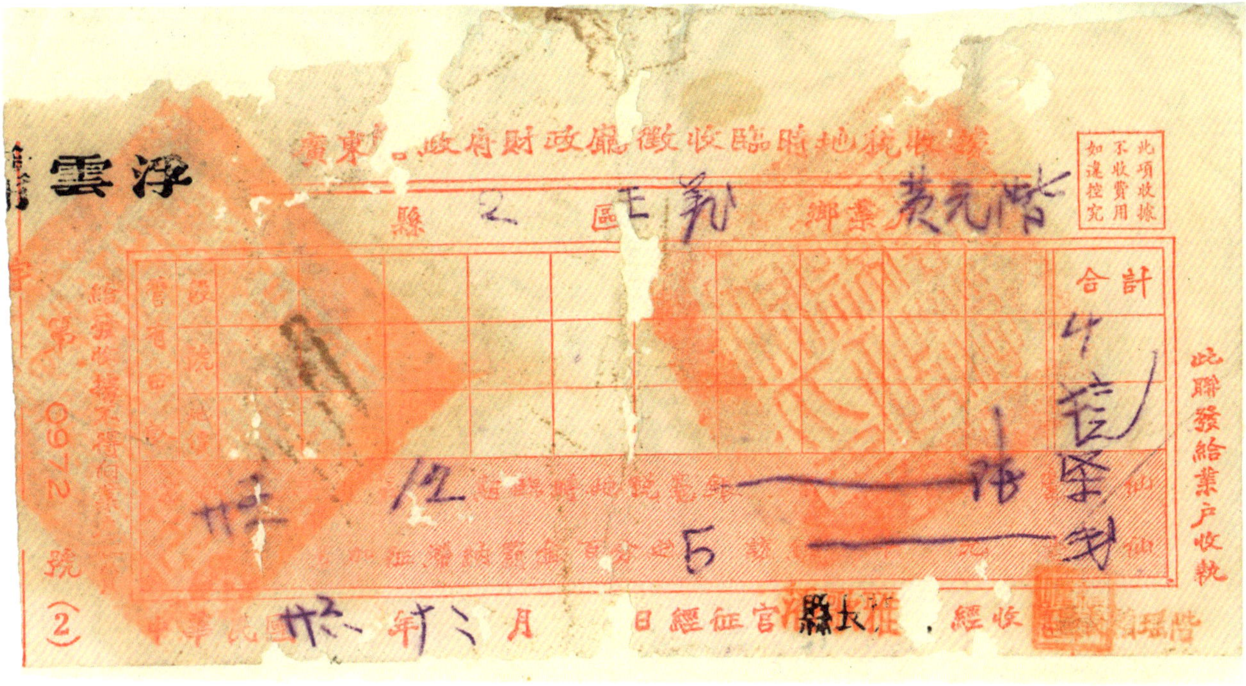

0060 民国二十六年十二月云浮县征收黄元阶民国二十五年第一、二期临时地税收据

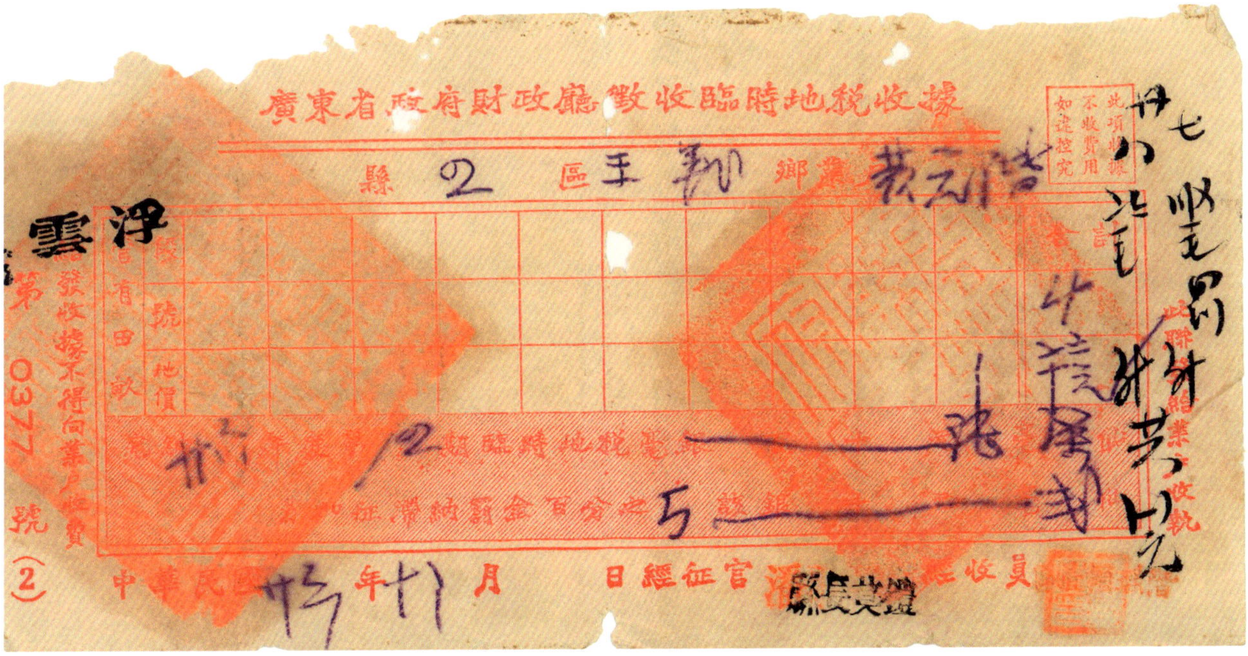

0061 民国二十六年十二月云浮县征收黄元阶民国二十六年第一、二期临时地税收据

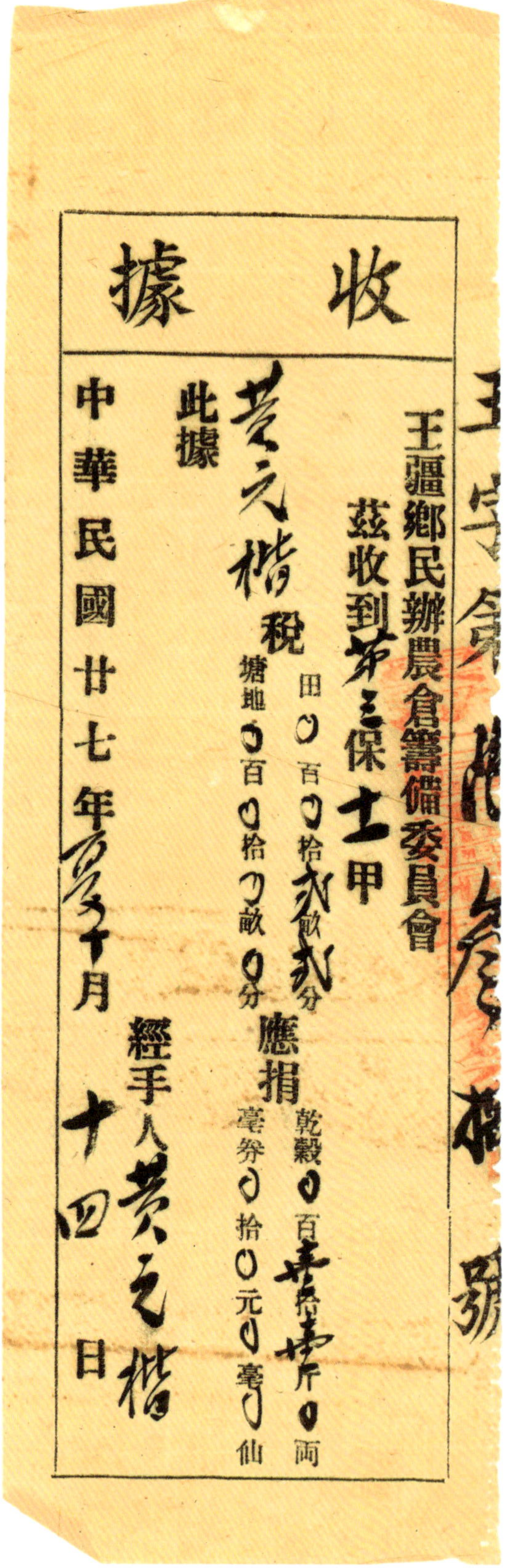

收據

王疆鄉民辦農倉籌備委員會
茲收到第三保土甲
黃元楷 稅 田〇百〇拾弍畝弍分 塘地〇百〇拾〇畝〇分
應捐 乾穀〇百壹拾壹斤〇兩 毫劵〇拾〇元〇毫〇仙
此據
中華民國廿七年十月十四日
經手人黃元楷

0062 民国二十七年十月十四日黄元楷缴纳田税干谷收据

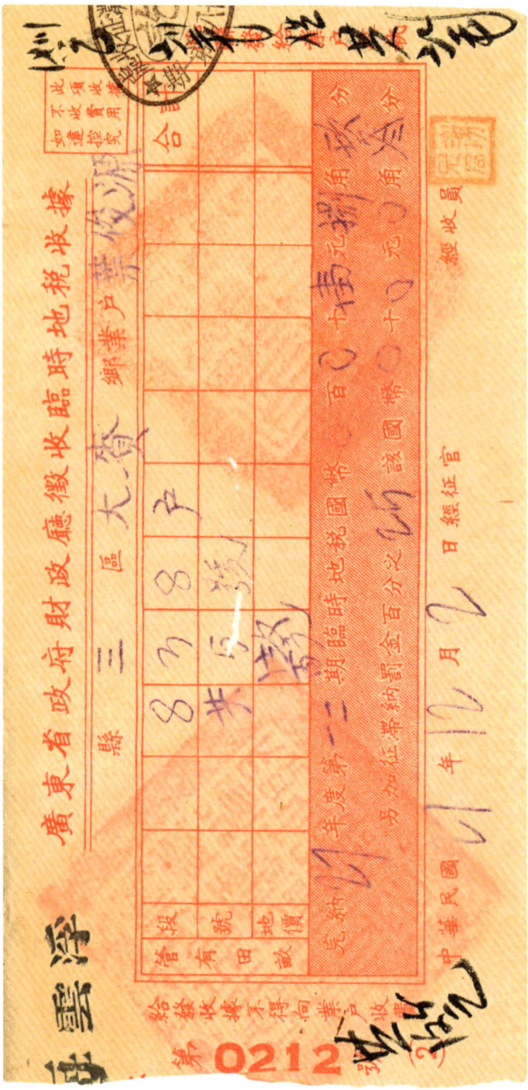

廣東省政府財政廳徵收臨時地稅收據

雲浮縣 三 區 大實 鄉 業戶 葉俊源

坵段	畝	地價	合計
8 3 8 戶			

完納廿七年度第一二期臨時地稅國幣〇百〇十壹元捌角柒分
另加征票納罰金百分之伍 國幣〇百〇十〇元〇角 分

中華民國 年 12 月 2 日 經征官 經收員

第0212號

0063 民国二十七年十二月二日云浮县征收叶俊源民国二十七年第一、二期临时地税收据

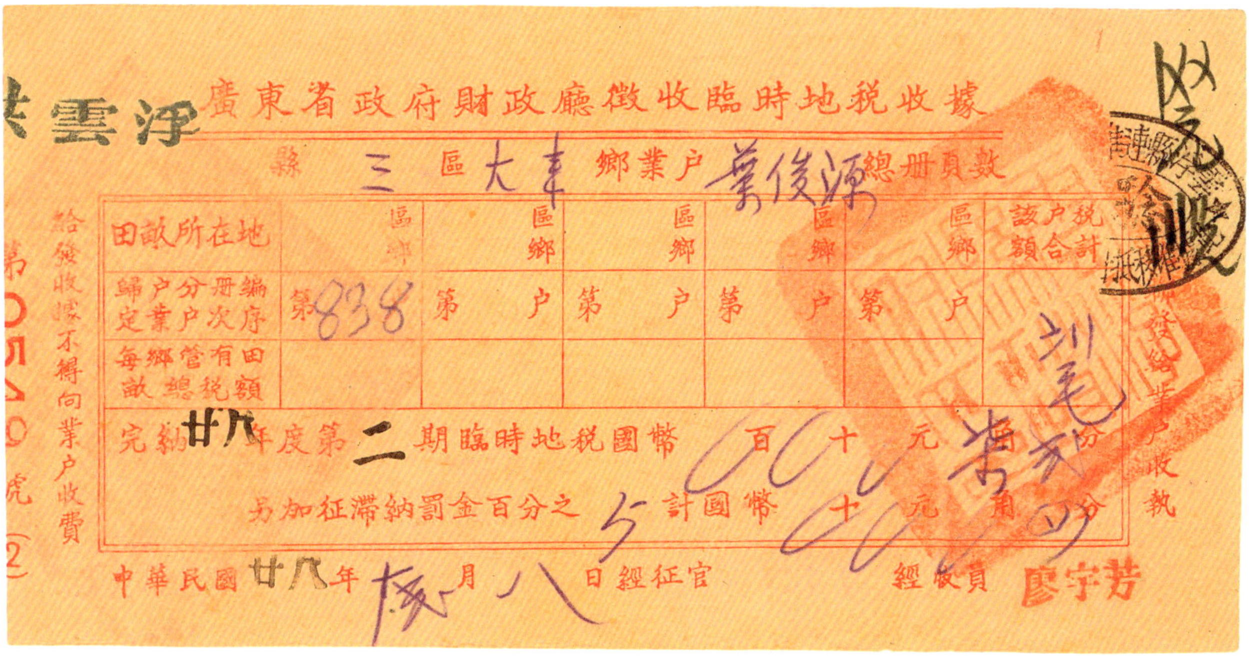

0064 民国二十八年十二月八日云浮县征收叶俊源民国二十八年第二期临时地税收据

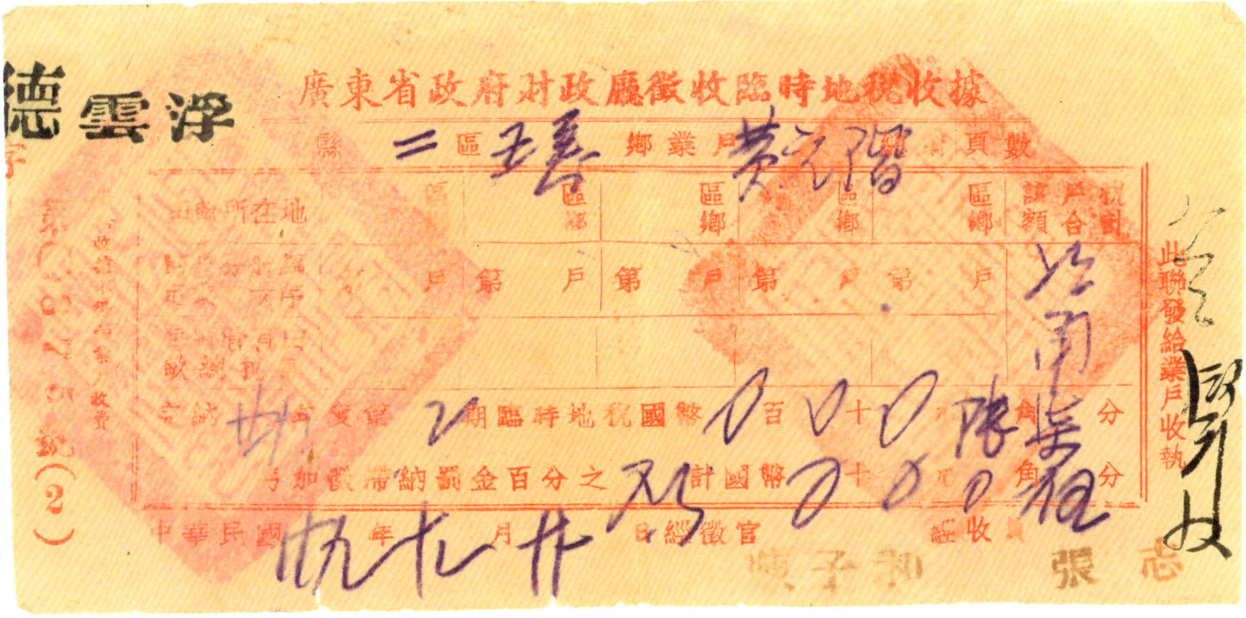

0065 民国二十九年十二月二十一日云浮县征收黄元阶民国二十九年第二期临时地税收据

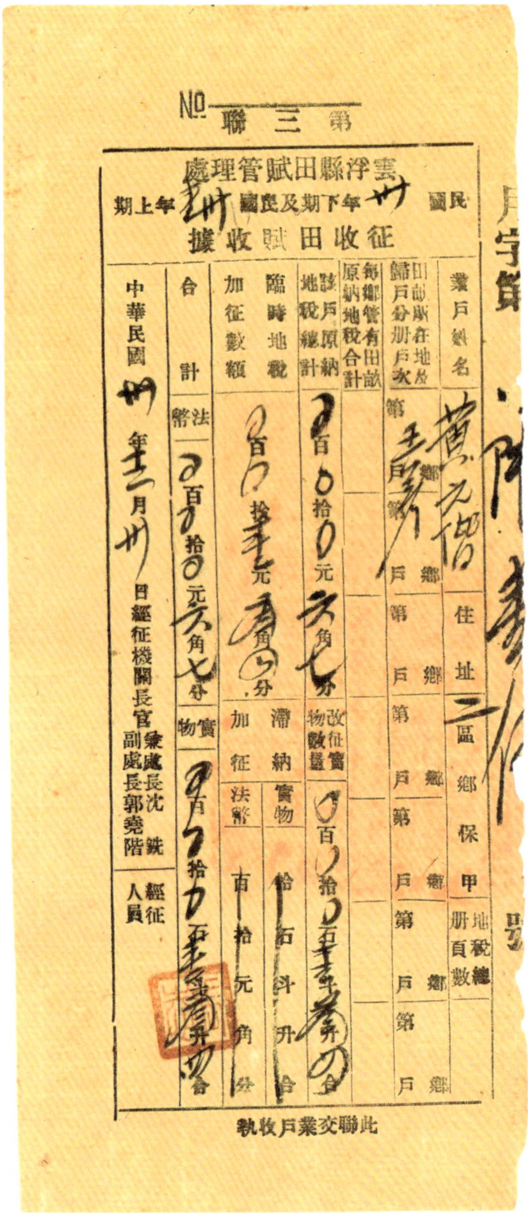
第三聯 No.
雲浮縣田賦管理處
民國卅年下期及卅一年上期
征收田賦收據
業戶姓名 黃元階
此聯交業戶收執

0966 民国三十年十二月三十日云浮县征收黄元阶民国三十年下期及三十一年上期田赋收据

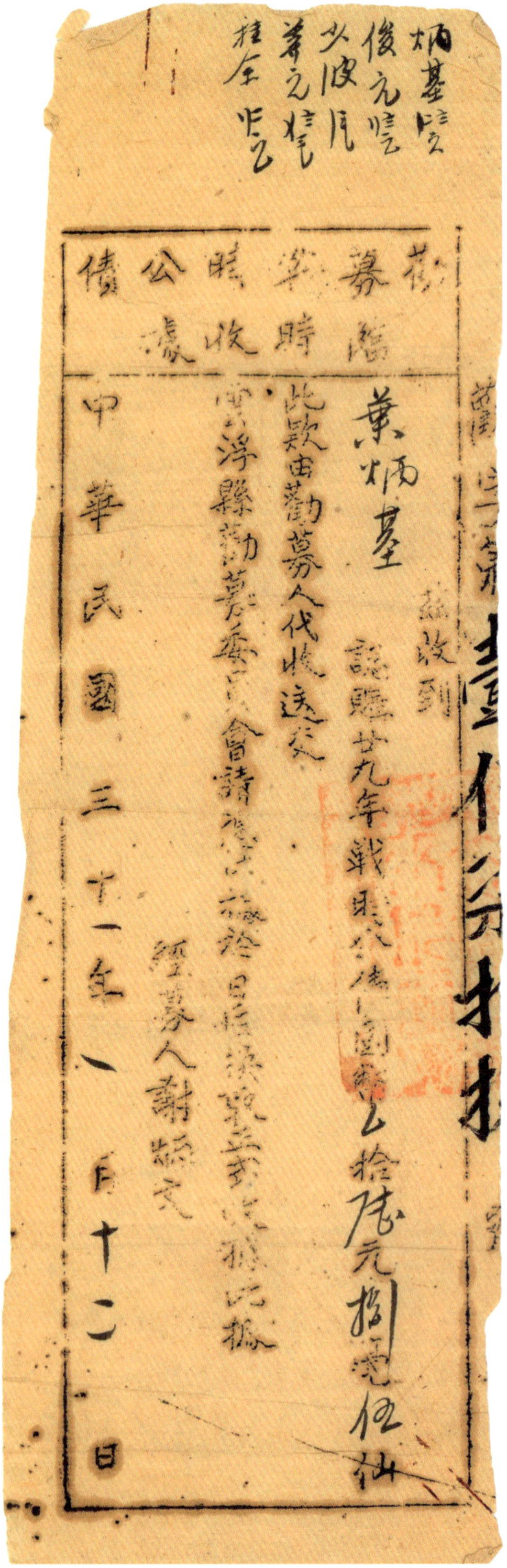
勸募戰時公債
臨時收據
葉炳基
中華民國三十一年一月十二日

0967 民国三十一年一月十二日云浮县叶炳基认购民国二十九年抗战公债收据

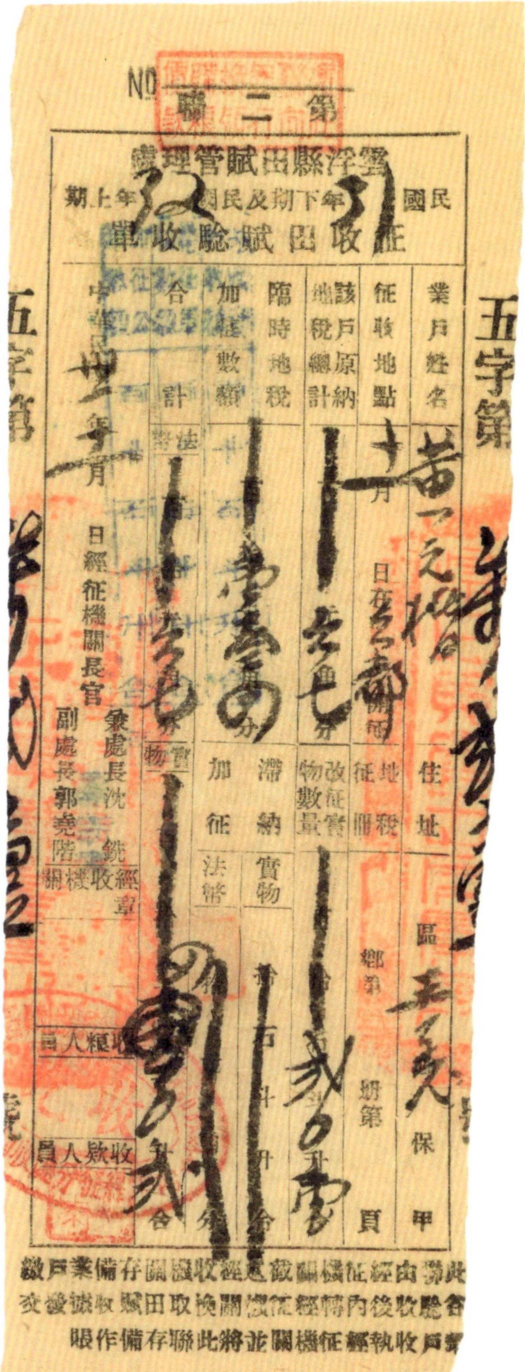
NO 第二聯

雲浮縣田賦管理處

民國 年下期及民國 年上期

征收田賦驗收單

處長沈銑 副處長郭堯階

0068 民国三十一年十一月云浮县田赋管理处征收黄元楷民国三十一年下期及三十二年上期田赋验收单第二联

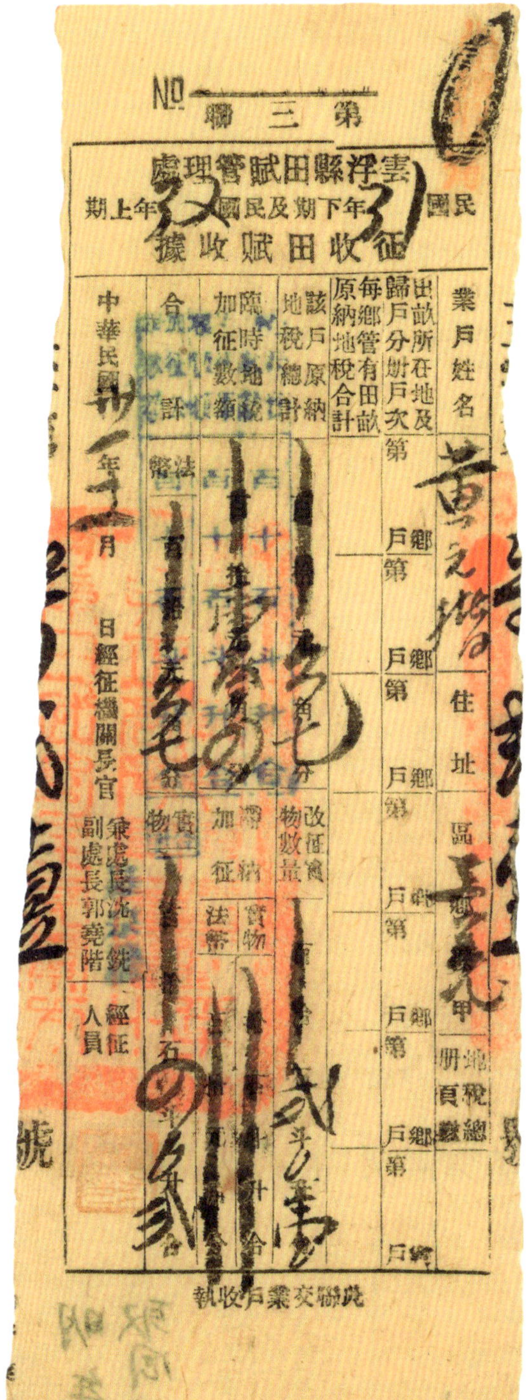
NO 第三聯

雲浮縣田賦管理處

民國 年下期及民國 年上期

征收田賦收據

處長沈銑 副處長郭堯階

此聯交業戶收執

0069 民国三十一年十一月云浮县田赋管理处征收黄元楷民国三十一年下期及三十二年上期田赋验收单第三联

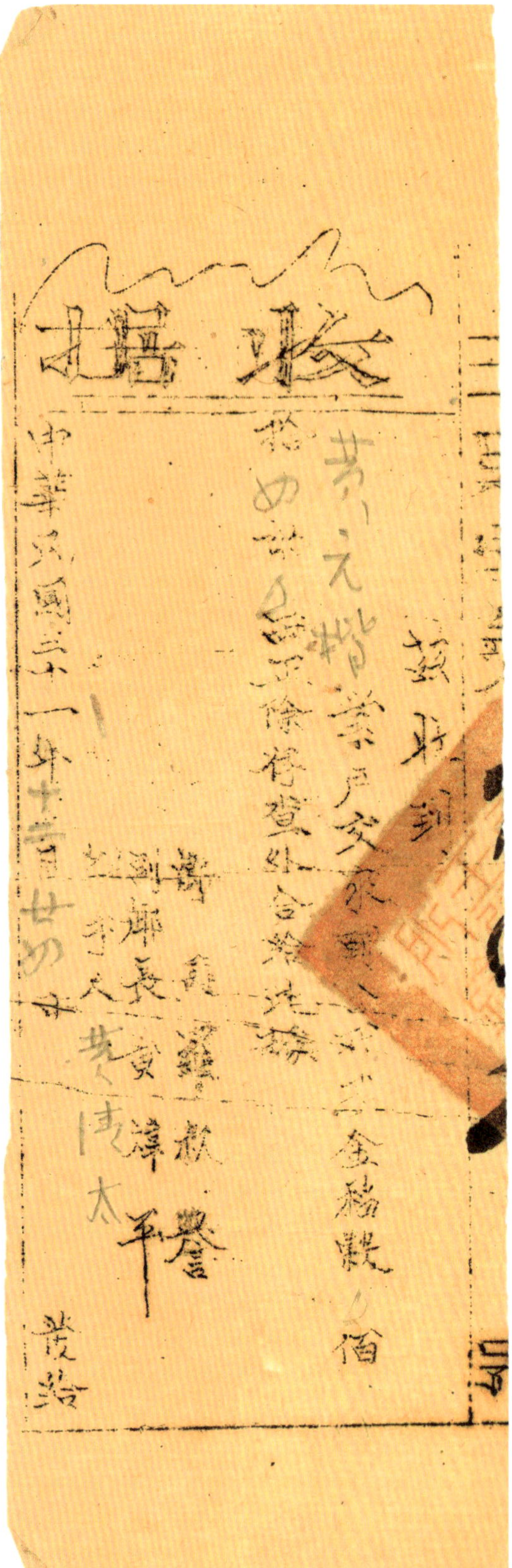

0070 民国三十一年十二月二十四日黄元楷缴纳费用收据

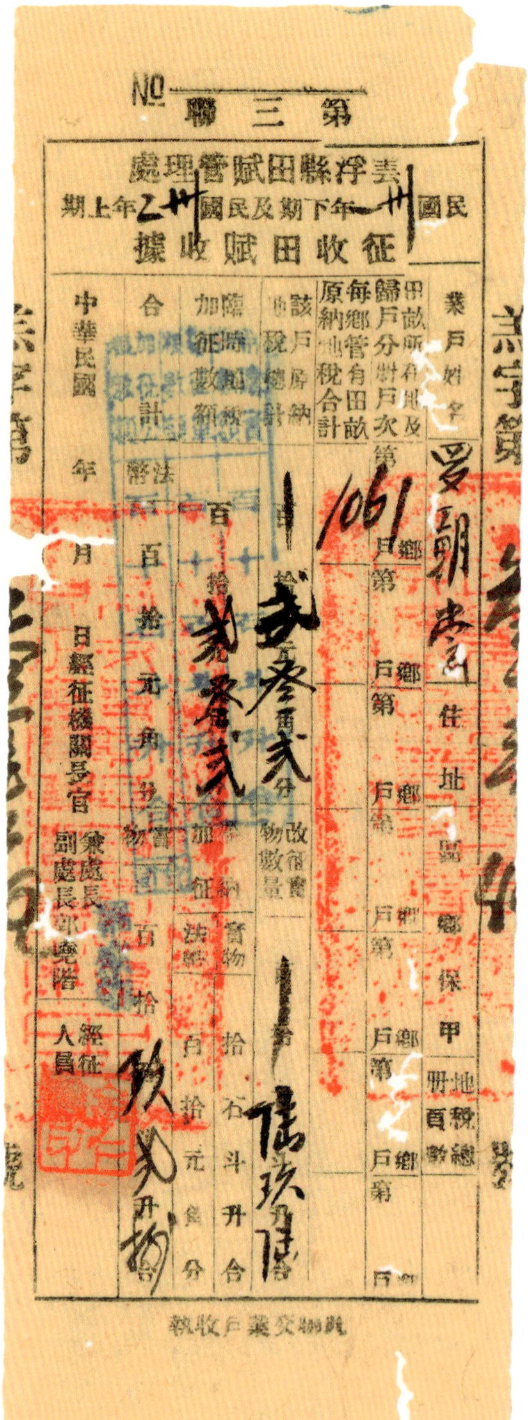

0071 民国三十一年云浮县征收罗朝尝民国三十一年下期至三十二年上期田赋收据

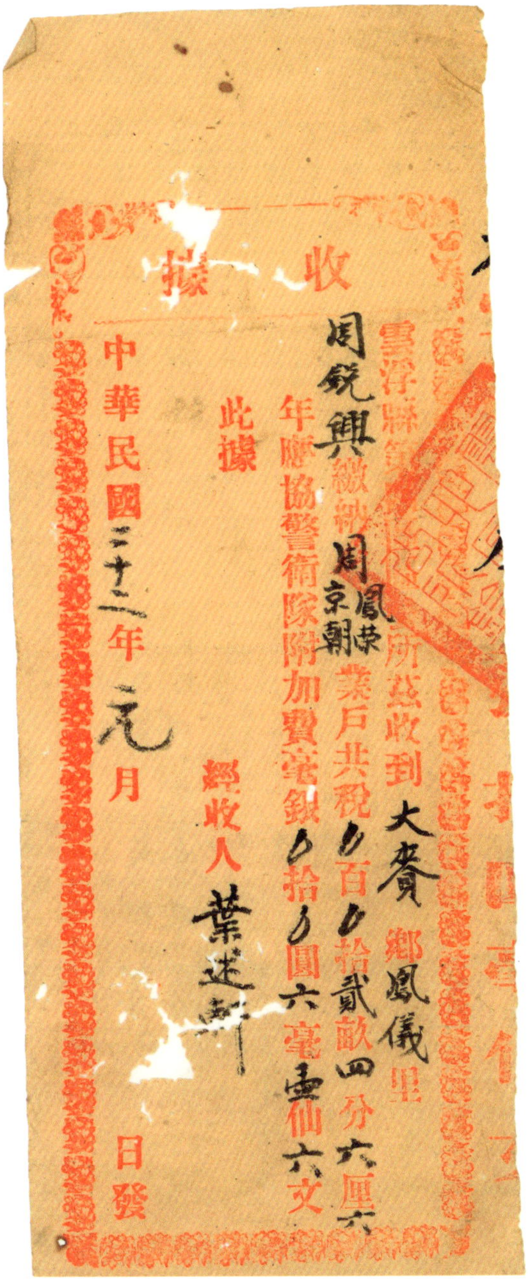

收據

雲浮縣第……所茲收到 大簝鄉鳳儀里
周銳興 繳納 周鳳榮 京朝 業戶共稅○百○拾貳畝四分六厘六
年應協警衛隊附加費毫銀○拾○圓六毫壹仙六文
此據
經收人 葉述軒
中華民國三十二年元月 日發

0072 民国三十二年元月云浮县周锐兴缴纳警卫队附加费收据

雲浮縣大簝鄉公所
勸募公債臨時收據

茲收到
葉炳基堂先生樂認同盟勝利公債美金公債國幣
仟佰伍拾○員○角正
經收人謝賡唐
中華民國三十二年十二月廿日

0073 民国三十二年十二月二十日云浮县叶炳基认购同盟胜利公债收据

0074 民国三十二年云浮县田赋管理处征收罗朝尝民国三十二年至三十三年田赋收据

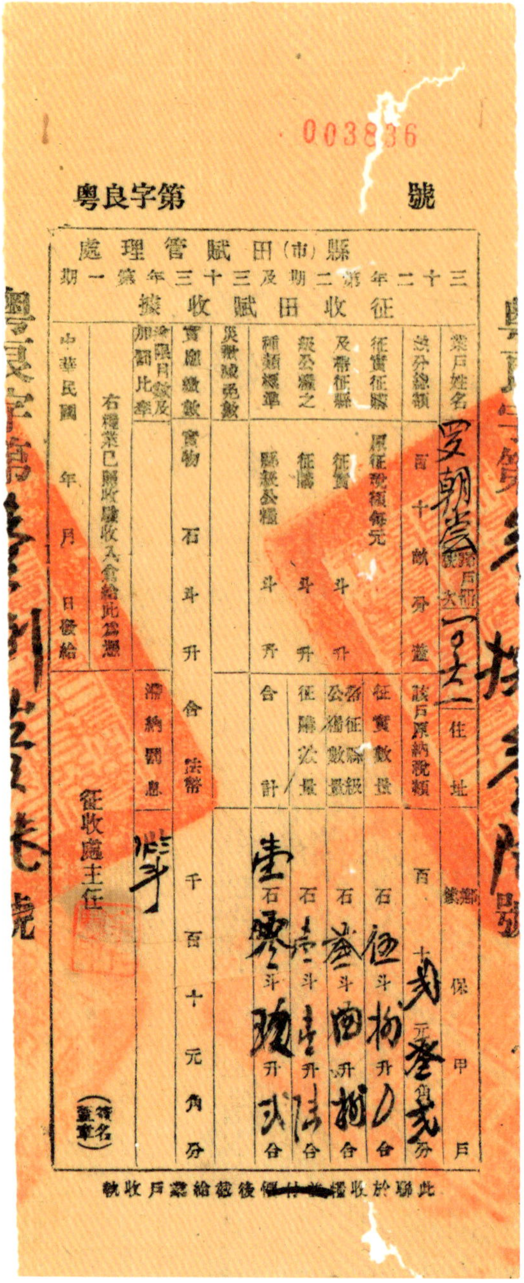

003836

粤良字第　　號

縣(市)田賦管理處

三十二年第二期及三十三年第一期

征收田賦收據

此聯於收糧……後給業戶收執

0075 民国三十三年云浮县田赋管理处征收罗朝尝民国三十三年第二期及三十四年第一期田赋及借粮收据

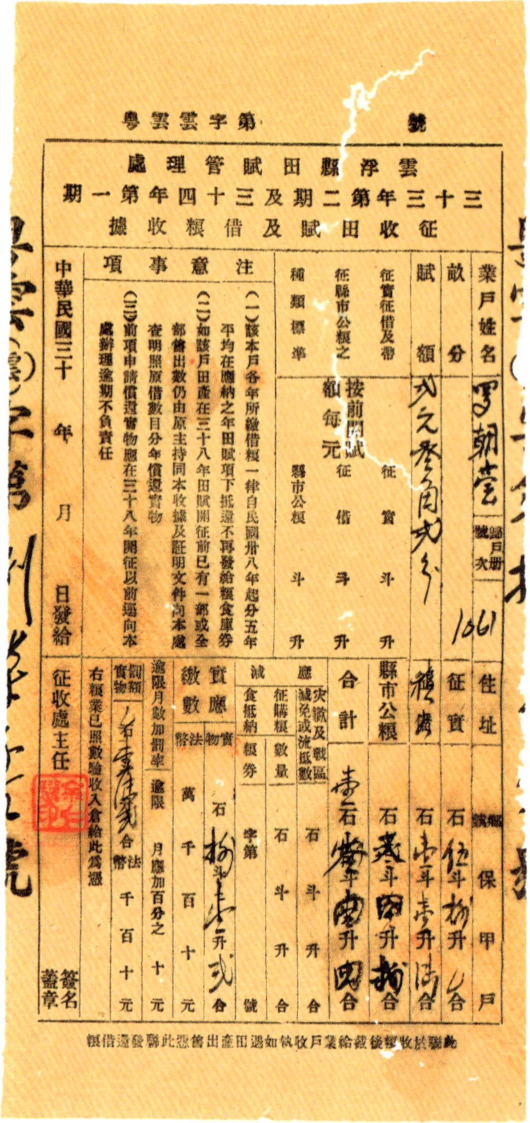

粵雲字第　　號

雲浮縣田賦管理處

三十三年第二期及三十四年第一期

征收田賦及借糧收據

此聯於收糧後發給業戶收執如遇田產出賣時憑此聯發還借糧

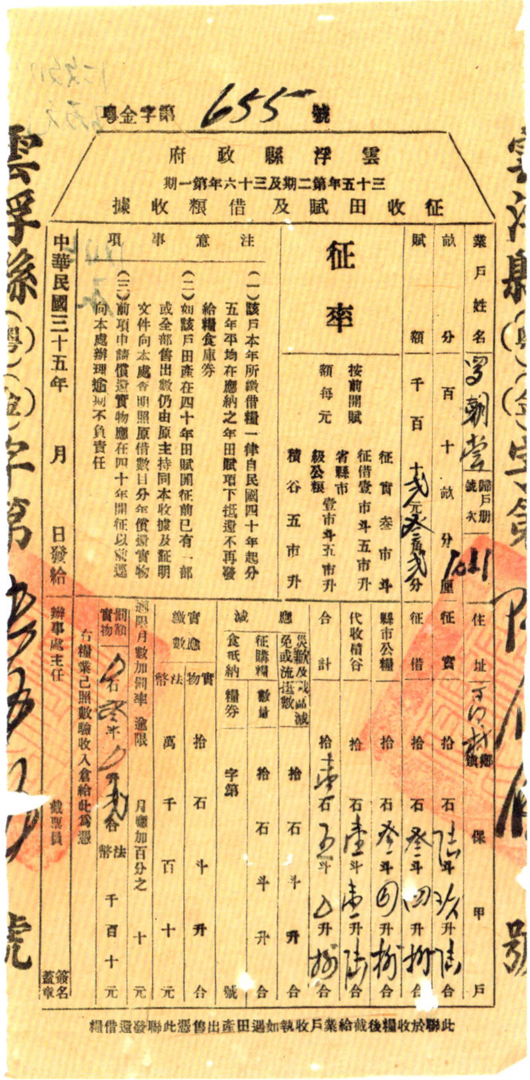

粵金字第 655 號

雲浮縣政府
三十五年第二期及三十六年第一期
征收田賦及借糧收據

業戶姓名 罗朝尝 歸戶冊號次
畝分 百 十 畝 分 厘
賦額 千 百 元 角 分

征率
按前開賦額每元
征實叁市斗 征借壹市斗五市升
省縣市級公糧壹市斗五市升
積谷五市升

注意事項
(一)該戶本年所繳借糧一律自民國四十年起分五年平均在應納之年田賦項下抵還不再發給糧食庫券
(二)如該戶田產在四十年田賦開征前已有一部或全部售出數仍由原主持同本收據及証明文件向本處申明照原借數目分年償還實物
(三)前項申請償還實物應在四十年開征以前向本處辦理逾期不負責任

中華民國三十五年 月 日發給

住址 鄉鎮 保 甲 戶
征實 拾 石 斗 升 合
征借 拾 石 斗 升 合
縣市公糧 拾 石 斗 升 合
代收積谷 拾 石 斗 升 合
合計 拾 石 斗 升 合
應減 災歉及戰區減免或流抵數 拾 石 斗 升 合
征購糧數量 拾 石 斗 升 合
食糧納糧券 字第 號
實繳應繳數 實物 拾 石 斗 升 合
法幣 萬 千 百 十 元
逾限月數加罰率 逾限 月應加百分之 十 元
罰額實物 石 斗 升 合
法幣 千 百 十 元
右糧業已照數驗收入倉給此爲憑
辦事處主任
截票員
簽名蓋章

此聯於收糧後截給業戶收執如遇田產出售憑此聯發還借糧

0076—1 民国三十五年云浮县政府征收罗朝尝民国三十五年第二期及三十六年第一期田赋及借粮收据（正面）

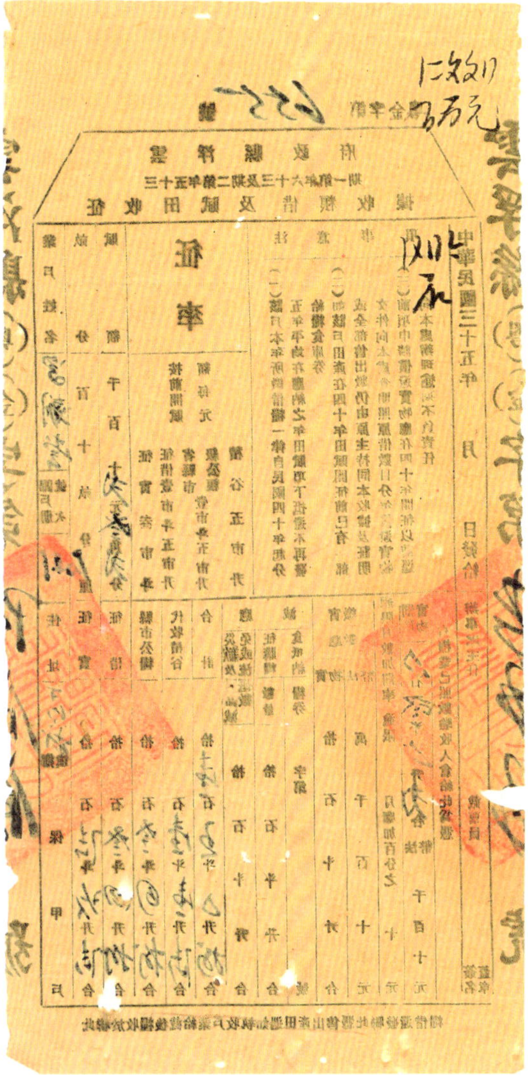

0076—2 民国三十五年云浮县政府征收罗朝尝民国三十五年第二期及三十六年第一期田赋及借粮收据（背面）

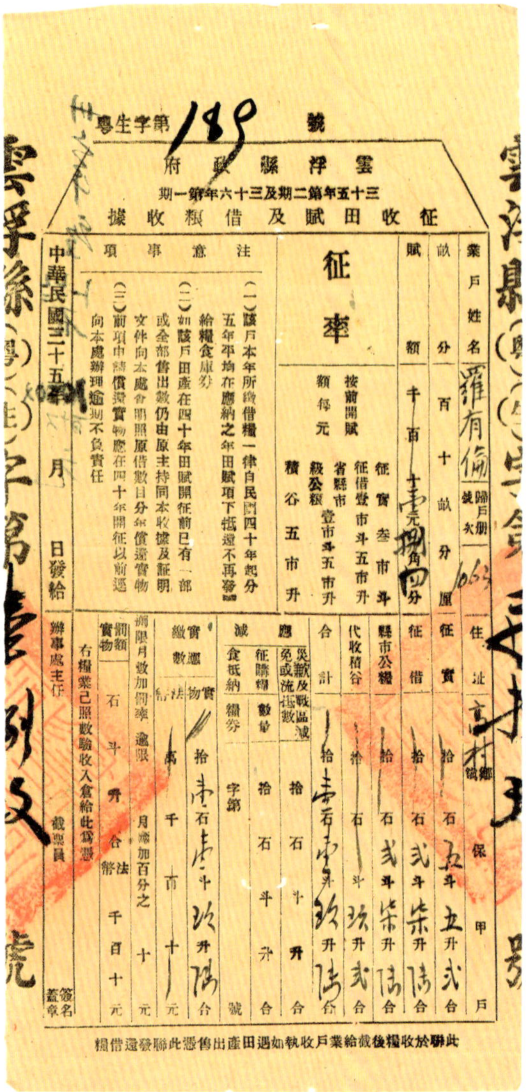

粵生字第 189 號

雲浮縣政府
三十五年第二期及三十六年第一期
征收田賦及借糧收據

業戶姓名：羅有倫　歸戶冊號次：1063
畝分：百十畝分厘
賦額：千百十一元捌角四分

征率：按前開賦額每元征實叁市斗，征借壹市斗五市升，省縣市級公糧壹市斗五市升，積谷五市升

注意事項
(一)該戶本年所繳借糧一律自民國四十年起分五年平均在應納之年田賦項下抵還不再發給糧食庫券
(二)如該戶田產在四十年田賦開征前已有一部或全部售出數仍由原主持同本收據及證明文件向本處會照原借數目分年償還實物
(三)前項申請償還實物應在四十年開征以前逕向本處辦理逾期不負責任

中華民國三十五年　月　日發給

住址：高村鄉鎮　保　甲　戶

征實	征借	縣市公糧	代收積谷	合計	應減：災歉及戰區減免或流抵數	應減：征購糧數	應減：食糧納券	實繳數：實物	實繳數：法幣	滿限月數加罰率	罰額：實物	罰額：法幣
拾石五斗五升弍合	拾石弍斗柒升陸合	拾石弍斗柒升陸合	拾石斗玖升弍合	拾壹石壹斗玖升陸合	拾石斗升合	拾石斗升合	字第　號	拾壹石壹斗玖升陸合	萬千百十元	逾限月應加百分之十元	石斗升合	千百十元

右糧業已照數驗收入倉給此爲憑

辦事處主任　截票員　簽名蓋章

此聯於收糧後截給業戶收執如遇田產出售憑此聯發還借糧

0077-1 民国三十五年云浮县政府征收罗有伦民国三十五年第二期及民国三十六年第一期田赋及借粮收据（正面）

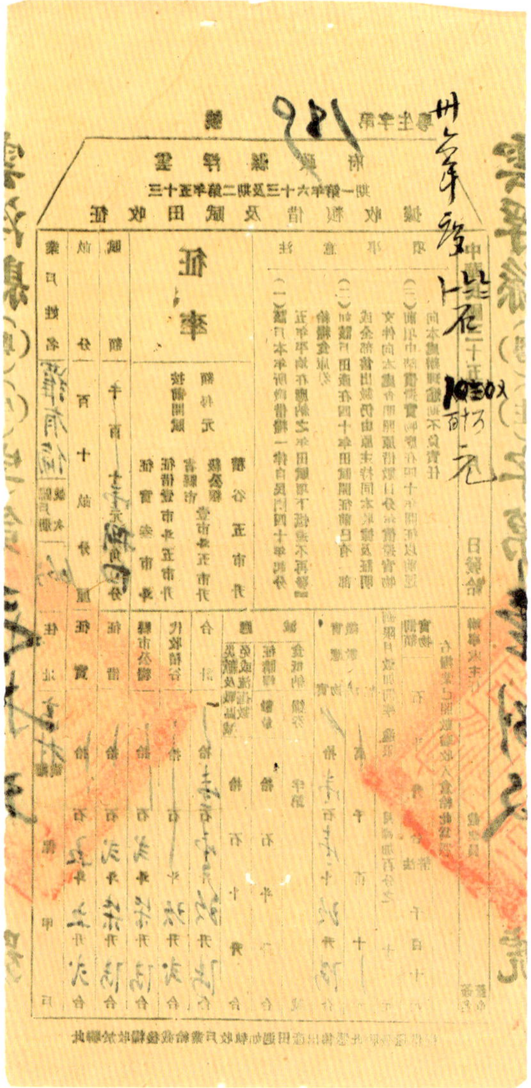

0077-2 民国三十五年云浮县政府征收罗有伦民国三十五年第二期及民国三十六年第一期田赋及借粮收据（背面）

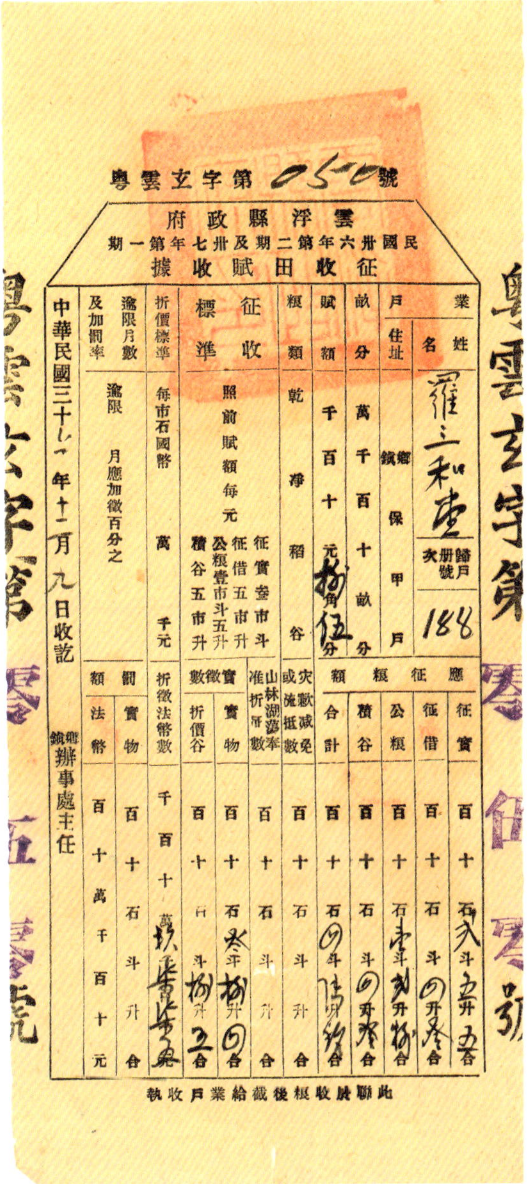
粤雲玄字第0570號

雲浮縣政府
民國卅六年第二期及卅七年第一期
征收田賦收據

業戶姓名：羅三和堂
住址：鄉鎮 保 甲
歸戶冊號次：188
畝分：萬 千 百 十 畝 分
賦額：千 百 十 元 角 分
糧類：乾淨稻谷
征收標準：照前賦額每元 征實壹市斗 征借五市升 公糧壹市斗五升 積谷五市升
折價標準：每市石國幣 萬 千元
逾限月數及加罰率：逾限 月應加徵百分之
應征糧額：征實、征借、公糧、積谷、合計
災歉減免或流抵數
山林湖蕩率准折石數
實徵數：實物、折價谷
折徵法幣數
罰額：實物、法幣
中華民國三十六年十二月九日收訖
鄉鎮辦事處主任
此聯於收糧後截給業戶收執

0078 民国三十六年十二月九日云浮县政府征收罗三和堂民国三十六年第二期及三十七年第一期田赋收据

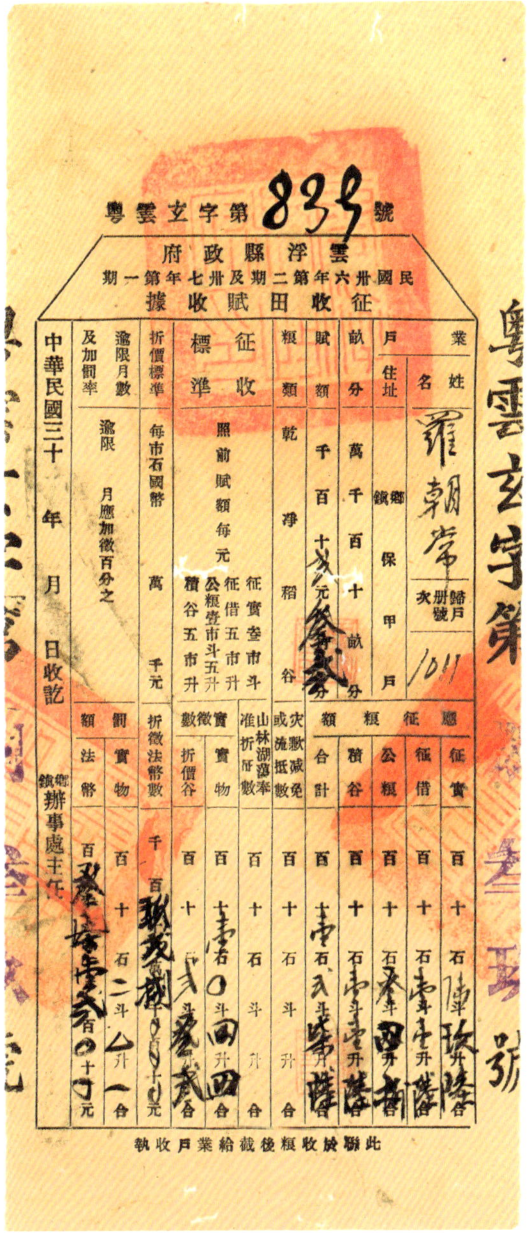
粤雲玄字第833號

雲浮縣政府
民國卅六年第二期及卅七年第一期
征收田賦收據

業戶姓名：羅朝常
住址：鄉鎮 保 甲
歸戶冊號次：1011
畝分：萬 千 百 十 畝 分
賦額：千 百 十 元 角 分
糧類：乾淨稻谷
征收標準：照前賦額每元 征實壹市斗 征借五市升 公糧壹市斗五升 積谷五市升
折價標準：每市石國幣 萬 千元
逾限月數及加罰率：逾限 月應加徵百分之
應征糧額：征實、征借、公糧、積谷、合計
災歉減免或流抵數
山林湖蕩率准折石數
實徵數：實物、折價谷
折徵法幣數
罰額：實物、法幣
中華民國三十 年 月 日收訖
鄉鎮辦事處主任
此聯於收糧後截給業戶收執

0079 民国三十六年云浮县政府征收罗朝常民国三十六年第二期及三十七年第一期田赋收据

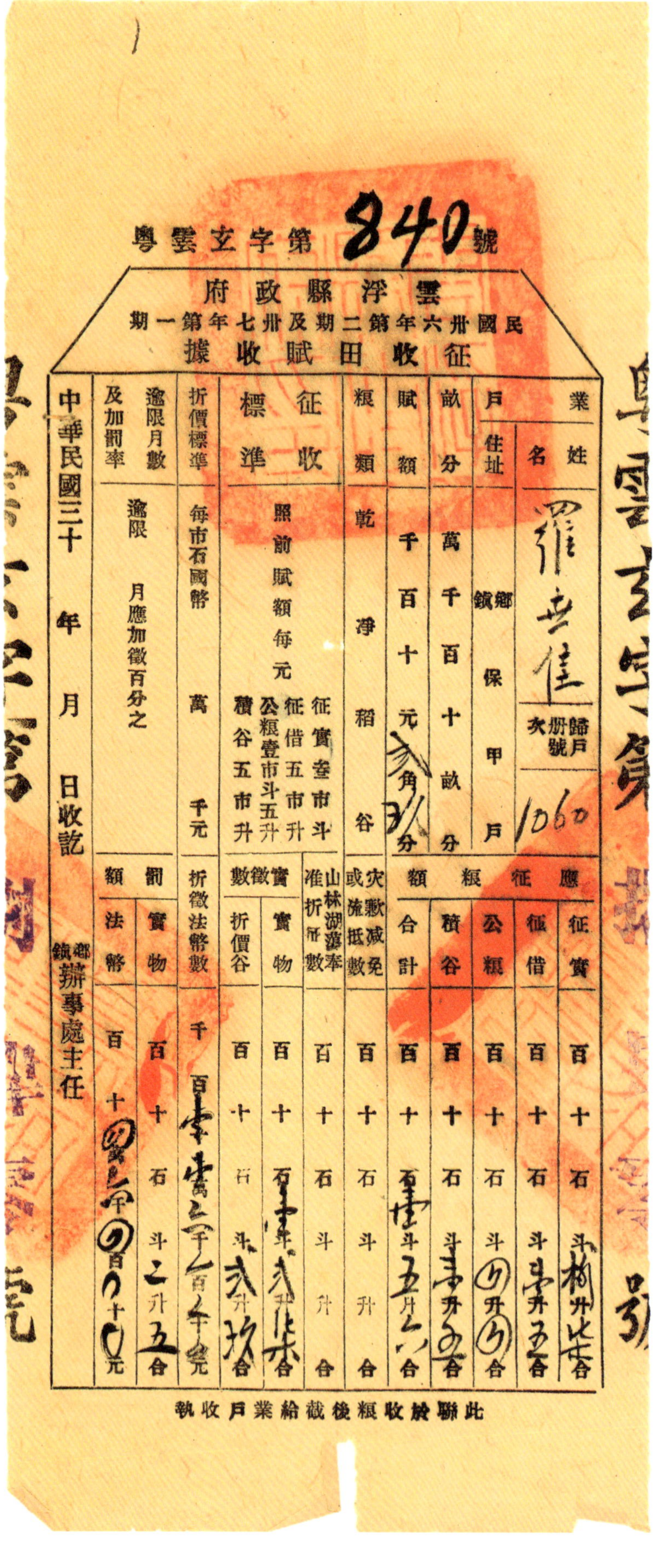

粵雲玄字第840號

雲浮縣政府

民國卅六年第二期及卅七年第一期

征收田賦收據

業戶姓名 羅世佳

住址 鄉鎮 保 甲 戶

歸戶冊號次 1060

畝分 萬 千 百 十 畝 分

賦額 千 百 十 元 叁角 分

糧類 乾淨稻谷

征收標準 照前賦額每元 征實壹市斗 征借五市升 公糧壹市斗五升 積谷五市升

折價標準 每市石國幣 萬 千元

逾限月數及加罰率 逾限 月應加徵百分之

中華民國三十 年 月 日收訖

鄉鎮辦事處主任

應征糧額：征實 百 十 石 斗 升 合；征借 百 十 石 斗 升 合；公糧 百 十 石 斗 升 合；積谷 百 十 石 斗 升 合；合計 百 十 石 斗 升 合

災歉減免或流抵數 百 十 石 斗 升 合

山林湖蕩率准折所數 百 十 石 斗 升 合

實徵數：實物 百 十 石 斗 升 合；折價谷 百 十 石 斗 升 合

折徵法幣數 千 百 十 元

罰額：實物 百 十 石 斗 二升五合；法幣 百 十 元

此聯於收糧後截給業戶收執

0080 民国三十六年云浮县政府征收罗世佳民国三十六年第二期及三十七年第一期田赋收据

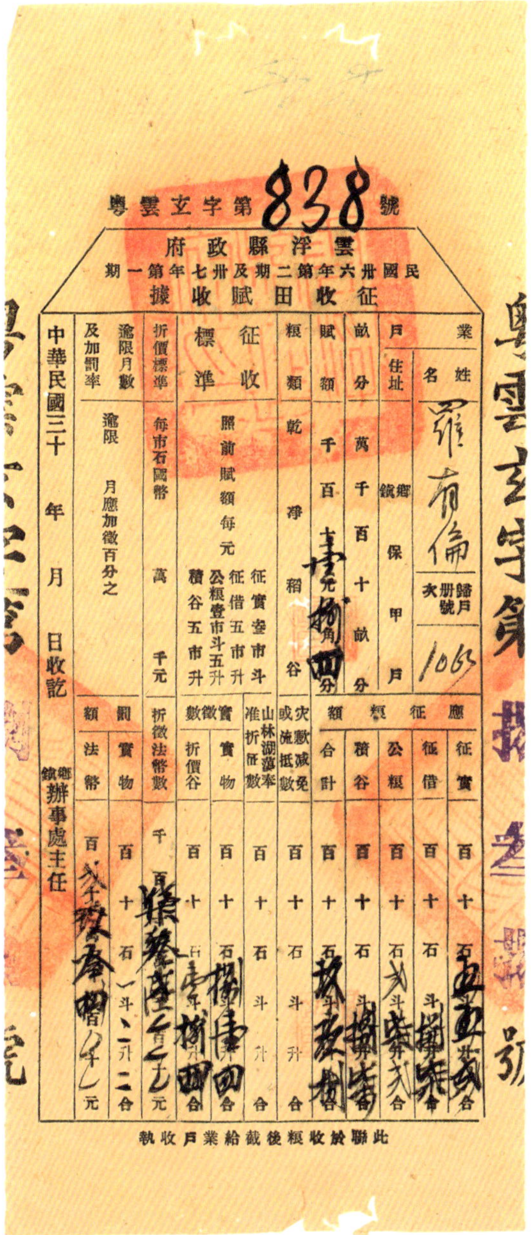
粵雲玄字第838號

雲浮縣政府
民國卅六年第二期及卅七年第一期
征收田賦收據

業戶姓名	羅有倫
住址	鄉鎮 保 甲
歸戶冊號	1063
畝分	萬 千 百 十 畝 分
賦額	千 百 十 元 角 分
糧類	乾淨稻谷
征收標準	照畝賦額每元 征實壹市斗 征借五市升 公糧壹市斗五升 積谷五市升
折價標準	每市石國幣 萬 千元
逾限月數及加罰率	逾限 月應加徵百分之

應征糧額 征實	百 十 石 斗 升 合
應征糧額 征借	百 十 石 斗 升 合
應征糧額 公糧	百 十 石 斗 升 合
應征糧額 積谷	百 十 石 斗 升 合
應征糧額 合計	百 十 石 斗 升 合
災歉減免或流抵數	百 十 石 斗 升 合
山林湖蕩率准折征數	百 十 石 斗 升 合
實徵數 實物	百 十 石 斗 升 合
實徵數 折價谷	百 十 石 斗 升 合
折徵法幣數	千 百 十 元
罰額 實物	百 十 石 斗 升 合
罰額 法幣	百 十 元

中華民國三十 年 月 日收訖

鄉鎮辦事處主任

此聯於收糧後截給業戶收執

0081–1 民国三十六年云浮县政府征收罗有伦民国三十六年第二期及三十七年第一期田赋收据（正面）

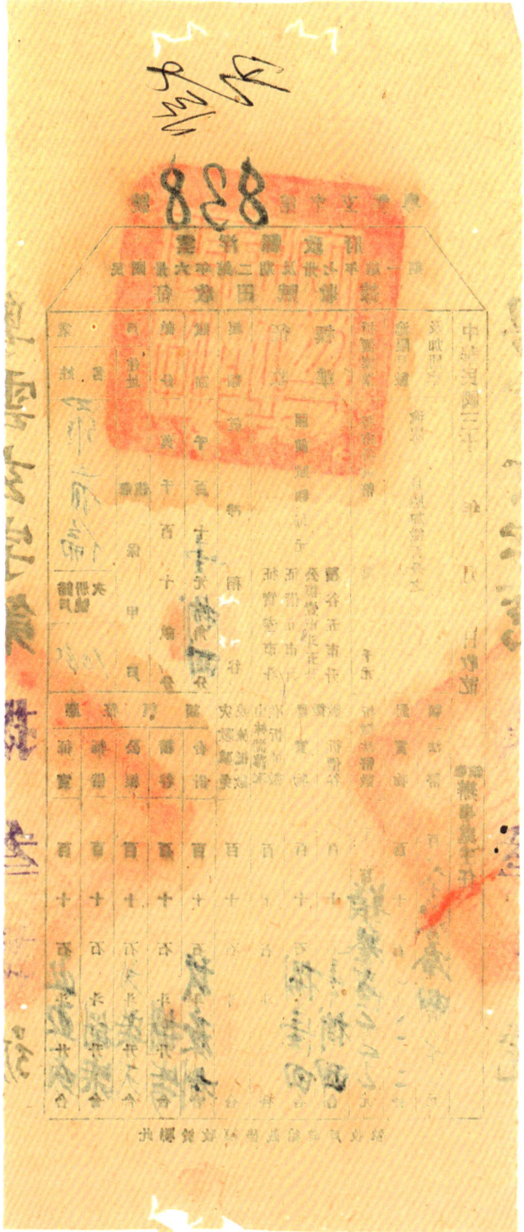

0081–2 民国三十六年云浮县政府征收罗有伦民国三十六年第二期及三十七年第一期田赋收据（背面）

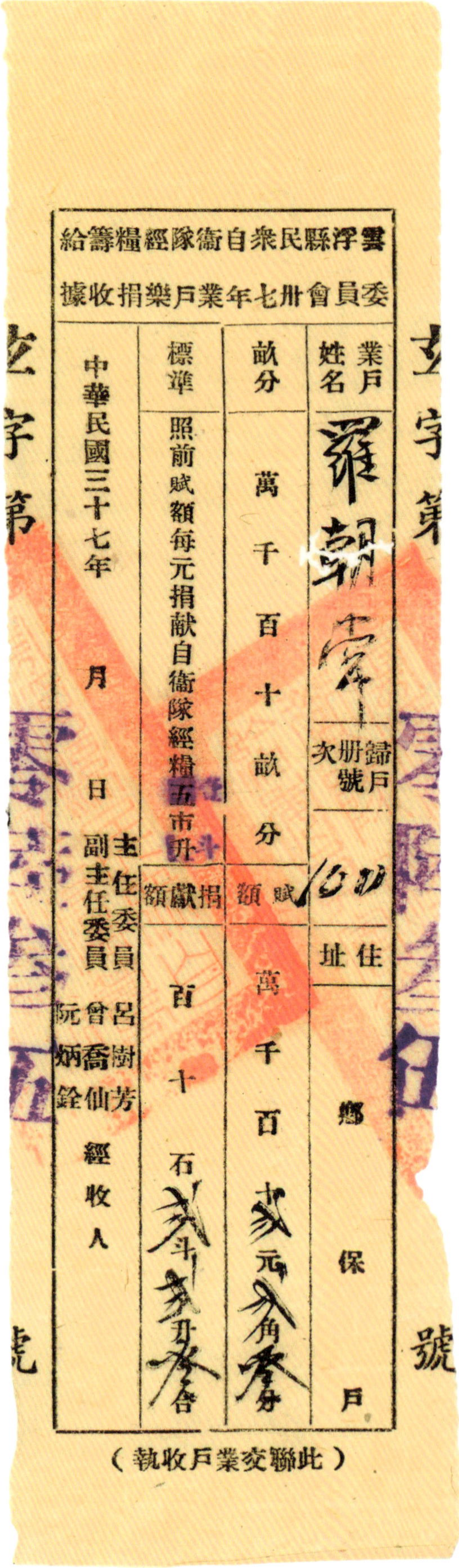

玄字第　號

雲浮縣民衆自衛隊經費籌給委員會卅七年業戶樂捐收據

業戶姓名：羅朝常

畝分：萬　千　百　十　畝　分

標準：照前賦額每元捐獻自衞隊經糧五市升

歸戶冊次號：

賦額：1000

住址：鄉　保　戶

額：萬　千　百　貳元貳角貳

捐獻額：百　十　石　貳斗貳升貳合

中華民國三十七年　月　日

主任委員　呂樹芳

副主任委員　曾喬仙　阮炳銓

經收人

（此聯交業戶收執）

0082 民国三十七年云浮县罗朝常缴纳民众自卫队经费收据

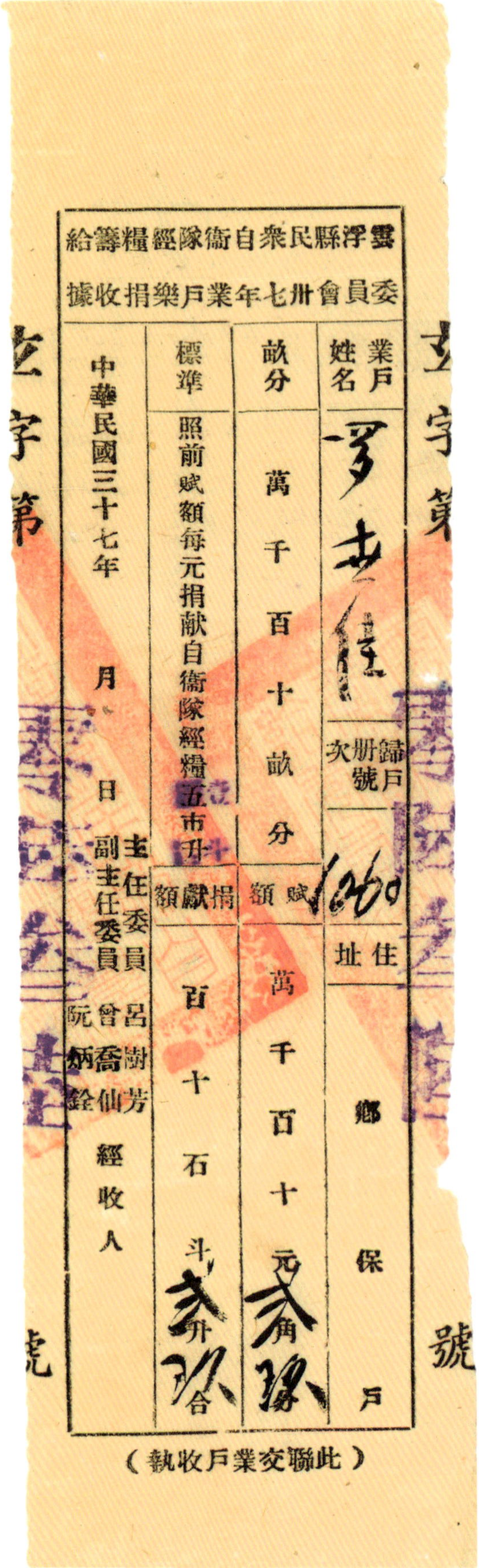

玄字第　號

雲浮縣民衆自衛隊經費籌給委員會卅七年業戶樂捐收據

業戶姓名：罗世佳

畝分：萬　千　百　十　畝　分

標準：照前賦額每元捐獻自衞隊經糧五市升

歸戶冊次號：

賦額：1060

住址：鄉　保　戶

額：萬　千　百　十　元貳角陆

捐獻額：百　十　石　斗貳升陆合

中華民國三十七年　月　日

主任委員　呂樹芳

副主任委員　曾喬仙　阮炳銓

經收人

（此聯交業戶收執）

0083 民国三十七年云浮县罗世佳缴纳民众自卫队经费收据

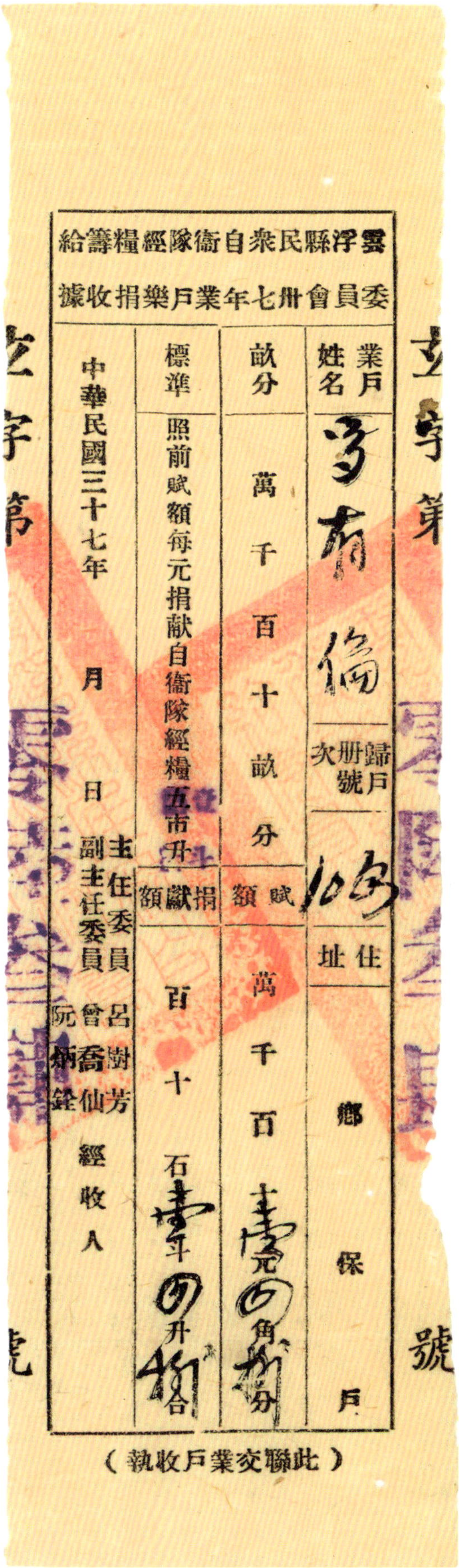
雲浮縣民衆自衛隊經費籌給委員會卅七年業戶樂捐收據
字第 號
業戶姓名 羅有倫
歸戶冊號次 1069
住址 鄉 保 戶
畝分 萬 千 百 十 畝 分
標準 照前賦額每元捐獻自衛隊經糧五市升
賦額 萬 千 百 壹元四角捌分
捐獻額 百 十 石 壹斗四升捌合
中華民國三十七年 月 日
主任委員 呂尉芳
副主任委員 曾喬仙 阮炳銓
經收人
（此聯交業戶收執）

0084 民国三十七年云浮县罗有伦缴纳民众自卫队经费收据

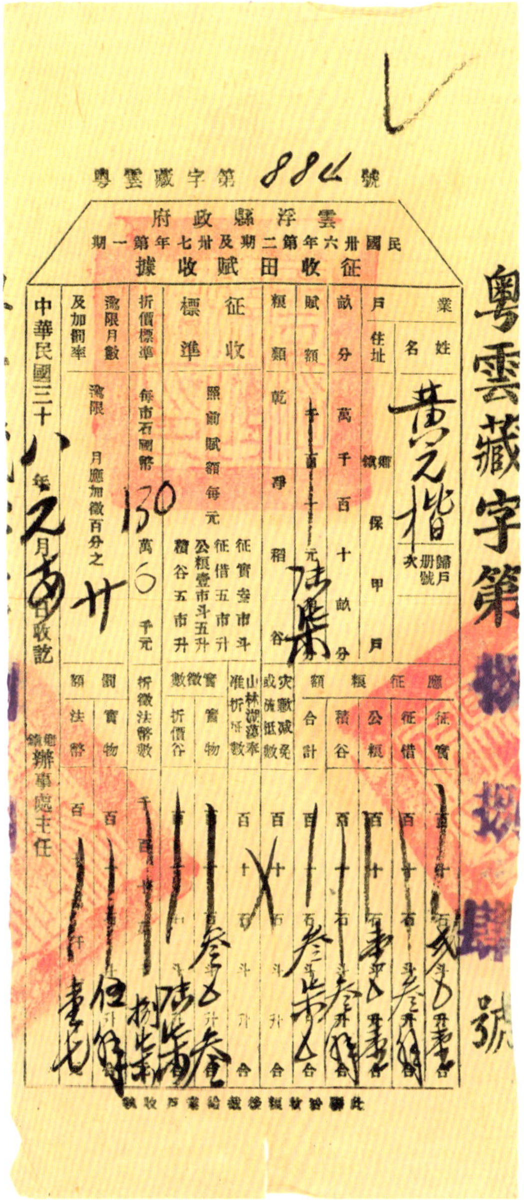
粵雲藏字第 884 號
雲浮縣政府
民國卅六年第二期及卅七年第一期
征收田賦收據
業戶 姓名 黃元楷
住址 鄉 鎮 保 甲 戶
歸戶冊號次
畝分 萬 千 百 十 畝 分
賦額
糧額 乾淨稻谷
征收標準 照前賦額每元 征實壹市斗 征借五市升 公糧壹市斗五升 積谷五市升
折價標準 每市石國幣 130 萬 6 千元
逾限月數及加罰率 逾限 月應加徵百分之廿
中華民國三十八年 元月 14 日收訖
應征糧額 征實 征借 公糧 積谷 合計
災歉減免或流抵數 山林湖蕩等准折等數
實徵數 實物 折價谷
折徵法幣數
罰額 實物 法幣
鄉鎮辦事處主任
此聯給發業戶收執

0085 民国三十八年元月十四日云浮县政府征收黄元楷民国三十六年第二期及三十七年第一期田赋收据

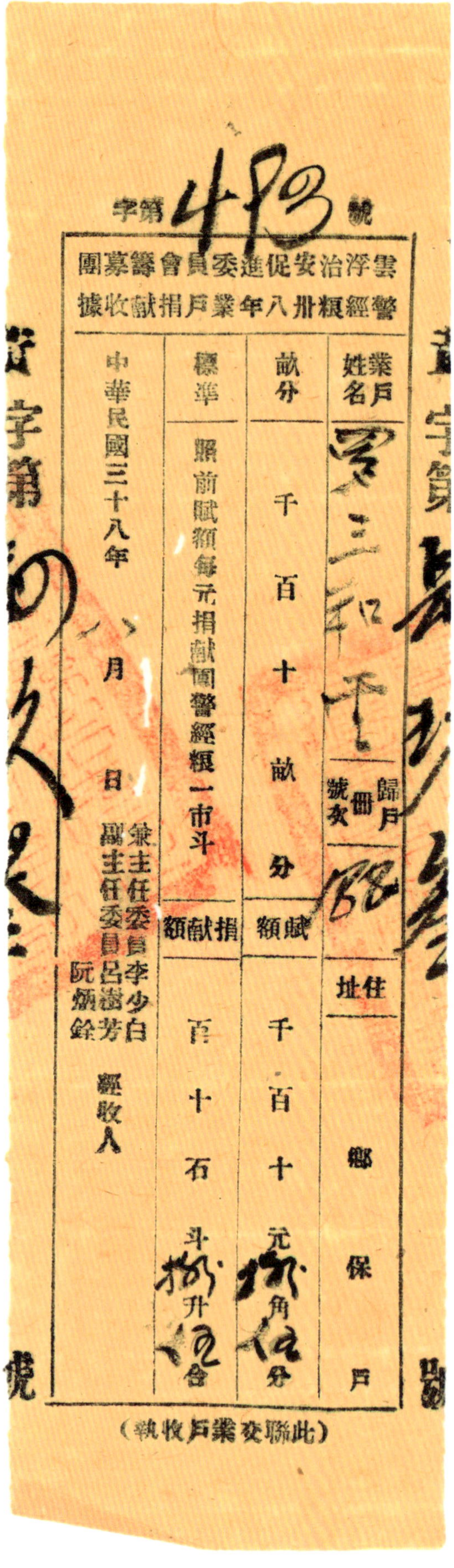

字第 483 號

雲浮治安促進委員會籌募團警經費卅八年業戶捐獻收據

業戶姓名	羅三和堂
歸戶冊號次	1888
住址	鄉 保 戶
畝分	千 百 十 畝 分
賦額	千 百 十 元 捌 角 伍 分
標準	照前賦額每元捐獻團警經糧一市斗
捐獻額	百 十 石 斗 捌 升 伍 合

中華民國三十八年 八 月 日

兼主任委員李少白
副主任委員呂樹芳
阮炳銓
經收人

（此聯交業戶收執）

0086 民国三十八年八月云浮县罗三和堂缴纳团警经费收据

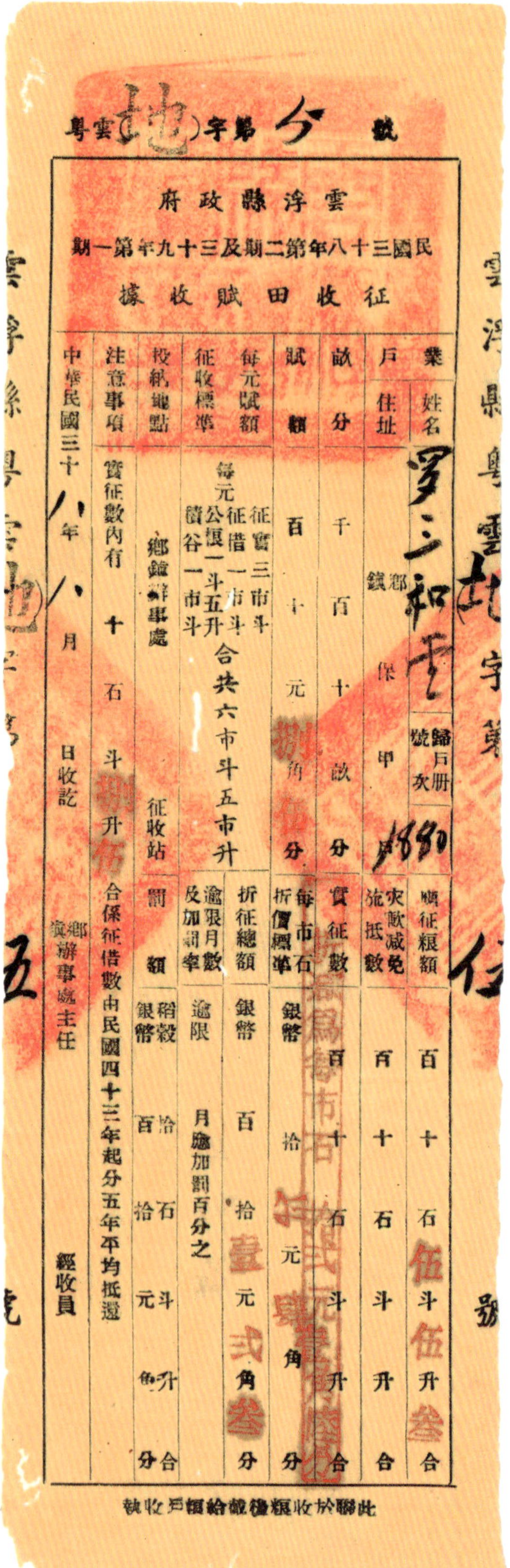

粵雲 地 字第 今 號

雲浮縣政府

民國三十八年第二期及三十九年第一期

征收田賦收據

業戶姓名	羅三和堂
住址	鄉鎮 保 甲
歸戶冊號次	1880
畝分	千 百 十 畝 分
賦額	百 十 元 捌 角 伍 分
每元賦額征收標準	征實三市斗 征借一市斗 每元公債一斗五升 積谷一市斗 合共六市斗五市升
投納地點	鄉鎮辦事處 征收站
注意事項	實征數內有 十 石 斗 捌 升 伍 合 保征借數由民國四十三年起分五年平均抵還
應征糧額	百 十 石 伍 斗 伍 升 叁 合
災歉減免流抵數	百 十 石 斗 升 合
實征數	百 十 石 斗 升 合
每市石折價標準	銀幣 拾 元 角 分
折征總額	銀幣 百 拾 壹 元 貳 角 叁 分
逾限月數及加罰率	逾限 月應加罰百分之
罰額	稻穀 拾 石 斗 升 合 銀幣 百 拾 元 角 分

中華民國三十 八 年 八 月 日收訖

鄉鎮辦事處主任

經收員

此聯於收糧後給糧戶收執

0087 民国三十八年八月云浮县政府征收罗三和堂田赋收据

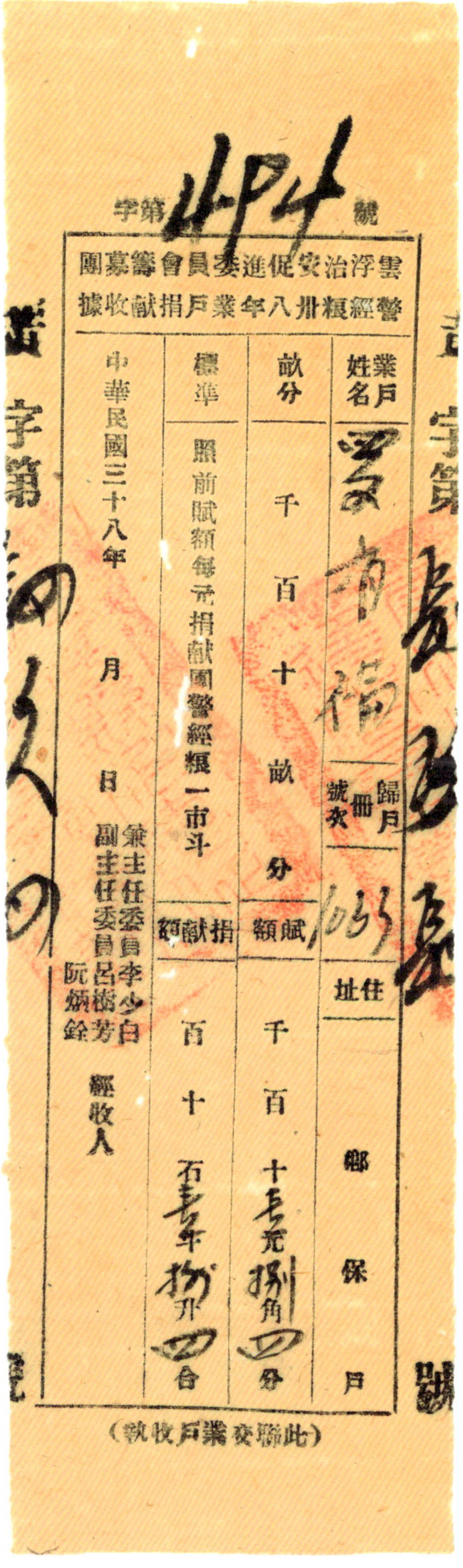

字第 4494 號

雲浮治安促進委員會籌募團警經費卅八年業戶捐獻收據

業戶姓名	畝分	標準	中華民國三十八年 月 日
罗有伦	千 百 十 畝 分	照前賦額每元捐獻團警經糧一市斗	
歸戶冊號次 1083	賦額 千 百 十壹元捌角四分	捐獻額 百 十 石壹斗捌升四合	兼主任委員李少白 副主任委員呂榕芳 阮炳銓 經收人
住址 鄉 保 戶			

（此聯交業戶收執）

0088 民国三十八年（一九四九年）云浮县罗有伦缴纳团警经费收据

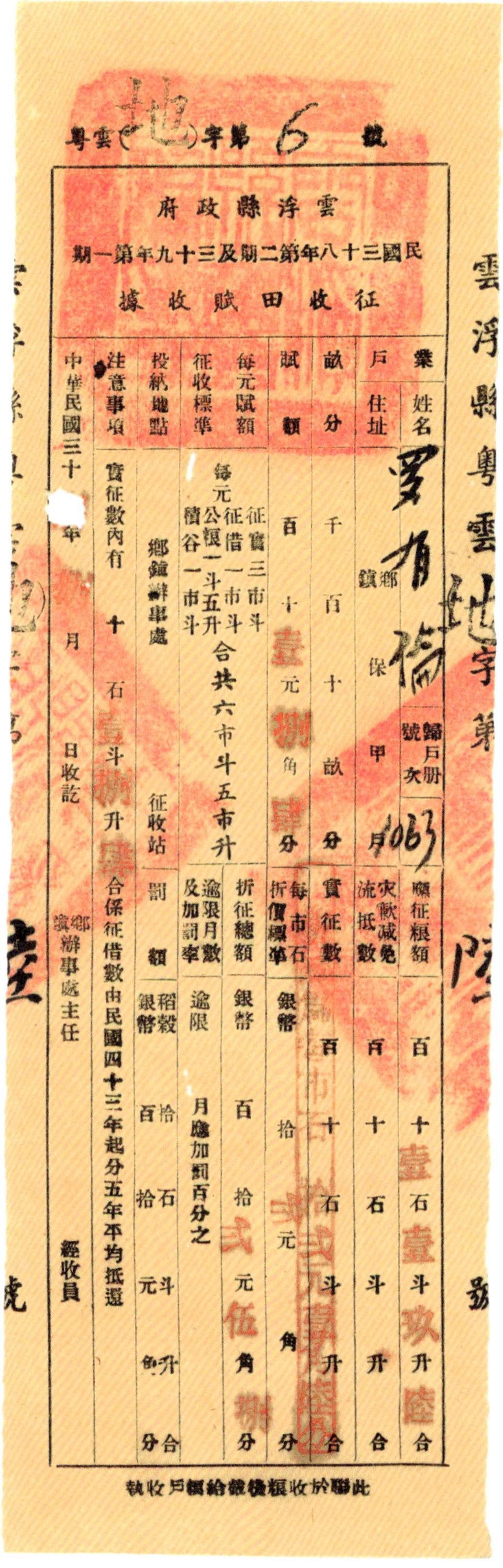

粵雲（地）字第 6 號

雲浮縣政府

民國三十八年第二期及三十九年第一期

征收田賦收據

業戶姓名	住址	畝分	賦額	每元賦額	征收標準	投納地點	注意事項	中華民國三十 年 月 日收訖
罗有伦	鄉鎮 保 甲	千 百 十 畝 分	百 十壹元捌角肆分	征實三市斗 征借一市斗 公糧一斗五升 積谷一市斗	每元合共六市斗五市升	鄉鎮辦事處 征收站	實征數內有 十 石壹斗捌升肆合係征借數由民國四十三年起分五年平均抵還	
歸戶冊號次 1083								
應征糧額	災歉減免流抵數	實征數	每市石折價標準	折征總額	逾限月數及加罰率	罰額		鄉鎮辦事處主任
百 十壹石壹斗玖升陸合	百 十 石 斗 升 合	百 十 石 斗 升 合	銀幣 拾 元 角 分	銀幣 百 拾式元伍角捌分	逾限 月應加罰百分之	稻穀 石 斗 升 合 銀幣 百 拾 元 角 分		經收員

此聯於收糧機關給與業戶收執

0089 民国三十八年（一九四九年）云浮县政府征收罗有伦田赋收据

0090 民国某年正月二十八日义安徜押当票

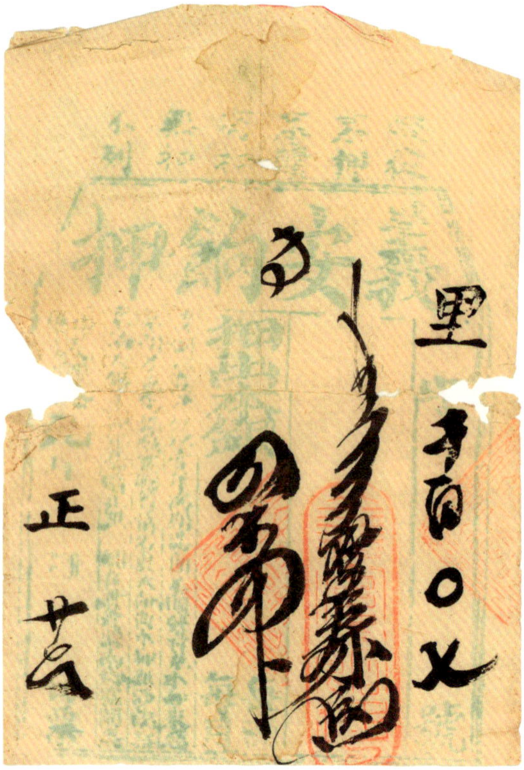

0091 民国某年十二月云浮县征收黄庆受分银业户执照

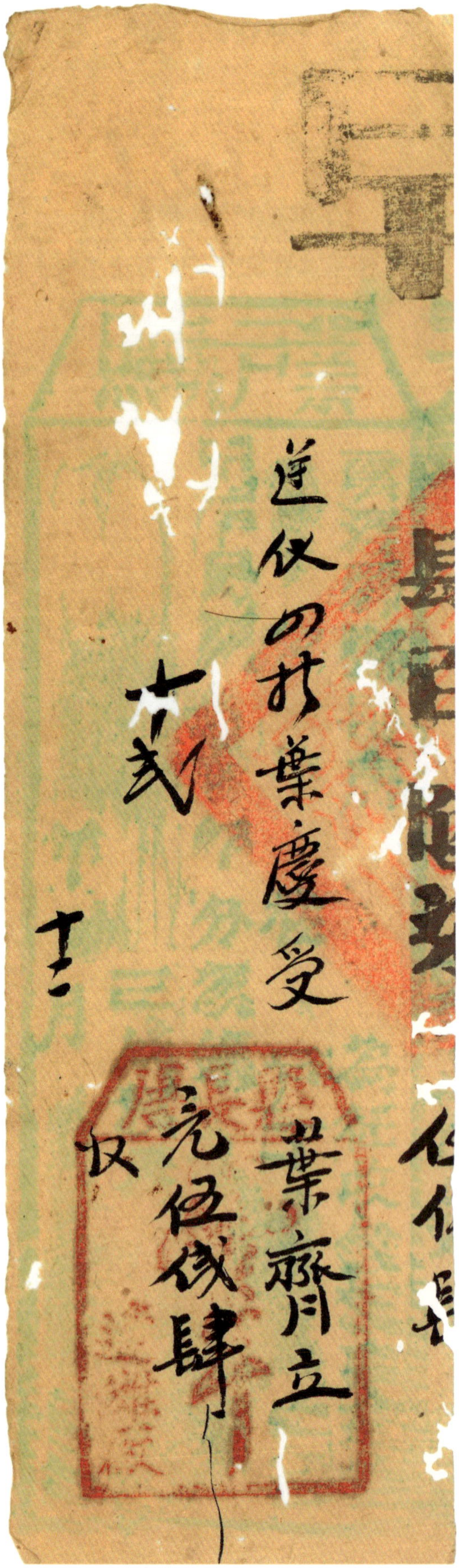

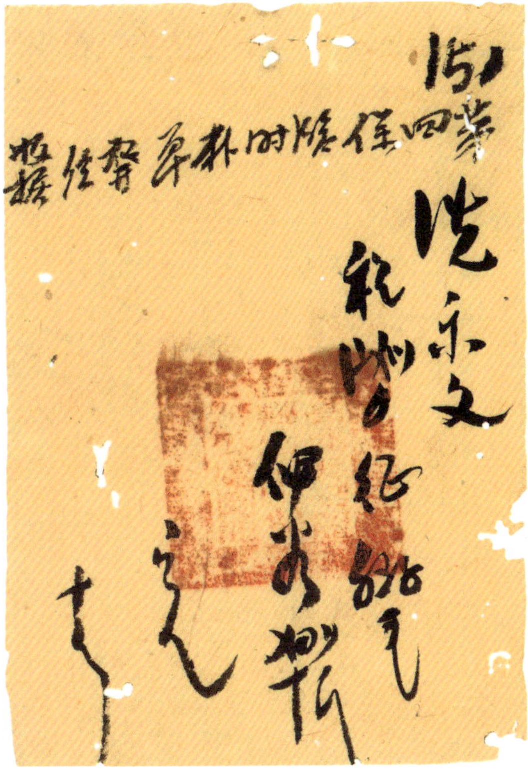

151
第四保临时补单收据
冼示文

0092 民国年间第四保冼示文临时补单收据

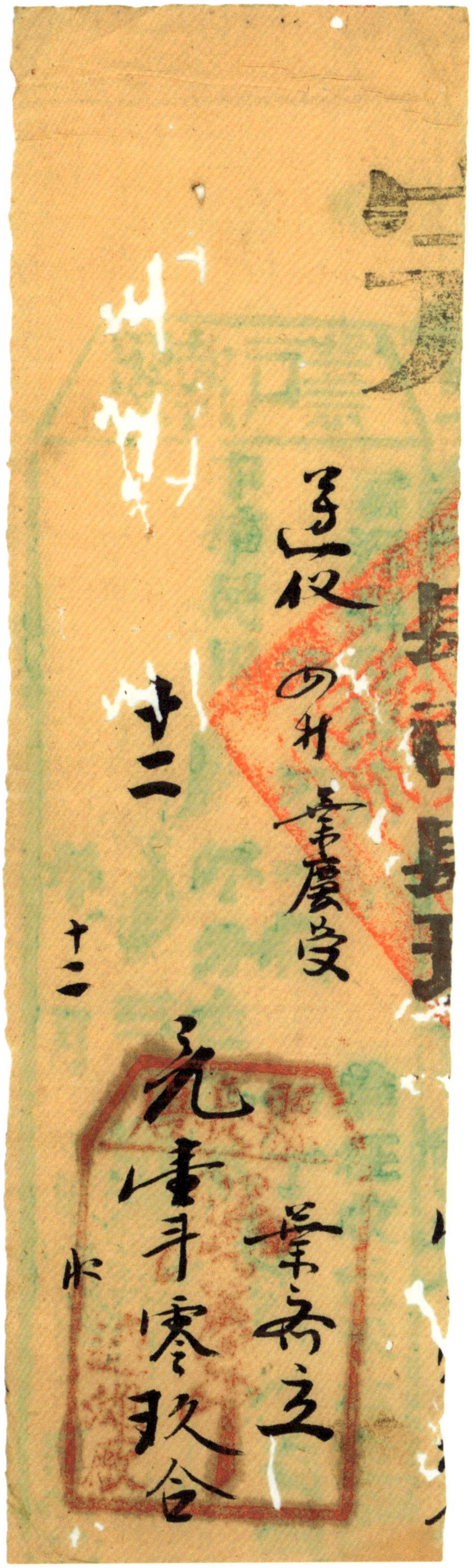

十二
叶齐立

0093 民国年间云浮县征收叶齐立色米业户执照

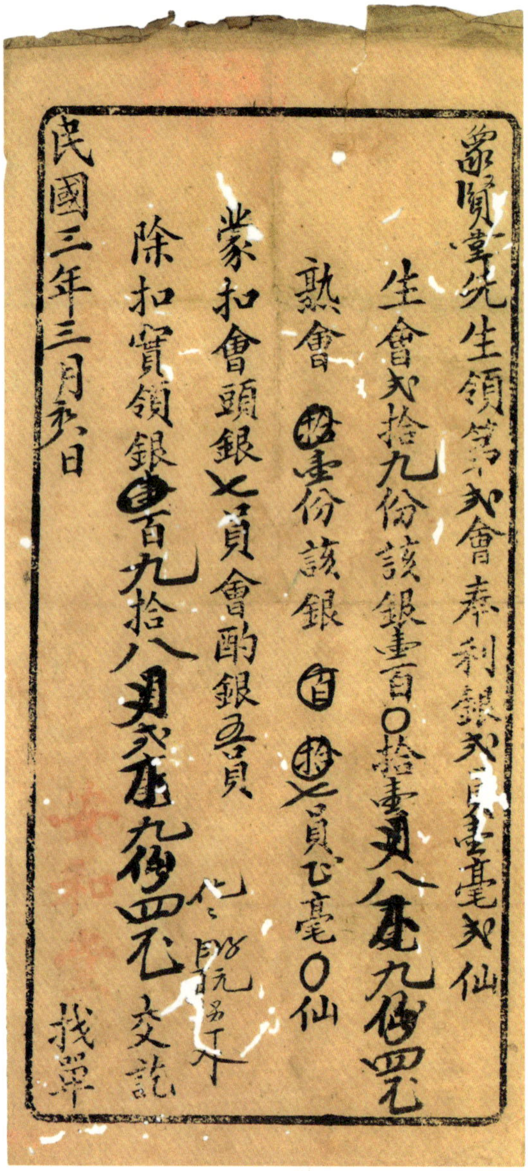

象賢堂先生領第弍會奉利銀弍百壹毫弍仙

生會弍拾九份該銀壹百〇拾壹員八毫九仙四乙

熟會 拾壹份該銀 百 拾七員〇毫〇仙

蒙和會頭銀七員會酌銀五員

除扣實領銀壹百九拾八員弍毫九仙四乙

交訖

民國三年三月初八日

找單

0001 民国三年三月初八日象贤堂领取安和堂利银领条

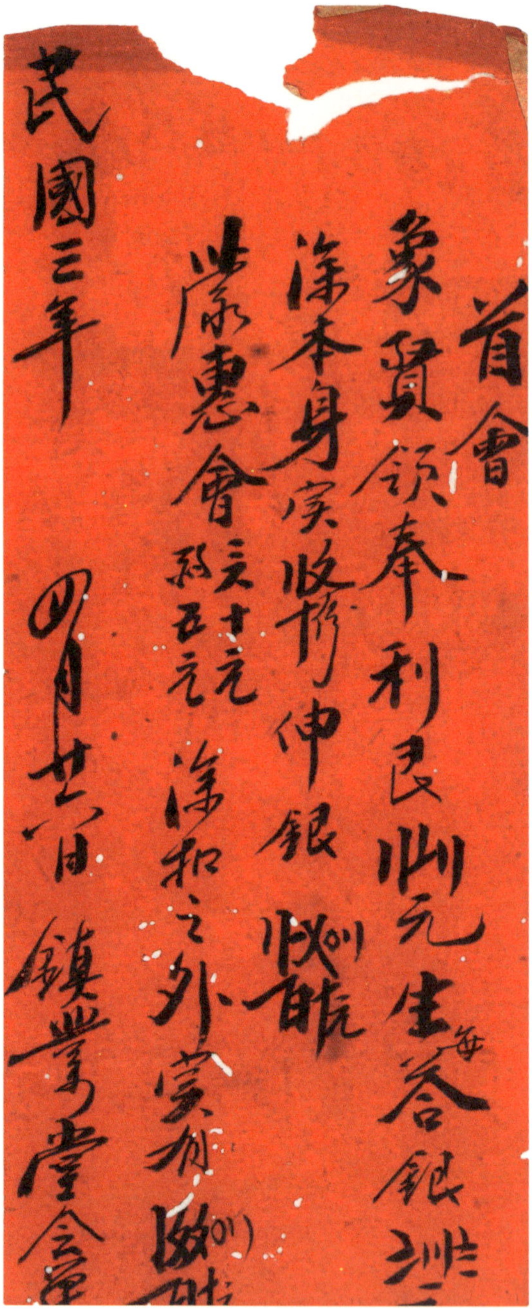

首會

象賢領奉利艮卌元生每谷銀

滌本身實收將伸銀

蒙惠會 三十元 弍五元 滌和之外實欠

民國三年

四月廿六日

鎮業堂

0002 民国三年四月二十六日象贤领镇业堂奉利银领条

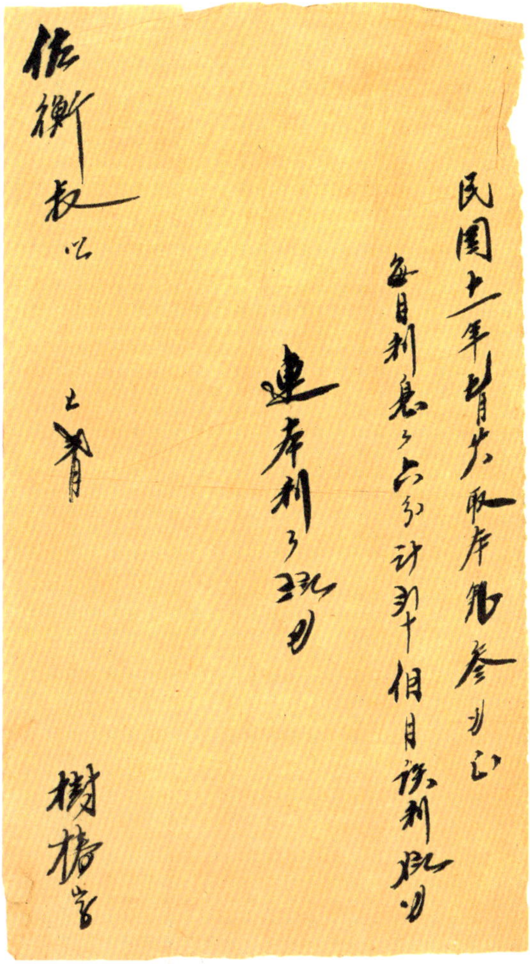

0003 民国十一年七月六日树椿取本银收条

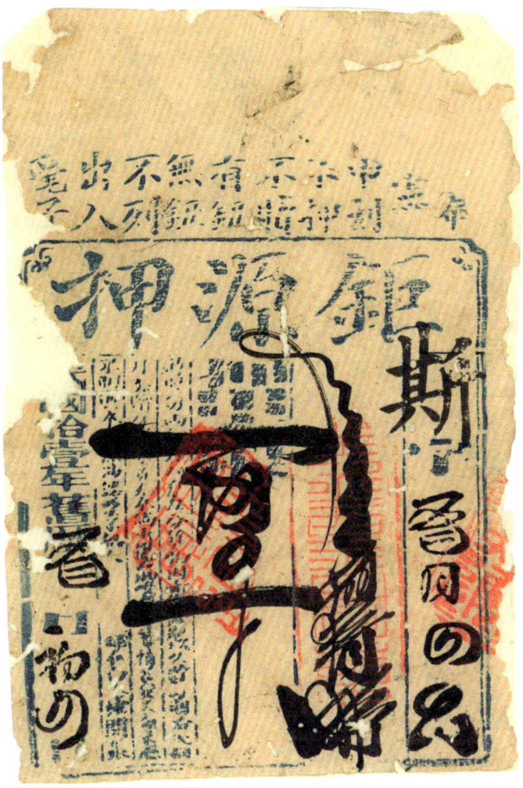

0004 民国十一年钜源押斯字号当票

0005 民国十三年五月初八日明近伯收回宣统元年借银收条

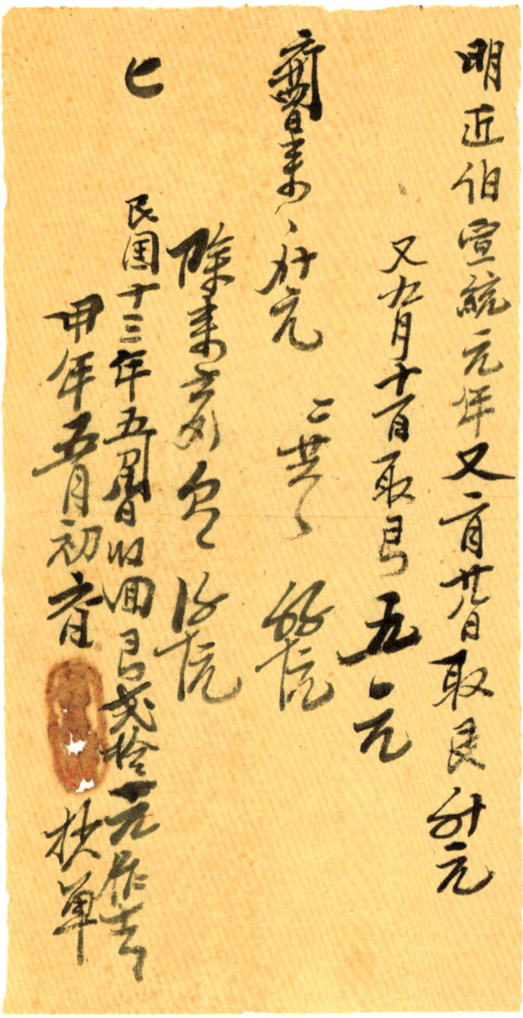

0006 民国十六年英长叙支取本银记录

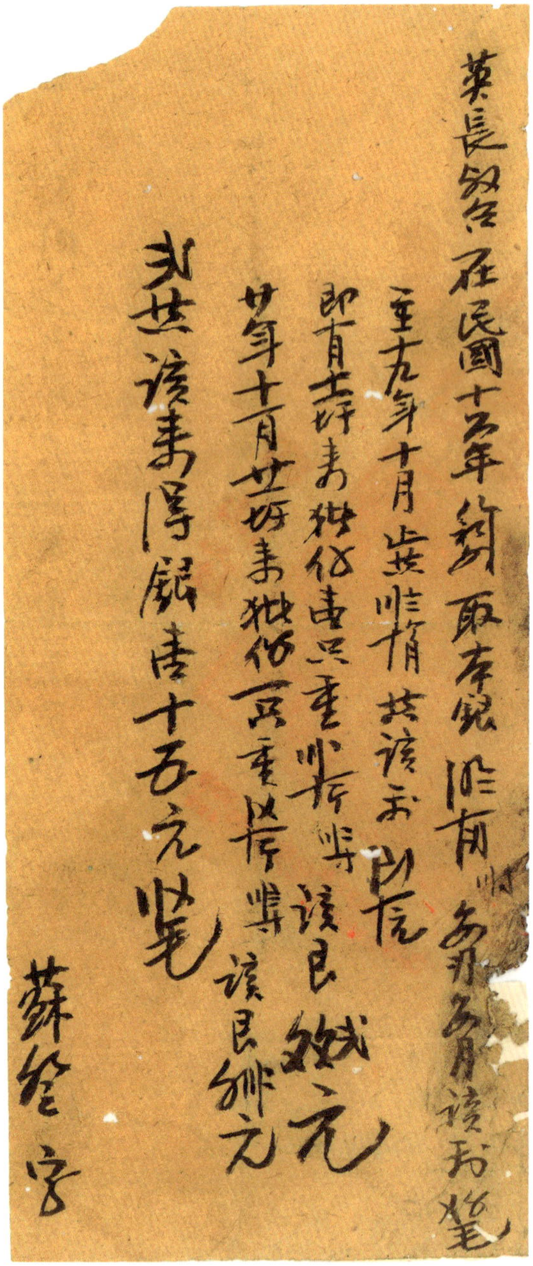

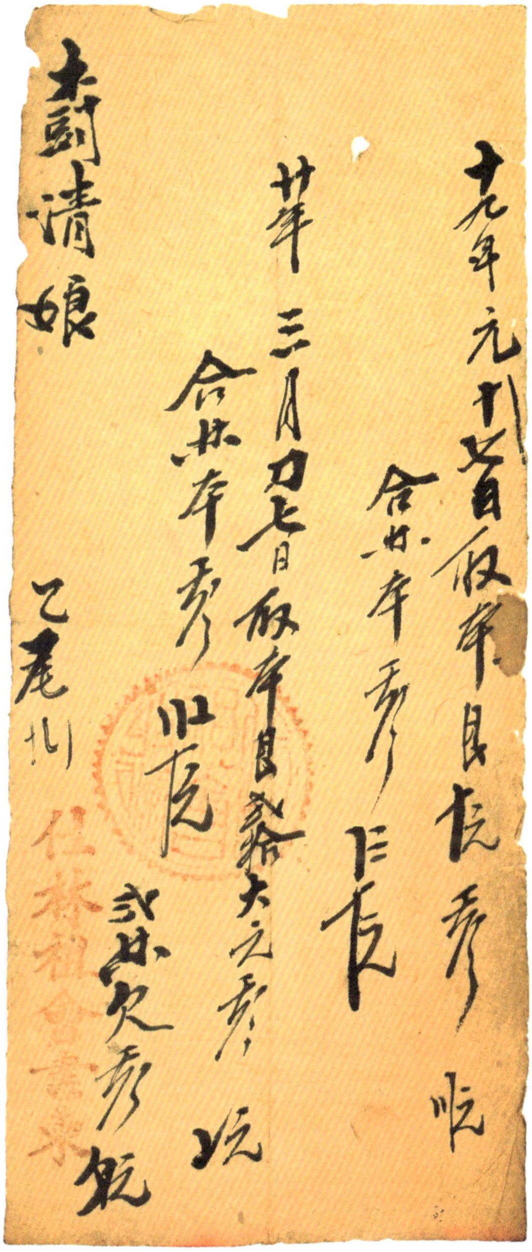
十九年元月十七日
廿年三月初七日
清娘

0007 民国十九年元月十七日、民国二十年三月初七日支取本银凭条

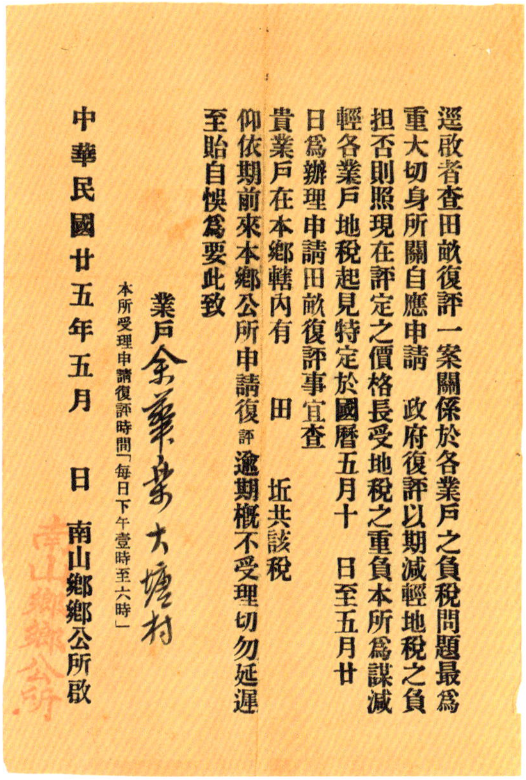
逕啓者查田畝復評一案關係於各業戶之負稅問題最爲
重大切身所關自應申請　政府復評以期減輕地稅之負
担否則照現在評定之價格長受地稅之重負本所爲謀減
輕各業戶地稅起見特定於國曆五月十　日至五月廿
日爲辦理申請田畝復評事宜查
貴業戶在本鄉轄內有　　田　　坵共該稅
仰依期前來本鄉公所申請復評逾期概不受理切勿延遲
至貽自悞爲要此致
業戶余□□大塘村
本所受理申請復評時間「每日下午壹時至六時」
中華民國廿五年五月　日　南山鄉鄉公所啟

0008 民国二十五年五月南山乡乡公所复评核查田亩事务通知单

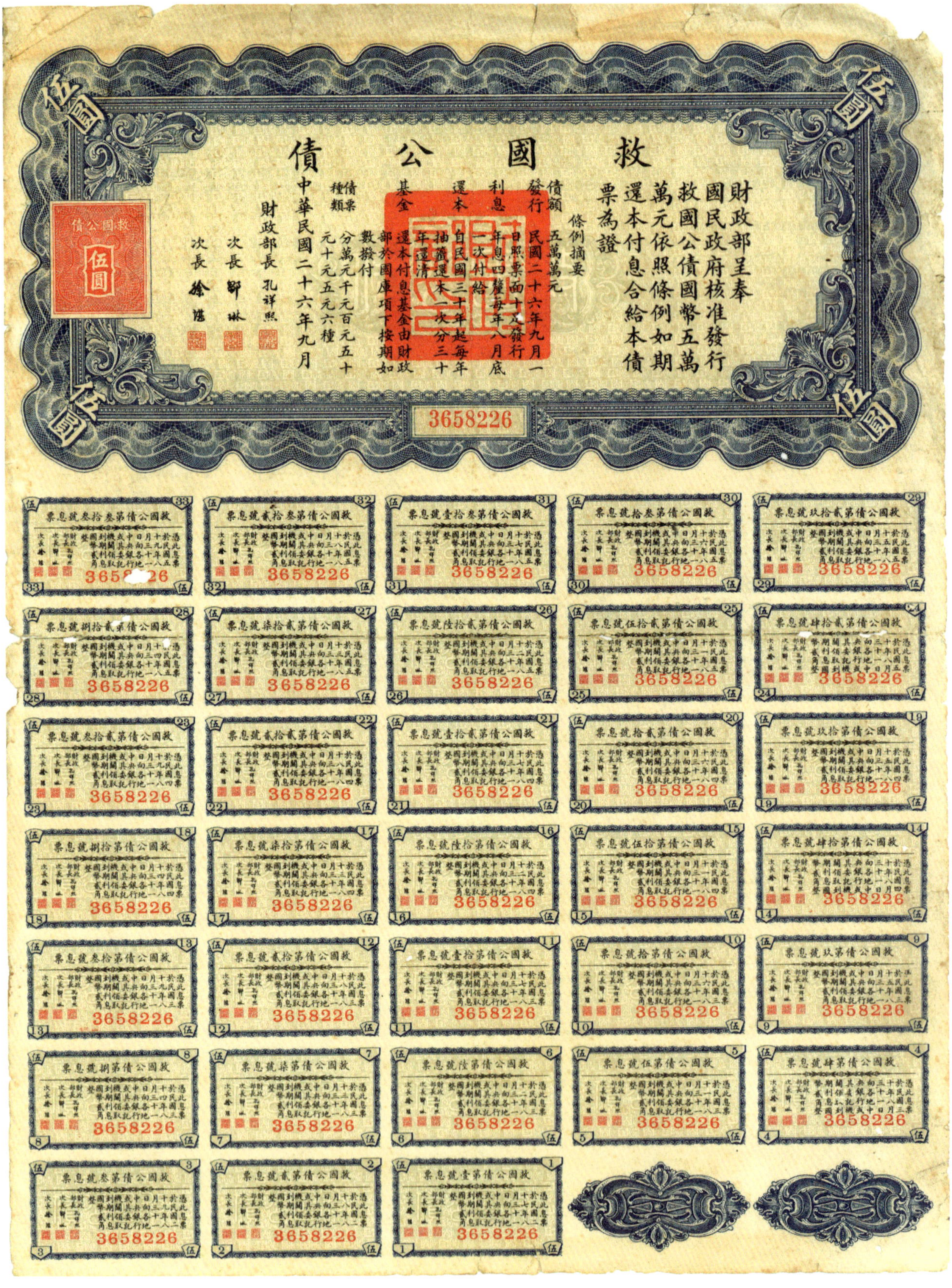

0009-1 民国二十六年九月财政部发行救国公债（正面）

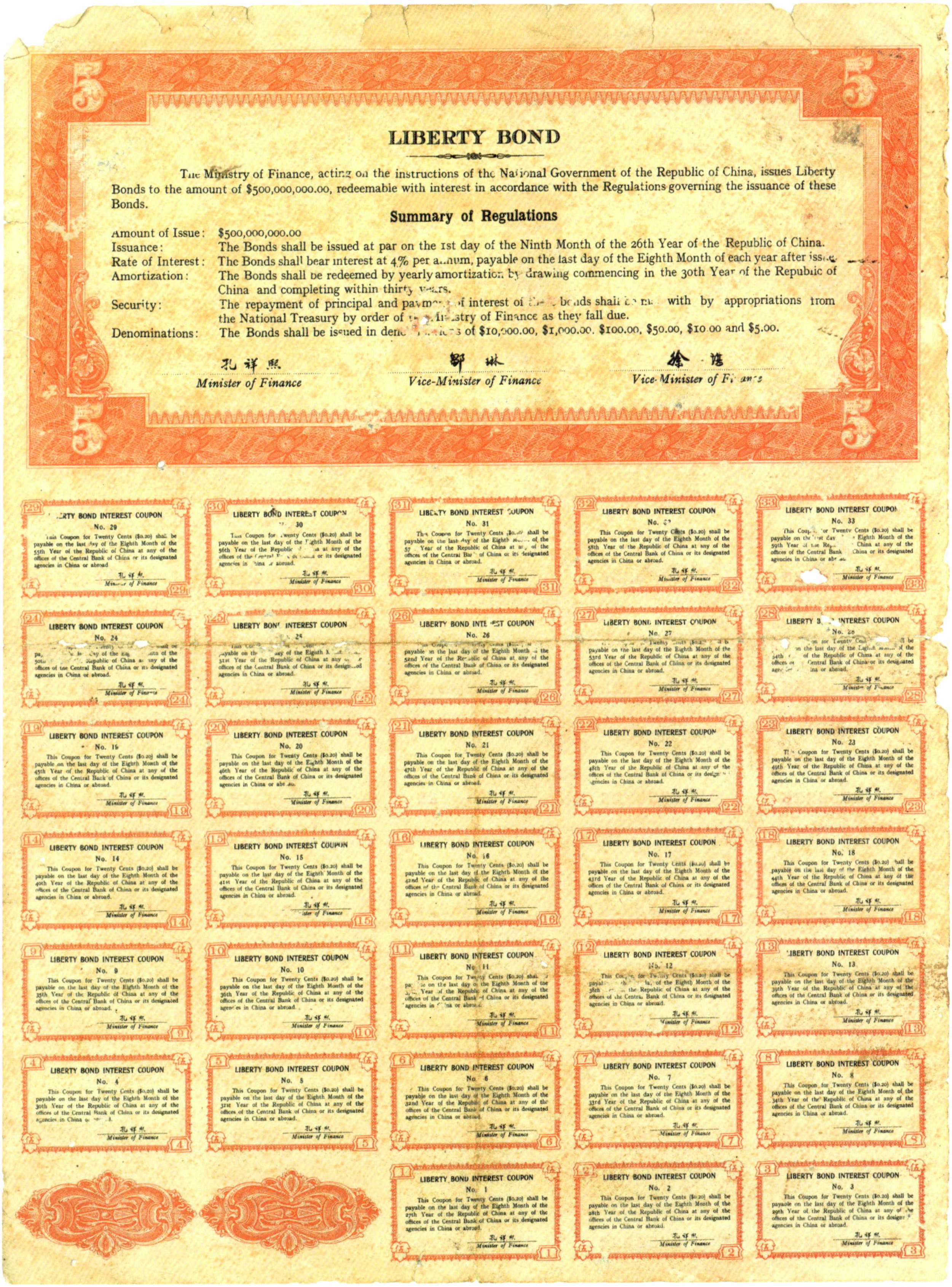

LIBERTY BOND

The Ministry of Finance, acting on the instructions of the National Government of the Republic of China, issues Liberty Bonds to the amount of $500,000,000.00, redeemable with interest in accordance with the Regulations governing the issuance of these Bonds.

Summary of Regulations

Amount of Issue: $500,000,000.00
Issuance: The Bonds shall be issued at par on the 1st day of the Ninth Month of the 26th Year of the Republic of China.
Rate of Interest: The Bonds shall bear interest at 4% per annum, payable on the last day of the Eighth Month of each year after issue.
Amortization: The Bonds shall be redeemed by yearly amortization by drawing commencing in the 30th Year of the Republic of China and completing within thirty years.
Security: The repayment of principal and payment of interest of the bonds shall be made with by appropriations from the National Treasury by order of the Ministry of Finance as they fall due.
Denominations: The Bonds shall be issued in denominations of $10,000.00, $1,000.00, $100.00, $50.00, $10.00 and $5.00.

孔祥熙 Minister of Finance
邹琳 Vice-Minister of Finance
徐堪 Vice-Minister of Finance

LIBERTY BOND INTEREST COUPON No. 29 — This Coupon for Twenty Cents ($0.20) shall be payable on the last day of the Eighth Month of the 55th Year of the Republic of China at any of the offices of the Central Bank of China or its designated agencies in China or abroad. 孔祥熙 Minister of Finance

LIBERTY BOND INTEREST COUPON No. 30 — ... 56th Year ...
LIBERTY BOND INTEREST COUPON No. 31 — ... 57th Year ...
LIBERTY BOND INTEREST COUPON No. 32 — ... 58th Year ...
LIBERTY BOND INTEREST COUPON No. 33 — ... 59th Year ...
LIBERTY BOND INTEREST COUPON No. 24 — ... 50th Year ...
LIBERTY BOND INTEREST COUPON No. 25 — ... 51st Year ...
LIBERTY BOND INTEREST COUPON No. 26 — ... 52nd Year ...
LIBERTY BOND INTEREST COUPON No. 27 — ... 53rd Year ...
LIBERTY BOND INTEREST COUPON No. 28 — ... 54th Year ...
LIBERTY BOND INTEREST COUPON No. 19 — ... 45th Year ...
LIBERTY BOND INTEREST COUPON No. 20 — ... 46th Year ...
LIBERTY BOND INTEREST COUPON No. 21 — ... 47th Year ...
LIBERTY BOND INTEREST COUPON No. 22 — ... 48th Year ...
LIBERTY BOND INTEREST COUPON No. 23 — ... 49th Year ...
LIBERTY BOND INTEREST COUPON No. 14 — ... 40th Year ...
LIBERTY BOND INTEREST COUPON No. 15 — ... 41st Year ...
LIBERTY BOND INTEREST COUPON No. 16 — ... 42nd Year ...
LIBERTY BOND INTEREST COUPON No. 17 — ... 43rd Year ...
LIBERTY BOND INTEREST COUPON No. 18 — ... 44th Year ...
LIBERTY BOND INTEREST COUPON No. 9 — ... 35th Year ...
LIBERTY BOND INTEREST COUPON No. 10 — ... 36th Year ...
LIBERTY BOND INTEREST COUPON No. 11 — ... 37th Year ...
LIBERTY BOND INTEREST COUPON No. 12 — ... 38th Year ...
LIBERTY BOND INTEREST COUPON No. 13 — ... 39th Year ...
LIBERTY BOND INTEREST COUPON No. 4 — ... 30th Year ...
LIBERTY BOND INTEREST COUPON No. 5 — ... 31st Year ...
LIBERTY BOND INTEREST COUPON No. 6 — ... 32nd Year ...
LIBERTY BOND INTEREST COUPON No. 7 — ... 33rd Year ...
LIBERTY BOND INTEREST COUPON No. 8 — ... 34th Year ...
LIBERTY BOND INTEREST COUPON No. 1 — ... 27th Year ...
LIBERTY BOND INTEREST COUPON No. 2 — ... 28th Year ...
LIBERTY BOND INTEREST COUPON No. 3 — ... 29th Year ...

0009-2 民国二十六年九月财政部发行救国公债（背面）

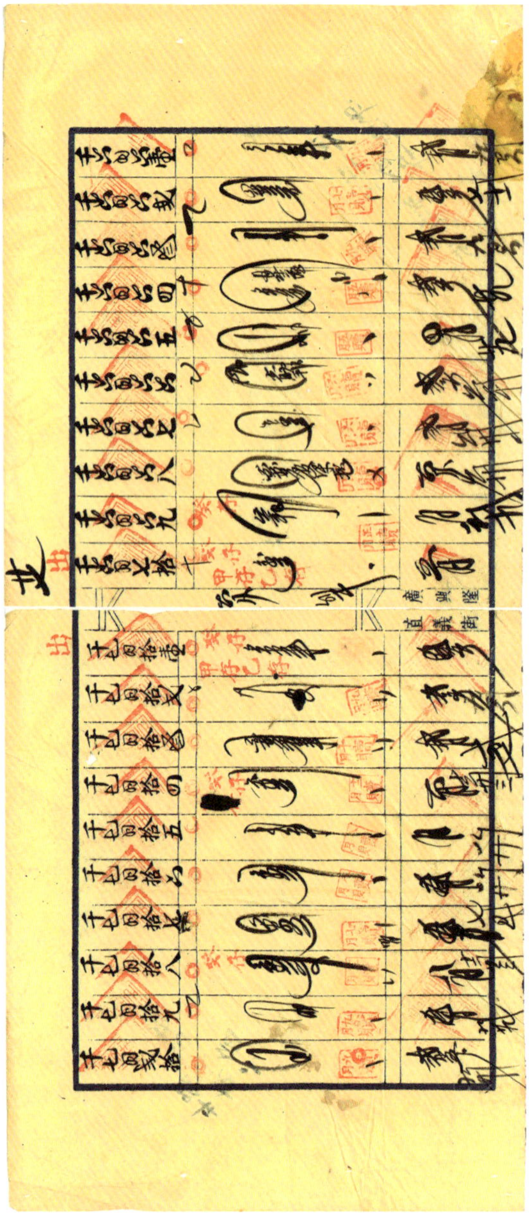

0010-1 民国二十七年当铺记账纸（计数单）（正面）

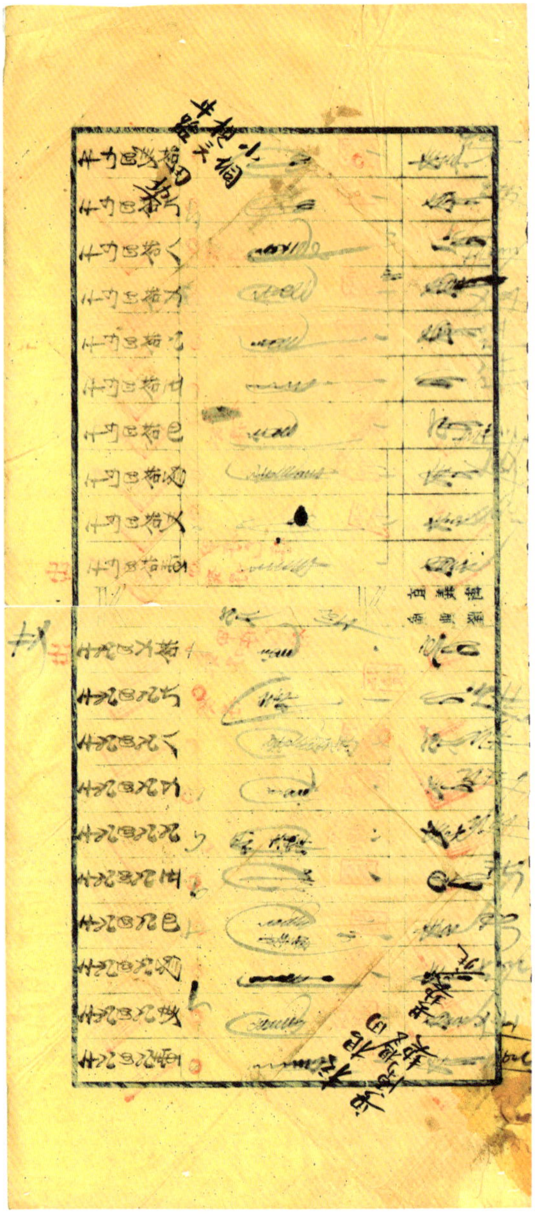

0010-2 民国二十七年当铺记账纸（计数单）（背面）

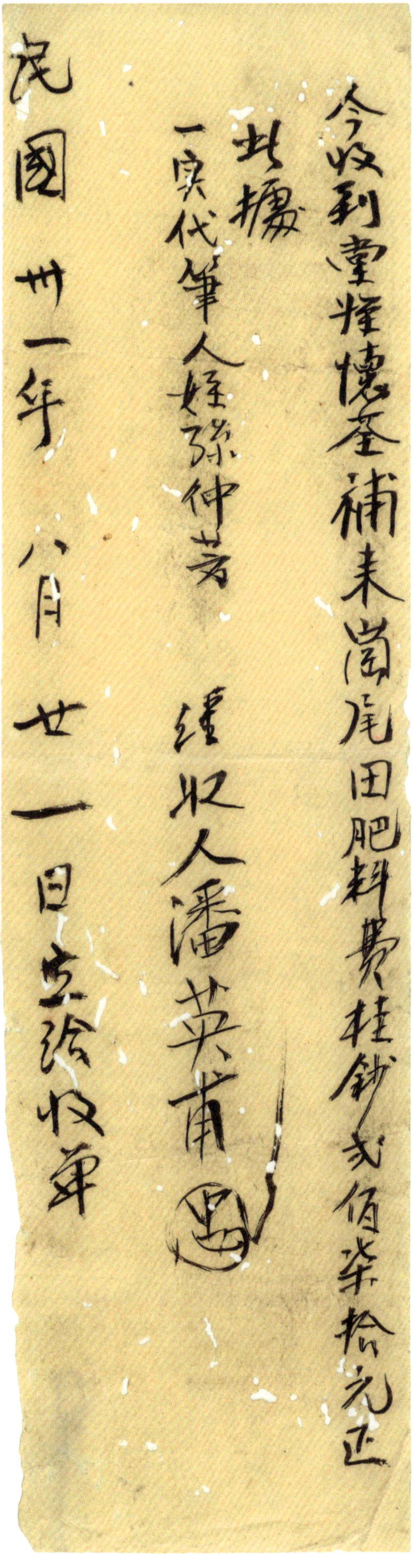
今收到德荃補來嵩尾田肥料費桂鈔弍佰柒拾元正
此據
一實代筆人姪孫仲芳
經收人潘英甫
民國卅一年八月廿一日立給收單

0012 民国三十一年八月二十一日潘英甫收到德荃补肥料费收据

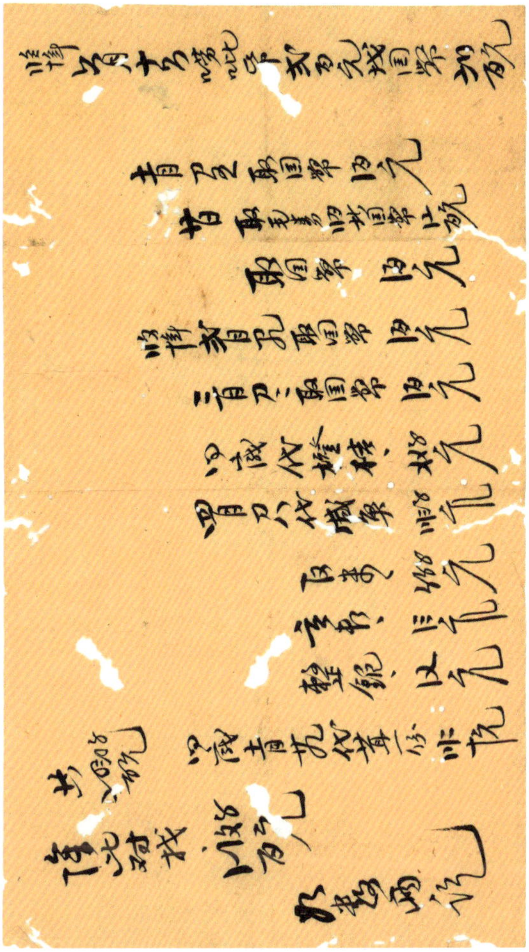

0011 民国二十八年六月十日华侨唠吡币兑国币记账纸

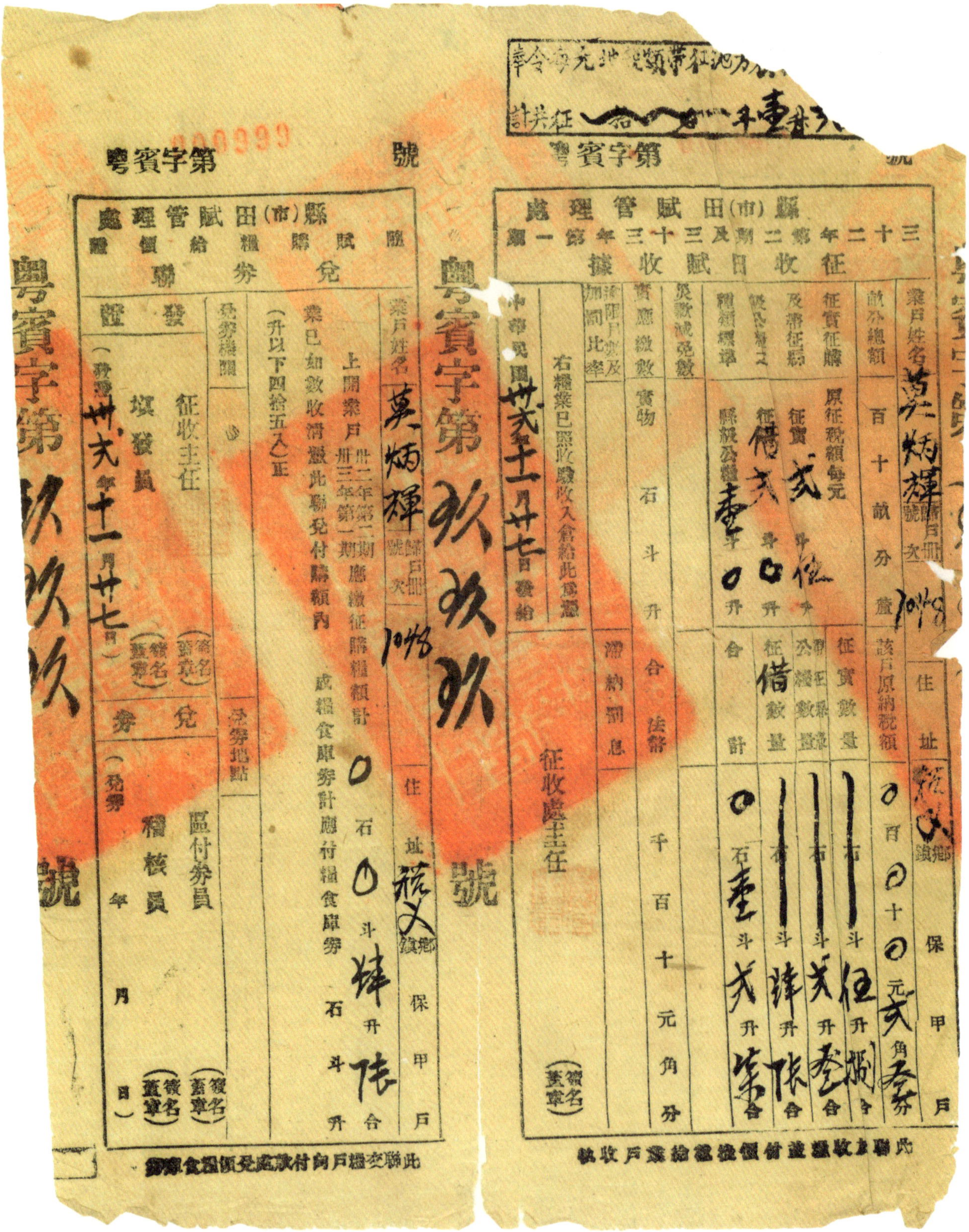

0013 民国三十二年十一月二十七日裕义乡莫炳辉随赋购粮给价证兑券联

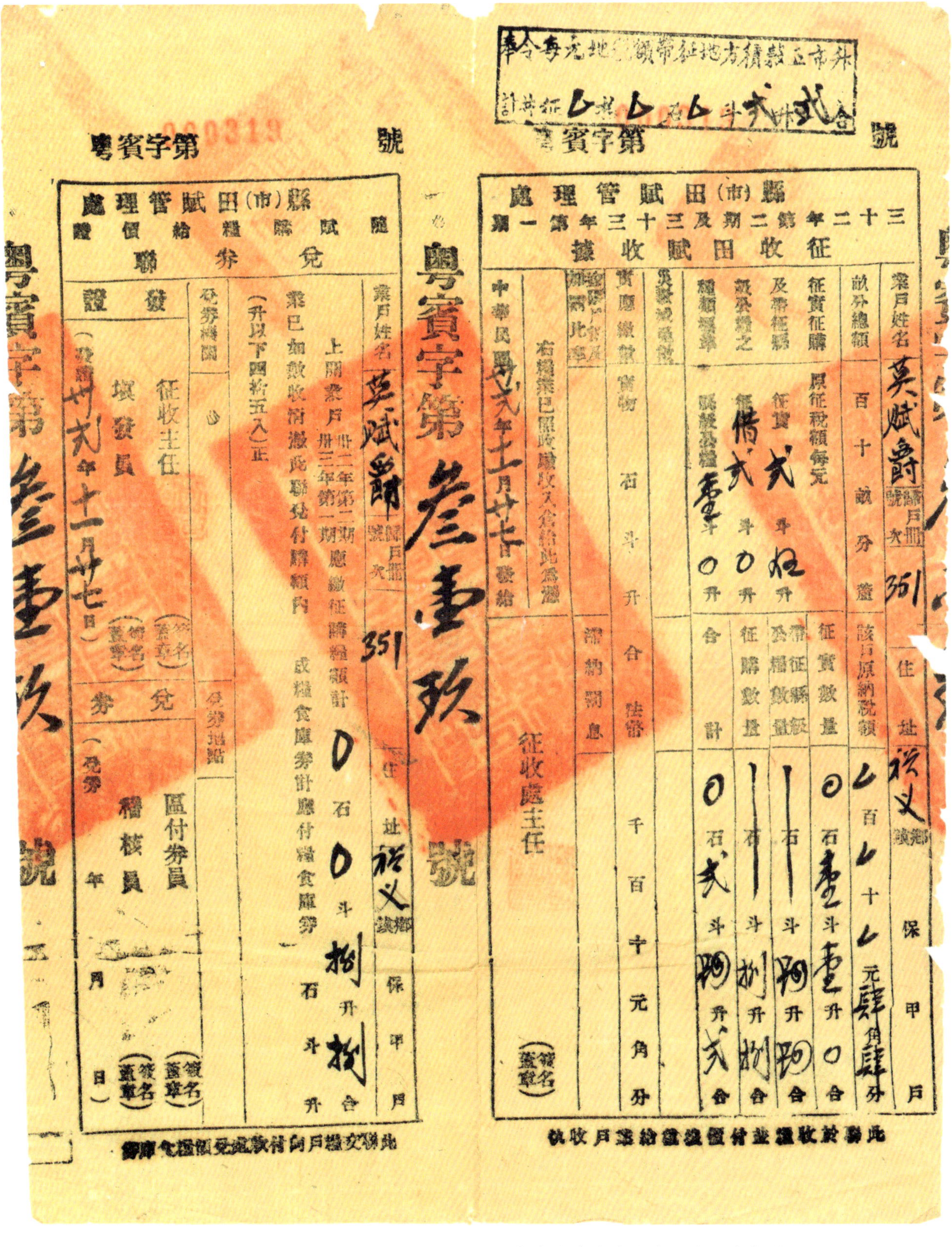

0014 民国三十二年十一月二十七日裕义乡莫赋爵随赋购粮给价证兑券联

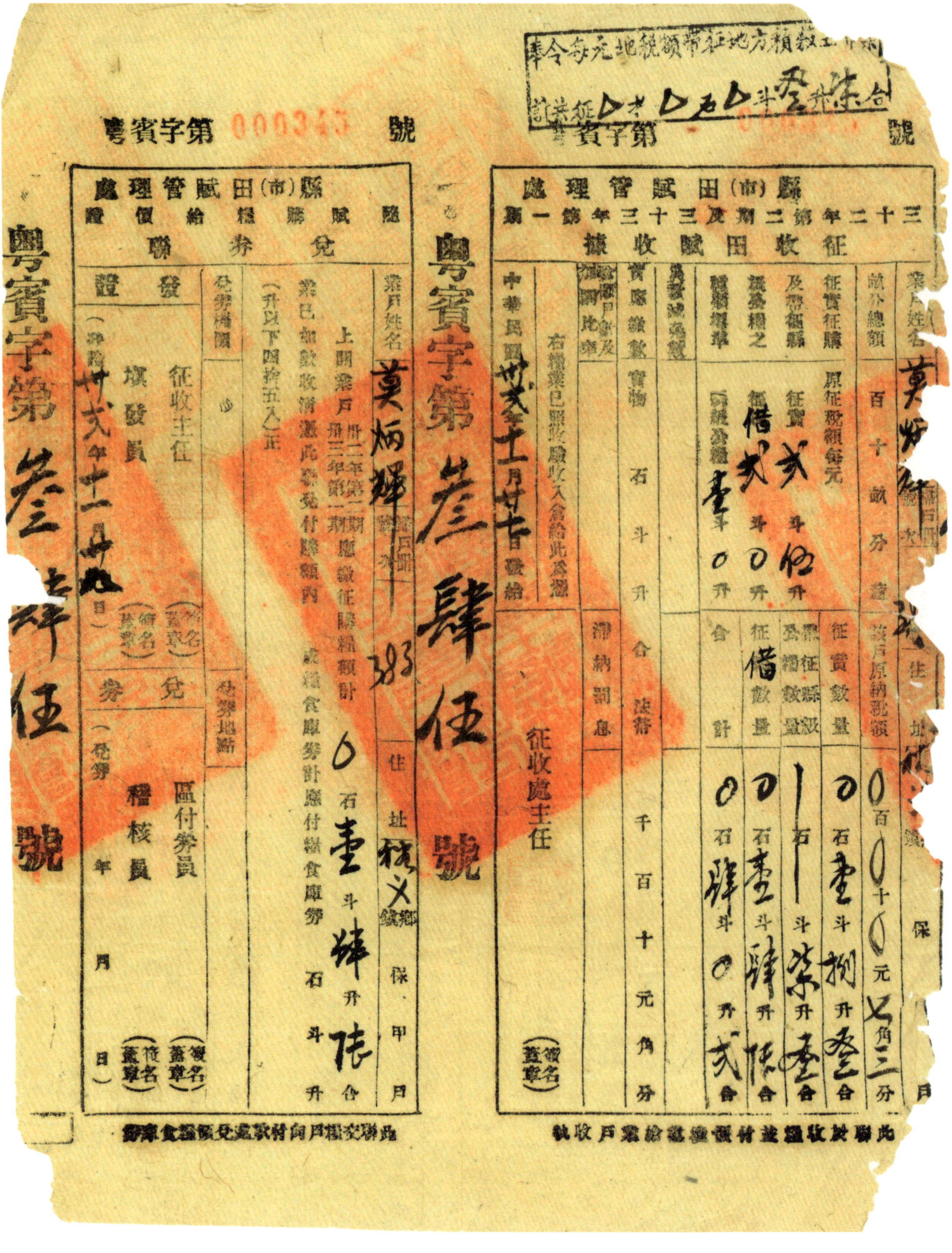

0015 民国三十二年十一月二十八日裕义乡莫炳辉随赋购粮给价证兑券联

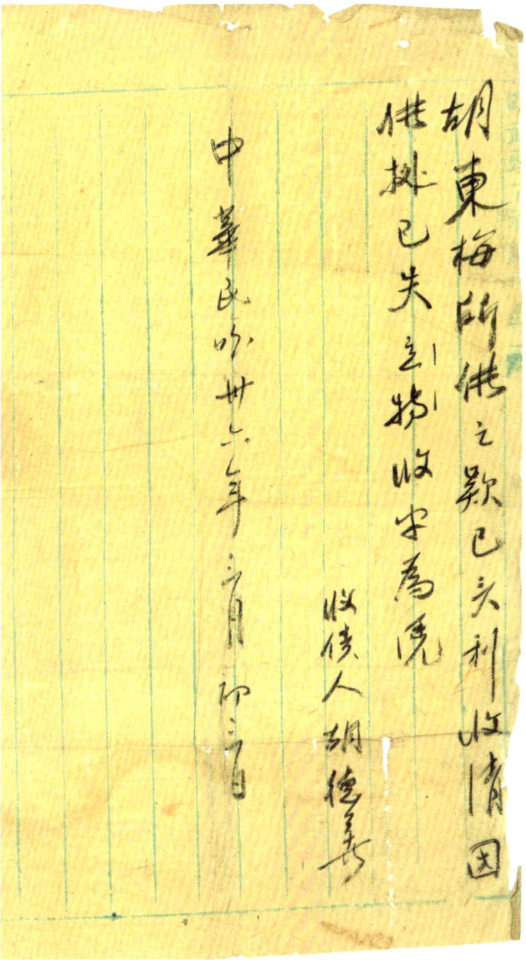
胡東梅所借之款已交利收清
因借據已失另立收字為憑
收條人胡德善
中華民國卅六年三月初三日

0017 民国三十六年三月初三日胡德善另立借据

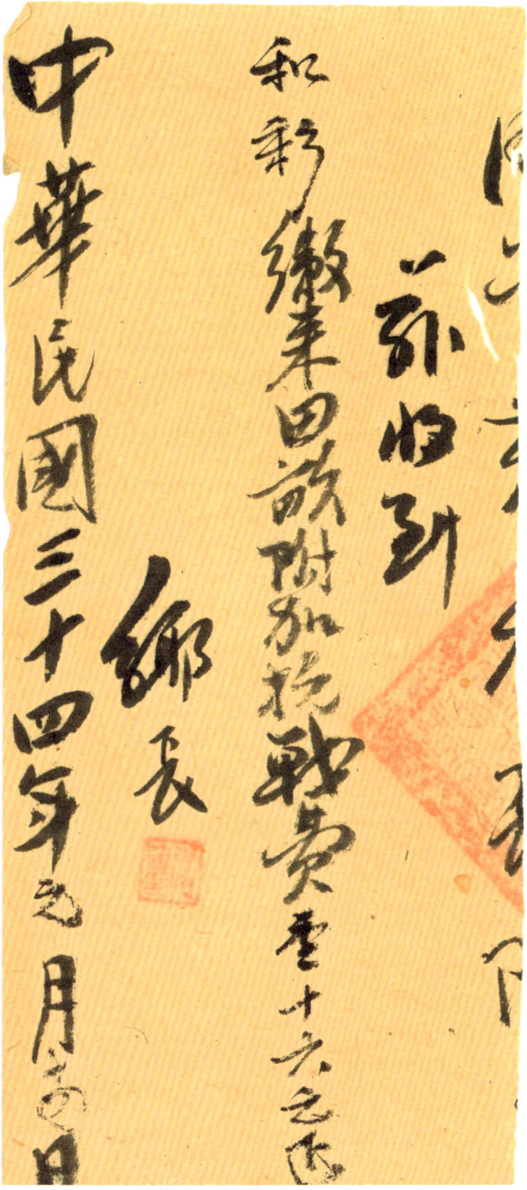
訖收到
和彩徽來田畝附加抗戰費壹十六元正
鄉長
中華民國三十四年元月十四日

0016 民国三十四年元月十四日和彩徽来田亩附加抗战费收条

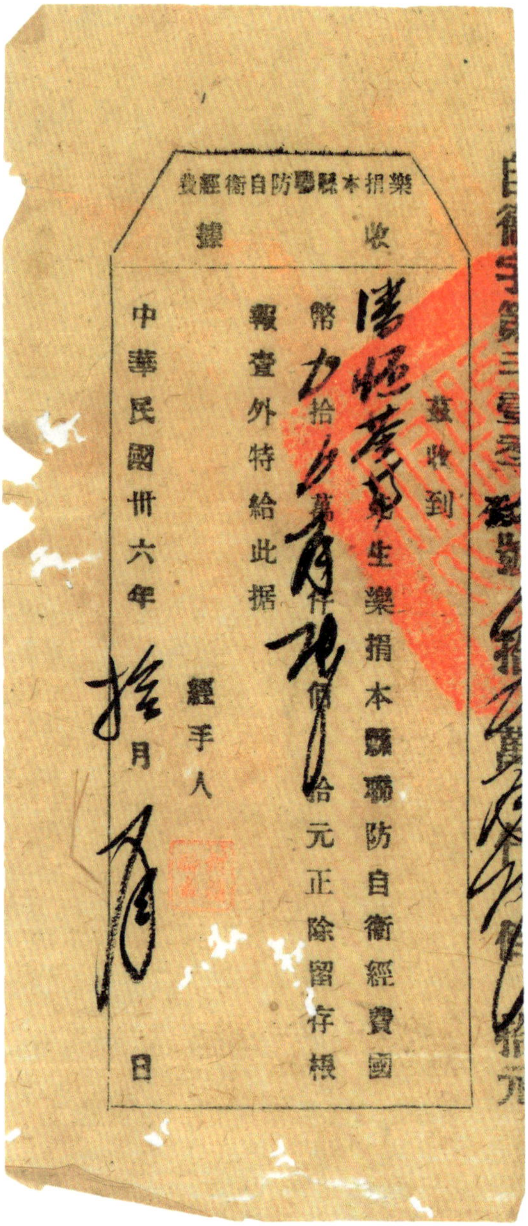

樂捐本縣聯防自衛經費

收據

茲收到

先生樂捐本縣聯防自衛經費國幣

拾　萬　仟　佰　拾元正除留存根

報查外特給此据

經手人

中華民國卅六年　月　日

0018 民国三十六年十月十三日潘怀荃等乐捐本县联防自卫经费收据

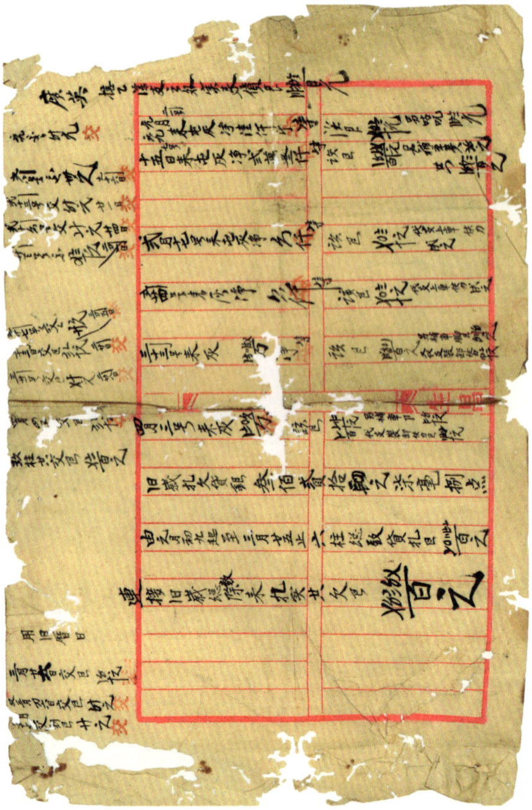

0019 商号往来账单

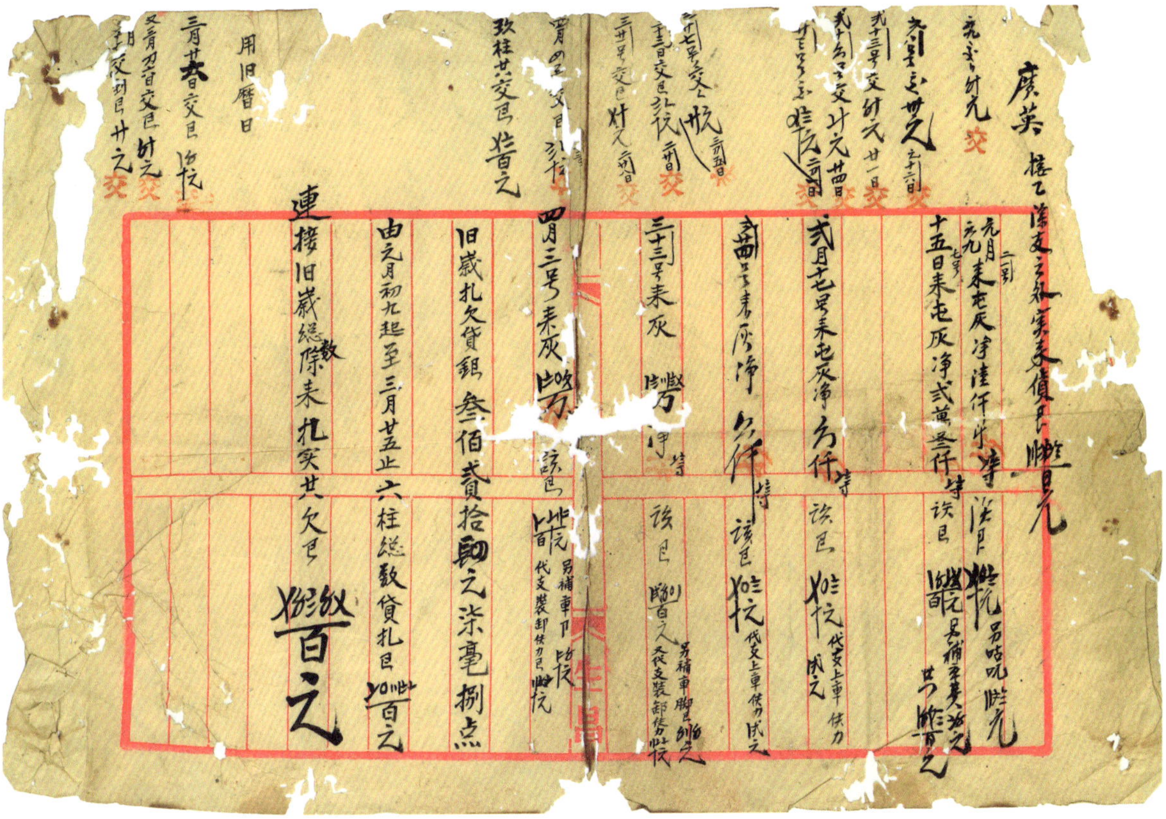

0020 佚名账本

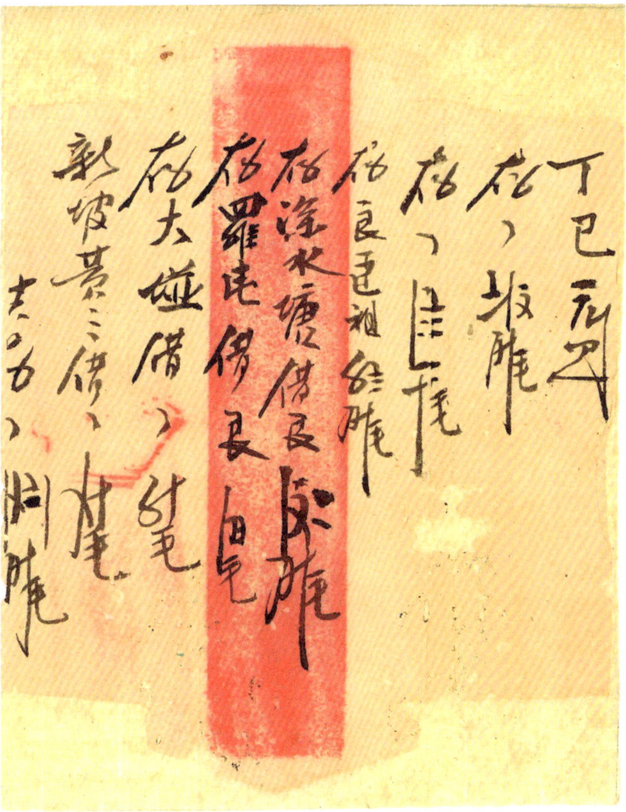

0021 佚名记账纸

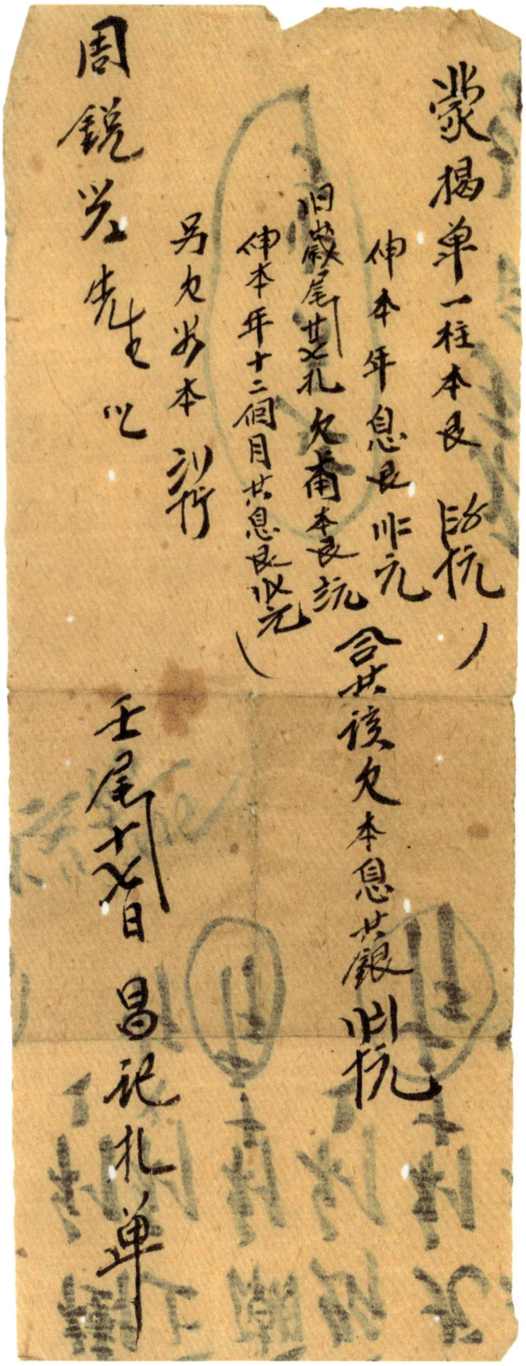

蒙揭单一柱本银 [illegible]
伸本年息银 [illegible]
旧欠尾 [illegible] 欠本银 [illegible]
伸本年十二個月共息银 [illegible]
合共該欠本息共银 [illegible]
另欠米本 [illegible]
周锐兴先生 [illegible]
壬尾十二月日 昌记札单

0022-1 周锐兴借昌记札单（正面）

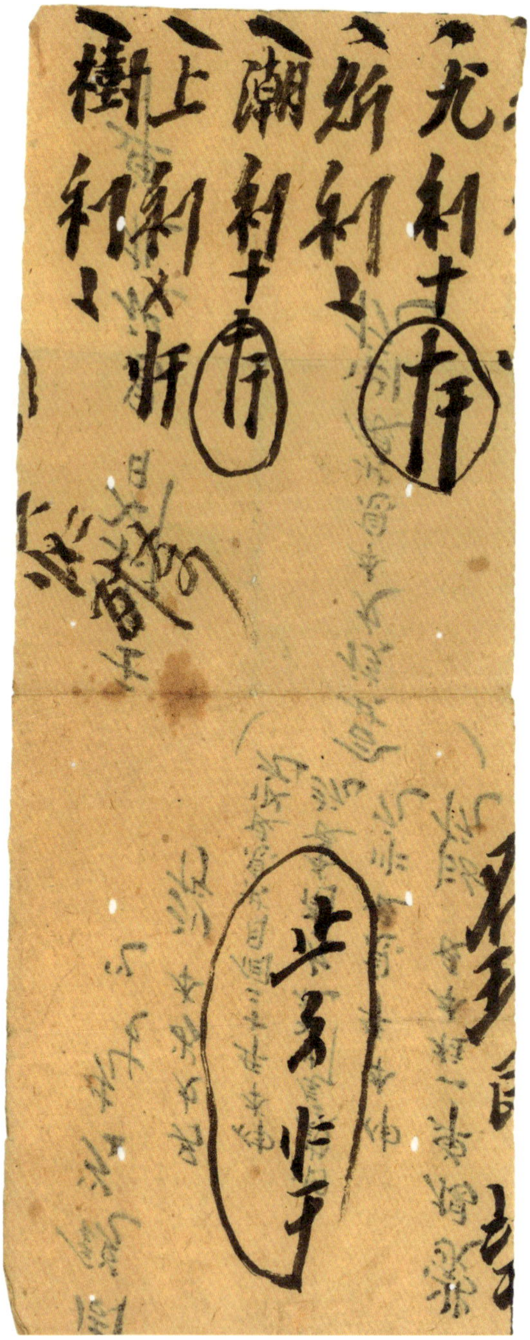

元利十二[illegible]

0022-2 周锐兴借昌记札单（背面）